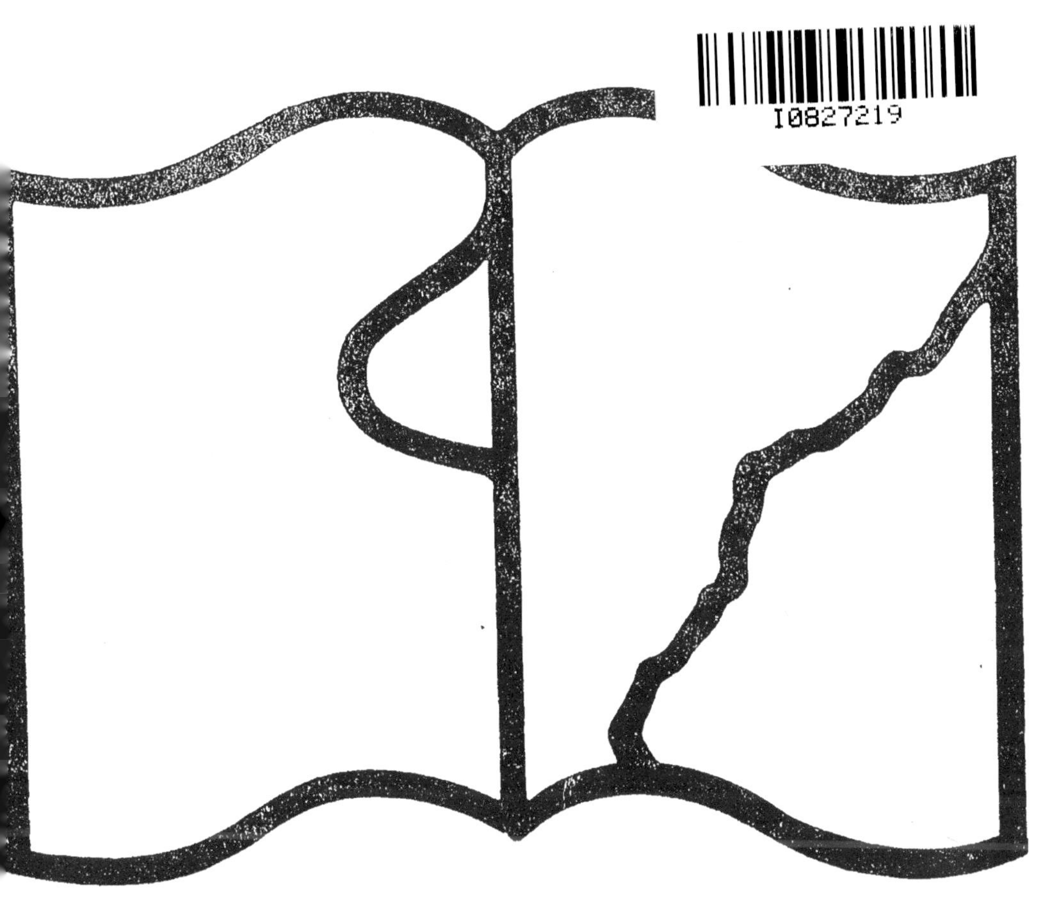

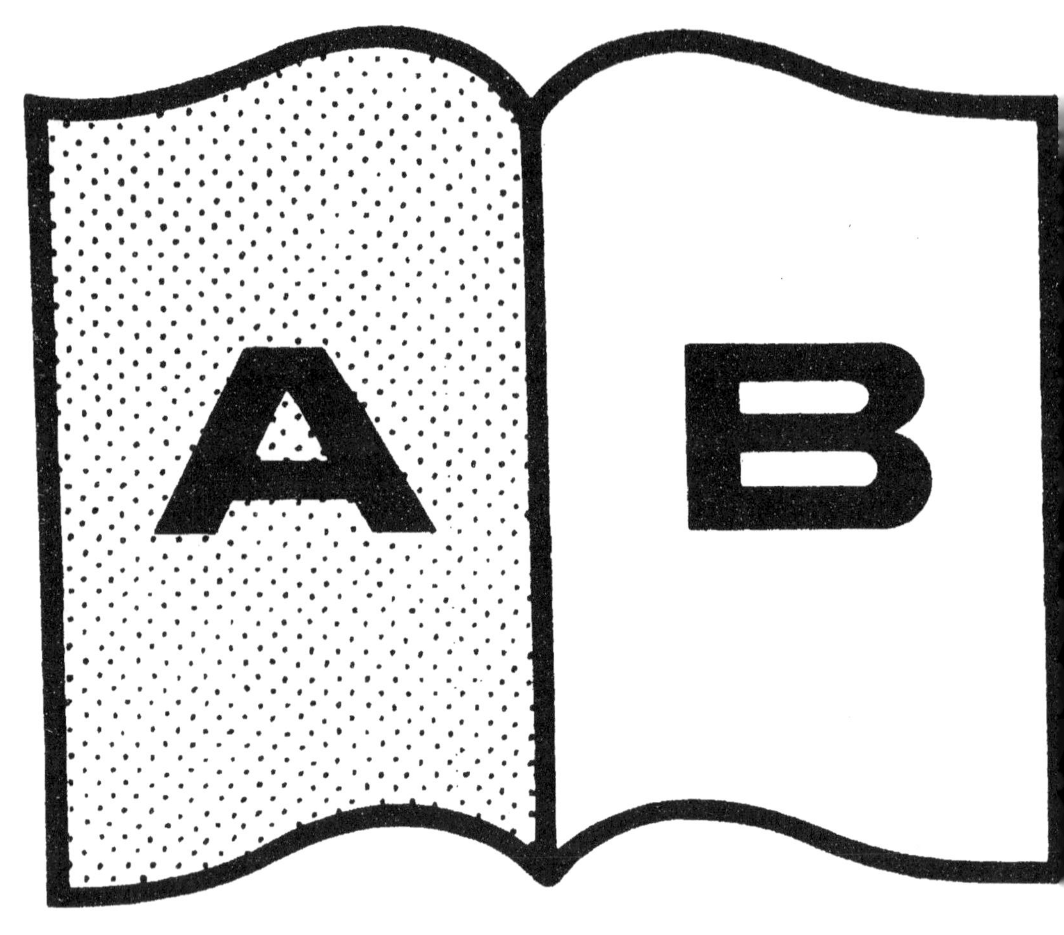
A
B

DICTIONNAIRE

HISTORIQUE ET RAISONNÉ

DES PEINTRES

Louvain. — Typographie de Ch. Peeters, rue de Namur, 22

DICTIONNAIRE

HISTORIQUE ET RAISONNÉ

DES PEINTRES

DE TOUTES LES ÉCOLES

DEPUIS L'ORIGINE DE LA PEINTURE JUSQU'A NOS JOURS

CONTENANT

1° UN ABRÉGÉ DE L'HISTOIRE DE LA PEINTURE CHEZ TOUS LES PEUPLES
2° LA BIOGRAPHIE DES PEINTRES PAR ORDRE ALPHABÉTIQUE AVEC DÉSIGNATION D'ÉCOLE
3° L'INDICATION DE LEURS TABLEAUX PRINCIPAUX AVEC DÉSIGNATION DES LIEUX OU ILS SE TROUVENT
4° LA CARACTÉRISTIQUE DU STYLE ET DE LA MANIÈRE DES PEINTRES
5° LE PRIX AUQUEL ONT ÉTÉ VENDUS LES TABLEAUX DANS LES VENTES CÉLÈBRES DES TROIS DERNIERS SIÈCLES Y COMPRIS LE DIX-NEUVIÈME
6° HUIT CENTS MONOGRAMMES ENVIRON
7° LES LISTES ALPHABÉTIQUES ET CHRONOLOGIQUES PAR ÉCOLE, DES ARTISTES CITÉS

PAR

ADOLPHE SIRET

MEMBRE DE L'ACADÉMIE ROYALE DE BELGIQUE

TOME SECOND

TROISIÈME ÉDITION ORIGINALE

(CONSIDÉRABLEMENT AUGMENTÉE)

BRUXELLES — PARIS — LEIPZIG — LONDRES

CHEZ LES PRINCIPAUX LIBRAIRES

1883

DICTIONNAIRE

HISTORIQUE ET RAISONNÉ

DES PEINTRES

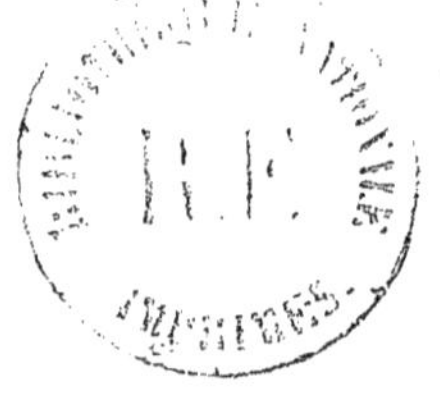

L

(Suite)

Lotz (Edouard). E. Al. 1818. DUSSELDORF. Portrait, genre. = Elève de Hildebrandt.

Lotze (Maurice). E. Al. 1809. FREYBERGSDORF ou MEISSEN (Saxe). Paysage, animaux, genre. = Taureau, vache et veau dans un bois.

Loubon (Charles-Joseph-Emile). E. Fr. 1809-1763. AIX (Bouches du Rhône). Paysage, histoire, genre. = Directeur de l'école des Beaux-Arts à Marseille, où il mourut. = Elève de Granet. = Jésus-Christ et la Samaritaine. — Les génoises à la fontaine.

Louche (le). V. Molenaer.

Louis de Chatillon. E. Fr. † 1616. PARIS. = Miniaturiste, émailleur et graveur.

Louis. E. Fr. * 1840. Histoire. = Gabrielle de Vergy.

Louis (Daniel), et **Louis** (Liévin), fils de Daniel. E. Fl. * xvie siècle. Histoire, portrait. = Peintres sur verre. = Daniel, habile peintre sur verre, florissait en 1522. Il peignit les vitraux des églises d'Eckerghem, Mendonck et Wondelghem. Ces commandes lui avaient été faites par Liévin Huguenois, abbé de Saint-Bavon. Un des chefs de la corporation, en 1532, 1535, 1536-1537. Liévin travailla, avec Luc de Heere et Liévin Vander Schelde, aux décorations pour l'arrivée et l'inauguration comtale de François de France, duc d'Alençon et d'Anjou, en 1582.

Louis (Léonard-François). E. H. 1698-1786. LA HAYE. Portrait. = D'origine française; son père était venu de Sédan en Hollande pour fuir la persécution religieuse; élève de P. Van Cuyck, du vieux J. Vollevens, et, plus tard, à Paris, du peintre De Troy.

Louis (Maître). E. Es. * 1445. Histoire. = Travailla au monastère de Sainte-Marie de Naxera.

Louis Perugino. V. Scaramuccia.

Loup (Remacle Le). E. Fl. * xviiie siècle. SPA. Paysage. = Son fils Antoine s'est fait, ainsi que son père, une bonne réputation par ses dessins de paysages à la sépia. Les illustrations de l'ouvrage *les Délices du pays de Liége*, sont dessinées et gravées par lui. Il s'est distingué dans son genre.

Lourdel ou **Lourdelet** (Philippe). E. Fr. * xviie siècle. = Cité par de Marolles.

Loureiro (François de Sousa). E. Es. 1764-1844. = Directeur de l'Académie des beaux-arts de Lisbonne.

Lousteau (Jacques-Joseph-Léopold). E. Fr. * 1842. SARRELOUIS. Histoire. = Jésus-Christ parmi les docteurs.

Louterbourg. V. Lutherburg.

Louw (Pierre). E. H. * 1765. AMSTERDAM. Histoire. = Elevé à la maison luthérienne des orphelins. Donna des leçons de dessin; fut pendant plusieurs années directeur de l'Académie d'Amsterdam. On dit qu'il a été le premier maître de Jacques Cats; vivait encore en 1794. = Beau dessin. Grande pureté. Graveur.

Lover (Pierre). E. H. * xviie siècle. Peintre sur verre. = Florissait à Rotterdam. = Peignait des panneaux héraldiques.

Lover (Samuel). E. An. DUBLIN. 1797-1868. = Peintre miniaturiste. Egalement littérateur.

Loves (Mathieu). E. I. * XVIIe siècle. Histoire. = Elève de Guerchin.

Lovinfosse (de). E. Fl. * 1800. Liége (?). Histoire. = Peintre restaurateur connu par de bonnes copies.

Lowe (Maurice). E. An. † 1793. Histoire. = Fils naturel de lord Sunderland. Travailla à Rome, revint à Londres où il finit misérablement ses jours. = Le déluge.

Lowenstein (Henri). E. Al. 1808. DANTZIG. Histoire, genre. = Elève de Hensel. = La leçon du grand-père. — Henri IV fuyant au delà des Alpes.

Loyer (Nicolas). E. Fl. 1625-1681. ANVERS. Histoire. = Il travailla toute sa vie pour des souverains étrangers.

Loy le Hinxt. E. Fl. * 1342. YPRES.

Loys (Jean). E. Fl. * XVe siècle. Histoire. = Reçu franc maître de Saint-Luc, à Anvers, en 1460. Doyen de la corporation en 1476, 1485 et 1490.

Loys (Pierre). E. Fr. * 1504. Histoire. = Travailla au château de Gaillon où il exécuta des tableaux pour le pavillon du jardin,

Loyseau (Jean). E. Fr. * 1418. TOURS. Histoire, ornements.

Loza (le licencié don Juan). E. Es. * XVIIIe siècle. Portrait. = Etabli à Madrid.

Luard (John D.). E. An. 1830-1859. Genre, scènes militaires.

Lubbers (Guillaume). E. H. 1755-1834 (?). EN GRONINGUE. Ornements, portrait. = Il n'était d'abord que peintre en bâtiments; mais il réussit, à force d'études, à s'élever jusqu'au genre du portrait. = Dessinateur.

Lubin (Colin). E. Fr. * XVe siècle. = Peintre employé, en 1479, avec Guillaume Mauselement (Mosselman ?) par le chapitre de Rouen.

Lubinietzki (Christophe), frère de Théodore. E. H. 1659-1729. STETTIN. Portrait, genre. = Etudia d'abord à Hambourg, puis vint, en 1675, à Amsterdam, y fut élève d'A. de Backer et de G. de Lairesse et y resta jusqu'à sa mort. = Espagnol humant une prise et offrant sa tabatière à un fumeur hollandais, Copenhague. — Les joies de la table, *ib.* = Excella dans son genre. Graveur.

Lubinietzki (Théodore), frère de Christophe. E. Al. 1653-1720. CRACOVIE. Histoire, paysage. = Fit ses premières études à Hambourg, puis vint à Amsterdam où il devint élève de A. de Backer et de Gérard de Lairesse. Il fut comblé d'honneurs par le duc de Toscane et par les cours d'Allemagne. Mort en Pologne où il était revenu en 1706. = Graveur.

Luc (Frère). E. Fr. 1613-1685. AMIENS. Histoire. = Nommé quelquefois frère Lucas de La Haye. Religieux de l'ordre des Récollets. Elève de Vouet; voyagea en Italie. = Tableaux à Amiens.

Luc (saint), l'évangéliste. 37 ans après Jésus-Christ. = On croit qu'il fut peintre. Il est reconnu que les madones de Bologne qu'on lui attribue sont des peintures du moyen-âge.

Lucas. E. H. * XVIe siècle. Histoire. = Florissait à Utrecht.

Lucas. E. Fr. * 1822. Paysage. = Vue du Campo-Vaccino. — La visite du petit frère.

Lucas (A.). E. Al. * XIXe siècle. = Graveur.

Lucas (Auger). E. Fr. 1685-1765. Histoire. = Membre de l'Académie, en 1722.

Lucas (J.). E. An. * XIXe siècle. Portrait.

Lucas (Jean). E. H. * XVIe siècle. = Vivait à Delft. Cité par Van Mander pour avoir donné des leçons à Martin Heemskerk.

Lucas (Jean-Paul). E. Fr. † 1808. TOULOUSE. = Fils du statuaire Pierre Lucas. = Artiste médiocre. Créateur du musée de Toulouse.

Luca Santo. E. I. * XIe siècle. FLORENCE. Histoire. = Ayant embrassé la vie religieuse, il vécut dans cet état avec une telle perfection qu'il mérita le nom de Saint. = La Vierge et l'enfant Jésus, Bologne (attribué). = Plusieurs peintres du même nom existèrent à différentes époques, toutes très reculées : ce sont eux qui exécutèrent les images de la Vierge attribuées à saint Luc par la tradition.

Lucatelli (André). E. I. † 1741. ETATS ROMAINS. Paysage, architecture, bambochades et genre. = Contemporain de Paul Anesi, qui lui donna des conseils. Mort à Rome. = Paysages, Rome. — Paysage, Londres. — Paysage avec animaux et figures, Paris. — Paysage, Copenhague. = Masses disposées avec vigueur; figures gracieuses; dans ses tableaux de genre et de bambochades, il eut deux manières : la première bonne mais dans la seconde il employa des teintes délicates et montra une imagination piquante. — Ventes : V. de Heineken (1757), *paysage au soleil couchant*, 2,400 liv.

Lucatelli ou **Locatelli** (Pierre). E. I. * 1685. ETATS ROMAINS. Histoire. = Les uns le croient élève de Ciro Ferri, les autres de P. de Cortone; reçu à l'Académie de Saint-Luc, en 1690. = Ton de couleur franc et décidé.

Lucchese (le). V. Ricchi.

Lucchesino (le). V. Testa.

Lucena (don Jacq.) E. Es. † 1650. Portrait. = Elève de Velasquez de Silva; mort assez jeune, à Madrid. = Imita son maître dans le portrait qu'il peignit très ressemblant.

Luciano (Sébastien), dit **Fra Sebastiano del Piombo.** E. I. 1485-1547. VENISE Histoire, portrait. = Elève de Jean Bellini

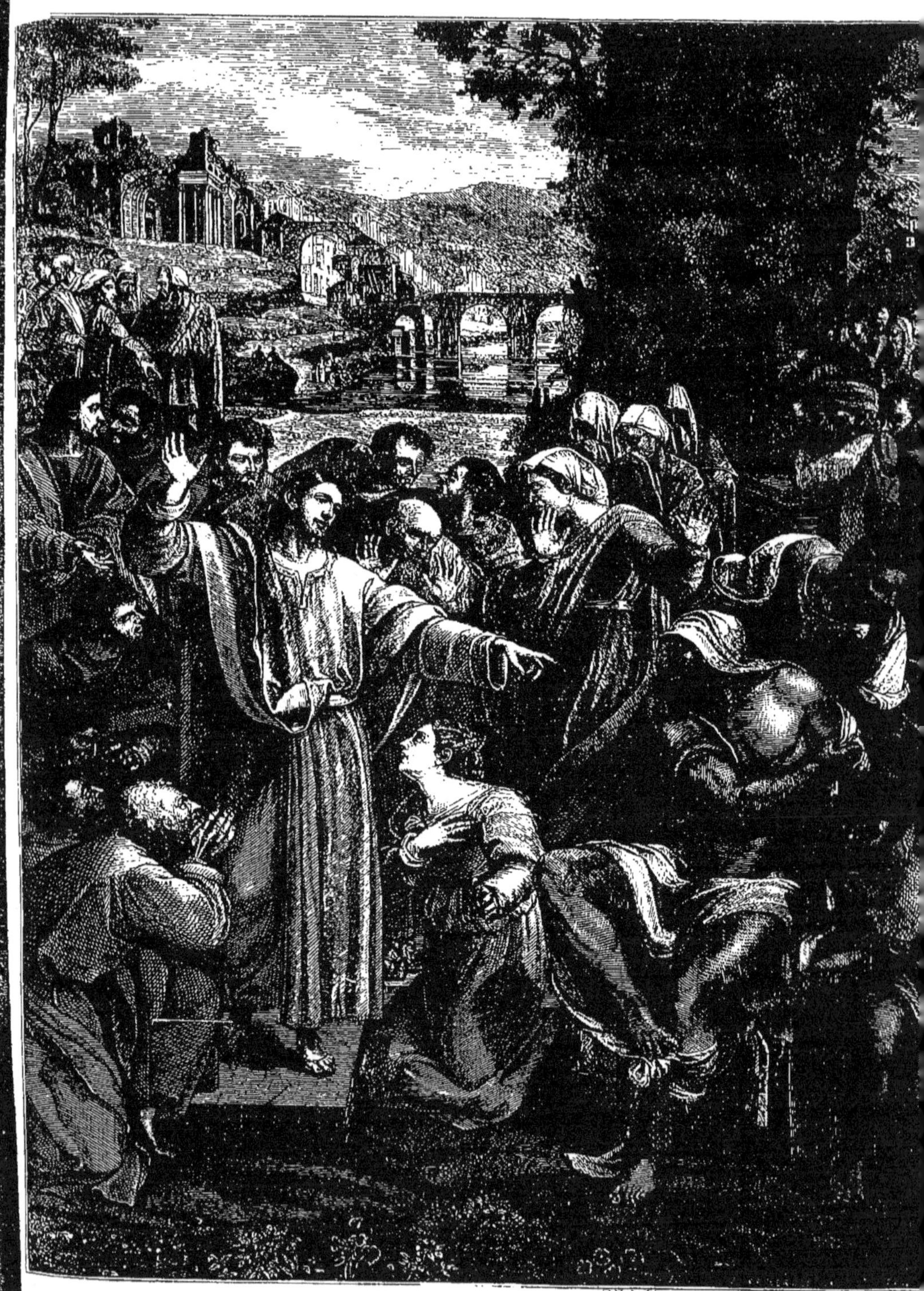

La résurrection de Lazare. Par Sebastian [illegible] dit del Piombo. Galerie national à Londres.

puis du Giorgion; embrassa la vie religieuse et reçut son surnom lorsqu'il fut pourvu de la charge de scelleur des brefs à la chancellerie pontificale; s'appliqua d'abord à la musique; abandonna cet art pour la peinture; se rendit à Rome, y fut protégé par Michel-Ange et peignit en concurrence avec B. Péruzzi et Raphaël lui-même; cette dernière rivalité avait été suscitée par Michel-Ange, que son génie ne mettait pas à l'abri d'un peu de jalousie; mais Sébastien ne pouvait lutter avec le grand peintre, et ce ne fut qu'après la mort de Raphaël qu'il fut placé au premier rang. = Sainte Famille, Naples. — Portrait d'Alex. Farnèse, *ib.* — Portrait d'Anne de Boleyn, *ib.* — Portraits, *ib.* — Circoncision, Venise. — Portrait de l'amiral André Doria, Rome. — La flagellation (Dessin de Michel-Ange), *ib.* — Portrait d'un guerrier, Florence. — Martyre de sainte Agathe, *ib.*—Portrait d'homme, *ib.* — Résurrection de Lazare, Londres. — Portrait du cardinal Hippolyte de Médicis, *ib.* — Portrait du peintre, *ib.* — Portrait de Julie Gonzague, *ib.* — Portrait du cardinal Polus, Saint-Pétersbourg. — Les trois géomètres orientaux (Avec le Giorgion), Vienne. — Portrait d'homme, *ib.* — Jésus-Christ portant la croix, Madrid. — Jésus-Christ aux limbes, *ib.* — Jésus-Christ aidé par Simon de Cirène, *ib.* — Saint Nicolas en habits pontificaux, Munich. — Portrait de l'Arétin, Berlin. — Jésus-Christ crucifié, *ib.* — Portrait d'homme, *ib.* — Le Christ mort, *ib.* — La Vierge visite sainte Elisabeth, Paris. — Portrait de Baccio Bandinelli, *ib.* — Jésus-Christ couronné d'épines, Nantes. = Imita parfaitement le ton de couleur et le vaporeux du Giorgion. Ressemblance parfaite, coloris vigoureux, beaucoup de douceur et de grâce; relief, vérité et vie extraordinaires dans le portrait; draperies heureuses et terminées avec soin; peu d'imagination; carnations fraîches; accessoires variés et admirablement rendus; un des premiers coloristes de son temps; le dessin laisse quelquefois à désirer, excepté pour les têtes et les mains. Peignit quelques tableaux sur pierre et grava sur pierres fines. — Ventes : Northwich (1859) *Querelle d'amoureux*, on prétend que ce sont les portraits de Raphael et de la Fornarina), 3,900 fr. Guilaume II, (1850). *Le Christ au tombeau*, 29,600 florins.

Luciano (Guillaume), dit **Guilielmo Milanese** ou **Guillaume della Porta,** frère de Sébastien. E. I. ' 1568. Histoire. = Elève de Perin del Vaga pour le dessin; acheva les travaux commencés par son frère à la cour pontificale. = Célèbre sculpteur.

Lucidel (Nicolas), dit **Neufchatel.** E. Fl. † 1600. MONS. Portrait. = Ce peintre mourut à Nuremberg où il s'était probablement établi. Waagen le fait fleurir en 1561, dans son catalogue du Musée de Berlin. Il est à remarquer que Lucidel fut en 1539 élève de P. Coucke, à Anvers, sa naissance doit donc remonter à 1520 environ. = Portrait d'un jeune homme, Vienne. — Portrait d'homme, Berlin. — Le mathématicien instruisant son fils, Munich (Chef-d'œuvre). = Grand artiste; beaucoup de vérité.

Luckx ou **Lucke.** V. Luycks.

Lucotte de Champmont (Anne-Alex.). E. Fr. ' 1830. PARIS. Histoire, portrait. = Elève de Delorme. = Assomption.

Lucy. E. Fr. ' 1840. METZ. Paysage à l'aquarelle. = Vue des Alpes.

Lucy (Charles). E. An. † 1873. HEREFORD. Histoire. = Départ des premiers puritains pour l'Amérique. — Nelson.

Lucy (Charles). E. An. 1692. LONDRES. Portrait. = Elève de C. Cignani, en Italie.

Ludius (Marcus). 100 ans av. J.-C. ROME. Marine, paysage et figures. = Acquit une grande célébrité sous le règne d'Auguste; embellit la plupart des maisons de campagne des productions de son pinceau. Il acquit le droit de bourgeoisie chez les Ardéates, en récompense des travaux qu'il avait exécutés chez eux. Quelques historiens pensent que ce Marcus Ludius est le même que Clétas, c'est une erreur. Un autre Ludius (Marcus) a fleuri en Etrurie plusieurs années avant la fondation de Rome. = Invention fine, agréable et hardie; substitua la fresque à l'encaustique.

Ludwig (Augustine). E. Al. 1834. GRUFENTHAL. Genre. = Bonheur maternel.

Ludwig (Charles). E. Al. 1839. ROMHILD. Paysage.

Lueger (Michel). E. Al. 1804. MUNICH. Paysage.

Luffoli. V. Laffoli.

Lugardon (Jean-Léonard). E. Al. 1801. GENÈVE. Histoire, paysage. = Elève de Gros et d'Ingres. = Arnold de Melchtal. — Vallée de Gruyère.

Lugaro (Vincent). E. I. ' 1600. UDINE. Histoire. = Détails inconnus.

Lugo (Emile). E. Al. 1840. STOKACH. Paysage. = Elève de Schirmer.

Luigi (André), dit **L'Ingegno** et **André D'Assise.** E. I. ' 1510. ASSISE. Histoire, portrait. = Il a été commis plusieurs erreurs à propos de cet artiste; il travailla avec le Pérugin, peut-être, mais il fut plus probablement élève de Nic. Alunno. Le fait que Luigi serait devenu aveugle n'est appuyé sur aucun document. En 1510, il fut nommé syndic du magistrat, et, en 1511, caissier pontifical d'Assise. Il parait être mort très vieux. = La

Vierge et l'Enfant, Berlin (Attribué).— Sainte Famille, Paris. = Figures d'une expression remarquable.

Luiken (Jean). E. H. 1649. Intérieurs, allégories. = Elève de M. Zaagmolen. Il abandonna la peinture pour le dessin et la gravure, et acquit, dans ce dernier genre, une grande célébrité; le nombre de ses gravures est incalculable.

Luini (Bernard), nommé quelquefois **Luvino** ou **Luvini.** E. I. ' 1500. BOURG DE LUINO (Près du lac Majeur). Histoire, portrait. = Elève de Scotto; on prétend qu'il naquit vers 1460; mais nous pensons, ou qu'il faut avancer de beaucoup cette date, car ses deux fils, Aurèle et Evangéliste, vivaient encore en 1584, ou bien que Bernard n'est pas le père des deux artistes que nous venons de citer; en 1500, Luini était déjà un maître distingué. Quelques auteurs le font élève de L. de Vinci, mais cette assertion est fort douteuse; se rendit à Rome, y étudia Raphaël avec ardeur et succès; passionné pour son art, de mœurs douces et faciles; renommé comme bon poète aussi bien que comme grand peintre. = La Vierge et l'Enfant Jésus adoré, Milan. — Saint Jean, Naples. — La Vierge glorieuse, *ib.* — Jésus-Christ à la colonne, Rome. — La Vierge, l'Enfant Jésus et saint Jean, Florence. — Hérodiade recevant la tête de saint Jean, *ib.* — Sainte Catherine, Londres. — Même sujet, Munich. — Vierge allaitant, *ib.* — Sainte Famille, *ib.* — Même sujet, Paris. — Le sommeil de Jésus, *ib.* — Salomé recevant la tête de saint Jean, *ib.* — Même sujet, Madrid. — La Vierge et l'Enfant, Berlin. — Naissance de Jésus, *ib.* — Tête de Vierge, *ib.* — Tableaux et fresques, Brescia. = Têtes pleines de vie, d'expression et de mouvement; idées naturelles, draperies vraies, style de la plus admirable simplicité; soigneuse observance des mœurs et costumes de l'antiquité; dessin, coloris et carnations de L. de Vinci et grâce de Raphaël. = Ventes : V. Mathieu de Faviers (1837), *La Vierge et l'Enfant Jésus*, 1,400 fr. — V. Guillaume II (1850), *Sainte Famille*, 15,500 florins. — V. Northwick (1859), *La Vierge et l'Enfant Jésus*, 5,200 fr. — V. Montbrun (1861), *Saint Jean-Baptiste*, 2,000 fr. — V. Salamanca (1867), *Sainte famille* (Avec fond de rochers), 6,000 fr.

Luini (Aurèle), fils de Bernard. E. I. ' 1550. MILANAIS. Histoire, portrait, paysage et perspective. = Elève de son père; vivait encore en 1584. Quelques-uns donnent pour dates certaines 1530-1593. = Sainte famille, Florence. — Madeleine, *ib.* — Portrait de femme, *ib.* — Jésus-Christ, couronné d'épines, Berlin. = Anatomie savante; excella dans le paysage et la perspective; style maniéré, idées communes; mouvements peu naturels.

Luini (Evangéliste), fils de Bernard. E. I. ' 1550. Histoire, portrait et ornements. = Vécut jusqu'à la fin du XVIe siècle. = Excella dans les ornements.

Luini (Jules-César). E. I. ' XVIe siècle. VARALLO. Histoire. = Elève de G. Ferrari.

Luini (Pierre). E. I. ' 1560. = Parent des trois Luini.

Luini (Thomas), dit **Le Caravaggino,** E. I. ' XVIIe siècle. ROME. Histoire. = Elève du Sacchi; travailla à Rome; hérita du caractère sombre du Caravage, son modèle. = Dessin sec, coloris forcé.

Lulvès (Jean). E. Al. 1834. MULHAUSE (France). Histoire, genre. = Elève de Stefferk. = Meurtre de Rizzio.

Luminais (Evariste-Vidal). E. Fr. 1821. NANTES. Genre, histoire, portrait. = Elève de Léon Cogniet. = Les pilleurs de mer. — Mort de Chramm.

Lund (F.-C.). ' XIXe siècle. Histoire, batailles. = Peintre danois. = Episode de la bataille de Fredericia (1849), Copenhague.

Lund (J.-L.). E. Al. 1777-1867. Histoire. = Peintre danois; séjourna à Rome, en 1810. = Les Grecs abandonnant Troie, Copenhague.— Les trois divinités des destinées humaines, *Urdr*, *Verdandi* et *Skuld*, *ib.*

Lund (Troels). ' XIXe siècle. Décors. = Peintre danois.

Lundberg (Gustave). E. Al. 1694-1785. SUÈDE. Portrait, histoire au pastel. = De l'Académie française des beaux-arts. Mort à Stockholm. = Portraits, Stockholm.

Lundbye (J.-T.). E. Al. 1818-1848. Paysage, animaux. = Peintre danois. = Contrée au nord de Sielland, Copenhague. — Golfe d'Isseflord, *ib.* — Intérieur d'une étable, *ib.* — Train de bœufs dans la campagne de Rome, *ib.* — Le rendez-vous des vaches dans les pâturages de la terre de Vognserup, *ib.*

Lunde. E. Al. ' XIXe siècle. Paysage. = Peintre danois.

Lundens (Gerrit). E. H. ' 1660. Intérieurs, scènes villageoises, portrait. = Deux intérieurs villageois, Dresde. — Assemblée de paysans joyeux, Rotterdam. — Paysans et paysannes autour d'une table, *ib.* — Portrait de Reier Pietersz Elias, en garde bourgeois, *ib.* — Intérieur, Hanovre. = Genre de Metzu et de Brakenburg; peintre très estimé. = Ventes : V. Stange (1879), *Noce de paysans*, 2,750 francs.

Lundgren (Egrant-Sellif). E. Al. 1816-1875. STOCKHOLM. Paysage, aquarelle. = Peintre, linguiste et écrivain suédois de talent; étudia à Paris, résida en Italie, en Espagne, en

Egypte, aux Indes et en Angleterre. Mort à Stockholm.

Lunghi (Antoine). E. I. † 1757. BOLOGNE. Histoire. = Elève de J. dal Sole; séjourna à Venise, à Rome et dans le royaume de Naples.

Luntenschütz (Jules). E. Al. 1822. BESANÇON. Genre, histoire. = Elève de Ph. Veit et d'Alaux.

Luny (Thomas). E. An. 1758-1837. Marine. = Bombardement d'Alger.

Lupicino. V. Lopicino.

Lustichuys, Lutkenhuysen ou **Luttichuys** (Simon). E. H. * 1656. Portrait. = La dernière manière dont nous orthographions ce nom semble être la bonne, sans toutefois qu'on puisse rien affirmer; on sait combien peu, à cette époque, on s'attachait à la manière d'écrire son nom. Les gravures qui nous restent d'après des portraits de cet artiste, permettent de supposer qu'il alla s'établir en Angleterre et qu'il y obtint beaucoup de succès. = Peintre très estimé de son temps. = Ventes : V. Koucheleff (1869), *Portrait d'homme* (Daté de 1641) 4,700 francs.

Lusurier (Catherine). E. Fr. † 1781. Portrait. = Elève d'Hubert Drouais; morte jeune, à Paris. = Portrait de Jean-Germain Drouais, dessinant, Paris. (Avec l'inscription suivante, au fond, à droite : *Ætatis suæ XV Lusurier*, PXIT.)

Lutel (Jérémie de). E. Fr. * XVIIe siècle. Histoire. = Troisième prix de l'Académie royale de peinture de France, en 1682, avec son *Caïn bâtissant la ville d'Henoch*. Peintre du roi.

Lutgendorff (Ferd. baron de). E. Al. 1785. WURTZBOURG. Histoire, portrait. = Graveur.

Lutherburg (Phil.-Jacques), le vieux. E. Al. 1698-1768. Miniature. = Vint de Bâle s'établir à Strasbourg où l'on voit plusieurs de ses tableaux. Graveur.

Lutherburg (Phil.-Jacques), le Jeune, fils de Philippe-Jacques, le Vieux. E. Al. 1740-1812. STRASBOURG. Batailles, paysage, chasses, etc. = Son père l'emmena à Paris, en 1755, et le plaça chez Casanova; membre de l'Académie de peinture de Marseille et de celle de Paris, en 1768. En 1771, il s'établit en Angleterre et y fut également nommé membre de l'Académie royale, en 1779. S'établit à Chiswick et y mourut. = Tempête sur mer près des côtes (Architecture de Pierre de Machy, peintre français), Vienne. — Paysage du Cumberland, Londres. = Ventes : V. La Live de Jully (1770), *Bataille*, 200 l. — V. Dubarry (1774), *Marine*, 600 l. — V. Clos (1812), *Gros de cavalerie*, 350 fr. — V. Saint-Victor (1823), *le Four à chaux*, 100 fr. — V. Raguse (1857), *le Départ*, 795 fr.

Luti ou **Lutti** (le chevalier Benoit). E. I. 1666-1724. FLORENCE. Histoire, portrait. = Elève du Gabbiani; se rendit jeune à Rome, y étudia l'antique avec ardeur et y reçut les leçons de Ciro Ferri; protégé par le pape Clément XI, qui le nomma chevalier et lui fit beaucoup de commandes; ce fut alors que Luti exécuta un grand nombre d'ouvrages au pastel qu'il terminait avec une extrême facilité. = Le prophète Isaïe, Rome. — Moïse sur le Nil, Florence. — Tête de jeune fille, *ib.* — Le Christ, Dresde. — Mater dolorosa, *ib.* — Portrait de Jacques Stuart, Londres. — Madeleine au désert, Saint-Pétersbourg. — Saint Charles Borromée communiant les pestiférés, Munich. — Deux Madeleine, Paris. — Même sujet, Rotterdam. = Formes délicates et choisies, couleur claire, bonne entente du clair-obscur, beaucoup d'harmonie. On connaît deux estampes gravées par Luti. = Ventes : V. Heineken (1757), *Daphné invoquant le fleuve Penée*, 1,500 liv. — V. Diaz (1861), *Madeleine en prière*, 1,200 fr.

Lutighuys (Laurent). E. H. * XVIIe siècle. Portrait. = Kramm, qui a trouvé ce nom sous un portrait bien fait, suppose que l'auteur pourrait avoir été apparenté à Simon Lustichuys (V. ce nom). Toutefois, Kramm fait remarquer que la manière de peindre annonce une époque plus moderne que celle de Simon. Il y eut encore un Martin Ludichuysen, reçu dans la gilde de Saint-Luc, à Alkmaar, en 1653. On ignore s'il était apparenté à Simon et à Laurent et on ne connaît rien de lui.

Lutke (Edouard). E. Al. 1801. BERLIN. = Marine.

Lutti. V. Luti.

Luttringshauzen (Z. Henri). E. Al. * 1825. MULHOUSE (Haut-Rhin). Aquarelle. = Vue de Ringenberg (Suisse). — Vue de Fluelen (Suisse).

Luvini ou **Luvino.** V. Luini.

Luycks (Chrétien). E. Fl. * 1641. Fleurs. = Reçu franc-maître de Saint-Luc, à Anvers, en 1644-45. Il règne une obscurité presque complète autour de ce nom qui cependant doit avoir appartenu à un artiste de grand mérite. Le nom n'est pas toujours rendu de même : le catalogue de Madrid dit Caritian Luyks et ajoute qu'il ne sait rien de ce peintre sinon qu'il appartenait au XVIIe siècle. Le catalogue de Terwesten cite un tableau de fleurs de grand fini de Christiaan Luyks. Fiorillo recommande de ne pas confondre Frans Luyks avec Frans Leux (Luyx van Luxenstein). Enfin dans la *Revue universelle des Arts*, T. III, p. 58, dans le relevé des tableaux de la Galerie de Varsovie, nous trouvons l'intéressante note suivante qui nous paraît se rapporter à

Luyks : « Le Temps sous les traits d'un vieil- » lard tient un sablier. Demi figure. Signé : » « Dr. F. 1650. » Pour la beauté du travail, il » égale presque les peintures de G. Dow. Cette » figure forme le milieu du tableau et est » entourée de toutes parts par une espèce de » couronne de fleurs, les plus belles et les plus » variées, exécutées d'une manière supérieure. » signé: « *Carstlan Luckx fec. in.* » Au revers » du tableau se trouve un écriteau ainsi conçu : » Tableau par *Carfsan Lucke* (sic) et le Temps » par D. F. Ces lettres se trouvent dans le » fond du tableau à gauche. Il avait été » acheté après Brumckau pour 1,050 florins » d'Hollande. » Evidemment l'écriteau copie inexactement les noms, et, quant à la signature rendue par la note de la *Revue*, *Carstlan Luckx* nous paraît bien devoir être Chrétien ou Christian Luykx ou Luickx mal copié ou interprété. = Tableaux de fleurs, Madrid. — Le Temps au milieu des fleurs, Varsovie (Fleurs par Luyckx).

Luyx van Luxenstein (François), dit **Leux.** E. Fl. 1604. ANVERS. Histoire, portrait. = Appartient à l'école de Rubens. Visita l'Italie et s'établit à Vienne où il fut nommé peintre de la cour et directeur des galeries de tableaux de l'empereur Ferdinand III qui l'anoblit. Mort à Vienne. Il eut deux fils qui cultivèrent également la peinture. = Portrait du cardinal Charles-Ferdinand, Infant d'Espagne, Vienne. — Allégorie sur le néant des grandeurs humaines, *ib.* — Portrait en pied de l'archiduc Léopold-Guillaume, Stockholm.

Luz (Jean). E. H. Histoire. = Détails inconnus. Cité dans le catalogue de Hoet comme auteur d'un *Saint Paul ravi au troisième ciel*, vendu en 1730, pour la somme de 230 florins.

Luzio. E. I. ' 1530. ROME. Histoire, portrait. = Elève de P. del Vaga; travailla au Vatican, d'après les cartons de son maître. = Exécution habile.

Luzzo (Laurent). E. I. ' 1511. FELTRE. Histoire. = Contemporain et compagnon (D'autres disent domestique) de Pierre Luzzo da Feltro; se distingua dans ses travaux à Venise. = La Vierge et l'Enfant et autres saints, Berlin (Signé : Lavrentivs Lvcivs Feltrensis faciebat 1511). = Excellait dans les fresques; possédait un beau talent pour les tableaux à l'huile; dessin correct, belles formes, coloris vigoureux.

Luzzo (Pierre), dit **Zarato,** ou **Zarotto,** ou enfin **Morto da Feltro.** E. I. 1460 (?)-1505 (?). FELTRE (Marche Trévisane). Histoire, portrait. = Se rendit fort jeune à Rome et y eut du succès, ainsi qu'à Florence et dans plusieurs autres villes d'Italie; séjourna à Venise et eut l'honneur d'y être associé au Giorgion; fit quelques tableaux dans sa ville natale, abandonna la peinture vers l'âge de 40 ans, embrassa l'état militaire et périt dans une émeute, à Zara. = Allégorie sur la paix et la guerre, Berlin. = Dessinateur habile; pendant son séjour à Rome il y peignit beaucoup de bambochades.

Lybaert (Théophile). E. Fl. 1848. GAND. Histoire, genre. = Elève de l'Académie de Gand. = Que fûtes-vous, roi ou mendiant? — Madame Sainte-Elisabeth de Hongrie.

Lybergen (Gisbert Van). E. H. LA HAYE. † 1661. Genre.

Lyeder (Loiset). XVe siècle. Miniature. = Enlumineur. Exécuta, dans la *Bible moralisée*, vingt histoires, en 1467; porté en 1470, sur le registre des libraires de Bruges; peignit cinquante et une histoires dans le premier volume de Regnault de Montauban.

Lyen. V. Deslyens.

Lyevin (Varin). E. Fr. ' 1512. TROYES. = Exécuta de magnifiques vitraux dans plusieurs églises de Troyes. Il eut un fils verrier comme lui.

Lyn (Jean Vander). 1776. ETAT DE NEW-YORK. Paysage, portrait. = Etudia en France.

Lynhoven (D. V.). E. H. ' XVIIe siècle. HAARLEM. Portrait. = Auteur du portrait du prêtre Nomius, gravé par Matham et très rare; cet ecclésiastique mourut en 1626. Un Nicolas Lynhoven, qui ne vivait plus en 1702, fut également artiste.

Lynker (Anna). E. Al. 1834. VIENNE. Paysage. = Elève de Schirmer et de Flamm.

Lyon (Henri de). E. Fl. ' 1843. Genre.

Lys (Jean Vander). E. H. 1600-1657. BREDA. Histoire, paysage. = Elève de Poelenburg. Mourut à Rotterdam. = Actéon changé en cerf, Berlin. — Paysage avec figures et animaux, *ib.* — Paysage : Pan et nymphes, Munich. — Paysage montagneux avec baigneuses, Rotterdam. — Paysage : le bain de Diane et de ses nymphes, Copenhague. = Il suivit son maître de si près, pour le coloris, le fini et le choix des sujets, qu'il est souvent difficile de distinguer leurs tableaux. Graveur.

Lysarde (Nic.). E. An. † 1570. Histoire. = Sergent-peintre d'Henri VIII et d'Edouard VI.

Lysippe. 410 ans av. J.-C. EGINE. = Cité par Pline, mais d'une manière problématique.

Lyversberg. V. Maître de Lyversberg.

M

Maas (Adrien). E. H. XVIIe siècle (?). ROTTERDAM. Genre, paysage. = Cité par Van Spaen, probablement parent de Gérard et de Pierre le paysagiste, tous deux florissant à Rotterdam.

Maas (Gérard ou Gerrit). E. H. XVIIe siècle. ROTTERDAM. Genre, paysage. = Allié, dit-on, au précédent et à Pierre de Rotterdam et cité par Van Spaen.

Maas (Jean), le Vieux. E. H. 1631-1699. ALKMAAR. Genre. = D'après Kramm, il y a des tableaux et des dessins de Johan Maas qui sont dans la manière de Nicolas, de Dordrecht, mais avec moins de talent. Il est cité par Van Eynden et Van der Willigen. A son tour, le Dr A. Van der Willigen le cite avec quelques détails. Il entra dans la gilde de Saint-Luc, en 1658, et peut-être était-il plutôt amateur car, par état, il était sacristain et chantre d'une église de Haarlem. M. Van der Willigen possède son billet d'enterrement derrière lequel il est écrit : *was een tamelyk goed schilder* (Etait un peintre assez estimé). = Manière de Nicolas Maas, mais beaucoup moins de talent.

Maas (Nicolas). E. H. 1632-1693. DORDRECHT. Intérieurs et portrait. = Elève de Rembrandt. Il fit une innombrable quantité de portraits et vécut dans l'opulence. Ses occupations ne lui permirent pas de voyager. Il fit une seule excursion à Anvers, pour y visiter ses confrères et y étudier les chefs-d'œuvre de l'école flamande. Il s'y lia avec Jordaens. Mort à Amsterdam, où il s'était établi, en 1678. = Jeune fille appuyée sur un coussin devant une fenêtre, Amsterdam.—La vieille fileuse, *ib.* (Musée V. D. Hoop ; chef-d'œuvre). — Tableau d'intérieur, Saint-Pétersbourg. — Portraits en buste d'un homme et d'une femme, Copenhague. — Un magistrat (Cats?), La Haye. — Le berceau, Londres. — La femme de ménage flamande, *ib.* — Femme descendant un escalier le doigt sur la bouche, *ib.* (Buck. Pal.). La servante paresseuse, *ib.* (Chef-d'œuvre). — Jeune fille en prières, Florence. — Portrait de jeune garçon, Rotterdam. — Portrait d'une jeune femme, *ib.* — Intérieur d'un corps de garde, Paris. — Deux portraits, Munich. — Portrait de Jean de Hert, frère hospitalier, en prières, Bruges (Hôpital). — Portrait d'Olivier de Wree, tuteur de l'hôpital, en 1653, et mort en 1660, *ib.* — Portrait de Roland de Grass, tuteur de l'hôpital, en 1633, *ib.* — La vieille liseuse, Bruxelles. = Imita avec bonheur la manière de peindre de son maître. Figures bien dessinées, couleur vigoureuse, vraie et agréable. Ressemblance heureuse ; grande naïveté ; lumière parfaitement distribuée ; beaucoup d'harmonie. Très inférieur dans sa seconde période. = Ventes : V. Dubois (1782), *Scène d'intérieur*, 852 liv. — V. Heris (1841), *le Bénédicité*, 2,350 fr. — V. Perregeaux. (1841), *Portrait d'un page*, 4,000 fr. — Vendue en 1829 et provenant d'une collection dans la province de Groningue : *la rêveuse*, du Musée d'Amsterdam, 2,000 florins. — V. Demidoff (1864) *Fermière hollandaise sonnant à une porte*, 10,750 fr. — V. de Morny (1865), *Même sujet*, 2,200 fr. — V. Herman de Kat (1866), *Intérieur. Dame cousant*, 8,100 fr. — V. Salamanca (1867), *Adoration des bergers*, 3,900 fr. — V. Stevens (1867), *La bonne ménagère*, 1,600 fr.

Maas ou **Maes** (Pierre), le Vieux. E. H.

* 1578. Genre, portrait. = D'après Brian-Stanley, il était probablement allié à Thierry Maas. Plus connu comme graveur.

Maas ou **Maes** (Pierre), le Jeune. E. Fl.(?). * XVIIe siècle. = Heller le nomme un graveur de la première moitié du XVIIe siècle. Florissait en Hollande et élève de Rubens. Ses estampes ont été confondues avec celles de Pierre, le Vieux. = Graveur de mérite; on ne sait pas s'il a peint.

Maas (Pierre) E. H. * XVIIe siècle, ROTTERDAM. Paysage, genre = Parent, croit-on, d'Adrien et de Gérard.

Maas ou **Maes** (Thierry ou Théodore). E. H. 1656-1717. HAARLEM. Chevaux, paysage, batailles. = Elève d'H. Mommers et de Nic. Berchem. Il partit pour l'Angleterre, sous le règne de Guillaume III et y eut beaucoup de succès; il y exécuta, entre autres, la bataille de la Boyne pour le duc de Portland. En 1701, nous le trouvons inscrit sur les livres des ordonnances du prince Frédéric-Henri, pour une *Chasse au cerf*, qui lui fut payée 80 flor. Le 12 avril 1718, on vendit à Haarlem, ses collections artistiques. = Vue d'un camp, Rotterdam. — Paysage italien (Figures de Lingelbach), *ib.* = Il abandonna le paysage pour peindre des chevaux et des batailles dans le genre de Hugtenburg. Graveur.

Maas (Jean), le Jeune. E. H. 1655-1690. HAARLEM. Paysage, chevaux, batailles, campements. = Il était fils d'un Pierre Maas sans que l'on sache si son père fut artiste, et cousin germain de Thierry, qui fut probablement son maître. = Peintre de talent; excellait dans la peinture des chevaux, haltes, batailles, campements, etc.

Maas (Arthur Van). E. H. 1620 (?)-1664. GOUDA. Foires et noces campagnardes. = Elève de D. Teniers; voyagea en Italie et en France. De retour dans son pays, il y décéda peu de temps après. = Intérieur d'un corps de garde, Paris. = Il travailla dans la manière de son maître; imitation heureuse de la nature. Graveur.

Maas (Conrad Vander). E. H. * 1590. Portrait. = Travaillait à Leyde et fut le maître de George Van Schooten. En 1645, les vieux registres de la gilde de Saint-Luc, à la Haye, renseignent un Conrad Vander Maes, reçu en cette année comme peintre. Un Conrad Maas, sculpteur, selon Kramm, fut un des adhérents de la nouvelle confrérie PICTURA, en 1656. Ces Maes nous paraissent ne pouvoir être confondus avec le maître de Van Schooten.

Maas (E. Vander). V. Kryns Vander Maas.

Maassen (Théodore). E. Al. * 1840. AIX-LA-CHAPELLE. Genre. = Moine et pèlerin dans un paysage.

Maaten (J. J. Van der). E. H. † 1879.

Mabuse. (V. Gossaert).

Mabuseo (Nicolas-Ranieri). E. I. * XVIIe siècle. Histoire. = Elève de Manfredi, à Rome. = Talent gracieux quoique vigoureux. Quatre de ses filles cultivèrent le même art et eurent beaucoup de succès à Venise. Angélique et Anne resterent auprès de leur père; Clorinde épousa le Vecchia, et Lucrèce un peintre français.

Macabré E. Fr. = Ce nom est celui d'une famille d'artistes qui a eu quelque célébrité en France. Voici les principaux : *Jean Ier* * 1500 TROYES. Histoire, etc. = Peintre sur verre; fit également des grisailles à l'église de Saint-Pantaléon à Sens, représentant l'histoire de Daniel et des batailles. Il travailla également pour les autres églises de la ville. = Imagination fougueuse; composition savante; couleur harmonieuse. Artiste de grand mérite. = *Jean II*, fils de Jean Ier * 1560. TROYES. Histoire, etc. Travailla pour les églises du diocèse de Troyes. = Composition originale, touche ferme et spirituelle, tons vigoureux. Beaucoup d'effet et bonne perspective. = *Pierre*, fils de Jean II * 1592. TROYES. Histoire, etc. = Peintre verrier de talent. = Excellait dans les draperies. = *Nicolas*, fils de Jean II * 1591. TROYES. Histoire, etc. = Exécuta des travaux pour l'église de St-Jean de Troyes, notamment un *Martyre de S. Etienne.*

Macaré (Pierre-Joseph). E. Fr. 1758-1806. VALENCIENNES. Genre. = Elève de Louis Watteau. = Imita son maître.

Maccari (le père Domenico). E. I. * XVe siècle. Histoire. = Florissait à Taggia; le style de ses œuvres fait supposer qu'il peut avoir été élève de Corrado de Alemania. = Tableau, Taggia. = L'influence flamande se remarque fortement dans ses œuvres.

Macchi (Florio et Jean-Baptiste). E. I. * 1625. BOLOGNE. Histoire. = Elèves des Carrache. Jean-Baptiste mourut en 1628.

Macchietti (Jérôme). E. I. 1541 (?). FLORENCE. Histoire, batailles, portrait. = Elève de Michele del Ghirlandaio; surnommé del *Crocifissaio*, à cause du grand nombre de crucifix qu'il exécuta; se perfectionna à Rome, fut appelé en Espagne, revint dans sa patrie, s'arrêta à Naples et à Bénévent et laissa partout des preuves d'un talent supérieur. = Baptême de Jésus-Christ, Messine. — Médée et les filles de Pélias, Florence. — Epiphanie, *ib.* — Martyre de saint Laurent, *ib.* — Eson et Médée, *ib.* — Vue d'un bain avec figures, *ib.* = Beaucoup de délicatesse et d'expression; excellait dans le portrait. Quelques biographes le font élève de Ridolphe Ghirlandaio.

Mac-Culloch (Horace). E. An. 1806-1867. GLASGOW. Paysage.

Macé. E. Fr. Vers 1631. PARIS. Histoire. = Egalement sculpteur. Reçu à l'Académie, en 1663.

Macé de Merey. E. Fr. * XVIe siècle. PARIS. Miniature. = Cité dans un compte de 1546, pour avoir enluminé des antiphonaires de l'église de Chartres.

Machard (Jules L.). E. Fr. 1839. SAMPANS (Jura). Histoire, portrait. = Elève de Picot et de Signol. = Angélique au rocher. — Ravissement de sainte Cécile.

Machelaire (Jean de) ou de **Mechelaere.** E. Fl. * XVe siècle. = Travailla, en 1468, aux entremêts de Bruges.

Machera (Ferdinand). E. Fr. 1776. DÔLE. Portrait en miniature et aquarelle. = Elève d'A. Devosge.

Macheren (Philippe Van). E. H. * XVIIe siècle. Marine, batailles navales. = Pour mieux étudier le genre qu'il avait adopté, il s'embarqua sur la flotte de son pays, en 1672, et plus tard il navigua avec les Suédois et les Danois, pour lesquels il peignit beaucoup de tableaux. Mort à Rotterdam. On pense que plusieurs de ses ouvrages doivent se rencontrer en Suède. = Etudes consciencieuses; acquit dans les marines un talent distingué.

Machiavelli (Zenobio de). E. I. * XVe siècle. Histoire et portrait. = Elève de Benozzo Gozzoli. = Le couronnement de la Vierge, Paris (Avec l'inscription : OPUS. CENOBII. DE-MACHIAVELLIS. MCCCCLXXIII).

Machuca (Pierre). E. Es. * 1548. Histoire. = Visita l'Italie, où on assure qu'il fut élève de Raphaël ; s'établit à Grenade. = Imita Raphaël ; sculpteur et architecte.

Machy (Pierre-Antoine de). E. Fr. 1722 (?)-1807. PARIS. Paysage et architecture. = Elève de Servandoni ; reçu à l'Académie, en 1758, il en fut conseiller et professeur ; contemporain et ami d'Hubert Robert ; il eut un fils artiste dont on ignore la vie. = Les ruines d'un temple, Valenciennes. — Même sujet, Paris. = Sa manière se rapproche de celle d'H. Robert. Graveur. = Ventes : V. Blondel de Gagny (1776), *Inauguration de la place Louis XV*, 1,700 liv. — V. Thélusson (1777), *Vue du Louvre*, 1,300 liv. — V. Montesquiou-Fezensac (1872). *Vue de Paris*, 920 fr.

Mac-Jan (Robert). E. An. 1803-1856. ECOSSE. Genre, batailles. = Bataille de Culloden.

Mackensie (Samuel). E. An. 1785-1847. CROMARTY. Portrait.

Maclise (Daniel). 1811. CORK. Histoire. = Membre de l'Académie royale à Londres. Un des grands peintres de l'Angleterre. = La scène du jeu dans Hamlet, Londres. — Malvolio et la comtesse. scène extraite des Douze nuits, *ib.* = Ventes : V. Nortwick (1859) *Le mariage du comte de Pembroke avec la princesse Eva*, 42,000 fr. — Même V. *Scène d'Ivanhoé*, 33,930 fr.

Maclister (George). E. An. 1786-1812. DUBLIN. = Peintre sur verre de beaucoup de talent.

Macrino d'Alba. E. I. 1460-1520 (?). ALBA (Près de Turin). Histoire. = Quelques auteurs lui donnent, sans raison aucune, le nom de Jean-Jacques Fava. Travailla quelque temps à Rome. Surnommé l'Apelle de son siècle. = Résurrection, Pavie. — Vierge dans une gloire, *ib.* — Christ mort, Asti. — Mère des douleurs, *ib.* — Sainte Anne, Alba. — Saint François stigmatisé, *ib.* — La Vierge et l'Enfant Jésus, *ib.* = Beaucoup d'expression dans ses têtes, exécution soignée, couleur un peu sèche. Bonne entente du clair-obscur.

Madain (Jean). * XVIIe siècle. = Cité par de Marolles.

Maddersteg (Michel). E. H. 1659 (?)-1709. AMSTERDAM. Paysage, marine. = Un des meilleurs élèves de L. Bakhuyzen ; passa la plus grande partie de sa vie à la cour de Brandebourg et finit par abandonner la peinture pour le commerce de tableaux qu'il exerça dans sa ville natale jusqu'à sa mort. = Marine : la flotte de Frédéric Ier, roi de Prusse, Berlin. = Il avait de grandes connaissances dans la construction des navires. Pour la manière de peindre les vaisseaux et l'eau, il approcha de son maitre.

Maddox (Willis). E. An. 1813-1853. BATH. Histoire, portrait. = Nœmi et Ruth.

Maderno. E. I. * 1700. CÔME. Ustensiles de cuisine, fleurs; fruits, etc. = Excella dans son genre.

Madiona (Antoine). E. I. 1650-1719. SYRACUSE, Histoire. = Elève d'A. Scilla ; alla à Rome et s'y attacha à M. Preti qu'il suivit à Malte. = Style énergique et hardi.

Madonnina (François). E. I. * XVIe siècle. MODÈNE. Histoire. = Détails inconnus.

Mador (George). E. Al. 1824. STEINACH. Histoire. = Elève de Hess et de Schraudolph. = Triomphe de l'église (Fresques), Steinach.

Madorasz (Victor Von). E. Fr. * 1861. HONGRIE. Histoire. = Elève de L. Cogniet.

Madou (Jean-Baptiste). E. Fl. 1796-1877, BRUXELLES. Genre. = Elève de C. François. = Les musiciens ambulants. — Le marchand de bijoux. — La chasse au rat. — Le trouble-fête, Bruxelles. = Dessin spirituel. Coloris harmonieux.

Madrazo (José), E. Es. 1781-1859. SANTANDER. Histoire, portrait. = Elève de Gregorio Ferro, artiste des plus médiocres. Protégé par Charles IV, il suivit ce prince dans son exil, d'abord en France où il reçut des leçons de David, puis à Rome; revint en Espagne en 1819 et y reconstitua l'école nationale; s'occupa à classer la galerie du Prado et à réunir tous les chefs-d'œuvre anciens épars en Espagne. Directeur de l'Académie et du musée royal. = Le Christ devant Anne, Madrid. — L'amour divin et l'amour profane, *ib.* — Mort de Viriathe, *ib.* — Portrait équestre de Ferdinand VII, *ib.* = Formes raides de l'école de David : dessin sec; coloris énergique et harmonieux.'

Madrazo (Frédéric), fils de José. E. Es. 1815. ROME. Histoire, portrait. = Elève de son père. Directeur de l'Académie de Madrid. = Vision de Godefroid de Bouillon. — Saintes femmes au tombeau.

Madrazo (Louis), fils de José. E. Es. ' 1860. Histoire, portrait. = Elève de son père. = Enterrement de sainte Cécile dans les catacombes de Rome.

Madsen (P.). E. Al. ' 1847. Paysage et animaux. = Peintre danois. = Vaches dans un pré, Copenhague.

Maella (don Mariano Salvador). E. Es. 1739-1819. VALENCE. Histoire, paysage et marine. = Elève de Gonzalez pour la peinture et de Castro pour la sculpture; directeur général de l'Académie de Saint-Fernand et premier peintre du roi. Mort à Madrid. = Le printemps, Madrid. — L'été, *ib.* — L'automne, *ib.* — L'hiver, *ib.* — Ascension, *ib.* — La cène, *ib.* — Marines, *ib.*

Maere (Wauhier Van). E. Fl. ' XIVe siècle. Décorations. = Peintre à Bruges. Exécuta des peintures décoratives dans la maison échevinale de cette ville, en 1309-1310.

Maertelaere (Louis de). E. Fl. 1819-1864. Paysage.

Maes (Godefroid). E. Fl. 1649-1700. ANVERS. Histoire, genre. = Elève de son père Godefroid, dont les biographes ne citent que le nom et qui mourut en 1679 et de Pierre Van Lint, le Vieux, en 1664-65. Reçu franc-maitre de Saint-Luc, en 1672, il en fut doyen en 1683-84. En 1694, il fit le dessin pour la planche dont les exemplaires étaient distribués annuellement lors des offices solennels de Saint-Luc, le 18 octobre, dans la cathédrale d'Anvers. Cette planche est gravée sur bois par G.-V. Heylen, et signée : G. Maes, inv. et del. 1694. G.-V. Heylen, sculp. En 1682, il donna à la corporation de Saint-Luc dont il était doyen, un tableau représentant les *Trois Arts libres*. Dans la salle de cette corporation, on voyait encore de lui un tableau représentant la *Poésie*, couronnée de lauriers, ayant déposé sa lyre à ses pieds et achevant d'écrire le quatrain suivant dû à la célèbre Barbe Ogier :

« Noynt heeft myn pen soo hoogh dry susters lof verheven :
« Als 't aerdighe pincel ons heden hier verbeldt,
« Roemt vry ANTWERPEN, dat ghy const hier setel steldt
« Die MAES heeft met de Faem de wereldt door ghedreven. »
1695 *Dought vooght yder.*

= Martyre de saint George, Anvers. — Assomption de la Vierge, *ib.* (Hôpital Sainte-Elisabeth). = L'étude la nature, jointe aux heureuses dispositions dont il était doué, en fit un des peintres renommés de son temps. Gracieux dans les tableaux de genre ; il employa des toiles mal préparées, de façon que ses tableaux se sont en partie gâtés.

Maes (G.-Joseph). E. Fl. ' 1842. Marine, hivers. = Vue prise près d'Anvers. — Clair de lune.

Maes (Jean). E. Fl. ' XVIIe siècle. BRUGES. Histoire. = Détails inconnus. = L'ange avertissant St Joseph de fuir en Egypte, Bruges.

Maes-Canini. E. Fl. 1794-1854. GAND. Histoire. = Professeur à l'Académie de Gand. S'établit en Italie où il mourut. M. Kramm confond, à ce propos, le père et le fils.

Maes (Jean-Baptiste), fils de Maes-Canini. E. Fl. ' 1825. GAND. Histoire, portrait, genre. = Elève de son père. Partit pour l'Italie, en 1821, et en revint en 1826. = Sainte Famille, Gand. — Le bon Samaritain, Haarlem. — Apollon et les Muses, Rotterdam. — Paysanne romaine en prière, Munich. — La fruitière romaine, Hambourg.

Maes (Thomas). E. Fl. † 1732. ANVERS. = Reçu franc-maitre de Saint-Luc, en 1682, il fut doyen de la corporation, en 1708.

Maffei (François). E. I. † 1660 (?). VICENCE. Histoire, portrait. = Elève de Peranda, dont il termina des ouvrages restés inachevés; rival du Carprone et de Citadella auxquels il était supérieur; mort à Padoue. = Son style, très grandiose mais parfois exagéré, lui fit donner le surnom de *Peintre des géants;* grâce originale; beaucoup de poésie; abusa de sa grande facilité.

Maffei (Jacques). E. I. ' 1663. VENISE. Paysage, marine. = Bon musicien, il rivalisait avec les plus célèbres chanteurs de son temps. = Réussit surtout dans les marines.

Maffeo de Vérone. E. I. 1576-1618. VÉRONE. Histoire. = Elève et gendre de Paul Véronèse. = Imita son maître avec esprit et franchise ; coloris trop vermillon.

Maffioto (Dominique). E. I. ' XVIIIe siècle. VENISE. Histoire. = Elève de Piazzetta.

Magagno (il). V. Maganza.

Maganza (Jean-Baptiste), le Vieux, dit **Il Magagno.** E. I. 1509-1589. VICENCE. Histoire, portrait. = Elève du Titien. Tige d'une famille de peintres qui ont fait honneur à leur patrie. Egalement bon poète. = Tableaux, Vienne. = Génie fécond.

Maganza (Alexandre), fils de Jean-Baptiste. E. I. 1556-1630. VICENCE. Histoire. = Elève du Fasolo. Chargé d'une nombreuse famille, il fut obligé de travailler avec trop de précipitation. Il eut la douleur de voir mourir dans ses bras ses fils et ses petits-fils. Architecte. L'école de Vicence s'éteignit en lui. Ses trois fils, Jean-Baptiste, Jérôme et Marc-Antoine cultivèrent la peinture; le premier eut un pinceau très fin. La peste les enleva tous, en 1630. = Epiphanie, Vicence. — Martyre de sainte Justine, *ib.* — Portrait d'homme, Florence. = Composition heureuse. On lui reproche de donner à toutes ses figures les mêmes mouvements de tête; draperies raides et chairs un peu jaunes. Manque d'expression.

Magatta (le). V. Simonetti (Dom.)

Magatti (Pierre). E. I. * 1770. VARÈSE. Histoire.

Magaud (Dominique A.). E. Fr. 1817. MARSEILLE. Histoire, portrait. = Elève de L. Cogniet. = Massacre des innocents. — Peintures décoratives et scènes religieuses dans des églises de Marseille.

Maget (Maurice). E. Fr. 1700. Peintre sur verre. = Moine récollet à Verdun. Ami d'Antoine Goblet avec lequel il travailla (Voir ce nom).

Magg (Antoine). E. Al. 1800. LANDSHUT. Paysage.

Maggi (Jean). E. I. 1566-1618 (?). ROME. Perspective et paysage. = Grava et publia, en 1618, un recueil des plus belles fontaines d'Italie, plusieurs vues de Rome et quelques paysages. Mort dans un état voisin de la misère. = Coloris médiocre; manière vraie, lignes bien entendues. = Graveur.

Maggi (Pierre). E. I. ' XVIIIe siècle. Histoire. = Elève de Ph. Abbiati.

Maggieri (César). E. I. † 1629. URBIN. Histoire. = Ecole de Cl. Ridolfi. = Peintre soigneux et correct.

Magimel. (Albert) E. Fr. 1799-1877. PARIS. Histoire, = Elève de Regnault et de Hersent, puis d'Ingres dont il fut aussi l'ami intime. = Peintures à la chapelle des âmes du purgatoire, Paris (St Eustache) — Daphis et Chloé. — La musique et la danse.

Magiotto (Dominique). E. I. † 1794. VENISE. Histoire, portrait. = Elève de Piazzetta. Mort vieux.

Magistris (Simon de). E. I. * 1585. CALDAROLA. Histoire. = Laissa beaucoup d'ouvrages à Ascoli. = Composition simple; coloris et dessins satisfaisants. Sculpteur.

Magnagnolo (François). E. I. * XVe siècle. MODÈNE. Histoire. Détails inconnus. = Le premier de son école qui peignit les figures de manière à ce qu'elles regardassent le spectateur.

Magnani (Christophe). E. I. * 1580. PIZZIGHITONE (Royaume Lombard-Vénitien). Histoire, portrait. = Elève de Bernard Campi; travailla à Crémone en société avec Horace d'Azola. Mort à la fleur de l'âge. = Saint Jacques et sain Jean, Plaisance. — Nativité, Crémone. = Composition sage. Ses portraits sont pleins de force et de naturel.

Magnasco (Etienne). E. I. * XVIIe siècle. GÊNES. Histoire, portrait. = Elève de V. Castello; se perfectionna à Rome. Exécuta des œuvres remarquables. Les biographes donnent des dates inexactes pour la naissance et la mort de cet artiste, mort qu'ils fixent à l'année 1665, alors que son fils Alexandre naquit en 1681.

Magnasco (Alex.), dit **Lissandrino,** fils d'Etienne. E. I. 1681-1747. GÊNES. Genre, scènes familières, comiques, etc. = Elève d'Abbiati, à Milan; demeura plusieurs années à Florence et y jouit de la faveur du grand-duc et de la cour. = Réfectoire d'un cloître de capucins, Dresde. — Nonnes dans le chœur, *ib.* = Pinceau fier, touche hardie et un peu heurtée; composition très spirituelle, beaucoup de sentiment.

Magni (Nicolas). E. I. Histoire. = Saint Raimond, Rome.

Magnus (César). V. Sesto ou Selto.

Magnus (Edouard). E. Al. 1799-1872. BERLIN. Histoire, portrait, genre, etc. = Professeur à l'Académie de sa ville natale. = Le retour du pirate. — Deux enfants.

Magnussen (Chrétien - Charles). E. Al. 1824. BREDSTEDT (Sleswig). Portrait. = Etudia à Paris et à Rome. = Portrait du peintre, Hambourg.

Magy (Jules Edouard). E. Fr. * 1865. METZ. Scènes orientales. = Elève de Loubon. = Caravane arabe.

Mahiet (Evrard). E. Fr. * 1590. ROUEN. = Peintre sur verre. Travailla à l'église Saint-Maclou. = Artiste de mérite.

Mahn (Guillaume) (Sourd et muet). E. Al. * 1840. SUÈDE. Histoire. = Elève de Wach.

Mahselkircher (Gabriel). V. Mœchselkirchel.

Mahue (Guillaume). E. Fl. 1517-1569. BRUXELLES. Histoire, portrait. = Détails inconnus. = Peintre de beaucoup de réputation.

Mahy (Jacques M. H.), baron de Corméré. E. Fr. 1803. PARIS. Genre, portrait. = Elève de Girodet.

Maignard (Didier). E. Fr. * 1578. NANCY. Portrait. = Peintre du roi; appelé à Nancy en 1578 pour y exécuter le portrait en pied du duc de Lorraine.

Maignen de Sainte-Marie (Désiré A. Charles), E. Fr. 1794. PARIS. Histoire, portrait. = Elève de Gros. = Entrée de Louis XVIII à Paris, en 1815. = Portrait de Bisson.

Maille (Louis Saint-Prix). E. Fr. 1796. PARIS. Paysage, etc. = Elève de Bidault, de Hersent et de Picot. = Vue du pont du Breuil. — Ruines de l'abbaye de Saint-Jean de l'île. — Peintures décoratives, Etiolles.

Maillet. E. Fr. * XIXe siècle. Histoire. = Elève de l'Académie française à Rome, en 1859.

Maillet (Bertrand). E. Fr. † 1481. Histoire. = Peintre lorrain. Travaillait en 1457 au palais ducal à Nancy.

Maillie ou **Maille** (Roland de). E. Fl. * XVIe siècle. BRUXELLES. Histoire. = Exécuta, en 1540-1541, pour la confrérie de Saint-Eloy, à Bruxelles, deux tableaux d'autel qui furent estimés au dessus du prix de 110 florins convenu d'avance ; nous citons ce fait pour donner une preuve de son talent.

Maillot (Nicolas-Sébastien). E. Fr. 1781. NANCY. Genre. = Elève de S. Carlier. = Repos de la Sainte Famille. — La chartreuse, près Burgos.

Mainardi (Thomas). E. J. 1782-1871, ROME. Histoire. = Plus connu comme dessinateur.

Mainardi (André), dit **Il Chiaveghino.** E. I. * 1600. CRÉMONE. Histoire. = Elève de Bernard Campi ; son neveu, Marc-Antoine, étudia à la même école; un de ses ouvrages porte la date de 1629. = Manière grandiose et pleine de majesté; s'il avait été plus soigneux et moins pressé de produire, ce peintre aurait pu être placé parmi les meilleurs de son époque.

Mainardi (Lactance), dit **le Bolognese.** E. I. * XVIe siècle. BOLOGNE. Histoire. = Etudia sous les Carrache, à Bologne; vint se perfectionner à Rome, sous le pontificat de Sixte-Quint ; plusieurs ouvrages remarquables qu'il exécuta lui promettaient le plus bel avenir, mais des excès de tous genres le conduisirent au tombeau à l'âge de vingt-sept ans. Mort à Viterbe. = Les vertus se tenant par la main, Rome. — Fresques, *ib.* = Les fresques que l'on conserve de lui à Rome sont considérées parmi les plus belles de cette ville.

Mainardi (Sébastien). E. I. * 1495. SAN GEMINIANO. Histoire, portrait. = Elève de Dom. Ghirlandaïo, qui lui donna une de ses sœurs en mariage, afin de le récompenser des travaux qu'il avait exécutés de concert avec lui. = La Vierge et l'Enfant, Berlin. — Portrait d'homme, *ib.* = Habile fresquiste.

Mainero (Jean-Baptiste). E. I. † 1657. GÊNES. Histoire. = Elève de L. Borzone; mort de la peste.

Maingaud. E. An. * XVIIIe siècle. Portrait. = Détails inconnus. = Les filles de George II (Double), Londres.

Mair (Alexandre). E. Al. * 1579. Paysage historique. = Travaillait à Augsbourg. = Bon graveur au burin ; représenta souvent des incendies.

Maire (Julien). E. Fr. * XVIe siècle. en Lorraine Peintre et graveur.

Maire (Pierre Le). V. Lemaire-Poussin.

Maistre (Girardin le). * XVe siècle. = Travailla au banquet de Lille, en 1453.

Maître de Liesborn (le premier). Voir Lon (Van).

Maître de Liesborn (le second). E. Al. * XVIe siècle. Histoire. = Un second peintre, dont le nom est resté inconnu, travailla, croit-on, au couvent de Liesborn, à peu près un siècle après le précédent, c'est-à-dire vers 1550. = Couronnement de la Vierge, Londres. = Moins célèbre que son prédécesseur.

Maître de Lyversberg (le). E. Al. * 1480 (?). Histoire. = On croit que c'est un artiste du nom de Christophe qui a peint pour la Chartreuse de Cologne, en 1471. Son nom de Lyversberg provient de l'ancien propriétaire d'une *Passion*, aujourd'hui au musée de Cologne. = La passion, dite autrefois la *Passion de Lyversberg*, triptyque, Cologne. — Sainte Christine et saint Jacques le Mineur, Munich. — Sainte Agnès, saint Barthélemy et sainte Cécile, *ib.* — Saint Jean l'Evangéliste et sainte Marguerite, *ib.* (Ces trois derniers attribués par le catalogue à Lucas de Leyde). — Deux saints, Mayence. = Procède évidemment de l'école de Cologne; ses ouvrages sont entièrement à l'huile, ce qui n'est pas le cas chez les vieux maitres de l'école du Bas-Rhin. Composition harmonieuse, poses exagérées, coloris et détails brillants, dessin exact et serré.

Maître de Werden (le). E. Al. * 1480. Histoire. = Ce nom est celui d'un vieux peintre inconnu dont les ouvrages ornaient l'abbaye de Werden, près de Dusseldorf. Il y a des auteurs qui le confondent avec le Maitre de la Passion de Lyversberg et même avec Israël von Meckenen ; ce sont autant d'erreurs. = Saint Jérôme, saint Benoît, saint Gilles et saint Romuald, Londres. — Saint Augustin, saint Lutger, saint Hubert et saint Maurice, *ib.* — Conversion de saint Hubert, *ib.* — Messe de saint Hubert, *ib.* = Coloris inférieur à celui du Maitre de Liesborn et des autres anciens peintres westphaliens.

Maja (Jean-Etienne). E. I. 1672-1747. GÊNES. Histoire, portrait. = Elève de Solimène. = Excella dans le portrait.

Majola (Clément). E. I. * XVIIe siècle. FERRARE ou ROME. Histoire. = Elève de Pierre de Cortone selon les uns, du Romanelli d'après les autres.

Major (Isaac). E. Al. 1576-1630. FRANCFORT-SUR-LE-MEIN. = Peintre et graveur. Pour la gravure, élève de Gilles Sadeler. Mort de misère à Vienne. Ce ne fut qu'après sa mort qu'on rendit justice à son mérite comme graveur.

Makart (Jean). E. Al. 1840. SALZBOURG. Histoire. = Elève de Piloty. = Cléopatre. — Entrée de Charles-Quint à Anvers. — Dessins pour le cortège des noces d'argent de l'empereur d'Autriche.

Malaine (Renier). E. Fl. * 1736. = Peintre du Tournaisis. Reçu dans la corporation, en 1736. = Tableaux, Tournai. = Artiste de mérite.

Malaine (Joseph-Laurent), fils de Renier. E. Fr. 1745-1809. TOURNAI. Fleurs, fruits. = Peintre du roi Louis XVI à la manufacture des Gobelins. En 1793, se réfugia à Mulhouse où il fut employé à l'industrie naissante des toiles et des papiers peints. = La niche, Londres (Gal. nat.). — Fleurs, (Deux tableaux), Madrid.

Malapeau (Charles-Louis). E. Fr. 1795. PARIS. Portrait. = Elève de Regnault. Inventeur de la lithochromie. = Portrait de Charles X. — Portrait de la duchesse de Berry.

Malardot. E. Fr. 1845. Histoire. = Elève de Migette.

Malassis (Charles). E. Fr. * 1689. Portrait. = Agréé à l'Académie.

Malatesti. E. I. * XIXe siècle. Histoire.

Malborch (Henri, Thierry et Corneille Van). E. H. * Fin du XVIe et commencement du XVIIe siècle. UTRECHT. Peintres sur verre.

Malbranche. E. Fr. * 1827. Histoire, genre et paysage. = Route des environs de Paris. — Marguerite d'Anjou.

Maldeghem (Eugène Van). E. Fl. 1813-1867. DENTERGHEM. (Flandre) Histoire, paysage et portrait. = Elève de G. Wappers. = Charles-Quint au monastère, Gand. — L'évêque saint Alphonse, Bruxelles.

Maldeghem (Jean-Baptiste), frère d'Eugène. E. Fl. 1803-1841. Paysage, animaux. = Elève de l'Académie de Bruges. Mort à Bruxelles.

Malducci (Maurice). E. I. * 1700. FORLI. Histoire. = Elève du Cignani; il était prêtre.

Male (Jean et Liévin Van). E. Fl. * XVIe siècle. GAND. Histoire. = Employé par le magistrat de Gand.

Malefyt (J. de Waal). E. H. * 1840. Paysage. = Habita Haarlem, puis Hilversum.

Malenchini (Mathilde). E. I. * 1828. LIVOURNE. Intérieurs. = Intérieur d'une cuisine de couvent, Florence.

Malenfant (Jean-Eloi-Ferdinand). E. Fr. 1802. PARIS. Portrait. = Elève de Dubufe et de Jourdan.

Malgavazzo (Coriolan). E. I. * 1585. CRÉMONE. Histoire. = Elève de B. Campi; nommé, par erreur, Jérome Malaguazzo.

Malherbe (Adolphe). E. Fl. * 1845. Animaux.

Malherbe (Pauline). E. Fr. * 1840. Genre. = La petite glaneuse.

Mali (Chrétien). E. Al. 1832. BROCKHUYZEN. (Hollande). Paysage. = Le soir au village.

Malinconico (André). E. I. * XVIIe siècle. NAPLES. Histoire. = Elève de M. Stanzioni. = Poses nobles, idées parfois originales, pinceau plein de verve, grande fraîcheur de coloris. Quelques-unes de ses peintures sont très faibles et manquent totalement d'esprit.

Malinconino (le chevalier Nicolas). E. I. * XVIIe siècle. Histoire. = Elève de L. Giordano.

Malkin (Jehan). E. Fl. * XVe siècle. Histoire. = Peignit, en 1454-55, des blasons funéraires, par ordre de la duchesse de Bourgogne, femme de Philippe le Bon. Demeurait à Bruges.

Mallet (Jean-Baptiste). E. Fr. 1759. GRASSE (Var). Histoire, genre. = Elève de Simon Julien, à Toulon, puis de Prudhon et de Mérimée, à Paris. = Education de Henri IV, Pau. — La nature et l'honneur, Marseille.

Malleyn (G.). E. H. 1753-1816. DORDRECHT. Chevaux, ornements, etc. = Mort à Rotterdam, où il s'était établi. = Bon dessinateur, surtout pour les chevaux.

Mallius. 395 ans après J.-C. = Peintre romain du temps de Macrobe.

Malmo (Louis). E. I. * XVe siècle. Histoire, portrait. = Elève de Laurent Costa. Laissa de nombreux ouvrages dans sa patrie et ailleurs.

Malo (Vincent). E. Fl. 1610 (?). CAMBRAI. Fêtes villageoises, genre, batailles et histoire. = Etudia, dit-on, sous Rubens et sous Teniers, le Vieux. Reçu, en 1652-53, franc-maître peintre à Anvers. Passa presque toute sa vie en Italie; mort à Rome, à l'âge de quarante-cinq ans. Il était décédé en 1656-57, car, en cette année, on trouve inscrite dans les *Liggeren* la dette mortuaire de sa veuve. L'âge avancé auquel il fut reçu franc-maître à Anvers, nous fait croire que ce fut au retour de ses voyages et nous fait douter qu'il mourut à l'étranger. = Conversion de saint Paul, Londres. — Enlèvement des Sabines, Copenhague. = Imita Teniers, beau coloris.

Malombra (Pierre). E. I. 1556-1618. VENISE. Histoire, portrait, architecture et perspective. = Elève de J. Palma, le Jeune, dont il ne suivit pas la manière; reçut quelques leçons de Salviati; perdit sa fortune et trouva une ressource dans son talent, que jusqu'alors il avait cultivé par amusement. = Le collège de Venise (Tableau remarquable par tous les portraits qui s'y trouvent), Madrid. = Bon goût de dessin, fini précieux, contours exacts, poses gracieuses et originales; réussit beaucoup dans le portrait, dans les tableaux de demi-proportion et dans les représentations d'architecture et de perspective.

Malosso (le Vieux). V. Trotti.

Malouel, Maluel ou **Malwel** (Jean). E. Fl. † 1412. (?) DIJON. Histoire, ornements. = Peintre et valet de chambre du duc de Bourgogne, en Flandre; travailla pour les Chartreux de Dijon, en 1396. On suit ses travaux jusqu'en 1412.

Malpé (Jean). E. Fl. 1764-1818. GAND. Miniature, portrait. = Elève de l'Académie de Gand. Il travailla quelque temps à Paris, et revint s'établir dans sa ville natale.

Malpiedi (Dominique). E. I. * 1596. SAN GINESIO. Histoire. = Elève du Barocci. = Peintre de mérite.

Malpiedi (François). E. I. * 1595. SAN GINESIO. Histoire. = Imitateur du Barocci. = Style très simple, peu de relief.

Maltese (François). E. I. * 1640. ILE DE MALTE. Armures et sujets inanimés. = Florissait à Rome. On ne connait pas son nom de famille.

Mammès (Charles). E. Fl. * 1842. Paysage. = Souvenir des Ardennes.

Man (Corneille ou Charles de). E. H. 1621-1706. DELFT. Portrait, intérieurs = Alla achever ses études en Italie, en passant par la France. Séjourna à Rome, à Florence et à Venise. Il fit les portraits des régents de la corporation des chirurgiens, à Delft. Cet ouvrage établit sa réputation. En 1661 et en 1663 il fut doyen de la corporation de Saint-Luc, dans sa ville natale. = Imita le Titien; manière spirituelle. Graveur. = Ventes : V. Herman de Kat (1866), *Noce de village*, 1,620 fr.

Man (Jean-Adrien de). E. H. * XVIIe siècle. Paysage. = Il fut un des maîtres de Jean Van Goyen.

Manaigo (Silvestre). E. I. * XVIIIe siècle. Histoire. = Elève de G. Lazzarini. = De l'affectation; manque de soin.

Manara. E. Fr. * 1840. Histoire. = Vierge évanouie.

Manby (Thomas). E. An. † 1691. LONDRES (?). Paysage. = Visita l'Italie d'où il rapporta beaucoup de vues.

Manche (Edouard). E. Fl. 1819-1861. BRUXELLES. Histoire, genre. = Mort à Paris. = Descente de croix. = Egalement lithographe.

Mancini (Barthélemy). E. I. * XVIIe siècle. Histoire. = Elève de C. Dolci.

Mancini (François). E. I. 1725-1758. SANT'-ANGELO-IN-VADO. Histoire. = Elève de Ch. Cignani, à Bologne; vint à Rome et s'y distingua; reçu à l'Académie de Saint-Luc. = Saint-Damien, Rome. — Conception, *ib.* — Saint Pierre et saint Paul guérissant un boiteux, *ib.* (Copié en mosaïque à Saint-Pierre de Rome). — Apparition de Jésus-Christ à saint Pierre, Città di Castello. — Fresques, Forli. — Idem, Macerata. = Quelque ressemblance avec la manière du Franceschini; bonne invention, dessin exact, coloris agréable.

Mancini (François). E. I. * 1868. NAPLES. Paysage. = Le mont Cenis.

Mander (Charles Van), le Vieux. E. Fl. 1548-1606. MEULEBEKE, près Courtrai. Histoire. = Elève de Luc De Heere, à Gand; il quitta ce maître vers 1569 pour entrer dans l'atelier de P. Vlerick, à Courtrai. Sa famille était ancienne et noble. Il partit pour l'Italie, en 1573 et y resta jusqu'en 1577. Pendant son séjour à Rome il découvrit, le premier, les célèbres catacombes romaines. Il se trouvait à Bâle, en 1577; de là il se rendit à Vienne où il aida Spranger aux arcs de triomphe destinés à la joyeuse entrée de l'empereur Rodolphe. Après avoir longtemps voyagé, il voulut revenir dans la Flandre qui se trouvait alors envahie par les Espagnols; mais, aux environs de Bruges, il fut saisi par des soldats qui le pendirent à un arbre : heureusement un officier le reconnut et le sauva à temps. Il finit par s'établir à Haarlem, où, en 1583, il fonda une académie de concert avec Henri Goltzius et Corneille Van Haarlem. En 1604, il s'établit à Amsterdam où il mourut. Van Mander fut bon poète et bon historien. Son frère Adam, plus jeune que lui, cultiva aussi l'art et la littérature. = Beaucoup de tableaux, Haarlem. — Adam et Ève. — Les douze stations. — Fête flamande, etc. — Portrait du prince de Danemark, fils de Christian IV, Berlin. = Il ne manquait point de mérite comme peintre, mais son goût pour la littérature fit tort à ses travaux artistiques. Van Mander a laissé un ouvrage sur la vie des peintres, qui est le meilleur qu'on puisse consulter sous le rapport de l'exactitude des dates. = Ventes : V. à La Haye (1749), *Crucifiement*, 180 fl.

Mander (Charles Van), le Jeune, fils de Charles, le Vieux, E. Fl. 1579(?)-1623. COURTRAI.

portrait, histoire. = Elève de son père, à Haarlem; fut attaché à la fabrique de tapisseries de Fr. Spiering, à Delft. Chrétien IV, roi de Danemark, le fit venir à Copenhague, en 1606, afin d'y exécuter des dessins de tapisseries pour le château de Frédéricksbourg. Il réussit à satisfaire complétement le monarque étranger, mais sa mort arrêta ses succès et sa fortune. Sa veuve quitta la Hollande pour aller s'établir avec sa famille à Copenhague.

Mander (Charles Van), le troisième, fils de Charles, le Jeune. E. H. † 1672. DELFT. Portrait, histoire. = Après la mort de son père, il suivit sa mère et sa famille à Copenhague où il fut bien reçu par le roi qui avait tenu son père en grande estime. On croit qu'il visita l'Italie. Peintre de la cour de Danemark. Ses travaux vont jusqu'en 1665. Il fit le portrait de Vondel, à Amsterdam, en 1657, et on sait qu'il avait encore visité la Hollande, en 1635. Il laissa un fils, Charles, quatrième du nom, qui fut bon fabricant d'instruments. Celui-ci, à son tour, eut un fils, Charles, le cinquième, capitaine sous Chrétien V, bon graveur et peintre de portraits. Il doit avoir visité la France, car on connaît de lui un portrait de Boileau, peint en 1689 et gravé par de Haas. = Episode de la Jérusalem délivrée, Copenhague. — Ambassade tartare venue à Copenhague, en 1655, *ib.* (Peint la même année). — Remords de saint Pierre, *ib.* — La Vue et l'ouïe, *ib.* (Peints en 1639). — Portrait en buste de l'amiral Ove Giedde, *ib.* (Attribué). = Manière vigoureuse et noble; beau coloris.

Mandin ou **Mandyn** (Jean) E. H. 1500-1560. HAARLEM. Diableries, bambochades, histoire. = Il alla s'établir à Anvers et mourut dans cette ville, pensionné par elle. Maître du célèbre B. Spranger, peintre flamand, à Anvers en 1657, de Gilles Mostaert, etc. Il paraît certain que Pierre Aartsen dit *Lange Pier*, demeura, à Anvers, en 1536, chez le vieux Mandyn dont la vie était des plus honorables. = Adoration des Mages (Attribué), Vienne. = Il peignit dans le goût de J. Bos.

Manduau (Antoine-J.). E. Fl. ' 1842. Portrait, genre.

Manenti (Vincent). E. I. 1600-1674. SABINA. Histoire. = Elève de Cesari, puis du Dominiquin. = Génie médiocre; coloris intelligent et agréable.

Manet (Edouard). E. Fr. 1833. PARIS. Genre. = Elève de Couture. = Le dejeûner sur l'herbe. — Le bon bock.

Maneta. V. Sancho.

Manetti (Dominique). E. I. ' XVIIe siècle. Histoire. = On le croit de la même famille que Rutilio Manetti.

Manetti (Rutilio). E. I. 1571-1639. SIENNE. Histoire. = Elève de Fr. Vanni. = Tableaux à Rome. — Epousailles de la Vierge, Florence. — Miracle de sainte Marguerite, Madrid. = Mauvaise entente de l'effet des ombres; dessin correct; belle architecture.

Manfredi (Barthélemy). E. I. 1572 (?)-1605. USTIANA (Mantouan). Histoire, genre. = Elève du Pomerancio, puis de M. A. de Caravage. Son inconduite ayant ruiné sa santé, il ne travaillait qu'avec beaucoup de peine. Mort à la fleur de l'âge; d'après Zani, il serait né en 1580 et mort en 1617. = La bonne aventure, Florence. — Jésus-Christ couronné d'épines, Munich. — Tête de saint Jean-Baptiste, Madrid. — Assemblée de buveurs, Paris. — La diseuse de bonne aventure *ib.*—Les joueurs de cartes, Vienne. — St Pierre reniant J. C. *ib.*— Bohémienne disant la bonne aventure dans un corps de garde, Copenhague. — Joueuse de tambour de basque auprès de soldats en goguette, *ib.* — La femme adultère, Bruxelles.= Dessin très faible, peinture vigoureuse. On confondait souvent ses tableaux avec ceux de son second maître. Ce qui a beaucoup nui à sa célébrité, c'est que la plupart de ses tableaux figurent dans les galeries sous le nom de son maître.

Mangini (Prosper). E. I. ' XVIIe siècle. Histoire. = Elève d'A. Metelli.

Manglard (Adrien). E. Fr. 1695-1760. LYON. Marines, paysage. = On dit qu'il reçut les leçons d'Adr. Vander Cabel. = Reçu à l'Académie, en 1736; passa une grande partie de sa vie en Italie et y laissa la plupart de ses ouvrages. Membre de l'Académie de Saint-Luc, à Rome, où il mourut; il eut la gloire d'avoir été le maître du célèbre Vernet. = Marines, Rome. — Id., Gènes. — Id., Turin. — Marine : coucher du soleil, Vienne. — Marines, *ib.* — *ib.* — Le naufrage, Paris. = Excellente composition; du style; grand aspect; créateur du genre qui illustra son élève Vernet. Graveur.

Mangoki ou **Manyoeky** (Adam de). E. Al. 1674. SZOKOLYA (Hongrie). Portrait. = Elève d'And. Scheitz; habita Dresde. = Portrait : le comte de Promnitz, Dresde. — Portrait : François Rakoczy, *ib.* — Portrait : Auguste le Courageux, roi de Pologne, *ib.* — Portrait : le maréchal de Pologne comte Bielinsky, *ib.*

Manini (Jacques-Antoine). E. I. 1646-1732. BOLOGNE. Perspective, ornements, architecture. = Elève d'A. Monticelli et de D. Santi. Acquit la réputation d'un artiste très habile. = Graveur.

Manisfels (François-Joseph). E. Fl. 1742-1807. TOURNAI. Histoire. = Elève de N. Brebar. = Tableaux, Tournai.

Manken-Heyn. V. Andriessens.

Mannewetch. E. Al. * XVIIe siècle. ALLEMAGNE. Histoire. = Donna les premières leçons à Jean-Rodolphe Huber. = Peintre sur verre.

Mannier. E. Fr. * 1842. Wesserling. Fleurs, fruits.

Mannin ou **Mauvin** (Jean). E. Fr, * XIVe siècle. = Peintre à Lille; en 1382; *il y exécuta de couleurs à ole* IX *cappes de plonc.* Fit des bannières et des pennons.

Mannin ou **Manning** (James). E. An. † 1779. Fleurs. = Fit son éducation en France et s'établit à Dublin.

Mannlich (Jean-Ch.). E. Fr. 1740-1820. STRASBOURG. Histoire. = Prix de Rome à Paris. Voyagea en Italie. = On ne connaît rien de lui.

Manno (François). E. I. PALERME. Histoire. = Descente de croix, Rome.

Mannsfeld (Aug.). E. Al. * 1837. Genre.

Manozzi (Jean), dit **Giovan da san Giovanni** ou **Jean de Saint-Jean.** E. I. 1590-1636. SAN-GIOVANNI (Près de Florence). Histoire. = Elève de Roselli; s'échappa de la maison paternelle afin de pouvoir suivre en liberté sa vocation artistique; exécuta de beaux ouvrages pour Côme II, pendant lesquels, à ce qu'on dit, un accident dérangea les facultés de son esprit, ce qui explique la bizarrerie de quelques-unes de ses productions; se rendit, en 1621, à Rome, où son beau talent triompha des manœuvres indignes de ses rivaux envieux; malgré ses succès, il retourna à Florence, l'embellit de ses œuvres, dont le nombre est immense, et y mourut de la goutte. = Fuite en Egypte, Florence. — Protection accordée aux arts et aux sciences par Laurent le Magnifique (Chef-d'œuvre), *ib.* — La Vierge et l'Enfant, *ib.* — Vénus peignant Cupidon, *ib.* — Le coucher de la nouvelle mariée, *ib.* — Mariage de sainte Catherine, *ib.* — Jésus-Christ sous un arbre servi par des anges, *ib.* — La nuit dans son char (fresque), Rome. = Un des peintres à fresque les plus remarquables qu'ait produit l'Italie. Génie brûlant et hardi, imagination vive et féconde, pinceau plein de franchise et de facilité; on lui reproche des idées dont l'originalité est poussée jusqu'à la bizarrerie. Dans ses tableaux à l'huile, d'ailleurs peu nombreux, son coloris n'est jamais exempt de crudité.

Manozzi (Jean-Garzia), fils de Jean. E. I. * XVIIe siècle. Histoire. = Ses fresques ne sont pas sans mérite. = Fresques, Pistoie.

Mans (Arnold Van). E. Fl. * XVIIe siècle. Genre, kermesses. = Elève de D. Teniers, le Jeune.

Mans (F.-H.). E. H. * XVIIe siècle. Paysage, vues de ville. = Kramm croit qu'il florissait à Utrecht parce qu'il existe dans cette ville une certaine quantité de tableaux de ce maître. Cet auteur lui donne le prénom de *Frédéric*, sans dire où il l'a découvert. En outre, il n'admet pas l'*H*, comme seconde initiale; M. Kramm ignore sans doute que Mans a des tableaux signés à Dresde et à Vienne, et que le monogramme de l'artiste y donne clairement les initiales F. H. Nous croyons avoir été le premier à signaler ce peintre, tout en exprimant le doute s'il n'était pas le même personnage qu'Arnold Van Mans, cité par F. Bogaerts. L'inexactitude ordinaire de ce dernier auteur nous fait maintenir notre doute. = Paysage : hiver avec figures, Vienne. (Ce tableau porte le monogramme du peintre et la date de 1687.) — Village traversé par une rivière avec vaisseaux et figures, Florence. — Deux vues maritimes, Rotterdam (Datées de 1673). — Paysage d'hiver, Gotha (Daté de 1665). — Le repos sous la tente, Dresde. — Les patineurs, *ib.* — Pendant du précédent, avec les figures repeintes par Dietricy, *ib.* (Tous trois signés : F. H. Mans, 1677). = Genre de Nic. Molenaer. = Ventes : V. à Amsterdam (1765), deux paysages, un *Hiver* et un *Eté*, 35 florins (Portés au catalogue de Terwesten sous le nom : F. MANS.)

Mansueti (Jean). E. I. * 1500. Histoire, portrait. = Elève de V. Scarpaccio ou Carpaccio; choisit Gentile Bellini pour son modèle. = Episodes de la vie de saint Marc, Venise (Deux tableaux signés, l'un : *Joannes de Mansuetis fecit*; l'autre, *Joannes de Mansuetis faciebat*). — Plusieurs saints, *ib.* (Signé : *Hoc enim Johanis. de. Mansuetis. opus. est.* 1500). — Jésus disputant avec les docteurs, Florence. (Signé : *Johannes de Mansuetiis faciebat*). — Jésus-Christ donnant la bénédiction, Berlin. = Belle imitation de la nature; variété extraordinaire.

Mantegna (André). E. I. 1430-1506. PADOUE. Histoire. = Elève du Squarcione, qui l'adopta et ne cessa de le protéger; demeura quelque temps à Venise, à Padoue et à Vérone; soutenu par le marquis de Gonzague, Jean-François II, seigneur de Milan, qui le nomma chevalier et le combla de biens; mandé à Rome par le pape Innocent VIII, y peignit au Vatican. Mantoue fut la dernière ville où Mantegna travailla; quelques auteurs italiens lui attribuent l'invention de la gravure au burin; ce qu'il y a de sûr, c'est qu'il y apporta de grands perfectionnements. Outre ses fils cités plus bas, il en eut un qui mourut jeune, avant 1493, dont le talent était déjà renommé, mais dont le nom n'est pas cité. De plus, un fils naturel, Jean-André, cultiva aussi la peinture. Un des monogrammes de

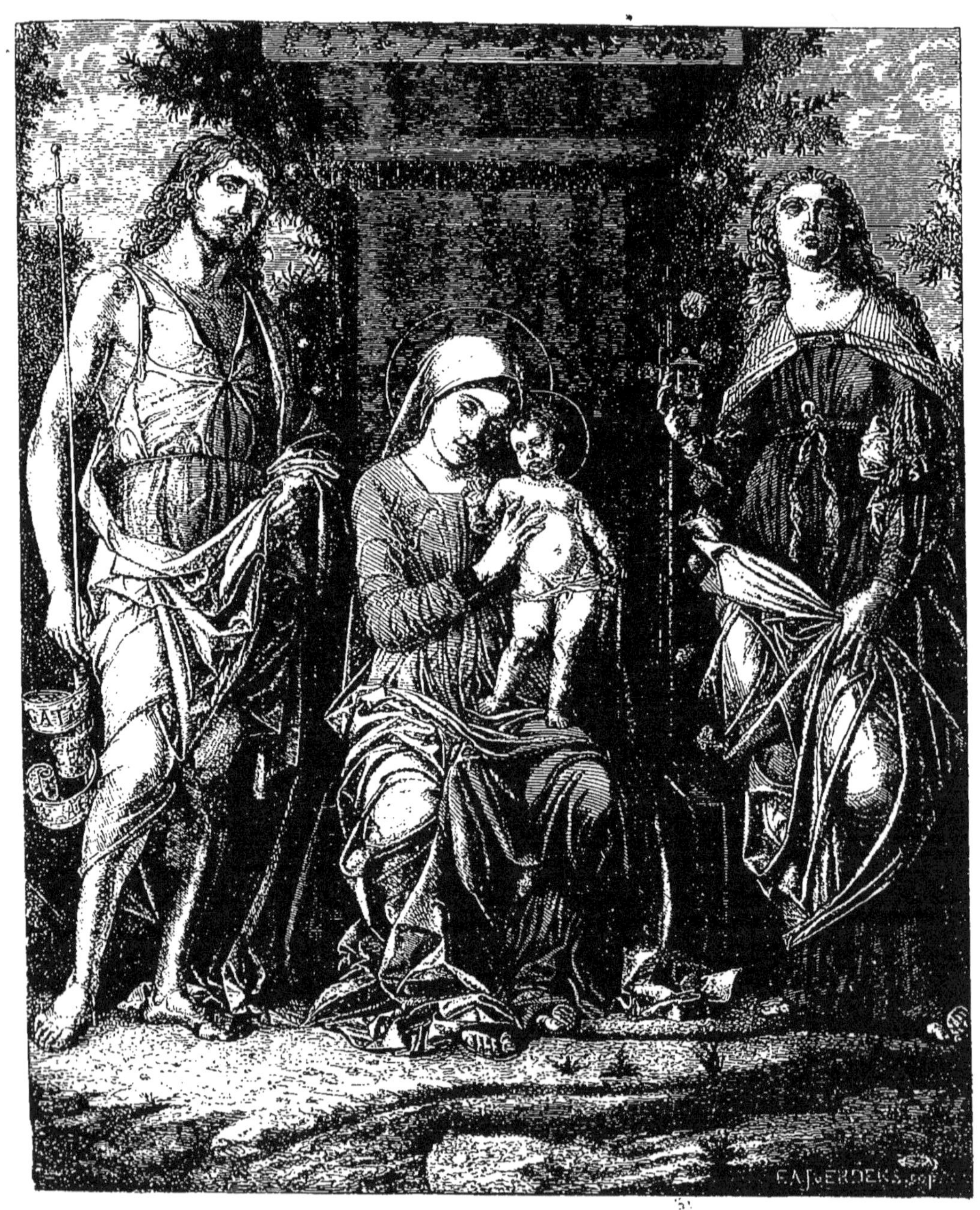

Madone avec St. Jean et St. Madeleine. Par Andrea Mantegna.
Galerie nationale à Londres.

Mantegna porte la date de 1508. Cette date ne concorde point avec celle de sa mort que donnent des documents qui paraissent authentiques. = Sainte Euphémie (Chef-d'œuvre), Naples. — Piété, Rome. — Sainte Famille, *ib.* — Portrait du peintre, *ib.* — Fresques, *ib.* — Elisabeth, femme de Gui Gonzague, duc de Mantoue (Sur bois), Florence. — La Vierge et l'Enfant, *ib.* — La Circoncision, *ib.* — Epiphanie, *ib.* — Résurrection, *ib.* — Triomphes de Jules César, Londres. — La Vierge et l'Enfant, saint Jean-Baptiste et la Madeleine, *ib.* — Douleur de Jésus-Christ soutenu par deux anges, Copenhague. — Saint Bernardin, Milan (daté de 1460). — Lucrèce, Munich. — Le Sauveur du monde, *ib.* — Triomphes de Jules César (Grisailles), Vienne. — Saint Sébastien, *ib.* — Jésus-Christ entre les larrons, Paris. — La Vierge de la victoire, *ib.* — Le parnasse, *ib.* – La Sagesse victorieuse des vices, *ib.* — Mort de la Vierge, Madrid. — Jésus-Christ mort, Berlin. — Présentation de Jésus-Christ au temple, *ib.* — Judith, *ib.* — Portrait d'un religieux, *ib.* — La Vierge et l'Enfant entourés d'anges, *ib.* — Saint Sébastien, *ib.* — Saint Christophe, *ib.* = Grande pureté de contours, coloris suave, imitation savante de l'antique, exécution admirablement soignée et finie; figures élégantes, plis roides, teinte jaunâtre dans le paysage, grande science de dessin, pinceau fin, carnations délicates; têtes d'un beau caractère. = Ventes : V. Pourtalès-Gorgier (1865), *Portrait d'homme*, 900 fr.

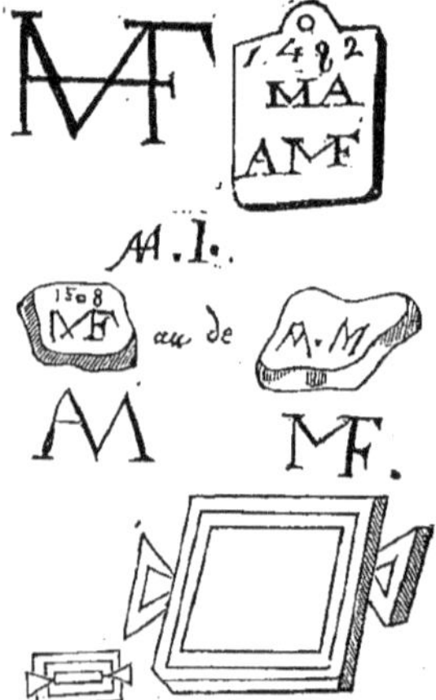

Mantegna (Bernardino), fils d'André. E. I 1490-1528 (?) Histoire. = Elève de son père; à seize ans déjà, sa réputation était faite. Il travailla pour Isabelle de Gonzague.

Mantegna (François), fils d'André. E. I. * xvie siècle. Mantoue. Histoire, portrait. = Elève de son père; il acheva, avec un de ses frères, dont les historiens ne citent pas le nom, les peintures qu'André avait commencées à Mantoue, pour Fr. de Gonzague; vivait encore en 1517. On croit qu'il naquit vers 1470. = Jésus-Christ apparaissant à Marie-Madeleine, Londres. = Peintre distingué.

Mantegna (Louis), fils d'André. E. I. † 1509 (?). Histoire.

Mantegna (Charles Del). E. I. * 1514. Mantoue. Histoire, portrait. = Ami et parent d'André Mantegna; florissait à Gênes; on croit qu'il peignit de concert avec les fils d'André, à Padoue. = Imita la manière d'André Mantegna.

Mantel (Charles). E. Al. * xixe siècle. Paysage. = Elève de Blechen.

Mantuan (le). V. Ghisi.

Mantuano (il). V. Venusti.

Manuel (Nicolas), dit **Le Flamand.** E. Al. 1484-1530 ou 1531. Berne. Histoire, portrait et fresques. = Reçu dans le grand conseil, en 1510; occupa plusieurs autres dignités élevées et joua un rôle lors de la réformation. Séjourna à Venise et y connut le Titien. = Décollation de saint Jean, Bâle. — David et Bethsabée, *ib.* — Lucrèce, *ib.* — Deux peintures à la détrempe, *ib.* — Portrait du peintre, *ib.* (Biblioth.). — Exécuta dans l'église française, à Berne, une danse des morts qui lui fit beaucoup d'honneur. = Moins de causticité que Holbein; mérite inégal; beaux fonds de paysage; réussit parfaitement dans le portrait. Poète satirique et auteur dramatique. Un de ses fils, Jean-Rodolphe, étudia la peinture à Bâle, sous Maximin.

Manuel (Polequin ou Jossequin). * xve siècle. Miniature. = Enlumineur engagé en 1400-1402 au service du duc de Bourgogne pour faire les *Histoires* d'une Bible. Il eut un frère Nicolas qui fut associé à tous ses travaux.

Manzano (Victor). E. I. † 1825. Madrid. Histoire. = Mort de Cervantes.

Manzini (Raimond). E. I. 1668-1774. Miniature, animaux, fleurs, fruits, etc. = Détails inconnus. = Vérité extraordinaire.

Manzoni. E. I. * xviie siècle. Faenza. Histoire. = Il aurait pris place un jour parmi les grands maîtres, si le peintre Ferau de Faenza ne l'avait pas assassiné, par envie, à la fleur de son âge.

Manzoni (Rodolphe). E. I. 1675-1743. Castelfranco. Fleurs, fruits et miniature. = Détails inconnus. = Goût exquis.

Manzuoli (Thomas), dit **Maso di San Friano.** E. I. 1536-1575. San-Friano. Histoire, portrait. = Elève de Ch. Portelli da Lori et de P. Fr. di Sandro; travailla au catafalque de Michel-Ange et jouit d'une grande réputation. = Esclaves ramassant des diamants (Sur ardoise), Florènce. — La Trinité, *ib.* — Chute d'Icare, *ib.* — Portrait d'Hélène Gaddi, *ib.* = Dessin correct, invention riche, coloris harmonieux, beaucoup de grâce et d'élégance.

Mar ou **Marc** (Gaspard). E. Fr. * 1596. LILLE. Histoire, portrait. = En 1596 il exécuta à l'hôtel-de-ville les portraits des échevins et du maire.

Maracci (Giovanni). E. I. 1637-1704. LUCQUES. Histoire. = Détails inconnus. = Bonne composition, coloris agréable.

Maras (Pertus). E. I. Histoire. = Détails inconnus. = La Vierge et l'Enfant et autres saints. (Signé: *Petrus Maras pinxit*). = Ecole vénitienne.

Marasca (Jacques). E. I. * 1440. CRÉMONE. Histoire. = Détails inconnus.

Maratti (Charles). E. I. 1625-1713. CAMERINO (Marche d'Ancône). Histoire, portrait. = Elève d'A. Sacchi, à Rome, où il resta 19 ans; revint dans sa patrie, y acquit l'amitié du cardinal Albrizio, gouverneur d'Ancône, qui l'emmena de nouveau à Rome en 1650; son talent se faisant connaître, lui attira une foule de commandes; protégé par le pape Alexandre VII dont il conquit toute la faveur; les différents successeurs de ce pontife lui continuèrent leurs bienfaits; nommé chevalier de l'ordre du Christ, par Clément XI, en 1704; fut honoré du titre de peintre ordinaire de Louis XIV; on l'accuse de jalousie envers un de ses bons élèves, Nicolas Berettoni, qu'il avait réduit au simple métier de broyeur de couleurs; sa fille, Marie, fut son élève et se distingua comme poète. Elle épousa J. B. Zappi. Charles avait reçu quelques leçons de son frère Barnabé, établi à Rome. = Sainte Famille, Naples. — Sainte Cécile, *ib.* — Conception, Rome. — Saint Charles présenté à Jésus-Christ par la Vierge (Chef-d'œuvre), *ib.* — Fresques, *ib.* — Et autres, *ib.* — Portrait d'un cardinal, Londres. — Saint François, *ib.* — L'Enfant Jésus et saint Jean, *ib.* — Apollon et Daphné, Bruxelles. — Saint François adorant l'Enfant Jésus, *ib.* — La Vierge et l'Enfant Jésus dans la crèche entourés d'anges (Chef-d'œuvre), Dresde. — Sainte Famille, *ib.* — La Vierge et l'Enfant Jésus endormi, *ib.* — Buste du Sauveur en profil, Florence. — Saint Philippe de Néri, *ib.* — Portrait de Clément IX, Saint-Pétersbourg. — Sainte Famille, *ib.* — Madeleine, *ib.* — La Crèche, *ib.* — Assomption, *ib.* — La Vierge avec les deux enfants, *ib.* — La Nativité, Paris. — Sommeil de Jésus, *ib.* — Prédication de saint Jean, *ib.* — Mariage de sainte Catherine, *ib.* — Portrait de Marie Madeleine Rospigliosi, *ib.* — Portrait du peintre, *ib.* — Repos pendant la fuite en Egypte, Copenhague. — Adoration des bergers, *ib.* — Saint Antoine de Padoue, Berlin. — La Vierge élevée au ciel, *ib.* — Enfant endormi, Munich. — La Vanité, *ib.* — Saint Jean à Patmos, *ib.* — Jésus-Christ mort, Vienne. — Mort de saint Joseph, *ib.* — La Vierge et l'Enfant, *ib.* — Sommeil de Jésus, *ib.* — Fuite en Egypte, *ib.* — Vierge glorieuse, *ib.* — Jésus-Christ portant sa croix, *ib.* - Sainte Famille, *ib.* — Sainte Famille, Angers. — Vierge allaitant, Marseille. = Expression aimable et noble dans ses madones; anges gracieux; figures de saints d'un beau caractère; fini parfois un peu minutieux; draperies peu heureuses; manque de transparence dans l'harmonie générale; effet vaporeux. Se distingua comme architecte et comme graveur. = Ventes : V. Carignan (1743), *Repos en Egypte* et *le Christ au Jardin des Olives*, 1,700 fr. — V. Randon de Boisset (1777), *Repos en Egypte*, 3,600 fr. — V. Bertels (1779, Bruxelles), *Vénus et les Grâces*, 1,000 fr. — V. Verhulst (1779, Bruxelles), *Sainte Vierge et saint Joseph dans un paysage* (Repos en Egypte ?), 580 fr. — V. Stevens (1847), *Assomption*, 270 fr.

Marcasen. E. Fr. * 1590. TROYES. = Peintre sur verre de beaucoup de talent.

Marcassin (Vincent). E. Fr. * 1491. = Peintre verrier qui travailla en 1491 aux verrières de la cathédrale de Troyes.

Marc de Sienne. V. Pino.

Marc de Sorli. V Palmegiano.

Marcel (Provenzale). E. I. 1575-1639. CENTO. Mosaïque. = Elève de Paul Rossetti. = Vierge douloureuse, Rome.

Marcellis (Otto). E. H. 1613-1673. Fleurs, insectes, reptiles. = Nommé quelquefois Marceus ou Marseus dans les catalogues de vente hollandais. Il passa plusieurs années en Italie et en France. Il fut longtemps à Paris au service de la reine mère, qui lui donnait un louis d'or par jour, outre le logement et la nourriture. De là il se rendit à la cour de Toscane, visita Naples et Rome. Dans cette dernière ville, il se lia avec Guillaume Van Aalst qui fut son élève. La bande artistique de Rome le surnomma *de Snuffelaer* (le fureteur) à cause de ses nombreuses courses pour découvrir, dans la campagne, des plantes, des insectes, des reptiles nouveaux pour modèles de ses compositions. Il revint s'établir à Amsterdam, s'y maria et y mourut. D'après la signature du tableau qui se trouvait au musée de Berlin. M. Waagen nomme notre artiste *Otho Marseus van Schrieck*. On ignore où Marcellis est né. = Insectes, animaux, arbres et fleurs autour d'un rocher, Florence. — Deux serpents, arbres, plantes, etc., Berlin. (Signé Otho Marseus van Schrieck, fec(1). — Un pavot entouré de papillons, lézards et crapauds rampant à terre, Dresde. (Signé : Otho Marseus). — Même sujet, *ib.* (Signé : Otho Marseus. D. S. 1671). = Beaucoup de fini ; bon dessin ; grande vérité ; coloris riche, mais qui est tourné au noir. = Ventes : V. Seymour (1860), Plantes et reptiles, 430 fr.

Marcenay de Guy (Antoine de). E. Fr. 1724-1811. ARNAY LE DUC. = Plus connu comme graveur. Il fut membre de l'Académie de Saint-Luc, à Rome.

March (Etienne), dit **March des Batailles.** E. Es. † 1660. VALENCE. Batailles, genre, portrait, histoire. = Elève d'Orrente ; afin d'exciter son imagination, il s'escrimait, armé de pied en cap, contre les murs de son atelier. Aucun de ses élèves ne put supporter ses extravagances. = Une vieille avec un tambour de basque, Madrid. — Portrait du peintre J. B. del Mazo, *ib.* — Un camp, *ib.* — Un vieux buveur, *ib.* — Vieille tenant une bouteille, *ib.* — Saint Jérôme, *ib.* — Passage de la mer Rouge, *ib.* — Tobie et son père, Paris. = Pinceau facile; coloris frais ; grande vérité.

March (Michel), fils d'Etienne. E. Es. 1633-1670. Histoire, batailles. = Elève de son père ; visita Rome ; mort à Valence. = Assez de facilité et de correction.

Marchal (Charles-Fr.). E. Fr. 1826-1877. PARIS. Genre. = Elève de Droling. = Retour de bal masqué. — Pénélope. — Phryné.

Marchant (Jean). E. Fl. 1808-1864. ANVERS. Histoire, genre, vues. = Elève de l'Académie d'Anvers. Se rendit en France en 1832, devint professeur de dessin à l'école de cavalerie à Saumur. = Auteur d'un ouvrage, avec planches lithographiées, intitulé : « *l'Anjou pittoresque.* »

Marchelli (Roland). E. I. 1664-1751. GÊNES. Histoire. = Elève de Maratti. Abandonna la peinture pour le commerce.

Marchesi (Joseph), dit **Il Sansone.** E. I. 1669-1771. BOLOGNE. Histoire. = Elève de Franceschini et d'A. Milani ; regardé comme un des meilleurs peintres de l'école bolonaise moderne. = Martyre de Ste-Prisca, Rimini. = Nus un peu chargés ; teintes parfaites ; perspective savante.

Marchesi (Jérôme), dit **de Cotignola.** E. I. 1480 (?)-1550 (?). COTIGNOLA (Etats de l'Eglise). Histoire. = Elève de Fr. Francia et de Raphaël ; s'occupa à Bologne, à Rome et à Naples. = Ginevra Sforza devant le trône de la Vierge, Pesaro. = Saint Jérôme, Saint-Marin. — Saint Bernard donnant les statuts de son ordre, Berlin. (Signé : Hieronymus Cottignol's MDXXVI). — Mariage de la Vierge, *ib.* — Mariage de la Vierge, Bologne. — La Vierge, l'Enfant, des anges et des saints, *ib.* = Dessin trop sec, coloris agréable, têtes majestueuses, draperies bien entendues ; style inégal. Quelques-uns de ses portraits sont estimés. = Ventes : V. Davenport (1863), *Ascension de la Vierge*, 2,705 fr.

(1) Ce tableau n'est plus indiqué au catalogue du musée, édition de 1878.

Marchesi ou **Zaganelli** (François), dit **de Cotignola.** E. I. * 1518. COTIGNOLA. Histoire, portrait. = Elève de Rondinello ; son frère, Bernardino, l'aida dans ses travaux ; très estimé à Ravenne. = Résurrection de Lazare, Faenza. — Baptême de Jésus-Christ, *ib.* — Vierge, Parme. — La Salutation angélique. Berlin. = Dessin moins correct que celui de son maître ; bon coloris ; figures habillées avec goût, belles, originales et dans des proportions plus petites que nature.

Marchesini (Alexandre). E. I. 1664-1733 ou 1738. VÉRONE. Histoire en petit, etc. = Elève de C. Cignani ; travailla à Vérone.

Marchetti (Marco), ou **Marc** de Faenza. E. I. † 1588. FAENZA. Histoire. = Elève de Jacopone Bertucci. Remplit Rome et Florence de ses ouvrages. Employé par le duc Côme Ier. = Massacre des Innocents, Rome. — Fresques, *ib.* = Touche hardie, pleine de feu et d'audace ; excellait dans les grotesques.

Marchi (Joseph P. L.). E. An. 1746-1808. ROME. Portrait. = Elève de Reynolds.

Marchino (LE). E. I. * XVe siècle. Histoire. = Elève d'André del Castagno.

Marchioni (La). E. I. * 1700. ROVIGO. Fleurs, fruits. = Femme célèbre comme peintre.

Marchis (Alexis de). E. I. 1700 (?)-1740 (?). NAPLES. Paysage, marine, architecture. = On assure que pour représenter des incendies avec plus de vérité, il mit le feu à une grange et que, puni de ce crime par les galères, il ne fut mis en liberté que sous le pontificat de Clément XI. Il laissa un fils, paysagiste comme lui, dont les biographes ne citent pas le nom. = Paysages, Naples. — Idem, Weimar. = Pinceau plein de verve, coloris vrai, détails négligés. Lanzi met sa floraison en 1710.

Marcile. * XVIIe siècle. Peintre sur verre. = Cité par De Marolles.

Marcillat (Guillaume). E. Fr. 1475-1537. VERDUN. = Peintre verrier qui voyagea en Italie avec Claude ; tous deux furent protégés par le cardinal Passerini. Ils exécutèrent beaucoup de vitraux en Italie, notamment à Rome, Florence, Perouse, Cortone, Castiglione, etc. S'établit à Arezzo où il fut comblé de faveurs. = Artiste d'un très grand mérite.

Marcke (Philippe de). E. Fl. * XVe siècle. Miniature. = Enlumineur ; inscrit, en 1470 sur les registres de la corporation des libraires de Bruges.

Marcke (Edouard Van). E. Fl. * 1855. Ornements.

Marcke (J. Van). E. Fl. 1797. BRUXELLES. Paysage. = Elève de Watelet, à Paris. = Rochers des bords de l'Amblève. — Vue prise à Remouchamps.

Marcke (Julie Robert, Mme Van), femme de J. — E. Fl. 1801-1875. Fleurs, fruits. =Mad. Van Marcke était fille de M. Robert, ancien directeur de la manufacture de Sèvres. L'un de ses fils est artiste à Liége, l'autre à Paris.

Marcke (... Van), fils de J. — E. Fr. * 1865. PARIS. Animaux.

Marcke (.... Van). E. Fl. * 1870.

Marckelbach (Alex.). E. Fl. 1824. ANVERS. Histoire. = Elève de l'Académie d'Anvers. = Le berceau du poète. — Visite à la bibliothèque du couvent. — Les rhétoriciens, Bruxelles.

Marco Ambrogio, nommé aussi **Melozzo** de Ferrare. E. I. * xve siècle. FERRARE. Histoire. = Confondu quelquefois avec Melozzo de Forli.

Marco (Thomas di). E. I. * 1392. FLORENCE. Histoire, portrait. = Elève d'André Orcagna.

Marco Calabresi. V. Cardisco.

Marco et **Paolo.** E. I. * 1335. Histoire, portrait. = Ces deux frères furent peintres sur verre, et imitèrent le moine Théotonius.

Marco di Tiziano. V. Vecelli.

Marco de Montepulciano. E. I. * xve siècle. MONTEPULCIANO. Histoire, portrait. = Elève de Laurent Bicci. = Peintre fort médiocre.

Marcola (Marc). E. I. 1728-1790. VÉRONE. Histoire. = On ignore qui fut son maître.

Marconi (Marc). E. I. * 1500. CÔME. Histoire. = Sa manière offre une analogie frappante avec celle du Giorgion. = Jésus-Christ à Emmaüs, Berlin. (Signé : *Marcus March-Venetus pinxit. M. D. VII.*)

Marconi (Roch). E. I. * 1505. TRÉVISE. Histoire, portrait. — On le croit élève du Giorgion et de Jean. Bellini. — Jésus-Christ au milieu des apôtres, Trévise. — La femme adultère, *ib.* — Jésus-Christ succombant sous la croix, Dresde. — La femme adultère, *ib.* — Jésus-Christ au milieu des apôtres, Venise. = Dessin exact, coloris doux, pinceau habile; manque de morbidesse dans les contours, physionomies rudes, beaucoup de transparence. = Graveur.

Marcos da Cruz. V. Cruz.

Marcovaldo. V. Coppo.

Marcucci (Auguste). E. I. * xviie siècle. SIENNE. Histoire. = Elève des Carrache, puis du Facini; vécut et mourut à Bologne.

Marechal (Laurent-Charles). E. Fr. 1801. METZ. Genre. = Elève de Regnault. Cet artiste s'est distingué surtout dans les tableaux au pastel et plus tard dans la peinture sur verre où il a réalisé de notables progrès.

Marechal (Charles-R.), fils du précédent. E. Fr. 1830. METZ.

Marée (de). E. Al. * xixe siècle. Paysage.

Marées (George des). E. Al. 1697-1776. Portrait. = Elève de M. Von Meytens. = Portrait du peintre et de sa fille, Munich. — Tableau de famille, *ib.* — Portrait du peintre F. J. Beich, *ib.*

Mareni (Jean-Antoine). E. I. * xviie siècle. Histoire. = Elève du Baciccio.

Mare-Richard (Florent de la). E. Fr. 1630-1718. BAYEUX. Portrait. = Mort à Versailles. = Fort estimé de son temps.

Marès (Pierre de). E. Al. * 1517. Histoire, portrait. = Appartient à l'ancienne école de la basse Allemagne. = Saint Maurice refusant de sacrifier aux idoles, Munich. — Crucifiement, *ib.* — Décollation de saint Maurice, *ib.*

Marescalco (le). V. Buonconsiglio.

Marescalco (Pierre), dit **Lo Spada.** E. I. * xvie siècle. FELTRE. Histoire, portrait. = Détails inconnus. = Madone entre deux anges, Feltri. (Ce tableau est signé : Petrus, Marescalcus, P.) — Hérodiade portant la tête de saint Jean, Dresde. — La reine de Saba en présence de Salomon, *ib.* = Figures grandioses, bon dessin.

Marescotti (Barthélemy). E. I. † 1630. BOLOGNE. Histoire. = Elève du Guide.

Margaritone. E. I. 1212-1289 ou 1236-1313. AREZZO. Histoire, portrait. = Tenait le premier rang parmi les imitateurs des Grecs, avant Cimabuë et Giotto; architecte et sculpteur, construisit dans sa patrie une cathédrale sur les dessins de Lapo. Employé, par le pape Urbain IV, à Rome, à décorer le portique de l'ancienne basilique de Saint-Pierre; le chagrin que lui causa la renommée toujours croissante de Cimabuë et de Giotto, le conduisit au tombeau. = Madone (fresque), Arezzo. — Christ (id.), *ib.* — Saint François, Sargiano. — Le portrait en sculpture et en peinture du pape Grégoire X, exécuté par Margaritone dans le tombeau de ce pontife, passe pour son meilleur ouvrage, *ib.* — La Vierge et l'Enfant avec des épisodes de la vie des saints, Londres. (Signé : *Margarit de Aritio me fecit).* = Il ne peignit que sur fond d'or et exécuta des tableaux sur cuivre.

Marghinotti (Giovanni). E. I. † 1865. Histoire. = Il fut peintre de Charles-Albert, professeur et membre de l'Académie Albertine. = Tableaux et fresques, Turin, Madrid, Sardaigne, Rome, etc.= Artiste d'une très grande fécondité.

Marguerite (Archiduchesse d'Autriche). E. Fl. 1480-1530. BRUXELLES. Portrait. = Cette célèbre princesse joignait à ses connaissances et à ses talents si variés, l'art de peindre des portraits avec un mérite célébré par ses contemporains.

Mari (Alexandre). E. I. 1650-1707. TURIN. Histoire. = S'étudia à copier les anciens maîtres ; poète. Mort en Espagne. On cite un Antoine Mari de la même époque, également né à Turin, et l'on croit qu'il ne fait qu'un avec Alexandre.

Maria (François di). E. I. 1623-1690. NAPLES. Histoire, portrait. = Elève du Dominiquin. = Martyre de saint Laurent, Naples. = Figures belles et vraies, mais peu gracieuses.

Maria (le chevalier Hercule de) ou **Hercule Marie de San-Giovanni.** E. I. * XVIIe siècle. BOLOGNE. Histoire. = Elève du Guide ; protégé par le pape Urbain VIII, qui le créa chevalier ; mort à la fleur de l'âge. Nommé quelquefois Ercolino de Castel ou Ercolino del Guido. = Beaucoup de fermeté et d'aisance ; très heureux imitateur de son maître.

Maria (Jacques). E. I. * XVe siècle. VÉRONE (?). Animaux, fleurs, fruits. = Détails inconnus. = Fit preuve de talent.

Mariani (Camille). E. I. 1565-1611. VICENCE. Histoire. = Sculpteur.

Mariani (Dominique). E. I. * XVIIe siècle. Histoire. = Demeura à Milan ; son fils Joseph fut son élève ; il vivait en 1718 et s'établit à Bologne.

Mariani (Jean-Marie). E. I. * XVIIe siècle. ASCOLI. Histoire. = Employé par Valère Castelli, à Gênes ; il séjourna à Rome.

Marianini (Annibal). E. I. * XIXe siècle. Histoire.

Mariano di Ser Eusterio, ou **Mariano de Perugia.** E. I. * 1530. PÉROUSE. Histoire. = Ecole de Pierre Pérugin.

Mariano da Pescia. V. Gratiadei.

Maricot (J. Alexandre). E. Fr. 1789. PARIS. Portrait et miniature. = Portrait de Paul de Kock. — Portrait de Casimir Delavigne.

Marie-Christine, reine d'Espagne. E. Es. 1806. NAPLES. Histoire, genre, etc.

Marienhof. (A). E. H. * XVIIe siècle. GORCUM. Histoire en petit. = Il a passé sa vie à copier des tableaux de Rubens. On le croit élève de Teniers. Mort très jeune, à Bruxelles. = Adoration des Mages (Eglise Saint-Nicolas), Gand. — Un homme, un compas à la main, agenouillé devant un couple royal assis sur un trône, Dresde. (Signé : A. Marienhof, f. 1649).

Marienhof (Abraham et Gilles Van). E. H. * 1677. = Peintres verriers qui travaillaient à Utrecht.

Marieschi (Jacques). E. I. 1711-1794. VENISE. Histoire et perspective. = Graveur et architecte.

Marigny (Michel). E. Fr. 1797-1829. PARIS. Histoire, genre, portrait. = Elève de Lafont et de Gros. = Flagellation, Rouen. — Saint Jean Népomucène, Paris.

Marilhat (Prosper). E. Fr. 1811-1847. VERTAIZON. Paysage. = Environs de Beyrouth. — Vue de Balbek.

Marin (J.). E. Fl. * 1845. Paysage. = Elève de l'école de peinture de Spa.

Marinari (Honoré). E. I. 1627 (?). FLORENCE. Histoire. = Elève et cousin de C. Dolci ; mort jeune. = Saint Jérôme, Florence. — Saint Maur guérissant les infirmes, *ib.* — Jésus-Christ apparaissant à sainte Marie de Pazzi, *ib.* — Les Heures, le Crépuscule et l'Aurore (Fresques), *ib.* — David vainqueur de Goliath, *ib.* — Sainte Cécile jouant de l'orgue, Copenhague. = Imita d'abord son maître, se forma ensuite un style plus grandiose, plus idéal et acquit une touche plus ferme.

Marinas (Henri, dit LAS). E. Es. 1620-1680. CADIX. Marine. = C'est en voyant tous les jours les vaisseaux et les bords de la mer que se détermina sa vocation ; son habileté lui valut le surnom de *las Marinas*, ou *des Marines*. Acquit une fortune considérable, se rendit à Rome afin de s'y perfectionner davantage, choisit cette ville pour résidence et y mourut. = Côtes de la mer ; bâtiments, parc, etc., Berlin. — Marine (Dessin à la plume), Paris. = Ses tableaux sont fort rares. Vérité et exactitude remarquables ; eaux transparentes, horizons, vapeurs, traités avec un pinceau de maître. D'après Lanzi, cet artiste ne ferait qu'un avec le peintre hollandais Henri-Corneille Vroom. Sandrart place sa naissance en 1566.

Marinelli (Jérôme). E. I. * 1630. ASSISE. Histoire. = Contemporain de J. Giorgetti avec lequel il travailla.

Marinelli (Vincent). E. I. * 1868. ABRIOLA (Basilicate). Histoire. = Scènes d'orient.

Marinetti (Antoine), dit **Le Chiozzotto.** E. I. * XVIIIe siècle. CHIOZZO. Histoire, portrait. = Elève de Piazzetta.

Marini (Antoine). E. I. * 1700. PADOUE. Paysage. = Détails inconnus. = Brusaferro étoffa ses tableaux.

Marini (Benoit). E. I. * 1625. URBIN. Histoire, portrait. = Elève de Ridolfi (Claude) et de Ferrari de Faënza ; s'établit à Plaisance. = Multiplication des pains, Plaisance. = Composition pleine d'art et de variété, exécution remarquable ; génie vif et étendu.

Marini (Jean-Antoine). E. I. * XVIe siècle. Mosaïque. = Elève de B. Bozza.

Marini (Pascal). E. I. ' 1700. SAN-SEVERINO. Histoire. = Élève de Cipriano Divini, qu'il surpassa. = Fresques, Rome.

Marinkelle (Joseph), dit **Marinkeltje.** E. H. 1732-1775 ou 1776. ROTTERDAM. Miniature, portrait. = Demeura longtemps à Amsterdam. Son surnom lui venait de la petitesse de sa taille; une femme auteur, mécontente de son portrait fait par notre artiste, rédigea une satyre contre celui-ci. Le pauvre peintre lui répliqua et fut si sensible à cette attaque qu'il en mourut de chagrin. = Bonne ressemblance.

Marin-Lavigne (Louis-Stanislas). E. Fr. 1797-1860. PARIS. Histoire, genre. = Élève de Girodet. = L'Extrême-Onction. = Dessinateur.

Marino (Dominique di). E. I. ' XVIIe siècle. = Elève de L. Giordano.

Marinus. E. H. ' 1541. ROMERSWALEN ou REYMERSWERLE. Genre. = Immerzeel cite ce peintre sous le nom de Marin de Zeeuw ou Marin Van Romerswale. Dans Vasari, traduction de Leclanché, vol. IX, p. 346, on lit : « Parmi les meilleurs miniaturistes flamands on range Marin, de Zirizec. » C'est probablement de Marinus qu'il s'agit. Quelques uns le placent dans l'école flamande. = Un homme pesant de l'argent; une jeune femme est près de lui, Dresde (Signé : *Marins, me fecit anno* 1541). — Même sujet, Madrid (Signé : *Reymerswerle Marin,* dont le catalogue de ce musée a fait : REIGMERSVERLE MARING, daté de 1558). — Saint Jérôme méditant sur le jugement dernier (Ce tableau était autrefois signé d'une façon reconnaissable. La signature, maladroitement retracée, forme aujourd'hui le monogramme : *Mdad*), *ib.* — Au musée de Christiansborg, à Copenhague, se trouve un tableau représentant un *Douanier dans son bureau,* et catalogué comme suit : MARING VAN SEEU, milieu du XVIe siècle, école hollandaise. — Un homme d'affaires dans son bureau, Munich (Catalogué sous le nom de *Maxing* ou *Maximin*). = Le tableau de ce peintre qui se trouve à Dresde, est fort remarquable. N. B. Les deux signatures que nous donnons ici se trouvent l'une, celle de 1541, sur le tableau de Madrid; l'autre de 1538 sur un tableau où l'on voit un homme pesant de l'or, au même musée. M. Otto Mundler exprime l'opinion que *le Comptable* du musée d'Anvers, placé sous le nom de Quintin Metsys, est de Marinus.

Marinus (Ferdinand). E. Fl. 1808. ANVERS. Paysage, chevaux. = Élève de H. Vander Poorten. = Passage du Moerdyk. — La route inondée. — Peintures décoratives (Paysages) dans la salle du conseil provincial à Namur.

Marinus (Jean). E. H. ' 1658. LA HAYE. Histoire. = On croit qu'il fut élève d'Alex. Petit. En 1665, il faisait encore partie de la confrérie *Pictura.* Un Jean Marinus contracta mariage à Haarlem, en 1657, avec Guilielmine Claes, de Bruges.

Mario de Crespini. E. I. ' 1720. CRESPINI. Nature morte. = Elève de Maderno, qu'il surpassa.

Mario di Fiori. V. Nuzzi.

Mariotti (Charles-Spiridione). E. I. ' 1775. PÉROUSE. Histoire. = On croit qu'il fut élève de Subleyras. = Dessinateur.

Mariotti (Jean-Baptiste). E. I. † 1765 (?). Histoire, portrait. = Elève d'Antoine Balestra.

Mariotto de Viterbe. E. I. ' 1435. VITERBE. Histoire. = Détails inconnus.

Marissal (Jean). E. Fr. ' XVIe siècle. CALAIS. = Peintre miniaturiste de talent.

Marissal (Philippe). E. Fl. 1698-1770. GAND. Portrait, genre. = Élève de Leplat. Il se rendit à Paris où le renom de l'Académie française lui inspira la pensée d'en établir une dans sa ville natale. Il réussit dans cette entreprise, en 1751, et consacra sa vie à lui procurer tous les éléments du succès. L'institution de Marissal est actuellement l'Académie royale de Gand. — A Gand on voit de lui quelques grands tableaux décoratifs. = Il a fait des tableaux où il y a du mérite, mais il semblait plutôt créé pour enseigner l'art aux autres que pour le pratiquer lui-même.

Marken (Jean Van). E. Al. ' XVIIIe siècle. DUSSELDORF. Vues, genre. = Demeura quelque temps à La Haye.

Marko (Charles). E. Al. 1805 HONGRIE. Paysage. = Paysage : la fuite en Egypte, Munich.

Markoff. E. R. ' XIXe siècle. Histoire.

Marlet (Jean-Henri). E. Fr. 1771-1846. AUTUN. Histoire, genre et portrait. = Elève de l'Académie de Dijon et de Regnault; fit les portraits de plusieurs grands personnages. = Lithographe.

Marliano (André). E. I. * XVIe siècle. PAVIE. Histoire. = Elève de B. Campi, à Milan.

Marlowe (Guill.). E. An. 1740-1800.

Marmion (Simon). E. Fl. † 1489. VALENCIENNES (?). Histoire, miniature. = En 1453, il se trouvait à Amiens, (Ville où peut-être il naquit) et y exécuta un tableau pour la salle aux plaids de l'hôtel-de-ville. Les travaux dont on le chargea prouvent quelle estime inspirait son talent; il dut faire, entre autres, pour Philippe le Bon, en 1467, un bréviaire qui ne fut achevé qu'en 1470, trois ans après la mort du duc, et qui servit alors à Charles le Téméraire; cet ouvrage lui fut payé 490 livres, 15 sous, somme très forte pour l'époque. Jean Lemaire a célébré Marmion dans ses vers; il le nomme *prince d'enluminure*. Déjà cité comme maître peintre en 1458, il est probable qu'il fut l'un des chefs de la corporation des peintres dans sa ville natale. Son frère Emile, également peintre, et lui, furent reçus dans la confrérie de Saint-Luc, à Tournai, en 1468 et 1469, probablement pour que leurs Cartons eussent le droit d'être exécutés en tapisseries. Emile Marmion et son fils Nicolas, peintre comme son père, vivaient encore en 1499. M. Le Glay a découvert, dans un manuscrit de la bibliothèque de Cambrai, l'épitaphe de Marmion, œuvre ridicule et emphatique faite par l'historien Jean Molinet. On la trouvera page XXVII du 2e volume des *Ducs de Bourgogne*, de M. de la Borde. = Dans le manuscrit d'où M. Le Glay a extrait plusieurs renseignements sur Marmion, il est parlé d'un tableau d'autel qu'il fit pour la chapelle de Saint-Luc et qui était *digne de très grande admiration*. Ce même texte vante les grisailles qu'il fit pour la même chapelle. La confrérie de Saint-Luc fut érigée à Valenciennes, eu 1460; il est donc probable que les travaux de Marmion furent exécutés vers cette date. — D'après Molanus, Velasquez de Lucerna, orateur de Marguerite d'York, veuve de Charles le Téméraire, fit don à l'hôpital, de Louvain, en 1512, d'un tableau de Simon Marmion, représentant la sainte Vierge. = Artiste très renommé de son temps; belles draperies. Littérateur de mérite. On cite plusieurs peintres du nom de Marmion ayant vécu à Amiens et à Valenciennes. Les renseignements certains manquent pour bien établir leur identité.

Marmitta (François). E. I. * 1495. PARME. Histoire. = On croit qu'il donna les premières leçons au Parmesan.

Marmochini. V. Fratellini.

Marne (Jean-Louis de Marnette de). E. Fr. 1754-1829. BRUXELLES. Paysage avec animaux, marine, genre, histoire. = Son père était officier, sa mère était née baronne d'Anschütz. Il partit pour Paris à l'âge de 12 ans, pour y étudier le dessin et la peinture dans l'atelier de Gabriël Briard. Visita plusieurs fois la Suisse. Agréé à l'Académie, à Paris, en 1783. Peignit longtemps pour la manufacture de Sèvres. Produisit un grand nombre d'ouvrages dont beaucoup sont en Russie. Mort à Batignolles, en France. Son talent, apprécié durant sa vie, lui valut la fortune et les honneurs. Il fit ses meilleurs tableaux, à Paris, de 1792 à 1808. = Une route, Paris. — Fiacre à la porte d'une auberge, *ib.* — Le départ pour une noce de village, *ib.* — Une foire, Saint-Pétersbourg. — Port de mer : le charlatan, Varsovie (Signé *D. Marne*). — La nouvelle mariée se rendant à la maison de son époux avec sa dot, ses effets et ses cadeaux, *ib.* = Manière de Berchem et de C. Dujardin; excellent coloris, ordonnance agréable, tons vrais, touche facile et spirituelle. Graveur. = Ventes : V. Perin (1816), *Marine*, 1,600 fr. — V. Vigneron (1828), *Marché aux bestiaux*, 2,500 fr. — V. Perignon (1831), *Grande fête patronale*, 3,100 fr. — V. Perier (1838), *Scène villageoise*, 1,050 fr.—V. Perregaux (1841), *La réprimande du curé*, 805 fr.—V. Meffre (1863), *La fontaine*, 1,530 l. — V. Boittelle (1866), *Le départ pour le marché*, 5,000 fr. — Même V. *Paysage et animaux*, 900 fr. — Même V. *Le trompette chantant dans un cabaret*, 960 fr. — V. Delessert (1869), *Le marchand d'images*, 1,550 fr. — Même V. *Cour de ferme*, 2,400 fr. — Même V. *Pâturage près d'une rivière*, 580 fr.

Marneffe (François de). E. Fl. 1793. 1877. Paysage. = Charles-Quint et Muley-Hassem à la chasse. — Vue prise à Laeken.

Maro (Jos.). E. I. * 1750. TURIN. Histoire (?). = Détails inconnus.

Maroli (Dominique). E. I. 1612-1676. MESSINE. Histoire, portrait, paysage et animaux. = Elève d'Antoine Ricci, dit Barbalunga; étudia à Venise; perdit la vie dans la révolution de 1676. = Martyre de sainte Placide, Messine. — Nativité de Jésus-Christ, *ib.* = Carnations vives, beaux airs de tête, figures de femmes remarquablement belles par leurs formes.

Maron (le chevalier Antoine de). E. Al. 1733-1808. VIENNE. Portrait. = Elève d'A. R. Mengs, dont il avait épousé la sœur (Voir Thérèse de Maron). Mort à Rome. = Portrait : l'Empereur Joseph II, Vienne. = Peintre estimé en Italie.

Maron (Thérèse MENGS, femme du chevalier de), fille d'Ismaël MENGS. E. Al. † 1806. Email, miniature et pastel. = Elève de son père; reçut une pension d'Auguste III, roi de

Pologne, et, plus tard, de la cour de Russie. Morte octogénaire après s'être occupée jusqu'à la fin de ses jours. = Portrait du peintre, Dresde. — Portrait de Julia Mengs, sœur du peintre, *ib.* — Copies du Corrége, en miniature, *ib.* = Ses tableaux étaient estimés.

Marone (Jacques). E. I. * 1470. ALEXANDRIE. Histoire. = Détails inconnus. Il ne faut pas le confondre avec Jean Massone d'Alexandrie, qui florissait vingt ans plus tard. = Soin exquis.

Maroni. V. Marone.

Marot (François). E. Fr. 1667-1719. PARIS. Histoire, portrait. = Elève de Ch. de Lafosse; reçu à l'Académie, en 1702, il y devint adjoint à professeur. Appartenait à la famille du poète Clément Marot. = Le sommeil de Morphée, Paris. = Suivit la manière de son maître.

Marquet. E. Fr. * 1842. Histoire. = Elie au désert.

Marquez Joya (Ferdinand). E. Es. † 1672 (?). Portrait, histoire. = Etabli à Séville. = Suivit la manière de Murillo.

Marquez (Etienne), neveu de Ferdinand. E. Es. † 1720. En ESTRAMADURE. Histoire. = Elève de son oncle, à Séville; fut d'abord poursuivi par la mauvaise fortune et réussit à la vaincre à force de travail et d'application. = Dessin satisfaisant, coloris assez agréable; imita avec bonheur le style de Murillo.

Marquis (Pierre-Ch.). E. Fr. 1798-1874. TONNERE. Histoire. = Elève de Lethière. = Peinture, Paris (Saint-Eustache). — Le denier de la veuve.

Marr (Joseph-Henri-Louis). E. Al. 1808-1871. HAMBOURG. Paysage, genre et marine. = Etudia à Altona, à Copenhague, puis à Munich où il est mort. = Le capucin en tournée, Munich. = Talent très populaire.

Marracci (Hippolyte), frère de Jean. E. I. * XVIIe siècle. LUCQUES. Perspective. = Elève du Mételli; travailla presque toujours avec son frère et obtint une réputation méritée.

Marracci (Jean), frère d'Hippolyte. E. I. 1637-1704. LUCQUES. Histoire. = Elève de P. Berrettini da Cortona. = Peintre de mérite.

Marron (Marie-Anne CARRELET, dame de), baronne de Meillonaz. E. Fr. 1725-1778. DIJON. Histoire. = Cette femme artiste est peu connue. Elle était également lettrée et a composé plusieurs tragédies. Voltaire en fait un grand éloge.=La conception, Dijon (Notre-Dame).

Mars (Louis-Philippe). E. Fr. * 1816. VERSAILLES. Histoire. = La Vierge et l'Enfant Jésus. — Allégorie à la mémoire de Louis XIV.

Marschouw (C.). E. Fl. * 1845. MALINES. Genre.

Marshall. E. An. * XIXe siècle. Décors, marine, animaux. = Marines et vaisseaux, Londres. = C'est probablement cet artiste que le comte Radzinski cite comme un peintre flamand élevé à Paris. Nous croyons que c'est Benjamin qui mourut en 1835 à l'âge de 68 ans. *N. B.* Il y a eu beaucoup d'artistes de ce nom en Angleterre mais les documents imprimés qui les concernent sont rédigés avec si peu de souci de l'exactitude dans les dates que nous n'avons pu nous y reconnaître.

Marshall (James). E. Fl. 1838. AMSTERDAM. Portrait, paysage. = Elève de Preller et de l'Académie d'Anvers.

Marsili (Sébastien). E. I. Histoire. = Hippomène et Atalante, Florence. = Touche fine.

Marsochi de Bellucci. E. Fr. * 1840. Portrait.

Marssen (Jean). E. H. * 1632. Batailles, animaux, cavaliers. = Détails inconnus. Bartsch croit que son véritable nom était Martsen. = Bataille de Lutzen, Salzthalen. = Beaucoup de vigueur.

Marstrand (Guillaume). E. Al. 1810-1873. COPENHAGUE. Genre. = Peintre danois; étudia à Munich et à Rome. = Sujet tiré d'*Erasmus Montanus*, comédie, par Ludwig Holberg, Copenhague. — Episode de *Barselstuen*, comédie du même auteur, *ib.* — L'arrivée des canots, le dimanche matin, au bas de l'église de *Lehsand*, sur la rive du lac de *Siljan* en Dalécarlie (Peint en 1853), *ib.* — La visite du jeune marin, *ib.* — Episode du *Potier d'étain*, d'Holberg, Hambourg.

Marteau (Louis). E. Fr. † 1805. PARIS. Portrait. = Se rendit en Pologne, comme pensionnaire du roi, y resta presque toute sa vie et y mourut très vieux. Les grands personnages du pays se firent peindre par lui. = Le grand nombre de commandes dont il fut accablé, l'engagea à choisir le genre du pastel dans lequel il brilla par beaucoup de force et de légèreté.

Marteisteg. E. Al. * 1844. Histoire. = Entrée du duc de Saxe-Weimar à Vieux-Brissac, en 1638.

Martel (N.). E. Es. * 1495. Histoire. — Peignit à Tolède, en 1495.

Martelenas (Raimond). E. Fr. * 1423. MONTPELLIER. Ornements. = Fut nommé dix fois consul à Montpellier.

Martelli (Aurèle), dit **Le Muet.** E. I. Histoire. = Ecole siennoise.

Martelli (Laurent). E. I. * XVIIe siècle. Paysage. = Imita Salvator Rosa.

Martellini (Gaspard). E. I. * XIXe siècle. Histoire. = Isaac rencontrant Sarah au retour du sacrifice. — Etéocle et Polynice.

Martens. E. Al. * 1842. MUNICH. Marine. = Vue de la Meuse.

Martens (Louise-Henriette). E. Al. 1828. STUTTGART. Portrait, genre, etc. = Elève de Ch. Sohn. = Enfants et fruits.

Martens van Sevenhoven (Jacques-Constantin). E. H. 1793. UTRECHT. Paysage. = Elève de J. Apeldoorn.

Martersteig (Frédéric-G.). E. Al. 1812. WEIMAR. Histoire. = Elève de P. Delaroche. = Scènes de la réforme.

Martin (Elias). E. An. 1740-1804. En SUÈDE. = Voyagea beaucoup et habita Londres. = Plusieurs paysages, Stockholm. = Peintre de mérite.

Martin (Guillaume). E. Fr. 1737-1801. MONTPELLIER. Histoire. = Elève de Cipriani. Agréé à l'Académie, en 1771; mort à Paris. Artiste de très peu de mérite. S'attacha davantage au commerce de tableaux.

Martin (Charles). E. Fr. * 1842. Portrait au pastel. = Elève d'A. Moine.

Martin (David). E. An. 1736-1798. AUSTRUTHER. Portrait. = Elève de Ramsay.

Martin (Isaac). E. Fr. * XVIIe siècle. LIMOGES. Email. = Détails inconnus.

Martin (Jacques). E. Fr. * 1565. NANCY. = Peintre verrier qui laissa la réputation d'un artiste supérieur sous le rapport de l'imagination, de l'exécution et du coloris.

Martin (Jean-Baptiste), dit **Martin des Batailles** et **Martin l'aîné.** E. Fr. 1659-1735. PARIS. Histoire, batailles. = Elève de La Hire; étudia la fortification, fut envoyé comme dessinateur auprès du maréchal de Vauban; recommandé vivement par celui-ci à Louis XIV; mis par ce prince sous la direction de Vander Meulen; nommé directeur de la manufacture des Gobelins, après la mort de ce dernier; accompagna le grand dauphin et le roi dans presque toutes leurs expéditions. = Prise d'Ypres, Versailles. — Prise de Lewe, *ib.* — Départ du roi après le lit de justice, *ib.* — Prise d'Orsoy, *ib.* — Siége de Fribourg, Paris. — Bataille entre les Turcs et les Impériaux, Metz. — Les principales actions de la vie de Charles V, duc de Lorraine (En plusieurs tableaux), Lunéville. (Ces ouvrages lui furent commandés par le duc Léopold, fils et successeur de Charles V). = Les tableaux qu'il fit pour le château de Versailles, et qui représentent les victoires et conquêtes du roi, lui valurent le surnom de *Martin des batailles.*

Martin (Jean). E. An. 1789-1854. HAYDON BRIDGE. Histoire, paysage. = Ce peintre est connu par des compositions gigantesques empruntées aux Ecritures et où l'on remarque des effets d'une grandeur remarquable. = Le festin de Balthazar. — Destruction de Ninive. = Dessinateur peu correct et parfois extravagant. Il a joui d'une vogue énorme en Angleterre. Graveur. Il a gravé lui-même ses vastes et théâtrales compositions.

Martin (Léon). E. Fr. 1837-1861. PARIS. Genre, histoire.

Martin (Martin). E. Al. 1798. MUNICH. Paysage.

Martin (Paul). E. Al. * 1860. MUNICH. Histoire. = Tilly horely.

Martin (Paul). E. Fr. 1799. MARSEILLE. Genre, intérieurs. = Intérieur de l'église de Poissy. — Intérieur d'une église de village en Champagne.

Martin (Pierre). E. Fr. * 1550. PARIS. = Peintre miniaturiste dont les travaux eurent un grand succès.

Martin (Pierre-Denis), dit **Le Jeune.** E. Fr. * XVIIIe siècle. Paysage, vues, batailles, chasses. = Elève d'A. Fr. Vander Meulen, d'après d'Argenville qui le fait cousin de Martin l'aîné. Il a peint beaucoup de vues de résidences royales, dont l'une est signée : *P. D. Martin, peintre ordinaire et pensionnaire du roi*, 1722. Dans un autre tableau de la même année, il ajoute à ses qualités celle de *pensionnaire de S. M. Czarienne.* Il fut employé aux Gobelins. = Louis XV à la chasse au cerf dans les rochers d'Avon à Fontainebleau, Paris. (Signé : *P. D. Martin, dit le Jeune, peintre ordinaire du Roy*, 1730). — Vues des résidences royales, Versailles. = Ventes : V. Boittelle (1866), *Vue d'un château avec les armes de Villeroi*, 2,250 fr.

Martin (Pierre-Edmond). E. Fr. 1783. LA ROCHELLE. Portrait, etc. = Elève de Vincent. Restaurateur de tableaux.

Martin (Mlle S.). E. Fr. * 1752. Genre, portrait. = Membre de l'Académie française de Saint-Luc.

Martin (Thévenin). E. Fr. * XIVe siècle. DIJON. = Peignit et dora une bannière, en 1385-87.

Martin (Thomas). E. Es. * 1672. Histoire. = Elève d'Al. Faxardo; établi à Séville.

Martin-Buchere (Mme Clémentine). E. Fr. * 1842. Fleurs et fruits à l'aquarelle.

Martin d'Udine, dit **Pellegrino di San Danielo.** E. I. † 1546 (?). UDINE. Histoire, portrait. = Elève de Jean Bellini; lorsque le duc de Ferrare, Alphonse d'Este, conçut le projet de réunir autour de lui les hommes les plus éminents de son siècle, Pellegrino ne parut pas indigne de leur être associé; il fut appelé à Ferrare et y laissa plusieurs beaux ouvrages; établit dans sa patrie une école d'où sortirent des artistes estimés. = Annonciation, Venise. — Sainte Ursule avec dix vierges, Milan (Signé : *Essendo* | *ca* | *merar* | *magistro* | *Anthonio* | *Manzignel* | *M.CCCCC°VI*). — La sainte Vierge, Venise (Signé : *Pellegrinus faciebat p. p.*). = En avançant en âge, ses teintes devinrent plus moelleuses et il acquit plusieurs autres qualités recommandables ; ses portraits sont pleins de vie; malheureusement beaucoup de ses ouvrages sont confondus avec ceux de Dosso Dossi, avec lequel sa manière avait beaucoup d'analogie.

Martineau (Robert-Braidivaithe). E. An. † 1869. Histoire, aquarelle. = Elève de Holman Hunt. = Egalement dessinateur.

Martinelli (Jean). E. I. * 1640. Histoire. = Détails inconnus. = Le festin de Balthazar, Florence. — On cite, comme son chef-d'œuvre, le *Miracle de saint Antoine* qui se trouvait au couvent des conventuels, à Pescia. = Talent fort au dessus de sa réputation.

Martinelli (Jules et Luc). E. I. * XVIIe siècle. Histoire. = Ces deux frères furent élèves de Jacques Bassan.

Martinello de Bassano. E. I. * XIIIe siècle. BASSANO. Histoire, portrait. = Fut au nombre des peintres réunis par les Byzantins à Venise.

Martinet. E. Fr. * 1810. Batailles, chasses. = Elève de Swebach, dit Fontaine. = Bataille de Wagram. — Chasse au sanglier.

Martinez (Ambroise). E. Es. † 1674. GRENADE. Histoire. = Elève d'Alonzo Cano; mort jeune. = Suivit avec peu de bonheur la manière de son maître; style maniéré.

Martinez (Chrysostôme). E. Es. † 1694. VALENCE. Histoire. = Mort dans les Pays-Bas. = Graveur.

Martinez (Dominique). E. Es. † 1750. SÉVILLE. Histoire. = Elève de Jean Antonio, peintre inconnu; ses ouvrages l'enrichirent et son caractère lui fit beaucoup d'amis ; fonda une Académie dans sa maison et employa une partie de sa fortune à l'instruction de ses jeunes élèves; chargé de plusieurs travaux importants lors de la visite de Philippe, à Séville; reçut la proposition de venir à Madrid, avec le titre de peintre du roi, mais refusa de quitter sa ville natale. = Le manque de principes solides se fait remarquer dans ses ouvrages; peu de génie et d'originalité; se servait d'estampes pour composer ses sujets.

Martinez (Grégoire). E. Es. * XVIe siècle. VALLADOLID. Paysage, genre et histoire en petit. = Peignit le paysage avec succès, mais réussissait encore mieux dans les petits sujets historiques. = Tons d'une finesse remarquable; beau coloris.

Martinez (J.-B. del Mazo). V. Mazo.

Martinez (Joseph), le Vieux. E. Es. * XVIe siècle. Histoire. = Elève de l'école florentine; habitait Valladolid. = Composition, dessin et coloris savants.

Martinez (Joseph), le Jeune. E. Es. 1612-1682. SARAGOSSE. Histoire. = Etudia à Rome et mérita, à son retour, d'être nommé peintre du roi Philippe IV, en 1642; reçut le même titre de D. Juan d'Autriche; malgré ces faveurs que justifiait son talent, Joseph ne voulut jamais abandonner Saragosse. = Coloris remarquable, style peu élevé; dessin médiocre; graveur.

Martinez (frère Antoine), fils de Joseph. E. Es. 1639-1690. SARAGOSSE. Histoire. = Elève de son père; étudia à Rome; prit l'habit religieux dans la chartreuse d'Aula-Dei et mourut dans ce couvent. = On lui accorde un pinceau spirituel et une assez bonne couleur.

Martinez (D. Joseph LUXAN). E. Es. 1710-1785. SARAGOSSE. Histoire. = Elève de Maître Léo, à Rome; protégé par l'illustre famille Pignatelli, qui lui procura divers travaux à son retour en Espagne; se rendit à Madrid, en 1741, et y fut nommé peintre du roi, par Philippe V; revint à Saragosse, fut nommé par l'inquisition réviseur des tableaux; établit dans sa maison une école de dessin, d'où sortirent plusieurs élèves remarquables et qui donna naissance à l'Académie de Saint-Louis. Il avait épousé Thérèse Zabalo, dont le père, Jean Zabalo, cultivait également la peinture. = Couleur suave, exécution facile et large.

Martinez (Sébastien). E. Es. 1602-1667. JAEN. Histoire, paysage. = Un des plus grands peintres de l'école de Séville; travailla pour des couvents de Cordoue et pour les églises de la même ville; nommé en 1660, par Philippe IV, peintre du roi. Mort à Madrid. = Nativité, Cordoue. — Saint Jérôme, *ib.* — Saint François, *ib.* — Conception, *ib.* — Christ, *ib.* — Saint Sébastien, Jaën. — Conception, *ib.* = Bon dessin, coloris plein de grâce et d'harmonie.

Martinez (Thomas). E. Es. † 1734. SÉVILLE. Histoire. = Elève de J. S. Guttierez; d'un caractère fort bizarre, Thomas s'était fait construire une bière qui lui servait de lit et qu'il couvrait d'un drap funéraire; c'est dans ce lit et avec ce linceul qu'il voulut être enseveli. = Imita Murillo et se rapprocha fort près de ce grand maître dans quelques-uns de ses ouvrages.

Martinez de Cazorla (François). E. Es. * XVIIe siècle. SÉVILLE. Histoire. = Elève de J. Valdès-Leal; florissait à Séville. = Dessin médiocre, coloris séduisant.

Martinez de Gradilla (Jean). E. Es. * XVIIe siècle. SÉVILLE. Histoire. = Elève de Zurbaran.

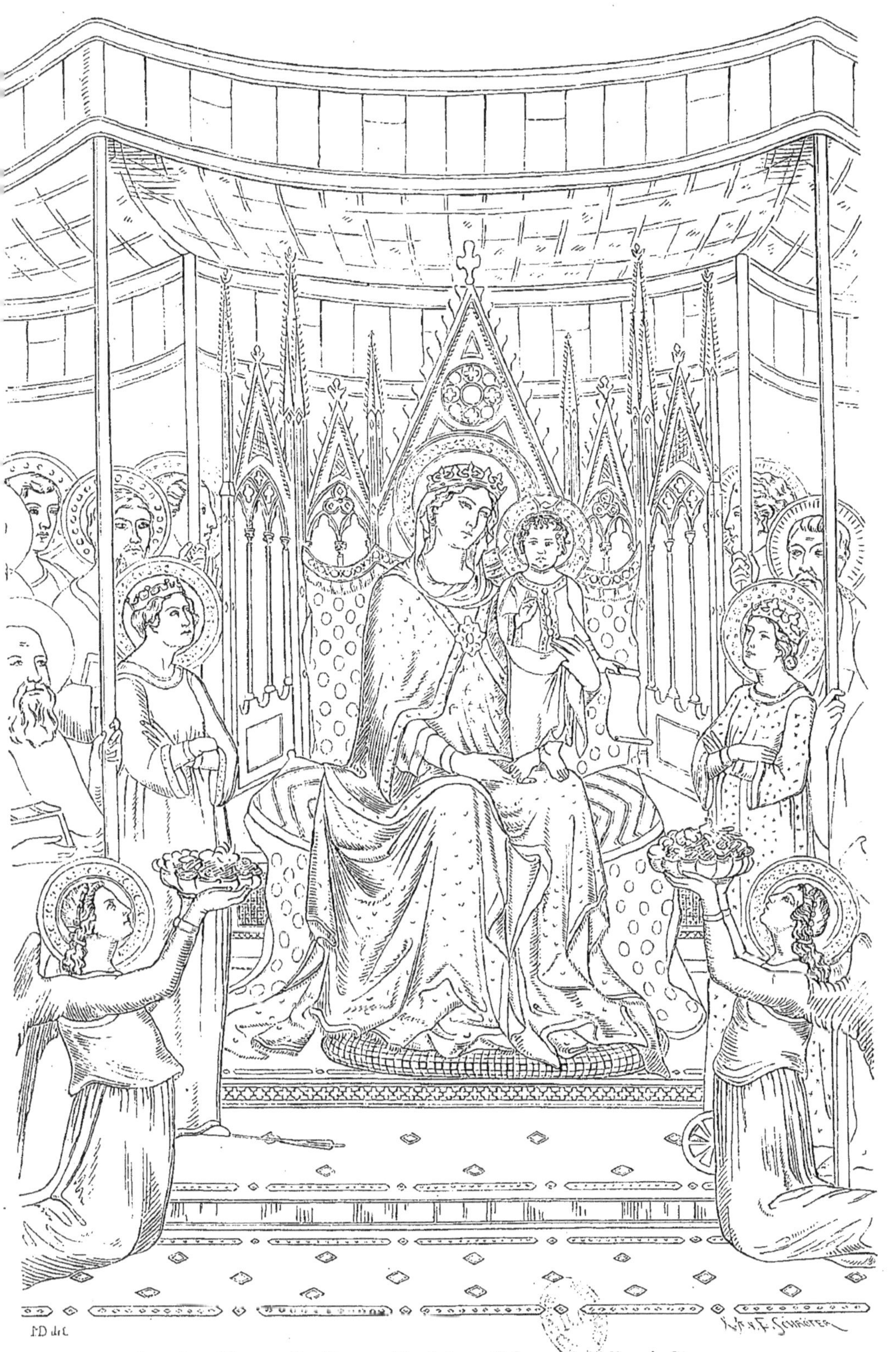

La »Maesta« de Simone Martini au Palazzo pubblico à Sienne.

Martinez del Barranco (D. Bernard). E. Es. 1738-1791. VILLAGE DE CUESTA. Histoire, portrait et genre. = Etudia à Madrid; se rendit en Italie, en 1765, y resta quatre ans; revint en Espagne et y fut reçu, en 1774, membre de l'Académie de Saint-Fernand, et professeur de cette même assemblée; Antoine-Raphaël Mengs lui confia plusieurs travaux importants. = Etudia les chefs-d'œuvre que renferment Turin, Parme, Naples et Rome, et se forma d'après les ouvrages du Corrége.

Martinez de Paz (Mathieu). E. Es. * 1670. = Concourut à l'établissement de l'Académie de Séville et en fut majordome.

Martini (Antoine). E. I. * XIXe siècle. Histoire.

Martini (Innocent). E. I. * XVIe siècle. PARME. Histoire. = Fort en crédit de son temps: employé à Saint-Jean et à la Steccata.

Martini (Jean). E. I. * 1510. UDINE. Histoire, portrait. = Elève de Jean Bellini; condisciple et rival de Pellegrino di San Danielo, qui le surpassa. = Manière de son maître; trop de crudité et de sécheresse; fini précieux.

Martini (Simon), dit **Memmi** ou **Simone di Martino,** ou **Simon de Sienne,** ou enfin **Maître Simone.** E. I. 1280 ou 1284 (?)-1344. SIENNE. Histoire, portrait et miniature. = Un des grands peintres de l'Italie à cette époque. On ne saurait dire avec certitude qui fut son maître. Envoyé à Avignon, par Pandolfo Malatesta pour y faire le portrait de Pétrarque, il se lia avec ce dernier, fit le portrait de Laure et provoqua ainsi les deux sonnets que le grand poète consacra au talent du grand peintre. Revint à Sienne, y exécuta de grands travaux; s'occupa à Assise, à Florence, à Rome et surtout à Pise où il exécuta ses chefs-d'œuvre. Retourna à Sienne et fut appelé une seconde fois à Avignon par le pape Clément VI. Il mourut dans cette ville. Le nécrologe de l'église de Saint-Dominique, à Sienne, donne la date exacte de ses funérailles, le 4 août 1344 et ajoute que son corps fut rapporté d'Avignon à Sienne. Vasari et Lanzi l'appellent Memmi Simone, c'est-à-dire Guiglielmi Simone; le dernier le dit cousin de Philippe Memmi dont des auteurs contemporains prétendent qu'il est le beau-frère. = Madone (Fresque), Rome (Eglise Saint-Pierre). — L'assaut de Monte Massi par Guido Ricci da Fogliano, général des Siennois, Sienne (Fresque dans la salle du Conseil). — Traits de la vie de Saint Martin, Assise. — L'Eglise militante et l'Eglise triomphante, Florence. — Crucifiement, *ib.* — Descente aux limbes, *ib.* — Portement de croix, *ib.* (Ces fresques ont été restaurées au XVIIIe siècle par Agostino Veracini). — Saint Dominique disputant contre les hérétiques, *ib.* — Annonciation, *ib.* (Signé : *Simon* :: *Martini* :: *et* :: *Lippus* :: *Memmi* :: *de* :: *Senis* :: *me* :: *pincxerunt* :: *anno* :: *domini* :: *M* :: *C.C.C.XXXIII* ::) — Sainte Giulitte, *ib.* — Saint Ansano, *ib.* — Grandes fresques à la coupole de la métropole, Avignon. — Vie de saint Ranieri (Fresques), Pise. (Ces tableaux furent achevés par Antoine Veneziano (Voir ce nom). — Assomption, *ib.* (Chef-d'œuvre). — Miniatures du Virgile de Pétrarque, Milan. — Un moine carmélite, Naples. — Le Sauveur donnant la bénédiction, Munich. — Couronnement de la Vierge, Paris. — Vierge allaitant, Berlin. — La Vierge et l'Enfant, *ib.* — Diptyque : l'annonciation et plusieurs saints, *ib.* — Annonciation; Vierge méditant; descente de croix et le coup de lance, Anvers (Quatre panneaux en un seul cadre). = Composition sage, beaucoup d'imagination; excellait dans le portrait; invention originale et pleine de génie; têtes et mouvements variés; bon goût de costumes. Egala souvent Giotto et le surpassa parfois. Sa manière se rapproche de celle de Mino da Simone dont il retoucha la grande fresque de Sienne. Coloris plus varié, dessin plus pur. V. Davenport(1863). *Sainte Ursule tenant deux palmes*, 2,938 fr. — Même V. *Jeune saint avec une épée et une palme*, 2,106 fr. — V. Poniatowski. (1867). *Portrait de Petrarque*, 605 fr. — Même V. *Portrait de Laure*, 2,800 fr.

Martini (François), fils de Simon, et dit **Cecco di Martino.** E. I. * 1360. SIENNE. Histoire. = Termina beaucoup de tableaux commencés par son père.

Martinoff. E. R. * XIXe siècle. Paysage.

Martinotti (Jean Evangéliste). E. I. 1634-1694. MONTFERRAT. Paysage. = Elève de S. Rosa. = Style soigné.

Martins. E. Fl. = Noms de peintres gantois dont les travaux de M. de Busscher ont permis de faire la biographie comme suit : MARTINS (Laurent), maître peintre en 1364, juré de la corporation gantoise en 1369. — MARTINS (Laurent), le jeune, fils du précédent, maître peintre en 1380, juré du métier en 1384, doyen en 1386. — MARTINS (Gilles), maître peintre en 1396, juré de la corporation en 1400 et 1405. — MARTINS (Gérard), maître peintre en 1398. — MARTINS (Gheloet), maître peintre en 1398. — MARTINS (Jean), franc-maître peintre à Gand où il repeignit à l'huile, avec Guillaume Van Axpoele, en 1419, les portraitures murales des comtes de Flandre dans la maison échevinale. Exécuta d'autres travaux en 1424-1425; de 1426 à 1434, puis de 1443 à 1447, il travailla à Tournai. On suit ses ouvrages jusqu'en 1468. — MARTINS (Baudouin), fils aîné du précédent, maître peintre en 1434, juré de la corporation en 1452, doyen en 1475. — MARTINS (Regnier), fils de Baudouin, maître peintre en 1447, juré en 1472. — MARTINS (Nabur, Nabor ou Nabuchodonosor), né à Gand en 1404, mort en 1453, fils et élève de Jean Martins, est le mieux connu des membres de cette famille. Maître peintre à Gand, doyen de la corporation en 1450; travailla pour la commune et aux chapelles échevinales de Gand, de 1440 à 1449; peignit à la chapelle de la Keure un tableau d'autel : *le Christ à la croix*. En 1443, il exécuta, pour la collégiale de Sainte-Walburge, à Audenarde, un tableau de maître-autel. En 1444, il peignit l'*Assomption*, tableau d'autel pour l'église de Lede et un *Jugement dernier* pour Liévin Sneevoet (Cette œuvre fut commandée pour le prix de 24 escalins de gros (15 livres parisis). En 1448, il peignit à l'huile la peinture murale découverte au fond de la grande boucherie de Gand, en 1855, et sur laquelle on consultera avec grand fruit l'excellent travail de M. Ed. de Busscher, dont nous avons extrait ce qui précède : (*Recherches sur les peintres gantois des* XIVe *et* XVe *siècles, indices primordiaux de l'emploi de la peinture à l'huile à Gand, 1 vol. in-8°, Gand. L. Hebbelinck*). En 1453, Nabur Martins exécuta une peinture murale dans l'église d'Eckergem-lez-Gand. Quelques biographes ont dit que ce peintre fut également horloger ; c'est une erreur due originairement à la fausse interprétation d'un compte. Nabur Martins et son père, paraissent avoir joui de leur temps d'une grande réputation.

Martis (Octavien). E. I. ' 1409. GUBBIO. Histoire. = Détails inconnus. = Expression uniforme mais très gracieuse.

Martorana (Giovacchini). E. I. ' XVIIIe siècle. PALERME. Histoire. = Détails inconnus. = Du mérite dans les compositions vastes.

Martorelli (Jean). E. I. Histoire. = Détails inconnus. = La Vierge et l'Enfant entourés de saints, Bologne. — Saint Antoine, abbé, *ib.*

Martoriello (Gaëtan) E. I. 1673-1723. Paysage. = Elève de N. Massaro. = Pinceau hardi et original, manière très peu finie; coloris faux.

Marubini (Jos.). E.I.' XIXe siècle. Histoire.

Marucelli (Valère). E. I. ' XVIe siècle. Histoire. = Elève de B. Naldini.

Marullo (Joseph). E. I. † 1685. ORTA. Histoire. = Elève de M. Stanzioni. = Ses premiers ouvrages se rapprochent extrêmement de la manière de son maître; plus tard il eut un coloris trop dur et les contours devinrent crus et tranchants.

Marum (E. Van). E. H. ' XVIIIe siècle. HOLLANDE. Paysage et animaux. = Elève de J. Buys; marchand de tableaux. = Exécuta peu de tableaux. Dessinateur.

Maruselli del Ombra (Jean-Etienne). E. I. 1584 ou 1586-1646 ou 1656. Ornements et perspective. = Elève d'André Boscoli ; travailla beaucoup à Pise. = Bonne invention, teintes brillantes. Egalement architecte.

Marzi (Ventura). E. I. ' XVIe siècle. URBIN. Histoire. = Ecole du Barocci.

Marziale (Marc). E. I. ' 1500. VENISE. Histoire. = Elève ou imitateur des Bellini. = Les disciples d'Emmaüs, Venise (Signé : *Marcus Marcialis* | Venetus | 1506.

Marzio de Colantonio. E. I. ' XVIe siècle. ROME. Batailles, paysage et grotesques. = Fut employé à Rome et plus encore à Turin où il fut au service du cardinal prince de Savoie.

Marzo (André), frère d'Urbain. E. Es. ' 1662. VALENCE. Histoire. = Elève de Ribalta.

Marzo (Urbain), frère d'André. E. Es. ' XVIIe siècle. VALENCE. Histoire. = Détails inconnus.

Masaccio di **San Giovanni** dit **Maso** ou **Thomas Guidi.** E.I. 1401 ou 1402-1428 ou 1429. SAN GIOVANNI, près de Florence. Histoire. = Elève de Masolino da Panicale; lié par ses talents avec les personnages les plus illustres de Florence et particulièrement avec Côme de Médicis, son protecteur et son ami; se rendit à Rome pendant les troubles de sa patrie; chargé de plusieurs travaux par le pape que les biographes italiens, disent être Boniface VIII. Or, ce pape étant né vers l'année 1228 et mort en 1303, ce n'est donc pas pour lui que travailla Masaccio. C'était le pape Martin V qui occupait le siège pontifical à cette époque et ce fut lui dont Masaccio peignit le portrait en compagnie de l'empereur Sigismond. Travailla beaucoup pour le duc de Médicis. Sa supériorité lui fit un grand nombre d'ennemis, et comme sa mort fut subite, on croit qu'il fut empoisonné. Milanesi a publié en 1860, dans le *Giornale storico degli archivi Toscani* (Livraisons de juillet et septembre) des documents authentiques prouvant que Masaccio mourut à Rome en 1428 ou 29, âgé de 26 ans. Il nous semble cependant difficile d'admettre que Masaccio, qui n'a pu travailler au plus qu'une dizaine d'années, ait accompli tant de travaux et surtout tant de chefs-d'œuvre. = Résurrection d'un enfant, Florence. — Martyre de saint Pierre. (Fresques), *ib.* — La Vierge et sainte Anne, *ib.* — Tête de vieillard (Sur toile), *ib.* — Portraits, *ib.* — Tête d'un moine (Fresque), Munich. — Miracle de

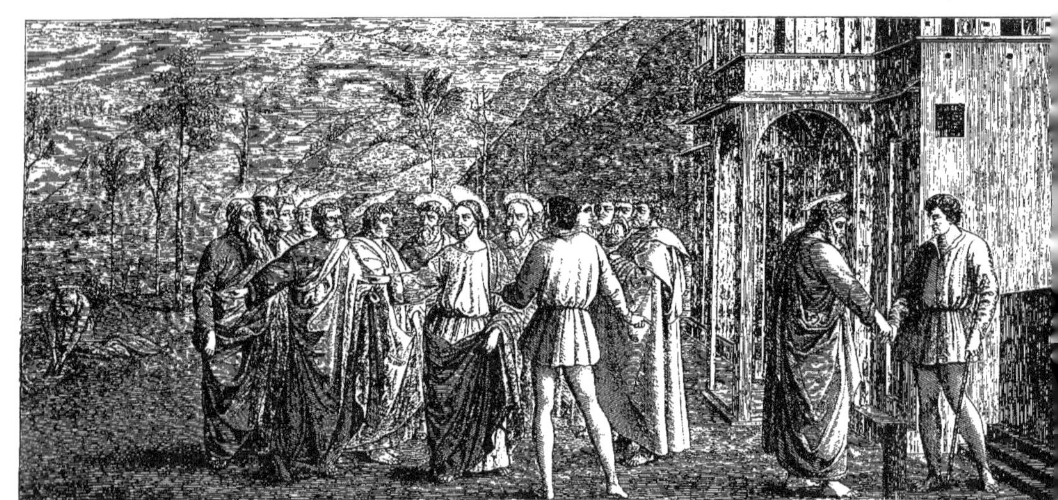

Le denier. Peinture murale par Masaccio. Chapelle des Brancacci au Carmine à Florence.

saint Antoine de Padoue, *ib.* -- Portrait du peintre, *ib.* — La foi et la piété, *ib.* — Episodes de la vie de saint Bernard, Berlin. (Deux tableaux, tous deux attribués). — Portrait du peintre, Londres. = Le premier qui donna de la vie et du mouvement à ses figures; facilité étonnante; manière ferme, raccourcis pleins de science et de vérité; exécution parfaite; expressions et airs de tête qui font pressentir Raphaël; dessin savant et naturel dans le nu, sans montrer encore l'exactitude de L. de Vinci; draperies larges et exactes, mais d'une imitation un peu recherchée, coloris vrai, varié, doux et admirablement harmonieux; ensemble du plus grand relief. Sculpteur. = Ventes : V. Northwick (1859), *Saint George*, 4,940 fr. — Même V. *Portrait du peintre*, 2,678 fr. — V. Pourtalès-Gorgier (1865), *Portrait présumé du peintre*, (*à tempera*), 2,600 fr.

Mascagni (Donato). E. I. 1579-1636. FLORENCE. Histoire. = Elève de Ligozzi; devint religieux dans l'ordre des Servites et prit le nom de frère Arsène. = Histoire d'Ugolin, Florence. — Donation de la comtesse Mathilde, Vallombreuse. = Style correct; peu de délicatesse et de moelleux.

Mas Carenas (don Jérôme). E. Es. Histoire (?) = Evêque de Ségovie; peintre-amateur.

Mascherino (Octave). E. I. * XVIe siècle. BOLOGNE. Histoire. = Egalement architecte; mort à 82 ans. = Fresques, Rome.

Masini (Joseph). E. I. * 1650. Histoire, perspective et ornements. = Elève de J. Chiavistelli. = Le prophète Amos, Rome. — Fresques, *ib.*

Masnada (Nicolas Della). E. I. * 1240. Histoire. = Florissait à Ferrare.

Maso de Bologne. E. I. * 1404. BOLOGNE. Histoire. = Contemporain de Ph. Scannabecchi, dit Lippo di Dalmasio.

Maso Guidi di **San Giovanni.** V. Masaccio.

Maso di **San Friano.** V. Manzuoli.

Mason (Georges). E. An. 1820-1872. STRAFFORDSHIRE. Genre, etc. = Membre de l'Académie royale. Voyagea beaucoup. = L'hymne du matin.

Mason (Guillaume). E. An. * XVIIIe siècle, animaux. = Jenkins et Pollard ont gravé d'après lui.

Masquerier (John J.). E. An. 1778-1855. CHELSEA. Histoire, portrait. = Elève de Vernet. = Incrédulité de saint Thomas. — Bonaparte et Marie-Louise visitant le tombeau de Charles le Téméraire à Bruges.

Masreliez (Louis). E. I. * 1770. Paysage. = Suédois d'origine; nommé, en 1771, membre honoraire de l'Académie de Bologne. = Graveur.

Massa (Jean) et **Pozzuoli** (Jean). E. I. † 1741. CARPI. Tableaux en pierre spéculaire. = Elèves des Griffoni (Voir à l'article de J. Gavignani). Ces deux artistes travaillèrent en commun et réussirent à composer des lointains, des jardins, des vues d'architecture avec la plus grande perfection.

Massari (Luc). E. I. 1569-1633. BOLOGNE. Histoire. = Elève de L. Carrache; il avait d'abord reçu les leçons du Passerotti; visita Rome, et, de retour à Bologne, il y tint école, de concert avec l'Albane. = Saint Gaétan, Bologne. — Déposition, *ib.* — Mariage de sainte Catherine, *ib.* — Venue du Christ, *ib.* — L'enfant prodigue, *ib.* — Et autres, *ib.* — Sainte famille dans un paysage, Florence. — La Vierge et l'Enfant avec saint Jean, *ib.* = Imita les Carrache. Beaucoup de grâce et de fini, coloris gai.

Massaro (Nic.). E. I. † 1704. Paysage. = Elève de Salvator Rosa. = Coloris pâle et languissant; imita le dessin de son maître.

Massarotti (Ange). E. I. 1655-1723. CRÉMONE. Histoire, portrait. = Elève de Bonisoli; demeura plusieurs années à Rome. = Composition assez régulière, draperies lourdes, du relief.

Masse (Samuel). E. Fr. 1671-1753. TOURS. Miniature. = Reçu à l'Académie, en 1705. = Il ne faut pas confondre cet artiste avec un peintre du même nom, également né à Tours et qui florissait en 1705. = Vénus demandant des armes à Vulcain. *N. B.* Jal qui a remis en lumière un certain nombre d'artistes français, s'est complaisamment attribué le mérite d'avoir souvent parlé le premier d'artistes parfaitement connus avant lui. Masse est de ce nombre.

Massé (Auguste). E. Fr. 1824. AIX. Histoire, portrait. = Elève de Gros. = Intérieur de l'atelier des élèves de Gros. — Saint Jean Chrysostôme.

Massé (Jean-Baptiste). E. Fr. 1687-1767. PARIS. Miniature. = Reçu, en 1717, à l'Académie; conseiller de cette institution; nommé peintre du roi et conservateur des tableaux de la couronne, par Louis XV. = Graveur.

Massei (Jérôme). E. I. * XVIe siècle. LUCQUES. Histoire. = Travailla à Rome au Vatican. = Bon dessin, coloris satisfaisant, beaucoup de soin.

Massi (Ant.). E. I. * 1580. JESI. Histoire. = Prêtre; exposa quelques tableaux à Bologne.

Massimo (le père). E. I. 1599 (?)-1679. VÉRONE. Histoire. = Elève de M. A. Bassetti; religieux capucin et artiste de beaucoup de talent.

Masson (Antoine). E. Fr. 1636-1702. LOURI, près d'Orléans. = Se rendit fort jeune à Paris, fut membre de l'Académie de peinture et devint un des plus célèbres graveurs au burin de la France. = On parle peu de ses ouvrages comme peintre.

Masson (Jean). E. Fr. * 1550. TROYES. Histoire. = Peintre verrier. Décora de vitraux plusieurs églises de sa ville natale. = Artiste de mérite.

Massone (Jean). E. I. * 1490. ALEXANDRIE. Histoire. = Détails inconnus. = Trois sujets en un seul cadre : la nativité; saint François et le pape Sixte IV; saint Antoine de Padoue et le cardinal Julien della Rovere (plus tard Jules II), Paris.

Massot. E. Al. * XIXe siècle. GENÈVE.

Massys. V. Metsys.

Mast (Herman Vander). E. Fl. 1604. BRIELLE. Histoire, portrait. = Elève de Fr. Floris; après la mort de celui-ci, il alla demeurer chez Fr. Francken. Il se rendit plus tard à Paris, demeura deux ans chez l'archevêque de Bourges; celui-ci le céda au chevalier de la Queste, chez lequel il resta sept ans. En 1604, il s'établit à Delft. = On cite son talent à reproduire des détails, des plantes, etc., au point de tromper l'œil des artistes eux-mêmes.

Mastelletta (le). V. Donducci.

Mastroleo (Joseph). E. I. 1744. Histoire. = Elève de P. de Matteis.

Masturzo (Marzio). E. I. * XVIIe siècle. Paysage, histoire et batailles. = Elève de Salvator Rosa, qu'il accompagna à Rome; fut au nombre des *Compagnons de la mort*. = Petites figures un peu crues, carnations animées, perspective aérienne moins éclatante que celle de son maître.

Masucci (Augustin). E. I. 1691-1758. ROME. Histoire, portrait et ornements. = Elève de C. Maratti; travailla pour Benoît XIV; académicien de Saint-Luc. = Ornements, Rome. — Sainte Anne, *ib.* — Fresques, *ib.* — Saint François, Macerata. — Conception, Gubbio. — Annonciation, Copenhague. = Manque d'esprit; traita presque toujours des sujets pieux et fit une grande quantité de madones, de figures d'anges et d'enfants remplies de grâce; soin parfait; excella dans le portrait.

Masucci (Laurent), fils d'Augustin. E. I. * XVIIIe siècle. Histoire. = Elève de son père, qu'il ne put jamais égaler. = Ste Famille, Rome.

Masyn (M.). E. H. * 1634. = On ne connait pas ses ouvrages, mais comme il a gravé d'après ses propres compositions, il doit avoir peint ou dessiné.

Matarana (Barthélemy). E. Es. * XVIIe siècle. Histoire. = Florissait à Valence. = Fresques estimées.

Matenare (Jacques). E. Fr. * 1577. SAINT-OMER. Histoire. = Exécuta en 1577 de belles verrières à l'abbaye de Saint-Bertin. = Artiste de valeur; excellait dans la composition, dans la perspective et l'agencement des draperies.

Matejko (Jean-A.). E. Al. 1838. CRACOVIE. Histoire. = Elève de Piloty. = Charles-Gustave devant le tombeau du roi Ladislas. — Bataille de Grunwald.

Mateos (Jean). E. Es. * 1665. = Un des fondateurs de l'Académie de Séville, dont il fut le fiscal, en 1667.

Matera (Benoît de). E. I. * XVe siècle. SIENNE (?). Miniature. = Religieux du mont Cassin. = Miniatures des livres de chœur à la cathédrale de Sienne. = Effet agréable; expression remarquable; grande verve poétique.

Matet (Ch. P. F.). E. Fr. * 1857. MONTPELLIER. Portrait. = Elève de Hersent.

Matham (Adrien-Jacq.), frère de Jean et de Théodore. E. H. * XVIIe siècle. HAARLEM. = Il est considéré comme le troisième fils de Jacques, le graveur. De 1624 à 1627 il fut porte-drapeau de la garde bourgeoise de Haarlem. Il visita le Maroc, en 1640 et écrivit un journal de ce voyage. Cette relation reposait encore, en 1865, dans la bibliothèque impériale de Vienne. Le titre nous apprend qu'il accompagna l'ambassade d'Antoine de Liederkerke envoyé par les Etats généraux de Hollande au roi de Maroc. Adrien grava une suite de cinq planches sur cette ambassade; ces épreuves sont rarissimes. Se maria une première fois en 1632, une seconde fois en 1638, enfin une troisième fois en 1642, à son retour du Maroc. S'établit à La Haye où il fut reçu, en 1646, dans la gilde de Saint-Luc et où il fit le commerce d'objets d'art et de livres curieux. En 1654 la ville de Haarlem lui acheta des ouvrages rares et d'anciennes chroniques. = Peintre et graveur.

Matham (Jean), frère de Théodore. E. H. † 1648. = Il était le fils aîné de Jacques Matham, le graveur. Celui-ci était, comme on sait, fils de la veuve épousée par Hubert Goltzius et dut son talent artistique à son beau-père. Membre de la gilde de Saint-Luc, à Haarlem, en 1628. En 1637, il déclara deux disciples à la gilde. Jean acquit du talent comme peintre et mourut, jeune encore, à Haarlem, mais non en 1643 comme on l'avait cru; le registre mortuaire du 25 juillet 1648 note la demande d'enterrement.

Matham (Théodore), frère de Jean. E. H. 1598 (?)-1660 (?). HAARLEM. = Il était le second fils de Jacques Matham. En 1621, il était inscrit dans la garde bourgeoise, à Haarlem; en 1637, il paya sa redevance à la société de Saint-Luc, comme graveur. D'après Terwesten, il fut un des fondateurs de la société *Pictura*, à La Haye, où il mourut. Il séjourna en Italie. D'après un article publié en 1869 dans le *Navorscher*, Th. Matham aurait eu 35 ans en 1641; il aurait, en ce cas, fait partie de la garde bourgeoise à 15 ans. = Célèbre graveur. Il a peint et dessiné; mais ses ouvrages dans ces derniers genres sont restés inconnus.

Mathes (Chrétien-Godefroid). E. Al. * 1750. Portrait. = Elève de Chr. Ber. Rode. Maître de dessin, à Berlin. = Graveur.

Matheus, Mathews ou **Mathias** (F.). E. Fl. * 1650. ANVERS. = Cité par Houbraken qui rapporte qu'à Rome on le surnomma *den Vrome* (le Brave). Nagler dit qu'il paraît avoir travaillé en Angleterre.

Mathias (Gabriel). E. An. † 1804. Genre.

Mathieu (Antoine). E. Fr. 1632-1674. LONDRES. Histoire, portrait. = Reçu à l'Académie, en 1663. Les *Archives de l'art français* le disent mort en 1673. Décéda à Londres

Mathieu (Auguste). E. Fr. * 1807-1866. DIJON. Intérieurs. = Intérieur de l'église de Brou.

Mathieu ou **Matthieu** (Balthazar). E. Fl. * 1650. ANVERS. Histoire. = Cité par Lanzi comme étant l'auteur d'une belle *Cène* qui se trouvait dans le réfectoire de l'Ermitage, à Turin.

Mathieu (Henri). E. Fr. * 1490. TOURS. Histoire. = Dirigea les fêtes que la ville de Tours donna à Louis XI et Anne de Bretagne.

Mathieu (Lambert-Joseph). E. Fl. 1805-1861. BURE (Namur). Histoire, genre et portrait. = Elève de Van Brée. Mort à Louvain où il était directeur de l'Académie. = Mort de Marie de Bourgogne, Bruxelles. — Mise au tombeau, *ib*.

Mathieu (Philippe). E. Fr. * XVIIe siècle. Histoire. = Peignit, en 1620, la grande fresque de Saint-Agricol. à Avignon.

Mathieu (Pierre). E. Fr. * 1560. ARRAS. = Peintre verrier fort admiré de son temps pour sa touche vive et ses tons chauds.

Mathieu (Pierre). E. Fr. 1657-1719. DIJON. Histoire. = Reçu à l'Académie, en 1708.

Mathieu (Rosine LISIEWSKA, Mme), fille de George Lisiewsky. E. Al. 1713. BERLIN. Portrait. = Elève de son père.

Mathilde (Mathilde L. W. Bonaparte princesse). E. Fr. 1820. TRIESTE. = Aquarelliste et graveur. On ne cite de cette artiste aucune peinture à l'huile.

Mathilde, princesse de Bavière, grande-duchesse de Hesse. E. Al. 1813. MUNICH. Paysage. = Elève de D. Quaglio. = Vue de la chapelle de Sainte-Madeleine, à Nymphenbourg, Munich. — Vue de Puzzoli, près d'Ischia, *ib*.

Mathot (Alex.). E. Fl. * 1836. Paysage. = Elève d'E. Delvaux.

Mathysen (J.). E. Fl. * 1843. Genre.

Mathyssen (C.). E. H. † 1850. ARNHEM. Intérieurs.

Matthyssens, Mathissens ou **Matys** (Abraham). E. Fl. 1581-1649. ANVERS. Histoire, paysage, etc. = Elève de Tobie Verhaegt, en 1591. En 1620 il est inscrit comme ayant payé sa redevance de franc-maître. L'épitaphe de ce peintre ornait autrefois la chapelle de Saint-Didace, dans l'église des Récollets, à Anvers. Elle a fourni les dates de naissance et de mort de l'artiste et mentionne qu'il embrassa le tiers-ordre de Saint-François et qu'il resta célibataire. Le tableau qui se trouve à Dresde, catalogué sous le nom de ce peintre, est signé : *Matthisen fecit anno* 1657. Ou la date a été mal lue, ou le tableau est d'un autre artiste, car Abraham était mort en 1649. Un Balthasar Mathyssens, peintre, est inscrit dans les *Liggeren* d'Anvers, comme fils de maître, en 1646-47. = La mort de la Vierge, Anvers (Cathédrale). — Assomption, *ib*. (Chapelle de la rue de l'Empereur). — Nature morte, livres, etc., Dresde. — Portrait de Bonaventure Peeters, Hoboken près Anvers (Dans le monument funéraire de Peeters).

Matout (Louis). E. Fr. 1813. CHARLEVILLE. Histoire, genre. = Saint Louis en Syrie enterrant les morts. — Peintures décoratives, Paris (Ecole de médecine).

Matsys. V. Metsys.

Mattei ou **Mateo** (Gabriel). E. I. * XVe siècle. SIENNE. Miniature. = Moine de l'ordre des Servites; collaborateur du frère Benoît de Matera. = Miniature des livres de chœur, dans la cathédrale de Sienne. = Expression belle, noble, gracieuse et pleine de poésie.

Mattei (Michel). E. I. BOLOGNE. Histoire. = Détails inconnus. = Tableaux, Venise.

Mattei (Silvestre). E. I. 1653-1739. ASCOLI. Histoire. = Elève de C. Maratti.

Matteini (Théodore). E. I. 1754-1825. PISTOIE. Histoire. = Elève de son père Hippolyte, mort en 1796, de Corvi et de Mengs. Directeur de l'Académie des beaux-arts de Venise. Quelques-uns de ses tableaux furent gravés par Raphaël Morghen et d'autres graveurs. = Angélique et Médor. = Excellent dessinateur.

Matteino. V. Matteo.

Matteis (Paul de). E. I. 1662-1728. NAPLES. Histoire. = Elève de Luc Giordano et de Morandi; appelé en France, il y passa trois ans; invité à venir peindre à Rome sous Benoît XIII; travailla à Gênes et s'établit à Naples, qu'il remplit des productions de son pinceau. = Saint François-Xavier, Gênes. — Conception, *ib*. — Sujet tiré de la Jérusalem délivrée,

Vienne. = Coloris suave; science du clair-obscur; imita la promptitude du Giordano sans l'égaler en talent; lorsqu'il travaillait sans négligence, ses ouvrages ne laissaient rien à désirer. = Ventes : V. de Chabannais (1776), *Enée et Didon*, 400 l. — V. Poullain (1780), *La charité*, 750 l.

Mattenheimer (Théodore). E. Al. 1787-1850. BAMBERG. Portrait, fruits et fleurs. = Mort à Munich. = Fruits et fleurs, Munich.

Matteo da Siena. V. Matteo di Giovanni.

Matteo de Sienne, dit **Matteino.** E. I. ' XVIe siècle. SIENNE. Paysage. = Vivait à Rome et y mourut âgé de 55 ans. Il ne faut pas le confondre avec Matteo di Giovanni, également nommé Matteo de Sienne et qui florissait longtemps avant lui. = Peignit les paysages dans les tableaux de N. Circignano et d'autres peintres; manière ancienne; talent remarquable.

Matteo di Giovanni, dit **Matteo da Siena,** fils de Giovan di Paolo. E. I. ' 1480. SIENNE. Histoire, portrait et mosaïque. = Employé, en même temps que son père, par le Pape Pie II; ami intime de Francesco di Giorgio. = Vierge glorieuse, Berlin. — Même sujet traité différemment, *ib.* = Donna une grande impulsion à l'art en y apportant plusieurs perfectionnements; draperies assez naturelles; expressions variées, veines et muscles indiqués; figures assez moelleuses; architecture et ornements de bon goût.

Matthai (Frédéric). E. Al. 1777-1845. MEISSEN. Histoire. = Mort à Vienne. = Oreste immolant Egisthe, Dresde. — Mort de Codrus, *ib.* (Esquisse).

Mattia. E. I. ' XIXe siècle. NAPLES. Histoire. = Périclès visitant l'atelier de Phidias.

Mattioli (Jérôme). E. I. ' 1577. BOLOGNE. Histoire. = Mort jeune. = Imitateur des Carrache.

Mattioli (Louis). E. I. 1662-1741. CREVALCORE (Piémont). Paysage, histoire. — Elève de Ch. Cignani. = On ne connaît de lui qu'un paysage qui se trouve à l'église de Saint-Barthélemy di Reno, à Bologne. = Bon graveur.

Mattiolo. E. I. ' XIXe siècle. NAPLES. Histoire.

Matton, Mathon ou **Maton** (B.). E. H. ' XVIIe siècle. Scènes d'intérieur, portrait. = On le croit élève de Gérard Dou. = Un ermite, Rotterdam. = On a de lui des effets de lumière de beaucoup de mérite. Genre de Dou et de Miéris. = Ventes : V. Leroy d'Etiolles (1861), *Le joueur de violon*, 4,500 fr. — V. Delessert (1869), *Bergère endormie*, 570 fr. — V. Scharf (1876), *Le trompette* (signé), 6,000 fr.

Maturino de Florence. E. I. † 1528 (?). FLORENCE. Histoire, portrait et ornements. = Elève de Raphaël; conçut une vive amitié pour Polidore de Caravage, pendant son séjour à Rome; l'éleva de simple garçon d'atelier au rang de son élève, lui fit faire des progrès surprenants et partagea avec lui tous ses travaux; le sac de Rome put seul séparer les deux amis; Polidore s'enfuit à Naples. et Maturino mourut de la peste quelque temps après. = Crucifiement, Berlin. — Fresques, Rome. = Grande science de dessin; se voyant inférieur à ses condisciples pour le coloris, il résolut de ne peindre qu'en clair-obscur ou monochrome et parvint dans ce genre à une grande perfection.

Matveeff. E. R. ' 1700. Portrait. = Détails inconnus.

Matveieff (Féodor). E. R. † 1824. Paysage. = Vue d'une cascade, Saint-Pétersbourg.

Maubert (James). E. An. † 1746. Portrait. = Portrait de Dryden, Londres (Gal. nat.).

Maubert (Jean). E. Fr. ' 1477. CAEN. = Miniaturiste que Louis XI nomma son peintre.

Maubus (Henri). E. Fr. ' 1536. LILLE. Histoire. = Exécuta de bons tableaux religieux pour les églises de la ville de Lille.

Maucourt (Charles). E. An. † 1768. Portrait.

Mauger (Jean). E. Fr. ' 1532. RENNES. Histoire, ornements. = En 1536 il exécuta pour la cathédrale, avec Lebreton, un vitrail de la plus grande beauté.

Maule (J.). E. An. ' XIXe siècle. Paysage.

Mauperché (Henri). E. Fr. 1606-1686. PARIS, Paysage, etc. = Professeur à l'Académie, en 1655. = Plusieurs paysages, Fontainebleau. = Chercha à imiter Claude Lorrain. Graveur.

Maurer (Hubert). E. Al. 1738-1818. RATTCHEN (près de Bonn). Histoire. = Arriva à Vienne, en 1762; fut envoyé comme pensionnaire de l'Etat, à Rome, en 1774, et y resta quatre ans; nommé professeur et conseiller de l'Académie, à Vienne, en 1785. = Dieu le père sur les nuages, Vienne. — Sainte Catherine, *ib.* — Jésus-Christ faisant venir à lui les petits enfants, *ib.* (Ce dernier tableau fut peint par l'artiste à l'âge de 77 ans). = Bonne composition, bon dessin.

Maurer (Jacques). E. Al. 1732-1780. SHAFFOUSE. Paysage, animaux, portrait et histoire. = Etudia à l'Académie de dessin d'Amsterdam. S'établit très jeune en Hollande. = Tableaux, Laren (Hollande). = Manière large, bon coloris.

Maurer (Josias). E. Al 1530-1580. ZURICH. Histoire, portrait. = Bon peintre sur verre; fut également écrivain, et cultiva avec succès l'astronomie. Le plan de la ville de Zurich qu'il fit graver sur bois, en 1576, et qui est de la plus grande exactitude, lui attira de la considération dans sa patrie. = Belle imagination, couleur excellente, composition, style et dessin médiocres.

Maurer (Christophe), fils de Josias. E. Al. 1558-1614. ZURICH. Histoire, portrait. = Elève de son père et de Tobie Stimmer, à Strasbourg; publia, conjointement avec ce dernier, un recueil de pièces de chasse, en 1605. = Recueil de figures tirées de la sainte Ecriture; *Emblemata miscellanca nova.* = Imita tellement la manière du second de ses maitres, qu'on a de la peine à reconnaitre leurs tableaux. Ses portraits sont estimés; travailla à fresque. Graveur.

Maurice (Louis-Joseph). E. Fr. 1730-1820. NANCY. = Fut d'abord reçu avocat; mais entraîné par son goût pour les arts, il s'adonna à l'étude du dessin et de la peinture; partit pour Saint-Pétersbourg, en 1758, et devint premier peintre de l'impératrice Elisabeth; appelé à Moscou, y assista au couronnement de Catherine II, et ordonna les fêtes qui eurent lieu à cette occasion; se rendit en Italie, en 1779, et y compléta une magnifique collection d'objets d'art.

Maurin (Antoine). E. Fr. 1793-1860. PERPIGNAN. Histoire.

Maurin (Nicolas-Eustache). E. Fr. 1798. PERPIGNAN. Histoire. = Elève de Regnault.

Maus (Eugène). E. Fl. 1847-1881. IXELLES (Bruxelles). Paysage, nature morte. = La mare aux fées. — La Seine à Saint-Cloud. — Chez mon maraicher.

Mauzaisse (Jean-Baptiste). E. Fr. 1784. CORBEIL (Seine-et-Oise). Histoire, portrait. = Elève de Vincent. = L'arabe pleurant son coursier, Angers. — Baptême et mort de Clorinde, Bordeaux.

Max (Gabriel). E. Al. 1840 PRAGUE. Histoire, genre. = Elève de son père, sculpteur, puis de Piloty. = Marguerite en prière. — La nonne et l'enfant. — La pianiste.

Maximin. E. Al. * XVIe siècle. BALE. Histoire, portrait. = Détails inconnus. = Imita Quentin Metsys.

May (J. G.). E. H. * 1822. Portrait, nature morte, fleurs, fruits, etc.

May (Olivier Le). V. Le May.

Mayer (Antoine). E. Al. 1843. VIENNE. Histoire. = Elève de son père, graveur, puis de Furich. = Brutus.

Mayer (Charles). E. Al. 1810. VIENNE. Histoire, vues. = Promethée, Vienne. — Triptyque, *ib.* — La cour du cloître San Giovanni et Paolo, à Rome, Munich.

Mayer (Charles). E. Al. 1834. En GALLICIE. Histoire. = Elève de Kupelwieser, puis de Furich et de Rahl. = Baptême du Christ, Vienne (Eglise Sainte-Elisabeth).

Mayer (Constance). E. Fr. 1778-1821. PARIS. Portrait, genre. = Elève de Suvée, de Greuse et de Prudhon. Elle connut ce dernier en 1801, et partagea constamment ses travaux. D'une santé délicate, elle fut prise, en 1821, d'un accès de mélancolie noire et se donna la mort. = La mère heureuse, Paris. — La mère abandonnée, *ib.* = Imita très heureusement le style de Prudhon.

Mayer (Dietrich ou Théodore). E. Al. 1571-1658. EGLISAU (Canton de Zurich). Portrait, kermesses, chasses, etc. = Se distingua dans la gravure aussi bien que dans la peinture; nommé du grand Conseil, en 1600; trésorier de la cathédrale, en 1614. = Ses portraits sont recherchés.

Mayer (Conrad), fils de Dietrich. E. Al. 1618-1689. ZURICH. Portrait, histoire et paysage. = Elève de son père et de son frère Rodolphe; parcourut toute l'Allemagne et s'arrêta quelque temps à Francfort, chez M. Mérian, ami de sa famille; le cadet de ses fils fut peintre et graveur à l'eau-forte et travailla avec succès au grand ouvrage de Sandrart, sur la peinture. = Peintre de mérite; bon graveur.

Mayer (Rodolphe), fils de Dietrich. E. Al 1605-1638. ZURICH. Portrait, histoire. = Elève de son père; visita Nuremberg, Augsbourg et Francfort, où il travailla pour Mérian; un travail excessif, joint à une santé délicate, le conduisirent au tombeau avant que son talent remarquable eût atteint sa maturité. = Graveur.

Mayer ou **Mayr** (Jean-Ulric), E. Al. 1630-1704. AUGSBOURG. Portrait, histoire. = Elève de Rembrandt et de Jac. Jordaens. = L'apôtre saint Philippe, Vienne. = Il a exécuté pour les différentes cours allemandes, un grand nombre de beaux portraits. Coloris vrai et harmonieux. Il a aussi peint sur verre.

Mayer (Fréderic). E. Al. 1825-1875. Paysage. = Mort à Munich. = Sites alpestres. = Artiste de talent.

Mayer (Etienne Fr. A.). E. Fr. 1805. BREST. Marine, genre, portrait. = Rade de Brest en 1698. — Prise de l'île Episcopia, Versailles. — Vieux port de Porstrein.

Mayer (Henri de). E. Al. * XIXe siècle. NUREMBERG. Genre, batailles, chevaux. = Un officier polonais fait prisonnier par un hussard autrichien.

Mayno (Le père Jean-Baptiste) E. Es. 1569 (?) 1649. Histoire, portrait. = Elève du Greco; jouissait d'un grand crédit à Tolède; se fit dominicain, fut choisi pour donner des leçons de son art à Philippe IV, qui, devenu roi, le nomma directeur de toutes les œuvres d'art de l'Espagne. Mort à Madrid. = Allégorie, Madrid. — Portrait d'homme, *ib.* — Adoration des bergers, St-Pétersbourg. =Manière vénitienne; figures gracieuses, attitudes aimables.

Mayno (Jules). E. I. * 1615. ASTI. Histoire. = Florissait en Piémont.

Mayr ou **Mair.** E. Al. * 1500. LANDSHUT. Histoire. = On a de lui des tableaux portant la date de 1514. = Sainte Famille (Attribué), Vienne. = Graveur.

Mayr (François de Paule). E. Al. 1778. DILLINGUE. Perspective, architecture, vues de ville, panoramas, etc.

Mayr (Th.). E. Al. 1804-1873. MUNICH. Histoire. = Plus connu comme peintre sur verre.

Mayrhofer (Jean-Népomucène). E. Al. 1764. OBERNEUKIRCHEN (Autriche). Fleurs, fruits, histoire naturelle. = Elève de Haslinger, à Lintz; se perfectionna à Munich.

Mazerolle (Joseph-Alexis). E. Fr. * 1861. PARIS. Histoire. = Elève de MM. Dupuis et Gleyre. = Néron et Locuste essayant des poisons sur un esclave, Lille.

Mazette. E. Fr. 1834-1857. Vitraux. = Mort à Evreux.

Mazo Martinez (Jean-Baptiste del). E. Es. 1630-1687. MADRID. Paysage, genre, portrait. = Elève de Velasquez qui, plein d'estime pour ses talents, lui donna sa fille en mariage; nommé, en 1661, après la mort de son beau-père, peintre de Philippe IV. = Tableaux, Paris. — Vue de Saragosse, Madrid. — Portrait d'un capitaine sous Philippe IV, *ib.* — Paysages, *ib.* — Vue du monastère de Saint-Laurent de l'Escurial, *ib.* — Vue d'un port de mer, *ib.* — Notre-Seigneur Jésus-Christ, Saint-Pétersbourg. — Tableaux, Aranjuez. — Tableaux, Pampelune. = Ressemblance parfaite dans le portrait. Copia son maître à s'y méprendre; ses paysages, d'une composition large, sont magnifiques; il exécuta de charmantes aquarelles.

Mazot (Barthélemy). * XVIIe siècle. = Cité par de Marolles.

Mazza (Damiano). E. I. * XVIe siècle. PADOUE. Histoire, portrait. = Elève du Titien, à Venise; mort jeune. = Beaucoup de force et de relief.

Mazzaforte (Pierre de). E. I. * 1461. Histoire. = Détails inconnus.

Mazzanti (le chevalier Louis). E. I. * 1768. ORVIÉTO. Histoire. = Elève de Baciccio. = Tableaux, Rome.

Mazzaroppi (Marc). E. I. † 1620. SAN-GERMANO. Histoire. = Mort jeune. = Style naturel et animé.

Mazzetti (Jean). E. I. Histoire. = Détails inconnus. = Fresques, Rome.

Mazzieri (Antoine). E. I. * XVIe siècle. Histoire, portrait, paysage, chevaux. = Elève de Franciabigio. = Dessin hardi, belle invention.

Mazzola. V. Mazzuoli.

Mazzola (Joseph). E. I. 1748-1838. VALDUGGIA (Piémont). Histoire. = Directeur de la galerie impériale de Milan.

Mazzolini. V. Azzolini (Jean Ber.).

Mazzolini (Louis), dit **Mazzolini da Ferrara** ou **Il Ferrarese.** E. I. 1481-1530 (?). FERRARE. Histoire, portrait. = Elève de Laurent Costa, à Bologne, où il travailla ainsi qu'à Ferrare. = Jésus-Christ enfant, Rome. — Nativité, *ib.* — Epiphanie, *ib.* — Jésus-Christ au tombeau, *ib.* — La Nativité, Florence. — Circoncision, *ib.* — La Vierge et l'Enfant entourés de saints, *ib.* — La femme adultère, *ib.* — Adoration de l'Enfant Jésus, Bologne. — Le Père éternel, *ib.* — Jésus-Christ au milieu des docteurs, Berlin (Signé: MDXXIV. ZENAR LVDOVICVS MAZZOLINVS FERRARENSIS). — Même sujet traité différemment, *ib.* — Sainte Famille, *ib.* — Triptyque, *ib.* — Circoncision, Vienne. — Massacre des innocents, La Haye. — Sainte Famille avec saint Nicolas Tolentin adorant l'Enfant Jésus, Londres. — Saint François adorant l'Enfant Jésus, *ib.* — La femme adultère, *ib.* — Sainte Famille dans un paysage, Munich. — Sainte Famille, Paris. = Excella dans les petites figures, fini incroyable, soin parfait; têtes vives et naturelles, mais peu choisies, surtout celles des vieillards; coloris foncé et peu moëlleux. Réussit moins dans les grandes compositions. = Ventes: V. Northwick (1859), *Le Christ au prétoire*, 8,398 fr. — V. Pourtalès-Gorgier (1865), *Le Christ présenté au peuple*, 13,000 fr.

Mazzoni (César-Joseph). E. I. 1678-1763. Histoire. = Elève de J. dal Sole; membre de l'Académie Clémentine, à Bologne.

Mazzoni (Jules). E. I. * 1568. PLAISANCE. Histoire, portrait. = Elève de Daniel de Volterra; apprit les principes de son art chez George Vasari. = Acquit beaucoup de talent à travailler le stuc et devint un artiste remarquable.

Mazzoni (Séb.). E. I. † 1685 (?). FLORENCE. Histoire. = Travailla à Venise; bon architecte. = Manière assez délicate, pinceau habile.

Mazzuchelli (le chevalier Pierre-François), dit **Il Morazzone.** E. I. 1571-1626. MORAZZONE. Histoire. = Vécut à Rome pendant quelques années et revint s'établir à Milan; appelé à Plaisance, en 1626, pour y peindre la grande coupole de la cathédrale, la mort l'empêcha de continuer cet ouvrage qui fut achevé par le Guerchin. = Epiphanie, Milan. — Saint Michel, vainqueur, Côme. =

pinceau grandiose et vigoureux. = Ventes. V. Pourtalès-Gorgier (1865), *Jésus aux Oliviers*, 1,010 fr.

Mazzuoli (Annibal). E. I. † 1743. SIENNE. Histoire. = Séjourna à Rome; mort très vieux. = Plus de hardiesse que de talent.

Mazzuoli ou **Mazzola** (Michel), frère de Philippe et de Pierre-Hilaire. E. I. ' XVIe siècle. PARME. Histoire. = Artiste de talent qui donna des leçons à son célèbre neveu François, dit le *Parmesan*.

Mazzuoli ou **Mazzola** (Philippe), frère de Michel et de Pierre-Hilaire. E. I. † 1505. PARME. Histoire, portrait, plantes. = On le surnomma Dell' Erbette ; = Vierge glorieuse, Berlin. — Portrait d'homme, *ib.* = Réussit mieux à peindre les plantes que les figures.

Mazzuoli ou **Mazzola** (Pierre-Hilaire), frère de Michel et de Philippe. E. I. ' XVIe siècle. PARME. Histoire. = Artiste de mérite qui, conjointement avec son frère Michel, soigna l'éducation de son neveu, François, dit le Parmesan.

Mazzuoli ou **Mazzola** (François), dit **le Parmesan,** fils de Philippe. E. I. 1503-1540. Histoire, portrait. = Elève de ses deux oncles ; à quatorze ans il exécuta un tableau remarquable; fut emmené à Viadana, y peignit deux tableaux en détrempe, revint après la guerre, à Parme, terminer ses ouvrages commencés ; devint élève du Corrége ; parcourut toute l'Italie, étudia les chefs-d'œuvre de Jules Romain et de Raphaël ; présenté au pape Clément VI, il fut employé par ce pontife ; manqua de périr pendant le sac de Rome ; dans sa fuite, fut dépouillé par une troupe d'Allemands de tout ce qu'il possédait ; s'arrêta à Bologne et revint dans sa patrie qui l'accueillit avec le plus vif empressement. Il y entreprit de grands travaux, mais, ne les finissant pas dans le délai convenu, il fut mis en prison ; cette circonstance paraît avoir influé fatalement sur le reste de sa vie ; remis en liberté, il s'enfuit secrètement à Casalmaggiore où, après l'exécution de quelques ouvrages, il mourut misérablement au même âge que Raphaël. = Baptême de Jésus-Christ (1517), Parme. — Saint Bernardin, *ib.* — Moïse, *ib.* — Sainte Famille, *ib.* — Entrée de Jésus-Christ dans Jérusalem (Esquisse à l'huile sur papier), *ib.* — Annonciation. Naples. — Sainte Famille, *ib.* — Allégorie, *ib.* — Lucrèce, *ib.* — Portraits, *ib.* — La Vierge, Rome. — La Crèche, *ib.* — Saint Jean-Baptiste, *ib.* — Portrait d'une esclave turque, Florence. — Vierge allaitant, *ib.* — Sainte Famille avec la Madeleine et Zacharie, *ib.* — La Vierge au long col, *ib.* — Vision de saint Jérôme, Londres. — Mariage de la Vierge, *ib.* — Sainte Famille et anges. *ib.* — Et autres, *ib.* — La Vierge et l'Enfant planant au-dessus de saints personnages, Dresde. — L'aigle enlevant Ganymède, *ib.* — Saint Sébastien et saint François devant un trône sur lequel est assise la Vierge avec l'Enfant, *ib.* — La *Madonna della Rosa*, *ib.* (Chef-d'œuvre). — Laurent Cybo, prince de Massa, comte de Ferentilli, Copenhague. — Tableaux, Milan. — La Vierge, l'Enfant Jésus, sainte Marguerite et autres saints, Bologne. — Sainte Famille, Madrid. — Sainte Barbe, *ib.* — Portrait d'homme, *ib.* — Sainte Famille. Paris. — Sainte Marguerite caressant l'Enfant Jésus, *ib.* — Vierge allaitant, Munich. — Mariage de sainte Catherine, Saint-Pétersbourg. — Tête de la Vierge, *ib.* — Jésus-Christ mis au tombeau, *ib.* — L'Amour avec son arc, Vienne. — Portrait de *Malatesta Baglioni*, *ib.* — Sainte Catherine, *ib.* — Portrait du peintre, *ib.* — Portraits, *ib.* — Baptême du Christ, Berlin. — Sainte Famille, Bruxelles. = Style grand, noble, simple et plein de majesté ; draperies légères, grâce parfaite et quelquefois un peu exagérée ; tailles, doigts et cous souvent trop longs ; coloris doux et harmonieux ; peu de profondeur dans l'expression ; composition lente, exécution rapide et facile ; touche ferme et décidée. Le Parmesan a passé pour l'inventeur de la gravure à l'eau-forte ; ce qu'on peut assurer, c'est qu'il est le premier peintre italien qui ait employé ce procédé pour graver quelques-unes de ses compositions. = Ventes. V. Julienne (1766), *Mariage de Ste-Catherine*. 950 fr. — V. d'Orléans (1793). *L'amour sculptant son arc*. 700 livres sterling. — Même V. *Ste-famille*. 100 livres sterling. — V. Lebrun (1809) *Circé*, 990 fr. — V. Montcalm (1850). *Adoration des bergers*, 2,700 fr.

Mazzuoli ou **Mazzola** (Jérôme), dit parfois **Mazzolino.** E. I. ' 1560. MOILE, aujourd'hui San-Lazzaro, près de Parme. Histoire. = Son père s'appelait Bedolo ; mais il abandonna ce nom et n'est connu que sous celui de son beau-père, Pierre-Hilaire Mazzuoli. Elève du Parmesan, son parent ; fut lié intimement avec ce dernier jusqu'au départ de François pour Rome ; au retour de celui-ci, leur amitié continua d'abord, puis s'éteignit peu à peu, et, à sa mort, le Parmesan nomma deux étrangers pour ses héritiers, sans rien léguer à son cousin ; resta toute sa vie à Parme et y vivait encore en 1566. Son fils Alexandre mourut en 1608 et fut un faible imitateur de son père. = Mariage de sainte Catherine, Parme. — Fresques, *ib.* — Multiplication des pains, Mantoue. — Fresques, *ib.* — Saint George adorant l'Enfant Jésus porté par la Vierge, Dresde. — L'occasion, allégorie, *ib.* — Mariage de sainte Catherine, Berlin. — La crèche, Paris. = Imita le Corrége avec beaucoup d'habileté; excellait dans la perspective, l'harmonie, la science et la beauté du clair-obscur; beaucoup de facilité; fécond, varié, plein de chaleur et de vivacité dans ses grandes compositions; quelques-uns de ses ouvrages soutiennent difficilement un examen approfondi; dessin peu correct dans le nu; grâce parfois très affectée; mouvements tombant souvent dans l'exagération; la plupart des tableaux où ces défauts se font le plus sentir ont été peints en partie par ses élèves.

Mazzuoli (Joseph), dit **Il Bastaruolo** (Vendeur de blé). E. I. † 1580 ou 1589. FERRARE. Histoire. = Exécuta plusieurs ouvrages remarquables; déjà vieux et infirme, Mazzuoli, en se baignant un jour dans le Pô, par ordre des médecins, eut le malheur de s'y noyer. = Circoncision, Ferrare. — Sainte Barbe, *ib.* = Se forma d'après Dossi de Ferrare; beau caractère de têtes; belle entente du clair-obscur; carnations fermes et fraîches; style tour à tour aimable et grandiose.

Mechau (Jean-Guillaume). E. Al. 1745-1808. LEIPZIG. Paysage. = Elève d'Oeser et de Rode; étudia ensuite en Italie et fut aussi graveur. = Manière de Ph. Hackert; coloris délicat, beaucoup de sentiment.

Mechelen (Jean Van). E. Fl. * XVIIe siècle. = Elève de Gér. Schoof, en 1600; reçu franc-maître, à Anvers, en 1609; membre de la société de rhétorique, la Violette; mentionné pour la dernière fois, en 1627-1628. Reçut un grand nombre d'élèves. = Fut également éditeur de gravures.

Mecherino. V. Beccafumi.

Méchin (Clarisse). E. Fr. * 1842. Fleurs, fruits, aquarelle et peinture sur porcelaine.

Meckenen ou **Mecken** (Israel Von). E. Al. 1440(?)-1503(?). MECHELN, entre Zutphen et Clèves. Histoire, portrait. = Il y a deux artistes de ce nom, le père et le fils. Le père était orfèvre et graveur. Tous deux habitèrent la petite ville de Bocholt où ils avaient obtenu le droit de bourgeoisie. Il y avait autrefois à Bocholt une pierre tumulaire portant le nom d'Israël et la date mortuaire du 13 mars 1503; on l'a attribuée au fils; cependant rien n'indique qu'elle soit positivement de lui; M. Kramm mentionne même un dessin de Von Meckenen, le Jeune, portant la date de 1517. Tout est donc incertain sous ce rapport. En 1482, Israël (le Vieux ou le Jeune?) paya pâturage pour deux vaches; en 1484-86, il était fermier d'un pâturage communal. En 1488, on mentionne des paiements pour ouvrages d'orfévrerie; en 1490-92, on cite le nom d'Ida, comme celui de la femme d'Israël; en 1493, l'artiste paie 12 florins à la ville et il est invité, avec le juge de celle-ci, à un repas donné à l'occasion de l'élection de nouveaux échevins. En 1497 et en 1498, on mentionne encore des paiements pour pièces d'orfévrerie. On ne voit plus, après cette date, apparaître le nom d'Israël Von Meckenen dans les comptes de la ville de Bocholt. = Trois apôtres, Munich. — Annonciation, *ib.* — Présentation de Marie au temple, *ib.* — Saint Cunibert et saint Jérôme, *ib.* — Jésus-Christ crucifié, *ib.* — La mort de la Vierge, *ib.* — Et autres, tous attribués, *ib.* — Le Sauveur entre la sainte Vierge et saint Jean, Schleisheim. — La Pâque chez les Israélites, Bâle (Attribué). = Un peu de lourdeur; imitation vulgaire; de la naïveté; beau coloris; ton harmonieux. Graveur renommé, il est connu par ses gravures des œuvres de Martin Schoen. = Ventes : V. Neven (1879), *Immaculée conception*, 1,875 fr.

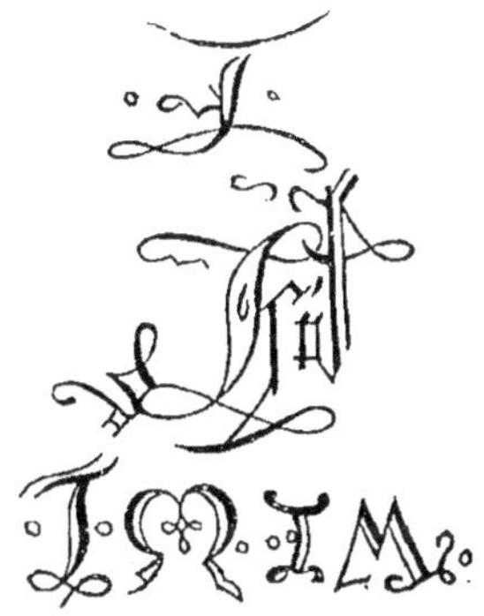

Mecklenburg (Louis). E. Al. * XIXe siècle. HAMBOURG. Vues, architecture. = Etabli à Munich. = Vue d'un canal de Venise, clair de lune, Munich. — Le chemin de la croix à Saint-Zeno, à Vérone, Hambourg.

Mécophane, 340 ans avant J.-C. GRÈCE. Histoire. = Elève de Pausias (Pline). = Socrate. — Un fainéant (Ce tableau a joui d'une grande célébrité). = Dureté dans l'exécution.

Meda (Joseph). E. I. * 1595. Histoire. = Elève des Campi, à Milan; architecte. = Style soigné et précis.

Meda (Charles). E. I. * 1600. MILAN. Histoire. = Aida les Campi dans leurs travaux à Milan. On le croit de la même famille que Joseph Meda.

Medea (Hyacinthe de). E. I. * XVIe siècle. Histoire. = Elève de Camille Procaccini.

Medina (Jean-Baptiste). E. H. 1660-1711. BRUXELLES. Histoire, portrait. = Né de parents espagnols, il eut pour premier maître F. Du Châtel et se perfectionna par l'étude des ouvrages de Rubens. Visita l'Angleterre, puis l'Ecosse où il fit les portraits de beaucoup de nobles et où il fut créé chevalier. Mort à Edimbourg. = Portrait du peintre, Florence. = Dessin pur, coloris vigoureux et harmonieux. Composition compliquée.

Medina (Jean). Petit fils du précédent. E. An. 1720-1796. EDIMBOURG (?). Portrait. = Portrait de Marie Stuart.

Medina (Moïse-Casimir). E. Es. 1671-1743. SAINT-PHILIPPE. Portrait. = Résidait à Valence; devint veuf et entra dans les ordres. = Acquit une réputation que ne justifiaient pas ses talents.

Medina (André de). E. Es. ' 1663. Histoire. = Elève de J. de Castillo, à Séville. = Bon dessin; manière sèche et dure. Graveur.

Medina (Louis de). E. Es. ' 1508. Histoire. = Florissait à Tolède; très renommé comme fresquiste.

Medina Valbuena (Pierre de). E. Es. ' 1667. Histoire, décorations. = Un des fondateurs de l'Académie de Séville, dont il fut le premier majordome, président et consul; ami intime de Murillo. = Artiste très renommé.

Medley (Samuel). E. An. 1748 (?)-1810. Portrait, animaux. = La consultation.

Medula (André), dit **Le Schiavone.** E. I. 1522-1582. SEBENICO (Dalmatie). Histoire, portrait. = Se forma sur les ouvrages du Giorgion et du Titien : dut à ce dernier maître de sortir de la pauvreté et de l'obscurité où il avait longtemps vécu; le Tintoret lui rendit également justice; Vasari le traita avec la plus injuste rigueur. Comme il arrive souvent, du reste, on s'arracha ses tableaux aussitôt après sa mort qui arriva à Vicence. = Dieu au milieu des anges, Venise. — Naissance de Jésus-Christ, Rimini. — Assomption, *ib.* — Saint Hubert, Amsterdam. — Sainte Famille, Rome. — Mercure assis, Florence. — Adoration de l'Enfant Jésus, *ib.* — Portrait d'homme, *ib.* — Portraits, *ib.* — Meurtre d'Abel, *ib.* — Jésus-Christ mort, Dresde. — La Vierge, l'Enfant Jésus et saint Jean, *ib.* — Bergers et bergères, Londres. — Tobie et l'ange, *ib.* — Mort de Briséis, *ib.* — Bénédiction de Jacob, *ib.* — Pilate livrant le Christ, *ib.* — Jugement de Midas, *ib.* — Tableaux, Naples. — Portrait du peintre, Vienne. — La crèche, *ib.* — Sainte Famille dans un paysage, *ib.* — Apollon et Daphné, *ib.* — Allégories, *ib.* — Jésus-Christ devant le grand-prêtre, *ib.* — Et autres, *ib.* — Portrait du peintre, Berlin. — Saint Jean-Baptiste, Paris. = Dessin médiocre; belle composition ; mouvement plein d'esprit et heureusement imité des gravures du Parmesan ; coloris agréable et suave ; touche de maître; pinceau gracieux. Graveur.

Mee (Mrs. Anne). E. A. † 1851. Miniature. = Protégée par la Cour. Excella dans les portraits.

Meel (Jean). V. Miel.

Meele (Mathieu de). E. H. 1664-1724. LA HAYE. Portrait. = Elève de P. Lely, à Londres. Demeura longtemps à La Haye et y fut directeur de l'Académie.

Meer (Charles Van). E. H. ' 1843. Intérieurs, nature morte. = Intérieur de cuisine. — Le marchand de gibier.

Meer (Jean Vander), le Vieux. E. H. 1628-91. HAARLEM. Marine, paysage, figures, animaux, batailles, = Elève de Jacq. de Wet, en 1638. Il se maria en 1654. = Accompagna Liévin Verschuur en Italie. Revenu dans sa patrie, il y trouva beaucoup d'ouvrage et de succès. Son nom se rencontre assez souvent changé en Vermeer, même dans les notules de St-Luc où il est inscrit comme maitre en 1654 et dont il fut vinder de 1667 à 1679. Le père, et probablement, le grand-père de Jean, le vieux, portèrent le même prénom et furent croit-on le premier, artiste, le second au moins marchand d'objets d'art, profession que notre Jean exerça également. C'est l'inscription du baptême de Jean le vieux qui met sur les traces de cette succession de Jean ; ce fait est d'autant plus intéressant que, dans un catalogue de tableaux vendus en 1802, est mentionné un *paysage* de J. v. d. Meer, daté de 1600 et dont on vante surtout le coloris plein de charme. = Entrée d'auberge, Paris. = Ses marines sont très recherchées; vaisseaux dessinés avec soin et science; ton chaud et fin; beaux effets de soleil. Dans ses tableaux de batailles, les figures et les chevaux sont pleins de feu et d'entrain. Coloris trop bleu dans les ciels. *N. B.* D'après le Dr V. d. Willigen (*Les artistes de Haarlem*, 2me édition), les beaux paysages (*Vues des Dunes*) attribués par Burger à Vermeer de Delft, sont pour la plupart de J. vander Meer, le père.

Meer (Jean Vander), le Jeune, fils de Jean le Vieux. E. H. 1656-1705. HAARLEM. Genre, paysage, animaux. = Elève de N. Berchem et de son père ; il épousa la sœur de Corneille Dusart. Inscrit sur les registres de Saint-Luc en 1683, sous le nom de Jean Vermeer, le jeune. Ces appellations diverses ou erronées ont été l'origine de la confusion qui a longtemps existé entre les Vander Meer de Haarlem et Jean Vermeer de Delft. Déclaré insolvable en 1700. = Paysage boisé, Rotterdam. — Le berger endormi, Amsterdam. — Paysage montagneux, ânes avec leurs conducteurs, Dresde (Signé : J. v. dr. Meer, 1698). — Paysage avec figures et moutons, *ib.* (Signé imparfaitement : J. van Meer A° 16..). — Paysage avec moutons, Berlin (Signé : J. v. der Meer de Jonge f.). Paysage avec moutons ; un agneau tétant sa mère, *ib.* (Signé et daté de 1679). — Paysage montagneux ; les moutons à l'abreuvoir, *ib.* (Signé et daté de 1679). — Forêt : sur le devant, un taureau, des moutons et des chèvres, Copenhague. — Paysage, Metz (Signé : Jean Vander Meer de Jonge, 1678). = Pinceau naturel, il excellait à représenter les moutons ; bonne invention, coloris harmonieux. Bon graveur. = Ventes : V. Vander Pot (1808), *Paysage*, 750 fl.

Meer (Bernard vander). E. H. * XVIIe siècle. HAARLEM. Nature morte, paysage. = Il est probable qu'il fut un second fils de Jean le Vieux. Son extrait de mariage lui donne le même domicile que son frère et sa femme portait, comme celle de Jean, le nom de Dusart. = Fruits, huîtres, argenterie, un perroquet, etc., Vienne (Signé : *B. Vander Meer*, 1659).

Meer (Catherine Vander). E. H. * XVIIe siècle. Genre. = Il est possible, dit le D[r] v. d. Willigen, qu'elle fut sœur de Jean le jeune et de Bernard. Un de ses tableaux, vendu en 1783, puis en 1789, porte la date de 1675. = Manière large à la façon de Netscher.

Meer (Isaac Vander). E. H. * XVIIe siècle. HAARLEM. = Il doit y avoir eu deux artistes de ce nom, parents des Jean. Le plus vieux exista, en 1635, comme témoin au baptême d'un Isaac, frère de Jean le Vieux. En 1620 il demeurait à Alkmaar et se remariait en qualité de veuf. Vander Willigen suppose que le fils était issu du premier mariage. Il est inscrit, comme fils de maître, dans la gilde de St-Luc, en 1661 et vivait encore en 1702. L'auteur déjà cité mentionne qu'en 1797 furent vendus à Amsterdam deux tableaux de fruits et nature morte, comme étant d'un J. B. Vermeer et d'une exécution admirable.

Meer (Jean Vander). E. H. * 1664. SCHOONHOVEN. Portrait, grandes figures, etc. = Il appartenait à la famille des Vander Meer de Haarlem, d'après Van Eynden et Vander Willigen. Ses parents étaient originaires de Rotterdam. Il perdit tout ce qu'il possédait par suite de l'invasion française, en 1672. En 1664, il était doyen de Saint-Luc, à Utrecht. Il n'était déjà plus jeune à cette époque, mais il n'embrassa la carrière artistique que parvenu à l'âge mûr, car il avait été destiné d'abord à devenir linguiste. Il occupa aussi des fonctions dans la ville d'Utrecht et remplit même celles de contrôleur qu'on lui confia pour l'indemniser des pertes que les Français lui avaient fait subir. = Portraits de régents, Utrecht (*Fundatie-Huis*). = Coloris vigoureux ; bon dessin.

Meer (Vander), de Delft. V. Vermeer.

Meerhoud (T. ou J.). E. H. * XVIIe siècle. Paysage. = Détails inconnus. = Manière de J. Van Goyen, mais beaucoup moins de finesse dans les tons.

Meerkerk (Thierry). E. H. 1620? GOUDA. Histoire. = Voyagea en France et en Italie ; s'occupa quelque temps à Rome. De retour en Hollande, il y mourut par accident.

Meerman (Henri). E. H. * 1670. Portrait. = Etabli à Cologne où il travaillait en 1670.

Meerman (Jean-Henri), fils (?) d'Henri. E. Al. * 1680. = Travaillait à Cologne où il fut reçu, en 1670, dans la confrérie de Saint-Luc. Inscrit parmi les 44 conseillers de la ville. En 1696, il était le plus ancien doyen de la corporation des peintres.

Meermohr (J.-B. Vanden). E. H. * XIXe siècle. Genre. = Un homme endormi.

Meersch (Nicolas Vander). E. Fl. * XVe siècle. = Maître peintre à Gand ; travailla avec Nabur Martins et fit plusieurs travaux pour la commune de Gand. En 1444, il vendit au chevalier Vilain un tableau pour l'église de Tamise (516 livres parisis). Il fut le doyen de la célèbre chambre de rhétorique de Gand : *la Fontaine*.

Meersch (Pasquier Vander). E. Fl. * XVe siècle. = Inscrit, en 1470-80, dans le registre de la confrérie de Saint-Luc, à Bruges.

Meert (Pierre). E. Fl. 1618 ou 1621-1669. BRUXELLES. Portrait. = On ne cite aucune particularité sur sa vie. Inscrit franc-maître de Saint-Luc, à Bruxelles, en 1640. Corneille de Bie fait un grand éloge de son talent. Il a fait le portrait d'Adrien de Bie gravé dans l'œuvre de Corneille par Luc Vorsterman. = Portraits de magistrats de Bruxelles, Bruxelles. — Portraits d'un capitaine de la marine et de sa femme, Berlin. = Bonne invention ; peu de poésie ; coloris clair et chaud ; touche large ; bel empâtement.

Meerten (A.-B. **Schilperoort**, femme de Van). E. H. † 1852. Fleurs, fruits. = Femme auteur. Morte à Gouda, dans un âge très avancé.

Meertens (Abraham). E. H. 1757-1823. MIDDELBOURG. Fleurs, oiseaux, paysage. = Un des fondateurs et des directeurs de l'Académie de dessin de sa ville natale. = Egalement dessinateur.

Megan (R. ou P.). E. Al. * 1690. BRABANT. Paysage avec figures. = Florissait à Vienne. = Paysage : chasse au cerf, Vienne. — Paysage : voyageurs dévalisés, *ib.* — Paysage : forêt et figures, *ib.*

Meganck (Joseph), E. Fl. 1807. ALOST. Genre, paysage, intérieurs. = Elève de l'Académie d'Alost, puis de Jos. Paelinck, à Bruxelles, et enfin du sculpteur David d'Angers, à Paris. Séjourna en France et passa plusieurs années en Italie. Etabli à Bruxelles. = Rendez à César ce qui appartient à César, Alost (Hôtel-de-ville). — Jésus-Christ guérissant le possédé, *ib*. (Eglise Saint-Martin). — Plusieurs autres, *ib*. = Graveur.

Megerditsch. E. R. † 1470. ARMÉNIE. Histoire. = Décora les églises de son pays et celles de la Crimée; célèbre peintre et poète.

Meglincer. E. Al. ' 1653. LUCERNE. Histoire, portrait. = Détails inconnus. = Du temps de Fuessli, on conservait encore de ses peintures à Lucerne; elles étaient fort remarquables. = Réussit dans le portrait.

Meglio (del). V. Coppi.

Mehlem ou **Melem** (Jean Von). E. Al. ' 1530. MALINES (?). Histoire, portrait. = Elève de Jean Schoorl, peintre hollandais; établi à Cologne. = Portrait d'une vieille femme, Berlin (Daté de 1530). — La Sainte Trinité, *ib*. — Saint Jean l'évangéliste, Munich. — L'empereur saint Henri, *ib*. — Jésus-Christ crucifié, *ib*. — Sainte Agnès, *ib*. — Portrait du peintre, *ib*. — Et autres, *ib*.

Mehus (Liévin). E. Fl. 1630-1691. AUDENARDE. Histoire. = A 10 ans, on l'emmena à Milan où ses parents avaient fui les dissensions de leur patrie. Il y fut élève d'un artiste flamand nommé Carlo, établi en Italie, qui paraît avoir peint le paysage et les batailles avec un talent supérieur, mais dont l'histoire n'a rien consigné de plus. Ne pouvant plus rien apprendre autour de lui. il quitta la maison paternelle à 15 ans; le sort lui fut favorable et lui fit rencontrer plusieurs protecteurs puissants, entre autres Mathias, duc de Toscane, qui le mit à l'atelier de Pierre de Cortone. Il conquit l'affection de son maître; sa faveur et ses succès lui suscitèrent des envieux; las de leurs poursuites, il quitta furtivement Florence, et se remit à voyager à pied, léger d'argent et sans but déterminé. Pour voir de près la vie des camps, il s'engagea dans l'armée de Christine de Savoie et se battit contre les Espagnols; d'autres disent qu'il fut pris en réquisition et enrôlé malgré lui. Il resta trois ans soldat; il revint ensuite à Florence où le duc Mathias avait eu la bonté de le rappeler et de lui rendre sa protection. Il se lia à cette époque avec le graveur Della Bella, l'accompagna à Rome, revint se marier à Florence, alla encore étudier à Venise et à Rome, et commença enfin les travaux qui lui valurent une réputation presque égale à celle de Pierre de Cortone. = Saint Pierre d'Alcantara communiant sainte Thérèse, Præto (Toscane). — La Vierge, l'enfant Jésus, saint Joseph et deux apôtres, *ib*. — Le mariage de sainte Catherine, *ib*. — Sacrifice d'Abraham, Florence. = Dessin correct, belle ordonnance; pinceau léger et hardi, touche admirable, belle invention. Coloris original et puissant dans quelques-unes de ses compositions.

Mei (Bernard). E. I. † 1676. SIENNE. Histoire. = Mort à Rome où il avait été le rival de R. Vanni. = Imagination gracieuse. Graveur.

Meichelt (H.). E. Al. ' 1842. LORRACH. Paysage. = Vue du golfe de la Spezia.

Meier (Ernest). E. Al. ' 1838. Genre. = Le commencement et la fin d'une histoire d'amour. (En deux tableaux).

Meindertsma (D.). E. H. ' XVIIe siècle. Portrait. = On croit qu'il était Frison.

Meire (Gérard Vander), frère de Jean. E. Fl. ' 1450. GAND. Histoire. = Un manuscrit presque contemporain du peintre, nomme celui-ci élève d'Hubert van Eyck. Il fut chargé en 1447, par les Colettines de faire le portrait après décès de leur supérieure, Colette, morte en odeur de sainteté; ce tableau fut envoyé à Corbie, en Picardie, lieu de naissance de la sainte. D'après les dates fournies par les registres de Saint-Luc, il faut reculer de beaucoup l'époque de sa naissance, que certains biographes avaient avancée jusqu'en 1450. Dès 1413, on trouve un Vander Meire inscrit sur les registres gantois de la confrérie de Saint-Luc, et, depuis cette époque jusqu'en 1523, ce nom y apparait à différentes reprises. En 1452, nous trouvons Gérard, inscrit comme fils de Pierre, maître. En 1474, il s'y trouve mentionné comme juré. C'est absolument tout ce que l'histoire nous a conservé sur la vie de cet artiste dont les iconoclastes détruisirent la plupart des tableaux. = Le Christ entre les larrons, triptyque avec volets, Gand (Eglise Saint-Bavon; attribué). — Adoration des mages, Berlin. — Visitation de la Vierge, *ib*. — Crucifiement, descente de croix et Jésus-Christ portant sa croix, en un panneau, Bruges. (Cathédrale; attribué). — Triptyque : le portement de la croix, avec volets, représentant la Présentation et Jésus parmi les docteurs, Anvers. — Jésus-Christ crucifié, *ib*. — Le Christ au tombeau, *ib*. = Diptyque : Mater Dolorosa et la donatrice, *ib*. — Un comte de Hainaut avec son patron, saint Ambroise, Londres. = Manière délicate; motifs raides; de la monotonie dans les types; proportions disgracieuses; de la maigreur et de la longueur dans les figures. Beau paysage; expression souvent profonde et noble. M. Waagen ne reconnait comme authentique que le tableau de Saint-Bavon, à Gand. C'est peut-être le peintre de l'école des Van Eyck qui se rapprocha le plus de ses modèles.

Meire (Jean Vander). E. Fl. * 1460. Histoire. = Elève des Van Eyck. Exécuta pour l'abbaye de Saint-Bavon, le *Martyre de saint Liévin* et le *Miracle de saint Bavon*. Admis à la maîtrise en 1436, juré en 1447 et en 1457, et doyen en 1473 et en 1477. = Triptyque avec volets sur lesquels on voit le roi René d'Anjou et sa femme avec leurs saints protecteurs, Aix en Provence (Eglise St-Sauveur). (La tradition attribuait, cette œuvre au roi René lui-même mais une lettre du prince au peintre Jean Vander Meire, découverte par M. Alfr. Michiels, apprit que le tableau appartenait à l'artiste flamand).

Meiren (Jean-Baptiste Vander). E. Fl. * 1700. Marine, batailles. = Reçu franc-maitre de Saint-Luc, à Anvers en 1684-85, il en fut doyen en 1700. Peintre et marchand. Visita Vienne dans un âge avancé et y eut peu de succès. Mort en 1708, d'après quelques auteurs. = Boudewyns a peint quelquefois les fonds de ses tableaux.

Meissonier (Jean-Louis-Ernest). E. Fr. 1815. LYON. Genre, histoire, portrait. = Elève de Léon Cogniet. = Le hallebardier. — Le liseur. — Bataille de Solférino. — Charge de cuirassiers. — La barricade.

Meissonnier (Juste-Aurèle). E. Fr. 1675-1750. TURIN. = Plus connu comme orfèvre.

Meister (Simon). E. Al. * 1835. COLOGNE. Batailles, portrait. = Elève d'H. Vernet. = Napoléon et ses maréchaux. — Mort d'Adolphe de Nassau.

Melanen (Bartholomé Van). E. Fl. * xve siècle. = Inscrit dans la confrérie de Saint-Luc à Bruges, en 1470-80.

Melani (François), frère de Joseph. E. I. † 1742. Perspective. = S'associa à son frère avec lequel il exécuta tous ses ouvrages ; talent renommé.

Melani (Joseph), frère de François. E. I. † 1747. PISE. Histoire. = Elève de C. Gabrielli ; chevalier de l'Eperon d'or. = Etoffa les tableaux de son frère et imita le Berettini dans ses défauts comme dans ses qualités.

Mélanthe. 324 ans avant Jésus-Christ. GRÈCE. Histoire. = Elève de Pamphile et d'Apelle, dont il fut l'émule. Aristrate, tyran de Sicyone, se fit peindre par Mélanthe sur un char de triomphe ; lors de la délivrance de Sicyone par Aratus, on détruisit toutes les images des tyrans ; l'ouvrage de Mélanthe allait subir le même sort, lorsque la beauté de l'œuvre et les prières du peintre Néalcès obtinrent sa conservation, à la condition qu'on effacerait la figure. Néalcès s'en chargea, et ne mit à la place qu'une palme, ne se jugeant pas digne d'y ajouter davantage. (Pline, Quintillien et Plutarque). = Méthode excellente ; ne se servait cependant que de quatre couleurs, les seules dont on faisait alors usage. Auteur d'un ouvrage sur son art, qui ne nous est pas parvenu.

Melby (Antoine). E. Al. 1818-1875. COPENHAGUE. Histoire, marine. = Débuta dans l'atelier d'un constructeur de vaisseau ; puis, s'adonna à la musique et donna des leçons de guitare. Attiré enfin par la peinture, il devint élève du mariniste Eckersberg. Voyagea dans toute l'Europe ; visita le Maroc. S'établit à Paris, fut protégé par plusieurs souverains et fut comblé d'honneurs et de commandes. Mort à Paris. = La bataille de la baie de Kjoge, en 1677. Copenhague. — Marine : la corvette, Hambourg. = Le plus grand artiste scandinave de l'époque.

Melchior (Guillaume). E. Al. 1813-1860. NYMPHENBOURG. Paysage, animaux, nature morte. = Un renard et du menu gibier gardés par deux chiens, Munich. — Renard pris par des chiens, *ib.*

Melchiori (Melchior). E. I. 1641-1686. CASTELFRANCO. Histoire. = Elève de J. Bittonte ; travailla à Venise et à Castelfranco.

Melchiori (Jean-Paul), fils de Melchior. E. I. 1664. ROME. Histoire. = Elève de C. Maratti. = Le prophète Ezéchiel, Rome. = Eut la réputation d'un bon maître.

Melder (Gérard). E. H. 1693-1754. AMSTERDAM. Portrait, miniatures. = Mort à Utrecht. = Bonne réputation comme dessinateur de paysage avec figures ; connu surtout par ses miniatures sur ivoire. Exécuta fort peu de tableaux à l'huile. Dessina dans le style de Jean Vander Meer, le Jeune ; beaucoup de fini. Graveur.

Meldolla (André). E. I. * 1540. Histoire. = On le confond souvent avec André Médula, dit le Schiavone. Il se pourrait que ce fût le même artiste. = Graveur.

Melem (Van). V. Mehlem.

Melgarejo (le père Jérôme). E. Es. * xviie siècle. Histoire. = Religieux augustin, à Grenade. = Composition et coloris satisfaisants.

Melin (Robert). * xviie siècle. = Cité par de Marolles.

Melin (Joseph). E. Fr. 1815. PARIS. Histoire, animaux, chasses, etc. = Elève de Delaroche. = Bataille de Ravenne.

Mélingue (Etienne-Marin). E. Fr. 1808-1875. CAEN. Genre. = Acteur, sculpteur et peintre de talent. Mort à Veulles (Calvados).

Mélingue (Théodore G. G.), fils du précédent. E. Fr. 1840. PARIS. Genre. = Elève de L. Cogniet.

Melissi (Augustin). E. I. * 1675. Histoire. = Exécuta beaucoup de dessins pour tentures et eut du talent comme peintre.

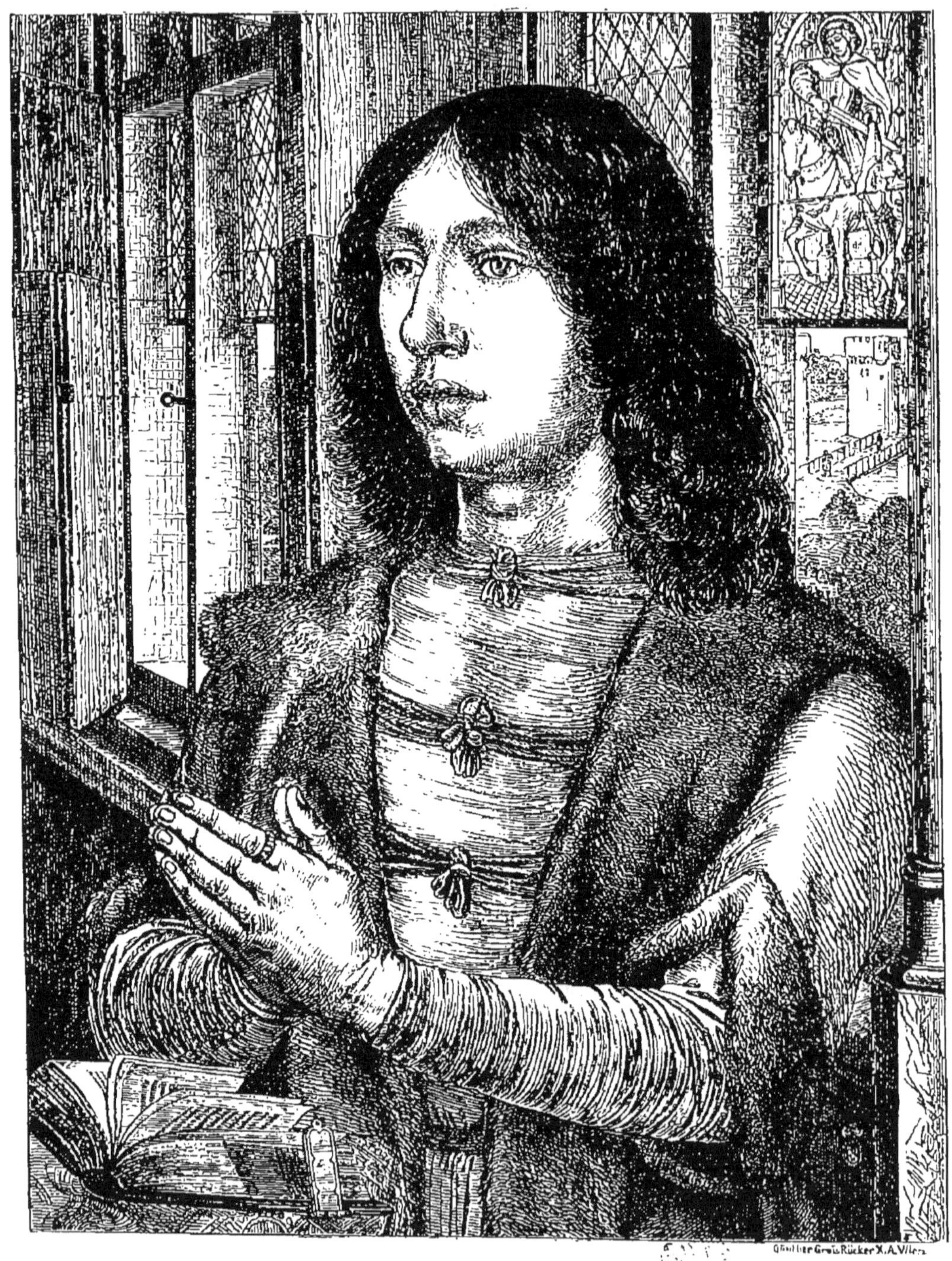

Portrait de Martin van Nieuwenhoven en sa qualité de donateur. Par Hans Memling.
Hôpital St. Jean à Burges.

Melkbye. E. Al. 1818-1875. COPENHAGUE. Marine. = D'abord simple matelot, puis employé aux chantiers de marine. S'établit à Hambourg pour y étudier la peinture. S'enrichit, acheta un bien près de Paris et y finit ses jours.

Mellan (Claude). E. Fr. 1598-1688 (?). ABBEVILLE. = D'après Piganiol de la Force, dans sa *Description de Paris*, Mellan serait né en 1601. = Plus connu comme graveur que comme peintre; mort à Paris. = Se rendit célèbre par sa manière unique de graver, au moyen de tailles rentrées, pour rendre les différentes teintes des ombres sans employer les contre-tailles.

Mellein (Henri). E. Fr. * 1430. BOURGES (?). = Demeurait à Bourges. Sur sa requête, Charles VII exempta, en 1430, les peintres de Bourges de toutes charges. Il exécuta de beaux vitraux pour la cathédrale de Bourges. Il peignit à l'hôtel-de-ville un vitrail représentant le sacre de Charles VII où tous les portraits étaient d'une grande ressemblance. En 1436, cinq ans après la mort de Jeanne d'Arc il fit son portrait, grandeur naturelle, sur les vitraux de l'église St-Paul, à Paris.

Mellery (Xavier). E. Fl. * 1875. LAEKEN PRÈS BRUXELLES. Histoire, genre. = Abolition de l'octroi. — Les orphelines.

Melling (Antoine-Ignace). E. Fr. 1763-1831. CARLSRUHE. Paysage, histoire. = S'établit à Paris, y fut attaché au ministère des affaires étrangères, visita Constantinople et fit encore plusieurs autres voyages. Peintre de l'impératrice Joséphine. Chevalier de la Légion d'honneur. Eut un fils également peintre. = Entrée de Louis XVIII à Paris.

Melling (Adèle). V. Clerget.

Melone (Altobello). E. I. * 1500. CRÉMONE (?). Histoire, portrait. = Travailla en concurrence avec le vieux Boccaccino, à la cathédrale de Crémone. = Ses ouvrages sont dignes d'éloges, bon dessin; beaucoup de grâce; peu d'ensemble. On a gravé d'après lui = Graveur.

Meloni (Marc). E. I. * 1530. CARPI. Histoire. = Détails inconnus. = Pinceau très soigné.

Meloni (François-Antoine). E. I. 1676-1713. BOLOGNE. Histoire. = Elève de M. Franceschini. Abandonna la peinture pour la gravure.

Meloni (Pierre-Antoine). E. I. 1761-1836. IMOLA. Histoire. = Peintre de Pie VI. Fut également littérateur. = Tableaux à Ancône et à Lugo.

Melozzo. V. Marco Ambrogio.

Melozzo (François). E. I. 1436 ou 1438-1492. FORLI. Histoire, portrait. = Contemporain de B. Gozzoli; habitait Rome; protégé par le cardinal Ricario. Nommé, par ses contemporains : *le peintre incomparable et la gloire de toute l'Italie.* Le génie de Melozzo fut digne de cet éloge. = Quatorze portraits; musée Campana, Paris. — Le pape Sixte IV et beaucoup de personnages (Tous portraits), Rome. = Imagina le premier les figures en raccourci pour les plafonds; connaissances profondes en perspective; têtes bien formées, bien coloriées; pinceau fin, soigné, détails gracieux. Vasari nomme, par erreur, un Francesco di Morozzo, qui ne fait qu'un avec Melozzo.

Melzer (Fr.). E. Fl. * 1808. ANVERS. Genre. = Elève d'E. de Block. = Le retour du fils coupable. — Le barbier féminin.

Melzi (Fr.). E. I. * 1560. MILAN. Histoire. Elève de L. de Vinci; ce peintre eut pour son maître la tendresse et les soins d'un fils; en reconnaissance, Léonard le nomma son exécuteur testamentaire et lui légua particulièrement ses livres et quelques instruments de son art. Il était gentilhomme et fort riche. = Vertumne et Pomone, Berlin.

Memlinc (Jean ou Hans). E. Fl. †. Entre le 1 septembre 1492 et le 10 décembre 1495. Histoire religieuse, portrait. = Pendant quatre siècles, la vie de cet illustre artiste a été inconnue. Puis la légende du soldat blessé recueilli à l'hôpital de Bruges, a paru et a été accueillie par la plupart des biographes. Depuis l'année 1861, et grâce aux patientes et savantes recherches de M. James Weale, archéologue anglais établi à Bruges, le mystère n'est plus si profond autour de Hans Memlinc. Des archives de la vieille cité, il ressort que Memlinc était bourgeois de Bruges, qu'il possédait une fortune honorable, puisqu'il paya une assez forte contribution de guerre; il est prouvé encore qu'il possédait à Bruges plusieurs maisons, qu'il fut marié avec une femme nommée Anne, qui le précéda au tombeau, en 1487, après lui avoir donné trois enfants. On a des traces du séjour du peintre à Bruges, dès 1478. Une pièce de la fin de 1495 nous prouve qu'à cette époque le grand artiste n'existait plus, puisque ses enfants mineurs étaient en tutelle. Il est même à peu près certain que c'est en 1495 que Memlinc mourut. L'orthographe que nous avons adoptée est celle qui, parmi une douzaine d'autres, apparait le plus souvent. Memlinc habita la plus grande de ses maisons, située dans l'ancienne rue du *Pont-Flamand*, aujourd'hui la rue Saint-George. (Les *documents officiels*, sur Memlinc, découverts par M. Weale, ont été publiés, pour la première fois, dans le *Journal des Beaux-Arts*, de Belgique. 1861). A la bibliothèque impériale de Vienne, se trouve, sous le n°2100, une eau-forte de Jacques Van Oost, le Vieux. Cette gravure représente une tête d'homme, à cheveux bouclés, et en désordre, le buste couvert d'un manteau drapés, attaché à l'épaule et découvrant le cou. Elle est signée de la main de l'auteur qui a écrit au-dessus ce qui suit : *Effigies Ioannis Hemelinck qui sedet in hospitali Sancti Ioannis Brugis.* La tête est gravée d'après le Saint Jean-Baptiste d'un triptyque que l'on voit à l'hôpital Saint-Jean, à Bruges. Ce fait est rapporté par M. James Weale auteur de la découverte. Jusqu'à quel point faut-il croire Van Oost qui a travaillé près d'un siècle et demi après la mort de Memlinc? = Portrait d'Antoine de Bourgogne, Dresde. — Adoration des mages (Avec volets). Munich. — Les joies et les douleurs de la Vierge, *ib.* — Crucifiement, Paris (Palais de justice). — Saint Jean-Baptiste, *ib.* (Musée).— Sainte Marie Madeleine, *ib.* — Elie au désert, Berlin. — La Pâque, *ib.* — Portrait d'homme disant son chapelet, Copenhague. — David et Bethsabée, Stuttgart. — Adoration des mages (Avec volets), Bruges (Hôpital). — Déposition (Avec volets), *ib.* — Mariage de sainte Catherine, *ib.* — La Vierge et l'enfant au donateur, *ib.* — La châsse de sainte Ursule (Chef-d'œuvre), *ib.* — Saint Christophe, *ib.* (Académie). — Scènes de la passion, Turin. — Crucifiement avec volets, Lubeck (Cathédrale) — Miniatures du bréviaire du cardinal Grimani, Venise (Bibliothèque). — Portrait d'un moine de l'ordre de saint Norbert, Anvers. — Portrait d'un membre de la famille de Croy, *ib.* — Portrait d'homme les mains jointes (1487). *(La Revue universelle des arts*, t. XI, p. 340, dit 1482.) Florence. — Portrait d'homme, dit saint Bénédict, *ib.* — La Vierge et l'enfant avec deux anges, *ib.* — Adoration des mages, Madrid. — Portraits de Guillaume Moreel et de sa femme. Bruxelles. Ces portraits ont été acquis à la vente Vander Schrieck à Louvain pour la somme de 4,950 francs. D'après James Weale ces portraits furent conservés à l'hospice de Sr Julien à Bruges jusqu'à l'invasion française. Memlinc avait peint un portrait de la seconde fille de Moreel qui se trouve à Bruges (Hôpital St-Jean). — Portrait d'homme, *ib.* = Beaucoup de vérité et d'harmonie. Perfection admirable. Touche fine et délicate. Composition gracieuse. Foi naïve et profonde. pureté exquise, délicatesse inouïe, grâce noble et idéale. Grandes affinités avec l'ancienne école colonaise, beaucoup plus de naturel; originalité complète dans l'invention. Sentiment très personnel. Memlinc peut être considéré comme le plus grand artiste que les écoles du Nord aient produit au moyen âge. = Ventes : V. Guillaume II (1850), *La vie de saint Bertin*, en deux tableaux, 23,000 florins.— *Saint Jean-Baptiste* et *Marie Madeleine* (Les deux), 4,900 fl. — *Saint Etienne* et *saint Christophe* (Les deux), 4,750 fl. — *Repos en Egypte*, 2,600 fl. — *Portrait d'une jeune dame*, 450 fl. — *Saint Luc*, 850 fl. — V. Vallardi (1857). *Saint Sébastien* (Les autres parties de ce triptyque ne paraissent pas être de lui), 20,000 fr. — V. Vallardi (1860), *Le même tableau*, 13,500 fr. — V. Brett (1864). *Adoration des mages*, 11,180 fr. — V. Weyer (1862). *Vierge et enfant*, 17,250 fr.

✠ H.

Memmi (Philippe). E. I. * 1332. SIENNE. Histoire. = Cousin ou beau-frère de Simon Martino, il travailla avec lui; vivait encore en 1351. = Portement de croix, Berlin. — Jésus-Christ fait prisonnier, *ib.*—Jésus-Christ crucifié, *ib.* — Jésus-Christ mis au tombeau, *ib.* (Ces quatre sujets en un seul cadre.) = Dessin satisfaisant; bon coloris.

Memmi (Simon). V. Martini.

Memmingen (Heis Von). E. Al. * XVIIe siècle. MEMMINGEN. Histoire. = Elève de J. H. Schoenfeld; habita Augsbourg.

Mena (Philippe-Gilbert de). E. Es. 1600-1674. VALLADOLID. Portrait, histoire. = Elève de J. Vanderhamen, à Madrid; établit dans sa maison une Académie de jeunes artistes et la soutint à ses frais. = Bonne ressemblance; manière affectée.

Menabuoni (Juste), dit : **Giusto de Padoue.** E. I. † 1397 (?). FLORENCE. Histoire, portrait. = Fut appelé *de Padoue* à cause de sa résidence dans cette ville et du droit de cité qu'il y obtint.

Ménageot, le Vieux. E. Fr. * XVIIIe siècle. Paysage. = Détails inconnus.

Ménageot (François-Guillaume), fils de **Ménageot,** le Vieux. E. Fr. 1744-1816. LONDRES. Histoire, portrait, genre. = Elève d'Augustin, de Deshays, de Boucher et de Vien, à Paris, où il était venu à l'âge de six ans; reçut enfin des leçons de Vien, qui fut longtemps son maître et son ami; remporta le grand prix, en 1766, resta cinq ans à Rome, fut reçu académicien, en 1780; nommé successivement adjoint-professeur, et professeur en 1787; directeur de l'Académie de France à Rome; fut obligé de quitter Rome par suite de la dissolution de l'Académie, en 1793, mais après s'être conduit de manière à mériter les plus grands éloges, en sauvant les artistes pensionnaires de la fureur des Italiens. Se retira à Vienne, y resta huit ans, refusa les offres des cours étrangères, revint dans sa patrie, en 1800, y remplit les fonctions de professeur de l'école de peinture à l'Académie et fut nommé membre de l'Institut et de la Légion d'honneur. = Tableaux, Neuilly. — Vierge aux anges. Vienne. — Dagobert Ier donnant des ordres pour la construction de l'église de Saint-Denis, Saint-Denis. — Mariage du prince Eugène de Beauharnais et de la princesse Auguste-Amélie de Bavière, à Munich, Versailles. — L'étude arrête le temps, Paris. = Expression douce et gracieuse, composition sage, dessin pur, draperies heureuses, coloris harmonieux, sujet net et expressif; grande vérité et exactitude dans les costumes. = Ventes : V. Jourdan (1803), *Mars et Vénus*, 900 fr.

Menarola (Christophe). E. I. * 1727. VICENCE. Histoire. = Elève du Volpato. = Imitateur du Carpioni.

Menarola (Crestano). E. I. † 1640. Histoire, portrait. = On le croit élève d'Alexandre Maganza; travailla et mourut à Bassano. = Imita Michel-Ange pour le gigantesque de la composition et Paul Véronèse pour la richesse.

Mende. E. Al. 1809 (?). LEIPZIG. Genre. = Jeune fille lisant. — Jeune pâtre assis sur un tertre près d'un feu.

Menechino del Brizio. V. Ambrogi.

Menendez (François-Antoine), frère de Michel-Hyacinthe. E. Es. 1682-1745. OVIEDO. Portrait, genre, marine et miniature. = Etudia peu de temps à Madrid, fut envoyé en Italie, en 1699; se trouva sans ressources à Naples et fut obligé de s'y faire soldat; revint en Espagne, en 1717. Nommé directeur de l'Académie primitive, établie d'après ses conseils, à Madrid. = Grande vérité. Ses fils furent ses élèves.

Menendez (Louis de), fils de François-Antoine. E. Es. 1716-1780. NAPLES. Nature morte, fleurs, fruits, histoire. = Elève de son père avec lequel il revint jeune en Espagne. = Tranche de saumon, citrons, etc., Madrid. — Fruits, *ib.* — Beaucoup de tableaux de nature morte, de fruits, de légumes, etc., *ib.* — La Vierge et l'enfant Jésus, *ib.* — Sainte Famille, *ib.*

Menendez (Michel-Hyacinthe), frère de François-Antoine. E. Es. 1679-1743. OVIEDO. Histoire. = Etudia à Madrid; nommé peintre de Philippe IV, en 1712. = Tableaux à Madrid. = Dessin, invention et coloris satisfaisants.

Menesès Osorio (François). E. Es. 1630-1705. SÉVILLE. Histoire. = Elève de Murillo; ami intime de Jean Garzon, avec lequel il travailla; majordome de l'Académie de Séville, en 1668. Mort dans cette ville. = Saint Philippe de Néri, Séville. — Sainte Catherine (Commencé par Murillo), Cadix. = Le meilleur imitateur de son maître; ses tableaux sont quelquefois confondus avec ceux de Murillo.

Menessier (Auguste). E. Fr. * 1842. Paysage, architecture.

Menezes (Luiz-Pereira de). E. Es. * 1842. Histoire, etc. = Elève d'A. M. Fonseca. = La mort d'Abel. — L'atelier de Raphaël.

Mengazzino (le). V. Santi (Dom.).

Mengelberg (Othon). E. Al. 1818. COLOGNE. Histoire, genre, etc. = Fils d'Egide Mengelberg, peintre né à Cologne en 1770 et mort en 1849 mais plus connu comme dessinateur. = Mort de Moïse.

Mengozzi Colonna (Jérôme). E. I. 1688 (?). FERRARE. Architecture, ornements. = Elève d'A. F. Ferrari; originaire de Rivoli; s'établit et vécut longtemps à Venise; regardé comme un des meilleurs peintres de perspective de son temps; membre de l'Académie à Venise.

Mengs (Ismaël). E. Al. 1690-1764. COPENHAGUE. Miniature, émail et portrait. = Elève de S. Cooper, peintre anglais; nommé peintre au pastel et en émail du roi de Pologne; directeur de l'Académie royale de Dresde, où il mourut. = Portrait du peintre, Dresde. — La Madeleine repentante, *ib.* (Miniature). = Quelques auteurs lui donnent, par erreur, le nom d'Isaac.

Mengs (Antoine-Raphaël), fils d'Ismaël. E. Al. 1728-1779. AUSSIG (Bohême). Histoire, portrait. = Elève de son père; conduit à Rome, en 1740, y resta cinq ans; nommé premier peintre du roi, à Dresde, en 1746; fit une excursion à Rome, en 1747; y embrassa la religion catholique et y épousa une Romaine, pauvre, mais vertueuse et belle; revint avec elle à Dresde, repassa une troisième fois en Italie, en 1752 et fut nommé professeur à l'Académie de peinture du Capitole, en 1754. Mengs s'occupa quelque temps à Naples, fut appelé à Madrid, par Charles III, premier peintre du roi d'Espagne, en 1761; fit un nouveau voyage à Rome, en 1769, afin d'y rétablir sa santé, s'arrêta à Florence, y fut nommé prince de l'Académie de Saint-Luc, retourna en Espagne, revint définitivement à Rome, en 1777, et y mourut peu de temps après avoir perdu sa femme. = Apothéose d'Hercule, Madrid. — Scènes de la passion, *ib.* — Nativité, *ib.* — Madeleine, *ib.* — Saint Pierre, *ib.* — Charles III, *ib.* — Charles IV, *ib.* — Maria-Luisa, *ib.* — Ferdinand IV, *ib.* — Le peintre lui-même, *ib.* — Assomption, *ib.* — Saint Jean, prêchant dans le désert, Saint-Pétersbourg. — Annonciation, *ib.* — Et d'autres, *ib.* — Portrait de Clément XIII, Bologne. — Portrait de Marie-Amélie-Christine de Saxe, reine d'Espagne, femme de Charles III, Paris. — Un ange apparaît à saint Joseph pendant son sommeil, Dresde. — La Madeleine pénitente, *ib.* — Marie-Antoinette, femme de l'Electeur de Saxe, *ib.* — Plusieurs portraits au pastel, *ib.* — Saint Eusèbe, environné d'anges, Rome. — Apollon et les Muses sur le Parnasse, *ib.* — L'histoire écrivant sur le dos du temps, etc. (Toutes fresques), *ib.* — Songe de saint Joseph, Vienne. — La Vierge, l'Enfant Jésus et deux anges. *ib.* — Annonciation, *ib.* — Saint Pierre, *ib.* — Portrait : Marie-Thérèse, enfant, *ib.* — Portrait : l'impératrice Marie-Louise, *ib.* — Sainte Famille, Berlin. — Portrait du père du peintre, *ib.* — Portrait du peintre, Munich. — Portrait d'un capucin, *ib.* — Portrait de Michel Ange Cambiaso, Bruxelles. = Beaucoup de noblesse et d'harmonie, touche un peu molle et grâce un peu outrée ; composition savante et réfléchie, couleur harmonieuse, beau clair-obscur ; dessin très correct; excellait dans toutes les parties savantes de son art; il lui manquait, pour être un grand peintre, le sentiment naturel et le pouvoir de l'invention. On a de lui des : *Considérations sur la beauté et le goût en peinture.* = Ventes : V. La Reynière (1793), *Sophonisbe*, 2,002 fr.—V. Lebrun (1810), *Le Parnasse*, 1,000 fr. — V. Pereire (1872), *Portrait de Charles III, roi d'Espagne*, 820 fr.

Mengs (Thérèse). V. Maron (de).

Mengucci (Dominique). E. I. ' 1660. PESARO. Histoire, paysage. = Elève du Mastelletta, à Bologne.

Mengucci (Jean-François). E. I. ' XVIIe siècle. PESARO. Histoire. = Elève de Lanfranc, à Rome.

Menheere (Corneille-Laurent). E. H. ' XVIIIe siècle. HOLLANDE. Marine. = Etabli à Flessingue, dont il représenta beaucoup de vues.

Menil (Claude Du). E. Fr. ' XVIIe siècle. En LORRAINE. = Renommé pour ses effets de nuit.

Menini (Laurent). E. I. ' XVIIe siècle. Histoire. = Elève de Fr. Gessi, qu'il accompagna à Naples; subit le même sort que J. B. Ruggieri (V. ce nom).

Menjaud (Alexandre). E. Fr. 1773-1832. PARIS. Genre, histoire et portrait. = Elève de Regnault; remporta le grand prix de peinture, en 1802. = L'avare puni, Paris. — Mort du duc de Berri, *ib.* — La duchesse d'Angoulême, au lit de mort de l'abbé Edgeworth, Bordeaux. = Ventes : V. Lapeyrière (1817), *Henri IV chez Michaud*, 3,100 fr.

Menken (Jean-Henri). E. Al. 1764. BRÊME. Paysage, animaux. = Elève de Klengel et de Casanova, à Dresde. = Graveur.

Mensaert (G.-P.). E. Fl. ' 1750. Histoire. = Florissait à Bruxelles, où Nagler assure qu'il peignit une vie de la sainte Vierge et du Sauveur, avec divers autres artistes, pour l'église des Jésuites. = Auteur d'un ouvrage intitulé : *Le Peintre amateur et curieux, ou Description générale des tableaux des plus habiles maîtres, qui font l'ornement des églises, couvents, abbayes, prieurés et cabinets particuliers, dans l'étendue des Pays-Bas autrichiens.* Bruxelles, 1763.

Menschel (Aloys). E. Al. 1782. REIMBOURG. (Bohême). Histoire, portrait, etc.

Mensi (François). E. I. ' XIXe siècle. Histoire.

Mensing (Jean). E. H. 1685-1741. HAARLEM. Paysage. = Elève de Jean Vander Vinne, le Vieux. Inscrit sur les registres de Saint-Luc, en 1705.

Menton (François). E. H. 1550-1615 (?). ALKMAAR. Histoire, portrait. = Elève de Frans Floris. = Portraits terminés avec beaucoup de soin. — Bon graveur.

Menz (Max). E. Al. 1824. MUNICH. Histoire. = Nuit de Noël. — Ruth et Noemi.

Menzani (Philippe). E. I. ' 1660. Histoire. = Elève de l'Albane.

Menzel (Adolphe-F.-Erdman). E. Al. 1815. BRESLAU. Genre. = Les joueurs d'échecs. — Le conseil de famille. = Lithographe.

Mer (Jean de). E. Fl. Histoire. = Cet artiste sur lequel on manque de détails, a peint un tableau qui n'est pas sans mérite et que l'on voit à l'église de Saint-Martin, à Ackerghem, près de Gand. Il représente *Saint Augustin écrivant*, et il est signé : *Jan de Mer f^t^.* = Touche large.

Mera (Pierre). E. H. ' 1580. Histoire. = Travailla longtemps à Venise, où il exécuta beaucoup de tableaux d'église. Antoine Vassilacchi, dit l'*Aliense*, a peint son portrait. Il a travaillé aussi pour le cardinal d'Este.

Mera (Joseph de). E. Es. † 1734. VILLANUEVA DE LA SERENA. Histoire. = Elève de B. d'Ayala. Mort à Séville. = Masses habilement préparées, belle couleur; style maniéré et incorrect.

Merano (François). E. I. 1619 ou 1620-1657. GÊNES. Histoire. = Elève de D. Fiasella; il avait d'abord été page, il en garda le nom. = Martyre de sainte Aimée, Gênes. = Imita avec succès le style de son maître.

Merano (Jean-Baptiste). E. I. 1632-1700 (?). GÊNES. Histoire. = Elève de Val. Castelli; étudia aussi à Parme. = Composition savante, harmonieuse et variée.

Meraveja (le père Marc.). E. I. ' 1520. Histoire. = Accompagna le père Pensaben à Trévise, et fut comme lui religieux dominicain; le tableau que ces deux peintres exécutèrent à Venise fut achevé par un Jean Jérôme sur lequel on n'a pas de renseignements. = Ecole des Bellini.

Mercadé (D.-Benito). E. I. ' 1866. BARCELONE. Histoire. = Colomb mendiant. — Derniers moments des frères Corlas Climaque.

Mercati (Jean-Baptiste). E. I. ' XVIIe siècle. BORGO SAN-SEPOLCRO. Histoire. = Vivait à Rome. = Draperies très heureuses. Graveur.

Mercey (Fréd.). V. Bourgeois de Mercey.

Merchier (Jean le). E. Fr. ' XVe siècle. = Travailla au banquet de Lille, en 1453.

Mercier. E. Fr. ' XVIIIe siècle. PARIS. Histoire. = Élève de Ph. Meusnier.

Mercier (Elisa). V. Clippele.

Mercier (Philippe). E. An. 1689-1760. BERLIN Genre, portrait. = Né d'une famille française; voyagea beaucoup. Peintre de Frédéric prince de Galles. = Faber et Ardell ont gravé d'après lui.

Mercier (Charlotte), fille du précédent. E. An. † 1762. = Peintre et graveur, morte à l'hôpital.

Mercier. E. Fr. 1786-1874. = Elève de Regnault. Longtemps directeur du musée d'Angers et fondateur du musée dit de David d'Angers. Mort à Paris.

Merck. E. Al. ' 1837. Genre. = La confession du mourant. — Scène de chasse.

Merck (J. Van). E. H. ' 1660. Portrait. = Détails inconnus. = Bon portraitiste; touche ferme.

Merelle. E. Fr. ' 1752. Portrait. = Professeur à l'Académie française de Saint-Luc.

Meren ou **Meeren** (Jean Vander). E. Fl. ' 1523. Histoire. = Reçu franc-maître de Saint-Luc, à Anvers, en 1474, il en fut doyen en 1505. Il fut chargé, en cette qualité, d'aller inviter, à Malines, les confrères de la *Pivoine* qui en firent autant de leur côté. = Graveur.

Mergaert (D.). E. Fl. ' 1865. CORTEMARCQ. Histoire.

Mérian (Mathieu), le Vieux. E. Al. 1593-1650 ou 1651. BALE. Paysage, genre. = Elève de D. Mayer et de Th de Brye (Graveur), dont il épousa la fille; s'occupa à Nancy; visita Paris et s'y lia avec J. Callot, parcourut toute l'Allemagne et s'établit à Francfort. Mort à Schwalbach, près de Francfort-sur-le-Mein. Les historiens racontent que sa veuve épousa le peintre Jacques Morel de Francfort. Il faut supposer que Mathieu, le Vieux, a été marié deux fois et que Marie Sybille, née vingt-six ans après son frère Mathieu, le Jeune, est issue de ce second mariage. C'est ainsi que Jacques Morel, qui avait 37 à 38 ans environ à la mort de Mathieu, le Vieux, aura pu ne pas faire un mariage trop disproportionné. Lui-même a dû avoir deux femmes, car le nom de la première est connu. (V. à Jacques Morel). = Paysage avec pêcheurs, Vienne. = Plus connu comme graveur.

Mérian (Mathieu), le Jeune, fils de Mathieu, le Vieux. E Al. 1621-1687. BALE. Histoire, portrait. = Elève de son père et de J. Sandrart, peintre hollandais; les conseils de Van Dyck, Rubens, Vouet, Lesueur, Sacchi, Carlo Maratti et autres, perfectionnèrent son talent; il rencontra ces célèbres artistes pendant le cours de ses voyages en France, en Angleterre, en Italie et dans les Pays-Bas; s'établit à Nüremberg, puis à Francfort; travailla pour l'empereur et pour plusieurs princes d'Allemagne; continua le commerce de librairie de son père; nommé conseiller et chargé d'affaires du grand électeur de Brandebourg et conseiller aulique du margrave de Baden-Dourlach. = Portrait d'un vieillard, Vienne. = Imita avec bonheur la manière de Van Dyck; excella dans le portrait.

Mérian (Jean-Mathieu), fils de Mathieu le Jeune. E. Al. † 1716. Miniature, etc. = Continua avec un grand succès la librairie de son aïeul et de son père; nommé conseiller aulique de l'électeur de Mayence, qui lui accorda des lettres de noblesse. Mort à Francfort. = Peintre renommé et fort habile au pastel.

Mérian (Marie-Sybille), fille de Mathieu, le Vieux. E. Al. 1647-1717. FRANCFORT. Fleurs, fruits, insectes, miniature. = Elève de Jacq. Morel, son beau-père, et d'Abraham Mignon, peintre hollandais; épousa, en 1665, Jean-André Graff, de Nüremberg; les mauvaises affaires de son mari lui firent conserver son nom de famille; après quatorze ans de séjour à Nüremberg, elle revint avec lui à Francfort, en 1684, et le quitta peu de temps après avec ses deux filles pour entrer dans la secte des Labadistes, établie à Bosch, entre Francker et Leeuwarden; passa à Surinam, en 1699, afin d'y étudier l'histoire naturelle de ces contrées; elle y resta deux ans. = Beaucoup de fini et d'exactitude. *Erucarum ortus, alimentum et paradoxa metamorphosis* (1679 et 1683). *Metamarphosis insectorum surinamensium* (1705).

Mérimée (Jean-Fr.-L.). E. Fr. 1775-1836. PARIS. = Elève de Vincent. Voyagea en Italie. Membre de l'Académie des beaux-arts. = Voyageurs trouvant dans une forêt les ossements de Milon de Crotone. = Plus connu comme chimiste.

Merkel ou **Merklin** (Conrad). E. Al. † 1518. ULM. Histoire, portrait, genre. = Contemporain et ami d'Albert Dürer. = Peintre renommé, poète et graveur.

Merkel (Charles-G.). E. Al. 1818. LEIPZIG.

Genre. = Plus connu comme dessinateur.

Merken ou **Merck** (J.). E. H. * XVIIe siècle. Vues de ville. = Détails inconnus.

Merkourieff. E. R. * 1700. Histoire.

Merle (Hugues). E. Fr. 1823-1881. ISÈRE. Genre. = La mendiante.

Merli (Jean-Antoine). E. I. * 1500. NOVARE. Portrait. = Détails inconnus.

Merlin (Lorrain). * XVIIe siècle. = Cité par de Marolles. N'est-ce point Ch. Meslin, dit le Lorrain?

Merme (Charles). E. Fr. † 1869. Paysage.

Mersch (Philippe Vander). E. Fl. 1749-1819. AUDENARDE. = Il fonda une école gratuite de dessin et d'architecture, à Audenarde. Il était plutôt dessinateur que peintre.

Mersier (Etienne). E. Fr. * XVIe siècle. LIMOGES. Email. = Vivait sous le règne de Henri IV.

Mersseman (Auguste de). E. Fl. 1808. Genre. = Vieille femme s'amusant avec des chats, Bruges.

Mertens (Jean). E. Fl. * XVe siècle. ANVERS. = Ce nom se trouve inscrit dans des comptes de 1490, à Léau, comme auteur de tableaux qui se trouvent encore dans l'église de cette localité. Un Hennen (Jean) Mertens, élève de Jean de Mabuse, fut reçu franc maître de Saint-Luc, à Anvers, en 1505. Un autre Jean Mertens, peintre, fils de Jean, sculpteur, est inscrit comme franc-maître de la même confrérie en 1509.

Mertens (Jean-Corneille). E. H. 1745-1821. AMSTERDAM. Portrait. = Elève d'A. Elliger et de Quinkhard; s'occupa deux ans à l'Académie d'Anvers. = Plus connu comme dessinateur.

Mertens (Jean-Fr.-Jos.). E. Fl. * 1788. Portrait. = Doyen de la corporation de Saint-Luc, à Anvers, en 1788.

Mertens (Louise). E. Fl. * 1843. Architecture, ruines.

Mertens (Nicolas). E. Fl. * 1620. BRUXELLES? = Un des principaux peintres sur verre de Bruxelles au XVIIe siècle; doyen de la corporation des peintres et vitriers, en 1611, 1615, 1619 et 1624. Fut employé à diverses reprises, et pour des travaux importants, par Albert et Isabelle.

Merter (Jean-Mich.). E. Al. † 1790. Paysage. = Elève de J. Dorner. Mort à la fleur de l'âge. = Montra beaucoup de talent dans son genre.

Mertig (Jean). E. Al. * 1540. MUNICH. Portrait. = Estimé pour ses portraits.

Merz (Jacques). E. Al. 1783-1807. BESCH (Canton de Zurich). Portrait. = Plus connu comme graveur.

Mesa (Alonzo de). E. Es. 1628-1668. MADRID. Histoire. = Elève d'Alonzo Cano. = Dessin médiocre; n'imita son maître que pour les teintes.

Mesa (Barthélemy de). E. Es. * 1511. Histoire. = Travailla à Séville.

Mesa (Jean de). E. Es. * XVIIe siècle. Histoire. = Florissait à Madrid.

Mesdach (S.). E. H. * 1600. ZÉLANDE (?). Portrait. = Connu pour avoir peint le portrait d'Herman Faukeluis, prédicant réformé à Middelbourg.

Meslin (Charles), dit **Le Lorrain.** E. Fr. * 1650. LORRAINE. Histoire, paysage, etc. = Elève de S. Vouet; travailla presque toujours en Italie. = Graveur.

Messer Niccolo. V. Abbate (Nic. dell').

Messini (Ferdinand). E. I. † 1750. FLORENCE. Histoire. = Détails inconnus.

Mestschersky (Arsène). E. Al. 1834. Paysage. = Elève de Calame. = Paysage de Finlande.

Metelli ou **Mitelli** (Augustin). E. I. 1607 ou 1609-1660. BOLOGNE. Architecture, ornements. = Elève du Dentone. Philippe IV l'appela en Espagne et lui fit décorer ses appartements. Sa fille épousa le peintre Balth. Bianchini. Mort à Madrid. = Beaucoup de goût; effet plein de charme et de douceur, composition variée, style harmonieux.

Metelli (Joseph-Marie), fils d'Augustin. E. I. 1634-1718. BOLOGNE. Histoire. = Elève de l'Albane, du Guerchin, de Fl. Torre et de S. Cantarini. = On cite très peu de ses tableaux. = Plus connu comme graveur.

Methodius. * IXe siècle. THESSALONIQUE. Histoire. = Comme il se trouvait à Constantinople, en 853, Bogoris, roi des Bulgares, l'appela à Nicopolis pour lui faire peindre une salle de festins et lui ordonna d'y représenter un sujet terrible; Méthodius y peignit le jugement dernier, et ce tableau fit une telle impression sur le roi, qu'il se convertit au christianisme et avec lui tout son peuple. Methodius était moine et prêcha l'Evangile aux Moraves et autres peuples slaves, de concert avec saint Cyrille; il fut évêque de la Moravie et de la Pannonie; l'Eglise l'honore d'un culte public.

Metrana (Anne). E. I. * 1718. TURIN. Portrait. = Sa mère avait cultivé le même art, mais les biographes ne citent pas son nom.

Metras (F.-A.). E. Es. * XIXe siècle.

Métrodore. 168 ans av. J.-C. MACÉDOINE. Histoire. = Florissait à Athènes; envoyé au consul Paul-Emile afin de peindre son triomphe; joignait à ses talents comme peintre les qualités d'un philosophe. = Eut la réputation d'exceller dans son art.

Metsener (Alfred). E. Al. 1833. NIEUDORF. Paysage. = Elève de Zimmerman. = Campagne de Rome.

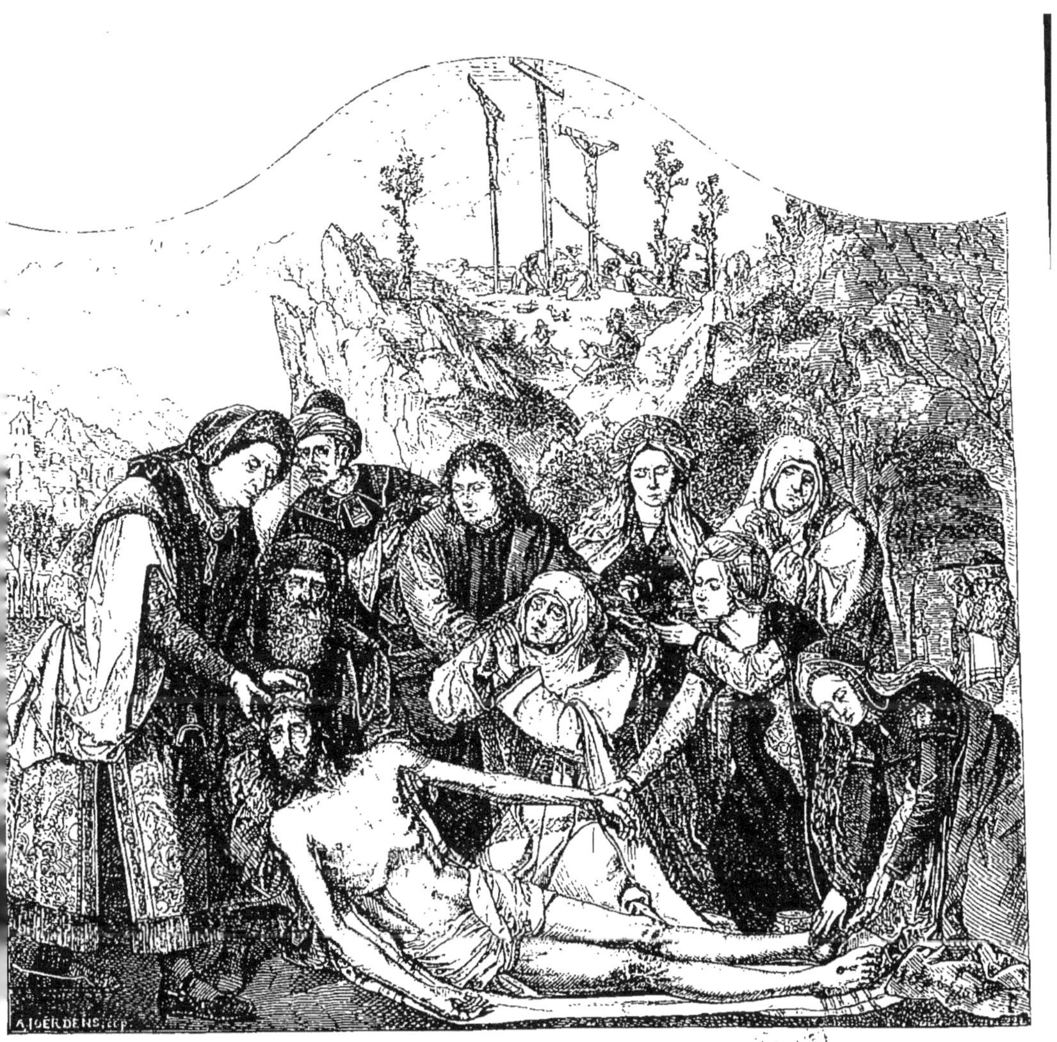

La mise au tombeau du Christ. Musée d'Anvers.

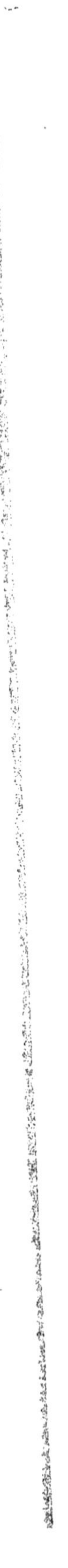

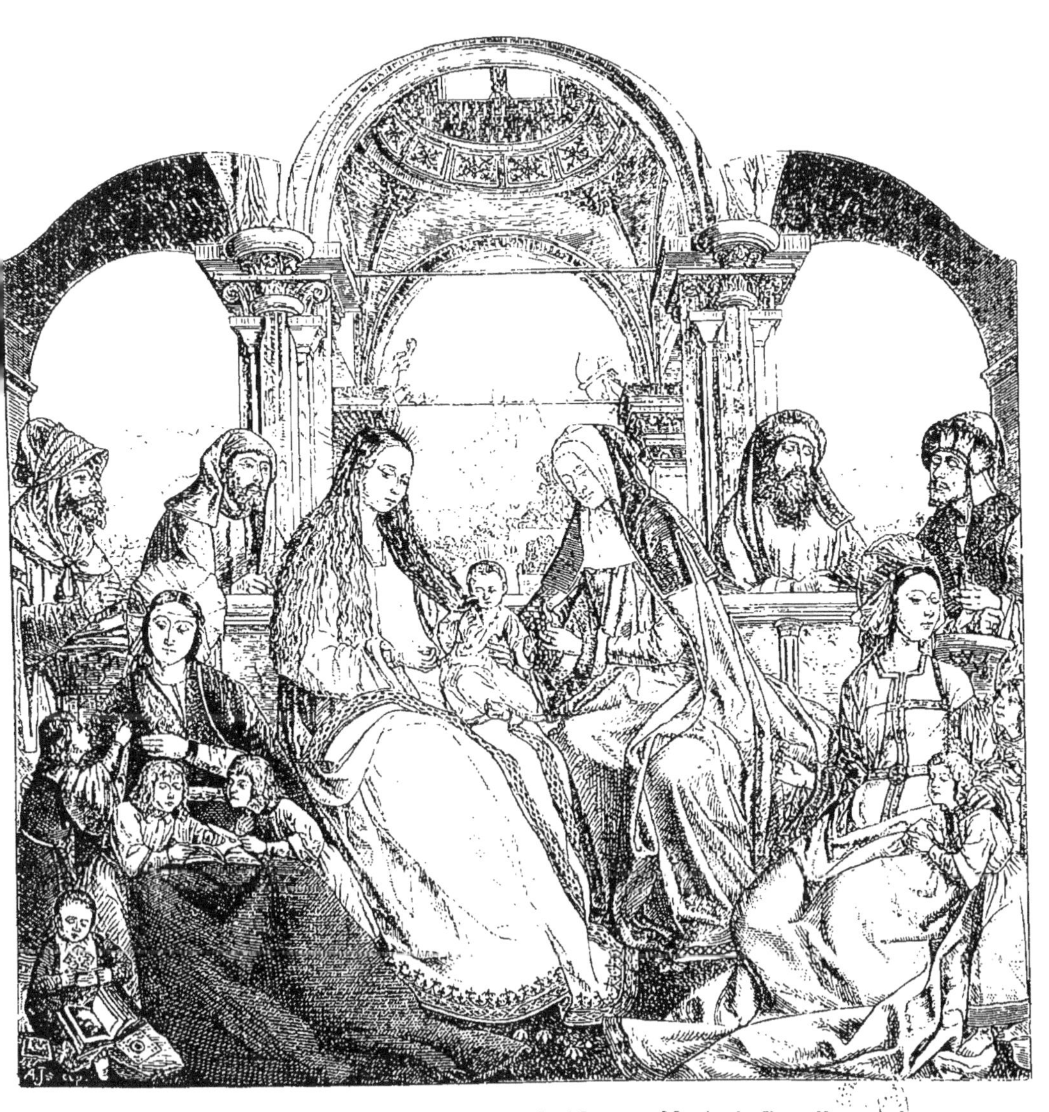

Descendance de Ste. Anne. Par Q. Massys. Musée de Bruxelles.

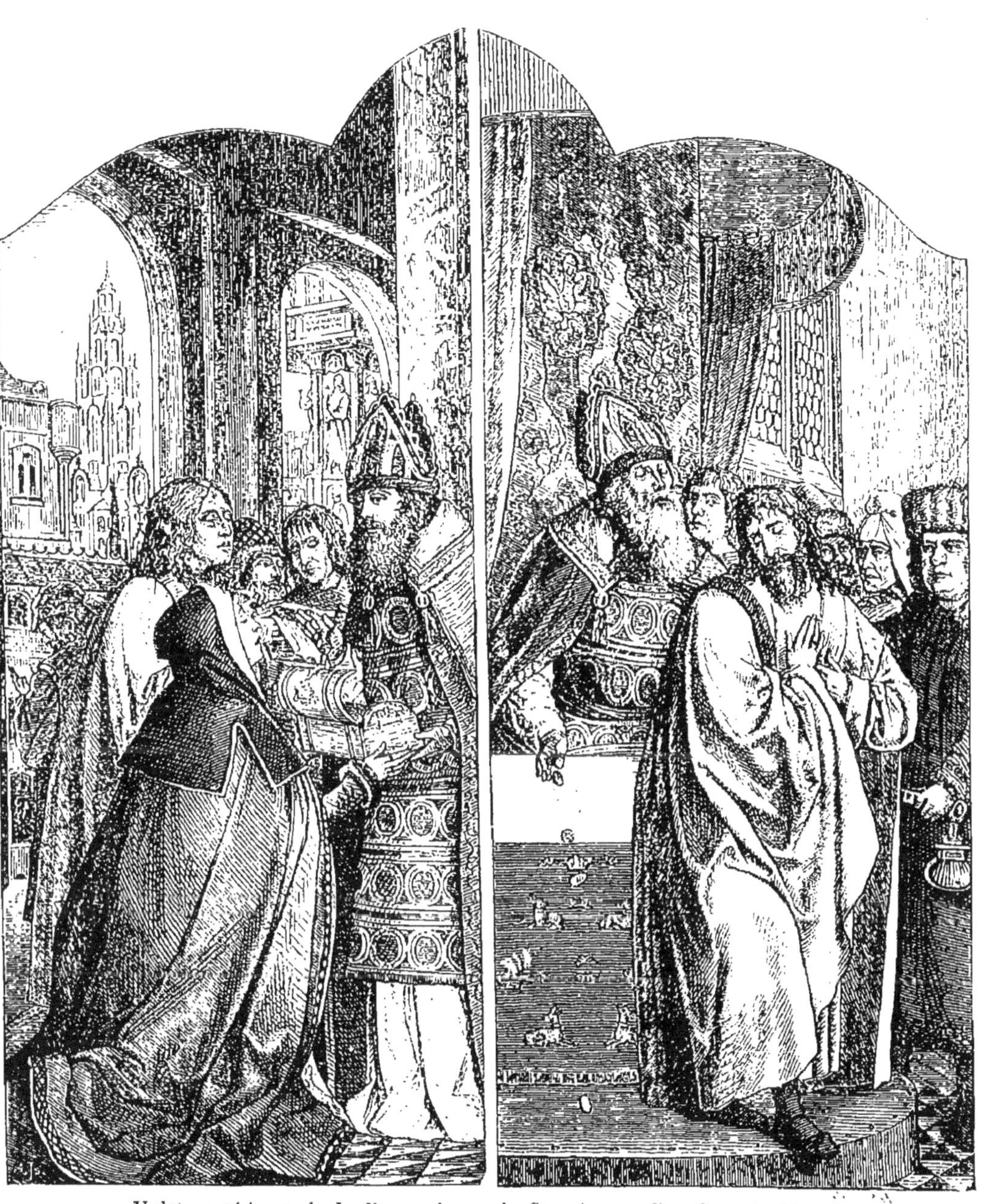

Volets extérieurs de la Descendance de Ste. Anne. Par Quentin Massys.

Metsinger (Kilian). E. Al. 1806-1869. ASCHAFFENBURG. Paysage. = Le Geissbach. — Effet de lune.

Metsu. V. Metzu.

Metsys ou **Massys** (Quentin). E. Fl. 1466-1530. LOUVAIN. Histoire, portrait. = Après une longue discussion entre les villes d'Anvers et de Louvain pour savoir laquelle de de ces deux cités eut l'honneur de voir naître ce grand peintre, c'est la dernière qui parait devoir l'emporter, grâce à la publication de l'ouvrage de Molanus, appuyé de preuves. Quentin était fils de Josse Metsys, très habile ferronnier, qui lui enseigna son art, de façon que notre artiste travailla habilement le fer avant de s'adonner à la peinture. Quentin recevait un grand nombre de commandes d'Anvers; il alla s'établir dans cette ville, sans doute en 1491, car c'est dans cette année qu'il y fut reçu franc-maître de Saint-Luc. Chacun connait l'ancienne légende qui raconte comment Quentin, d'abord serrurier ou ferronnier des plus habiles, devint peintre par amour. Le fait a été vivement contesté. Raconté d'abord par Lampsonius sous le portrait de Quentin et du vivant des enfants de celui-ci, il ne rencontrait plus la même foi du temps de van Mander qui assigne une autre cause au changement d'état de Massys, en convenant toutefois que le récit de Lampsonius peut avoir été véridique. Quoi qu'il en soit, la femme, grâce à laquelle on dit qu'il devint peintre, s'appelait Alyt van Tuylt ou van Tuel, et appartenait à une famille distinguée. Alyt mourut jeune; dès 1507 elle avait cessé de vivre après avoir donné quatre enfants à son mari. Vers la fin de 1508 ou au commencement de 1509, Quentin se remaria avec Catherine Heyns, dont il eut dix enfants. Rien ne prouve qu'il visita l'Italie et pourtant on serait tenté de le croire. Il reçut plusieurs élèves dont aucun n'est devenu célèbre. En 1524, il apparait comme tuteur des deux filles du premier lit de Joachim Patenier. Metsys fut un homme des plus distingués, musicien et écrivain, à ce que plusieurs biographes assurent. Lié d'amitié avec Erasme en l'honneur duquel il frappa une médaille, avec Thomas Morus et autres célébrités de son époque. Plusieurs de ses nombreux enfants cultivèrent la peinture. Quant à l'orthographe de son nom, elle est assez difficile à fixer. Si elle apparait le plus souvent dans le *Liggeren* écrite : *Massys*, on peut aussi adopter *Metsys* ou *Matsys*, Quentin lui-même signant parfois de cette dernière façon, témoin le tableau du Louvre. Outre Jean et Corneille (V. ces noms), il y a encore un assez grand nombre de Metsys inscrits daus les *Liggeren*, mais ils rentrent dans la catégorie de cette innombrable légion d'artistes dont le nom seul est parvenu jusqu'à nous. = Tête du Christ, Anvers. — Tête de la Vierge, *ib.* — Madeleine, *ib.* — Le Comptable, *ib.* Quelques connaisseurs attribuent ce tableau à Marinus (V. ce nom). — Triptyque : Ensevelissement du Christ avec volets, *ib.* (Chef-d'œuvre). — La sainte Face, *ib.* — Descendance ou Histoire de sainte Anne, Bruxelles (Ce tableau provient de l'église de Saint-Pierre, à Louvain. Vendu au gouvernement pour 200,000 fr.). — Un joaillier pesânt des pièces d'or, Paris. (Signé en caractères gothithiques : *Quinten Matsys, schilder*, 1518 ou 1519?). — Vieillard et courtisane, *ib.* — Buste de saint Jérôme, Florence. — Portrait du peintre, *ib.* — Portrait de la seconde femme du peintre, *ib.* — Portrait d'homme, *ib*, — Parabole du mauvais intendant, Rome (Palais Doria). — Christ devant Pilate, Venise. — Adoration des mages, Naples. — Portrait d'homme (Chef-d'œuvre), Bâle. — Portrait de l'anabaptiste Knipperdoling, Francfort. — Portrait de jeune homme, Gotha. — Portrait id., *ib.* — Vieillard et courtisane, Cassel. — La Vierge triomphante avec l'enfant Jésus, St-Pétersbourg. — Les usuriers, Stockholm. — Portrait d'homme, Londres. — Le Sauveur et la sainte Vierge, *ib.* — Les deux banquiers, *ib.* (Windsor). — La Vierge embrassant l'enfant Jésus, Berlin. — Portrait d'homme, *ib.* — Buste de Notre Seigneur, Madrid. — Le Sauveur, *ib.* — Le chirurgien de village, *ib.* — Le banquier, Dresde. — Le Sauveur et la Sainte Vierge, Turin. = Beaucoup de caractère et de fini; il peut être considéré comme le peintre transitoire entre l'ancienne école des Van Eyck et l'école plus moderne; dans ses sujets tirés de la vie réelle, il est d'une vérité inimitable; sa brosse est d'une vigueur et d'une facilité remarquables; c'est, sans aucun doute, le plus grand peintre flamand de son époque. = Ventes : V. Van Hal (1836), *La Madeleine*, 960 fr. — V. Guillaume II (1850), *Couronnement de la Vierge*. 2,000 florins. — Même V. *Buste du Christ et de la Vierge*, ensemble 2,350 fl. — V. Pourtalès-Gorgier (1865), *La jeune femme et le vieillard*, 1,490 fr.

Metsys ou **Massys** (Jean), fils de Quentin. E. Fl. ' 1540. Histoire, genre. = Il était enfant du premier lit de Quentin et fut élève d'un certain Jaket Osket, en 1516. Reçu dans la corporation de Saint-Luc, en 1531. Visita l'Italie et revint se fixer dans sa ville natale. En 1569, il recevait encore un élève. Son fils aîné, Quentin, cultiva la peinture et mourut à Francfort. En 1586 il avait déjà quitté son pays. Il paraît que les deux frères aînés Pierre et Jocsken (Jacques), cultivèrent aussi la peinture et qu'ils furent élèves en 1510 d'un artiste nommé Ariaen qui avait eu leur père pour maître. Pierre fut reçu franc-maître en 1520 et vivait encore en 1549. = Saint Jérôme en prière devant le crucifix, Berlin. — Le changeur, *ib.* — Les musiciens ambulants, Vienne. (Ce tableau est signé : IONNES. MASSYS. PINGEBAT. 1564). — Loth et ses filles, *ib.* (Ce tableau est signé comme le précédent et porte la date de 1563). — David et Bethsabée, Paris. (Signé : 1562. Joanes Massiis pingebat). — Visitation, Anvers. (Signé : Joanes Massiis, 1558). — Guérison de Tobie, *ib.* (Signé : Joannes Massiis. 1564). — Danaé, Rotterdam. — Portrait d'une dame en déesse, Stokholm. — L'entremetteur, *ib.* (Signés et datés). — Les peseurs d'or, St-Pétersbourg (En double et d'après son père). = La manière de ce peintre appartient à l'école de Quentin Metsys. Coloris chaud et vigoureux. Ses derniers tableaux dénotent une grande faiblesse. = Ventes : V. Guillaume II (1850), *Le portement de la croix*, 1,450 florins. Même V. *Le fauconnier*, 1,000 florins.

Metsys ou **Massys** (Corneille), fils de Quentin. E. Fl. * 1540. Paysage. = Reçu franc-maître en 1531. Vivait encore en 1580. = Paysage avec figures, Berlin. (Signé : 1543 avec le monogramme de l'auteur). = Cultiva de préférence la gravure.

Mettai. E. Fr. * XVIIIe siècle. Genre. = Elève de Boucher.

Mettais (Pierre). E. Fr. † 1750. Histoire, marine, vues. = Agréé de l'Académie en 1757.

Mettenleiter (Jacques). E. Al. 1750-1825. GROSKUCHEN. Histoire, etc. = Elève de Ch. Zincke, s'engagea comme soldat en Hollande ; se libéra du service par le produit des nombreux portraits qu'il exécuta. Habita Rome, Munich, Augsbourg, puis se rendit à Saint-Pétersbourg, en 1785, et y mourut. = La résurrection, Augsbourg. = Graveur.

Mettidoro (Mariotto). E. I. * 1568. Ornements. = S'associa avec André di Cosimo Feltrini et Rafaello Mettidoro.

Mettidoro (Raphaël). E. I. * 1568. Ornements. = Travailla avec André di Cosimo Feltrini et Mariotto Mettidoro.

Mettlerkamp (D.-C.). E. Al. † 1850. Paysage. = Peintre amateur ; mort à Hambourg. = Paysage boisé, Hambourg.

Metz (Caroline). E. An. * 1788. Fleurs, fruits, histoire, etc. = Antoine et Cléopâtre.

Metz (Jean-François). E. Fl. * XVIIIe siècle. ANVERS. = Remporta un prix à l'Académie d'Anvers, en 1754 et en 1759.

Metzger. E. Al. * 1835. PAPENHEIM. Architecture, intérieurs, paysage. = Un corridor avec arcades.

Metzinger (Kilian). E. Al. 1806. ASCHAFFENBOURG. Paysage. = Château en ruine.

Metzu (Jacques). E. H. * 1620. BELLE (Flandre). = Alla s'établir à Leyde au commencement du XVIIe siècle. Veuf en premières noces, il s'y remaria en 1620 ; après la mort de cette seconde femme, il épousa Jacquemine Garnyers, qui devint la mère du célèbre Gabriel Metzu.

Metzu (Jacquemine **Garnyers**, femme de Jacques). E. H. * XVIIe siècle. = Son premier mari était un peintre nommé Guillaume Frémault ou Fremout. En 1625, elle épousa Jacques Metzu, déjà deux fois veuf, et devint mère de Gabriel. On sait qu'elle fut peintre par le portrait où son fils l'a représentée assise devant son chevalet, le pinceau et la palette à la main.

Metzu (Gabriël), fils de Jacques. E. H. 1630. LEYDE. Histoire, genre, portrait. = Un des plus grands peintres de l'école hollandaise. Il est presque hors de doute que Gabriël reçut les leçons de son père et de sa mère, puis de Gérard Dou. Atteint de la terrible maladie de la pierre, il subit l'opération en 1658. Plusieurs auteurs ont donné cette date comme celle de sa mort, tandis qu'au contraire, ce fut celle de son mariage. C'est ce que des extraits authentiques de registres ont permis d'établir, de même que l'année de sa naissance, erronément donnée jusqu'à présent. En 1648, il fut inscrit dans le registre de Saint-Luc, à Leyde. En 1650, il alla s'établir à Amsterdam où il acquit le droit de cité en 1659. Il fut lié d'amitié avec Jean Steen. On a de ses tableaux datés de 1667, mais on ignore l'année de sa mort. Il appartenait à une famille très honorée et son caractère lui mérita l'estime générale. On ne pense pas qu'il ait voyagé. Il n'a peint qu'un petit nombre de tableaux. = La femme adultère, Paris. — Marché aux herbes, *ib.* — Le galant militaire, *ib.* (Chef-d'œuvre). — Une femme à son clavecin, *ib.* — Le chimiste, *ib.* — Femme buvant, *ib.* — Une cuisinière, *ib.* — Portrait de l'amiral Trump, *ib.* — Vieillard assis près d'un tonneau, Amsterdam. — Homme et femme se disposant à prendre leur repas, *ib.* — Le vieux chasseur et la jeune femme, *ib.* (M.-V.-D. Hoop). — Partie de musique, La Haye. — Partie de musique, *ib.* — La justice (allég.), *ib.* — Un chasseur, *ib.* (Signé : G. Metsu, 1661). — La femme malade, Berlin. — La famille hollandaise Galfing, *ib.* — Portrait du peintre, *ib.* — Une femme travaillant et causant avec un homme, Vienne. — Une poule morte, Madrid. — Un chasseur se présentant à une dame, assise devant sa toilette, Florence. — Une femme assise jouant de la guitare, à ses pieds un enfant et un chien, *ib.* — Le fumeur, Dresde. — Le verre

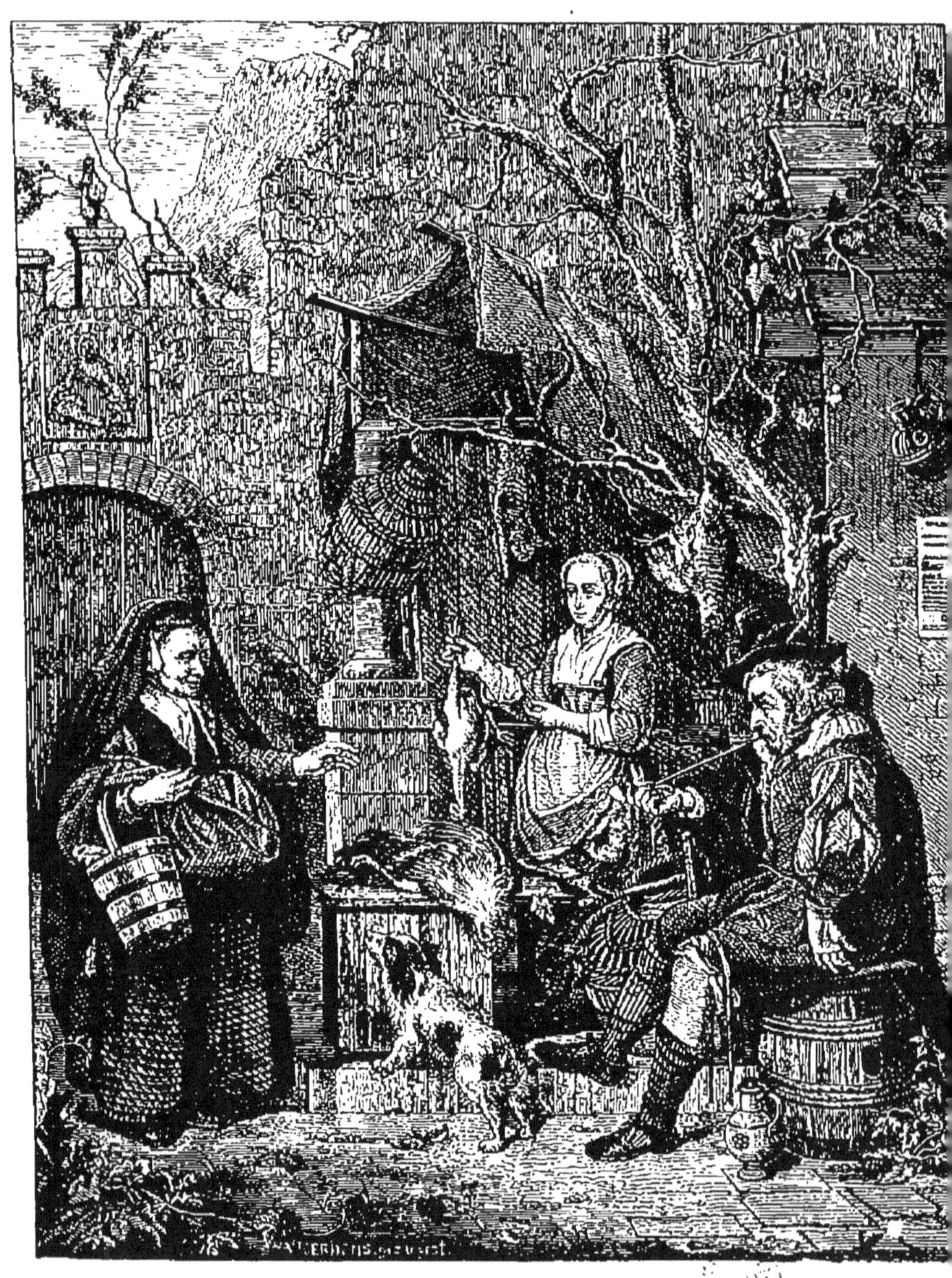

La marchande de volailles. Par Gabriel Metsu.
Galerie de Dresde.

de champagne, *ib.* — La cuisinière, *ib.* — La dentellière, *ib.* (chef-d'œuvre). — La lettre, *ib.* — Le poulet marchandé, *ib.* — Le marchand de volailles, *ib.* — La cuisinière flamande, Munich. — La fête des rois au village, *ib.* — Jeune femme tenant un bouquet, Anvers. — La visite à l'accouchée, Saint Pétersbourg. — Scènes de famille, *ib.* — La collation, Bruxelles. — Portrait du peintre, Londres (Buck. Pal.). — Le joueur de basse, *ib.* — La marchande de raisins, *ib.* (Attribué à Dou). = Genre de Mieris et de Terburg. Son dessin égalait celui de Van Dyck. Touche large et jamais exagérée. Couleur harmonieuse. Fini admirable. Il n'a traité que des sujets de caprice, des femmes entourées de leur famille, des médecins, des laboratoires de chimistes, des marchands de fruits, etc. Ses sujets sont toujours pleins de vérité. Son dessin est exquis et l'arrangement pittoresque de ses compositions inimitable. = Ventes : V. De Carignan (1742), *Un homme et une jeune fille*, 1,260 liv. — V. Julienne (1767), *La malade*, 6,020 liv. — V. Gaignat (1768), *Dame se lavant les mains*, 5,505 liv. — V. Choiseul (1772), *Dame en robe rose et jupe de satin blanc*, 6,300 liv. — Même vente, *La leçon de chant*, 6,800 liv. — V. Dubarry (1774), *La marchande de poisson*, 2,400 liv. — V. Blondel de Gagny (1776), *Le marché aux herbes d'Amsterdam*, 25,800 liv. — V. Randon de Boisset (1777), *Le corset rouge* et *le corset bleu* (pendants), 12,900 liv. — V. Poullain (1780), *Jeune femme assise dessinant*, 5,000 liv. — V. Helsleuter (1802), *Le chasseur endormi*, 12,000 fr. — V. Lapeyrière (1817), *Scène d'intérieur à trois personnages*, 5,510 fr. — V. Erard (1832), *Jeune femme à sa toilette*, 8,000 fr. — V. Perregaux (1841), *La collation*, 9,050 fr. — V. Patureau (1857), *Intérieur*, 2,950 fr. — V. Scarisbrick (1861), Tableau non décrit, 6,825 fr — V. Leroy d'Etiolles (1864), *Chasseur au repos*, 2,900 fr. — V. Van Cleef (1864), *Jeune femme écrivant une lettre*, 5,020 fr. — Même V. *La marchande de couques*, 1,620 fr. — V. de Morny (1865), *La visite à l'accouchée*, 50,000 fr. — Même V. *La dame au chien*, 59,000 fr. — Même V. *La faiseuse de couques*, 19,500 fr. — V. Herman de Kat (1866), *Apparition de J.-C. à la Madeleine*, 1,280 fr. — V. Pommersfelden (1867), *Jeune fille écrivant, un homme en riche costume est accoudé sur un fauteuil*, 45.000 fr. — V. San Donato (1868), *La visite*, 51,000 fr. — V. Stevens (1867), *Le peseur d'or*, 8,400 fr. — V. Delessert (1869), *La jeune femme et le petit chien*, 8,400 fr. — V. à Paris (1874), *Le peseur d'or*, 40,000 fr.

CM

Meucci (Vincent). E. I. 1694-1766. FLORENCE. Histoire. = Elève de Jos. dal Sole; exécuta de grandes compositions dans plusieurs villes de la Toscane.

Meuleken (Jean). E. Fl. ' XVe siècle. = Inscrit sur les registres des peintres à Bruges, en 1450.

Meulemans (Adr.). E. H. 1766. DORDRECHT. Portraits et effets de lumière. = Elève de M. Versteeg. S'occupa pendant de longues années de l'enseignement du dessin. = Intérieur rustique, Rotterdam.

Meulen (Adam-François Vander), frère de Pierre. E. Fl. 1632. BRUXELLES. Batailles, paysage. = La date de sa naissance a été découverte récemment par M. l'archiviste Wauters. Elève de Pierre Snayers. Peintre de Louis XIV, il dut cet honneur au ministre Colbert qui le fit venir de Bruxelles. Il fut logé aux Gobelins et reçut une pension de 2,000 livres, qui fut promptement portée jusqu'à 6,000 liv. Vander Meulen suivit Louis XIV dans ses conquêtes et fut chargé d'immortaliser ses batailles par son pinceau. Membre de l'Académie de peinture, en 1673, conseiller, en 1681, premier conseiller, en 1686. Mort à Paris où il fut marié trois fois. On a de lui des tableaux représentant des événements qui se passèrent en 1693 ce qui infirme la date de 1690 donnée comme étant celle de sa mort. Les auteurs qui ont reproché à Vander Meulen d'avoir illustré les victoires de Louis XIV dans les plaines de la Belgique, pays du peintre, perdent de vue qu'il ne s'agissait pas de triomphes obtenus sur des Belges ou des Flamands, mais bien sur l'étranger établi chez les Belges. = Entrée de Louis XIV à Arras, Paris. — Entrée du roi à Dinant, *ib.* — Vue du port du Luxembourg, *ib.* — Vue de Fontainebleau, *ib.* — Et beaucoup d'autres, *ib.* — Siége d'Audenarde, Munich. — Siége de Tournai, *ib.* — Le siége de Tournai par Louis XIV, Bruxelles. — Louis XIV à cheval, Londres. — Et autres, *ib.* — Deux tableaux, Nantes — Choc de cavalerie, Madrid. — Louis XIV et sa cour à Versailles, Berlin. — Bataille près d'un village, Vienne. — Episode de la guerre d'Ecosse, Saint-Pétersbourg. (Signé et daté de 1657). — Episode de guerre de Louis XIV en Flandre, *ib.* (Pendant du précédent : signé et daté de 1654). — Louis XIV au siége d'une ville hollandaise, *ib.* — Le convoi escorté, Rotterdam. — Promenade de Louis XIV à Vincennes, Dresde. — Louis XIV à Arras, *ib.* — Louis XIV donnant des ordres à un officier, *ib.* — Deux escarmouches de cavalerie, Stockholm. = Il dessinait bien la figure et surtout les chevaux. Son paysage est léger et frais; sa touche et son feuillé sont spirituels, et son coloris est suave. Beaucoup de vérité; paysage trop vert. Des tapisseries ont été exécutées aux Gobelins d'après ses compositions. Vander Meulen par son séjour prolongé en France est classé par quelques biographes dans l'école française. De plus sa manière légère et spirituelle semble justifier cette classification. Toutefois, sa famille essentiellement flamande, son lieu de naissance, ses études et l'éclat de son coloris, semblent réclamer son classement dans l'école flamande. = Ventes : V. Julienne (1767), *Embuscade*, 371 livres. — V. M. Van Loo (1772), *Deux tableaux de bataille*, 10,000 liv. — V. Blondel de Gagny (1776), *Choc d'armée*, 800 liv. — V. Conti (1777), *Attaque*, 1,000 liv. — V. Duchesse de Berry (1837), *Attaque d'un convoi*, 620 fr. — V. Fesch (1845), *Combat de cavalerie*, 1,700 fr. — V. d'Hane de Steenhuyse (1860), *Combat de cavalerie*, 1,300 fr. — V. Pommersfelden (1867), *Départ pour la chasse* (Signé et daté : Bruxelles 1662), 8,100 fr. — V. Delessert (1869), *Choc de cavalerie*, 5,100 fr.

Meulen (Pierre Vander), frère d'Adam. E. Fl. 1638. Batailles, chasses. = D'abord destiné à la sculpture, il quitta ce genre pour la peinture. On le croit élève de son frère. En 1670, il se rendit en Angleterre, où il eut beaucoup de succès. = Les faits d'armes du roi Guillaume d'Angleterre.

Meulen (Corneille Vander). E. H. * 1680. Portrait. = Elève de Samuel Van Hoogstraeten. = Ce peintre a laissé une très bonne réputation.

Meulen (Gilles Vander). E. Fl. * xve siècle. Bruges. = Reçu dans la corporation des peintres de Bruges, en 1468.

Meulen (Nicolas Vander). E. H. 1642-1694. Alkmaar. Histoire, etc. = Peintre sur verre. Il fut le mari de Catherine Oostfries, qui peignit également sur verre jusque dans un âge très avancé.

Meulenaer (Pierre). E. Fl. 1602-1654. Batailles. = La date mortuaire d'un Pierre Meulenaer, franc-maître de Saint-Luc, à Anvers, est inscrite dans les archives de la corporation, en 1654-55. Nous ignorons s'il s'agit du peintre de batailles, mais on peut le supposer. Le registre porte : *Signor* Peeter Meulenaer. = Attaque et défense d'un convoi, Madrid. (Signé : P. Meulener, 1644). — Combat de cavalerie, *ib.* (Pendant du précédent).

Meulenbergh (D.-F.-J.). E. Fl. 1805-1865. Portrait. = Professeur à l'Académie des beaux-arts de Bruxelles.

Meunier (Constantin-E.). E. Fl. 1831. Bruxelles. Histoire, genre. = Episode de la guerre des paysans. — La forge.

Meunier (J.-B.). E. Fr. * 1840. Histoire naturelle. = Un perroquet. — Dessins d'histoire naturelle peints sur vélin.

Meunier (Pierre-Louis). E. Fr. * 1808. Alençon. Paysage. = Site pittoresque avec fabrique et moulin à eau. — Clair de lune.

Meuninexhove ou **Menninxhove** (Jean-Baptiste Van). E. Fl. † 1703. Histoire, vues, intérieurs d'église. = Franc-maître de Saint-Luc, à Anvers, en 1677-78. Alla s'établir à Bruges où il mourut. Mentionné par Descamps qui cite de lui une *Adoration des Mages*. = Deux tableaux commémoratifs représentant des épisodes du tir, Bruges. (Salle de la société St-George). — Intérieur d'une église, Copenhague. (D'après le livret de ce musée ce serait l'église des Carmes, à Malines). — Intérieur d'une église gothique, *ib.*

Meurer (Joseph). E. Fl. * xviie siècle. Genre. = Détails inconnus.

Meuret (François). E. Fr. 1800. Nantes. Miniature. = Elève d'Aubry.

Meurice (Auguste-Jean-Baptiste). E. Fr. 1819. Valenciennes. Décors. = Elève de Cambon, de Philastre et de Roqueplan.

Meuron (Maximilien de). E. Al. * 1830. Neufchatel (Suisse). Paysage.

Meurs (Jacques Van). E. H. 1758 (?)-1824. Amsterdam. Histoire, chasses, etc. = Détails inconnus. = Dessinateur.

Meusnier (Germain). E. Fr. * xvie siècle. Histoire, ornements, etc. = Employé par le Primatice, au Louvre et à Fontainebleau. Probablement le père ou l'aïeul de P. Meusnier.

Meusnier (Philippe). E. Fr. 1655-1734. Paris. Perspective, intérieurs d'église, etc. = Elève de J. Rousseau ; se perfectionna à Rome ; employé, à son retour en France, dans les maisons, pour les décorations de perspective et d'architecture. Elu académicien, en 1702, puis conseiller et trésorier. Son fils aîné, élève de Largillière, passa en Angleterre, et y mourut après avoir donné des preuves de capacité. = Watteau et Pator ont quelquefois étoffé ses tableaux.

Mexia (André de). E. Es. * 1522. Histoire. = Presbytérien à Séville.

Mey (Jean-Adrien). E. H. * xviiie siècle. Marine. = Détails inconnus. = Ton argenté, pinceau savant.

Meyburg (Barthélemy). E. H. 1628-1708 ou 1709. Maasluis. Histoire, portrait. = Il fut le maître de Christophe Pierson, avec lequel il demeura quelques années en Allemagne, où il fit les portraits de beaucoup de grands seigneurs. Revenu dans sa patrie, il s'établit à La Haye, où il est inscrit dans la corporation des peintres, en 1665. = Tableaux en Allemagne.

Meyer (Conrad). E. Al. 1695-1766. Zurich.

Histoire, portrait. = Connaissances étendues en physique. = Belle manière, touche nette.

Meyer (Daniel). E. Al. * 1609. FRANCFORT-SUR-LE-MEIN. Architecture. = Bourgeois de Francfort. = Bon graveur.

Meyer (Félix). E. Al. 1653-1713. WINTHERTHUR (Suisse). Paysage. = Elève de F. Ermel; visita l'Italie, d'où sa santé le força de revenir; travailla en Autriche; fut nommé membre du grand conseil à son retour en Suisse et gouverneur du château de Weyden, en 1708. Son fils, Henri, cultiva la peinture dans le genre du paysage, mais il n'hérita pas des talents de son père. = Chute d'eau, Vienne. = Facilité et promptitude d'exécution étonnantes; ses tableaux les plus recherchés sont ceux où Roos et Rugendas ont peint les figures. Graveur.

Meyer (François). E. Al. * 1838. Genre. = La sœur de charité.

Meyer (Gaspard). E. Al. * 1682. = Mérite d'être cité pour avoir donné des leçons à Jean Huber et à Brandmuller. Demeurait à Bâle. = Peintre médiocre.

Meyer (Henri). E. H. 1737-1793. AMSTERDAM. Paysage. = D'après la mode de son temps, il établit à Haarlem une fabrique de tapisseries. Directeur de l'Académie de dessin de cette ville. Voyagea en Angleterre, où il finit par s'établir, et où il mourut, à Londres. = Départ du prince Guillaume III, de Scheveningue pour l'Angleterre, Amsterdam. = Plutôt connu comme dessinateur. Ordonnance riche et spirituelle, figures agréablement dessinées, peu d'effet, manière faible. Graveur.

Meyer (Jean-George), dit : Meyer Von Bremen. E. Al. 1813. BRÊME. Portrait, genre. = Jubilé de cinquante ans d'un prêtre protestant. — Une mère avec ses enfants.

Meyer (Jean-Henri-Louis). E. H. 1809-1866. AMSTERDAM. Paysage, marines. = Elève de Westenberg et de J. Pieneman. = Naufrage du *Guillaume Ier* sur le Lucipara, Haarlem. — Incendie du navire l'*India*.

Meyer (Jean-Jacques). E. Al. 1749. SUISSE. Paysage. = Elève de Pfenninger; se rendit à Vienne, en 1771, y reçut les leçons de Chr. Brand, le Jeune; habita Presbourg et visita l'Italie.

Meyer (Jérémie). E. Al. 1735-1789. TUBINGUE. Miniature. = Vint en Angleterre en 1749, avec son père, peintre de portraits qui le donna pour élève à Zincke, l'éminent peintre sur émail que Meyer surpassa bientôt. En 1761 il gagna le prix offert par la Société des Arts, pour le meilleur portrait en profil du roi dont il fut nommé plus tard peintre sur émail. Un des fondateurs de l'Académie royale.

Meyer (Louis). E. Al. * XVIIIe siècle. Animaux. = Détails inconnus. = Beaucoup de naturel.

Meyer (Marie-Joséphine). E. Fl. 1835. BRUXELLES. Paysage. = Elève de Louis Kuhnen.

Meyer (Othon). E. Al. * 1839. BERLIN. Histoire. = Elève de Begas. = Le croisé.

Meyer (Antoine-André de). E. H. 1806. LA HAYE. Paysage, hivers. = Elève de Schelfhout, qu'il accompagna en France et en Allemagne.

Meyer (François de). E. H. * XVIIe siècle. = Se trouvait à Rome, en 1674.

Meyer (Gilles de). E. H. 1790. ROTTERDAM. Histoire, portrait, miniature. = Elève de C. Bakker. Voyagea en Allemagne et en France. Auteur de quelques ouvrages sur l'art. Deux de ses fils, Gilles et Arthur, et son frère Jacques, cultivent également l'art.

Meyer ou **Demeyer** (H. de). = Nous trouvons dans le catalogue du musée d'Amsterdam l'indication suivante : « H. Demeyer. Reddition de la ville de Hulst. « On lit sur un rouleau de papier qui se trouve sur l'avant-plan : « Reddition de la ville de Hulst, le 5 novembre 1645. H. Demeyer. » Comme aucun biographe ne s'occupe de ce peintre, ni de son tableau, on est sans renseignements sur son compte. Peut-être est-il le même que H. de Meyer, dont M. Kramm cite un paysage et une marine sans autres indications.

Meyer (Jean de). E. H. * XVIIe siècle. Histoire, batailles. = Mort à Rotterdam.

Meyer-Attenhofer. E. Al. * 1839. SUISSE. Paysage, aquarelle. = Paysage suisse. — Etudes romaines.

Meyerheim (Edouard), frère de Guillaume. E. Al. 1808-1879. DANTZIG. Genre. = Mendiant aveugle. — Tir à l'oiseau. — L'aiguille à passer.

Meyerheim (François). E. Al. 1838-1880. BERLIN. Genre. = Fils et élève d'Edouard.

Meyerheim (Guillaume), frère d'Edouard. E. Al. 1814. Genre. = Elève de son frère.

Meyerheim (Frédéric-Paul). E. Al. 1842. BERLIN. Animaux.

Meyeringh (Alb.). E. H. 1645-1714. AMSTERDAM. Histoire, etc. = Elève de son père, Frédéric; un des peintres les plus féconds de son époque; il visita la France et l'Italie en compagnie de Jean Glauber, avec lequel il se lia intimement; il peignit, de concert avec lui, un grand nombre de tableaux et de plafonds. = Nymphes se baignant, Berlin. — Paysage : enfants dansant autour d'une statue de Flore, *ib.* = Quoique ses peintures soient inférieures à celles de Glauber pour le coloris et le sentiment, elles ont, sous ce rapport, encore beaucoup de mérite. Graveur.

Meyers (Isidore). E. Fl. * 1870. BUGGENHOUT. Paysage. = Matin en Flandre. — Fin d'une belle journée.

Meylener (P.). E. H. * 1645. Paysage. = Détails inconnus. = Bon dessin, touche franche, genre du vieux Teniers.

Meyn (Mme S. A. C.). E. H. * 1820. Fleurs, fruits.

Meynerts (Pierre). E. H. * XVIIe siècle. EN FRISE. = En 1507, un Claes (Nicolas) Meynert, était chargé de peindre, pour l'église St-Bavon, à Haarlem, un saint Mathieu et un pilier au prix de 40 flor. somme importante pour l'époque. Ce même artiste, mourut en 1515. Peut-être fut-il un des ascendants de Pierre.

Meynier (Charles). E. Fr. 1768-1832. PARIS. Histoire, batailles. = Elève de Vincent; membre de l'Institut; remporta le grand prix de Rome, en 1789, en partage avec Girodet; membre de l'Institut, en 1815; chevalier de la Légion d'honneur, en 1822. = Le 66e de ligne reprenant ses drapeaux à Inspruck, Versailles. — Entrée des Français à Berlin, *ib.* = Saint Vincent de Paul, Lyon. — Alexandre et Campaspe, Rennes. — Triomphe de saint Michel sur le démon, Saint-Mandé. — Œdipe enfant présenté à Péribée, Paris. — Fresques, *ib.* (Au Louvre).

Meynier-saint-Fal (Louis-Auguste). E. Fr. 1782. BRUXELLES. Genre. = Dessinateur.

Meynne (Joseph). E. Fl. 1813. NIEUPORT. Histoire, genre. = Elève de G. Wappers. = Famille de pêcheurs pendant un gros temps. — Le meunier, son fils et l'âne.

Meyssens (Jean). E. Fl. 1612-1670. BRUXELLES. Histoire, portrait. = Elève de N. Vander Horst et d'A. Van Opstal. Franc-maître de Saint-Luc, à Anvers, en 1640-41. Il reçut plusieurs commandes du comte Henri de Nassau, ce qui l'engagea à séjourner en Hollande. En 1661, il était de nouveau établi à Anvers. Il s'y occupa beaucoup du commerce de gravures, pour lequel il possédait des connaissances hors ligne. Il publia des ouvrages très remarquables et il en dessina les portraits qu'il fit graver par les meilleurs artistes de l'époque. Mort à Anvers où il fut enterré dans la cathédrale ainsi que sa femme. Il était père du graveur Corneille, et a gravé lui-même.

Meytens (Von). V. Mytens.

Meyvogel (Mathieu ?). E. H. * 1628. Histoire, genre. = Sandrart assure que ce nom est un surnom donné à Rome, par la bande artistique, à cause de la réception de ce Matthieu, le 1^r mai *(Meyvogel, oiseau de mai).* M. Kramm, connaissant des tableaux signés Meyvogel en toutes lettres, pense avec assez de raison que le récit de Sandrart est erroné, et que Meyvogel est bien le nom du peintre qui nous occupe, puisqu'il n'a jamais été d'usage de signer de son surnom.

Mezzadri (Antoine). E. I. * 1688. BOLOGNE. Fleurs, fruits. = Remplit sa ville natale de ses productions.

Micaud. E. Fr. * XVIIIe siècle. Fleurs, fruits. = S'occupa à la manufacture de Sèvres. = Peintre distingué sur porcelaine. = Ventes : V. Dujarry (1783), *Deux tableaux de fleurs sur émail*, 137 livres.

Micco Spadara. V. Gargiolo.

Michaelis (Gérard-Jean). E. H. 1775-1857. AMSTERDAM. Paysage, etc. = Elève de Juriaan Andriessen et du peintre en miniature G. N. Ritter; membre des académies néerlandaises. Mort à Haarlem. = Paysages, Haarlem. = Graveur.

Michallon (Achille-Etna), fils du sculpteur Claude Michallon. E. Fr. 1796-1822. PARIS. Paysage. = Elève de David, de Valenciennes, de Bertin et de Denouy. Cet artiste obtint le grand prix de Rome, en 1817; voyagea en Italie où il fit de nombreuses études, et revint à Paris, mourir à l'âge de 26 ans. = Vue de Frascati, Paris. = Style élevé, mais un peu froid. = Ventes : V. Michallon (1822), *Etude de paysage*, 186 fr. — *Autre étude*, 621 fr.

Michalowski. 1804-1855. CRACOVIE. Scènes militaires à l'aquarelle. = Réfugié en France, il s'y lia intimement avec Hor. Vernet et Charlet.

Michau (Théobald). E. Fl. 1676-1755. TOURNAI. Kermesse, paysage, scènes grotesques. = Il s'occupa longtemps à Bruxelles où il fut reçu, comme étranger, dans la corporation de Saint-Luc, en 1699, et mourut à Anvers, où il s'était établi. = Paysage d'été, Vienne. — Paysage d'hiver, *ib.* — Paysage avec figures, Rotterdam. = Manière de D. Teniers, le Jeune ; coloris faible ; bonne composition ; chairs trop rouges. = Ventes : V. Rubempré (1765), *Deux paysages*, 281 florins. — V. Choiseul (1775), *Deux vues du Rhin*, 388 livres. — V. Regaus (1775), *Les quatre saisons* (Quatre tableaux), 720 florins. — *N. B.* Entre les années 1773 et 1803, les tableaux de Michau se rencontraient à toutes les ventes.

Michel (Ernest-Bar.). E. Fr. 1833. MONTPELLIER. Histoire. = Elève de Picot et de Cabanel. Premier grand prix de Rome, en 1860.

Michel (George). E. Fr. 1763-1843. PARIS. Paysage. = Travailla dans l'atelier du peintre Leduc ; exécuta d'excellentes copies, et fut aussi employé à la restauration des tableaux du cardinal Fesch.

Michel (J.-Marie). E. Fr. 1785. Miniature.

Michel ou **Michiel** (Louis). E. H. * 1675. LA HAYE. Fleurs, fruits. = Elève de Nic. Wieling et Herman Verelst.

Michel-Ange. V. Buonaroti.

Michel-Ange de Lucques ou **de Sienne.** V. Anselmi.

Michel-Ange des Batailles ou **des Bambochades.** V. Cerquozzi.

Michel-Ange de Todi. V. Ricciolini.

Michel de Parme. V. Rocca.

Michel de Pavie. E. I. * 1460. Histoire, portrait. = Travailla pour Pie II en 1459; fut le peintre de la cour de Mantoue de 1458 à 1465. Les biographes estiment que Michel de Pavie pourrait être le même qu'un des nombreux peintres italiens connus sous le nom de Michelino et de Milanese.

Michel. E. Fr. * 1380. MONTPELLIER. = Peintre-verrier qui décora de magnifiques verrières l'église de Notre Dame des Tables. Nommé cinq fois consul. Un autre Michel, peintre d'histoire, fut également nommé quatre fois consul à Montpellier.

Michel (Jean). E. Fr. * 1564. ROUEN. Histoire. = Composa et exécuta en 1564, avec son père, pour l'église Saint-Jean de Rouen un grand tableau de maître autel représentant la Passion de Notre Seigneur. = Artiste distingué.

Michel, le Verrier. * 1503. = Peintre sur verre. Travailla à Léau. Ne serait-ce pas de lui qu'il s'agit dans une ordonnance de paiement de 1478 au profit de « HUMBERT » MICHEL peintre à Auxerre, pour avoir fait » deux verrières aux armes du roi et de la » reine dans la chambre du conseil du roi, à » Auxerre.» ?

Michela. E. I. * 1740. Architecture. = D. Olivieri étoffa ses tableaux.

Michelangeli (François), dit **l'Aquilano.** E. I. * 1700. AQUILA. Histoire. = Elève de B. Luti; fit de belles copies des tableaux de son maître. Mort jeune.

Michele ou **De' Michieli,** (André), dit **Vicentino** ou **André de Vicence.** E. I. 1539-1614. VICENCE. Histoire. = Elève de Palma, le Vieux; son fils, Marc, fut son imitateur. = La reine de Saba, Florence. — Banquet de Salomon, *ib.* — Visitation, *ib.* — Une sainte reine à la cabane d'un ermite, *ib.* — Réception de Henri III au Lido, Venise. — Assemblée de têtes couronnées, Munich. — Réception de Henri III à Venise, en 1574, Paris. — Les noces de Cana (Esquisse), Bruxelles. = Peu de goût, coloris facile, bonne invention; pinceau moelleux, délicat et plein d'effet; beaucoup de ses tableaux ont noirci.

Michele (Parrasio). E. I. * XVIe siècle. VENISE. Histoire, portrait. = Elève de Paul Véronèse.

Michele del Ghirlandaio. V. Bigordi.

Michele de Milan. E. I. * XIVe siècle. MILAN. Histoire, portrait. = Elève d'Angelo Gaddi.

Michele di Matteo Lambertini. V. Lambertini.

Michelet. * 1441. TROYES. = Exécuta de belles verrières pour l'église de Saint-Jean. = Jouissait d'une grande réputation.

Michelin (Jean). E. Fr. 1623-1696. LANGRES. Histoire. = Mort à l'île de Jersey.

Michelini (Jean-Baptiste), dit **Le Folignate.** E. I. * 1650. FOLIGNO. Histoire. = Elève du Guide. = Fit honneur à son maître.

Michelino. E. I. * XIVe siècle. Histoire, portrait et animaux. = Elève de Giottino. = Saisissait bien le caractère comique; excellait à représenter les animaux.

Michelino (Dominique). E. I. * XVe siècle. FLORENCE (?). = On connaît de lui, dans la cathédrale de Florence, un portrait du *Dante*.

Michelis (Alexandre). E. Al. 1823. MUNSTER. Paysage. = Elève de Schirmer.

Michelson-Meyer. E. Al. * XIXe siècle. DANTZIG. Genre.

Micheux (Michel-Nicolas). E. Fr. 1688-1733. Fleurs. = Reçu à l'Académie, en 1725.

Michiel (Louis). V. Michel.

Michold (Edmond). E. Al. 1818. COLOGNE. Genre.

Michu (Benoît). E. Fl. 1610 (?)-1703. Histoire, portrait. = Artiste verrier flamand qui s'établit à Paris. Son fils, né dans cette dernière ville, y exécuta des ouvrages remarquables, entre autres à la chapelle de Versailles, et mourut à un âge très avancé. = Connu par les beaux vitraux des anciens Feuillants.

Micier (P.). E. Es. † 1659. SENA. Histoire. = Juge de l'audience de Saragosse, où il mourut; acquit une grande fortune qu'il donna aux pauvres à la fin de sa vie. = Dessin correct, du goût.

Micker ou **Mikcker** (Jean). E. H. * XVIIe siècle. Paysage, batailles, etc. = On croit qu'il fut le maître de J. B. Weeninx. = Coloris sombre, touche peu agréable, de l'effet sans jeux de lumière.

Micon, 430 ans avant J.-C. ATHÈNES. Histoire, portrait. = Contemporain et rival de Polygnote; orna sa ville natale de plusieurs beaux ouvrages; n'ayant peint d'un homme que les yeux et le haut de la tête, et ayant caché le reste derrière un monticule, afin d'avoir plus vite fini, cet ouvrage singulier donna lieu au proverbe suivant : *Micon a peint Butès*, que l'on employait pour exprimer un ouvrage fait à la hâte. (Vitruve, Pline et Pausanias.) = On lui reprochait quelques défauts dans l'exécution de ses chevaux. Sculpteur.

Micone (Nicolas), dit **Le Zoppo.** E. I. 1750 (?) - 1630. GÊNES. Paysage. = Elève de Ch.-A. Tavella.

Middleton (J.). E. An. 1828-1856. NORWICH. Paysage.

Miel ou **Meel** (Jean), dit **Bicke,** ou bien encore **Giovanni della Vite** et **Jamieli.** E. Fl. Vers 1599-1664. Près d'ANVERS. Histoire, bambochades et paysage. = Baldinucci le fait élève de G. Zegers, à Anvers. Passeri lui donne Van Dyck pour maître; toutes ses assertions ne sont pas vraisemblables, à cause des dates. D'ailleurs les registres de Saint-Luc, à Anvers, ne portent point son nom. A Rome, dit-on, il reçut les leçons d'André Sacchi. Ce qu'il y a de certain, c'est qu'il y gravait en 1647. Etudia et travailla à Bologne, à Parme et dans plusieurs autres villes de l'Italie. Il fut peintre du duc de Savoie et membre de l'Académie de Saint-Luc, à Rome, où il travaillait encore en 1656. Quitta cette ville, en 1659, pour se rendre à Turin où il mourut. Passeri dit erronément qu'il mourut en 1656. = Le mendiant, Paris. — Le barbier napolitain, *ib.* — Paysage, *ib.* — Halte militaire, *ib.* — Diner des voyageurs, *ib.* — Deux paysages avec figures et animaux, Florence. — Ruines (avec Viviani), Londres. — Halte à la porte d'une auberge, *ib.* (Buck. Pal.). — Paysage avec figures et animaux, Berlin. — Halte de cavaliers, *ib.* — L'âne mort, *ib.* — Paysage avec bâtiments et arc de triomphe, Vienne. — Berger jouant de la cornemuse près de ses chèvres, Dresde. — Pâtres gardant des bœufs, *ib.* — Paysage avec ruines, Schleisheim. — Le guitariste, *ib.* — Paysage, Rome. — Marine, *ib.* — Baptême de saint Cyrille, *ib.* (Eglise de Saint-Martin des Monts). — Prédication de saint Jean, Stockholm. — Le charlatan, Saint-Pétersbourg. — Danse de paysans, *ib.* — Halte de chasseurs, *ib.* — Paysage avec chasseurs, *ib.* — Vieille femme faisant des crêpes, *ib.* — Site italien avec figures, *ib.* — Paysage montagneux avec animaux et figures, *ib.* — Le joueur de viole, Madrid. — Le goûter des voyageurs, *ib.* — Délassement champêtre, *ib.* — Halte de chasseurs, *ib.* — Entretien de paysans, *ib.* — Pasteurs et troupeau, *ib.* — La conversation, *ib.* — Mascarade romaine, *ib.* — Le barbier de village, *ib.* — Paysans italiens, Rotterdam. — Paysage : les voyageurs, *ib.* = Ses tableaux de chasses sont les plus recherchés; les figures en sont dessinées avec infiniment d'esprit, de naturel et de vérité. On lui reproche un goût peu relevé dans le choix de ses sujets. Beau coloris, pinceau facile. Il étoffa les tableaux de Claude Lorrain, de Pierre Neefs et d'autres bons artistes. Graveur. = Ventes : V. Fonpertuis (1748), *Religieux faisant l'aumône*, 1,200 livres. — V. Tallard (1756), *Un opérateur*, 128 liv. — V. Choiseul (1772), *Saint François faisant l'aumône*, 2,000 liv. — V. De Grammont (1775), *Le même tableau*, 1,800 liv. — V. Casimir Périer (1838), *Scène publique en Italie*, 2,410 fr. — V. Delessert (1869), *Le chanteur ambulant*, 1,100 fr.

Mielich (Jean). V. Mülich.

Mierevelt ou **Van Mierevelt** (Michel-Jean). E. H. 1567-1641. DELFT. Portrait, genre et histoire. = Elève d'A. de Montfoort, dit Blokland, dont il ne reçut des leçons que pendant deux ans à peine; son talent lui attira bientôt la protection des grands et une foule de commandes. Le nombre des portraits qu'il a exécutés est porté à un chiffre très considérable. Des offres brillantes lui furent faites pour se rendre à Londres; mais la peste qui régnait alors dans cette ville jointe à son peu de désir de quitter sa patrie, fit qu'il ne se laissa séduire par aucune considération. Protégé tout spécialement par l'archiduc Albert. En 1608, la ville de Delft lui commanda le portrait du prince Maurice de Nassau pour lequel il reçut 200 florins. En 1620, il dut exécuter ceux des autres princes de la maison d'Orange, Guillaume et Philippe et ceux d'Henri et Guillaume de Nassau. Ces quatre tableaux lui furent payés 300 florins en 1624; puis encore les portraits du roi et de la reine de Bohême, etc. Sous le portrait de la vieille femme qui se trouve à Berlin, on lit l'inscription suivante : A° 1650. *Aetatis* 82. Comment concilier l'authenticité de cette toile avec la date du décès de Mierevelt, qui eut lieu le 27 juillet 1641? Ou bien les documents qui constatent cette mort se sont-ils trompés de dix ans? Ce qu'il y a de plus singulier, c'est que Mierevelt, né en 1567 aurait eu précisément 82 ans lors de la date que porte la toile. Est-ce donc à lui et non à la femme représentée que se rapporte l'*aetatis* 82? On sait, par la découverte des anciens registres de Saint-Luc, à La Haye, que Mierevelt séjourna dans cette ville, puisqu'il y est inscrit dans la confrérie, en 1625. En même temps, les registres des comptes de La Haye portent, à l'année 1634 : Payé à Michel Mierevelt 216 florins pour l'exécution et la livraison de deux tableaux pour son excellence princière madame la Princesse *(sic)*. Une fille de Mierevelt épousa Jacq.-Guill. Delff, le

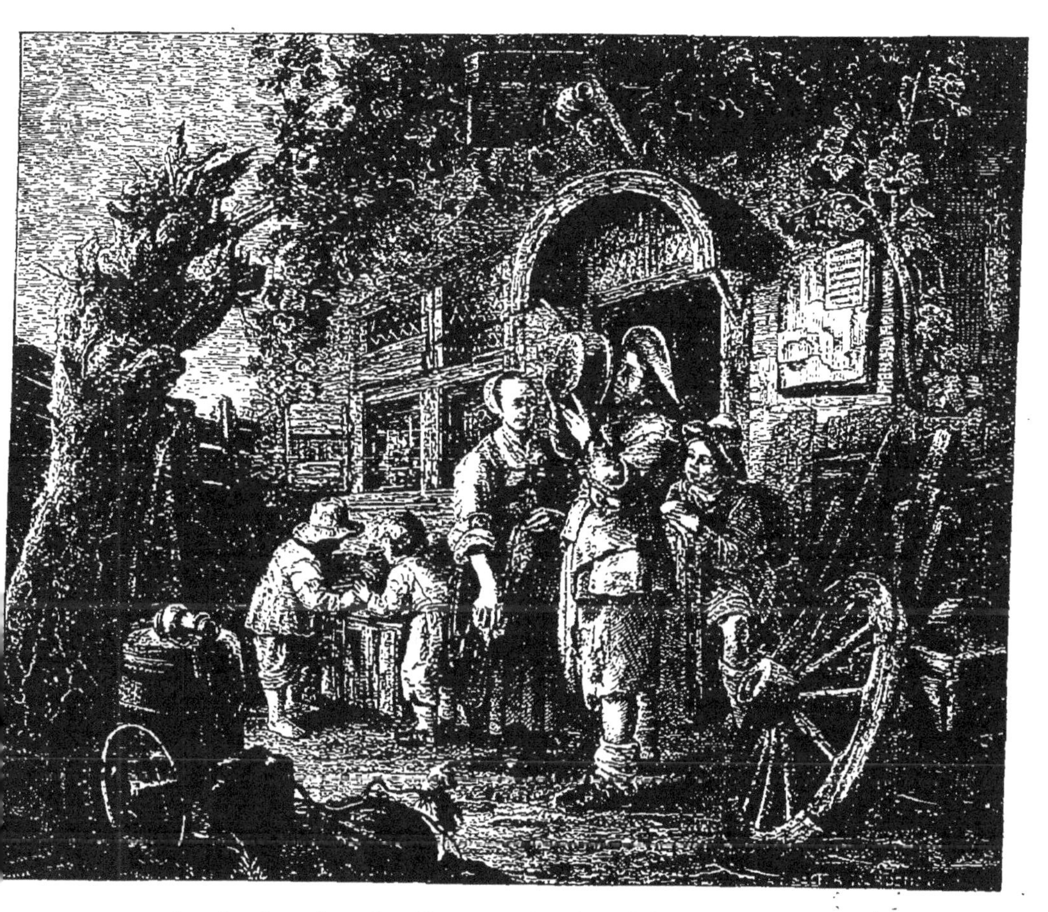

Le chaudronnier. Par Frans van Mieris. Galerie de Dresde.

jeune. En 1611 il était doyen de Saint-Luc, à Delft. = Portrait du prince Maurice, Amsterdam. — Portrait du prince Frédéric-Henri, *ib.* — Portrait de la femme de l'amiral Trump, *ib.* — Portrait de Cats, *ib.* — Portrait du général Smeltzing, *ib.* — Portrait de Guillaume le Taciturne, *ib.* (Copie d'après de Visscher). — Portrait du prince Philippe-Guillaume, *ib.* — Portrait d'Olden Barnevelt, *ib.* — Portrait de P. Hooft, *ib.* (Mus. V. D. Hoop). — Portrait du chevalier Joachimi, Rotterdam. — Portrait de Philippe de Nassau, *ib.* — Portraits du prince Frédéric-Henri et de sa femme, La Haye. — Portrait de Guillaume le Taciturne, *ib.* — Portrait de Louise de Coligny, femme de Guillaume le Taciturne, *ib.* — Portrait de Philippe-Guillaume de Nassau, *ib.* — Portrait du stathouder Maurice de Nassau, *ib.* — Et autres, *ib.* — Deux tableaux, *ib.* (Hôtel-de-ville). — Portrait, Londres. — Portrait de femme, Madrid. — Portrait d'un vieillard, Vienne. — Portrait d'une vieille femme, Berlin. — Portraits, Florence. — Deux portraits d'homme, Paris. — Un portrait de femme, *ib.* — Portrait de femme, Dresde. — Portrait d'homme barbu, *ib.* — Portrait d'un jeune homme, *ib.* — L'homme à la lettre, *ib.* — Buste d'homme, *ib.* — Portrait de femme vêtue de noir. *ib.* — Deux pendants : portraits d'un homme et d'une femme, Copenhague. — Portrait d'un jeune homme, *ib.* — Portrait d'une jeune dame, *ib.* — Portrait d'un homme grisonnant, *ib.* — Série de tableaux, Delft (Hôtel-de-ville). = Bonne couleur, beaucoup de finesse et de vérité dans la touche; sentiment simple et vrai. Graveur. = Ventes : V. Fesch (1845), *Deux portraits*, 415 fr. — V. Guillaume II (1850), *Deux portraits*, 430 florins. — V. Poniatowski (1867), *Deux portraits*. Homme et femme. Encadrés dans la même bordure, 2,340 fr. — V. San Donato (1868), *Portrait d'homme*, 2,250 fr. — V. Delessert (1869), *Portrait d'homme*, 1,850 fr. — V. Demidoff (1869), *Portrait de dame*, 1,500 fr. — V. Stange (1879), *Portrait*, 3,125 fr.

Mierevelt (Jean), fils de Michel. E. H. † 1633. Delft (?). Portrait. = Il avait déjà exécuté un certain nombre de bons portraits lorsqu'il fut atteint de folie.

Mierevelt (Pierre), fils de Michel. E. H. 1596-1623 (?) Delft. Portrait. = Elève de son père. Il mourut trop jeune pour pouvoir perfectionner son talent. = Buste d'homme à barbe blanche, Dresde. — L'homme au gant, *ib.* — La femme à l'éventail, *ib.* — Portraits d'un mari et de sa femme (1622), Copenhague. = Imita, avec bonheur, la manière de son père.

Mierhop ou **Myerhop.** V. Cuyck de Mierhop (Van).

Mieris (François Van), le Vieux. E. H. 1635-1681. Leyde. Intérieurs et portrait. = Fils d'un orfèvre lapidaire qui eut 23 enfants de sa femme Curina Van der Kok. Reçut ses premières leçons d'Abraham Torenvliet, peintre sur verre de quelque talent. Il devint ensuite élève de Gérard Dou, qu'il a surpassé et qui le nommait le prince de ses disciples. Mieris eut le bonheur, trop rare pour l'artiste, d'être apprécié de son vivant. L'archiduc d'Autriche lui paya 1,000 florins (Somme énorme pour cette époque) un petit tableau où il ne se trouvait que deux figures. Le grand-duc de Toscane le fit également travailler; enfin les principaux souverains de l'Europe, les plus beaux cabinets et les galeries les plus remarquabfes, voulurent posséder de ses ouvrages. Aussi Mieris vécut au sein d'une grande richesse. Il fut fidèle à son pays et refusa des offres très-brillantes qu'on lui fit pour le quitter. Ami de Jean Steen. = Portrait d'homme, Paris. = Dame à sa toilette, *ib.* — Deux dames prenant le thé, *ib.* — Intérieur d'un ménage, *ib.* — Une dame écrivant une lettre, Amsterdam. — Une dame jouant de la guitare, trois personnes jouant aux cartes (Effet de lumière), *ib.* — Portraits du peintre et de sa femme, La Haye. — Portrait : le professeur Schuil, *ib.* — Les bulles de savon, *ib.* — Portrait de jeune homme, Berlin. — La toilette, *ib.* — Tableaux, Londres (Buck. Pal.). — Intérieur d'un ménage, Vienne. — La jeune femme malade, *ib.* — Jeune femme assise devant un perroquet, Dresde. — L'atelier du peintre, *ib.* — Jeune femme assise, tenant un chien, *ib.* — Le chaudronnier, *ib.* (Chef-d'œuvre). — La jeune fille au luth, *ib.* — La vieille aux œillets, *ib.* — Le vieillard à la cruche, *ib.* — Le jeune fumeur, *ib.* — Homme cuirassé, *ib.* — La Madeleine, *ib.* — Le vieux savant, *ib.* — Le marchand de drap, *ib.* — La poésie, *ib.* — Et autres, *ib.* — L'officier, Copenhague. — Portrait du comte Gyldenlöve, fils naturel de Frédéric III, *ib.* — Intérieur rustique, *ib.* — Jeune dame avec un perroquet, Munich. — Soldat fumant. *ib.* — Jeune dame s'évanouissant, *ib.* — Portrait du peintre, *ib.* — Et autres, *ib.* — Toute la famille du peintre, Florence. — Le charlatan, *ib.* (Chef-d'œuvre). — La courtisane, *ib.* — Le vieillard amoureux, *ib.* — Portrait du peintre, *ib.* — Portrait de son fils, *ib.* — Et autres, *ib.* — Le lever hollandais, Saint-Pétersbourg. — Le déjeûner, *ib.* — La marchande d'œufs, *ib.* = Dessin très correct, suavité de couleur extrême. Composition spirituelle et large. Il rendait les étoffes avec une supériorité incontestable. On prétend que pour arrondir les objets, il se servait comme son maitre, du miroir convexe. On compte

François Van Mieris parmi les meilleurs peintres de l'école hollandaise; personne n'atteignit à un si haut degré l'admirable fini, propre au pinceau de Gérard Dou. Il a gravé une eau-forte. = Ventes : V. Gaignat (1765), *Jeune femme malade avec son médecin*, 2.700 liv. — *Le corset rouge*. 3,100 liv. — V. Randon de Boisset (1777), *Femme écrivant*, 8,100 liv. — V. Conti (1777), *Aveugle conduit par un chien*, 510 liv. — V. Colonne (1778), *Dame avec un chien*, 1,401. liv. — V. Choiseul-Praslin (1793), *Le corset rouge*, 9,451 liv. — V. Solirêne (1812), *Abraham et Sara*, 800 fr. — *Le chant interrompu*, 2,802 fr. — V. Clos (1812), *Jeune fille avec une bohémienne*, 2,200 fr. — V. Erard (1832), *Musicienne étudiant*, 1,725 fr. — V. Duchesse de Berry (1837), *Portrait d'un magistrat*, 4,000 fr. — *La dame de qualité*, 5,000 fr. — V. Perregaux (1841), *Le chant interrompu* (Celui de la V. Solirène), 22,100 fr. — V. Giroux (1851), *Une jeune dame*. 1,055 fr. — V. Patureau (1857), *Jeune femme à sa toilette*, 19,700 fr. — V. Leroy d'Etiolles (1864), *La visite*, 1,925 fr.

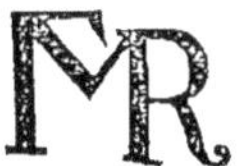

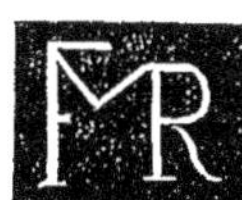

Mieris (Guill. Van), fils de François, le Vieux. E. H. 1662-1747. LEYDE. Paysage, genre et histoire. = Elève de son père. Il fut marié 60 ans avec la même femme et l'on cite comme une preuve de son caractère bon et estimable, l'union et le bonheur dont il jouit en ménage. Il devint aveugle dans ses dernières années, ce qui fut la cause que plusieurs de ses tableaux restèrent inachevés. Il est à noter que toute cette génération des Van Mieris, depuis l'aïeul qui fut un orfèvre de mérite jusqu'à l'historien François le Jeune, se distingua, non seulement par des talents hors ligne, mais aussi par le caractère le plus honorable. L'estime qu'ils méritèrent leur a survécu. = Le marchand de volaille, Amsterdam. — Un chimiste, *ib.* — Boutique d'épicier, *ib.* — Paysage arcadien, *ib.* — La dame à la pomme, *ib.* (Ces quatre derniers au musée V. D. Hoop). — Une boutique d'épicier, La Haye. — Le repas d'huîtres, intérieur, Londres (Buck. Pal.). — Homme et femme à une fenêtre, avec fruits, harengs, etc., *ib.* — La Madeleine devant le crucifix, Florence. — Une dame assise donnant à manger à un perroquet, Berlin. — Soldat en costume espagnol, Vienne. — Une femme tenant une bourse, *ib.* — — Un vieillard offrant de l'argent à une femme, *ib.* — Les bulles de savon, *ib.* — Le marchand de gibier. *ib.* — Ariane et Bacchus entourés de femmes et de satires, Dresde. — Céphale et Procris, *ib.* — Chasseur à une fenêtre et tenant du gibier, *ib.* — Le joueur de vieille, *ib.* — Le buveur, *ib.* — Le sonneur de trompette, *ib.* — Vénus endormie, ib. — La bonne aventure, *ib.* — Preciosa reconnue, *ib.* — La famille de singes, *ib.* — Et autres. *ib.* — Un enfant jouant du tambour, Munich. — Cérès, Copenhague. — Le marchand d'écrevisses, Anvers. — Les bulles de savon, Paris. — Le marchand de gibier, *ib.* — La cuisinière, *ib.* — Suzanne surprise par les vieillards, Bruxelles. = Ses sujets mythologiques sont de peu de valeur; il imita son père et le copia souvent, sans jamais l'égaler complètement; ses premiers tableaux sont les meilleurs. Bonne ordonnance; soin précieux et fini remarquable. Dans quelques-unes de ses meilleures toiles, il s'approche de si près du vieux François que les connaisseurs peuvent y être trompés. C'est le plus grand éloge que l'on puisse faire de son talent. Cet artiste modelait en terre et en cire; on cite de lui quatre vases magnifiques sur lesquels il avait sculpté des bacchantes. Il a aussi gravé une seule eau-forte. = Ventes : V. Allard de la Court (1766), *Offrande à Apollon*, 505 fl. — V. Choiseul (1772), *Un matelot vendant des crevettes*, 2,800 liv. — V. Randon de Boisset (1777), *La malade*, 6,000 liv. — V. Poullain (1780). *Le même tableau*, 6,811 liv. — V. Thevenin (1851), *Le jugement de Pâris*, 6,800 fr. — V. Patureau (1857), *Intérieur*, 1,050 fr. — V. D'Hane de Steenhuyse (1860), *Intérieur d'un magasin d'étoffes*, 3,350 fr. — V. de Morny (1865), *Le joueur de vielle endormi*, 5,650 fr. — V. Herman de Kat (1866), *Le buveur*, 1,350 fr. — V. Pommersfelden (1867), *Le guitariste*, (Signé et daté 1711), 9,000 fr. — Même V. *Enlèvement d'Europe*, 6,900 fr. — V. Delessert (1869), *La jeune malade*, 8,400 fr. — Même V. *Le militaire buvant*, 4,500 fr.

Mieris (François Van), le Jeune, fils de Guillaume, E. H. 1689-1763. LEYDE. Genre, portrait et histoire. = Elève de son père. Outre la peinture, François Van Mieris, le Jeune, cultiva également les sciences et les lettres. Il publia des ouvrages estimés sur la numismatique et l'histoire et fut un antiquaire distingué. = Le boulanger, Cassel. — Le colporteur, *ib.* — Portrait du père du peintre, Copenhague. — Ermite en prière, Amsterdam. = Pinceau délicat, dessin pur, bon coloris, beaucoup de fini. Quoiqu'il fût un homme de talent, il n'égala pas son père.

Mieris (Jean), fils de François, le Vieux, E. H. 1660-1690. LEYDE. Histoire, portrait. = Il fut d'abord élève de son père, mais se sentant plus de goût pour la grande peinture, il se mit sous la direction de G. de Lairesse, chez lequel, cependant, il ne resta pas longtemps, car il revint à l'atelier de son père. Après la mort de celui-ci, il se mit à voyager, en grande partie dans l'espoir de remettre sa santé chancelante. Visita l'Allemagne et la Toscane. De là il se rendit à Rome où la maladie qui le minait l'emporta.

Miers. E. H. † 1793. Paysage. = S'établit à Londres, où il mourut.

Migeon (Charles), E. Fl. * 1842. Paysage et animaux.

Migette. E. Fr. * 1840. MÉTZ. Histoire.

Migliara (le chevalier Jean). E. I. 1785-1837. ALEXANDRIE. Architecture et intérieurs. = Mort à Milan. = La cour d'un couvent, Munich. — Le service divin; effet de lumière, Hambourg.

Migliara (Théodelinde). E. I. 1814. MILAN. Vues de ville. = La place du Dôme, à Côme, Vienne.

Migliarini (Michel). E. I. * XIXe siècle. Histoire. = Elève de Benvenuti.

Miglionico (André). E. I. * XVIIe siècle. Histoire. = Elève de L. Giordano. = Moins de grâce que J. Simonelli, plus de facilité dans l'invention et plus de goût dans le coloris.

Migliori (François). E. I. 1684-1734. VENISE. Histoire. = Détails inconnus. = Joseph expliquant les songes dans la prison, Dresde. — La fille de Cimon nourrissant son père, *ib.* — Bacchus et Ariane, *ib.* — Caïn et Abel, *ib.* — Europe, *ib.* — Loth et ses filles, *ib.* — Le Sacrifice d'Abraham, *ib.*

Mignard (Nicolas), frère de Pierre. E. Fr. 1605-1668. TROYES. Portrait, genre, histoire. = Nous rapportons ici l'anecdote répétée par une foule de biographes et que même quelques écrivains modernes acceptent encore comme étant l'origine du nom de famille des Mignard. Le père des deux Mignard, nommé Pierre More, servait avec six de ses frères, tous officiers d'une belle figure, dans les armées du roi Henri IV, qui, en les voyant un jour réunis, leur dit en plaisantant : *Ce ne sont pas là des Mores, mais bien des Mignards.* Une lettre de Grosley à Lépicié, insérée dans le tome 1er, p. 329, des *Archives de l'Art français*, réduit à néant cette historiette due à l'abbé de Monville, auteur de la *Vie de Mignard.* Nicolas étudia d'abord la peinture dans sa ville natale, puis à Fontainebleau, à Lyon, à Avignon, puis enfin en Italie ; revint se fixer à Avignon, où il se maria. Le cardinal Mazarin le fit venir à Paris où il mérita bientôt la protection de Louis XIV. Fit les portraits de toute la cour et fut chargé, par le roi, de peindre son appartement du rez-de-chaussée aux Tuileries. Ce travail le tua ; il est quelquefois surnommé Mignard *d'Avignon* pour le distinguer de son frère Pierre, surnommé le *Romain.* Professeur et recteur de l'Académie de peinture. = Adoration des bergers, Saint-Pétersbourg. — Fresques, Paris. — Assomption, Berlin (Attribué). = Plus de sagesse que de chaleur. Belle imagination. Ses compositions rappellent quelquefois l'*Albane.* Il a surtout réussi dans les sujets qui exigent plutôt l'expression des affections douces que celle des passions violentes. Pinceau flou, composition ingénieuse, dessin assez correct. Ses mouvements de tête ont beaucoup de grâce. Graveur.

Mignard (Paul), fils de Nicolas. E. Fr. 1639-1691. AVIGNON. Portrait. = Reçu à l'Académie, quoique artiste d'un mérite fort secondaire. Mort à Lyon. = Graveur.

Mignard (Pierre), le Jeune, fils de Nicolas. E. Fr. * XVIIe siècle. Histoire. = Peintre de Marie-Thérèse d'Autriche, chevalier de l'ordre du Christ, membre de l'Académie d'architecture et architecte du roi. Mort à Avignon, à l'âge de 35 ans. = Obtint de la réputation.

Mignard (Pierre), le Vieux, frère de Nicolas. E. Fr. 1610-1695. TROYES. Histoire, portrait, genre. = Destiné d'abord à l'état de médecin, son goût pour les arts changea la direction qu'on avait donnée à ses études. Il fut mis d'abord à Bourges chez un peintre nommé Boucher ; en 1623, il revint à Troyes où il étudia chez le sculpteur Pierre Gentil ; de là il alla étudier deux ans à Fontainebleau. Revenu à Troyes, il y conquit la protection du maréchal de Vitry, grâce à qui il devint élève de Vouet qu'il égala. Se rendit à Rome, en 1636 ; il y rencontra Dufresnoy avec lequel il se lia d'amitié jusqu'à la mort. Fit les portraits des plus célèbres personnages de l'Italie. Les Italiens l'ont comparé, pour ses *Vierges*, à Annibal Carrache. On les appelait *Mignardes*. Ce mot, dont a fait aujourd'hui un reproche, était alors l'expression de l'admiration qu'on éprouvait pour ce peintre ; après être resté vingt-deux ans en Italie, il fut rappelé en France par Louis XIV. Il y fut nécessairement le rival de Le Brun. En 1664, il fit une excursion à Avignon ; après la mort de Le Brun, il fut nommé premier peintre du roi et n'eut plus rien à envier à la faveur de son prédécesseur. Les principaux ouvrages que Mignard exécuta à Paris et à Versailles ont été détruits. Ami de Molière, de La Fontaine, de Racine et de Boileau. Louis XIV l'anoblit en 1687, et, en 1690, il fut nommé, le même jour, académicien, professeur, recteur, directeur et chancelier. Mignard travailla jusqu'à sa mort. = Louis XIV, roi de France, Londres. — Portrait de femme, en Diane, Bruxelles. — La comtesse de Grignan, Florence. — Portrait d'un prince de la maison de France, enfant, Madrid. — Saint Jean au désert, *ib.* — Portrait de Marie Mancini, Berlin. — Saint Antoine, ermite, Vienne. — La Vierge à la grappe, Paris. — Jésus-Christ succombant sous la croix, *ib.* — Saint Luc peignant la Vierge, *ib.* — Sainte Cécile, *ib.* — Portrait de Mme de Maintenon, *ib.* — La famille de Dauphin, fils de Louis XIV, *ib.* — Portrait du peintre, *ib.* — Portrait de la marquise de Feuquières, fille du peintre, *ib.* — — La foi, *ib.* — L'espérance, *ib.* — Ecce Homo, *ib.* — Mater dolorosa, *ib.* — Neptune offrant ses richesses à la France, *ib.* — Alexandre et la famille de Darius, Saint-Pétersbourg. — Jephté, *ib.* — Cléopâtre, *ib.* = Grande fraîcheur de coloris, composition gracieuse ; il est regardé comme le meilleur coloriste du siècle de Louis XIV. Carnations vraies, pinceau moelleux et léger, ordonnance riche. Faible dans l'expression des sentiments, et souvent froid par l'extrême fini qu'il apporte à son travail. Après sa mort, il eut beaucoup de détracteurs. On cite de lui quelques reparties heureuses; en voici une : faisant le portrait de Louis XIV pour la dixième fois et comme il regardait attentivement le roi, celui-ci lui dit: « Mignard, vous me trouvez sans doute vieilli ? » — « Sire, répondit le peintre, il est vrai que je vois quelques victoires de plus sur le front de Votre Majesté. » = Ventes : *N. B.* On rencontre très peu d'œuvres de Mignard dans les ventes publiques et celles qu'on y expose se vendent difficilement. — V. de Verrue (1737), *Amours*, 100 liv. = V. Le Brun (1791), *Quatre portraits : Fontanges, La Vallière, Montespan* et *Maintenon*, 100 fr. — V. de la Reynière (1792), *Mort d'Abradate et de Penthée*, 1,701 fr. — V. Grimaldi de Monaco (1802), *La Vierge et l'Enfant*, 701 fr. — V. Le Brun (1806), *Saint Charles Borromée communiant des pestiférés*, 1,810 fr. — V. Pourtalès-Gorgier (1865), *Portrait d'une dame*, 500 fr. — V. Delessert (1869), *Sainte Cécile*, 1,550 fr.

Mignon ou **Minjon** (Abraham). E. H. 1639-1679. FRANCFORT. Fleurs, fruits. = Il reçut d'abord les leçons d'un peintre de fleurs nommé Jacques Murel qui le prit chez lui dès sa septième année. Murel était aussi marchand de tableaux ; il emmena Mignon en Hollande en 1659, et réussit à en faire l'élève de J.-D. De Heem. En 1669, il fut inscrit dans la gilde de Saint-Luc, à Utrecht. Sa réputation aurait été plus grande s'il n'avait eu pour rival le célèbre J. Van Huysum. Les filles d'Abraham Mignon furent élèves de leur père et cultivèrent la peinture dans le même genre que lui. M. Waagen donne l'année 1697 comme celle de son décès. Il mourut à Wedzlar. = Vase de fleurs renversé par un chat, Amsterdam. — Fruits, homard et verre antique, *ib.* — Fleurs d'été, deux tableaux, La Haye. — Fleurs et fruits, *ib.* — Fruits, Florence. — Fleurs dans un vase, Vienne. — Fruits dans une corbeille, *ib.* — Ecureuil, poissons, fleurs, etc., Paris. — Plusieurs tableaux de fleurs et de fruits, *ib.* — Fleurs et fruits, Dresde. — Gibier mort, *ib.* — Et beaucoup d'autres, *ib.* — Fruits, Munich. — Fleurs, *ib.* — Et autres, *ib.* — Fruits dans une niche, Rotterdam. = Touche moelleuse et agréable. Ordonnance riche. Composition spirituelle ; manque de goût dans l'arrangement ; froid et lourd dans plusieurs de ses œuvres ; son coloris est rarement chaud et clair. = Ventes : V. de Verrue (1737), *Tableau de fleurs*, 500 liv. — V. Allard de la Court (1766), *Vase de fleurs*, 1,500 fl. — *Fleurs, fruits, oiseaux*, etc., deux tableaux, 2,720 liv. — V. Herman de Kat (1866), *Le nid. Rouge-gorge defendant son nid*, 5,050 fr. — V. Pommersfelden (1867), *Le déjeuner*. Huitres, citron, etc. (Signé), 6,000 fr. — Même V. *Une corbeille avec fruits*, 2,800 fr.

AC

Mignon (Jean). E. Fr. ' 1530. PARIS. = Peintre-graveur qui travailla au château de Fontainebleau.

Mignon (Gaspard). E. Fr. ' XVIIe siècle. Histoire (?). = Détails inconnus.

Mignot (Jennin). E. Fl. ' XVe siècle. = Travailla, en 1468, aux entremêts de Bruges.

Mignot (Remy). E. Fr. 1831-1870. Paysage. = Naquit en France, mais vécut alternativement à New-York et à Londres. Mort à Brighton.

Mikechine. E. R. ' 1858. Portrait.

Milanais (le). V. Ferrari.

Milanese (le). V. Cittadini.

Milanese (le) V. Sesto ou Selto.

Milani (Aurèle). E. I. 1675-1749. BOLOGNE. Histoire. = Elève de C. Gennari et de Pasinelli. S'établit à Rome et y fut accablé de commandes. = Grand imitateur des Carrache, dessin correct, coloris faible.

Milani (Jules-César). E. I. 1621-1678. BOLOGNE. Histoire. = Imitateur de Flaminio Torre. = Fresques, Rome.

Milbert (Jacques-Gérard). E. Fr. 1766-1840. PARIS. = Naturaliste et voyageur.

Milde (Charles-Jules). E. Al. 1803-1875. HAMBOURG. Ornements, histoire, paysage et marine. = Fondateur de l'établissement de peinture sur verre établi à Cologne par le prince-héritier pour le Dôme de cette ville. Résida et mourut à Lubeck.

Milé. V. Millet.

Milé (N.). E. Fl. * XVIIe siècle. BRABANT. Portrait. = Elève de Biset.

Milia (Paul). E. Al. 1798. BERLIN. Portrait. = Le prince Guillaume, frère du roi de Prusse. — Le prince Auguste.

Millais (John-Everett). E. An. 1829. SOUTHAMPTON. Genre. = Un des chefs de l'école des préraphaélites, école qui prétend affranchir l'art de toute règle et astreindre l'artiste à peindre comme on peignait avant Raphaël. = Jésus dans la boutique d'un charpentier. — La jeune aveugle. — Le proscrit royaliste.

Millan (Sébastien). E. Es. † 1731. SÉVILLE. Portrait, genre. = Elève d'Al. Escobar. Mort très vieux. = Beaucoup de goût et de facilité.

Millé (Jean-Baptiste). E. Fl. * XVIIIe siècle. = Elève de M. Van Helmont. Reçu franc-maître de Saint-Luc, à Bruxelles vers 1718. Peignit des figures dans les paysages de Coppens.

Millereau (Georges). E. Fr. * 1520. NANCY. = Peintre verrier qui exécuta les verrières de l'église des Cordeliers à Nancy. = Composition savante, tons chauds, beaucoup d'habileté.

Miller (Guillaume). E. An. 1740 (?)-1810 (?) Histoire, portrait. = On a beaucoup gravé d'après ses œuvres.

Millet, Milé ou **Millé** (François), dit **Francisque.** E. Fl. 1644-1679. ANVERS. Histoire, paysage, etc. = Son père, tourneur en ivoire, né à Dijon, alla s'établir à Anvers, où naquit Francisque. Elève de Laurent Francken, qui lui servit de père lorsque le jeune artiste resta orphelin et dont il épousa la fille; c'est avec son maître que Francisque quitta Anvers pour aller s'établir à Paris. Il s'y lia intimement avec Genoels, qui lui donna des leçons de perspective. Il étudia beaucoup les œuvres du Poussin. Il visita, parait-il, la Flandre, la Hollande et l'Angleterre, et laissa dans ces différents pays des preuves de son talent. Travailla aux résidences royales, à Paris. Agréé à l'Académie, en 1673, il n'en fut jamais membre, malgré des assertions contraires. Sa vie est peu connue, et sa mort a donné lieu à des suppositions d'empoisonnement qu'aucune certitude n'est venu confirmer. Il fut inhumé dans le cimetière de Saint Nicolas des Champs. = Bataille de Calloo (Avec Peeters), Anvers (Hôtel-de-ville). — Repos de la Sainte Famille pendant la fuite en Egypte, Bruxelles. — Paysage avec anciens bâtiments, Munich. — Paysage : vue de la mer, *ib.* — Paysage : la vendange, *ib.* — Paysage : ruines d'une ville antique, Bordeaux. — Paysage avec une tour ronde et trois personnages, Dresde. = Vue d'un port à l'embouchure d'un fleuve, Saint-Pétersbourg. (Signé: F. M.). = Grandeur et style dans la composition; touche large; talent inégal. Mémoire extraordinaire pour retenir les sites qu'il voulait imiter. Dessinateur et auteur de trois planches gravées. Un des meilleurs paysagistes de son temps. = Ventes : V. Fraula, Bruxelles (1738), *Paysage* dans lequel on voit Mercure volant dans les airs, 200 florins. — V. Lafontaine (1817), *Paysage : Mercure et Battus,* 8,000 francs. — V. Dufourny (1819), *Site d'Italie*, 175 francs. — V. Varroc (1821), *Mercure et Battus* (Le même que celui de la vente Lafontaine), 14,000 francs. — V. Fesch (1845), *Site d'Italie*, 800 francs. — V. Pourtalès-Gorgier (1865). *Vue prise dans la campagne en Egypte*, 950 fr.

Millet (Henri), fils de François. E. Fr. * XVIIIe siècle. Paysage, etc. = Fut reçu à l'Académie. = Artiste médiocre.

Millet (Jean-François), fils de François. E. Fr. 1666-1723. PARIS. Paysage historique. = Reçu académicien, en 1709. = Artiste médiocre.

Millet (Joseph-Francisque), petit-fils (?) de François. E. Fr. † 1777. Paysage. = Mort à Versailles. Beaucoup de biographes citent ce peintre comme étant le fils de Francisque ; il faudrait, en ce cas, reculer sa naissance d'une vingtaine d'années, car Millet, le père, mourut en 1679.

Millet (Frédéric). E. Fr. 1786-1859. CHARLIEU (Loire). Portrait en miniature et aquarelle. = Elève d'Aubry et d'Isabey. = Portrait de Xavier Leprince. — Portraits de la famille de Montebello.

Millet (Aimé), fils de Frédéric. E. Fr. 1816. PARIS. Paysage, etc. = Egalement sculpteur.

Millet (Jean-François). E. Fr. 1815-1875. GRÉVILLE (Manche). Genre. = Elève de Paul Delaroche. = La tondeuse de moutons. — La bouillie. — Le semeur. — L'angelus. — Paysan greffant un arbre. — La mort et le bûcheron. — Berger ramenant son troupeau. — La herse dans le champ. = Chef d'une école qui s'est attachée à reproduire avec fidélité les scènes rurales les plus simples. A la mort de Millet qui vécut pauvre, ses œuvres obtinrent des prix considérables qui ont été trouvés exagérés.

Millin du Perreux (Alexandre-Louis-Robert). E. Fr. 1764-1843. PARIS. Paysage historique. = Elève de Hue et de Valenciennes; visita, à plusieurs reprises, la Suisse, l'Italie et les Pyrénées. Chevalier de la légion d'honneur. = Rentrée des Chartreux à la grande

Chartreuse, Paris. — Charles VII et Jeanne d'Arc, Tours. = Les figures de ses tableaux sont quelquefois de de Marne.

Millner (Charles). E. Al. * XIXe siècle. Paysage. = Vue d'une partie des Alpes, Munich. — Même sujet, soleil couchant, *ib.*

Milocco (Antoine). E. I. * XVIIIe siècle. TURIN. Histoire. = Travailla avec Cl. Beaumont, à Turin.

Milon (Alexis-Pierre). E. Fr. 1784. ROUEN. Paysage, intérieurs, etc. = Elève de David et de Bertin. = Vue du clocher et des halles de Lillebonne. — Dôme du Val-de-Grâce.

Millot. E. Fr. * 1756. Portrait. = Elève de Largillière. = Membre de l'ancienne Académie de Saint-Luc, a Paris.

Milton (J.). E. A. * 1771. Marine, paysage.

Mimault. E. Fr. * XVIIe siècle. AIX (?). Histoire, portrait. = Elève d'Alonsius Finsonius = Baptême du Christ, Aix (Eglise de la Madeleine) Signé : F. Mimault pinxit 1625. = Distingué dans le portrait.

Minana (le père Joseph). E. Es. 1671-1730. VALENCE. Histoire. = Se perfectionna à Naples; religieux de l'ordre de la Sainte-Trinité; savant et littérateur. = Exécuta des tableaux de mérite.

Minazzi (Jacques). E. An. † 1865. Excellent dessinateur à la plume.

Mind (Godefroid). E. Al. 1768-1814. BERNE. Chats. = Elève de Freudenberger. Son affection pour les chats fut extraordinaire. Lors du massacre de ces animaux, ordonné par la police de Berne, il éprouva une douleur qui ne se calma qu'en reportant son affection sur les ours. Disgracieux au physique, insupportable au moral, on ne le souffrait qu'à cause de son talent remarquable. On a parodié pour lui les vers suivants de Catulle sur la mort d'un moineau :

Lugete, o feles, ursique lugete,
Mortuus est vobis amicus.

Il variait à l'infini les poses gracieuses des petits chats jouant avec leur mère. Peignit beaucoup plus à l'aquarelle qu'à l'huile. Vérité extraordinaire, talent unique dans le genre qu'il avait adopté.

Minderhout (Henri Van). E. H. 1632-1696. ROTTERDAM. Marine. = Il séjourna à Bruges, où il se maria, en 1664. En 1663, il y avait été reçu dans la corporation de Saint-Luc. En 1670, il fut admis dans la société *Rhetorica* d'Anvers, et alla s'établir dans cette dernière ville, au commencement de 1672. Il s'y remaria et y mourut. = Vue du bassin de la ville de Bruges, en 1653, Bruges. — Vue d'un port du Levant, Anvers. — Port de mer, avec figures, Dresde. = Il rendait avec beaucoup de vérité tous les détails que comporte le gréement d'un vaisseau. Ses ciels étaient négligés ainsi que ses figures.

Minderhout (Guillaume-Augustin Van), fils de Henri. E. Fl. 1680-1752. ANVERS, = Devenu veuf très jeune, il se mit à voyager et parcourut tout l'empire allemand. Il s'établit en Moravie où il mourut.

Minderick (Jean Van). E. Fl. * 1553. SANTEN. = Reçu bourgeois d'Anvers, en 1553.

Minerdorff (F.). * 1629. Histoire. = Détails inconnus. = Martyre de Saint Pierre, Dominicain, Lille. (Signé : F. Minerdorff, A° 1629).

Minga (André Del). E. I. * 1568. FLORENCE. Histoire, portrait. = Elève de Rodolphe Ghirlandaio et de Michele. = Deucalion et Pyrrha, Florence.— Création d'Eve (Dessins de Baccio Bandinelli), *ib.* — Adam et Eve chassés du Paradis (Dessins de Baccio Bandinelli), *ib.*

Minghetti (Prosper). E. I. * XIXe siècle. Histoire.

Mingot (Théodose). E. Es. 1551-1590. EN CATALOGNE. Histoire. = Se perfectionna en Italie; travailla au palais du Pardo, à Madrid. = Dessin correct; anatomie savante, belle pâte.

Minguet (André). E. Fl. 1818-1860. Genre. = Elève de G. Wappers. = Intérieur d'une église avec un sarcophage, Hambourg.

Mini (Antoine). E. I. * XVIe siècle. FLORENCE. Histoire, portrait. = Elève de Michel-Ange; se rendit en France et y mourut. = Talent médiocre.

Miniati (Barthélemy). E. I. * XVIe siècle. FLORENCE. Histoire, portrait. = Aida le Rosso dans les travaux que ce dernier exécuta à Fontainebleau.

Miniera (Biagio). E. I. 1697-1755. ASCOLI. Histoire. = Ecole de C. Maratti.

Minjon (Joseph). E. Al. * XIXe siècle. DUSSELDORF.

Minne (Jean). E. Fl. * 1450. BRUGES.

Minne (Jean-Baptiste). E. Fl. 1734-1817. WACKEN (Flandre occidentale). Histoire. = Elève de Geeraerts. Remporta un prix à l'Académie d'Anvers, en 1764. Il acheva ses études à Paris. = Sainte Famille, Wacken. — Saint Pierre délivré par un ange, *ib.*

Minnebroer (Franç.). V. Crabbe (François).

Mino da Turrita dit **Frate Mino.** E. I. * 1225. TURRITA (Près de Sienne). Mosaïques. = Ses travaux grossiers lui valurent une grande réputation. Travailla à Florence, à Rome et à Pise. = Mosaïque de saint André, Florence. (Ce tableau porte l'inscription suivante : *Viginte quinque Christi cum mille ducentis.*) — Mosaïque, Rome. = Dessin, expression et couleur recommandables.

Minorello (François). E. I. 1624-1657. ESTE. Histoire. = Elève de Luc Ferrari qu'il imita heureusement.

Minozzi (Bernardo). E. I. 1699-1769. BOLOGNE. Paysage, etc. = Elève de Nunzio Ferrajuolo et du Cavazzone. Membre des Académies de Florence et de Bologne. Il eut un fils, Flaminio Innocenzio, également peintre et qui mourut en 1817.

Mintrop (Théodore). E. Al. 1814-1870. HERTHAUSEN (Bavière). = Un des chefs de l'école des préraphaélites. = Noël. — Marie et l'Enfant Jésus.

Minuccio (Maestro). E. I. ' 1289. Histoire, portrait. = Appelé quelquefois Mino, Ser Mino di Simone et Maestro Mino. Il ne faut pas le confondre avec frère Mino da Turrita. Fait partie de l'école Siennoise dans laquelle il succéda à Guido da Siena. = La Vierge et l'Enfant Jésus sur un trône entourés d'anges, sous un dais soutenu par les Apôtres (Fresque), Sienne (Palais du Conseil). Cette fresque fut exécutée en 1287, par Ser Mino que l'on intitulait ingénieur de la commune; elle fut retouchée, en 1321, par Simon Memmi. = Invention remarquable; grand style; moins de raideur que ses contemporains; belles têtes.

Minuti (Mario). E. I. 1577-1640. SYRACUSE. Histoire. = Elève de M. A. de Caravage; travailla à Rome avec son maître et passa une grande partie de sa vie à Messine. = Moins de vigueur que l'Amerighi, plus de morbidesse et de grâce dans les contours.

Minzochi (François) dit **Il Vecchio di San Bernardo.** E. I. 1510 (?)-1574. FORLI. Histoire, portrait. = Elève de J. Genga, avec lequel il travailla constamment. Ses fils, Pierre-Paul et Sébastien, furent ses élèves, mais n'eurent pas son talent. = Histoire de Psyché, Venise. — Fresques, Rome. — Miracle de la manne, *ib.* — Sacrifice de Melchisédech, *ib.* — La manne au désert, *ib.* — Dieu entouré d'anges, Forli. — Crucifix, *ib.* = Style correct, gracieux, animé; expression saisissante.

Mio (Jean de), surnommé **Fratina** (?). E. I. ' 1556. VICENCE. Histoire. = On ignore quel fut son maître; travailla à Venise en concurrence avec le Schiavone, Porta, Franco, etc.

Mioen (B.). E. Fl. † 1851. CORTEMARCK (Flandre or.). Histoire. = Saint François-Xavier, Roulers. — Le Sacré-Cœur, Lichtervelde.

Mioen (Constant). E. Fl. ' 1842. Histoire.

Miozzi (Nicolas). E. I. ' 1670. Histoire. = Ecole du Carpioni; on cite un Marc-Antoine Miozzi, contemporain de Nicolas.

Miradoro (Louis), dit **Le Genovesini.** E. I. ' 1647. GÊNES. Histoire, portrait. = S'établit à Crémone. = Appartient aux imitateurs des Carrache. Style moins choisi et moins étudié; manière franche, grandiose, coloris vrai, effet harmonieux, excella dans les peintures tragiques.

Mirandola (della). V. Quistelli.

Mirandolese (le). V. Perracini.

Mirandolese des Perspectives (le). V. Paltronieri.

Mirault (Claude-François). E. Fr. 1784. PARIS. = Elève de Hazard, son oncle. = Peintre et modeleur en émail.

Mirbel (Lizinska-Aimée-Zoé RUE, Mme). E. Fr. 1796-1849. CHERBOURG. Miniature. = Portraits en miniature d'un grand nombre de personnages illustres.

Mireti (Jérôme). E. I. ' XVe siècle. PADOUE. Histoire, portrait. = Cité dans les statuts des peintres, aux dates de 1423 et 1441.

Miretto (Jean). E. I. ' XVe siècle. PADOUE. Histoire. = Détails inconnus.

Miroir (Laurent). E. I. ' XIXe siècle. FLORENCE. Vues de ville et monuments. = Vue du temple de Vesta à Rome.

Mirou (Antoine). E. Fl. ' 1640. FLANDRE. Histoire, paysage. = Il ornait ses paysages de sujets historiques, tirés des Ecritures saintes. = Paysage : Agar et Ismaël, Madrid. — Paysage avec un chasseur, Berlin. (Signé : *A. Mirou fec.* 1653.) — Paysage, Copenhague. — Paysage avec figures, Saint-Pétersbourg. — Paysage avec figures de D. Teniers, *ib.* — Incendie de ville, *ib.* = Bon dessin, pinceau facile.

Miruoli (Jérôme). E. I. † 1570 (?). Histoire. = Elève de Pellegrini, dit Tibaldi; peintre de la cour de Parme.

Misciroli (Thomas). E. I. 1636-1699. FAENZA. Histoire. = Etudia sans maître et fut surnommé *le Peintre villageois.* = Dessin, expression et accessoires faibles. Composition spirituelle, bonne couleur.

Missieren (Jean). E. Fl. ' XVe siècle. BRUGES. = Inscrit dans la confrérie, en 1470-80.

Mitelli. V. Metelli.

Mizzi. E. I. Histoire. = Détails inconnus. = Tableaux, Rome.

Moalle (Loys). E. Fr. PERONNE. Vers 1475. Histoire. = Travailla à Valenciennes en 1510. = Artiste distingué.

Mocetto ou **Mozetto** (Jérôme). E. I. ' 1484. VÉRONE. Histoire, portrait. = Elève de Jean Bellini dont il était le domestique. = Graveur.

Mock (D.). E. H. ' XIXe siècle. Chasses, paysage et marine. = Elève de H. Bakhuyzen. = Mer houleuse en vue de la côte de Hollande

Modalulphe. ' IXe siècle. = Un des peintres réputés de cette époque. Vivait en France.

Modena (Barnaba de). V. Serafini.

Modena. V. Tommaso da Modena.

Modestus. * IXe siècle. Moine, calligraphe et miniaturiste, à Saint-Gall. = Fit le portrait du moine peintre et poète Brunn, dit Candidus.

Modigliano (François), dit **Francesco de Forli.** E. I. * XVIe siècle. FORLI. Histoire. = Elève du Pontormo. = Style aimable et gracieux.

Modonino (Jean-Baptiste). † 1656 (?). ETAT DE MODÈNE. Perspective. = Obtint de grands succès à Rome et mourut à Naples de la peste. Nommé, par erreur, Madonnino.

Moechselkirchel (Gabriel). E. Al. * 1470. Histoire. = Florissait à Munich. = Jésus-Christ portant sa croix, Schleisheim. — Crucifiement, *ib.* = Manière rude et extravagante.

Moelaert (Jacq.). E. H. 1649-1727. DORDRECHT. Histoire, portrait. = Elève de Nicolas Maas. Il séjourna quelque temps à Amsterdam, mais revint s'établir dans sa ville natale et y mourut. Ne commença à peindre que fort tard.

Moenaert. E. Fl. * 1589. YPRES.

Moench (Charles-Victoire-Frédéric). E. Fr. 1784-1867. PARIS. Histoire, décors. = Elève de Girodet. = Borée enlevant Orithie. — Diane et Actéon. — Ronde d'amours.

Moening (Antoine). E. Al. * XIXe siècle. ESSEN.

Moens. E. H. * XIXe siècle. Histoire. = Marius sur les ruines de Carthage, Haarlem.

Moens (Arnold). E. Fl. * 1440. = Cité dans les comptes de la confrérie de Saint-Eloy, à Bruxelles. En 1447, il est mentionné comme proviseur de cette confrérie. = On pense qu'il fut également sculpteur.

Moens (Fr.). E. H. * XVIIe siècle. MIDDELBOURG. = Partit pour Rome avec Abr. Genoels et fut reçu dans la société des artistes étrangers de cette ville, en 1674.

Moer (Henri Van). E. Fl. * 1842. Paysage.

Moer (Jean-Baptiste Van). E. Fl. 1819. BRUXELLES. Paysage et intérieurs d'église. = Intérieur de l'église de Belem, Bruxelles. — Vue de Bruxelles, Bruxelles.

Moer (M. Van). E. Fl. * 1838. Paysage. = Elève de Delvaux.

Moere (Nic. Vanden). E. Fl. * XIVe siècle. = Cité dans un acte passé devant les échevins d'Anvers, en novembre 1397, avec l'épithète de *Pingerer*.

Moerenhout (Joseph-Josse). E. Fl. 1801-1875. EECKEREN (Anvers). Paysage, hivers et chevaux. = Elève d'Horace Vernet. = Avant-poste de Cosaques, Haarlem. — Course de chevaux, *ib.* — Le traineau, Munich. — Départ pour la chasse au faucon, *ib.* — Intérieur d'écurie, Hambourg.

Moerkercke. Ce nom se trouvait écrit sous une Vierge entourés de fleurs et appartenant en 1779 à un chanoine de Saint-Bavon, à Gand.

Moerman (Albert). E. Fl. 1808-1857. Paysage. = Elève de P. F. de Noter. = Approche d'un orage.

Moermans (Jacques). E. Fl. 1602-1653. Histoire. = Elève de Rubens, à Anvers, en 1621-1622 et franc-maître la même année. Un des trois artistes que le grand peintre désigna dans son testament pour surveiller la vente des trésors de son cabinet. Membre de la société de Rhétorique, la *Violette*. Moermans périt par accident. Voici ce qu'on lit à ce sujet dans le registre aux enterrements de l'église Saint-Jacques, à Anvers : 1653. Décembre. « Item, le 22, a été enterré dans l'église, venant du rempart Sainte-Catherine, de la maison dite *het Suyckerhuys*, feu le Signor Jacques Moermans, noyé dans le *Vuylruye* (Canal sale); il a été enterré près de sa femme (Marie Schut)... etc. » Un Octave Moermans, peintre est inscrit, comme fils de maître, en 1646-47, dans les registres de Saint-Luc.

Moerteele (Géroll Vander). V. Moortele.

Moeuse (Jean de). E. Fl. * XVIe siècle. Histoire. = Florissait à Liége.

Mohedano (Antoine). E. Es. 1561-1625. ANTEQUERRA. Histoire, fleurs, fruits et ornements. = Elève de P. de Cespedès; travailla à Séville, à Cordoue; se retira à Lucena, vers la fin de sa vie et mourut dans cette ville; Pacheco, son ami intime, le cite comme un des plus grands fresquistes de l'Andalousie. = Fresques, Séville. — Fresques, Cordoue. = Composition heureuse, dessin correct, groupes habilement contrastés; beau caractère de têtes, formes grandioses.

Mohr (J.). E. Al. 1808-1844. MUNICH. Paysage, marine. = Vue de la mer près de la ville de Kiel, en Holstein, Copenhague.

Morhagen (C.-G.-Bernard). 1814. ITZEHOE. Portrait et genre. = Peintre danois; étudia à Copenhague; visita Munich, Paris et Milan. = Bateau transportant des campagnards, Hambourg.

Moillon (Nicolas). E. Fr. * XVIIe siècle. Paysage. = Le catalogue des estampes de la collection Rigal mentionne, au N° 952, trois paysages de son invention. Signé : M.Moillon, en 1513.

Moillon (Isaac), fils de Nicolas. E. Fr. 1615-1673. PARIS. Histoire. = Admis à l'Académie, en 1663. Peintre du roi.

Moine (Antonin). E. Fr. * 1842. Portrait au pastel. = Aussi sculpteur.

Moine (le). V. Lemoine.

Moiron (Vander). E. H. * XVIIe siècle. Paysage, genre, kermesse, etc. = Détails inconnus. = Paysage montagneux, Dresde. — Foire près de la porte d'une ville, *ib.* — Port de mer avec beaucoup de figures sur le devant, *ib.* — Paysans dansant près des ruines d'un temple, Stockholm. — Foire aux bestiaux, *ib.* (Signés).

Mojetta (Vincent). E. I. * 1500. CARAVAGGIO. Histoire. = Florissait à Milan.

Mogford (Thomas). E. An. † 1868. DEVONSHIRE. Portrait.

Mogford (Henri). E. An. * XIXe siècle. Aquarelle. = L'église de Saint-Symphorien à Tours. — Port de Saint-Malo.

Mol (Jean-Baptiste). E. H. * 1640. Histoire, portrait. = Imita la manière de Rembrandt, son contemporain. On croit qu'il a gravé.

Mol (Wauthier). E. H. 1786-1858. HAARLEM. Histoire et genre. = Elève de H. Van Brussel et de David. = Mort du prince Guillaume Ier. — Jeune homme endormi.

Mol (Arnold de). E. Fl. * XVe siècle. BRUGES. = Inscrit dans le registre de la confrérie, en 1450.

Mol (Gilles Le). E. Fl. * XIVe siècle. = Travailla pour les ducs de Bourgogne, en 1386-87.

Mol (Pierre Van). E. Fl. 1599-1660. ANVERS. Histoire, portrait. = Imitateur de Rubens. Inscrit comme élève d'un certain Siger Van den Grave; il reçut aussi les leçons d'Ar. Wolfaerts. Reçu dans la corporation de Saint-Luc, à Anvers, en 1622-23. Il se trouvait établi à Paris dès 1631 et y fut nommé peintre de la reine Anne d'Autriche. Le 10 février 1640, il y épousa Anne Van der Burch, fille de Jean, graveur flamand, qui lui donna huit enfants en moins de neuf ans. En 1648, il fut un des fondateurs de l'Académie royale de peinture et de sculpture de France. = Adoration des mages, Anvers. — Christ mort près des saintes femmes, Paris. — Ecce homo, Amsterdam. — Isaac bénissant Jacob, Berlin. — Tête de saint Jean-Baptiste, Copenhague. — Portrait d'homme, Metz (Attribué). — Tableaux, Orléans et Rouen. = Bon peintre d'histoire et de portraits; coloris lourd et peu harmonieux. = Ventes : V. Lebrun (1791), *Diogène*, 5,948. fr. — V. Helsleuter (1802), *Le même tableau*, 10,461 fr.

Mola (Jean-Baptiste). E. I. 1614-1661. LUGANO (?). Histoire et paysage. = Elève de l'Albane; il avait auparavant reçu quelques leçons de S. Vouet, en France; accompagna l'Albane à Rome. D'après le catalogue du Louvre, le vrai nom de cet artiste serait Molla ou Molli; il serait né à Besançon et mort, en 1661, à l'âge de 45 ans. = Jacob devant Rachel, Saint-Pétersbourg. — Le pêcheur, *ib.* — Paysage, Rome. = Excellait dans le paysage; coloris clair, figures dures et sèches.

Mola (Pierre-François). E. I. 16121-668. COLDRE (Milanais). Histoire, portrait. = Elève de J. Césari, à Rome, de l'Albane, à Bologne et du Guerchin, à Venise; alla à Bologne où il se lia avec le Guide; reçu favorablement à Rome par Innocent X; protégé par son successeur Alexandre VII et par la reine Christine de Suède; il s'apprêtait à se rendre à l'appel de Louis XIV lorsqu'il mourut presque subitement. = Saint Bruno, Rome. — Abraham chassant Agar et Ismaël, *ib.* — Endymion dormant, *ib.* — Sainte Vierge, *ib.* — Nathan et Saül, *ib.* — Prédication de saint Jean, Londres. — Léda, *ib.* — Le repos, *ib.* — Mort de Didon, Dresde. — Héro et Léandre, *ib.* — Deux anges portant des livres de musique, Naples. — L'ange apparait à Agar, Paris. — Repos de la Sainte Famille, *ib.* — Prédication de saint Jean, *ib.* — Vision de saint Bruno, *ib.* — Herminie, *ib.* — Herminie et Tancrède, *ib.* — Agar chassée, Munich. — Madeleine repentante, *ib.* — Portrait d'homme, *ib.* — Naissance de la Vierge, Vienne, — Galatée, Berlin. — Paysage : Mercure et Argus, *ib.* — Saint Jean prêchant dans le désert, Londres. — Baptême du Christ, Copenhague. = Composition savante, figures nobles et grandioses, excellente touche, draperies simples et heureuses, ton rembruni. Graveur. = Ventes : V. De Troy (1764)), *Pastorale; Narcisse se mirant dans l'eau* (Deux tableaux), 900 liv. — V. Vaudreuil (1784), *Jupiter et Léda*, 800 liv. — V. Laborde de Mereville (1802), *Repos en Egypte; Songe de saint Joseph* (Deux tableaux), 1,500 fr.

Molanus (M.). E. Fl. * 1635. Paysage. = Détails inconnus. = Paysage : Groupe d'arbres et village dans le lointain, Dresde. (Signé : M. Molanus, 1635).

Mold (Jean Van). E. Fl. † 1706. Paysage. = Se rendit de bonne heure à Séville et y fut élève d'Ignace Iriarte. Son talent était très estimé en Espagne. = Imita la manière de son maître.

Molenaar (Jean-Miense). E. H. † 1668, HAARLEM. Scènes villageoises. = Détails inconnus. = Le bénédicité, Amsterdam. (Mus. V. D. Hoop). — Le concert champêtre, Rotterdam. — Une école de village, *ib.* — Le joueur de clarinette, intérieur rustique, *ib.* — La femme jalouse, scène de cabaret, Copenhague. = Beaucoup de finesse, bon coloris, ton harmonieux. Suivit parfois la manière de Brauwer et d'Isaac Van Ostade; d'autres fois celle de J. Steen. Très supérieur pour la finesse, l'exécution, le coloris et l'harmonie du ton à Jean Molenaar. = Ventes : V. Delessert (1869) *Le Bénédicité*, 540 fr. — V. Stange (1879) *Intérieur*, 875 fr.

Molenaar (Nicolas). E. H. * 1649. AMSTERDAM. Hivers, paysage avec figures. = Un Nicolas Molenaar est inscrit comme franc-maître de Saint-Luc, à Haarlem, en 1651 ; un Barthélémy, en 1640. = Rempart d'une ville au bord d'une rivière gelée, avec beaucoup de patineurs, Rotterdam. —Blanchisserie auprès de maisons de paysans, *ib.* =Du naturel, une bonne touche; beaucoup de petites figures. = Ventes : V. Rochebrune (1873), *Bords de la Meuse*, 3,900 fr. — V. à Paris (1874), *Kermesse hollandaise*, 3,300 fr.

Molenaer (Corneille), dit **le Louche.** E. Fl. 1540 (?)-1589 (?) ANVERS. Paysage, marine. = Il travaillait à la journée comme les ouvriers et achevait souvent en un jour un beau paysage pour lequel il recevait un *daelder* (1 fl. 50). Egide Coignet et d'autres peintres se servaient parfois de lui pour les aider dans leurs ouvrages. Il était louche, ce qui le fit surnommer *Scheele Neel.* Le désordre qui régnait dans son ménage le réduisit à la pauvreté. En 1564, un Corneille de Meulener, peintre, est inscrit comme franc-maître de Saint-Luc, à Anvers. = Paysage avec figures dans une barque, Madrid. — Marines, *ib.* — Paysage : le bon Samaritain, Berlin. = Bon coloris, ton et touche agréables. On prétend qu'il n'employait pas de pinceau pour peindre. Son étoffage laisse à désirer. Van Mander fait de lui un grand éloge. = Ventes : V. de Saint Aignan (1776), *Noce de village*, 720 fr.

Molenaer ou **Molenaar** (Jean). E. H. † 1685, HAARLEM. Kermesses, noces villageoises, rixes d'ivrognes. = Il épousa à Heemstede, en 1636, la célèbre femme peintre Judith Leyster. On ne le trouve inscrit sur les registres de Saint-Luc qu'en 1684. En 1647 il habitait Amsterdam et ne sera probablement revenu que beaucoup plus tard dans sa ville natale ; de là son inscription si tardive. = L'atelier du peintre, Berlin. (Signé : Molenaer, 1631). — Paysage : groupe de paysans, chansonnier, etc., *ib.* (Signé : J. Molenaer). — Fête villageoise, *ib.* (Signé : J. Molenaer, 1659). — Deux tabagies, Bruxelles. — Intérieur de ferme : le roi de la fève, Copenhague. — Intérieur flamand, Bruxelles. — Cabaret flamand, *ib.* — Paysage avec deux figures, Londres (Buck. Pal.). = Beaucoup de vérité dans les caractères, ordonnance riche et variée, fini précieux. Il est facheux que les deux Jean Molenaer aient choisi souvent des sujets si peu relevés.

Molenaer (Judith) **Leister** ou **Leyster,** femme de Jean. E. H. † 1660. HAARLEM. Genre. = Inscrite dans la gilde de Saint-Luc dès 1613. En 1635, elle avait un élève du nom de Guill. Wauters, qui, de chez elle, passa dans l'atelier de Frans Hals. Elle se maria à Heemstede, le 1er juin 1636, avec le peintre Jean Molenaar, également de Haarlem. Citée avec éloge par Th. Schrevelius, historien de Haarlem qui parle d'elle comme d'une femme célèbre, nommée, dit-il, à juste titre la « vraie conductrice dans les arts » *de ware* LEYSTER *in de konst*, son nom de *Leyster* signifiant conductrice.

Molenbeke (Jean Van). E. Fl. * 1433. LOUVAIN. Histoire. = Paraît avoir été un artiste de talent; fut chargé, en 1433, par l'abbesse de Val-Duc de peindre un retable en bois destiné à cette communauté et dont les volets devaient être ornés de scènes de sainteté. Vivait encore à Louvain, en 1438. Son frère Eustache était un sculpteur distingué.

Molina (le frère Manuel de). E. Es. 1614 (Alias 1628)-1677. JAEN (?). Histoire, portrait. = Etudia en Italie, fut sur le point de périr sur mer, en revenant dans sa patrie; fit vœu d'entrer en religion et devint moine franciscain. = Perspective savante ; bon peintre de portraits.

Molinaretto (le). V. Piane.

Molinari (Antoine). E. I. 1665. VENISE. Histoire. = Détails inconnus. = L'amour endormi et Psyché, Dresde.

Molinari (Jean). E. I. 1721-1793. SAVIGLIANO. Histoire et portrait. = Elève de Cl. Beaumont ; plus de mérite que de réputation.

Molinari (Jean-Baptiste). E. I. 1636. Histoire. = Elève du Vecchia; son fils, Jean-Baptiste, élève d'Ant. Zanchi, travaillait encore en 1727; son style était inégal et son pinceau froid. = Noé dans l'ivresse, Dresde.

Molinier (Ancelin). E. Fr. * XIVe siècle. En PROVENCE. = Travailla en 1370 aux verrières de l'église de Notre-Dame des Tables à Montpellier. Fut nommé consul en 1388.

Molitor (Martin de). E. Al. 1759-1812. VIENNE. Paysage. = Elève de Chr. Brand; excellent peintre. — Graveur.

Moller (André). E. Al. 1683. COPENHAGUE. Histoire, portrait. = Mort à Vienne, vers 1758. = Le comte Maurice de Saxe, Dresde. — Olivier Cromwell, *ib.* (Copie d'après Rob. Walcker).

Moller (Jean-Pierre). 1783-1854. FIONIE. Paysage. = Peintre danois. = Le Wetterhorn et le glacier de Rosenlani en Suisse, Copenhague. — Route dans la forêt, près d'Elseneur, *ib.*

Möller (Niels). E. Al. 1827. DRAMMEN. Paysage. = Récits de la côte Suédoise. — Un soir à Lysekil.

Möller (Antoine). E. Al. 1560-1620. KONIGSBERG. Paysage, vues. = Visita l'Italie et s'établit à Dantzig. = Vue de Dantzig, Dantzig (Hôtel-de-ville).

Moller (de). E. R. * XIXe siècle. Histoire. = Elève de Bruloff.

Mollineri ou **Mulinari** (Jean-Antoine), dit **Le Carracino.** E. I. 1577-1640. SAVIGLIANO (Piémont). Histoire. = Elève des Carrache Ce peintre naquit et mourut la même année que Pierre-Paul Rubens. = Déposition de croix, Turin.— Psyché et l'amour, Dresde. = Pinceau correct. énergique, varié et animé, mais sans grâce et sans noblesse; bon coloris. Egalement architecte.

Mollinger (Lonis-G.-C.). E. H. 1825-1860. UTRECHT. Histoire, genre, portrait. = Elève de G. Stoof, à Utrecht, de l'Académie d'Anvers, et d'Ary Scheffer, à Paris.

Mollinger (Gérard-Alex.-G.-P.), frère de Louis. E. H. † 1867. UTRECHT. Paysage.

Mols (Robert). E. Fl. * 1875 ANVERS. Marine, intérieurs de ville, etc = Vue de l'Escaut à Anvers. — Quai Henri IV à Paris. — Le Hâvre.

Mols (Florent). E. Fl. * 1850. ANVERS. Paysage, vues de ville, etc. = Elève de F. De Braekeleer. = Vue d'Athènes. — Le Simoun.

Molteni (Joseph). E. I. 1800-1867. MILAN. Portrait, genre. = La confession, Vienne.

Molyn ou **De Molyn** (Jean). E. H. * XVIIe siècle. = Inscrit dans la corporation des peintres, à Leyde, comme ayant payé sa rétribution en 1649; l'annotation ajoute qu'il n'était plus en vie. Un Pierre De Molyn est inscrit la même année. En 1660, dans le même registre on lit: Jean De Molyn a payé son droit d'entrée; 1665 decédé. Enfin Vincent-L. v. d. Vinne, dans sa liste des peintres, cite Antoine De Molyn, son contemporain, demeurant à Haarlem et déjà décédé en 1702.

Molyn (Pierre), le Vieux. E. H. † 1661. LONDRES. Paysage, genre et batailles. = Franc-maître de Saint-Luc, à Haarlem, en 1616. Le registre aux mariages de Haarlem porte que le 26 mai 1624, eut lieu la première publication du mariage de Pierre Molyn, *de Londres*, demeurant à Haarlem, avec Mayken Gerards. Molyn, le Vieux, n'est donc pas né en Hollande. De 1624 à 1630, il fit partie de la garde bourgeoise; en 1633, on le trouve doyen de Saint-Luc. En juin 1642 il tint une vente de tableaux et de dessins et en 1655, il reçut un élève du nom de Jean Nose. La date de sa mort est extraite de son billet d'enterrement. Un Pierre Molyn se trouve inscrit dans la confrérie de Saint-Luc, à Leyde, en 1649. = Choc de cavalerie, Paris. (Signé d'un monogramme formé des lettres PM et daté de 1643.) — La cour d'une ferme, Rotterdam. — Paysage avec voyageurs à cheval et deux chaumières, Berlin. = Couleur bonne et sage, lointains très purs; on trouve dans ses tableaux quelques réminiscences de ceux de J. Van Goyen; bon dessin; beaucoup de vérité; touche large, tournant parfois à l'esquisse. = Ventes : V. Stange (1879), *Paysage*, 625 fr.

Molyn (Pierre), dit **Tempesta, Pietro Muller** ou **De Mulieribus,** fils de Pierre, le Vieux. E. H. 1632-1701. HAARLEM. Chasses, animaux, orages, etc. = Il se mit en route, par la Hollande et la Flandre, pour se rendre à Rome. Arrivé dans cette dernière ville, il y abjura le protestantisme et se fit catholique. Ce fait le mit en faveur auprès de la noblesse romaine et surtout auprès du comte Bracciano. Il s'enrichit promptement, et fut créé chevalier. Après quelques années de séjour à Rome, il revint en Hollande et se rendit à Gouda, où il fut brillamment reçu. De retour en Italie, il s'arrêta à Gênes, et s'y éprit d'une jeune fille de cette ville. Il fut accusé d'avoir fait assassiner sa femme pour épouser celle qu'il aimait; on le condamna à être pendu. Il n'échappa à la potence que par la protection d'un grand personnage, le comte de Melio, qui fit commuer sa peine en une prison perpétuelle. Ce fut par suite de cette affaire qu'on le surnomma *de Mulieribus*. La prise de Gênes par Louis XIV le fit sortir de la prison où il avait passé seize années. La date exacte de sa naissance a été trouvée dans les registres aux baptêmes de Haarlem. = Paysage, Florence. — Paysages avec figures, Vienne. — Une chasse, Rome. — Un assaut, *ib.* — Marine, *ib.* — Un gros temps de mer, *ib.* — Submersion de Pharaon (Sur pierre), *ib.* — Cavalcade de Clément VII, *ib.* — Entrée de Charles V à Bologne, *ib.* — Paysage : tempête, Dresde. — Paysages avec figures, *ib.* — Un ouragan, *ib.* = L'âne frappé de la foudre, *ib.* = Touche large, pinceau vigoureux dans ses chasses. Grande vérité dans ses tempêtes. Ce fut pendant sa longue captivité que cet artiste fit ses plus beaux tableaux.

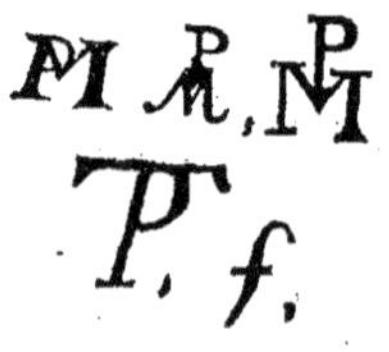

Molyn (Pierre-Marius). E. H. 1819. ROTTERDAM. Genre. = Elève de F. De Braekeleer. = Cabaret de village. = Graveur.

Momal (Jacques-François). E. Fr. 1754-1832. LEWARDE, près de Douai. Histoire. = Elève de L. Durameau : médailliste à l'école des beaux-arts à Paris. Professeur de l'Académie de Valenciennes, depuis 1785. = Assomption, Valenciennes. — Et autres, *ib.* = Egalement graveur.

Mombasilio (le chevalier). E. I. * 1675. Portrait. = Employé à la cour de Turin.

Mombelli (Luc). E. I. * 1553. BRESCIA. Histoire. = Elève d'A. Bonvicini.

Mommers (Henri). E. H. 1623-1697. HAARLEM. Paysage, animaux, marchés, etc. = Entra dans la corporation en 1647. En 1652 il en était *vinder* et en 1654 doyen. Il avait visité l'Italie et choisissait des vues de ce pays pour sujets de presque tous ses tableaux. = Marché aux herbes, Bruxelles. — Paysage avec bergers et troupeau, Berlin. — Paysage montagneux avec bergers et moutons, Rotterdam. — Vaste paysage, paysans et animaux, *ib.* — Paysage, Bordeaux. = Ton vigoureux et agréable. Les figures, quoique habilement peintes, laissent à désirer sous le rapport du dessin. Beaucoup d'effet. Bon dessinateur, ses dessins sont très recherchés.

Momo de Sienne. V. Jérôme.

Momper (Josse de), le Vieux. E. Fl. 1500-1559. BRUGES (?) = Le père de Josse, le Vieux, se nommait Jean (fils de Jean); il est inscrit dans le registre de la corporation de Bruges comme élève d'Adrien Braem, en 1512 et de Guillaume Jansyns, en 1516. Son fils, Josse le Vieux, était mercier, peintre et marchand de tableaux et de toiles; il alla s'établir à Anvers où, dès 1530, le registre de Saint-Luc, le mentionne comme ayant été reçu franc-maître. En 1535, il acquit, dans cette ville, le droit de bourgeoisie. En 1548, il signa, conjointement avec d'autres artistes, une requête au magistrat d'Anvers.

Momper (Barthélemy de), fils de Josse, le Vieux. E. Fl. 1535. ANVERS. = Reçu dans la corporation de Saint-Luc, à Anvers, comme fils de maître, en 1554; doyen en 1580 et en 1581. Il était aussi marchand de tableaux. Vivait encore en 1588-1589. En 1597 un Barthélemy de Momper, le Jeune, peintre, est reçu dans la gilde comme fils de maître.

Momper (Josse de), le Jeune, fils de Barthélemy. E. Fl. 1559 (?)-1634-35. ANVERS. Paysage, marine. = En 1581, son père, alors doyen, l'inscrivait lui-même dans le *Liggere*, comme fils de maître. Son mariage est inscrit en 1590. En 1611, il fut à son tour doyen de Saint-Luc. La dernière mention qu'on trouve de lui dans les *Liggeren* est en 1634-1635 pour le paiement de sa dette mortuaire. En 1629-30, on trouve encore inscrit comme peintre et fils de maître, un François de Momper, mort en 1660-61. En 1633-34, est notée la mort d'un Philippe de Momper, également peintre. En outre, dans les registres brugeois on rencontre un Jean Momper, fils de Philippe, inscrit comme élève d'un certain Pierre Reylof, en 1520. = Paysage montagneux : épisode concernant Maximilien d'Autriche, aïeul de Charles-Quint, Anvers (Figures de Fr. Francken, le Jeune). — Repos en Egypte (Figures de H. Van Balen), *ib.* (Eglise N. D., chambre des marguilliers). — Grand paysage : cavaliers attaqués par des brigands, Bruges. — Forêt de chênes : le cavalier en conversation avec un piéton, Berlin. — Paysage montagneux : les ermites, *ib.* — Village flamand, *ib.* (Signé : J. de Momper). — Paysage rocheux avec voyageurs à cheval, Dresde. — Paysage : le pont sur le précipice, *ib.* — Côte escarpée avec voyageurs, *ib.* — Trois paysages avec rochers, *ib.* — Paysage avec figures et animaux, Amsterdam. — Quinze paysages et vues marines, la plupart avec figures de Jean Breughel, le Vieux, Madrid. — Beaucoup de tableaux, *ib.* — Le chemin qui passe devant les exécutions capitales (Figures de Jean Breughel), Copenhague. — Deux paysages, *ib.* — Paysage avec chasseurs, Saint-Pétersbourg. = Il eut la réputation d'un grand maître. Beaucoup de naturel; quelques uns de ses tableaux ont un grand fini; il s'est relâché dans plusieurs. Pierre Breughel le Jeune, les Francken, le Vieux Teniers, Henri Van Balen, etc., ont étoffé ses tableaux. Graveur. = Ventes : V. Blondel de Gagny (1776). *Prêtre officiant dans une grotte*, figures de Breughel de Velours, 606 liv.

Mona (Dominique). E. I. 1550-1602. FERRARE. Histoire. = Elève de Mazzuoli le Bastaruolo; mena une vie très agitée; fut tour à tour prêtre, philosophe, médecin et peintre; son esprit inquiet finit par s'égarer; il fut atteint d'un accès de frénésie pendant lequel il tua un courtisan du cardinal Aldobrandini; ce crime, que d'autres attribuent à la haine, le força à s'expatrier; séjourna à Modène et à Parme. = Imagination riche, exécution prompte, beaucoup d'érudition, de hardiesse et d'ensemble; quelques-uns de ses tableaux sont indignes même d'un peintre médiocre, d'autres renferment des beautés frappantes; appelé *Mona*, *Moni*, *Mora*, *Monio* et enfin *Monna*.

Monaldi (Le). E. I. * XVIIIe siècle. Bambochades, paysage. = Elève d'A. Lucatelli.

Monaldi (Bernardin). E. I. * 1610. FLORENCE. Histoire. = Elève de Santi Titi.

Monami (Pierre). E. An. 1670-1749. JERSEY. Marine. = S'est distingué dans la peinture des eaux calmes.

Monami (Pierre). E. Fl. 1814-1857. SPA. Paysage. = Etabli à Rome où il mourut.

Monanno-Monanni. E. I. Histoire. =

Détails inconnus. = Tableaux et fresques, Rome.

Monanteuil (Jean-Jacques-François). E. Fr. 1785-1860. MORTAGNE. Histoire, genre, etc. = Elève de Girodet. = Ariane abandonnée. — Les marins de Dieppe.

Monard (Pierre). E. Fr. * 1548. LYON. Histoire, ornements. = Travailla aux fêtes offertes à Henri II et à Catherine de Médicis par la ville de Lyon.

Monari (Christophe). E. I. * 1717. REGGIO. Histoire (?). = Détails inconnus.

Moncalvo. V. Caccia.

Monce (Paul de la). E. Al. † 1708. = Dijonnais d'origine; premier peintre et premier architecte de l'électeur de Bavière.

Monce (Ferdinand de la), fils de Paul. E. Al. 1678-1753. MUNICH. Architecture. = Elève de son père; fut envoyé jeune à Paris; visita Rome et les principales villes d'Italie et revint en France par Marseille; chargé, pendant son séjour à Rome, par le régent duc d'Orléans, d'acquérir le célèbre cabinet de la reine Christine; se maria à Grenoble, s'y occupa quelque temps et s'établit à Lyon, en 1731. Mort dans cette ville. = Eglise des Chartreux à Lyon. = Architecte célèbre. Plusieurs des plus beaux monuments de Lyon ont été construits d'après ses dessins.

Monceaux (Robert de). E. Fr. * XVe siècle. = Travailla au banquet de Lille, en 1453.

Monchablon (Xavier Alp.). E. Fr. ORVILLERS (Vosges) Histoire. = Elève de Cornu et de Gleyre.

Moncurteuil. E. Fr. † 1860. Histoire, portrait, genre. = Elève de Girodet. Décédé au Mans. = Femme spartiate au tombeau de son époux. — Les marins de Dieppe.

Mondidier. E. Fr. * XVIIIe siècle. Genre, histoire, portrait. = Elève de J. Raoux.

Mondini (FULGENCE). E. I. † 1664. Histoire, ornements. = Elève du Guerchin; mort jeune à Florence.

Mondino. V. Scarsella.

Mondoteguy (Mme). V. Havermann.

Mondovi. E. I. * XVIIe siècle. Histoire. = Elève d'A. Metelli.

Mone de Pise. V. Sordo.

Moneri (Jean). E. I. 1637-1714. VISONE (près d'Aqui). Histoire. = Elève du Romanelli, à Rome.

Moneuse. V. Monneuse.

Monfoort. V. Montfoort.

Mongers (Corneille-M.-W.). E. H. 1806. DOESBORG (Sur l'Yssel). Portrait, paysage. = Elève de Schoemaker-Doyer, Heymans et Vander Worp.

Mongez (Angélique **Levol,** Mme). E. Fr. 1776-1855. PARIS. Histoire. = Elève de Regnault et de David. = Alexandre pleurant la mort de la femme de Darius. — Mort d'Adonis. = Graveur.

Moni (Louis de). E. H. 1698-1771. BREDA. Portrait, intérieurs. = Elève de Van Kessel et de Biset, puis de Ph. Van Dyk à La Haye. Il accompagna ce dernier à Cassel. Mort à Leyde où il avait longtemps habité. = Une vieille femme et un garçon dans une fenêtre cintrée, La Haye. — Femme arrosant un pot de fleurs, Amsterdam. — Un cavalier offrant une bourse à une jeune fille, Paris. — Jeune cuisinière ouvrant des huîtres devant une fenêtre, Vienne. — Jeune femme causant avec une marchande de poisson, Rotterdam. = Ce fut à l'étude consciencieuse qu'il fit des tableaux de G. Dou, qu'il dut son talent pour les intérieurs. = Ventes : V. Vander Mark (1773), *Scène dans une cuisine*, 400 florins. — V. Meffre (1863). *La fontaine*, 118 fr.

Monier (Jacques). E. Fr. * XVIIe siècle. = Mentionné comme peintre du roi dans son acte de mariage, conclu le 16 février 1681.

Monier (Pierre). E. Fr. 1639-1703. BLOIS. Histoire. = Reçu à l'Académie, en 1674. Travailla à Rome; on lui doit un livre sur l'anatomie et un autre sur l'histoire des arts du dessin.

Moniks ou **Monix** (J.). E. H. Fleurs, fruits, insectes (?). = Détails inconnus.

Moninx. V. Mooninx.

Monjin (P. A.). E. Fr. * 1815. PARIS. Genre, paysage. = Passage du Danube par les Français. — L'armée française traverse le défilé d'Albaredo, Versailles.

Monnaville ou **Monaville** (François). E. Fl. * 1670. BRUXELLES. Histoire, portrait. = Se rendit à Rome et y travailla pour le prince Odescalchi. Reçu dans la confrérie de Saint-Luc, de cette ville. Il assista, comme témoin, à la réception d'Abr. Genoels et avait reçu le surnom de *la Jeunesse* (de Jeugt).

Monnet (Charles). E. Fr. * XVIIIe siècle. Histoire. = Premier prix de l'Académie royale de peinture, en 1753, avec son *Nabuchodonosor faisant crever les yeux à Sédécias et massacrer ses enfants*. Agréé à l'Académie, en 1765. Vivait encore à Paris, en 1808.

Monneuse (J.). E. Fr. * XVIe siècle. REIMS (?). Histoire, portrait. = Tout ce que l'on sait de cet artiste c'est qu'il décora les salles de l'hôtel-de-ville de Reims en 1570 et qu'il peignit les portraits des échevins.

Monnier (Henri B.). E. Fr. 1799-1877. PARIS. Genre. = Elève de Girodet et de Gros. = Plus connu comme dessinateur et caricaturiste. Il fut aussi acteur et écrivain.

Monnier. E. Fr. * 1540. BLOIS (?). = Peintre-verrier de grand talent.

Monnies (D.). E. Fl. * 1856. Genre. = Peintre Danois. = Scène du jour de l'an, à Copenhague, Copenhague. — Le déjeûner champêtre, *ib.*

Monnix. V. Mooninx.

Monnoyer (Jean-Baptiste) ou **Baptiste le Romain,** dit : **Romain.** E. Fr. * XVIIe siècle. Histoire. = Reçu à l'Académie, en 1648. On pense qu'il était parent de Baptiste Monnoyer.

Monnoyer (Jean-Baptiste, nommé communément **Baptiste.**) E. Fr. 1636-1699. LILLE. Fleurs, animaux, nature morte. = Admis à l'Académie de peinture, à Paris, en 1665. En 1679, il en fut nommé conseiller. Il composa souvent les fonds des portraits de Kneller, à l'époque où il était avec ce dernier à Londres. Il avait été appelé en Angleterre par lord Montaigu. Monnoyer fut souvent employé à orner les résidences royales ou princières. Sa fille épousa le peintre Blain de Fontenay. Mort à Londres. Un de ses fils, nommé Antoine, cultiva la peinture, mais n'acquit pas la réputation de son père ; il fut membre de l'Académie, en 1704. Un autre de ses fils se rendit à Rome, y prit l'habit de dominicain et peignit quelques tableaux religieux dans son couvent, avec assez de succès. = Annonciation, entourée de fleurs (Fig. de Lafosse), chapelle du grand Trianon. — Plusieurs tableaux de fleurs, Londres. — Vase d'or avec des fleurs. Paris. — Même sujet traité différemment, *ib.* — Vase d'or avec des fleurs et perroquet rouge, *ib.* — Vase d'or avec des fleurs et perroquets, *ib.* — Vase d'argent avec des fleurs, *ib.* — Vase bleu avec des fleurs, *ib.* — Et autres, *ib.* — Vases de fleurs, Lille. = Beaucoup de fraîcheur, de vérité, ordonnance pleine de grâce et de charme. Ventes : V. Lalive de Jully (1770), *deux tableaux*, 250 liv. — V. Conti (1777), *deux tableaux*, 350 liv. — V. Van Cleef (1864). *Grand vase de fleurs posé sur une corniche*, 1,105 fr.

Monoré. E. Fr. * XVIe siècle. = Prieur de l'abbaye De Cerfroy, dans le Soissonnais et artiste-verrier de grand mérite qui travailla pour l'église de son abbaye où il signa ses verrières en 1579.

Monosilio (Salvator). E. I. * XVIIIe siècle. MESSINE. Histoire. = Elève de S. Conca', à Rome, où il demeura longtemps. = Fresques, Rome.

Monreal (Ant. de). E. Es. * XVIIe siècle. Histoire. = Florissait à Madrid.

Monrealese (le). V. Novelli.

Monro (Henri). E. An. 1791-1814. LONDRES. Genre, portrait. = Othello et Desdemone. — La disgrâce de Wolsey.

Monrose. E. Fr. * XIXe siècle. = Elève de David.

Monsiau (Nicolas-André). E. Fr. 1754-1837. PARIS. Histoire, portrait. = Elève de Peyron ; membre de l'ancienne Académie de peinture, en 1789. = Eponine et Sabinus, Trianon. — Saint Bruno à Paris, *ib.* — Prédication de saint Denis, Saint-Denis. — Couronnement de Marie de Médicis, *ib.* — Alexandre et Diogène, Versailles. — François I^r^ traversant les Alpes, *ib.* = Exécuta un grand nombre de dessins pour les libraires. = Ventes : V. Clavière (1810), *Allégorie sur le plaisir et l'étude*, 500 fr.

Monsignori (Albert). E. I. * XVe siècle. VÉRONE, Histoire, portrait. = Ne cultiva la peinture qu'en amateur.

Monsignori ou **Fra Girolamo,** fils d'Albert E. I. * 1500. VÉRONE. Histoire, portrait. = Religieux dominicain ; mort victime de son dévouement à servir les malades atteints de la peste. = Peintre de talent.

Monsignori (Jérôme), ou **Fra Cherubino,** fils d'Albert. E. I. * 1500. VÉRONE. Miniature. = Religieux franciscain. = Calligraphe habile.

Monsignori ou **Bonsignori** (François), fils d'Albert. E. I. 1455-1519. VÉRONE. Histoire, animaux, portrait, perspective. = Elève de son père et du Mantegna ; protégé par François II, marquis de Mantoue. = Excella dans le portrait. = Ventes : V. Didier (1868). *Le duc de Mantoue*, 1,200 fr.

Mont ou **Dumont** (Gilles de ou du). E. Fl. * XVIIe siècle. ANVERS. = Etudia à Rome, où il assista à la réception de Genoels dans la confrérie des peintres et signa du surnom de : Brybergh.

Mont (Vander). V. Delmont.

Montabert (Jacques-Nicolas **Paillot** de). E. Fr. 1771-1849. TROYES (Aube). Histoire, portrait. = Elève de David. = Inventa un nouveau procédé de couleurs, qui semble très analogue à l'encaustique employé par les anciens. Plus connu comme écrivain. Auteur d'un ouvrage considérable intitulé : *Histoire de la peinture* ; 10 vol. in-8°, avec atlas.

Montagna (Barthelémy), frère de Benoît. E. I. * 1500. VICENCE. Histoire, portrait. = Elève de Mantegna. Travailla à Venise et à Padoue. = La Vierge et plusieurs Saints. Milan. (Signé : *Opus|Bartholomei|Mon|tagna. — MCCCCLXXXXVIII*). — La Vierge entre deux Saints, Venise (Signé : *Opus Bartholom. Montagna*). = Vierge glorieuse, entourée de plusieurs saints, Berlin. (Signé : *B... Montagna*). = Dessin assez correct, coloris riant, beaux nus, figures d'anges très gracieuses, architecture savante. Graveur.

Montagna (Benoit), frère de Barthélemy. E. I. * 1500. VICENCE. Histoire, portrait. = Travailla beaucoup dans sa ville natale. =

La Vierge et plusieurs saints, Milan. (Signé : *Benedetto Môta|gna. pinsit* 1528). = Graveur.

Montagna (Rinaldo de la). E. H. † 1644. Marine, paysage. = Il passa sa vie en Italie, et mourut à Padoue. = Ses tableaux passent quelquefois pour ceux de Pierre Molyn, le Tempesta; ils étaient très recherchés en Italie.

Montagna (Tullio). E. I. ' XVIIe siècle. Histoire. = Elève de François Zuccaro, qui l'emmena à Turin. = Talent estimable.

Montagnana (Jacques). E. I. ' 1508. PADOUE. Histoire, portrait. = Elève de Jean Bellini. = Teintes douces, dessin correct, bon agencement de figures, composition riche; manière de l'école padouane.

Montagne. V. Plate-Montagne.

Montagny (Elie-Honoré). E. Fr. ' 1815. PARIS. Histoire. = Elève de David. = Philémon et Baucis, — Galatée.

Montalte. V. Danedi.

Montalvo (don Barthélemy). E. Es. 1769. SAN GARCIA (Près de Ségovie). Nature morte. = Elève de don Zacharie Velasquez : nommé peintre du roi, en 1816. = Plusieurs tableaux de gibier mort et de nature morte, Madrid.

Montanari (Augustin), et son frère. E. I. ' 1595. GÊNES. Histoire. = Détails inconnus. Augustin mourut jeune.

Montanari (François). E. I. 1750-1786. LUGO. Histoire et portrait. = Elève de Gandolfi et de Cignaroli; parcourut les principales villes d'Italie. = Tableaux à Lugo.

Montani (Joseph). E. I. 1641. PESARO. Paysage. = Vécut quelque temps à Venise. Ecrivit une histoire des peintres de Pesaro et d'Urbin. Le manuscrit en est perdu. = Habile dans son genre.

Montanini (Pierre). E. I. 1626 ou 1633-1689. PÉROUSE. Paysage et histoire. = Vivait à Pérouse. = Ne réussit que dans le paysage.

Montano de Montevono. V. Lombardelli della Marca.

Montbelliard. E. Fr. ' XVIIe siècle. EN FRANCHE-COMTÉ. Genre en petit. = Se fit une bonne réputation.

Montcornet (Mathurin). ' XVIIe siècle. = Cité par de Marolles.

Monte (Jean de). E. I. 1580. CRÊME. Histoire et paysage. = Elève du Titien; florissait à Milan. = Se rapprocha de Polidore Caravage; représenta avec art des figures qui, vues de près, se composaient d'objets se rapportant à leur sens allégorique.

Monteil (Jacques). E. Fr. 1800. SAINT-AMBROISE (Gard). Histoire, portrait et genre. = = Elève de Girodet. = Saint Louis de Gonzague, Lyon. — Souvenir du peuple (Sujet tiré de Béranger).

Monteiro (André). E. Es. ' 1843. Paysage. = Professeur à l'Académie de Lisbonne.

Monteiro (Jean-Pierre). E. Es. ' 1844.

Monteiro da Cruz. E. Es. ' 1842. Paysage.

Montelatici (François), dit **Cecco Bravo.** E. I. † 1661. PISE ou FLORENCE. Histoire. = Termina quelques ouvrages de Jean Manozzi, dit Jean de Saint-Jean. = Manières de J. Biliverti et du Passignano, mêlées.

Montemezzano (François). E. I. † 1600 (?). VÉRONE. Histoire. = Elève de Véronèse; employé dans le palais ducal, à Venise. = Quelque ressemblance avec son maître dans les têtes, les draperies et la beauté des figures, pinceau languissant, coloris faible.

Monten (Théodore). E. Al. 1799. DUSSELDORF. Genre, histoire et batailles. = Prise d'assaut d'une batterie turque en 1717. — Bataille d'Arcis-sur-Aube.

Montepulciano (le). V. Morosini.

Montero (Laurent). E. Es. 1656-1710. SÉVILLE. Ornements, fleurs, fruits, paysage et portrait. = Vint à Madrid, en 1684, et y mourut. = Réussit le mieux dans la peinture à fresque.

Montero de Roxas (Jean). E. Es. 1613-1688. MADRID. Histoire. = Elève de P. de Las Cuevas; se perfectionna à Rome d'après le Caravage et revint dans sa patrie, où son talent fut estimé.

Montessuy (Jean Fr.). E. Fr. 1804-1876. LYON. Histoire, etc. = Elève d'Ingres et de Hersent. = Vœu à la madone. — La bohémienne et Sixte-Quint.

Montevarchi (le). E. I. ' XVe siècle. MONTEVARCHI. Histoire et portrait. = Elève de Pierre Pérugin.

Montezuma (Don Pierre de, comte de Tula). E. Es. † 1670 (?). Genre. = Amateur; établi à Madrid.

Montfoort (Antoine Van), dit **Van Blocklant.** E. H. 1532-1583. MONTFOORT. Histoire, portrait. = Il appartenait à une famille d'ancienne noblesse. Kramm a fait à cet égard des recherches d'après lesquelles le véritable nom de ce peintre serait Van Blocklant, auquel il aurait ajouté celui de son lieu natal. Elève de F. Floris, il se maria à 19 ans, et s'établit à Delft. En 1572, il fit le voyage d'Italie; à son retour il choisit Utrecht pour résidence. Il fut le maître de Michel Mierevelt. = Actéon changé en cerf et poursuivi par ses propres chiens, Vienne. — Adoration des bergers, Berlin. = Un des bons peintres de son époque. Interprétait d'une façon remarquable les sentiments. Il rendait bien le nu. Belles draperies. Trop de fougue. Dessin correct. Réussit dans le portrait.

Montfoort ou **Monfoort** (Pierre-Gérard). E. H. * 1610. DELFT. Genre. = Elève de Michel Mierevelt. = Van Mander fait un grand éloge des qualités de ce peintre, et ajoute qu'il ne cultivait l'art qu'en amateur.

Montfort. E. Fl. * 1840. BRUXELLES. Paysage. = Séjourna à Paris, et voyagea en Orient. = Vue de Nazareth.

Montgobert (Jacques). E. Fr. * XVIIe siècle. Histoire. = Premier prix à l'Académie royale de peinture en France, en 1674, pour son tableau : *Création d'Adam et d'Ève.*

Monthelier (Alexandre-Jules). E. Fr. * 1824. PARIS. Genre et intérieurs. = Elève de Bouton. = Entrée d'une abbaye près Rouen. -- Intérieur de l'église de la Chapelle, près Crécy.

Monti (François), dit **le Brescianino des batailles.** E. I. 1646-1772. BRESCIA. Batailles. = Elève de Ricchi, puis du Bourguignon ; peignit pour plusieurs villes d'Italie, s'établit à Parme et y ouvrit une école ; son fils, qui fut son élève, lui resta inférieur.

Monti (François). E. I. 1685-1768. BOLOGNE. Histoire. = Elève de J. dal Sole. Sa fille Eléonore, née en 1727, réussit dans le portrait. = Composition riche, génie fécond, coloris agréable.

Monti (Innocent). E. I. * 1680. IMOLA. Histoire. = Elève de Cignani ; réussit mieux en Allemagne et en Pologne qu'en Italie. = Talent correct.

Monti (Jean-Baptiste). E. I. † 1657. Portrait. = Elève de L. Borzone; mort de la peste.

Monti (Jean-Jacques). E. I. 1621-1692. Batailles, ornements et perspective. = Elève d'A. Metelli et maître de Spolverini. Peignit, en 1651, avec Bianchi et G.-B. Caccioli, dans la villa du duc de Modène, la galerie de Bacchus et autres monuments. = Fut également architecte.

Monti (Nicolas). E. I. * XIXe siècle. Histoire.

Monti (Antoine de). E. I. * XVIe siècle. ROME. Portrait. = Détails inconnus. = Beaucoup d'exactitude.

Monticelli (André). E. I. 1640-1716. BOLOGNE. Fleurs, paysage, etc. = Elève d'Aug. Metelli et de Borbone. = Artiste de talent.

Monticelli (Ange). E. I. 1678-1749. Paysage. = Elève de M. A. Franceschini et de D. Viani; devint aveugle au moment où il allait être célèbre. = Beaucoup d'art dans les teintes.

Montiel (Joseph). E. Es. * XVIIe siècle. Portrait. = Florissait à Madrid. = Réussit dans le portrait.

Montizon (Flore-Frère de). E. Fr. 1794. PARIS. Paysage et genre. = Dessinateur.

Montorfano (Jean-Donato). E. I. * 1495. Histoire et portrait. = Elève de Vincent Foppa. = Physionomies et mouvements vrais; architecture grandiose; mêlait, selon l'habitude des Milanais à cette époque, du travail en plastique à ses tableaux. Bon coloris.

Montoya (le frère Pierre de). E. Es. * 1590. Histoire. = Religieux augustin ; bonne renommée.

Montpetit (Armand-Vincent de). E. Fr. 1713-1800. MACON. Portrait et miniature. = Etudia la jurisprudence à Dijon et y cultiva les arts et la mécanique ; après avoir inventé plusieurs machines fort recommandables et avoir perdu, en 1763, la plus grande partie de sa fortune, il se livra tout entier à la peinture, et fut admis à faire le portrait de Louis XV, dont il multiplia les copies par ordre de ce prince. = En 1759, Montpetit inventa une nouvelle manière de peindre la miniature, à laquelle il donna le nom d'*éludorique*, parce qu'on n'y employait que l'huile et l'eau.

Montpezat (Henri d'Ainecy, comte de). E. Fr. 1817-1859. PARIS. Chevaux, genre.

Montvignier. E. Fr. * 1842. Paysage. = Vue prise à Lillebonne.

Monverdo (Luc). E. I. * 1522. UDINE. Histoire, portrait. = Elève de Pellegrino di San Danielo ; mort à 21 ans. = Annonçait un talent supérieur.

Monvoisin (Raymond-Auguste Quinsac). E. Fr. 1793-1870. BORDEAUX. Histoire, genre, portrait. = Elève de Guérin. = Bataille de Denain, Versailles. -- Assomption.

Monza (Nolfo). E. I. * 1500. Histoire. = Elève du Bramante.

Moolen (Jean-Gérard Van der). E. H. * XVIe siècle. Franc-maître peintre à Haarlem, en 1587.

Moolen (Jean Van der). E. H. * XVIIe siècle. Maître peintre et bourgeois de Haarlem, en 1652.

Mooninx ou **Monnix** (Corneille), frère de Pierre. E. H. 1606-1686 ou 1687. LA HAYE. Genre. = Un des 47 artistes fondateurs de la confrérie *Pictura*, à La Haye, en 1656. Ce peintre séjourna en Italie avec son frère. = En 1648, il avait été inscrit sur les registres de l'ancienne confrérie, sous le nom de Monnikx.

Mooninx ((Pierre), frère de Corneille. E. H. * XVIIe siècle. Paysage. = Se rendit en Italie avec son frère ; s'établit à Rome, y fut au service du pape, et y mourut. Il avait été, ainsi que Corneille, un des fondateurs de la société *Pictura*, à La Haye. Quelques auteurs nomment ces denx frères Moniks, Monix ou Monnix. En 1639, un Pierre Moninx est inscrit sur les registres de Saint-Luc, à La Haye; en outre, dans les ordonnances de paiement des princes d'Orange, on lit ce qui suit : « Mai 1642. à Pierre Moninx pour avoir peint à la maison de plaisance, dans le nouveau jardin à Slonsholredyk, plusieurs paysages, vues, fleurs et oiseaux, la somme de 2800 florins. »

Moons (Louis-Adrien-F.). E. Fl. 1769-1844. ANVERS. Histoire, portrait. = Elève d'A.-B. De Quertemont. Professeur à l'Académie d'Anvers; travailla à Paris, Dresde, Saint-Pétersbourg, et visita l'Italie, la Suisse et l'Allemagne. = Les disciples d'Emmaüs, Anvers (Eglise Saint-Jacques).

Moor (Charles de). E. H. 1656-1738. LEYDE. Histoire, portrait, intérieurs. = Elève de G. Dou, d'A. Van den Tempel, de F. Van Mieris et de G. Schalken; un des grands peintres dont la Hollande s'honore. La Russie, l'Allemagne et l'Italie le comblèrent de faveurs. Chargé de peindre les portraits équestres du prince Eugène et du duc de Malborough, il réussit à satisfaire assez complètement l'empereur, pour que ses tableaux, envoyés à Vienne, lui valussent le titre de chevalier du Saint-Empire. = Portrait : le poète J. Van Gheel, Amsterdam. — Portraits des administrateurs de la léproserie, *ib.* — L'ermite, Dresde. — Une famille hollandaise, Paris. — Fuite en Egypte, Rotterdam. — Une offrande, *ib.* — Les directeurs de la Halle aux draps à Leyde, Leyde. = Composition grandiose, dessin très correct, couleur hardie et franche. Ses tableaux sont pleins de feu et de vérité; ils ont beaucoup de rapports pour la supériorité et l'animation avec ceux d'Abr. Van den Tempel, mais avec plus de lourdeur dans le ton des chairs. Il a fait quelques gravures. = Ventes : V. Julienne (1767), *Le Jeu d'échecs*, 960 livres. — V. Delessert (1869), *Portrait de femme*, 580 fr.

Moor (Charles-Isaac de), fils de Charles. E. H. * 1710. LEYDE. Portrait, genre. = Il fut probablement élève de son père. = Peintre de portraits estimable. Graveur.

Moore (Jean-C.). E. An. † 1880. Paysage, portrait.

Moore (Albert). E. An. * XIXe siècle. YORCK. Histoire.

Moore (Henri). E. An. * XIXe siècle. Marine, paysage.

Moore (Humphrey). E. An. 1844. NEW-YORCK. Genre. = Le guitariste aveugle.

Moore (Jacques). E. An. 1740-1793. EDIMBOURG. Paysage. = Elève de Runciman. = Eruption du Vésuve.

Moorrees (Messire Chrétien-Guillaume). E. H. 1801. NIMEGUE. Chevaux. = Greffier des états à Utrecht. = Peintre amateur.

Moors. E. Fl. * XVIIIe siècle. HASSELT. Histoire. = Il était frère du savant moine Bonaventure Moors, écrivain du commencement du XVIIIe siècle. = Les disciples d'Emmaüs, (Sur bois)(Hasselt: église Saint-Quentin).

Moortele ou **Moortere** (Ghérolf Van den ou Vander). E. Fl. * XVe siècle. Histoire. — Elève de Daniel De Rycke; maître peintre à Gand et de la corporation en 1453. En 1460-1461, il fit, avec Liévin Vanden Bossche, un tableau d'autel pour l'église d'Everghem-lez-Gand. Un biographe dit que de 1450 à 1475 il peignit les neuf tableaux suivants : *la Résurrection, l'Ascension, l'Assomption, le Jugement dernier, Saint Liévin, Saint Bavon, Saint Martin, Martyre de sainte Barbe, Mort de saint Macaire.*

Moosbrugger (Frédéric). E. Al. 1804-1830. CONSTANCE. Genre.

Mooy (Corneille de). E. H. * XVIIe siècle. Marine. = Détails inconnus. = Dessin exact.

Mooyaert. V. Moyaart.

Mora (Jérôme). E. Es. * XVIIe siècle. Histoire. = Elève d'A. S. Coëllo; travailla au palais du Prado, à Madrid, et fut chargé de terminer un tableau esquissé par Vincent Joanes.

Moraczynski. E. R. * XIXe siècle. LEMBERG. Histoire. = Peintre polonais.

Moraes (Christophe de). E. Es. * 1554. = Peintre de la reine. Il lui fut compté 26,000 reis pour peintures exécutées à une litière.

Morald. E. Al. * 1840. Histoire.

Moralès (Louis de), dit **El Divino.** E. Es. 1509(?)-1586. BADAJOZ. Histoire religieuse, portrait. = Etudia à Valladolid et à Tolède; appelé à la cour de Philippe II, Moralès s'y rendit en déployant un grand faste; desservi par des envieux, le peintre reçut en même temps ses frais de route et l'ordre de retourner chez lui; la fortune abandonna ce grand homme, et le manque d'occupation le fit tomber dans une profonde misère. Philippe II, passant à Badajoz, en 1581, vit le malheureux artiste, et lui dit : « Tu es bien vieux, Moralès. — Oui, sire, et très pauvre. » A cette réponse le roi lui accorda une pension de 300 ducats, dont il jouit pendant cinq ans. = Ecce homo, Dresde. — Jésus-Christ portant sa croix, Paris. — Et autres, *ib.* — La Vierge des douleurs (Chef-d'œuvre), Madrid. — Ecce homo (Double), *ib.* — Circoncision, *ib.* — Tête du Christ, *ib.* — La Vierge et l'Enfant Jésus, *ib.* — Tête de femme, Saint-Pétersbourg. — La Vierge et l'Enfant au dévidoir, Berlin. = Dessin de la plus austère correction; anatomie savante, dégradation parfaite des teintes; fini inimitable dans les barbes et les cheveux qui n'en sont pas moins du plus bel effet; beaucoup d'énergie; excellait à représenter sur les traits les passions de l'âme. = Ventes : V. Aguado (1843), *Ecce homo*, 460 fr. — V. Soult (1852), *La voie des douleurs*, 24,000 fr.

Moralès (Jacques de). E. Es. * 1645. Portrait. = Travailla à Tolède. = Coloris satisfaisant.

Moralès (le frère François). E. Es. 1660-1720. ILE TERCÈRES. Histoire. = Elève de Palomino; chartreux du Paular, où il mourut. = Assez de goût et de couleur.

Moran (Barthélemy). E. Es. * 1660. = Un des soutiens de l'Académie de Séville, en 1664.

Moran (Jacques). E. Es. * 1640. Histoire, genre, paysage. = Travaillait à Madrid, et peut être compté parmi les bons peintres de son époque. = Dessin correct, science anatomique, coloris brillant; sites charmants dans les paysages.

Morandi (Jean-Marie). E. I. 1622-1717. FLORENCE. Histoire, portrait. = Reçut quelques leçons de J. Biliverti; se rendit à Rome et s'y perfectionna; fut appelé à la cour de Vienne pour y faire les portraits de l'empereur, de la famille royale et d'un grand nombre de personnages distingués. = Martyre de saint Laurent, Rome. — Mort de la Vierge (Chef-d'œuvre), *ib.* — Visitation, Florence. = Style varié, savant; dessin de l'école romaine, coloris vénitien. Excella dans le portrait.

Morandini (François), dit le **Poppi.** E. I. 1544-1584 (?). POPPI. Histoire. = Elève de G. Vasari. = Fonderie de canons, Florence. — Les trois Grâces, *ib.* — Alexandre, Campaspe et Apelle, *ib.* — Elévation de la croix, *ib.* — Saint Pierre le Dominicain, Vienne. = Imita son maitre; plus de soin dans les détails; composition plus gaie.

Morando. V. Cavazzuola.

Morazone (Jacques). E. I. 1441. VENISE. Histoire, portrait. = Travaillait à Venise, en concurrence avec Jacobello de Flore, dont il ne possédait pas le talent. = Manière des premiers maitres de l'école italienne. On l'a nommé, par erreur, *Jérôme Mazzoni* ou *Morzoni*, ou bien encore *Jacques Morzone* ou *Jérôme Marzone*.

Morazzone (le). V. Mazzuchelli.

Morcrette (A.). E. Al. * XIXe siècle. Paysage.

Mordt (G.). E. Al. 1826-1856. NORWÈGE. Paysage.

Moreau (Clément). E. Fr. 1801. PARIS. Miniature. = Elève d'Ingres et de Baron.

Moreau (Gustave). E. Fr. 1826. PARIS. Histoire. = Œdipe et le sphynx. — Le jeune homme et la mort. † 1898.

Moreau (Jean). E. Fr. * 1452. BLOIS (?). = Miniaturiste célèbre qui illustra pour le duc d'Orléans plusieurs ouvrages.

Moreau (Léon). E. Fr. * 1840. Histoire, genre. = Episode des Natchez.

Moreau (Louis-G.). E. Fr. † 1806. Paysage, vues de ville. = Elève de Machy. Frère ainé du célèbre dessinateur de ce nom. = Beaucoup de goût. = Ventes : V. Boittelle (1866), *Intérieur de parc*, 1.500 fr.

Moreau (Nicolas). E. Al. 1805-1834. VIENNE. Genre. = Un vieil invalide racontant ses batailles, Vienne.

More de Venise (le). V. Torbido.

Moreels (Maurice), le Vieux. E. Fl. Vers 1550-1631. MALINES. Histoire. = En 1580, il fut reçu dans la corporation de Saint-Luc, à Malines. En 1619 il fut un des signataires d'une requête adressée au magistrat de Malines par les membres de Saint-Luc. En 1622 il se fit inscrire dans le serment de la vieille arbalète. En 1599-1600, il exécuta quatre tableaux destinés à un arc de triomphe pour l'entrée des Archiducs à Malines. Il paraît que ces pièces existaient encore en 1786. = Les quatre saisons, Malines (Escalier du vieux palais). — Adoration des mages, *ib.* (Eglise Sainte-Catherine; chef-d'œuvre). = Peintre de réputation; du fini, coloris éclatant, style pompeux. Rubens estimait beaucoup son talent.

Moreelse (Maurice), le Jeune, fils de Maurice, le Vieux. E. Fl. Vers 1585-1647. MALINES. Histoire. = Elève de son père, puis à Prague, de son oncle Pierre Stevens, premier peintre de l'empereur Rodolphe II. En 1616 il était rentré dans sa ville natale où il se maria. En 1621, il y entra dans la corporation de Saint-Luc. = Adoration des mages, Malines (Eglise Sainte-Catherine), daté de 1615. = Belle composition; draperies heureuses; types nobles; talent très remarquable que l'on ne peut malheureusement plus juger comme il devrait l'être, son unique tableau connu ayant trop souffert par le temps et les restaurations.

Moreelse (Paul). E. H. 1571-1638. UTRECHT. Histoire, portrait. — Un des meilleurs élèves de M. Miereveld. Visita l'Italie, y forma son goût d'après les maitres anciens. Revenu en Hollande, il y fut accablé d'ouvrage, et y remplit les fonctions honorables de conseiller et d'échevin de sa ville natale. = Portrait d'Ernestine comtesse de Nassau, La Haye. — Portrait d'une princesse de Hanau, *ib.* — Bergère tenant sa houlette, Amsterdam. — Portrait de Marie Van Utrecht, *ib.* — Portrait de Frédéric, roi de Bohême, *ib.* — Portrait d'une jeune femme, Berlin. — Portrait d'un homme tenant une pomme, Bruxelles (Daté de 1638). — Jeune homme richement vêtu, devant une table sur laquelle se trouve un livre, Rotterdam. — Portrait de J. Coen, fondateur de Batavia, *ib.* (Chef-d'œuvre). — Portrait d'Olden

Barnevelt, *ib.* — Trois portraits de femme, *ib.* — Sainte Famille (Fruits par Adr. Van Utrecht), *ib.* — Deux bergères, *ib.* — La Vierge et l'Enfant, *ib.* — Portrait du vice-amiral J. Van Trappen, *ib.* — Sainte Famille, *ib.* = Bon architecte. La porte de Sainte-Catherine, à Utrecht, fut bâtie d'après ses plans. On cite deux planches gravées par lui. = Ventes : V. Ocke (1817), *La belle bergère*, 2,150 florins. — V. Vis Blockhuyzen (1870), *Portrait d'un gentilhomme*, 2,995 fr.

1638 M, M

Moreelse (Guillaume). E. H. * XVIIe siècle. UTRECHT (?). = D'après un vieux document où l'on cite ce peintre, il était décédé en 1667.

Moreira (Christ). * 1842. BRÉSIL. Marine. = Elève de l'Académie de Rio-Janeiro.

Morel. E. Fl. * XVIIIe siècle. = Ce nom a été porté par plusieurs artistes de Liége qui peignaient des fleurs et des décorations. On cite Jean-Baptiste mort vers 1754 ; Jean-Remi mort en 1739 et Jean-Pierre né en 1702 et mort en 1764.

Morel (Jean-E.). E. H. 1777-1808. AMSTERDAM. Fleurs, fruits et nature morte. = Elève de J. Linthorst et de Th. Vander Aa. = Vase plein de fleurs, Amsterdam. N.B. Le nom de ce peintre et son tableau ont disparu, sans explications, du livret du musée, édition de 1872.

Morel (Jean-Vaarzon). E. H. 1803-1854. AMSTERDAM. Figures, portrait, nature morte. = Elève de J. Andriessen et de J. Pieneman. Mort à Gorcum. = Fleurs, Haarlem.

Morel (Michel). E. Fr. * XVe siècle. = Peignit des écussons pour le catafalque de Jean de Bavière, 1424-25, et pour les seigneurs de la Toison d'or. Demeurait à Lille. Nous croyons que c'est le même que Michel Moriel qui travaillait à Valenciennes en 1405 où il exécuta des tableaux pour la cathédrale.

Morel (Jean-Bap.). E, Fl. 1664-1732. ANVERS (?). Fleurs, fruits, bas-reliefs, etc. = Elève de N. Verendael. Il fut appelé à la cour de Bruxelles, où il travailla pour plusieurs grands personnages ; le prix énorme qu'on lui payait ses tableaux, le mit à même de satisfaire son goût pour le faste. Reconnu maître par la Gilde de Bruxelles, en 1700. Il ne fut pas inscrit dans la corporation anversoise puisque celle-ci fit saisir quelques-uns de ses tableaux présentés en vente publique, en 1712-13. Longtemps appelé Nicolas par erreur. Mort à Bruxelles. = Touche vigoureuse et spirituelle. Couleur vraie. Il peignait admirablement le feuillage, les vases avec bas-reliefs et autres objets de nature morte.

Morel-Fatio (Antoine-Léon). E. Fr. 1810-1871. ROUEN. Marine. = Conservateur des collections du musée de la marine et d'ethnographie. Trouvé mort d'apoplexie foudroyante sur la terrasse du Louvre. = Combat naval dans la baie d'Algésiras, Versailles. — Vue du port d'Amsterdam. — Attaque sur mer.

Morell. E. Al. 1804-1873. Histoire. = Mort à Presbourg.

Morell, Morel, Morrel ou **Moreels** (Jacques). E. Al. 1614 (?) - 1685 (?). FRANCFORT. Fleurs, fruits. = Elève de George de Flegel, à Francfort ; il vint achever ses études à Utrecht. Il est prouvé par pièces authentiques citées par M. Chr. Kramm, qu'il y épousa Catherine Elect, dont il eut plusieurs enfants. Il semble d'abord assez difficile de faire concorder ce fait avec celui de son mariage avec la veuve de Mathieu Mérian, le Vieux. Mais les pièces dont il s'agit démontrent aussi qu'il était veuf de Catherine Elect, en 1652, année de la mort de Mérian, le Vieux. Nous croyons que celui-ci (V. à son nom) a été marié deux fois et que Jacques Morel, veuf en premières noces de Catherine Elect, d'Utrecht, aura épousé, en secondes noces, la seconde femme, veuve de Mathieu Mérian, le Vieux. C'est ainsi seulement qu'il a pu devenir le beau-père de la célèbre Marie Sybille qui lui doit sa première instruction artistique. Morel a laissé un ouvrage pour les jeunes artistes, publié à Francfort, en 1661. = Acquit de la réputation dans son genre ; surpassa son maître. Graveur.

Morelli (Dominique). E. I. * XIXe siècle. Histoire. = Son véritable nom est Soliero. Elève de Palizzi.

Morelli. V. Mori.

Morelli (François). E. I. * XVIIe siècle. FLORENCE. Histoire. = Il n'est connu que pour avoir donné des leçons au chevalier Jean Baglione.

Morellino (André). E. I. * 1516. GÊNES. Histoire. = Détails inconnus. = Figures gracieuses, contours suaves et vaporeux, réussit très bien dans le portrait.

Morel-Retz dit **Stop** (Louis-P.-G.-B.). E. Fr. 1825. DIJON. Histoire, genre, etc. = Elève de Gleyre. Plus connu comme dessinateur. = Guérison de l'aveugle de Jéricho.

Moreno (Joseph). E. Es. 1642-1664. BURGOS. Histoire. = Elève de Fr. de Solis, à Madrid ; donnait les plus belles espérances. = Sainte Famille, Paris. = Egala son maître dans le coloris et le surpassa dans le dessin.

Moreno (frère Lorenzo). E. I. * 1544. GÊNES. Histoire. = Religieux de l'ordre des

Carmes. Peintre de fresques très habile.

Moresini. V. Fornari.

Moreto (Nicolas). E. I. ' XVe siècle. PADOUE (?). Histoire, portrait. = Vécut 80 ans et exerça son art jusqu'à sa mort.

Moretti (Christophe). E. I. ' 1460. CRÉMONE. Histoire. = Peignit en même temps que B. Bembo, à la cathédrale de Crémone, puis à la cour de Milan; fut employé à Sant'-Aquileo. Les écrivains crémonais l'appellent aussi Rivello.

Moretto (Le). V. Bonvicini (Alex.).

Moretto (Faustino). E. I. ' XVIIIe siècle. VALCAMONICA. Architecture, perspective. = Travailla à Venise.

Moretto (Joseph). E. I. ' 1588. En FRIOUL. Histoire. = Elève de P. Amalteo dont il épousa une des filles, nommée Quintilia.

Morey. E. Es. ' XVIIIe siècle. MAJORQUE. Histoire. = Résidait à Palma.

Morgenstern (Chrétien). E. Al. 1805-1867. HAMBOURG. Paysage. = Vue au pied des Vosges, Munich. — Une tempête sur la côte, *ib.*

Morgenstern (Charles-Ern.). E. Al. 1847. FRANCFORT. Paysage.

Morgenstern (Jean-Louis-Ernest ou Louis-Ernest). E. Al. 1737-1819. RUDOLSTADT. (Thuringe). Architecture, perspective et intérieurs d'église. = S'établit et mourut à Francfort-sur-le-Mein. = Deux intérieurs d'église, Francfort (Institut Stadel). = Coloris clair, bonne entente de la perspective aérienne; exécution soignée quoique molle.

Mori ou **Morelli** (Barthélemy), dit **Le Pianori.** E. I. † 1603. PIANORI. Histoire. = Elève de l'Albane. = Goût très pur; excella dans les fresques.

Morier (David). E. Al. 1705-1770. BERNE. Portrait, chevaux. = Travailla en Angleterre et y exécuta les portraits de plusieurs princes de ce pays. = Portraits de rois et de princes d'Angleterre, Angleterre.

Morigi. V. Amerighi.

Morillon. ' XVIIe siècle. = Cité par de Marolles.

Morin (Edmond-A.). E. Fr. 1824. HAVRE. Paysage, etc. = Elève de Gleyre. Plus connu comme dessinateur. = En route pour les courses. — Jour de neige à Montmartre.

Morin (François-G.). E. Fr. 1809. ROUEN. Histoire, etc. = Elève de Léon Cogniet. = Entrée de Louis XII. — L'assemblée de saint Vivien, au XVIIe siècle, Rouen.

Morin (Jean). E. Fr. 1609 (?)-1666 (?). PARIS. Histoire. = Elève de Ph. Van Champagne. = S'attacha particulièrement à la gravure.

Morin (Robert). E. Fr. ' 1506. ROUEN (?). = En 1506 décora le pavillon du château de Gaillon pour le cardinal d'Amboise.

Morina (Jules). E. I. ' XVIe siècle. Histoire. = Elève de Sabbatini; travailla pour le duc de Parme. Appelé par erreur Jules Maina. = Sainte Catherine devant l'Enfant Jésus, Bologne. — Rédempteur, *ib.*

Morinello (André). E. I. 1490. GÊNES. Histoire, portrait. = Manière délicate et légère. Composition gracieuse.

Morini (Jean). E. I. ' 1769. IMOLA. Histoire. = Elève de J. M. Crespi.

Moriot (Nicolas-Marie). E. Fr. 1788. VERSAILLES. Miniature. = Elève de Soiron, père.

Moris (R.). E. H. ' XVIIe siècle. Genre. = Ecole de G. Schalken. Mort trop jeune pour pouvoir perfectionner son talent.

Moritz (Louis). E. H. 1773-1850. LA HAYE. Portrait, intérieurs, histoire et chevaux. = Il fut d'abord destiné à l'état militaire; son goût l'entraîna vers les arts. Il devint élève de Th. Van der Aa. Il s'occupa aussi de mécanique, modela en terre et sculpta en bois, en ivoire et en pierre. Il fit beaucoup de portraits à Amsterdam, à Leyde, etc., et fut nommé membre d'un grand nombre de sociétés savantes. = Bataille de Nieuport, Nieuport. — Mort de Marc-Antoine, Haarlem.—Un bivouac de cosaques, *ib.* — Cheval blanc dans une écurie, Rotterdam. = Connaissait parfaitement l'anatomie du cheval.

Moritz (Anne REYERMANS, femme de Louis). E. H. ' 1817. = Fleurs et fruits.

Moritz (Ferdinand). E. Al. ' XIXe siècle. REINSCHEID. Portrait.

Morland (H.). E. An. ' XVIIe siècle. Portrait.

Morland (George Henri). E. An. † 1789 (?). Genre.

Morland (Henri Robert). E. An. 1714-1797. Portrait. = Fils et élève de George Henri. = Peignit les portraits de grands personnages.

Morland (George). E. An. 1763 ou 1764 1803 ou 1804. ANGLETERRE. Genre, animaux, paysage, bambochades, marine. = Elève de son père qui, se voyant surpassé par son fils, négligea de faire cultiver les dispositions naturelles de celui-ci; c'est à elles seules que le jeune Morland dut cependant son talent, car il passa sa vie dans l'abrutissement et la débauche; vers la fin de ses jours, il fut presque constamment ivre; ayant été arrêté pour une petite dette, il but une si grande quantité d'eau-de-vie qu'il en mourut quelques jours après, presqu'en même temps que sa femme, qui avait partagé son dérèglement. = Distribution habile des ombres et de la lumière, dessin correct, beaucoup de fini, naturel admirable; choisissait ordinairement ses sujets dans les plus basses conditions au milieu desquelles il vivait; peignit d'abord le paysage qu'il abandonna pour les animaux. = Le cheval blanc. — Les gypsies. — Le courrier.

Morlet (Joseph la). E. Fl. * 1671. = Doyen de la corporation de Saint-Luc, à Anvers, en 1671.

Morlière (Christophe). E. Fr. * XVIe siècle. Peintre sur verre, établi à Blois.

Morlot (Fanny). E. Fr. 1798. Portrait à l'huile et sur porcelaine. = Elève de Regnault et de Mme Jaquotot. = La Joconde (D'après L. de Vinci). — La maîtresse du Titien.

Morner (le comte). * XIXe siècle. Genre. Peintre suédois.

Moro, Mor ou **Moor** (Antoine de). E. H. 1512-1581. UTRECHT. Histoire, portrait. = Elève de Schoorl. Visita l'Italie. Peintre et favori de Charles-Quint et de Philippe II. En 1547, il fut reçu franc-maître de Saint-Luc, à Anvers. Protégé par le cardinal de Granvelle, se trouvait à Bruxelles, en 1549, lors de l'arrivée de Philippe II aux Pays-Bas; peignit alors le portrait de ce prince et celui d'Eléonore, veuve de François Ier, roi de France; travailla à la même époque pour Charles-Quint, avec son élève, Conrad Schot, ainsi que pour l'évêque d'Arras et beaucoup d'autres grands seigneurs. Il fut envoyé par l'empereur en Portugal, en 1550, pour y peindre son beau-frère, le roi Jean III, sa sœur la reine Elisabeth d'Autriche et leurs enfants. Il est probable que c'est au retour de ce voyage que Moro s'arrêta en Espagne, en 1552. Plus tard, probablement entre 1553 et 1555, il fut envoyé en Angleterre pour y peindre la reine Marie Tudor. Après la conclusion de la paix entre la France et l'Espagne, il entra au service de Philippe II qui l'emmena à Madrid. Sa faveur excita la jalousie des courtisans de l'Espagne; il quitta ce pays, vint à Bruxelles et se réfugia près du duc d'Albe qui le protégea lui et sa famille. Mort à Anvers où il est inscrit dans les Liggeren, en 1572 comme ayant reçu un élève. D'anciens documents, dans lesquels on le nomme *Mor*, prouvent qu'il se trouvait à Utrecht, pour affaires de famille, en 1555, en 1558 (26 octobre) et en 1559 (juillet). Dans la pièce qui porte cette dernière date, il est nommé Mor Van Dashorst; de même en 1564. Ce nom de Dashorst vient probablement d'un bien de campagne et a été ajouté à celui de Mor pour distinguer deux branches l'une de l'autre. On assure que Moro a été lié d'amitié avec Hubert Goltzius et l'on prétend qu'il était apparenté à Antoine Van Montfoort dit Van Blocklant. = Portrait d'homme, Paris (Signé *Ant: Mor. pingebat* 1565). = Le nain de Charles-Quint, *ib.* — Portrait d'un homme assis devant une table, La Haye. — Portrait de Corneille Gross, Florence. — Portraits de deux chanoines d'Utrecht, Berlin. — Portrait d'homme, *ib.* — Portrait : le peintre flamand Gilles Mostaert, Vienne. — Le cardinal Granvelle, *ib.* — Portrait d'un jeune couple, *ib.* — Portrait d'un jeune homme avec une cicatrice, *ib.* — Portrait d'Hub. Goltzius, Bruxelles. — Portrait d'homme, *ib.* — Deux portraits de femme, Dresde (Faussement attribués à Holbein). — Portrait d'homme couvert d'une riche armure et décoré de la Toison d'or, *ib.* — Portrait de Jeanne d'Archel, de la maison d'Egmont, peinte à l'âge de 18 ans, Londres. — Beaucoup de portraits, *ib.* (Hampt. C.). — La reine Catherine de Portugal, Madrid. — Jeanne d'Autriche, *ib.* — Dona Maria de Portugal, fille du roi Manuel, *ib.* — Portrait de la reine Marie Tudor, *ib.* — Buste de Philippe II, *ib.* — Portrait en pied de l'impératrice Marie, femme de Maximilien II, *ib.* — Portrait en pied de l'empereur Maximilien II, *ib.* — Portrait d'un bouffon, *ib.* (Chef-d'œuvre). — Et autres. *ib.* = Dans ses portraits il a montré une touche vigoureuse, un coloris vrai, une imitation parfaite de la nature, une ressemblance frappante. Dans ses tableaux d'histoire, son goût est des plus médiocres et l'effet désagréable. = Ventes : V. Carignan (1741), *Portrait d'un architecte*, 1,006 livres. — V. Pourtalès-Gorgier (1865), *Portrait de femme tenant un éventail*, 8,000 fr. — V. à Paris (1868) *Portrait de femme*, 6.000 fr. — V. Rocheb. (1873) *Isabelle de Valois*, 18,100 fr.

Moro ou **Mor** (Philippe de), fils d'Antoine. E. H. † 1578. UTRECHT (?). = Grâce à la faveur dont jouissait son père auprès du roi Philippe II, il fut nommé chanoine d'Admunster, à Utrecht. En 1559, il sollicite et obtient un subside pour achever ses études artistiques en Espagne. Philippe dut aimer la dépense plus que de raison, car il fut mis pendant plusieurs années en curatelle. Il s'expatria et alla se mettre au service du roi Sébastien de Portugal, qu'il suivit en Algérie et avec lequel il périt devant Tanger. Il cultiva aussi la poésie.

Moro (Laurent del). E. I. † 1725. FLORENCE. Animaux, fleurs, fruits, perspective. = Elève de J. Chiavistelli. = Fresques, Rome.

Morolini (Marc Valère). E. I. * XVIe siècle. FORLI. = Détails inconnus. = On voit de lui à Forli une *Madone* datée de 1503.

Moroni (Jean-Baptiste), E. I. 1510-1578. ALBINO. Portrait, Histoire. = Elève d'Alexandre Bonvincini dit Moretto. = Portrait d'un vieillard, Florence. — Portraits, *ib.* — Portrait d'homme, Dresde. — Portraits, Venise. — Tableaux, Naples. — Portrait d'un ecclésiastique, Munich. — Portrait de femme, *ib.* — Portrait d'un jeune homme; sur la table une lettre avec la date de 1553, Berlin. = Grande vérité, têtes pleines de vie et d'âme; dessin faible dans les mains, poses défectueuses. = Ventes : V. Guillaume II (1850), *Portrait d'un capitaine portugais* 2,400 florins. — V. Pourtalès-Gorgier (1865) *Portrait d'homme avec barbe*, 12,600 fr. — V. Morny (1865) *Portrait de jeune homme*, 500 fr. — V. Lochis (1868) *Portrait d'un jeune homme de la famille Albani*, 2,020 fr.

Moroni (Dominique). E. I. 1430-1500 (?). VÉRONE. Histoire, portrait. = Se forma d'après les ouvrages de Jacques Bellini. Mort très vieux. = Portrait du peintre, Florence. — Portrait de femme, *ib.* — Grâce, dessin et coloris satisfaisants.

Moroni (François), fils de Dominique, E. I. 1474-1529. VÉRONE. Histoire et portrait. = Elève de son père. = La Vierge et l'Enfant, Berlin (Signé : *Franciscus Moronus pinxit*) — La Vierge et plusieurs saints, Milan (Signé : *Franciscus... dominus de Moron pinxt anno d...* Le reste peu lisible).

Moroni ou **Maroni** (Pierre). E. I. † 1625. Histoire. = Elève de Paul Véronèse; descendant de Jean-Baptiste Moroni. = Dessin très grandiose; beau coloris.

Morosini (François), dit **le Montepulciano.** E. I. * XVIIe siècle. Histoire. = Elève d'H. Fidani. = Imita son maitre.

Morren (Auguste). E. Fl. * 1842. Paysage.

Morren (Delvaux Mme). E. Fl. * 1842. Nature morte.

Morrien (J. H.). E. H. 1819. ROTTERDAM. Paysage. = Elève de A. J. Offermans.

Morse (Samuel F. B.). 1791-1872). CHARLESTOWN. = Plus connu comme mécanicien.

Morta da Feltro. V. Luzzo.

Mortel (Jean). E. H. 1650-1719. LEYDE. Fleurs et fruits. = Il s'occupa presque exclusivement à copier les tableaux de D. De Heem et de Mignon. = Talent faible, peu d'imagination.

Mortelèque (Ferdinand-Henri). E. Fl. 1775 (?). TOURNAI. Histoire, intérieurs d'église, etc. = Peignit beaucoup sur verre. Employé par le duc de Berry et par Charles X. = Inventeur d'un procédé pour peindre sur la lave d'Auvergne et de Volvic.

Morten (Thomas). E. An. 1836- 1866. UXBRIDGE. Genre.

Morten-Muller. E. Al. 1828. NORWÈGE. Paysage.

Mortimer (Jean-Hamilton). E. An. 1741-1779. EASTBOURNE. Histoire. = Elève de Hudson. Possédait un talent remarquable, une vive imagination et beaucoup d'originalité. = Bataille d'Azincourt = Manière outrée, quoique spirituelle et correcte.

Morton (André). E. An. 1802-1865. Portrait.

Mosca (le). E. I. * XVIe siècle. Histoire. = Imitateur de Raphaël. = On ignore quelle fut sa patrie.

Moscatiello (Charles). E. I. 1655-1739. Perspective. = Contemporain de Luc Giordano. = Jésus-Christ chassant les vendeurs du temple (Figures de L. Giordano), Naples.

Moser (Jules). E. Al. 1808. KŒNIGSBERG. Histoire. = Elève de Hense.

Moser (George-Michel). E. Al. 1707-1783. SCHAFFHOUSE. Email et miniature. = S'occupa de travaux d'orfèvrerie pendant son séjour à Genève et fut très habile dans cet art; passa en Angleterre, en 1726, y travailla plusieurs années chez le célèbre Haid, se maria, en 1729, avec Marie Guynier, fille d'un peintre de Grenoble; fut protégé par le roi George III; établit sous les auspices de ce prince, et malgré les intrigues de plusieurs artistes parmi lesquels on cite Hogarth, une Académie de peinture, en 1768. Sa fille, Marie, naquit en 1744 et mourut en 1819. Elle cultiva également la peinture; des lettres de noblesse lui furent accordées ainsi qu'à son père, par le roi George III; elle se distingua dans le genre des fleurs.

Moser (Luc). E. Al. * 1431. Histoire. — Florissait en Souabe. = Légendes chrétiennes; tableaux avec volets, Tiefenbronn. = Têtes bien soignées et d'un effet agréable; pieds et mains très naturels.

Mosnier (Jean), le Vieux. E. Fr. * XVIIe siècle. Histoire, portrait. = Peintre sur verre ainsi que son père dont on ne cite pas le prénom.

Mosnier (Jean), le Jeune, fils de Jean, le Vieux. E. Fr. 1600-1656. BLOIS. Histoire, portrait. = Elève de son père. Étudia à l'Académie de Florence, sous la protection de Marie de Médicis, pendant trois années. Il se rendit de là à Rome, y resta cinq ans et s'y lia avec le Poussin lorsque celui-ci y arriva. Revenu en France, il y fut employé par la reine mère, Le succès de Philippe de Champagne l'éloigna de Paris. Il travailla à Chartres et dans plusieurs autres villes françaises de second ordre, surtout dans les environs de Blois, sa patrie. = La magnificence royale, Paris. = Coloris assez vigoureux; style réfléchi; composition peu sage, dessin maniéré. On lui doit deux plafonds au palais du Luxembourg, tous deux formant des apothéoses en l'honneur de Marie de Médicis.

Mosnier (Pierre), fils de Jean, le Jeune. E. Fr. 1639-1703. BLOIS. Histoire, portrait. = Vint fort jeune à Paris, y fut élève de S. Bourdon qu'il aida dans quelques-uns de ses travaux. Obtint un prix dans le premier concours de Rome et alla dans cette ville en 1665, accompagnant le professeur Errard. Reçu académicien à Paris, en 1674, il y fut professeur, en 1686. Publia un ouvrage sur les arts.

Mosscher (Jacques de). E. H. ' XVIe siècle. DELFT. = Elève de Van Mander. Francmaître de Saint-Luc, à Haarlem, en 1593. = Artiste de mérite.

Mossdorf (Charles). E. Al. ' 1868. MUNICH. Histoire. = Histoire de Psyché, Altenburg.

Mosselman (Guill.). E. Fr. (?) ' XVe siècle. = Employé comme peintre par le chapitre de Rouen, en 1479.

Mossetti (Jean-Paul). E. I. ' XVe siècle. Histoire, portrait. = Elève de Daniel de Volterra.

Mössmer (Joseph). E. Al. 1780. VIENNE. Paysage. = Professeur à l'Académie de sa ville natale. = Paysage montagneux avec ruines. Vienne.

Mössmer (Edouard), fils de Joseph. E. Al. 1813-1874. Paysage. = Elève de son père.

Most (Auguste-Louis). E. Al. 1807. STETTIN. Genre. = Elève de Langerich.

Most (Jean Vander). E. Fl. ' XIVe siècle. Histoire. = Peignit, en 1353, pour l'église abbatiale de Saint-Bavon, à Gand : *le martyre de Saint-Liévin*.

Mostaert, Mostaart ou **Mostart** (François et Gilles), frères jumeaux. E. Fl. ' 1555. HULST. Paysage, petites figures, histoire, sujets grotesques = Ces deux jumeaux se ressemblaient à tel point, qu'on ne pouvait les distinguer l'un de l'autre; leur père, peintre en bâtiments, les emmena à Anvers lorsqu'ils étaient encore enfants. Quoique les biographes n'aient pas conservé la même orthographe, Van Mander nous dit que les deux jumeaux étaient proches parents de Jean Mostert de Haarlem. Cet auteur écrit *Mostart* pour tous les trois et donne l'année 1598 pour celle de la mort de Gilles « dans un âge très avancé ». François mourut jeune, on ne dit pas à quelle époque. Gilles avait été élève de Jean Mandyn. Ayant vécu pauvre et étant au lit de mort, il disait qu'il laissait la terre entière pour héritage à ses enfants et qu'ils n'avaient qu'à étendre les bras pour trouver la fortune. Le peintre Gilles Van Coninxlo demeura quelque temps chez lui. Il y a un Gilles Mostaert inscrit dans le registre de Saint-Luc, à Anvers, en 1612, comme fils de maître; on ignore s'il était fils de notre Gilles. François était franç-maître à Anvers en 1553; en 1554 Gilles est inscrit à son tour. En 1589-1590, Gilles fut choisi par Raphaël Van Coxcie comme un des quatre experts chargés d'évaluer le *Jugement dernier* que cet artiste venait de terminer pour la ville de Gand. = De François : Paysage; dans le fond une ville, Vienne. — Clair de lune, avec pêcheurs, *ib.* — Paysage : Agar et l'Ange, *ib.* = De Gilles : Christ en croix entouré de huit portraits d'homme, Anvers. — Le Christ sur la croix, Copenhague. = François acquit une réputation méritée dans le paysage. Gilles peignit de bons portraits.

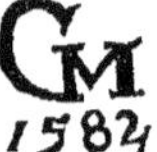

Mostert, Mostaert, Mostaart ou **Mostart** (Jean). E. H. 1474-1555 ou 1556. HAARLEM, Histoire, portrait. = Elève d'un Jacques Jans ou Janssens de Haarlem. Il se forma principalement par une étude consciencieuse de la nature. Peintre de Marguerite d'Autriche, il fut protégé par cette princesse et eut un grand succès à sa cour. Van Mander raconte qu'il la suivit partout où elle résida. Après avoir été pendant 18 ans au service de Marguerite, il revint à Haarlem, où il continua à exercer son art jusqu'à sa mort. Van Mander fait un grand éloge des qualités et des vertus de cet éminent artiste. Beaucoup d'auteurs ont donné l'année 1499 comme celle de sa naissance, mais cette date ne s'accorde nullement avec le fait historique de ses relations avec Marguerite, gouvernante des Pays-Bas, ni avec le témoignage d'Albert Simonsz, cité par Van Mander dans la vie d'Albert van Ouwater, témoignage donné en 1604 et d'après lequel ce Simonsz aurait été soixante ans auparavant, c'est-à-dire en 1544, élève de Mostert, alors âgé d'environ 70 ans. M. le Dr Vander Willigen, dans la 1e édition de ses *Artistes de Haarlem* avait à son tour cité quelques faits à propos du vieux peintre. Dans la 2e édition pp. 54 et 228, nous lisons que le registre de l'église de Saint-Bavon, à Haarlem, mentionne un travail important confié à Jan Mostert, en 1500. Il s'agissait de volets; sur le premier il devait représenter la *Glorification de la Vierge;* sur le second, *Saint-Bavon.* A l'intérieur, douze compartiments renferment des épisodes de la vie du même Saint. Ce travail devait rapporter à l'artiste, en divers paiements, 43 florins du Rhin. Voici encore un document authentique fourni par M. Vander Willigen; ce document est parfaitement d'accord avec la légende de la naissance en 1474 : le mémorial du magistrat de l'an 1549, renferme un passage des plus intéressants dont voici le résumé. Le 11 mai 1549, Jean Mostert (Alors âgé de 75 ans) sollicita, des autorités de la ville, la permission de s'absenter pendant un an et demi, afin d'aller à Hoorn où l'appelait une commande importante pour le maître-autel de l'église paroissiale. Il reçut cette permission qui devait prendre fin, au plus tard le 1 septembre 1550, sous peine d'avoir à payer les droits de succession sur tous ses biens. Il résulte du registre aux transferts qu'il entreprit sa besogne, car il est annoté, qu'il vendit ses biens immeubles, en cette année, certainement à cause des raisons mentionnées dans l'acte du magistrat. Mostert appartenait à une famille d'ancienne noblesse qui d'après Schrevelius, portait autrefois le nom de *Sinapius*, changé ou plutôt traduit plus tard en celui de Mostert; ses aïeux s'étaient distingués aux croisades. Beaucoup de ses ouvrages périrent dans le grand incendie de Haarlem où sa maison avec tout ce qu'elle renfermait encore de lui, fut consumée par les flammes. = Portrait d'homme couronné de lauriers, Vienne. — Deux volets : épisodes de la vie de saint Benoit, Bruxelles. — La Vierge et l'enfant Jésus, Berlin. — Repos pendant la fuite en Egypte, *ib.* — Portrait d'homme, Anvers. — Portrait de femme, *ib.* — La Vierge et l'Enfant, *ib.* — Mater Dolorosa, Bruges (Eglise Notre-Dame). — Adoration des Mages, Lubeck (Eglise de Notre-Dame). = Bonne touche et bonne ressemblance, beaucoup de sentiment et d'élévation dans ses sujets religieux; coloris chaud et clair.

Motset (Joseph). E. Al. 1826, au Rheinpfalz. Genre.

Motta (Raphaël), dit **Rafaellino da Reggio.** E. I. 1550-1578. REGGIO. Histoire, portrait. = Elève de Lelio Orsi. Peintre de génie; enlevé aux arts à la fleur de son âge. = Fresque, Rome. = Sa patrie s'enorgueillit de quelques ouvrages à fresque de sa main.

Mottez (Victor-Louis). E. Fr. 1809. LILLE, Histoire. = Elève de Picot. = Mélitus, Lille.

Moucheron (Frédéric). E. H. 1633-1686(?). EMBDEN. Paysage. = Elève de J. Asselyn, à Amsterdam; il demeura quelque temps à Paris. De là il reprit le chemin du Nord, s'arrêta à Anvers, y séjourna peu de temps et alla s'établir à Amsterdam où il mourut. Il ne vit jamais l'Italie. Il se présente la même circonstance pour ce peintre que pour Michel Mierevelt; c'est à-dire que, sans que jusqu'à présent on ait élevé de doutes sur l'année de sa mort. il y a cependant un tableau de lui dans une des grandes galeries de l'Europe, celle de Dresde, signé et daté de 1713, vingt-sept ans après sa mort supposée et alors qu'il aurait eu 80 ans : = Deux paysages (Figures de Lingelbach) La Haye. — Paysage : Départ pour la chasse (Figures de A. Van de Velde), Amsterdam. — Paysages, Florence. — Paysage, chasse au cerf, Bruxelles. (Fig. d'Abr. Stork). — Paysages, Saint-Pétersbourg. — Paysage : Combat de cavalerie (Figures de A. Van de Velde), Vienne. — Paysage : bourrasque pendant une partie de campagne (Figures de A. Van de Velde), *ib.* — Vue d'un parc en terrasse : le départ pour la chasse (Figures de A. Van de Velde), Paris. — Un jardin avec figures, Dresde (Signé : *F. Moucheron. Fecit*, 1713. — Paysage, Munich. — Paysage avec paysans et animaux (Figures de Vander Meer, le Jeune), Rotterdam. = Bon coloris quoiqu'un peu trop jaune-vert. Touche agéable. Théodore Helmbreker, Guillaume Van De Velde, Jean Lingelbach et d'autres, peignirent les figures de ses tableaux. = Ventes : V. Randon de Boisset (1777), *Jardin orné d'architecture* avec 18 figures d'Ad. Van de Velde, 3,400 liv. — V. Conti (1777), *Paysage* avec rochers, figures et animaux, de Van de Velde, 1,000 liv. — V. Cossé (1778), *Soleil couchant*, 171 l. — V. Robit (1801), *Paysage*, figures et animaux de Van de Velde, 3,300 fr. — V. Lapeyrière (1817), *Paysage*, 5,050 fr. — V. Erard (1832), *Paysage*, 6,500 fr. — V. Berri (1827), *Intérieur d'un parc*, (Figures de Van de Velde), 2,000 fr. — V. Perrier (1838), *Paysage*, (Figures de Lingelbach), 1,000 fr. — V. Fesch (1845), *Tour en ruines*, (Avec deux figures de Helmbreker), 2,700 fr. — *Départ pour la chasse*, 3,300 fr. — V. Meffre (1863). *Chasse au cerf*, 198 fr. — *La halte*, 170 fr. — V. Ribeyre, (1872). *Paysage*. (Ommeganck y a introduit un marché d'animaux) 1,500 fr. — Intérieur d'un parc (Avec Van de Velde), 705 fr.

Moucheron (Isaac), fils de Frédéric. E. H. 1670-1744. AMSTERDAM. Paysage. = Elève de son père. A 24 ans, il visita l'Italie. Selon la mode du temps, il embellit les salons des grandes maisons et y peignait des paysages dans le goût italien. A Rome, on le surnomma *Ordonnantio*. = Paysage, Florence. — Huit paysages avec animaux, Dresde. — Paysage, Saint-Pétersbourg. — Vue de Rome, Rotterdam. — Paysage montagneux avec lointain; sur le devant des maisons, des figures et des animaux, Berlin. — Paysage, Saint-Pétersbourg. — Contrée italienne, Copenhague. — Port de mer d'Italie, *ib.* — Paysage italien, *ib.* = Bonne et belle ordonnance. Couleur vraie mais lourde, grande entente de la perspective. J. De Wit et Verkolje ont fait quelquefois les figures de ses paysages. Il était très savant en architecture et en perspective. Graveur. = Ventes : V. Laurent Richard (1878), *Le torrent*, 550 fr.

Mouchet (François-Nicolas). E. Fr. 1750-

1814. GRAY (Franche-Comté). Miniature, portrait, histoire et genre. = Elève de Greuze, à Paris; obtint le premier prix en 1776; partisan zélé de la révolution française; fut nommé successivement membre de la municipalité et juge de paix d'une des sections de Paris; envoyé en Belgique, en 1792, pour désigner les objets d'art qui devaient être dirigés sur la France, Mouchet fut bientôt dégoûté des horreurs que l'on commettait autour de lui, et sa franchise à les signaler lui valut une détention de quatorze mois, pendant laquelle il s'occupa activement à faire des portraits. Fut rendu à la liberté en 1794, retourna dans sa ville natale et y établit une école de dessin à ses frais. = On cite parmi ses meilleurs tableaux : L'origine de la peinture, le triomphe de la peinture.

Mouchy (Edouard-Emile). E. Fr. * 1825. Histoire. = Elève de Guérin. = Le Christ. — Descente de croix.

Moudan (Eugène). E. Fr. † 1867. Histoire. = Elève de Gros. Décédé à Valence.

Mouellon. E. Fr. † 1667. Histoire. = Travailla presque toute sa vie pour les fabriques de tapisseries.

Moulin. E. Fr. * 1752. Paysage. = Membre de l'Académie française de Saint-Luc.

Moulonne (Hennequin). E. Fr. * XIVe siècle. = Peintre verrier succédant, en 1397, à Jean de Beaumes, peintre du duc de Bourgogne.

Mourier (Loys). * XVe siècle. = Peintre-imagier.

Mourlan (Pierre-Joseph-Hippolyte). E. Fr. 1789-1860. PARIS. Miniature. = Elève de Saint.

Mourot (Jean-François-M.). E. Fr. 1803. METZ. Histoire, portrait. = Elève de Portman.

Moy (Corneille de). E. H. * 1660. Marine. = Détails inconnus.

Moya (Pierre de). E. Es. 1610-1666. GRENADE. Histoire, genre. = Elève de J. del Castillo, à Séville; son goût pour les voyages le conduisit en Flandre, où les chefs-d'œuvre de la peinture l'aidèrent à se perfectionner; enthousiaste de Van Dyck, il alla retrouver ce peintre à Londres, devint son élève et le perdit peu de temps après. Moya s'embarqua immédiatement pour Madrid, où il excita l'admiration de tous et surtout de Murillo, son ancien condisciple, qui, stimulé par cette rivalité, fit de nouvelles études : mort à Grenade. = Tableaux, Paris. = Imita Van Dyck et devint un des plus célèbres peintres de l'Espagne, surtout pour le coloris.

Moyaart, Moeyart ou **Moojaert** (Nicolas-Corneille). E. H. * 1630. AMSTERDAM (?). Histoire, portrait, animaux et paysage. = On le croit né vers 1600. D'après Kramm et de Stuers, dans sa signature, les initiales C. L. signifiaient Claes (Nicolas) et non point Chrétien-Louis. Cette dernière interprétation avait donné naissance à un second Moyaart qui n'a point existé. Nicolas demeurait à Amsterdam en 1624; y entra dans la corporation des peintres, en 1630, et connut Rembrandt. En 1638 la régence le chargea de peindre des allégories sur les arcs de triomphe élevés à l'occasion de la visite de Marie de Médicis. Les élèves de ce maître sont : Berchem, Vander Does, S. Koning et J. B. Weeninx. Ils sont déjà un titre suffisant à sa gloire. Vivait encore en 1653. = Silène entouré de faunes et de satyres, Berlin (Signé : *C. L. Moyaert*). — Scène biblique, La Haye (Signée : *C. M. f.* 16.). = Imita d'abord Elzheimer, puis adopta l'école de Rembrandt. Graveur.

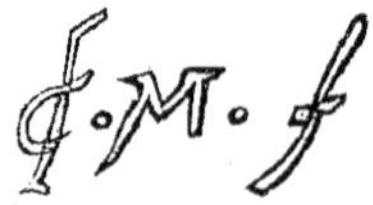

Moynerii (Jacques). E. Fr. * XVIe siècle. = Peintre à Avignon avant 1507. Jadis on voyait des tableaux de lui dans les églises d'Avignon.

Mozin (Charles). E. Fr. 1806-1862. PARIS. Marine, genre et paysage. = Elève de X. Leprince. = Fabriques sur le bord d'un canal. — Combat de Moucron, Versailles.

Mucci. V. Mutii.

Mucci (Jean-François). E. I. * 1650. Histoire. = Neveu et élève du Guerchin. = Graveur.

Muccioli (Benoît). E. I. * 1492. FERRARE. Histoire. = Son père, Barthélemy, était également peintre et mourut avant 1492.

Mucke (Henri-Ch.-Ant.). E. Al. 1806. BRESLAU. Histoire. = Sainte Geneviève en prison. — Sainte Elisabeth. — Soumission de Henri-le-Lion (Fresque).

Mudo (el). V. Navarette.

Muelenere (Govaert de). E. Fl. * XVe siècle. = Inscrit comme franc-maître sur les registres de Saint-Luc, en 1453. Travailla avec Jean Daret, à Tournai.

Muet de Ficarolo (le). V. Sarti.

Muet de Vérone (le). V. Comi.

Muguet. * XVIIe siècle. = Cité par de Marolles.

Muhldorfer. E. Al. † 1863. Décors. = Mort à Manheim.

Muhlig (Meno). E. Al. 1823-1873. EIBENSTOCK. Genre, histoire, etc. = Elève de Jul. Hubner. Mort à Dresde. = Une procession en hiver : moines attaqués et défendus, Dresde.

Muhr (Jules). E. Al. † 1865. Genre. = Groupe de nonnes. — Pifferari.

Mulard (François-Henri). E. Fr. * 1812. PARIS. Histoire. = Elève de David. = François Ier la veille de la bataille de Marignan, Versailles. — Reproches d'Hector à Pâris.

Mulatre de Murillo (le). V. Gomez.

Mulich (Jean). E. Al. 1515-1572. MUNICH. Histoire, miniature et portrait. = Florissait à la cour du duc Albert de Bavière, à Augsbourg. Mort dans cette ville. Il orna de figures assez correctes les beaux manuscrits d'Orlando Lasso. = Portrait d'un homme de la famille Hermann, Vienne. — Portrait d'homme, Munich. — Portrait de femme, *ib.* = Bon dessin, bonne couleur, beaucoup de vérité; excellait dans la miniature; faible imitateur des Italiens dans ses sujets historiques.

Mulier (Pierre), père et fils. E. H. * XVIIe siècle. = En 1640, les registres de Saint-Luc, à Haarlem, mentionnent deux élèves reçus chez le père; son fils Pierre est aussi indiqué comme peintre. Un Pierre Mulier fut enterré en 1670 sans qu'on sache si c'était le père ou le fils. Faisons remarquer en passant, la coïncidence du nom des Pierre Mulier avec les Pierre Molyn dont le fils, le Tempesta, fut aussi nommé Muller ou de Mulieribus.

Mulieribus (de). V. Molyn.

Mulinari. V. Mollineri.

Müll (E.). E. Fl. * 1845. Aquarelle.

Muller. V. Sunder.

Muller (J. B.). E. Al. 1809-1869. GERETSRIED (Bavière). Histoire. = Mort à Munich. = Saint Luc. — Salomon.

Muller. E. Al. 1809 (?). ZIRTAU (Suisse). Genre, aquarelle. = La cuisson de la bouillie. — L'Acropolis.

Muller. E. Al. * 1842. BUDISHEIM. Paysage. = Le Rochusberg.

Muller (Adam). E. Al. 1811-1844. Histoire. = Peintre danois. = L'enfant prodigue, Copenhague.

Muller (André). E. Al. 1811. CASSEL. Histoire. = Peintures, Remagen.

Muller (Charles), frère d'André. E. Al. 1818. DARMSTADT. Histoire. = Elève de son père et de Schadow. = Fresques à l'église de Remagen. — Sainte Famille.

Muller (Charles-François). E. Fr. 1789. PARIS. Histoire, portrait et miniature. = Elève de David. = L'innocence sous la conduite de la fidélité. — Le chien de Xantippe.

Muller (Charles-G.). E. Al. 1819. MUNICH. = Peintre sur porcelaine.

Muller (Charles-L.). E. Fr. 1815. PARIS. Histoire. = Elève de Gros et de Léon Cogniet. = Folie de Haydée, Lille. — Le jeu. — L'appel des victimes.

Muller (Chrétien). E. H. (?). Portrait. = Détails inconnus.

Muller (Christophe). E. Al. * 1600. Histoire (?). = Florissait à Cassel.

Muller (Frédéric). E. Al. 1811-1859. CASSEL. Paysage.

Muller (Frédéric), dit **Maler Muller**, E. Al. 1750-1825. CREUZNACH. Paysage. = Mort à Rome. = Bon graveur.

Muller (Guillaume-Jean). E. An. 1812-1845. BRISTOL. Paysage, figures. = Né d'un père allemand. Elève de J. B. Pyne. Voyagea en Orient. = Paysage avec deux figures de paysans, Londres. = Ventes : V. Northwick (1859), *Vue d'Athènes*, 13,510 fr.

Muller (Gustave). E. Al. * 1865. Genre, histoire, etc.

Muller (Henri). E. Al. 1788. LEIPZIG. = Peintre sur verre.

Muller (Henri-Edouard). E. Al. 1823-1853. PULTAWA. Paysage. = Mort à Dresde. = Le Lac de Michigan, Dresde.

Muller (Henri-Léonard). E. H. 1806. AMSTERDAM. Portrait. = Elève de Pieneman.

Muller (J.). E. H. (?). * 1710 (?). Paysage. = Détails inconnus.

Muller (Jacques). E. H. * 1665. UTRECHT. = Détails inconnus.

Muller (Jean-Baptiste). E. Al. 1809-1869. ALLGAU (Bavière). Histoire. = Elève de Hess. Travailla avec Furich. = Fresques.

Muller (Jean-F.) E. Al. 1813. STUTTGART. Histoire. = Elève de Ingres. = Roméo et Juliette. — Carnaval italien.

Muller ou **Miller** (Jean Sébastien). E. Al. 1715-1782 (?). NUREMBERG. Paysage, histoire, portrait. = S'établit en Angleterre avec son frère Tobie, graveur, en qualité de peintre graveur et y exécuta un grand nombre de travaux. Muller eut, de deux mariages, vingt-sept enfants; deux de ses fils se sont fait connaître comme dessinateurs. = On connaît de lui : La confirmation de la grande charte. — Les portraits du roi et de la reine d'Angleterre. = Botaniste, graveur. *Illustratio systematis sexualis Linnœi* (Latin-anglais). Londres, 1777, 15 cahiers grand in-folio.

Muller (Jean-Sigismond). E. Al. * XVIIe siècle. AUGSBOURG. Portrait. = Elève de son père et de J. Sandrart, peintre hollandais.

Muller (Jos.-Adam). E. Al. † 1710. ERDINGEN (?) (Bavière). Histoire. = Travailla à Munich; exécuta beaucoup de fresques. Graveur.

Muller (Joseph). E. Al. † 1876. Histoire. = Mort à Munich.

Muller (Marie-Claire). V. Eimmart.

Muller (Maurice), le Vieux. E. Al. 1807-1865. DRESDE. Effets de lumière, genre. = Mort aveugle. = Noce de paysans : le départ des mariés, effet de lune, Munich. — Episode de la guerre de Tyrol, en 1809, *ib.*

Muller (Maurice), le Jeune. E. Al. 1825. DIETHENBOURG (près de Wechtelbourg). Genre. = Un enfant lisant, Dresde.

Muller dit **Steinla** (Maurice). E. Al. 1791-1858. STEINLA. Portrait. = Mort à Dresde. = Portrait du peintre, Dresde.

Muller (Michel). E. Al. * 1575. ZUG. Histoire, portrait. = Détails inconnus. = Peintre sur verre renommé.

Muller (Rodolphe). E. Al. 1816. REICHENBERG (Bohême). Histoire. = Tableaux, Prague.

Muller (Victor). E. Fr. * 1865. FRANCFORT. Histoire, etc. = Elève de Courbet.

Mullins (George). E. An. † 1771. En IRLANDE. Paysage.

Mulready (Guillaume). E. An. 1786-1863. ENNIS (Irlande). Genre. = Membre de l'Académie royale. = L'écolier en retard, Londres. — Retour de la foire, *ib.* — Passage du torrent, *ib.* — Le jeune frère, *ib.* — Ventes : V. Northwick (1859), *Le blessé de Waterloo*, 30,680 fr.

Mulvany (Thomas-J.). E. An. * 1841. En IRLANDE. Paysage.

Mulvany (George), fils de Thomas. E. An. 1809-1869. DUBLIN. Genre.

Munari, dit **Pellegrino da Modena.** E. I. † 1523. MODÈNE. Histoire. = Elève de son père Jean, bon peintre de l'école de Modène, qui l'envoya se perfectionner à Rome; y entra à l'école de Raphaël et étudia avec le plus grand succès sous cet illustre maître; quitta Rome à la mort de ce dernier, et, revenu dans sa patrie, y fonda une école. Un de ses fils ayant tué un jeune homme de Modène, les parents du mort voulurent le venger et n'ayant pu trouver le coupable, ils tournèrent leur fureur contre le père qu'ils firent mourir. = Nativité de Jésus-Christ, Rome. — Abraham et les trois anges, *ib.* — Loth et ses filles, *ib.* — Jacob et Rachel, *ib.* — Fresques, *ib.* = C'est peut-être, de tous les élèves de Raphaël, celui qui lui ressemble le plus pour ses airs de tête et par la grâce des poses et du mouvement des figures.

Munari (César), dit **Pellegrino** et surnommé **Aretusi**, petit-fils de Pellegrino da Modena E. I. † 1612. MODÈNE (?). Histoire, portrait. = Passa presque toute sa vie à Bologne et y acquit le droit de bourgeoisie; se rendit célèbre par une belle copie des peintures du Corrége dans l'église de Saint-Jean, à Parme; associa à tous ses travaux J.-B. Fiorini (Voir ce nom); ce sont leurs talents réunis qui ont produit des ouvrages distingués. = Portrait d'homme, Florence. = Habile coloriste, peu d'imagination; réussit à se faire un nom par lui-même dans le portrait, et fut employé par plusieurs princes; montra également un talent remarquable dans l'art de copier les grands maîtres.

Munch (Jacob). E. Al. 1776-1839. Histoire, paysage. = Couronnement du roi Charles-Jean, Christiania.

Muncken (Jean). E. Al. * XVIIe siècle. ALLEMAGNE. = Détails inconnus.

Mundt. E. Al. * XIXe siècle. Paysage.

Munié (André-Jacques). E. Fr. * 1810. Paysage. = Elève de Demasne. = Offrande au tombeau d'Eschyle. — Vue sur les bords du lac de Genève.

Munier-Romilly (Mme). E. Al. * XIXe siècle. GENÈVE.

Munier (Germain). E. Fr. * XVIe siècle. Histoire, portrait, etc. = Détails inconnus.

Munkaczy (Michel). E. Al. 1844. MUNKACZ (Hongrie). Histoire. = Prit des leçons à Pesth, à Vienne, à Munich puis à Dusseldorf. = Le dernier jour d'un condamné. — Milton aveugle dictant le Paradis perdu à ses filles.

Munniks (Henri). E. H. * 1627. UTRECHT. Histoire, portrait. = En 1627, il fut régent de l'hôpital de Saint-Job, à Utrecht, et fit partie des peintres qui fondèrent une nouvelle Académie de Saint-Luc. Il est inscrit dans cette Académie, en 1627 et travaillait encore en 1643. En 1644, un Henri Munnekens est inscrit dans la confrérie des peintres, à la Haye. C'est probablement le même que Henri Munniks. Il est inscrit comme ayant en 1643, peint une *Vénus* pour le prince d'Orange. Ce tableau lui fut payé 120 florins. = Vers 1620, il exécuta un tableau d'histoire, dont il fit don à l'hôpital de Saint-Job.

Munoz (don Jérôme). E. Es. * 1630. Portrait. = Chevalier de Saint-Jacques; peintre de mérite.

Munoz (N.). E. Es. * 1696. Histoire. = Travailla à Lorca et à Carthagène. = Coloris satisfaisant, dessin médiocre.

Munoz (Evariste). E. Es. 1671-1737. VALENCE. Histoire. = Elève de Conchillos; embrassa par goût le métier des armes, qui lui permettait de se livrer à la peinture; il épousa successivement deux femmes que l'on croyait veuves et que leurs premiers maris, revenus de guerres lointaines, vinrent réclamer; Munoz fut plus heureux en troisièmes noces : cette fois personne ne vint le déposséder. Etablit à Valence une école de dessin, très fréquentée jusqu'à sa mort. = Fécondité extraordinaire; la fougue de son imagination l'empêcha d'être noble et correct.

Munoz (Sébastien). E. Es. 1654-1690. NAVAL-CARNERO. Histoire, portrait. = Un des meilleurs élèves de Cl. Coëllo; chargé en partie des décorations exécutées à Madrid pour le mariage de Charles II avec Louise d'Orléans, en 1675; employa le fruit de ses travaux à faire un voyage à Rome, y reçut les leçons de C. Maratti; revint en Espagne, en 1684, travailla avec son ancien maître, le suivit à Madrid, fut nommé peintre du roi, en 1688. Chargé de retoucher, dans l'église d'Atocha, la belle voûte peinte par Herrera, le Jeune, Munoz tomba du haut de l'échafaudage et fut tué sur le coup. = Portrait du peintre, Madrid. = Quoique possédant un talent distingué, on lui reproche d'avoir introduit en Espagne le mauvais goût qui infestait déjà l'Italie. Composition exagérée, coloris heurté et visant à l'effet; le dessin, la noblesse du style et la grandeur dans le caractère laissent à désirer.

Munsterhjelm (Magnus Hjalmar). E. Al. * 1860. En FINLANDE. Paysage. = Elève d'O. Achenbach.

Muntendam. E. H. Paysage. = Détails inconnus.

Munthe (Louis). E. Al. 1841. Province de Bergen. Paysage. = Paysage d'hiver.

Müntz (J. H.). E. An. * 1763. Paysage. = Il se prétendait l'inventeur d'un procédé de peinture à l'encaustique et publia une brochure à ce sujet.

Mura (François de), dit **Franceschiello** ou **Franceschetto.** E. I. * 1730. NAPLES. Histoire. = Elève de Fr. Solimène. = Annonciation, Mantoue. — Tableaux, Turin. — Tableaux, au palais du roi de Sardaigne. = Le peintre le plus distingué de l'école de Solimène.

Murano (Antonio). V. Vivarini.

Murano (André da). V. André da Murano.

Murano (Bernardin de). V. Bernardino da Murano.

Murano (Quirino da). V. Quirino da Murano.

Murano (da). V. Vivarini (Bart).

Murano (da). V. Vivarini (Louis).

Murant (Emmanuel). E. H. 1622-1700. AMSTERDAM. Paysage. = Elève de Ph. Wouwerman. Il mettait un temps infini à composer un tableau et par conséquent n'en peignit que fort peu; on pouvait à l'aide d'une loupe, compter les pierres de ses maisonnettes et les feuilles de ses arbres. Il voyagea beaucoup, et, entre autres pays, visita la France. Mort à Leeuwarden. = Paysage orné de fabriques, de ruines et d'animaux, Amsterdam. — Deux vues de fermes hollandaises, *ib.* = Grande patience et fini parfait sans que celui-ci nuise à l'effet du tableau. Coloris clair et argenté; goût pittoresque; bon empâtement; grande vérité dans les détails. = Ventes : V... (1819), *la vieille ferme*, au musée d'Amsterdam, 212 florins. — V. Meffre (1863). *Ruines*, 120 fr.

Murat (Jean). E. Fr. 1807-1863. FELLETIN, (Creuse). Histoire, portrait. = Elève de Hersent. = Agar.

Muratori (Dominique-Marie). E. I. 1662-1749. BOLOGNE. Histoire. = Elève de L. Pasinelli. = Le prophète Nahum, Rome. — Martyre des apôtres Philippe et Jacques, *ib.* — Couronnement d'épines, *ib.* = Grande intelligence des effets de lumière. bon dessin.

Muratori Scannabecchi (Thérèse). E. I. 1662-1708. BOLOGNE. Histoire. = Elève d'El. Sirani pour le dessin; se perfectionna sous différents autres maîtres, entre autres J. del Sole. = Saint Benoît ressuscitant un enfant, Bologne. = Beaucoup de grâce et d'effet.

Mures (Alp.), le Vieux. E. Es. † 1761 (?). Histoire. = On ignore quel fut son maître. Protégé par l'évêque de Badajoz : mort dans cette ville. On le nommait *le Vieux* pour le distinguer de ses fils qui peignaient également. = Imagination féconde, dessin correct, têtes pleines de charme, clair-obscur savant; composition remplie de feu.

Murgalet. (Pierre). E. Fr. * XVIIe siècle. TROYES. Histoire, etc. = Cité par de Marolles. = On trouve Murgalet cité dans des comptes du chapitre de la cathédrale de Reims pour avoir fourni au haute-lissier Pepersack, de Charleville, des dessins pour les tapisseries de la Cathédrale.

Murillo (Barthélemy-Esteban). E. Es. 1618-1682. SÉVILLE. Histoire, portrait, genre, etc. = Chef de l'école espagnole; dès sa plus tendre enfance, il fit connaître son penchant pour la peinture; son père le plaça chez Jean del Castillo, son parent, qui lui enseigna avec bonheur les éléments du dessin, mais ne lui donna qu'une couleur sèche qu'il tenait lui-même de ses études à Florence; après avoir perdu ce maître, Murillo resta longtemps livré à lui-même, ne faisant que de la marchandise de pacotille; jusqu'à l'âge de 24 ans, personne n'aurait pu deviner le génie qui devait plus tard lui donner le sceptre de la peinture espagnole. Vers cette époque, Pierre de Moya passa à Séville, rapportant dans sa patrie le goût et le brillant coloris de Van Dyck : Murillo vit les œuvres de Moya : un voile se déchira devant lui et sa vocation se détermina; il amassa quelques réaux et partit pour Madrid où il se présenta à Vélasquez qui l'accueillit bien et lui donna des leçons pendant deux ans. Le jeune Esteban étudia avec ardeur d'après les grands coloristes, et, en 1645, plus ami de la liberté que des honneurs, il quitta Madrid pour revenir dans sa patrie. Son arrivée ne tarda pas à faire sensation et les chefs-d'œuvre de son pinceau lui firent en peu de temps une position élevée

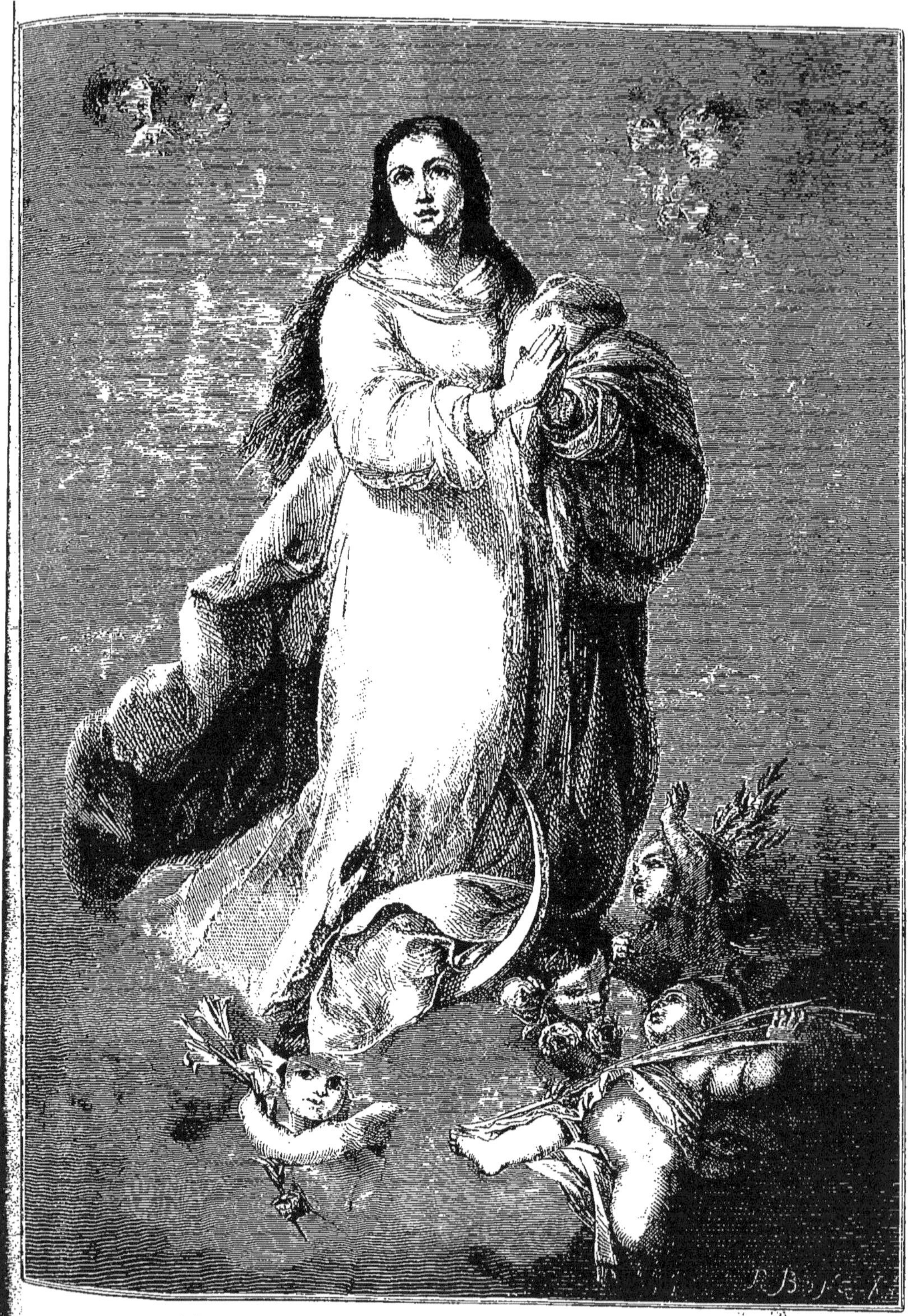

L'Immaculée Conception. Par Murillo. Musée du Prado à Madrid.

et une immense réputation. Murillo conserva toujours son indépendance; aucune protection royale ne le tenta : c'est ainsi que ses œuvres innombrables se répandirent de tous côtés et que son nom devint bientôt européen; accablé de commandes, il suffisait à toutes, grâce à son incomparable facilité. Avec l'aide de ses confrères et de ses élèves, Murillo obtint des autorités une partie du bâtiment de la Bourse pour y fonder une Académie de dessin; cet établissement fut solennellement ouvert le 11 janvier 1660, et Murillo en fut nommé le premier directeur et le premier maître. Appelé à Cadix, en 1681, le grand peintre y tomba de l'échafaud sur lequel il peignait : cette chute lui causa une maladie grave qui l'obligea à retourner à Séville; depuis, il ne fit plus que languir et mourut encore dans la force de l'âge et après une vie des plus laborieuses, entièrement consacrée à son art et à tout ce qui pouvait s'y rapporter. = Sainte Famille, Londres. — Paysan espagnol, *ib.* — Saint Jean et l'Agneau, *ib.* — La Vierge et l'enfant Jésus, La Haye. — Buste de jeune homme, *ib.* — Annonciation, Amsterdam. — Demi-figure de femme, Rome. — Madone, *ib.* — Mariage de sainte Catherine, Cadix. (C'est en travaillant à ce tableau que Murillo fit la chute dont il mourut). — Saint Philippe en extase, Séville. — Ascension, *ib.* — Saint Antoine de Padoue, *ib.* (Cathédrale. Ce chef-d'œuvre a été volé en partie en 1874, c'est à dire la figure principale en a été coupée. Au commencement de 1875, on l'a retrouvé à New-York, mais fortement endommagé par le voyage et les précautions que les voleurs avaient dû prendre pour le cacher). — Et beaucoup d'autres, *ib.* — Le joueur de vielle, Nantes. — Jeune fille tenant un livre de prières, *ib.* — Conception de la Vierge, Paris. — Jeune mendiant, *ib.* — Saint en extase, *ib.* — Conception, *ib.* — Sainte famille, *ib.* — Et autres, *ib.* — Saint François d'Assise, Naples. — Petit berger, Venise. — La Vierge et l'enfant Jésus, Florence. — Saint Antoine de Padoue tenant l'enfant Jésus dans ses bras, Berlin. — Portrait d'une Espagnole, *ib.* — La Madeleine, *ib.* — Saint Jean-Baptiste, *ib.* — Mendiants mangeant des fruits, Munich. — Mendiants jouant aux dés, *ib.* — Saint François guérit un paralytique, *ib.* — Une vieille femme nettoie la tête d'un jeune garçon, *ib.* — Et autres, *ib.* — Annonciation (Double), Madrid. — Sainte famille au petit chien, *ib.* — L'enfant Jésus, bon pasteur (Chef-d'œuvre), *ib.* — Saint Jean-Baptiste enfant, *ib.* — Conversion de saint Paul, *ib.* — La Portioncule, *ib.* — La Conception, *ib.* — Jésus-Christ crucifié (répété), *ib.* — Madeleine pénitente, *ib.* — Tête de Christ, *ib.* — La Vierge des douleurs, *ib.* — Saint Ferdinand, roi d'Espagne, *ib.* Saint François de Paule, *ib.* — Même sujet, *ib.* — L'enfant Jésus dormant sur la croix, *ib.* — Martyre de saint André (Chef-d'œuvre), *ib.* — Saint Jérôme au désert, *ib.* — Saint Jacques, apôtre, *ib.* — Adoration des bergers (Chef-d'œuvre), *ib.* — L'enfant Jésus et saint Jean (Chef-d'œuvre), *ib.* — Rébecca et Éliézer, *ib.* — Tête de saint Paul, *ib.* — Éducation de la Vierge, *ib.* — Plusieurs épisodes de la vie de l'enfant prodigue, *ib.* — Tête de saint Jean-Baptiste, *ib.* — L'Immaculée conception (répété), *ib.* — Saint Augustin, évêque d'Hippone, *ib.* — La Vierge et l'enfant Jésus, *ib.* — Conception, entourée d'anges, *ib.* — Paysages avec figures, *ib.* — Sainte Anne et la Vierge, *ib.* — Une bohémienne, *ib.* — Sujet mystique, *ib.* — Portrait du frère Cabanillas, *ib.* — Apparition de Notre-Seigneur à Saint Ildephonse, *ib.* — La Vierge au rosaire, *ib.* — Saint Jérôme en méditation, *ib.* — La vieille fileuse, *ib.* — Sainte Élisabeth de Hongrie (Chef-d'œuvre), *ib.* — Fondation de Sainte Marie Majeure (chef-d'œuvre), *ib.* (Ce dernier tableau, divisé en deux parties, est désigné tantôt sous le nom de *Hémicycles*, tantôt sous celui du *Miracle du chevalier romain*). — Repos en Égypte, Saint-Pétersbourg. — Songe de Jacob, *ib.* — Adoration des bergers, *ib.* — Assomption, *ib.* — Annonciation, *ib.* — Saint Joseph avec l'enfant Jésus, *ib.* — La paysanne fruitière, *ib.* — Saint François d'Assise, Anvers. (Attribué). — Saint Rodrigue, Dresde. — La Vierge et l'enfant Jésus, *ib.* — Moine franciscain, Bruxelles. = Le nombre excessif de ses commandes ne lui permit pas toujours de finir tous ses ouvrages avec le même soin : de là l'inégalité de ses tableaux, dont quelques-uns rappellent encore ses premiers pas dans la peinture. Doué d'une imagination brillante, féconde, inépuisable, de sentiments tendres, pleins de délicatesse et parfois même d'exaltation, Murillo affectionnait avant tout les compositions religieuses où l'on entre si bien dans le domaine de l'idéal; ses têtes de Christ sont inimitables; n'importe à quel âge il représente le Sauveur, on retrouve toujours une expression devant laquelle on reste en extase; Murillo, en avançant en âge, ne changea point de manière; seulement, dès le commencement de sa grande carrière, il en adopta trois différentes, qu'il employa tour à tour et que ses compatriotes nommèrent : *froide*, *chaude* et *vaporeuse;* la première se retrouve dans les sujets familiers, les tableaux de genre, les mendiants, etc., la troisième si propre à représenter les miracles et les mystères, a été portée par Murillo jusqu'à la perfection;

la seconde est celle qu'il affectionnait le plus; c'est celle qu'il employait dans la plupart de ses sujets religieux et qui leur donne cet effet magique résultant de l'opposition de la lumière du jour avec la lumière céleste; ses apparitions surpassent ce que l'imagination peut concevoir; rien ne saurait rendre l'expression extatique, remplie d'étonnement, de ravissement et d'adoration de ses figures de saints en extase; personne n'a pu approcher de l'admirable enthousiasme avec lequel il rendit les scènes célestes. Une ordonnance grandiose et magnifique, des caractères majestueux et nobles, des détails d'une harmonie sans égale concourant à l'effet prodigieux de l'ensemble, des attitudes variées qui reproduisent toutes les expressions, un style plein d'énergie et de vérité, un dessin aussi pur que hardi, un coloris que nul n'a su imiter, voilà les principales qualités du grand artiste qui peignit tous les genres avec une égale perfection et qui mérita que son nom fut placé à côté de ceux des rois de la peinture. = Ventes : V. Julienne (1767), *Noces de Cana*, 6,000 fr. — V. Gaignat (1768) *Jésus-Christ endormi*, 17,535 fr. — V. Choiseul (1772), *Jeune fille et jeune garçon* (Pendants), 4,800 fr. — V. Blondel de Gagny (1776), *Jeune bohémienne*, 12,000 fr. — V. Conti (1777), *Le bon pasteur*, 1,401 fr. — *Noces de Cana*, 9,060 fr — V. Randon de Boisset (1777), *Vierge assise avec l'Enfant sur ses genoux*, 11,000 fr. — V. Praslin (1793), *Saint Jean assis avec son mouton*, 3,320 fr. — V. Lapeyrière (1817), *La maison de saint Joseph*, 4,000 fr. — V. Bonnemaison (1827), *Adoration des bergers*, 21,500 fr. — V. Erard (1832), *Vierge dans une gloire*, 10,000 fr. — V. Aguado (1843). (On y vendit cinquante-huit tableaux de Murillo), *Mort de sainte Claire* (Chef-d'œuvre), 10,000 fr. — V. Guillaume II (1850), *Saint Jean de la croix*, 5,250 fr. — L'*Assomption de la Vierge*, 75,000 fr. — V. Soult (1852). Quinze Murillo, payés ensemble 1,163,245 fr. (Frais compris). — *Conception de la Vierge*, 615,300 fr., pour le Louvre. — *Naissance de la Vierge*, 95,000 fr. — *Jésus et saint Jean*, 66,150 fr. — *Saint Pierre aux liens*, 158,550 fr. — *Miracle de saint Diégo*, 89,775 fr. — V. Louis-Philippe (1853), *Vierge à la ceinture*,, 38,750 fr. — *Conception* (Du couvent de Cordoue), 20,050 fr. — *Portrait de don Andrade*, 25,500 fr. — *Portrait de l'artiste dans un ovale*, 10,500 fr. — V. Patureau (1857), *Sommeil de Jésus*, 41,500 fr. — V. Northwick (1859), *Jacob nourissant les brebis de Laban*, 36,600 fr. — *Vision de Saint Augustin*, 6,770 fr. — *La Vierge et l'enfant*, 5,200 fr. — V. D'hane de Steenhuyze (1860), *Le Christ sur la croix*, 8,800 fr. — V. Pourtalès-Gorgier (1865), *Triomphe de l'Eucharistie*, 67,500 fr. — *Vierge assise*, 18,600 fr. — *Saint Joseph et l'enfant Jésus*, 15,000 fr. — V. de Morny (1865), *Conception de la Vierge*, 6,600 fr. — *Saint Antoine de Padoue*, 13,000 fr. — V. Salamanca. Treize tableaux 471,906 fr. — V. Pereire (1872), *Vision de Sainte Rosalie*, 11,200 fr. — *Sainte Rose*, 25,500 fr. — V. Schneider (1876), *Immaculée Conception*, 22,000 fr.

Murillo (Gaspard), fils de Barthélemy. E. Es. † 1709. = Appartient à l'école de Séville. = Amateur très médiocre.

Murlersteig (Frédéric-Guillaume). E. Al. * XIXe siècle. WEIMAR. Portrait.

Murr (Jean Van). E. Al. 1644-1713. Histoire, genre. = Détails inconnus. = La Sybille (Figure en buste), Copenhague.

Murray (R.). E. An. * XVIIIe siècle. LONDRES. Genre, portrait, histoire. = Watson a gravé d'après lui : *L'enchanteresse*.

Murray (Thomas). E. An. 1666-1724. En ECOSSE. Portrait. = Elève de Riley. Fit les portraits du roi, de la reine et des grands personnages de la cour. = Beaucoup d'élégance.

Murrer (Jean). E. Al. 1644-1713. NUREMBERG. Histoire, portrait. = Elève de J. F. Heinzel.

Murrer (Anne-Barbe), fille de Jean. E. Al. 1688-1721. NUREMBERG. Fleurs, fruits et animaux. = Elève de son père.

Murri (Jacques). E. Fr. * 1493. PARIS. = Miniaturiste renommé.

Murschel (Guil.). E. Al. 1822. STUTTGART. Histoire, etc. = Travaux de peinture dans des palais allemands, hollandais et russes.

Muset. E. Fr. * XVIIe siècle. AMIENS. Histoire. = Il n'est connu que pour avoir cédé au peintre Lemoine une commande qui lui avait été faite.

Musin (François). E. Fl. * 1862. Marine.

Musin (Auguste). E. Fl. * 1875. Marine. = Barques de pêche à Scheveningue.

Musler (Gérard de). E. Fl. * XVe siècle. = Inscrit, en 1470-80, sur le registre de Saint-Luc, à Bruges.

Musscher (Michel Van). E. H. 1645-1705. ROTTERDAM. Genre, histoire et portrait. = Ses maîtres furent : M. Zaagmolen, A. Van den Tempel, G. Metzu et A. Van Ostade. Il s'établit à Amsterdam où il obtint le droit de bourgeoisie en 1688. = Portraits : le peintre, sa femme et son fils, La Haye. — Une niche avec trois enfants occupés à former des guirlandes de fleurs, Rotterdam. — Tableau de famille, Amsterdam. (Musée V. D. Hoop.) = Coloris vrai et vif, pinceau large et moelleux, il se rapproche beaucoup de Van Ostade dans ses meilleurs tableaux. Graveur.

Mussini (César). E. I. * XIXe siècle. Histoire. = Léonard de Vinci mourant dans les bras de François Ier. — Mort d'Atala.

Mussini (Louis). E. I. * XIXe siècle. Histoire. = La musique sacrée.

Musso (Nicolas). E. I. * 1618. MONTFERRAT. Histoire, portrait. = Elève du Caravage à Rome; mort jeune. = Choix exquis de formes, expression frappante.

Musson (Mathieu). E. Fl. † 1677-78. = Doyen de la corporation de Saint-Luc, à Anvers, en 1647-48. = La même année un Mathieu Musson, le jeune, fut reçu dans la gilde anversoise des peintres comme fils de maitre.

Mustacchi (le). V. Revello.

Muszowski. E. Al. 1800. POLOGNE.

Mutel (Mlle Herminie). E. Fr. 1817. REIMS. Portrait en miniature. = Elève de Mme Mirbel.

Mutien (le). V. Muziano.

Mutii ou **Mucci** (Jean-François). E. I. * XVIIe siècle. CENTO. Histoire. = Elève et neveu du Guerchin. = Copiste distingué de son maitre. Graveur.

Mutina (Thomas), dit **Tommaso de Modène.** E. I. * 1357. MODÈNE. Histoire, portrait. = Exerça une grande influence sur la peinture en Allemagne, où il avait été appelé, en 1357, par l'empereur Charles IV. = Sainte Catherine, Venise (Signé : TOMS PICTOR DE MUTINA PIN ANNO MCCCLI). — Tableaux, Bohême (Château de Karlstein, près de Prague). — Tableaux, Trévise. — La Vièrge et l'Enfant (Avec volets), Vienne. — Dix saints, Berlin. (A tempera, sur fond d'or.) = Beaucoup d'éclat et de vie.

Muttenthaler (Antoine). E. Al. 1820. HOCHSTADT. Histoire, genre. = Elève de Kaulbach.

Muyden (Jacques-A. Van). E. Fr. 1818. LAUSANNE. Genre. = Famille italienne. — Mère et enfant.

Mux (Jacques). E. Fl. * XVe siècle. LOUVAIN. = Travailla, en 1468, aux entremets de Bruges.

Muxel (Jean-Népomucène). E. Al. 1790. MUNICH. Portrait, histoire.

Muyltjes (Adrien). E. H. † 1649. HAARLEM. = Inscrit dans la gilde en 1640. Signataire de la requête artistique de 1642.

Muynck (André de). E. Fl. 1738 (?)-1814. BRUGES. Histoire. = Elève de M. De Visch; visita la France et s'établit à Rome, où il fut, jusqu'à sa mort, directeur d'un hospice fondé pour héberger, pendant quelques jours, les voyageurs flamands.

Muys ou **Muis** (Guillaume). E. H. 1712-1763. SCHIEDAM. Histoire, portrait et genre. = Ses compositions historiques, ordinairement de grande dimension, servirent la plupart pour des tapisseries de salon.

Muys (Nicolas), fils de Guillaume. E. H. 1740-1808. ROTTERDAM. Vues de ville, perspectives et intérieurs. = Elève d'A. Schouman. = Beaucoup de fini; étoffage riche. Graveur.

Muziano (Jérôme), dit **Le Mutien.** E. I. 1528-1592 (?). ACQUAFREDDA (Brescian). Histoire, paysage. = Elève de Romanino, à Brescia; alla fort jeune à Rome, s'y fit bientôt remarquer par son talent classique et son assiduité au travail, fut estimé et protégé par Michel-Ange, se lia avec Th. Zucchero et peignit plusieurs ouvrages de concert avec lui; fondateur de l'Académie de Saint-Luc à l'établissement de laquelle il employa une partie des richesses acquises par son talent. Quelques auteurs le font naitre en 1530 et mourir en 1590. A Rome, on le nomma tour à tour Girolamo Bressano, Messer Girolamo Brescianino, il Cavaliere Girolamo Muziani et enfin il *Giovane de Paesi* à cause de son talent pour le paysage. = Anachorètes, Rome. — Circoncision, *ib.* — Episodes de la vie de saint Mathieu, *ib.* — Jésus-Christ donnant les clefs à saint Pierre, *ib.* — Saint François devant le crucifix (Attribué), Dresde. — Buste d'homme, Florence. — Saint Jérôme devant le crucifix, Bologne. — Incrédulité de saint Thomas, Paris. — Résurrection de Lazare, *ib.* — Le lavement des pieds, Reims. = Figures dessinées avec exactitude et imitant assez souvent l'anatomie de Michel-Ange ; réussissait spécialement à représenter les costumes militaires et étrangers, et les figures sévères des pénitents et des anachorètes; son dessin tombe en général dans la sécheresse; perfectionna la peinture en mosaïque, dans laquelle il atteignit une grande réputation ; ses paysages sont reconnaissables aux châtaigniers qu'il y plaçait de préférence. = Ventes : V. Conti (1777), *La cananéenne*, 2,000 liv.

Muzzi (Antoine). E. I. 1815. BOLOGNE. Histoire. = Fresques à Bologne.

Muzzinoni. * XIXe siècle. Paysage. = Paysage : le Lac de Nemi, Munich.

My (Jérôme Vander). E. H. 1687. LEYDE. Histoire, portrait et intérieurs. = Elève de G. Van Mieris; beaucoup de personnages célèbres se firent peindre par cet artiste. = Ses intérieurs sont dans la manière de son maitre; ses portraits ont le mérite de la ressemblance. Pinceau net, beaucoup de fini.

Myin (Henri). E. Fl. 1760-1826. ANVERS. Paysage. = Elève d'Ommeganck, dont il épousa la sœur.

Myin (Marie OMMEGANCK, femme de H.). E. Fl. 1760-1849. ANVERS. Paysage, animaux. = Elle était sœur de Balthasar-Paul Ommeganck. = Moutons dans un paysage montagneux, Rotterdam. = Imita son frère.

Myn (Herman Vander). E. H. 1684-1741. AMSTERDAM. Histoire, portrait, fleurs et genre. = Elève de E. Stuven ou Steuven. Dès avant l'année 1716, il se trouvait à la cour de l'électeur Palatin. Il s'occupa quelque temps à Anvers et de là se rendit à Paris, où il fut bien reçu par le duc d'Orléans. Fit les portraits de plusieurs grands personnages, et résida plusieurs années à Londres. En 1736, il quitta cette ville, fut employé quelque temps par le prince Guillaume III et retourna à Londres où il mourut. Ses cinq fils et sa fille cultivèrent tous l'art qu'ils avaient appris de leur père et l'exercèrent à Londres. Un document de 1771 cite un M. Vander Meyn, élève du célèbre Schalken et reçu comme étranger, en 1720, dans la gilde de St-Luc, à Bruxelles. = Fleurs, Munich. — Un enfant tenant un perroquet et des fleurs, Augsbourg. = Bon dessin, belles draperies, coloris trop gris et trop lourd. Dans ses fleurs se retrouve l'influence de Rachel Ruysch. Souvent trop de minutie dans les détails. Graveur.

Myn (André Vander), fils d'Herman. E. H. 1714. Portrait.= Etabli à Londres.= Graveur.

Myn (Cornélie Vander), fille d'Herman. E. H. 1710. Portrait, fleurs. = Elle habitait Londres.

Myn (François Vander), fils d'Herman. E. H. 1719. LONDRES (?). Portrait, intérieurs. = S'occupa longtemps à Amsterdam et à La Haye. = Il fit les portraits de personnages importants. = Coloris relevé et agréable, nu moelleux, draperies larges, excellait dans les étoffes.

Myn (George Vander), fils d'Herman. E. H. 1723-1763. LONDRES. Portrait, genre. = A la mort de son père, il quitta Londres pour s'établir à Amsterdam où il mourut. = Tableaux, Angleterre. = Bonne ressemblance, bon coloris, beaucoup de naturel. Excellait dans les satins. On cite de ses petits tableaux de genre, ordonnés avec esprit et finis avec le plus grand soin, qui se sont vendus jusqu'à 500 fl.

Myn (Gérard Vander), fils d'Herman. E. H. 1706. AMSTERDAM (?). Histoire, portrait. — S'occupa longtemps en Angleterre. = Portrait : une dame vêtue en bergère et tenant des fleurs, Berlin (Signé et daté de 1763). = Goût maniéré de l'époque; exécution très habile; ton frais.

Myn (Robert Vander), fils d'Herman. E. H. 1724. LONDRES. Paysage, portrait et fleurs. = Détails inconnus.

Myn (Agathe Vander), sœur (?) d'Herman. E. H. (?). ' 1724. Fleurs, nature morte. = Il paraît qu'elle accompagna son frère à Londres. Notons ici que les renseignements donnés par M. Kramm sur la famille Vander Myn, sont fort contradictoires. A l'article d'Herman, il parle de la femme de celui-ci, Suzanne Bloemendaal : « Cette Suzanne, dit M. Kramm, » était mère et veuve (?) de huit enfants, dont » six fils et une fille (Agathe, V. ce nom) culti- » vèrent l'art. » Or, lorsque nous nous reportons à l'article de cette Agathe, nous y trouvons qu'elle n'était pas la fille d'Herman, mais bien sa sœur. C'est cette version qui doit être la bonne, car la fille artiste d'Herman s'appelait Cornélie.

Mytens (Arnold ou Arthur), le Vieux. E. Fl. 1541-1602. BRUXELLES. Histoire, portrait. = Surnommé *Renaldo*, en Italie. Arrivé encore jeune dans ce dernier pays, il y entra à l'atelier du graveur hollandais A. Santvoort, à Rome. De là il se rendit à Naples, où il se maria en secondes noces avec la veuve de son maître C. Pyp, et où ses œuvres eurent un grand succès. Plus tard il retourna à Rome, où il mourut. On parle d'un voyage à Bruxelles et à La Haye qu'il fit après la mort de sa première femme. = Jupiter et Calisto, Cassel.

Mytens (A.), le Jeune, neveu d'Ar. le Vieux. E. H. ' 1630. Portrait, histoire = Contemporain de Cats, dont il fit le portrait. On croit qu'il habita La Haye, depuis 1612 jusqu'en 1660. M. De Stuers, dans son livret du musée de La Haye, fait observer que rien ne prouve que le prénom de ce peintre fût Arthur ou Arnold. Les signatures sur les peintures du musée d'Amsterdam et de La Haye, dit-il, donnent les initiales A. et J. A notre tour nous ferons remarquer que les portraits du musée d'Amsterdam sont donnés à Jean Mytens fils de Daniel le Vieux. M. Westrheene croit que l'A. signifie Abraham, un Mytens de ce nom ayant existé et ayant fait baptiser un enfant en 1638. Aucun artiste de cette famille avec le prénom d'Aart (Arthur) ou Abraham n'étant inscrit sur les registres des peintres, M. De Stuers se demande si Aart et Jean ne formaient pas le même peintre employant tour à tour ses deux initiales. Ceci est sujet à caution. Il faut croire pourtant que M. De Stuers a tranché la question puisqu'il attribue les portraits d'Amsterdam signés de l'initiale J. à l'artiste, qui ailleurs a signé A. = Mariage de l'électeur de Brandebourg avec la princesse, fille de Frédéric-Henri, prince d'Orange, dans la salle de l'ancienne cour à La Haye, avec une foule de personnages, tous d'après nature ou d'après leurs portraits. (On ignore ce que ce tableau est devenu.) — Portrait d'un hollandais de distinction, Copenhague. — Portrait d'un jeune garçon de la famille Brederode, en costume de guerrier romain, La Haye. = Portraitiste d'un mérite peu commun.

Mytens (Daniel), le Vieux. E. H. * 1615. La Haye. Portrait. = On ne cite point son maître; mais il est probable qu'il se forma d'après les ouvrages de Rubens. Reçu, en 1610, dans la corporation de Saint-Luc, à La Haye. Il se rendit en Angleterre dès 1618; là, sous les règnes de Jacques Ier et de Charles Ier, il réussit à occuper un rang élevé parmi les artistes. Il doit y avoir été peintre de la cour en 1625 et 1626. Il fut presque sans rival jusqu'à l'arrivée de Van Dyck; mais alors, découragé, il aurait quitté l'Angleterre sans les instances et les promesses du roi. Il resta et n'eut pas à s'en plaindre, car il devint l'ami de son rival. Vers 1630, il revint, croit-on, à La Haye. Vivait encore en 1642. = Portraits de Charles Ier, de sa femme et d'un de ses enfants, Londres (Buckingham palace). — Portraits de princes et princesses de la maison de Brunswick-Luneboug, *ib.* (Hampton-court). — Portrait de Ch. Howard, comte de Nottingham, *ib.* — Portrait du peintre, *ib.* (Kensington palace). — Portrait de Charles Ier comme prince de Galles, Copenhague. — Portraits de Charles Ier et d'Henriette-Marie (Architecture d'H. Van Steenwyck), Dresde. = Manière très simple, couleur argentée dans les chairs; exécution soignée, tons bien fondus; dessin ferme. Ses meilleurs portraits s'approchèrent de ceux de Van Dyck.

Mytens (Isaac), fils de Daniel, le Vieux. E. H. * xviie siècle. La Haye (?). Portrait. = Elève de son père; reçu dans l'ancienne corporation de La Haye, en 1622. Cette date rend impossible la date de naissance donnée jusqu'ici pour le vieux Daniel en 1590. Il fut un des trois principaux contribuants et un des deux premiers députés pour la fondation de la confrérie *Pictura*, à La Haye, qui, en 1656, se sépara de Saint-Luc. Il en faisait encore partie en 1665.

Mytens (Martin ou Pierre-Martin), le Vieux, fils d'Isaac. E. H. * xviie siècle. La Haye. Portrait. = Elève de son père; il fut appelé en Suède comme peintre de la cour et mourut, dit-on, à Stockholm. D'après Kramm, le célèbre portraitiste Martin Mytens naquit en 1639 ou en 1640. Son fils, Martin, l'allemand, naquit en 1695. Ce qui vient déranger ces diverses dates, c'est un extrait de registres mortuaires et de baptême, copié par M. Van Westrheene et où on lit, au registre des naissances de la grande église, à La Haye : 9 juin 1648 : baptisé l'enfant d'Isaac Mytens, Martin, parrain, Jean Mytens, marraine, Esther Mytens. Dans le registre mortuaire de la même église : 1er décembre 1677. Enterrement de Martin Mytens. Ces derniers renseignements s'ils se rapportent aux peintres de ce nom, détruisent complètement toutes les données sur cette partie de la famille. Martin ou Pierre-Martin ne serait donc pas mort à Stockholm et son fils n'a donc pu y naître en 1695 alors que Martin mourut à La Haye, en 1677. Mais, comme la famille Mytens est une des plus nombreuses familles artistiques connues, nous n'osons, pour notre part, affirmer qu'il n'y ait pas encore quelque obscurité dans ces documents. Ce qui nous porte à le croire, c'est qu'il est difficile d'admettre que le grand portraitiste Martin Mytens serait mort à 29 ans étant déjà peintre du roi de Suède. = Eminent peintre de portraits.

Mytens (Martin), le Jeune, dit : **Meytens** (Martin Von), fils de Martin, le Vieux. E. Al. 1695-1770. Stockholm. Portrait, histoire. = Elève de son père et de C. Boit, à Paris. Etudia en Hollande, et se perfectionna en Italie. Mort à Vienne, où il était peintre de l'empereur François Ier et directeur de l'Académie des beaux-arts. Cet artiste était en faveur auprès des principales cours de l'Europe, autant pour son talent que pour ses qualités personnelles. L'empereur François Ier dont il fit le portrait, le tint en haute estime et le combla d'honneurs et de richesses. = Portrait de vieillard, Dresde. — Portrait d'homme en riche costume polonais, Vienne. = Choisit Van Dyck pour modèle; peignit d'abord en émail, puis à l'huile : carnations excellentes. Grande réputation.

Mytens (Hans ou Jean), le Vieux, frère (?) de Daniel, le Vieux. E. H. * 1606. Portrait. = Reçu dans la gilde de Saint-Luc, à La Haye, en 1597. Il est, très probablement, un frère aîné de Daniel, le Vieux. = Portrait d'un homme jeune, Berlin (Signé : I. Meytens. 1606.)

Mytens (Jean), fils de Daniel, le Vieux. E. H. † 1671-1672 (?). La Haye. Portrait. = Il fut probablement élève de son père. Un des fondateurs de la société *Pictura*, à La Haye, en 1656, il en fut choisi, la même année, un des trois chefs-hommes, dignité qu'il remplit plusieurs fois. De 1669 à 1671, il en fut doyen. Son nom n'étant plus cité depuis lors, on suppose qu'il mourut entre octobre 1671 et octobre 1672. L'existence de ce peintre a été mise en doute, mais à tort, car M. Kramm a eu chez lui un tableau signé en toutes lettres : Jan Mytens *pinx*, 1649. = Portraits de l'amiral Tromp et de sa femme, Amsterdam. = Bon peintre de portraits.

Mytens (Daniel), le Jeune, fils de Jean. E. H. 1644-1688. La Haye. Portrait, histoire. = Elève de son père; il fut plusieurs fois à la tête de la confrérie *Pictura*, à La Haye. S'occupa longtemps à Rome. La date authentique de sa naissance est extraite des registres de la grande église, à La Haye. Dans les mêmes registres figure un David Mytens baptisé en 1646, fils de Jean et d'Anne. Le même est désigné comme enterré en 1685. Un frère de ce David, baptisé en 1642, portant le même prénom et mort en bas âge, eut pour parrain un David, le Vieux. On ignore si les David furent également peintres.=Artiste de mérite.

N

Nachenius (Jacques Van). E. H. 1712. LA HAYE. Histoire, portrait. = Elève de Mathieu Terwesten. Habita Amsterdam, puis se rendit aux Indes, où il mourut. = Manière de son maitre.

Nachtegaele (Pierre). E. Fl. * xvᵉ siècle. BRUGES. = Florissait en 1450.

Nachtmann (Xavier). E. Al. 1799. BODENMAIS (Bavière). Fleurs, fruits.

Nadalino ou **Natalino de Murano.** E. I. * 1558. MURANO. Histoire, portrait. = Elève du Titien. Mort jeune. = Excella dans le portrait, bon compositeur de tableaux de cabinet.

Nadorp. E. Al. * 1830. Pays de BERG. Histoire, genre et paysage. = Elève de Bergler. = La villa d'Este. — L'écrivain public.

Naeuwincx ou **Naiwinck** (Henri). E. H. * xviiᵉ siècle. SCHOONHOVEN (?). Paysage. = Bryan Stanley le fait naitre à Utrecht, en 1620; mais les probabilités sont pour Schoonhoven. Un Henri Naeuwincx est cité par M. Vande Velde d'Audenarde comme un peintre et graveur de cette dernière ville. S'il est le même que notre artiste il s'agirait de rechercher à quel pays il appartient en réalité. = Paysage montagneux: Jacob et sa famille quittant Laban, (Figures de G. Vanden Eeckhout). Copenhague = Artiste de talent; Jean Asselyn a étoffé ses tableaux, ce qui a pu les faire confondre avec les siens. Dessinateur et graveur.

Nagel (Jean). E. H. * xviiᵉ siècle. HAARLEM. Paysage. = Mort à La Haye. = Imita Corneille Molenaar; d'après quelques auteurs, il serait mort en 1602.

Nagli (François), dit **Le Centino.** E. I. * xviiᵉ siècle. CENTO. Histoire. = Elève du Guerchin; travailla beaucoup à Rimini. = Dessin sec, attitudes froides, inventions communes; imita le coloris et le clair-obscur de son maitre.

Nahl (Jean-Auguste). E. Al. 1752-1825. Près de BERNE. Histoire, paysage. = Elève de Lesueur, à Paris; travailla pendant sept ans à Rome, puis voyagea en Angleterre et vint se fixer en Allemagne, où il fut nommé directeur de la classe de peinture de l'Académie de Cassel. Goethe a fait l'éloge de ses tableaux. = Ariane à Naxos. — Narcisse. = Graveur.

Nahuys (Cécile-Dorothée SCHUYL VANDER DOES, comtesse). E. H. * xixᵉ siècle. Paysage. = Elève de J. Apeldoorn.

Naigeon (Jean). E. Fr. 1757-1832. BEAUNE. (Côte-d'Or). Histoire, portrait. = Elève de Devosge, de l'Académie de Dijon, et de David. Il contribua, en 1793, avec Bonvoisin et Peyron à sauver de la destruction l'église de Saint-Denis et ses richesses, le château d'Ecouen, etc. Conservateur du Musée du Luxembourg; chevalier de la Légion d'honneur. = Fresques, Paris. — Prise de Bologne, Versailles. — Portrait d'Henri II, *ib.*

Naigeon (J.-G.-E.), fils de Jean. E. Fr. 1797-1867. PARIS. Histoire, genre. = Adoration des mages. — Vendanges à Amalfi.

Nain (Le). V. Lenain.

Naiveu. V. Neveu.

Naiwinck. V. Naeuwincx.

Näke (Gustave-Henri). E. Al. 1784-1834. Histoire, portrait. = Sainte Elisabeth distribuant des aumônes. — Marguerite et Faust.

Naldini (Baptiste). E. I. 1537-1592 (?). FLORENCE. Histoire, portrait. = Elève du Pontormo et d'Ange Bronzino; séjourna à Rome, aida Vasari dans ses travaux pendant quatorze ans. = Tableaux et fresques, Rome. — Epiphanie, Dresde. — Adoration des bergers, *ib.* — Les deux portes des songes, Florence. — La Vierge et l'Enfant entourés de saints, Bologne. = Composition parfaitement entendue. Attitudes, couleur, perspective et dessin satisfaisants; promptitude et facilité remarquables; on lui reproche d'avoir fait les genoux de ses personnages trop gros et leurs yeux trop peu ouverts. Touche très énergique.

Nameur (Louis de). E. Fr. 1625-1693. PARIS. Histoire. Reçu à l'Académie, en 1665. Guérin *(Descr. de l'Acad.)* le dit né en 1629.

Nani (Jacques). E. I. * XVIIIe siècle. Paysage, fleurs, fruits, etc. = Employé à la cour du roi Charles de Bourbon. = Habile imitateur d'A. Belvédère.

Nannetti (Nicolas). E. I. 1675-1749. FLORENCE. Histoire. = Détails inconnus.

Nanni (Annibal). E. I. * XVIe siècle. Histoire. = Elève de Fr. Salviati.

Nanni (Jean), dit **Jean d'Udine** et **Ricamatore.** E. I. 1489 ou 1494-1561 ou 1564. UDINE. Ornements, grotesques, nature morte, etc. = Elève de Giorgion, puis de Raphaël. On découvrit de son temps les thermes de Titus; il puisa dans ces peintures les heureuses inspirations qui le distinguent. Mort à Rome. = Fresques, Rome. — Présentation au temple, Venise. — Jésus-Christ parmi les docteurs, *ib.* — Fleurs, Madrid. — Animaux morts, *ib.* = Vérité effrayante. On raconte un grand nombre d'anecdotes résultant de l'illusion produite par ses peintures. Lanzi suppose, avec raison, que *Nanni* est une abréviation de *Giovanni* et que *Ricamatore* est le véritable nom de famille de Jean d'Udine.

Nanni (Jérôme). E. I. * 1640. ROME. Histoire. = S'occupa beaucoup dans sa ville natale; il répondait à ceux qui l'invitaient à travailler plus vite : « Peu et bon, » maxime qui lui resta pour surnom. Devint aveugle dans ses vieux jours. = Tableaux, Rome. = Ne se distingua que par sa bonne volonté.

Nanteuil Lebœuf (Célestin). E. Fr. 1813-1873. ROME. Paysage. = Elève d'Ingres. Né de parents français. Mort à Marlotte près Fontainebleau. = La nymphe des eaux. — Scène de Don Quichotte, Lille. = Peintre et lithographe.

Nanteuil (Robert). E. Fr. 1630 ou 1631-1678. REIMS. Portrait. = Plus connu comme célèbre graveur de portraits. Mort à Paris. = Louis XIV (Au pastel), Florence. — Le maréchal de Turenne (Au pastel), *ib.*

Napolitain (Philippe). V. Angeli.

Nappi (Fr.). E. I. * XVIIe siècle. Histoire. = Détails inconnus. = Assomption, Rome. = De la variété, style assez naturel.

Narciso (José-Antonio). E. Es. * XVIIIe siècle. = Détails inconnus.

Nardini (Thomas). E. I. 1658 (?)-1718. ASCOLI. Histoire. = Elève de L. Trasi; étoffa les perspectives d'Auguste Collaceroni. = Ensemble spirituel, harmonieux; teintes de bon goût; de la facilité.

Nardois (J.-Galioth). E. Fr. * XVIIe siècle. = Cité par Nagler dans ses *Monogrammes*. Il dit qu'il travaillait dans le style de Claude et qu'il grava.

Narducci. E. I. * XIXe siècle. Histoire.

Narducci (Henriette FIORINI, Mme). E. I. * XIXe siècle. Miniature. = Artiste romaine. = Le joueur de violon, d'après Raphaël, Hambourg. — La sybille, d'après le Dominiquin, *ib.*

Naselli (François). E. I. † 1630 (?). FERRARE. Histoire. = On le dit élève du Bastaruolo; ouvrit une Académie dans sa ville natale; alla à Bologne et ne cessa de travailler pour son art quoiqu'il appartînt à une famille noble. Son fils Alexandre fut peintre comme lui. = Caractère grandiose, animé, moelleux; touche large, empâtement vigoureux, mais trop bronzé dans les chairs. Imita les Carrache et le Guerchin.

Nash (Frédéric). E. An. 1782-1856. LAMBETH. Aquarelle.

Nash (Joseph). E. An. 1812-1878. Aquarelle. = Plus connu comme dessinateur.

Nasini (Francesco). E. I. * XVIIe siècle. SIENNE (?) Histoire. = Détails peu connus. = Il peignit des fresques dans le refectoire du couvent Del carmine.

Nasini (Antoine), frère de Joseph. E. I. 1641 (?)-1716. SIENNE. Portrait. = Elève de son frère; embrassa l'état ecclésiastique. — Tableaux, à Sienne. = Réussit dans son genre

Nasini (Joseph-Nicolas). E. I. 1664 (?)-1736. SIENNE. Histoire. = Elève de Ciro Ferri; le chevalier Apollonio, son fils, né à Florence en 1697, mort en 1754, embrassa l'état ecclésiastique et aida son père dans ses travaux, sans toutefois l'égaler. La ville de Sienne possède un nombre considérable de ses fresques et de ses tableaux à l'huile. = Talent plein de chaleur; imagination riche; coloris vulgaire, dessin peu châtié, faire grandiose, pinceau hardi, ensemble imposant.

Nasmyth (Alexandre). E. An. 1758-1840.

EDIMBOURG. Histoire, portrait, paysage. = Elève d'Allan Ramsay; demeura quelque temps à Rome. = Un cottage, Londres (Nat. Gall.) = Il s'est distingué dans le paysage.

Nasmyth l'aîné. E. An. ' XIXe siècle EDIMBOURG, portrait. = Talent très renommé. Son portrait de l'auteur Burns passe pour un chef-d'œuvre. Ses filles peignirent le paysage avec grand mérite et beaucoup de succès.

Nasmyth (Patrick), fils d'Alexandre. E. An. 1786-1831. ÉDIMBOURG. Paysage. = Elève de son père. Mort à Londres. = Un cottage, Londres. — Paysage boisé : le pêcheur, *ib.* = On l'a nommé, dans sa patrie, le Hobbema anglais; sujets simples, exécution très finie. Par suite d'un accident à la main droite, il travaillait de la gauche. = Ventes : V. Northwick (1859). *Bivouac de bohémiens*, 18,900 fr.

Nasocchio (François). E. I. ' 1529. BASSANO. Histoire. = Elève ou imitateur de Gentile da Fabriano.

Nason (Pierre). E. H. ' XVIIe siècle. AMSTERDAM. Portrait, nature morte. = Un des 47 artistes qui fondèrent à La Haye, en 1656, la confrérie *Pictura*. En 1639, il fut inscrit dans l'ancienne corporation sous le nom de Pierre Naso. Pierre Terwesten le croit né à La Haye et élève de Jean Van Ravesteyn. Il fut longtemps employé à la cour du grand électeur de Berlin. Bryan - Stanley assure qu'il séjourna en Angleterre et qu'il y fit le portrait de Charles II. Il mourut à La Haye dans un âge très avancé. = Fruits, huîtres, argenterie, etc., Berlin. — Portrait d'homme, *ib.* (Signé : P. Nason f. 1668). — Portrait d'homme, Rotterdam. — Portrait de femme, *ib.* — Portrait : le prince d'Orange, gouverneur du Brésil, Bruxelles. = Bon dessin; exécution soignée; composition savante; manque de transparence dans la couleur. Artiste de grand mérite.

Nason (R.). E. An. ' 1660. Portrait. = Accompagna à Londres le roi Charles II dont il fit le portrait.

Natali (Charles), dit **le Guardolino.** E. I. 1590(?). CRÉMONE. Histoire, portrait. = Elève d'A. Mainardi, puis du Guide; séjourna à Rome et à Gênes. Vivait encore en 1683. = Adopta le style des Carrache. Architecte et sculpteur.

Natali (Jean-Baptiste), fils de Charles. E. I. † 1700(?). CRÉMONE. Histoire. = Elève de son père et de P. de Cortone; ouvrit une école à CRÉMONE. = Egalement architecte.

Natali (François, Laurent et Pierre), frères de Joseph. E. I. ' XVIIIe siècle. CRÉMONE. Ornements, perspective, etc. = Elèves de leur frère. François surpassa Joseph en distinction, fut employé dans plusieurs villes lombardes à de vastes travaux, et mourut à Parme, en 1723. Laurent ne fut qu'un auxiliaire pratique, et Pierre, mort fort jeune, est resté ignoré.

Natali (Jean-Baptiste), fils de François. E. I. ' XVIIIe siècle. CRÉMONE. Ornements et perspective. = Elève de son père; peintre de Charles, roi des Deux-Siciles, et de son fils. = Il ne faut pas le confondre avec son cousin qui porte le même nom.

Natali (Joseph). E. I. 1652-1722. CASALMAGGIORE (Crémonais). Perspective et architecture. = Étudia à Rome et à Bologne. = Style heureux pour les vues d'architecture et assez agréable pour les ornements; se conforma à l'antique pour les grotesques; talent doux et harmonieux; son fils Jean-Baptiste, fut son élève et devint peintre de l'électeur de Cologne.

Natalino. V. Nadallino.

Nathe (Christophe). E. Al. 1753. GORLITZ. Paysage. = Elève d'Oeser; directeur de dessin dans sa ville natale. = *Sammlung radirter Blatter*. (44 paysages gravés à l'eau-forte).

Natker ou **Notker.** ' 950. Miniature. = Moine, peintre, médecin et poète; successeur de Modestus et Sintramme; établi à Saint-Gall. = Appartient à l'école gallo-germanique.

Natoire (Charles-Joseph). E. Fr. 1700-1777. NIMES, Histoire, portrait. = Elève de Lemoine; remporta, en 1721, le prix de peinture; en 1726, il remporta à Rome le premier prix de l'Académie de Saint-Luc. Membre de l'Académie de peinture, en France, en 1734; jouit pendant longtemps d'une grande réputation que lui valait le mauvais goût dominant alors en France; fut, pendant près de vingt ans, directeur de l'Académie française, à Rome, y exerça un pouvoir despotique qui alla jusqu'à expulser de l'Académie un pensionnaire du roi, pour un motif entièrement étranger à l'art. Cette action le fit condamner à 20,000 livres de dommages-intérêts. Mort à Castel Gandolfo. = Peintures de la chapelle des Enfants-Trouvés, Paris. — Vénus demandant à Vulcain des armes pour Énée, *ib.* — Les trois Grâces, *ib.* — Junon, *ib.* = Dessin correct, coloris faible et gris. = Ventes : V. Julienne (1767), *Sujet allégorique*, 456 liv. — V. La Live de Jully (1769), *Triomphe de Bacchus* et *celui d'Amphitrite*, 855 liv. — V. Randon de Boisset (1777), *Adoration des Rois*, 1,800 liv. — V. Lenoir (1821). *Bain de Diane*, 326 fr. — V. Pembrocke (1862), *Le réveil de Vénus*, 1,700 fr. — *Enlèvement d'Europe*, 1,000 fr.

Nattier (Marc). E. Fr. 1642-1705. PARIS. Portrait. = Reçu académicien, en 1676.

Nattier (Jean-Baptiste), fils de Marc. E. Fr † 1726. Histoire. = Frère aîné de Jean-Marc, peintre assez médiocre. Reçu à l'Académie, en 1712, il encourut la déchéance. Impliqué dans une affaire scandaleuse, il se coupa la gorge dans les prisons de la Bastille.

Nattier (Jean-Marc), fils de Marc. E. Fr. 1685-1766. PARIS. Portrait, histoire. = On lui offrit une place à l'Académie française, à Rome. Il refusa, préférant continuer à dessiner la galerie de Rubens, au Luxembourg, ouvrage qu'il avait commencé avec la protection de Louis XIV. En 1715, il se rendit à Amsterdam, où se trouvait le Czar dont il fit le portrait et qui voulut l'emmener en Russie. Il refusa. A La Haye, il fit le portrait de la czarine Catherine. Reçu à l'Académie, en 1718. Il perdit sa fortune lors du système de Law et se consacra dès lors uniquement au portrait; exécuta ceux des principaux personnages de son temps. = La Madeleine, Paris. — Marie-Thérèse d'Autriche, Bruxelles. — Portrait : le comte Maurice de Saxe, Dresde. — Portrait de la Camargo, (Chef-d'œuvre). Nantes. = Pinceau et coloris légers; sa manière de choisir les attitudes le fit surnommer *le peintre des grâces*, = Ventes : V. Verrue (1737), *Danaé*, 122 liv. — V. Pembrocke (1862). *Portrait de Geneviève de Vallembras de Sombreval* (Signé et daté de 1746), 4,140 fr. — V. Meffre (1863) *Une vestale*, 1,100 fr. — V. Boitelle (1866), *Portrait de femme*, 2,600 fr. — V. Didier (1868), *Portrait de Mme de Sombreval*, 6,000 fr.

Naudet (Thomas-Charles). E. Fr. 1774-1810. PARIS. Paysage. = Elève d'Hubert Robert. Voyagea en Europe avec un riche danois. Plus connu comme dessinateur.

Naudi (Ange). E. I. ' XVIe siècle. ITALIE. Histoire. = Imitateur de Paul Véronèse; peintre, à la cour de Philippe d'Espagne.

Naue (Jules). E. Al. 1835. RÖTHEN. Histoire. = Elève de Von Schwind. = Annonciation de la Vierge. — Fresques

Nava (Louis de). E. Es. ' 1753. = Chevalier de Saint-Jacques, lieutenant des gardes et membre de l'Académie de Séville. = Amateur.

Navarette (Jean-Fernandez), dit **El Mudo,** le Muet. E. Es. 1526 (?)-1579. LOGRONO (Province de la Rioja). Histoire, portrait. = A trois ans, une maladie le priva de l'ouïe et de la parole; son talent se révéla de bonne heure; envoyé en Italie, visita Rome, Naples, Florence, Milan, Venise, fréquenta les ateliers des maîtres les plus renommés et devint élève assidu du Titien; revint en Espagne, après vingt ans d'absence; appelé par Philippe II, qui le nomma son peintre; exécuta des travaux remarquables : apprit à lire, à écrire, à jouer aux cartes et posséda, malgré son infirmité, une instruction peu commune en histoire et en mythologie. = Flagellation, Paris. — Baptême de Jésus-Christ, Madrid. — Saint Paul, *ib.* — Saint Pierre apôtre, *ib.* — Assomption, *ib.* — Martyre de saint Jacques, *ib.* — Saint Jérôme au désert, *ib.* — Nativité de Jésus-Christ, *ib.* = Excellait dans le dessin et le coloris; ordonnance belle et grandiose, expression remarquable. Imita la manière de son maître et mérita à tous égards le surnom de *Titien espagnol*. Un moine, nommé Vincent, lui avait donné les premières notions de la peinture. = Ventes : V. Soult (1852), *Abraham offrant l'hospitalité aux anges*, 25,000 fr. Ce tableau fut payé à l'artiste par Philippe II, 500 ducats.

Navarro (don Augustin). E. Es. 1754-1787. MURCIE. Histoire, genre, perspective. = Elève d'Al. Gonzalez Vélasquez, à Madrid ; obtint le prix de Madrid, en 1778, passa six années dans cette ville, fut nommé, à son retour à Murcie, membre de l'Académie et professeur de la classe de perspective. = Excella dans la perspective, grand coloriste.

Navarro (Louis-Antoine). E. Es. ' 1665. Histoire. = Un des fondateurs de l'Académie de Séville. = Laissa d'assez belles fresques.

Navarro (Jean-Simon). E. Es. ' 1654. Histoire, fleurs, fruits. = Vivait à Madrid. = Manière incorrecte, peu d'harmonie; bonne couleur ; réussit surtout dans les fleurs.

Navarro (Philippe). E. Es. ' XVIIIe siècle. VALENCE (?). Histoire. = Détails inconnus.

Navez (François-Joseph). E. Fl. 1787-1869. CHARLEROI. Histoire, portrait, genre. = Elève de C. François et de David. Directeur de l'Académie de Bruxelles de 1831 à 1859. Membre de plusieurs Académies et décoré de plusieurs ordres nationaux et étrangers. M. Navez a formé un grand nombre d'élèves. = Athalie, Bruxelles. — Le mauvais riche, *ib.* — Agar et Ismaël dans le désert, *ib.* — Jugement de Salomon, *ib.* — Les fileuses de Fundi, Munich. — Notre-Dame des affligés, Charleroi. = Excellent dessinateur, coloriste à la manière de David dont il fut le représentant en Belgique.

Navratil. E. Al. ' 1837. PRAGUE (?). — Peintre à la gouache.

Naye (Michel). E. Fl. ' 1640. LANDRECY. = Reçu bourgeois d'Anvers, en 1640.

Nayler (Marie-Elisabeth LIERNUR Mme). E. H. 1802. PARIS. Miniature, portrait, fleurs, etc. = Fille et élève d'Alexandre Liernur.

Nays. E. Fl. ' XVIIe siècle. Paysage. = Ce peintre dont le nom se trouve au bas d'un grand nombre de tableaux disséminés en Belgiqne, paraît avoir été un artiste nomade.

Nazon (François-H.). E. Fr. ' XIXe siècle. NÉALMONT (Tarn.). Paysage. = Elève de Gleyre. = Baie de Cancale.

Nazzari ou **Nanazi** (Barthélemy). E. I. 1699-1758. BERGAME. Portrait, genre, histoire. = Elève d'A. Trevisani à Venise, de B. Luti, puis de Fr. Trevisani à Rome; s'établit à Venise, parcourut l'Italie et l'Allemagne. Mort à Milan. = Tête de vieillard, Dresde. — Tête de vieille femme, *ib.* — Tête de vieillard, Varsovie. = Talent original. Graveur.

Nealcès. 248 ans avant J.-C. GRÈCE. Histoire. = Se faisait remarquer par les traits ingénieux dont il ornait ses tableaux. Ayant à représenter un combat naval livré sur le Nil entre les Perses et les Egyptiens, il représenta au bord du fleuve un crocodile prêt à dévorer un âne. C'est à Nealcès qu'on dut, à cette époque, la conservation d'un tableau célèbre de Mélanthe (V. ce nom). Sa fille, Anaxandre, cultiva également la peinture.

Neapoli (François). E. Es. ' 1506. MADRID. Histoire. = On le croit élève de L. de Vinci; travailla avec Paul Aregio, à Valence.

Nebbia (César). E. I. ' 1590. ORVIETO. Histoire, portrait. = Elève de J. Muziano : travailla aux embellissements ordonnés par Sixte-Quint; fut aidé dans la plupart de ses travaux par J. Guerra de Modène. Mort à l'âge de soixante-dix-huit ans. = Annonciation, Rome. — Apparition de saint Pierre à Constantin, *ib.* — Fresques, *ib.* = Grande facilité.

Nebea (Galeotto). E. I. ' 1484. CASTELLACCIO (Près d'Alexandrie). Histoire. = Détails inconnus. = Costumes très riches, composition et formes intelligentes, plis raides, exécution crue mais assez correcte.

Neck (Jean Van). E. H. 1636(?)-1714. NAARDEN. Genre, histoire et figures nues. = Elève de J. Backer. = Paysage : une femme couronnant des statues de faunes, Dresde. = Touche vigoureuse, pinceau de maître. Il réussit particulièrement dans les nymphes au bain et autres figures nues.

Nedek (Pierre). E. H. 1616(?)-1686(?). AMSTERDAM. Paysage. = Elève de P. Lastman.

Neef (Thimothée A.). E. R. 1805. ESTHLAND. Histoire, portrait, genre.

Neefe (Herman). E. Al. ' 1837. Paysage, décors.

Neeff (N. (?) de). E. Fl. ' XVIIe siècle. ANVERS. Histoire. = Reçu comme étranger dans la corporation bruxelloise de Saint-Luc, en 1699.

Neefs (Pierre), le Vieux. E. Fl. 1570(?)-1651(?). ANVERS. Intérieurs d'église. = Elève d'H. Van Steenwyck qu'il surpassa; un des célèbres artistes de son époque. Reçu, en 1609, dans la confrérie de Saint-Luc, à Anvers. = Intérieur d'église pendant la nuit, avec figures, Munich. — Intérieur de la cathédrale d'Anvers, Bruxelles. — Intérieurs d'église, Madrid. — Intérieurs d'église, La Haye. — Intérieurs d'église, Florence. — Mort de Sénèque dans une prison, *ib.* — Intérieur d'église gothique, Vienne — Intérieur d'église, Londres. — Intérieur d'une petite église gothique, Dresde (Signé : P. Nefs). — Saint Pierre délivré de prison, Paris. — Plusieurs intérieurs d'église, *ib.* — Intérieur d'une église catholique, Rotterdam. — L'église Notre-Dame, à Anvers, Amsterdam. — Intérieur d'église : effet de lumière, *ib.* — Intérieur d'église, *ib.* — Plusieurs intérieurs d'église, *ib.* (Musée V. D. Hoop). — Intérieur d'église, Stockholm. — Intérieur d'église, Saint-Pétersbourg (Figures de F. Franck). — Intérieur d'église (Effet de nuit), *ib.* (Signé : P. N.). — Intérieur d'église gothique (Figures de F. Franck), *ib.* — Intérieur de la cathédrale d'Anvers, avec figures, *ib* (Signé). — Intérieur d'église, avec figures de Franck (Signé : D. J. F. Franck), *ib.* = Connaissance approfondie de la perspective linéaire et de la perspective aérienne, belle distribution des effets de lumière. Teniers, Breughel, les Franck et d'autres ont peint l'étoffage de ses tableaux. = Ventes : V. Julienne (1767), *Deux intérieurs d'église*, 800 liv.—V. Choiseul (1775), *Intérieur d'église*, figures de Franck, 1,000 liv. — V. Randon de Boisset (1777), *Deux intérieurs d'église*, avec figures de Teniers, 1,200 liv. — V. Oppenheim (1864), *Intérieur de la cathédrale d'Anvers* (Figures de Franck), 2,150 fr. — V. Brienen de Grootelindt (1865), *Intérieur d'église gothique* (Nombreuses figures), 2,020 fr. — V. Delessert (1869), *Vue intérieure d'une église*, 310 fr. — *Intérieur de la cathédrale d'Anvers* (Sur cuivre), 1,000 fr.

Neefs (Louis), fils (?) de Pierre, le Vieux. E. Fl. ' 1648. Intérieurs d'église. = Détails inconnus. Nagler assure qu'il y a un intérieur d'église de ce peintre au Musée du Prado, Madrid, daté de 1642. = Intérieur de la cathédrale d'Anvers, Dresde (Figures de Fr. Franck). On lit sur le pilier de droite : FRATER LUDOVICUS NEIFFS. An 1648. Et sur celui de gauche : *D. j. ffranck. inv. et. f.*). = Nous ferons remarquer que cette signature qui semble appartenir à François Franck, le Jeune, ne s'accorde pas avec la date de 1648, Franck étant mort en 1642.

Neefs (Pierre), le Jeune, fils de Pierre, le Vieux. E. Fl. 1601. ANVERS. Intérieurs d'église. = Elève de son père. Nagler cite un tableau de lui, daté de 1660. M. de Stuers relève la date de 1675 sur un tableau de la galerie Lichtenstein, à Vienne. La date de 1658 donnée par quelques biographes comme celle de sa mort, ne saurait donc être exacte. = Intérieur de la cathédrale d'Anvers, Bruxelles. — Intérieurs d'église, Paris. — Intérieurs d'église, Madrid et Amsterdam. — Intérieur d'église, La Haye (Figures de Fr. Franck, le troisième). — Plusieurs intérieurs d'église, Florence. — Mort de Sénèque dans une prison, *ib.* — Intérieur d'église gothique, Vienne. = Il a peint dans la manière de son père sans pouvoir égaler son talent. On connaît un de ses tableaux étoffé par Michau.

Neer (Arthur Vander). E. H. ' 1660. Paysage, etc. = On n'est pas d'accord sur son lieu de naissance; il habita longtemps Amsterdam. On ne connait rien de l'histoire de sa vie. = Paysage, hiver avec patineurs, Amsterdam. — Paysage boisé, *ib.* (Musée V. D. Hoop). — Paysage, le soir (Figures de A. Cuyp), Londres (Chef-d'œuvre). — Clair de lune au bord d'une rivière, *ib.* — Même sujet, Berlin. — Incendie pendant la nuit, *ib.* — Hivers avec patineurs, *ib.* — Village sur le bord d'une rivière (Animaux attribués à A. Cuyp), Paris. — Village hollandais au bord d'une rivière, chargée de bateaux, Vienne. — Vue d'une ville, Dresde. — Clair de lune au village, *ib.* — Maison au bord d'un canal, *ib.* — Paysage, forêt, Munich (Chef-d'œuvre). — Paysage hollandais, Anvers. — Clair de lune, Rotterdam. — Incendie nocturne, *ib.* — Deux clairs de lune, Saint-Pétersbourg. — Incendie nocturne sur un des canaux d'Amsterdam, Copenhague. — Deux incendies nocturnes, *ib.* — Deux clairs de lune, *ib.* — Paysage : effet de nuit, Bruxelles. — Paysage, Londres (Buck. Pal.). = Ses clairs de lune étaient pleins de naturel. Il ornait ses tableaux d'une multitude de figures. Ciels parfaitement bien traités, ordonnance riche, coloris vrai, tons harmonieux. Aucun peintre n'a su rendre aussi bien que lui la profondeur poétique des masses d'ombre, ainsi que les effets variés de la lumière et la tranquillité paisible qui distingue les effets de lune. Lorsque le soleil éclaire ses paysages, il sait leur donner une chaleur et un éclat dignes d'A. Cuyp avec lequel, du reste, il travailla parfois. = Ventes : V. la Roque (1745), *Soleil couchant*, 120 liv. — V. Cambry (1810), *Site hollandais*, 225 fr. — V. Erard (1832), *Paysage*, 5,900 fr. — V. Fesch (1845), *Rivière au clair de lune*, 2,450 fr. — V. Guillaume II (1850), *Paysage hollandais*, 1,000 fl. — V. Patureau (1857), *Paysage*, 1,060 fr. — V. Demidoff (1863), *Clair de lune*, 3,020 fr. — V. Meffre (1863), *Vue des environs de Haarlem*, 2,650 fr. — *Vue d'un village aux bords de la Meuse*, 1,620 fr. — V. Van Cleef (1864), *Clair de lune*, 3,210 fr. — V. Brienen de Grootelindt (1865), *Canal glacé, site hollandais*, 32,200 fr. — V. Herman de Kat (1866), *Le coup de vent*, 9,000 fr. — V. Pommersfelden (1867), *Le canal* (On croit les chevaux peints par Albert Cuyp), 25,000 fr. — V. Stevens (1867), *Paysage hollandais, effet de soleil couchant*, 6,120 fr. — V. Delessert (1869), *Clair de lune*, 620 fr.

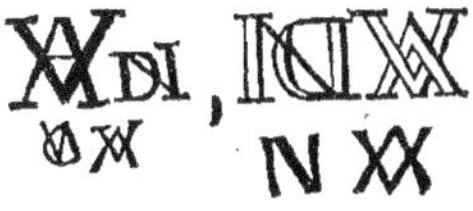

Neer (Eglon-Henri Van), fils d'Arthur. E. H. 1643-1703. AMSTERDAM. Paysage, intérieurs, portrait, histoire, fleurs, etc. = Elève de son père et de J. Van Loo. Il se rendit de bonne heure en France et y fut attaché pendant quatre ans à une famille de grande noblesse. Revint en Hollande, séjourna à Rotterdam, s'y maria une première fois ; devenu veuf, il se rendit en Brabant et y épousa en secondes noces une artiste, peintre en miniature, fille de François Duchatel. En 1697, veuf une seconde fois, il se remaria, à Dusseldorf, avec une veuve, du nom de Breekvelt, peintre de talent, qui, après la mort d'Eglon, resta attachée à la cour de l'électeur Palatin dont son mari avait été peintre. Eglon obtint aussi, en 1687, le titre de peintre de Charles II, roi d'Espagne. Il habita Bruxelles, où il cultivait lui-même les fleurs qu'il reproduisait sur ses toiles. De ses deux premières femmes, il eut seize enfants et sa troisième, qui était veuve, en avait neuf. On comprend qu'avec de telles charges, ses tableaux n'étaient pas toujours achevés avec le soin désirable. Le nombre en est très considérable. = Tobie voyageant avec l'ange, Amsterdam. — La malade, Londres (Buck. Palace). — Paysages, Florence. — Esther devant Assuérus, *ib.* — Combat de cavalerie, Madrid. — Paysage avec figures, Paris. — Cuisinière tenant un baquet de harengs, *ib.* — Jeune femme faisant de la musique, Dresde. — Même sujet, Munich. — Jeune femme s'évanouissant, *ib.* — Conversation dans un jardin, Copenhague. — Dame jouant de la guitare, *ib.* = Se forma d'après Netscher et Frans Van Mieris. Le plus grand reproche qu'on ait à lui faire, c'est d'avoir travaillé avec trop de précipitation. Ses tableaux d'histoire sont médiocres ; réussit dans le portrait et dans l'étoffage qu'il introduisait dans les tableaux de ses collègues ; ses paysages sont traités avec un pinceau trivial, quoique nets d'aspect ; ses tableaux de genre sont rares ; goût fin dans la composition ; sentiment de l'harmonie. = Ventes : V. Dubarry (1774), *La consultation*, 1,852 liv. — V. Randon de Boisset (1777), *Paysage*, 871 liv. — V. Lambert (1777), Le même tableau, 2,600 l. — V. Pierard (1860), *Jeune dame descendant un escalier*, 3,750 fr.

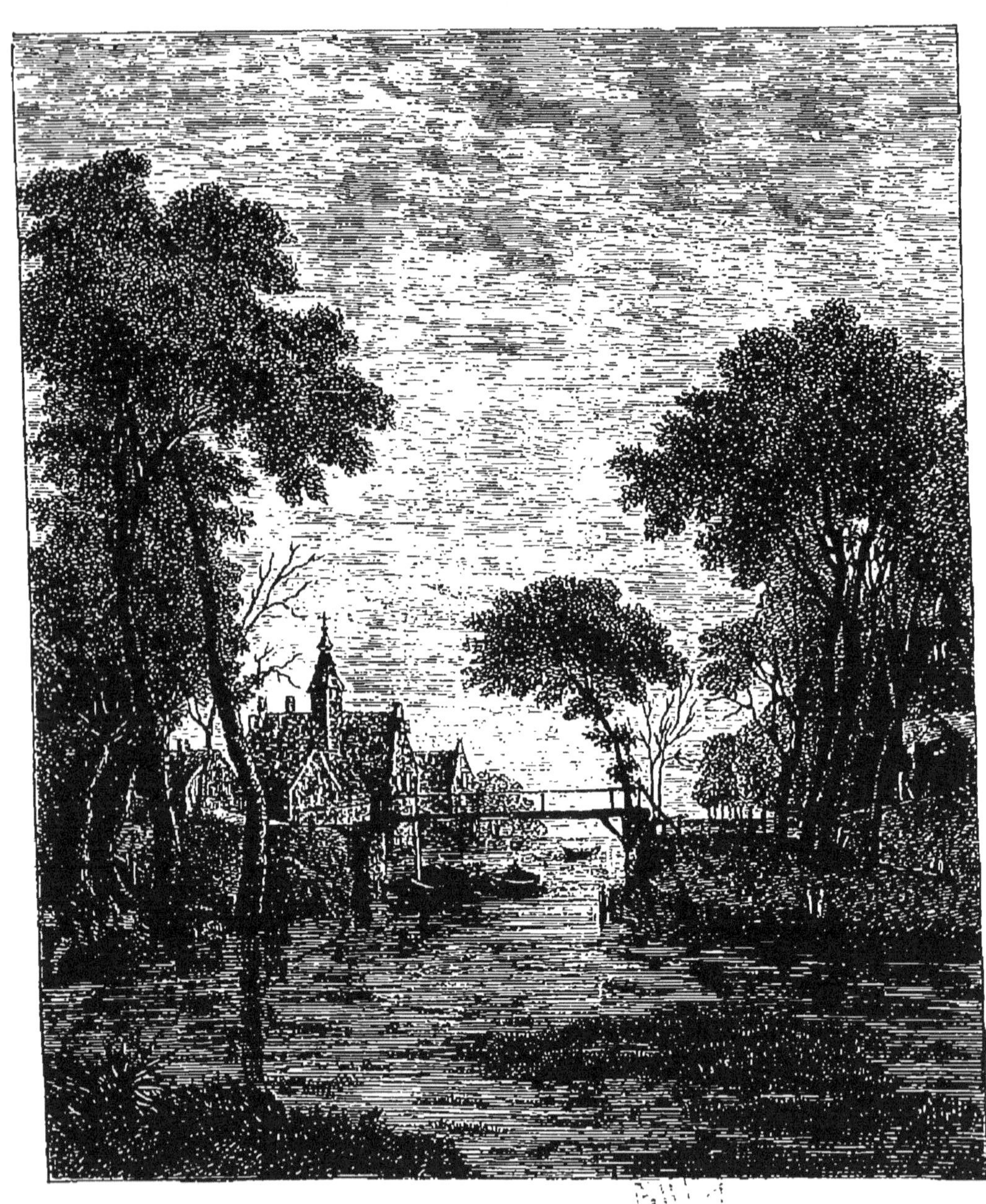

Paysage par Aart van der Neer. Galerie du Prince Liechtenstein à Vienne.

— V. Scarisbrick (1861), *Jeune femme devant une table dessinant*, 4,068 fr. — V. Brienen de Grootelindt (1865), *Une dame et sa suivante*, 20,650 fr.

Neergaard (Mlle H.). E. Al. * 1845. Fleurs, etc. = Peintre danois. = Plantes en fleurs, Copenhague.

Negre (Mathieu Van). E. Fl. * 1625. Histoire, architecture. = Florissait en Flandre.

Negre (Nicolas Van). E. H. * XVIIe siècle. Portrait. = Comme il a représenté beaucoup de personnages de Leyde, on pense qu'il fleurit dans cette ville. = Suiderhoef, Van Dalen, et d'autres ont gravé d'après lui.

Négrepont (Antoine de). E. I. * 1430. VENISE (?). Histoire. = Il était moine. = Vierge adorant Jésus (1430) signé : *Pater Antonius Negroponte, pinxit*, Venise. La *Revue universelle des arts*, Tome XI, p. 337, cite un tableau représentant *la Vierge et l'Enfant*, dans l'église de San Francesco della Vigna, signé comme suit, le nom en caractères gothiques dans un cartouche, le reste en majuscules romaines :

ORDINIS *Frater Antonius de Nigro Ponto pinxit* MINORUM

Negri (Jean-François). E. I. 1593-1659. Portrait. = Elève de Fialetti, à Venise. = Dessinateur et graveur.

Negri (Jérôme). E. I. 1648. Histoire. = Elève de L. Pasinelli.

Negri (Pierre). E. I. * 1679. VENISE. Histoire. = Elève ou compétiteur d'Antoine Zanchi. = Agrippine mourante devant Néron, Dresde.

Negri (Pierre-Martin). E. I. * 1600. CRÉMONE. Histoire, portrait. = Elève de Malosso, le Vieux. = Réussit dans le portrait ; bonne composition.

Negron (Lucien-Charles de). E. Es. * 1660. Genre. = Protecteur, élève et un des fondateurs de l'Académie de Séville.

Negrone (Pierre). E. I. 1505 (?)-1565. EN CALABRE. Histoire. = Elève de L. Costa. = Peintre studieux et recherché.

Neher (Bernard). E. Al 1806. BIBERACK (Wurtemberg). Histoire. = Elève de Cornelius. = Triomphe de Louis de Bavière. — Abraham et les Anges.

Neher (Michel). E. Al. 1798. MUNICH. Genre, intérieurs d'église = Elève des Quaglio. = Intérieur de l'ancienne chapelle au château de Trausnitz, Munich. — Scène populaire à Rome, *ib.* — L'Eglise du couvent de Bebenhausen, *ib.* — Plusieurs vues de Munich, *ib.* — La Cathédrale de Magdebourg, *ib.* — Intérieur d'une église dans l'Allemagne du Sud, Hambourg.

Nehlig. E. Fr. 1830. PARIS. Histoire. = Elève de L. Cogniet et d'A. de Pujol. = Bataille de Gettysburg.

Neide (Emile). E. Al. 1842. KOENIGBERG. Histoire.

Neidlinger (Michel). E. Al. 1624-1700. NUREMBERG. Histoire. = Elève de George Strauch.

Nejebse (Jean). E. Al. * 1837. Portrait.

Nelli (Pierre). E. I. * 1710. Histoire, etc. = Etabli à Rome ; donna des leçons à François Zuccherelli.

Nelli (sœur PLAUTILLA). E. I. 1523-1588. FLORENCE. Miniature, histoire, portrait. = Elle étudia d'après les dessins du Frate qu'elle imita très heureusement. Prieure du couvent de Sainte-Catherine de Sienne. = Les Marie et d'autres saints, pleurant sur le corps de Jésus-Christ, Florence. — Jésus-Christ chez Marthe et Marie, Berlin. = Son ordre étant fort sévère, elle ne pouvait avoir des hommes pour modèles et y suppléa par des religieuses. De là la physionomie féminine de tous les saints représentés dans ses tableaux. Etudes consciencieuses et savantes.

Nello di **Dino.** E. I. * XIVe siècle. Histoire, portrait. = Contemporain et ami de Buffalmacco.

Nenci (François). E. I. * XIXe siècle. Histoire. = Achille pleurant Patrocle. — La Vierge en prière.

Neofreschi (Léopold). E. I. * XIXe siècle. Histoire. = Alexandre et son médecin.

Nepveu (messire Laurent-Théodore). E. H. 1782-1839. UTRECHT. Paysage. = Membre des états provinciaux. Amateur ; élève de B. Van Straaten.

Neranus (A.). E. H. * XVIIe siècle. Histoire. = Ecole de Rembrandt. Style de Van Vliet.

Nerenz (Guillaume). E. Al. * 1832. BERLIN. Genre, histoire. = Elève de Schadow.

Neri (Jean), dit **Degli Uccelli.** E. I. * 1575. Oiseaux, poissons, etc. = Talent remarquable dans son genre.

Neri (Nello). E. I. * 1299. PISE. Histoire. = Détails inconnus.

Nerito (Jacques). E. I. * XVe siècle. PADOUE. Histoire, portrait. = Elève de Gentile da Fabriano.

Nerly (Frédéric). E. Al. 1807. ERLANG. Paysage, animaux.

Neroccio. E. I. * 1483. SIENNE. Histoire, portrait. = Peu de réputation.

Neroni (Barthélemy), dit **Maestro Riccio.** E. I. * 1573. SIENNE. Histoire, décoration. = Elève de B. Péruzzi et du Sodona dont il épousa la fille ; il sut, après ce dernier, soutenir la réputation de l'école dont il demeura le chef ; exécuta pour le théâtre de Sienne plusieurs belles décorations, et fut de plus architecte de la république de Lucques. = La

Vierge, l'Enfant Jésus, St Louis et Ste Claire, Berlin. = Très habile dans la perspective.

Nerve (Michel de). E. H. * XVIIe siècle. HOLLANDE. Marbre, ornement. = Son talent lui valut le droit de bourgeoisie, sans contribution, à Bruxelles, où il fut reçu franc-maître, en 1660.

Nervesa (Gaspard). E. I. * XVIe siècle. DANS LE FRIOUL. Histoire, genre. = Elève du Titien ; travailla à Spilemberg. = Un peintre faisant un portrait d'après nature (Caricature), Dresde. = Dans le catalogue de Dresde ce peintre est désigné sous le nom de Gaspard Titien.

Nes (Jean Van). E. H. † 1650. DELFT. Histoire, portrait. = Elève de M. Mierevelt. Voyagea en France et en Italie.

Neséas. 454 ans avant J.-C. THASOS. = Un des maîtres d'Apollodore d'Athènes (Pline).

Nesfield (G.-A.). E. An. * XIXe siècle. Aquarelle.

Nets (de). E. Fl. * XVIIe siècle. LIÉGE. = Cité par de Marolles. Ne serait-ce point le peintre hollandais Netscher qui voyagea en France du temps de Marolles?

Netscher (Gaspard). E. H. 1639-1684. HEIDELBERG. Portrait, genre et intérieurs. = La mère de ce peintre, restée veuve avec quatre enfants, fut forcée de se réfugier dans un château à cause des guerres qui désolaient l'Allemagne. On assiégea le refuge qu'elle avait choisi, on intercepta les communications, et la pauvre mère vit mourir de misère et de faim deux de ses enfants; deux autres lui restaient. A la faveur de la nuit, elle s'échappa en les cachant sur son sein, et arriva à Arnhem dans l'état le plus misérable. Un médecin, nommé Tullekens, se chargea de l'éducation du petit Gaspard, qui n'avait alors que deux ans. On voulut en faire un médecin; mais le goût de la peinture se développant chez lui, on le mit d'abord chez un peintre d'oiseaux et de gibier. nommé Koster, puis chez G. Terburg, à Deventer, qui forma cet excellent maitre. Netscher songea à visiter l'Italie; il s'embarqua pour Bordeaux et s'y arrêta; il y connut la fille du mécanicien Godyn, de Liége, et l'épousa, en 1659; le voyage d'Italie fut abandonné et l'artiste revint s'établir à La Haye, où il mourut. En 1663, il avait été inscrit dans la confrérie *Pictura*. = La leçon de chant, Paris. — La leçon de basse et de viole, *ib.* — Une dame arrangeant les cheveux de son fils, et autres figures, Amsterdam (Chef-d'œuvre). — Portrait : Constant Huygens, le père, *ib.* — Le peintre, sa femme et sa fille, La Haye (Chef-d'œuvre; signé et daté de 1665). — Portrait d'homme, *ib.* (Daté de 1677). — Portrait de femme, *ib.* (Pendant du précédent; daté de 1683). — Sacrifice à Vénus, Florence. — Femme en prière, *ib.* — Le peintre et sa famille, *ib.* — Servante lavant un chaudron, *ib.* — Une jeune dame jouant de la guitare, assise dans une belle campagne; derrière elle est une femme debout et tenant des fruits (Chef-d'œuvre), *ib.* — Un homme lisant : sur la table différents objets d'art, Vienne. — La vieille cuisinière, Berlin. — Pomone abordée par Vertumne, déguisée en vieille, *ib.* — Une dame jouant du luth, *ib.* — Portrait du margrave Louis de Brandebourg, *ib.* — Une dame à sa toilette, Dresde. — Portrait du peintre (?), *ib.* — La jeune femme malade, *ib.* — Une dame et un gentilhomme l'accompagnant de la guitare, *ib.* — Jeune femme accompagnant un cavalier au piano, *ib.* (Chef-d'œuvre; daté de 1668). — Portrait de Mme de Montespan, *ib.* — La même avec son fils, le duc du Maine, *ib.* — Portrait de jeune femme, Rotterdam. — Portrait d'homme, *ib.* — Portraits en buste du peintre et de sa femme. Copenhague. — Bethsabée au bain, Munich. — La musique, *ib.* — Et autres, *ib.* = La plupart de ses portraits sont historiés. Il rendait parfaitement les étoffes. Dessin gracieux et correct. Inférieur à Terburg pour l'harmonie et le clair-obscur, à Metzu pour la correction du dessin et l'esprit de la touche et à tous deux pour le sentiment de la couleur; il les égala pour le goût de la composition et l'élégance des figures, et les surpassa pour la beauté dans la forme. Il excella comme Terburg dans le portrait en petites dimensions Ses derniers ouvrages sont plus maniérés et infiniment inférieurs aux premiers. On croit qu'il a gravé à la manière noire. = Ventes : V. Vence (1750), *Cléopatre*, 1,800 liv. — V. Julienne (1767), *Mère nourrissant son enfant*, 3,510 liv. — V. Randon de Boisset (1777), quatre figures dans une chambre, 2,800 liv. — V. Poullain (1780), *Enfants à une fenêtre*, 2,400 liv. — V. Fesch (1845), *L'amateur de gravures*, 2,300 fr. — V. Chavagnac (1854), *L'amateur de roses*, 5,000 fr. — V. d'Hane de Steenhuyse (1860), *Portrait d'une dame de la cour de Louis XIV*, 4,200 fr. — V. Odier (1861), *Le docteur Tullekens*, 2,100 fr. — V. Le Hon (1861), *Concert d'amateurs*, 4,450 fr. — V. Leroy d'Etiolles (1861), *Une mère et son enfant*, 3,350 fr. — V. Van Cleef (1864), *Jeune fille debout*, 1,750 fr. — V. Van Brienen de Grootelindt (1865), *Portrait de femme*, 2,280 fr. — V. Herman de Kat (1866), *La famille du magistrat*, 11,100 fr. — *La musicienne, jeune fille blonde assise jouant de la guitare*, 5,500 fr. — *Jeune fille prenant une rose*, 6,150 fr.

Netscher (Constantin), fils de Gaspard. E. H. 1670-1722. LA HAYE. Portrait, genre et histoire. = Il fut doyen et régent de l'Académie. Les infirmités l'empêchèrent souvent de se livrer à son travail et de jouir de ses succès. = Portrait d'homme revêtu d'une armure, Berlin. — Portrait du margrave Louis de Brandebourg, *ib.* — Vénus pleurant Adonis métamorphosé en fleur, Paris. — Berger tenant une jeune fille dans ses bras, Munich. — Portrait en pied de Guillaume III, roi d'Angleterre, Amsterdam (Musée V. D. Hoop). — Portrait de la reine Marie, *ib.* — Portrait de Guillaume III, Rotterdam. — Portrait d'un homme en perruque, Copenhague. = Réussit très bien dans le portrait de petite dimension. Bonne ressemblance, coloris vigoureux, mais lourd. — Ventes : V. Delessert (1869), *Jeune femme avec son fils faisant des bulles de savon*, 1,700 fr. — *Portrait de femme*, 620 fr. — *Portrait de femme* (Mme Deshoulières?), 2,250 fr.

Netscher (Théodore), fils de Gaspard. E. H. 1661-1732. BORDEAUX. Portrait, etc. = Elève de son père. Demeura à la cour de France pendant 20 ans; revenu à La Haye, où de nombreuses promesses l'avaient attiré, il y fut nommé à une place de receveur à Hulst, place qu'il fit desservir par un commis. En 1715, envoyé par la Hollande, il se rendit en Angleterre, comme payeur des troupes de l'Etat, qui étaient à la solde de George Ier. Il y resta dix ans, y eut un grand succès comme peintre et revint mourir paisiblement à Hulst. = Tableaux, Londres. — Petit portrait d'homme en pied, Rotterdam. (Signé : T. Netscher Pinxit, Parisi, 1681.) = Réussit dans le portrait.

Netscher (Juste-A.-H.). E. H. 1818. LA HAYE. Intérieurs. = Elève de C. Kruseman.

Neufchatel. V. Lucidel.

Neugebauer (Joseph). E. Al. 1810. VIENNE. Portrait, histoire.

Neuhaus (Ch.-A.-Fr.). E. Al. 1852. ELBERFELD. Genre.

Neumann (C.). E. Al. 1833. COPENHAGUE. Marine. = Peintre danois.

Neumans (Pierre-J.). E. Fl. 1822. ANVERS. Paysage, marine. = Elève de M. Van Brée et de J. Jacobs. Graveur. Restaurateur de tableaux.

Neurdenburg (Christophe). E. H. 1817. ROTTERDAM. Intérieurs, genre. = Elève de G. Schmidt.

Neureuther (Eug.-Napoléon). E. Al. 1806. MUNICH. Histoire, genre et paysage. = Elève de son père, Louis, et de Cornelius. = Arabesques. — Souvenir des journées de juillet.

Neustätter (Louis). E. Al. 1829. MUNICH. Portrait, genre.

Neuville (Alphonse-M. de). E. Fr. 1836. SAINT-OMER (Pas-de-Calais). Histoire, bataille, etc. = Elève de Delacroix. = Bivouac du Bourget, Dijon. — Les dernières cartouches.

Neuville (de). V. Ritter.

Neve (François de). E. Fl. * 1660. ANVERS. Histoire, portrait. = Il étudia d'abord Rubens et Van Dyck et se perfectionna en Italie devant les chefs-d'œuvre de Raphaël. Il y eut deux peintres de ce nom, probablement le père et le fils. L'un des deux est inscrit comme franc-maitre dans la confrérie de Saint-Luc, à Anvers, en 1630. Nous y trouvons encore un Philippe de Neve, en 1643-44. Enfin François II est inscrit comme fils de maître en 1690-91. = Beaucoup de feu dans ses ordonnances, dessin agréable et bon coloris. Graveur.

Nevele (Luc Van). E. Fl. * XVIe siècle. Portrait. = Cité comme faisant partie du magistrat de Bruxelles, en 1563.

Nevele (Nicolas Van). E. Fl. 1550. BRUXELLES. Portrait. = Détails inconnus.

Nevele (Simon Vanden). E. Fl. * XVIe siècle. = Cité parmi les créanciers du comte d'Egmont, après la mort de celui-ci.

Neveu ou **Naiveu** (Mathieu). E. H. 1647-1721 (?). LEYDE. Histoire, intérieurs, genre, etc. = Elève de Gérard Dou et de A. Torenvliet. Mort à Amsterdam. = Saint Jérôme agenouillé devant un autel, Amsterdam. — Vieillard allumant sa pipe près d'une table, Rotterdam. = Un peu de négligence dans son dessin et dans la composition; sujets spirituels; bonne ordonnance, manière finie. = Ventes : V. Leendert de Neufville (1765), *Un musicien et une femme endormie*, 51 fl. — V. Delacourt Vander Voort (1766), *Un homme fumant pendant qu'une femme coupe une tranche de pain*, 250 fl. — V. Meffre (1863), *Le fumeur*, 200 fr.

Neveu (Noël). E. Fr. * XVIIe siècle. Histoire. = Deuxième prix de l'Académie royale de peinture de France, en 1692, avec son *Abraham répudiant Agar et son fils Ismaël*. Chateaubriand dans ses *Mémoires d'outre tombe* (1802-03) parle d'un Neveu sur lequel nous manquons de renseignements.

Newton (Gilbert-Stuart). E. An. 1794-1835. HALIFAX (Nouvelle-Ecosse). Portrait, genre. = Elève de son oncle, Gilbert Stuart, à Boston. Vint en Angleterre, en 1818, après avoir visité l'Italie. Revint dans sa patrie, en 1832, s'y maria et fut nommé, la même année, membre de l'Académie royale, à Londres. Atteint d'aliénation mentale, il mourut à Chelsea. = Yorick et la grisette, Londres. — La fenêtre ouverte ou la jeune fille allemande, *ib.*

Newton (William). E. An. † 1869. Miniature. = Descendant de l'illustre Isaac Newton. Anobli par la reine Victoria.

Neyn (Pierre de ou Van). E. H. 1597-1639. LEYDE. Paysage, perspective, batailles, etc. = Fils d'un tailleur de pierres, ses parents ayant besoin de son aide, l'élevèrent dans leur état. Son goût pour les arts lui fit trouver les moyens de les étudier et il reçut quelques leçons d'Isaac Vande Velde. En 1632, il fut nommé tailleur de pierres de sa ville natale. Egalement architecte.

Neys (Jacques de). E. Fl. † 1701 ou 1702. ANVERS. Nature morte. = Peintre amateur; contemporain de Mathieu Terwesten avec lequel il se trouva à Rome; il reçut dans cette ville le surnom de : *Généreux*, voyagea dans différents pays et mourut au moment où il allait retourner dans sa patrie.

Neyt (B.). E. Fl. * 1845. Intérieurs d'église.

Neyts (Gilles). E. H. * 1681. Paysage. = Tout est supposition sur cet artiste; on croit qu'il habita la Hollande et qu'il fit des tableaux pour l'Académie d'Anvers. = Paysage avec ruines et figures, Dresde (Signé : A. E. Neyts, 1681). — Paysage avec montagnes et figures, *ib.* = Graveur; style de Ruisdael.

Nicaise. E. Fr. * 1448. CAMBRAI. Histoire. = Travaillait à Douai où le duc de Bourgogne lui commanda une *Histoire morale sur la danse Macabre* dont il fit le poëme et les décors. En 1449, cette moralité fut représentée devant le duc et sa cour.

Nicaise (Jean). E. Fl. * 1372. FRANCE. Miniature. = Français de naissance, cet enlumineur travailla pour Jeanne, duchesse de Brabant en 1375 ou 1376.

Nicanor. 411 ans avant J.-C. PAROS. Histoire. = Contemporain de Polygnote. (Pline).

Nicasius. V. Bernaerd.

Niccolo. V. Abbate (Nicolas dell').

Niccolo. E. Fr. * XVIIe siècle. = Elève de Boullongne. De Marolles, dans ses vers, l'appelle : *le grand Nicolo.*

Niccolo de Pesaro. V. Trometta.

Niccolo Veronensi. V. Golfino.

Nicéarque. Peintre grec.

Niceron (Jean-François). E. Fr. * 1643. FRANCE. Perspective, paysage. — Appartenait à l'ordre des minimes. = Peignit sur les murs de son couvent des paysages qui, vus d'un autre côté, paraissaient être des figures.

Nicholson (Guill.). E. An. 1784-1844.

Nicias. 322 ans avant J.-C. ATHÈNES. Histoire, portrait, animaux. = Elève d'Antidote; sa réputation égala bientôt celle des plus grands maîtres de son temps; se faisait remarquer par son zèle pour l'étude de son art, qui lui faisait souvent oublier ses bains et ses repas. Avide de gloire plutôt que de richesse, il donna à la ville d'Athènes un de ses tableaux pour lequel le roi Ptolémée lui avait offert 60 talents. (Pline et Pausanias). = Pythonisse évoquant les ombres. — Calypso. — Io. — Andromède. — Alexandre. — Hyacinthe, etc. = Distribution savante des ombres et de la lumière, relief extraordinaire dans les figures; excellait à peindre les animaux et surtout les chiens.

Nickelle. V. Nikkelen (Van).

Nickol (Charles Fr. A.). E. Al. 1824. SCHOPPENSTEDT (Brunswick). Animaux, paysage.

Nicol (Erskine). E. An. 1825. LEITH (Ecosse). Genre. = Jour du Sabbat — Pro bono publico.

Nicolaas (Jean). E. H. * XVIIe siècle. Portrait. = Détails inconnus.

Nicolaï. V. Swanenburg.

Nicolaï. E. Fl. * XVIIe siècle. Histoire. = Elève de Rubens. Il fut jésuite. = Vie et miracles du Sauveur, plusieurs tableaux, Namur (Eglise Saint-Aubin).

Nicolas (Louis). E. Fr. * 1293. PARIS (?) = Peintre en miniature et calligraphe; artiste distingué qui travaillait à Paris.

Nicolas le Picard. E. Fr. * 1509. AMIENS (?) Histoire. = Fixé à Avignon où il travailla pour l'église Saint-Agricol.

Nicolas le Lorrain. E. Fr. * 1515. NANCY (?) = Peintre-verrier qui travailla au palais ducal.

Nicolas (Adrien). E. Fr. * 1527. ANVERS (Belgique). Histoire. = Vint de bonne heure en France où il fut naturalisé par François I^r Se fixa à Orléans où il mourut dans un âge avancé.

Nicolas de Crémone. E. I. * 1520. CRÉMONE. Histoire. = D'après Orlandi, ce peintre était établi à Bologne. = Déposition de la croix, Bologne.

Nicolas de Norcia. E. I. * 1400. NORCIA. Histoire. = Inscrit sur le registre des peintres établis à Sienne.

Nicolas de Venise. E. I. * XIVe siècle. VENISE. Histoire. = Détails inconnus. = La Sainte-Vierge sur un trône, Venise (Avec cette inscription : *M. CCCL. XXXX IIIJ — Nicholaus filius Mri Petri pictoris de Veneciis pinxit hoc opus qui moratur in chapitc pontis paradixi.*

Nicolas de Vito. E. I. * XVe siècle. Histoire. = Elève d'A. Solario; plus célèbre par ses plaisanteries que par ses peintures.

Nicolas di Stefano. E. I. * 1530. BELLUNE. Histoire. = Florissait à Cadore où il travailla en concurrence avec la famille du Titien et souvent avec succès.

Nicolas du Frioul. E. I. * 1332. DANS LE FRIOUL. Histoire. = Peignit la façade de la cathédrale, à Gemona, en 1332. = On lui attribuait un ouvrage immense et remarquable qui existait à Venise et qui représentait la consécration de la cathédrale de cette ville.

Nicolay (Jean-Henri). E. H. 1766-1826. LEEUWARDEN. Oiseaux, animaux, etc. = Son père était peintre de voitures, et il suivit la même carrière. Son goût pour l'histoire naturelle le conduisit à peindre des animaux et surtout des oiseaux. = Lièvre mort avec accessoires, Haarlem. = Il eut du succès à son époque.

Nicolaysen. E. Al. 1821. BERGEN. Paysage, marine.

Nicolletto (le). V. Cassana.

Nicoletto de Modène. E. I. * 1595. MODÈNE. Histoire. = Détails inconnus. = Un des plus anciens graveurs sur cuivre.

Nicolié (J.-C.). E. Fl. 1791-1854. Intérieurs d'église. = Eglise de Saint-Jacques, à Anvers, Haarlem. — Même sujet, *ib.*

Nicoll (J.). E. An. 1845. NEW-YORCK. Animaux, paysage. = Elève de De Haas et de Kruseman Van Elten.

Nicoluccio. E. I. * XVIe siècle. EN CALABRE. Histoire. = Elève de L. Costa; tenta d'assassiner son maître.

Nicomaque, fils d'Aristodème de Carie. 356 ans avant J.-C. GRÈCE. Histoire. = Elève de son père; comparé à Apelle par Cicéron. = Enlèvement de Proserpine. — Victoire s'élevant dans les airs sur un char. — Ulysse et Apollon. — Diane. — Cybèle assise sur un lion. — Bacchantes et Satyres. — La Scylla. = Grande rapidité dans l'exécution.

Nicophane. 335 ans avant J.-C. Histoire, etc. = Contemporain d'Aristide. Un des grands artistes de son époque.

Niedmann (Auguste-Henri) E. Al. 1826. BRUNSWICK. Genre.

Nielsen (A.-C.). E. Al. 1838. MANDAL. Paysage. Marine = Le crépuscule.

Nielmeyer. E. Al. 1837. Paysage. = Paysage tyrolien.

Niemann. E. Al. 1799 (?). Genre. = Scène de famille.

Nieper (Louis). E. Al. 1826. BRUNSWICK. Histoire.

Niessen (Jean). E. Al. 1821. COLOGNE. Histoire.

Nieulandt (Jean). E. Fl. 1569-1628. ANVERS. Histoire, paysage, = Quelques auteurs croient que ce personnage ne fait qu'un avec Adrien Van Nieulant. Il n'est point inscrit dans le registre de Saint-Luc, à Anvers. = La plupart de ses tableaux sont de petite dimension.

Nieulant (Adrien Van). E. H. 1590. ANVERS. Paysage. figures. = Elève de G. Isaac et de F. Badens, en 1607. Mort vieux, à Amsterdam, où il avait reçu son éducation artistique et où il s'était établi. = Figures dans un tableau de gibier et de fruits, de F. Snyders, Dresde (Attribué). — Entrée de Jésus-Christ à Jérusalem, Copenhague. — Le prophète Elie et la veuve de Sarepta, *ib.*—Triomphe de Bacchus; *ib.* — Danse d'enfants dans un paysage, Berlin (Signé : A. V. Nieuland F. 1657). — Un épisode de carnaval sous les murs d'Anvers, Bruxelles. — Bonne réputation, réussit dans le paysage étoffé de petites figures. = Ventes : V. Banckeim (1747), *Noë entrant dans l'arche*, daté de 1650,300 liv.

Nieulant (Guillaume Van), frère (?) d'Adrien. E. Fl. 1584?-1635 (?). ANVERS. Paysage. = Elève de Jacques Savery, qui travaillait alors à Amsterdam, demeura trois ans à Rome où il étudia sous Paul Bril. En 1606, il était revenu dans sa ville natale, où il fut reçu membre de Saint-Luc, en cette année. La date de naissance de 1584 est extraite de de Bie. Dans Van Mander (Vie de Paul Bril) on lit que V. Nieulant, élève de Bril, avait 22 ans en 1604; il serait donc né en 1582; Van Mander ajoute qu'en 1604, il se trouvait à Amsterdam. Mort en cette ville. = Vue du *Campo-Vaccino*, près Rome. — Vue de Rome avec figures, Anvers (Signé : G. V. NIEVLANT 1611). — Marché aux bœufs à Rome, Copenhague. = Il avait d'abord adopté le genre de Paul Bril, qu'il abandonna ensuite. Coloris naturel et agréable, mais un peu vert. Pinceau habile. Figures bien dessinées. Imitateur de Jean Breughel. Graveur, enlumineur, poète et auteur dramatique.

Nieuwal (Gérard Van). E. Fl. * 1600. GORCUM. = Reçu bourgeois d'Anvers, en 1600.

Nieuwenhuysen (Adrien-Guillaume). E. H. 1814. UTRECHT. Intérieurs d'église = Elève de B. Van Straten.

Nieuwpoort. V. Nypoort.

Nieuwels (Pierre). E. Fl. * XVe siècle. = Inscrit, vers 1480, sur les registres de Saint-Luc, à Bruges.

Nieuwerborch (Pierre Van). E. Fl. * XVe siècle. = Inscrit vers 1480, dans la confrérie des peintres de Bruges.

Nigg (Joseph). E. Al. 1782. VIENNE. Fleurs, fruits. = Fleurs, fruits, Vienne.

Nikitin. E. R. * 1700. Histoire. = Détails inconnus. = Christ (Chapelle du palais *Anitschkoff*).

Nikkelen (Isaac Van). E. H. † 1703. HAARLEM. Intérieurs d'église. = Reçu dans la gilde de Saint-Luc, en 1660. Le 11 février 1694, il obtint du magistrat la permission de mettre en loterie un de ses tableaux représentant l'intérieur de la grande église de Haarlem. En 1689, il payait une redevance pour être exempt de la garde bourgeoise; il appartenait donc à la secte des Mennonites. Il était verrier, attaché à une grande verrerie et fut déclaré insolvable, en 1698. = Intérieur de la grande église de Haarlem, Bruxelles. — Même sujet, Amsterdam (Collection Six). — Intérieur d'église, Berlin (Signé : *Isaac Van Nikkelen* 169*). — Vestibule d'un palais, Paris (Signé : *Isack : Van : Nickelle*). — Chapelle latérale d'une église hollandaise, Copenhague. = Manière de Van Vliet; on croit qu'il n'a fait que des copies; effet lumineux et transparent; mauvais modelé dans les détails.

Nikkelen (Jean Van), frère d'Isaac (?) E. H. 1649-1716. HAARLEM. Paysage avec animaux. = Elève d'Isaac. En 1669 il payait, comme Isaac, une redevance pour être exempt de la garde bourgeoise, ce qui permet de croire qu'il était également Mennonite. — Il fut quelque temps au service de l'électeur Palatin qui le nomma chevalier et mourut à la cour de Hesse Cassel, où il avait également résidé. = Paysages montagneux, Dresde. — Paysage : Cascade, *ib.* — Série de vues des environs de Cassel, château de Willemshöhe. = Manière de Charles Dujardin. Style trop décoratif; graveur.

Nikkelen (Jacqueline-Marie Van), fille de Jean. E. H. 1690 (?). Fleurs, fruits. = Elève d'Herman Vander Myn. Elle épousa le peintre Guillaume Troost.

Nikutowski (Jean-A.-S.). E. Al. 1830. SALVARSCHIENEN. Histoire, bataille, genre. = Elève de Lessing. = Paysage de la Béresina. — Hors du cimetière.

Nilson (Elie). E. Al. 1721-1788. AUGSBOURG. Miniature, portrait. = Son père, André, peintre en miniature assez estimé, lui donna des leçons ainsi que sa mère, Barbe Brettauer, artiste elle-même. Fit les portraits de Frédéric, roi de Prusse, du czar Pierre III, du pape Clément XIII et de beaucoup d'autres personnages de distinction. Directeur de l'Académie d'Augsbourg, en 1769 et peintre de la cour palatine. Il abandonna la peinture pour le dessin et la gravure et travailla dans le genre de Watteau.

Nilson. E. Al. * XIXe siècle. AUGSBOURG. Histoire.

Ninet. * XVIIe siècle. = Cité par de Marolles.

Ninfe (César dalle). E. I. * XVIe siècle. Histoire. = Elève du Tintoret. = Idées originales, pinceau léger.

Niquevert (Alphonse-Alexandre). E. Fr. 1776-1860. PARIS. Histoire, paysage historique. = Elève de David et de Regnault. = Jésus-Christ devant Pilate. — Paysage. — L'ange ramenant Tobie.

Nittis (Joseph de). E. Fr. 1846. BARLETTA (Italie). Genre, vues de ville, paysage. = Elève de Brandon, de Gérome et de Meissonnier. = Vue de Westminster. — Fait-il froid?

Nivar (Jean). E. Fl. * XVIe siècle. LIÈGE. Histoire. = Bon peintre sur verre.

Nivard (Charles-François). E. Fr. * XVIIIe siècle. VILLENEUVE-LE-ROY. Portrait. Agréé à l'Académie, en 1783.

Noack (Auguste). E. Al. 1822. DARMSTADT. Histoire. = Descente de croix.

Nobel (Jacques). E. H. 1497-1573. UTRECHT. Portrait. = Il fit, dit-on, le portrait de Charles-Quint âgé de 16 ans, mais cette assertion est douteuse, car il n'avait lui-même que 19 ans, en 1516. Il épousa une Bruxelloise qui lui donna treize enfants. Il fut marguillier de l'église Saint-Nicolas, à Utrecht en 1571, et fut un des premiers réformés de cette ville, où il mourut.

Nobele (Henri de). E. Fl. * 1860. Portrait, genre. = La concurrence.

Nobili (Durante de). E. I. 1571. CALDAROLA. Histoire. = Imitateur de Michel-Ange.

Noble (Gilles de), fils de Pierre. E. Fl. * 1565. FLOBBERGHEN. = Reçu bourgeois d'Anvers, en 1565.

Nocchi (Bernardin). E. I. Histoire. = Sainte Prudentienne, Rome.

Nocesi. E. I. * XIXe siècle. Sujets mythologiques et histoire.

Nockenbrouck (Arnold Van). E. Fl. * XVe siècle. = Inscrit, en 1450, sur les registres de Saint-Luc, à Bruges.

Nocret (Jean). E. Fr. 1617 ou 1618-1672. NANCY. Histoire, portrait. = Fut souvent employé par les maisons royales de France et du Portugal. Adjoint au recteur de l'Académie royale de peinture. = Famille de Louis XIV, Versailles. — Portrait de Philippe de Bourbon, Madrid.

Nocret (...), fils de Jean. E. Fr. 1657-1719. = Il peignit le portrait de son père qu'il offrit à l'Académie. On ne sait rien de lui si ce n'est qu'il fut premier valet de garde-robe du duc d'Orléans.

Noel. E. Fr. * 1815. Marine. = Elève de Silvestre et de Vernet. = Vue du port de la ville de Malaga. — Port de Lisbonne.

Noel (Alex.). E. Fr. 1794. PARIS. Genre. = = Elève de Guérin et de Picot.

Noel (Alexis-Nicolas). E. Fr. 1792. CLICHY-LA-GARENNE. Paysage historique. = Elève de son père et de David. = Vue du château d'Ussé (Bords de l'Indre). — Tombeau de Roland, à Roncevaux.

Noel (Achille Jules). E. Fr. 1815-1881 QUIMPER (Bretagne). Genre, marine, côtes, etc. = Arrivée de la diligence à Quimper sous le directoire.

Noel (Paul-J.). E. Fl. 1789-1822. WAULSORT-SUR-MEUSE, près de Dinant. Genre, paysage. = Elève de Herreyns, de J. J. Van Regemorter, et de Swebach, à Paris. S'établit à Bruxelles et mourut à Sosoye, près de Dinant. = Moustache. — Marché d'Amsterdam. — Le chat emmaillotté. — La fille aux raisins, Amsterdam. — Repos des bergers. — Station de cavalerie, Bruxelles.

Noferi (Michel). E. I. * XVIIe siècle. Histoire. = Elève de V. Dandini.

Nogari (Joseph). E. I. † 1763. Genre, histoire, portrait. = Elève de Balestra, employé à la cour de Savoie. = Vieillard avec des pièces d'or, Dresde. — Saint Pierre, *ib.* — Vieille femme se chauffant, *ib.* — Un vieillard tenant ses lunettes et un papier, *ib.* — Un vieillard, *ib.* = Ventes : V. Verhulst (1779), *Un vieillard* et *une vieille femme* (Deux tableaux), 350 fl.

Nogari (Pâris). E. I. * XVIIe siècle. ROME. Histoire. = Elève et imitateur de Raphaël Motta da Reggio. = Apparition du Sauveur, Rome. — Saint Silvestre cherché sur le mont Soracte, *ib.* — Construction de Saint-Jean de Latran, *ib.* — Fresques, *ib.*

Nogarre (Jean). E. Fr. * 1585. PARIS. Peintre verrier. = Elève de Paroy qu'il aida dans ses travaux à Saint-Merry.

Noisot (Claude-Charles). E. Fr. 1787. AUXONNE. Portrait en miniature et aquarelle.

Nollekens (B.). E. Fl. * XVIIe siècle (?). Genre. = Ce nom se trouve sur un *Intérieur de cuisine*, appartenant à un particulier. Cette peinture fine, très facilement touchée, est tout à fait dans le style de David Teniers que l'auteur a certes choisi pour modèle s'il n'a pu être son élève. On remarque même dans l'intérieur susdit la petite image bien connue de Teniers, clouée sur un pan de mur. Ce Nollekens ne serait-il pas le père de Joseph-François, que Pilkington nous dit s'être établi en Angleterre?

Nollekens. E. Fr. (?). * 1752. Histoire, genre, vues. = Ce peintre, évidemment d'origine flamande, était membre de l'Académie française de Saint-Luc, en 1752. Il exposa, en cette année, une *Crèche*, une *Académie de dessin* et le *Jardin de l'hôtel de Soubise*. En 1756, il exposa une *Dalila*. Ce peintre serait-il un fils de Joseph François?

Nollekens (Joseph-François). E. Fl. 1706-1748. ANVERS. Paysage, etc. = Pilkington dit qu'il était fils d'un peintre établi en Angleterre. Elève de Pierre Tillemans, voyagea très jeune en Angleterre où il eut beaucoup de succès. Mort à Londres. = Il s'occupa beaucoup à copier les ouvrages de Watteau, et les ordonnances d'architecture de Jean-Paul Panini.

Nollet (Dominique). E. Fl. 1640-1736. BRUGES. Histoire, scènes militaires et paysage. = Il fut admis dans la corporation des peintres, en 1687, et s'attacha ensuite, en qualité de premier peintre, à Maximilien de Bavière, dont il suivit la bonne et la mauvaise fortune. Après la mort de ce prince, il retourna à Paris, où il mourut. = Paysage : la visitation, Bruges. — Et autres, *ib.* = Sa manière se rapproche beaucoup de celle d'A. Vander Meulen.

Nolli (Charles). E. I. * 1757. Histoire. = Elève d'A. Masucci et d'Hyacinthe Corradi. Mort à Naples. = Graveur.

Nolpe (Pierre). E. H. 1601. LA HAYE. Paysage. = Vivait encore en 1669. Aucun biographe ne parle de lui comme peintre, mais tous le citent comme un excellent graveur. = Paysage hollandais, Copenhague.

Nonnotte (Donat). E. Fr. 1707-1785. BESANÇON. Histoire, portrait. = Elève de Lemoine, à Paris, en 1728; fut distingué par son maître et employé par lui; la mort du duc d'Antin, son protecteur, détruisit l'espoir qu'il avait de visiter Rome sous les auspices de ce prince; peintre du roi, reçu à l'Académie, en 1741; nommé, en 1754, peintre de la ville de Lyon, y établit une école gratuite de dessin, devenue le modèle de toutes celles de ce genre. = Bonne composition, coloris satisfaisant; abus de l'allégorie; associé comme littérateur aux Académies de Rouen et de Lyon. Auteur d'un *Traité complet de peinture*, divisé en quatorze mémoires.

Nooms (Renier), dit **Zeeman.** E. H. * 1656. AMSTERDAM. Marine, architecture et vues de ville. = Il doit son surnom à l'état de marin qu'il avait d'abord exercé. On avait supposé jusqu'aprésent qu'il avait travaillé avec Vande Velde. Un intéressant tableau représentant une violente tempête et un naufrage, tableau qui, en 1865, était en la possession de M.M. Raspail, porte les monogrammes, non seulement de Nooms, mais encore de David Teniers, le Jeune et de Willem Vande Velde. Nous devons ajouter cependant que le monogramme de ce dernier n'est pas conforme à ceux qu'on connaît de Willem Vande Velde, le Jeune. En effet ici le V précède le W (V. W.). S'agit-il du père ou du fils, c'est encore une question. Nooms et Teniers étaient contemporains. Le vieux Vande Velde naquit la même année que Teniers (1610) et l'on prétend que Nooms était né en 1612. Il y a donc plus de probabilité à ce que la collaboration du tableau en question soit due à Willem Vande Velde, le Vieux. Il demeura longtemps à Berlin, et visita, croit-on, la

France et l'Angleterre. = Marine : plusieurs vaisseaux, au fond le port et une ville, Vienne. — Combat naval de Livourne, Amsterdam. — Marine, Cassel. — Vue de l'ancien Louvre, Paris (Chef-d'œuvre). — Mer calme avec navires, Rotterdam. — Vue de l'ancien Louvre du côté de la Seine, Paris. — Port hollandais; temps calme, Copenhague. — Port de la Méditerranée, *ib.* = Excellent dessinateur. Manière agréable, teintes claires. Il a fait des gravures qui représentent des vues des environs d'Amsterdam et de l'intérieur de la France. Très bon graveur.

Noorderwiel (Henri). E. H. * 1647. La Haye. Genre, histoire. = Peintre sur verre. Un des 47 artistes qui fondèrent, en 1656, la confrérie *Pictura*, à La Haye où il avait été reçu maître peintre, en 1647.

Noordt (Jean Van). E. H. * xviie siècle. Amsterdam. Histoire, portrait et animaux. = Il fut le maître de Jean Voorhout. De bons artistes ont gravé d'après lui. = Connu également comme graveur de mérite.

Noort (Arthur Van). E. Fl. * xvie siècle (?). Nimègue. Peintre sur verre (?). = Cité par Guicciardin comme bourgeois d'Anvers et « imitateur des italiens en ce qui concerne l'art de colorer le verre et de fixer les couleurs par la cuisson. » Peut-être s'agit-il ici de l'art d'émailler.

Noort (Lambert Van). E. Fl. 1520 (?)-1570-71. Amersfoort. Histoire, perspective. = Issu d'une famille d'artistes hollandais, parmi lesquels on compte plusieurs bons architectes et orfèvres. Inscrit dans la corporation de Saint-Luc, à Anvers, en 1549. Il reçut ses lettres de bourgeoisie, en 1550; mort dans cette dernière ville, dans une position de fortune des plus misérables. = Les Sibylles (Sept tableaux), Anvers. — Nativité de Jésus-Christ, *ib.* — Le Christ lavant les pieds des apôtres, *ib.* — La cène, *ib.* — Le Christ au jardin des Olives, *ib.* — Et autres, *ib.* — Adoration des bergers, Bruxelles. — Dans l'église Saint-Jean, à Gouda, se trouvent six vitraux dessinés par lui et peints par Théod. Van Zyl. = Ordonnance riche et bon dessin. Il fut également bon architecte.

Noort (Adam Van), fils de Lambert. E. Fl. 1557-1641. Anvers, Histoire, portrait, genre. = Elève de son père qu'il perdit à l'âge de 13 ans. Il ne fut reçu franc-maître de Saint-Luc, à Anvers, qu'en 1587, ce qui fait supposer qu'il passa une partie de sa jeunesse à voyager, quoiqu'on n'en ait aucune preuve. Il venait à cette époque d'épouser une jeune fille appartenant à une famille très estimée d'Anvers. Doyen de Saint-Luc, en 1598. Sa fille, Catherine, épousa Jordaens. Réformateur et pour ainsi dire, fondateur de la brillante école anversoise du xviie siècle; parmi ses élèves il faut citer, Rubens, Jordaens, Van Balen, etc. Rubens passa quatre années dans l'atelier de Van Noort; cette seule circonstance répond au reproche d'insociabilité qui a été fait à cet artiste dont la vie se passa à rendre service à l'art, aux diverses corporations dont il fit partie et aux nombreux jeunes artistes qui se formèrent à son école. = La pêche miraculeuse, Anvers, (Eglise Saint-Jacques.— Chef-d'œuvre).— Le dernier jugement, *ib.* (Béguinage). — La femme adultère, Darmstadt. — J.-C. appelant à lui les petits enfants, Bruxelles. = Rubens garda fidèlement la belle et large manière de Van Noort, ce qui fait souvent confondre les meilleures toiles du maître avec celles de l'élève. Dessin pur, bon choix de compositions, pinceau facile, beau coloris. Les derniers tableaux de Van Noort n'ont d'autres mérites qu'une exécution facile et une bonne couleur.

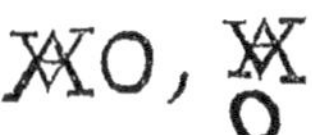

Noort (Louis Van). E. Fl. * xvie siècle. Anvers. Portrait, genre, etc. = Cité par Guicciardin. = Inscrit dans la corporation anversoise, comme fils de maître, en 1550. Reçut des élèves en 1551 et en 1554.

Noort (P. Van). E. H. * xviie siècle. Poissons, nature morte. = Détails inconnus. = Un chat auprès de poissons morts, Rotterdam. = Manière de Jacques Gillig. Imita parfois Albert Cuyp.

Noortig ou **Noortrys** (Jean). E. H. * 1665. Genre et intérieurs. = Selon Kramm, cet artiste fut un amateur frison. = Manière de Bega et de G. Lundens ; ton satisfaisant, pinceau assez moelleux.

Nooteboom (Jacques-Henri-J.). E. H. 1811. Groningue. Paysage. = Elève de J. Coucke, à Gand.

Noott (Wemmer). E. H. 1670-1750 (?). Arnhem. Perspective, camaïeu, figures, etc. = On croit qu'il étudia dans sa ville natale ; plus tard il se rendit à Emmerik. = Excellait dans la perspective et la reproduction des sculptures ; on connait de lui des têtes dans le style de Rembrandt.

Nooy (Guillaume de). E. H. * 1820. Paysage, genre. = En 1820, il demeurait à Nykerk.

Nop (Gérard). E. H. 1570 (?)-1622(?). Haarlem. Histoire, portrait. = Elève de Corneille Cornelissen van Haarlem. Visita l'Allemagne et l'Italie. = En 1609 il était revenu à Haarlem, car on l'y trouve inscrit dans la garde bourgeoise. Mort à l'âge de 52 ans. = Talent distingué.

Norblin de la Gourdaine (Jean-Pierre). E. Fr. 1745-1830. MISY (près de Sens). Histoire, genre. = Elève de Casanova; partit, peu de temps avant la révolution, avec le prince A. Czartoryski, pour la Pologne, où il laissa ses principaux ouvrages. Il y fonda une école d'où sortirent de bons artistes, y fut nommé peintre de la cour; anobli par le roi Stanislas. Revint en France, en 1804. = L'Aurore, le Sommeil (Plafonds), Pulavy (Pologne). — Tableaux, Pologne. = Bon graveur.

Norblin (Sébastien-Louis G.). E. Fr. 1796. VARSOVIE. Histoire. = Elève de Regnault et de Blondel. = Mort de Phalaris — Cyparisse mourant sur son cerf.

Nordenberg (B.). E. Al. 1822. KOMPINTULLA. (Suède). Genre. = Elève de Hildebrandt. = L'organiste suédois, Leipzig. — Le soir dans une église de village, Christiania.

Nordgren (Axel). E. Al. 1828. STOCKHOLM. Paysage. = Paysage norwégien, Stockholm.

Nordheim (Adolphe-Henri). E. Al. ' XIXe siècle.

Nordquist. ' XVIIIe siècle. Peintre suédois.

Noriega (Pierre). E. Es. ' 1658. Portrait, histoire. = Vivait à Madrid.

Normann (H. de). E. Al. ' 1840. STETTIN. Paysage.

Normann (E. A.). E. Al. 1848. BODO. Paysage. = Minuit à Lofoten.

Norr (Jules). E. Al. 1827. MUNICH. Paysage. = Elève de Dietsch.

Northcote (Jacques). E. An. 1746-1831. PLYMOUTH. Histoire, portrait. = Elève de Reynods; étudia pendant plusieurs années en Italie; revint en Angleterre, où ses tableaux et particulièrement ses portraits, eurent beaucoup de succès, nommé membre de l'Académie, en 1787. Northcote a peint un nombre considérable de tableaux; il fut également littérateur et poète. = Mortimer et Plantagenet. — Mort des enfants d'Edouard. = Talent froid, exécution très souvent pénible.

Nosadella. V. **Bezzi.**

Nostre (André Le). E. Fr. ' XVIIe siècle. Histoire, portrait, etc. = Détails inconnus.

Noter (Jean-Baptiste de), frère de Pierre-François. E. Fl. 1787-1855. WAELHEM (Flandre orientale). Vues de ville. = Vue de l'hôtel-de-ville de Louvain. — La porte d'Anvers à Malines. = Peignit à la détrempe.

Noter (David de), fils de Jean-Baptiste. E. Fl. ' 1852. Genre. = Daniel Seghers chez J.-P. Van Thielen. — La paie du gibier.

Noter (Pierre-François de), frère de Jean-Baptiste. E. Fl. 1779-1842. WAELHEM. (Flandre orientale). = Paysage, vues de ville, intérieur d'église, hivers, etc. = Vue prise à Bruges, Bruxelles. — Hiver : vue prise du Pont-Neuf, à Gand, *ib.* — Tableaux, Haarlem. = Professeur à l'Académie de Gand. Graveur.

Noter (Annette de), fille de Pierre-François. E. Fl. 1806. GAND. Fleurs, fruits.

Noter (Hermann-Auguste de), fils de Pierre-François. E. Fl. 1806-1839. Paysage, etc. = Elève de son père. = Graveur.

Noter (Joséphine de), fille de Pierre-François. E. Fl. 1805. BRUXELLES. Fleurs, fruits.

Noterman (Emmanuel). E. Fl. 1808-1863. AUDENARDE. Genre, animaux. = Elève de Maes-Canini. = Un épagneul. — Un vieux braconnier pleurant son chien mort.

Nothnagel (Jean-A.-B.). E. Al. 1729. BUCH (Saxe-Cobourg). Genre. = S'établit à Francfort-sur-le-Mein, en 1747, et y fut employé, comme peintre, dans la manufacture de papiers peints dirigée par son beau-père et à laquelle Nothnagel donna une extension remarquable. = Imitateur de Teniers; pinceau vrai et spirituel. Graveur.

Notré (Paul-Joseph). E. Fr. 1803. PARIS. Batailles. = Elève de Lethière et d'H. Vernet.

Nottery. E. An. Histoire. = Martyre de Saint-Barthélemy, Londres (Hampton-court).

Nouailhier (Jean-Baptiste, Bernard, Joseph, Pierre). E. Fr. ' XVIIIe siècle. LIMOGES. Email. = Détails inconnus. = Pierre est né en 1686 et mort en 1717. Jean-Baptiste est né en 1742 et mort en 1804. Cette famille d'émailleurs paraît s'être plus préoccupée de la quantité des produits que de leur qualité.

Nousveaux. E. Fr. ' 1842. Paysage.

Nouviaire (François). E. Fr. 1805. STENAY (Creuse). Histoire, portrait. = Elève d'Ingres.

Nova (Pecino), frère de Pierre. E. I. † 1403. BERGAME. Histoire. = Travailla à Bergame avec beaucoup de succès.

Nova (Pierre), frère de Pecino. E. I. ' 1365. NOVA. Histoire. = Exécuta de beaux ouvrages à Bergame.

Noveliers (Pierre). E. Fl. ' 1600. = En 1605 il fut chargé, par les archiducs, de veiller à la conservation des tableaux garnissant les palais de Bruxelles et de Tervueren.

Noveliers (Salomon), fils de Pierre. E. Fl. ' 1618. = En 1618 il succéda à son père comme conservateur des tableaux des archiducs; il portait le titre de peintre de la cour aux appointements de 200 livres de flandre par an, et vivait encore en 1660. En 1613 il fut chargé de dresser le catalogue des tableaux délaissés par Charles de Croy, duc d'Arschot.

Noveliers (David), fils (?) de Pierre. E. Fl. ' 1618. = Détails inconnus.

Novelli (Pierre-Antoine). E. I. 1729-1804. VENISE. Histoire. = Elève de Pietro Toni. Fut également poète. = Tableaux à Udine et à Venise. = Peintre peu remarquable. Graveur. Il eut un fils (François) qui s'adonna à la gravure.

Novelli (le chevalier Pierre), dit **le Monrealese.** E. I. ' 1666. MONTREAL. Histoire. = Habita longtemps Palerme. = Tableaux au musée de Palerme. = Dessin savant, formes exactes, coloris agréable. Bon architecte. Appelé Morelli par erreur.

Novelli (Jean-B.). E. I. 1578-1652. CASTELFRANCO. Histoire. = Elève du Jeune Palma.

Novion (de). E. Fr. ' 1822. Genre, intérieurs. = Toilette d'un invalide. — Entrée du défilé de Pancorbo.

Nucci (Allegretto). E. I. ' 1366. FABRIANO. Histoire. = Détails inconnus. = Jésus-Christ crucifié, Berlin. — La Vierge et l'enfant sur un trône, entourés de saint Barthélemy et de sainte Catherine, *ib.* (Ce tableau est signé : *Alegrictus de Fabriano me pinxit* (sic).

Nucci (Avancino). E. I. 1552-1629. CASTELLO (Ombrie), Histoire. = Elève de N. Pomerancio, à Rome. Séjourna à Naples. = La Sainte-Vierge (Sur ardoise), Rome. = Style prompt et facile.

Nucci (Benoît). E. I. † 1575. GUBBIO. Histoire. = Elève de Rafaellino dal Colle; son frère, Virgile, fut élève de Daniel Ricciarelli da Volterra.

Numan (Herman). E. H. 1744-1820. EZINGE, près de Groningue. Portrait, paysage, fleurs et fruits. = Elève d'Augustini; s'occupa quelque temps à Paris. S'établit à Amsterdam et aida le peintre J. Andriessen dans la peinture des décors. Directeur de la société *Felix Meritis* et auteur de quelques ouvrages sur l'art.

Nunnez (Jean). E. Es. ' XVIe siècle. ESPAGNE. Histoire. = Elève de Jean Sanchez de Castro, à Séville; on peut le placer au rang des meilleurs artistes espagnols de son siècle. = Draperies heureuses, détails d'un fini précieux; trop de sécheresse.

Nunnez (Pierre). E. Es. 1614 (?)-1654. MADRID. Histoire, portrait. = Elève de Jean Soto; voyagea en Italie, et fut chargé, à son retour, d'exécuter une partie des portraits des rois d'Espagne. = Déposition de la croix, Séville (Cathédrale). = Imitation exagérée des Flamands.

Nunnez de Sepulveda (Mathieu). E. Es. ' 1640. Histoire. = Nommé peintre du roi d'Espagne, Philippe IV, avec le privilège exclusif de dorer et de diriger les peintures de l'escadre royale. Un des plus habiles peintres à fresque de son temps. = Pinceau léger et facile, couleur satisfaisante.

Nunnez de Villavicencio (don Pierre). E. Es. 1635-1700. SÉVILLE. Histoire, portrait et genre. = Elève de Murillo; chevalier de Malte et appartenant à une illustre famille; ne cultiva d'abord la peinture que comme délassement, et par suite de ses progrès extraordinaires en fit son occupation constante; visita Naples et y reçut les leçons de M. Preti, dit le Calabrais, chevalier de Malte, comme lui; revenu en Espagne il se lia avec Murillo et lui ferma les yeux. = Le jeu de dés, Madrid. = Un des meilleurs imitateurs de Murillo; naturel exquis; réussit également bien dans le portrait, et, tout en cultivant la peinture, servit son ordre de la manière la plus distinguée.

Nuno (Gonçalvez). E. Es. ' XVe siècle. Histoire. = Peintre du roi Alphonse IV. = Peignit pour la cathédrale de Lisbonne l'autel de Saint-Vincent. = Imita avec bonheur le genre des vieux maîtres italiens.

Nunziata (Toto della). E. I. ' XVIe siècle. Histoire, portrait. = Elève de Rodolphe Ghirlandaio; fut appelé à la cour du roi d'Angleterre où son beau talent lui valut un légitime succès; rival de Périn del Vaga et fils d'un peintre obscur. = Egalement architecte.

Nuvolone (Pamphile). E. I. ' XVIIe siècle. CRÉMONE. Histoire. = Elève du chevalier Trotti, dit *le Malosso;* abandonna la manière séduisante de ce maître pour adopter un style plus vigoureux; fonda une école à Milan et forma d'excellents élèves. Mort très vieux. = Fini précieux, peu d'imagination.

Nuvolone (Charles), fils de Pamphile. E. I. 1608-1651. MILAN. Histoire, portrait. = Elève de son père; choisi pour faire le portrait de la reine d'Espagne, lorsque cette princesse vint à Milan. Livré à la dévotion la plus scrupuleuse, ce n'était qu'après de rigoureuses pratiques de piété qu'il osait entreprendre un tableau de la Vierge; ses études assidues et couronnées de succès, d'après le Guide, lui valurent le surnom de *Guide de la Lombardie.* = Tableaux, Milan. = Imita avec bonheur J. C. Procaccini; composition peu abondante en figures, mais remplie de grâce et de délicatesse, formes élégantes, airs de tête pleins d'agrément et de variété; coloris harmonieux et suave.

Nuvolone (Joseph), fils de Pamphile. E. I. 1619-1703. MILAN. Histoire, portrait. = Elève de son père; presque toutes les villes de la Lombardie possèdent de ses tableaux; quelques-uns se ressentent de l'âge avancé dans lequel il les exécuta. Travailla jusqu'à quatre-vingts ans. = Imagination brûlante et riche, trop de fougue; choix de figures quelquefois trop peu sévère.

Nuyen (Wynand-Jean-J.). E. H. 1813-1839. LA HAYE. Marine, paysage. = Elève de A. Schelfhout. Visita la Belgique et la France. = Paysage boisé, Haarlem.=Un des plus grands artistes que la Hollande ait produits à notre époque. Etoffage fin et spirituellement touché; pinceau de maître, coloris argenté et transparent, ordonnance riche.

Nuyens (Jean). E. Fl. * XVe siècle. ANVERS. = Inscrit, en 1482, sur les registres de St-Luc.

Nuysen (Van) ou **De Nole** (Robert-Colyns). E. Fl. * 1606. = Doyen de la corporation de Saint-Luc, à Anvers, en 1606.

Nuyts (Gilles). E. Fl. * 1565. = Doyen de la corporation de Saint-Luc, à Anvers, en 1565.

Nuzzi (Mario), dit **Mario di Fiori.** E. I. 1603-1673. PERMA (Royaume de Naples). Fleurs, fruits. = Elève de Thomas Salini, son oncle; la vue des belles fleurs que cultivait son père lui donna le goût de les imiter en peinture; se rendit à Rome où ses tableaux avaient beaucoup de succès, appela son père auprès de lui afin de lui faire cultiver les fleurs qu'il peignait; fut admis à l'Académie de Saint-Luc, en 1657. Mérita par ses talents le surnom de *Mario de' fiori* (Mario des fleurs). = Fleurs, Londres. — Fleurs, Madrid. = Exactitude remarquable: pinceau d'une grande légèreté, la plupart de ses compositions perdirent en peu de temps toute leur fraîcheur et sont devenues noires et obscures.

Nyhoff (H.). E. H. * 1660. Portrait. = Détails inconnus.

Nymegen (Elie Van), frère de Tobie. E. H. 1667-1755. NIMÈGUE. Fleurs, bas-reliefs et ornements. = Elevé avec Tobie par l'aîné de ses frères, d'abord, dont on ne cite pas le nom, puis par le second, resté également inconnu, quoique peintre ainsi que le premier. Travailla avec Tobie dans le pays de Clèves, l'Overyssel et la Frise. Plus tard il s'occupa seul à Leyde et à Rotterdam et s'établit dans cette dernière ville. Accablé de travaux et de commandes, pour plafonds, tapisseries, etc., il se fit aider par son fils, Dionys, et par le beau-fils de son frère Tobie, Gérard Sanders, qui, plus tard, épousa une de ses filles.

Nymegen (Dyonis Van), fils d'Elie. E. H. 1705-1798. ROTTERDAM. Histoire, portrait, ornements, tapisseries, etc. = Elève de son père; à 90 ans, il fit encore un portrait d'après nature. Le poète D. Smits a fait une pièce de vers sur une de ces sortes de dessins. = Renommé pour ses dessins au crayon. Les têtes de séraphin de Van Nymegen, sont très recherchées des amateurs.

Nymegen (Gérard Van), fils de Dyonis. E. H. 1735-1808. AMSTERDAM. Paysage, portrait. = Elève de son père. = Composition hardie, pinceau ferme, manque de naturel. Il dessina d'après Ruisdael, Hobbema, Hackert et d'autres. Graveur.

Nymegen (Barbe Van), fille d'Elie. E. H. † 1771. = Détails inconnus.

Nymegen (Tobie Van), frère d'Elie. E. H. * 1698. NYMÈGUE. Plafonds, fleurs, etc. = Après avoir constamment travaillé avec Elie, il se maria, fut protégé par l'électeur, s'établit à Dusseldorf, et y resta jusqu'à sa mort. = S'acquit une bonne réputation.

Nymegen (Guillaume Van). E. H. 1636-1698. BOMMEL. Effets d'optique et dioramas. = Il résida à La Haye. En mars 1690 il vint à Haarlem où il entra dans la gilde des peintres, en 1691 et où il acheta son admission à l'hospice des vieillards au prix de 1,500 florins. Le 2 janvier 1696, il offrit à cette institution un calendrier perpétuel sur lequel il avait peint les quatre blasons des Régents, « comme marque de reconnaissance et d'affection envers les Régents. » Un Jean Van Nymegen paya sa rétribution comme maître peintre, à Leyde, en 1673 et y reçut un élève en 1685. En 1694 un Jean Van Nymegen entra dans la gilde artistique de Haarlem comme sculpteur; nous ignorons si c'était le peintre de Leyde expatrié et ayant échangé le pinceau pour le ciseau et le maillet. = Beaucoup de vérité et de naturel.

Nymegen (de Stomme *(le Muet)* Van). E. H. (?). * XVIe siècle. Histoire. = Cité, par Van Mander, comme un bon élève de Fr. Floris.

Nypoort (Juste Vander). E. H. 1660 (?). UTRECHT. Genre. = Détails inconnus. = Graveur.

Nys (Emmanuel). E. H. * 1680. Intérieurs. = Cité par Nagler qui le fait fleurir à Amsterdam. = Intérieur rustique, Schleisheim. = Ton distingué, manière légère.

Nyts, Nyes ou **Nys** (Gilles). E. Fl. * XVIIe siècle. Paysage avec figures. = Reçu franc-maître de Saint-Luc, à Anvers, en 1646-47. Quelques gravures de ce maître sont marquées Æ (Ægidius); on connaît de ses tableaux marqués J. Nyts 1667 et 1669 (pour Jilles, Gilles). Nous nous demandons si ce Gilles n'est pas apparenté à Emmanuel cité par Nagler. = Talent fin et distingué. Egalement graveur.

O

Oakes (John-W.). E. An. 1822. Dans le SHELSHIRE. Paysage, marine.

Oakes (Mario). E. An. 1847. NEW-YORCK. Portrait, genre, nature morte.

Obeet. (Ce nom se trouve au bas d'un tableau, conservé dans le musée royal de Madrid et qui appartient aux écoles des Pays-Bas). Fleurs, fruits. = Fruits, huitres, coupe de liqueurs, etc., Madrid.

Oberlander (Adam-A.). E. Al. 1845. REGENSBOURG. Scènes humoristiques. = Elève de Piloty.

Obermann (Antoine). E. H. 1781-1845. AMSTERDAM. Portrait, paysage, fleurs et fruits. = Vase de fleurs, Haarlem. = Graveur.

Obermullner (Adolphe). E. Al. 1833. WELS. Paysage. = Elève de Zimmermann.

Oberto (François de). E. I. ' 1368. GÊNES (?). Histoire. = Détails inconnus.

Obregon (Pierre de). E. Es. 1597-1659. MADRID. Histoire, genre. = Un des meilleurs élèves de V. Carducho. = Imita le dessin et le clair-obscur de son maître. Graveur.

Obregon (Don Marc de), fils de Pierre. E. Es. † 1720. Genre. = Elève de son père; plus connu comme graveur. Mort à Madrid.

Obrien (François). E. Al. ' XIXe siècle. DUSSELDORF. Portrait.

Obry (Jean). E. Fr. ' 1484. AMIENS. = Miniaturiste de talent qui illustra beaucoup de manuscrits.

Obry (Adr.). E. Fr. ' 1532. HESDIN. = Peintre verrier qui travailla au château d'Auxy.

Occhiali (Degli). V. Ferrantini (Gabr.).

Och (George). E. Fr. 1798. PARIS. Paysage. = Elève de Cicéri. = Le panorama voyageur. — Vue de Paris, prise des tours Notre-Dame.

Ochlich (Jean-Conrad). E. Al. 1772. NUREMBERG. Paysage, animaux et portrait. = Etudia dans sa ville natale et à Munich. = La plupart de ses ouvrages sont des copies d'après les grands maîtres.

Ochtervelt. V. Uchtervelt.

Ockel (Edouard). E. Al. 1834. SCHWAUTE. Animaux, paysage.

O'Connell (Frédérique MIETHE, Mme). E. Fl. 1828. BERLIN. Histoire, portrait. = Elève de Begas et de Gallait. = Le meurtre du fils de Marguerite d'Anjou devant Edouard IV, roi d'Angleterre. — Pierre le Grand. — Catherine. — Graveur.

O'Connor (J. A.). E. An. ' XIXe siècle. Paysage.

Octave de Faenza. E. I. ' XIVe siècle. FAENZA. Histoire, portrait. = Elève de Giotto; travailla beaucoup pour le couvent de Saint-Georges de Ferrare et ne quitta jamais sa patrie. = Peintre de talent.

Octavien (François). E. Fr. † 1736. ROME. Genre. = Reçu à l'Académie, en 1725, comme peintre de genre. Mort à Paris. On le croit né vers 1695. = La foire de Vesoul, Paris. — La promenade dans le parc (Deux tableaux), Nancy. = Imita Watteau avec succès.

Odam (Jérôme). E. I. 1681. ROME. Paysage. = Elève de Dominique de Marchis ou Tempesti et de C. Maratti; originaire de la Lorraine. = Effleura une foule de sciences et d'arts sans en approfondir aucun.

Odazzi (Jean). E. I. 1663-1731. ROME. Histoire. = Elève de Ciro Ferri et du Baciccio. = Le prophète Osée, Rome. — Fresque, *ib.* — Tableaux, *ib.* = Graveur.

Oddi (Joseph). E. I. * XVIIIe siècle. PESARO. Histoire. = Elève de C. Maratti.

Oddi (Mauro). E. I. 1639-1702. PARME. Histoire. = Elève de P. de Cortone, à Rome; cité plutôt comme architecte. = Graveur.

Odekerken (Guil.). E. H. * 1670. NIMÈGUE. Intérieur, nature morte. = Détails inconnus. = On connaît peu de tableaux de ce peintre. = Genre de Metzu.

Odéric de Sienne. E. I. * 1213. SIENNE. Miniature. = Chanoine de Sienne. = Miniatures, Sienne. = Style sec, manière grecque.

Oderico (Jean-Paul). E. I. 1613-1657. GÊNES. Histoire, portrait. = Elève de D. Fiasella; noble de naissance. = Beau choix de formes, coloris vigoureux et solide; du soin; excella dans le portrait.

Oderigi de Gubbio. E. I. * 1290. GUBBIO. Miniature. = Ami de Giotto; travailla beaucoup pour la bibliothèque du Vatican; rival de Franco, qui le surpassa. = Ses ouvrages n'existent plus. = Jouit d'une grande célébrité.

Odevaere (Joseph-Denis). E. Fl. 1775-1830. BRUGES. Histoire, marine. = Elève de David. Remporta le grand prix de Rome, à Paris, en 1804; parti pour cette ville, en 1805, y fut nommé membre de l'Académie de Saint-Luc et y séjourna huit ans. S'occupa d'une histoire de l'art en Italie, depuis sa renaissance jusqu'à Raphaël; sa mort, arrivée à Bruxelles, vint interrompre ce travail, qui repose en manuscrit à la bibliothèque royale de Bruxelles. = Victoire navale de Canaris sur les Ottomans, Bruxelles.—Les Athéniens s'embarquant pour Salamine, *ib.* — Mort de Phocion (Esquisse), Bruges. — Portrait de M. Chauvelin, préfet à Bruges sous l'empire, *ib.* — Portrait de Fr. Wynckelman, président de l'Académie de Bruges et de Jos. Vander Donckt, directeur du même établissement, *ib.* (Tous trois à l'Académie).

Odier (E.). E. Fr. * XIXe siècle. Histoire. = Prise du fort de Montmélian, Versailles.

Odieuvre (Michel). E. Fr. 1690(?)-1756. NORMANDIE. = D'abord tailleur, ensuite peintre et enfin marchand de tableaux et de gravures, à Paris. Mort à Rouen. = Connu par la suite de 600 portraits de personnages célèbres, gravés à ses frais et enrichissant les 6 volumes de l'*Europe illustre*, de Dreux du Radier.

Odnoes (Pierre). E. Al. * XVIIIe siècle. NORWÈGE.

Oeder (George). E. Al. 1846. AIX-LA-CHAPELLE. Paysage. = Jour de novembre, Berlin.

Oefele (François-Ignace). E. Al. 1721-1797. POSEN. Portrait, histoire. = Elève de Balt.-Aug. Albrecht, nommé, par l'électeur Maximilien III, professeur à l'Académie de dessin, à Munich; visita l'Italie. = Tableaux à Munich. = Excellent peintre. Graveur.

Oehme (Ernest). E. Al. 1797. DRESDE. Paysage. = Elève de Friderich.

Oelgast (Thomas ou Tobie). E. Al. † 1584. MUNICH. Histoire. = On le croit fils de Michel Oelgast qui florissait en 1520. Mort à Nuremberg, où il s'était établi, en 1570.

Oenias. Peintre grec.

Oer (Théobald Von). E. Al. 1807. NOTTBECK (Westphalie). Histoire, portrait. = Elève de Schadow. = Jean Bellini chez Albert Dürer, Dresde.

Oeser (Adam-Frédéric). E. Al. 1717-1799. PRESBOURG. Histoire. = Se rendit à Vienne, y reçut les leçons du sculpteur R. Donner; se rendit, en 1739, à Dresde, se lia de la plus étroite amitié avec Winckelmann, et dirigea les premières études de ce savant sur l'antique; nommé professeur de la nouvelle Académie de Dresde, puis directeur de celle de Leipzig, s'établit dans cette dernière ville, en 1764, et revint finir ses jours à Dresde. = Peintures, Leipzig (Eglise Saint-Nicolas). = Exécuta plusieurs beaux ouvrages à Dresde. = Ordonnance simple, couleur chaude, grande connaissance de l'antique, travailla beaucoup à fresque; talent agréable quoique peu transcendant. Mouleur et graveur.

Oeser (Frédéric), fils d'Adrien. E. Al. 1752-1792. Paysage. = Détails inconnus. = Peignait principalement à l'aquarelle et au lavis.

Oesterley (Charles). E. Al. 1805. GOETTINGUE. Histoire, portrait. = Elève de Mathaei et de Schadow. = La fille de Jephté. — Le Christ et Ahasverus. — Moïse.

Oesterley (Auguste H.), fils du précédent, E. Al. 1839. GOTTINGUE. Paysage.

Oever (ten). V. Roelfsema.

Oever (Henri ten). E. H. * 1690. Portrait, genre. = Détails inconnus. = Les régents en marguilliers de l'église de Saint-Michel, à Zwolle, Zwolle (Eglise Saint-Michel. Signé : HENDRIK TEN OEVER, *pinxit*, 1690). On croit que parmi ces portraits se trouve celui du peintre. = Effet qui se rapproche de l'école de Rembrandt; manière et exécution de l'école de Terburg; mains parfaitement peintes.

Oever (J. ten.). E. H. * XVIIe siècle (?). Genre, vues. = Détails inconnus.

Offermans (Antoine-Jacques). E. H. 1796.

ROTTERDAM. Paysage, animaux, etc. = Elève de D. Van Donge. = Marché de bétail. — Environs de Dordrecht, Haarlem.

Offermans (Jean). E. H, 1646. DORDRECHT. Paysage, animaux. = Ne trouvant pas à vendre ses tableaux, il se fit peintre en bâtiments.

Ofin (Charles d'). E. Fr. ' 1670. LORRAINE. Histoire, portrait. = Elève de S. Vouet; travailla, depuis 1664, à Turin, au service du prince de Carignan; nommé quelquefois le chevalier *Dauphin* et *Delfino*. Probablement le même que Olivier d'Ofin.

Ofterdingen (Henri d'). E. Al. ' XIXe siècle. Histoire.

Ohme (Ernest-Fréd.). E. Al. 1797-1858. DRESDE. Paysage.

Ohme (Ernest), fils du précédent. E. Al. 1831. DRESDEN. Paysage, genre.

Ohmichem (Hugo). E. Al. 1843. BORSDORF. Genre. = Scène de marché, Dresde.

Olagnon (Pierre-Victor). E. Fr. 1786. PARIS. Genre, portrait. = Elève de Regnault. = Scène mâconnaise pendant les vendanges. — Toilette dans la mansarde.

Oldach (Jules). E. Al. 1804. HAMBOURG. Histoire, animaux.

Oldenburg. E. Al. Architecture, paysage. = Détails inconnus. Palais du prince Maurice de Nassau, Londres. Paysage, *ib.*

Oldfield (J.-Edwin). E. An. ' 1842. ANGLETERRE. Aquarelle. = Château de Windsor. — L'Eau de Caniston.

Oldfield (J.-E), fils de J. Edwin. E. An. ' 1845. Paysage.

Oldoni (Hercule). E. I. ' 1460. VERCEIL. Histoire. Détails inconnus.

Olen (Jean Van). E. H. † 1698. AMSTERDAM. Oiseaux. = Kramm prétend, malgré l'opinion de plusieurs auteurs, que ce peintre est un autre artiste que Jean Van Alen. Nous ne savons sur quoi il se fonde, car il donne à ces deux individus la même date de mort, le même lieu de naissance, le même genre et les mêmes aptitudes d'imitation. Nous pensons, quant à nous, que Jean Van Alen (V. ce nom) et Jean Van Olen ne font qu'un.

Olendorf (Jean d'). E. Al. ' 1500. Histoire. = Peintre du duc de Bavière, en 1500. = Tableaux, Schleissheim. = Peu de sentiment, dessin faible, coloris dur, caractère assez élevé.

Olier (Antoine). E. Fr. ' 1358. MONTPELLIER. = Peintre-verrier estimé. Fut nommé plusieurs fois consul.

Olis (Jean). E. H. ' 1670. Genre, paysage, etc. = On connaît de ses œuvres, signées : *J. Olis inv.*

Oliva (Philippe). E. Fl. † 1658-59. MIDDELBOURG. = Reçu bourgeois d'Anvers en 1642 et franc-maître de Saint-Luc, en 1655-56 dans la même ville où il mourut. Un André Oliva, peintre est inscrit comme fils de maître dans la gilde anversoise de Saint-Luc, en 1648-49. On trouve encore un Michel en 1667-68 et un Philippe la même année, inscrit comme fils de maître.

Oliva (Pierre). E. I. ' 1491. MESSINE. Histoire. = Elève d'Antonello de Messine.

Oliver (Archer-James). E. An. 1774-1842. LONDRES (?). Portrait.

Oliver (Jean), le Vieux. E. An. 1555-1617. ANGLETERRE. Portrait, histoire, miniature. = Elève de Hilliart et de Frédéric Zucchero, peintre italien; il préférait le genre du portrait, y obtint un grand succès et peignit les personnages les plus remarquables de sa patrie; ses compositions d'histoire lui valurent également de la réputation; c'est d'après une de ses miniatures que Rubens et Van Dyck ont peint le portrait du roi Jacques. = Dessin facile et correct; touche franche et délicate, manière large quoique la plupart de ses tableaux soient en miniature.

Oliver (Pierre), fils de Jean, le Vieux. E. An. 1601-(?)1654(?). ANGLETERRE. Miniature, histoire, portrait. = Elève de son père, l'égala bientôt et finit par le surpasser; sa réputation s'étendit dans les trois royaumes, et les commandes lui arrivèrent en foule. Mort à Londres où il avait passé toute sa vie. = Bon graveur.

Oliver (Jean), le Jeune. E. An. 1616. LONDRES. Histoire, portrait. = On le croit cousin de Pierre Oliver; se fit dans la peinture sur verre une réputation méritée; exécuta à l'âge de 84 ans de fort beaux vitraux dans l'église d'Oxford; l'inscription qu'il a mise au bas de cet ouvrage prouve qu'il s'appelait Jean et non Isaac, comme quelques auteurs l'ont avancé, en le confondant avec Jean Oliver, le Vieux. Mort dans les premières années du XVIIIe siècle. = Vitraux de l'église du Christ, Oxford. = Beaucoup d'imagination; peignit le portrait avec succès; graveur.

Olivero. V. Olivieri.

Oliverus. E. Fr. ' 1160. PARIS. = Miniaturiste habile dont la bibliothèque de Douai possède un manuscrit illustré.

Olives (maître Fr.). E. Es. ' 1557. Histoire. = Florissait à Tarragone; son mérite le fit nommer appréciateur des ouvrages de toute la province.

Olivier. E. Fr. ' 1840. Portrait à l'aquarelle.

Olivier de Gand. E. Fl. ' 1496. Histoire. = Florissait en Portugal.

Olivier (Michel-Barthélemy) ou **Ollivier.**

E. Fr. 1712-1784. MARSEILLE. Genre, paysage, histoire, miniature. = Agréé à l'Académie; les uns disent en 1766, les autres en 1776, peintre du prince de Conti; résida longtemps en Espagne, mort à Paris. = Exécution précieuse, coloris vague, touche aride et sèche; goût des modes de son temps. Graveur. = Tableaux, Versailles. = Ventes : V. Prince de Conti (1777), *Vénus couchée dans un jardin*, 500 liv.

Olivier (Ferdinand d'), frère de Frédéric. E. Al. 1785. DESSAU. Paysage, histoire. = Site d'Allemagne. — Contrée d'Italie.

Olivier (Frédéric d'). E. Al. 1791. DESSAU. Histoire.

Olivier (Henri d'), frère de Frédéric. E. Al. 1783. DESSAU. Histoire.

Olivieri ou **Olivero** (Dominique). E. I. 1679-1755. TURIN. Genre, bambochades, histoire. = Etudia d'après les peintres flamands et choisit pour modèle P. Van Laar, dit *Bamboche;* l'enjouement de son caractère prêtait singulièrement au genre facétieux qu'il avait adopté. = Coloris vigoureux, touche franche et spirituelle; beaucoup d'imagination, grande perfection de détails, imitation exacte et vraie, réussissait également dans les petits sujets historiques.

Oliviers (Jacques-François et Adrien). E. H. * XVIIe et XVIIIe siècle. HAARLEM. = On sait peu de chose de ces artistes. Jacques est inscrit dans la gilde, en 1632. En 1641, il avait présenté son fils Pierre, au baptême. François reçut en novembre 1650, de l'autorité militaire, une somme de 150 florins pour nettoyage de tableaux. En 1667 on demanda une sépulture pour un François Oliviers, dans l'église de Saint-Bavon. Adrien est inscrit comme peintre, dans la corporation, en 1707.

Olmo (L') ou **Ulmo** (L') (Jean-Paul). E. I. † 1593 ou 1595. BERGAME. Histoire. = Détails inconnus. = Vierge glorieuse, Berlin (Ce tableau est signé : *Jo Pavlvs Vlmvs*). = Réussit dans les peintures délicates et minutieuses; de la souplesse dans les corps; manière antique.

Olrik (H.). * 1860. Genre. = Peintre danois. = Toilette d'une jeune mariée, Copenhague.

Olry. E. Fr. * 1825. Genre, intérieurs. = Intérieur de l'église de Saint-Prix, vallée de Montmorency. — Un petit mendiant.

Olst (Renier Van). E. H. * 1610. Peintre sur verre: florissait à Zutphen.

Oltmans (Alexandre). E. H. 1814-1853. AMSTERDAM. Vues de ville et architecture. = Elève de Karssen.

Olympias. Citée par Pline. Elle eut un élève nommé Antobule duquel on ne sait rien.

Omer (Dyrick de Saint-). V. Dyrick.

Omer (Jean de Saint-). V. Jean de Saint-Omer.

Omer-Charlet. E. Fr. * 1840. Histoire.

Omino (l'). V. Lombardi.

Omme (H. Van). E. H. 1651. OUDEWATER (?). Portrait. = Détails inconnus. = Repas des orphelins de la maison d'Oudewater (Orphelinat). = Peintre médiocre.

Ommeganck (Balthasar-Paul). E. Fl. 1755-1826. ANVERS. Paysage, animaux. = Elève d'H.-J. Antonissen. En 1788, il aida à fonder la *Société des Amis des arts* qui fut l'origine de la Société artistique actuelle d'Anvers. Doyen de la confrérie de Saint-Luc, en 1789, il accepta cette charge par dévouement pour l'art, car elle n'était plus obligatoire. Nommé professeur à l'Académie d'Anvers, en 1796 et plus tard, membre correspondant de l'Institut français. Membre du conseil d'administration de l'Académie d'Anvers réorganisée, en 1804. Un de ceux qui provoquèrent la demande en restitution des œuvres d'art enlevées par les français; envoyé à cette occasion, à Paris, comme délégué spécial d'Anvers et second délégué du roi Guillaume Ier, il s'occupa activement avec ses collègues de la restitution tant désirée et accompagna jusqu'à Anvers le convoi renfermant ce qu'on avait pu en recueillir. Membre de l'Institut royal des Pays-Bas, membre correspondant de l'Institut de France, conseiller à l'Académie d'Anvers, etc. Auteur de quelques ouvrages traitant de l'art de la peinture. = Paysage des Ardennes, Bruxelles. — Paysage avec moutons, La Haye. — Deux paysages avec animaux, Paris. — Paysages, Cassel. — Paysage, *ib.* (Château de Wilhelmshöhe). — Paysage montagneux avec moutons, Anvers. — Le Gué, *ib.* — Quatre paysages avec animaux, Rotterdam. = Paysage harmonieux; belles masses de lumière, perspective aérienne délicate; ordonnance simple et naturelle, ton chaud et agréable, animaux parfaitement exécutés et très vrais. Ses tableaux, à peine payés de son vivant, montèrent à un prix très élevé aussitôt après sa mort. = Ventes : V. Lafontaine (1821), *Vue des environs de Liège*, 6,500 fr. — V. Lafitte (1834), *Paysage*, 9,500 fr. V. Sommariva (1839), *Paysage*, 7,350 fr. — V. Perregaux (1841), *Le retour des troupeaux*, 13,000 fr. — V. Guillaume II (1850), *Paysage*, 2,250 fl. — V. de Morny (1865), *Paysage et animaux*, 10,000 fr. — V. Delessert (1869), *Bestiaux buvant à une mare*, 2,800 fr. — V. de Blaisel (1870), Deux *paysages*, 2,420 fr.

Ommeganck (Marie-J.). V. Myin (Vander).

Omphalion. 300 ans avant Jésus-Christ. = D'abord esclave, puis élève et ami de Nicias. (Pausanias.)

Ona (Pierre). E. Es. * 1590. Histoire. = Gendre et élève d'Estève Jordan, sculpteur de Philippe II.

Onatas. 476 ans avant Jésus-Christ. = Fils de Micon. Peintre et statuaire. (Pausanias.)

Onate (Michel). E. Es. 1535-1606. SEVILLE. Portrait. = Elève d'Antoine Moro (Peintre hollandais), qui se trouvait à Madrid en 1552; suivit son maître en Portugal et l'accompagna de nouveau à Madrid. Acquit une fortune considérable. = Manière exacte et finie; très cé-.e dans son genre.

O'Neal (Jeffry-H.). E. An. * XVIIIe siècle. En IRLANDE. Paysage.

O'Neil (Henri). E. An. 1817-1880. SAINT-PÉTERSBOURG. Genre, portrait, etc. = Ruth et Noémi. — Fuite de Marie Stuart. — Mort de Raphaël.

O'Neil (G.-B.). E. An. * 1852. Genre. = L'enfant trouvé au *Workhouse*, Londres.

Onghers (Jacques ou Jean). E. H. 1651-1730. HOLLANDE. Histoire, architecture et intérieurs d'église. = S'établit à Prague, en 1691. En 1714, il devint chef de la corporation des peintres de cette ville, où il mourut. = Composition riche, bon dessin; coloris trop rougeâtre.

Onicke (Claire-Wilhelmine). E. Al. 1818. BERLIN. Histoire, portrait. = Elève de Begas et de Magnus. = Christ en croix. — Leibnitz et la reine Sophie-Charlotte.

Onkruit (Théodore). E. H. * XVIIe siècle. ZWOLLE. Portrait, paysage en miniature. = S'occupa à La Haye, à Amsterdam et à la fabrique de porcelaine de Muyden. En 1666, il quitta La Haye sans qu'on sache ce qu'il est devenu. = Peintre de mérite; il exécuta beaucoup d'éventails.

Onofrio de Messine. V. Gabriello.

Oolen (Adrien Van). E. H. * XVIIe siècle. Animaux, oiseaux, etc. = Ce nom se trouve écrit au bas d'un tableau représentant un combat de coqs et autres oiseaux, et exécuté avec un pinceau de maître et un beau coloris.

Ooms (Charles), E. Fl. 1845. DESSCHEL (Prov. d'Anvers). Genre, histoire et portrait = Elève de l'Académie d'Anvers et de N. de Keyser. = Philippe II rendant les derniers honneurs à son frère Don Juan d'Autriche, Anvers (Musée). — La lecture prohibée, Bruxelles (Musée). — Perquisition chez Plantin sous le duc d'Albe.

Oorloft ou **Orloff** (J.-P.). E. Fl. † 1861. Miniature.

Oort (Henri Van). E. H. 1776-1847. UTRECHT ou AMSTERDAM. Paysage, animaux et vues de ville. = Vue d'Utrecht.

Oort (Pierre Van), fils de Henri. E. H. 1804. UTRECHT. Vues de ville.

Oortelmans (Damien). E. Fl. * XVIe siècle. = Cité par Van Mander et mentionné, en 1577, dans les archives de la confrérie de Saint-Luc, à Anvers. Il fut le premier maître du célèbre Paul Bril. En 1610-1611, on trouve inscrit comme franc-maître et fils de Damien, Adrien, peintre également. En 1594 les *Liggeren* citent un Adrien; Damien est nommé pour la dernière fois, en 1588-89. En 1609, un Roch Oortelmans, peintre, est inscrit comme fils de maitre. Enfin, en 1621-1622, est payée la dette mortuaire d'un Jacques Oortelmans, également peintre, et, en 1640-41, celle d'un Guillaume.

Oorthorn (Abraham). V. Oosthoorn.

Oost (François Van), frère de Jacques, le Vieux. E. Fl. † 1625. BRUGES (?). = Reçu franc-maitre de Saint-Luc, à Bruges en 1618. Il mourut jeune.

Oost (Jacques Van), le Vieux, frère de François. E. Fl. 1600-1671. BRUGES. Histoire, portrait. = Elève de son frère; en 1619, il fut inscrit dans la confrérie de Saint-Luc, où il fut reçu comme franc-maître, en 1621. Il passa plusieurs années en Italie et se trouvait de retour à Bruges, en 1629. Il y remplit plusieurs dignités dans la corporation dont il fut doyen en 1633. Il fut marié deux fois, était bon musicien et excellait à jouer du violoncelle. Son caractère et sa conduite le firent universellement aimer et estimer. = Saint Charles Borromée communiant les pestiférés, Paris. — La circoncision, Bruges. — Présentation de la Vierge au temple, *ib.* (Eglise Saint-Jacques). — Saint Pierre et saint Paul, *ib.* (Eglise Saint-Sauveur). — Saint Augustin lavant les pieds du Christ déguisé en pèlerin, Bruges (Académie). — Saint Antoine de Padoue en extase devant l'Enfant Jésus entouré d'anges, *ib.* — Légende de la vie de saint Antoine, *ib.* (Pendant du précédent). — La Vierge et l'Enfant, *ib.* (Copie d'après Rubens). — Un religieux dictant à un jeune clerc, *ib.* — Le philosophe méditant, *ib.* (Hôpital Saint-Jean). — Descente de croix, *ib.* — Saint Augustin prosterné devant l'Enfant Jésus, *ib.* — La Vierge et l'Enfant, *ib.* — La Vierge, l'Enfant Jésus, saint Augustin et autres saints : la Vierge pose la mitre sur la tête de saint Augustin, *ib.* — Sainte Apolline, *ib.* — Six portraits de tuteurs de l'hôpital Saint-Jean et de frères hospitaliers, *ib.* — La Vierge aux donateurs, Saint-Pétersbourg. — Adoration des bergers, Vienne. = Il a beaucoup copié Van Dyck et Rubens, et avec un talent remarquable. Ses tableaux sont de grande dimension. Il se montre très sobre de personnages. Son coloris et son faire ont beaucoup de rapports avec la manière de peindre de Carrache. Ses derniers tableaux sont les meilleurs. = Ventes : V. Dhauteville (1775), *Le satyre et le paysan*, 325 liv. — V. Lambert et Du Porail (1787), *La peste de Milan*, 7,000 liv.

Oost (Guillaume Van), fils de Jacques, le Vieux. E. Fl. 1651-1686. BRUGES. Histoire. = Quelques auteurs prétendent, par erreur, que ce Van Oost était le frère de J. Van Oost, le Vieux. C'était son troisième fils et il devint religieux dominicain. = Saint Dominique dans un paysage de Luc Achtschelling, Bruges (Académie).

Oost (Jacques Van), le Jeune, fils de Jacques, le Vieux. E. Fl. 1639-1713. BRUGES. Histoire, portrait. = Elève de son père. Ses études étant assez avancées, il voyagea en Italie et en France pour se perfectionner. Quoique son talent fût très admiré à Bruges, qu'il visita à son retour, il choisit Lille pour résidence. Il se maria dans cette dernière ville et pendant quarante ans son talent y trouva de constants admirateurs. Devenu veuf, il revint mourir dans sa ville natale. = Portrait ovale, Bruges (Acad.). — La Vierge, l'Enfant et saint Jean-Baptiste, *ib.* (Hôpital Saint-Jean). — L'ange gardien, *ib.* — Quatre portraits, *ib.* — Saint Jean de la Croix pansant la jambe d'un frère de son ordre, Lille. — Fondation de l'ordre des Carmélites, *ib.* — Un Augustin adorant l'Enfant Jésus, *ib.* — Sainte Famille, *ib.* = Excella dans le portrait. Manière de son père, touche plus généreuse et plus hardie, draperies plus larges. Ordonnance moins riche que raisonnée, figures bien dessinées et remplies d'expression. Beau coloris qui tend à se rapprocher de celui de Van Dyck. Il eut un fils qui peignit, mais sans acquérir de réputation.

Oosten (J. Van). E. Fl. ' XVIe siècle (?). Paysage. = Détails inconnus. Un Isaac Van Oosten, peintre, est inscrit comme fils de maître, dans la corporation de Saint-Luc, à Anvers, en 1651-52. Comme l'époque de floraison du peintre J. Van Oosten est douteuse, il se peut que ce soit le même artiste. Un François Van Oosten fut aussi franc-maître de Saint-Luc, à Anvers, y reçut beaucoup d'élèves et y mourut en 1679-80. Peignait le paysage en petit dans la manière de Breughel de Velours.

Oostenga (Thomas-T.). E. H. 1812. ZOUTKAMP (Groningue). Décorations, intérieurs. = = Elève de J. Bruggink.

Oosterhoudt (Van). E. Al. ' 1842. DRESDE. Animaux.

Oosterhoudt (Thierry Van). E. H. 1756-1830. TIEL. Portrait, genre. = Elève de l'Académie de Dusseldorf. Revint s'établir dans sa ville natale. = Paysage, Haarlem. = Graveur.

Oosterhoudt (D. Van). E. H. 1805 (?). TIEL. Paysage avec animaux. = Cité par Nagler qui le donne comme établi à Cassel, en 1837. Il est probablement fils ou tout au moins parent de Thierry Van Oosterhoudt.

Oosterhuis (H.-P.). E. H. ' 1805. GRONINGUE. Paysage, portrait. = Lauréat de l'Académie, dans sa ville natale. = Ses tableaux sont peu nombreux. Bon dessinateur.

Oosterwyk (Marie Van). E. H. 1630-1693. NOOTDORP (Près de Delft). Fleurs, fruits. = Elève du célèbre Jean-David De Heem; femme illustre de la Hollande. Louis XIV, l'empereur Léopold, le roi de Pologne et Guillaume III, roi d'Angleterre, achetèrent de ses tableaux à un prix très élevé. = Vase avec des fleurs, Florence. — Fleurs (Deux tableaux), Londres (Chef-d'œuvre). — Fleurs dans un vase, on y remarque un grand tournesol, Vienne (Chef-d'œuvre). — Fleurs dans un vase, Dresde. — Fruits, *ib.* — Fleurs dans un vase, Berlin. — Melon, raisins, etc., *ib.* — Un verre à fleurs à côté de quelques coquillages, Copenhague. = Fini admirable; vérité à laquelle elle ne parvint qu'à force d'études et de patience; arrangement faible; combinaison heureuse de couleurs éclatantes; profondeur, brillant et justesse de couleur locale rarement atteints par les peintres de fleurs; bon empâtement, touche large et libre.

Oostfries (Catherine), sœur de Joseph. E. H. 1636-1708. NIEUKOOP. Histoire, marine. = Morte à Alkmaar. A 72 ans, elle travaillait encore. = Peintre sur verre et dessinateur.

Oostfries (Joseph), frère de Catherine. E. H. 1628-1661. HOORN Histoire. = Peintre sur verre.

Oosthoorn (Laurent). E. H. ' XVIIe siècle. = Inscrit dans la corporation de Saint-Luc, à Alkmaar, en 1658.

Oosthoorn (Abraham). E. H. ' XVIIe siècle. LA HAYE. Histoire, portrait. = Elève de Th. Vander Schuur. Membre de la confrérie *Pictura*, en 1688.

Oostrum ou **Oostrom** (G. Van). E. H. ' 1740. Paysage. = Détails inconnus.

Oostzanen (Reyer-Corneille Van). E. H. ' XVIIe siècle. = On le nomme parfois Reyer-Cornelisz. Entra dans la gilde de Saint-Luc, en 1656.

Opdenbosch (Henriette). E. Fl. ' 1836. Genre. = Halte de voyageur. — Une femme comptant de l'argent.

Opdenhoff (George-Guillaume). E. Al. 1807. FULDA (Hesse électorale). Marine. = Elève de A. Schelfhout.

Opgang (Nicolas), dit **Piémont.** E. H. 1650-1709. AMSTERDAM. Paysage. = Elève de M. Zaagmolen et de N. Molenaar. Voyagea en Italie où son talent se développa d'une manière remarquable. A son retour dans sa patrie, il y reçut beaucoup de commandes. Mort à Vallenhove.

Opheiden (Gosswin). E. H. ' 1634. UTRECHT. Genre, portrait. = En 1634, il plaça dans l'hôpital de Saint-Job, un tableau représentant : *Un chimiste dans son laboratoire.*

Ophemert (G.). E. Fl. ' XVIIe siècle. Nature morte. = Kramm dit avoir vu de cet artiste une *Vanitas* bien peinte et ayant du mérite. Un Jean Thierry Ophemert signa la requête artistique de 1642, à Haarlem, contre la vente des tableaux. Il était entré dans la confrérie en 1640. Martin Van Ophemert fut inscrit comme maître peintre à Haarlem, en 1666.

Opie. E. An. † 1785. EN CORNOUAILLES. Portrait.

Opie (Jean). E. An. 1761-1807. COMTÉ DE CORNOUAILLES. Portrait, genre, histoire. = Fils d'un simple charpentier, reçut de l'instruction par les soins du docteur Walcott; gagna sa vie en faisant des tableaux; se rendit à Londres en 1780, y eut d'abord beaucoup de vogue; mais son goût plus solide qu'élégant et ses manières dénuées de politesse extérieure lui enlevèrent tout prestige, surtout auprès des femmes. Regardé comme un des meilleurs peintres modernes de l'Angleterre. = La mort de Rizzio. — Musidora. — Miranda. = Bonne ressemblance, du fini, touche vraie, principes solides; pinceau chaleureux, simple et ferme; expression souvent maniérée et monotone; dessin peu choisi, absence totale de beau idéal, bon coloriste.

Oppenheim (Maurice) E. Al. 1801. HANAU. Histoire, portrait. = Suzanne au bain. — Jeune juif revenant dans sa famille.

Opstal (Antoine Van). E. Fl. ' 1624. = Il se rendit en Allemagne où il fut, pendant trois ans, au service de Charles, archiduc d'Autriche, évêque de Breslau, résidant à Neiss, en Silésie. En 1624 il reçut une lettre de recommandation des plus chaudes de ce prince pour la princesse Isabelle. Cette lettre ne fut présentée qu'en 1626. Nagler dit que Van Opstal vécut à Bruxelles et que Van Dyck fit son portrait. Celui-ci est gravé par Jean Meyssens qui avait été élève de Van Opstal.

Opstal (Gaspard Van), le Vieux. E. Fl. ANVERS, ' XVIIe siècle. Histoire. = Elève de Simon de Vos, en 1632. Reçu franc-maître de Saint-Luc en 1544-45.

Opstal (Gaspard Van), le Jeune, fils de Gaspard, le Vieux. E. Fl. 1654-1717. ANVERS. Histoire, paysage, portrait. = Il fut probablement élève de son père. Reçu en 1676, dans la confrérie de Saint-Luc, comme fils de maître. En 1698-99, il en fut doyen; pour se racheter des devoirs de cette charge il s'engagea à payer la somme de 300 florins de change et à faire le portrait du bourgmestre Van Hove, chef-homme de la corporation; en outre, il eut à fournir dix pattacons en espèces, destinés à une réjouissance, ainsi qu'un demi-quartaut de vin. Nous choisissons ce fait entre plusieurs, comme exemple des coutumes de la corporation. = Jésus-Christ apparaissant à Saint-Jean de la Croix, Anvers. — Les quatre pères de l'église, Saint-Omer. — Portrait d'André Van Valckenisse, secrétaire de la ville d'Anvers, Anvers. — Portrait de Jean Van Hove, chef-homme de la corporation de Saint-Luc, *ib.* = Il a fait une belle copie de la *Descente de croix* de Rubens.

Opzoomer (Simon). E. H. 1819. ROTTERDAM. Histoire, portrait, intérieurs. = Elève de G. de Meyer et de M. Van Brée.

Oram (Guillaume), le Vieux. E. An. ' XVIIIe siècle. Paysage.

Oram (Edouard), fils de Guillaume. E. An. ' 1810. LONDRES. Paysage.

Oranjeheld (Jean-Bernard). E. H. ' XVIIe siècle. = Entra dans la gilde des peintres à Haarlem, en 1655.

Orazio de Castelfranco, dit **del Paradiso.** E. I. ' 1578. CASTELFRANCO. Histoire. = Détails inconnus. = Exécution remarquable.

Orazio di Jacopo. E. I. ' 1435. BOLOGNE. Histoire, portrait. = Elève de J. Avanzi.

Orazio del Paradiso. V. Orazio de Castelfranco.

Orbetto (l'). V. Turchi.

Orcagna (André), frère de Bernard. E. I. 1329(?)-1389. FLORENCE. Histoire, portrait. = Elève de son frère et d'Angelo Gaddi; peignit dans le Campo-Santo, et en société avec son frère, des fresques représentant *le Paradis*, en face du tableau de *l'Enfer;* ils reproduisirent dans ces deux vastes compositions les inventions du Dante; André les répéta plus tard dans l'église de Sainte-Croix et mit parmi les réprouvés les portraits de ses ennemis et parmi les élus ceux de ses bienfaiteurs. — Annonciation, Florence. — Tabernacle, *ib.* (Eglise d'or San Michele. Signé : *Andreas Cionis pictor florentins oratorii archimagister extitit hujs* M.CCC.LIX). Et autres, *ib.* — Naissance de la Vierge, Paris. — Mort d'un religieux, *ib.* — Couronnement de la Vierge, Londres. — La Sainte Trinité, *ib.* — Anges adorant, *ib.* (Volets du précédent). — La Nativité, *ib.* — Adoration des mages, *ib.* — Résurrection, *ib.* — Les trois Marie au sépulcre, *ib.* — l'Ascension, *ib.* — Descente du Saint Esprit, *ib.* = Imagination féconde, invention vive et spirituelle malgré l'irrégularité de l'ordonnance et la sécheresse de l'exécution; bon sculpteur et un des plus célèbres archi-

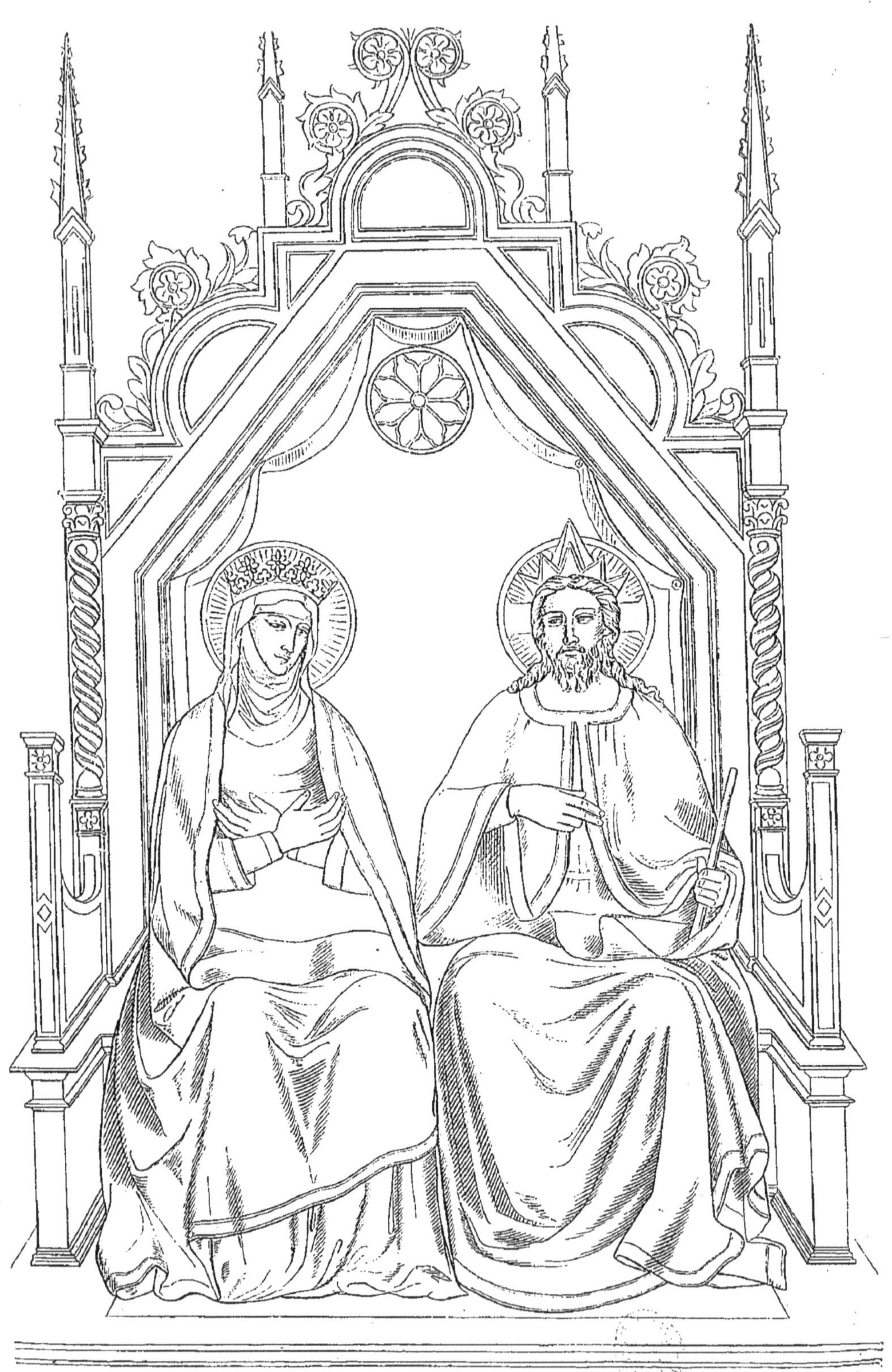

Groupe du tableau représentant »le paradis« par Orcagna. Notre Dame de Bonne Nouvelle à Florence.

tectes de son temps; son neveu, Marcotto, fut son élève.

Orcagna (Bernard), frère d'André. E. I. * XIVe siècle. FLORENCE. Histoire. = Elève de Buffalmacco; parvint à égaler la renommée de son maître. = On connaît de lui une fresque représentant l'*Enfer*, qu'il a peinte dans le Campo-Santo de Pise.

Orchardson (Guillaume). E. An. 1835. EDIMBOURG. Genre. = Hamlet et Ophelie. — Le défi. — Automne.

Ordonnantio. V. Moucheron.

Orefice (Pierre), dit **Pietro di Cosimo.** E. I. 1441(?)-1521. FLORENCE. Histoire. = Elève de Cosimo Roscelli; travailla aux fresques du Vatican et y acquit beaucoup de gloire; revenu à Florence, sa réputation lui valut plusieurs commandes importantes; d'un caractère sombre, mélancolique et bizarre, il excellait dans la représentation des scènes les plus lugubres, ne voulait personne autour de lui, se refusait tous les soins, quoique âgé de quatre-vingts ans. et fut trouvé mort dans sa maison. = Andromède délivrée, Florence. — Sacrifice au temple de Jupiter, *ib.* — Les Noces de Persée troublées par Phinée, *ib.* — La Vierge entourée de saints, *ib.* — Couronnement de la Vierge, Paris. — La Vierge, l'enfant Jésus, la Madeleine et saint Bernard, *ib.* — Vénus, Berlin. — Hercule entre le Vice et la Vertu, *ib.* = Grande science de dessin: belle couleur, composition riche et abondante; imita le Vinci; approcha de ce maître pour le fini de ses figures; imagination fougueuse. Se rendit célèbre par la mascarade *le Triomphe de la mort*, qu'il exécuta avec son élève, André del Sarto.

Orient (Joseph). E. Al. 1677-1747. BUEBACH (Basse-Hongrie). Paysage. = Elève d'A. Faistenberger; amateur passionné de la chasse, puisa au milieu des montagnes et des forêts cette connaissance variée et approfondie des phénomènes de la nature qui distingue ses productions. Mort à Vienne, où il était vice-directeur de l'Académie des beaux-arts. = Paysages tyroliens, Vienne. = Vérité extraordinaire; pinceau séduisant; imita dans quelques-uns de ses tableaux la manière de G. Dughet; compositions vastes et riches; ses derniers ouvrages sont un peu maniérés dans le feuillé des arbres des premiers plans. Ferg, Janneck, Querfurt et Canton ont étoffé ses paysages.

Orient (Joseph). E. Es. * 1689. VILLA-REAL. Portrait, histoire. = Florissait à Valence.

Orioli (Barthélemy). E. I. * 1616. TRÉVISE. Histoire, portrait. = Egalement poète. = Du talent pour le portrait.

Orlandi (Odoard). E. I. 1660-1736. Histoire. = Elève médiocre de L. Pasinelli.

Orlandi (Etienne). E. I. 1681-1760. Ornements, décoration, perspective. = Elève de P. Aldovrandini; compagnon de travail de J. Orsoni.

Orlandini (Jules). E. I. * XVIIe siècle. PARME. Histoire. = Détails inconnus.

Orlando (Bernard). E. I. * 1617. Histoire. = Peintre de la cour du Piémont et conservateur de la collection royale.

Orléans (d'). V. Jean d'Orléans.

Orley (Bernard Van), dit **Bernard de Bruxelles.** E. Fl. * 1527. BRUXELLES. Histoire, portrait. = Bernard était fils de Valentin, peintre comme lui et sans doute son premier maître. Valentin était bourgeois de Bruxelles où il naquit en 1468; sa femme s'appelait Barbe. En 1512, Valentin fut reçu franc-maître de Saint-Luc, à Anvers, sous le nom de Valentyn Van Bruesele. En 1517, il y recevait encore un élève; les deux époux vivaient encore en 1527. Leur fils Bernard épousa en premières noces Agnès Segers qui lui donna sept enfants; puis Catherine Hellinckx dont il en eut deux. Les dates exactes de naissance et de mort de ce grand peintre ne sont point connues; il naquit probablement vers 1490 ou 1491. Ami de Raphaël. Il fut peintre de la gouvernante Marguerite, puis de Marie de Hongrie. Il fit aussi beaucoup de dessins pour des tapis et surveilla avec Michel Van Coxie, l'exécution des tapis que Léon X fit fabriquer en Belgique sur les dessins de Raphaël. Il offrit un splendide banquet à Albert Dürer lors du séjour de celui-ci aux Pays-Bas, en 1520-1521. Le frère de Bernard, nommé Evrard, fut également peintre; il était né en 1489 ou 1490 et fut reçu franc-maître de Saint-Luc, à Anvers, en 1517. En 1527, la famille Van Orley, Jean Van Conninxlo, leur parent et une quantité d'autres artistes et personnages divers, furent poursuivis pour avoir assisté à des prêches clandestins. Il ne résulte cependant d'aucun document que Van Orley ait embrassé la réforme. Graveur. = Jésus-Christ mort au milieu de saints personnages, Bruxelles. — Sainte Famille, d'après Raphaël, *ib.* - Portrait du médecin George de Zelle, *ib.* — Histoire de Job (En plusieurs panneaux), *ib.* — Descente de croix, Saint-Pétersbourg (Autrefois attribuée à L. de Leyde). — Mariage de la sainte Vierge, Paris. — Résurrection de Lazare, Londres. — Madeleine lisant, *ib.* — Vénus et l'amour endormis, Berlin. — Sainte Anne, l'Enfant Jésus et la Vierge, *ib.* — Madeleine aux pieds du Sauveur, Bruges. — Portement de croix, *ib.* — Mariage de la Vierge, avec volets, Lierre

(Eglise de Saint-Gommaire). — La sainte Trinité adorée par des saints, avec volets, Lubeck (Eglise Notre-Dame). — Antiochus Epiphane érigeant une idole dans le temple de Jérusalem et la Pentecôte, tableau en deux compartiments, Vienne. — Repos en Egypte, *ib.* — L'Enfant Jésus, Anvers. — Deux portraits d'homme, *ib.* — Portrait de femme, *ib.* — Adoration des mages, *ib.* (Les portraits des donateurs sont par de Rycker). — Jugement dernier, *ib.* (Chapelle de l'Orphelinat; hospice Sainte-Elisabeth). — Jeune femme jouant de la guitare, Rotterdam. = Coloris vigoureux, composition élevée, finesse d'exécution et de détails admirables; ses premiers tableaux se distinguent par un sentiment très ardent; plus tard il y joignit un dessin plus correct dans les formes, quoique moins simple. = Ventes : V. Guillaume II (1850), *L'enlèvement des troupeaux de Job et quatre tableaux du même*, 6,400 florins. — Même V. *La Vierge et l'Enfant Jésus*, 2,000 fl. — Même V. *Portrait de femme*, 300 fl. — V. Vander Schrieck (1861), *Portrait de George de Zelle*, 500 fr.

Orley (Frère Jérôme Van), frère de Pierre et de François. E. Fl. * 1652. Miniature. = Il était récollet et donna des leçons à son neveu Richard, fils de Pierre, qui le surpassa promptement. = Connu pour avoir été meilleur artiste que son frère Pierre, sans toutefois avoir possédé un mérite transcendant. Dessinateur et graveur.

Orley (François Van), frère de Jérôme et de Pierre. E. Fl. * XVIIe siècle. Histoire. = Peintre très fécond. Un troisième frère nommé Richard comme un des fils de Pierre, cultiva également la peinture.

Orley (Pierre Van), frère de Jérôme et de François. E. Fl. * XVIIe siècle. BRUXELLES. Paysage. = Fils d'un Jérôme, peintre décorateur. Doyen de la corporation de Saint-Luc, à Bruxelles, en 1678 et en 1688. Fit partie du magistrat de Bruxelles, en qualité de conseiller. Receveur de la ville, en 1698 et 1699. Mort après 1708. Peintre de peu de mérite. = Deux miniatures : paysages (Signés : *P. V. Orley fecit* 1702), Bâle.

Orley (Jean Van), fils de Pierre. E. Fl. 1656. BRUXELLES. Histoire, portrait. = Elève de son oncle le récollet. Il fut aussi bon graveur. = Délivrance de saint Pierre, Bruxelles (Eglise Saint-Nicolas). — Résurrection, église d'Assche (Brabant).

Orley (Richard Van), fils de Pierre. E. Fl. 1652 (?) - 1732 (?). BRUXELLES. Histoire, portrait et miniature. = Elève de son père et de son oncle le récollet, qu'il surpassa de beaucoup. On croit qu'il vécut longtemps en Italie. = Rentrée du pape Innocent II à Rome, Anvers. = Pour l'histoire il imita l'Albane, Pierre de Cortone et Nicolas Poussin. Belle perspective, excellente composition et dessin correct. Graveur.

Orley (Léonard Van). E. Fl. * XVIIe siècle. = Cité par Corn. de Bie. On ne sait pas si cet artiste était parent des peintres de ce nom.

Orley (Nicolas Van). E. Fl. * 1567. BRUXELLES. Histoire. = En 1566, il se rendit en Allemagne sur la demande du duc Christophe de Wurtemberg, pour travailler aux peintures du château de Stuttgard bâti par ce prince; après la mort de celui-ci, en 1568, Nicolas visita Cologne espérant pouvoir rentrer dans sa patrie, mais il ne put en obtenir la permission du duc d'Albe et dut même quitter Cologne. On ignore ce qu'il est devenu. Il fut le compagnon de voyage et de travail de Jean de Witte.

Orlowsky (Alexandre). E. R. 1783. POLOGNE. Genre. = Etabli à Saint-Pétersbourg. = Tableaux, Saint-Pétersbourg. = Peignit à la gouache.

Orméa (Marc). E. H. * 1623. UTRECHT. Marine. = De 1621 à 1625, il fut doyen du collège des peintres.

Orméa (Guill.), fils de Marc. E. H. * 1665. Poissons, fruits. = En 1638, il offrit à l'hôpital de Saint-Job (à Utrecht?), un tableau représentant plusieurs espèces de poissons.

Orniero (Gérard). E. I. * 1575. Histoire. = Peintre sur verre.

Ornis (Léonard). E. Fl. * XVIe siècle. Histoire. = Florissait à Liége.

Orozco (Eugène). E. Es. * XVIIe siècle. Histoire. = Etabli à Madrid. = Manque d'harmonie; clair-obscur magique.

Orrente (Pierre). E. Es. 1550 (?) - 1644. MONTE-ALEGRE (Murcie). Histoire, genre et animaux. = Palomino le fait élève du Bassan; d'autres assurent qu'il ne fit qu'imiter ce maître; on croit qu'il reçut des leçons du Greco, à Tolède; exécuta des ouvrages remarquables à Murcie, puis à Valence et enfin à Madrid; ami de Pacheco; mort à Tolède. = Jésus-Christ guérissant les malades, Vienne. — Adoration des bergers, Madrid. — Le calvaire, *ib.* — Pasteur reconduisant son troupeau, *ib.* — Un berger et sa femme entourés de poulets, *ib.* — Jésus-Christ apparaît à Madeleine, *ib.* — Paysage, *ib.* — Repos de la famille d'Abraham, *ib.* — Jacob et Rachel, Paris. — Noces de Cana, *ib.* — Et beaucoup d'autres, *ib.* — Jacob enlevant la pierre du puits pour abreuver les troupeaux de Rachel, Dresde. = Pinceau énergique, facile et vrai; invention capricieuse, manière originale; peu de fini, dessin correct; clair-obscur savant; visait à l'effet; peignait les animaux avec une grande vérité; style vénitien. = Ventes : V. Ribeyre (1872), *Le Sauveur en bon Pasteur*, 620 fr.

Orschwiller (d'). E. Al. * XIXe siècle. Animaux.

Orsel (Victor). E. Fr. 1795-1850. OULLINS (Rhône). Histoire.= La charité.— Moïse sauvé des eaux, Lyon. — Peintures à N. D. de Lorette, Paris. = Représentant de l'école d'Overbeck en France.

Orsi (Benoît). E. I. * XVIIe siècle. PESCIA. Histoire, portrait.=Elève de B. Franceschini; se fit remarquer par un beau tableau de saint Jean l'évangéliste; avait exécuté pour la Société des Nobles, des ouvrages représentant : *les Œuvres de miséricorde*, que l'on montrait aux étrangers comme une des choses les plus remarquables de la ville de Pescia : ces tableaux furent dispersés lors de la dissolution de la Société des Nobles. = Belles carnations.

Orsi (Bernard). E. I. * 1501. REGGIO. Histoire. = Peintre de mérite.

Orsi (Lelio) ou **Lelio da Novellara.** E. I. 1511-1587. REGGIO. Histoire, portrait. = Etudia à Rome d'après les chefs-d'œuvre de Michel-Ange; travailla dans sa ville natale et à Novellara; se fixa dans cette dernière résidence après avoir été exilé de Reggio; ce qui l'a fait appeler *Lelio da Novellara*. = Sainte Famille, Florence. — La crèche, *ib.* — Madeleine repentante, Munich.—Portrait d'homme, *ib.* — Portrait de femme, *ib.* — Jésus-Christ crucifié, Berlin. — La douceur, Vienne. = Dessin étudié et rempli de vigueur; grande science de clair-obscur et d'empâtement de couleurs; têtes jeunes, aimables et gracieuses.

Orsi (Prosper). E. I. 1560(?)-1615(?). Histoire, portrait. = Fut employé fort jeune par Sixte-Quint, à Rome; lié d'amitié avec le Josépin, l'inconstance de son caractère le brouilla avec ce dernier dont il devint un des adversaires les plus acharnés, après s'être attaché au Caravage. = Composition riche; imita d'abord la manière du Josépin et l'abandonna ensuite.

Orson (Lesec). E. Fr. * 1545. RENNES. = Verrier,auteur de la magnifique verrière dite : *l'Apocalypse* offerte à l'église de St-Germain, à Rennes, par la corporation des merciers.

Orsoni (Joseph). E. I. 1691-1755. Ornements, perspective et décors. = Elève de Pompée Aldovrandini; s'associa avec son condisciple Etienne Orlandi.

Ort ou **Ortkens** (A.). E. Fl. * XVIe siècle. = Verrier; reçu franc-maitre de St-Luc, à Anvers, en 1513. Cité par Guicciardin sous le nom d'*Art Van Hort*, de Nimègue; cet écrivain le dit grand imitateur des Italiens et inventeur de la manière de cuire et de colorer le verre cristallin. En 1536, il exécuta un vitrail pour la cathédrale d'Anvers. On pense que c'est lui qu'Albert Dürer, dans son voyage au Pays-Bas, désigne sous le nom de Maître *Aert*.

Ortega (Pierre de). E. Es. * 1694. Histoire. = Bon fresquiste. Florissait à Séville.

Ortega (Franç. de), fils de Pierre. E. Es. 1695-1741 (?). ANDUJAR. Histoire. = Etabli à Madrid; choisi par le conseil de Castille pour un des huit taxateurs de peintures antiques et pour des acquisitions à l'étranger. = Fresque à la Merced, Madrid. = Réussit mieux dans la fresque que dans la peinture à l'huile.

Ortlieb (Frédéric). E. Al. 1839. STUTTGARD. Genre.= L'après dînée du Dimanche en Souabe.

Ortmans (Auguste). E. Fl. * 1846. Paysage.

Ortolani Damon (Jean-Baptiste). E. I. * 1789. ROME. Histoire (?). = Détails inconnus.

Ortolano (l'). V. Benvenuti.

Os (Jean Van). E. H. 1744-1808. MIDDELHARNIS. Fleurs, fruits, marine et animaux. = Elève d'A. Schouman, à La Haye, où il habitait. Directeur de l'Académie des belles-lettres dans cette ville, et auteur de plusieurs ouvrages. = Fleurs et fruits, Amsterdam. — Fruits, Paris (Chef-d'œuvre). = Bon peintre de fleurs; imitateur de Jean Van Huysum; manque de goût; de l'éclat, de l'énergie; beaucoup de fini. = Ventes : V. Nieuhoff (1777), *Fleurs et fruits sur une table*, 1,505 fl. — V. Gairens (1810), *Vase de fleurs*, 440 fr. — V. Ribeyre (1872), *Fruits et fleurs*, 1,400 fr.

Os (George-J.-J. Van), le Vieux, fils de Jean. 1782-1861. E. H. LA HAYE. Paysage, fleurs, fruits et nature morte. = Elève de son père. Fit son premier voyage à Paris, en 1812; y travailla pour la manufacture de Sèvres. Depuis cette époque il habita tour à tour Haarlem et Paris. Membre de l'Institut, à Amsterdam. Mort en France. = Tableau de fleurs, Haarlem. — Fleurs et nature morte, *ib.* — Paysage boisé, *ib.* — Bouquet dans un vase étrusque, Rotterdam.

Os (Pierre-Gérard Van), fils de Jean. E. H. 1776. LA HAYE. Paysage, genre et miniature. = Elève de son père. = Les casemates à Naerden, Haarlem. — Paysage, *ib.* — Et beaucoup d'autres, *ib.* — Trois paysages avec animaux, Rotterdam. = Graveur.

Os (George-J. Van), le Jeune, fils de Pierre-Gérard. E. H. 1805-1841. AMSTERDAM. Portrait. = Elève de Navez.

Os (Pierre-Frédéric Van), fils de Pierre-Gérard. E. H. 1808. AMSTERDAM. Figures, chevaux, paysage, animaux. =Elève de son père.

Os (Marie-Marguerite Van), fille de Jean. 1780-1862. E. H. Fleurs, fruits, gibier mort. = Elève de son père. = Table avec fruits, Haarlem

Osborne (Emilie-M.). E. An. 1834. LONDRES. Genre.

Oseryn (Isaac). E. H. ' XVIe siècle. COPENHAGUE. Genre, portrait. = Un des meilleurs élèves de Corn. Ketel auprès duquel il resta trois ans. Se rendit à Venise et à Rome pour y achever ses études. Revint en Danemark et y mourut à la fleur de l'âge, sans avoir pu terminer le portrait du Roi qu'il avait commencé.

Ossenbeek (Jean ou George). E. H. 1627-1678. ROTTERDAM. Paysage avec figures, = Il passa une grande partie de sa vie en Italie; acheva ses études à Rome. Se rendit à Vienne, y exécuta un grand nombre de tableaux, ainsi que dans les autres villes de l'Allemagne, et mourut à Ratisbonne. = Paysage : Voyage du patriarche Jacob vers la Mésopotamie, Vienne. — Paysage avec figures, Dresde. = Genre de P. Van Laar, dit Bamboche. Bon graveur.

Ossinger (Michel). E. Al. ' 1543. HEMMAU, près de Ratisbonne. Histoire. = Elève d'A. Altdorfer. = Dieu le Père, dans sa gloire, Munich. = Manière nette et très fine.

Ostade (Adrien Van), frère d'Isaac. E. H. 1610-1685. HAARLEM. Tabagies, foires, etc. = Le travail du D^r van der Willigen sur les peintres de Haarlem (2me édition), infirme à peu près toutes les indications données sur les van Ostade, excepté les dates de naissance et de mort d'Adrien. C'est Houbraken qui, le premier, a parlé de leur naissance à Lubeck, sans le moindre fondement et sans en fournir la moindre preuve. M. van der Willigen possède, dans sa collection de portraits de peintres, ceux de A. et I. van Ostade dessinés par Adrien, encadrés en ovale postérieurement sans doute et portant, en caractères anciens, les inscriptions suivantes. Le premier : *Effigies Adriani a Ostade Harl. Bat^vi pictoris celeberrimi a se ipso ad vivum depicta, nati a D^ni* 1610 *et denati a D^ni* 1685. Le second : *Haec est effigies Isaci a Ostade pictoris celeberrimi, ad vivum per fratrem suum Adrianum depicta a Har. Bat., natus a° D^ni* 1621 *et denati a° D^ni* 1657. Le même auteur a en sa possession de vieilles notes sur la gilde de Saint-Luc à Haarlem; elles portent qu'Adrien van Ostade est né à Haarlem et y décéda le 27 avril 1685; qu'Isaac naquit en 1621 et mourut en 1657. Sur ces données M. vander Willigen avait cherché infructueusement la mention des baptêmes sur les registres harlemmois, lorsqu'il acquit la liste autographe de Vincent-Laurent vander Vinne, contenant les noms des peintres inscrits dans la gilde de Saint-Luc et que cet artiste connaissait particulièrement, ainsi qu'une liste vérifiée après son décès par son fils Laurent, copiée et augmentée plus tard par un autre de ses descendants nommé Vincent, fils de Jean-Laurent, qui se servit dans ce travail d'un vieux livre de caisse de la Gilde. M. vander Willigen y vit inscrit Adrien JANZ van Ostade; c'était une indication, Adrien était donc fils d'un Jean. Une nouvelle recherche dans les registres de baptême lui fit trouver que le 10 décembre 1610 fut baptisé Adrien, fils de JEAN-Henri, d'Eyndhoven... que le 2 juin 1621 fut baptisé Isaac, issu du même père... que le 27 janvier 1608 fut baptisée Lysbeth, sœur des précédents et le 21 avril 1616, Jean, leur frère, outre Marie, Gisbert, Esther et Catherine, tous enfants des mêmes parents. Pas de nom de famille cité, selon l'habitude de l'époque; mais, près de la commune d'Eyndhoven, se trouve le hameau d'Ostade; dès lors s'explique le nom adopté par la famille. En effet, une pièce extraite des registres des transferts de biens immeubles constate que « Jean Ostade, autrefois boulanger, exerçant aujourd'hui la profession de tisserand de toiles » cède tous ses biens et meubles à sa sœur, et à son frère, à Lysbeth Jans et Adrien Ostade, en paiement. Sur l'inventaire du mobilier figurent *dix à douze petits tableaux*. Il est donc hors de doute, ainsi que le dit M. vander Willigen, qu'Adrien, Lysbeth Jans, Jean et Isaac étaient enfants de Jean-Henri d'Eyndhoven et de Jeannette Hendrickx. C'est là une des belles constatations obtenues à l'égard d'illustres artistes, grâce à la perspicacité et à la persévérance d'un infatigable travailleur dont les services rendus dans ce genre ne se comptent plus. En 1605 le père des van Ostade était déjà établi à Haarlem et s'y était marié le 16 janvier. Il devait, par son métier (Probablement fabricant de toiles comme le furent son fils Jean et son petit-fils) s'être posé dans la bourgeoisie aisée, car sa fille épousa un sieur Barent Bosvelt van Waerendorp, secrétaire de la ville de Haarlem. Il décéda très probablement en 1641 et sa femme en 1640. Adrien est inscrit sur les rôles de l'ancienne garde bourgeoise. Le 26 juillet 1638 est inscrite dans les registres aux mariages, la première union du peintre avec Machtelgen Pietersen : il y est dit formellement, à propos des époux : *tous deux de Haarlem*. Adrien fut à peine marié quatre ans avec sa première femme pour laquelle, le 27 septembre 1642, on demanda l'enterrement dans la grande église. On ne connaît point la date de son second mariage, mais on sait qu'il eut lieu, par la demande d'enterrement qui fut faite le 24 novembre 1666 pour la seconde femme. Les frais mortuaires qui furent, pour la première de 10, pour la seconde de 24 et pour lui-même, plus tard de 16 florins, frais

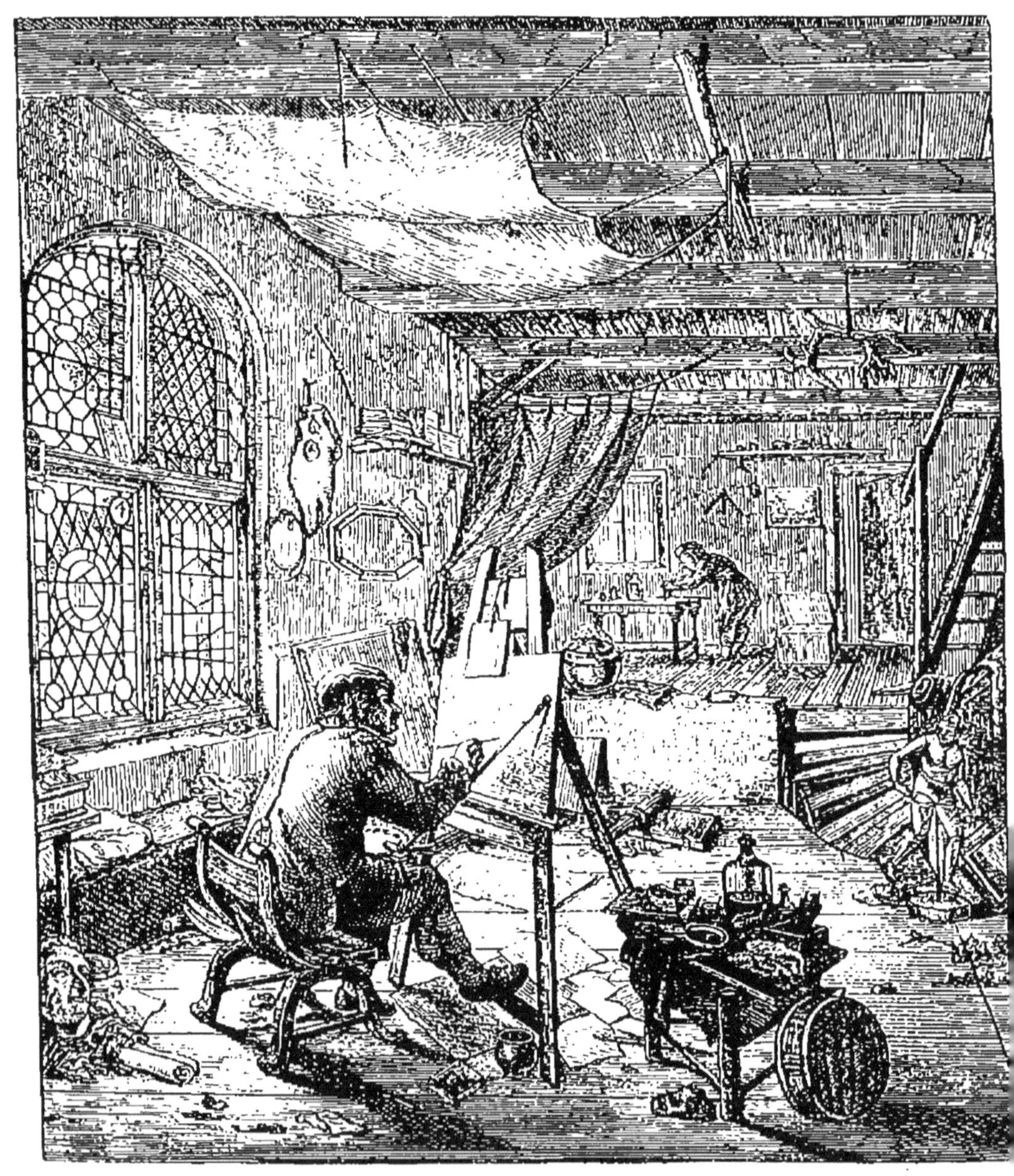

Adrien van Ostade dans son atelier. Galerie de Dresde.

considérables pour l'époque, prouvent l'excellent état de fortune du grand peintre. Houbraken raconte encore qu'en 1662, Adrien abandonna Haarlem, par crainte de l'approche des Français et voulut retourner avec tout ce qu'il possédait à Lubeck; mais qu'il s'arrêta à Amsterdam pour y rester jusqu'à sa mort. Ceci est encore une erreur. En 1662, il était doyen de Saint-Luc, à Haarlem et non pas nominativement; en outre, en cette année il n'y eut ni troubles ni guerre en ce pays, mais bien en 1672. Houbraken peut s'être trompé de date. mais, dans tous les cas, si van Ostade résida à Amsterdam, ce ne fut pas pour y rester jusqu'à sa mort, car, le 2 mai 1685, il fut fait une demande d'enterrement pour Adrien van Ostade, dans la grande église de Haarlem. Un extrait du *Haerlemsche Courant* de 1685, concerne la vente mortuaire des objets d'art ayant appartenu à Adrien van Ostade. Il y est annoncé que le 3 juillet 1685 et jours suivants, il sera vendu de ce chef, à Haarlem, 200 tableaux (!) du maître et une quantité de toiles d'autres peintres, toutes ses estampes gravées, dessins, etc., etc. Ce fut Fr. Hals qui donna les premières leçons de l'art de la peinture à Adrien. C'est dans l'atelier de ce peintre qu'il connut Adrien Brauwer, et qu'il se lia avec lui; il suivit même sa manière au commencement de sa carrière artistique; mais après avoir imité encore Teniers, van Ostade se créa une manière à lui, et ne suivit plus que les inspirations de sa verve si vraie et si naturelle. = Famille d'Adrien Van Ostade (?), Paris. — Le maître d'école, *ib.* — Marché aux poissons, *ib.* — Intérieur d'un ménage, *ib.* — L'homme d'affaires dans son cabinet, *ib.* — Le fumeur, *ib.* — Le buveur, *ib.* — Le repos des voyageurs, Amsterdam.— L'atelier du peintre, *ib.* — Intérieur de cabaret; plusieurs figures, *ib.* (Musée V. D. Hoop). — Le vieux philosophe, Rotterdam. — Extérieur d'une maison rustique, La Haye. — Les buveurs et les joueurs de violon, *ib.* — Femme assise devant une maison, Berlin. — Le joueur de vielle, *ib.* (Signé et daté de 1640). — Les joueurs de violon et les chanteurs, Londres (Buckingham palace). — Le campagnard et son enfant, *ib.* — Intérieurs d'estaminet, *ib.* — Intérieur, une femme et deux hommes, *ib.* — Les buveurs, Saint-Pétersbourg. — Scènes de tabagie, *ib.* — La musique, Madrid. — Réunion de musiciens, *ib.* — Un homme tenant une lanterne, Florence. — Le fumeur, Anvers. — L'atelier du peintre, Dresde. — Le repas des deux paysans, *ib.* — Deux paysans devant un cabaret, *ib.* — Les buveurs, *ib.* — Familles de paysans dans un cabaret, *ib.* — Les joueurs de cartes, *ib.* — Intérieur villageois, Munich. — Les fumeurs, *ib.* — Et autres, *ib.* — Le mangeur de harengs, Bruxelles. — Rixe de buveurs, Strasbourg (Signé : A. Ostade, 1633). = Clair-obscur admirable. Jours bien conduits. Composition naturelle. Figures spirituelles, mais auxquelles on a reproché d'être un peu courtes. Dessin souvent lourd. Ses sujets sont ordinairement pris dans les tavernes, les marchés et les places; la justesse d'observation qu'on remarque dans ses compositions, la finesse et la vérité de l'exécution, font oublier la laideur peu commune qu'il donne à ses personnages. Dans ses représentations d'intérieurs, il offre ordinairement à la vue une suite d'appartements dont les meubles et les accessoires sont traités avec beaucoup de fini et de précision. Excellent graveur. = Ventes : V. Verhulst (1779), *Fête villageoise*, 720 fl. — V. Praslin (1793), *Intérieur rustique*, 10,000 livres. — Même vente, *Intérieur de boutique*, 7,950 liv. — V. Tolozan (1801), *Scène de buveurs*, 7,300 fr. — V. Helsleuter (1802), *Tabagie*, 4,400 fr. — V. Van Saceghem (1851), *L'estaminet hollandais*, 58,000 fr. — V. Patureau (1847), le même tableau, 51,500 fr. — Même vente, *Intérieur*, 2,200 fr. — Même vente, *Le joueur de vielle*, 18,100 fr. — V. Montault (1858), *Le joueur de vielle*, 4,100 fr. — V. Vanderschrieck (1861), *Intérieur de ferme*, 13,000 fr. — Même vente, *Le mangeur de harengs*, 6,200 fr. — V. Le Hon (1861), *Le joueur de vielle*, 31,400 fr. — V. Scarisbrick (1861), *Le joueur de vielle* (Celui de la vente Montault), 11,750 fr. — V. Demidoff (1863), *Halte dans une forêt*, 2,100 fr. — *Scène de buveurs*, 5,550 fr. — *L'empirique*, 8,500 fr. — *La partie de cartes*, 1,250 fr. — V. Van Cleef (1864), *Paysan accoudé sur la demi-porte d'une maison*, 1,620 fr. — V. De Morny (1865), *Kermesse*, 7,000 fr. — *Le marchand buvant*, 8,750 fr. — *Jeune femme assise dans sa chambre*, 4,500 fr. — V. Van Brienen de Grootelindt (1865), *Vue extérieure d'une ferme*, 3,800 fr. — V. Herman de Kat (1866), *Le cabaret*, 2,850 fr. — *La tabagie*, 1,850 fr. — V. Pommersfelden (1867), *Intérieur villageois*, 5,250 fr. — V. San Donato (1868), *Le grand village*, 104,000 fr. — V. Stevens (1867), *Fête de village*, 2,160 fr. — V. Delessert (1869), *Le musico hollandais*, 23,500 fr. — *Portrait de vieille femme*, 22,000 fr. — V. Fould (1869), *Jeune femme assise* (Celle de la v. Morny), 5,750 fr. — V. Lissingen (1876), *Les joueurs de cartes*, 28,100 fr.

AO, AO
AO, AO

Ostade (Isaac Van), frère d'Adrien. E. H. 1621-1657. HAARLEM. Intérieur, paysage, hivers, tabagies, etc. = Elève de son frère. Son portrait, dessiné par son frère et formant le pendant de celui d'Adrien, appartient au même propriétaire que ce dernier; il porte également une inscription ancienne ainsi conçue : *Haec est effigies Isaci a Ostade pictoris celeberrimi, ad vivum per fratrem suum Adrianum depicta a Har. Bat. natus a° D^ni 1621 et denatus a° D^ni 1657*. Une pièce fort curieuse subsiste dans le registre des vinders de Saint-Luc, à Haarlem : il s'agit d'une contestation qu'il eut avec un certain Léonard Hendrixss, marchand de tableaux à Rotterdam, et qui fut jugée à l'avantage d'Isaac; il en résulte que le talent de celui-ci était apprécié dès lors. = Halte de voyageurs, Paris. — Deux canaux glacés, *ib.* — La halte, *ib.* — Paysan tenant une cruche à bière, Amsterdam. — Voyageurs devant un cabaret, *ib.* — Paysage avec maison rustique et figures, *ib.* (Mus. V. D. Hoop). — Scène villageoise, Vienne. — Halte de voyageurs, Londres (Buck. Pal.). — Joueur de violon, *ib.* — Musiciens de village, Madrid. — Le buveur, *ib.* — Et autres, *ib.* — Un hiver avec figures, patineurs, etc., Dresde. — Un hiver avec patineurs, Munich. — Paysage, *ib.* — Hiver, Anvers. — Scène villageoise avec beaucoup de figures : le joueur de violon, Berlin. — Environs d'une ferme; hiver, Copenhague. — Halte de voyageurs, Bruxelles. = Les tableaux dans lesquels il chercha à imiter son frère, sont de peu de valeur; il réussit mieux dans ses paysages avec figures et animaux. On y remarque une composition heureuse, des détails bien dessinés, beaucoup de naturel et de vérité, un coloris chaud et vigoureux et un admirable empâtement. On croit qu'il grava. = Ventes : V. Vence (1761), *Les buveurs* (Deux tableaux), 260 liv. — V. Choiseul (1772), *Scène rustique*, 6,700 liv. — V. Van Balle (1781), *Basse-cour*, 7,700 liv. — V. de Menars (1782), *Vue d'un canal hollandais en hiver*, 2,010 liv. — V. Vaudreuil (1784), *Vue d'un canal glacé*, 6,000 liv. — V. Horion, *Tabagie*, 164 florins. — V. Perregaux (1841), *Quatre paysans buvant*, 15,000 fr. — V. Patureau (1857), *Vue hollandaise*, 3,200 fr. — V. Vanderschrieck (1861), *Halte de voyageurs*, 7,500 fr. — Même vente, *Hiver*, 9,000 fr. — V. Leroy d'Etiolles (1864), *Le ménétrier*, 1,950 fr. — V. Van Brienen van Grootelindt (1865), *Vue d'un village*, 25,200 fr. — *Halte de voyageurs*, 25,100 fr. — V. à Paris (1866), *Halte de voyageurs*, 5,000 fr. — V. de Rhodes (1868), *La dévideuse*, 9,100 fr. — V. Delessert (1869), *Habitation rustique*, 13,000 fr. — *Paysage hollandais en hiver*, 10,000 fr. — V. Lissingen (1876), *Halte de voyageurs*, 11,500 fr.

Ostendorfer (Michel). E. Al. ' 1550. Histoire, portrait. = Florissait à Landshut, et d'après d'autres à Regensburg. = Tableaux d'histoire religieuse, Nuremberg. — Portrait d'Albert V, duc de Bavière, Schleisheim. — Tableau d'autel, Regensburg. = Tons chauds. Se forma d'après A. Altdorfer et chercha, par ses tableaux à propager les doctrines luthériennes.

Osterraht (Gustave). E. Al. 1836. STENSIG. Paysage.

Osterwald (George). E. Al. 1808. RINTELN. Paysage, etc.

Osti (Henriette-E.). E. H. 1801. UTRECHT.

Otelin. E. Fr. ' XVe siècle. VALENCIENNES. Histoire. = Le premier peintre dont on cite le nom, dans les annales de sa ville natale. = Les Valenciennois prêts à aller abattre deux maisons à Bruay et à Fresnes, le 25 avril 1456, Valenciennes.

Othon. E. Fr. ' 1845. Pastel. = Une femme qui fume.

Ott (Jean-Népomucène). E. Al. 1805. MUNICH. Marine, paysage. = Elève de Guill. Köbell. = Vue de Castilani et Gaëte, Munich.

Ottaviana, dit **Le Falconetto.** E. I. ' XVIe siècle. VÉRONE. Histoire, portrait. = Elève de son père Giovan Maria, également peintre. = Exécuta beaucoup de stucs.

Ottesen (O.-D.). ' 1855. Fleurs, fruits. = Peintre danois. = Roses et fraises, Copenhague. — Melon coupé et autres fruits, *ib.* — Vase à fleurs et fruits, *ib.* — Fruits divers, *ib.*

Ottevaere (Aug.). E. Fl. 1809-1856. EVERGHEM (Flandre). Paysage, animaux. = Elève d'E. Verboeckhoven. Demeura à Paris et mourut à Gand.

Ottin. E. Fr. ' 1842. Histoire. = Hercule.

Ottini (Félix), dit **Felicetto.** E. I. † 1695 (?). ROME (?). Histoire, portrait. = Elève d'H. Brandi. Mort jeune. = Graveur.

Ottini (Pascal). E. I. 1570 (?)-1630. VÉRONE. Histoire. = Elève de Félix Brusaccorsi; travailla, de concert avec l'Orbetto, à achever plusieurs tableaux que la mort avait empêché son maître de terminer. Se rendit à Rome, afin d'y finir ses études; revenu dans les Etats vénitiens, son talent lui fit une réputation méritée. = Formes nobles et belles; expression relevée; bon coloris.

Ottley (Guillaume). E. An. 1771-1836. LONDRES (?). Histoire. = Conservateur du *British Museum*. = La chute de Satan.

Otto (Henri) E. Al. † 1856. = Peintre de la cour de Rudolstadt.

Otto (J.-S.). E. Al. 1798. Grand-duché de POSEN. Portrait. = Portrait de Mlle Lehman. = Graveur.

Ottovenius. V. Veen (Van).

Ouarte. E. Fr. * XVIIe siècle. Histoire. = Détails inconnus.

Oubri (P. D'). E. Fr. 1821-1873. Paysage. = Mort en Suisse par accident.

Oucoop (Ja.-Henricksz Van). E. H. * XVIe siècle. = Peintre sur verre à Utrecht, en 1543.

Oudart (Paul-Louis). E. Fr. 1796. PARIS. Fleurs, histoire naturelle, aquarelle, etc. = Elève de G. Van Spaendonck. = Le Coucoupiaye du Brésil. — La perruche de Pennant de la Nouvelle-Hollande.

Oudenaarde ou **Ondenaert** (R. Van). V. Audenaerde.

Oudendyk (Evrard). E. H. * 1648. HAARLEM. Genre, paysage. = Détails inconnus. = Pinceau ferme ; beaucoup de fini.

Oudendyk (Adrien), fils d'Evrard. E. H. 1648. HAARLEM. Paysage, animaux et vues de ville. = Elève de son père. Il emprunta des parties de tableaux à Adr. Vande Velde et Thomas Wyck, ce qui le fit surnommer *Rapianus;* il fit aussi beaucoup de copies. = Thierry Maas a étoffé quelques-uns de ses tableaux.

Oudenhoven (Joseph Van). E. Fl. * 1845. Genre. = Famille d'ouvriers dans la détresse.

Ouderaa (Van der). V. au supplément.

Ouderogge, Oudenrogh ou **Oudenrogge** (Jean-Thierry). E. H. * XVIIe siècle. HAARLEM. Intérieurs, genre. = Entra dans la gilde de St-Luc, à Haarlem, en 1651. Il était décédé en 1653. = Paysans dans un atelier de tisserand, Amsterdam. (Signé: J. Oudenrogge1652).

Oudewater (Gérard-David Van) V. David.

Oudin de Carnavay. E. Fr * 1345. PARIS. = Miniaturiste connu par ses travaux dans les *Chroniques de Saint-Denis* et le *Pélérinage de Notre-Seigneur Jésus-Christ.*

Oudinot (Eugène S.). E. Fr. 1827. ALENÇON (Orne) = Peintre-Verrier.

Oudry (Jean-Baptiste). E. Fr. 1686-1755. PARIS. Animaux, histoire, portrait, paysage, fleurs. = Il était fils de Jacques Oudry, maître peintre et marchand de tableaux. Elève de N. Largillière, reçu à la maîtrise de Saint-Luc, dont son père était directeur, en 1708; exécuta le portrait de Pierre le Grand, lorsque ce prince visita Paris : le czar fut si content de ce tableau, qu'il pressa Oudry de le suivre à la cour de Russie : le peintre fut obligé de se cacher lors du départ du czar, pour ne point être forcé d'obéir à ses prières; abandonna tous les autres genres pour s'adonner à celui des animaux ; reçu à l'Académie, en 1719. Présenté à Louis XV, il sut obtenir les faveurs de ce prince; protégé par Fagon, recherché par les grands de l'étranger, il eut encore à refuser les propositions les plus avantageuses de la part du roi de Danemark, afin de rester fidèle à sa patrie; nommé directeur de la manufacture des Gobelins et de celle de Beauvais qu'il avait pour ainsi dire fondée. = Animaux, le Mans. — Chasse au loup, Paris. — Les chiens de Louis XV, trois tableaux, Paris. — Combat de coqs, *ib.* — La ferme, *ib.* — Le chien à la jatte, *ib.* — Chien gardant du gibier, *ib.* = Touche naturelle et vraie, bonne couleur. Graveur. (Voir la liste des tableaux de ce peintre dans les *Mémoires inédits sur la vie et les ouvrages des membres de l'Académie royale*, t. II, p. 384. Paris, Dumoulin, 1854). = Ventes : V. la Live de Jully, deux tableaux, *Canards et chien de chasse*, 500 liv. — V. Conti (1777), *Deux natures mortes* (Perroquets et poissons), 900 liv. — V. Pembrocke (1862), *Visite à la ferme*, 1,110 fr. — V. Didier (1868), *le violon*, 1,200 fr. V. Meffre (1868), *le pont*, 3,110 fr. — *le pigeonnier*, 3,110 fr.

Oudry (Jacques-Charles), fils de Jean-Baptiste. E. Fr. 1720-1778. PARIS. Animaux. = Elève de son père; reçu à l'Académie, en 1748; il voyagea beaucoup, résida longtemps à Bruxelles où il fut premier peintre du prince Charles de Lorraine et mourut à Lausanne.

Ougrumoff. E. R. * XVIIIe siècle. Histoire. = Succéda au peintre Lossenko comme professeur de l'Académie

Ouless (Walter W.). E. An. 1848. SAINT-HELIER (Gersey). Portrait.

Ouri (Alphonse). E. Fr. 1828. VERSAILLES. Décorations.

Ouvrié (Justin). E. Fr. 1806-1879. PARIS. Histoire, paysage. = Elève d'Abel de Pujol. = Vue prise à Taverny. — Quai des Esclavons.

Ouwater (Isaac). E. H. 1747-1793. AMSTERDAM. Vues de ville. = Peintre de mérite. = Deux vues à Amsterdam, Amsterdam. = Bon dessinateur.

Ouwater (Jacques). E. H. * XVIIIe siècle. ZÉLANDE. Fleurs, fruits, paysage. = Il habita longtemps La Haye, où il fut inscrit, en 1754, sur la liste de la confrérie *Pictura.* Plus tard, il s'établit à Middelbourg.

Ouwater (Albert Van). E. H. * Commencement du XVe siècle. HAARLEM. Histoire, paysage. = Van Mander note, en 1604, qu'un artiste de talent, et digne de foi, Albert Simons, de Haarlem, raconte que 60 ans auparavant, il était élève de Jean Mostert, aussi de Haarlem; que celui-ci, alors âgé d'environ 70 ans, déclarait n'avoir jamais connu Albert Van Ouwater ni même Gérard de Saint-Jean, son élève. Van Mander conclut de ce fait qu'il dut être au moins contemporain de Jean Van Eyck. Il fut l'un des premiers Hollandais qui peignirent à l'huile. On ne sait rien de sa vie. = Le jugement dernier (Attribué), Dantzig. —

Descente de croix (Attribué), Cologne. — Crucifiement (Attribué) Vienne. = Excellait dans le dessin des mains et des pieds et dans les draperies. Ce peintre fit présager, à cette époque, la perfection qu'atteindraient un jour les artistes de Haarlem, dans le paysage. — Ventes. V. Weyer (1862). *Saint Pierre assis devant le temple*, 3,098 fr.

Ouwerkerk (Jean Van). E. H. 1774. MIDDELBOURG. Marine. = Elève de Marinus Piepers.

Ovens (Jurian). E. H. ' 1660. AMSTERDAM. Portrait, histoire, genre, effets de nuit. = Elève de Rembrandt. On le croit né vers 1620; vivait encore en 1675; ses œuvres datées vont de 1644 à 1675. En cette dernière année il fut employé à la cour du duc de Holstein, à Frédérickstadt. Par une lettre du grand pensionnaire de Witt, on apprend que en 1663, Ovens habitait Amsterdam et qu'il se préparait à partir pour Frédérickstadt. Nagler prétend que sur un portrait d'Ovens, fait en 1666, on lit : *anno ætatis* 66. Il le fait par conséquent naître en 1600 et ajoute qu'il mourut en 1678. = Plusieurs grands tableaux, Schleswig (Cathédrale). — Portraits : sept gentilhommes autour d'une table, Amsterdam. (Huissittenhuis). — Conspiration de Claudius-Civilis, *ib.* (Hôtel-de-ville). — Portrait en buste du savant voyageur Olearius, Copenhague. — Musique champêtre, *ib.* — Portraits d'homme, Rotterdam. — Portrait de femme, *ib.* = Peignit les effets de nuit avec beaucoup de talent; bon peintre de portraits : têtes animées, touche large et ferme. Son talent tient plus de celui de V. d. Helst que de celui de Rembrandt. Graveur. = Ventes. V. de Blaisel (1870). *Famille, hollandaise*, 1,310 fr.

Overbeck (Frédéric). E. Al. 1789-1869. LUBECK. Histoire, portrait. = Elève de l'Académie de Vienne. Partit pour l'Italie en 1810, s'établit à Rome et y mourut. = Entrée de Jésus-Christ à Jérusalem, Lubeck. — Vision de Saint François d'Assise (Fresque), près de Rome. — L'Italie et l'Allemagne (Allégorie), Munich. — Sainte famille, *ib.* — Portrait de Victoire Caldoni d'Albano, *ib.* = Un des chefs de l'école de peinture religieuse en Allemagne. = Profond sentiment; grande pureté de lignes; coloris timide.

Overbeek (Leendert). E. H. 1752-1815. HAARLEM. Paysage, ornements. = Elève d'H. Meyer. En 1775 et les années suivantes, il fut directeur de l'Académie de dessin, à Haarlem. = Inventa l'art de dessiner et de graver sur verre avec or et argent; cette invention mourut avec lui. Dessinateur, graveur.

Overbeek (Bonaventure Van). E. H. 1660-1706. AMSTERDAM. Histoire, paysage. = On croit qu'il fut élève de G. Lairesse; il alla trois fois en Italie et y rassembla une grande quantité d'antiques, dont son neveu publia les dessins en 1709, sous le titre de *Reliquiæ antiquæ urbis Romæ* (150 planches).

Overschee (Pierre Van). E. Fl. ' 1644. Nature morte. = Détails inconnus.

Overstraeten (Louis Van). E. Fl. ' 1842. Paysage, animaux.

Overtvels (Renold Van). E. Fl. ' XVe siècle. = Inscrit, en 1450, sur les registres de Saint-Luc, à Bruges.

Owen (Guillaume). E. An. LUDLOW. 1769-1825. Portrait. = Académicien. = George IV (D'après Hoppner), Londres. = Les enfants dans les bois. — L'enfant et le chat.

Oyens (David). E. Fl. ' 1875. Genre. = Encore un verre. — La conversation.

Oyens (Pierre), frère du précédent. E. Fl. ' 1875. Genre. = Les galeries du Luxembourg. — Scène d'amour.

P

Paape ou **Pape** (Adrien de). E. H. ˙ XVIIe siècle. AMSTERDAM (?) Genre, portrait et intérieurs. = Ecole de Gérard Dou. = La leçon de dessin, Berlin. — Intérieur d'une maison : vieille femme plumant un coq, La Haye. = Sujets vrais et pleins de couleur locale; têtes animées, beaucoup d'harmonie, coloris souvent très chaud; exécution moelleuse et soignée. Un des meilleurs peintres de genre de son époque. = Ventes : V. Van Brienen de Grootelindt (1865), *Types hollandais, scène de cabaret*, 950 fr.

Pablo (Pierre). E. Es. ˙ 1564. Histoire. = Travailla à Tarragone. = Belle couleur; dessin assez correct.

Pabst (Paul). E. H. ˙ 1500. = Noble hollandais, dont le père fut mis à mort à Anvers, en même temps que l'on confisquait ses biens. Peintre, sculpteur et célèbre architecte. Se rendit à Leipzig; bâtit la belle église de Saint-Pierre, en 1490, à Rochlit, où il fut élevé à la dignité de bourgmestre. Il embellit de peintures l'église qu'il avait construite. Vivait encore à Rochlit, en 1527. On le nommait Pabst Van Ohorn ou Ohain. (Extrait de Nagler.)

Pacchiarotto (Jacques). E. I. ˙ 1535. SIENNE. Histoire. = Un des chefs de la révolte qui éclata dans sa patrie, en 1535; sauvé du gibet par les PP. de l'Observance; se réfugia en France, y fut accueilli par le Rosso et y travailla avec lui. On donne la date de 1474 comme celle de sa naissance. Il travailla beaucoup à Sienne, mais la plupart de ses ouvrages furent, plus tard, attribués au Pérugin. = La Vierge et l'Enfant Jésus, saint Joseph et saint Blaise, Florence. — Saint François d'Assise, Munich. — La Vierge et l'Enfant, *ib.* — Sainte Catherine de Sienne visitant le corps de sainte Agnès, Sienne (Fresque et chef-d'œuvre dans l'église de Sainte-Catherine). — La Madone et l'Enfant, Londres. = Manière du Pérugin qui fut peut-être son maître; de l'imagination et une belle composition ; ensemble riche; imita avec beaucoup de bonheur la beauté, la grâce des figures et les airs de tête de Raphaël.

Paccia (Pierre). E. I. ˙ 1705. Histoire. = Elève de Solimène. = La Vierge, l'Enfant et saint Vincent de Paul, Dresde (Copie d'après Solimène).

Paccioli. E. I. ˙ XVe siècle. Histoire. = Elève de P. della Francesca.

Pace (Jean-Baptiste). E. I. ˙ XVIIe siècle. Histoire. = Elève de P. Fr. Mola.

Pace (Ranieri del). E. I. ˙ 1719. PISE. Histoire. = Elève d'A. Gabbiani. = Style très maniéré.

Pace de Faenza. E. I. ˙ XIVe siècle. FAENZA. Histoire. = Elève de Giotto. = Excellait dans les figures de petite dimension.

Pacelli (Mathieu). E. I. † 1731 (?). BASILICATE. Histoire. = Elève de L. Giordano; emmené en Espagne par son maître.

Pacetti (Camille). E. I. 1758-1826. ROME. Histoire. = Mort à Milan, professeur de sculpture à l'Académie royale de cette ville. = Mort de sainte Anne, Rome.

Pacheco (Christophe). E. Es. ' 1568. Histoire, portrait. = Protégé par le duc d'Albe pour lequel il exécuta plusieurs ouvrages; fit les portraits des principaux personnages de son temps. = Manière excellente, belle couleur, soins minutieux dans les détails des vêtements.

Pacheco (François). E. Es. 1571 (?)-1654. SÉVILLE. Histoire, portrait.= Elève de L. Fernandez, le Vieux; se rendit à Madrid en 1611; revint à Séville et y ouvrit une école d'où sortirent Alonzo Cano et Vélasquez : c'est tout dire. Le dernier devint son gendre : le nombre de ses portraits est assez considérable; sa maison était le rendez-vous de toutes les célébrités de son pays. Auteur d'un ouvrage remarquable sur la peinture et les peintres. = Tableaux, Paris. — Saint Jean l'évangéliste, Madrid. — Saint Jean-Baptiste, *ib.* — Sainte Catherine, *ib.* — Sainte Inès, *ib.* = Dessin très correct, style pur et noble, attitudes naturelles, perspective et clair-obscur savants; coloris médiocre, exécution peu facile. Nommé le peintre de la science et de l'enseignement. Poète de quelque talent.

Pachelblin (Amalia). E. Al. 1686-1723. NUREMBERG. Fleurs en miniature. = Détails inconnus.

Paciccio. V. Rosa.

Pack (Christophe). E. An. 1750. NORWICH. Portrait.

Pacuvius, 200 ans avant Jésus-Christ. Histoire. = Egalement poète, neveu d'Ennius (Pline). = Peignit le temple d'Hercule dans le *Forum boarium.* (Marché aux bœufs), à Rome.

Pader (Hilaire). E. Fr. 1607 (?) - 1677 (?). TOULOUSE. Histoire, portrait. = Elève de Chalette; alla étudier à Rome, séjourna à Monaco et fut protégé par Maurice de Savoie et par le prince de Monaco. Reçu à l'Académie, en 1659. Nos dates sont celles des *Archives de l'art français.* D'autres documents le font mourir le 4 mars 1685.

Paderna (Jean). E. I. ' XVIIe siècle. Ornements, architecture. — Elève du Dentone; s'associa avec Balthazar Bianchi. = Le meilleur imitateur d'A. Metelli.

Paderna (Patrice). E. I. 1649-1708. BOLOGNE. Paysage, histoire. = Détails inconnus.

Paderna (Paul-Antoine). E. I. 1649-1708. Paysage, histoire. = Elève de Guerchin, puis du Cignani.

Padouan (le), V. Leoni (Louis).

Padoux (Olivier). E. Fr. ' XVIIe siècle. = Peintre et sculpteur à Avignon, cité en 1634 et en 1638.

Padovanino. V. Varotari.

Padre Feliciano. V. Guargena.

Paduanino (le). V. Léoni (Octave).

Padre Pittorini. V. Bisi.

Paele (Rembrandt). 1777-1860. AMÉRIQUE. Portrait, histoire. = Peintre américain, décédé à Philadelphie. A l'âge de 17 ans, il avait fait un portrait de Washington, d'après nature.

Paelinck (Joseph). E. Fl. 1781-1839. OOSTACKER (Flandre orientale). Histoire, portrait. = Elève de David, à Paris. Visita l'Italie, séjourna à Rome. Mort à Bruxelles. = Sainte Colette, Gand. — L'invention de la croix, *ib.* à l'église Saint-Michel, (Chef-d'œuvre). — La toilette de Psyché, Haarlem. = Style italien.

Paelinck (..... HORGNIES, Mme). E. Fr. ' 1830. Histoire, genre. = Sujet tiré de Lamartine, Bruxelles. — Episode grec.

Paesi (da). V. Vernigo.

Paganelli. V. Pappanelli.

Pagani (Lattanzio), fils de Vincent et dit **Lactance della Marca.** E. I. ' 1553. MONTE-RUBBIANO. Histoire. = Elève de son père; séjourna à Venise et y peignit en concurrence avec le Conegliano; hérita des principaux travaux du Pérugin à Pérouse; devint chef de la police dans cette dernière ville, en 1553, et abandonna la peinture cette même année. = Peignit plusieurs salles du château de Rimini. = Belle ordonnance, expression remarquable; paysage très soigné; teintes vigoureuses et bien distribuées; ensemble plein de goût. D'après quelques auteurs, il est né à Rimini, ce qui l'a fait surnommer *Lactance de Rimini.*

Pagani ou **Pagni** (Benoit). E. I. ' XVIe siècle. PESCIA. Histoire. = Elève de Jules Romain; séjourna à Mantoue.

Pagani (François). E. I. 1531-1561. Histoire. = Elève de Maturino; son talent donnait les plus belles espérances. = Fit d'admirables imitations de Polidore Caravage et de Michel-Ange.

Pagani (Grégoire), fils de François. E. I. 1558-1605. FLORENCE. Histoire, portrait. = Elève de Cigoli; peintre très estimé. = Tobie rendant la vue à son père, Florence. — Portrait d'homme, *ib.*

Pagani (Gaspard). E. I. ' 1543. MODÈNE. Portrait, histoire. = Détails inconnus.

Pagani (Paul). E. I. 1661-1716. VALSOLDA (Milanais). Histoire. = Etudia et enseigna à Venise. = Madeleine dans la grotte, Dresde.

Pagani (Vincent). E. I. ' 1529. MONTE-RUBBIANO (Marche d'Ancône). Histoire. = On le croit élève de Raphaël, laissa de magnifiques ouvrages dans le Picenum et l'Ombrie. = Talent supérieur.

Paganino (Guido). E. Fr. † 1518. = Cet artiste qui était *Imagier et peintre du Roi,* travailla à Paris et était logé à l'hôtel de Nesle. Mort à Modène.

Pagano (Michel). E. I. † 1730 (?). NAPLES. Paysage. = Détails inconnus. = Paysage avec ruines et figures, Madrid. — Paysage avec rivière, *ib*.

Page (Guillaume). E. AN. 1811. ALBANY. Portrait, histoire. = Moise. — Vénus.

Pagès (Aimée). E. Fr. 1803. PARIS. Genre, portrait. = Elève de Meynier. = Psyché enlevée par Zéphire. — La pauvre fille (Sujet tiré de Soumet.

Paggi (Jean-Baptiste). E. I. 1554-1627. GÊNES. = Histoire, portrait. = Elève de Cambiaso pour le dessin; s'instruisit seul dans la peinture, la perspective et l'architecture; sa réputation commençait à s'établir lorsqu'un meurtre qu'il commit le força à fuir sa patrie; se réfugia à Florence, y resta vingt ans, protégé par la cour du grand duc; appelé par les cours de France et de Madrid, il préféra retourner à Gênes, où l'on consentait à le recevoir : forma une foule d'excellents élèves, et concourut à la restauration de l'école génoise. = Repos en Egypte, Florence. = Composition riche, variée; grâce molle dans les airs de têtes, qui l'ont fait comparer au Corrége; acquit plus de vigueur en avançant en âge.

Paglia (F.). E. I. 1636. BRESCIA. Histoire. = Elève du Guerchin; suivit avec succès les traces de son maître; mort dans les premières années du XVIIIe siècle. = Bon empâtement de couleur; habile dans le clair-obscur; peu d'imagination, formes trop longues et trop maigres.

Paglia (Ange), fils de François. E. I. 1681-1763. BRESCIA. = Détails inconnus. = Pinceau correct et soigneux.

Paglia (Antoine), fils de François. E. I. 1680-1747. BRESCIA. Histoire. = Elève de son père; le sculpteur Sante Caligari lui avait appris l'art de modeler; il exécutait ainsi les figures qu'il voulait peindre, les habillait, les groupait et les éclairait par le haut. Mort assassiné à coups de marteau dans la tempe, par un de ses domestiques qui voulait le voler. — Se perfectionna par l'étude des grands maîtres de l'école vénitienne; étudia particulièrement la manière du Bassano; piquants effets de clair-obscur.

Pagliano (Eleuthère). E. I. 1826. CASAL-MONFERRATO. Histoire, etc. = Napoléon et Joséphine. — Dames chez un antiquaire.

Pagnest (Amable-Louis-Claude). E. Fr. 1790-1819. Portrait. = Elève de David. = Portrait de M. de Nanteuil, Paris.

Paigné (Mlle), aînée. E. Fr. * 1842. Genre.

Paigné (Octavie). E. Fr. * 1842. Pastel, genre. = La distraction.

Paillet (Antoine). E. Fr. 1626-1701. PARIS. Portrait, histoire. = Reçu à l'Académie, en 1659, il en fut recteur.

Paine * XVIIe siècle. = Cité par de Marolles.

Pais (Adrien). E. Fr. * 1560. LILLE. Histoire. = Décora en 1560 plusieurs églises de Lille de tableaux religieux.

Pajou (Jacques-Augustin). E. Fr. 1766-1820 (?). PARIS. Histoire, portrait. = Elève de Vincent et fils du célèbre sculpteur Pajou. = Œpide maudissant Polynice, Fontainebleau. = Consécration de sainte Geneviève, Paris.

Pajou (Auguste-Désiré), fils de Jacques-A. E. Fr. 1800. PARIS. Histoire, genre, portrait. = Elève de son père et de Gros. = Trinité. — Las Casas et ses guides attaqués par un tigre.

Palacios (François). E. Es. 1640-1676. MADRID. Portrait, histoire. = Elève de Velasquez. = Ressemblance parfaite; de la franchise et du goût.

Paladini (le chevalier Joseph). E. I. * XVIIe siècle. EN SICILE. Histoire. = Détails inconnus.

Paladini (Philippe). E. I. 1544 (?)-1614. FLORENCE. Histoire, portrait. = Elève de Poccetti; voyagea en Italie pour se perfectionner, s'arrêta à Milan, commit un délit dans cette ville,(Les historiens ne disent pas lequel) et se réfugia à Rome où le prince Colonna l'accueillit; se rendit de là en Sicile, pour plus de sûreté; visita Syracuse, Palerme et Catane, et laissa dans toutes ces villes des preuves de son habileté. Mort à Mazzarino, fief de la famille Colonna, en Sicile. = Beaucoup de grâce, bon coloris; trop maniéré.

Paladini (Arcangela), fille de Philippe. E. I. 1599-1622. PISE. Portrait. = Elève de son père; appelée par la princesse Madeleine d'Autriche, femme du grand-duc Côme; gagna la bienveillance de cette princesse qui la combla de faveurs; cultiva la poésie, la musique et la peinture avec un égal succès; ornée de toutes les grâces et de tous les talents, elle faisait le charme de ceux qui l'entouraient: se maria en 1616, et mourut à la fleur de l'age. = Joignit à tous ses talents celui de la broderie, qu'elle porta au plus haut point de sa perfection.

Paladino (Litterio). E. I. 1691-1743. MESSINE. Histoire. = Florissait à Messine. Mort de la peste. = Artiste de mérite.

Palagi (Pelagio). E. I. 1774-1860. BOLOGNE. Histoire. = Mort à Turin. = Fresques, Rome.

Palamedes. V. Stevens.

Palasse. E. Fr. * XVIIe siècle. = Peintre cité à Avignon, en 1650.

Palencia (Gaspard de). E. Es. * 1509. Histoire. = Travailla à Valladolid et à Astorga.

Palencia (P.-Honoré). E. Es. † 1661 (?). Histoire. = Etabli à Séville où il fut un des fondateurs de l'Académie et son premier consul; on croit qu'il y mourut.

Palerme (Antoine de). E. Fl. † 1588-89. MALINES. Histoire, ornements. = Reçu franc-maître peintre à Anvers en 1545. Il était fils d'Antoine, peintre malinois; en 1547 il fut reçu bourgeois d'Anvers. Doyen de la corporation de St-Luc, à Anvers, en 1555-1561, 1562, 1570 et 1571. Peintre et marchand de tableaux. Donna des leçons à J. de Backer, qui demeurait chez lui. En 1565, il fit paraître une carte d'Anvers. Il se distingua, avec Ad. Van Helmont, aux décors pour l'entrée à Anvers de Philippe II, roi d'Espagne, en 1555.

Palerme. V. Backer (de).

Palko ou **Balko** (François-Xavier-Ch.). E. Al. 1724-1767. BRESLAU. Histoire. = Elève de son père. Mort à Prague, d'après les uns; à Vienne, d'après les autres. = Sainte Famille, Vienne.

Palko ou **Balko**, le Vieux. E. Al. ' XVIIIe siècle. ALLEMAGNE. = Détails inconnus.

Paling (Isaac). E. H. 1695. LEYDE (?). Histoire, portrait. = Elève d'A. Van den Tempel; il fit en Angleterre et dans son pays les portraits de beaucoup de grands seigneurs. En 1682, il revint dans sa patrie et s'y établit à La Haye. Vivait encore en 1719. = Bon peintre de portraits.

Paliot. ' XVIIe siècle. = Cité par de Marolles.

Palissy (Bernard). E. Fr. 1500 (?)-1590 (?). AGEN. Histoire, portrait. = Sculpteur, naturaliste, hydraulicien et introducteur en France de la poterie de terre émaillée, connue depuis sous le nom de *faïence;* sans maître, n'ayant pour se conduire que son seul génie, il lutta vingt ans contre la misère et les déceptions; ses efforts furent enfin couronnés de succès, et la fortune et les honneurs vinrent récompenser son talent et son courage. Emprisonné, comme protestant, en 1559, il dut sa liberté à son protecteur, le conétable de Montmorency. Il a publió divers écrits. Plus connu par ses admirables poteries. = Emaux, Rennes. = Célèbre peintre sur verre; inventeur d'une foule de procédés pour perfectionner les différentes branches qu'il cultivait avec tant de supériorité. Reçut le brevet d'*inventeur des rustiques figurines du roi*, et le surnom de *Bernard des Tuileries.*

Palizzi (Joseph). E. I. 1813. LANCIANO (Abruzzes). Animaux, paysage. = Ruines de Pœstum. — Vaches au paturage.

Palladino (Adrien). E. I. 1610-1680. CORTONE. Histoire. = Elève de P. de Cortone.

Pallenc (C.). E. Fr. ' 1843. Portrait, etc.

Pallière (Amand-Julien). E. Fr. ' 1811. Histoire. = Honneurs rendus à Rubens. — Mort d'Epaminondas.

Pallière (Etienne). E. Fr. ' 1810. Histoire, genre. = Elève de Vincent. = Le rosier défendu. — Pan et Syrinx.

Pallière (Louis-Vincent-Léon). E. Fr. 1787-1820. BORDEAUX. Histoire. = Elève de Vincent. = Flagellation, Rome. — Un berger, Bordeaux. — Tobie, *ib.*

Palloni (Michel-Ange). E. I. ' 1647. CAMPI. Histoire. = Elève du Volterrano; vécut et travailla beaucoup en Pologne.

Pallota (Philippe). E. I. ' 1703. Genre. = Résidait à Madrid en qualité d'ingénieur de Philippe V et de fourrier cavalcadour de la reine. = Grand dessinateur; se distingua surtout dans la gravure.

Palm (Gustave). E. Al. 1810. CHRISTIANIA. Vues, paysage. = Vue de la cathédrale de Lund.

Palma (Jacques), le Vieux. E. I. ' XVIe siècle. SERINALTA (Près de Bergame). Histoire, portrait. = On suppose qu'il fut élève de Jean Bellini. D'après des documents que l'on dit authentiques, on a la preuve que Palma peignait déjà en 1500. On devrait donc reculer la date de sa naissance jusque vers 1480. D'autre part, Paul Pino, écrivant en 1548, parle de Palma, comme étant décédé depuis peu. Toutefois, remarquons qu'en admettant la version de 1480, il y a une différence de 64 ans entre Palma, le Vieux et son neveu, Jacques Palma, le Jeune; cette distance est bien grande. Ajoutons cependant que, d'après certains documents, on peut supposer que Jacques, le Jeune, ne fut que le petit-neveu de Jacques, le Vieux, par Antoine, son père, artiste médiocre, contemporain et émule du Titien et du Giorgion. Il fut un des grands artistes de son époque. = Vierge couronnée dans le ciel, Venise. — Invention de la vraie croix, *ib.* — Descente de croix, *ib.* — Saint Zacharie, *ib.* — Madones, *ib.* — Assomption (Inachevée), *ib.* — Bethsabée, Rome. — Le Samaritain, *ib.* — Sainte Famille avec la Madeleine, Florence. — Portrait d'un géomètre, *ib.* — La Vierge, l'Enfant Jésus et un Franciscain, *ib.* — La cène, *ib.* — Portraits, *ib.* — Jésus-Christ au tombeau, Bruxelles. — Les trois filles du peintre dans un paysage, Dresde. — Vénus endormie, *ib.* — Portrait, *ib.* — Sainte Famille avec sainte Catherine, *ib.* — La Vierge, l'Enfant, saint Jean-Baptiste et sainte Catherine, *ib.* — Ecce Agnus Dei, *ib.* — Adoration des bergers, Saint-Pétersbourg. — Réunion des deux saintes familles, *ib.* — La Vierge et l'Enfant, *ib.* — Adoration du Christ, *ib.* — Portrait de Gaston de Foix, Vienne. — Saint Jean-Baptiste, *ib.* — Visitation, *ib.* — La Vierge et l'Enfant dans un paysage entourés de saints, *ib.* — Saint Jérôme, Munich. — La sainte parenté, *ib.* — Portrait de sa fille Violante, *ib.* — Portraits, ib. — Flagellation, ib. — Sommeil de Jésus, Berlin. — Sainte Famille, ib. — Portrait d'homme, ib. — Portrait d'un doge de la famille Priuli, ib. — Mariage de sainte Catherine, ib. — La Vierge et l'Enfant avec saint François et sainte Catherine, ib. — La crèche, Madrid. — La Vierge, l'Enfant Jésus, sainte Catherine, saint Paul et saint Jean, Bordeaux. — Adoration des bergers, Paris. = Imita le Giorgion pour la vivacité du coloris et le vaporeux du pinceau, le Titien pour la douceur. Touche d'une suavité admirable; belle imitation de la nature, draperies heureuses et goût relevé, fini soigné, union des teintes; se rapprocha de Charles Loth, dans l'empâtement des couleurs et dans plusieurs autres parties; moins de feu et d'élévation; expression d'une beauté plus soutenue, surtout dans ses figures de femmes et d'enfants. = Ventes : V. Six (1704), *Femme endormie avec un enfant*, 600 fl. — V. Vander Wolf (1776), *Adoration des bergers*, 3,000 fl. — V. Aguado (1843), *Mariage mystique de sainte Catherine*, 3,020 fr. — V. Guillaume II (1850), *La Sainte Famille*, 3,800 fl. — V. Pourtalès-Gorgier (1865), *Vierge, Enfant Jésus et saints*, 1,220 fr. — *Vierge, Enfant Jésus, saint Joseph et le jeune saint Jean*, 10,200 fr. — V. Poniatowski (1867), *Vierge et Enfant Jésus*, 3,900 fr.

Palma (Jacques), le Jeune, petit-neveu (?) de Jacques le Vieux. E. I. 1544-1628. VENISE. Histoire, portrait, etc. = Elève de son père Antoine, peintre médiocre; protégé par le duc d'Urbin dès l'âge de 15 ans; emmené par ce prince à Urbin, puis envoyé à Rome où il resta pendant huit ans, revint à Venise, se fit remarquer par quelques ouvrages importants, réussit à obtenir l'amitié de Vittorio, architecte et sculpteur qui jouissait du plus grand crédit et qui le protégea de préférence au Tintoret et à Paul Véronèse. Lorsque les commandes lui vinrent en foule, Palma abandonna sa manière soignée, et souvent ses tableaux ne ressemblaient plus qu'à des ébauches. = Victoire navale remportée par F. Bembo, Venise. — Jugement dernier, ib. — Conquête de Constantinople, ib. — Ligue de Cambrai, ib. — Combat naval, ib. — Venise personnifiée, ib. — Cheval de la mort, ib. — Transport de l'arche, Rome. — Sainte Marguerite, Florence. — Saint Jean au désert, ib. — Madeleine, Londres. — Henri III, roi de France, Dresde. — Saint Sébastien, ib. — Martyre de saint André, ib. — Présentation de la Vierge au temple, ib. — Descente de croix, Vienne. — Salomé avec la tête de saint Jean-Baptiste, ib. — Jésus-Christ mort sur les genoux de sa mère, ib. — Jésus-Christ mort pleuré par les anges, ib. — Meurtre d'Abel, ib. — Jésus-Christ mort sur les genoux de sa mère, Munich. — Saint Sébastien, ib. — Jésus-Christ mort dans les bras de saint Jean, ib. — Madeleine pénitente, ib. — David vainqueur de Goliath, Madrid. — Conversion de Saul, ib. — Mariage de sainte Catherine, ib. = Dessin vigoureux, style ferme, grande facilité, teintes fraîches, suaves et diaphanes, moins gaies que celles de Paul Véronèse, mais plus agréables que celles du Tintoret; expression forte et juste, ou douce et gracieuse. Accusé avec justice d'avoir été un des corrupteurs du goût dans son siècle. Graveur.

Palmaroli (Vincent). E. Es. 1835. MADRID. Genre. = Elève de Madrazzo.

Palme. E. Al. ' XIXe siècle.

Palmegiano ou **Palmezzano** (Marc), ou **Marc de Forli.** E. I. † 1540 (?). FORLI. Histoire. = Elève de Melozzo da Forli; ce peintre, peu connu, aurait droit, par son beau talent, de l'être davantage. = Crucifiement, Florence. — La nativité, Milan (Signé : *Marcus Palmizonus Foroliviense fecit* (?) M.CCCCLXXXXVI). — La Vierge et plusieurs saints, ib. (Signé : *Marchus Palmizianus Foroliviense, fecerunt* M°CCCCLXXXXIII). — Couronnement de la Vierge, ib. (Signé : *Palmizianus da Forlis*). — Vierge glorieuse, Munich. — La Vierge et l'Enfant sur un trône, avec saint Jérôme et sainte Barbe, Berlin (Signé : *Marcus Palmezzanus, pictor Foroliviensis M.....*). — Jésus-Christ portant sa croix, ib. (Signé : *Marchus Palmezzanus, pictor Foroliviensis faciebat* MCCCCCIII). — Adoration des mages, Dresde (Attribué). — Déposition, Londres. = Son premier style fut conforme à celui des peintres du XVe siècle; sa seconde manière offre plus d'art dans la composition, plus de hardiesse dans les contours, plus de grandeur dans les proportions, mais aussi moins de choix et de variété dans les têtes. = V. Lochis (1868), *Sainte Famille*, 3,000 fr.

Palmerini. E. I. ' 1500. URBIN. Histoire. = Ecole de Pérugin. = Manière moderne, effet remarquable.

Palmérini. E. Fr. ' 1815. Histoire. = Bataille d'Aboukir. — La tempérance.

Palmeruccio (Guido). E. I. ' 1342. GUBBIO. Histoire. = Employé dans le palais public de sa ville natale. = Peintre de mérite.

Palmezzano. V. Palmegiano.

Palmieri (Joseph). E. I. 1674-1740. GÈNES. Histoire, animaux. = On ne nomme pas son maître. = Excellait à peindre les animaux.

Palombo (Barthélemy). E. I. ' XVIIe siècle. Histoire. = Elève de P. de Cortone. = Empâtement parfait; figures choisies et délicates.

Palomino de Velasco (don Aciscle Antoine). E. Es. 1653-1726. BUJALANCE (Andalousie). Histoire. = Conduit très jeune à Cordone, y étudia la théologie, la philosophie et la jurisprudence; reçut quelques leçons de Jean-Valdes Leal et se livra avec ardeur à son goût pour la peinture, sans négliger ses autres études; alla à Madrid, en 1678, par les conseils d'Alfaro, dont il termina quelques tableaux; se lia avec J. Careno et Coëllo, travailla à l'Escurial, fut nommé peintre du roi; fit plusieurs excursions à Valence; séjourna à Salamanque, en 1705, à Grenade, à Cordoue et revint enfin à Madrid; devenu veuf, il se fit ordonner prêtre et mourut peu de temps après. = Saint Bernard, abbé, Madrid. — Immaculée Conception, *ib.* — Saint Jean, enfant, *ib.* — Confession de saint Pierre, Valence. — Sainte Anne, Paris. — Un franciscain, *ib.* = Dessin pur, caractères de figures un peu communs, ensemble satisfaisant, coloris harmonieux et beau, composition savante; connaissance en anatomie et en perspective. Auteur de plusieurs ouvrages remarquables sur les peintres et la peinture.

Palomino de Velasco (dona Francisca), sœur d'Antoine. E. Es. ' XVIIe siècle. Portrait. = Florissait à Cordoue; morte dans cette ville. = Bonne réputation.

Palthe (Gérard-Jean). E. H. 1681. DEGENKAMP (Overyssel). Portrait, intérieur, effets de lumière. = Elève de J. Pool. Habita longtemps Deventer. = Ses ouvrages ont quelque ressemblance avec ceux de G. Schalken, sans en avoir le beau coloris et la manière délicate. =V. Roell (1872), *Intérieur* (Effet de lumière), 1,180 fr.

Palthe (Adrien), fils de Gérard. E. H. ' XVIIIe siècle. Portrait. = Il copia, en détrempe, beaucoup de tableaux. Ses œuvres originales sont peu nombreuses.

Palthe (Antoine), fils de Gérard. E. H. ' XVIIIe siècle. Portrait. = Peintre de peu de réputation. Sa veuve épousa le peintre Guillaume Hendriks, de Haarlem.

Palthe (Jean), fils de Gérard. E. H. 1719-1769. DEVENTER. Portrait. = Elève de son père. S'établit à Leyde où il mourut. = Il a fait quelques charges; beaucoup de fini.

Paltronieri (Pierre), dit **le Mirandolese des perspectives.** E. I. 1673-1741. BOLOGNE. Perspective, architecture, etc. = Imita le Chiarini; séjourna à Rome et fut le Viviani de son époque. = Ruines (Deux tableaux), Dresde. = Manière antique; coloris rosé, grande vérité; étoffage du Graziani et d'autres artistes habiles.

Pamphile. 350 avant Jésus-Christ. AMPHIPOLIS. Histoire. = Elève d'Eupompe et maître d'Apelle; savant dans la géométrie et les belles-lettres; ne prenait point d'élèves à moins qu'ils ne lui payassent un talent (Environ 6,000 fr. de monnaie) durant l'espace de dix ans qu'il les retenait dans l'étude de la peinture. Apelle et Mélanthe lui payèrent cette somme (Pline). = Combat dans la ville de Phlius ou Phliunte. — Victoire des Athéniens. — Ulysse dans son vaisseau.

Pampurini (Alexandre). E. I. ' 1511 CRÉMONE. Histoire. = Travailla dans la cathédrale de sa ville natale.

Panchet, dit Bellerose. E. Fr. 1812 (?). BAYEUX. Portrait et paysage. = Elève de Geubert. = L'enfant mort. — Vue prise à Castillon.

Pancorbo (François). E. Es. ' XVIIIe siècle. Histoire. = Elève d'A. Valois, à Jaën. = Imita S. Martinez.

Pancotto (Pierre). E. I. 1590 (?). BOLOGNE. Histoire. = Ecole des Carrache.

Pandolfi (Jean-Jacques). E. I. ' 1630. PESARO. Histoire. = Elève de Fr. Zuccaro. = Imita son maître avec bonheur.

Paneels (Guill.). E. Fl. 1600 (?). ANVERS. = Ce peintre se disait élève de Rubens, ce qui n'est pas prouvé; il est beaucoup plus connu comme graveur.

Panetti (Dominique). E. I. 1460-1530 (?). FERRARE. Histoire, portrait. =Elève du Garofalo, à qui il avait d'abord donné des leçons; Panetti, qui n'était qu'un artiste fort médiocre, fit des progrès si étonnants sous la direction de son nouveau maître, qu'il fut en état de le disputer aux meilleurs peintres de son époque. = Annonciation, Ferrare (Signé : *Dnicus Panetus pingebat.* — Jésus-Christ mort, Berlin (Signé : *Dominici. Paneti. Opus.*). = Figures grandes et majestueuses. Vasari le nomme *Lanero;* l'Orlandi lui donne le nom de *Lanetti*; son véritable nom est *Panetti.* = Ventes : V. de Blaizel (1870) *L'ensevelissement du Sauveur*, 500 fr. — *Vierge et enfant Jésus*, 440 fr.

Panicale (Masolino da). E. I. 1378-1415. FLORENCE. Histoire, portrait. = Elève de G. Starnina; étudia à Rome. = Vocation de saint Pierre, Florence. — La tempête, *ib.* — La prédication, *ib.* — Annonciation, Munich. — Sainte Hélène (?), Berlin. = Style large; dessin plein de vigueur et de relief; coloris suave et harmonieux.

Panico (Antoine-Marie). E. I. ' XVIIe siècle. BOLOGNE. Histoire. = Elève d'Annib. Carrache.

Panneel (Joseph). E. Fl. ' 1845. Fleurs et fruits.

Panni. E. I. ' XVIIIe siècle. Ornements. = Elève de J. B. Zaïst, son parent.

Pannicfati (Jacques). E. I. † 1540 (?). FERRARE. Histoire. = Elève de Dosso Dossi; d'origine noble; mort jeune. = Savant imitateur de son maître.

Pannini (Jean-Paul). E. I. 1692-1765. PLAISANCE. Paysage, architecture, perspective. = Élève d'André Lucatelli et de B. Luti, à Rome; on le désigne quelquefois sous le simple nom de Jean-Paul; personne ne peignit la perspective d'une manière plus séduisante, moins pour l'exactitude des lignes que pour le charme et la grâce avec lesquels ses paysages sont touchés et l'esprit de ses figures. Mort à Rome où il fut membre de l'Académie. Il avait été reçu également à l'Académie de Paris, en 1732. = Figures sous une arche, Florence. — Architecture (Deux tableaux), Dresde. — Ruines avec figures, Londres. — Ruines de Rome et statue de Marc-Aurèle, Gand. — Ruines et monuments de Rome, Bruxelles. — Ruines d'architecture avec figures, Madrid.— Paysage avec ruines, *ib.*— Et autres, *ib.* — Festin donné sous un portique, Paris.—Même sujet, *ib.*—Concert, *ib.*—Ruines d'architecture, *ib.* — Intérieur de l'église Saint-Pierre à Rome, *ib.* — Deux tableaux de ruines architecturales, *ib.* — Le sermon au milieu des ruines, *ib.* — Concert donné en 1729 dans la cour du palais de l'ambassade de Rome, pour la naissance du Dauphin, fils de Louis XV, *ib.* — Préparatifs du feu d'artifice donné à la même occasion, *ib.* = Proportions peu justes entre l'architecture et les personnages qu'il y introduisait; ombres souvent maniérées; ordonnance riche, composition spirituelle et variée; peintre fort recherché. = Ventes : V. Julienne (1767), petit tableau : *Sujet d'architecture*, 272 liv. — V. Randon de Boisset (1777), *Jésus chassant les vendeurs du temple* et la *Piscine miraculeuse*, ensemble 5,599 liv. — V. Sollier (1781), *Bélisaire*, 500 fr. — V. Gamba (1811), *Vue de la place et de l'église Saint Pierre de Rome*, 1,840 fr. — V. de l'Elysée (1837), *Noces de Cana*, 1,600 fr.

Panœnus. 448 ans avant Jésus-Christ. GRÈCE. Histoire et portrait. = Le premier qui fit usage de l'encaustique; il était frère du célèbre sculpteur Phidias. Plutarque nomme le frère de Phidias *Plisténète*, mais Pline, Strabon et Pausanias le nomment *Panœnus*. = Bataille de Marathon. — Atlas supportant le ciel et la terre. — Hercule et le lion de Némée. — Prométhée chargé de chaines. = Excella dans le portrait, au point que les Grecs et les Perses reconnurent leurs généraux dans la bataille de Marathon.

Pantaleo. xe siècle. Miniature. = Au xe siècle, l'empereur Basile Porphyrogénète envoya au duc de Milan, Louis Sforza, une espèce de Missel, nommé Ménologe où se trouvaient 430 tableaux en miniature, représentant des temples, des animaux, des meubles, des ornements, etc. La plupart signés par les auteurs. Au nom de Pantaleo, il faut ajouter les suivants : Michel Blanchernita, Simon Blanchernita, Siméon, Georgias, Menas, Michel Micros et Nestor.

Pantoja de la Cruz. V. Cruz.

Pantot. E. Fr. * XVIIe siècle. LYON. Portrait. = Ami de Blanchet pendant le séjour de ce dernier à Rome. = Habile dans son genre.

Panza (le chevalier Frédéric). E. I. 1633-1703. Histoire. = Elève de Ch. Nuvolone, puis des Vénitiens; employé à la cour de Turin.

Panzachia ou **Panzucchi** (Marie-Hélène). E. I. 1688-1737. BOLOGNE. Paysage et figure. = Elève de Taruffi.

Panzucchi. V. Panzachia.

Paoletti. E. I. * XIXe siècle. Histoire.

Paoletti (Pierre ou Paul). E. I. † 1735. PADOUE. Fleurs, fruits, poissons et nature morte. = S'établit à Udine. = Effet gracieux.

Paoli (Michel). E. I. * 1700. PISTOIE. Histoire. = Elève du Crespi.

Paolillo. E. I. * XVIe siècle. Histoire. = Le meilleur élève d'A. Sabbatini, auquel on attribuait tous les ouvrages de Paolillo; malheureusement pour l'art, ce dernier mourut très jeune.

Paolini (Pierre). E. I. † 1682 (?). LUCQUES ou UDINE. Histoire. = Elève d'Ange Caroselli, à Rome. Reçu à l'Académie de Saint-Luc en 1678; mort vieux. = On cite comme son chef-d'œuvre : Saint Grégoire rassemblant des pèlerins dans un festin. = Bon dessin, touche ferme; coloris vénitien; perspective admirable; ensemble plein de grandeur, de variété, de beauté et d'harmonie.

Paolo (Maître) ou **Paolo Veneziano.** E. I. * 1340. VENISE. Histoire. = Travailla à Vicence; ses deux fils, Jacques et Jean, l'aidèrent dans ses ouvrages. = Le Christ couronnant la Vierge; avec des anges chantant et faisant de la musique, Sigmaringen (Musée Hohenzollern : avec l'inscription suivante : REGINA CELI LETARE ALELVIA QVEN MERVISTI CHRISTVM PORTARE ALELVIA. Sous le trône, la signature : MCCCLVIII JOHANINVS EIV (S) PAULVSCVM FILIV (S) PISERVT HOC OP (VS).

Paolò del Masaccio. V. Pittori.

Paon, Du Paon ou **Le Paon.** (Jean-Baptiste). E. Fr. 1738-1785. Près de PARIS. Batailles, portrait. = Fils d'un paysan; entra fort jeune dans les dragons, y montra le goût de peindre des batailles; dans ses différentes campagnes fit preuve d'autant de courage que de talent; obtint un congé, vint à Paris, se présenta à C. Van Loo et à Boucher; fut bien accueilli par ces deux artistes, et devint élève et rival de Casanova. Le prince de Condé le nomma son peintre ordinaire; il résulte d'une lettre du maréchal de Mouchy, que Paon fut blessé lors d'une bataille à laquelle il assistait pour en mieux voir l'effet. = Cet artiste a peint les batailles de Fontenoy, de Lawfeld, de Tournay, de Fribourg, de Rocroy et de Norlingue, ainsi que différents siéges remarquables. Il fit en 1782, le portrait de La Fayette gravé par N. Lemire. = Moins coloriste et moins fougueux que son maître; meilleur dessinateur, plus exact dans ses plans et meilleur imitateur de la nature.

Paoul (Jean). E. Fr. ' 1575. NANCY. Portrait, histoire. = Exécuta plusieurs portraits des grands personnages de la Cour de Lorraine. Peintre ordinaire de cette cour en 1575.

Papa (Simon), le Vieux. E. I. 1430 (?)-1488 (?). Histoire. = Elève d'A. Solario. = Délicatesse exquise dans le coloris, bon agencement de figures.

Papa (Simon), le Jeune. 1506 (?). NAPLES. Histoire. = Habile peintre de fresques.

Papacello. V. Paparello.

Paparello, Papacello ou **Parerello** (Thomas). E. I. ' 1551. CORTONE. Histoire, portrait. = Fut employé par Jules Romain dans plusieurs de ses travaux. = Ses ouvrages sont inconnus.

Pape (Adrien de). V. Paape.

Pape (Edouard-Fréd.). E. Al. 1817. BERLIN. Paysage. = Glaciers de Handeck. — Montagnes du Jura.

Pape (F. de). E. Fl. 1814-1863. Aquarelle, miniature. = Miniaturiste et calligraphe. = Décédé à Bruges.

Pape (N.). E. Fr. LIMOGES. Email. = Détails inconnus.

Pape (Egide-Simon, dit Simon de), le Vieux. E. Fl. 1585-1636. AUDENARDE. Histoire (?), etc. = Il fut également orfèvre, mais il est surtout célèbre comme architecte.

Pape (Josse de), fils de Simon le Vieux. E. Fl. Vers 1616. AUDENARDE. Histoire. = En 1636, à la mort de son père, il se trouvait à Rome. C'est tout ce qu'on sait positivement de lui. — Ses œuvres ne sont pas connues.

Pape (Simon de), le Jeune, fils de Simon, le Vieux. E. Fl. 1623-1677. AUDENARDE. Histoire, portrait. = On le croit élève de Gaspard de Crayer. = Tableaux, Audenarde. — Portrait d'un abbé, Gand. = Imita son maître.

Pape (Gilles de), fils de Simon, le Jeune. E. Fl. † 1705. AUDENARDE. Histoire. = S'occupa constamment à Audenarde comme son père l'avait fait avant lui.

Papeleu (Victor). E. Fl. 1811-1881. GAND. Paysage. = Etabli à Paris.

Papety (Dominique-Louis-Féréol). E. Fr. 1815-1849. MARSEILLE. Histoire, genre. = Elève de L. Cogniet. Mort à Paris. = Consolatrice des affligés, Nantes. — Télémaque. — Rêve de bonheur.

Papi (Christophe), dit **Cristofano dell Altissimo.** E. I. ' 1565. FLORENCE. Portrait, histoire. = Elève du Pontormo, puis d'Ange Bronzino. = Portrait de femme, Florence. — Portrait de Clarisse Ridolfi, *ib.* — Portrait de Pierre de Médicis, *ib.* — Un poète, *ib.* = Se fit une bonne réputation dans le portrait et en exécuta un grand nombre.

Papin (J.-A.). E. Fr. 1800-1880. BORDEAUX. Histoire, portrait. = Songe de saint Joseph.

Pappanelli ou **Paganelli** (Nicolas). E. I. 1537 (?)-1620. FAENZA. Histoire. = Gentilhomme et élève de l'école romaine. = Exécuta beaucoup de tableaux médiocres et quelques-uns d'une grande beauté.

Papperitz (Gustave-Frédéric). E. Al. 1813-1861. DRESDE. Paysage. = La vallée d'Elche, en Espagne, Dresde.

Pappino (dalla Pieve). E. I. ' XVIe siècle. Histoire, portrait. = Elève de Nicolas Soggi. Mort à la fleur de l'âge.

Paquié (Henri-Lucien). E. Fl. 1821-1858. = Mort à Hornu.

Paradis (Louis). E. Fr. 1797. PARIS. Genre. = Elève de David et de Gros. = Henri IV rédigeant l'édit de Nantes. — Gil Blas au lit de son père.

Paradiso (del). V. Orazio.

Paradixi (Nicolas). E. I. ' 1404. VENISE. Histoire. = Détails inconnus.

Parant (Louis-Bertin). E. Fr. ' 1825. MER. (Indre). Histoire, genre, portrait, camées, etc. = Elève de J. Leroy. = L'impératrice protectrice. — L'Amour à la porte d'Anacréon.

Parant. E. Fr. ' XVIIe siècle. = Peintre cité dans le testament de Mignard. Il est à présumer qu'il préparait les tableaux du maître, comme le faisait Sorlet, Sorley ou Sorlay.

Parasole (Bernard). E. I. ' XVIIe siècle. Histoire. = Elève du chevalier d'Arpin. Mort à la fleur de l'âge.

Parcelles, Percellis ou **Porcellis** (Jean). E. H. 1597. GAND. Marine, vues de ports de mer. = Elève de H. C. Vroom. Son amour pour la peinture le porta à s'exposer aux plus grands périls, afin d'étudier les effets de l'orage en pleine mer. Kramm prétend que son nom doit s'écrire *Percelles*. S. Ampzing, dans sa description de Haarlem, qui parut en 1628, le nomme Porcellis et fait de lui, comme peintre de vaisseaux, un grand éloge. Cela nous apprend qu'il séjourna dans la ville de Haarlem. M. v. d. Willigen conteste sa naissance à Leide. En effet, le registre des mariages de Haarlem porte que : le 30 août 1622, Jean Porcellis, veuf de Gand..... épousa

Jeannette Flessiers, d'Anvers. Peut-être s'est-il établi plus tard à Leyde. Le registre de Saint-Luc de cette dernière ville note qu'un Jean Percellis van Delden paya son entrée en 1658, qu'il était chef-homme en 1660 et qu'il paya sa rétribution jusqu'en 1680. Nous ignorons s'il s'agit de notre Jean. Balkéma prétend que celui-ci mourut, à Leyderdorp en 1641. = Vue d'un port de mer, Madrid. = Il excellait à peindre les tempêtes dans toute leur fureur. Pinceau spirituel et moelleux, étoffage riche, couleur transparente. Graveur.

Parcelles (Jules), fils de Jean. E. H. vers 1628(?). LEYDERDORP. Marine. = On le dit élève de son père. On ne connaît rien de bien authentique sur les dates de ces deux bons artistes. Jules signait comme son père J. P., ce qui a amené assez de confusion dans leurs tableaux. = Marine, Berlin. = Ses meilleurs ouvrages s'approchent de ceux de Guillaume Van de Velde, pour la délicatesse de la perspective aérienne et la franchise de la touche. Beaucoup de ressemblance avec son père; touche moins moelleuse et moins de trsnsparence.

Parcello (Jean). E. I. 1682-1734. MESSINE. Histoire. = Elève de Solimène; ouvrit une école dans sa patrie.

Parchot (Jean). E. Fr. ' 1396. BLOIS. Histoire, portrait. = Fit pour l'oratoire de la duchesse d'Orléans une *Annonciation.*

Pardanus (Abraham). ' XVIIe siècle. = Cité par Houbraken comme un peintre anversois. Etabli à Haarlem.

Paredes (Jean de). E. Es. ' 1669. = Un des soutiens de l'Académie de Séville.

Paredes (Jean de). E. Es. † 1738. VALENCE. Histoire. = Elève de M. Menendez, à Madrid et d'Evar. Munoz, à Valence. = Dessin et coloris satisfaisants; perspective savante.

Pareja (Jean de). E. Es. 1606-1670. SEVILLE. Portrait, genre. = Esclave de Velasquez, dont il broyait les couleurs; son talent pour la peinture fut longtemps un secret : il n'osait montrer ses ouvrages; accompagna son maître à Madrid. Ayant enfin mis au jour un de ses tableaux, son talent lui valut la liberté à la prière même de Philippe IV. Velasquez l'accepta comme élève : Pareja, plein de reconnaissance, continua de le servir, et, après l'avoir perdu, se mit au service de sa veuve auprès de laquelle il resta jusqu'à sa mort. = Tableaux, Paris. — Vocation de saint Mathieu, Madrid. = Imita parfaitement les teintes de son maître; exécuta fort peu de tableaux d'histoire; ses portraits passent quelquefois pour être de Velasquez.

Parentani (Antoine). E I. ' 1550. Histoire. = Florissait en Piémont.

Parentino (Bernard). E. I. 1437-1531. PARENZO (Istrie). Histoire, portrait, ornements. = Se fit religieux augustin et prit le nom de frère Lorenzo. = Adoration des bergers, Berlin. = S'approcha du Mantegna; composition savante.

Parerello. V. Paparello.

Paret d'Alcazar. E. Es. 1747-1799. MADRID. Genre, marine, vues. = Elève d'Antoine Gonzalez Velasquez; remporta le 1er prix à l'Académie de Saint-Fernand, en 1766; reçut ensuite les leçons du Français Charles-François Traverse, qui dirigea parfaitement ses études; visita l'Italie; membre de l'Académie de Saint-Fernand, dont il fut nommé vice-secrétaire; désigné pour peindre les ports d'Espagne, la mort l'arrêta au milieu de sa carrière. = Dessin correct; beaucoup d'invention; points de vue arrêtés avec un grand talent; plusieurs de ses tableaux se rapprochent beaucoup de ceux de Clément-Joseph Vernet, goût exquis, effet plein de grâce, de charme et d'harmonie; dessinateur et graveur. = Ventes : V. Salamanca (1867), *Vue de la place de la porta del sol à Madrid*, 2,680 fr.

Parigi (Jules). E. I. ' XVIIe siecle. Architecture, perspective. = Bon architecte.

Paris. E. Fr. ' 1837. Paysage, portrait et peintre sur porcelaine. = Vues du château de Rosny (D'après Ricois). — Pâturage à l'approche de l'automne.

Paris (Alart de). E. Fr. ' XVe siècle. VALENCIENNES. = Travailla, en 1468, aux entremets de Bruges.

Paris (Martin). ' XVIIe siècle. = Cité par de Marolles.

Parisot (Jean). E. Fr. ' 1538. PARIS. Histoire. = Travailla au château de Fontainebleau.

Parisyen (Raoul). ' XVe siècle. = Travailla aux entremets de Bruges, en 1468.

Parizeau (Edme-Gratien). E. Fr. 1783. PARIS. Portrait. = Elève de David.

Parker (Jean). E. An. 1827. NEW-YORCK. Paysage. = Travailla en Italie.

Parker (Jean). E. An. 1730-1765. Histoire, portrait. = Voyagea en Italie. = Meurtre de Rizzio.

Parket (Jean du). E. Fr. ' XIIIe siècle. = Peintre chargé par le comte d'Arras de peindre une des salles de son château, en 1293.

Parkinson (Thomas). E. An. ' 1780. Portrait, genre. = Connu pour traiter les portraits en groupe.

Parmantio (Jacques). E. H. ' 1695. FRANCE. Histoire. = Demeurait à La Haye. = Il peignit, en 1698, trois plafonds pour les états généraux de La Haye. = Bon peintre d'histoire et à fresque.

Parmentier (Jean). E. An. 1658-1730. En FRANCE. Histoire, portrait. = Neveu et élève de Sébastien Bourdon. En 1676 il vint en Angleterre d'où il alla en Hollande exécuter pour Guillaume III des peintures au château de Loo. Travailla dans le Yorkshire et vint mourir à Londres. = Diane et Endymion.

Parmentier (Denis). E. Fr. 1612-1672. PARIS. Fleurs, fruits. = Reçu à l'Académie.

Parmentier (Henri). E. Fr. ' 1827. PARIS. Paysage. = Elève de Langlacé. = Vue du château de Meudon. — La forêt de Compiègne.

Parmentier (Marie de). E. Al. 1850. VIENNE. Marine. = Elève de Schindler.

Parmesan (le). V. Mazzuoli.

Parmigiano (Fabrice). E. I. ' XVIIe siècle. PARME. Paysage. = Travaillait avec sa femme Hippolyte, et mourut à Rome,

Parmigiano, le Jeune. V. Rocca.

Parodi (Baptiste), frère de Dominique. E. I. 1674-1730. GÊNES. Histoire. = Etudia d'après l'école vénitienne; vécut beaucoup à Milan et à Bergame. = Fresques, Rome. = Invention riche, pinceau franc et prompt, coloris brillant.

Parodi (Dominique). E. I. 1668-1740. GÊNES. Histoire, portrait. = Elève de S. Bombelli, à Venise; fils d'un sculpteur et sculpteur lui-même ainsi qu'architecte. = Dessin correct, teintes agréables et vigoureuses, invention poétique, figures et groupes bien distribués, grande variété, costumes riches.

Parodi (Pellegrini), fils de Dominique. E. I. ' 1769. Portrait. = S'établit à Lisbonne. Un des meilleurs peintres de portraits de son temps; laissa un fils peintre comme lui.

Parodi (Oct.). E. I. 1659. PAVIE. Histoire. = Elève d'A. Lanzani; séjourna longtemps à Rome.

Parolini (Jacques). E. I. 1663-1733. FERRARE. Histoire. = Elève de Peruzzini, à Turin, et de C. Cignani, à Bologne; ami de Maurelio Scannavini. — Dessin élégant, composition riche et bien ordonnée, coloris plein de charme surtout dans les chairs, nus savants.

Paroni (François). E. I. † 1634. MILAN. Histoire. = Vécut peu de temps. = Imitateur du Caravage.

Paroy (Jacques de). E. Fr. ' 1585. SAINT-POURÇAIN-SUR-ALLIER. Histoire, portrait. = Peintre sur verre. = Elève du Dominiquin. Il composa sur l'art de la vitrerie peinte des ouvrages qui sont perdus. Mort à l'âge de cent et deux ans. = Vitraux de l'église Saint-Méry, Paris.

Parpette. E. Fr. ' XVIIIe siècle. Fleurs, fruits. = Travailla à la manufacture de Sèvres. = Peintre sur porcelaine; du mérite.

Parrasio (Angelo). E. I. ' 1449. SIENNE. Histoire, portrait. = Florissait à la cour du marquis Leonello d'Este. = Imita les premiers peintres flamands.

Parre (Mathieu). E. H. 1811-1849. AMSTERDAM. Paysage. = Elève de Vander Stok et de Ten Kate.

Parreu (Joseph). E. Es. 1694-1766. RUSAFA (Valence). Histoire. = Elève de D. Vidal. = Bon coloris.

Parrhasius, fils d'Evenor, 420 ans avant J.-C. EPHÈSE. Histoire, portrait. = Elève de son père; contemporain et rival de Zeuxis; ne travaillait que lorsqu'il se sentait inspiré, et chantait à demi-voix pour nourrir son enthousiasme; ne put se défendre d'un excès d'amour-propre, ayant sans cesse ses propres louanges à la bouche. Il se prétendait issu d'Apollon, déployait le plus grand luxe et ne paraissait en public que vêtu de la pourpre et portant une couronne d'or se considérant comme le roi de la peinture. (Pline et Pausanias.) = Le peuple d'Athènes. — Méléagre, Hercule et Persée. — Portrait d'un archigalle ou grand prêtre de Cybèle. — Enée, Castor et Pollux, Télèphe, Achille, Agamemnon et Ulysse. — Homme courant inondé de sueur. — Soldat haletant en détachant ses armes. — Le rideau. — Nourrice crétoise avec son enfant. = Grande science du dessin, génie d'invention, figures élégantes et correctes, touche raisonnée et spirituelle, pinceau gracieux et vrai; deux de ses qualités distinctives étaient la manière dont il coiffait ses têtes, et la grâce qu'il donnait aux contours des bouches. Peignit aussi de petits tableaux licencieux.

Parrilla (Michel). E. Es. ' 1676. MALAGA. Histoire. = Elève de Bar. de Illescas, à Lucena; travailla à Séville. = Se distingua surtout comme doreur et peintre de statues.

Parrocel. V. Valsaureaux.

Parrocel (Barth.). E. Fr. † 1660. MONTBRISON. Histoire (?). = Destiné à l'état ecclésiastique, fut entraîné vers la peinture; résolut de visiter l'Italie, rencontra en route un grand d'Espagne, qui, charmé de ses dispositions et de son esprit, l'emmena dans son pays; après un séjour de plusieurs années, Parrocel s'embarqua pour l'Italie, fut pris par des corsaires d'Alger, mais le capitaine connaissant le consul français, un prompt échange rendit les captifs à la liberté; se dirigea vers Rome, y étudia quelques années, revint en France, s'établit à Brignolles et y mourut dans un âge peu avancé. Son fils aîné, qui portait le même nom que lui, mourut fort jeune.

Parrocel (Joseph), fils de Barthélemy. E. Fr. 1646 (?)-1704. BRIGNOLLES (Provence). Batailles, histoire. = Elève de son frère Louis, qu'il alla trouver dans le Languedoc; visita Marseille et Paris, et au bout de quelques années de travail et d'économie, se dirigea vers Rome, en 1668; y devint élève du Bourguignon; parcourut ensuite l'Italie, s'arrêta à Venise avec l'intention de s'y fixer; une tentative d'assassinat, dirigée contre lui par les envieux de son talent, le dégoûta du séjour de l'Italie; revint en France, en 1675, s'établit à Paris; reçu à l'Académie, en 1676; nommé conseiller, en 1703, protégé par Louvois; travailla aux Invalides par ordre de ce ministre; rival peu heureux de Vander Meulen; Lebrun lui préféra ce dernier pour peindre les victoires de Louis XIV. Mort d'une attaque d'apoplexie en se mettant à table. Joseph eut onze enfants dont l'aîné seul devint artiste; la date de 1646, est empruntée à M. Reynart. M. Villot le fait naitre en 1648 ainsi que les *Archives de l'art français;* Guérin en 1647. = Attaque de cavaliers, Florence. — Deux esquisses de batailles, Paris. — Marche de cavalerie, Lille. — Paysage, *ib.* = Coloris chaud et brillant, touche heurtée et pleine de verve, effets de lumière vifs et piquants, compositions pleines de fracas, de fougue et d'enthousiasme; travailla d'imagination et peu d'après nature, de là ces mouvements exagérés, cette expression outrée qui font ressortir le naturel et l'imitation vraie des tableaux de Vander Meulen; la plupart de ses ouvrages ont noirci, surtout dans les ombres; le bleu de ses ciels a également tourné au noir, et l'usage trop fréquent des huiles siccatives a écaillé la plupart de ses toiles. Graveur. = Ventes : V. Conti (1777), *Bataille : défaite des ligueurs*, 1,030 l. — V. Fesch (1845), *Combat de cavalerie et attaque d'un convoi*, les deux, 820 fr.

Parrocel (Charles), fils de Joseph. E. Fr. 1688-1752. PARIS. Batailles, histoire. = Elève de Lafosse; se rendit à Rome; revint en France, abandonna l'histoire pour les batailles, entra dans un régiment de cavalerie, afin d'étudier ses sujets d'après nature; membre de l'Académie et professeur dans cette société, depuis 1745; chargé, en 1721, par le duc d'Antin et de la part de Louis XIV, de deux toiles remarquables, qui lui firent beaucoup d'honneur. Suivit le roi Louis XV, dans ses campagnes en 1744 et 1745, et fut chargé de représenter ses conquêtes. Mort d'apoplexie, aux Gobelins, où il demeurait. = L'ambassade turque de 1721, Paris. — Tableau, Tours. = Etudia particulièrement les mouvements du cheval; parvint à les représenter avec la plus grande exactitude et beaucoup de grâce et de naturel; coloris moins brillant que celui de son père, moins de fracas, mais empâtement de couleurs plus solide et ton de vérité bien préférable. Ses dessins sont fort recherchés. Graveur.

Parrocel (Louis), fils de Barthélemy. E. Fr.' XVIIe siècle. Histoire (?). = Peintre distingué; établi en Languedoc après avoir séjourné en Provence et à Paris.

Parrocel (Ignace), fils de Louis. E. Fr. 1668-1721 ou 1722. AVIGNON. Batailles. = Elève de son oncle Joseph; voyagea en Italie et en Autriche; chargé par l'empereur et par le prince Eugène d'un grand nombre de travaux; appelé dans les Pays-Bas par le duc d'Aremberg. Mort à Mons. = Batailles du prince Eugène (Sept grands tableaux), Vienne. = Imita la manière de son maître et fut celu qui s'en approcha le plus.

Parrocel (Pierre), fils de Louis. E. Fr. 1664-1739. AVIGNON. Histoire. = Elève de son oncle Joseph, puis de C. Maratti, à Rome; revint en France; parcourut le Languedoc, la Provence, le comtat d'Avignon, et laissa partout des preuves de son talent; agréé à l'Académie, en 1730, et mort à Paris. = Dessin gracieux, coloris agréable, exécution ferme, effet harmonieux. Graveur.

Parrocel (Joseph-Ignace-François), fils de Pierre. E. Fr. 1705-1781. AVIGNON, Histoire, batailles. = Elève de son père; voyagea en Italie, puis vint se fixer à Paris. Agréé à l'Académie de peinture en 1755; mort à Paris vers la fin du règne de Louis XV; le dernier artiste de la célèbre famille des Parrocel. — Il résulte d'une notice publiée par M. A. Taillandier, dans les *Archives de l'art français*, tome VI, p. 57, que cet artiste doit être substitué à Etienne. Etienne Parrocel n'a jamais existé, et cependant il est mentionné par les biographes. = Ne laissa que des filles : l'aînée, madame de Valsaureaux, s'adonna à la peinture dans le genre des fleurs et des animaux et mourut dans un âge très avancé. = Bataille de Lawfeld, Versailles.

Parrocel (Etienne Antoine). E. Fr. 1817. AVIGNON. Histoire. = Tableaux dans les églises d'Avignon, Marseille, etc. = Egalement écrivain.

Parry (Guillaume). E. An. 1742-1791. LONDRES. Portrait. = Elève de Reynolds. Un des plus brillants sujets de l'Académie royale. Travailla à Rome. Fit un grand nombre de portraits dans sa patrie et fut associé de l'Académie royale.

Pars (Guillaume). E. An. 1742-1782. LONDRES. Portrait. = Fit de nombreux voyages. Il était associé de l'Académie royale.

Parsons (Francis). E. An.' 1770. Portrait etc. = L'amour au village.

Parton (Arthur). E. An. 1842. HUDSON. Paysage.

Parton (Ernest) frère d'Arthur. E. An. 1845. HUDSON. Paysage.

Partridge (J.). E. An. 1790-1872. Genre, portrait.

Pas (Vander). E. H. Paysages et animaux.

Pascal (Antoine). E. Fr. 1803. MACON. Fleurs, fruits. = Elève de Redouté.

Pascal (Mme). E. Fr. 1845. Fleurs, fruits.

Pascal de Bierset. E. Fl. Vers 1480-1535. BIERSET près de LIÉGE. Histoire. = Moine de l'abbaye de Saint-Laurent depuis 1501. Erudit et lettré avant tout, on ignore la valeur de ses œuvres comme artiste.

Pasch (Jean). E. Al. 1706-1769. STOCKHOLM. Décorations, paysage, marine, fleurs, animaux. = Peintre suédois. Ne pouvant se former en Suède, il voyagea en Hollande, en France et en Italie; rendit beaucoup de services à l'Académie de peinture fondée à Stockholm en 1734. = Plafond de la chapelle du roi, Stockholm. = Laissa une précieuse collection de tableaux et de dessins recueillis dans ses voyages.

Pasch (Laurent). E. Al. 1733-1805. SUÈDE. Portrait.=Peintre suédois. Dirigea longtemps l'Académie des beaux-arts de Stockholm. = Se distingua dans son art.

Pasch (Ulrique-Frédérique). E. Al. 1735-1796. = Artiste suédoise. Reçue, en l'année 1773, membre de l'Académie de peinture et de sculpture. = Posséda un talent distingué.

Pasias, 220 ans avant J.-C. = Elève d'Erigonus; il était frère du sculpteur Pasias d'Egine. (Pline.)

Pasinelli (Laurent). E. I. 1629-1700. BOLOGNE. Histoire. = Elève de Cantarini et du Torre; résolut de ramener l'école de Bologne vers les bons modèles abandonnés depuis quelque temps; la même pensée animait C. Cignani, et ces deux artistes furent rivaux sans jamais devenir jaloux l'un de l'autre. = Entrée de Jésus-Christ à Jérusalem, Bologne. — Descente de Jésus-Christ aux Limbes, *ib.* = Dessin quelquefois incorrect; composition vaste, nombreuse, riche et spirituelle, manière pleine de feu, idées neuves, talent pour les grandes machines; mouvements souvent forcés; imita le grand style et le brillant de Paul Véronèse, mais avec trop d'affectation; copia le gracieux de Raphaël; coloris varié, pinceau frais et éclatant. = Graveur.

Pasini (Albert) E. Fr. ' 1878. BUFFETO. Paysage décoratif. = Elève de Ciceri, d'Isabey et de Théodore Rousseau.

Pasini (Antoine). E. I. ' XIXe siècle. Portrait, histoire.

Pasquali (Philippe). E. I. ' 1700. FORLI. Histoire, ornement. = Ami du Franceschini, qu'il aida avec succès dans ses travaux.

Pasqualini (Jean-Baptiste). E. I. ' 1600(?). CENTO (près de Bologne). Histoire. = Graveur. On nomme un autre Pasqualini avec le prénom de Félix, élève de Sabbatini et qui florissait au XVIe siècle.

Pasqualino (le). V. Rossi.

Pasqualotto (Constantin). E. I. ' 1700. VICENCE. Histoire. = Détails inconnus. = Meilleur coloriste que dessinateur.

Pasquier (Joseph). E. Fr. ' 1592. Histoire, ornement, etc. = Elève de T. Dubreuil. = Grande renommée pour le fini de ses tableaux.

Pasquier (Pierre). E. Fr. 1731-1806. VILLEFRANCHE (Beaujolais). Miniatures en émail. = Fit partie de l'Académie.

Passante (Barthélemy). E. I. ' XVIIe siècle. Histoire. = Elève de Ribera. Ne serait-ce pas le même que le suivant?

Passante (Jean D.). E. Es. ' XVIIe siècle. Histoire. = Elève de Ribera.

Passarotti ou **Passerotti** (Barthélemy). E. I. † 1592. BOLOGNE. Histoire, portrait. = Elève de Vignola; suivit son maître à Rome, y étudia avec ardeur les grands maîtres et forma une école à son retour dans sa patrie; composa un traité sur les proportions et l'anatomie du corps humain et fut le premier à introduire des figures nues dans ses tableaux de saints, afin de faire preuve de sa science; soutint quelquefois avec avantage la comparaison avec les Carrache, ses rivaux et ses ennemis; fut surtout renommé pour ses portraits, genre dans lequel le Guide le plaçait immédiatement après le Titien. Peignait ordinairement un moineau dans ses compositions, afin de faire allusion à son nom. = Martyre de saint Paul, Bologne. — Vierge entourée de saints, *ib.* — Portrait de Sixte V, *ib.* — Portrait de Pie V, *ib.* — Présentation de la Vierge au temple, *ib.* — Le peintre et sa famille, Dresde. — Marchands de viande et de poisson (Plusieurs tableaux), Rome. = Manière franche et facile, se rapprochant de celle de Cesari, quoique bien plus correcte; génie fécond; excellent dessinateur à la plume et graveur distingué.

Passarotti (Tiburzio), fils de Barthélemy. E. I. † 1612. Histoire. = Elève de son père; se distingua par un véritable talent. Son fils, Gaspard, devint célèbre dans la miniature. Plusieurs de ses frères furent peintres. Passerotto, l'un d'eux, mourut très vieux; Aurèle, renommé dans la miniature, mourut à Rome sous le pontificat de Clément VIII. Ventura et Aurélie, leurs sœurs, méritent à peine d'être citées.=La Vierge et l'enfant, saint François, saint Dominique et saint Augustin, Bologne. = Manière de son maître.

Passavant (Jean-David). E. Al. 1787-1861. FRANCFORT. Histoire. = Elève de David, de Gros, puis d'Overbeck. Plus connu comme critique d'art ; il a laissé une belle monographie de Raphaël. = Henri II, Francfort.

Passeri (André). E. I. * 1505. CÔME. Histoire. = Détails inconnus. = Style et têtes modernes; de la sécheresse dans les mains, abus de dorure.

Passeri (Jean-Baptiste). E. I. 1610 (?)-1679. ROME, Histoire, portrait. = Cultiva d'abord les belles-lettres; connut le Dominiquin à l'âge de 25 ans, et d'après ses conseils s'adonna à la peinture, sans pouvoir s'élever au dessus de la médiocrité; prince de l'Académie de Saint-Luc; fit célébrer les funerailles du Dominiquin, son fidèle ami, avec la plus grande pompe. = Poète et biographe : *Le Vite de' pittori, scultori et architetti che hanno lavorato in Roma, morti dal* 1641 *fino al* 1673. Ouvrage excellent, imprimé à Rome en 1772.

Passeri (Joseph), neveu de Jean-Baptiste. E. I. 1654-1714 ou 1715. ROME. Histoire. = Elève de C. Maratti; exécuta un grand nombre de beaux ouvrages pour les palais et les églises de Rome; travailla au Vatican et à Pésaro. = Episodes de la vie de saint François, Rome. — Et autres, *ib.* — Fresques, *ib.* = Parvint à égaler son maître dans quelques parties de son art; bon coloris.

Passignano (le). V. Cresti.

Passini (Louis). E. Al. 1832. VIENNE. Genre. = Elève de Knaus et de Defregger. = Le confessionnal.

Passot (Jacques) l'aîné. E. Fr. * 1590. TROYES. Ornements. = Travailla beaucoup pour les églises de Troyes et fit un tableau remarquable pour la chapelle de la Toussaint. Cité par quelques auteurs comme ayant été un peintre fameux. Il laissa trois fils peintres.

Passot (Gabriel-Aristide). E. Fr. 1798-1875. NEVERS. Portrait en miniature et aquarelle. = Elève de Miller. = Portrait de Rossini. — Portrait de Jouy.

Pasterini (Jacques). E. I. * 1615. VENISE. Mosaïque. = Détails inconnus.

Pasti (Mathieu). E. I. * 1472. VÉRONE. Histoire. = Détails inconnus.

Pastier (J. B. Emmanuel). E. Fr. * XIXe siècle. LIMOGES Figures sur porcelaine et à l'aquarelle. = Psyché recevant le premier baiser de l'Amour, d'après Gérard. — Daphnis et Chloé d'après Hersent.

Pastorino. E. I. * 1547. Sienne. Histoire, portrait. = Elève de Guillaume de Marseille, qui lui légua ses vitraux, ses dessins et ses ustensiles de travail. = S'exerça dans plusieurs parties de son art.

Pasture (Roger de le). V. Weyden (Roger Vander).

Patanazzi. E. I. * XVIIe siècle. URBIN. Histoire. = On ignore quel fut son maître. = Bon coloris, formes remarquablement belles.

Paté-Desormes (.... ROBERT, M^{e}). E. Fr. 1788. PARIS. Portrait. = Elève de son mari.

Paté-Désormes (Pierre). E. Fr. 1777. MOUZON. Portrait. = Elève de David et de Vincent.

Patel (Pierre) (?), le Vieux. E. Fr. 1605 (?)-1676. PICARDIE. Paysage, architecture. = On ne connait ni le lieu exact de sa naissance ni le nom de son maître; désigné communément sous le nom du *Bon Patel*. Reçu dans la corporation des peintres, en 1635, y remplit des charges en 1650 et signa l'année suivante l'union de cette société avec l'Académie. On pense qu'il étudia sous Vouet et qu'il visita l'Italie. Travailla aux appartements d'Anne d'Autriche, au Louvre. = Paysages, Orléans. — Paysage avec figures et animaux, Paris. — Moïse exposé sur le Nil, *ib.* — Moïse enterrant l'Egyptien, *ib.* — Paysage avec architecture, *ib.* = Choisit Claude Lorrain pour modèle et réussit à l'imiter avec succès. Forme d'arbres élégante, composition riche et variée, architecture dessinée avec goût, ciels chauds, brillants et harmonieux, mouvements de terrain terminés avec habileté, distances observées et rendues avec finesse, touche ferme et brillante, coloris clair et vrai, sites bien distribués; trop de sécheresse; précision nuisant au naturel. = Ventes : V. Julienne (1767), *Paysage*, fig. de Lesueur, 2,031 l. — V. Blondel de Gagny, *Deux tableaux d'architecture*, sur cuivre, 2,300 l. — V. Conti (1777), *Paysage*, 241 l. — V. Fesch (1845), *Temple ancien*, 200 fr. — V. Pourtalès-Gorgier (1865), *Paysage traversé par une petite rivière*, 580 fr.

Patel (Pierre-Antoine), le Jeune, fils de Pierre le Vieux. E. Fr. * XVIIe siècle. Paysage. = Elève de son père dont il imita la manière et quelquefois avec bonheur. Travailla au Louvre. = Paysages, Valenciennes. — Le mois de janvier : effet de neige, Paris. — Le mois d'avril, *ib.* — Le mois d'août, *ib.* — Le mois de septembre, *ib.* (Attribués et datés de 1699, et signés : AP. Patel). = Mêmes qualités et mêmes défauts que son maître ; moins d'habileté, effet plus sombre.

Patel (Jacques). E. Fr. 1634 (?)-1662, fils de Pierre. Paysage. = Périt dans un duel et fut à ce propos nommé *Patel le tué*.

Patel (Benoît Nicolas). E. Fr. * XVIIIe siècle. = De la famille des Patel. Ses œuvres sont peu connues.

Patenier (Henri de). E. Fl. ' XVIe siècle. ANVERS (?). = Reçu franc-maître de Saint-Luc, en 1535. On ignore quel degré de parenté existait entre lui et Joachim; mais on croit que Van Mander a confondu les œuvres et les biographies des deux artistes.

Patenier ou **Patinir** (Joachim). E. Fl. ' XVIe siècle. DINANT (?). Histoire, paysage, bataille. = Il y a controverse sur le lieu de naissance respectif de Patenier et de Blès; celui-ci serait né à Dinant et le premier à Bouvignes. Ce qui rendrait cette dernière version vraisemblable, c'est que le nom de *Patenier* se rencontre fréquemment dans les archives de Bouvignes. Reçu dans la corporation de Saint-Luc, à Anvers en 1515. Albert Durer estimait son talent. Il fit son portrait à Anvers et assista à ses noces, en 1521. M. Génard, archiviste à Anvers, a découvert (1864) que cet artiste, nommé Pateniers dans son acte de mariage, contracta une première union avec Françoise Buyst, et une seconde avec Jeanne Noyts. Patenier doit être mort avant le 5 octobre 1524, puisque M. Génard établit qu'à cette date, sa veuve et ses enfants, vendirent la maison sise courte rue de l'hôpital, que l'artiste avait achetée le 30 mars 1519. Un des tuteurs de deux des filles de Patenier fut Quentin Metsys.=La Vierge aux sept douleurs, Bruxelles. — Fuite en Egypte, Munich. — Saint Jérôme, Vienne. — Baptême du Christ, *ib.* (Signé : OPVS IOACHIM D. PATINIER). — Martyre de sainte Catherine, *ib.* = Fuite en Egypte, Madrid. — Tentation de saint Antoine, *ib.*(Fig. de grandeur naturelle; pièce capitale). — Paysage, *ib.* — Vocation de saint Mathieu, Berlin. — Repos pendant la fuite en Egypte, *ib.* — Même sujet, Anvers. — Crucifiement, Kensington. = Il adopta d'abord le style des Van Eyck, puis celui de Luc de Leyde. Ses premiers tableaux se distinguent par un ton chaud; plus tard, il devint, au contraire froid. Ses plus anciens paysages sont composés fantastiquement, surchargés de détails, durs, crus, et d'une très mauvaise perspective; ses derniers ouvrages accusent plus de vérité dans le rendu des accessoires et plus de goût pour l'effet général. Considéré comme le fondateur de l'école du paysage dans les Pays-Bas. De même que Teniers ce peintre plaçait dans un coin de presque tous ses tableaux, un petit homme obéissant à un besoin naturel.

Pater (Jean-Baptiste). E. Fr. 1696-1736. VALENCIENNES. Genre et vues. = Elève de Watteau; peintre très laborieux, au point que l'excès de travail abrégea ses jours; reçu membre de l'Académie de Paris, en 1728; mort dans cette ville. — Amusements champêtres, deux tableaux, Londres (Buck. Pal. chef-d'œuvre). — Deux paysages, *ib.* — Vue des jardins de Marly, Nantes. — Un homme et une femme dansant, Dresde. — Danse sous un arbre, *ib.* — Fête champêtre, Paris. — Peignit dans le goût de son maître; touche moins fine, exécution plus solide, dessin peu correct; bon coloris. = Ventes : V. Lalive de Jully (1770), deux tableaux, 520 liv.—V. Grammont (1775), *Le bal,* 1,500 liv. — V. Blondel de Cagny (1776), *Le bal,* 2,000 liv. — *Un camp,* 144 liv. — V. Randon de Boisset (1777), *Halte de soldats et départ de troupes,* 1,500 l. — *Amusements de la campagne,* 1,250 liv. — V. Nogaret (1782), *Le bal,* 1,500 liv. — V. Langraff (1784), *Le bal,* 3,700 liv. — V. Grandpré (1809), *Repos champêtre et promenade,* 425 fr. — V. Stevens, *Débarquement à Cythère,* 585 fr. — V. Patureau (1857), *Le concert champêtre* et *la balançoire,* 30,500 fr. — V. Seymour (1860). — *Promenade dans le parc,* 9,000 fr. — V. Pembroke (1862), *Réunion dans le parc,* 30,800 fr. — Même V. *Plaisirs champêtres,* 13,700 fr. — Même V. *Repos dans le parc,* 12,600 fr. — Même V. *Réunion dans le parc,* 3,150 fr. — V. Demidoff (1863), *Les loisirs champêtres,* 17,800 fr. — V. Morny (1865), *Amusements champêtres,* 29,000 fr. — V. Fould (1869), *Réunion dans le parc* (De la vente Pembrocke), 52,000 fr. — V. Pereire (1872), *Plaisirs champêtres,* 19,200 fr. (De la vente Pembroke). — *Le repos dans le parc* (De la vente Pembroke), 18,200 fr. — *Les vivandières de Brest,* 18,400 fr. — *La halte à l'auberge,* 10,000 fr. — V. Maison (1869), *Concert champêtre* et *Délassements à la campagne* (Les deux) 100,000 fr. à M. Ameire de Valenciennes. Ces deux tableaux provenaient de la collection Schaffhausen, de Cologne. — Vente à Paris (1874) *Plaisirs champêtres,* 23,500 fr.

Paticchi (Antoine). E. I. 1762-1788. ROME. Histoire, paysage, portrait. = Elève de son père, théoricien habile, mais praticien médiocre; bon peintre dès l'âge de vingt ans; fut chargé par le comte de Torruzzi, gentilhomme distingué de Velletri, de peindre la galerie de son palais; esquissa tous les tableaux, en finit deux, et voyant ce qui lui manquait sous le rapport du coloris, interrompit son ouvrage pour étudier les meilleurs coloristes vénitiens et flamands, lorsqu'une maladie de poitrine augmentée par son assiduité au travail le conduisit au tombeau quelques jours après son père. = Grande facilité dans la composition; excellent dessinateur; imitait avec le plus grand succès les dessins des anciens maîtres et en particulier ceux de Polidore Caravage; fit des portraits au pastel.

Patin (Jacques). E. Fr. ' 1567. = Peintre

ordinaire de Henri III; travailla à la décoration du Louvre. Graveur.

Paton (Noël). E. An. 1821. DUMFERLINE. Histoire. = Jésus-Christ portant sa croix. — Réconciliation d'Obéron et de Titania, Edimbourg. — La femme morte. — Retour de Crimée. = Egalement peintre et écrivain.

Paton (Walter), frère de Noel. E. An. 1825. DUMFERLINE. Paysage. = Nuit d'été.

Paton (Richard). E. An. 1720-1791 ANGLETERRE. Marine et combats navals. = Marine, Londres.—Bassin de Portsmouth. *ib.* — Portsmouth, *ib.* — Port de Sheerness, *ib.* — Port de Chatham, *ib.* — Port de Woolwich, *ib.* = Coloris, perspective, chaleur d'action, vérité et vivacité de la scène également recommandables. Beaucoup de ses tableaux ont été reproduits par la gravure. Bon graveur.

Patrois (Isidore). E. Fr. ' 1867 NOYERS. (Yonne). Genre et histoire. = Elève de Lenfant et de Monvoisin. = Premier soupçon. — Mort de Jeanne d'Arc, Rouen.

Patten (Alfred). E. An. 1829. LONDRES. Genre. = Elève de son père qui mourut en 1864. = Robinson Crusoé.

Patten (George). E. An. 1801-1865. Portrait, histoire. = Appartenait à une famille d'artistes; visita l'Italie, l'Allemagne, etc. Il peignit pour le prince Albert. Associé de l'Académie.

Pau de Saint-Martin (Alexandre). E. Fr. ' 1804. MORTAGNE. Paysage. = Elève de Leprince et de Vernet.

Pau de Saint-Martin (Pierre-Alexandre), fils d'Alexandre. E. Fr. ' 1825. PARIS. Paysage. = Elève de son père. = Vue de la cascade (Vosges). — Vue d'une entrée de l'Elysée-Bourbon.

Pauditz (Christophe). E. H. 1618 (?). LOWER (Saxe). Histoire, animaux, intérieurs et portrait. = Elève de Rembrandt. Protégé par le duc de Saxe, Albert-Sigismond et par l'évêque de Regensburg. Vivait encore en 1665. Cette date se trouve sur un de ses tableaux. = Réveil de saint Jérôme, Munich. — Vieillard avec un enfant, Vienne. — Intérieur d'une maison rustique, *ib.* — Saint Jérôme au désert, *ib.* — Buste de vieillard, Dresde. — Buste d'un homme à moustaches. — Buste d'un homme coiffé d'un chapeau gris, *ib.* — — Scène d'intérieur, *ib.* — Un loup, un renard et un agneau, Munich. = Un des bons peintres de cette école.

Paul ou **Pol.** ' XVe siècle. = Ce nom se rencontre dans un acte du 1er ... 1434. Paul, natif d'Allemagne, y est mentionné comme peintre du duc de Berry. Il est probable que cet artiste ne fait qu'un avec le *Pol de Limbourg*, cité pour avoir fait, avec ses deux frères, des miniatures remarquables pour le duc de Berry.

Paul de Pistoia (frère), E. I. 1490-1547. PISTOIE. Histoire et portrait. = Compagnon et disciple de Bartolomeo della Porta, dit *le Frate*. Sa patrie a fait frapper une médaille en son honneur. = La Sainte Vierge donnant la ceinture à saint Thomas, Florence. — Vierge glorieuse, Vienne. = Heureux imitateur de son ami.

Paul Perugino. V. Gismondi.

Paul (Bernard). E. Fl. ' XVIIIe siècle. GAND. Portrait, genre. = Inscrit, en 1763, dans la corporation de Saint-Luc, à La Haye. Après un court séjour dans cette cité, il retourna dans sa ville natale.

Paul (J.). E. Fr. ' 1825. Marine. = La duchesse d'Angoulême à Dieppe. — Jésus-Christ apparaissant au milieu d'une tempête.

Paul (Jean). E. Fr. ' 1676. Batailles, siéges, etc. = On n'a aucun renseignement sur ce peintre si ce n'est l'acte de baptême d'une fille à lui qui mentionne Jean Paul comme peintre ordinaire du roi et étant à la suite de la cour, à Versailles, en 1676. On pense qu'il fut élève ou collaborateur de Vandermeulen et de Martin. = Prise de Dôle, en 1674, Versailles. — Siége de Valenciennes, en 1677, *ib.*

Paulsen (Frédéric). E. Al. 1838. SCHWERIN. Genre, portrait. = Elève de Piloty.

Paulus. E. Fr. ' 1844. Genre. = Les maitres mosaïstes.

Paulusz (Zacharie). E. H. 1600 (?) - 1648. ALKMAAR. Portrait. = En 1628, il fit les portraits des chefs de la corporation des arbalétriers. On le trouve inscrit, en 1631, dans la corporation des peintres de sa ville natale sous le nom de Poulusz.

Pauluzzi (Etienne). E. I. ' 1660. VENISE. Histoire. = Détails inconnus.

Pauly (Nicolas). E. Fl. 1660-1748. ANVERS. Miniature, etc. = On a très peu de renseignements sur ce peintre, seulement on sait qu'il s'établit à Bruxelles et qu'il y mourut. = Son talent était en grande considération.

Paulyn (Horace). E. H. ' XVIIe siècle. Paysage, genre. = Il rassembla une espèce de caravane avec laquelle il partit pour la Terre sainte, mais la société se dispersa en route. Cet artiste demeura longtemps à Amsterdam. = Un avare, Florence. = Il serait devenu un peintre de grand mérite, mais l'excentricité de sa vie se retrouve dans la composition de ses tableaux très recherchés de son temps.

Paulyn (Isaac). E. H. 1630 (?). AMSTERDAM. Portrait. = Elève d'A. Van den Tempel. Il visita l'Angleterre, où il resta plusieurs années et revint s'établir, en 1682, à La Haye, où il mourut. = Peintre de talent.

Paupelier (Pierre). E. Fr. 1621-1666. TROYES. Miniature. = Reçu à l'Académie en 1664. Mort dans sa ville natale.

Pausias, fils de Briétès, 340 ans avant Jésus-Christ. SICYONE. Histoire, portrait et fleurs. = Elève de son père et de Pamphile; un des amants de la célèbre courtisane Glycère, renommée pour ses grâces et pour l'art avec lequel elle tressait ses couronnes de fleurs. Pausias essaya d'imiter ces bouquets charmants et y réussit au point que les copies furent jugées dignes de leurs modèles; resta toute sa vie à Sicyone et contribua puissamment à la renommée de cette célèbre école. (Pline, Pausanias.) = Le portrait de Glycère couronnée de fleurs (Tableau célèbre dans toute la Grèce). — Sacrifice de taureaux. — L'amour tenant une lyre au lieu d'un carquois. — L'ivresse buvant dans une coupe au travers de laquelle on distinguait une partie du visage. = Introduisit l'usage de décorer les chambres intérieures des maisons; peignait de préférence des figures d'enfants.

Pausinger (Frans). E. Al. 1839. SALZBOURG. Animaux, paysage. = Elève de Schirmer et de Koller.

Pauson, 420 ans avant Jésus-Christ. GRÈCE. Histoire, portrait et animaux. = Son talent loin de l'enrichir ne le sauva pas de la misère; un amateur l'ayant chargé de peindre un cheval dans l'action de se rouler, il se trouva que le peintre avait représenté un coursier au galop: sur l'observation qui lui en fut faite, Pauson retourna le tableau en riant et fit voir que l'animal se trouvait sur son dos et tel qu'on l'avait demandé, ce qui semble prouver que l'on n'ajoutait alors aucun accessoire à l'objet principal. (Plutarque, Lucien et Elien,) On rapporte de lui qu'il restait au-dessous de ses modèles. Aristote, Plutarque, Elien et Lucien le citent avec éloge.

Pauvert (Nicolas). E. Fr. ' XVIIe siècle. = Connu comme *imagier* à Chartres, en 1622, époque à laquelle il exécuta des travaux de peinture à l'église de Saint-André, dans cette ville.

Pauvert (Pierre). E. Fr. ' XVIIe siècle. — Travailla aux peintures de la cathédrale de Chartres, en 1645.

Pauw (Pierre-François de). E. Fl. ' 1833. Genre. = Départ du jeune Tobie. — Paysanne suisse.

Pauwels (François-Joseph). E. Fl. ' XVIIIe siècle. = Couronné à l'Académie d'Anvers, en 1769, il en fut directeur en 1776.

Pauwels (Guillaume-Ferdinand). E. Fl. 1830. EECKEREN (Province d'Anvers). Histoire, genre, portrait. = Elève de Wappers et de De Keyser. Directeur de la classe de peinture historique à l'Académie de Weimar, puis à Dresde. = La veuve de Van Artevelde, Bruxelles. — Les proscrits du duc d'Albe. — La vocation de sainte Claire. — Peintures historiques, Ypres (Halles). — Peintures au château de Wartbourg.

Pauwels (Jean-Baptiste). E. Fl. ' XVIIIe siècle. BRUXELLES. = Elève de l'Académie d'Anvers, en 1773.

Pauwels (Joseph). E. Fl. 1819-1876. SLEYDINGE (Flandre). Genre, histoire, portrait. = Elève de Wappers. = La femme du menuisier. — Christ en croix, Louisville (Kentucky).

Pauwels (Louis). E. Fl. ' XVIIe siècle. ANVERS (?) = Doyen de Saint-Luc, à Anvers, de 1685 à 1687.

Pauwels (Tobie). E. Fl. ' 1570. BRUXELLES. = Reçu bourgeois d'Anvers en 1570.

Pauwelsen. V. Pouwelsen.

Pavesi (François). E. I. ' XVIIIe siècle. Histoire. = Ecole de C. Maratti.

Pavia (Jacques ou Hyacinthe). E. I. 1655-1750 (?). BOLOGNE. Histoire. = Elève de J.-M. Crespi; séjourna en Espagne.

Pavona (François). E. I. 1685 ou 1692, 1773 ou 1777. UDINE. Portrait, histoire, etc. = Elève de J. dal Sole; étudia à Milan, passa à Gênes, puis en Espagne, en Portugal, en Allemagne, s'arrêta à Dresde, s'y maria, revint à Bologne et mourut à Venise. = Réussit dans le portrait et fit des pastels.

Paxino di Villa. E. I. ' XIVe siècle. ITALIE. Histoire. = Détails inconnus. = Histoire de sainte Catherine (En plusieurs tableaux), Bergame.

Paxton (J.). E. An. † 1780. Histoire, portrait. = Etudia à Glasgow. Voyagea beaucoup. Mort à Bombay. = Samson. = Portraits très achevés. Peintre de réputation.

Pay ou **Pey** (Jean Van). E. Al. 1589-1660. RIEDLINGEN. Portrait, histoire. = Peintre des électeurs de Bavière. = Portrait d'homme, Munich.

Paye (Richard). E. An. † 1802. BOTLLY (Kent). Genre, etc. = Fut également sculpteur. On a beaucoup gravé d'après cet artiste.

Payen (Antoine A. J.). E. Fl. † 1853. Paysage. = Sites à Java, Haarlem.

Paz (Don Joseph). E. Es. ' 1725. Histoire. = Habitait Madrid; nommé appréciateur des peintures antiques.

Pazzi (l'abbé Antoine). E. I. ' 1506. FLORENCE. Histoire. = Détails inconnus.

Peacke (Robert). E. An. ' 1640. ANGLETERRE. Portrait. = Détails inconnus. = Graveur.

Peale (Rembrandt). E. An. 1777-1860. AMÉRIQUE. Histoire. = Doyen des peintres américains. A 17 ans, il fit le portrait de Washington qui posa trois fois devant lui.

Pearce (Guillaume). E. An. ' XVIIIe siècle. LONDRES. Portrait, genre. = La femme au lait, gravée par C Turner.

Pearson (Mme). E. An. ' XIXe siècle. Portrait.

Pécheur (Benoît). E. Fr. 1779. ROME. Fresques. = Elève de L. Pécheur, peintre peu connu. = Coupole de l'église Saint-Romain (Fresque), Rome. — Assomption.

Pecchio (Dominique). E. I. † 1760 (?). VÉRONE. Paysage. = Elève de Balestra.

Pecht (Auguste-Fr.). E. Al. 1814. CONSTANCE. Histoire, portrait. = Elève de Delaroche. = Faust, Karslruhe. — Henri VIII et Anne Boleyn (Fresques), Munich. = Egalement écrivain.

Pecori (Dominique). E. I. ' XVe siècle. AREZZO. Histoire, portrait. = Elève de Barth. della Gatta; termina un grand nombre de tableaux laissés inachevés par son maître. S'appliqua, avec succès, à la peinture sur verre. = Tableaux, Arezzo. = Dessin correct; composition sage; relief vigoureux.

Pedius (Quintus), 20 ans après J.-C. ROME. = Petit-fils de C. Pedius, homme illustre par l'amitié que lui porta Jules César. Quintus était muet; il mourut au moment où sa réputation commençait à s'étendre.

Pedrali (J.). E. I. † 1660 (?). BRESCIA. Perspective, architecture. = Travailla à Venise.

Pedretti (Joseph). E. I. 1684 ou 1694-1778. Histoire. = Elève de M.-A. Franceschini; habita longtemps la Pologne.

Pedriel (Toussaint). E. Es. † 1578. Histoire. = Elève de C. Coëllo, qu'il aida dans quelques-uns de ses travaux.

Pedrini (Jean). E. I. ' XVIe siècle. MILAN. Histoire, portrait. = Elève ou imitateur de L. de Vinci. = La Madeleine, Berlin. — Sainte Catherine, *ib.*

Pedro (Alexandrino). E. Es. ' XVIIIe siècle. = Détails inconnus.

Pedro el Mudo. E. Es. Histoire, portrait. = Laissa des ouvrages distingués. = Bonne couleur; draperies larges.

Pedroni (Pierre). E. I. † 1803. PONTREMOLI. Histoire. = Etudia à Parme et à Rome; s'établit à Florence et y devint directeur de l'Académie. = Grandes connaissances théoriques.

Peduzzi (Dominique-Antoine). E. H. 1817-1861. AMSTERDAM. Effets de lumière et intérieurs. = Elève de J. Pieneman. Mort à Vienne.

Pee (Engelhart Van). E Fl. † 1605. BRUXELLES. = Passa sa vie en Allemagne et eut du succès à la cour de Munich.

Pée (Jean Van). E. H. 1640 (?). AMSTERDAM. Figures. = Fils d'Emmanuel Van Pée, marchand de tableaux et descendant d'une honorable famille bruxelloise. Etudia quelque temps à Anvers. = S'occupa beaucoup à copier les tableaux des maîtres hollandais.

Pée (Juste Van). E. Fl. ' XVIIe siècle. BRUXELLES. = Détails inconnus.

Pée (Théodore Van), fils de Juste. E. Fl. 1669-1747 ou 1750. AMSTERDAM. Histoire, portrait et intérieurs. = Son art ne lui suffisant pas pour vivre, il ouvrit un magasin de tableaux hollandais et italiens. Voyagea en Angleterre, en 1715 et en 1719; à cette dernière époque, il y resta sept ans et y gagna beaucoup d'argent. Séjourna à Maarssen et, plus tard, à La Haye où il mourut. = Il peignit beaucoup de planches sur lesquelles il représentait des domestiques, des chiens aboyant, etc., objets fort recherchés dans ce temps pour orner les vestibules.

Peemans (Victorine). E. Fl. ' 1845. Aquarelle.

Peeters (Bonaventure), frère de Jean et de Gilles. E. Fl. 1614-1652. ANVERS. Marine, batailles. = Il fut également poète et avait, comme peintre, un mérite peu commun. Reçu, en 1635, dans la corporation des peintres, à Anvers. Mort à Hoboken. = Marines, cinq tableaux, tous signés, Vienne. — Vue de l'île et de la ville de Corfou (?), Dresde (Signé : *Bonaventura Peeters, fecit in Hoboken*, 1652). — Vue du village de Scheveningue, *ib.* (Figures de Renier le père). — Scène maritime, Bâle. (Chef-d'œuvre. Signé du monogramme de l'auteur : *B. P.*). — Marine, Bordeaux. (Chef-d'œuvre). — Marine, temps calme, Stockholm. — Port de mer, Saint-Pétersbourg. (Signé : *B. P.*). = Il se plaisait à retracer des scènes horribles de naufrage; caractère poétique, mais maniéré et peu vrai; coloris clair et énergique; pinceau décidé. Graveur. = Ventes : V. Amsterdam (1767), *Deux marines*, 410 fl. — V. Vander Motten (1775), *Deux combats sur mer*, 212 fl. — V. Fesch (1844), *Marine*, 280 fr.

Peeters (Gilles), frère de Bonaventure. E. Fl. 1612-1653. ANVERS. Batailles, paysage et animaux. = Reçu franc-maître, en 1635. Travaillait avec Bonaventure dans le même atelier. = Bataille de Calloo, Anvers (Hôtel-de-ville).

Peeters (Jean), le Vieux, frère de Bonaventure. E. Fl. 1624-1677 (?). ANVERS. Marine, batailles navales et histoire. = Elève de ses frères à l'atelier desquels il entra en 1641. Reçu franc-maître, en 1645. On a connu, à la fin du dernier siècle, un tableau de cet artiste signé et daté de 1674. Un autre Jean Peeters fut reçu dans la corporation de Saint-Luc, comme fils de maître, en 1677-78. = L'Escaut pris par la glace devant Anvers, Anvers. — Naufrage de saint Paul, près de l'île de Malte, Hoboken, près d'Anvers, dans le monument funéraire de Bonaventure Peeters. — Marine, Vienne.

— Tempête sur mer, Munich. — Marine avec vaisseaux, Bruges (Académie). — Destruction de la flotte anglaise dans le port de Chattam, en 1667, Amsterdam. — Paysans et vache devant une chaumière, Dresde (Attribué). Ce tableau pourrait être de Gilles qui a peint des paysages avec animaux. — Embouchure de l'Escaut, Stockholm. — Tempête en pleine mer, *ib.* (Tous deux signés). = Il rendait les tempêtes avec une effrayante vérité. Ses lointains sont très vaporeux.

Peeters (Catherine). E. Fl. * XVIIe siècle. Fruits. = Peintre-amateur citée par de Bie.

Peeters (Clara). E. Fl. * XVIIe siècle. Nature morte. = Citée par les catalogues espagnols et par Nagler. Il est probable qu'elle ne fait qu'un avec l'artiste citée par M. Kramm sous le nom de C. Peeters. = Oiseaux morts, Madrid. — Poissons, etc., *ib.* — Et autres, *ib.* (L'un de ces tableaux signés porte la date de 1611). = Pinceau hardi; touche de maître.

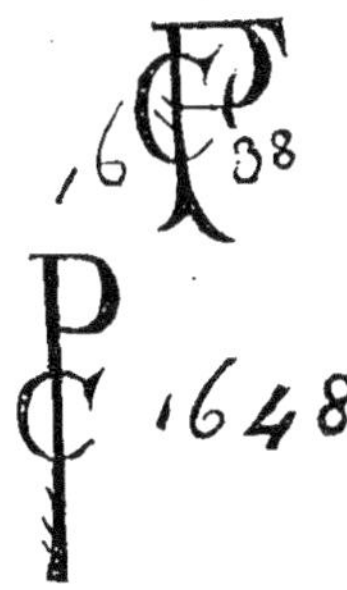

Peeters (Jacques). E. Fl. * 1695. Intérieurs d'église. = Elève de Pierre Vande Velde, à Anvers, dès 1672-73; franc-maître en 1688-89; doyen de Saint-Luc, en 1695; il se racheta de ce service. = Manière de Pierre Neefs. Graveur.

Peeters (Jean), le Jeune, frère (?) de Jacques. E. Fl. * XVIIe siècle. ANVERS. = Cité par Kramm comme peintre et graveur, à Anvers, vers 1680.

Peeters (Jean). E. Fl. 1808. WONDELGHEM. Animaux. = Elève d'H. Vander Poorten.

Peeters (Jean-Nicolas). E. Fl. * XVIIIe siècle. = Elève de l'Académie d'Anvers, en 1783.

Peeters (Phil.-Jac.). E. Fl. * 1787. = Doyen de la corporation de Saint-Luc, à Anvers, en 1787.

Peham ou **Pecham** (George). E. Al. † 1604. Paysage. = Elève de Boksberger, à Munich, où il mourut. = Graveur.

Pelgna ou **Pegna** (Hyacinthe de la). E. I. 1700. BRUXELLES. Vues de ville, batailles. = Peintre de l'impératrice Marie-Thérèse, à Bruxelles. Travailla à Paris et à Vienne. Etabli en Italie; vivait encore à Rome en 1766. = Vue du Pont-Neuf à Paris, Vienne. — Même sujet, vu d'un autre côté, *ib.* = Graveur.

Peiguillon. E. Fr. LIMOGES. Email. = Détails inconnus.

Peins. V. Pencz.

Pelais. * XVIIe siècle. = Cité par de Marolles.

Pelegret (Thomas). E. Es. * XVIIe siècle. TOLÈDE. Histoire. = Elève de Balthasar de Sienne et de Polydore de Caravage, en Italie; s'établit à Saragosse, sous le règne de Charles V et y acquit beaucoup de réputation. Mort à quatre-vingt-quatre ans. = Bonne perspective, invention féconde; grand dessinateur. Imita le clair-obscur de Polydore; peignit beaucoup en grisaille.

Pélerin. * XVIIe siècle. = Cité par de Marolles.

Pelgrom (Jacques). E. H. 1811. AMSTERDAM. Paysage. = Elève de Daiwaille, de Pieneman et de P. Barbiers.

Pelichy (Gertrude de). E. Fl. 1743-1825. UTRECHT. Portrait, paysage et animaux. = Suivit son père à Bruges vers 1753; habita Paris où elle reçut les leçons de Suvée, revint à Bruges en 1777, et fut nommée membre honoraire de l'Académie impériale et royale de peinture à Vienne. Elle peignit, à Bruges, le portrait de Joseph II et celui de sa mère, l'impératrice Marie-Thérèse. = Paysage, Bruges. (Acad.). — Tête de Christ, d'après le Guide, *ib.* Tête de vieillard, étude, *ib.* = Parmi ses tableaux, on remarqua à Paris une copie d'après Bachelier, représentant : *Un cheval se défendant contre un loup.* = Dessin correct, coloris vif. Copiait avec grand talent les tableaux des bons maîtres.

Pellegrin (Louis-A.). E. Fr. 1836. TOULON. Histoire. = Peintures : église St-Séverin. Paris. — Marie-Antoinette.

Pellegrini (André), frère de Pellegrino, le Jeune. E. I. * 1595. Histoire. = Orna de quelques tableaux l'église de Saint-Jérôme, à Milan.

Pellegrini (Pellegrino), le Jeune, frère d'André. E. I. † 1634. Histoire. = Fut employé aux travaux de l'Escurial, à Madrid, et obtint le titre d'architecte et de peintre de la cour d'Espagne.

Pellegrini (Dominique de Tibaldi de), frère de Pellegrino. E. I. 1540-1582. Portrait (?). = Elève de son frère; on ne connait aucun ouvrage de son pinceau; architecte, construisit plusieurs édifices remarquables. = Graveur renommé.

Pellegrini (Antoine). E. I. 1675-1741. VENISE. Histoire. = Originaire de Padoue; élève de S. Ricci et de Paul Pagani; parcourut une partie de l'Europe; acheva plusieurs grands ouvrages en Angleterre; appelé à Paris pour y peindre des plafonds à la Banque royale, aujourd'hui Bibliothèque du roi; fut reçu membre de l'Académie de peinture, en France, en 1733; revint en Italie, s'établit à Venise et y mourut. = Le serpent d'airain, Venise. — Sujet allégorique, Paris. = Pinceau ingénieux et facile; idées enjouées et agréables, principes peu solides; touche parfois très indécise; coloris superficiel; dessin souvent peu correct.

Pellegrini (Pellegrino), le Vieux, dit **Tibaldo** ou **Tibaldi.** E. I. 1527-1591. VALDELSA (Milanais). Histoire, portrait. = S'établit fort jeune à Bologne; reçut des conseils de Vasari, l'accompagna à Rome, en 1547; étudia avec assiduité les grands maîtres et surtout Michel-Ange. En 1550 il revint à Bologne et y exécuta plusieurs ouvrages remarquables et surtout les peintures de l'Institut que les Carrache admiraient grandement et qu'ils proposaient pour modèle à leurs élèves; travailla à Lorette et dans quelques villes voisines; appelé à la cour d'Espagne par Philippe II, en qualité d'ingénieur, y reprit ses pinceaux abandonnés depuis vingt ans, et introduisit le goût du grand en Espagne. Peignit le cloître et la bibliothèque de l'Escurial; fut comblé de dons par Philippe II, qui érigea pour lui en marquisat le bourg de Valdelsa où les parents de Pellegrini avaient été de misérables maçons; cultiva avec succès l'architecture, fut nommé ingénieur en chef de l'Etat de Milan et architecte de la grande fabrique du Dôme de cette ville. Mort à Modène. = Prédication de saint Jean, Bologne. — Choix des élus et des réprouvés, *ib.* — Jésus-Christ et les Pharisiens, *ib.* — Mariage de sainte Catherine, *ib.* — Saint Jérôme visité par un ange, Dresde. — Tableaux, Milan. — Flagellation, Madrid. — Sainte Cécile, Vienne. = Imitation sage de Michel-Ange; style grandiose, étudié dans le nu, plein de vigueur et de science dans les raccourcis, manière tempérée; magnifique empâtement de couleurs; goût parfois délicat et gracieux et souvent fougueux et plein de génie. Mécontent du peu de progrès qu'il croyait faire dans la peinture, il voulut se laisser mourir de faim; Mascherino le détourna de ce funeste projet et lui conseilla d'étudier l'architecture dans laquelle il acquit un talent remarquable. = Ventes : V. Aubry (1773), *Femme à mi-corps tenant un vase; Femme à mi-corps tenant un livre* (pendants), 1,600 livres.

Pellegrini (Félix), frère de Vincent. E. I. 1567. PÉROUSE. Histoire. = Elève du Barroci. = Excellent dessinateur.

Pellegrini (Vincent), frère de Félix. E. I. 1575-1612. PÉROUSE. Histoire. = Elève du Barocci; doué d'une figure extraordinairement distinguée, on le surnomma *Pittor bello.* = Style trop sec.

Pellegrini (Jérôme). E. I. * 1674. ROME. Histoire. = Exécuta plusieurs ouvrages de mérite dans sa ville natale; se rendit de là à Venise et y peignit plusieurs fresques remarquables. = Le choix, la variété et l'esprit laissent à désirer; beau caractère de grandeur et de pompe.

Pellegrino da Modena. V. Munari.

Pellegrino di San Danielo. V. Martin d'Udine.

Pellegrino. V. Munari (César).

Pelletier (Laurent J.). E. Fr. 1810. ECLARON (Haute marne). Paysage. = Foret de Fontainebleau.

Pelletier. E. Fr. * 1811. Genre, intérieurs d'église. = Elève de David. = Intérieur d'une galerie gothique. — Scène de brigands.

Pellicot (Louis-Alexis de). E. Fr. 1787. DIGNE. Histoire, paysage et genre. = Elève de Guérin. = Cromwell au château de Windsor. — Vues des monuments antiques de la France.

Pellier (Pierre-Edme-Louis). E. Fr. * 1815. Histoire, portrait. = Elève de Regnault. = Télémaque, Caen. — Œdipe maudissant son fils.

Pellini (André). E. I. * 1595. CRÉMONE. Histoire. = Séjourna à Milan.

Pellini (Marc-Antoine). E. I. 1659-1760. PAVIE. Histoire. = Elève de Th. Gatti; étudia à Venise et à Bologne.

Pellissier (Théodore). E. Al. 1791. HANAU (Hesse). Genre. = Elève de Wach.

Pelosi (François). E. I. * XVe siècle. VENISE. Histoire. = Détails inconnus. = Sainte Julienne, Bologne. — Saint Jacques, *ib.* — Jésus-Christ mort, *ib.* — La Vierge et l'Enfant, *ib.* (Signé : *Magister Franciscus de Pelosiis Venetus* 1476).

Pelouse (Léon G.). E. Fr. * 1875. PIERRELAGE (Seine et Oise), paysage. = Dunes de Carteret.

Pelt (Abraham Van). E. H. 1815. SCHIEDAM. Histoire, genre. = Elève de J. Pieneman et de G. Wappers. = Hivernage dans la Nouvelle-Zemble. — Enfants au tombeau de leur mère.

Pelz (Herman). E. Al. * XIXe siècle. ALTWEIFRITZ (Silésie).

Pembroke (Thomas). E. An. 1702-1730. EN ANGLETERRE. = On le dit élève de Marcel Laroon, peintre hollandais établi en Angleterre, mais cette assertion doit être erronée puisque Laroon mourut en 1705.

Pen (Jacques). E. H. † 1686 (?). Histoire. = Attaché à la cour de Charles II, en Angleterre. Mort à Londres. = Dessin exact, beau coloris, bonne composition.

Pena (Jacques et François). E. Es. * 1665. = Ces deux frères contribuèrent à l'établissement de l'Académie de Séville.

Pena (Jean-Baptiste). E. Es. † 1773. Genre. =Elève de Houasse peintre français, à Madrid; séjourna à Rome avec une pension du roi; nommé à son retour peintre de Philippe V et vice-directeur de l'Académie de Saint-Fernand, lors de sa fondation, en 1752. = Style maniéré.

Penai (La). E. Fr. * XVIIIe siècle. Portrait. = Elève d'H. Rigaud.

Penalosa (Jean de). E. Es. 1581-1636. BAUZA. Histoire. = Elève de Cespedès, à Cordoue. Mort dans cette ville. = Imita son maître avec bonheur, pour le coloris et le dessin.

Penaut (Jean). E. Fl. * XVe siècle. YPRES. = Travailla, en 1468, aux entremêts de Bruges et peignit des portraits pour le magistrat d'Ypres.

Pénavere (Anne-Antoinette-Charlotte-Eugenie). E. Fr. 1797. NIORT. Genre, portrait. = Elève de Vafflard. = Le mémoire de la marchande de modes. — Lecture du roman nouveau.

Pencz. Peins, Penez ou **Penz** (Grégoire). E. Al. 1500(?)-1550 ou 1556. NUREMBERG. Histoire, portrait. = Elève d'Alb. Dürer; se rendit en Italie, s'arrêta à Rome et y reçut les leçons de Raphaël. C'est d'après les conseils de cet illustre maître que Pencz abandonna la manière un peu sèche et un peu raide d'Albert Dürer, pour se rapprocher du style de l'école romaine. Mort à Breslau. = Gentilhomme italien, Londres. — Erasme, d'après Holbein, *ib.* (Château de Windsor). — Plusieurs parties d'un tableau représentant l'adoration des mages, Dresde. — Portrait : le général Schirmer, Nuremberg. (Landauer-Brüderhaus.) — Saint Jérôme, *ib.* (Chapelle de Saint-Maurice.) — Philosophe dans son cabinet, Rotterdam. — Portrait d'un jeune homme, Copenhague. — Portrait d'homme, Vienne. — Jésus-Christ crucifié (Avec volets), *ib.* — Portrait d'un jeune homme, Berlin. — Portrait : le peintre Ehrard Schwezer, *ib.* — Portrait : la femme du précédent, *ib.* — Vénus et l'amour, Munich. — Saint Marc, évangéliste, Paris. — La charité, Madrid. = Manière allemande et manière italienne mêlées; dessin excellent; coloris clair, chaud et vigoureux; conception très heureuse; grand sentiment de la beauté. Réussit très bien dans le portrait : invention animée, bon dessin, bon modelé; un des meilleurs peintres allemands dans ce genre. Graveur de grand mérite.

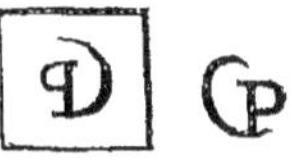

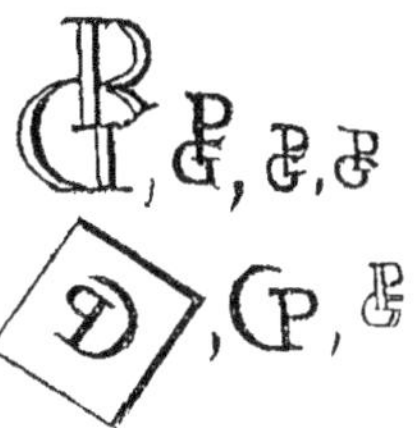

Penguilly-Lharidon (Octave). E. Fr. 1811-1870. PARIS. Histoire, Genre, paysage, etc. = Elève de Charlet. = Judas. — Roman comique.

Penicaud. E. Fr. Famille de célèbres peintres émailleurs de Limoges du XVe au XVIe siècles. Il y eut un Jehan Penicaud, peintre miniaturiste et calligraphe, qui travailla à Limoges en 1477 (Sur les Penicaud voir le livre de M. Ardant : *Les Emailleurs limousins*).

Pennachi. V. Girolamo de Trévise.

Pennachi (Pierre-Marie). E. I. * 1520. TRÉVISE. Histoire, portrait. = Elève de Jean Bellini. = Jésus-Christ mort pleuré par des anges, Berlin. (Signé : *Petrus. Maria. Tarvisio. P.*). = Pinceau gracieux, touche délicate; bonne couleur.

Penne (Jean Van). 1652(?)-17..(?). HOLLANDE. Genre. = Etabli à Anvers; on n'a pas consigné son admission à la corporation de Saint-Luc. Il donna des leçons à J.-J. Horemans, le Vieux. L'on sait que sa femme ne le suivit point d'abord en Belgique et continua assez longtemps à habiter Amsterdam; elle finit cependant par rejoindre son mari à Anvers; tout le paiement de sa dette mortuaire est inscrit sur le registre de la confrérie de Saint-Luc en 1699-1700. = La faiseuse de galettes, Anvers.

Pennemaecker. E. Fl. 1600 (?). ANVERS (?). Histoire. = Elève de Rubens. Il fut récollet. = L'Ascension de Notre-Seigneur, Anvers.

Penneville (Jean). E. Fl. † 1681. Histoire. = Franc-maître de Saint-Luc, à Bruges, en 1639; entra dans le Serment, en 1642.

Penni (Barthélémy). E. I. * XVIe siècle. ITALIE. Histoire, portrait. = S'occupa en Angleterre sous Henri VIII en même temps qu'Antoine Toto.

Penni (Jean-François), dit **Le Fattore**, frère de Luc. E. I. 1488(?)-1528. FLORENCE. Histoire, genre. = Entra dès son enfance dans l'école de Raphaël, comme garçon d'atelier (Fattorino), d'où lui est resté le surnom de *Fattore;* sa bonté et ses dispositions le firent chérir de son maître, dont il fut l'héritier, conjointement avec Jules Romain; acheva plusieurs tableaux que Raphaël n'avait pu finir; alla retrouver J. Romain à Mantoue, en reçut un accueil glacé et se dirigea vers Naples, par Florence; protégé à Naples par le Florentin Thomas Cambi et le marquis del Vasto; reçut une foule de commandes et exécuta une belle copie de la Transfiguration de Raphaël, envoyée plus tard en Espagne; la passion du jeu l'aurait appauvri si une mort prématurée ne l'eût enlevé à l'âge de quarante ans. = Le couronnement de la Vierge (Avec J. Romain), Rome. — Baptême de Constantin, *ib.* — L'archange Michel, vainqueur du démon, Dresde. — Saint George et le dragon, *ib.* = Grand dessinateur; imita dans ses dessins, qu'il terminait avec soin, ainsi que dans l'exécution de ses tableaux, la manière de son maître. Travailla avec Jules Romain, aida même Raphaël; quelques auteurs disent qu'il s'associa aussi à Périn del Vaga.=Ventes: V. Lebrun (1810), *Jeune militaire*, 1,050 fr. — V. Le Roy d'Etiolles (1861), *Le hallebardier*, 4,800 fr. — V. Davenport (1863). *La Vierge, l'enfant Jésus et Sainte Elisabeth*, 4,862 fr.

Penni (Luc), frère de Jean-François. E. I. 1500 (?). FLORENCE. Histoire, portrait. = Elève de Raphaël et de Périn del Vaga; orna de ses ouvrages les villes de Gênes et de Lucques, parcourut toute l'Italie; passa les Alpes, se rendit en Angleterre, et travailla pour Henri VIII; visita la France, s'y occupa à Fontainebleau avec le Primatice et maître Roux, et de là revint dans sa patrie. = Sainte Famille, Florence. = Ce fut à son retour en Italie qu'il s'occupa de gravure. = Ventes. V. Pourtalès-Gorgier (1865). *Portrait d'un jeune seigneur inconnu.* (Attribué autrefois à Raphaël) 3,000 fr.

Penning (Nicolas-Louis). E. H. 1764 (?). 1818. LA HAYE. Paysage, marine, etc. = Elève de T. Vander Aa. = Bon dessinateur.

Penning (Pierre-Arthur), fils de Nicolas. E. H. 1791. LA HAYE.

Penninks. E. H. ROTTERDAM. Paysage, animaux.

Penny (Edouard). E. An. 1714-1791. KNUTSFORD. Histoire, portrait. = Elève de Th. Hudson. Voyagea en Italie et fut nommé à son retour vice-président de la Société des artistes. Il fut un des membres fondateurs de l'Académie royale. = Mort du général Wolf.

Pensaben (frère Marc). E I. 1485 (?)-1530 (?). Histoire. = Religieux dominicain; appelé de Venise à Trévise, il s'éloigna secrètement de son couvent, vers 1521; on le retrouva et il resta dans son ordre jusque vers 1530, époque à laquelle on perd ses traces. = Ecole des Bellini et peintre d'un grand mérite.

Penuti (Jos.). E. I. ' XIXe siècle. Portrait. = Elève de Sabatelli.

Penzel (Jean-George). E. Al. 1764-1809. HERSBRUK (Près de Nuremberg). Paysage (?). = Elève de J.-U. Schellenberg, à Winterthur; étudia à Dresde. = Abandonna la peinture pour la gravure.

Pepersack (Daniel). ' XVIIe siècle. = Ce nom se trouve sur les tapisseries de la cathédrale de Reims qui furent faites en 1637.

Pepyn (Martin). E. Fl. 1575-1642-43. ANVERS. Histoire. = Reçu, en 1600, dans la corporation de Saint-Luc, à Anvers; ce peintre a été calomnié par quelques biographes; il mena une vie estimable, fut lié d'amitié avec les principaux artistes de son époque et remplit d'honorables fonctions. Van Dyck fit son portrait en 1632. On pense qu'il visita l'Italie. = Passage de la mer rouge, Anvers. — Volet: prédication de saint Luc; revers : saint Jean et saint Mathieu, *ib.* — Revers d'un volet d'Otto Van Veen : saint Marc et saint Luc, *ib.* — Saint Norbert prosterné devant le saint Sacrement, (Cathédrale). — La patronne des orphelins, Bruxelles. = Il suivit l'influence de l'école de Floris, de celle de Blocklandt, et souvent de celle de Rubens. Couleur énergique, dessin très pur; têtes animées et vraies; caractère élevé. = Ventes : V. Paetz (1713), *Résurrection de Lazare*, 70 florins.

Pepyn (Catherine), fille de Martin. E. Fl. 1619. ANVERS. Portrait. = Reçue dans la corporation de Saint-Luc, à Anvers, en 1653, en qualité de fille de maître.

Péquignot. E. Fr. ' XVIIIe siècle. Paysage. = Ami de Girodet-Trioson avec lequel il visita Naples.

Peragallo (Mme). E. Fr. ' 1840. Portrait.

Peranda (Santo). E. I. 1566-1638. VENISE. Histoire. = Elève de J. Palma, le Vieux, et de Corona; ne suivant pas l'exemple de ses contemporains, il ne chercha pas à faire beaucoup mais à faire bien. = Tableaux, Venise. = Un des plus célèbres artistes de son temps.

Perbandt (Caroline Von). E. Al. 1836. LANGENDORF (Bavière). Paysage. = Vues de Suisse.

Percelles. V. Parcelles.

Perdanus (Abraham). E. H. 1673-1744. HAARLEM. Genre. = Elève de R. Brakenburg. Mourut à Maarsen.

Perdisch. E. Al. ' 1840. Batailles, genre et portrait. = Elève de F. Krüger.

Perdoux. E. Fr. ' 1840. Histoire. = Adoration des rois.

Perdrici. E. I. Histoire. = Est connu pour avoir peint une copie de la Cène de Michel-Ange.

Pereda (Antoine de). E. Es. 1599-1669. VALLADOLID. Histoire, nature morte, etc. = Envoyé à Madrid, en 1606, il y devint élève de P. de Las Cuevas, puis de J. B. Crescenzi (Peintre italien). A dix-huit ans, Pereda était un grand peintre; ses talents, ses qualités, lui valurent la protection de plusieurs hauts personnages. = Portrait d'un gentilhomme espagnol, Munich. — Espagnols jouant aux cartes, *ib.* — Officiers espagnols jouant aux dames, *ib.* — Jeune homme se faisant dire la bonne aventure, *ib.* — Saint Jérôme méditant, Madrid. — Charles Ier et Philippe II, *ib.* — Saint Jean l'évangéliste, Paris. — Et autres, *ib.* — Coloris vénitien, plein de fraîcheur et du plus bel empâtement, dessin exact, effet vigoureux, grande vérité. = Ventes : V. Aguado (1843), *Déposition de la croix*, 1,870 francs.

Pereda de Duarte (Don Thomas de). E. Es. † 1770. = Peintre presbytérien et académicien honoraire de Saint-Fernand.

Pereira (Antoine-José). E. Es. 1843. VIZEU. Histoire.

Perelle (Nicolas). E. Fr. 1638. PARIS. Histoire, paysage. = Fils du graveur Gabriel. = Saint Jean-Baptiste assis près du Jourdain, Florence. = Plus connu comme graveur.

Peres (Henri). V. Peris.

Perets. ' XVIIe siècle. = Cité par de Marolles.

Pereyra (Diègue). E. Es. 1570 (?)-1640. PORTUGAL. Paysage, marine, fleurs, fruits, etc. = Un des peintres les plus distingués de sa patrie, dans son genre; éprouva les rigueurs de la fortune pendant tout le cours de sa vie, et aurait péri de misère s'il n'avait été recueilli dans la maison d'un grand seigneur. A peine mort, ses ouvrages furent recherchés et l'on s'en disputa la possession. = Excellait à représenter les incendies, le purgatoire, l'enfer, etc., paysages peints avec esprit et ornés de petites figures d'un excellent goût; plusieurs d'entre eux sont dans le genre de Teniers.

Perez (Antoine). E. Es. ' 1550. Histoire. = Travailla beaucoup à Séville et eut un fils doué d'un grand talent.

Perez (Antoine et Nicolas). E. Es. ' 1605. = Concoururent aux frais de l'établissement de l'Académie de Séville, en 1660.

Perez (Barthélemy). E. Es. 1634-1693. MADRID. Fleurs, fruits, décorations et histoire. = Elève et gendre de J. d'Arellano; mérita le titre de peintre du roi; tomba d'un échafaudage et mourut instantanément. = Plusieurs tableaux de fleurs, Madrid. = Imita son maître pour la facilité, le goût et la délicatesse et le surpassa pour le dessin.

Perez (Joachim). E. Es. † 1779. ALCOY. Histoire. = Membre honoraire de l'Académie de Saint-Charles, à Valence, où il avait obtenu le premier prix et dont il devint vice-directeur. = Imita avec peu de bonheur le style de Ribalta.

Perez Caballero (Dona Angela). E. Es. ' 1753. CAPARROSA (Navarre). Histoire. = Nommée membre surnuméraire à l'Académie de Saint-Fernand.

Perez de Herrera (Alphonse). E. Es. ' 1665. Portrait. = Un des fondateurs de l'Académie de Séville, en 1660.

Perez de Pineda (François), le Vieux. E. Es. ' 1670. SÉVILLE. Histoire. = Elève de Murillo; soutint l'Académie de sa ville natale. = Style de son maître.

Perez (André), fils de François Perez de Pineda, le Vieux. E. Es. 1660-1727. SÉVILLE. Histoire, fleurs et fruits. = Elève de son père. = Fruits, Paris. = Réussit surtout dans les fleurs; bonne couleur.

Perez de Pineda (François), le Jeune, fils de François, le Vieux. E. Es. † 1732. Histoire. = Elève de son père, puis de L. de Valdès. Mort à Séville. Connu également comme poète; ses poésies ont aussi peu de mérite que ses tableaux.

Perez de Villoldo (Alvar). E. Es. ' 1499. Histoire. = Elève de J. de Bourgogne, à Tolède.

Perez-Florian (Jean). E. Es. ' 1566. Genre. = Chevalier du Christ et valet de chambre de Philippe II. = Peintre amateur.

Perez Muquet. E. Fr. ' 1840. Genre. = Pan et Syrinx.

Perez Polanco (André). E. Es. ' XVIIe siècle. Histoire. = Détails inconnus.

Pereyra ou **Pereira** (Vasco). E. Es. † 1618. Histoire. = D'origine portugaise. = Ecce Homo, Paris. — Conversion de saint Paul, premier ermite, *ib.* — Communion de saint Onofrius, Dresde (Signé : *Vasco Pereira pictor* 1583).

Pergaut (Dominique). E. Fr. ' XVIIIe siècle. En LORRAINE. Paysage, nature morte, histoire. = Il peignait de préférence le paysage et la nature morte. = Oiseaux supendus à une planche, (Deux tableaux), Nancy. — Deux sujets religieux, Lunéville (Eglise paroissiale).

Perger (Sigismond de). E. Al. 1778-1841. VIENNE. Animaux, paysage et peintures sur porcelaine. = Tableau, Vienne.

Perger (Antoine de), fils de Sigismond. E. Al. 1809. VIENNE. Histoire, paysage. = Elève de son père. = Le miracle de la multiplication des pains, Vienne.

Periccivoli (Julien). E. I. 1600 (?). SIENNE. = Détails inconnus. = Graveur.

Périer (François). E. Fr. † 1650 ou 1656. SAINT-JEAN-DE-LAURE (Bourgogne). = Reçu à l'Académie. Egalement graveur.

Perignon (Alexis-Nicolas). E. Fr. 1785. PARIS. Histoire, paysage, etc. = Elève de Girodet. = Michel-Ange et le bras de Cupidon. — Annibal Carrache et le Josépin.

Perignon (Félix), fils d'Alexis. E. Fr. 1806. PARIS. Portrait, genre. = Elève de son père, de Gros et d'H. Vernet. = Christ à la colonne. — Portrait de Léopold I, roi des Belges.

Perignon. V. Debay (Caroline-L.-E.).

Perignon (Nicolas). E. Fr. 1726-1782. NANCY. Marine, vues de ville, fleurs et paysage. = Reçu à l'Académie en 1774. Graveur. Mort à Paris. = Peignait ordinairement à la gouache et dessinait à l'aquarelle; du goût, de la vérité et de la légèreté.

Perin (Alphonse-Henri). E. Fr. 1798-1874. PARIS. Histoire, paysage. = Elève de Guérin. = Sainte Famille, Fréjus. — Paysage : la Samaritaine. — Peintures murales, Paris (Eglise de Notre-Dame de Lorette).

Perin-Salbreux (Lié-Louis). E. Fr. 1753-1817. REIMS. Portrait. = Elève de Sicardi, peintre italien. Il excella dans les portraits au pastel et en miniature. Mort à Reims.

Perino del Vaga. V. Buonacorsi.

Perino de Pérouse. V. Cesarei.

Peris (Henri). E. Fl. † 1670-71. Paysage. = Doyen de la corporation de Saint-Luc, à Anvers, en 1662. Un Henri Peris, Jr, fut reçu comme fils de maître, à Anvers, en 1684-85. = Deux paysages, Anvers (Eglise des Augustins).

Perla (François). E. I. ' XVIe siècle. MANTOUE. Histoire. = Détails inconnus.

Perlau (Joseph). E. Fl. ' 1840. Paysage.

Perleberg (J.-G.). E. Al. ' 1835. Genre. = Le chef grec entouré de ses palicars.

Perlet (Pierre). E. Fr. ' 1843. Histoire.

Perlet (Aimée). E. Fr. ' 1825. Portrait et peintures sur porcelaine. = Elève de Mme Jaquotot. = Portrait du régent Philippe d'Orléans (D'après Largillière). — Portrait de Talma (D'après Picot).

Pernhardt (Marc). E. Al. 1824. UNTERNINGER. Paysage.

Pernicharo (Paul). E. Es. † 1760. SARAGOSSE. Histoire. = Elève de Houasse (Peintre français), à Madrid; visita Rome, y obtint d'être admis à l'Académie de Saint-Luc et fut nommé, à son retour, peintre de Philippe V; vice-directeur de l'Académie de Saint-Fernand. = Beaucoup d'intelligence; dessin assez satisfaisant; ton lourd et maniéré.

Pernot (François-Alexandre). E. Fr. 1793-1865. VASSY (Haute-Marne). Paysage. = Elève de Bertin. = Les fossés de Vincennes en 1815, Versailles. — Vue prise dans les montagnes d'Ecosse.

Pero (Frédéric-Guillaume). E. Al. ' XIXe siècle. LUBECK.

Perola (Jean et François). E. Es. ' 1586. ALMAGRO. Tous les genres. = On croit ces deux frères élèves de Becerra; travaillèrent avec César Arbasia au palais du ministre de Santa-Cruz. Ils étaient aussi sculpteurs et architectes. Un de leurs parents, nommé Etienne, possédait les mêmes talents qu'eux; il est quelquefois désigné comme leur frère. = Facilité extraordinaire, coloris brillant, dessin large, caractères nobles, attitudes majestueuses.

Perolet (Durand). E. Fr. ' 1380. MONTPELLIER. = Peintre verrier habile. Consul de la ville.

Péron (Louis-Alexandre). E. Fr. 1776. PARIS. Histoire. = Elève de David. = Le massacre des innocents. — Reprise de la ville et du port de Toulon, Versailles.

Péronard. E. Fr. ' 1840. Histoire. = La vierge.

Peroni (l'abbé Joseph). E. I. † 1776. PARME. Histoire, portrait. = Elève de Torelli, de Creti et d'H. Lelli à Bologne, puis de Masucci à Rome. Mort très vieux. = Coloris faux et verdâtre; style gracieux, bon dessin.

Perotti (Pierre). E. I. Histoire. = Fresques, Rome.

Perou (Antoine). E. Fr. ' 1645. = Concierge de l'Académie du temps de Louis Testelin dont il fut l'élève.

Perow (Basile). E. R. 1834. TOBOLSK. Genre. = Le guitariste.

Peroxino (Jean). E. I. ' 1517. Histoire. = Florissait en Piémont.

Perracini (Joseph), dit **Le Mirandolese.** E. I. 1672-1754. Histoire. = Peintre médiocre qu'il faut se garder de confondre avec Pierre Paltronieri, son contemporain, dit également *le Mirandolese*.

Perre (Chrétien Vander). E. Fl. ' 1571. BRUXELLES. = Peintre du duc d'Albe. Reçu franc-maître de Saint-Luc, à Anvers, en 1580.

Perre (Jean Vander ou Vande). E. Fl. ' 1615. Portrait. = Cité par Nagler comme florissant à Leipzig, de 1604 à 1618, et comme ayant peint dans cette ville un grand nombre de portraits.

Perreal (Jean) dit **Jean** ou **Jehan de Paris.** E. Fr. † 1528 ou 1529(?) LYON. Histoire, etc. = Fils de Claude Perreal, peintre et poète, valet de chambre de Louis XI en 1474. Clément Marot a fait des vers en son honneur. Son fils Jean fut peintre de Charles VIII, de Louis XII et de François Ier. On rencontre le nom d'un Jehan de Paris, dès 1483, dans la fourrière de la reine Charlotte, femme de Louis XI, avec le titre de valet de chambre, mais sans pouvoir assurer qu'il s'agit de l'ami de Jean Lemaire. Suivit les troupes françaises en Italie et fut chargé de peindre les principaux faits d'armes. Il fut fort employé par la municipalité de Lyon, en 1489 et en 1493, pour les fêtes que cette ville offrit à Charles VIII.

Premier signataire, en 1496, de la corporation artistique de Lyon. Ce peintre a joui d'une grande réputation de son temps. Ami et protecteur du poète, Jean Lemaire, c'est lui qui présenta l'écrivain à Anne de Bretagne qui avait dans l'artiste une grande confiance. Perreal fut chargé de peindre la reine après sa mort « il avait pris son effigie sur le vif » c'est à dire d'après nature. = On lui attribue les miniatures qui décorent le manuscrit relatant les obsèques de la reine Anne. = Egalement ingénieur et architecte.

Perremans (Corneille-S.). E. Fl. ' 1834. Genre. = Atala mourante. — Une verdurière.

Perreniet. E. Fr. ' 1396. PARIS. = Travailla pour le duc d'Orléans.

Perrier (François). E. Fr. 1584 (?) - 1656. SAINT-JEAN DE LOSNE. (?) Histoire. = Se rendit fort jeune à Lyon et y travailla pour les Chartreux; sans ressources, et possédé de l'envie de se rendre à Rome, il imagina de se faire le conducteur d'un aveugle qui partait pour la même ville et parvint ainsi à être nourri pendant le voyage (Guillet de Saint-Georges ne parle pas de cet épisode); réussit à se faire remarquer de Lanfranc, qui lui donna des leçons; revint à Lyon, y travailla quelque temps, ainsi qu'à Mâcon où il avait deux frères, partit pour Paris, n'y eut pas le succès qu'il désirait, retourna une seconde fois en Italie et y resta dix ans; revenu dans sa patrie, on le chargea de plusieurs travaux importants qui lui firent une belle réputation; un des douze qui fondèrent l'Académie, en 1648, il en devint professeur. Surnommé *Perrier le Bourguignon*. Faisons remarquer ici que l'on n'est pas encore fixé sur l'exactitude des dates de naissance et de mort de cet artiste, non plus que sur le lieu de sa naissance que quelques uns prétendent être Mâcon. = Acis et Galathée, Paris. — Orphée devant Pluton, *ib.* — Enée et ses guerriers combattant les harpies, *ib.* = Exécution facile, touche hardie, mais un peu dure; grande fougue d'imagination; dessin souvent incorrect, airs de tête communs et manquant de grâce, coloris trop noir; peignit le paysage dans la manière des Carrache; peu d'entente de la perspective. Bon graveur. Se rendit célèbre par la collection de gravures d'après l'antique qu'il exécuta en Italie sous le titre de : *Statuæ antiquæ centum, edente Francisco Perrier, Romæ*, 1638, et *Icones et segmenta illustrium e marmore tabularum, quæ Romæ adhuc exstant*, Rome, 1645.

Perrier (Guillaume), neveu de François. E. Fr. † 1655. Histoire, portrait. = Elève de son oncle. Se rendit coupable d'un meurtre, se réfugia à Lyon, au couvent des Minimes et y exécuta quelques tableaux. = Peintre médiocre.

Perrière. V. La Perrière.

Perrin (Emile). E. Fr. 1814. ROUEN. Histoire. = Mort de Malfilatre, Caen.

Perrin (Olivier-Stanislas). E. Fr. 1761-1832. ROSTRENEN. Genre. = Elève de Doyen. S'enrôla en 1792; après plusieurs campagnes, reprit les pinceaux et reproduisit avec beaucoup de charme des scènes de mœurs bretonnes.

Perrin. E. Fr. ' XVIIe siècle. Histoire, portrait. = Peintre sur verre.

Perrin (Jean-Charles-Nicaise). E. Fr. 1754-1831. PARIS. Histoire. = Elève de Doyen et de Durameau; directeur de l'école gratuite de mathématiques et de dessin; membre de l'ancienne Académie de peinture, en 1787. = Vénus faisant panser la blessure d'Enée, Paris. — La France appuyée par la Religion, consacrant à N.-D. de Gloire les drapeaux pris sur l'ennemi, *ib.* — Sacrifice de Cyannipe, Lyon. — Tableaux, Versailles. — Assomption, Montpellier. = Composition agréable, pinceau doux, teintes harmonieuses.

Perrin (Thomas). E. Fr. ' 1400. DIJON. = Exécuta des miniatures pour la maison du duc de Bourgogne.

Perroneau (Jean-Baptiste). E. Fr. 1715 (?)-1783. Portrait. = Reçu académicien en 1753. Mort à Amsterdam.

Perrot (Antoine-Marie). E. Fr. 1787. PARIS. Paysage, architecture. = Elève de Watelet et de Michallon. = Vue de Clisson. — Vue de la ville de Messine.

Perrot (Catherine). E. Fr. ' XVIIe siècle. Miniature, fleurs et animaux. = Elève de Nicolas Robert; reçue à l'Académie, en 1682. Elle avait épousé le notaire Claude Horry. = Auteur d'ouvrages sur la peinture en miniature.

Perrot (Ferdinand-Victor). E. Fr. 1808-1841. PAIMBŒUF. Histoire.

Perrot (Victor). E. Fr. 1793. TOULOUSE. Miniature.

Perry. E. An. 1831. BOSTON. Genre. = Vieille histoire. — Le jeune Franklin.

Persée, 330 ans avant Jésus Christ. GRÈCE. = Elève d'Apelle. = Peu de talent.

Perseval. E. Fr. 1745-1837. CHAMBERY. Portrait, etc. = Professeur de dessin au collège royal de Pont-le-Voy. = Portrait de vieille femme, Reims. = Touche large.

Persyn (C.). E. H. ' XVIIe siècle. Portrait. = Cité par Kramm. Un Pierre Persyn est inscrit comme peintre dans la confrérie de Saint-Luc, à Alkmaar, en 1645.

Persyn (Jean). E. H. ' 1708. LA HAYE. Portrait. = Elève de Constantin Netscher. S'engagea plus tard dans l'artillerie et devint ingénieur au service des Etats de Hollande.

Pertus (Raphaël). E. Es. ' 1680. Histoire, paysage. = Florissait à Saragosse. = Très estimé comme coloriste.

Perucci (Horace). E. I. 1548-1624. Reggio. Histoire. = Elève de Lelio Orsi.

Perugin (le). V. Vanucci.

Perugini. E. I. ' xviiie siècle. Paysage. = Elève d'Al. Magnasco. On trouve à Milan un autre peintre du même nom qui florissait en 1560.

Perugino (Bernard). E. I. ' 1510. Histoire. = Ecole ombrienne. Détails inconnus = Jésus-Christ crucifié, Paris. = Ses tableaux sont souvent confondus avec ceux de son compatriote Pinturicchio.

Perugino (Domenico). E. I. ' xvie siècle. Pérouse. Histoire en petit. = Elève d'Antiveduto Grammatica. Il exécutait de petits tableaux sur cuivre.

Peruzzi (Balthasar). E. I. 1481-1536. Accajano (Diocèse de Volterre). Histoire. = Etudia à Sienne, puis à Rome d'après Raphaël, quelques-uns disent sous ce grand maître; fut chargé par Léon X de peindre les décorations de son théâtre; appelé à Bologne pour y refaire la façade de l'église de Saint-Pétrone; fit les plans des fortifications de Sienne; commençait, par ses travaux, à jouir de l'aisance, lorsque pendant le sac de Rome, en 1527, il fut fait prisonnier par les Espagnols, accablé de mauvais traitements et obligé par les soldats, pour reconquérir sa liberté, de faire le portrait de leur général, le Connétable de Bourbon, qui venait d'être tué; surpris par un parti ennemi, à son retour à Sienne et dépouillé de tout ce qu'il avait, son talent le remit bientôt dans ses affaires, et la ville même pourvut à sa subsistance. Retourna à Rome, s'y livra de nouveau à l'architecture et aux mathématiques; le pape Paul III lui avait confié l'exécution de la Basilique de Saint-Pierre, conjointement avec Antoine de Saint-Gallo, lorsqu'il mourut : la plupart des auteurs accusent ses ennemis de l'avoir empoisonné. Peruzzi laissa sa femme et ses enfants, pour ainsi dire, dans la misère. = La Sibylle prédisant à Auguste l'enfantement de la Vierge (Fresque), Sienne. — Présentation de la Vierge au temple, Rome. — Mosaïques, *ib.* — Sainte Famille, Florence. — La charité, Berlin. — Adoration des mages, Londres. — Même sujet, *ib.* (On pense que ce tableau est peint par Girolamo de Trévise, d'après un dessin de Peruzzi. Les rois mages représentent les portraits de Titien, Raphaël et Michel-Ange). = Il serait regardé comme un des plus grands maîtres italiens s'il avait plus souvent composé qu'imité; dessin excellent; coloris médiocre; exécution inégale que l'on attribue à sa vie agitée; composition féconde et savante. Ses dessins sont très recherchés. Célèbre architecte. = Ventes : V. Crozat (1751), *Adoration des bergers*, 42 livres. — *Saint Jérôme dans un paysage*, 48 livres.

Peruzzini (Dominique ou Jean). E. I. 1629-1694. Pesaro. Histoire, perspective. = Parcourut toute l'Italie; créé chevalier à Turin; mort à Milan. Quelques auteurs citent deux frères Peruzzini : Dominique et Jean; il paraît que ces deux artistes n'en font qu'un : Paul, fils de Dominique et son élève, est cité comme un peintre hardi et habile. = La sainte maison de Lorette, Rome. = Perspective savante, dessin assez correct, beaucoup de charme et d'esprit. Graveur.

Pery (Nicolas). E. Fl. ' xviiie siècle. Histoire. = Reçu, en 1736, franc-maître de Saint-Luc, à Bruxelles.

Pesarese (le). V. Cantarini (Simon).

Pesari (Jean-Baptiste). E. I. ' 1650. Modène. Histoire. = Demeura quelque temps à Venise et y mourut prématurément. = Imita le Guide.

Peschel (Charles). E. Al. 1798-1879. Dresde. Histoire, genre. = Elève de Vogel. = Les anges apparaissant à Jacob en route pour la Terre promise, Dresde. — Venez à moi, vous tous qui êtes dans la peine et je vous soulagerai, *ib.*

Pesci (Aldobrand). E. I. ' xixe siècle. Histoire.

Pesci (Jérôme). E. I. Histoire. = Sainte Famille, Rome.

Pesci (Gaspard). E. I. ' 1776. Bologne. Architecture, perspective. = Détails inconnus.

Peselli (François-Pesello). E. I. 1380-1457. Florence. Animaux, histoire et portrait. = Elève d'André del Castagno; resta près de ce maître jusqu'à l'âge de 30 ans; travailla pour plusieurs églises, et exécuta pour les Médicis des tableaux d'animaux de la plus grande beauté; la perte de son fils François lui causa un tel chagrin, qu'il le suivit au tombeau et mourut la même année. Son nom était Giuliano d'Arrigo. = La Vierge et l'Enfant, Berlin. = Manière pleine de naturel et de vivacité dans ses représentations d'animaux; également habile dans les autres genres.

Peselli (François), le Jeune, dit **Pesellino,** fils de François, le Vieux. E. I. 1426-1457. Florence. Histoire. = Elève de son père et de Fra Ph. Lippi; serait devenu un peintre célèbre si une mort prématurée ne l'eût enlevé aux arts. = Naissance de Jésus-Christ, Florence. — Deux sujets saints en un seul cadre, Paris. — Martyre d'une sainte, Berlin. = Imita la manière de Fra Ph. Lippi.

Pesellino. V. Peselli (François).

Pesenti (Galeazzo), dit **Le Sabbionetta.** E. I. ' XVe siècle. CRÉMONE. Histoire. = Egalement sculpteur; il y eut à Crémone, à la fin du siècle suivant, un Martire Pesenti, également dit le Sabbionetta et appartenant à la même famille que Galeazzo.

Pesne (Jean), frère de Thomas. E. Fr. 1623 (?) - 1700. ROUEN. Histoire, portrait. = Beaucoup plus connu comme graveur.

Pesne (Thomas), frère de Jean. E. Fr. ' XVIIe siècle. Portrait. = Détails inconnus.

Pesne (Ant.), fils de Thomas. E. Fr. 1683-1743 (?). PARIS. Portrait, histoire et genre.= Elève de son père et de Charles de La Fosse, son oncle maternel; partit pour l'Italie, en 1707; fut nommé peintre du roi de Prusse, en 1710; retourna d'abord à Rome où il épousa la fille du peintre de fleurs, Gaillot-Dubuisson. Fut nommé membre de l'Académie de peinture de France. Eut un grand succès en Prusse et y exécuta un nombre considérable de portraits. Séjourna en France, en 1713; en Angleterre, en 1724. Il mourut à Berlin où il était directeur de l'Académie. = Portrait du chevalier de Vleughels, Paris. — Portrait du peintre, Dresde. — Portrait du peintre Dubuisson, *ib.* — Portrait de Mme Dubuisson, belle-mère du peintre, *ib.* — Une cuisinière plumant une dinde, *ib.* — Jeune fille tenant des pigeons, *ib.* — Jeune dame se faisant dire la bonne aventure, *ib.* — Portrait de Frédéric le Grand, Berlin. — Portrait du graveur Schmidt et de sa femme, *ib.* — Le chef des Cent-Suisses sous Frédéric Ier, sa femme et son enfant, *ib.* (Esquisse du tableau de famille). — Tableaux, Potsdam. — Plafonds dans plusieurs palais allemands. = Bon coloriste; manière noble et ferme. Orna de figures les paysages de son ami C. S. Dubois et les tableaux de chasse de P. C. Leygebe.

Pesne (Henri). ' XVIIe siècle. = Cité par de Marolles.

Pesser (Denis). E. Fl. ' 1580. Décorations, armoiries. = Employé à Liége, par l'évêque Ernest de Bavière. On croit qu'il ne fut que peintre-décorateur.

Pestinien ou **Pestivien** (Jean de). E. Fl. ' 1442. Miniature. = Valet de chambre et enlumineur de Philippe le Bon.

Peté (Simon). E. Es. ' 1660. = Etabli à Valladolid; y défendit les droits des artistes.

Peter (Venceslas). E. Al. 1742-1829. CARLSBAD. Animaux, histoire. = Travailla longtemps à Rome, comme sculpteur et comme peintre.

Peter (Emm.). E. Al. 1799-1873. JAGERNDORF (Silésie). Miniature. = Mort à Vienne.

Peters (Anne P. A.). E. Al. 1843. MANHEIM. Fleurs, fruits.

Peters (François-Luc). E. Fl. 1606-1654. MALINES. Paysage avec figures. = Fils d'un peintre inconnu, il fut d'abord élève de son père, puis de Gérard Zegers. Il passa une partie de sa vie au service de l'archiduc Léopold. Mort à Bruxelles. = Abandonna l'histoire pour le paysage. Style agréable; figures bien dessinées.

Peters (F. L.). Ce nom est cité par le graveur Weirotter qui lui dédie une *Suite de vues* et le qualifie de peintre du duc de Lorraine. On lui doit plusieurs tableaux qui ont été gravés et lui-même a gravé à l'eau-forte en 1760.

Peters ou **Petri** (Martin). E. Fl. ' 1533. = Doyen de Saint-Luc, en 1533, il avait été reçu franc-maître, en 1525. Plus connu comme graveur. Son fils portant le même prénom que lui, fut reçu comme fils de maître, en 1549.

Peters (Mathieu-G.). E. An. † 1814. ILE DE WIGHT. Histoire, portrait, etc. = Membre de l'Académie, voyagea beaucoup et exécuta de nombreuses copies. Chapelain du prince régent et prébendier de l'école de Lincoln. = L'ange et l'enfant.

Peters (Pierre-François), le Vieux. E. H. 1787. NIMÈGUE. Armoiries et peinture sur verre. = Elève de P. Lamers. Nagler le nomme Peter Van Ninwegen.

Peters (Pierre-François), le Jeune. E. H. 1818. NIMÈGUE. Paysage. = Elève de son père. Etabli dans le Wurtemberg, à Stuttgart. Sa fille aînée, Anna, cultiva le même genre que son père.

Peters (Venceslas). E. Al. Animaux. = Détails inconnus. = Tableaux, Rome. = Exécution magnifique; coloris, vigueur, effet, composition.

Peters (Guillaume). E. Al. 1851. CHRISTIANIA. Genre. = Convoi funèbre.

Petersen (Jean). E. Al. 1839-1874. COPENHAGUE. = Mort à Boston.

Peterssen (E.). E. Al. CHRISTIANIA. 1852. Histoire, genre. = Judas Iscariote.

Peterzano ou **Preterazzano** (Simon). E. I. ' 1591. Histoire. = Elève du Titien; travailla à Milan. = Coloris vénitien, perspective des Milanais.

Pether (Abraham). E. An. 1756-1812. CHICHESTER. Paysage. = Connu par ses effets de nuit et de feu. = Eruption du Vésuve.

Pether (Sébastien), fils d'Abraham. E. An. 1794-1844. Paysage. = Elève de son père. = Destruction d'une ville par l'eruption d'un volcan.

Pether (Guillaume). E. An. ' 1731-1795. Paysage. = Egalement graveur. = Paysage (attribué), Londres.

Petit. Plusieurs artistes de ce nom sont cités, avec plus ou moins de garanties d'exactitude. Ainsi, B.-L. Petit, paysagiste, que Gérard Hoet, le Jeune, nomme le maître de Paul Potter. B. Le Petit, paysagiste, cité par Nagler comme un artiste hollandais travaillant à Rome, vers 1650. Il est probablement le même que B.-L. Petit. Un Bernard Le Petit est inscrit, en 1663, dans la corporation de Saint-Luc, à Anvers. Jean Petit cité par les catalogues de Hoet comme un artiste italien surnommé *Biche*.

Petit (Alex.). E. H. * 1660. LA HAYE (?). Histoire. = Membre de l'ancienne corporation de Saint-Luc, en 1646, et de la confrérie *Pictura*, à La Haye. Un des deux premiers députés, en 1660, pour la fondation de cette corporation. Cité comme le maître de Guill. Doudyns.

Petit (Jean). E. Fr. † 1547. BOURGES. = Miniaturiste de talent qui exécuta les miniatures de l'*Histoire du comté de Mâcon*.

Petit (Jehan). E. Fr. * 1564. SOISSONS. = Peintre verrier qui exécuta les beaux vitraux de l'église des cordeliers, à Nancy.

Petit (Jean-Louis). E. Fr. 1795-1876. PARIS. Paysage historique et marine. = Elève de Mandevare et de Regnault. = Combat de Roland le furieux et de Rodomont. — La barque échouée.

Petit (Louis-Marie). E. Fr. 1784. FONTAINEBLEAU. Aquarelle, genre et miniature. = Elève de David et de Moitte. = L'écolier suivant les arts. — Le moulin des prés, à La Glacière, près Gentilly.

Petit (Pierre-Joseph). E. Fr. * 1815. Paysage. = Elève de Hue. = Vue des Cascatelles de Tivoli. — Ruines de la porte Saint-Jean, à Rome.

Petit (François Ch. S.). E. Fr. 1815. TREMILLY (Haute-Marne). Histoire. = Elève de Hesse. = Chute d'Eve. — Peintures murales dans la chapelle du Liget (Haute-Loire).

Petit-Jean (Marie-Antoinette **Trimolet**, Mme). E. Fr. 1796. LYON. Genre. = Les premiers exploits d'un chasseur, Lyon. — La belle au bois dormant.

Petitot (Jean). E. Fr. 1607-1691. GENÈVE. Email, miniature et portrait. = Destiné d'abord au métier de joaillier; fut mis sous la direction de Bordier; s'associa aux travaux de son maître; celui-ci peignait les cheveux, les draperies et les fonds, et Petitot les figures et les mains; visita l'Italie, acquit des connaissances chimiques et fit faire un grand pas à son art; quitta l'Italie pour se rendre en Angleterre, toujours accompagné de Bordier; s'y lia avec Mayerne, premier médecin de Charles I et habile chimiste; découvrit les couleurs qui pouvaient être employées dans la peinture en émail; fut présenté à Charles I par Mayerne, attaché à la personne du roi et créé chevalier; Van Dyck lui conseilla d'abandonner l'orfèvrerie pour s'adonner entièrement à la peinture du portrait en émail; suivit Charles II, fugitif en France; accepta les offres de Louis XIV et resta à Paris; chargé de plusieurs travaux importants et richement traité par le roi de France. A la révocation de l'édit de Nantes, Petitot, n'ayant pu obtenir la permission de se retirer à Genève, voulut s'enfuir secrètement et fut emprisonné; le chagrin lui causa une maladie que son âge rendit dangereuse; il avait alors 80 ans; on lui rendit la liberté et il en profita pour se retirer à Genève; c'est alors que le roi et la reine de Pologne voulurent avoir leur portrait peint par Petitot, et, malgré son grand âge, il s'acquitta dignement de cet ouvrage; le concours des amis qui vinrent lui témoigner leur estime devint si grand que le vieux peintre se retira à Vevey pour pouvoir s'y occuper uniquement de son art. Une attaque d'apoplexie le conduisit au tombeau. Il eut un fils nommé Jean qui peignit la miniature avec succès à Londres. Il doit être né vers 1650. = 56 portraits, Paris. L'Angleterre, la Russie et presque toutes les principales collections de l'Europe possèdent de magnifiques ouvrages de ce célèbre artiste. = Regardé comme l'inventeur de la peinture en émail, considérée jusqu'alors comme un métier; finesse de dessin, douceur et vivacité de coloris vraiment admirables; ses portraits sont d'autant plus précieux et plus recherchés qu'ils représentent, pour l'ordinaire, des personnages remarquables du grand siècle de Louis XIV; les portraits du roi et de la reine de Pologne sont exécutés avec toute la force et le fini de la jeunesse, quoique le peintre fût alors octogénaire; les conseils que lui donna Van Dyck, à Londres, ne contribuèrent pas peu à le perfectionner dans son art. = Ventes : V. Cottin (1852), *Mme de Longueville* (émail), 807 livres. — V. Pasquier (1755), *Mme de Montespan* (émail), 220 l. — V. Mariette, *Mme la duchesse d'Alonne* (émail), 3,200 l. — V. Du Breuil-Lenoir (1821), *Mme de Sévigné*, 1,540 fr. — V. Soult (1852), *Turenne* (émail), 2,000 fr.

Petrazzi (Astolphe). E. I. † 1665. SIENNE. Histoire, paysage. = Elève de F. Vanni, de V. Salimbeni et de P. Sorri. = Expression douce et céleste; effet extrêmement agréable.

Petreolo (André). E. I. * 1686. VENZONE. Histoire. = Exécuta de beaux ouvrages dans sa ville natale.

Petri (Petro de). E. Fl. 1550(?)-1611. BRUGES. Histoire. = Elève de son père, peintre italien établi à Bruges. En 1574 il partit pour Brün où il s'occupa beaucoup, puis se rendit à Mehrisch-Triibau où il s'établit et où il accepta jusqu'à trois fois la charge de bourgmestre (Nagler). Nous devons ces renseignements à Nagler, qui manque souvent d'exactitude à l'égard des peintres flamands.

Petrie (George). E. An. 1789-1866. DUBLIN. Paysage. = Fils d'un peintre d'Aberdeen. S'occupa beaucoup d'antiquités et d'architecture.

Petrini (le chevalier Joseph). E. I. 1700 (?)-1770 (?). CARONO (Etats de Lugano). Histoire. = Elève de J. B. Strozzi.

Pettenkoffen (Auguste von). E. Al. 1821. VIENNE. Genre. = Etudia en France, en Hongrie et en Italie. = Un duel sous Louis XIV. — Hongrois libéré.

Petter (Antoine). E. Al. 1783-1858. VIENNE. Histoire. = Entrée de Maximilien I à Gand, Vienne. — Adieux de Rodolphe I à sa famille.

Petter (François-Xavier). E. Al. 1791. VIENNE. Fleurs et fruits. = Fleurs et fruits, Vienne.

Petter (George). E. Al. ' 1837. Miniature et aquarelle.

Petter-Feuerling (J.). E. H. ' 1697. Portrait. = Détails inconnus.

Pettie (J.). E. An. 1839. EDIMBOURG. Histoire, genre, etc. = Elève de Lauder et de Ballantyne. = Les contrebandiers. — Le défi.

Petzl (Joseph). E. Al. 1805-1871. MUNICH. Histoire, genre. = Elève de Begas, à Berlin. Visita la Grèce et l'Italie. = Femme grecque. Hambourg. — Scène de mœurs romaines, *ib.*

Petzholdt (Frédéric). 1804-1838. COPENHAGUE. Paysage. = Peintre danois. = Vue prise de la villa d'Adrien, à Tivoli, Copenhague.

Peurse (Adam Van). E. H. 1814. DORDRECHT. Paysage. = Elève de L. de Koningh. = Environs d'Oporto.

Peuteman (Pierre) E. H. ' 1690. ROTTERDAM. Allégorie et nature morte. — Un jour, ce peintre s'étant rendu à l'amphithéâtre de dissection à Rotterdam, pour y étudier l'anatomie, il s'y endormit; le bruit des ossements qui s'entrechoquaient le réveilla et le saisit d'effroi; ce singulier événement était produit par un tremblement de terre qui se fit ressentir dans tout le pays, l'an 1692. Peuteman s'enfuit épouvanté et mourut des suites de cette terreur. = Ce peintre a gravé presque tous ses ouvrages.

Peynaud (Jacques-François). E. Fr. 1771-1829. LA FERTÉ-SAINT-AUBIN. Histoire, fleurs, marine, etc. = Elève de l'Académie d'Orléans, puis de Girodet et d'Aubry. Fut, pendant dix-huit ans, directeur de l'école gratuite de dessin, à Saint-Malo, où il mourut. = Martyre de saint Clément, Cancales (Ille et Vilaine). — Les âmes du purgatoire, Pleustuis (*ib*). — Portrait de Maupertuis, Saint-Malo.

Peyranne (Philippe). E. Fr. 1780. TOULOUSE. Histoire, genre, portrait. = Elève de Suau, père, et de David. = Jeunes filles s'occupant de l'étude des arts. — Martyre de saint Etienne, Mouchy.

Peyre (Antoine-François). E. Fr. 1739-1823. = Frère de l'architecte Mathieu-Joseph Peyre. Membre de l'Académie d'architecture, puis de l'Institut. Egalement architecte.

Peyron (Jean-François-Pierre). E. Fr. 1744-1815. AIX. Histoire. = Elève d'Arnulfi, de Lagrénée l'aîné, à Paris, en 1767, et de Dandré-Bardon; remporta le grand prix en 1773; partit pour Rome, y passa sept années en employant tout son pouvoir à ramener le goût vers l'antique et la saine imitation de la nature; revint à Paris, fut reçu à l'Académie en 1787; nommé directeur de la manufacture des Gobelins; perdit ses places et sa fortune par suite de la révolution; sa santé se trouva gravement affectée par ces infortunes sans que pourtant son beau caractère s'en aigrit le moins du monde. Mort après dix ans de langueur et de souffrance. = Les funérailles de Miltiade, Paris. — Alceste se dévouant à Admète, *ib.* — Paul-Emile vainqueur de Persée, *ib.* — Mort du général Walhubert, Versailles. = Composition sage, raisonnée, quelquefois un peu trop méthodique, mais toujours pleine d'intérêt; sujets ordinairement neufs et ingénieux, style grave, énergique et généralement correct; draperies simples et amples; teintes transparentes et suaves, touche ferme, vive et spirituelle; dans ses derniers tableaux ses chairs sont un peu violettes, mais les lumières sont toujours habilement ménagées, l'ensemble est parfaitement harmonieux et la touche n'a rien perdu de sa légèreté. Graveur.

Peytavin (Jean-Baptiste). E. Fr. ' 1810. CHAMBÉRY. Histoire. = Elève de David. = Polyxène. — Episode du massacre des innocents.

Peytavin (Victor), le cadet. E. Fr. 1818. Histoire, paysage. = Les Grecs et les Troyens se disputant le corps de Patrocle. — Scène de voleurs.

Pez (Aimé). E. Fl. 1808. TOURNAI. Histoire et genre. = Elève de M. Van Brée et de F. de Brackeleer. = Rentrée de la moisson. — Les laveuses.

Pezet. E. Fr. ' XVIIe siècle. Histoire. = Etabli à Montpellier.

Pezey (A.). E. Fr. ' XIXe siècle. Histoire. = Louis XIV reçoit le serment de Dangeau, Versailles.

Pfannschmidt (Charles-G.). E. Al. 1819. MULHAUSEN. Histoire. = Elève de Cornelius. = Nombreux travaux à Berlin, Stuttgart, Brême, Magdebourg, etc. — Le prophète Daniel, Berlin.

Pfeiffer (François-Joseph), le Vieux. E. H. 1741-1807. AIX-LA-CHAPELLE. Portrait, etc. = S'établit à Amsterdam, où il passa une grande partie de son existence. A la fin de sa vie, il partit pour Bruxelles où il mourut.=Graveur.

Pfeiffer (François-Joseph), le Jeune, fils de François-Joseph, le Vieux. E. H. 1778-1835. LIÈGE. Décors, paysage. = Elève de son père. Directeur des décorations du théâtre d'Amsterdam, où il s'était établi. Mort à Terburg, en Gueldre. = Invention riche, bonne perspective; dessinateur, graveur et lithographe.

Pfeiffer (Jean). E. Al. ' XVIIe siècle. ALLEMAGNE. = Détails inconnus.

Pfeifninger ou **Pfenninger** (Henri). E. Al. 1749. ZURICH. Portrait. = Elève de Bullinger; se rendit à Dresde, y resta trois ans et revint dans sa ville natale, y reçut les conseils de Lavater, dont il fit le portrait et dont il devint l'ami.=Beaucoup de naturel; grande ressemblance. Graveur à l'eau-forte et à la pointe. Figures du *Traité de la Phisiognomonie* de Lavater.

Pfenning (D.). E. Al. ' 1449. Histoire. = Détails inconnus. = Jésus-Christ crucifié, Vienne.

Pfenninger (Elisabeth). E. Al. ' 1830. ZURICH. Miniature. = Elève de Regnault et d'Augustin.

Pforr (Jean-George). E. Al. 1745-1798. UPFEN. Chevaux. = Peintre de la manufacture de porcelaine de Cassel. En 1781, il se fixa à Francfort. Mort des suites d'une chute dans une mine. = Très renommé dans le genre qu'il avait adopté. Dessin correct et vigoureux. Coloris chaud. Graveur.

Pforr (François), fils de George. E. Al. 1788-1812. FRANCFORT-SUR-LE-MEIN. Histoire. = Elève de Tischbein et de Füger.

Phalérion. Peintre grec.

Phalizen (Arnould van der) dit : **Aert in den Meynaert.** E. Fl. † 1515. LOUVAIN. Histoire. = Travailla, en 1468, aux entremêts de Bruges. Chargé de divers ouvrages par la commune de Louvain en 1494, 1497, et un des administrateurs de Saint-Luc en 1500.

Phelippes. E. Fr. 1840. Portrait.

Phidias. 465 ans avant Jésus-Christ. = Illustre statuaire. On croit qu'il cultiva la peinture.

Philastre (Humanité). E. Fr. 1794. BORDEAUX. Décors, paysage, aquarelle, etc.

Philipault (Julie). E. Fr. ' 1818. Portrait. genre. = Racine lisant *Athalie* devant Louis XIV et Mme de Maintenon. — Portrait de la duchesse d'Angoulême.

Philipkin (E.). E. Fl. ' 1842. Genre.

Philippe. E. Fr. ' 1840. Histoire. = Le bon Samaritain.

Philippe II, roi d'Espagne. E. Es. 1527-1598. Histoire. = Protecteur éclairé des arts, peintre lui-même et architecte.

Philippe III, roi d'Espagne, fils de Philippe II. E. Es. 1578-1621. = S'adonna avec beaucoup de zèle à l'étude des arts. = On conserve des dessins de ce prince.

Philippe IV, roi d'Espagne, fils de Philippe III. E. Es. 1605-1665. MADRID. Histoire. = Peintre et poète, ce prince, bon artiste lui-même, se rendit encore plus remarquable par l'extraordinaire protection qu'il accorda aux arts. C'est sous son règne que brilla le célèbre Vélasquez. = Pinceau flou et onctueux, beau coloris, dessin assez correct.

Philippe V, roi d'Espagne. E. Es. 1683-1746. MADRID. = Mérita par sa protection éclairée le titre de restaurateur des arts en Espagne. = Palomino assure que le talent de ce prince était assez remarquable.

Philippe (Auguste). E. Fr. 1797. PARIS. Paysage. = Elève de Watelet et de Hersent. = Eudore et Velléda. — Vue prise dans l'île de Capri.

Philippe Napolitain. V. Angeli.

Philippine. (Jean-François). E. Fr. 1771. SÈVRES. Fleurs, fruits et animaux. = Elève de la manufacture royale de Sèvres. = Peintures sur porcelaine.

Philippoteaux(Félix-Henri-Emmanuel). E. Fr. 1815. SEDAN. Histoire. = Elève de L. Cogniet. = La garnison hollandaise se rendant aux Français à la citadelle d'Anvers, Versailles. — Retour des Sédanais.

Philips (Charles). E. An. ' 1731. Portrait, genre. = Peignit des portraits de grands personnages. On sait peu de chose de ce peintre.

Philiscus. 67 ans avant J.-C. Genre. = Florissait à Rome où ses ouvrages étaient remarqués pour la beauté du coloris et la belle imitation. On cite de lui : L'atelier d'un peintre, représenté par un petit garçon soufflant le feu.

Phillip (John). E. An. 1817. ABERDEEN. Histoire, genre, portrait. = Membre de l'Académie royale. = Scènes espagnoles. — Baptême en Ecosse. — Le Tasse à Sorrente.

Phillips (Thomas). E. An. 1770-1845. DUDLEY (Warwickshire). Portrait, histoire. = Il fut d'abord placé à Birmingham chez M. Edgington pour y étudier la peinture sur verre. Vint à Londres, en 1790, et y fut employé par B. West. Membre de l'Académie royale en 1808; professeur en 1825. Visita l'Italie et écrivit sur l'art. = Portrait de sir David Wilkie, Londres. — Une nymphe (étude). *ib.*

Phillips (Henry-W.), fils de Thomas. E. An. 1820-1868. Portrait.

Phillips (Gilles-F.). E. An. 1780-1867. Paysage, vues de côtes.

Philocarès. 50 ans avant J.-C. ATHÈNES. = Fit pour les Comices un tableau représentant *Glaucon et son fils* (Pline).

Philoxène. 312 ans avant J.-C. ERÉTRIE. Histoire. = Elève de Nicomaque. = Bataille d'Alexandre contre Darius. = Peintre trop expéditif.

Piagali (François). E. Es. = Florissait à Valence.

Piaggia (Téramo ou Erasme). E. I. ' 1547. ZOAGLI (Gènes). Histoire. = Elève de Louis Bréa : condisciple d'A. Semini ; il peignit avec cet artiste la plupart de ses compositions ; s'occupa à Chiavari et à Gênes. = Lorsqu'il travailla seul, sa manière se rapprocha davantage de l'antique, surtout dans la composition ; têtes remplies de vivacité ; style étudié et plein de grâce.

Pian (Antoine de). E. I. 1784. VENISE. Genre et architecture. = Procession de capucins, Vienne.

Pian (Jean-Baptiste de). E. Al. 1813. VIENNE. Architecture. = Intérieur du baptistère dans l'église de Saint-Marc à Venise, Vienne.

Piane (Jean-Marie della), dit **Le Molinaretto.** E. I. 1660-1745. GÊNES. Histoire, portrait. = Elève du Bacciccio ; visita Parme et Plaisance ; mort peintre du roi Charles de Bourbon, à Naples.

Pianori (le). V. Mori.

Piastrini (Jean-Dominique). E. I. ' 1700. PISTOIE. Histoire. = Elève de B. Lutti.

Piattoli (Gaëtan), mari d'Anne. E. I. 1703-1770 (?). FLORENCE (?). Portrait. = Elève de Fr. Rivière (peintre français). = Ses portraits ont du mérite.

Piattoli (Anne), femme de Gaëtan. E. I. † 1788. FLORENCE. Portrait (?). = Détails inconnus.

Piazza (Paul). E. I. 1557-1621. CASTEL-FRANCO. Histoire. = Elève de Jacques Palma, le Jeune ; entra de bonne heure dans l'ordre des Capucins sous le nom du P. Côme. = Jésus-Christ mort, Rome. = Composition originale, pinceau séduisant.

Piazza (André), neveu de Paul. E. I. † 1670 (?). CASTEL-FRANCO. Histoire. = Elève de son oncle ; le duc de Lorraine lui donna le titre de chevalier.

Piazza (Calixte), dit **Da Lodi.** E. I. ' 1536. LODI. Histoire. = Un des meilleurs élèves du Titien, parcourut l'Italie en laissant partout des traces de son passage. Peignit beaucoup de fresques dans la plupart des églises de son pays. = Hérodias recevant la tête de saint Jean, Vienne. = Pinceau large, vaste composition, imita la manière du Titien et celle du Giorgion.

Piazzetta (Jean-Baptiste). E. I. 1683-1754. VENISE. Histoire, etc. = Fils d'un sculpteur, élevé d'abord sous la direction de Molineri, peintre médiocre. S'attacha à imiter l'école bolonaise. La plupart de ses tableaux ont été gravés. = Sacrifice d'Isaac, Dresde. — David vainqueur de Goliath, *ib.* — Un porte-étendard, *ib.* — Jeune fille tenant une poule, Copenhague. = Admirable entente du clair-obscur. Le temps a gâté beaucoup de ses toiles. Cet artiste travaillait avec lenteur ; il réussissait dans les tableaux d'église. Bonne expression ; on cite son talent pour la caricature.

Picard (Alexandre-Noël). E. Fr. 1813-1860. PARIS. Paysage.

Picart (Jean-Michel). E. Fl. 1600 (?) - 1682. Fleurs, paysage. = Marchand de tableaux établi à Paris ; employait les jeunes artistes, et surtout les Flamands, à faire des copies de tableaux.

Picart (Laurent). ' XVIIe siècle. = Cité par de Marolles.

Picchi (Georges). E. I. ' 1550. CASTEL-DURANTE. Histoire. = Séjourna à Rome ; travailla dans la bibliothèque Vaticane. = Manière du Barocci.

Piccioni (Mathieu). E. I. ' 1655. ANCÔNE. Histoire. = Membre de l'Académie de Saint-Luc, à Rome ; compagnon de travaux de J. A. Galli, dit *le Spadarino*. = Fresque, Rome. = Travailla en mosaïque ; manière originale. Graveur.

Picenardi (Charles), le Vieux. E. I. ' 1600. CRÉMONE. Histoire, portrait et scènes comiques. = Elève de L. Carrache ; appartenait à une famille patricienne. Mort jeune.

Picenardi (Charles), le Jeune. E. I. ' 1660. CRÉMONE. Histoire. = Etudia à Rome et à Venise.

Pichi (Giovanmaria). E. I. ' XVIe siècle. BORGO SAN SEPOLCRO. Histoire, portrait. = Elève du Pontormo ; se fit religieux de l'ordre des Servites.

Pichon (Pierre-A.). E. Fr. 1805. SORRÈZE (Tarn). Histoire, portrait. = Elève d'Ingres. = Saintes femmes au tombeau. — Peintures murales à l'église Saint-Eustache, Paris.

Pickersgill (Frédéric-Richard). E. An. 1820. Histoire, genre. = Membre de l'Académie royale à Londres. = Scène tirée de Spencer, Londres.

Pickersgill (Henri-Guillaume). E. An. 1782-1875. Histoire, portrait. = Membre de l'Académie royale à Londres. = Portrait de Robert Vernon, Londres. — La jeune syrienne, *ib.*

Pickersgill (Henri-Hall), fils de Henri-Guillaume. E. An. † 1861. Genre, portrait. = Roméo et Juliette.

Picinnino (Nicolas). E. I. * 1500. Histoire. = Ecole milanaise.

Picolet (Corneille). E. H. * 1691. ROTTERDAM. Portrait, intérieur. = On ne fait mention de ce peintre que comme ayant été le premier maître d'Adrien Van der Werf. = Artiste assez médiocre.

Picornet (Arnout). E. Fr. * XIVe siècle. Histoire, ornements. = Il peignit d'or et d'azur les douze apôtres de la chapelle du château d'Argilli, plus une grande bannière, en 1387-88. Il décora de peintures et d'arabesques le château de Germolles, en 1389-1390.

Picot (François-Edouard). E. Fr. 1786-1868. PARIS. Histoire. = Elève de Vincent; membre de l'Institut. = Mort de Saphire, Paris. — Prise de Calais, Versailles.

Picou (Henri-Pierre). E. Fr. 1824. NANTES. Histoire, etc. = Elève de P. Delaroche. = L'amour à l'encan. — Moïse sur le Nil.

Picou (Robert). E. Fr. * 1614. TOURS. Histoire, = Chargé, en 1614, des peintures du Louvre et des Tuileries, après la mort de de J. Bunel son oncle. = On ne connait ses tableaux que par les gravures qu'il en a faites. Graveur.

Picqué (Charles). E. Fl. 1799-1869. DEYNZE. Portrait, genre, histoire. = Mort à Bruxelles.

Piquet (Thomas). * XVIIe siècle. = Cité par de Marolles.

Pidding (Henri). E. An. 1797-1864. Genre, scènes comiques.

Piemans. E. H. * XVIIe siècle. = Cité comme ayant donné des leçons à son neveu, Jean de Baen. = Imitait la manière de Breughel de Velours.

Piémont. V. Opgang.

Pieneman (Jean-Guillaume). E. H. 1779-1853. ABCOUDE (Près d'Amsterdam). Histoire, portrait et paysage. = Elève de l'Académie d'Amsterdam, il dut à lui-même son talent. Nommé successivement professeur de dessin à l'école du génie et de l'artillerie, directeur du musée royal de La Haye et premier directeur de l'Académie d'Amsterdam. = Bataille de Waterloo, Haarlem. — J. S. de Ryk en présence du gouverneur espagnol Requesens, *ib.*

Pieneman (Nicolas), fils de Jean-Guillaume. E. H. 1809-1861. AMERSFOORT. Histoire. = Elève de son père. = Mort de l'amiral de Ruyter. — Mort d'Archimède.

Piepenhagen. E. Al. * 1837. Paysage.

Piera (P.). E. H. † 1784. AMSTERDAM. Paysage, portrait. = D'origine frisonne. Deux de ses fils, morts jeunes, furent également peintres. = Bon dessinateur.

Pierce (Edouard). E. An. † 1680 (?). LONDRES (?). Histoire, paysage. = Peintre estimé, qui travailla beaucoup sous les règnes de Charles I et de Charles II. Van Dyck l'occupa pendant quelque temps. La plupart de ses œuvres furent détruites dans l'incendie de Londres de 1666. Il eut trois fils qui parcoururent la carrière des arts.

Pieri (Etienne). E. I. * XVIe siècle. Histoire, portrait. = Elève d'Ange Bronzino; travailla au catafalque de Michel-Ange; mort à 37 ans. = Jésus-Christ mort, entouré de sa mère, des Marie et des disciples, Florence. = Trop de sécheresse et de dureté.

Pieri (Antoine), dit **Le Zoppo** (le boiteux). E. I. * 1738. VICENCE. Histoire. = Détails inconnus. = Pinceau facile, mais faible.

Pierini (André). E. I. * XIXe siècle. Histoire. = La peste de Florence en 1348.

Pierino del Guido. V. Gallinari.

Piermaria de Crevalcore. E. I. * XVIIe siècle. CREVALCORE. Histoire. = Elève de D. Calvart. = Imitateur des Carrache.

Piéro de Pérouse. E. I. * 1430. PÉROUSE. Histoire, portrait et miniature. = Enrichit de miniatures tous les livres de la bibliothèque du pape, dans la cathédrale de Sienne. = Imita les ouvrages de Stefano de Vérone; miniatures gracieuses et d'un fini parfait.

Piero di Lorenzo, ou **di Cosimo-Rosselli.** V. Orefice.

Piero di Ridolfo. E. I. * 1612. Histoire. = On pense qu'il fut élève de Rodolphe del Ghirlandaio.

Pieron. E. Fr. * 1345. = Peintre ordinaire du duc de Bourgogne.

Piéron (Gustave), E. Fl. † 1864. Paysage. = Elève de l'Académie d'Anvers où il mourut.

Pierre. E. Fl. * 1418. Portrait. = Ce nom se trouve inscrit dans un compte aux archives du royaume de Belgique, comme étant celui d'un peintre (de Mons ?), qui aurait peint, en 1417 ou 1418, le portrait de Marguerite de Bourgogne, fille aînée du duc Philippe le Hardi, épouse de Guillaume IV, comte de Hainaut. Ce portrait fut placé, en 1418, dans la chapelle de Saint-Antoine en Barbefosse, sous Havré, près de Mons.

Pierre. * XVe siècle. = Cité, en 1436, comme ayant peint pour le duc de Bourgogne quatorze faux visages avec barbes. Il y a lieu de supposer que c'est le même que le précédent.

Pierre (François). E. Fr. * 1335. TROYES.

= Peintre verrier qui exécuta de magnifiques vitraux à Tolède et à Séville.

Pierre (Maître). E. Es. = Cité dans les documents du couvent de Batalha, comme peintre de l'infant don Henri.

Pierre (Maître). E. Fr. * 1486. STRASBOURG. = Travailla aux cordeliers de Nancy.

Pierre de Compiègne. E. Fr. * XIVe siècle. COMPIÈGNE (?). Miniature. = Enlumineur dont le nom se rencontre dans des comptes de 1387 en l'église de Troyes.

Pierre de Copiac. E. Fr. * 1362. MONTPELLIER. = Verrier qui exécuta des vitraux à la cathédrale de Montpellier. = Beaucoup d'imagination. coloris vigoureux.

Pierre de Cortone. V. Berettini.

Pierre de Soliers. E. Fr. * 1357. AIX. = Miniaturiste, statuaire, poète. = Artiste célèbre.

Pierre (Etienne). E. Fr. * 1810. NANCY. Fleurs et fruits. = Détails inconnus. = Fruits, Nancy.

Pierre (Dieudonné), fils d'Etienne. E. Fr. 1807-1838. NANCY. Histoire. = Elève d'Hersent. = Jésus-Christ au jardin des Oliviers, Nancy.

Pierre de Sainte-Catherine. E. Fr. * 1365. LILLE. Histoire. = Peignit en 1365 un tableau pour le maître-autel de l'église Saint-Maurice et des patrons de tapisseries pour le roi de France.

Pierre (Henry). E. Fr. * 1377. TROYES. = Miniaturiste d'un rare mérite qui illustra plusieurs manuscrits pour la cathédrale.

Pierre l'Artésien. E. Fr. * 1396. ARRAS. = Peintre verrier qui exécuta en 1396 de belles verrières dans les appartements de la duchesse de Bourgogne. = Très habile.

Pierre de Limbourg. E. Fr. * 1415. = Miniaturiste qui travailla au livre des *Antiquités judaïques*.

Pierre (André). E. Fr. * 1472. BLOIS. Histoire. = Exécuta en 1472 un grand tableau : *La Nativité* pour la chapelle du château de Montilz.

Pierre. E. Fr. * 1499. TROYES. = Peintre verrier à qui on doit les magnifiques vitraux représentant *L'Enfant prodigue* de la cathédrale de Troyes.

Pierre de Martins. E. Fr. * 1597. PARIS. Histoire. = Artiste fécond et de grand talent.

Pierre (Jean-Baptiste-Marie). E. Fr. 1713-1789. PARIS. Histoire, portrait. = Elève de Natoire, à Paris, et de Detroy, à Rome. Successeur des Van Loo et des Boucher, comme premier peintre du roi ; cet artiste se fit de bonne heure une réputation qu'il ne soutint pas par la suite ; l'ambition des honneurs lui fit négliger toutes les branches sérieuses de l'art. Voyagea en Italie. Reçu à l'Académie en 1742, il en occupa successivement toutes les dignités ; travailla beaucoup pour les églises. = Décollation de saint Jean, Paris. = Ignorance profonde de la théorie ; de l'effet, talent facile. = Ventes : V. Heineken (1757), *Io*, 590 liv. — V. Pompadour (1766). Quatre tableaux empruntés aux Métamorphoses d'Ovide, 474 liv. — V. La Live de Jully (1770), *Fuite en Egypte*, 300 liv.

Pierron (Antoine). E. Fr. 1783. PARIS. Paysage. = Architecte. = Vue du monument élevé au général Masséna, au Père Lachaise.

Pierson (Christophe). E. H. 1631-1714. LA HAYE. Histoire, portrait et nature morte. = Elève et compagnon de voyage de Meyburg ; il appartenait à une famille distinguée et reçut une bonne éducation. Il accompagna Meyburg en Allemagne, en 1653. Le général suédois Wrangel voulut les attirer à la cour de sa souveraine, leur promettant le titre de peintres de la cour ; mais les deux artistes n'acceptèrent point ces propositions. Pierson revint en Hollande au bout de trois ans, et habita successivement Schiedam et Gouda. Il s'appliqua, dans cette dernière ville, à la peinture sur verre. = Deux tableaux de nature morte, Berlin. = Ton sombre et monotone ; touche et dessins savants.

Pieters (Chrétien). E. H. * XVIIe siècle. = Signa la requête artistique à Haarlem, en 1642.

Pieters (Gérard). E. Fl. † 1612. BRUGES. Histoire. = Reçu maître peintre, à Bruges, en 1562 ; vinder en 1571 et 1577. En 1590, il quitta Bruges pour aller s'établir à Gand où il obtint la bourgeoisie et acheta une maison. Il fut très souvent employé pour compte de la ville. Sous-doyen de la gilde de Saint-Luc en 1599-1600. M. de Busscher dans ses *Recherches sur les peintres et sculpteurs gantois*, le dit élève du peintre gantois Liévin van der Schelde. Dans l'ancien catalogue du Musée de Berlin, il est indiqué comme ayant été le maître de Pierre Lastman. On cite de lui un plan de la ville de Gand gravé sur cuivre.

Pieters (Pierre), le Jeune, fils de Gérard. E. Fl. * XVIe siècle. GAND. Histoire. = En 1590 il suivit son père à Gand où il fut également reçu bourgeois de la ville. Travailla avec son père aux préparatifs pour l'entrée d'Albert et d'Isabelle à Gand. Exécuta, en 1609, une composition historique et commémorative pour le magistrat de Gand. Il dut mourir jeune puisque l'on possède un document où sa femme apparaît comme veuve en 1612-13. = Dans les travaux exécutés pour Gand il reçut le double de la somme accordée à son père.

Pieters (Gertrude). E. H. * XVIIe siècle.

Fleurs. = Elle était la servante de Marie Van Oosterwyk qui lui enseigna son art. Gertrude l'exerça avec assez de talent pour qu'il subvint à son existence, dans la ville de Delft.

Pieters (Nicol.). E. Fl. 1648-1721. ANVERS. Histoire, portrait. = Elève de P. Ykens. Il séjourna longtemps à Londres; il s'y vit forcé d'offrir ses services à Godefroid Kneller et à d'autres pour peindre les accessoires de leurs tableaux. Mort à Londres. Bryan-Stanley donne les mêmes notes historiques qui précèdent, seulement il les attribue à un Jean Pieters qu'il fait naître en 1667 et mourir en 1727. = Son talent était peu goûté.

Pieters (Pierre), le Vieux. E.Fl. † 1545 ou 1546. BRUGES (?). = Vinder de la corporation en 1534-35 et en 1538-39.

Pieters (Simon). E. Fl. † 1556. BRUGES (?). Histoire. = Reçu franc-maître, à Bruges, en 1521. Il fut plusieurs fois vinder, puis gouverneur, en 1540-41, et enfin doyen de Saint-Luc, en 1549. = En 1553, il restaura le *Jugement dernier* de Walens (V. ce nom) et fit plusieurs autres travaux pour la ville.

Pietersz (Roelof). E. H. ' 1517. = Florissait à Utrecht.

Pieterszen (Abraham). E. H. 1817. MIDDELBOURG. Genre et paysage. = Elève de Van Regemorter, à Anvers. = Vallée de la Vesdre.

Pieterszen (Gerrit ou Gérard). E. H. ' 1604. AMSTERDAM. Portrait. = Elève de J. Lenarts et de C. Van Haarlem. Travailla longtemps à Anvers et à Rome. = Peignait très bien le nu. Graveur.

Pieterszoon (Pierre). E.H.' XVIIe siècle. HAARLEM. = Peintre sur verre. Inscrit dans la corporation en 1619. En 1620 il fit inscrire trois de ses élèves.

Pietro da Castel della Pieve. E. I. ' XVe siècle. CASTEL DELLA PIEVE. Histoire, portrait. = Elève de Pietro della Francesca.

Pietro de Bagnaja (don). E. I. ' 1550. Histoire. = Etudia d'après Raphaël; chanoine de Latran; vivait à Ravenne. = Beaucoup de grâce, coloris faible.

Pietro de Bellune. E. I. ' XIVe siècle. BELLUNE. Histoire. = Détails inconnus.

Pietro de Cortone, V. Berretini.

Pietro de Ferrare. E. I. ' 1610. FERRARE. Histoire. = Elève de L. Carrache.

Pietro della Francesca. V. Francesca.

Pietro della Vecchia. V. Vecchia.

Pietro de Novare. E. I. ' 1370. NOVARE. Histoire. = Son père, qui portait le même nom, fut également peintre.

Pietro de Pietri. E.I.1671-1716. NOVARE. Histoire. = Elève de C. Maratti. Ne jouit pas de son vivant de la réputation qu'il méritait.

Pietro de Verceil (fra). E. I. ' 1460. VERCEIL. Histoire. = Détails inconnus.

Pietro di Cosimo Rosselli. V. Orefice.

Pietro di Giovanni. V. Lianori.

Pietro di Jacopo. E. I. ' 1400. BOLOGNE. Histoire, portrait. = Elève de J. Avanzi.

Pietro Santi. V. Tommaso Tommasi.

Pietrolino. E. I. ' 1110. ITALIE. Histoire. = Travailla avec Guido Guiduccio à Rome, entre 1110 et 1120. Dans un manuscrit de Guido Mancini, conservé à Venise, il est dit que Pietrolino habitait ordinairement Sienne. = Peintures à l'église de *Santi Quattri Coronati*, Rome.

Pietrowski (Maximilien-Antoine). E. Al. 1814-1875. BROMBERG. Portrait, genre. = Elève de Hensel. Professeur à l'Académie à Konigsberg où il mourut.

Piettre (Antoine). E. Fr. ' 1484. LILLE. Histoire, portrait. = Peignit en 1484 les portraits des anciens rois de la confrérie de l'épinette.

Pievano (Etienne). E. I. ' 1381. SAINTE-AGNÈS. Histoire. = Détails inconnus. = Dessin négligé, expression vive et animée, beau coloris.

Pigal (Edme-Jean). E. Fr. 1794-1872. PARIS. Genre. = Elève de Gros. = Ménage du vieux garçon. — Consultation de médecins.

Pigeon (Jean-Baptiste). E. Fl. 1823-1868. BURE. Portrait, histoire. = Elève de Marinus, de Van der Haert et de Mathieu. = Institution du Rosaire; église d'Anhée (Dinant).

Piglheim (Elimar-U.-B.). E. Al. 1848. HAMBOURG. Histoire, genre. = Moritur in Deo.

Pignatelli (le frère don Vincent). E. I. † 1770. Paysage. = Un des peintres italiens qui rendirent les services les plus signalés aux arts et aux artistes; vint à Madrid, y fut nommé membre de l'Académie de Saint-Fernand, puis conseiller et enfin vice-protecteur. Mort à Saragosse. = Artiste de mérite.

Pignerolle (Charles-M. de). E. Fr. 1815. ANGERS. Histoire, etc. = Elève de L. Cogniet. = Gondole vénitienne. — Raphaël faisant le portrait de Jeanne d'Aragon.

Pignone (Simon). E. I. 1614-1698 (?). FLORENCE. Histoire. = Elève de Fr. Furini. On lui attribue, quoiqu'à tort, quelques tableaux de son maître. = Tableaux, Rome. — La justice, Dresde. = Grande délicatesse, chairs vraies.

Pilavaine (Jacmart). E. Fr. ' XVe siècle. PÉRONNE. = Miniaturiste qui exécuta les belles illustrations des *Chroniques martinières*. Demeura à Mons, en Belgique.

Piles (Roger de). E. Fr. 1635-1709. CLAMECY. Portrait. = Plus connu comme littérateur. Voyagea en qualité de secrétaire avec Amelot de la Houssaye. = On cite de lui le portrait de Boileau et celui de Mad. Dacier. = Auteur d'un Abrégé de la vie des peintres et d'un grand nombre d'ouvrages sur la peinture.

Pille (Charles-H.). E. Fr. * XIXe siècle. ESSOMMES (Aisne). Genre. = Elève de Barrias. = Le pardon en Bretagne, Gand.

Pillement (Jean). E. Fr. 1728-1808. LYON. Paysage et marine. = Il fut le maître de son fils Victor, graveur, avec lequel il parcourut une grande partie de l'Europe. = Port de mer (au pastel), Florence. — Tempête sur mer, *ib.* — Paysage, Madrid. — Deux paysages, Bordeaux. = Plus connu pour ses dessins à la plume ou lavés à l'encre. Imagination très vive.

Pilliard (Jacques). E. Fr. 1815. VIENNE. Histoire. = Elève d'Orsel. = Mort de Rachel et naissance de Benjamin.

Pilo (Gust.). E. Al. * XVIIIe siècle. Portrait, genre. = Directeur de l'Académie de Copenhague, puis de celle de Stockholm. = Couronnement de Gustave III dans la grande église de Stockholm, Stockholm (Musée). — Portrait de la reine Sophie-Madeleine, épouse de Gustave III, *ib.* = Un des artistes suédois les plus renommés du XVIIIe siècle.

Pilotto (Jérôme). E. I. * 1590. Histoire. = Elève de Palma. = Style doux et gracieux.

Piloty (Ferdinand), frère de Charles. E. Al. 1828. MUNICH. Histoire.

Piloty (Charles), frère de Ferdinand. E. Al. 1826. MUNICH. Genre et histoire. = L'astrologue Seni trouvant Wallenstein assassiné, Munich. — Divertissement de Néron — Thusnelda, Munich (Pinacothèque).

Pils (Isidore-Alexandre-Auguste). E. Fr. 1813-1875. PARIS. Histoire. = Elève de Picot. Membre de l'Institut et professeur à l'Ecole des Beaux-Arts. Mort en Bretagne. = Peintures murales dans les églises de Paris. — La batterie.

Pilsen (François). E. Fl. 1700-1786. GAND. Histoire (?). = Elève de R. Van Oudonaerde, visita l'Italie, où il s'occupa pendant six ans. Etablit à Gand, en 1770, la première fabrique de papier. = Graveur.

Pinac. * XVIIe siècle. = Cité par de Marolles.

Pinacci (Joseph). E. I. 1642. SIENNE. Histoire, batailles et portrait. = Élève du Bourguignon; séjourna à Naples à la cour du vice-roi Carpio, puis auprès du prince Ferdinand, à Florence.

Pinaigrier (Rob.). E. Fr. 1490 (?). TOURS (?). Histoire, etc. = Peintre sur verre. On ne connaît aucun détail sur cet artiste; son histoire n'a été jusqu'ici qu'une supposition et n'offre aucun détail intéressant. = Vitraux à Chartres. — Vitraux à Paris. = La plupart des œuvres de Pinaigrier ont été détruites. Contours purs, beaucoup d'expression, grande vivacité de coloris, style noble et hardi.

Pinaigrier (Nicolas, Jean et Louis), fils de Robert. E. Fr. * XVIe siècle. Histoire, portrait. = Elèves de leur père. Nicolas fut le plus habile des trois. = On admire à Chartres des vitraux peints, croit-on, par cet artiste distingué.

Pinaigrier (Nicolas), le Jeune, petit-fils de Robert. E. Fr. * 1625. Histoire, portrait. = Détails inconnus. = Peignit en 1618 et en 1635, à Paris, des vitraux qui n'existent plus. = Acquit beaucoup de réputation.

Pinaigrier (Thomas). E. Fr. 1616-1653. PARIS. Paysage. = Reçu à l'Académie en 1648.

Pinard. E. Fr. * 1560. PARIS. Portrait. = Fut chargé par Catherine de Médicis de faire avec un peintre nommé Bilon, le portrait des filles des rois de Danemark et de Suède.

Pinarezzi (Fèlix). E. I. 1580. BOLOGNE. Histoire. = Membre de l'Académie dans sa ville natale en 1577.

Pinas (Jacques), frère cadet de Jean. E. H. * 1620. HAARLEM. Histoire, paysage. = Élève de son frère dont il imita le style. Ne dépassa pas la médiocrité.

Pinas (Jean), frère de Jacques. E. H. * 1608. HAARLEM. Histoire, paysage. = En 1605, il habitait l'Italie avec P. Lastmann. Vivait encore en 1621, époque à laquelle David Bailly fit son portrait. = Tons naturels; en général bon effet.

Pinchon (Jean). E. Fr. * 1495. = Miniaturiste qui illustra magnifiquement les *Heures* d'Anne de Bretagne.

Pinchon (Jean-Antoine). E. Fr. * 1815. PARIS. Genre, portrait. = Elève de Vincent et d'Augustin. = Le petit décrotteur. — Les petits joueurs de cartes.

Pine (Robert-Edgo). E. An. 1742-1790. LONDRES. Portrait, histoire. = Fils d'un graveur. Couronné en 1760 et en 1762 par la société pour l'encouragement des arts. Mort en Amérique. = Regardé comme un des meilleurs coloristes de l'école anglaise. Bon peintre de portraits.

Pineau. E. Fr. * 1756. Histoire. = Membre de l'ancienne Académie de Saint-Luc, à Paris.

Pinelli. E. I. 1781-1835. ROME. Genre. = Graveur.

Pinelli (Antoinette). E. I. † 1644. BOLOGNE. Histoire, portrait. = Elève des Carrache; estimée par sa modestie autant que par son talent; appelée aussi *Bertusi* du nom de son mari. = L'ange gardien, Bologne.

Pinet (Pierre). E. Fr. * XVIIe siècle. = Cité dans un état de la maison du roi, en 165[illegible] comme gardien des antiques.

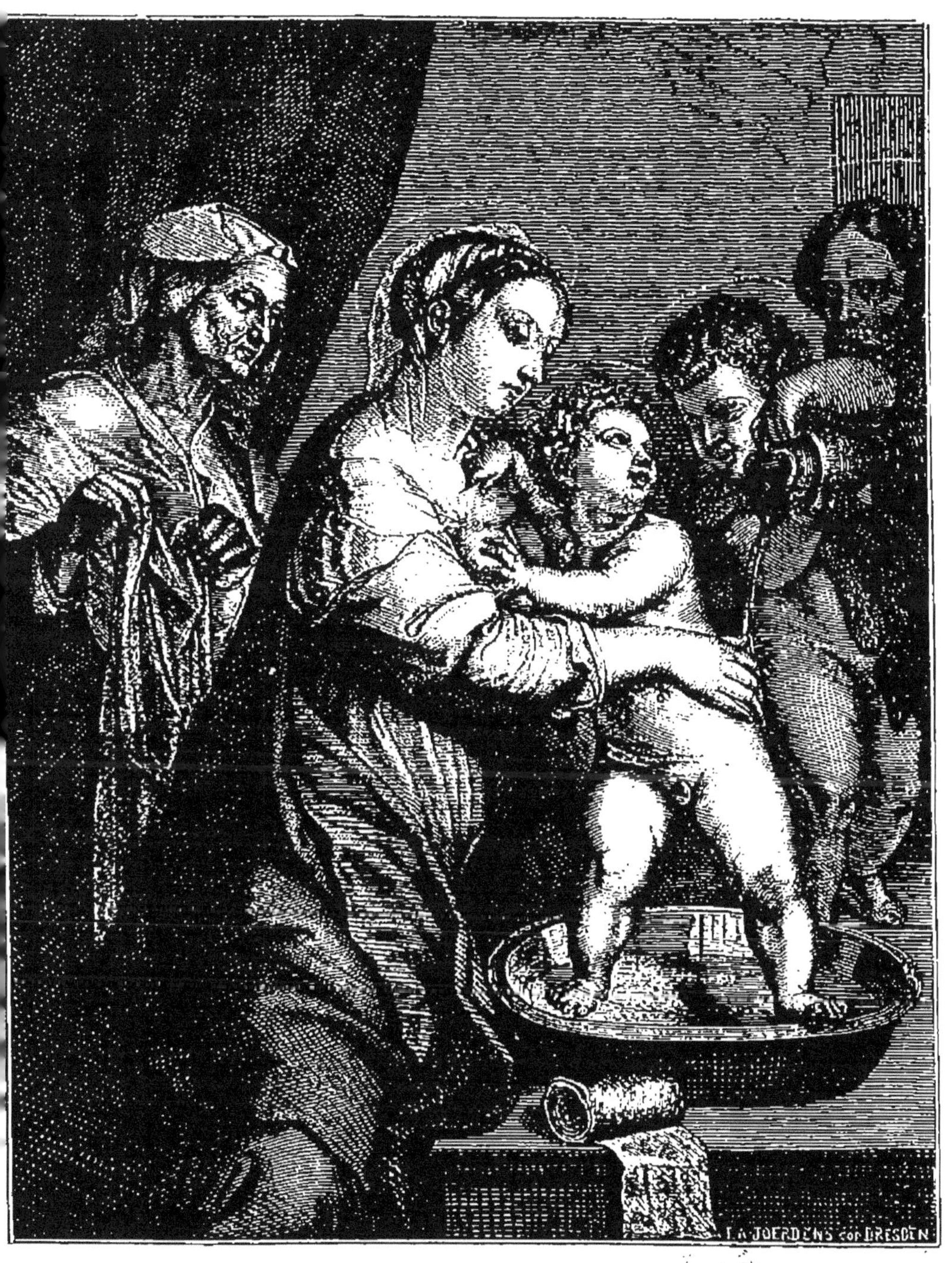

La Vierge au bassin. Par Jules Romain. Galerie de Dresde.

Pingret (Edouard-Henri-Théophile). E. Fr. 1785. SAINT-QUENTIN. Genre, portrait. = Elève de David et de Regnault. = Louis XIV et Molière. — Siége de Courtrai, Versailles.

Pini (Paul). E. I. ' XVIIe siècle. LUCQUES. Perspective, histoire. = Détails inconnus. = Belle architecture, figures élégantes, touche brillante.

Pini (Eugène). E. I. ' 1650. UDINE. Histoire. = Employé à Udine et dans le territoire de cette ville.

Pinnoy (J.). E. Fl. ' XIXe siècle. Genre. = Le marchand de volaille.

Pino (Paul). E. I. ' 1565. VENISE. Portrait, histoire. = Détails inconnus. = Portrait du médecin Coignati, Florence. = Style de Bellini, mais s'approchant plus du moderne.

Pino de Messine. E. I. ' 1480. MESSINE. Histoire. = Elève et compagnon de travail d'Antonello de Messine, à Venise.

Pino (Marc), dit **Marc de Sienne.** E. I. † 1587 (?). SIENNE. Histoire, portrait. = Elève de Daniel de Volterra; choisit pour patrie la ville de Naples. Mort dans un âge peu avancé. = Tableau, Rome. — Annonciation, Naples. — Circoncision, *ib.* — Présentation au temple, *ib.* = Son premier maître avait été le Beccafumi. Imita Michel-Ange sans l'exagérer; style grandiose et plein de dignité.

Pinson (Nicolas). E. Fr. 1640 (?). VALENCE (Drôme). Histoire. = Demeura en Italie, où il fut chargé de peindre les décorations pour la pompe funèbre d'Anne d'Autriche. S'établit à Aix. = L'empereur Trajan supplié par une pauvre femme de venger la mort de son fils, Aix. = Graveur.

Pinturrichio. V. Betti.

Pinus (Cornelius). 40 ans avant Jésus-Christ. Histoire. = Florissait sous Vespasien, travailla avec Accius Priscus. = Le temple de la vertu et de l'honneur (fresques).

Piola (Dominique), le Vieux, frère de Pellegrino. E. I. 1628-1703. GÊNES. Histoire. = Elève de son frère et de J. D. Cappellini; compagnon de travail de Val. Castelli; son fils Antoine, né en 1654, mort en 1715, abandonna la peinture. Un autre de ses fils, nommé Jean-Baptiste, fut élève de son père et devint un copiste assez intelligent. = Imitateur du Cortone; formes variées, idéales et assez belles, dessin arrondi, pinceau prompt et facile; excella à représenter des enfants.

Piola (Paul-Jérôme), fils de Dominique, le Vieux. E. I. 1666-1724. Histoire. = Elève de son père et imitateur de C. Maratti et des Carrache. = Choix sévère de formes, pinceau vrai, grandiose et moelleux.

Piola (Dominique), le Jeune. E. I. 1748-1774. Histoire, = Il était fils de Jean-Baptiste et petit-fils de Dominique, le Vieux. Le dernier de la famille des Piola.

Piola (Pellegro ou Pellegrino), frère de Dominique, le Vieux. E. I. 1617-1640. Histoire. = Elève de J. D. Cappellino; mort assassiné, à cause de la jalousie qu'excitait déjà son génie naissant. = Pinceau doux, agréable, gracieux.

Piola (Jean-Grégoire). E. I. 1583-1625. GÊNES. Miniature. = Mort à Marseille. = Célèbre dans son genre.

Piola (Pierre-François). E. I. 1565-1600. Histoire, portrait. = Elève de Soph. Anguiscola. = Un des meilleurs imitateurs du Cambiaso.

Piombo (del). V. Luciano.

Pion (Nicolas ou Jacques). E. Fr. ' XVe siècle. Histoire. = Détails inconnus. = Le Christ mort entouré des saintes femmes, Saint-Denis, près Paris. = Beaucoup de mérite.

Piper ou **Le Piper** (François). E. An. ' XVIIe siècle. COMTÉ DE KENT. Portrait, caricatures et paysages. = Né de parents flamands, appartenait à une famille honorable. Il voyagea beaucoup et visita même l'Egypte. Sa vie dissipée nuisit au perfectionnement de son talent. = Manière facile et spirituelle. Il grava sur métaux.

Piplart-Huart (Augustin). E. Fl. ' 1842. Miniature. = Elève de Van Ysendyck.

Pippi (Jules), dit **Jules Romain.** E. I. 1499-1546. ROME. Histoire, portrait. = Elève, ami et compagnon de travail de Raphaël, qu'il aida dans ses ouvrages du Vatican, du palais Borgia, etc. Travailla pour le cardinal Jules de Médicis, depuis Clément VII; ayant eu l'imprudence de mécontenter le pape, celui-ci lui retira sa protection et l'artiste fut même forcé de quitter Rome; vers la même époque le marquis Frédéric Gonzague, de Mantoue, avait conçu le projet d'assainir et d'embellir cette ville : Jules Romain, aussi célèbre architecte que peintre renommé, fut invité à entreprendre ces travaux; le grand artiste se rendit à Mantoue et le nombre des ouvrages qu'il y exécuta, tant en peinture qu'en architecture, est considérable; comblé de biens et d'honneurs par le marquis de Mantoue; appelé à Bologne afin d'y donner les plans de l'église de Saint-Pétrone, puis à Rome pour y remplacer l'architecte du pape, emploi qu'obtint Michel-Ange. Jules Romain, d'un caractère doux et aimable, fut un des plus grands peintres de l'Italie et se fit autant d'amis par ses qualités que d'admirateurs par ses talents. Son fils et son élève, Raphaël, mourut en 1560 à l'âge de 30 ans. Vasari se trompe en le faisant mourir à l'âge de 54 ans; les registres de paroisse, prouvent qu'il n'en avait que 47.

= Transfiguration (d'après Raphaël), Madrid. — Sainte Famille, *ib.* — Sainte Famille della Gatta, Naples. — Le déluge, Rome. — Couronnement de la Vierge (Avec le Fattore), *ib.* — Judith, *ib.* — Flagellation, *ib.* — La Fornarina, *ib.* — Vénus au bain, *ib.* — Portrait : le cardinal Accolti, d'Arezzo, Florence. — La Vierge et l'Enfant Jésus, *ib.* — Vierge au lézard (d'après Raphaël), *ib.* — Danse d'Apollon, avec les Muses, *ib.* — Pan avec un Satyre, Dresde. — La Vierge au bassin (chef-d'œuvre), *ib.* — La charité, Londres. — Victoire de Constantin sur Mayence, *ib.* — Jupiter et Europe, *ib.* — Enfance de Jupiter, *ib.* — Vision de la Madeleine, *ib.* — Incendie de Rome, *ib.* — Continence de Scipion, *ib.* — Les Romains et les Sabins, *ib.* — Création d'Ève, Saint-Pétersbourg. — Sainte Famille, *ib.* — Léda et le cygne, *ib.* — La Madone et l'Enfant, *ib.* — Nativité, Paris. — Sainte Famille, *ib.* — La victoire couronne Titus et Vespasien, *ib.* — Vulcain et Vénus, *ib.* — Portrait du peintre, *ib.* — Les deux amants, Berlin. — La nymphe Calisto, *ib.* — Saint Jean au désert, Munich. — Thésée et Ariane, *ib.* — Judith, *ib.* — Pluton, Vienne. — Attributs des quatre évangélistes, *ib.* — Des cavaliers, Marseille. = Inférieur à Raphaël pour la noblesse, le naturel et la simplicité, à Michel-Ange pour l'énergie, la grandeur et la science du dessin, au Corrége pour la grâce, au Titien pour le coloris, il supplée à tout ce qui lui manque par une composition pleine de feu et de savoir, une imagination inépuisable, une connaissance profonde de l'antique et surtout des médailles, une fougue d'exécution qui seule l'empêcha peut-être de se placer au premier rang des grands artistes; son coloris surtout prête à la critique et les ouvrages qu'il exécuta du vivant de Raphaël prouvent que la sagesse de ce dernier aurait toujours dû tempérer l'ardeur de Jules Romain; excellent architecte. = Ventes : *N. B.* Les ventes publiques n'ont présenté que peu d'œuvres de ce peintre. Celles qui sont indiquées ci-après ne sont nullement garanties authentiques. — V. Conti (1777), *Adoration des rois*, 2,040 liv. — V. Massias (1825), *Adoration des bergers*, 1,810 fr. — V. Erard (1833), *Enfance de Jupiter*, 2,520 fr. — V. Fesch (1845), *Sainte Famille*, d'après Raphaël, 6,563 fr. — V. Guillaume II (1850), *Buste allégorique d'Alexandre le Grand*, 2,000 fr. — V. Northwick (1859), *Naissance de Jupiter*, 24,700 fr.

Piqeau (Guillaume). E. Fr. ' 1482. TOURS. = Illustra une *Vie de Jésus-Christ* qui se trouve à la bibliothèque nationale de Paris.

Piron (Auguste). E. Fl. ' 1843. Genre.

Pironet (Nicolas). E. Fl, ' XVIe siècle. LIÉGE. Histoire, portrait. = Contemporain de Jean Nivar; il peignait sur verre. = Cet artiste a laissé une bonne réputation.

Piroteau, père. ' XVIIe siècle. Portrait. = Cité par de Marolles.

Pirotte (Olivier). E. Fl. 1699-1742. LIÉGE. Histoire. = Elève de B. Luti, à Rome. Travailla à Paris chez Coypel. = Tableaux dans des églises de Liége. = Coloris sombre, bon dessinateur quelquefois.

Pisan (Héliodore-Jos.). E. Fr. 1822. MARSEILLE. Paysage, nature morte. = Peintre et graveur.

Pisano (Giunta), dit : **Giunta de Pise.** ' 1230. PISE. Histoire. = Le père Angelo nous apprend que cet artiste reçut, en 1210, les premiers éléments de son art des peintres italiens les plus habiles qui à cette époque eussent été instruits par les Grecs. = Crucifiement, Assise. — Tableau de Saints, *ib.* — Fresques, *ib.* (Tous attribués). — La Vierge avec l'Enfant sur un trône, Dresde. = Têtes expressives; draperies bien jetées; proportions un peu longues, ce qui, du reste, était un défaut du temps; on a quelquefois confondu ses tableaux avec ceux de Cimabuë.

Pisano ou **Pisanello** (Victor), E. I. ' 1450. SAN-VITO (Etat de Vérone). Histoire, portrait et animaux. = Antiquaire, graveur et peintre célèbre. On pense, sans pouvoir l'affirmer, qu'il fut élève du Castagno. = La Vierge et l'Enfant, Munich. = On le place au rang des meilleurs artistes. Figures un peu allongées, mais d'un fini précieux; belle perspective, coloris cru, génie poétique; excellait dans la représentation des chevaux et autres animaux.

Pisbolica (Jacques). E. I. ' XVIe siècle. Histoire. = Travaillait à Venise.

Pistocchi (Louis). E. I. ' XVIIIe siècle. Histoire, = Détails inconnus.

Pistorius (Edouard). E, Al. 1796. BERLIN. Genre. = Le jeu de quilles. — Jeune fille lisant une lettre.

Pithou. E. Fr. ' XVIIIe siècle. Fleurs et fruits. = Employé dans la manufacture de Sèvres. = Se distingua dans la peinture sur porcelaine.

Piti. E. Es. ' XVIIe siècle. SALAMANQUE. Histoire = Elève de L. Giordano, à Madrid; travailla à Valadolid et dans sa ville natale. = Imita le faire de son maître.

Pitloo (Antoine-S.). E. H. 1791-1837. ARNHEM. Paysage. = Elève de H. J. Van Ameron. = Vue d'Italie avec une procession. — Vue du Campo-Vaccino.

Pittocchi (Mathieu de'). E. I. † 1700. FLORENCE. Histoire et genre. = Vécut à Venise; on croit qu'il mourut à Padoue. = Excella à représenter des figures de mendiants.

Pittoni (Baptiste). E. I. 1508. Vicence. Paysage, ruines et architecture. = Details inconnus. = Graveur.

Pittoni (Jean-Baptiste). E. I. 1686 ou 1687-1766 ou 1767. Venise. Histoire. = Elève et neveu de Fr. Pittoni, artiste médiocre qui n'est connu que par son élève; fut un des meilleurs artistes de son temps; vécut dans le travail et dans la solitude. = Martyre de saint Barthélemy, Padoue. — Martyre de saint Thomas, Venise. — Mort de Sénèque, Dresde. — Le corps d'Agrippine ouvert en présence de Néron, *ib*. — Sacrifice d'Iphigénie, Saint-Pétersbourg. = Style remarquable, coloris hardi et vigoureux; très correct.

Pittori (Laurent). E. I. ' 1533. Macerata. Histoire. = Details inconnus.

Pittori (Paul), dit **Paolo del Masaccio.** E. I. † 1590. Histoire. = Détails inconnus.

Pixis (Théodore-L.-A.). E. Al. 1831. Kaiserslantern. Histoire. = Couronnement de Charles X, roi de Suède (Fresques), Munich. — Jean Huss quittant ses amis, Berne.

Pizarro (Antoine). E. Es. ' 1618. Histoire. = Elève du Greco; vivait à Tolède et y exécuta des tableaux dignes d'éloges.

Pizzica (le), V. Zanna.

Pizzoli (Giovacchino). E. I. 1651-1733. Bologne. Architecture. = Elève d'A, M, Colonna.

Pizzolo (Nicolas). E. I. ' 1470. Padoue. Histoire, portrait. = Elève du Squarzione: travailla avec André Mantegna; mort assassiné avant que son beau talent eût atteint sa maturité. = Beaucoup de majesté; ses productions, peu nombreuses, renferment d'éminentes qualités.

Plaatzer-Van den Hull (Hubert-Guillaume). E. H. 1810. Haarlem. Portrait et genre. = Elève de J. A. Kruseman.

Place (François). E. An. ' xviiie siècle. Angleterre. Histoire naturelle. = Détails inconnus. = Graveur à l'eau-forte et en manière noire.

Place (Henri). E. Fr. 1820 (?). Paris. Marine, nature morte. = Falaises d'Etretat.

Plaetsen (Jean-Egide Vander). E. Fl. 1808-1857. Gand. Histoire et genre. = Elève de Maes-Canini; professeur à l'Académie de Gand, = Noce occasionnant une fausse alerte dans l'armée du duc d'Albe. — Louis XI auprès de saint François de Paule, Gand.

Platevoet (Mathieu). E. Fl,' 1462. Ypres. Verrier.

Plagemann. E. Al.' xviiie siècle. Histoire, portrait. = Peintre suédois. = Tableaux, Stockholm (Musée).

Plahoff. E. R. ' xixe siècle.

Planat. E. Fr. ' 1840. Histoire.

Planes (Louis-Antoine). E. Es. 1765-1799. Valence. Portrait et histoire. = Elève de son père, Louis, qui fut en 1800, directeur de l'Académie de Saint-Charles; reçut des leçons de Fr. Bayeu et mérita d'être reçu membre de Saint-Charles. Mort d'excès de travail.

Plano (François). E. Es. ' xviie siècle. Daroca. Portrait, etc. = Residait à Saragosse et jouissait d'une grande réputation comme peintre et architecte.

Planson (Eustache). E. Fr. ' 1550. Troyes. = Verrier savant et habile dessinateur qui décora de vitraux plusieurs églises de Troyes.

Plas (David Vander). E. H. 1647-1704. Amsterdam. Portrait. = Il se forma en étudiant les tableaux du Titien et de Rembrandt. Il passa plusieurs années au service de l'éditeur Pierre Mortier. Kramm prétend que son nom doit s'écrire *Vander Plaes*. Il est presque certain qu'il passa quelque temps à Londres. = Portrait de Milton, Londres. = Manière italienne. Peintre renommé. Graveur.

Plas (Pierre Vanden). E. Fl. ' 1625. Bruxelles. Histoire, portrait. = Elève d'un peintre inconnu nommé Ferd. de Berdt. Inscrit sur le registre de Saint-Luc, à Bruxelles, comme élève en 1610, comme maître en 1619. = La sainte Vierge et l'Enfant Jésus, entourés des donateurs du tableau, Bruxelles. (Signé : P. V. PLAS. 1647).

Plas (Pierre). E. H. 1810-1853. Alkmaar. Paysage et animaux. = Elève de J. Van Ravenswaay et de G. Bodeman.

Plaschke. E. Al. ' 1840. Genre, etc. = Elève de Hildebrandt.

Plassan (Antoine-E.). E. Fr. ' 1870. Bordeaux. Genre. = La lecture. — Le toast.

Plateau (Antoine). E. Fl. 1759-1815. Tournai. Fleurs et décorations. = Ses travaux sont estimés. = Il a travaillé au palais de Laeken, près de Bruxelles.

Platel. E. Fr. 1811-1859. Histoire, paysage.

Platel (Jacques). E. Fr. ' 1518. Amiens (?). = Miniaturiste de grand talent. Exécuta des miniatures pour la confrérie du Puy de Notre-Dame.

Plate-Montagne. V. Plattenberg.

Plathner (Herman). E. Al. 1831. Gronau (Hanovre). Genre. = Les politiques. — La sieste.

Platteel (Jean-P.). E. Fl, ' 1842. Genre. = Elève de P. Kremer. = Devine qui c'est. — La soupe des pauvres à la porte d'un couvent.

Plattenberg (Mathieu Van), dit **Plate-Montagne.** E. Fl. 1600-1660. Anvers. Paysage et marine. = Etudia d'abord dans sa ville natale, puis se rendit en Italie pour s'y perfectionner; il y travailla avec Jean Asselyn. De là, il alla s'établir à Paris, où son nom fut changé en celui de *Plate-Montagne*, d'abord et de *Montagne* ensuite. Il y fut reçu à l'Académie, en 1648, Les documents français le font naître en 1608. = Bonne imitation de la nature et bon coloris. Graveur.

Plattenberg (Nicolas Van), fils de Mathieu et dit comme lui **Plate-Montagne** et **Montagne.** E. Fr. 1631 1706. PARIS. Portrait, marine. = Elève et parent de Ph. Van Champagne. = Tempêtes sur mer (Deux tableaux), Florence. (Désigné dans cette ville sous le nom de Van Platen). = Graveur. Excellait dans les marines.

Plattner (Franz). E. Al. ' 1860. Histoire. = Elève de Cornélius. = Fresques dans le Tyrol.

Platzer (Joseph). E. Al. 1752-1806. PRAGUE. Histoire et architecture. = Détails inconnus. = Eponine et Sabinus, Vienne. — César et Cléopâtre, *ib.*

Plaustein. ' XVIIe siècle = Cité par de Marolles.

Plazer ou **Platzer** (Jean-George). E. Al. ALLEMAGNE. Histoire et allégorie. = Détails inconnus. = Crésus et Solon, Dresde. — Même sujet, *ib.* — Sujet mythologique, *ib.* — Ariane et Bacchus. *ib.* (Tous quatre signés : *J. G. Plazer*).

Plazer ou **Platzer** (Jean-Victor). E. Al. 1704-1767. MALS (Wintschgau). Genre et histoire en petit. = Elève de son beau-père, Kepler; s'occupa à Vienne, de 1735 à 1755, et mourut à Epan (Tyrol). = Les quatre éléments, Dresde. — Hommes et femmes buvant et faisant de la musique, Vienne. — Les joueurs de cartes, *ib.* = Effet désagréable, mais très caractéristique; style maniéré, contours durs, coloris cru, absence d'harmonie. Son seul mérite consiste dans une exécution très soignée. L'admiration que ses œuvres inspirèrent est une preuve frappante du mauvais goût de son époque. = Ventes : V. Le Roy d'Etiolles (1861), *Ariane consolée par Bacchus* et *le festin des Centaures et des Lapithes*, 11,300 fr. les deux. — V. Pereire (1872), *Bacchanale*, 2,000 fr.

Plebanus (Etienne). E. I. ' XIVe siècle. Histoire. = Détails inconnus. = A Venise, à l'Académie des Beaux-Arts, salle des anciennes peintures, se trouve un tableau à compartiments dont la partie centrale est datée et signée en caractères gothiques : *M.CCC.LXXXj Stefan Plebanus Sctæ Agretis pinxit.*

Pleysier (A.). E. H. 1809-1879. NAARDINGEN. Marine. = Vue prise sur les côtes de la Flandre, Bruges. (Académie.)

Plockhorst (Bernard). E. Al. 1825. BRUNSWICK. Histoire, portrait. = Elève de Piloty. = La femme adultère, Leipzig (Musée).

Ploegsma (Thierry-Jacques). E. H. 1769-1791. LEEUWARDEN. Portrait, genre, histoire, etc. = Elève de M. Accama. Mort prématurément. Kramm le dit mort en 1802, à l'âge de 63 ans. C'est une erreur.

Plucks (Jean-Ant.-A.). E. Fl. 1788. COURTRAI. Miniature.

Pluddemann (Herman). E. Al. 1809. KOLBERG. Histoire. = L'Empereur Frédéric Barberousse réconcilie les partis à la diète impériale tenue à Besançon, en 1157, Dresde.

Plugger (Jacques). E. H. 1795. ENKHUYZEN. Marine. = Elève de C. Kruseman.

Plumier (Edmond). E. Fl. 1694-1733. LIÉGE. Histoire. = Elève de Fisen et de Largillière à Paris. Se rendit en Italie où il travailla chez Auguste Masucci. Il eut un fils peintre, Jacques-Théodore, qui mourut en 1766 et dont on ne connaît pas les œuvres. = Descente de croix, Liége (Eglise Saint-Remacle). — Saint Benoît enlevé au ciel. = Composition animée, dessin élégant, coloris recherché.

Plummer. E. An. ' XIXe siècle. Genre.

Pluym (Guillaume). E. H. 1808. AMSTERDAM. Paysage, vues de ville, etc.

Pluyms (Félix-Louis). E. H. 1814. AMSTERDAM. Genre. = Elève de J. J. Van Regemorter. = Un homme à cheval demandant le chemin à une paysanne. — Une distribution de prix.

Pluys (Jean-François). E. Fl. ' XIXe siècle. MALINES. = Peintre sur verre.

Po (Pierre del). E. I. 1610-1692. PALERME. Histoire. = Travailla à Rome et s'y établit. = Style élégant; plus connu comme graveur.

Po (Jacques del), fils de Pierre. 1654-1726. ROME. Histoire, ornements. = Elève de son père et de Nicolas Poussin, fit partie des *Compagnons de la mort* et mourut à Naples. = Plusieurs sujets allégoriques, Vienne.

Po (Thérèse del), fille de Pierre. E. I. † 1716. Histoire. = Elève de son père; nommée membre de l'Académie de Saint-Luc, en 1678.

Pocetti (le). V. Barbatelli.

Poch ou **Pock** (Tobie). E. Al. ' XVIIe siècle. CONSTANCE. Histoire, genre. = Demeurait à Vienne, en 1662. = Martyre de sainte Dorothée, Vienne. — Scène d'intérieur, *ib.* — Tableau (Signé : *Tobias Pock, fec. Viennæ*, 1672), Schleisheim.

Pochman (Traugott-Lebrecht). E. Al. 1762 1830. DRESDE. Portrait. = Professeur à l'Académie de Dresde. = Portrait du peintre, Dresde.

Pocock (Nicolas). E. An. 1741-1821. Marine, batailles. = Combats en 1805, Londres.

Pocock (Isaac), fils de Nicolas. E. An. 1782-1835. BRISTOL. = L'assassinat de Thomas Becket.

Pocrion (Charles). E. Fr. ' XVIIe siècle. Histoire. = Elève de Noël Coypel.

Podesta (Jean-André). E. I. * 1640. GÊNES. Histoire. = Détails inconnus. = Graveur.

Podesti. E. I. * XIXe siècle. Histoire.

Podesti (François chevalier). E. I. 1798. Histoire. = Siége d'Ancône sous Frédéric Barberousse. — Jugement de Salomon.

Poecken (Van). E. H. * 1835. Paysage. = Florissait à Utrecht.

Poel (Egbert Vander). E. H. † 1690 (?). ROTTERDAM (?). Nature morte, figures, paysage, perspective, incendies, intérieurs de cuisine, clairs de lune, etc. = Ecole d'Isaac Van de Velde et d'Art. Van der Neer. Inscrit dans les registres de Saint-Luc, à Delft, en 1650; il y est qualifié de citoyen de la ville. On a de ses tableaux datés de 1646. Il a peint plusieurs fois l'explosion de la poudrière de Delft où l'on suppose qu'il est mort. = Paysans devant une ferme, Paris. — Explosion d'un magasin à poudre à Delft en 1654, Amsterdam. — Intérieur d'une ferme avec figures, *ib.* — Clair de lune : arrivée de la marée, La Haye. — Chaumière au bord d'une pièce d'eau, avec figures, Vienne. — Incendie dans une ville pendant la nuit, *ib.* — Incendie d'une maison rustique pendant la nuit, Rotterdam. — Incendie et pillage d'une ville italienne, Copenhague. = Ce peintre embrassa presque tous les genres; mais celui dans lequel il réussit le mieux, fut la représentation des incendies pendant la nuit la plus noire; rien de plus naturel et de plus animé que le grand nombre de petits personnages occupés à éteindre le feu. Bonne couleur, figures spirituelles, dessin un peu relâché; talent inégal. = Ventes : V. Meffre (1863), *Intérieur villageois*, 840 fr.— V. Laurent Richard (1878), *Les dunes de Scheveningue*, 725 fr.

Poelenburg (Corneille Van). E. H. 1586-1667. UTRECHT. Histoire, genre et portrait. = Elève d'Abraham Bloemaart; partit pour l'Italie où il se trouvait en 1617; peintre des cardinaux, à Rome. Pendant son séjour dans cette ville, la manière d'Elzheimer le séduisit tellement, qu'il se la proposa pour modèle et tenta d'y ajouter les grâces de Raphaël; mais il ne sut parvenir a la sévérité et à la correction requises. Ce fut en Italie qu'il reçut le surnom de *Brusco*, à cause de son caractère. Le grand duc de Toscane essaya de le retenir à Florence, mais Poelenburg, pressé de revoir sa patrie, refusa les plus brillantes propositions et revint mourir à Utrecht. Charles Ier lui fit d'importantes commandes. Doyen de Saint-Luc, à Utrecht, en 1664, il était, dès 1640, un des chefs de la confrérie. Il y avait reçu, assez longtemps auparavant, la visite de Rubens. Morin, Bleker, Le Bas, Perelle et d'autres ont gravé la plupart de ses tableaux. Son portrait, peint par Van Dyck, a été gravé par P. de Jode. M. Kramm a extrait la date de sa mort des registres mortuaires de la ville d'Utrecht. = Annonciation aux bergers, Paris. — Abraham et Sara, *ib.* — Paysage, *ib.* — Les baigneuses, deux tableaux, *ib.* — Ruines du palais des empereurs à Rome, *ib.* — Le bain de Diane, *ib.* — Nymphes et Satyre, *ib.* — Paysage : Mercure et Hersé, La Haye. — Paysage : femmes au bain, *ib.* — Paysage : nymphes et satyres, Amsterdam. — Adam et Ève chassés du Paradis terrestre, *ib.* — Baigneuses dans un paysage, *ib.* — Adoration des bergers, Florence (Chef-d'œuvre). — Beaucoup d'autres, *ib.* — Les enfants de la reine de Bohême, Londres. — Paysage, *ib.* — Loth et ses filles, *ib.* — Et autres, *ib.* — Diane et ses nymphes se baignant, Madrid. — Paysage : les Thermes de Dioclétien, *ib.* — L'annonciation, Vienne. — Paysage avec baigneuses, *ib.* — Sujet tiré du *Pastor fido*, Berlin. — Madeleine au désert, *ib.* — Saint Laurent, *ib.* — Diane et ses nymphes, Dresde. — Le jeune Tobie, *ib.* — Le parnasse, *ib.* — Baigneuses, *ib.* — Et autres, *ib.* — Adoration des bergers, Munich. — Paysages, *ib.* — La nymphe endormie, Rotterdam. — Les nymphes au bain, *ib.* — Assemblée des dieux, Copenhague. — Diane et ses nymphes, *ib.* — Tobie avec le poisson, *ib* = Dessin peu sûr; coloris tendre et chaud; grande délicatesse dans la dégradation des teintes; exécution minutieuse; touche spirituelle; ses petits tableaux sont fort supérieurs aux grands; fonds riches; ciels transparents. Peintre très laborieux. Graveur. = Ventes : V. Meyers (1722), *Crucifiement*, 320 fl. — V. Julienne (1767), *Adoration des mages*, 820 liv. — V. Lavallière (1781), *Triptyque religieux*, 1,650 liv. —V. Clos (1812), *Nymphes dans un paysage*, 1,512 fr. — V. Oppenheim (1864), *Repos de la Sainte Famille dans un paysage*, 3,000 fr.

Poelman (P.-J.). E. Fl. 1801. GAND. Monuments, genre. = Un paysan et une paysanne, Haarlem. — Maison de ville d'Audenarde, *ib.*

Poelman (P.-C.-G.). E. H. † 1845. Chevaux. = Artiste amateur. Mort à Pise.

Poerson (Charles) E. Fr. 1609-1667. METZ. Histoire. = Peintre ordinaire du roi et de son Académie de peinture dont il fut recteur. Chevalier de l'ordre de Mont-Carmel et de Saint-Lazare. Mort à Paris. Quelques biographes, et Félibien entre autres, le nomment Charles-François, le confondant sans doute avec son fils.

Poerson (Charles-Franç.), fils de Charles. E. Fr. 1652-1725. EN LORRAINE. Histoire. = Directeur de l'Académie de Rome, où il mourut.

Poggino (Zanobi di). E. I. * XVIe siècle. Histoire, portrait. = Élève de J.-A. Sogliani; exécuta à Florence un grand nombre de tableaux.

Pohle (Herman). E. Al. 1831. BERLIN. Paysage. = Élève de Schirmer et de Gude.

Pohle (Frédéric-Léon). F. Al. 1841. LEIPZIG. Portrait, genre. = Etudia en Belgique et en France.

Pohlke (Charles). E. Al. 1810. BERLIN. Paysage, genre. = Élève de Hensel. = La cabane du charbonnier.

Poillevé. E. Fr. * 1540. LIMOGES. Email. = Détails inconnus.

Poindre (Jacques de). E. Fl. 1527-1570. MALINES. Portrait, histoire. = Élève de Marc Willems, dont il épousa la sœur. S'établit en Danemark, où il mourut. Les registres de la gilde de Saint-Luc, à Malines, annotent l'entrée dans son atelier, en 1559, d'un Guillaume De Vos. Nous ignorons s'il s'agit du peintre anversois de ce nom. = Très estimé pour le portrait, qu'il traitait d'une manière habile.

Pointelin (Auguste-E.). E. Fr. 1839. ARBOIS (Jura). Paysage. = Élève de Maire.

Pointié. V. Dupont.

Poirot. E. Fr. * 1840. Intérieurs. = Eglise de San-Miniato, à Florence.

Poisson (Louis). E. Fr. * 1610. = Peintre ordinaire du roi; travailla au château de Fontainebleau.

Poisson (Pierre), fils de Louis. E. Fr. * XVIIe siècle. = Nommé en 1613 conservateur des peintures de Fontainebleau.

Poisson (Jean), fils de Pierre. E. Fr. * XVIIe siècle. = Nommé en 1643 à l'effet de remplacer son père.

Poisson (Pierre). E. Fr. 1786. ROUEN. Histoire, portrait. = Élève de David. = Jésus-Christ guérissant les malades. — Les vendeurs chassés du Temple.

Poissonnier (Guillaume). E. Fr. * 1472. TOURS. Peintre émailleur d'un très grand talent qui travailla pour le roi (1).

Poitreau (Etienne). E. Fr. † 1767. CORBIGNY (Nivernais). Paysage. = Reçu à l'Académie en 1739.

Poittevin (le). V. Le Poittevin.

Pol (Chrétien Van). E. H. 1752-1813. BERKENRODE, près de Haarlem. Fleurs et fruits. = Élève et ami du célèbre Van Dael; séjourna et étudia à Anvers; il s'établit à Paris en 1782 et y mourut. = S'occupa beaucoup, selon la mode du temps, à peindre des couvercles de tabatières. S'acquit de la réputation par ses belles arabesques ornées de fleurs, de fruits et d'oiseaux parfaitement exécutés, et fit quelques ordonnances pour les Gobelins.

Pol Van Limburg. V. Paul ou Pol.

Pola (Henri). E. H. * XVIIIe siècle. LA HAYE. Histoire. = Détails inconnus. = On voyait à La Haye des tableaux de ce maître, consistant, la plupart, en tapisseries de salon.

Polak (Léopold). E. Al. * 1840. PRAGUE. Genre. = Le joueur de tambourin. — Pâtre de la campagne de Rome.

Polancos (les). E. Es. * 1647. Histoire. = Ces frères furent élèves de Fr. Zurbaran, à Séville. = Saint François, lisant, Paris. (Ce tableau est de Charles Polanco.) = Imitèrent parfois leur maître à s'y méprendre.

Polazzo (François). E. I. 1683-1753. Histoire, portrait. = Élève de Piazzetta; renommé pour son talent dans la restauration des tableaux.

Poli (les). E. I. * XVIIe siècle. PISE. Paysage. = Ces deux frères se firent remarquer par la gaieté de leurs compositions et la fécondité de leur pinceau.

Polidore de Caravage. V. Caldara.

Polidorino. V. Ruviale.

Poll (G.-Jasink Van de). E. H. * 1827. Marine et vues. = Etabli à Amsterdam en 1827.

Pollack (Léopold). E. Al. † 1880. LODENIS (Bohême). Genre. = Zuleika. — Bergère.

Pollaiolo (Antoine), frère de Pierre. E. I. 1426-1498. FLORENCE. Histoire, portrait. = Célèbre orfèvre, il s'adonna d'abord entièrement à cet art et ne cultiva la peinture que quelques années après s'être déjà fait une réputation d'artiste de grand talent; apprit de son frère l'emploi des couleurs et devint en peu de temps un peintre habile; attiré à Rome par Innocent VIII, y fut chargé du mausolée en bronze de son prédécesseur, Sixte IV; exécuta la plupart de ses ouvrages, comme peintre, en compagnie de son frère. = Sainte Famille, Rome. — Saint Eustache, saint Jacques et saint Vincent (Sur bois à la détrempe), Florence. — Hercule étouffant Anthée, *ib.* — Le même assommant l'hydre de Lerne, *ib.* — Saint George et saint Sébastien, Munich. — La Vierge et l'Enfant, *ib.* — Saint François, *ib.* — Saint Sébastien, Berlin. — L'Annonciation, *ib.* — Saint Sébastien, Londres. = Science du nu, belle expression; le coloris laisse à désirer, mais la composition se fait remarquer pour son époque et le dessin montre ses connaissances anatomiques; cultiva et perfectionna la gravure au burin. Sculpteur.

Pollaiolo (Pierre), frère d'Antoine. E. I. 1433-1498. FLORENCE. Histoire, portrait. =

(1) M. Berard (*Dictionnaire biographique des artistes français du XIIe au XVIIe siècle*. Paris 1872) cite cet artiste d'après notre Dictionnaire. C'est une erreur : nous ne connaissons point *Poissonnier* et si nous le mentionnons aujourd'hui, c'est d'après le livre de M. Berard. Cet auteur a souvent commis la même erreur en ce qui nous concerne.

Élève d'A. del Castagno; travailla toute sa vie avec son frère, dont la réputation se confond avec la sienne. = Bon peintre.

Polastrini (Henri). E. I. 1818-1876. LIVOURNE. Genre. = Mort à Florence.

Pollet. E. Fr. * 1756. Histoire. = Membre de l'ancienne Académie de Saint-Luc, à Paris.

Pollet. E. Fr. * 1843. Aquarelle.

Polo (Bernard). E. Es. * XVIIe siècle. Fleurs et fruits. = Florissait à Saragosse. = Ses tableaux sont estimés.

Polo (Jacques), le Vieux. E. Es. 1560-1600. BURGOS. Histoire, portrait. = Élève de P. Caxes, à Madrid. = Bon coloris.

Polo (Jacques), le Jeune. E. Es. 1620-1655. BURGOS. Histoire, portrait. = Élève d'An. Lancharès, à Madrid. Mort prématurément. = Bon coloris; réussit dans le portrait.

Polydore. V. Glauber.

Polygnote de Thasos, fils d'Aglaophon. 416 ans avant J.-C. THASOS. Histoire. = Élève de son père; fut chargé par les Athéniens de décorer le Pœcile, de concert avec Micon (Voir ce nom) et ne voulut recevoir aucun prix pour ce travail; embellit de ses ouvrages plusieurs édifices de la même ville, entre autres le temple de Minerve; reçut des Athéniens reconnaissants le droit de bourgeoisie; les Amphictyons lui décernèrent le droit d'hospitalité gratuite dans toutes les villes de la Grèce. Sa gloire et ses talents séduisirent Elpinice, sœur de Simon, fille de Miltiade, et elle consentit à lui servir de modèle; travailla pour la ville de Thespies. C'était à Delphes que se trouvaient ses chefs-d'œuvre; il y avait représenté, dans de vastes compositions, les principales scènes qui suivirent la destruction de Troie. = Ulysse venant d'immoler les prétendants. — Castor et Pollux à pied et à cheval. — Union de Castor et de Pollux avec Laïre et Phœbé, filles de Leucippe. — Les épisodes les plus remarquables de la guerre de Troie. = On croit qu'il se servait du procédé de l'encaustique, et on lui attribue la composition d'un noir qu'il obtenait en brûlant le marc de raisin. Beaucoup de sentiment et d'étude, malgré la simplicité du coloris; beau caractère de figures; donna le premier aux têtes des expressions variées, peignit les bouches ouvertes et fit apercevoir les dents; inventa pour les figures de femmes des vêtements transparents et des coiffures de couleurs diverses qui leur donnaient une grâce singulière. On a prétendu que ce peintre avait fait appliquer un esclave à la torture pour peindre les tourments de Prométhée. On a dit la même chose de Parrhasius. Il inscrivait ordinairement dans ses ouvrages les noms des héros qu'il représentait.

Pomerance (le chev. della). V. Roncalli.

Pomerancio. V. Circignano.

Pommayrac (Paul de). E. Fr. 1807-1880. PORTO-RICO. Portrait en miniature.

Pompeo (Bernard). E. I. * XVIe siècle. Histoire. = Élève de J. Bernard Lama.

Ponce (Roch). E. Es.* XVIIe siècle. Paysage. = Élève de J. de la Corte, à Madrid. = Composition gracieuse.

Ponce-Camus (Marie-Nicolas). E. Fr. 1796. PARIS. Histoire, portrait. = Élève de David. = Éginar et Imma. — Entrevue de Napoléon et du prince Charles, Versailles.

Poncet. E. Fr. * XVIIe siècle. LIMOGES. Émail. = Détails inconnus.

Ponchino (Jean-Baptiste), dit **Bozzato.** E. I. 1500 (?)-1570. CASTELFRANCO. Histoire. = Élève du Titien. Florissait à Venise; habita Rome et Vicence; genre de Dario Varotari, il embrassa l'état ecclésiastique après la mort de sa femme et abandonna la peinture. Artiste d'un grand talent. = Quelques biographes le nomment à tort Bazzacco ou Brazacco.

Pond (Arthur). E. An. 1705-1758. Portrait. = Également graveur.

Ponfredi. V. Bonfreni.

Pons ou **Ponz** (Moïse-Jaïme). E. Es. * XVIIIe siècle. VALLS, près de Tarragone. Histoire. = Élève des Juncosa; embrassa l'état ecclésiastique, et peignit, en 1722, une grande partie des tableaux de la chartreuse de Scala Dei; s'acquit, par son talent, une réputation méritée. = Couleur satisfaisante; bon goût de dessin.

Ponse (George) E. H. 1723-1783. DORDRECHT. Fleurs, fruits et oiseaux. = Élève d'A. Schouman. S'étant établi à Amsterdam, il fut forcé de s'y adonner presque exclusivement à la peinture des tapisseries. Revenu dans sa patrie, il dut, pour y gagner sa vie, s'y faire peintre en bâtiments; ses connaissances théoriques lui firent faire de bons disciples. = Ses tableaux sont presque inconnus.

Ponse (Jean). E. H. * 1515. GOUDA. = Peintre sur verre.

Pont (N. du). dit **Pointié.** E. Fl. * XVIIe siècle. Paysage et perspective. = Cité par Félix Bogaerts, qui le fait naître à Bruxelles en 1660, et mourir en 1712. = Vue d'un palais, Gand (avec P. Bout). = Boudewyns et Bout ont peint en société avec lui.

Ponte (François da), le Vieux, dit **Le Bassan.** E. I. † 1530 (?). VICENCE. Histoire, portrait. = Suivit les principes des deux Bellini, et travailla à Milan. = Fresques, Venise. — Portraits, Florence. = Style tantôt sec, tantôt harmonieux, mais toujours exact. Composition étudiée, expressions assez vraies.

Ponte (Jacques da), dit **Le Vieux Bassan**, fils de François. E. I. 1510-1592. BASSANO. Histoire, portrait, paysage et animaux. = Elève de son père et de Bonifazio, à Venise. D'après quelques-uns, le Titien lui donna également des leçons. La mort de son père le força de revenir dans sa ville natale. Le plus grand honneur qu'eut ce peintre fut celui d'être prié par Paul Véronèse de servir de maître à son fils Carletto. = Naissance de Jésus-Christ (Chef-d'œuvre), Bassano. — Déposition au tombeau, Rome. = Massacre des innocents, *ib.* — Sacrifice de Noé, *ib.* — Fuite de Jacob. *ib.* — Moïse près du buisson ardent, Florence. — Portrait de toute sa famille (Chef-d'œuvre), *ib.* — Paysage avec bergers et troupeaux, *ib.* — Jésus-Christ mort auprès des Marie, *ib.* — Un avare, *ib.* — Martyre de sainte Catherine, *ib.* — Jésus-Christ chez Marthe et Marie, *ib.* — Pastorale, *ib.* — Jésus-Christ aux Oliviers, *ib.* — Scène rustique, *ib.* — Et autres, *ib.* — Portraits, Londres. — Voyage de Jacob vers l'Egypte, *ib.* — Apothéose d'un saint, *ib.* — Le déluge, *ib.* — Booz et Ruth, *ib.* — Le bon Samaritain, *ib.* — Jésus-Christ chassant les vendeurs du temple, *ib.* — Décollation de saint Jean-Baptiste, Copenhague. — Les Israélites au désert, Dresde. — Conversion de saint Paul, *ib.* — Noé faisant entrer les animaux dans l'arche, *ib.* — Le jeune Tobie, *ib.* — Loth fuyant Sodome, *ib.* — Moïse faisant jaillir l'eau du rocher, *ib.* — Le Christ annoncé aux bergers, *ib.* — Tableaux, Milan. — Tableaux, Naples. — Jésus-Christ descendu de la croix, Munich. — La Vierge et l'Enfant et deux autres saints, *ib.* — Saint Jérôme, *ib.* — Portrait d'homme, Berlin. — Jésus-Christ crucifié, *ib.* — Justification de Thamar, Vienne. — Le bon Samaritain, *ib.* — Paysage avec animaux et figures, *ib.* — Epiphanie, *ib.* — Portrait du peintre, *ib.* — Jésus-Christ présenté au temple, *ib.* — Lazare et le mauvais riche, *ib.* — Dieu apparaît à Abraham, *ib.* — La crèche, *ib.* — Retour de la chasse, *ib.* — La vendange, Madrid. — Noé sauvé du déluge, *ib.* — Lazare et le mauvais riche, *ib.* — Jésus-Christ chassant les vendeurs du temple, *ib.* — Crèche, *ib.* — Adam et Ève après leur péché, *ib.* — L'arche de Noé, *ib.* — Moïse, *ib* — Le paradis terrestre, *ib.* — Jésus-Christ annoncé aux pasteurs, *ib.* — Portrait du peintre, *ib.* — L'hiver, *ib.* — Entrée des animaux dans l'arche, Paris. — L'eau du rocher, *ib.* — La crèche, *ib.* — Les noces de Cana, *ib.* — Jésus-Christ succombant sous la croix, *ib.* — Jésus-Christ mort, *ib.* — La vendange, *ib.* — Portrait du sculpteur Jean de Bologne, *ib.* — Les pèlerins d'Emmaüs, *ib.* — La moisson, *ib.* = Grande magie de coloris, style original, attitudes variées, draperies savantes quoique naturelles en apparence. On loue beaucoup ses teintes vertes dont la couleur d'émeraude lui est propre. Figures parfois trop froides, accessoires d'une vérité surprenante. On lui reproche de n'avoir pas introduit dans ses ouvrages ces belles fabriques d'architecture dans lesquelles l'école vénitienne a tant excellé. Fit une étude particulière des animaux. = Ventes : V. Randon de Boisset (1777), *Adoration des Rois*, 450 liv. — V. Conti (1777), *Adoration des Mages*, 2,410 liv. — V. Tallard (1756), *Noces de Cana*, 11,130 liv. — V. Didot (1814), *Portement de croix*, 445 fr. — V. Lochis (1868), *Portrait de jeune homme*, 600 fr. — *N. B.* Ce peintre a eu beaucoup d'imitateurs ; on ne saurait donc garantir l'authenticité des œuvres rencontrées dans les ventes publiques et placées sous son nom.

Ponte (François da), le Jeune, fils de Jacques et dit **Bassano**. E. I. 1550-1592. BASSANO. Histoire, genre et portrait. = Elève de son père ; s'établit à Venise et y acquit tant de réputation qu'on le fit travailler concurremment avec le Tintoret et Paul Véronèse. Sa trop grande application altéra les facultés de son esprit; se croyant toujours environné d'archers et s'imaginant un jour qu'on venait l'arrêter, il se jeta par la fenêtre et mourut sur le coup. = Assomption, Rome. — Le déluge, Florence. — Jésus-Christ arrêté par les soldats, *ib.* — Enlèvement d'Europe, Berlin. — Le bon Samaritain, *ib.* — Saint François, Vienne. — Sainte Claire, *ib.* — Jeune paysan, *ib.* — La Cène, Madrid. — Voyage de Jacob, *ib.* — Les noces de Cana, *ib.* — Sujet mystique, *ib.* — Marché au poisson au bord de la mer, Paris. — Jésus Christ chassant les vendeurs du temple, Dresde. — Adoration des bergers, *ib.* — Assomption, *ib* — Jésus Christ apparaissant à Madeleine sous la figure d'un jardinier, *ib.* = Moins de vigueur que son maître dont il imita le style.

Ponte (Jean-Baptiste da), dit **Bassano**, fils de Jacques. E. I. 1553-1613. BASSANO. Histoire. = Elève de son père. = On ne connaît de lui qu'un seul tableau que quelques-uns attribuent au chevalier Léandre.

Ponte (Jérome da), dit **Bassano**, fils de Jacques. E I. 1560-1622. BASSANO. Histoire. = Elève de son père. = Sainte Barbe entre deux jeunes femmes regardant la Vierge dans le ciel, Bassano. = Figures gracieuses et d'un bon coloris, composition simple ; sa manière se rapproche de celle de son frère Léandre.

Ponte (Léandre da), dit **Le Chevalier Bassano**, fils de Jacques. E. I. 1558-1623. BASSANO. Histoire, portrait et genre. = Elève de son père ; créé chevalier par le doge Grimani, mena à Venise la vie d'un prince; travailla beaucoup pour l'empereur Rodolphe II, qui voulut l'attacher à la cour de Vienne, mais Léandre préféra rester à Venise où il mourut. = La sainte Trinité, Rome. — Jésus-Christ annoncé aux bergers, Florence. = Portraits, *ib.* — Jésus-Christ portant sa croix, *ib.* — Jésus-Christ guérissant un aveugle, *ib.* — Et autres, *ib.* — Pastorales, *ib.* — La Cène, *ib.* — Ascension du Christ, Bruxelles. — Construction de la tour de Babel, Londres. — Le Christ, Marthe et Marie, *ib.* — Portraits, *ib.* — Résurrection de Lazare, Naples. — La sainte Trinité, Venise. — Retour de Jacob à Chanaan, *ib.* — Retour du doge Sébastien Zani, *ib.* — Résurrection de Lazare, *ib.* — Portrait d'un procurateur de Saint-Marc, Berlin. — Portrait d'un ecclésiastique, Vienne. — Tableau de genre, *ib.* — Enlèvement d'Europe, Madrid. — Orphée, *ib.* — Epiphanie, *ib.* — Fuite en Egypte, *ib.* — Jésus-Christ couronné d'épines, *ib.* — La forge de Vulcain, *ib.* — Vue de Venise, *ib.* — Jésus guérissant un aveugle, Dresde. — Noé faisant entrer les animaux dans l'arche, *ib.* — Doge de Venise de la famille Cicogna. — Portrait de la femme du doge, *ib.* — Un homme assis à une table (Le portrait de l'artiste?), *ib.* — Le dîner des moutons, *ib.* = Imitation servile de son maître. Il réussit dans le portrait.

Ponte (Jean dal). E. I. ' XIVe siècle. Histoire, portrait. = Elève de Giottino.

Ponte (Jean da Santo-Stefano-a). E. I. 1306-1365. FLORENCE. Histoire, portrait. = Elève de Buonamico Buffalmacco; travailla beaucoup à Assise et dans sa ville natale. = Fresques, Assise. = Peu d'application au travail.

Ponte (Oct. del). E. H. † 1645 (?). UTRECHT. Gibier mort et marine. = Régent de l'hôpital de Saint-Job, à Utrecht, de 1639 à 1645. Reçu franc-maître de Saint-Luc, dans cette ville, en 1638. On le croit d'origine italienne. = En 1628 il offrit à l'hôpital de Saint-Job un tableau représentant du gibier mort.

Ponteau (Michel), surnommé en Italie : **Il Pontiano.** E. Fl. 1588 (?) - 1650. LIÉGE. Histoire, portrait. = Il eut pour premier maître Bertin Hoyoux, se rendit fort jeune en Italie et y passa ses plus belles années. = Presque tous ses ouvrages sont restés en Italie. = Il avait peint sur les vitraux de la maison qu'il habitait, à Liége, les portraits des empereurs romains.

Ponthus-Cinier. E. Fr. ' 1842. Paysage. = Vue prise en Provence.

Pontiano. V. Ponteau.

Pontons (Paul). E. Es. ' 1665. VALENCE. Histoire, portrait. = Elève de P. Orrente; peignit avec H. J. Espinosa. = Imita le coloris de son maître.

Pontormo. V. Carrucci.

Ponz (Antoine). E. Es. 1725-1792. BEXIX, royaume de Valence. Histoire, portrait. = Elève d'Antoine Richarte, à Valence; arriva à Madrid, en 1746, y étudia pendant cinq ans et se rendit à Rome; revenu dans sa patrie, son talent lui procura des commandes importantes, entre autres à l'Escurial; reçut une mission pour l'Andalousie, et conçut pendant cette excursion le projet de son voyage général en Espagne qu'il commença en 1771; nommé secrétaire de l'Académie de Saint-Fernand, en 1776; la plupart des Académies de l'Espagne le reçurent dans leur sein, et, à sa mort, on lui fit de magnifiques funérailles. = Déploya un rare talent dans les copies des plus beaux tableaux de Raphaël, du Guide et de P. Véronèse; rechercha et analysa tous les livres relatifs aux beaux-arts ; auteur de : *Comentarios de la Pintura* et de plusieurs autres ouvrages.

Ponzone (le chevalier Mathieu). E. I. ' XVIIe siècle. EN DALMATIE. Histoire. = Elève de Santa-Peranda. = Aida son maître et le surpassa pour la morbidesse de son style, sans l'égaler pour l'élégance; s'appliqua à imiter la nature sans chercher à l'ennoblir.

Ponzoni (Jean). E. I. ' 1450. Histoire. = Ecole milanaise.

Pool (Juriaan). E. H. 1666-1745. AMSTERDAM. Portrait. = Reçu franc-maître de Saint-Luc, à La Haye, en 1701. Il était le mari de la célèbre Rachel Ruysch et mourut après avoir été marié cinquante ans avec elle. Il travailla pour les souverains allemands, surtout pour l'électeur palatin. Un artiste du même nom a gravé à Amsterdam vers le milieu du XVIIe siècle ; on ignore s'il fut le père du portraitiste. = Portrait de Frédéric Ruysch, anatomiste, père de la célèbre femme de l'artiste, Rotterdam. = Ce peintre était aussi marchand de tableaux.

Pool (Rachel). V. Ruysch (Rachel).

Poole (Paul-F.). E. An. 1810-1879. BRISTOL. Histoire, genre. = Edouard au siége de Calais. — Job et les messagers. = Ventes : V. Northwick (1859), *Les envoyés de Dieu annonçant à Job ses malheurs*, 15,860 fr.

Poort (Albert-Jacques Vander). E. H. 1771-1807. DOCKUM. Portrait, paysage, etc. = Elève de H.-G. Beekkerk.

Poort (J. Vander). E. H. ' XVIIIe siècle. Portrait. = Détails inconnus.

Poorten (Henri-J.-F. Vander). E. Fl. 1789-1874. ANVERS. Paysage. = Elève de Herreyns. = Paysage avec figures et animaux, Bruxelles. — Paysage avec animaux, Haarlem. = Graveur.

Poorter (Antoine). E. H. † 1842. Eecloo. = Elève de J. Geirnaert.

Poorter (Guillaume de). E. H. ' xviie siècle. Haarlem. Genre, histoire, nature morte, etc. = Elève de Rembrandt. Vivait encore dans sa ville natale, en 1643; il y était membre de la gilde de Saint-Luc, en 1635. Il eut quelque mérite comme peintre d'histoire. = Esther présentée à Assuérus, Dresde. (Signé : *W. D. P.* 1645.) — La femme adultère, *ib.* (Même signature.) — Et autres, *ib.* — Mercure et Proserpine, Copenhague. — Allégorie de la paix, *ib.* — Nature morte, Brunswick. — Nature morte, Rotterdam. = Graveur.

Poorter (Jean-Antoine de). E. Fl. 1703. Genre, etc. = Cité par F. Bogaerts. = Peignit dans la manière de Teniers.

Popelin (Claudius-M.). E. Fr. 1825. Paris. Histoire. = Peintre émailleur et littérateur. = Dante et Giotto (A l'huile). — Jules César (Sur émail).

Popels (Jean). E. Fl. 1630 (?). Tournai. Histoire, portrait. = Aucune particularité n'est consignée sur cet artiste. = Ses ouvrages, comme peintre, sont presque inconnus. Le *Journal des Beaux-Arts*, 1880, p. 89, donne une description d'un tableau de ce maître existant à Göttingen. Ce tableau représentant *La délivrance d'Andromède*, est signé *Joan Popels* A° 16... = Il a gravé d'après les compositions de Rubens qui se trouvaient dans le cabinet de l'archiduc, à Bruxelles.

Poplier. E. Fr. ' xviie siècle. Miniature. = Reçu à l'Académie.

Popoli (le chevalier Hyacinthe de). E. I. † 1682. Orta. Histoire. = Elève de M. Stanzioni. = Détails peu soignés, bel ensemble.

Popp (Henri). E. Al. 1637-1682. Nuremberg. Histoire, portrait. = Elève de D. Preisler.

Poppel (Henri-R.-A.). E. Al. 1823. Konigsberg. Paysage. = Vues des Alpes.

Poppi (le). V. Morandini.

Por (Daniel de), dit **Daniello de Parme.** E. I. † 1566. Parme. Histoire, portrait. = Travailla avec le Corrége et avec le Mazzuoli. = Beaucoup de pratique.

Porcia. V. Apollodoro.

Porcher. E. Fr. ' 1578. = Peintre verrier qui exécuta de très beaux vitraux à l'église Saint-Paul, à Paris.

Pordenone (le). V. Licinio (Bernard).

Pordenone (le). V. Licinio (Jean-Antoine).

Porettano (Pierre-Marie). E. I. ' xviie siècle. Histoire. = Elève des Carrache.

Porfirio (Bernard). E. I. ' 1525. Leccio. Mosaïque. = Travailla pour François Ier d'après des dessins de Vasari.

Porideo (Grégoire). E. I. ' xvie siècle. Histoire. = Ecole du Titien.

Porletti ou **Portelli** (Charles). E. I. ' 1568. Loro (Val d'Arno). Histoire, portrait. = Ecole d'André del Sarto; travailla beaucoup pour la ville de Florence; quelques-uns lui donnent Rodolphe Ghirlandaio pour maître. = Manque d'harmonie.

Porpora (Paul). E. I. † 1680 (?). Animaux, batailles et nature morte. = Elève d'A. Falcone; membre de l'Académie de Saint-Luc; fit partie des *Compagnons de la mort.* = Excella dans la nature morte.

Porporati (Charles). E. I. 1741. Turin (?). Histoire. = Détails inconnus.

Porro (Thomas). E. I. ' 1550. Cortone. Histoire, portrait. = Peintre sur verre. = Plus habile à réunir et à cuire les verres qu'à les peindre.

Porta (André). E. I. 1656. Histoire. = Elève de César Fiori.

Porta (Ferdinand). E. I. 1689-1760 ou 1767. Milan. Histoire. = Détails inconnus.

Porta (Guillaume de la). V. Luciano.

Porta (Horace). E. I. ' 1568. Sansovino. Histoire. = On pense qu'il ne peignit que dans sa patrie.

Porta (Joseph), dit **Salviati.** E. I. 1520. Castel-Novo di Garfagnano. Histoire, portrait. = Se rendit jeune à Rome, y entra à l'école de Fr. Salviati dont il prit le nom, par reconnaissance; suivit son maître à Venise et y fixa sa demeure; fut chargé par les nobles de plusieurs travaux importants dont il s'acquitta à la satisfaction générale; appelé à Rome par le pape Pie IV, pour concourir à l'embellissement du Vatican, il s'attira, par cet ouvrage, l'admiration générale; ami du Titien, auquel il dut d'être un des décorateurs de la bibliothèque de Saint-Marc, à Venise. Mort dans cette ville, où il vivait encore en 1572. = Bethsabée au bain, Florence. — Jésus-Christ mort, enlevé par des anges, Dresde. — Tableaux, Venise. — Adam et Ève chassés du Paradis terrestre, Paris. = Dessin savant, attitudes naturelles, nus étudiés; abandonna le style romain pour le style vénitien; tons vrais, coloris vigoureux et brillant surtout dans la représentation des costumes et des ornements vénitiens; connaissances approfondies en architecture; bon mathématicien et excellent graveur en taille de bois.

Porta (Charles de la). E. I. ' xixe siècle. Histoire.

Portaels (Jean). E. Fl. 1820. Vilvorde. Histoire, portrait. = Elève de Navez et de Delaroche. Grand prix de Rome en 1842. Directeur de l'Académie de Bruxelles. = Rébecca. — Ruth. — Adoration des mages. — Une loge à Pesth.

Portail (Jacques-André). E. Fr. † 1759.

PARIS (?). Fleurs, fruits. = Nommé, en 1742, garde des plans et tableaux du roi et chargé de l'organisation des expositions de peinture. Membre de l'Académie, en 1746.

Porte (Henri-Horace-Roland de la). E. Fr. 1724-1793. PARIS. Nature morte, bas-reliefs, portrait, etc. = Reçu académicien, comme peintre d'animaux, en 1763. = Vase, globe et instruments de musique, Paris.

Portelette. E. Fr. 1842. Histoire, genre. = Mater dolorosa. — Les deux savants.

Portelli. V. Porletti.

Portengen (Luman). E. H. * 1638. UTRECHT. Histoire. = Sans doute le frère de Pierre.

Portengen (Pierre). E. H. * 1637. UTRECHT. Paysage, histoire. = Elève de P. Moreelse. Inscrit, en 1638, dans la confrérie de Saint-Luc. = Il peignait le paysage dans le style de Jean Both.

Porter (Sir Robert). E. An. 1777-1842. DURHAM. Histoire. = Siége de Saint-Jean d'Acre. — Bataille d'Azincourt.

Porth (H.-H.). E. Al. 1796. WILHELMSBURG, près Hambourg. Portrait. = Etudia à Dresde et à Rome. = Portrait du peintre, Hambourg.

Portielje (D.-A.). E. H. * XIXe siècle. Paysage. = Elève de C. Immerzeel. Avocat et peintre amateur, à Amsterdam, en 1839.

Portielje (Gérard). E. Fl. * 1875. Genre. = Les spirites. — Mauvais présage.

Portielje (Jean), fils de Gérard. E. Fl. * 1880. ANVERS. Genre. = En route pour l'église. — Le cadeau.

Portier (Hughes). E. Fl. * XIVe siècle. Histoire. = Exécuta en 1370, pour l'abbaye de St-Bavon lez-Gand, un tableau représentant *saint Amand détruisant l'autel de Mercure.*

Portmann (Chrétien-J.-L.). E. H. 1799. AMSTERDAM. Histoire, portrait et genre. = Elève de C. Kruseman. = Portrait d'un vieillard, Haarlem. — Episode de l'inondation, *ib.* — Famille de pêcheurs hollandais, Hambourg.

Porttmann (Guillaume). E. Al. 1819. DUSSELDORF. Paysage. = Elève de Schirmer. = Vallée du Tyrol.

Portugaloys (Edouard). E. Fl. * XVIe siècle. = En 1504, il est inscrit dans les *Liggeren* comme élève de Quentin Metzys. Reçu franc-maître, à Anvers, en 1508.

Portugaloys (Simon). E. Fl. * XVIe siècle. = Elève, en 1504, de Gos. Vander Weyden.

Posadas (le frère Michel). E. Es. 1711-1753. EN ARAGON. Histoire. = Religieux dominicain, à Ségorbe; séjourna à Valence.

Posay (Jean). E. Fr. * 1450. TOURS. = Miniaturiste de réputation.

Posay (Nicolas), frère de Jean. E. Fr. TOURS. = Miniaturiste de grand talent comme son frère.

Posch (Jean). * XVIIIe siècle. = Peintre suédois.

Posch (Laurent). 1733-1786. Portrait. = Peintre suédois. = Portrait de Gustave IV enfant, en uniforme de garde royal, Stockholm.

Poschinger (Richard von). E. Al. 1839. MUNICH. Paysage. = Elève de Lier.

Posé (Bernard et Jean de). E. Fr. * XVe siècle. Histoire, portrait. = Florissaient à Tours après les Fouquet.

Pose (Guillaume). E. Al. * 1842. DUSSELDORF. Paysage. = Kœnigsée, dans la haute Bavière. — Moulin au milieu des rochers.

Posselt. E. Al. * 1840. Fleurs, fruits. = Elève de Volcker, le Vieux.

Possenti (Benoît). E. I. * XVIIe siècle. BOLOGNE. Paysage, histoire, marine et genre. = Elève de L. Carrache. = Pinceau spirituel.

Post (Jean). E. H. † 1614. LEYDE. Histoire, etc. = Peintre sur verre, établi à Haarlem. Fut marié deux fois.

Post (François), fils de Jean. E. H. † 1680. HAARLEM. Paysage. = La première date certaine qu'on relève à propos de ce peintre est 1645; il fut alors témoin au baptême d'une enfant de son frère Pierre. Membre de Saint-Luc, en 1646. En 1650, il se maria à Zandvoort. *Vinder* de Saint-Luc, en 1656. Son frère Pierre fut un architecte distingué. Il y eut encore un Jean Post, peintre, et qui florissait en 1665. Nous ignorons s'il était parent des autres artistes de ce nom. Le prince Frédéric-Henri lui confia des travaux assez délicats, entre autres, la restauration (?) et l'agrandissement d'un tableau de Rubens. Il est vrai qu'il ne reçut de ce chef qu'une somme de 50 florins. Il travailla encore pour le même prince, en 1676. = Vue des Indes orientales, Londres. = Ses tableaux et ses gravures ont du mérite.

Post (Sébastien). E. H. 1777. TIEL. Portrait.

Post-Brans (Jean-Robert). E. H. 1811. LA HAYE. Portrait. = Elève de C. Kruseman. Etabli dans l'île de Curaçao.

Posthumus (Gosling). E. H. † 1832. = Elève d'O. de Boer. Mort à Dockum, à la fleur de l'âge.

Postma. E. H. * XIXe siècle. Paysage. = Etabli à Hoogezand.

Pot (Henri-Gerritsz). E. H. 1600-1656. HAARLEM. Histoire, portrait. = De 1633 à 1639, ce peintre fut lieutenant des arbalétriers. = Char de triomphe, Haarlem. — Portrait de Charles Ier, roi d'Angleterre, Paris. = Touche fine.

Pot (Jean et Nicolas le). E. Fl. * XVIe siècle. = Cités par Nagler, comme peintres sur verre et sculpteurs flamands établis à Beauvais. Jean peignit avec talent en camaïeu et mourut en 1563. Nicolas, parent de Jean, florissait vers 1540.

Potain (Victor-Maximilien). E. Fr. ' XVIIIe siècle. Histoire. = Deuxième prix de l'Académie royale de peinture de France, en 1781, avec son *Supplice des Machabées.*

Potasch. E. Al. ' XVIIIe siècle. Oiseaux, gibier mort, etc. = Détails inconnus. = Oiseaux aquatiques sur un étang, Dresde.

Potel (Denise L.-C. BERTIER, Mme). E. Fr. 1803. PARIS. Portrait. = Elève de son père.

Potenzano (François). E. I. † 1599. PALERME. Histoire. = Parcourut successivement Rome, Naples, Malte et une partie de l'Espagne et laissa partout des preuves incontestables de son talent. = Bon poète, improvisateur et graveur.

Poterlet. E. Fr. 1802-1835. EPERNAY. Histoire, genre. = Elève de Hersent. Mort à Paris. = Dispute de Trissotin et Vadius, Paris. = Etudia beaucoup l'école flamande, produisit peu de tableaux, mais des esquisses remarquables d'après les tableaux des principaux musées de l'Europe.

Potheuk (J.). E. H. ' XVIIe siècle. Portrait. = Détails inconnus. = Il fit les portraits de personnages de distinction, à Leyde. = Peintre de mérite.

Pothier. E. Fr. ' XVIe siècle. = Ce nom est celui d'une famille de Troyes qui produisit trois peintres verriers de grand talent, Eustache, François et Jean. Ils florissaient vers 1560.

Pothier (Gustave). E. Fr. ' 1597. TROYES. Histoire, ornements. = Exécuta de bons tableaux pour les églises de Troyes.

Pothoven (Henri). E. H. 1725. AMSTERDAM. Portrait, genre. = Elève de Ph. Van Dyk; connu comme excellent graveur. Mort vieux, à La Haye; Bryan-Stanley dit, en 1795. = Bon pinceau, coloris agréable dans le nu. Graveur.

Potier (Julien-Antoine). E. Fr. 1796. VILLENEUVE-SOUS-VERBERIE. Histoire, genre. = Elève de Guérin et de Pallière. = Saint Landry, évêque de Paris. — Oreste défendu par Pylade, Valenciennes.

Potlepel. V. Jordaens.

Potma (Jacques). E. H. 1610-1684 (?). WORKUM (Frise). Histoire, portrait. = Elève de Wybrand De Geest. Pendant son séjour à Vienne, l'électeur le protégea. L'accueil favorable qu'il reçut dans cette dernière ville l'engagea à s'y établir, et le succès ayant répondu à son attente, il y resta jusqu'à la fin de sa vie. D'après Nagler, il peignit encore, en 1690, un tableau d'autel pour l'église à Pfreimdt. = Laissa la réputation d'un peintre de goût et de talent.

Pottekens. V. Verhagen.

Potter ou **Pottes** (Pierquin de). E. Fl. ' XVe siècle. YPRES. = Travailla, en 1468, aux entremêts de Bruges.

Potter (Pierre). E. H. ' 1631. ENKHUIZEN. Paysage, genre et histoire. = Ce peintre traité d'artiste médiocre, ne mérite pas ce jugement sévère. Il travailla d'abord dans sa ville natale, s'y maria et y eut trois enfants, le célèbre Paul, Pierre qui selon quelques-uns fut également peintre et dont la naissance n'est consignée dans aucun document authentique, et Marie. En 1631, d'après Houbraken, il vint s'établir à Amsterdam où, en cette année, il acheta son droit de bourgeoisie. Il mourut dans cette ville, on ignore en quelle année, la date de 1692 donnée par Houbraken étant évidemment une erreur, puisqu'on le suppose né vers 1595. = Une plage avec pêcheurs, promeneurs et voiture, Rotterdam. (Signé : *P. Potter*, 1662.) (D'après M. Van Westrheene ce tableau doit être de Pierre Potter, le Jeune, à cause de la date qu'il porte.) — Les joueurs de tric-trac, Copenhague. — Vanitas, Amsterdam (Musée V. D. Hoop). (Signé : *P. Potter*, 1646 ou 1642.) = Ton vigoureux. Beaucoup de ressemblance avec les œuvres de Thierry-Raphaël Camphuysen. Un bon graveur, Pierre Nolpe, a reproduit plusieurs œuvres de Pierre Potter qui annoncent un artiste d'un réel mérite. = Ventes : V. Meffre (1863), *Combat de cavalerie*, 212 fr.

Potter (Paul), fils de Pierre. E. H. 1625-1654. ENKHUYZEN. Animaux, paysage. = Elève de son père. Issu de la famille d'Egmont par sa mère; il montra dès sa plus grande jeunesse des dispositions extraordinaires. On dit que sa famille vint s'établir à Amsterdam, en 1631, et, qu'en 1642, Paul fréquentait l'atelier de Jacques De Weth, le Vieux, à Haarlem. Sa vie fut toute consacrée à son art; il se levait avec le soleil et peignait tout le jour; le soir était consacré au dessin et à la gravure; ses seules distractions étaient des promenades, pendant lesquelles encore il esquissait tous les sites agrestes qu'il rencontrait. Les premières traces historiques que l'on trouve de ses travaux sont à Delft où il est inscrit, au 6 août 1646, comme membre de la corporation de Saint-Luc. Il se maria en 1650, à La Haye, où il s'était établi depuis l'année précédente et où il excitait l'admiration générale y compris celle du comte Jean-Maurice de Nassau. Il est inscrit dans la corporation comme MAITRE PEINTRE, qualification exceptionnelle, en 1649. Il eut pourtant à vaincre les préjugés du père de sa future, qui disait avec dédain que Potter n'était qu'un peintre... d'animaux. Il habita une maison contigüe à celle de Jean

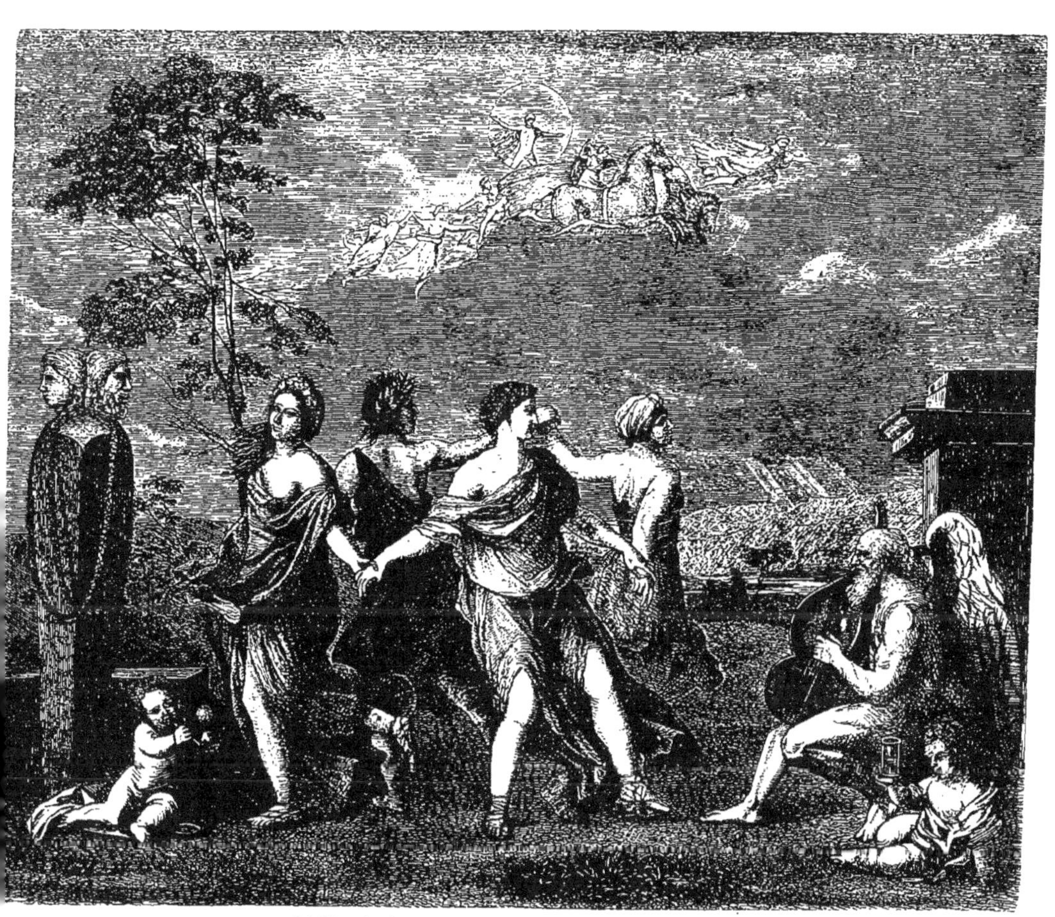

L'allégorie de la vie humaine. Par Nicolas Poussin.

Van Goyen et on doit supposer que les deux artistes eurent de fréquentes relations. En 1652, il alla demeurer à Amsterdam, à la prière du bourgmestre Tulp. L'infatigable activité qu'il y déploya le conduisit au tombeau le 17 janvier 1654 à 28 ans et deux mois! Sa veuve retourna à La Haye et s'y remaria. Paul Potter eut deux enfants. Un fils, Pierre, né en 1651, mort peu de temps après, et une fille, Dingenom, née à Amsterdam en 1653, morte trois ans après à La Haye. = Orphée rassemblant les animaux au son de sa lyre, Amsterdam.—Les bergers et leurs troupeaux, *ib.* (Les deux tableaux qui précèdent sont des chefs-d'œuvre). — Les coupeurs de paille, *ib.* — La cabane du berger, *ib.* — La chasse aux ours, *ib.* — Départ pour la chasse, Dresde. — Le berger et les bœufs, *ib.* — Le troupeau sur la colline, *ib.* — Animaux et pâtre : le jeune taureau (Grandeur naturelle), La Haye (Chef-d'œuvre; daté de 1647). — Paysages avec bestiaux et porcs, *ib.* — Paysage avec animaux : la vache qui se mire, *ib.* — Paysages avec animaux, Rome. — Chevaux à la porte d'un cabaret, Paris. — Bœufs et moutons dans une prairie, *ib.*— Animaux devant une chaumière, Munich. — Scène devant une étable, Londres (Buck. Pal.). — Halte de chasseurs, *ib.* (Chef-d'œuvre). — Paysage avec animaux : la vache noire, *ib.* — Quatre vaches près d'un arbre mort, Cassel (Château de Wilhelmshöhe, 1644). — Chasseur devant un cabaret, Saint-Pétersbourg. — Paysage avec animaux, tableau célèbre connu sous le nom de *la Vache qui pisse*, *ib.* (Chef-d'œuvre). — Le jugement de l'homme par les bêtes, *ib.* — Et autres, *ib.* — Un bœuf blanc, Rotterdam. — Les vaches sur la colline, Copenhague. = Il dessinait les figures, les chevaux et tous les autres animaux dans la plus grande perfection. Ses tableaux ont la couleur de ceux de Wouwerman et de C. Dujardin. Pinceau fin et moelleux, fonds et lointains vaporeux, parfaite entente du clair-obscur. Le seul reproche qu'on puisse lui faire, c'est un peu de raideur dans quelques-unes de ses productions. Parmi les peintres qui recherchèrent avant tout l'imitation vraie de la nature, il est un des plus grands qui aient existé. Empâtement solide; perspective aérienne admirable. Excellent graveur. = Ventes : V. Peelhon (1763), *Deux chevaux à la porte d'une auberge*, 480 liv. — V. Julienne (1767), *Vaches et moutons*, 4,911 liv. — V. Braamcamp (1771), *Paysan conduisant un troupeau de bœufs*, 19,000 liv. — V. Choiseul (1772), *Vue du bois de La Haye*, 27,400 liv. — V. Randon de Boisset (1777), *Chevaux à la porte d'une écurie*, 9,300 liv. — *Chasseurs à cheval*, 7,450 liv. — V. Conti (1777), *Vue du bois de La Haye* (Celle de la vente Choiseul), 19,000 liv. — V. Poullain (1780), *Entrée du bois de La Haye*, 3,200 liv. — V. Nogaret (1780), *Paysage*, 2,060 liv. — V. de Pange (1781), *Vue du bois de La Haye* (Celle de la vente Conti), 14,000 liv. — V. Van Balle (1781), *Taureau brun*, etc., 5,860 liv. — V. Vaudreuil (1784), *Vaches et moutons* (De la vente Julienne), 15,000 liv. — V. Lebrun (1791), *Vue d'une prairie*, 4,300 liv. — V. Choiseul-Praslin (1793), *Prairie avec sept animaux*, 28,200 liv. — V. Tolozan (1801), *Paysage avec animaux : Deux prairies séparées par un chemin*, 27,050 fr. — V. Robit (1801), *Prairie avec sept animaux* (C'est celui de la vente de Praslin), 29,700 fr. — V. Van Leyden (1804), *Scène de campagne : une paysanne, un enfant, une vache noire, deux cochons, trois vaches et un paysan*, 33,600 fr.—V. Vander Pot de Groeneveld (1808), *Paysage montagneux*, 20,150 fr. — V. La Peyrière (1817), *Prairie de Hollande avec animaux*, 17,230 fr. — V. Lafontaine (1821), *Paysage avec six vaches et deux chèvres*, 9,300 fr. — V. Erard (1832), *Le pâturage*, 13,000 fr. — V. de Berry (1837), *Prairie avec sept animaux* (C'est celui de la vente Robit), 37,100 fr. — *La prairie*, 12,100 fr. — V. Heris (1841), Paysage : *Une vache rousse que trait une femme*, 2,600 fr. — V. Perregaux (1841), *Le maréchal-ferrant*, 15,000 fr. — V. Mecklembourg (1854), *L'abreuvoir*, 6,450 fr. — V. Patureau (1857), *Animaux au pâturage*, 15,500 fr. — V. Van Cleff (1864), *Trois vaches dans un pâturage*, 2,900 fr. — V. Van Brienen de Grootelindt (1865), *Bergers prenant leur repas*, 44,100 fr. — Même V. *Animaux effrayés par l'orage*, 35,100 fr. — V. Morny (1865), *Paysage montagneux*, 6,000 fr. — V. San Donato (1868), *Un pâturage*, 112,000 fr. — V. Delessert (1869), *Un pâturage*, 10,000 fr.

Pottey (Jean). E. H. 1615. HAARLEM. Histoire, portrait. = Il est question de lui, dans les archives de Saint-Luc, dès l'année 1637. En 1641, il partit pour l'Angleterre, mais il en était revenu, en 1642, puisqu'on a la preuve qu'alors il habitait Haarlem. = On connaît de lui une bonne gravure.

Potuil (Henri). E. H. * XVIIe siècle. Scènes villageoises. = Détails inconnus. = Du fini, un effet agréable.

Pougens (Marie-Charles-Joseph de). E. Fr. 1755-1833. PARIS. = Peintre, littérateur, philologue, membre de l'Académie des inscriptions et belles-lettres. = *Recréation de philosophie et de morale*, 1784, in-12. — *Archéologie française*, 1821-1825, 2 vol., in-8°.

Pougin. E. Fr. * 1756. Portrait. = Membre de l'ancienne Académie de Saint-Luc, à Paris.

Poulette (Nicolas). E. Fl. ' 1422. ALOST. Histoire. = Exécuta, en 1422, pour l'Hôtel-de-ville d'Alost un *Jugement dernier*. Il avait déjà peint le même sujet pour l'Hôtel-de-ville de Bruxelles.

Poupart (Antoine-Achille). E. Fr. ' 1820. PARIS. Paysage, architecture. = Elève de Bertin et de Langlacé. Peignit sur porcelaine. = Vue du pavillon de Breteuil. — Vue du vieux pont de Sèvres.

Pourbus (Pierre), le Vieux. 1463. GOUDA. Portrait. = Aucun auteur n'avait parlé jusqu'ici d'un vieux Pierre Pourbus. Le catalogue allemand de la galerie de Vienne, par M. de Mechel, le cite et donne pour date certaine de sa naissance l'année 1463. Il est, toujours d'après le même auteur, le père de Pierre Pourbus, le Jeune. Nous ne savons où M. de Mechel a puisé des renseignements aussi précis et aussi inconnus avant lui. = Portrait d'homme, Vienne. — Portrait d'un jeune homme appartenant probablement à la caste des orfèvres, Vienne. (Ce tableau porte l'inscription suivante : AETATIS QVATVOR TRIA, BIS QVOCR LVSTRA SVPERSES. HOS MARCKARDVS EGO IVTVS, HAC ORA FERREBAM.)

Pourbus ou **Porbus** (Pierre), le Jeune, fils(?) de Pierre, le Vieux. E. Fl. 1510 ou 1513-1583. GOUDA (?). Histoire, perspective et portrait. = Il était établi à Bruges, où il épousa la fille de Lancelot Blondeel. En 1540, il fut admis au Vieux Serment des arbalétriers de Saint-Georges, à Bruges. Reçu franc-maître de Saint-Luc, en 1543, il en fut dignitaire en 1552, 1555, 1561, 1565, 1573 et 1579, et doyen en 1569 et 1580; Pierre Pourbus fut très fréquemment employé par la ville et par le Franc, pour l'ordonnance des fêtes publiques, les commandes officielles, ainsi que les plans, cartes, etc., qui démontrent ses talents variés. Ledoulx nomme son père Jean; à Vienne se trouvent deux tableaux d'un Pierre Pourbus, le Vieux, né, comme nous l'avons dit, en 1463, à Gouda, et qui serait le père de Pierre, le Jeune. Les uns le font mourir à Bruges, les autres à Anvers. Nous avons suivi tous les auteurs antérieurs en faisant naître Pourbus à Gouda en 1510 ou 1513 et en le faisant venir jeune à Bruges. Toutefois, si cette version est exacte, il aurait dû acheter son droit de bourgeoisie dans la dernière de ces villes, ou bien, s'il n'obtint point celui-ci, la fille de Lancelot Blondeel dut payer la somme imposée à ceux qui contractaient mariage avec des étrangers. Or, les comptes de cette dernière catégorie de paiements et ceux des droits de bourgeoisie, existent tous et aucune mention n'y est faite à propos de Pourbus. Ce dernier serait-il donc né à Bruges et le vieux Pierre cité dans le catalogue du musée de Vienne, serait-il le seul de la famille né à Gouda? Quant à la ville où mourut ce grand peintre, c'est encore un mystère, puisque peu de jours après sa mort, la ville de Bruges accorda à sa veuve une pension mensuelle. Cette circonstance se fut-elle produite si la carrière de Pourbus s'était terminée à Anvers? = Descente de croix, tableau à volets, Bruges. — Portrait d'homme, *ib.* (Académie). — Portrait de femme, *ib.* — La cène, *ib.* (Triptyque; église Saint-Sauveur; peint en 1559). — La Vierge des sept douleurs, *ib.* (Triptyque; église Saint-Jacques). — Résurrection, *ib.* — Adoration des bergers, *ib.* (Eglise Notre-Dame). — La cène, *ib.* (Triptyque). — Portrait des donateurs dans la *Transfiguration* de J. Mostaert, *ib.* — Crucifiement, *ib.* (Avec volets). — Résurrection, Paris. — Portrait de femme, Rotterdam. — Moïse présentant les Tables de la Loi aux Israélites, La Haye. — Portrait d'homme, Copenhague. — Portrait de J. Vander Gheenst, échevin et conseiller de la ville de Bruges, Bruxelles. = Beau coloris, grande vérité, bon style; effet un peu raide qui peut être attribué aux costumes du temps. Il était également géographe distingué. = Vente : V. D'hane de Steenhuyse (1860), *Portraits de deux personnages du* XVIe *siècle*, 1,750 fr. — V. Pommersfelden (1867), *Portrait d'homme*, 11,100 fr. — V. Reiset (1870), *Portrait d'Elisabeth de France*, 5,950 fr.

Pourbus (François) ou **Porbus**, le Vieux, fils de Pierre, le Jeune. E. Fl. 1545-1581. BRUGES. Histoire, portrait, paysage et animaux. = La date de sa naissance a été désormais fixée en suite d'une déclaration de l'artiste par devant le secrétaire de la maison de ville d'Anvers. Elève de son père et de Fr. Floris. Reçu franc-maître de Saint-Luc, à Anvers, en 1564. En 1566, Pourbus s'apprêtait à faire les voyages artistiques ordinaires; il avait pris congé à Gand de Luc De Heere chez qui il fut rencontré par Van Mander, puis il était revenu à Anvers dans le but de dire adieu à ses amis, lorsqu'il ressentit une vive passion pour la nièce de son maître, Susanne Floris, fille de Corneille. Les projets de voyage furent abandonnés et remplacés par le mariage de l'artiste. Pourbus était porte-drapeau de la garde bourgeoise; en 1580 il s'était fort échauffé dans l'exercice de ses fonctions, se coucha au corps de garde, respira un mauvais air, prit une fièvre maligne et mourut après peu de jours de maladie. Sa veuve qui était sa seconde femme, épousa le peintre Jean Jordaens. = Jésus-Christ au milieu des docteurs (La plupart des figures de ce tableau sont des portraits d'hommes en place sous le gouvernement de Philippe II; on y remarque le portrait du peintre), Gand (Eglise Saint-Bavon; chef-d'œuvre; signé : *F. Pourbus, inventor et pictor* 1571). — Autres tableaux, *ib.* — Descente du Saint-Esprit, Courtrai. — Portrait du peintre (1570), Florence. — Portrait d'homme, Saint-Pétersbourg. — Portrait de femme, *ib.* — La cène, Paris. — Saint François, *ib.* — Deux portraits en pied d'Henri IV, dont l'un sert de type à tous ceux que l'on a faits de ce prince, *ib.* — Portrait d'homme, La Haye. — Prédication de saint Eloy, Anvers. — Portraits, Madrid. — Portrait d'homme, Bruxelles. — Saint Mathieu inspiré par l'ange, *ib.* — Deux portraits de femme, Berlin. — Portrait d'homme, *ib.* — Portrait d'homme (Daté de 1568), Vienne. — Portrait d'Elisabeth d'Angleterre, Amsterdam. — Portrait-buste de femme, Dresde. — Deux portraits d'échevins de Bruges, Bruges. (Hôpital Saint-Jean.) — Retable à huit panneaux, *ib.* (A l'église Saint-Gilles.) — Tableaux, Malines, Tournai, Dunkerque, etc. = L'ordonnance de ses tableaux est un peu confuse. Cependant il surpassa son père et fut le meilleur élève de Fr. Floris; inférieur à ce dernier pour le dessin, il le surpassa pour le coloris.

Pourbus (François), dit **Le Jeune**, fils de François, le Vieux. E. Fl. 1570-1622. ANVERS. Histoire, portrait. = On ne sait de qui il fut élève; ce ne peut être de son père puisque celui-ci mourut lorsque son fils n'avait que dix ans. Franc-maître de Saint-Luc, à Anvers, en 1591. Employé par les archiducs Albert et Isabelle, en 1600, à Bruxelles où il résida quelque temps avant d'entreprendre le voyage d'Italie. De ce dernier pays, il se rendit à Paris où il s'établit et où il se trouvait déjà au début de l'année 1610. En faveur à la cour de Henri IV, il reçut, en 1611, le titre de peintre de Marie de Médicis, alors reine douairière. Il paraît résulter de documents mis au jour par M. Armand Baschet, qui en promet encore d'autres, que Pourbus porta le titre de peintre du duc de Mantoue, qu'il accompagna en France Eléonore de Médicis, duchesse de Mantoue et sœur de la reine Marie, lorsque cette princesse y vint être marraine du futur Louis XIII et qu'en 1606, le 20 août, notre peintre y fit, à Saint-Germain en Laye, le portrait en pied du jeune Dauphin. Le même auteur dit que Pourbus quitta définitivement la cour de Vincent Ier de Gonzague, en 1609. Il cite encore un portrait en pied de Louis XIII, enfant, que fit Pourbus, le 11 février 1611. Tous ces détails ont été rapportés par M. Pinchart. Pourbus mourut à Paris et fut enterré le 19 février 1622. D'après Jal *(Dictionnaire critique)*, il a existé à Paris un peintre nommé Jacques Pourbus (1578). = Trois portraits d'homme parmi lesquels celui du peintre, Saint-Pétersbourg. — Portraits de deux conseillers au parlement et de Guillaume du Vair, garde des sceaux sous Louis XIII, *ib.* — Quatre portraits d'hommes inconnus, *ib.* (Ces tableaux sont des fragments d'une grande peinture qui décorait autrefois l'Hôtel-de-ville de Paris). — Portrait, Madrid. — Deux portraits de Henri IV, Paris. — Portrait de Marie de Médicis, *ib.* — La cène, *ib.* — Saint François recevant les stigmates, *ib.* — Portrait de Guillaume du Vair, *ib.* — Un bal à la cour, sous Albert et Isabelle (Avec Fr. Franck, le Jeune), La Haye. — Henri IV sur son lit de mort, Berlin. — Portraits, Florence. — Portraits d'Albert et d'Isabelle, Stockholm. = Beau pinceau; coloris plein de fraîcheur; touche savante et précieuse. Les portraits de ce peintre sont remarquables par la couleur et la finesse d'exécution des détails; il est cependant, sous ce rapport, resté inférieur à son père.

Pours ou **Poers** (Georges). V. Purse.

Pourtalès. E. Al. ' 1840. SUISSE. Paysage.

Pousay (Jean). E. Fr. ' 1521. TOURS. Histoire, ornements. = Exécuta pour le roi, en 1521, une vue de la ville de Troyes à vol d'oiseau.

Poussin (Nicolas). E. Fr. 1594-1665. LES ANDELYS (Normandie). Histoire, paysage et portrait. = Originaire de Soissons, et fils, assure-t-on, d'un gentilhomme dont les services militaires avaient épuisé la fortune. Cette assertion est fort douteuse. Quintin Varin reconnut ses dispositions précoces et lui enseigna les éléments de la peinture. Le Poussin se rendit à Paris sans ressources, trouva un protecteur dans un gentilhomme de Poitiers, entra dans l'atelier de Ferdinand El, de Malines; puis de Lallemant, le lorrain, mais ne resta pas longtemps chez ce dernier; ayant rencontré des dessins originaux de Raphaël et de Jules Romain, il les étudia avec ardeur, et ce fut réellement là sa première école. Parcourut à pied le Poitou, revint à Paris, tomba malade d'épuisement et de fatigue, alla se rétablir aux Andelys, et revint dans la capitale avec le dessein de partir pour Rome, afin de s'y perfectionner; tenta vainement deux fois ce voyage; parvint, la première, jusqu'à Florence, et dut s'arrêter, la seconde, à Lyon. Ce fut à son retour de Florence, et logeant à Paris, qu'il connut Ph. Van Champagne et travailla avec cet artiste chez un peintre médiocre, dont les travaux secondaires ne pouvaient mettre en relief leur mérite. Concourut, en 1623, pour une suite de tableaux commandés par les jésuites et remporta le prix : attira par ces peintures l'attention du cavalier Marini qui l'occupa aux dessins tirés de son poème d'*Adonis*. Entreprit une troisième fois le voyage de Rome, arriva dans cette ville, en 1624, étudia les antiques avec le sculpteur flamand Duquesnoy, auquel l'infortune l'avait attaché; vengea, par ses éloges publics et savants, le Dominiquin de l'oubli où on le laissait, sans toutefois heurter son rival, le Guide, dont il se plaisait à louer les qualités; fut heureux de la reconnaissance de l'artiste persécuté. Vers cette époque, et probablement à l'instigation de quelques Italiens jaloux, le Poussin fut attaqué par des soldats près de Monte-Cavallo et reçut une blessure à la main. Cette aventure n'eut pas de suites fâcheuses. Devenu malade, il n'eut qu'à se louer des soins les plus hospitaliers de la part de la famille de Jacques Dughet, son compatriote, chez lequel il recouvra la santé : épousa, en 1629, une des filles de son hôte, Anne-Marie, n'en eut pas d'enfants, mais adopta un jeune frère de sa femme qui hérita de son nom et de son talent pour le paysage (Voyez Gaspard Dughet, dit *Poussin*). Il fut ensuite chargé de quelques travaux, par le cardinal Barberini, neveu du pape Urbain VIII, et trouva un protecteur affectueux et constant dans le chevalier Pozzo, de Turin; reçut des commandes pour Naples, l'Espagne et la France, fut lié avec Jacques Stella, à Rome. Plusieurs invitations pour se rendre en France lui furent faites, et il ne les accepta que lorsque son ami le plus dévoué, M. de Chanteloup, vint le prendre, en 1640. Les plus grands honneurs l'attendaient dans sa patrie : il y fut nommé premier peintre du roi et directeur général des embellissements des maisons royales. La jalousie de Vouet et les petites persécutions des amis de cet artiste, firent éprouver au Poussin le besoin de revoir sa famille; il demanda un congé et repartit pour Rome, en 1642, avec Dughet et Lemaire, en promettant de revenir. La mort de Richelieu et celle de Louis XIII lui firent considérer ses engagements comme rompus : il ne revint plus en France, ne cessant pas toutefois de travailler pour elle, et donnant par ses conseils une nouvelle impulsion à son école, ce qui le fit considérer comme le rénovateur de la peinture, sous Louis XIV. = Thésée à Trézène, Florence. — Vénus et Adonis, *ib.* — Martyre de saint Erasme, Rome. — Triomphe de Flore, *ib.* — Repos en Egypte, Venise. — Nymphes et satyres, Londres. — Jupiter et Antiope, *ib.* — Education de Bacchus, *ib.* — Paysage avec figures : Phocion, *ib.* — Bacchanales, *ib.* — Céphale et l'Aurore, *ib.* — Phinée et ses compagnes métamorphosées en pierre à la vue de la Gorgone, *ib.* — La peste à Ashad, *ib.* — Paysage, *ib.* — Paysage, La Haye. — Adoration des mages, Dresde. — Martyre de saint Erasme, *ib.* — Le royaume de Flore, *ib.* — Narcisse, *ib.* — L'amour et Vénus, *ib.* — Pan et Syrinx, *ib.* — Moïse exposé sur le Nil, *ib.* — Offrande de Noé, *ib.* — Portrait du peintre, *ib.* (Attribué). — Jésus-Christ vêtu en jardinier, apparaissant à Madeleine, Madrid. — David vainqueur de Goliath, *ib.* — Le parnasse, *ib.* — Noé et la famille après le déluge, *ib.* — Combat de gladiateurs, *ib.* — Paysages, *ib.* — Et beaucoup d'autres, *ib.* — Paysage : Junon mettant les yeux d'Argus dans la queue de son paon, Berlin. — Enfance de Jupiter, *ib.* — Renaud et Armide, *ib.* — Le soleil et Phaéton, *ib.* — Pillage du temple de Jérusalem, Vienne. — Adoration des bergers, Munich. — Jésus-Christ mis au tombeau, *ib.* — Midas priant Bacchus de reprendre le don qu'il lui avait accordé de changer en or tout ce qu'il touchait, *ib.* — Saint Norbert recevant de la Vierge l'habit religieux, *ib.* — Portrait du peintre, *ib.* — Rebecca et Eliézer, Paris. — Moïse sauvé des eaux, *ib.* — Même sujet, traité différemment, *ib.* — Moïse enfant, foulant aux pieds la couronne de Pharaon, *ib.* — Moïse changeant en serpent la verge d'Aaron, *ib.* — Les Israélites recueillant la manne, *ib.* — Les Philistins frappés de la peste, *ib.* — Jugement de Salomon, *ib.* — Adoration des mages, *ib.* — Sainte Famille, *ib.* — Repos de la Sainte Famille, *ib.* — Les aveugles de Jéricho, *ib.* — Jésus-Christ guérissant les aveugles, *ib.* — La femme adultère, *ib.* — La cène, *ib.* — La mort de Saphire, *ib.* — Saint Jean-Baptiste donnant le baptême, *ib.* — Apparition de la Vierge à saint Jacques le majeur, *ib.* — Assomption, *ib.* — Ravissement de saint Paul, *ib.* — Saint François-Xavier aux Indes, *ib.* — Le printemps, *ib.* — L'été, *ib.* — L'automne, *ib.* — L'hiver, dit : *Le Déluge* (Chef-d'œuvre), *ib.* — Education de Bacchus, *ib.* — Bacchanale, *ib.* — Echo et Narcisse, *ib.* — Le triomphe de Flore, *ib.* — La mort d'Eurydice, *ib.* — Les bergers d'Arcadie, *ib.* — Le jeune Pyrrhus, *ib.* — Mars et Rhea Sylvia, *ib.* — Enlèvement des Sabines, *ib.* — Le maître d'école renvoyé aux Falisques, *ib.* — Diogène jetant son écuelle, *ib.* — Triomphe de la vé-

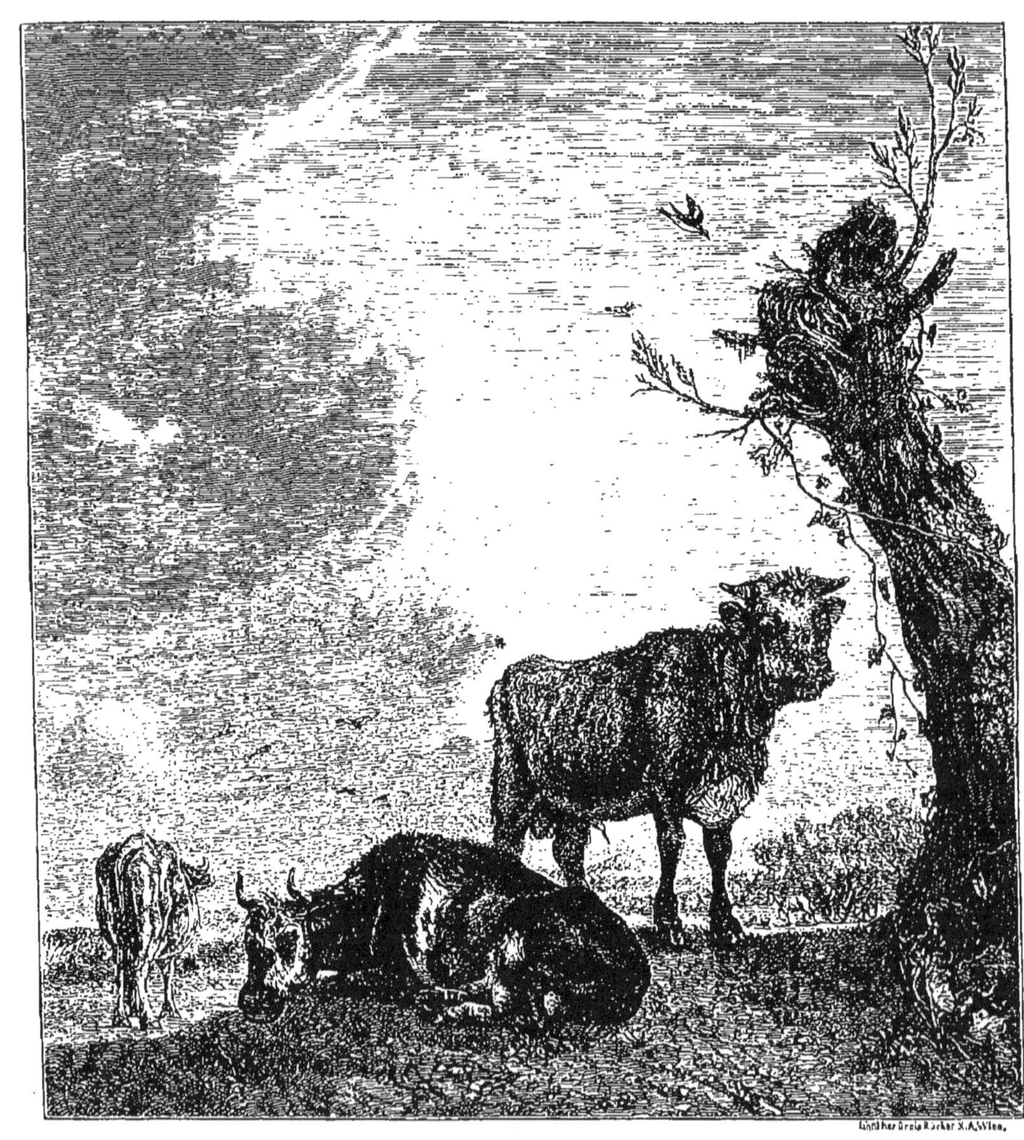

Le taureau beuglant. Par P. Potter. Buckingham-Palace.

rité, *ib.* — Enfant jouant, *ib.* — Portrait du peintre, *ib.* — Hercule au mont Œta, Saint-Pétersbourg. — Continence de Scipion, *ib.* — Testament d'Eudamidas, *ib.* — Et d'autres, *ib.* — Le buisson ardent, Copenhague. — Jésus-Christ guérissant les aveugles, *ib.* = Un des plus grands peintres d'histoire sous le rapport poétique, moral et dramatique; la richesse de ses compositions et la beauté de ses expressions l'ont fait surnommer : *Le peintre des gens d'esprit*. Recherchait le bon goût de l'antique en y associant quelquefois, ou en y ramenant, les formes de la nature et celles de l'art; s'attacha principalement aux beautés expressives, comme peignant par un trait vif et précis le langage de la pensée et du sentiment : aussi recherchait-il dans l'antique ce beau idéal ou intellectuel, en même temps que moral, qui lui faisait choisir les sujets historiques les plus propres aux développements nobles et expressifs de la composition et du style. Dans ses excursions au sein de Rome, dans ses nombreuses promenades solitaires, il méditait partout, observait et notait sur ses tablettes tout ce qui frappait sa vue et son imagination, afin de donner à l'antique, son modèle, la diversité, la vie et le mouvement qui lui manquaient. Il s'instruisait des théories de la perspective dans Matteo Zaccolini, de l'architecture dans Vitruve et Palladio, de la peinture dans Alberti et L. de Vinci; apprenait l'anatomie non seulement dans Vésale, mais dans les dissections de Nicolas Larche; le modèle vivant dans l'atelier du Dominiquin, l'élégance des formes dans celui d'André Sacchi, enfin les plus beaux faits de poésie et d'histoire dans Homère et Plutarque et surtout dans la Bible. Grande science pour les usages et les costumes des anciens; répéta souvent le même sujet en le multipliant par une disposition nouvelle; reçut à Rome une des plus grandes faveurs que l'on accordât aux artistes étrangers : ce fut d'être employé à peindre un tableau représentant le martyre de saint Erasme, pour être copié en mosaïque, à la basilique de Saint-Pierre. Dans la seconde période de sa vie, le Poussin exécuta rarement des tableaux de grande dimension : d'une conception vive, d'un esprit précis, il savait, dans ses toiles même les plus petites, renfermer un poème entier. Ses figures étaient groupées et modelées avec le plus grand soin, tout était profond, noble et digne; le concours d'actions vrai et naturel, l'accord de la réflexion et du sentiment admirablement exprimé. En avançant en âge, il adoucit un peu sa manière, tout en l'agrandissant; son pinceau devint plus moelleux, l'harmonie plus parfaite, la composition plus riche. On lui reproche d'avoir parfois trop divisé ses compositions et dispersé sa lumière, ce qui nuit à l'ensemble des lignes et à l'effet du clair-obscur. Paysages riants et variés, sites riches, naturels et vrais, belle imitation des différents phénomènes de la nature. Tour à tour grave et doux, agréable et sévère, il nous émeut, nous élève dans les diverses scènes qu'il nous représente, et sympathise avec les émotions qu'il fait naître en nous. Possédant, pour la peinture religieuse, la foi qui inspire le génie et le talent qui exécutent, le Poussin mérite le premier rang parmi les peintres de l'école française. D'un caractère généreux et reconnaissant, d'une philosophie douce et religieuse, moins ami des honneurs que de son repos, il menait une vie retirée, paisible et très laborieuse. Ami zélé, à qui rien ne coûtait pour obliger, d'une modestie égale à sa modération, d'un esprit grave, spirituel, noble, franc et affable, d'une raison droite et saine, Nicolas Poussin posséda tout le génie d'un artiste immortel, toutes les vertus de l'honnête homme, et mourut en chrétien. = Ventes : V. Fraula (1738), *Bacchanale* et *femme nue* (pendants), 650 flor. — V. Quentin de Lorangère (1744), *Sainte Famille*, 240 livres. — V. Tallard (1756), *Bacchus avec satyres et enfants*, 1,200 liv. — V. La Live de Jully (1770), *Bacchanale*, 3,500 liv. — V. Blondel de Gagny (1776), *Jupiter et Amalthée*, 8,500 liv. — V. Conti (1777), *Ulysse à la cour de Lycomède*, 3,700 liv. — V. Randon de Boisset (1777), *Fête au dieu Pan*, 15,000 liv. — V. Robit (1801), *Sainte Famille dans un paysage*, 10,000 fr. — V. Erard (1832), *Naissance de Bacchus*, 17,000 fr. — V. Fesch (1845), *Danse des saisons*, 35,000 fr. — V. Northwick (1859), *Nymphes, satyres et faunes*, 7,800 fr. — *Vénus apparaissant à Enée*, 6,370 fr. — *Apollon et Daphné*, 4,940 fr. — V. Meffre (1863), *Le fleuve*, 2,220 fr.

Poussin. V. Dughet.

Pouwelsen (Guillaume). E. H. * XIXe siècle. MIDDELBOURG. Histoire, etc. = Elève de J. J. Van Regemorter. = Arrestation d'A. Brauwer à Anvers, Haarlem. — Sa mise en liberté, *ib.*

Pouwelsen (Martin), frère de Guillaume. E. H. * XIXe siècle. MIDDELBOURG. Animaux. = Elève de J. J. Van Regemorter.

Powell (George). E. An. 1823-1879. NEW-YORCK. Histoire. = Découverte du Missisipi, Washington.

Powell (Joseph-J.). E. An. 1834-1856. DOUAI. Histoire.

Poyet (Léonard). E. Fr. 1798. PARIS. Histoire. = Elève de Girodet. = Enée et Didon. — Sainte Famille.

Poyet (Jean). E. Fr. * XVe siècle. Histoire,

portrait.=Peintre et enlumineur à Tours.Exécuta, dit-on, en 1497, tous les ornements, le calendrier et plusieurs miniatures des célèbres *Heures* d'Anne de Bretagne. Cette assertion est dénuée de valeur puisqu'on a découvert que ces miniatures sont de Jehan Bourdichon (Voir ce nom). Jean Poyet a exécuté les miniatures des *Petites heures* d'Anne de Bretagne, tandis que les *Grandes heures* qui reposent à la Bibliothèque nationale de Paris sont de grand format. On croit pouvoir trancher ainsi cette question longtemps controversée. Un ancien auteur contemporain le dit « très supérieur certainement aux Fouquet eux-mêmes, dans la perspective et la peinture. »

Poynter (Edouard-J.). E. An. 1836. PARIS. Histoire, portrait. = Persée et Andromède. — Peintures à l'église de Dulwich.

Pozo (Pierre). E. Es. ' XVIIIe siècle. LUCENA. Histoire. = Elève de L. Cancino; se perfectionna à Rome, dirigea une école de dessin à Séville; il eut un fils, meilleur peintre que lui, qui passa en Amérique.

Pozzi (Jean-Baptiste). E. I. ' XIXe siècle. Histoire. = Mort de saint Etienne.

Pozzi (Jean-Baptiste). E. I. ' 1580. MILAN. Histoire, portrait. = Elève de Rafaellino de Reggio; mort à vingt-huit ans. Un autre Jean-Baptiste Pozzi, de Milan, travailla en 1700 et réussit à produire de l'effet dans l'ensemble de ses compositions. = Chœur d'anges, Rome. — Fresques, *ib.* = S'approcha beaucoup de la manière de son maître.

Pozzi (Etienne), frère de Joseph. E. I. 1708-1768. ROME. Histoire. = Elève de C. Maratti et de Masucci; orna les palais et les églises de sa ville natale de plusieurs productions remarquables et acquit la réputation d'un des meilleurs peintres de son époque. = Fresques, Rome. = Dessin grandiose, coloris fort et vrai.

Pozzi (Joseph), frère d'Etienne. E. I. † 1765. Histoire. = Se distingua dans son art sans atteindre la réputation de son frère. Mort très jeune à Rome.

Pozzo (le père André). E. I. 1642-1709. TRENTE. Histoire, portrait. = Etudia d'abord les lettres, et ensuite la peinture, à Milan; entra chez les jésuites comme frère lai à l'âge de vingt trois ans; se perfectionna à Rome et y resta de nombreuses années; demeura également à Gênes et à Turin; travailla à Mondovi, à Modène, à Arezzo, à Montepulciano et enfin à Vienne où l'empereur Léopold l'avait appelé et où il mourut. = Saint Ignace, Rome. — Fresques, *ib.* — Jésus-Christ enfant dormant sur une croix, Dresde. — Portrait d'un jésuite, Florence. = Excellent coloris, dessin satisfaisant; il paraît avoir pris Rubens pour modèle; invention judicieuse, formes aimables, touche franche et aisée, promptitude d'exécution étonnante; bon peintre d'ornements; un peu trop de profusion d'accessoires en ce genre. Imagination neuve, teintes vives, verve pittoresque; perspective parfaite. Architecte médiocre.

Pozzo (Dario). E. I. ' 1625. VÉRONE. Histoire. = Auteur d'un petit nombre de tableaux qui ont un grand mérite.

Pozzo (Isabelle dal). E. I. ' 1666. Histoire. = Elle florissait à Turin.

Pozzo (Louis). V. Toeput.

Pozzo (Mathieu). E. I. ' 1470(?). PADOUE. Histoire. = Elève du Squarcione.

Pozzobonelli (Jules). E. I. ' 1605. Histoire. = Détails inconnus.

Pozzuoli. V. Massa.

Prado (Blas del). E. Es. 1497-1557. TOLÈDE. Histoire, fleurs, fruits et portrait. = On le croit élève de Fr. de Comontes; envoyé par Philippe II à l'empereur du Maroc, afin d'embellir les palais de ce prince; revint dans sa patrie riche et considéré; travailla avec L. Carbajal. = Sujet mystique, Madrid. — Tête de Christ, Saint-Pétersbourg. — Figure de la Vierge, *ib.* — Saint François adorant la Vierge et l'Enfant Jésus, Paris. = Dessin pur, formes grandioses, composition simple. D'après les auteurs espagnols, il aurait été élève de Berruguete.

Praetorius (Pierre-E.-H.). E. H. 1791. AMSTERDAM. Paysage, perspective. = Elève de J. Hulswit.

Prague. V. Théodoric de Prague.

Pramel (Jules). E. Al. ' 1838. HAMBOURG. Vues de ville. = Le môle de Naples.

Prata (Ranuzio). E. I. ' 1655. MILAN. Histoire. = Détails inconnus.

Prato (François del). E. I. † 1562. Genre, etc. = Bon orfèvre et habile dans les ouvrages de marqueterie en détail; devint peintre à un âge déjà mûr et suivit les leçons de François Rossi de Salviati. = Dessin très correct.

Préault. E. Fr. ' 1840. Histoire. = Sainte Marthe.

Preisler ou **Preissler** (Daniel). E. Al. 1627-1665. PRAGUE. Histoire, portrait. = Elève de Chr. Schiebeling; habita Nuremberg et y mourut. = Jésus-Christ faisant venir à lui les petits enfants, Vienne.

Preisler (Jean-Daniel), fils de Daniel. E. Al. 1666-1737. NUREMBERG. Histoire, portrait. = Elève de J. Murrer; directeur de l'Académie des beaux-arts, à Nuremberg. = Dessinateur.

Preisler (Jean-Justin), fils de Jean-Daniel. E. Al. 1698-1771. NUREMBERG. Histoire, etc. =

Directeur de l'Académie de Nuremberg. Sa femme Suzanne-Marie laissa quelques bons paysages. La fille de Suzanne (Esther-Marie) cultiva aussi les beaux-arts. = Plus connu comme graveur.

Preisler (George-Martin), frère de Jean-Justin. E. Al. 1700-1754. NUREMBERG. Histoire, portrait. = Elève de son père. = Plus connu comme graveur.

Preller (Frédéric). E. Al. 1804-1878. EISENACH. Paysage historique. = Travailla en Allemagne et à Anvers; séjourna en Italie. = Décorations de la chambre de Wieland, Weimar (musée) — Calypso, Munich — Leucothoé, id. — Nausicaa, Berlin.

Preller (Frédéric), fils et élève du précédent. E. Al. 1838. WEIMAR. Paysage. = Paysage. — Sites du pays de Weimar.

Prenner (Antoine-Joseph de). E. Al. 1683-1743. WALLERSTEIN. Histoire (?). = Peintre de la cour de Vienne. Plus connu comme graveur.

Prentis (Edouard). E. An. 1797-1854. Genre. = L'hypocrite. — Folie.

Prepiani. E. I. ' XIXe siècle. Histoire. = Elève de Signaroli.

Prereal (Jean). E. Fr. ' 1499. FRANCE. Miniature. = Imagier sous le règne de Louis XII. Chef de l'école de peinture et un des dignitaires de la communauté des peintres établie sous Charles VI.

Prestel. E. Al. ' 1838. Genre, etc. = Cerfs chassés d'un champ.

Prestel (Jean-Théophile). E. Al. 1739-1808. GRUNEBACH (Souabe). Histoire (?). = Mort à Francfort-sur-le-Mein. = Dessinateur et graveur dans presque toutes les manières.

Prestele (Joseph). E. Al. 1796. JETTINGEN (Bavière). Fleurs.

Prestinien (Jean de). E. Fr. ' XVe siècle. = Valet de chambre et enlumineur; travailla aux grandes *Heures* du duc de Bourgogne, en 1440-41.

Pret (François). E. Fr. Fleurs, fruits. = Détails inconnus. = Fleurs, Madrid.

Preterazzano. V. Peterzano.

Preti (Mathieu) dit **Le Calabrese.** E. I. 1613-1699. RAVENNE ou TAVERNA (Calabre). Histoire. = A dix-sept ans, il alla à Rome travailler avec un de ses frères nommé Gregorio, qui fut assez bon peintre pour être nommé prince de l'Académie de Saint-Luc. Elève du Guerchin, ce ne fut qu'à vingt-six ans, après de grandes études, qu'il prit le pinceau pour la première fois; il lui arriva plusieurs aventures dans lesquelles il tira l'épée et qui lui suscitèrent souvent des tracasseries. Ses voyages furent nombreux, et après une absence de six ans, il revint à Rome; là ayant tué un de ses rivaux d'un coup d'épée, il s'enfuit à Naples où il tua un soldat qui s'opposait à son passage. Le vice-roi, pour toute punition, lui fit peindre sur les portes de la ville les patrons de Naples; à Malte, il mit treize ans à terminer les travaux qui lui furent confiés. Son barbier l'ayant blessé en le rasant, la gangrène se déclara et il mourut après deux mois de grandes souffrances. Sa sœur Marie, cultiva également la peinture. = Job visité par ses amis, Bruxelles. — Hécube aveuglant Polymnestor, *ib.* (Attribué). — Des philosophes, Rome. — Madeleine, *ib.* — La monnaie du tribut, *ib.* — Fresques, *ib.* — Martyre de saint Barthélemy, Dresde. — Incrédulité de saint Thomas, *ib.* — Délivrance de saint Pierre, *ib.* — Saint Nicolas de Bari en extase, Naples. — Retour de l'enfant prodigue, *ib.* — La monnaie du tribut, *ib.* — Jésus-Christ précipitant le démon du haut de la montagne, *ib.* — Martyre de saint Barthélemy, Venise. — Saint Jean l'évangéliste, Florence. — Madeleine repentante, Munich. — Incrédulité de saint Thomas, Vienne. — L'eau du rocher, Madrid. — Elisabeth, Zacharie et saint Jean, *ib.* — Saint Paul et saint Antoine, ermites, Paris. — Martyre de saint André à Patras, *ib.* = Plus de vigueur que de délicatesse; grand dessinateur; souvent un peu lourd; couleur empâtée; sa méthode était de peindre du premier coup. La longueur de sa vie et sa rapidité d'exécution expliquent le nombre incroyable de fresques et de compositions à l'huile qu'il a créées. Dans les dernières années de sa vie il ne travaillait plus que pour les pauvres, et quand on lui représentait qu'un travail si obstiné altérait sa santé, il répondait : *Que deviendraient les pauvres si je ne travaillais point?* = Ventes : V. Lebrun (1806), *Martyre de saint Pierre*, retiré à 6,000 francs.

Prêtre (Jean-Gabriel). E. Fr. ' 1825. GENÈVE. Histoire naturelle.

Prêtre de Savone (le). V. Guidobono.

Prêtre Génois (le). V. Strozzi.

Previtali (André). E. I. † 1528. BERGAME. Histoire, portrait et perspective. = Elève de Jean Bellini; mort de la peste. = Tableaux, Bergame. — Trois saintes, Berlin. — Jésus-Christ mort, *ib.* = Excellait dans la perspective; coloris savant; beau caractère de têtes dans ses madones.

Prévost (Const.). E. Fr. ' 1827. Genre. = Scène d'hôtellerie. — Les joueurs ambulants.

Prévost (Jacques). E. Fr. ' 1546. GRAY (Haute Saône). Histoire. = Demeurait à Langres où il peignit la mort de la sainte Vierge pour l'église de Saint-Mamert. = Graveur.

Prévost (Jean). E. Fl. † 1529. MONS (?). Histoire. = Ce peintre qui doit d'être mieux connu à M. Weale, vint s'établir à Bruges, entre 1493 et 1494. Son achat de bourgeoisie nous apprend qu'il venait de Mons : il remplit plusieurs charges dans la corporation de Saint-Luc, en 1501, 1507, 1509, 1514, et en fut doyen en 1519 et en 1525; il fut marié trois fois; sa première femme était étrangère, mais elle mourut à Bruges; la seconde, brugeoise, lui donna un fils nommé Adrien; de la troisième, brugeoise également, il eut trois enfants, dont un fils, nommé Thomas-Jean Prévost, fut enterré à l'église Saint-Gilles. = Le jugement dernier, Bruges (Acad.) peint en 1525. = Beaucoup d'effet ; bon coloris ; dessin raide ; beaucoup de sentiment, de beauté et de variété dans les têtes; grande bizarrerie dans les détails.

Prévost (Jennin). * xve siècle. = Travailla aux entremêts de Bruges, en 1468. Il se pourrait que ce fût le même que Jean Prévost. Toutefois, si les recherches de M. Weale sont exactes, Jean Prévost ne serait venu s'établir à Bruges qu'entre 1493 et 1494 (V. Jean Prévost).

Prévost (Pierre). E. Fr. 1764-1823. MONTIGNY, près de Chateaudun. Panoramas. = Fils de cultivateurs. Commença à travailler à Valenciennes, puis se rendit à Paris. On lui doit l'invention des panoramas, quoiqu'on l'attribue à Fulton. En 1817, il s'embarqua pour la Grèce et l'Asie avec M. de Forbin. Une fluxion de poitrine qu'il avait contractée en peignant le panorama d'Athènes, l'enleva à 59 ans. Cette mort ne lui permit pas de mettre à exécution l'idée qu'il avait eue de travailler pour les pauvres. = Panoramas de Rome, de Naples, d'Amsterdam, de Boulogne, de Tilsitt, de Londres, de Wagram, d'Anvers, de Jérusalem et d'Athènes. = Personne ne poussa l'illusion aussi loin que ce peintre. Effet prodigieux, exactitude de détails remarquable. Pinceau léger et gracieux.

Prey (J. Z.). E. H. 1744-1823. PRAGUE. Histoire, portrait. = Travailla à Presbourg, visita Dresde et Francfort et s'établit à Rotterdam, en 1770 ; mort à Bois-le-Duc. = Dessinateur.

Preyer (Gustave). E. Al. * XIXe siècle. ESCHWEILER. Paysage.

Preyer (Jean-G.). E. Al. 1803. RHENDT. Fleurs, nature morte. = Tableaux, Berlin.

Préziado (François). E. Es. 1713-1789. SÉVILLE. Histoire. = Dirigea pendant plusieurs années l'Académie de Saint-Fernand et l'Académie espagnole, à Rome. Auteur d'un travail sur les artistes de l'Espagne. = Composition sage.

Pribill (Philippe). E. Al. * 1837. Histoire, paysage.

Price. E. An. = Nom d'une famille de peintres sur verre qui, dans le XVIIIe siècle, ont beaucoup travaillé en Angleterre.

Priem (Joseph). E. Al. 1776-1822. ILLESTISSEN (Bavière). Paysage et histoire. = Élève de Kellerhoven.

Prieto (dona Maria de Lorette). E. Es. 1753-1772. MADRID. = Reçue membre honoraire de l'Académie de Saint-Fernand. = Graveur.

Prieur. (Romain E. G.). E. Fr. 1805-1879. FERTÉ-GAUCHER. (Seine et Marne). Paysage. = Environs de Provins. — Jeune fille à la fontaine.

Prieur (le). V. Le Prieur.

Prim (Abraham). E. Es. * XVIe siècle. Histoire. = Sa biographie est fort obscure. = On voit de lui de fort beaux tableaux à Lisbonne.

Prima (Pierre-François). E. I. * 1718. NOVARE. Architecture et histoire. = Détails inconnus.

Primatico (Franç.). dit le **Primatice.** E. I. † 1570. BOLOGNE. Histoire. = Élève d'Innocent d'Imola, de Ramenghi, dit le Bagnacavallo, et de Jules Romain. Rival de maître Rosso, à la cour de François I^r où il avait été appelé par ce monarque, en 1531. Le Primatice ne put voir les faveurs dont jouissait cet artiste qu'il considérait comme un obstacle à sa fortune. Le roi renvoya le Primatice dans sa patrie, avec mission de recueillir des statues antiques pour en orner la France. Il revint de son voyage avec les moules du Laocoon, de la Vénus de Médicis et de l'Adriane. Le Rosso étant mort, Primatice fut nommé à sa place intendant des bâtiments. François Ier lui donna encore la riche abbaye de Saint-Martin de Troyes. Exécuta de grands travaux au château de Fontainebleau, que le temps n'a pas respectés. Henri II, François II, Henri III et Charles IX, eurent pour ce peintre les plus grandes bontés et l'accablèrent de faveurs. On s'est trompé en affirmant que ce fut lui qui donna les dessins du tombeau de François Ier : c'est Philibert de Lorme. On a toujours fixé la naissance du Primatice à 1490. Il paraît que dans le testament qu'il fit à Saint-Germain-en-Laye, en 1562, il se dit âgé de 58 ans. Il faudrait donc reporter sa naissance à 1504, = Moïse, Vienne. — La continence de Scipion, Paris. = Bonnes attitudes. Style léger et gracieux, se rapprochant parfois du Parmesan. Touche vive et franche, composition grandiose. Couleur vraie et sévère. La rapidité avec laquelle travaillait, l'a souvent porté à négliger quelques parties de ses tableaux. Il a laissé de bons dessins. Les fresques dont il avait orné la salle des Cent-

Suisses ont été détruites par le temps, et sans les gravures qui en ont été faites, on ne connaitrait rien de ces compositions. Peintre, sculpteur et architecte.

Primi (Jean-Baptiste). E. I. † 1657. ROME. Marine, paysage. = Elève d'A. Tassi ; séjourna longtemps à Gênes et y mourut. = Bon peintre de marine.

Primo (Louis), dit **Gentil.** E. Fl. 1606-1668. BRUXELLES. Histoire, portrait. = Presque toute sa vie se passa à Rome où il mourut. Il fit le portrait du pape Alexandre VII, ceux de plusieurs cardinaux et de beaucoup de personnes de haut rang. = Saint Raimond de Pennafort adorant l'enfant Jésus, Gand. — Tableaux, Rome. = Ses portraits sont d'un fini remarquable. Ses tableaux d'histoire se distinguent par un pinceau large et vigoureux.

Prince (Xavier le). V. Leprince.

Princeteau (René). E. Fr. * XIXe siècle. LIBOURNE (Gironde). Chevaux. = Egalement sculpteur.

Prins (B. M.). E. H. * 1818. Paysage. = Florissait à Amsterdam.

Prins (Jean-Hubert). E. H. 1757-1806. LA HAYE. Vues de ville, etc. = Son père cultivait l'art en amateur; élevé d'abord pour la médecine, son goût l'entraîna vers le dessin. En 1792 il quitta La Haye pour Delft; la fin de sa vie ne fut pas heureuse; il séjourna à Utrecht et fut trouvé noyé sur la route de Vleuten, près d'Utrecht. = Vue d'un temple gothique sur une grande place, Amsterdam. — Vue de ville près d'un canal, Rotterdam. = Il a travaillé principalement d'après J. Van der Heyden et A. Van de Velde. On a de lui quelques gravures. Le nombre de ses tableaux est très restreint. Peintre de mérite. = Ventes : V. Delessert (1869), *Vue de Delft*, 620 fr.

Prins (M. J. de). E. Fl. * 1842. Intérieurs. = Les joueurs de cartes.

Prinsep (Valentin). E. An. 1836. INDE. Genre, histoire. = Etabli dans l'Inde anglaise.

Printz. E. Al. 1819-1867. NORWÉGE. Nature morte.

Probst (Charles). E. Al. 1854. VIENNE. Genre, portrait.

Procaccini (André). E. I. 1671-1734. ROME. Histoire. = On n'est pas sûr qu'il soit de la famille des Procaccini. Elève de C. Maratti ; peintre de Clément XI et du roi d'Espagne. Graveur. = Il a laissé une excellente réputation.

Procaccini (Hercule), le Vieux. E. I. 1520-1591 (?). BOLOGNE. Histoire. = Elève des Carrache. S'établit à Milan avec ses fils qui y ouvrirent une école devenue célèbre. Chef d'une illustre famille. = Jésus-Christ mort, Bologne. = Imita le Corrège; dessin un peu minutieux, coloris faible. Beaucoup de soin et beaucoup de goût.

Procaccini (Camille), fils d'Hercule le Vieux. E. I. 1546-1626. BOLOGNE. Histoire, portrait. = Elève de son père. On prétend qu'il reçut des leçons de Michel-Ange et de Raphaël. Il fut surnommé le Zuccaro de la Lombardie. Mort à Milan. Graveur. = Le jugement dernier (fresque), Reggio. — Saint Roch, Dresde. — La Vierge, Florence. — L'enfant Jésus et saint Jean, *ib.* — La crèche, *ib.* = Naissance de Jésus-Christ, Bologne. — Sainte famille dans un paysage, Munich. = Genre du Parmesan. Grande finesse de pinceau; fécondité d'invention surprenante, coloris éclatant. Le nombre de ses ouvrages est très considérable. = Ventes : V. Peilhon (1763), *Le songe de saint Joseph*, 775 liv. — V. Lebrun (1810), *La Nativité*, 800 fr.

Procaccini (Charles-Antoine), fils cadet d'Hercule, le Vieux. E. I. * 1605. BOLOGNE. Paysage, fleurs et fruits. = D'abord musicien, il se livra à la peinture avec ses frères. Travailla beaucoup pour la cour d'Espagne. = Tableaux en Espagne. — Tableaux, Milan.

Procaccini (Hercule), le Jeune, fils de Charles-Antoine. E. I. 1596-1676. MILAN. Histoire. = Elève de son père et de son oncle. Héritier d'une fortune considérable, il l'employa à encourager l'école milanaise. = Tableaux, Milan. = Né dans la décadence de l'art, ce peintre ne s est rendu recommandable que par une assez heureuse imitation du style des Carrache.

Procaccini (Jules-César), fils d'Hercule, le Vieux. E. I. * 1600. BOLOGNE. Histoire. = Elève de son père. Il est le plus habile peintre de cette famille. On croit qu'il étudia aussi chez les Carrache. Séjourna dans les principales villes de l'Italie. Appelé, en 1618, à Gênes par Giovanni Doria qui lui fit exécuter beaucoup de travaux. S'établit à Milan et y fonda une école nouvelle. = Tableaux, Milan. — Tableaux, Gênes. — Tableaux, Parme. — La Vierge avec plusieurs saints, Rome. — Le prophète Daniel, *ib.* — Les évangélistes (fresques), *ib.* — Assomption, Florence. — Saint Sébastien protégé par des anges, Bruxelles. — Sainte famille, Dresde. — Un jeune homme armé portant une jeune femme, *ib.* — La Vierge et l'enfant Jésus adorés par plusieurs saints, Paris. — Songe de saint Joseph, Berlin. — Sainte famille entourée d'anges, Vienne. — Jésus-Christ mort, *ib.* — Sainte famille, Munich. — Même sujet traité différemment, *ib.* — Samson et les Philistins, Madrid. = Etudia spécialement le Corrège, avec lequel on l'a quelquefois confondu. Dessin correct, belles draperies, imagination heureuse, on lui a reproché d'être avare de couleurs. La quantité de ses tableaux est innombrable.

Procinski. E. Al. ' 1837. Portrait.

Proctor (Thomas). E. An. 1753. SETTLE (Yorkshire). Histoire. = Le fils de la Sulamite. = Egalement sculpteur.

Profeta (Simon). E. I. Histoire. = Détails inconnus. = Allégorie, Rome.

Profondavalle (Valère). E. Fl. 1533-1600 (?). LOUVAIN. Histoire. = Il s'occupa longtemps à Florence et s'établit à Milan. Sa fille, Prudence, cultiva la peinture avec succès, dans le genre de l'histoire. Elle florissait vers 1590. Le véritable nom de ces artistes est van Diependale dont Profondavalle est la traduction italienne; ils appartiennent à la famille artistique de ce nom qui se distingua à Louvain, au XVe et au XVIe siècles, dans la peinture sur verre. D'après Lomazzo, Valère était décédé avant 1590. = Invention originale et féconde. Beau coloris dans la peinture à fresque ; excellait dans la peinture sur verre.

Pronk (Corneille). E. H. 1691-1759. AMSTERDAM. Portrait. = Elève de A. Boonen auprès duquel il travailla pendant trois ans. Il eut beaucoup de commandes, surtout à Alkmaar. = Bon dessinateur pour son époque.

Pronti (le père César). E. I. 1626-1708. LA CATTOLICA. Histoire. = Elève du Guerchin; son nom de famille était Bacciocchi; il le quitta pour prendre celui de sa mère; séjourna à Ravenne, à Pesaro, et se fit moine augustin à Bologne. = Clair-obscur bien entendu, manière vive et gracieuse, belle architecture, goût original.

Prospera. E. I. ' XVIe siècle. Grotesques. = Michel-Ange de Caravage travailla quelque temps à sa solde.

Prot (Louis). E. Fr. ' 1812. Histoire, portrait. = Elève de David. = Délivrance de saint Pierre. — Napoléon refuse un million que lui fait offrir le duc de Parme pour le Saint-Jérôme, du Corrège.

Protais (Paul A.). E. Fr. 1826. PARIS. Histoire. Genre. = Elève de Desmoulins. = Avant l'attaque. — Après l'attaque.

Protogènes. 336 ans avant Jésus-Christ. CAUNE (Carie). Histoire. = Son maître est inconnu. A 50 ans, assure-t-on, ce peintre n'avait pas encore produit aucune œuvre connue du public ; puis il devint le digne rival d'Apelle qui le visita à Rhodes où il habitait. Protogènes avait été réduit, pour vivre, à peindre des vaisseaux. Le conte de l'éponge jetée et produisant sur la toile l'imitation exacte de la boue, lui est appliqué. = Lilyassus. — Satyre mourant d'amour. — Cydippe. — Tlépolème. — Philisque méditant. — Athlète. — Le roi Antigonus. — La mère d'Aristote. — Alexandre. — Pan. = Le seul reproche qu'on lui faisait, c'était de trop retoucher ses peintures. On a prétendu qu'il mit dans un tableau quatre couleurs l'une sur l'autre, afin qu'une couche de couleur venant à tomber, une autre couche lui succédât.

Prout (Samuel). E. An. 1783-1852. Aquarelles, vues d'architecture.

Provençal (Joseph). E. Fr. 1679, EN LORRAINE. Histoire. = Elève de Cl. Charles. Peignit à fresque dans plusieurs églises de Nancy.

Provener. E. Al. † 1701. ALLEMAGNE. Histoire. = Etudia en Italie, et habita Berlin.

Provenzale (Etienne). E. I. † 1715. CENTO. Histoire, batailles. = Elève du Guerchin.

Provost Dumarchais (A.). E. Fr. ' 1840. Genre, portrait. = Le Tasse et Eléonore. — Souvenir du midi de la France.

Prucker ou **Brucker** (Nicolas). E. Al. † 1694. Portrait. = Peintre à la cour de Bavière. = Portrait d'un jeune homme, Munich.

Prud'homme (Antoine-Daniel). E. H. 1745-1826. ZWOLLE. Paysage, marine et portrait. = Elevé pour les lettres, il préféra le commerce et fit, dans l'intention de suivre son goût, le voyage de Demerary. A son retour à Amsterdam, il se mit à cultiver l'art en amateur et avec assez de succès. Il fut également dessinateur.

Prud'hon (Pierre). E. Fr. 1758-1823. CLUNY. Histoire, portrait. = Treizième enfant d'un maçon, il dut son éducation aux moines de l'abbaye de Cluny qui s'étaient intéressés à lui. La vue des tableaux du monastère éveilla en lui le goût du dessin dès l'âge le plus tendre. Protégé par l'évêque de Mâcon, il fut confié à Desvoges, directeur de l'école de peinture de Dijon, et fit bientôt des progrès remarquables. Malheureusement il fit, à 19 ans, un mariage qui le rendit malheureux pour le reste de sa vie. Il vint continuer ses études à Paris, en 1780. En 1782, il partit pour Rome, comme grand prix de peinture. Se lia intimement, dans cette ville, avec Canova. Revenu à Paris, en 1789, il dut y faire les travaux artistiques les plus infimes pour pouvoir vivre. Toutes les infortunes l'accablèrent; timide de caractère, à peine était-il connu; malheureux dans son intérieur, le bonheur domestique ne compensait pas pour lui la misère. Une commande du comte de Harlai commença sa réputation. Séjourna en Franche-Comté en 1794; revint à Paris et y travailla beaucoup pour illustrer les ouvrages publiés par M. Didot. Obtint un logement au Louvre et fit, à cette époque, plusieurs travaux importants. En 1803, il accepta pour élève Mlle Mayer qui devint pour lui une amie idèle. En 1821 cette affection fut brisée par la mort violente de Mlle Mayer à laquelle Prud'hon ne survécut que deux ans. Membre de l'Institut depuis 1816. A l'âge de vingt ans, il ajouta à son prénom de Pierre celui de Paul. = Le Christ sur la croix, Paris. — Assomption de la Vierge, *ib.* = La Justice et la Vengeance divine poursuivant le Crime, *ib.*— Portrait de Me Jarre, *ib.* — Portrait du naturaliste Braun-Neergaard, *ib.* — Tête de jeune fille, Lille. = Coloris recommandable, mais souvent trop violet; carnations charmantes, expressions enchanteresses, airs de tête ravissants, expression pleine de grâce; détails parfois un peu flous, un peu relâchés, dessin vague et légèrement incorrect; contours et formes fantastiques; pensées poétiques. Surnommé *le Corrège de la France.* = Ventes : V. Lafontaine (1821), *L'Hymen se laissant entraîner par le Plaisir*, 1,205 fr. — V. Denon (1826), quatre esquisses allégoriques, 3,600 fr. — V. Sommariva (1839), *Zéphyr se balançant*, 21,050 fr. — Même vente, *Psyché enlevée par les zéphyrs*, 15,050 fr. — Même vente, *Vénus et Adonis*, 7,800 fr. = V. Thevenin (1850), *L'Innocence entraînée par l'Amour et suivie par le Repentir*, 2,000 fr.—V. Baroilhet (1855), *Visite au tombeau*, 2,800 fr. — V. de Morny (1865). *L'Innocence*, 6,800 fr.—*L'Amour et Psyché*, 9,500 fr. *Zephir se balançant*, 5,000 fr. — V. Laperlier (1867). *Andromaque*, 11,000 fr — *Minerve conduisant le Génie des arts à l'Immortalité*, 6,500 fr. — *Daphnis et Chloe*, 2,600 fr — *Oh! les jolis petits chiens!* 6,300 fr. — *Portrait du prince de Talleyrand*, 5,000 fr.— *Portrait de Mlle Meyer*, 2,100 fr. - *Portrait de M. Denon*, 2,000 fr. — V. Didier (1868). *Les quatre saisons* (Peintures décoratives de l'hôtel Baillot) 33,500 fr. — V. L. Richard (1878). *Andromaque*, 6,000 fr.

Prunati (Santo). E. I. 1656. VÉRONE. Histoire. = Elève de Voltolino et Falcieri, à Vérone, et de Loth, à Venise; visita Bologne. = Coloris vrai et moelleux. Son fils, Michel-Ange, né en 1690, fut son élève.

Publian (Jean-Gottfried). E. Al. 1809-1875. MEISSEN. Architecture. = Mort à Dusseldorf. Peintre de mérite.

Pucci (Gérard). E. I. ' XIVe siècle. FLORENCE (?). Histoire, portrait. = Trésorier de la corporation de Saint-Luc, fondée en 1350. Les biographes citent un Dominique Pucci qui doit être le même que Gérard, à moins que celui-ci ne soit confondu avec Dominique.

Pucci (Jean-Ant.). E. I. ' 1716. Histoire. = Elève d'A. D. Gabbiani. = Egalement poète.

Puccini (Blaise). E. I. ' 1700. ROME. Histoire. = Graveur.

Puccio da Gubbio. E. I. ' 1334. Histoire. = On pense qu'il pourrait ne faire qu'un avec Ange Pucci dont on ne cite que le nom et Puccio Capanna, attaché comme peintre à la cathédrale d'Orviéto.

Puche. E. Es. ' 1716. Genre, histoire. = Elève d'A. Palomino, à Madrid. = Bon coloris; dessin satisfaisant.

Pudor (Guillaume). E. Al. 1819. BERLIN. Histoire. = Elève de Hensel. = Moïse tuant l'Egyptien.

Puga (Antoine). E. Es. ' 1653. Genre. = Elève de Velasquez de Silva, à Madrid. = Imita son maître avec bonheur.

Puget (Pierre). E. Fr. 1622-1694. MARSEILLE. Histoire, portrait et genre. = Célèbre statuaire, constructeur de vaisseaux, peintre, sculpteur, ingénieur et architecte. S'appliqua de bonne heure aux beaux-arts. A l'âge de quatorze ans, fut placé chez un constructeur de galères nommé Roman, à dix-sept ans partit à pied pour l'Italie où il eut à souffrir toutes sortes de privations. Travailla sous les ordres de Cortone dont il devint l'ami, et qui lui fit de brillantes propositions pour le garder près de lui; mais le mal du pays força Puget à revenir en France, en 1643. Il repartit cependant encore pour l'Italie en compagnie d'un moine feuillant chargé d'une mission pour Anne d'Autriche. En 1653, il était de retour dans sa patrie où il travailla tour à tour dans plusieurs villes de la Provence. En 1653, il abandonna la peinture sur le conseil des médecins. Dès lors il se consacra exclusivement à la sculpture et à l'architecture qui lui sont redevables d'admirables ouvrages; Puget est moins célèbre comme peintre. = Baptême de Constantin, Marseille. — Baptême de Clovis, *ib.*—Tableaux, Toulon.—Tableaux, Aix. = Beaucoup d'élévation dans la composition. Il choisissait de préférence des sujets tragiques.

Puget (François), fils de Pierre. E. Fr. † 1707. Portrait, genre et histoire. = Egalement architecte. Elève de son père et de Laurent Fauchier. = Portraits de plusieurs musiciens et artistes du siècle de Louis XIV, Paris. — Portrait de Pierre Puget, *ib.* — Vocation de saint Mathieu, Château-Gomber.

Pugin (Aug.-Welby). E. An. ' 1850. ISINGTON. Architecture et genre. = Plus connu comme architecte.

Puglia (Joseph), dit **del Bastaro.** E. I ' XVIIe siècle. Histoire. = Mort jeune, sous le pontificat d'Urbain VIII. = Jésus-Christ descendu de la croix, Rome.

Pugieschi (Antoine). E. I. ' XVIIe siècle. FLORENCE. Histoire. = Elève de P. Dandini et de Ciro Ferri.

Puitlink (Christophe). E. Fl. ' XVIIe siècle.

Paysage, nature morte. = Il était le neveu de Gabriel Lambertin et était renommé pour le paysage. Il donna des leçons à J. F. Douven. = Nature morte, Schleisheim.

Pujol (Abel-Alexandre-Denis de). E. Fr. 1785-1861. VALENCIENNES. Histoire. = Elève de David. = Mort de Britannicus, Dijon. — Etats généraux de Paris sous Philippe de Valois, Versailles. — Joseph expliquant les songes des prisonniers, Lille.

Pujol (Adrienne, M. L.) née DE VERZY, femme du précédent. E. Fr. 1798. TONNERRE. Genre. = Elève de son mari. = Intérieur d'atelier.

Puligo (Dominique). E. I. 1475-1527. NAPLES. Histoire. = Elève de Rodolphe Guirlandaio, refusa les demandes de plusieurs souverains étrangers, afin de rester dans sa patrie; ami d'André del Sarto; il est fâcheux que Dominique travaillât moins pour la gloire que pour l'argent. Mort de la peste. = Sainte Famille, Rome. — Plusieurs saintes familles, Florence. = Dessin médiocre; coloris agréable; manière vaporeuse; beau caractère de têtes; beaucoup de facilité.

Puliti (Odorico). E. I. ' XIXe siècle. Histoire.

Pulzone (Scipion), dit **le Gaetano.** E. I. 1550 (?)-1588 (?). GAETA. Histoire, portrait. = Elève de Jacques del Conte. = Mariage de sainte Catherine, Rome. — Portrait de femme, *ib.* — Portrait de Martin V, *ib.* — Sainte Famille, *ib.* — Assomption. *ib.* — Sophonisba ou Rosemonde, Londres. — L'ange présentant le calice à Jésus-Christ, Florence. — Portrait de Marie de Médicis, *ib.* — Portrait de Ferdinand I^r de Médicis, *ib.* — Portrait du cardinal Ferdinand de Médicis, *ib.* — Et autres, *ib.* — Portrait de femme, Munich. = Touche légère; excellait dans le portrait, et fut nommé le Van Dyck italien; fini extraordinaire, beau dessin, teintes douces, bel effet.

Punt (Jean). E. H. 1711-1779. AMSTERDAM. Histoire, paysage et portrait. = Acteur célèbre, peintre et graveur. = Grande originalité.

Pupiler (Antoine). E. Fl. ' 1550. = Appelé en Espagne par Philippe II, il y travaillait en 1556. En 1563, il obtint un congé pour visiter sa patrie et y copier un célèbre tableau d'autel à Louvain. On ne sait pas s'il retourna en Espagne. = Toutes les œuvres qu'il exécuta à Madrid périrent dans le grand incendie du palais du Prado.

Pupini (Blaise), ou **Mastro Biagio,** dit **Dalle Lame** ou **Lamme.** E. I. ' 1530. BOLOGNE. Histoire, portrait. = Elève de Fr. Francia, à Rome, ami associé du Bagnacavallo qu'il suivit à Bologne; travailla également avec Jérôme de Trevigi. = Nativité de Jésus-Christ, Bologne, — Miracle des pains et des poissons, *ib.* — Dispute de saint Augustin, *ib.* = Belle perspective, manière de son maître, mais agrandie par une étude consciencieuse de Raphaël; ses figures ont du relief.

Purse (George Van). E. Fl. ' XVe siècle. Histoire. = Peintre verrier demeurant à Bruxelles, en 1456; exécuta une verrière pour l'église de Notre-Dame-de-Grâce, près Bruxelles. Cette verrière fut donnée à l'église par le comte de Charolois.

Put (Guillaume et Isaac van de). E. H. ' XVIIe siècle. = Peintres travaillant à Harlem.

Puteanus (Thomas). E. Fl. ' 1589. Miniature. = En 1582 et en 1596 il reçut d'Ernest de Bavière, évêque de Liége, une somme importante pour des travaux ordonnés par ce prince. Son nom latinisé était probablement Dupuis ou Van de Putten.

Putter (Joseph de). E. H. ' XVIIe siècle. = Reçu dans la corporation des peintres, à La Haye, en 1604.

Puttner (Joseph-Ch.-B.). E. Al. 1821. PLON (Bohême). Marine. = Tempête au cap Horn, Vienne.

Puvis de Chavannes (Pierre). E. Fr. 1824. LYON. Histoire. = Elève de Scheffer et de Couture. = Peintures monumentales au musée d'Amiens. — Charles-Martel, Poitiers. — *Concordia; Bellum.*

Puyl (G. Van der). E. H. 1750 (?). UTRECHT. Portrait. = Elève de H. Van Veldhoven. Il voyagea par toute l'Europe. En 1804, il revint dans sa ville natale où il fut nommé directeur de l'Académie de dessin. = Bonne ressemblance.

Puyroche (Elise née WAGNER). E. Al. 1828. DRESDE. Fleurs.

Pychore (Jean). E. Fr. ' 1502. PARIS. = Peignit les miniatures de la *Cité de Dieu* pour le cardinal d'Amboise. = Artiste de grand talent.

Pyl (Arend). E. H. 1695. LEYDE. Portrait. = On ignore quel degré de parenté le liait à Jacques Pyl.

Pyl (Jacques). E. H. ' 1655. LA HAYE. Paysage. = En 1656 il fut un de ceux qui fondèrent la confrérie *Pictura*, à La Haye.

Pymont (Jean de). E. Fr. † 1602. AVIGNON. = Peintre de talent.

Pynacker (Adam). E. H. 1621-1673. PYNACKER, près de Delft. Paysage, chutes d'eau, etc. = On ignore quel est son vrai nom qu'il quitta pour prendre celui du village où il était né, et quel fut son maître. Il séjourna trois années en Italie et, de même que le célèbre Cl. Lorrain, il s'y occupa avec la plus grande assiduité à reproduire les sites si variés et si pittoresques de ce beau pays. = Vue d'une rivière d'Italie avec figures et animaux, Amsterdam. — Un grand paysage, La Haye. — Vue d'une tour dans un paysage avec figures, Florence. — Vue d'Italie : Tivoli, Vienne. — Paysage : un muletier s'arrêtant devant une auberge, Paris. — Une tour, rivière et figures, *ib.* — Paysage avec figures et animaux, *ib.* — Paysage avec figures et animaux : la chaine de rochers, Berlin. — Paysage, effet de soleil couchant, *ib.* — Paysage, ruines du temple de Vesta, Dresde, — Paysages, Munich. — La bergère à la fontaine, Cassel. — Bords rocheux d'un lac, Rotterdam. — Les bergers sur la colline, Copenhague. — Chasse au daim, Bruxelles. — Paysage avec animaux, Bâle. = Touche spirituelle. Belle imitation de la nature. Excellait à rendre le feuillage de tous les différents arbres que l'on rencontre dans la nature. Grande variété; figures bien peintes, ses paysages représentant le matin sont les meilleurs; pinceau savant, exécution admirable. Grande réputation. Il passe pour un des meilleurs paysagistes de la Hollande. On lui attribue deux gravures. = Ventes : V. Renouard (1780), *Paysage*, 800 liv. — V. Lambert et Duporail, *Paysage avec figures*, 2,980 liv. — V. Van Leyden (1804), *Groupe de chasseurs et de chiens*, 3,500 fr. — V. Grandpré (1809), *Entrée d'un bois*, 8,000 fr. — V. Heris (1841), *Les Apennins*, 4,900 fr. — V. Mecklembourg (1854), *Paysage*, 6,000 fr. V. Van Cleef (1864). *Le hêtre*, 13,80 fr. — V. Morny (1865). *Route longeant un lac*, 2,400 fr. — V. de Kat (1866). *Soleil couchant*, 6,200 fr. — V. de Rhodes (1868). *Un orage*, 2,960 fr.—V. Delessert (1869). Paysage, 3,100 fr.

Pynacker (Jean-C.-L.). E. H. 1815-1848 (?). AMSTERDAM. Portrait et intérieurs. = Elève de J. A. Kruseman.

Pyne (Guillaume H.). E. An. 1769-1843. HOLBORN. Aquarelle.

Pyne (James B.). E. An. 1800-1870. BRISTOL. Paysage.

Pyreicus. GRÈCE. Genre et animaux. = Surnommé *Rhyparagraphus*, peintre de bambochades. Cité par Pline avec de grands éloges.

Pyp (Corneille). E. H. ' 1565. Genre. = S'établit à Naples où il fut un des maitres d'A. Mytens. Celui-ci, devenu veuf plus tard, épousa la veuve de son ancien maître.

Q

Quadal (Martin). E. Al. ' 1685. MORAVIE. = Détails inconnus.

Quadra (don Nicolas-Antoine). E. Es. ' 1695. Portrait. = On croit qu'il fut élève de Cl. Coëllo. = Composition intelligente; bonne architecture.

Quadt (J.). E. H. ' XVIIe siècle. Portrait. = Détails inconnus.

Quaedvlieg (.....). FAUQUEMONT (Limbourg). † 1874. Histoire. = Elève de l'Académie d'Anvers. 1er prix de l'Académie de Saint-Luc à Rome, où il est mort.

Quaglia (Ferdinand). E. I. 1786. PLAISANCE. Miniature. = Portrait du duc d'Abrantès. — Portrait de l'impératrice Joséphine.

Quaglia (Jules). E. I. ' 1693. CÔME. Histoire. = Vint fort jeune dans le Frioul. = Excella dans les fresques; idées fécondes, pinceau habile.

Quagliata (Jean). E. I. 1603-1673. MESSINE. Histoire. = Elève de P. de Cortone. = Imagination hardie. Son frère André, né en 1600, mort en 1660, est regardé à Messine, sa patrie, comme un bon peintre d'histoire.

Quaglio (Ange). E. Al. 1788-1815. MUNICH. Décorations, genre et vues. = Le cortége du baptême, Munich. — Paysage, église gothique au clair de lune, *ib.*

Quaglio (Dominique). E. Al. 1787-1837. MUNICH. Architecture, monuments. = Mort à Hohenschwangau. = La cathédrale d'Orvieto, Munich. — Intérieur de l'église Saint-Sebald à Nuremberg, *ib.* — Une ancienne abbaye à Rouen, *ib.* — Ancienne porte de la forteresse de Salzbourg, *ib.* — La résidence royale, à Munich, *ib.* — La place Max-Joseph, *ib.* — Et autres vues de Munich, *ib.*

Quaglio (Laurent), frère de Dominique. E. Al. 1794. MUNICH. Paysage, genre. = Scènes villageoises de la Bavière.

Quaglio (Simon), frère de Dominique. E. Al. 1795. MUNICH. Décors, intérieurs et architecture. = Elève de son frère Ange. = L'église des Minorites à Rothenbourg.

Quaglio (Ange), fils de Simon. E. Al. 1829. MUNICH. Architecture, décorations.

Quaglio (Eugène), fils du précédent. E. Al. 1857. MUNICH. Architecture, décorations.

Quaglio (François), frère d'Eugène. E. Al. 1844. MUNICH. Genre.

Quaini (François). E. I. 1601-1680. Histoire, architecture, ornements et paysage. = Elève d'A. Metelli; oncle de Ch. Cignani; travailla à Ravenne pour le cardinal Capponi = Peintre médiocre pour la figure, mais recommandable pour la perspective et les ornements.

Quaini (Louis), fils de François. E. I. 1643-1717. BOLOGNE. Histoire, paysage, architecture et ornements. — Elève de Ch. Cignani dont il était le cousin; visita la France et l'Angleterre; grand ami de son condisciple M. A. Franceschini, avec lequel il travaillait presque toujours en commun. Mort de la goutte à Bologne. = La charité romaine (Figures de M. A. Franceschini), Vienne. = Airs de tête gracieux.

Quant. E. H. ' 1620. BRÊME. Histoire. = Cité par Houbraken. Etudia à Amsterdam.

Quantin. E. Fr. ' 1843. Histoire. = Madeleine.

Quartley (Arthur). E. Fr. 1839. PARIS. Paysage. = Marée basse.

Quast (Pierre). E. H. * 1632. LA HAYE. Genre et sujets bizarres. = On le croit né vers 1601. Quelques auteurs l'ont, par erreur, fait naître en Belgique. Reçu, en 1634, dans la corporation des peintres, à La Haye. = Il a peint la bataille de la viande contre le poisson. — Fête villageoise, Vienne. — Deux tableaux, Brunswick. — Chirurgien de village, Rotterdam. = Graveur et dessinateur sur parchemin. Ses ouvrages visent ordinairement à la caricature. Ecole de Rembrandt. Du talent et de l'effet; touche vive et spirituelle. = Ventes : V. Schonborn (1738), *Bataille de la viande contre le poisson*, 61 florins.

Queborn ou **Queecborne** (Crispin Van). E. H. 1604. LA HAYE. Portrait. = Plus connu comme graveur et dessinateur. En 1623, il demeurait à Utrecht. Travaillait encore, en 1647. Probablement un descendant de Daniel.

Queckborne ou **Queecborne** (Chrétien Van den), le Vieux. E. Fl. * xve siècle. = Reçu franc-maitre de Saint-Luc, à Anvers, en 1480. Inscrit sous le nom de Weckborre et Quecburre. Un Adrien Van den Queecborne est inscrit comme franc-maitre à Anvers, en 1533.

Quecq (Jacques-Edouard). E. Fr. 1796-1873. CAMBRAI. Histoire. = Premiers combats de Romulus et Rémus. — Première chute de Jésus-Christ, Ywuy (Nord).

Queecborne (Chrétien Van), le Jeune. E. Fl. † 1578. ANVERS. Paysage. = Reçu franc-maitre de Saint-Luc, à Anvers, en 1545. Doyen de la corporation de Saint-Luc, à Anvers, en 1551 et en 1557. Il fut le maitre de Denis Calvaert. = Bon paysagiste et graveur.

Queecborne (Daniel Van), E. Fl. * xvie siècle. = Maitre peintre à Anvers, en 1577. Peintre du prince Maurice, à La Haye.

Queecborne (Jean Van), frère (?). de Daniel. E. Fl. * xvie siècle. = Inscrit comme élève d'un Jérôme Boels, en 1536; reçu maître peintre seulement en 1577. Ce long intervalle laisse supposer des voyages ou bien il s'agit peut-être de deux artistes différents portant le même prénom. En 1490, Chrétien Van Queecborne, le Vieux, avait, entre autres enfants mineurs, un fils nommé Jean; en 1512, il y avait déjà un Jean franc-maitre peintre puisqu'il recevait des élèves.

Quellin (Erasme). E. Fl. 1607-1678. ANVERS. Histoire, paysage, architecture et portrait. = Elève de Rubens et fils du sculpteur du même nom. A vingt-six ans, il fut inscrit dans la corporation de Saint-Luc. En 1653, Erasme fut reçu dans la chambre de rhétorique, dite *de la Violette*. Lié d'amitié avec le savant Gevartius (Gevarts), il s'unit à lui pour célébrer la publication de la paix faite sur un théâtre, en 1660. Quellin fit à ce sujet de grandes compositions. Lorsque le marquis de Castel-Rodrigo fut nommé gouverneur général des Pays-Bas, ce fut encore le pinceau d'Erasme que l'on employa pour les grands tableaux décoratifs, genre dans lequel peu de peintres l'ont égalé. = Saint Roch mourant entre deux anges, Anvers (Eglise Saint-Jacques). — L'ange gardien, *ib.* (Eglise Saint-André). — Sainte Famille, *ib.* (Chapelle de Notre-Dame du Refuge). — Miracle de saint Bruno, *ib.* (Musée). — Gratien Molenaer sauvé miraculeusement par sainte Catherine, *ib.* — Un saint évêque, *ib.* — Portrait de Gaspard Nemius (Basch), sixième évêque d'Anvers, *ib.* — Mariage de la Vierge, Dresde. — La Vierge et l'Enfant avec trois saintes, *ib.* — L'enfant prodigue, Rotterdam. — Assomption, *ib.* — La Cène, Malines. — Sainte Vierge avec l'Enfant Jésus, entourés de fleurs peintes par Van Thielen, Florence. — Jason, Madrid. — Mort d'Eurydice, *ib.* — Et d'autres, *ib.* — Le Sauveur sur un fond d'architecture (Grisaille), entouré de fleurs peintes par Zegers, Bruxelles. — La Vierge et l'Enfant Jésus (Fleurs de Zegers), Berlin. — Deux têtes d'enfants, entourées de fleurs par Zegers, *ib.* — Martyre de saint André, Vienne. — Sainte Famille, entourée d'une guirlande de fleurs par Van Kessel, Saint-Pétersbourg. — Adoration de saint Dominique, *ib.* (Fleurs de Van Kessel; pendant du précédent). — Sainte Famille, *ib.* (Fleurs de Daniel Zegers). = Ses œuvres attestent que pour la vigueur, l'ordonnance, le coloris et le coup de pinceau, il a tâché de suivre les traces de l'immortel Rubens; plus d'élégance dans les formes et les têtes, celles-ci sont empreintes de sentiment; son coloris est riche; bon clair-obscur; ses chairs ont des teintes trop brunes et trop lourdes, qui dégénèrent parfois en dureté. Mérite inégal. Graveur. = Ventes : V. à Amsterdam (1714), *Les sept vertus*, 300 fl. — V. Tallard (1756), *La Vierge, l'Enfant Jésus avec saint Jean et sainte Elisabeth*, 245 liv. — V. Siebrecht (1754), *Le temple d'Apollon*, 80 fl. — V. De Neufville (1765), *Naissance du Christ et adoration des bergers*, 250 fl. — V. Van Kinschot (1767), *La reine de Saba et Salomon* (Quinze sujets en un cadre), 215 fl.

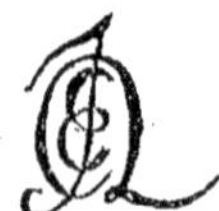

Quellin (Jean-Erasme), fils d'Erasme. E. Fl. 1634. ANVERS. Histoire. = Elève de son père. Il se forma le goût en Italie. A Rome, Naples, Florence et Vienne, partout il trouva de l'ouvrage et de la célébrité. L'empereur Léopold le nomma peintre de sa cour; il revint dans sa patrie où il fut inscrit dans la corporation des peintres en 1760; il épousa, à Perk, Cornélie, fille du célèbre David Teniers, le Jeune; compté parmi les meilleurs peintres d'histoire de son temps. Il a été impossible de constater le lieu où Jean-Erasme est décédé ni l'année de sa mort. = Différents épisodes de la vie de saint Augustin, Bruges. – La Cène, Malines. — Couronnement de Charles-Quint, Vienne (Chef-d'œuvre). — Le Christ à Emmaüs, Anvers (Eglise Saint-Paul). = La piscine de Bethsaïde, *ib.* (Musée, chef-d'œuvre). — Les martyrs de Gorcum, *ib.* (En trois tableaux). — Portrait d'Aubert Van den Eede, *ib.* — Saint Bernard recevant l'habit, *ib.* — Jésus-Christ chez Simon le Pharisien, *ib.* — Martyre de sainte Agathe, *ib.* — Nativité, *ib.* — Miracle de saint Hugues de Lincoln, *ib.* = On compare sa manière à celle de Véronèse. Ordonnance riche et raisonnée, dessin correct, belles draperies. Expression vraie et bien sentie. Coloris riche, mais lourd et brun.

Quellin (Hubert). E. Fl. ' 1666. = On le désigne comme frère d'Erasme Quellin et franc-maître de Saint-Luc, à Anvers, en 1688. = il était bon dessinateur et graveur. On ne peut avancer comme certain qu'il ait cultivé la peinture.

Quentin (Bleville de). E. H. ' 1527. = Peintre sur verre; florissait à Amsterdam.

Quentin (Nicolas). E. Fr. † 1636. DIJON. Histoire. = M. Helbig, dans son *Histoire de la peinture au pays de Liège*, cite parmi les contemporains de Lambert Lombard, un Nicolas Quentin dont les travaux étaient encore visibles à la fin du XVIIe siècle. Nous ignorons si cet artiste est le même que le peintre dijonnais ou si c'est simplement un homonyme. = Circoncision, Dijon. — Sainte Catherine de Sienne, *ib.* = Le Poussin admirait les travaux de ce peintre qui s'est particulièrement inspiré de l'école lombarde. Dessin correct, composition originale.

Quento ou **Quinto** (Nicolas). E. Fl. ' 1460. = Florissait à Liége.

Querfurt (Tobie). E. Al. 1670 (?). Chevaux, chasse, etc. = Florissait à Brunswick. = Graveur.

Querfurt (Augustin), fils de Tobie. E. Al. 1696-1761. WOLFENBUTTEL. Paysage, genre, batailles, etc. = Elève de son père et de G. P. Rugendas. = Une dame à cheval faisant l'aumône à un pauvre, Dresde. — Paysage : le départ pour la chasse, *ib.* — L'amazone et le cavalier, *ib.* — Deux tableaux de chasse, Vienne. — Paysage : chasse au cerf, Berlin. — Bataille entre les Turcs et les Chrétiens, Varsovie. = Touche spirituelle, composition ingénieuse, pinceau léger et facile. Inférieur à Rugendas pour l'invention, il le surpassa pour la transparence de la couleur, la solidité de l'empâtement et le soin de l'exécution. = Vente : V. à Amsterdam (1743), deux paysages sur nacre, 80 fl.

Quertemont (André-Bernard de). E. H. 1750-1835. ANVERS. Histoire, portrait. = Elève de l'Académie d'Anvers dont il fut directeur. Membre de l'Académie de Dusseldorf. Il ouvrit une école particulière d'où sortirent de bons élèves, parmi lesquels on cite A. de Lelie, d'Amsterdam, J. B. Solvyns, A. L. F. Moons, d'Anvers, et A. Ritt, de Saint-Pétersbourg. = Auteur des *Portraits des membres des états de Brabant*, en 178', etc., ouvrage qui a été gravé et qui est fort rare.

Quesnel. E. Fr. ' 1840. Portrait.

Quesnel. E. Fr. ' XVIIe siècle. = Nom d'une famille de peintres citée dans les vers de de Marolles. Voici comment peut s'établir le tableau de la famille Quesnel : Pierre Quesnel, le père. Il a peint entre autres les vitraux derrière l'autel de l'église des Augustins. *Le Christ montant au ciel* est un des sujets de ces vitraux; François Quesnel, fils de Pierre. Il paraît avoir peint considérablement pour la cour; Jacques Quesnel, fils de Pierre, mort en 1629. (Les *Arch. de l'art français*, T. V, p. 264, ont attribué erronément cette date à François. L'acte de décès dit : Jacques). Peignit des sujets pieux et aussi dans l'hôtel de Zamet; Augustin Quesnel, fils de Jacques. Peignit des portraits. François II Quesnel, fils de François, né en 1600. Paraît avoir quitté l'art pour le cloître. Nicolas Quesnel, fils de François, né en 1601. Toussaint Quesnel, fils de Nicolas. Peignit des sujets d'histoire et fut employé quelque temps avec Freminet.

Quesnel (François). 1542-1619. EDIMBOURG. Portrait. = Se rendit en France, y fut peintre à la cour de Henri III, et y mourut. Il est permis de supposer qu'il est le même que le premier François cité dans l'article précédent. = Beaucoup de fini.

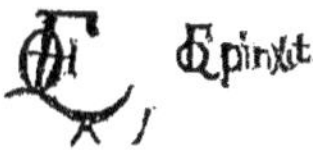

Quesnet (Jean B. B. E.). E. Fr. 1815. CHARENTON (Seine). Portrait.

Quesnoy (Floris de). E. Fl. ' XVe siècle.

YPRES. = Travailla aux entremêts de Bruges en 1468.

Quétry (Barthélemy). E. Fr. * 1543. PARIS, Histoire. = En 1543 il peignit des sujets mythologiques dans la salle du jeu de paume des Tuileries.

Queval (Jean). E. Fr. * XIVe siècle. LILLE. = Travaillait entre 1380 et 1410.

Quillart (Pierre-Antoine). E. Fr. 1711-1733. PARIS. Histoire, genre. = Elève, croit-on, de Watteau. A l'âge de 11 ans, Louis XV lui accorda une pension de 200 livres. Mort à Lisbonne.

Quillerier (Noël). E. Fr. 1594-1669. ORLÉANS. = Employé par Louis XIII et par Louis XIV pour l'entretien des peintures du Louvre et autres palais. Adjoint à professeur, à l'Académie. = Peignit un cabinet aux Tuileries.

Quinart (Charles-Louis-François). E. Fr. * 1822. VALENCIENNES. Paysage. = Elève d'Abel de Pujol, de Momal et de Watelet. = Paysage : Tancrède égaré. — Vue de la Cava (Royaume de Naples).

Quinaux (Joseph). E. Fl. 1822. NAMUR. Paysage. = Elève de Marinus. = Château de Namur. — Forêt de Fontainebleau.

Quinkhard (Jean-Maurice). E. H. 1688-1722. REES. Portrait, intérieur et histoire. = Fils et petit-fils de bons peintres de Clèves. Elève de son père, puis d'A. Boonen, de Lubinietski et de N. Verkolje. Il travailla jusqu'à l'âge de 80 ans, et par sa conduite et ses qualités s'attira l'estime générale. = Deux musiciens dans une chambre, Amsterdam. = Ses portraits lui valurent beaucoup de réputation, tant sous le rapport de la ressemblance que sous celui de la peinture. = Ventes: V. Wierman (1762), *Jupiter, Diane et Calisto*, 81 fl.

Quinkhard (Jules), fils de Jean. E. H. 1736-1776. AMSTERDAM. Genre. = Elève de son père. Abandonna l'art pour le commerce. = Les amateurs de musique, Amsterdam (Signé : Julius Quinkhard pinx. 1755). Acheté 40 fl., en 1821. = Artiste médiocre.

Quintana. E. Es. * XVIIe siècle. Histoire. = Résidait à Baza, royaume de Grenade. = Coloris satisfaisant.

Quirico (Jean). E. I. * 1505. TORTONE. Histoire. = Détails inconnus.

Quirino ou **Quirizio de Murano.** E. I. * XVe siècle. MURANO. Histoire. = Détails inconnus. = La Vierge avec l'enfant Jésus endormi, Venise (Signé :. . *uiritius de Murano*).

Quiros (Laurent). E. Es. 1717-1789. SANTOS (Estramadure). Histoire. = Etudia à Badajoz, à Séville, sous B. German y Llorente, puis enfin à Madrid. Esprit inquiet et turbulent. = Tableaux à Madrid, à Grenade et à Séville. = Imitateur de Murillo.

Quispel (Mathieu) E. H. 1805. NUMANSDORP. Paysage et animaux. = Elève de M. Schouman et de Smak Gregoor.

Quistelli della Mirandola (Lucrèce). E. I. * XVIe siècle. Histoire, portrait. = Elève d'Alexandre Allori; elle épousa le comte Clemente Pietra.

Quiter (M. D.). E. H. * 1700. Portrait. = Peignit beaucoup de personnages de distinction, surtout en Frise.

Quiter (Herman-Henri). E. Al. † 1711. Histoire, portrait. = Etudia, en 1700, à Rome, sous Ch. Maratti. Mort à Brunswick.

R

Raab (Georges). E. Al. 1821. VIENNE. Portrait. = Portrait de dame, Vienne (Belvédère).

Rabe (Edmond). E. Al. 1815. BERLIN. Portrait, batailles et genre. = Elève de F. Krüger. = Convoi de prisonniers et de blessés. — L'appel aux armes devant la maison de ville.

Rabel (Jean). E. Fr. 1550 (?)-1603. BEAUVAIS. Histoire, portrait. = La réputation de ce peintre paraît avoir été surfaite de son temps. Ce que Th. de Leu a gravé, d'après lui, donne une faible idée de ses travaux. = Graveur.

Rabel (Daniel), fils de Jean. E. Fr. 1578 (?)-163*. Histoire, paysage, fleurs, insectes, etc. = Très habile peintre de fleurs. Malherbe lui a consacré un sonnet élogieux. Cet artiste fut très à la mode et était employé par les grands personnages. Le cabinet des estampes à Paris possède une précieuse collection de fleurs peintes, signées par lui et datées de 1624. (V. *Corr. litt.*, 4e année, p. 490).

Rabiella (Paul). E. Es. * XVIIIe siècle. Batailles. = Résidait à Saragosse. = Dessin incorrect; manière large.

Rabiger. E. Al. † 1859. Décors.

Rabon (Pierre). E. Fr. 1619-1684. LE HAVRE. Portrait. = Admis à l'Académie en 1660.

Rabon (Nicolas), fils de Pierre. E. Fr. 1644 ou 1646-1686 (?). Histoire. = Obtint le troisième prix, en 1666, à l'Académie royale de peinture de France où il fut admis en 1686.

Rabuske (Théodore). E. Al. 1803. MAGDEBOURG. Histoire. = Elève de Wach. = S. Adalbert réconciliant et convertissant deux païens.

Racchetti (Bernard). E. I. 1639-1702. Perspective. = Elève et neveu de J. Ghisolfi.

Racle (François B.). E. Fl. 1739-1777. LIÈGE. Histoire, portrait. = Elève de Deprez. Visita l'Italie. De retour dans sa patrie, il remplaça son père en qualité de peintre en titre de la cathédrale de Saint-Lambert. = Dessinateur habile, peintre médiocre.

Racle (Léopold). E. Fr. * XVIIIe siècle. = Elève de Cl. Charles.

Rademaker (Abraham). E. H. 1675-1735. AMSTERDAM. Paysage, marine. = Sans aucun maître et sans aucun conseil il devint bon artiste. Il fut aussi marchand de gravures et mourut à Haarlem où il s'était établi en 1730 et où il était entré dans la corporation de Saint-Luc, en 1732. = On le cite également comme graveur et architecte.

Rademaker (Gérard). E. H. 1672-1711. AMSTERDAM. Histoire, paysage, portrait, etc. = Son père, qui était menuisier, s'opposa longtemps à sa vocation de peintre, mais il lui donna les principes du dessin dans l'architecture et la perspective. Devenu à son tour professeur de dessin, il entra en relations avec le peintre Van Goor qui lui enseigna la peinture et chez qui il alla demeurer. Suivit l'évêque Codde, à Rome, et épousa à son retour, la nièce de ce prélat à laquelle il avait donné des leçons. = Tableau allégorique, Amsterdam. = Ventes : V. Pancras (1716), *Vase antique*, 150 fl.

Radet (Jean B.). E. Fr. 1752-1830. DIJON.= Plus connu comme écrivain.

Radin Saleh ben Jagya (le prince). E. H. ' 1845. JAVA. Paysage, histoire et animaux. = Elève d'A. Schelfout et de C. Kruseman. Parcourut l'Allemagne, séjourna à Dresde et accompagna Horace Vernet en Algérie. = Chasse au cerf dans l'île de Java.

Raeburn (Henri). E. An. 1756-1823. STOCKBRIDGE (Edimbourg). Portrait, genre. = Elève de Martin. Membre de l'Académie royale. = Portrait de Walter Scott. = Style large. Dessin correct. Coloris riche.

Raem (Liévin de). E. Fl. ' XVe siècle. = Travailla, en 1468, aux entremêts de Bruges.

Raes (Liévin de). E. Fl. ' XVe siècle. = Travailla, en 1468, aux entremêts de Bruges.

Raet ou **De Raet** (Arnould). E. Fl. ' XVe siècle. Histoire. = Travailla pour plusieurs localités plus ou moins voisines de Louvain, vers l'époque de la mort de Thierry Bouts, le Vieux; entre autres pour Léau, en 1473. La même année, il s'établit à Louvain. Il eut, de sa seconde femme, un fils nommé Louis, qui orna de peintures les voûtes de l'église de Léau, de 1505 à 1507.

Raet (Louis) ou **Louis de Scildere**, fils d'Arnould. E, Fl. ' XVe siècle. LÉAU. = Cité dans les comptes de la ville de Léau, pour avoir orné l'église de cette localité de peintures recouvertes aujourd'hui d'un badigeon qu'il serait facile d'enlever. Vers 1483, un artiste nommé dans les comptes Herman de Scildere fit également des peintures sur les murs de cette église et dans plusieurs de ses chapelles.

Raeth (Ignace). E. Fl. 1626-1666. ANVERS. Histoire, portrait. = Appartenait à l'ordre des jésuites. S'occupa longtemps en Espagne et quelques années en Allemagne. En 1652 il se trouvait à Bamberg. En 1662, il revint dans sa patrie. Cité par Nagler. = Crucifiement, Bamberg (Eglise Saint-Gandolphe). = Réussit principalement dans le portrait.

Raf (Jean). E. Fr. ' 1532. EN FLANDRE. = Fut employé par François Ier pour lever les panoramas et plans des villes.

Rafaellino (le). V. Bottalla.

Rafaellino da Reggio. V. Motta.

Rafaellino del Garbo. E. I, 1466 (?)-1524. FLORENCE. Histoire. = Elève de Ph. Lippi; comme il eut à soigner une nombreuse famille, il négligea peu à peu le fini de ses ouvrages, son talent s'altéra presque entièrement et il mourut pauvre et avili. = Séparation d'Esaü et de Jacob, Rome. — La Vierge et l'enfant Jésus dans un paysage, Florence. = Déposition, *ib.* — Résurrection, *ib.* — Couronnement de la Vierge, Paris. — Vierge glorieuse, Berlin. — La Vierge et l'Enfant endormi, entourés de deux anges, *ib.* — La Vierge et l'Enfant entourés de saints, *ib.* — Jésus-Christ au tombeau, *ib.* = Figures pleines de grâce et bien groupées; excellent coloris.

Rafaello de Brescia (frère). E. I. ' 1500. BRESCIA. Marqueteries. = Laïque olivétain. Artiste de talent. Son épitaphe lui donne le nom de Roberti.

Raffet (Denis-Auguste-Marie). E. Fr. 1804-1860. PARIS. Histoire. = Elève de Charlet et de Gros. Célèbre lithographe et grand dessinateur. Mort à Gênes. = Prise de Coblentz, Versailles. = Auteur de la fameuse *Revue nocturne par Napoléon I.*

Raffort (Etienne). E. Fr. 1802. CHALON-SUR-SAONE. Paysage, etc. = Entrée de Henri III, à Venise.

Raggi (Pierre-Paul). E. I. 1646 (?)-1724. GÊNES. Histoire. = Travailla à Bergame, à Savone, à Turin, à Gènes, etc.; esprit inquiet et irritable; mort à Bergame. = Invention et coloris recommandables.

Raggi (Antoine). E. I. 1624-1686. VICOMORO. = Détails inconnus.

Rageneau (Jacques). E. Fr. † 1658. = Peintre de Marie de Médicis.

Ragueneau, Raguineau ou **Raguinneau** (A.). E. H. ' 1660. Portrait. = Il fut maitre d'écriture de Guillaume III d'Orange. Plus tard, en 1661, il fit le portrait de Frédéric-Henri; cette toile fut offert par le prince au sieur Armorer, grand écuyer du roi d'Angleterre. Deux fois encore il reproduisit les traits du même souverain pour le Parlement d'Orange, en 1667.

Raguenet. E. Fr. ' XVIIIe siècle. Vues de ville, etc. = Membre de l'Académie française de Saint-Luc, à Paris, en 1752. = Vues de Paris. = Effet dur, couleur sombre, bonne perspective. Etoffage très riche.

Rahl (Charles). E. Al. 1812-1865. VIENNE. Histoire. = Scène tirée des Niebelungen, Vienne. — David dans la caverne Odollam.

Raibolini (François), dit **Francia.** E. I. 1450 (?)-1517. Histoire, portrait. = D'abord bon orfèvre et graveur, son génie l'entraina bientôt vers la peinture; ami de Raphaël qui vantait son talent, et dont il tâcha d'imiter la manière dans sa vieillesse; peignit à cette époque le fameux *Saint-Sébastien*, longtemps le modèle de l'école bolonaise, pour les proportions. Jacques, son fils, fut également peintre et orfèvre. Jules, son cousin, et Jean-Baptiste, son neveu, firent aussi quelques peintures. = Jésus-Christ descendu de la croix, Parme. — Jésus-Christ mort, Bologne. — Vie de Jésus-Christ, *ib.* — La Vierge et l'Enfant entourés de saints, *ib.* — La Vierge à Bethléem, *ib.* — Annonciation, *ib.* — Vierge dans la gloire, *ib.* — La Vierge entourée de saints et de saintes, Venise (Signé : *Opus franciae aurificis.* MCCCCLXXXX). — La Vierge et l'Enfant, Rome. — Madone, *ib.* — Vierge glorieuse, Londres. — La Vierge et l'Enfant et des saints, *ib.* — J.-C. mort, sur les genoux de sa mère et entouré d'anges, *ib.* — Baptême de Jésus-Christ, *ib.* — Adoration des mages, Dresde. — La Vierge, l'enfant Jésus tenant un oiseau, et saint Jean, *ib.* — Baptême de Jésus-Christ, *ib.* — Portraits d'homme, Florence. — La Vierge et l'Enfant entourés de saints, *ib.* — La Vierge adorant l'enfant Jésus, Munich. — La Vierge, l'Enfant et deux anges, *ib.* — Sainte Famille, Berlin. — Jésus-Christ mort, *ib.* — Vierge glorieuse, *ib.* — La Vierge, l'Enfant et autres saints, Vienne. — Portrait d'homme, Paris. = Choix et ton de couleur du Pérugin; contours, plis et draperies de Jean Bellini; moins de douceur et de grâce que le premier; plus de dignité et de variété que le second. Excellait dans les madones. = Ventes : V. Northwick (1859), *La Vierge et l'enfant Jésus*, 3,432 fr. — *L'Annonciation*, 2,080 fr. — V. Pourtalès-Gorgier (1865), *La Vierge et l'enfant Jésus*, 21,500 fr. — *La Vierge, l'enfant Jésus et saint Joseph*, 14,000 fr. — V. Salamanca (1867), *Portrait d'une courtisane*, 2,080 fr. — *Sainte Famille*, 18,000 fr.

Raibolini di Francia (Jacques), fils de François. E. I. † 1557. BOLOGNE. Histoire, portrait, = Elève de son père ; son fils, Jean-Baptiste, mort en 1575, fut un artiste très médiocre. = La Vierge et l'Enfant entourés d'anges, Bologne. — Vierge glorieuse, *ib.* — Plusieurs saints, *ib.* — La Vierge et plusieurs saints, Milan (Musée, signé : *Jacobus Francia P.* MDXLIII). — La sainte Vierge et plusieurs saints, Venise (Signé : *J. J. Francia, aurif. Bon. F. F.* 1526). — La chasteté, Berlin. — Saint Jean Baptiste et saint Etienne, *ib.* — La Vierge et l'Enfant avec saint François, *ib.* — Vierge glorieuse. *ib.* — La Vierge et l'Enfant et autres saints, *ib.* — Même sujet traité différemment, *ib.* = Imita la manière de son père avec lequel ses tableaux sont parfois confondus. Augustin Carrache a gravé quelques-unes de ses madones.

Raibolini di Francia (Jules). E. I. † 1540. Histoire. = Elève et cousin de François Francia. = Descente du Saint-Esprit, Bologne. — Vierge glorieuse (Avec Jacques), Berlin. = Peintre médiocre.

Raimbeaucourt (Pierre de). E. Fr. ' XIVe siècle. Miniature. = Ce miniaturiste vivait en 1323. Son nom se trouve mentionné dans un manuscrit de la bibliothèque royale de La Haye. (*Lettre de Jubinal sur quelques-uns des manuscrits de la bibliothèque de La Haye.* Paris. Didron, 1846, in-8°.)

Raimondo. E. I. ' XVe siècle. NAPLES. Histoire. = Travailla en Piémont. = Figures vives, bon coloris, quoique trop chargé d'or.

Rainaldi (Dominique), dit **Dal Tti.** E. I. ' XVIIe siècle. Histoire. = Détails inconnus.

Rainieri (François), dit **Le Schivenoglia.** E. I. † 1758. MANTOUE. Bataille, paysage, etc. = Elève de J. Canti; mort vieux. = Surpassa son maître pour le dessin sans l'égaler pour le coloris.

Rama (Camille). E. I. ' 1622. BRESCIA. Histoire. = Imitateur du jeune Palma.

Ramacciotti (Jean-Baptiste). E. I. SIENNE. Histoire. = Prêtre et amateur de peinture. = Nativité de la Vierge, Florence.

Ramare (Hennequin de). ' XVe siècle. = Travailla au banquet de Lille, en 1453.

Ramay ou **della Ramege** (Jean). E. Fl. 1530 (?). LIÉGE (?). Histoire. = Elève de Lambert Lombard. En 1585, il était doyen de la corporation des orfèvres, avec laquelle les peintres étaient unis d'après une convention de ce temps. Il vivait encore en 1602, et mourut en revenant dans sa patrie sur les frontières de France, où il avait été appelé, dit-on, pour travailler au palais du Luxembourg. = Adoration des bergers, église de Glain (Ans, près de Liége). = Il fut, avec P. du Four, celui des élèves de L. Lombard qui imita le plus son maître. Moins de correction et de fermeté dans le dessin. De l'invention; bon coloris.

Ramazzini (Hercule). E. I. ' 1588. ROCCACONTRADA. Histoire. = Elève du Pérugin, puis de Raphaël. = Coloris brillant mais peu vrai; invention facile : manière se rapprochant de celle de Barocci.

Rambaldi (Charles). E. I. 1680-1717. BOLOGNE. Histoire. = Elève de J. Viani.

Rambaldo de Ferrare. E. I. ' 1380. FERRARE. Histoire. = Détails inconnus.

Ramberg (Jean-Henri). E. Al. 1763-1840. HANOVRE. Histoire, genre. = Elève de J. Reynolds, à Londres, sous lequel il fit des progrès rapides. Graveur à la pointe et en manière coloriée.

Ramberg (Baron de). E. Al. 1819-1875. VIENNE. Histoire, portrait. = Elève de J. Hubner et de Piloty. Mort à Munich ; professeur à l'Académie. = La cour de Frédéric II à Palerme.

Ramboux (Jean-Antoine). E. Al. 1790-1866. TRÈVES Histoire, portrait. = Elève de David et du frère Abraham, le moine-peintre de l'abbaye d'Orval, en Belgique. = Auteur d'un ouvrage composé de fac-simile de peintures anciennes.

Rambrandt Paele. V. Paele.

Ramege (della). V. Ramay.

Ramelet. E. Fr. ' 1840. Genre. = Fête de la maitresse d'école.

Ramenghi (Barthélemy), le Vieux, dit le **Bagnacavallo.** E. I. 1484-1542. BAGNACAVALLO. Histoire, portrait. = Elève de Francia, à Bologne; se rendit à Rome, y eut peu de succès et revint à Bologne où il fut en rivalité avec Amico et Jérôme Cotignuola et Innocent d'Imola. Sa conduite et ses ouvrages le mettent au-dessus de ces divers concurrents; le Bagnacavallo eut quatre peintres dans sa famille; son fils Jean-Baptiste, le Vieux, aida Vasari, à Rome, le Primatice, en France et mourut en 1601; son neveu, Barthélemy, le Jeune, peignit les ornements; Jean-Baptiste, le Jeune, fils de ce dernier, travailla, en 1622, et Scipion, fils de Jean-Baptiste, le Vieux, qui excella dans les ornements et la perspective. = La Vierge et l'enfant Jésus, avec plusieurs saints, Dresde. — Sainte Famille avec sainte Catherine, Naples. — Sainte Famille entourée de saints, Bologne. — Sainte Agnès, sainte Petrone et saint Louis, Berlin. — Circoncision, Paris. = Manière souple et ferme; dessin pur; composition sage.

Ramirez (Christ.). E. Es. ' 1660, Histoire. = On le croit frère ou parent de Jérôme et de Pierre Ramirez. Florissait à Séville. = Le Sauveur (1638), Madrid. = Dessin correct; bonne entente de la composition.

Ramirez (Jean). E. Es. ' 1536. Histoire, portrait. = Florissait à Séville. = Se distingua dans le portrait.

Ramirez (Jérôme). E. Es. ' 1660. Histoire, = Elève de Roelas, à Séville. Parent de Christophe et de Pierre Ramirez. = Belle couleur, manière hardie, dessin large.

Ramirez (le docteur don Joseph). E. Es. 1624-1692. VALENCE. Histoire. = Elève de J. Espinosa. = Imita son maître avec assez de talent pour que l'on confondît leurs tableaux.

Ramirez (Philippe). E. Es. ' Chasses, oiseaux, nature morte et bambochades. = Peintre d'un talent supérieur. = Dessin large et correct; beaucoup de fraicheur; anatomie savante.

Ramirez (Pierre), E. Es. ' 1660. = L'un des premiers soutiens de l'Académie de Séville. Parent de Christophe et de Jérôme Ramirez.

Ramirez Bénavides (Jean). E. Es. † 1782. Histoire. = Etudia à Saragosse, puis à Madrid. = Composition facile.

Ramont (Jean). E. Fl. ' XVIIIe siècle. = Détails inconnus.

Ramsay (Allen). E. An. 1713-1784. EDIMBOURG. Portrait. = Manifesta de bonne heure des aptitudes spéciales; voyagea en Italie; revint à Edimbourg, puis à Londres où il occupa dans le monde des arts une position des plus honorables. George III le nomma son peintre. Il mourut pendant un voyage qu'il fit à Paris. = La reine Charlotte, femme de George III, et ses enfants, Londres.

Ranc, le Vieux. E. Fr. ' XVIIe siècle. MONTPELLIER. = Il fut un des premiers maîtres de Rigaud. = Jésus-Christ donnant les clefs à saint Pierre, Montpellier (Eglise Saint-Pierre).

Ranc (Jean), fils de Ranc, le Vieux. E. Fr. 1674-1735. MONTPELLIER. Portrait. = Elève de Hyacinthe Rigaud, dont il épousa la nièce; reçu à l'Académie, en 1703; mérita la faveur du roi d'Espagne, qui le nomma son premier peintre, en 1724. Dissipa follement des sommes considérables. Mort à Madrid. = Marie-Louise de Savoie, Madrid. — Philippe V, d'Espagne, *ib.* — Isabelle Farnèse, *ib.* — Le prince Louis, *ib.* — Et autres, *ib.* = Correction rigoureuse, verité dure, imitation sèche, exécution froide, coloris sombre, ressemblance parfaite.

Randa (Antoine). E. I. ' 1614. BOLOGNE. Histoire, = Elève du Guide et de L. Massari; peintre du duc de Modène; séjourna à Ferrare et se fit religieux. = Peintre de beaucoup de mérite.

Randazzo (Philippe). E. I. ' XVIIIe siècle. Histoire. = Détails inconnus.

Randel. E. Al. 1801. Portrait et genre. = Elève de Krüger. = Portrait équestre du général Tumpling. — Chevaux.

Raner (Daniel). E. Al. Genre. = Détails inconnus.

Ranftl (Jean-Mathieu). E. Al. 1805. VIENNE. Histoire, animaux. = Episode de l'inondation de Pesth, Vienne. — Kuntz von Rosen dans la prison.

Rang (Louise **Vancorbel** Mme). E. Fr. 1806. SAINT-MALO. Portrait. = Elève de Belloc. = Portrait de Bisson.

Rankley (Alfred). E. An. 1819-1872. Histoire, portrait. = Le retour de l'enfant prodigue.

Ranspach. E. Al. ' 1838. Genre.

Ranzoni (Gustave). E. Al, 1826. UNTERNALB. Paysage, animaux.

Raoul (Jean). E. Fr. ' 1477. PARIS. = Miniaturiste habile qui exécuta, en 1477, les généalogies des rois de France, chef-d'œuvre de calligraphie et de miniature.

Raoux (Louis). E. Fl. 1784-1861. Nature morte.

Raoux (Jean). E. Fr. 1677-1734. MONTPELLIER. Histoire, portrait et genre. = Elève de Ranc et de Bon Boullongue; séjourna quelque temps en Italie; revint à Paris, y obtint la protection et l'amitié du grand-prieur de Vendôme; refusa le titre de premier peintre du roi d'Espagne, de crainte du climat, et y fit envoyer, à sa place, Ranc, le fils de son ancien maître; entreprit le voyage d'Angleterre, mais le mauvais état de sa santé le ramena en France au bout de huit mois; travailla pour l'électeur palatin, fut reçu à l'Académie, en 1717. Peignant de préférence des portraits de femme, il est un des premiers artistes de son temps qui suppléèrent au naturel, par des grâces de convention. = Télémaque dans l'île de Calypso, Paris. — La Vestale, Bordeaux. — Renaud et Armide, Nantes. = Coloris assez brillant et assez fin; grâce affectée, fraîcheur peu vraie quoique agréable, dessin incorrect, style peu élevé, composition faible; ne possédait pas assez de talent pour l'histoire; il occupa un rang très honorable parmi les meilleurs peintres de portraits de l'école française; bon arrangement des figures; coloris éclatant et ressemblance remarquable; peu d'expression. = Ventes : V. Gaillard de Gagny (1762), *Les quatre Âges* 4,004 liv. — V. Choiseul (1772), *Scène dans le temple de Priape*, 2,006 liv. — V. Conti (1777), Le même tableau. 3,599 liv. — V. Nogaret (1782), *Jeune baigneur*, 800 liv. — V. Lenoir (1821), *Femmes au clavecin*, 405 fr.

Raphael. V. Sanzio.

Raphael (Joachim). E. Es. 1783 (?).

Rascalon (Jérôme). E. Fr. 1786. PARIS. Paysage, genre et décors. = Elève de Cicéri et de Bouton.

Rathbone (J.). E. An. 1750-1807. CHISHIRE. Paysage. = Travailla avec Georges Morland.

Raton. ' XVIIe siècle. = Cité par de Marolles.

Ratti (E. L.). E. Al. 1816. BERLIN. Histoire. = Elève de Hensel = Scènes de la destruction d'Herculanum.

Ratti (Jean-Augustin). E. I. 1699-1775. SAVONE. Histoire, scènes comiques, etc. = Elève de B. Lutti à Rome; un des meilleurs peintres de son époque dans le genre grotesque et gai. Mort à Gênes. = Décollation de saint Jean, Savone. = Imagination vaste, féconde et inépuisable dans ses tableaux de genre; peintre d'histoire distingué. Graveur.

Ratti (le chevalier Charles-Joseph), fils de Jean-Augustin. E. I. 1730 (?)1795. GÊNES. Histoire. = Elève de son père; nommé, par la protection de Mengs, directeur de l'Académie de Milan; peignit avec ce grand artiste au palais royal de Gênes; séjourna quatre ans à Rome et n'eut pas d'autre demeure que celle de son protecteur; nommé par le pape Pie VI directeur de l'Académie Ligustica; reçut du même pontife la croix de chevalier. = Posséda moins de talent que son père et se distingua surtout comme copiste; auteur de quelques ouvrages traitant de l'art et des artistes.

Ratto (Gregorio-Luiz). E. Es. 1813 (?). Histoire.

Rauch (Charles). E. Fr. 1791. STRASBOURG. Genre et paysage. = Elève de Laurent, d'Epinal. = Environs de Toulon. — François II, Versailles.

Rauch (Ferdinand), frère de Jean-Népomucène. E. Al. ' XIXe siècle. Paysage et animaux.

Rauch (Jean-Népomucène), frère de Ferdinand. E. Al. 1804. VIENNE. Paysage et animaux. = Un taureau poursuivant une vache, Vienne.

Rauch (Joseph), frère de Jean-Népomucène. E. Al. ' XIXe siècle. Paysage et animaux.

Rauffer (Charles de). E. Al. 1727-1802. RATISBONNE. = Peintre en miniature et sur porcelaine. Secrétaire de l'électeur Maximilien III, de Bavière. Mort à Munich. = Habile dessinateur et bon peintre.

Raufft. E. Fr. ' 1700. SUISSE. Histoire. = Troisième prix à l'Académie royale de peinture de France, en 1684, avec *Enos commençant à invoquer le nom du Seigneur.*

Raufft (François-Louis). E. Al. ' 1730. LUCERNE. Histoire. = Elève de son père, peintre très médiocre; étudia à Paris et à Rome; visita la Hollande et l'Allemagne, séjourna à Hambourg et mourut à La Haye, à l'âge de 68 ans. = Exécuta quelques beaux plafonds au palais du landgrave de Hesse-Cassel.

Rauwaert (Jacques). E. H. ' 1550. Histoire. = Van Mander le cite comme un disciple de Martin Heemskerk, ayant demeuré avec lui et l'aidant parfois pour des accessoires de ses tableaux. C'était un amateur riche et distingué qui ayant commandé à son maître un tableau représentant les Quatre Fins de l'homme, lui paya de ce chef une somme importante; en 1572, lorsque la ville de Haarlem fut assiégée par les Espagnols, Rauwaert habitait Amsterdam et c'est là qu'il hébergea momentanément son vieux maître fuyant la guerre.

Raveau (Emilie **Bounieu,** Mme). E. Fr. 1785 (?). Histoire. = Elève de son père, H. Bounieu. = Hélène et Laodice. — Une bacchante.

Ravelli (Pierre-Antoine). E. H. 1788. AMSTERDAM (?). Portrait et miniature. = Elève de P. Barbier, le Jeune, et de C. Hodges.

Raven (Guillaume). E. H. ' XVIIIe siècle. Portrait. = Peintre de mérite.

Ravenart (Hennequin de). ' xve siècle. = Travailla, en 1468, aux entremets de Bruges.

Ravenzwaay (Jean van), le Vieux. E. H. 1790. HILVERSUM. Paysage, animaux, etc. = Élève de P. G. Van Os. = Paysage avec animaux, Haarlem. — Intérieur d'étable, *ib.*

Ravenzwaay (Jean Van), le Jeune, neveu de Jean. E. H. 1810-1849. HILVERSUM. Paysage. = Élève de son oncle.

Raverat. E. Fr. ' 1842. Histoire. = Prise de Furnes, Versailles. — Jésus-Christ dépouillé de ses vêtements.

Ravestein (... Van). E. H. ' XVIe siècle (?). Histoire. = Attaché à la cour de Vienne où son talent lui valut la protection spéciale de l'empereur.

Ravestein (Antoine Van). E. H. ' XVIIe siècle. Nature morte. = Reçu, en 1614, dans l'ancienne corporation des peintres, à La Haye. Un des fondateurs de la société *Pictura*, dans la même ville, en 1656. Après 1662, son nom ne se rencontre plus dans les archives. = On cite parmi ses tableaux une Tête de mort avec un sablier et un harengsaur avec une pinte, etc.

Ravestein (Arthur Van), fils d'Antoine. E. H. 1615-1681 ou 1682 (?). LA HAYE. Histoire, portrait. = Élève de son père. Inscrit dans la corporation des peintres, à La Haye, en 1649, il en fut doyen en 1661, en 1662 et en 1680. Quelques auteurs l'ont nommé Arnold, on ne sait pour quelle raison ; de même ils lui ont donné pour père, Jean Van Ravestein, tandis qu'il est, en réalité, fils d'Antoine. Il est cité dans les Ordonnances du prince d'Orange, Guillaume II, comme ayant reçu 500 florins pour un tableau représentant Diane et Calisto. Un Arnold Van Ravestein est inscrit dans la gilde à Haarlem, en 1639. = Deux portraits, Cassel. — Portrait d'un jeune gentilhomme, Copenhague. = Pinceau hardi.

Ravestein (Jean Van). E. H. 1572 ou 1580-1657. LA HAYE. Portrait. = Reçu, en 1598, membre de l'ancienne corporation de Saint-Luc, à La Haye. En 1655, les peintres d'histoire, les sculpteurs et les amateurs demandèrent leur séparation d'avec les peintres peu renommés qui faisaient partie de la corporation de Saint-Luc; sur la requête se trouve le nom de J. Ravestein. Il paraît qu'il a eu un fils portant le même nom que lui et qui doit avoir été un bon peintre, puisqu'on confond ses toiles avec celles de son père. Il acheta le droit de sépulture à l'église du couvent, à La Haye, en 1636. = Portrait d'un homme et de sa jeune fille en prière, Berlin. — Deux portraits de femme, Bruxelles. — Portrait du prince Maurice (daté de 1605), Dresde. — Portraits de vingt membres du magistrat de la ville (hôtel-de-ville) (Chef-d'œuvre), La Haye. — Six officiers d'archers, *ib.* — Vingt-cinq arquebusiers, *ib.* — Quinze membres du conseil de la ville, *ib.* — Portrait de Jean Pierre Snoek, Amsterdam. — Portrait de la femme du précédent, *ib.* — Buste d'homme, Gotha. —Famille hollandaise de dix personnes. Brunswick (Chef-d'œuvre).— Intérieur, Rotterdam. — Portrait d'homme, richement vêtu, *ib.* — Portrait d'homme, *ib.* — Portrait d'une jeune fille, Copenhague. = Excellent peintre de portrait, têtes attrayantes, coloris clair mais trop rouge; exécution très habile. On le place immédiatement après Rembrant et Van der Helst. = Ventes : V. Van Cleef (1864), *Portrait de femme*, signé et daté de 1628, 750 fr.

Ravestein (Hub. Van). E. H. 1640 (?). DORDRECHT. Paysage, animaux. = Détails inconnus.

Ravestein (Henri Van). E. H. ' 1661. BOMMEL. Histoire, nature morte. = Mort jeune. = Peintre de quelque mérite.

Ravesteyn (Nicolas Van), fils d'Henri. E. H. 1661-1750. BOMMEL. Portrait, histoire et allégories. = Il fut d'abord élevé pour les lettres, mais son goût pour la peinture le fit placer chez J. De Baen. Il reçut aussi les leçons de Guillaume Doudyns. Travailla jusqu'à l'âge de 80 ans. Il a fait les portraits de plusieurs grands personnages. = Coloris agréable, pinceau moelleux.

Ravestyn (Regnier). E. H. ' XVIIIe siècle. AMSTERDAM. Paysage. = Cité par Nagler.

Ravestyn (Salomon). E. H. ' 1635. ALKMAAR. Portrait. = Cité par Nagler.

Ravesway (Jean-Herbert Van). E. H. ' 1606. = Peintre sur verre; reçu bourgeois d'Utrecht.

Raxis (Pierre de). E. Es. ' XVIe siècle. GRENADE (?). Histoire, grotesques. = On croit qu'il étudia en Italie; en grande réputation à Grenade. Il paraît que cet artiste eut deux frères, bons peintres, mais qui ne l'égalèrent pas. = Beaucoup de délicatesse surtout dans les grotesques.

Raymond ou **Rexmann** (Pierre). E. Fr. 1564-1578. LIMOGES. Email. = Rival des Léonard, des Jehan et des Courtois.

Razali (Sébastien). E. I. ' XVIe siècle. Histoire. = Élève des Carrache.

Razzi. V. Bazzi.

Reaburn (sir Henri). E. An. 1756-1823. Portrait. = Détails inconnus.

Read (Miss Catherine). E. An. † 1778. LONDRES. Portrait. = Fut employée par la cour et eut de la réputation notamment dans ses portraits au crayon.

Realfonso (Th.). E. I. ' XVIIIe siècle. Fleurs, fruits, paysages et nature morte. = Le meilleur élève d'A. Belvédère.

Reattu (Jacques). E. Fr. 1760-1832. ARLES. Histoire. = Elève de Regnault; remporta le grand prix de peinture, en 1791, et se rendit à Rome. Correspondant de l'institut de France. = Histoire de saint Paul, Beaucaire.

Rebecca (Biaggio). E. An. 1805-1878. En Italie. Histoire, décorations. = Associé de l'Académie royale. = Sacrifice à Minerve.

Rebell (Joseph). E. Al. 1786-1828. VIENNE. Paysage, marine. = Elève de Th. Wutky. Mort à Dresde. = Paysage italien, soleil couchant, Vienne. — Un ouragan en mer, *ib.* — Le môle de Portici, Munich. — Tempête sur mer, *ib.* — Le canal, *ib.* — Environs de Capri, *ib.*

Rebello (José-d'Avellar). E. Es. ' 1640. Histoire.

Rebolloso (Ant.). E. Es. ' 1741. Histoire. = Vivait à Murcie. = Plus de dessin que de couleur.

Rebon (Pierre). E. Fr. ' 1644. LE HAVRE. Histoire, portrait. = Plusieurs auteurs le nomment, par erreur, *Rabon*, et le font naître en 1616 et mourir en 1684.

Rebon (Nicolas), fils de Pierre. E. Fr. 1644-1686. Histoire, portrait. = Détails inconnus.

Reboul (Marie-Thérèse). V. Vien.

Rechambault (Pierre). E. Fr. ' 1555. LIMOGES. = Peintre verrier et émailleur. Travailla avec Penicaud au vitrail de la Cène, pour la confrérie du St-Sacrement, à Limoges.

Recchi (Jean-Paul), frère de Jean-Bapt. E. I. ' 1660. CÔME. Histoire. = Elève du Mazzuchelli; travailla en Piémont et y fut aidé par son neveu, nommé Jean-André.

Recchi (Jean-Baptiste), frère de Jean-Paul. E. I. ' 1660. CÔME. Histoire. = Elève du Mazuchelli; se distingua à Turin; travailla quelquefois avec un de ses neveux, nommé Jean-Antoine. = Style solide et énergique coloris vigoureux, perspective savante.

Recco (Pierre). E. H. 1766. AMSTERDAM. Portrait. = Elève d'A. de Lelie; s'établit à Bâle : de là vient l'erreur de plusieurs biographes qui le font naître en Suisse. = Bon dessinateur.

Recco (le chevalier Joseph). E. I. 1634-1695. NAPLES. Nature morte. = Ecole de Porpora; étudia dans la Lombardie, demeura plusieurs années à la cour d'Espagne, pendant le séjour de Giordano dans ce pays. = Nature morte (Plusieurs tableaux) Madrid. — Fruits, Berlin. = Beau coloris.

Rechlin. E. Al. 1804. Batailles et scènes militaires. = Charles de Mechlembourg à la bataille de Goldberg.

Reck (David van). E. Fl. ' XVIIe siècle. FLANDRE. Histoire, portrait. = Elève de Van Dyck. Appelé en Suède par la reine Christine, il y peignit le portrait de cette princesse et ceux de la plupart des généraux suédois. Son succès fut très grand parmi la haute société de son pays d'adoption.

Reclam (Frédéric). E. Al. 1734-1774. MAGDEBOURG. Paysage, genre, etc. = Elève d'A. Pesne; travailla en France et en Italie et mourut à Berlin. = Graveur.

Recouvrance (Antoine de), E. Fr. ' 1620. AVIGNON (?). Histoire, portrait. = Peintre du roi de 1588 à 1641. = On connait de ce peintre quelques tableaux représentant des prêches dans des temples où se trouvent de nombreux personnages qui paraissent devoir être des portraits. = Coloris plus fort qu'harmonieux, dessin exact, serré et souple. La collection de Duplessis-Mornay, décédé en 1611, renfermait des portraits de ce peintre (*Nouvelles archives de l'art français*, années 1874-75).

Redel (Joseph). E. Al. 1774-1836. Histoire. Professaur à l'Académie, à Vienne, où il mourut. = Bon coloris; manière de Füger.

Redgrave (Richard). E. An. 1804. PIMLICO (Londres) Genre, histoire, paysage. = Membre de l'Académie royale. = Les cousins de campagne, Londres. — Esclaves de la mode — Jane Shore.

Redi (Thomas) E. I. 1665-1726. FLORENCE. = Elève de Gabbiani; se perfectionna à l'Académie Florentine, établie à Rome sous la direction de Ciro Ferri et de C. Maratti; parcourut une partie de l'Italie et laissa partout des preuves de son talent. Le czar Pierre ayant vu quelques ouvrages de Redi, envoya quatre jeunes gentilshommes à Florence, afin qu'ils y entrassent dans son école et qu'à leur retour ils pussent introduire le goût des arts en Russie; ils revinrent à Moscou, et Pierre-le-Grand fut si satisfait de leurs progrès, qu'il résolut d'établir une Académie dans cette ville et d'en confier la direction à Redi; mais celui-ci ne voulut point consentir à quitter sa patrie et mourut dans sa ville natale. = Génie fécond et poétique dans les allégories; excellent style dans le portrait; dessin élégant et correct, coloris assez suave et offrant un heureux mélange de ceux de ses maîtres de Rome. Poses bien choisies, caractères saisis avec justesse; pinceau très franc, et entente particulière de la composition.

Redig (J. J.). E. Fl. ' 1845. Genre.

Redig (Laurent). E. Fl. † 1861. Genre et paysage. = Fête au village.

Redondillo (Isidore de). E. Es. ' 1685. MADRID. Histoire, portrait. = Nommé peintre de Charles II.

Redouté (Jean-Jacques). E. Fl. 1687-1762. DINANT. = Les biographes ne citent pas même le genre dans lequel ce peintre a travaillé. Aïeul du célèbre Pierre-Joseph Redouté.

Redouté (Charles-Joseph), fils de Jean-Jacques. E. Fl. 1715-1776. Jamagne, près de Philippeville. Histoire, portrait et paysage. = Elève de son père. En 1737, il partit pour Paris afin de continuer ses études à l'Académie de cette ville; après six ans de séjour en France, il s'établit à Saint-Hubert où il mourut. Il travailla pour l'abbaye de Saint-Hubert, pour celle de Stavelot et pour plusieurs châteaux des environs.

Redouté (Ant.-Ferd.), fils de Charles-Joseph. E. Fr. 1756-1809. Saint-Hubert. Décorations. = Elève de son père; s'établit à Paris, en 1776, où il mourut. Il travailla au palais de l'Elysée Bourbon, au château de Compiègne, etc. Il s'acquit beaucoup de réputation dans le genre qu'il avait adopté.

Redouté (Henri-Joseph), fils de Charles-Joseph. E. Fr. 1766. Saint-Hubert. Fleurs, fruits, insectes, etc. = Elève de son frère Pierre-Joseph, à Paris, où il fut dessinateur du jardin des plantes et membre de la commission des arts et sciences, que Bonaparte envoya en Egypte.

Redouté (Pierre-Joseph), fils de Charles-Joseph. E. Fl. 1759-1840. Saint-Hubert. Fleurs, ornements et histoire. = Elève de son père. Travailla à Paris, où il dessina les plantes du cabinet du roi; visita Londres. Peintre de fleurs au musée d'histoire naturelle, à Paris, où il fut comblé de gloire et d'honneurs, et nommé peintre de l'impératrice Joséphine, en 1805. Mort à Paris. Il travailla beaucoup, ainsi que son frère Henri, pour le naturaliste Lhéritier. = Liliacées, 8 vol. in-folio. — Les roses. — Flora atlantica de Desfontaines. — Flora borealis americana. — Flore de Navarre, etc. = Manière large, facile. Un des plus célèbres dessinateurs de fleurs qui aient existé. Ses tableaux à l'huile sont très rares et très recherchés.

Reeder (Martin-Fr.). E. H. 1802. La Haye. Intérieurs, nature morte et fleurs. = Elève de C. Van Cuylenburgh et de J. Pieneman.

Reekers (Iean). E. H. 1790-1858. Haarlem. Paysage, portraits et intérieurs. = Elève de Horstok.

Reekers (Henri), fils de Jean. E. H. 1815-1854. Haarlem. Fleurs et fruits. = Elève de son père et de G. J. J. Van Os. = Atteignit un haut degré de perfection.

Reesbroucq. V. Rysbroeck (van).

Regamey (Guillaume P. U.). E. Fr. 1837-1875. Paris. Scènes militaires. = Tambours de grenadiers. — Cuirassiers au cabaret. — Sapeurs, Châlons-sur-Marne (Musée).

Regemorter (Pierre Van). E. Fl. 1755-1830. Anvers. Genre, kermesses, paysage et clairs de lune. = Elève de l'Académie d'Anvers. Il se perfectionna par l'étude des tableaux anciens qui enrichissaient les cabinets de MM. Pilaer et Beeckmans, à Anvers. Professeur à l'Académie d'Anvers et doyen de Saint-Luc, en 1786. Il fut un de ceux que la ville d'Anvers chargea d'aller recevoir les tableaux enlevés par les Français. Il forma un grand nombre d'élèves, parmi lesquels il faut citer MM. Van Brée et Verstappen. = Paysage : le berger et le troupeau, Anvers. = Il excellait à peindre les clairs de lune et possédait un talent hors ligne pour restaurer les anciens tableaux.

Regemorter (Ignace-Jos. Van), fils de Pierre-Jean. E. Fl. 1785-1873. Anvers. Paysage, genre et histoire. = Elève de son père. = L'ancien marché aux poissons à Anvers, Haarlem. — Deux paysages, *ib.* — Jean Steen, *ib.* — Le galant militaire, *ib.* — L'auberge, Rotterdam. — Intérieur d'un galetas, Munich. — Le déjeuner, *ib.* = Graveur.

Regillo. V. Licinio.

Reginald. E. Fr. * 1181. = Moine de l'abbaye de Grandmont près de Limoges. Peintre émailleur et orfèvre; on connait de lui des émaux signés.

Regnault (Etienne). E. Fr. 1649-1720. Paris. Histoire. = Admis à l'Académie, en 1703.

Regnault (Armand). E. Fl. * xve siècle. = Travailla, en 1468, aux entremêts de Bruges; fut chargé de rechercher, à Gand et à Audenarde, les artistes capables de l'aider dans ses travaux.

Regnault le baron Jean-Baptiste). E. Fr, 1754-1829. Paris. Histoire. = Elève de Bardin; suivit fort jeune son maitre à Rome, y remporta toutes les médailles, ainsi que dans sa patrie; retourna à Rome, après avoir obtenu le grand prix. Agréé à l'Académie en 1782, et reçu académicien en 1783. Chevalier des ordres royaux de Saint-Michel et de la Légion d'honneur, professeur recteur aux écoles spéciales de peinture, sculpture, architecture et membre de l'Institut. = Fresques, Rome. — Descente de croix, Paris. — Education d'Achille, *ib.* — La France s'avançant vers le temple de la paix, *ib.* — Pygmalion, *ib.* — Origine de la peinture, *ib.* — Le génie de la France (Allégorie), Hambourg. — Le Sénat reçoit les drapeaux pris dans la campagne d'Autriche, Versailles. — Mariage du prince Jérôme Bonaparte et de la princesse Frédérique-Catherine de Wurtemberg, *ib.* — Bataille de Marengo : mort de Desaix, *ib.* = Un des meilleurs peintres de son époque; émule de David, il fut non seulement célèbre par son talent, mais encore par les bons élèves qui sortirent de son atelier. = Ventes : V. Jauffret (1814), *Vénus*, 184 fr. — V. Regnault (1830), *Education d'Achille* (Réduction), 1,560 fr. — *Hercule et Alceste*, 2,800 fr.

Regnault (Henri-Alexandre). E. Fr. 1843-1871. PARIS. Histoire, genre. = Elève de Lamothe et de Cabanel. Grand prix de Rome. = Mort aux remparts de Paris pendant le siège de 1871. = Thétis. — Portrait de Prim.

Regnier (François). E. H. 1761. LA HAYE. Portrait. = En 1776, il travaillait encore à La Haye.

Regnier (Jacques-Augustin). E. Fr. ✝787. PARIS. Paysage, etc. = Elève de Bertin. = Tombeau du roi Arthur. — Dévouement de Jeanne d'Arc.

Regnier (Jean). E. Fl. ' 1853. Intérieurs et genre. = Professeur à l'école industrielle de Verviers.

Regoliron (Bernard). E. I. ' 1772. Portrait. = Elève de P. P. Cristofani. = Portraits de Joseph II et de son frère Léopold, Vienne.

Regters (Tiebout). E. H. 1710-1768. DORDRECHT. Portrait. = Elève de Quinkhard. Mort à Amsterdam. = Portrait : l'historien Jean Wagenaar, Amsterdam. — Portrait du peintre Jean Ten Compe, *ib.*

Rehberg (Frédéric). E. Al. 1758. HANOVRE. Histoire. = Elève d'Oeser, à Leipzig et à Dresde; se rendit à Rome en 1777, y suivit les leçons de Mengs, étudia au Vatican, d'après Raphaël et les antiques. Professeur à l'Académie de Berlin en 1783. Retourna à Rome pour y présider à la fondation d'une école allemande des arts, qui ne put être instituée. Visita l'Angleterre en 1812, retourna une troisième fois à Rome en 1815 et s'établit enfin à Munich. = Graveur. Exécuta un grand nombre de dessins et s'occupa beaucoup de lithographie.

Reichenbach (Hugo von). E. Al. 1821. ERFURTH. Animaux.

Reichman (George-Fréd.). E. Al. 1793 (?). MINDEN (Hanovre). Histoire, portrait.

Reiffenstein (Charles-Théodore). E. Al. 1820. FRANCFORT s.-M. Paysage. = Elève de Becker. = Paysage du Harz, Magdebourg, (Musée).

Reigler (Paul). E. Fl. ' 1845. Paysage. = Elève de l'école de peinture de Spa.

Reignier. (Jean M.). E. Fr. 1815. LYON. Fleurs et fruits.

Rein (E.). E. Al. ' 1878. EN NORWÈGE. Paysage. = Sorfjord d'Hardanger.

Reinagle (Philippe). E. An. 1749-1833. Animaux, paysage. = Membre de l'Académie royale, à Londres. Renommé pour ses copies de maîtres hollandais, Potter, Berchem etc., qu'on prenait pour des originaux.

Reinagle (Ramsay-Richard). E An. 1775-1862. Portrait, animaux. = Membre de l'Académie royale. En 1848 il dut donner sa démission à la suite d'actes indélicats. = Torrent dans les montagnes, Kensington (musée).

Reinagle (George P.), fils de Ramsay. E. An. 1802-1835. Marine.

Reiner (Venceslas-Laurent). E. Al. 1686-1743. PRAGUE. Batailles, vues de ville et histoire. = Elève de Schweiger et de P. Brandel. Peignit à fresque et à l'huile. = Vue du Campo-Vaccino, du palais impérial et de l'arc de Titus, à Rome, Dresde. — Vue de la maison dorée de Néron, *ib.* — Coupole à fresque (Prague (Eglise des croisés). — La chute des géants, *ib.* (Plafond du palais Czernid). — Tableau d'autel, *ib.* (Eglise Saint-Pierre). — Les persécutions endurées par les jésuites, en quatre tableaux, *ib.* (Musée). = Il suivit d'abord la manière de Pierre Van Bloemen, puis celle de Henri Roos. Sa réputation lui vient de ses grandes compositions historiques et de ses fresques dans lesquelles il déploya une vigueur et une facilité dans le genre de celle de Luc Giordano. Belles masses; sentiment de l'unité, belle étude du nu; têtes animées, beau et sage coloris, toujours en harmonie avec le sujet.

Reinhardt (W.). E. Al. 1835. MANNHEIM. Paysage. = Torrent dans une vaste plaine.

Reinhardt (Louis). E. Al. † 1870. Genre. = Se suicida à Munich.

Reinhart (Chrétien). E. Al. 1761-1848. HOF (Franconie). Histoire, paysage. = Elève d'Oeser, destiné d'abord à l'état ecclésiasque, s'établit à Rome, en 1789 et y mourut. = Paysages avec ruines antiques, Munich. — Le chemin de traverse dans la campagne de Rome, *ib.* — Chute d'eau, *ib.* — Les chèvres et le berger, *ib.* = Formes un peu conventionnelles, composition belle et simple; son coloris rappelle celui du Poussin. = Graveur.

Reinhardt (Emilie). E. H. 1809. AMSTERDAM. Fleurs. = Elève de Redouté.

Reinhart (Benjamin-Franklin). E. An. 1829. EN PENSYLVANIE. Genre, histoire.

Reinhold (Frédéric-Philippe). E. Al. 1779. GERA (Saxe). Genre et paysage. = Maison de paysans, Vienne.

Reinhold (François), fils de Frédéric P. E. Al. ' 1837. Paysage.

Reinhold (Henri), frère de Frédéric P. E. Al. 1789. GERA. Paysage avec figures. = Le jardin des capucins près de Sorrente, Munich.

Reinick (Robert). E. Al. 1814. DANTZIG. Histoire. = Jacob amené devant Laban.

Reiniers (Jelle). E. H. EN FRISE. Histoire, portrait. = Peintre sur verre.

Reinnard (Jean-Baptiste). E. Fr. 1778.

ALLEMAGNE. = Portrait et figures sur porcelaine.

Reinoso (don Antoine Garcia). E. Es. 1623-1677. CABRA (Andalousie). Histoire. = Elève de S. Martinez. Mort à Cordoue. = Plus de facilité que de goût; excellait dans l'imitation de la nature. = Bon architecte.

Rejon de Silva (don Jacques). E. Es. † 1796. Histoire. = Amateur; auteur de plusieurs ouvrages concernant les arts.

Relinde. E. Fl. * VIIe siècle. = Nom d'une abbesse du moustier d'Alten-Eyck près de Maeseyck. Elle avait également une sœur abbesse nommée Herlinde. Le trésor de l'église primaire de Maeseyck possède deux évangéliaires sur velin peint par les deux sœurs. Une châsse conservée à Maeseyck et ouverte en 1867, renferme une inscription sur parchemin qui témoigne du talent et de l'habileté de ces deux sœurs.

Rem, Rems ou **Remignis** (Gaspard). E. Fl. * 1580. Histoire. = Florissait dans les Pays-Bas. = Saint Jérôme au désert, Vienne.

Remaut (Pierre). E. Fl. 1771-1826. BRUGES. Portrait. = Elève de l'Académie de Bruges; s'appliqua peu à son art. = Portrait d'une supérieure de l'hôpital, Bruges (Hôpital Saint-Jean).

Remaux (Des.). E. Fl. * 1690. YPRES. Histoire. = Détails inconnus. = Sainte Famille, Poperinghe (Eglise Saint-Bertin).

Rembrandt. V. Ryn (Van).

Remée. E. An. * XVIIe siècle. Portrait. = Travailla pour Charles II. = Henri VII et sa femme Elisabeth, Londres. — Henri VIII et Jeanne Seymour, *ib.* (Ces tableaux sont des copies d'après Holbein, exécutées pour Charles II.)

Remeeus (David). E. Fl. * 1601. = Doyen de la corporation de Saint-Luc, à Anvers, en 1601.

Remes (Charles). E. Fl. * 1835. WETTEREN. Genre et histoire. = Notre-Dame au rosaire. — Le mendiant aveugle.

Rémilleux (Pierre-Etienne). E. Fr. * 1844 VIENNE. Fleurs. = Elève de l'école de Lyon.

Rémond (Jean-Charles) E. Fr. 1795. PARIS. Paysage. = Elève de Bertin et de Regnault. = Tobie sur les bords du Tigre. — Siège de Lérida, Versailles.

Remonde, Romunde, Rormunde ou **Roarmunde** (Evrard de). E. Fl. * 1616. Portrait. = Reçut, en 1616, de la Chambre des Comptes de Brabant, en même temps que Paul Van Somer, la commande des portraits d'Albert et d'Isabelle.

Remy (Auguste). E. Al. 1801 (?)-1872. Histoire, portrait. = Professeur à l'Académie de Berlin, où il mourut. = La femme du pêcheur.

Remy (Marie), fille du précédent. E. Al. 1829. BERLIN. Fleurs et fruits.

Remy (Louis-Jean-M.). E. Fr. 1792-1869. PARIS. Paysage. = Elève de J. Coignet. = Vue de l'ancien château de Sept-Mönts.

Renaud (M. L.). E. Fr. 1797. PARIS. Miniature et peintre sur porcelaine. = Sainte Famille (D'après Raphaël). — Van Dyck peignant son premier tableau (D'après Ducis).

Renaudin (Rosalie). E. Fr. * 1822. Portrait, fleurs, miniature et aquarelle. = Elève de Girodet. = Sommeil d'Endymion (D'après Girodet). — Zéphire sur les eaux (D'après Prud'hon).

Rénaux. E. Fr. * XIXe siècle. Histoire. = Prise de Rottembourg, Versailles.

René d'Anjou, comte d'Anjou et de Provence, duc de Lorraine et de Bar. E. Fr. 1408-1480. CHATEAU-D'ANGERS. Histoire et miniature. = On a de lui des poésies et des tableaux qui ne sont pas sans mérite. = Danse de vieilles femmes entraînées par la mort, Rennes. = On lui a longtemps attribué la paternité du tableau appelé le *Buisson ardent* de la cathédrale d'Aix; il est reconnu aujourd'hui que ce tableau est l'œuvre d'un peintre du nom de Froment (Nicolas), d'Avignon, auquel le roi René l'avait commandé. Le portrait de René et celui de sa femme Jeanne de Laval, peints, croit-on, par le roi lui-même, ont paru à l'exposition des portraits nationaux au Trocadéro, à Paris, en 1878 (*Notice historique et analytique*, etc., par Henri Jouin, 1 vol. in-8°. Paris. 1879). = M. le comte de Quatrebarbes a élevé à la mémoire de René d'Anjou un monument remarquable sous le titre *Œuvres choisies du Roi René, 2 vol. in-8°, avec nombreuses gravures d'après les originaux, Paris*, 1849. Les *Archives de l'art français* ont donné quelques documents se rapportant au roi René.

Rendeux (Englebert). E. Fl. 1719-1777. LIÈGE. Marine. = Travailla chez Joseph Vernet; prit les ordres et devint aumônier du prince Berzonico à Rome.

Renesse (C.). E. H. * XVIIe siècle. Portrait = Artiste dont la vie est inconnue. On a de lui deux dessins, derrière l'un desquels il a écrit lui-même, avoir montré le dessin à Rembrandt. A. Schouman a dessiné, en 1782, une figure-portrait, copiée, dit-il, d'un grand tableau de famille peint par Renesse en 1651.

Reni (Guido). V. Guido Reni.

Renié. E. Fr. * 1842. Paysage. = Vue prise dans les parages de Saint-Dizier.

Renodi (Abraham). E. H. * 1770. LA HAYE. Portrait, etc. = Details inconnus.

Renou (Antoine). E. Fr. 1731-1806. PARIS.

Histoire. = Elève de Pierre et de Vien, peintre du roi de Pologne. Agréé à l'Académie, en 1766, il y fut reçu en 1781; nommé secrétaire perpétuel de cet institut. = Annonciation, Saint-Germain en Laye. – Fresques, Paris. — Prise de Gand, Versailles. — Bataille de Nordlingue, *ib.* = Peintre médiocre; il s'occupa aussi de littérature et de poésie.

Renoux. E. Fr. * 1825. Paysage et intérieurs. = Eglise souterraine de Bâle. — Moines transportant un cercueil.— Vue des bords de la Durance.

Renoz (P.). E. Fl. * 1845. Paysage.

Rentinck (Arnold). E. H. 1712-1775. AMSTERDAM. Portrait et genre. = Elève d'Arnold Boon et de Nicolas Verkolje. Plus tard il reçut aussi les leçons de Charles de Moor. S'établit à Berlin et y mourut. = Exécuta quelques bonnes copies d'anciens maitres. = Graveur.

Rentinck (Jean). E. H. 1789-1846. NIEUWERBRUG (Près Bodegraven). Intérieurs, genre et nature morte. = Elève de P. C. Wonder et de J. Van Ravenswaay.

Rentzell (Auguste de). E. Al. 1809. BERLIN. Scènes militaires, chevaux et genre. = Elève de Begas et de Wach. = Accident en voyage.

Renzi (César). E. I. * XVIIe siècle. SAN-GINESIO. Histoire. = Elève du Guide.

Requena (Vincent). E. Es. * 1590. COCENTAYNA. Histoire. = Florissait à Valence.

Resani (Archange). E. I. 1670. ROME. Animaux, figures et nature morte. = Elève de Buoncore. = Réussit surtout dans la nature morte.

Resch (Chrétien). E. Al. ALLEMAGNE. = Détails inconnus.

Reschi (Pandolphe). E. I. 1643-1699. DANTZICK. Bataille, perspective, etc. = Etabli à Florence; élève de J. Courtois dit le Bourguignon. Imita son maître et S. Rosa. = Etoffage spirituel et animé. Distribution peu heureuse des ombres et de la lumière.

Restalino. E. Al. * 1837. Portrait en miniature.

Restlein (George). E. Al. * XVIIe siècle. ZWABACH (près de Nuremberg). Histoire et portrait. = Détails inconnus. = Graveur.

Restout (Marc). E. Fr. 1616-1686. CAEN. Histoire, portrait. = Fils d'un artiste nommé Marguerin. Elève de Noël Jouvenet. Visita l'Italie avec le Poussin et eut quelque réputation à Rome et en Hollande. Parmi ses dix enfants, plusieurs cultivèrent la peinture; ce sont : Jacques, né avant 1655, élève de Letellier de Vernon; il fut peintre, écrivain et prieur de l'abbaye de Moncel, près de Vitry; Eustache, né en 1655, prémontré de l'abbaye de Mondaye et auquel on doit de beaux plafonds. On cite encore dans les Restout Jean le Vieux, dont il est parlé plus bas. Pierre, né en 1666, on ne sait s'il a peint. Charles, né à Caen en 1668, bénédictin à Saint-Denis. Thomas, né à Caen, en 1671, mort en 1754. Il visita Rome et la Hollande et s'adonna principalement au portrait.

Restout (Jean), le Vieux. E. Fr. 1663-1702. CAEN. Histoire. = Elève de son père Marc. Epousa la sœur de Jouvenet, et fut un peintre distingué. Sa femme Catherine cultivait également la peinture.

Restout (Jean), le Jeune, fils de Jean, le Vieux. 1692-1768. ROUEN. Histoire. = Elève de son oncle Jouvenet; reçu à l'Académie en 1720; obtint successivement toutes les dignités de cette assemblée, jusqu'aux plus élevées; considéré, de son temps, comme un des plus grands peintres de l'école française, grâce à la décadence presque totale où l'art était arrivé à cette époque. Epousa la fille de Claude Hallé. Mort à Paris. = Saint Paul imposant les mains à Ananie, abbaye de Saint-Germain des Prés. — Plafond de la bibliothèque Sainte-Geneviève. — Flore et Bacchus, Fontainebleau. — Alexandre et son médecin, Versailles (Gr. Trianon). — Jésus-Christ guérissant le paralytique, Paris.— Le prophète Ezéchiel, Bordeaux. — Présentation au temple, *ib.* = Imagination féconde, touche vague et molle, style dépourvu de noblesse et de grandeur, dessin maniéré, lourd et incorrect; accessoires entièrement sacrifiés à un effet de convention, coloris terne et désagréable; peu de soin. = Ventes : V. Lalive de Jully (1769), *Pèlerins d'Emmaüs*, 100 liv. — V. Conti (1777), *Armide faisant détruire le palais de Renaud*, 600 l. — V. Fesch (1845), *Repos de la sainte Famille*, 126 fr.

Restout (Jean-Bernard), fils de Jean, le Jeune. E. Fr. 1732-1797. PARIS. Histoire, portrait et genre. = N'atteignit pas le talent de son père, dont il était l'élève. Il obtint cependant le grand prix, en 1758, et partit pour Rome. Reçu académicien en 1769. Il se sépara de l'Académie, en 1771, ne voulant point se soumettre à certains règlements. Il fut compromis dans l'affaire du garde-meuble et jeté en prison; le 9 thermidor le sauva. A partir de 1771, il abandonna presque entièrement la peinture. = Saint Bruno en prières, au désert, Paris. = Contribua à faire dégénérer l'art.

Rethel (Alfred). E. Al. 1815-1859. Histoire. = Fresques à Aix-la-Chapelle. = Compositeur puissant et dramatique; coloris faible. Bon dessinateur.

Rethel (Otto), frère d'Alfred. E. Al. 1822. AIX-LA-CHAPELLE. Histoire, genre. = Elève d'Alfred.

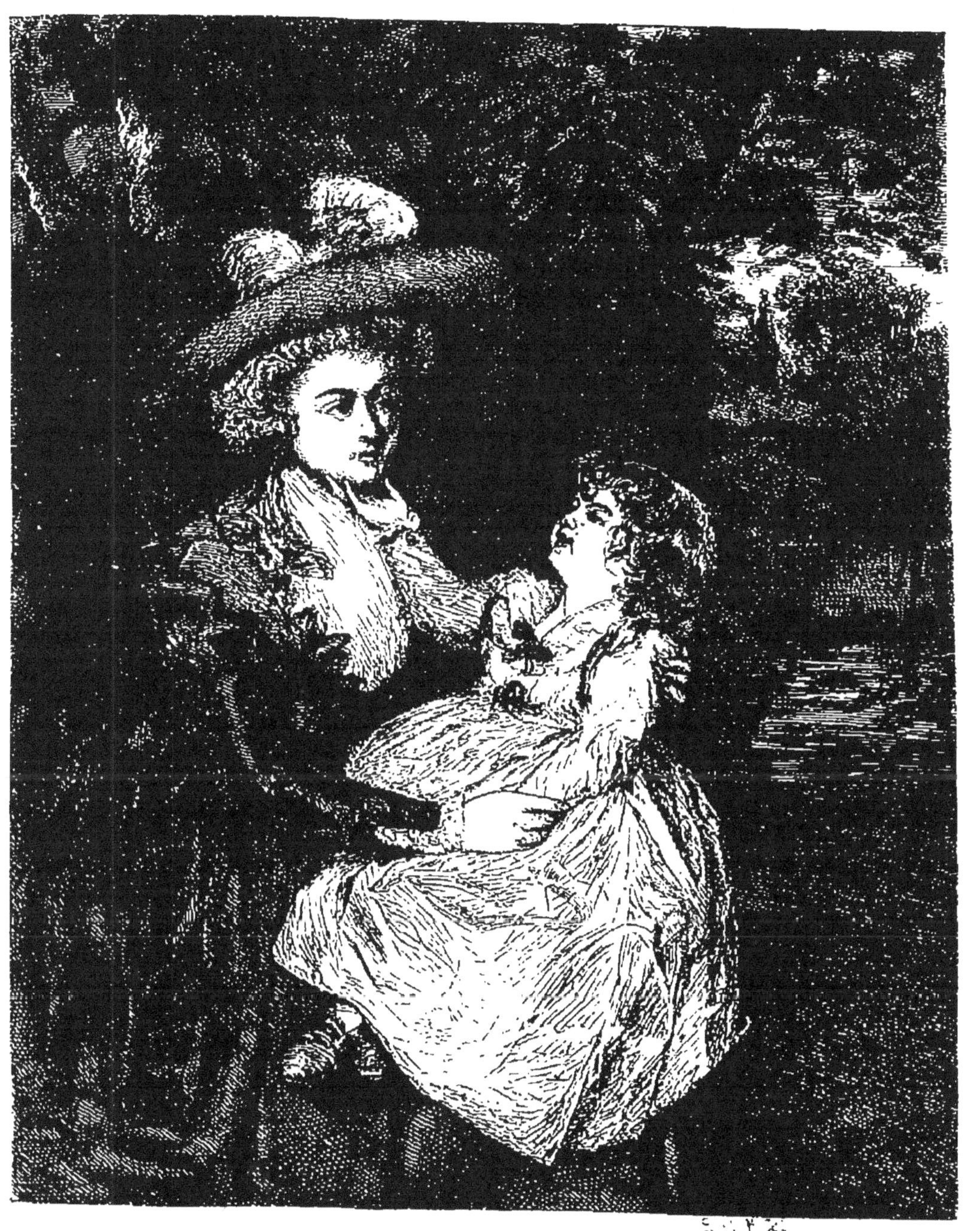

La jeune veuve. Par Joshua Reynolds.

Rethel (Edouard). E. Al. 1812. AIX-LA-CHAPELLE. Histoire. = Le crime et la justice. — Saint Boniface.

Rettich (Charles). E. Al. 1841. ROSENHAGEN. Paysage.

Retzch (Frédéric-Aug.-Maurice). E. Al. 1779-1857. DRESDE. Histoire, genre. = La cloche, de Schiller. — Sheakspeare. = Dessinateur expressif.

Reultjes (Gérard-Laurent). E. H. 1786. UTRECHT. Marine.

Reuter ou **Reiter** (Barthélemy). E. Al. † 1622. Histoire.= Mort à Munich.= Graveur.

Reuven (Pierre). E. H. 1650-1718. LEYDE. Histoire et allégories. =Elève de J. Jordaens, à Anvers. = Beau coloris.

Reuver (Théodore de). E. H. 1761-1808. UTRECHT. Paysage et animaux. = Imitait avec succès les ouvrages des autres peintres.

Reuwich ou **Rewich** (Erhard). E. H. * XVe siècle. UTRECHT. = Peintre qui accompagna Breydenbach dans son voyage, de 1474 à 1483. Il exécuta tous les dessins qui ont été gravés sur bois et sur cuivre pour les différentes éditions du récit de ce curieux voyage.

Reuwich, Rewich ou **Eewichsz** (Corneille). E. H. * 1488. UTRECHT. = On croit que son nom d'Eewichsz doit être lu Rewischsz et qu'il est le fils d'Erhard Rewisch ou Reuwich. Cité dans de vieux comptes de l'église Saint-Nicolas, à Utrecht (1488-89).

Revel. E. Fr. * 1840. Histoire. = Groupe d'Arabes se reposant sous un palmier. — Samaritaine.

Revel (Gabriel). E. Fr. 1643-1712. CHATEAU-THIERRY. Histoire, portrait. = Elève de Ch. Le Brun; travailla aux décorations de Versailles. Reçu à l'Académie, en 1683. Mort à Dijon. Cette ville renferme plusieurs de ses ouvrages. Il eut un fils, Jean, né à Paris en 1684 et mort à Lyon en 1751, qui se fit connaître par des dessins pour la fabrication des étoffes de soie.

Revello (Jean-Baptiste), dit **Le Mustacchi.** E. I. 1672-1732. Perspective, ornements et fleurs. = Elève d'Antoine Haffner; lié intimement avec François Costa; travailla avec ce peintre pendant vingt ans.

Revest (Cornélie-Louise). E. H. 1795. AMSTERDAM. Genre et portrait. = Elève de Sérangely et de Vafflard, à Paris. = Toilette de Psyché. — Madeleine aux pieds du Christ, Marseille.

Révoil (Pierre). E. Fr. 1776-1842. LYON. Histoire, genre. = Elève de David. = Convalescence de Bayard. — L'anneau de Charles-Quint.

Rey (Etienne). E. Fr. 1789-1867. LYON. Paysage. = Elève de Pillement et de Cogel. = Ruines d'un portique d'architecture romaine.

Reyers (Nicol.). E. H. 1719. LEYDE. Genre, portrait, etc. = Elève de Jérôme Van der Mey.

Reygers (Jean-Hubert). E. H. 1767. GORCUM. Portrait et bas-reliefs. = Etabli à Middelbourg.

Reykers (J. B.). E. Fl. * 1845. Histoire, portrait.

Reyn (Jean de). E. Fl. 1610-1678. DUNKERQUE. Histoire, portrait. = Elève de Van Dyck, qu'il suivit en Angleterre et qu'il ne quitta qu'à sa mort, s'occupant constamment à l'aider dans ses travaux. Plus tard il se fixa dans sa ville natale. = Noces de Thétis et de Pélée, Madrid. — Les quatre martyrs, Dunkerque (Eglise Saint-Eloi). — Baptême de Totila, *ib.* (Couvent anglais). — Hérodiade apportant la tête de saint Jean, Bergues-Saint-Winoc (Eglise Saint-Martin), près Dunkerque. = Dessin correct; coloris pur et moelleux; pinceau faible; belle ordonnance; clair-obscur savant et plein d'effet. Ses portraits sont dignes de son maître.

Reyna (François de). E. Es. † 1659. Histoire. = Un des meilleurs élèves d'Herrera, le Vieux, à Séville; il serait devenu un grand peintre s'il n'était mort à la fleur de l'âge. = Belle pâte; clair-obscur très vigoureux, manière large, composition pleine de feu.

Reyniers (Jelle). V. Reiniers.

Reynolds (sir Josué). E. An. 1723-1792. PLYMTON (Près de Plymouth). Histoire, genre et portrait. = D'abord destiné à la médecine, sa vocation se fit jour de bonne heure. Elève de Hudson; revint dans le Devonshire deux ans après son départ; visita l'Italie, en 1749; consacra tous les instants de sa vie à se perfectionner dans son art; réunit à sa table, pendant trente années, tout ce que l'Angleterre renfermait de plus illustre dans les arts et la littérature, la chaire et le barreau, le parlement et l'armée; nommé président de l'Académie royale des arts, aussitôt après son institution à laquelle il avait puissamment contribué; honoré quelque temps après du titre de chevalier baronnet, que lui décerna le roi; visita la Hollande et la Flandre en 1783; nommé peintre ordinaire du roi en 1784, en remplacement de Ramsay, qui venait de mourir. Reynolds a composé des notes excellentes sur les œuvres de Rembrandt, Van Dyck et Rubens; comme peintre d'histoire, son talent n'a rien de bien remarquable, mais pour le portrait, s'il n'est pas un des plus grands peintres de l'Europe, il est sans doute le premier de l'Angleterre. = Sainte Famille, Londres. — Les grâces, *ib.* — Tête d'homme, *ib.* — Le banni, *ib.* — Portraits, *ib.* — Etudes d'anges, *ib.* — Samuel, *ib.* — L'innocence, *ib.* — Le rêve, *ib.* (Buck. palace). — Femme nue endormie, *ib.* (Chef-d'œuvre). = Il a cherché à imiter Rembrandt; rendait admirablement la ressemblance et exprimait de même la physionomie du modèle; variété inépuisable d'attitudes, naturel plein de grâce, fonds riches et pittoresques, effets neufs et frappants tirés du contraste de la lumière et des ombres; couleur brillante et harmonieuse, douceur remplie de charme. Ses progrès ne s'arrêtèrent qu'avec sa vie. Reynolds travaillait avec une ardeur infatigable; peu de science dans le nu; ses ouvrages ont un éclat qui éblouit; le coloris en est la qualité la plus éminente : à celle-là il a sacrifié toutes les autres. Son talent comme peintre d'histoire consiste dans une imitation scrupuleuse de la nature; le dessin laisse beaucoup à désirer : composition découpée et lumière distribuée d'une manière tranchée, afin de mieux faire ressortir ses figures. = Voici l'indication des prix auxquels furent vendus ses principaux tableaux : *Ugolin*, 10,400 fr. — *Continence de Scipion*, 13,100 fr. — *La Nativité*, 37,200 fr. — *Sainte Famille*, 18,200 fr. — *Famille du duc de Marlborough*, 18,200 fr. — *Scène du chaudron* (Macbeth), 26,000 fr. — *Hercule étouffant les serpents*, 39,000 fr. — Moyenne de ses portraits, 6,000 fr.

Reyntjens (Henri-E.). E. H. 1817. AMSTERDAM. Intérieurs et portrait. = Elève de J. A. Kruseman.

Reynwit (P. J.). E. Fl. * 1843. Histoire. = Elève de Ch. Herreyns.

Reys (Jenny-Augustine **Allais**, Mme). E. Fr. 1798. PARIS. Fleurs et fruits. = Elève de sa mère et de Van Spaendonck.

Reyschoot (Emmanuel-Pierre Van). E. Fl. 1713-1772. GAND. Histoire, portrait. = Reçu dans la corporation des peintres, en 1739. = A l'occasion du 6e jubilé de saint Bernard, célébré à l'abbaye de Baudeloo, près de Gand, en 1753, il peignit quatorze grands tableaux représentant les douze Apôtres, le Christ et la sainte Vierge.

Reyschoot (Anne-Marie Van), fille d'Emmanuel. E. Fl. 1758-183*. GAND. Bas-reliefs et genre. = Elle épousa Egide Deginant. Elève de son frère. Elle travailla jusque dans un âge très avancé.

Reyschoot (Pierre-Norbert), fils d'Emmanuel-Pierre. E. Fl. 1738-1795. GAND. Histoire, portrait et paysage. = Elève de son père et de son oncle. Premier professeur de perspective et d'architecture à l'Académie de Gand, en 1770. = Onze tableaux imitant le bas-relief en marbre blanc, Gand (Eglise Saint-Bavon). — Les églises et les couvents de la Flandre orientale possèdent plusieurs de ses ouvrages. = Il a peint beaucoup de tapisseries.

Reyschoot (Pierre-Jean Van), frère d'Emmanuel. E. Fl. † 1772. GAND. Histoire, portrait. = Surnommé l'Anglais, à cause de son séjour prolongé en Angleterre. Mort à Gand. = Les douze Apôtres, Gand (Eglise des Augustins).

Rezende (Louis-José-Pereida). E. Es. * 1830. Miniature.

Rheen (Théodore-Juste). E. H. * 1730. AMSTERDAM. Histoire, portrait, etc. = Se rendit assez jeune en Italie, où il se perfectionna auprès de Trévisano. Revint en Hollande; s'établit d'abord à La Haye, puis à Amsterdam. Plus tard il partit comme *essayeur* pour les Indes où il parvint à devenir *commandeur* d'une côte importante où il mourut.

Rheni (Remy Van). E. Fl. 1560-1619. BRUXELLES. Portrait et figures. = Il fut au service du comte de Wolfes. = Il avait la réputation d'un bon peintre. Bonne imitation de la nature.

Rhode (Frédéric von). E. Al. * 1855. DRESDE. Histoire, genre. = Etabli à Rome. = Scène du déluge, Hambourg.

Rhode (N. F.). E. Al. * 1848. Paysage. = Peintre danois. = Paysage d'hiver, Copenhague.

Rhoden (Martin de). E. Al. 1775. Histoire, paysage. = Etabli à Rome. = Tableaux, Cassel. — Sainte Famille, Munich. = Composition originale, détails très soignés.

Rhodolphe (Jean). * XVIIe siècle. = Cité par de Marolles.

Rhomberg (Hanno). E. Al. † 1869. MUNICH. Genre. = Mort subitement à Walchsee. = Les premiers cigares, Munich. — Le jeune amateur d'oiseaux, *ib.*

Rhomberg (Joseph-Antoine). E. Al. 1786. DORNBIRN (Vorarlberg). Histoire, portrait.

Ribalta (François de). E. Es. 1551 (?)-1628. CASTELLON DE LA PLANA. Histoire. = Etudia à Valence. Comme dans la légende de Metsys, l'amour le fit artiste : il travailla plusieurs années en Italie afin de mériter la fille de son maître de Valence; c'est dans cette ville que s'établit Ribalta et qu'il composa ses beaux tableaux. Vie très laborieuse. = Tableaux, Paris. — Saint Pierre et sainte Madeleine au tombeau de Jésus-Christ, Saint-Pétersbourg. — Sainte Catherine délivrée par un ange, *ib.* — Rencontre d'Anne et de Joachim, *ib.* (Ces tableaux sont désignés comme étant *des* Ribalta, sans spécifier s'ils sont l'œuvre du père ou du fils). = Dessin sévère; figures nobles et grandioses; composition facile, grande science anatomique; son coloris, parfois un peu rude, est le plus souvent bien empâté et sans manière. = Ventes : V. Soult (1852), *La Cène*, 2,200 fr.

Ribalta (Jean de), fils de François. E. Es 1597-1628 (?). ROYAUME DE VALENCE. Histoire, portrait. = Elève de son père, auquel il survécut peu de temps : à dix-huit ans, J. de Ribalta avait déjà composé un tableau digne d'un grand maitre. Malgré une vie fort courte, il produisit une assez grande quantité d'œuvres remarquables; on assure qu'il étudia en Italie. Mort à Valence. = Tête de trépassé, entouré de flammes, Madrid. — Tête d'une âme bienheureuse, *ib.* — Jésus-Christ mort, *ib.* — Saint François d'Assise, *ib.* — Saint Marc et saint Luc, *ib.* — Buste d'un chanteur, *ib.* — Une messe, Paris. — Le pape Grégoire officiant, entouré de cardinaux, Dresde. = Belle composition, coloris brillant et plein d'effet. Bon poète.

Ribault (Athalie). E. Fr. 1781. PARIS. Portrait. = Elève de Lafitte.

Ribault (Julie). E. Fr. 1789. FRESNAY (Sarthe). Genre et portrait. = Elève de Lafitte. = Mignard peignant madame de Maintenon. — Piron à la porte d'Auteuil.

Ribera (Jean-Vincent). E. Es. XVIIIe siècle. Histoire. = Nommé pour taxer les peintures antiques, à Madrid. = Beaucoup de franchise.

Ribera (Joseph), dit **L'Espagnolet.** 1588-1656. E. Es. XATIVA, aujourd'hui SAN FELIPE (Près de Valence). Histoire, portrait. = Elève de Fr. Ribalta, de Valence; se rendit à Rome sans aucune ressource; il y fut recueilli par un cardinal qu'il quitta pour se faire soldat; fut cinq ans captif dans les bagnes d'Alger. En 1606 il devint élève de Michel-Ange de Caravage, se rendit à Parme pour y étudier les œuvres du Corrége, puis revint à celles du Caravage, par les conseils de ses amis. Ribera visita Naples, y épousa la fille d'un riche marchand de tableaux et vit ainsi changer sa position jusque-là si misérable; peintre de la cour d'Espagne, à Naples, alors province espagnole; protégé par Philippe IV et par tous les grands de sa cour; membre de l'Académie de Saint-Luc, en 1630; décoré de l'ordre du Christ, en 1644; tous les honneurs l'accablèrent, et son génie, ses richesses et ses relations en firent l'égal des rois et des princes. On a prétendu qu'il mourut du chagrin de voir sa fille séduite par don Juan d'Autriche; cette double assertion est fausse. = Saint François, Dresde. — Sainte Marie Égyptienne, *ib.* — Diogène et sa laterne, *ib.* — Délivrance de saint Pierre, *ib.* — Martyre de saint Barthélemy, *ib.* — Martyre de saint Laurent, *ib.* — Saint Paul l'Ermite, *ib.* — Saint Antoine de Padoue, *ib.* — Saint Jérôme, *ib.* — Jacob gardant les troupeaux de Laban, *ib.* — Philosophe en méditation, *ib.* — Portrait d'homme, *ib.* — La vanité, Amsterdam. — Nabuchodonosor, Copenhague. — Duns Scotus, docteur écossais, Londres. — Saint Jean, *ib.* — Le Christ mort, *ib.* — Berger avec un mouton, *ib.* — Madeleine, Rome. — Saint Jérôme (Plusieurs fois répété), *ib.* — Saint Pierre pénitent, *ib.* — Episode de la vie de saint Pierre, Séville. — Tableaux, Grenade. — Martyre de saint Barthélemy, Paris. — Et autres, *ib.* — Martyre de saint Barthélemy, Florence. — Saint Jérôme en extase, *ib.* — Saint Bruno, Naples. — Saint Sébastien, *ib.* — Saint Jérôme, *ib.* — Silène, *ib.* — Saint Janvier sortant du four, *ib.* — Descente de croix (Chef-d'œuvre), *ib.* — Communion des apôtres, *ib.* — Douze prophètes, *ib.* — Elie et Moïse, *ib.* — Saint Jérôme, Berlin. — Sainte Famille, *ib.* — Martyre de saint Barthélemy, *ib.* — Saint Pierre pleurant, Munich. — Sénèque mourant, *ib.* — Décollation de saint Jean, *ib.* — Archimède, *ib.* — Saint Jérôme, *ib.* — Saint André descendu de la croix, *ib.* — Et autres, *ib.* — Jésus-Christ parmi les docteurs, Vienne. — Portement de croix, *ib.* — Saint Pierre repentant, *ib.* — Un philosophe méditant, *ib.* = Archimède, *ib.* — Martyre de saint Barthélemy (Chef-d'œuvre), Madrid. — Sainte Marie Egyptienne, *ib.* — Saint Paul, ermite, *ib.* — La Madeleine, *ib.* — Saint Jérôme en prière, *ib.* — L'échelle de Jacob, *ib.* — Prométhée, *ib.* — Saint Sébastien, *ib.* — Prêtre de Bacchus, *ib.* — Tête de sibylle, *ib.* — La conception, *ib.* — La sainte Trinité, *ib.* — Le Sauveur, *ib.* — Les douze Apôtres, *ib.* — Un saint anachorète, *ib.* — L'aveugle de Gambazo, sculpteur, *ib.* — Saint Roch, *ib.* — Saint François d'Assise en extase, *ib.* — Saint Christophe, *ib.* — Saint Joseph et l'enfant Jésus, *ib.* — Archimède, *ib.* — Ixion, *ib.* — La bénédiction d'Isaac, *ib.* — Saint Augustin, *ib.* — Femmes combattant dans un cirque, *ib.* = Effets saisissants : oppositions de clair-obscur un peu outrées, sujets souvent trop choisis pour montrer ses connaissances anatomiques, ou pour porter l'horreur et l'effroi dans la pensée du spectateur; fidélité incomparable, énergie miraculeuse, force, audace, vigueur, grandeur et éclat que nul n'a surpassé; ses ouvrages offrent cela de remarquable que, de quelque côté ou de quelque distance qu'on les examine, ils font le même effet. Il suivait parfois la manière du Corrège en imitant la douceur et la suavité de cet artiste, mais la manière du Caravage convient mieux au genre de son génie. Graveur. = Ventes : V. Las Marismas (1843), *Sainte Famille au repos*, 4,000 fr. — V. Fesch (1847), *Un lévite*,

200 fr. — V. Guillaume II, (1850), *Sainte Famille*, 17,500 fr. — *Les douze Apôtres*, 2,400 fr. — V. Pourtalès-Gorgier (1865), *Multiplication des pains*, 3,000 fr. — *S. Jérôme*, 1,400 fr. — V. Salamanca (1875), *L'Immaculée Conception*, 6,050 fr.

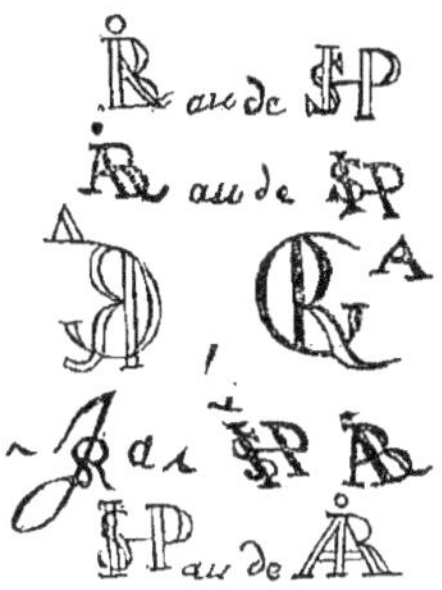

Ribera (Charles-Louis). E. Es. 1812. ROME. Histoire, etc. = Elève de Paul Delaroche. = Rodrigo de Calderon conduit au supplice.

Ribera (Louis-A.). E. Es. ' 1668. = Concourut à l'établissement de l'Académie de Séville.

Ribet (Jean-Constantin). E. Fr. ' 1812. NÉHOU (Manche). Marines. = Elève de Forestier. = Prise des deux frégates anglaises, le Fox et la Piémontaise par les deux frégates françaises, la Vénus et la Bellone.

Ribolt (Guillaume Wilken). E. Al. ' Vers 1700. Genre. = Peintre danois. = Guerriers assis et s'apprêtant à boire, Copenhague.

Ribon (Fr.-M.). E. Fr. 1790. PARIS. Portrait, peinture sur porcelaine, etc. = Elève de Baltz.

Ribot (Augustin-Th,) E. Fr. ' 1870. BRETEUIL. Histoire, genre.

Ricamatore. V. Nanni.

Ricard (Louis-Gustave). E. Fr. 1824-1873. MARSEILLE. Portrait, têtes d'étude. = Artiste de beaucoup de talent.

Ricca ou **Ricco** (Bernard). E. I. ' 1512 CRÉMONE. Histoire. = Peignit dans la cathédrale de Crémone.

Ricchi (Pierre), dit **Le Lucchese.** E. I. 1606-1675. LUCQUES. Histoire. = Elève d'H. Sani, du Guide et de D. Cresti da Passignano. Séjourna longtemps à Venise et y laissa la plupart de ses productions. Mort à Udine. = Mariage de sainte Catherine, Dresde. — Madeleine repentante, Vienne. = L'habitude qu'il avait de graisser ses toiles avec de l'huile lorsqu'il y mettait le pinceau a gâté ou détruit la plupart de ses tableaux.

Ricchino (François). E. I. ' 1568. BRESCIA. Histoire, portrait. = Imitateur du Moretto. Etudia avec fruit les ouvrages du Titien.

Ricci (Antoine), dit **Barbalunga.** E. I. 1600-1649. MESSINE. Histoire, portrait. = Elève du Dominiquin, dont il imita la manière avec bonheur; travailla longtemps sous la direction de ce maître et revint ensuite à Messine; embellit sa ville natale de plusieurs ouvrages remarquables, forma d'habiles élèves et mourut pauvre avec la réputation d'un des meilleurs artistes de la Sicile. = Santa Agueda, Madrid. = Quelques-uns de ses tableaux paraissent être du Dominiquin ; même choix des belles formes, même élégance dans les attitudes et les mouvements.

Ricci (Camille). E. I. 1580-1618. FERRARE. Histoire, portrait. = Elève de Scarsella; son histoire se résume dans le jugement suivant que son maître portait de lui : « Si Ricci n'était » pas mort prématurément, il m'aurait sur- » passé en talent; et s'il était né plus tôt, je » me serais fait son élève. » = Imita tellement la manière de son maître, qu'on finit par confondre leurs tableaux; même douceur et même agrément; empâtement de couleurs plus tranquille et plus égal; moins de franchise dans le pinceau et moins de naturel dans les plis. Cultiva tous les arts avec succès.

Ricci (Etienne). E. I. ' XIXe siècle. Histoire. = Joseph expliquant les songes des prisonniers.

Ricci (Jean Baptiste). E. I. 1545-1620. NOVARE. Histoire. = Elève de Lanini, son beau-frère ; obtint par son talent les bonnes grâces de Sixte-Quint, qui lui confia le reste des peintures du Quirinal; jouit de la même faveur sous le pontificat de Clément VIII, qui l'employa à orner de ses ouvrages la basilique de Saint-Jean de Latran. Mort à Rome. = Effet gai et riant qui séduit l'œil; facilité d'un talent véritable; école de Raphaël, mais dégénérée et manièrée; se signala surtout dans la fresque ; contribua à propager le goût énervé de cette époque, mais y brilla par le sentiment de la forme.

Ricci (Noël). E. I. ' XVIIIe siècle. FERMO. Histoire. = Elève de C. Maratti.

Ricci (Pierre). E. I. ' XVIe siècle. MILAN. Histoire, portrait. = Elève de L. de Vinci.

Ricci (Sébastien). E. I. 1662-1734. CIVIDALE-DI-BELLUNO. Histoire, portrait. = Elève du Cervelli; accompagna son maître à Milan, vint ensuite à Bologne et à Venise; résida pendant quelques années à Florence et à Rome et finit par visiter l'Italie entière, laissant partout de ses ouvrages. Voyagea en Allemagne, en Angleterre et en Flandre; revint de Vienne à Florence et fut chargé d'orner quelques-uns des appartements du grand duc; appelé à Londres par la reine d'Angleterre, il passa par la France et fut nommé académicien à Paris; résida longtemps à Dresde, et à son retour à Venise il y reçut de nombreuses commandes. = Massacre des innocents, Verique, Paris. — Jésus-Christ donnant les clefs du paradis à saint Pierre, *ib.* — Polixène devant le tombeau d'Achille, *ib.* — Continence de Scipion, *ib* — Consécration de saint Jean de Latran, Rome. — Fresques, *ib.*— Sacrifice, Dresde. — Ascension, *ib.* — Madeleine oignant les pieds du Christ, Londres. — Jésus-Christ guérissant les malades, *ib.* — La femme adultère, *ib.* — Triomphe de Flore, *ib.* — Continence de Scipion, *ib.* — Dieux et déesses, *ib.* Naissance de saint Jean-Baptiste, Bologne. — Allégorie, Bordeaux. = Formes nobles, belles et gracieuses; attitudes pleines de naturel, de vivacité et de variété: compositions vraies et sages; pinceau très facile; figures dessinées avec précision, quoique ses premières études dans le dessin aient été fort négligées; possédant un talent remarquable pour imiter la manière des plus grands artistes de l'école italienne. — Ventes : V. Pelt (1774). *Tarquin et Lucrèce; Cléopâtre mourant* (les deux), 5,000 liv. — V. Mimaut (1838), *Intérieur de paysans vénitiens*, 208 liv.

Ricci (Marc), neveu de Sébastien. E. I. 1679-1729. BELLUNE. Histoire, paysage et perspective. = Elève de son oncle; accompagna ce dernier en Angleterre, en 1710, et y obtint des commandes considérables des gentilshommes de la cour; abandonna l'histoire pour le paysage; devint en ce genre un des plus habiles artistes de l'école vénitienne; forma d'excellents élèves et mourut à Venise. = Madeleine, Dresde. — Paysage : saint Jérôme, *ib.* — Huit paysages, *ib.* — Paysage : baptême de Jésus-Christ, Vienne. = Vérité remarquable; beaucoup de soin dans ses tableaux à l'huile; aida son oncle dans plusieurs de ses grands ouvrages; ne fut pas moins habile comme peintre de perspective. Graveur.

Ricci (Ubald). E. I. * XVIIIe siècle. FERMO. Histoire. = Elève de C. Maratti. = Peintre assez habile.

Riccianti (Antoine). E. I. * XVIIe siècle. Histoire, = Elève de V. Dandini.

Ricciarelli (Daniel), dit **Daniel de Volterre.** E. I. 1509-1566. VOLTERRA. Histoire. = Appartenait à une des familles les plus distinguées de sa ville natale. Elève du Sodona, de Péruzzi et de Beccafumi, dit le Mecherino; se rendit à Rome et y fut distingué par Périn del Vaga qui se l'associa dans quelques-uns de ses travaux; fut employé par le cardinal Alexandre Farnèse; orna le palais de Marguerite d'Autriche, fille de Charles-Quint, à Savone, et fut chargé, par Paul III, de travailler au Vatican, sur la recommandation de Michel-Ange, qui avait conçu pour Daniel la plus vive amitié; ayant été chargé d'exécuter le monument que Catherine de Médicis voulait élever à Henri II, l'ardeur qu'il mit à ce travail lui causa une fluxion de poitrine dont il mourut. = Descente de croix, Madrid. — Le Calvaire, *ib.* — Fresques, Rome. — Saint Jean Baptiste, *ib.* — Déposition de la croix, *ib.* (Chef-d'œuvre). — Sainte Famille (d'après Michel-Ange), Dresde. — Massacre des innocents, Florence. — David tuant Goliath, Paris. = Belles oppositions de lumière et d'ombre; s'approcha beaucoup de la manière de Michel-Ange; son chef-d'œuvre, la *Descente de croix*, pourrait passer pour un des beaux tableaux de ce grand peintre; l'expression y est admirable, le coloris des chairs et la teinte générale sont plus vigoureux et plus vrais que gracieux. Le relief, l'accord et l'entente de l'art sont inimitables. = Ventes : V. Carignan (1742), *Portement de croix*, 5,201 l. — V. Tallard (1756), Même tableau, 2,426 liv. — V. Lenglier (1788), *La Vierge et l'enfant Jésus*, 151 liv.

Ricciardelli (Gabriel). E. I. * 1743. Paysage et marines. = Elève de J. F. Van Bloemen dit l'*Orizzonte* (Peintre hollandais). Employé à la cour de Charles de Bourbon.

Riccio (Mariano). E. I. 1510. MESSINE. Histoire. = Elève de Franco, puis de Polidore. = Imita son dernier maître avec le plus grand bonheur. Son fils, Antonello, qui vivait en 1576, suivit les mêmes traces que son père.

Riccio (Domin.), dit **Le Brusasorci.** E. I. 1494-1567. VÉRONE. Histoire. = Elève du Golfino; étudia à Venise les chefs-d'œuvre du Titien et du Giorgion et parvint à s'approprier leur manière. Son surnom, dit-on, lui vient d'un secret qu'il avait découvert pour détruire les rats. = Clément VII et Charles-Quint à Bologne (Fresque), Bologne. — Un baptême (Allégorie), Florence. = Très renommé dans les fresques; belle composition, expression animée et juste; il pourrait être nommé le Titien de son école.

Riccio (Félix), dit **Brusasorci,** le Jeune, fils de Dominique. E. I. 1540-1605. VÉRONE. Histoire, portrait. = Elève de son père; sans l'égaler en génie, il ne s'exerça pas comme lui dans la peinture à fresque, mais il se fit une manière séduisante dans ses tableaux à l'huile, surtout dans ses madones, ses enfants Jésus et ses petits anges, qui sont de la plus rare beauté. Sa sœur, Cécile, obtint une réputation méritée dans le portrait. = Sainte Famille, Paris. = Pinceau plein de délicatesse et de grâce et vigoureux quand le sujet l'exige, composition bien entendue; on connaît de lui plusieurs petits sujets historiques peints sur marbre avec le talent d'un grand peintre; on estime beaucoup ses portraits.

Riccio ou **Brusaccorci** (Jean-Bapt.) fils de Dominique. E. I. * XVIe siècle. Histoire, portrait. = Elève de P. Véronèse; appelé en Allemagne par Charles-Quint, il resta attaché à sa cour, comme peintre, jusqu'à sa mort.

Ricciolini (Michel-Ange), dit **Michel-Ange de Todi**. E. I. 1654-1715. ROME. Histoire. = Elève de P. de Cortone.

Ricciolini (Nicolas). E. I. 1637. ROME. Histoire. = Elève de P. de Cortone; rivalisa avec le chevalier Franceschini dans les Cartons pour les mosaïques du Vatican. = Crucifiement de saint Pierre (Mosaïque), Rome. – Déposition de la croix, *ib.* = Dessin correct.

Richard. E. Fr. * 1270. TOURS. = Peintre verrier qui exécuta les magnifiques verrières du chœur de la cathédrale de Tours. = Artiste de très grand mérite; touche hardie, belles draperies.

Richard. E. Fr. * XVIIe siècle. Portrait. Détails inconnus.

Richard (Fleury Fr.). E. Fr. 1777-1852. LYON. Histoire, genre. = Elève de David. Mort à Lyon.

Richard. E. Fr. 1842. Fleurs et fruits sur porcelaine.

Richard (Charlotte-Josephine épouse SOHIER). E. Fr. 1791. PARIS. Genre et portrait. = Dessinateur. Elève de Chaudet et de Ducq.

Richard (Théodore). E. Fr. 1782-1859. MILHAU. Paysage. = Elève de Victor Bertin. Mort à Toulouse. = Les Bûcherons, Toulouse. — Le Pic du Midi, *ib.*

Richards (Addison). E. An. 1820. LONDRES. Paysage, genre.

Richardson (Jonathan). E. An. 1665-1745. LONDRES. Portrait. = D'abord clerc de notaire, ce ne fut qu'à l'âge de 30 ans qu'il put se livrer à son goût pour la peinture. Elève de Riley; épousa la nièce de son maître et fut un des meilleurs peintres des trois royaumes; acquit une belle fortune; parcourut l'Italie et rapporta de ce pays une collection remarquable de tableaux et de dessins des grands maîtres, ainsi que de fragments d'antiques; il en fit un commerce lucratif. = Coloris remarquable par sa vigueur, sa hardiesse et son relief; ses figures d'hommes manquent de noblesse, et ses figures de femmes sont dépourvues de grâce; il borna ses efforts à bien peindre la tête. Pas d'imagination; draperies, attitudes et fonds également communs, connaissances théoriques profondes en peinture, sculpture et architecture; auteur de plusieurs ouvrages traitant de l'art et de quelques essais littéraires.

Richardson, fils de Jonathan. E. An. † 1771. Portrait. = Elève de son père; fut loin d'atteindre le talent de ce dernier.

Richarte (don Antoine). E. Es. 1690-1764. YECLA. Histoire. = Elève de Senen Vila, à Murcie, puis d'un des Menendez; s'établit à Valence et y eut de la vogue.

Richaud (Jos.). E. Fr. 1812. AIX. Histoire, etc. = La communion.

Riche. * XVIIe siècle. = Cité par de Marolles. = Il est probablement le même que Renier La Riche, Français de naissance, et l'un des meilleurs élèves de Th. Van der Schuur. Il demeurait à La Haye, en 1703, et peignait l'histoire.

Riche (Adèle). E. Fr. 1791. PARIS. Fleurs. = Aquarelliste. Elève de G. Van Spaendonck et de Van Dael.

Richet (Léon). E. Fr. * XIXe siècle. SOLESMES. Paysage. = Elève de Diaz.

Richier (Didier) ou **Didier de Vic.** E. Fr. † 1585 (?). EN LORRAINE. Histoire, décoration, armoiries. = Associé à Médard Chuppin. Visita l'Italie, puis vint se fixer à Nancy. Peignit plus tard des armoiries. Son fils, Pierre, fut également peintre.

Richieri (Antoine). E. I. * XVIIe siècle. FERRARE. Histoire. = Elève de J. Lanfranc, qu'il suivit à Naples et à Rome. = Graveur.

Richmond (G.). E. An. * XIXe siècle. Portrait.

Richomme (Jules). 1818. PARIS. Histoire, etc. = Elève de Drolling. = Sara présentant Agar à Abraham. — Peintures murales dans des églises de Paris et de la province.

Richter (Adolphe). E. Al. 1813. THORN. Genre. = Hermann et Dorothée. — Enfants pendant l'averse.

Richter (Adr.-Louis). E. Al. 1803. DRESDE. Paysage, genre, etc. = Vue de la campagne de Rome. — Fête nuptiale au printemps. = Illustrateur de nombreux ouvrages.

Richter (Chrétien). E. Al. * 1630. WEIMAR (?). Paysage. = Détails inconnus. = Graveur.

Richter (David). E. Al. 1661-1735. SUÈDE. Paysage. = Florissait à Vienne. — Paysage avec bâtiments et figures, Vienne. — Paysage, vue de la mer, *ib.* — Portrait de l'artiste, Stockholm.

Richter (H.). E. An. * XIXe siècle. Aquarelle.

Richter (Gustave). E. Al. 1823. BERLIN. Histoire, portrait. = Elève de L. Cogniet. = Jésus ressuscitant la fille de Jaïre.

Richter (Thérèse). E. Al. 1777. DRESDE. Fleurs, fruits et animaux. = Une carpe à côté d'un vase de fleurs, Dresde. — Ecureuils, nature morte, *ib.*

Ricke (de). V, Rycke (de).

Rico (André). † 1105 (?). CANDIE. Histoire. = Peintre grec. Un des premiers artistes qui envoyèrent leurs productions en Italie. = La Vierge et l'enfant Jésus entourés d'anges tenant les emblèmes de la Passion (Signé : *Andrea Rico di Candia pinxit*), Florence.

Ricois (François-Edme). E. Fr. 1795. COURTALIN. Paysage. = Elève de Bertin. = Vue prise dans l'Oberland bernois. — Vue de la ville de Montreuil, Belay.

Ricquelot. ' xve siècle. = Travailla aux entremêts de Bruges, en 1468.

Ridder (Abr. de). E. H. '1690. Portrait. = Elève de Jean Vanden Rithoorn, dont il fit le portrait.

Rider (Guillaume). E. An. ' XIXe siècle. Paysage.

Ridolfi (Michel). E. I. 1794-1854. LUCQUES. Histoire, portrait.

Ridolfi (le chevalier Charles). E. I. 1594-1658. LONIGO (Près de Vicence). Histoire, portrait. = Peintre et historien. On lui doit un excellent ouvrage sur les peintres vénitiens, intitulé : *Le Maraviglie dell' arte, ovvero delle vite de' pittori veneti*, etc. = Tableaux, Venise. = Dans la plupart de ses tableaux, on remarque que toutes les figures sont en plein relief. Couleurs harmonisées.

Ridolfi (Claude), dit **Claudio Veronese.** E. I. 1560-1644. VÉRONE. Histoire, portrait. = Elève de Dario Pozzo ; adopta le genre du Véronèse, et fut bientôt à même de lutter avec les grands maîtres de l'école vénitienne. Il ouvrit une école à Vérone, d'où sortirent des peintres habiles. Habita plusieurs villes de l'Italie. = Déposition de la croix, Rimini. — Annonciation, Dresde. — Nativité de saint Jean Baptiste, Urbin. — Saint Charles adorant le crucifix, Vérone. = Style doux et agréable; on remarque dans l'exécution de ses tableaux une grande finesse de pinceau et beaucoup de pureté dans le dessin.

Riedel (Auguste-Joseph). E. Al. 1799. BAYREUTH. Histoire, genre, portrait. = Portrait de Mariuccia Joli, Munich. — Judith, *ib.* — Portrait de Felice Beraldi, *ib.* — La mère et la fille, *ib.* — Portrait de la chanteuse Pellegrini, *ib.* — Portrait du chanteur Pellegrini, *ib.*

Riedel (Jean-Antoine). E. Al. 1732. PRAGUE. Genre, histoire, etc. = Inspecteur de la galerie de Dresde, où il mourut. = Graveur.

Riedel (Antoine-Henri), fils de Jean-Antoine. E. Al. 1763. DRESDE. Portrait, etc. = Vivait encore en 1809. = Graveur.

Riedel (Godefroid-Frédéric). E. Al. 1724-1784. DRESDE. Histoire, portrait, etc. Mort à Augsbourg. = Graveur.

Rieder (George). E. Al. ' 1570. Histoire. = Acquit, en 1550, le droit de bourgeoisie dans la ville d'Ulm.

Rieder (Guillaume-Auguste). E. Al. 1796. DOBLING (près de Vienne). Histoire, portrait. = Scène tirée de la *Prison d'Edimbourg*, Vienne. — Jésus-Christ aux Oliviers.

Riedinger (Jean-Elie). E. Al. 1695-1767. ULM. Animaux et paysage. = Elève de Chr. Resch. On prétend que dans son pays et à son époque, aucun artiste n'eut, comme lui, le talent de peindre toutes sortes d'animaux. Mort à Augsbourg. Son fils aîné, Martin-Elie, peintre comme lui, l'aida souvent dans ses travaux, ainsi que son gendre, Jean-Gottfried Seuter. = Cerf poursuivi par des chiens, Cassel. = Connaissance parfaite de l'anatomie des animaux. Expression naturelle ; composition pleine d'énergie. Beaucoup d'effet. Un peu de lourdeur dans le dessin ; talent inégal ; chevaux faiblement dessinés ; cerfs rendus avec une inimitable perfection. Excellent graveur.

Riedmuller (François-X. von). E. Al. 1829. CONSTANCE. Paysage. = Elève de Schirmer.

Riedmuller. E. Al. 1817. Histoire.

Riefstahl (Louis-F.-G.). E. Al. 1827. NEUSTRELITZ. Paysage. Genre. = Avant le baptême. — Réunion funèbre dans une chapelle des montagnes.

Riehl (Hélène-Christine). E. Al. 1850. WIESBADEN. Paysage.

Rieke (Jean-George). E. H. 1817. LA HAYE. Paysage. = Elève de J.-G. Pieneman.

Riepenhausen (Jean). E. Al. 1788-1860. GOETTINGUE. Histoire. = Sainte Famille sous un portique, Munich.

Riepenhausen (François), frère de Jean. E. Al. ' XIXe siècle. GOETTINGUE. Histoire. = La transfiguration (Avec son frère aîné).

Ries (Guillaume). E. Al. ' XIXe siècle. SIEGBOURG. Portrait.

Riesener (Henri-François). E. Fr. 1767-1828. PARIS. Histoire, portrait. = Fils du célèbre ébéniste de Louis XVI ; il fut élève de Vincent puis de David. Lors de la révolution, il abandonna la peinture pour les armes. La ruine de sa famille lui fit reprendre ses pinceaux. En 1816, il partit pour la Russie et y eut beaucoup de succès parmi la noblesse. Revint à Paris, en 1825. = Portrait d'homme, Paris.

Riesener (Louis A. L.), fils du précédent. E. Fr. 1808-1878. Histoire, genre, etc. = Elève de Gros. = Leda. — Erigone. — Peintures dans des monuments publics.

Rieser (Michel). E. Al. 1828. DANS LE ZILLERTHAL. Histoire.

Rieter (Henri), E. Al. 1751-1818. WINTERTHUR. Paysage et portrait. = Fils d'un artisan. Alla à Neufchâtel prendre des leçons de dessin. De là se rendit à Dresde, où il copia un grand nombre de tableaux de la galerie de cette ville; il avait une ardeur extraordinaire au travail; pendant le délire qui précéda sa mort, il fit encore quelques études. Il fut trente-sept ans maître de dessin à l'école publique de Berne. = Manière large et main exercée. On remarque que, vers ses vieux jours, il *moucheta* ses tableaux. Il abandonna le portrait pour le paysage.

Riethoorn. V. Rithoorn.

Rietschoof (Jean-Nicolas). E. H. 1652-1719. HOORN. Marine. = Elève de Ludolf Bakhuyzen. = Deux marines : le calme et la tourmente, Amsterdam. — Rivière agitée, avec navire, Rotterdam. = Imita son maître avec assez de science.

Rietschoof (Henri), fils de Jean. E. H. 1678 (?)-1746. HOORN. Marine. = Elève de son père. Il mourut à Koog, village au-dessus de Zaandam. Une inscription, placée sous son portrait, le fait naître en 1687; mais l'on ne peut assurer que cette date soit exacte. = Dessinateur.

Rietstap (Antoine-R.). E. H. 1814-1837. LA HAYE. Paysage. = Elève d'A. Schelfout.

Rieu (Florent du). E. Fl. ' 1658. NAMUR (?). = Détails inconnus.

Rieue (Jehan). V. Dreux ou Drieux.

Rifflaert (Alexandre-Victor). E. Fl. ' 1829. BRUXELLES. Histoire et genre.

Riga (N. J.). E. Fl. 1653-1717. LIÉGE. Histoire. = Tableaux dans des églises de Liége.

Riga (Jean). E. Fl. 1680-1725. LIÉGE. Histoire. = Peignit des tableaux pour les églises de Liége et travailla à l'hôtel-de-ville. Rien n'est resté de ce qu'il a produit.

Rigaud (Gaspard), frère d'Hyacinthe. E. Fr. † 1705. Portrait. = Peintre du roi. Agréé à l'Académie en 1701.

Rigaud (Hyacinthe), frère de Gaspard. E. Fr. 1659-1743. PERPIGNAN. Histoire, portrait. = Etudia à Montpellier, chez Pezet, et y reçut les conseils de Ranc, le père. Passa à Lyon et vint à Paris en 1681. Il renonça à la pension de Rome sur l'avis de Lebrun et se consacra dès lors exclusivement au portrait. L'Académie le reçut au nombre de ses membres en 1700. Décoré de l'ordre de Saint-Michel; choisi par cinq monarques pour faire leur portrait. Ce peintre est une des plus belles gloires de l'école française. = Portrait de Bossuet, Paris. — Présentation au temple, *ib.* — Saint André appuyé sur une croix, *ib.* — Portrait de Louis XIV, *ib.* — Portrait de Lebrun, *ib.* — Portrait de Philippe V, roi d'Espagne, *ib.* — Portrait de la mère de l'artiste, *ib.* — Portrait du sculpteur M. Van den Bogaert (Desjardins), *ib.* — Portrait de Mansart, *ib.* — Portraits de famille, *ib.* — Portrait de Fontenelle, St-Pétersbourg. — Auguste III, roi de Pologne, Dresde. — Portrait de Louis XIV, Madrid. — Portrait du sculpteur Vanden Bogaert (Desjardins), Berlin, — Elisabeth-Caroline, fille de Philippe d'Orléans, Vienne. — Portrait d'un ecclésiastique, *ib.* — Portrait de Chrétien III, duc de Deux-Ponts, Munich. = Ressemblance frappante, grande richesse de détails, belles draperies, quoique exagérées, et chairs vivantes. Pinceau gracieux et plein de vivacité. On connait de lui plus de deux cents portraits. Surnommé le Van Dyck de la France. On trouve l'état général des portraits et des autres tableaux de ce peintre, dans les *Mémoires inédits sur la vie et les ouvrages des membres de l'Académie royale*, t. II, pag. 142 (Paris, Dumoulin, 1854). = Ventes : V. de Tallard (1756), *Portrait de Louis XIV*, 96 liv. — V. La Live de Jully (1770), *Portrait de Jabach*, 812 liv. — V. Menars (1781), *Portrait de La Fontaine* (dessin), 300 liv. — V. Boittelle (1866), *Portrait d'homme, (Dodun)*, 960 fr. — V. Marcille (1876), *Portrait d'homme (La Fontaine)*, 980 fr.

Rigo (Jules). E. Fr. 1845. Genre. = Souvenir du camp de Saint-Omer, en 1833.

Rigot (frère Jean). E. Fr.. ' XVe siècle. Miniature.. = Miniaturiste de 1489, dont le nom se trouve indiqué sur un missel latin actuellement à la Bibliothèque nationale, sous le n° 880. Rigot était Frère de l'abbaye de Saint-Pierre de Melun.

Rikkers (Guillaume). E. H. 1812. AMSTERDAM. Intérieurs et portrait. = Elève de F. de Brackeleer..

Riley (Charles). E. An. † 1798. LONDRES. Histoire. = Remporta une médaille d'or en 1778. On lui doit beaucoup de décorations de plusieurs châteaux de l'Angleterre. = Grande imagination, rapidité de main surprenante.

Riley (Jean). E. An. 1646-1691. LONDRES. Portrait. = Elève de Fuller, de Zoust et de Lely. Peintre du roi d'Angleterre. = Excella dans le portrait

Rillaer (Jean van), le vieux. E. Fl. † 1568. LOUVAIN. Histoire. = Travailla déjà en 1528. Remplaça, en 1547, Jean Willems, en qualité de peintre de la ville et de directeur de l'*Omgang*, dont il renouvela entièrement le matériel. Exécuta, en 1549, les principaux décors pour la *Joyeuse Entrée* de Philippe II ainsi que les blasons pour le service funèbre de l'empereur Charles-Quint. Décora la chambre des échevins, à l'hôtel-de-ville, en 1560, et travailla pour un grand nombre d'églises et de couvents. Il se maria vers 1546 avec Madeleine du Vivier et n'eut qu'un fils dont il est parlé plus loin. = Délivrance de saint Pierre; chute de Simon le Magicien; sainte Marguerite et

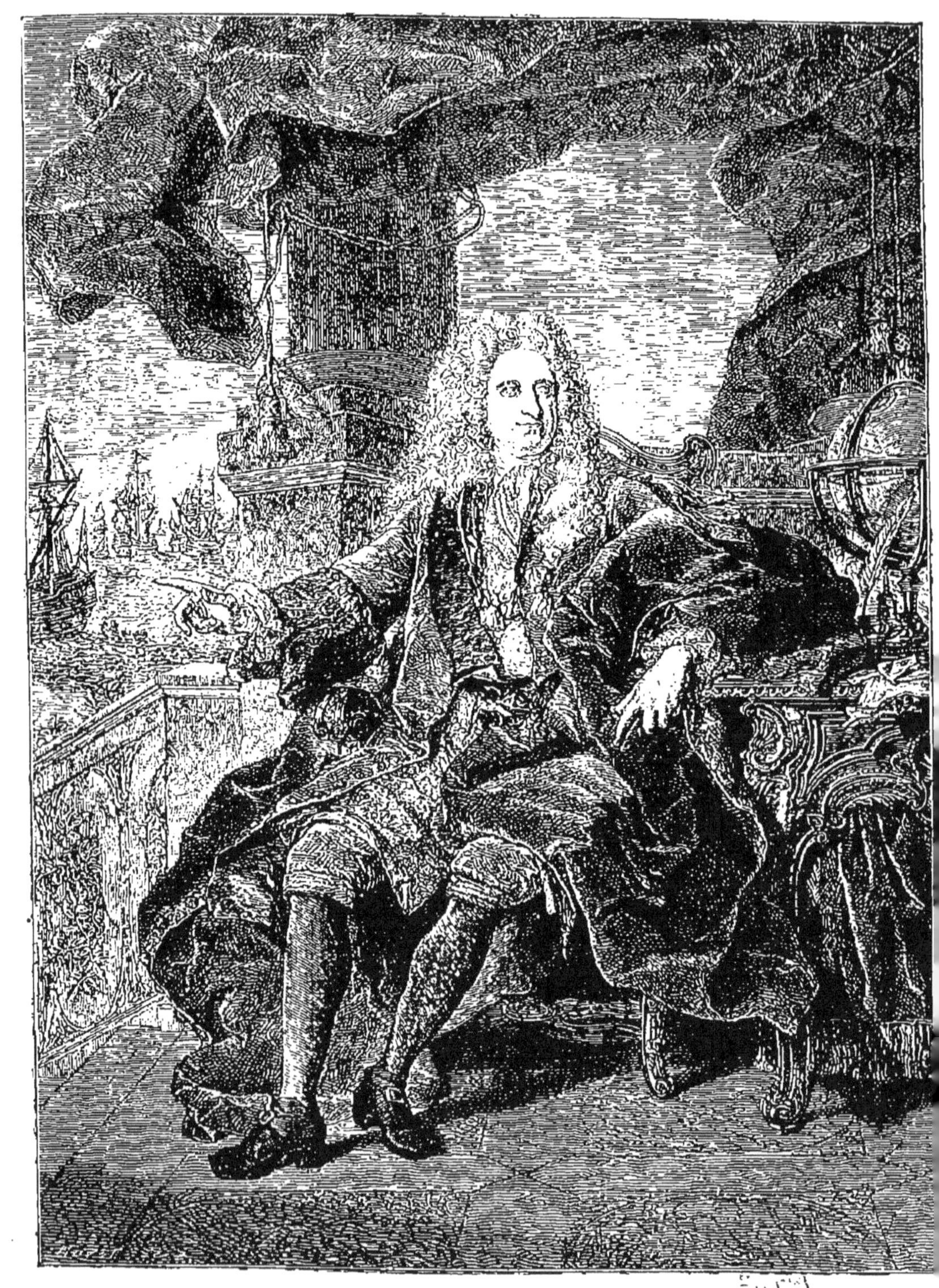

Portrait de Samuel Bernard. Par Hyacinthe Rigaud.

nise. — Assomption, Vienne. — Sujet allégo- le dragon; défaite des mahométans, panneaux d'une ancienne armoire de l'hôtel-de ville de Louvain, Louvain (Musée). — Sacre de saint Evartius, évêque d'Orléans, *ib.* (Eglise Saint-Pierre, partie d'un ancien triptyque). — Decollation de sainte Catherine; chute des anges; décapitation de saint Jean Baptiste; martyre d'un pape, *ib.* — Jugement de Salomon (Peinture monochrome traitée par hâchure, comme un dessin), Berlin. = Beau sentiment, coloris vigoureux: réminiscences de Bouts, Metsys et Van Orley; touche sûre; composition savante et bien groupée; beaucoup d'animation et de pittoresque; moins de fini et de soins que les maîtres précédents. Egalement graveur; il existe plusieurs planches sur cuivre portant son monogramme.

Rillaer (Jean van), le Jeune, fils de Jean, le Vieux. E. Fl. * 1575. LOUVAIN Histoire. = Probablement élève de son père. Il épousa une femme riche, Marie Claes. Il visita le Danemark et y séjourna en 1580. En 1588 il habitait de nouveau Louvain, car c'est en cette année qu'il fut chargé avec Léonard Van Marienbergh, peintre comme lui, d'estimer le tableau de Mabuse, appartenant aux Augustins et que la ville de Louvain voulait acheter à ceux-ci pour offrir au roi d'Espagne. Depuis 1591, les archives ne parlent plus de cet artiste. Il signa en toutes lettres: Van Rillaert. = Résurrection, Louvain (Eglise Saint-Pierre). = Talent bien inférieur à celui de son père.

Rimbaut-Borel (Mme Anna). E. Fr. 1842. Histoire, genre. = Ondine et Huldebrand.

Riminaldi (Horace), frère de Jérôme. E. I. 1598-1631. PISE. Histoire. = Elève d'H. Lomi, à Pise, et d'Aurèle Lomi, à Rome. Mort de la peste avant d'avoir pu atteindre la maturité de son remarquable talent. = Martyre de sainte Cécile, Florence.— L'amour artisan, *ib.* = Manière grande; carnations riantes et gracieuses, touche pleine, facile et délicate; ses contours et ses draperies se rapprochent du style des Carrache.

Riminaldi (Jérôme), frère d'Horace. E. I. ' 1625. PISE. Histoire. = Appelé à Naples et à la cour de France; termina le dernier ouvrage de son frère, mais avec bien moins de talent que ce dernier. = Survécut à son frère.

Rinaldi (Santi), dit **Le Tromba.** E. I. * XVIIe siècle. Batailles, perspective et paysage. = Elève de F. Furini; contemporain de Pandolphe Reschi; établi à Florence.

Rinaldo Mantuano. V. Rinaldo.

Rinaldo (Dominique), dit **Rinaldo Mantuano.** E. I. ' 1550. MANTOUE. Histoire, portrait. = Elève de Jules Romain; annonçait un talent remarquable. Mort prématurément. = Triomphe de Jules César, Vienne. = Excellent coloris.

Rincon (Antonio de). E. Es. 1446 (?)-1501(?). GUADALAXARA. Portrait. = Il est regardé par quelques auteurs comme le fondateur de l'école espagnole. Ferdinand le Catholique le combla de bienfaits. = Beaucoup de ses tableaux furent dévorés dans l'incendie du Prado, en 1608. = Il est le premier peintre espagnol qui abandonna le caractère gothique et qui donna de la rondeur et de la grâce au dessin.

Rincon (Ferdinand de), fils d'Antoine. E. Es. ' 1503. Histoire. = Elève de son père; travailla à Tolède avec Jean de Bourgogne.

Ring (Pierre de). E. Fl. * 1650. FLANDRE. Fruits et nature morte. = Il a passé toute sa vie en Hollande. = Table garnie de homards, de fruits, etc., Amsterdam. — Le globe terrestre, un livre ouvert, etc., sur une table, Berlin. (Signé : *P. de Ring fe.* 1650). = Imitateur de J. D. de Heem; arrangement pittoresque; belle exécution.

Ring (Louis Tom), le Vieux. E. Al. ' 1538. MUNSTER. Histoire. = Détails inconnus. = Jésus-Christ et la Vierge intercédant auprès de l'Eternel, Munster (Collection de l'Union artistique). = Style de l'ancienne école germanique; sentiment digne et austère; belle exécution.

Ring (Hermann Tom), fils de Louis, le Vieux. E. Al. * 1546. MUNSTER (?). Histoire. = Détails inconnus. = Résurrection de Lazare, Munster (cathédrale). = Goût italien, surtout dans l'architecture; composition maniérée; coloris éclatant, bon clair-obscur; beaucoup de fini, surtout dans les accessoires.

Ring (Louis Tom), le Jeune, fils d'Hermann. E. Al. * 1562. Portrait, genre et histoire. = Elève de son père; vivait à Munster; on croit qu'il naquit en 1496; vivait encore en 1579. = Portrait d'homme, Berlin. — Intérieur d'une cuisine, fait sous le nom de Noces de Cana, *ib.* (Signé : *Ludgerus. ringius. Monasteriensis pictor. Anno* 1562). — La Vierge et l'Enfant, Londres. = On le place quelquefois à l'école flamande. Bonne imitation de la nature; peu d'harmonie.

Ringe (Christophe-Godefroid). E. Al. 1713-1797. BERNBURG. = Peintre fou qui mena une vie des plus bizarres et des plus grotesques; beaucoup de malheurs l'accablèrent; l'autorité, voulant venir à son secours, le trouva mort dans sa maison. = Ses tableaux sont peu nombreux. Ses œuvres se ressentent de la vie qu'il menait.

Ringeling (Henri). E. H. 1812. LEYDE. Genre et portrait. = Elève de B. Van den Broeck. = Jeune femme écoutant son père.

Ringgle (Gotthard). E. Al. 1575-1635. ZURICH. Histoire. = On ignore quel fut son maître. Appelé à Berne pour y peindre l'origine de cette ville en plusieurs tableaux, il s'acquitta si bien de cette commande qu'on lui accorda le droit de bourgeoisie. = Exécution spirituelle et pleine de feu. Ses dessins sont estimés. Graveur sur bois et au burin.

Ringlin (Jean-Sixte). E. Al. ' XVIIe siècle. SCHORNDORF. = Inscrit dans la corporation artistique, à Bâle, en 1610.

Rink (P.J.). E. H. ' 1787. Portrait.= Détails inconnus,

Rioult (Louis-Edouard). E. Fr. 1780-1855. MONTDIDIER. Histoire, genre. = Elève de David et de Regnault. = Un écolier donnant son déjeûner à un pauvre. — Siége d'Ostende, Versailles.

Ripanda (Jacques). E. I. ' 1480. Histoire, portrait. = Etudia beaucoup à Rome.

Ripatransone. V. Condivi.

Riposo. V. Ficharelli.

Rippingille (Edouard Villiers). E. An. 1798-1859. KING'S-LYNN (Norfolk). Genre, portrait. = Habita d'abord Bristol. Visita l'Italie, la France et l'Orient. Littérateur. =Etude de tête de femme, Londres. — Un frère capucin, *ib.*

Riquier (Louis). E. Fl. 1795. ANVERS. Histoire, genre et portrait.= Elève des deux Van Brée. Visita l'Italie. Etabli à Paris. = Une famille de brigands, Bruxelles. — Rubens présentant Ad. Brauwer à sa femme. Haarlem.

Riss (François). E. Fr. 1804. MOSCOU. Histoire, portrait. = Elève de Gros. = Jésus-Christ rédempteur.

Risse (Roland). E. Al. 1835. COLOGNE. Histoire. = Elève de Schadow et de Bendemann.

Rist. E. Al. 1795 (?). STUTTGART. Paysage.

Risueno (Joseph). E. Es. † 1721. GRENADE. Histoire. = Elève d'Alonzo Cano; travailla avec Palomino qui fait de lui un grand éloge. = Coloris de son maître; sculpteur.

Rithoorn (Jean Vanden). E. H. † 1669. HAARLEM. Genre et portrait. = Elève de Corneille Visscher. Entra dans la gilde de Saint-Luc, en 1646.

Ritsere (Guillaume de). E. Fl. ' XVe siècle. = Maître peintre à Gand. Mentionné pour avoir exécuté des travaux, de 1419 à 1441.

Ritt (Augustin). E. R. ' XVIIIe siècle. SAINT-PÉTERSBOURG. = Elève de De Quertemont, à Anvers.

Ritter (Charles). E. Al. 1817. COLBATZ (Poméranie). Fleurs, fruits. = Elève de Wach.

Ritter (Edouard). E. Al. 1808. VIENNE. Genre, portrait. = Intérieur d'une famille de paysans, Vienne.

Ritter (G.-N.). E. Al. 1748-1809. HEILBRONN (Allemagne). Portrait, miniature. = S'établit à Amsterdam où il mourut. = Il a laissé des dessins.

Ritter (Louisa-Charlotte), fille de G.-N. E. Al. † 1813. Genre, portrait et miniature. = Elle épousa M. de Neuville et cultiva son art avec un grand succès.

Ritter (H.). E. Al. 1816-1873. Genre. = Les contrebandiers.

Ritter (Abraham de). E. H. 1668-1738. HAARLEM. Genre. = Peintre amateur. = Réussissait bien dans les scènes villageoises à l'aquarelle.

Rittig (Pierre). E. Al. ' 1819. COBLENTZ. Histoire.=Elève de David.= Visite de Paul III à Michel-Ange. — Saint Thomas, Potsdam.

Rivals (Jean-Pierre), le Vieux. E. Fr. 1625-1706. BASTIDE-D'ANJOU (Languedoc). Histoire, portrait. = Elève d'Ambr. Frédeau. La plus grande partie des travaux des Rivals est restée dans leur patrie. = Egalement architecte.

Rivals (Antoine), fils de Jean-Pierre. E. Fr. 1665 ou 1667-1735. TOULOUSE. Histoire. = Elève de son père. Etudia à Paris et en Italie; eut l'honneur d'être couronné au Capitole, par le cardinal Albani, et contribua à la fondation de l'Académie de Toulouse. = Tableaux, Toulouse. = Bon goût de dessin et de style.

Rivals (Jean-Pierre), le Jeune, fils d'Antoine. E. Fr. † 1785. Histoire. = Elève de son père; visita l'Italie, reçut le titre de chevalier.

Rivals (Barthélemy), cousin d'Antoine. E. Fr. ' XVIIIe siècle. Histoire. = Elève d'Antoine Rivals. = Graveur.

Rivarola (Alphonse), dit **Le Chenda.** E. I 1607-1640. FERRARE. Histoire, décors. = Le meilleur élève de Ch. Bononi, dont il acheva le dernier tableau; s'occupa beaucoup pour les décorations des fêtes populaires.

Rive (Pierre-Louis de la). E. Al. 1753-1815. GENÈVE. Paysage historique. = Destiné à la carrière ecclésiastique ou à la magistrature; ce ne fut qu'après plusieurs années de persévérance, qu'il obtint de son père la permission de suivre sa vocation; le chevalier de Fassin (peintre liégeois), qui se trouvait alors à Genève, lui enseigna son art; visita Dresde et y reçut les conseils de Casanova, partit pour l'Italie, en 1784, et revint à Genève, en 1786; pendant les troubles de cette ville, de la Rive parcourut toute la Suisse et la Savoie, copiant tous les beaux sites qu'il rencontrait. = Aucun de ses tableaux ne se trouve dans les principales galeries de l'Europe. = Masses grandioses, lignes simples, grande vérité de détails. Ses dessins au lavis étaient exécutés avec une rare perfection.

Rivera (Jean-Antoine de). E. Es. † 1860.

Histoire. = Directeur du musée de peinture et de l'école supérieure de peinture, sculpture et gravure. Mort à Madrid. = Le premier serment du prince d'Autriche.

Riverdetti (Marc-Antoine). E. I. † 1774. ALEXANDRIE. Portrait. = S'établit à Bologne. = Style simple et modéré.

Rivière (Mlle). E. Fr. * 1815. PARIS. Portrait, genre. = Elève de Griait. = Danse savoyarde. — Henri IV quittant Gabrielle.

Rivière (Briton). E. An. 1840. LONDRES. Histoire, genre. = Roméo et Juliette. — Profond sommeil.

Rivière (François). E. Fr.* 1725(?). FRANCE. Genre, etc. = Etabli à Livourne où il mourut. = Ses tableaux d'assemblées et de danses turques étaient fort recherchés en Italie.

Riviere (George Vander). E. Fl. * XVIe siècle. GAND. Histoire, décorations. = Travailla pour le magistrat de Gand de 1528 à 1576. On trouve dix-neuf peintres de ce nom dans les archives gantoises de 1414 à 1536. Parmi eux plusieurs doyens de la gilde.

Rivola (Joseph). E. I. † 1740. Histoire. = Elève de Ph. Abbiati.

Rizi (François). E. Es. 1608-1685. MADRID. Histoire, genre, portrait. = Elève de V. Carducho; nommé peintre de Philippe IV, de Charles II et du chapitre de Tolède. Protégé par les grands, son génie, d'accord avec le goût de son temps, le rendit très célèbre et lui fit faire une grande fortune. = Portrait d'un général, Madrid. — Tableaux d'histoire, *ib.* — Tête de saint Pierre, Paris. — L'enfant prodigue, *ib.* = Invention féconde, ornements capricieux, compositions bizarres dans les décorations; préférant la facilité à la correction, son influence devint très funeste aux arts. Teintes agréables, touche hardie, attitudes énergiques.

Rizi (le frère Jean), frère de François. E. Es. 1595-1675. MADRID. Histoire, portrait. = Elève de J.-B. Mayno; embrassa la vie religieuse, en 1626; travailla dans les principales villes de l'Espagne, visita Rome, où ses vertus le firent distinguer par le pape. = S. François recevant les stigmates, Madrid. = Peu de fini, clair-obscur vigoureux; poses heureuses et naturelles, bonne composition, dessin pur.

Rizzi (Etienne). E. I. * XVIe siècle. Histoire. = Peintre médiocre.

Rizzo (François), dit **Rizzo Santa-Croce.** E. I. * 1530. SANTA-CROCE. Histoire, portrait. = Elève de V. Carpaccio. = Apparition de Jésus à Madeleine, Venise (Signé : FRANCHISCHUS RIZUS PINXIT MDXIII). = Mariage de la Vierge, Paris. — Adoration des mages, Berlin. (Ce tableau, attribué par les Allemands à Fr. Rizzo et signé : *Franciscus de Santa F.*, N'appartiendrait-il pas à François de Santa Fede?)

Rizzo (Marc-Lucien). E. I. * 1527. Mosaïque. = Travailla avec les frères Bianchini.

Rizzoni (Alexandre). E. I. 1836. RIGA. = Genre.

Robart (M. ou Guillaume). E. H. * XVIIIe siècle. Fleurs, fruits, gibier mort. = On le croit élève de Jean Vau Huysum, = S'attacha à suivre la manière de son maître.

Robatto (Jean-Etienne). E. I. 1649-1733. SAVONE. Histoire. = Elève de C. Maratti; visita l'Allemagne. S'adonna au jeu et perdit tout son talent par suite de cette passion. = Beau coloris, contours heureux.

Robbe (Henri). E. Fl. * 1855. COURTRAI. fleurs, fruits.

Robbe (Louis-M.-D.). E. Fl. 1807. COURTRAI. Animaux. = Animaux au pâturage, Bruxelles. — Moutons dans un paysage montagneux, Hambourg. = Graveur.

Robbia (Luca della). E. I. * 1450. FLORENCE. Miniature. = Inventeur de l'art de peindre sur la poterie dite *Majolica* et de la sculpture en faïence colorée recouverte d'émail. = Sculpteur.

Robbins (Horace). E. An. 1842. MOBILE (Amérique). Paysage.

Robelot (Pierre). E. Fr. 1802. LORRAINE. Miniature. = Elève de Mansion.

Rober (Ernest). E. Al. 1849. ELBERFELD. Histoire. = Elève de Bendemann.

Robert (Alexandre). E. Fl. 1817. TRAZEGNIES. Histoire, portrait. = Elève de Navez. = Lucas Signorelli faisant le portrait de son fils mort. — Moines au lutrin.

Robert (Aurèle), frère de Léopold. E. Fr. * XIX siècle. Intérieurs.

Robert (Louis-Léopold), frère d'Aurèle. E. Fr. 1794-1835. CHAUDS-DE FONDS (Suisse). Portrait, paysage historique. = Elève du graveur Girardet et des peintres David et Gros. Malgré ses succès dans la gravure, il abandonna cet art pour la peinture en 1816. Partit pour Rome, en 1818, aux frais d'un amateur suisse, M. Mezerac, qui, plein de confiance en son talent, lui permit de le rembourser quand la gloire et la fortune lui seraient venues. Dès 1821, cela devint possible; vint à Paris, en 1831, retourna en Italie, séjourna à Florence et revint, en 1832, à Venise, où il mourut de mort volontaire. = Les moissonniers, Paris. — Retour de la fête de la madone de l'Arc, *ib.* — Une femme de Procida avec son enfant, Munich. — Les pêcheurs de l'Adriatique. — Les baigneuses, Nantes. — Les petits pêcheurs de grenouilles, *ib.* = Style sévère et gracieux.

Robert (Fanny). E. Fr. * 1825. PARIS. Histoire, portrait. = Elève de Girodet.

Robert (Félicité TASSAERT, Mme). E. Al. * XIXe siècle. Pastel. = Fille du sculpteur Tassaert, de Berlin. = Visitation (D'après Rubens), Dresde. — Une vieille cuisinière, *ib.*

Robert (Hubert). E. Fr. 1733-1808. PARIS. Monuments et ruines. = Destiné à l'état ecclésiastique, une véritable passion l'entraîna vers la peinture ; étudia pendant vingt ans à Rome, y fut lié avec Fragonard et fut admis à l'école française de Rome, dirigée alors par Natoire; revint en France, en 1766, fut nommé membre de l'Académie, en devint conseiller ; reçut les titres de garde des tableaux du roi et dessinateur de tous les jardins royaux. Il résista aux offres brillantes de l'impératrice Catherine II, afin de ne point quitter sa patrie. La révolution le priva de toutes ses places et lui ravit même la liberté pendant dix mois. Dans sa prison, il déploya une énergie et une liberté d'esprit admirables, trouvant moyen de s'occuper de son art, malgré tous les obstacles et malgré les circonstances les plus terribles. Il échappa à la mort par un hasard fatal pour le malheureux homonyme qui périt à sa place. Mort subitement. = Vue du port de Ripetta, à Rome, Paris. — L'arc de triomphe de la ville d'Orange, *ib.* — La maison carrée, les Arènes et la tour Magne, à Nimes, *ib.* — Ruines antiques, *ib.* — L'ancien portique de Marc-Aurèle, *ib.* — Le portique d'Octavie, *ib.* — Le temple de Jupiter, *ib.* — Temple circulaire, *ib.* — Collection de sculptures dans un hangar, *ib.* — Deux tableaux de ruines avec figures, Bordeaux. = Imagination fraîche, touche hardie, couleurs nuancées avec habileté ; compositions heureuses. Bon dessinateur. Graveur. = Ventes : V. Choiseul (1772), *Un temple* et *Une arcade*, 2,000 l. — V. Conti (1777), *Deux tableaux d'architecture*, 2,200 l. — *Cascades de Tivoli*, 420 l. — V. Calonne (1788), *Paysage avec architecture et figures*, 800 liv. — V. H. Robert (1809). Le prix le plus élevé a été de 550 fr. et le plus bas de 26 fr. — V. Boittelle (1866), *Ruines de l'ancienne Rome*, 1,400 fr. — V. Reiset (1870), Quatre *panneaux* provenant de l'Hôtel de la Trillière, 12,000 fr.

Robert (Jean-Fr.) E. Fr. 1778. CHANTILLY. Paysage sur porcelaine. = Vue de la côte de Bellevue. — Charrette du cheval blanc (Sur porcelaine, d'après C. Dujardin).

Robert (Nicolas). E. Fr. 1614-1685. LANGRES. Fleurs, plantes, oiseaux, animaux en miniature. = Se fit d'abord connaître par la fameuse guirlande de Julie, dont il peignit les fleurs ; fut attaché, comme peintre de plantes, à Gaston d'Orléans, et ensuite au roi Louis XIV. Travailla, pour l'Académie des sciences, à l'ouvrage intitulé : *Projet de l'histoire des plantes.* = Auteur de plusieurs ouvrages de botanique avec de magnifiques dessins. Graveur.

Robert (Pierre-Antoine). E. Fr. 1688-1733. EN CHAMPAGNE. Histoire, portrait. Elève de P. J. Cazes.

Robert (Victor). E. Fr. * 1840. Histoire. = Saint-Sébastien. — Conversion de saint Paul.

Robert (Charles). E. Fl. 1837-1864. CHENÉE (Liége). Paysage, nature morte. = Elève de J. Jacobs, à Anvers. = Le renard pris au piége.

Robert-Fleury (Joseph-Nicolas-Robert dit : FLEURY). V. Fleury.

Robertelli (Aurèle). E. I. * 1499. GÊNES (?). Histoire. = Détails inconnus.

Roberti. E. I. * XIXe siècle. BASSANO. Vues de ville. = Vues de Rome.

Roberti (Albert). E. Fl. 1811-1864. BRUXELLES. Histoire, portrait. = Elève de Navez. = Revue d'un chapitre de l'ordre de la Toison d'or par Charles-Quint. — Baptême de Jésus-Christ.

Roberti (Dominique). E. I. 1690. ROME. Architecture, ruines. = Détails inconnus. = Edifices en ruines, Dresde (Quatre tableaux du même sujet).

Roberto da Civitella. V. Robertus.

Roberts (David). E. An. 1796-1864. EDIMBOURG. Paysage, histoire, genre et intérieurs d'église. = Membre de l'Académie royale. = Intérieur de la cathédrale de Burgos, Londres. — L'Eglise Saint-Paul, à Anvers, *ib.* = Ventes: V. Northwick (1859), *Intérieur de l'abbaye de Westminster*, 8,190 fr. — *Intérieur de Saint-Jacques, à Dieppe,* 2,410 fr.

Roberts (Arthur). E. Fr. 1812. PARIS. Histoire, portrait. = Elève de Drolling.

Robertson (A.). E. An. * XIXe siècle. Portrait en miniature.

Robertson (Mme J.). E. An. * XIXe siècle. Portrait.

Robertus (César), ou **Roberto da Civitella.** E. I. 1590 (?). BITURGIA (Toscane). = Détails inconnus. = Graveur.

Robiac (Barthelemy). E. Fr. * 1367. MONTPELLIER. Histoire. = Fut plusieurs fois consul.

Robie (J. B.). E. Fl. 1821 BRUXELLES. Fleurs et fruits. = Elève de Tasson. = Raisins, Bruxelles. — Fleurs, fruits et accessoires, *ib.* = Massacre des innocents.

Robin (J. B. Cl.). E. Fr. * XVIIIe siècle. Histoire. = Agréé à l'Académie, en 1772. On croit qu'il fut reçu titulaire dans les années qui suivirent.

Robin (Louise). V. Desnos.

Robineau (Claire). E. Fr. * 1825. Paysage. = Elève de Regnault. = Vue du torrent de Crógi (Savoie). — Hilaire et Brigitte.

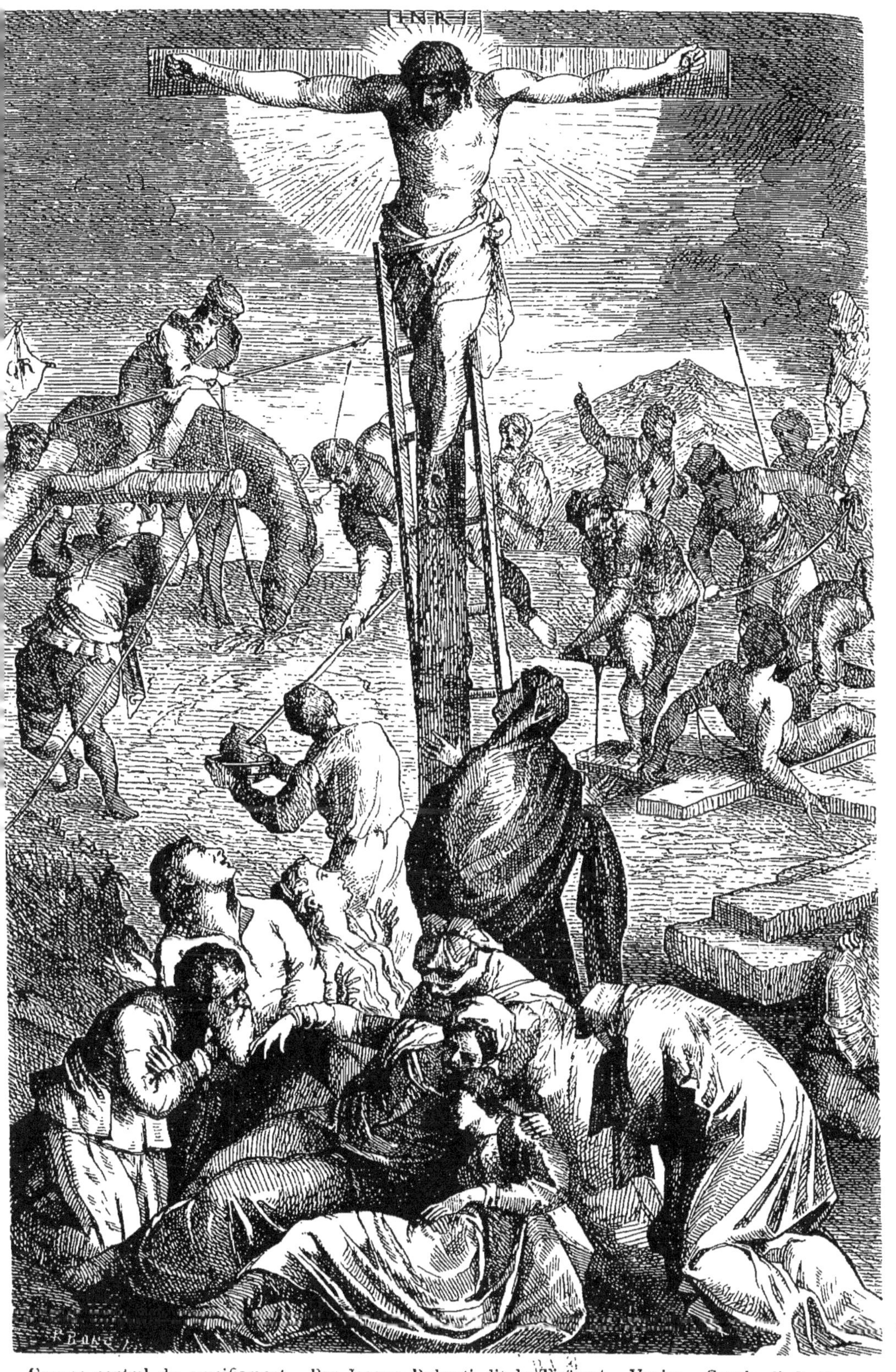

Groupe central du crucifiement. Par Jacopo Robusti dit le Tintoret. Venise. Scuola di S. Rocco.

Robinet (Paul-G.). E. Fr. 1845. MAGNY-BERNAIS. Paysage.

Robionoi (de). E. Fl. * 1560. = Il existe de ce peintre, dont le nom est cité ici pour la première fois, trois tableaux à Verviers. Ils rappellent l'école de Lambert Lombard. L'un d'eux est signé et daté : *De Robionoi*, 1560.

Robiquet. E. Fr. * 1840. Portrait.

Robuste. * XVIIe siècle. = Cité par de Marolles.

Robusti (Jacques), dit **Le Tintoret.** E. I. 1512-1594. VENISE. Histoire, portrait. = Fils d'un teinturier, son surnom lui vient de la profession qu'exerçait son père. Elève du Titien ; renvoyé de l'école de ce grand maître, par une injuste jalousie, le Tintoret ne se découragea point, continua à copier avec ardeur les tableaux de Vecelli et à dessiner d'après les statues de Michel-Ange; joignant à cela l'étude de l'antique et de l'anatomie, Robusti produisit, pendant les dix premières années de sa carrière artistique, de véritables miracles; mais malheureusement il ne fut pas toujours égal à lui-même et ne continua pas à travailler avec le même soin et la même conscience ; de là tant d'œuvres qui, tout en étant très remarquables, sont loin de valoir ses premières productions. Les membres de la communauté de Saint-Roch ayant demandé pour leur école des projets de composition à P. Véronèse, à Salviati, à Frédéric Zucchero et au Tintoret, celui-ci eut terminé et mis en place son tableau avant que ses concurrents eussent fini leurs esquisses ; cette œuvre, représentant l'apothéose de saint Roch, lui mérita le surnom de *furioso*. Il fut préféré à tous ses rivaux et même au Titien, pour peindre, dans une des grandes salles du palais, la mémorable victoire remportée en 1571, par les Vénitiens, sur les Turcs, dans le golfe de Lépante, et il ne mit qu'une année à terminer cette vaste composition. Le Tintoret aimait son art avec une telle passion, son désintéressement était si grand, qu'il ne demandait pour l'exécution des plus vastes machines que le remboursement de ses frais. = Jésus-Christ chez le Pharisien, Rome. — Madeleine, *ib.* — Couronnement d'épines, *ib.* — Baptême de Jésus-Christ, *ib.* — La Vierge et l'Enfant, Naples. — Jésus-Christ, *ib.* — Portrait, *ib.* — Mise en croix, Venise. — Vierges, *ib.* — Circoncision, *ib.* — Assomption, *ib.* — Cène, *ib.* — Manne, *ib.* — Résurrection, *ib.* — Martyre de saint Etienne, *ib.* — Couronnement de la Vierge, *ib.* — Ascension, *ib.* — Flagellation, *ib.* — Noces de Cana, *ib.* — Présentation au temple, *ib.* — Saint Roch au désert, *ib.* — Saint Roch devant le pape, *ib.* — Annonciation, *ib.* — Probatique, *ib.* — Châtiment des serpents, *ib.* — Saint Martial, *ib.* — Naissance de saint Jean Baptiste, *ib.* — Adoration des mages, *ib.* — Saint Joachim chassé du temple, *ib.* — Saint Marc secourant un musulman, *ib.* — Enlèvement du corps de saint Marc, *ib.* — Gloire du paradis, *ib.* — Mars chassé par Pallas, *ib.* — Ariane, *ib.* — Forge de Vulcain, *ib.* — Mercure et les Grâces, *ib.* — Saint Louis et saint Grégoire, *ib.* — Saint Grégoire et saint André, *ib.* — Charles-Quint à Pavie, *ib.* — Bataille de Zara, *ib.* — Victoire de Zoranzo, *ib.* — Victoire de Marcelli, *ib.* — Venise au milieu des divinités, *ib.* — Portrait d'Henri III, *ib.* — Miracle de saint Marc (Chef-d'œuvre), *ib.* — Vierge dans la gloire, *ib.* — Meurtre d'Abel, *ib.* — Jésus-Christ sortant du tombeau, *ib.* — La Vierge et l'Enfant, *ib.* — Jésus-Christ crucifié, *ib.* — Adam et Eve, *ib.* — Portraits, *ib.* — Portrait d'un magistrat, La Haye. — Portrait du doge et amiral Veinerio, Florence. — Les noces de Cana, *ib.* — Portraits, *ib.* — Descente de croix, *ib.* — Résurrection, *ib.* — Madone, *ib.* — Amour, fils de Vénus et de Vulcain, *ib.* — Plusieurs portraits, *ib.* — Portraits, Londres. — Expulsion de l'hérésie, *ib.* — Esther devant Assuérus, *ib.* — Les muses, *ib.* — Jésus-Christ devant Pilate, *ib.* — La Vierge avec l'enfant Jésus, *ib.* — Saint George vainqueur du dragon, *ib.* — Et autres, *ib.* — Martyre de saint Marc (Esquisse), Bruxelles. — Deux portraits d'homme, *ib.* — La musique, Dresde. — La femme adultère, *ib.* — Chute des anges rebelles, *ib.* — La Vierge et l'enfant Jésus dans une gloire, *ib.* — Portraits de deux hommes, *ib.* — Chevalier enlevant deux femmes dans une barque, *ib.* — Les Muses et les Grâces, *ib.* — Les Grâces, *ib.* — Les noces de Cana. esquisse du célèbre tableau de Venise, Copenhague. — Portrait du peintre, *ib.* — Visitation de la Vierge à sainte Elisabeth, Bologne. — Jésus-Christ mort pleuré par des anges, Paris. — Esquisse du Paradis, *ib.* — Suzanne au bain, *ib.* — Portrait du peintre, *ib.* — Portrait d'homme. *ib.* — Femme à sa toilette, Saint-Pétersbourg. — Trois portraits d'homme, Berlin. — Vierge glorieuse, *ib.* — Phœbé, *ib.* — Saint Marc honoré par les Vénitiens, *ib.* — Saint Jérôme au désert, Vienne. — Beaucoup de portraits, *ib.* — Apollon et les muses au mont Parnasse, *ib.* — Crucifiement, *ib.* — Suzanne et les vieillards, *ib.* — Jésus-Christ mort sur les genoux de sa mère, *ib.* — Hercule et le faune, *ib.* — Baptême de Jésus-Christ dans un paysage (Petites figures), *ib.* — La crèche, Munich. — Madeleine chez Simon le Pharisien, *ib.* — Portrait d'André Vésale, *ib.* — Ecce homo, *ib.* — Portraits, *ib.* — Madeleine, Madrid. — Sujet allégorique, *ib.* —

Portraits, *ib.* — Judith et Holopherne, *ib.* — Moïse sur le Nil, *ib.* — Bataille, *ib.* — Saint Jérôme au désert, *ib.*— Mort d'Holopherne, *ib.* — Esther devant Assuérus, *ib.* — Violence de Tarquin le Superbe, *ib.* — Dédicace du temple de Jérusalem, Nantes. = Il est presque nécessaire de séparer en deux parties le jugement à porter sur le talent de ce peintre, puisque les œuvres qu'il produisit ont un mérite inégal. Ses études assidues et conduites avec l'esprit le plus sage, jointes à un génie que ses détracteurs mêmes regardaient comme admirable et le *plus terrible* qu'on eût jamais vu en peinture, lui firent enfanter les beaux chefs-d'œuvre de ses meilleurs jours. Ses tableaux se font remarquer par une imagination inépuisable en idées neuves, un feu pittoresque qui lui faisait concevoir les caractères les plus forts des passions, une science profonde, un coloris admirable, une magnifique vigueur de clair-obscur, une composition sage, sobre et juste, des formes du plus beau choix, des draperies étudiées et variées, naturelles, exactes, une vie et une vérité qui étonnent, un dessin hardi et un pinceau léger. Un grand nombre de ses compositions sont conçues sans étude, exécutées de pratique et tout au plus ébauchées, renferment des erreurs de dessin et pèchent du côté du jugement; les figures y sont ou superflues, ou mal groupées, ou dans une action exagérée; il s'y attache bien plus au brillant qu'à la noblesse et choisit ses types parmi les hommes du peuple. Il abandonna la manière du Titien, se servit de mauvaises toiles, négligea son coloris en abusant d'une teinte violâtre dans les chairs, surtout pour ses portraits et ne mit plus aucun soin dans ses draperies. = Ventes : V. Carignan (1742). *Jésus parmi les docteurs*, 800 liv. — V. Tallard (1756). *Le veau d'or*, 1,602 liv. — V. Aguado (1843, *Doge et sa famille*, 1,500 fr. — V. San Donato (1870), *Adam et Eve*, 6,000 fr.

Robusti (Dominique), fils de Jacques. E. I. 1562-1637. VENISE. Histoire, portrait. = Elève de son père, dont il suivit les traces avec bonheur, tout en restant bien loin derrière lui pour le génie; beaucoup de ses tableaux ont été attribués à Jacques à cause du grand prix qu'on retirait des œuvres de ce dernier. Cet artiste, qui aurait été célèbre s'il avait porté un autre nom, devint paralytique de la main droite et réussit très bien à peindre de la main gauche = Ligue de Venise, Venise.— Conquête de Constantinople, *ib.* — Victoire navale, *ib.*— Portraits, *ib.*— Christ couronné d'épines, *ib.* — Apparition de saint Augustin, Florence — La Vierge avec saint Dominique, saint Georges et saint Maurèle, Ferrare. — Suzanne se préparant au bain (copie), Dresde. = Se rapprocha beaucoup de son maître dans les airs de tête, le coloris et l'accord général; l'égala peut-être pour le portrait; figures disposées avec sagesse, finies avec patience et peintes avec une méthode solide et durable. Vers la fin de sa vie, il tomba dans le maniéré.

Robusti (Marie), dite **Marietta Tintorella,** fille de Jacques. E. I. 1560-1590. VENISE. Histoire, portrait. = Elève de son père; abandonna la musique, dans laquelle elle excellait, pour se livrer entièrement à la peinture. Quoique ayant réussi dans l'histoire, elle abandonna ce genre pour le portrait dans lequel elle obtint une grande réputation. Toute la noblesse de Venise se fit peindre par elle. L'empereur Maximilien, Philippe II, roi d'Espagne, et l'archiduc Ferdinand voulurent l'attirer à leur cour, mais sa tendresse pour son père la fit résister à leurs offres les plus brillantes. = Dessin fin et élégant; couleur forte et naturelle, style formé d'après l'antique, pinceau habile et libre, touche brillante et pleine d'esprit ; ressemblance parfaite; exécution belle et exacte.

Rocca ou **Rocka** (Ant.). E. Fl. † 1660 (?). BRUXELLES (?). Histoire. = Cité par Lanzi, comme un artiste étranger ayant exécuté de remarquables tableaux à Rome. De son côté, Corneille de Bie le cite avec grand éloge, et nous apprend qu'il était moine récollet et qu'il mourut à Rome. Il résida aussi en Piémont.

Rocca (Daniel-Jacques). E. I. † 1600. ROME. Histoire. = Elève de Daniel de Volterra. Mort très vieux. = Peu d'invention ; ses études d'après de bons maitres lui firent faire quelques travaux de mérite.

Rocca (Michel), dit **Parmigiano le Jeune** ou **Michel de Parme.** E. I. * 1625. PARME. Histoire. = Florissait à Rome. = La crèche, Munich. = Artiste de talent.

Roccadirame (Angiolillo di). E. I. * XVe siècle. Histoire. = Elève d'A. Solario.

Rocchetti (Marc-Ant.), dit **Figurino de Faenza.** E. I. * 1600. FAENZA. Histoire, portrait. = Elève de Jules Romain ; = Exécuta beaucoup de tableaux de petite dimension ; composition simple, teintes suaves.

Roch. E. Al. * 1838. Paysage.

Rochard. E. An. 1788-1872. FRANCE. Portrait, pastels. = Etabli à Bruxelles, il y mourut.

Roche (Bénédict). E. Es. † 1785. VALENCE Histoire. = Elève de Gasp. de la Huerta. On prend souvent ses tableaux pour ceux du maitre. = On citait un tableau de lui, représentant saint François de Paule alimentant plus de 3,000 personnes. = Dessin peu soigné, mais coloris excellent.

Roche (Jean), et peut-être **Broche.** E. Fr. ' XIVe siècle. CARCASSONE. = Travaillait à Avignon, en 1365, pour l'église des Doms où il fit plusieurs tableaux.

Rochetet (Michel). E. Fr. ' XVIe siècle. Histoire, portrait, etc. = Travailla au Louvre et à Fontainebleau sous la direction du Primatice.

Rochussen (Charles), frère de Henri. E. H. 1815. ROTTERDAM. Paysage, animaux et genre. = Elève de G. Nuijen et d'A. Waldorp.

Rochussen (Henri). E. H. 1812 ROTTERDAM. Histoire, etc. = Elève de G, Wappers et de J. J. Eeckhout. = Scènes militaires.

Rockel (Guillaume). E. Al. 1801. SCHLEISSHEIM. Histoire et peinture sur verre. = Elève de Cornelius. = Mort de la Vierge (Sur verre). = Apollon parmi les bergers.

Rod (Georges). E. Al. 1808. RINGSTAD. Genre, portrait.

Rodakowski (Henri). E. R. 1823. LEMBERG. Histoire, portrait, etc. = Sigismond et les nobles.

Rodde (Charles G.). E. Al. 1830. DANTZIG. Paysage.

Rode (Chrétien-Bernard). E. Al. 1725-1797. BERLIN. Histoire, portrait. = Elève de Pesne, puis de C. Van Loo et de Restout, à Paris; se rendit en Italie, se perfectionna à Venise et choisit Tiepolo pour modèle. A son retour en Prusse, il fut chargé de plusieurs travaux par le roi Frédéric II. Directeur de l'Académie des arts de Berlin, en 1785. = Peintures au palais de Sans-Souci. — Allégories, Berlin. — Sujets sacrés, *ib.* = Peignit à fresque, grande facilité, peu de soin, pas de fini; composition originale et neuve; attitudes naturelles; formes monotones et triviales, airs de tête dépourvus d'expression et de noblesse; ensemble maniéré, excellent clair-obscur. Célèbre graveur à l'eau-forte.

Rode ou **Roode** (Godefroid-Henri). E. H. 1752. LA HAYE. Portrait en miniature. = Elève d'un paysagiste nommé J. J. Schalgh et du portraitiste Hurter.

Rode ou **Roode** (Niels, Nélis ou plutôt Corneille). E. H. 1742 ou 1743-1794. COPENHAGUE. Portrait. = Elève du portraitiste J. G. Ziesenis à La Haye. S'établit à Leyde. Membre de la société *Pictura*, à La Haye, en 1776. = Tableau contenant sept portraits, La Haye (Hôtel-de-ville).

Rodeck (Charles). E. Al. 1842. EMDEN. Paysage. = Forêt au soleil couchant.

Roden (Mathieu Van). E. Fl. ' XVe siècle. = Peintre à Gand. Admis dans la corporation en 1475. Exécuta des figures allégoriques pour l'entrée du duc Maximilien, à Gand, en 1477. On suit ses travaux jusqu'en 1483.

Rodenbach (...MIOEN Mme). E. Fl. ' 1842. Animaux et gibier.

Roderigo ou **Rodriguez** (Alphonse), frère de Louis. E. I. 1578-1648. Histoire. = Etudia à Rome; puis alla travailler à Naples et de là s'établit en Sicile. = Plus de talent que son frère; peignit beaucoup et bien.

Roderigo ou **Rodriguez** (Louis), frère d'Alphonse. E. I. ' XVIIe siècle. MESSINE. Histoire. = Elève de B. Corenzio, puis du chevalier d'Arpin, à Naples. = Effet maniéré, de la grâce et un assez bon choix.

Roderigo ou **Rodriguez** (Jean-Bern.), neveu de Louis et d'Alphonse dit **le Peintre saint.** E. I. † 1667. Histoire. = Elève de son oncle Louis. = Style du chevalier d'Arpin.

Rodermont. V. Rottermondt.

Rodler. E. Al. 1805. MAYENCE. Paysage.

Rodriguez. V. Roderigo.

Rodriguez. E. Es. ' XIXe siècle. Histoire. = Peintre de S. M. Isabelle II.

Rodriguez (frère Adrien). E. Fl. 1618-1669. ANVERS. Histoire. = Son nom était, parait-il, *Dierix*. En 1648, il se rendit en Espagne et entra au collége royal, à Madrid, d'où il entra dans l'ordre des jésuites.

Rodriguez (Christophe). E. Es. ' 1525. = Neveu de François Henriquez; peintre du cardinal.

Rodriguez (Pero). E. Es. ' 1490. = Peintre du palais du roi Emmanuel.

Rodriguez (Simon). E. Es. ' XVIe siècle. Histoire. = Détails inconnus. = Naissance de Notre-Seigneur, Belem (Monastère). = Peintre de mérite.

Rodriguez-Blanez (Benoît). E. Es. 1650-1737. GRENADE. Histoire, portrait. = Embrassa l'état ecclésiastique et se distingua par ses talents et ses vertus. = Portrait d'un guerrier, Munich. = Imitateur d'Alonzo Cano.

Rodriguez de Miranda (François). E. Es. 1701-1751. MADRID. Histoire, paysage. = Peintre en titre des écuyers du roi. Son frère, Nicolas, se distingua dans le paysage et mourut peu de temps avant François.

Rodriguez de Miranda (Pierre). E. Es. 1696-1766. MADRID. Histoire, paysage, portrait, etc. = Elève et neveu de J. Garcia de Miranda; obtint la survivance de peintre du roi = Don Quichotte à l'hôtellerie, Madrid. — Don Quichotte, armé chevalier, *ib.* — Le Sauveur, Paris. = Beaucoup de goût et de vérité dans le paysage et les bambochades.

Rodriguez de Ribera (Isidore). E. Es. ' 1725. = Peintre du roi; choisi pour taxer les peintures antiques.

Rodtsius (J.-Asz.). E. H. Portrait. = Détails inconnus.

Roed (J.). ' 1855. Genre. = Peintre danois.

= La petite fille aux pommes, Copenhague. — Les moissonneuses de Siaelland, *ib.* — Famille de pêcheurs, *ib.*—Jardin avec ruines, *ib.*

Roedig (J. C.). E. H. 1751-1802 LA HAYE. Fleurs et fruits. = Elève de Th. Van der Aa. En 1794, il fut nommé secrétaire de l'Académie de dessin, à La Haye.

Roehn (Adolphe-Eugène-Gabriel). E. Fr. 1780. PARIS. genre, portrait et batailles.

Roehn (Jean-Alph.). E. Fr. 1799-1864. PARIS. Histoire, genre et portrait. = Elève de Gros et de Regnault. = L'absence. — Joseph expliquant les songes.

Roelandts (H.). E. Fl. '1565. AMSTERDAM. = Reçu bourgeois d'Anvers, en 1565.

Roelant. ' XVIIe siècle. = Cité par de Marolles.

Roelant (Ed.). E. Fl. ' 1842. Genre.

Roelants (Théodore). E. Fl. (?). ' XVIIe siècle. Genre. = Cité par Nagler comme ayant peint dans le style de Rombouts.

Roëlas (Jean de las), le Licencié, dit **Le clerc Roëlas.** E. Es. 1558 ou 1560-1625. SÉVILLE. Histoire. = Etudia en Italie d'après les meilleurs maitres. Séjourna à la cour de Madrid, revint à Séville, fut nommé chanoine à Olivarès, où il mourut. Un des plus grands peintres de l'Espagne. = Tableaux, Paris. — Moïse faisant sortir l'eau du rocher, Madrid. — Saint Jacques Mata Moros secourant les chrétiens à la bataille de Clavijo, *ib.* — Conception de la Vierge, Dresde. — Vierge glorieuse, Berlin. = Dessin sévère, composition parfaitement entendue, expression douce et suave, formes et caractères grandioses, nature majestueuse, teintes et coloris vénitiens, beaux raccourcis, vérité entrainante. Les œuvres de Roëlas peuvent, sans crainte, être comparées aux beaux ouvrages du Titien et du Tintoret. = Ventes : V. Soult (1852), *La Vierge au rosaire*, 5,800 fr.

Roëlas (Paul de las). E. Es. 1560-1620. SÉVILLE. Histoire. = Elève du Titien; considéré comme un excellent peintre; confondu quelquefois avec Jean de Las Roëlas.

Roelfsema (Albertine TEN OEVER, Mme). E. H. ' 1818. HOLLANDE. Paysage. = Peintre amateur.

Roelofs (Guillaume). E. H. 1822. AMSTERDAM, Paysage et animaux. = Elève d'A. H. Winter et de H. Van de Sande Bakhuyzen. = Vue en Gueldre. —Les hirondelles.

Roelofswaart (Adolphe). E. H. ' 1770. LA HAYE. Histoire, portrait. = Elève d'Abraham Verkolje, à Amsterdam. S'occupa assez longtemps à Delft, puis alla s'établir à Ryswyk près de La Haye.

Roeme (Guillaume Van). E. Fl. ' XVe siècle. =Travailla aux entremets de Bruges en 1468.

Roepel (Conrad). E. H. 1678-1748. LA HAYE. Fleurs et fruits. = Elève de C. Netscher. Sa constitution maladive exigeant l'air de la campagne, c'est ainsi que lui vint le goût d'étudier et de peindre les plantes et les fleurs. Protégé par l'électeur Palatin et directeur de l'Académie de La Haye. Franc-maître de la corporation des peintres, en 1718. = Fleurs, Amsterdam. — Fruits, *ib.* — Bouquet de fleurs, Dresde. — Fruits, Cassel. — Fleurs, *ib.* — Festons de fleurs et fruits, avec oiseaux et ornements, *ib.* — Une rose près d'un verre à vin et un plat de fraises, Copenhague. = Beaucoup de vérité, bon coloris; imita avec bonheur Jean Van Huysum, style un peu trop décoratif.

Roer (Jacq. Van de). E. H. ' 1675. DORDRECHT. Portrait. = Elève de J. De Baan; se rendit à Londres où il ne put lutter contre Kneller; celui-ci se servit du pinceau de Van de Roer pour les accessoires de ses portraits. Revenu à Dordrecht, on croit qu'il y mourut.

Roesel (Auguste-Jean), dit **Roshoof** ou **Roselius** ou **Rosenhof** ou **Roster.** E. Al. 1705-1759. AUGUSTENBOURG (Près d'Arnstadt). Animaux, portrait, miniatures et insectes. = Elève d'un de ses parents, peintre d'animaux et de fresques ; s'établit à Nuremberg, en 1725, séjourna deux ans à Copenhague, et passa tout le reste de sa vie dans la ville qu'il avait choisie pour résidence. Sa fille, qui l'aida pour la gravure, avait épousé le peintre Kléeman. Roesel fut anobli. = Le loup et l'agneau, Munich. = Beaucoup de finesse dans le trait, coloris vrai et éclatant. Graveur et célèbre naturaliste.

Roestraeten (Pierre). E. H. 1627-1698. HAARLEM. Nature morte et portrait. = Elève de François Hals, dont il épousa la fille. Il se rendit à Londres, et là, pour ne pas nuire à la fortune du peintre Lely, il convint avec lui de ne plus faire de portraits ; de son côté, Lely se chargeait de placer avantageusement les tableaux de nature morte peints par Roestraeten. Mort à Londres. = Nature morte, Londres. = Bonne réputation.

Roeting (Jules). E. Al. 1822. DRESDE. Histoire. = Elève de Bendemann. = Christophe Colomb. — Sépulture de Jésus-Christ.

Roffiaen (Jean-François-Xavier). E. Fl. 1820. YPRES. Paysage. = Elève de P. I. Kuhnen. = Vue prise dans les Ardennes. — La roche à Bayard. — Le mont rose, Bruxelles.

Rogaar-Snellebrand (Corneille). E. H. 1816. AMSTERDAM. Portrait et genre. = Elève de J. A. Kruseman.

Roger de Rogery. E. Fr. ' 1570. Histoire. = Exécuta à Fontainebleau des tableaux représentant l'histoire d'Hercule.

Roger. V. Woestine (Vander).

Roger de Bruges. V. Weyden (Roger Van der).

Roger (A.). E. Fr. * 1840. Histoire. = Les Normands en Italie. — Bataille de Civitella.

Roger (Adolphe). E. Fr. 1817-1880. PALAISEAU. Histoire, genre. = Elève de Gros. = Charles V rentrant au Louvre. — Justice humaine.—Peintures dans des églises de Paris.

Roger (Eugène). E. Fr. 1807. SENS. Histoire, portrait. = Elève d'Hersent. = Le corps de Charles le Téméraire retrouvé après la bataille de Nancy. — Charlemagne traverse les Alpes, Versailles.

Rogge (Ernest F.). E. Al. 1829. OSTERKAPPEL. Histoire, genre.

Rogier. E. Fl. * 1525. = Peintre sur verre qui florissait à Bruxelles.

Rogier (Nicolas). E. Fl. * 1560. MALINES. Paysage. = Détails inconnus. = Il passe pour un bon peintre de paysages.

Rogman (Roland). E. H. 1597-1687. AMSTERDAM. Paysage. = Contemporain et ami fidèle de Rembrandt. Resta célibataire et mourut dans un hospice. = Deux paysages, Cassel. — Contrée ouverte; coup de soleil au fond, Copenhague. — Tableaux, Cassel. = Ses toiles font pressentir Rembrandt dans la composition et le coloris de ses paysages; inégal dans le ton; touche peu spirituelle; lointains très fins; beaucoup d'air; clair-obscur savant. Quelques-unes de ses œuvres, entre autres celles qui sont à Cassel, passent pour des Rembrandt. Graveur.

Rohan (Henri). E. Fl. * XVIIIe siècle. AMSTERDAM. = Elève de l'Académie d'Anvers, en 1778.

Rohde (Charles). E. Al. 1840. COBLENCE. Animaux.

Rohle. E. Al. * XIXe siècle. Genre.

Rohnlin (Jean-Jacq.). E. Al. * 1650. ULM. = Détails inconnus.

Rokes, dit Zorg (Henri-Martin). E. H. 1621-1682. ROTTERDAM. Genre, nature morte. = Elève de David Teniers et de Guil. Buitenweg. Appelé Zorg (soigneux) pour le soin apporté à tout ce qu'il faisait. Après la mort de son père, il continua l'état de celui-ci qui 'tait batelier entre Rotterdam et Dordrecht. Cela ne l'empêcha pas de cultiver la peinture.

Marché aux poissons, Amsterdam (Mus. D. Hoop). — Buste de vieillard, Rotterdam. — Deux tableaux, Brunswick. — Bataille de paysans, Berlin. — Intérieur de cuisine, Paris. — Famille de paysans, Munich. — Intérieur villageois, *ib.* — La poissonnière, Dresde. — Le propriétaire de la vigne payant ses ouvriers, *ib.* — Adoration des bergers, Copenhague. = Pinceau moelleux, coloris agréable, beaucoup de fini. Riche ordonnance dans ses tableaux de nature morte; genre d'Adr. Van Ostade et parfois d'Ad. Brauwer; bon sentiment de la nature, bon dessin. = Ventes : V. Da Costa (1764), *Compagnie de paysans*, 110 florins. — V. Pasquier (1823), *Intérieur de salle basse meublée d'ustensiles de cuisine*, 300 fr. — V. Vis-Blockhuyzen (1870), *Grande place de Rotterdam*, 1,110 fr. — V. Mecklembourg (1870), *Intérieur de cellier* 850 fr. = N. B. Il y a des tableaux de Rokes qui ont figuré dans des ventes modernes sous d'autres noms plus recherchés.

Rolan Fanguerbe. E. Es. * 1653. Histoire. = Etabli à Séville.

Roldan. E. Es. * XIXe siècle. Histoire. = Directeur de l'Académie de Cadix.

Roli (Antoine), frère de Joseph-Marie. E. I. 1643-1696. Histoire et architecture. = Elève d'A. Metelli et de Colonna.

Roli (Joseph-Marie), frère d'Antoine. E. I. 1654-1727. BOLOGNE. Histoire et architecture. = Elève d'A. Metelli. = Graveur.

Roll (Alfred-Philippe). E. Fr. 1847. PARIS. Genre. = Elève de Jérôme et de Bonnat. = La fête de Silène. — La grève des mineurs.

Rolland (Auguste). E. Fr. 1797-1850. METZ. Paysage, genre, nature morte et pastel. = Voyagea dans les Pyrenées et en Suisse. Mort à Rémilly. = Pâture dans les bois. = Sentiment et vérité. Architecte et modeleur.

Roller (Jean). E. Fr. 1798-1866. PARIS. Portrait. = Peintre et sculpteur.

Rollin (J.). E. Fr. * 1600. = Vivait à Avignon en 1580 ou en 1600. Fort admiré à Avignon.

Romagnesi. E. Fr. * XVIIIe siècle. Genre et portrait. = Elève de R. Tournières.

Romain (Jules). V. Pippi.

Romain (le). V. Trevisani.

Roman (Barthélemy). E. Es. 1596. MADRID. Histoire. = L'élève le plus distingué de V. Carducho; étudia sous Velasquez; d'un caractère timide, ce peintre vécut sans gloire et sans fortune, et pourtant ses œuvres sont fort remarquables. = Excellent coloris; draperies très heureuses.

Romanelli (Jean-Fr.). E. I. 1617-1662. VITERBE. Histoire, portrait. = El. du Dominiquin, puis de P. de Cortone; trouva un protecteur dans le cardinal Barberini, qui l'envoya rétablir à Naples sa santé délabrée par excès de travail; se lia avec le chevalier Bernin et changea sa manière d'après les conseils de cet artiste; recommandé par son protecteur au cardinal Mazarin, celui-ci l'appela en France, le présenta au roi et le chargea de travaux considérables; décoré par Louis XIV de l'ordre de Saint-Michel. Etant tombé deux fois de son échafaud, il alla se rétablir dans son pays natal et mourut au moment où il pensait venir se fixer définitivement en France. = Sacrifice à Bacchus, Rome. — L'automne, *ib.* — La cène, *ib.* — L'innocence, *ib.* — Le printemps, *ib.* — Sainte Françoise, *ib.* — Hérodiade avec la tête de saint Jean, Munich. — Vénus versant le dictame sur la blessure d'Enée, Paris. — Vénus et Adonis, *ib.* — La manne au désert, *ib.* — Martyre de saint Laurent, Hambourg. = La Valeur couronnant la Force, Copenhague. — Triomphe d'Alexandre, Vienne. — David vainqueur de Goliath. *ib.* — La reine Zénobie devant l'empereur Aurélien, Berlin. = Plus de grâce que de force; dessin, coloris et expression manquant de vigueur; style parfois un peu affecté; composition sage, ensemble harmonieux; en général ses figures sont un peu longues et ses têtes manquent de proportion. = Ventes : V. Dhauteville (1775), *Thémis*, 1,110 liv. — V. Nogaret (1782), *Angélique et Médor; Renaud et Armide* (deux tableaux sur cuivre), 980 liv.

Romanelli (Urbain), fils de Jean-François. E. I. 1638-1682. VITERBE. Histoire. = Elève de son père et de Ciro Ferri. = Peintre de mérite.

Romani (le). E. I. ' XVIIIe siècle. REGGIO. Histoire. = On croit qu'il étudia à Venise. = Bon imitateur du Tintoret.

Romanino (George ou Jérôme). E. I. Vers 1480-1560 (?). BRESCIA. Histoire. = Elève d'Et. Rizzi. Etudia à Venise; s'établit à Brescia et se fit bientôt, par son talent, une excellente réputation; appelé en France, il y travailla au Louvre, dans les appartements de la reine mère. = Le Christ mort pleuré par les siens, Berlin. — Judith, *ib.* — La Vierge et l'Enfant entourés de saints, *ib.* — Ecce homo, Crémone (Cathédrale). — La Nativité, Londres. = Dessin correct, draperies aisées et gracieuses; beau coloris; composition savante; imitation parfaite de la nature; s'approcha beaucoup de la couleur et du style du Titien.

Romany (Adèle de ROMANCE Mme). E. Fr. ' 1815. PARIS. Genre et portrait. = Elève de Regnault. = Sapho et Phaon. — L'amitié fraternelle.

Rombauts ou **Rombouts** (Nicolas). E. Fl. ' 1480. LOUVAIN. Peintre sur verre. = Beau-frère du verrier Henri Van Diependale dont il avait épousé la sœur. En 1486, il alla habiter Bruxelles. On signale encore sa présence à Louvain en 1501 et en 1503. Il travailla pour Bruges et Anvers ainsi que pour la cour de Bruxelles. Vivait encore en 1519. = La cène (Verrière), Anvers (Cathédrale). (Cette verrière fut placée en 1503). — Saint Jacques et les Sarrasins, *ib.* = Verrier très renommé.

Rombauts (Jean), neveu de Nicolas. E. Fl. † 1534. LOUVAIN. Histoire. = Artiste de réputation; il peut être considéré comme l'élève de Thierry Bouts, le Vieux. Auteur des peintures des volets de l'ancien autel de Saint-Pierre, à Louvain, dont il reste encore un panneau représentant deux scènes de la pêche miraculeuse. Son fils, nommé Jean comme lui, peignit à l'huile et sur verre et mourut en 1559. = Réminiscences du talent de Bouts; belles têtes; assez bon caractère de draperies; paysage soigné, bon coloris.

Romborgh. E. H. ' 1649. NIMÈGUE. Paysage. = Visita l'Italie. = Manière de F. Moucheron.

Rombouts (Théodore). E. Fl. 1597-1637. ANVERS. Histoire, portrait. = Elève d'Abr. Janssens, il fut auparavant inscrit dans les Liggeren comme ayant travaillé dans l'atelier d'un certain François Van Lanckvelt, en 1608. Partit pour Rome, en 1617, séjourna à Florence et réussit dans ces différentes villes à faire apprécier son talent. Revenu à Anvers, il y fut reçu franc-maître, en 1625. En 1627, il fut reçu dans la chambre de rhétorique dont il fut doyen, en 1629. De 1628 à 1630, il fut doyen de Saint-Luc. Il peignit deux grands tableaux, en 1635, pour l'entrée triomphale de l'archiduc Ferdinand, à Gand. Van Dyck peignit son portrait. Rombouts a été l'un des artistes flamands sur lesquels les anciens biographes ont raconté le plus de fables dont l'esprit moderne a fait justice. = Saint Joseph averti par un ange de fuir en Egypte, Gand. — Descente de croix, *ib.* (Eglise Saint-Bavon). — Le charlatan, Madrid. = Le Christ pèlerin reçu par saint Augustin, Anvers. — Ecce homo, Bruges (Hôpital Saint-Jean). — Mater Dolorosa, *ib.* — Les joueurs, Saint-Pétersbourg. — Une cuisine, *ib.* = Figures bien dessinées, coloris chaud et vigoureux, touche large et facile; composition bien sentie, détails bien finis. = Ventes : V. Van der Motten (1775), *Conversation entre sept personnes*, 180 fl. = N. B. Rombouts est encore un de ces peintres dont les œuvres ont été débaptisées au profit de noms plus en vogue.

Rombouts (Gilles et Salomon). E. H. ' XVIIe siècle. HAARLEM. — Gilles entra dans la corporation à Haarlem, en 1652; Salomon est mentionné dans un document particulier comme étant déjà décédé en 1702.

Romegas. E. Fr. † 1867. Marine et paysage.

Romeo (don Joseph). E. I. 1701-1772. CERVERA (Aragon). Histoire. = Elève de Masucci, à Rome; s'établit à Madrid, où il fut nommé peintre de Philippe V, pour son talent de restaurer les anciens tableaux.

Romero (Simon). E. Es. ' 1664. Portrait

et genre. = Un des fondateurs de l'Académie de Séville.

Romerswale (Van). V. Zeeuw (de).

Romeyn. V. Romyn.

Romney (Georges). E. An. 1734-1802. DALTON (Lancashire). Histoire, portrait. = Dut son talent à lui-même; se rendit à Londres en 1762, et s'y acquit une réputation méritée; arriva à Paris, en 1764, y résida quelques années et fit le voyage d'Italie avec le peintre Ozias Humphrey. Revenu à Londres, en 1775, il y partagea la vogue avec Gainsborough et Reynolds, s'acquit une belle fortune et fut en contact avec tout ce que l'Angleterre possédait d'hommes distingués. Mort à Kendal. = Lady Hamilton en bacchante, Londres. = Pinceau facile; coup-d'œil juste; couleur peu naturelle; ses portraits de femme sont naïfs, élégants et parfois éclatants et frais; ses portraits d'homme sont plus spirituels que dignes, et ont plus d'apparence que de caractère réel; peu d'entente du clair-obscur.

Romondt (Hélène-Marguerite VAN DIELEN, Mme Van). E. H. 1774-1841. UTRECHT. Paysage.

Romulo (François), frère de Jacques. E. Es. † 1635. MADRID. Histoire. = Etudia à Madrid; fut nommé chevalier par le pape; se rendit à Rome et y mourut après y avoir exécuté plusieurs beaux ouvrages.

Romulo (Jacques), frère de François. E. Es. † 1625. MADRID. Histoire, portrait. = Alla à Rome à la suite de l'ambassadeur espagnol; y fut appelé à faire le portrait du pape Urbain VIII, et fut, en récompense, nommé chevalier; mort à Rome peu de jours après le triomphe que lui avait valu le succès de son ouvrage.

Romyn ou **Romeyn** (Guillaume). E. H. XVIIe siècle. HAARLEM. Paysage et animaux. =Dans les notules de la corporation de Saint-Luc, en 1642, on lit, qu'avec deux autres, Romyn était, cette année, élève de Claes Pietersz. Il est à présumer que ce Claes Pietersz n'est autre que Nicolas Berchem (fils de Pierre), car il ressort des dernières recherches ou découvertes que celui-ci est né en 1620. En 1646, Romyn fut reçu franc-maître. En 1660, il était *vinder* de Saint-Luc. Son nom se trouve cité, en 1672, dans le mémorial des échevins. En 1683, on trouve inscrit l'enterrement de la *femme* de Guillaume Romyn, et celui-ci vivait encore en 1693 puisque, en cette année, il demanda le transfert d'un tombeau au nom de sa fille Debora. Quelques auteurs prétendent qu'il fut élève de Melchior Hondekoeter, ce qui n'est guère probable, celui ci ayant dû être au moins dix ans plus jeune que Romyn. = Animaux au pâturage, Paris. — Le troupeau dans la rivière, Amsterdam. — Halte près d'une fontaine, *ib.* — Le troupeau au repos, *ib.* — Matinée sereine en Italie, Copenhague. — Paysage avec animaux, Dresde. — Paysage, Munich. — Paysages avec figures et animaux, *ib.* — Paysage avec animaux, Berlin. = Sans égaler Van de Velde, Dujardin et Berchem, on trouve quelques traits de ces maîtres dans les tableaux de Guillaume Romyn; sentiment vrai de la nature; arrangement plein de goût, bon dessin; bonne harmonie. = Ventes : V. Dubarry (1774), *Vaches et moutons*, 1,000 liv. — V. Delessert (1869), *Vue de Tivoli*, 490 fr. — *Paysage italien*, 500 fr.

Roncalli (Christophe), dit le chevalier **Della Pomerance.** E. I. 1552-1626. VOLTERRA. Histoire, portrait. = Elève de N. Circignano dit *Pomerancio;* protégé par le cardinal Crescenzi, qui lui fit commander plusieurs ouvrages importants de préférence au Caravage et au Guide. Le premier s'en vengea en faisant taillader la figure de Roncalli par un spadassin; le second, en prouvant par ses ouvrages l'injustice de cette préférence; appelé dans toutes les villes de la Marche d'Ancône; obtint du pape Paul V le titre de chevalier du Christ; accompagna le marquis Vincent Giustiniani en Allemagne, en Flandre, en Hollande, en Angleterre et dans une grande partie de l'Italie; amassa une fortune considérable; fut membre de l'Académie de peinture, à Rome, et mourut dans cette ville. = Le châtiment d'Ananie et de Zaphire, Rome. — Fresques, *ib.* — Martyre de saint Simon de Cana, Munich. — La Vierge pleurant la mort de Jésus-Christ, Madrid. = Prit l'habitude, à l'instar de son maître, de se faire aider par de nombreux élèves; lorsqu'il maniait seul le pinceau, il savait se montrer excellent artiste. On lui reproche de se ressembler à lui-même et de prodiguer les visages ronds et vermeils; dessin d'un style mélangé, romain et florentin; coloris vif et brillant dans les fresques; teintes simples et reposées dans ses tableaux à l'huile; ton harmonieux et égal; paysages agréables, mais étudiés; perspective souvent défectueuse; manière variée.

Roncelli (Joseph). E. I. 1677-1729. BERGAME. Histoire, paysage. = Détails inconnus. = Excellait à représenter des incendies nocturnes étoffés par A. Celesti.

Roncho (Michel de). E. I. * 1376. MILAN. Histoire. = Détails inconnus.

Rondani (François). E. I. 1490 (?)-1548 (?). PARME. Histoire, portrait. = Elève du Corrège qui le chargea de l'aider dans plusieurs de ses ouvrages. = Madeleine, Berlin. —

Repos en Egypte, *ib.* = Manque de grandiose; accessoires traités avec trop de recherche et de minutie; imita, pour le reste, la manière de son maître et y réussit avec assez de bonheur. = Ventes : V. Aguado (1843), *Mort de saint François*, 310 fr.

Rondelet (Guillaume). E. Fr. ' 1552. Histoire, portrait, etc. = Travailla avec son frère Jean au château de Fontainebleau.

Rondelet (Louis-François). E. Fr. ' 1570. PARIS. Portrait. = Travaillait à Paris.

Rondinello (Nicolas). E. I. ' 1500. RAVENNE. Histoire, portrait. = Elève de Jean Bellini; aida son maître dans beaucoup de ses travaux. Vécut soixante ans, et jouit d'une grande réputation. = Dessin correct, mais un peu sec; costumes peints avec soin.

Rondinosi (Zacharie). E. I. † 1680. PISE. Ornements. = Excella dans son genre.

Rondolino (le). V. Terenzi.

Rondoni (Ferdinand). E. I. ' XIXe siècle Histoire.

Ronjon (Louis). E. Fr. 1806. PARIS, Histoire. = Elève de Langlois. = Assassinat de Guise. — Sujet de la vie de Richelieu.

Ronner (Henriette KNIP, Mme). E. Fl. 1821. AMSTERDAM. Paysage, animaux, chats. = Elève de son père. Etablie à Bruxelles. = Les aquarellistes. — Le tour du monde.

Ronny (G. F.). E. Fr. ' 1820. ROUEN. Paysage. = Elève de Vincent et de Taunay. = Vue du lac de Némi. — Abraham arrivant à Chanaan.

Ronse (Philippe de la). E. Fr. † 1645. = Il exécuta des peintures à la cathédrale de Chartres avec Pauvert et Vespré.

Ronthout ou **Ronthouts**. E. H. ' 1660. Paysage, marines. = Peignait en Frise vers 1660. Ses initiales varient selon les auteurs; c'est tantôt J. ou N. ou A. Quelquefois confondu avec T. H. Rombouts. = Paysage boisé, Berlin (signé Ronthouts). — Combat naval, Schleisheim. — Tableaux, Leipzig. — Cabanes de pêcheurs sur la dune; au fond, la mer, Rotterdam. — Deux paysages, Gotha. — Imita avec bonheur Ruysdael et Hobbema, au point que quelques-unes de ses peintures passent pour les leurs; cependant il sut conserver une grande originalité; belle perspective aérienne; beaucoup d'harmonie. On connait un tableau de ce peintre étoffé par Ad. Van de Velde.

Ronzelli (Pierre). E. I. ' 1600. BERGAME. Histoire, portrait. = Réussit dans le portrait.

Ronzelli (Fabio), fils (?) de Pierre. E. I. ' 1629. BERGAME. Histoire. = Détails inconnus. = Style franc et vigoureux.

Ronzoni. E. I. ' XIXe siècle. BRESCIA. Paysage.

Roobolt (Jean). E. H. ' 1642. = Peintre sur verre qui florissait, croit-on, à Haarlem.

Roode (Théodore de). E. H. 1736-1791. ROTTERDAM. Histoire, genre, portrait. = En 1756, il visita la Belgique et l'Allemagne; puis il se rendit à Vienne où il fut nommé peintre du prince Charles d'Autriche et où il resta jusqu'en 1771. A cette époque, il revint dans sa ville natale. = Graveur.

Roode (Nicolas-J.-W. de), petit-neveu de Théodore. E. H. 1814. VOORBURG, près de La Haye. Portrait et genre. = Elève de G. Schmidt et de Van der Hulst.

Roods (T.). E. An. ' XIXe siècle. Genre.

Roodtseus (Jean-Albert). E. H. 1615 (?)-1674. HOORN. Portrait. = Elève de P. Lastman. Peintre infatigable, il sut amasser une grande fortune; d'après M. Vosmaer, il serait né en 1611 ou 1612. = Composition originale, touche spirituelle. On lui a reproché d'avoir mis trop de vert dans ses tableaux.

Roodtseus (Jacq.), fils de Jean. E. H. 1631 (?)-1681 (?). Fleurs, fruits, etc. = Elève du vieux De Heem. Kramm croit que son véritable nom était *Rotuis*. = Il travailla dans le genre de son maître.

Roore (Jacques de), dit **Rorus**. E. Fl. 1686-1747. ANVERS. Histoire, portrait. = Elève de Gaspard Van Opstal, de Van Schoor et de L. Van den Bosch, peintre hollandais. Il travailla beaucoup avec A. Genoels, qui lui servait de second père, habita Rotterdam et Amsterdam où il avait été appelé, et fut accablé d'ouvrage partout où il résida. Après la mort de sa femme, qui l'avait rappelé à Anvers, il alla s'établir à La Haye où il fut reçu dans la corporation des peintres, en 1722. En 1727 et en 1729, il visita sa ville natale et y acheva plusieurs ouvrages. Il se remaria en 1731. = Un plafond (Avec Ykens), Anvers (Hôtel-de-ville). = Le rachat des esclaves, Anvers (Eglise Saint-Jacques). = Beaucoup d'imagination, dessin ferme, coloris et composition peu agréables. Il a peint presque exclusivement des tapisseries selon la mode de cette époque. Son style se ressent de la décadence de l'art, quoiqu'il y ait fait, dans ses ouvrages, de visibles efforts pour imiter Rubens.

Roos (Corneille-Fr.). E. H. 1802. AMSTERDAM. Paysage, etc. = Elève de C. Steffelaer. Directeur de l'Académie *Felix Meritis*, à Amsterdam, en 1831.

Roos (Jean). E. Fl. 1591-1638. ANVERS. Animaux, paysage, fruits, fleurs et portrait. = Elève de Fr. Snyders; se rendit en Italie, en 1615; visita Gênes et s'arrêta à Rome où il eut beaucoup de succès. Revint à Gênes et s'y établit; son talent lui valut un grand nombre de commandes des princes de l'Italie ainsi que des souverains étrangers. Il était reçu à Gênes dans la société la plus distinguée et rencontra souvent Van Dyck chez Sophonisbe Anguiscola. L'excès de travail épuisa sa santé et il mourut, encore jeune, dans sa patrie adoptive. = La déposition, Gênes (Eglise des SS. Côme et Damien). = Belle imitation de la nature ; coloris remarquable; portraits pleins de vie et de ressemblance.

Roos (Jean), le Hollandais. E. H. ' 1810, AMSTERDAM. Paysage, portrait. = Se rendit à Dresde où ses portraits eurent du succès. Partit pour l'Italie où il s'occupait encore à Rome en 1820. Il est mentionné par Nagler.

Roos (Jean-Henri). E. Al. 1631-1685. OTTERSBERG (Palatinat). Paysage, animaux et portrait. = Fut amené fort jeune à Amsterdam. Les uns le font élève de Bernard Graat et de Julien Du Jardin, les autres d'Adrien de Bie, tous trois peintres hollandais; s'établit d'abord à Mayence, parcourut l'Italie, la France, l'Angleterre et une partie de l'Allemagne; son talent lui avait acquis une fortune considérable ; s'établit à Francfort, en 1671, et périt dans un incendie qui détruisit sa maison. En 1673, il avait été nommé peintre de Charles-Louis, électeur palatin. = Paysages avec animaux, Dresde. — Paysage avec animaux : l'abreuvoir, La Haye. — Fontaine et animaux, Londres. — Animaux au pâturage, Vienne. — Animaux au repos, Munich. — Portrait, *ib.* — Trois paysages avec animaux, Berlin. — Un troupeau avec berger, Francfort (Institut Städel; chef-d'œuvre). — Portrait du peintre, *ib.* — Taureau italien, chèvres et moutons, Copenhague. — Scène de camp, *ib.* — Animaux au bas d'une montagne, *ib.* = Couleur vigoureuse, touche décidée dans les arbres, bon choix de formes; goût exquis dans le dessin de ses animaux. Bon graveur. = Ventes : V. Conti (1777), *Deux paysages avec animaux et fabriques*, 280 l. — V. Van der Linden, Van Slingelandt, Dordrecht (1785), *Paysage avec figures et animaux*, 360 fr.

Roos (Jean-Melchior), fils de Jean-Henri. E. Al. 1659-1731. FRANCFORT. Animaux, portrait, histoire et paysage. = Elève de son père ; habita sa ville natale, puis Wurtzbourg, Cassel et Brunswick ; voyagea en Italie et se fixa à Nuremberg; la vanité le perdit; il voulut avoir une vaste maison et se ruina dans cette entreprise. = Cerfs sous un chêne, Dresde. = Peu de fini ; faire agréable ; dessin correct, bon coloris; de l'harmonie. Graveur.

Roos (Philippe), dit **Rosa de Tivoli,** fils de Jean-Henri. E. Al. 1655-1705. FRANCFORT SUR-LE-MEIN. Paysage et animaux. = Elève de son père ; envoyé en Italie par la protection du landgrave de Hesse ; se fit remarquer à Rome par Hyacinthe Brandi ; épousa la fille de ce peintre après avoir embrassé le catholicisme ; s'établit à Tivoli, d'où lui vint son surnom; se plongea dans la débauche, vécut misérablement, oublia son premier bienfaiteur, le landgrave de Hesse, et mourut par suite de ses excès. = Noé entouré de toutes sortes d'animaux, Dresde. — Plusieurs paysages avec animaux, *ib.* — Troupeau de moutons, Vienne. — Combat de deux cavaliers, *ib.* — Vue de Tivoli, *ib.* — Vingt et une peintures, Cassel. — Troupeau avec son berger, Madrid. — Orphée charmant les animaux, *ib.* — Berger entouré de son troupeau, Bruxelles. — Un loup dévorant un mouton, Paris. — Orphée charmant les animaux, Berlin. — Troupeaux, Saint-Pétersbourg. — Tableaux, Italie. = Facilité extraordinaire qui ne nuisit point au fini de ses ouvrages; grande vérité ; imitation exacte de la nature, dessin correct, touche large et moelleuse, groupes distribués avec art et intelligence, ciels légers et transparents; fonds bien entendus. Graveur. = Ventes : V. Sommariva (1839), *Animaux* (Deux tableaux), 1,300 fr.

Roos (Cajetan), fils de Philippe. E. Al. ' 1735. Paysage et animaux. = Détails inconnus.

Roos (Joseph), fils de Cajetan. E. Al. 1728-1805. VIENNE. Paysage et genre. = Elève de son père, l'étude des ouvrages de ses aïeux le perfectionna; demeura longtemps à Dresde et y fut membre de l'Académie, en 1764; peintre de la cour électorale de Saxe ; obtint la direction de la galerie impériale de Vienne, en 1772. = Paysage : animaux, chaumière, scène villageoise, Dresde. — Paysage avec pâtre et animaux, *ib.* = Soutint la réputation de sa famille. Graveur.

Roos (Jacques), dit **Rosa di Napoli,** fils de Philippe. E. Al. ' XVIIIe siècle. Paysage. = Elève de son père.

Roos (Théodore), frère de Jean-Henri. E. Al. 1638-1698. WESEL. Paysage, animaux et portrait. = Elève d'Ad. de Bie, et de son frère J. H. Roos ; travailla beaucoup avec ce dernier; fut employé par le landgrave de Hesse; s'établit à Manheim, en 1657; ses succès lui valurent le titre de premier peintre des cours de Birkenfeld, de Bade, de Hanau, de Nassau et de Wurtemberg; se trouvait à Strasbourg lors de la prise de cette ville par les Français, en 1681, et fut traité par eux avec toutes sortes d'honneurs. = Manière large et facile, couleur vigoureuse; aurait occupé le premier rang parmi les peintres de portrait si son dessin avait été plus correct. Graveur.

Roose (Jean-Paul de). E. Fl. ' 1731. = Nommé doyen de la corporation de Saint-

Luc, à Anvers, en 1731, il se racheta de cette charge.

Roose. V. Liemackere (de).

Roosenboom (Nicolas-Jean). E. H. 1805. SCHELLINGWOUW. Vues de ville et hivers. = Elève et gendre d'A. Schelfout. Graveur. = Le château de Swanenbourg, hiver. — Vue en Allemagne.

Roosmale ou **Roozmale.** V. Rosemale.

Rooster (Antoine de). E. Fl. * XVIIe siècle. MALINES. Paysage, etc. = Elève de Gaspard Dughet, dit Poussin ; établi en Italie.

Rooy (Jean-Baptiste van). E. Fl. 1808. ANVERS. Histoire, genre. = Elève de M. Van Brée. = Dernière entrevue du comte d'Egmont et du duc d'Albe. — Judith.

Rooyen (Gabriel Van). E. H. 1752-1817. UTRECHT. Portrait et ornements. = Travailla à Amsterdam et à Haarlem dans les fabriques de tapisseries. = Dessinateur de portraits au crayon ; pinceau ferme.

Roque. E. Fr. * XVIIIe siècle. = Professeur à l'Académie de Toulouse.

Roquemont. E. Al. * 1842. SUISSE. Portrait.

Roqueplan (Camille-Joseph-Etienne Rocoplan, dit). E. Fr. 1802-1855. MALLEMORT (Bouches-du-Rhône). Histoire, paysage et marine. = Elève de Gros. = Bataille de Rocoux, Versailles. — Mort de l'espion Moris, Lille. — Valentine et Raoul, Bordeaux.

Rorby (M.). 1803-1848. Genre. = Peintre danois. Elève d'Eckersberg. = La chapelle du couvent de Saint-Benoit à Subiaco, Copenhague. — Orientaux jouant aux échecs, *ib.* — Habitants du cap Skagen, *ib.*

Rorus. V. Roore (de).

Rosa (Christophe, frère d'Etienne). E. I. † 1576. BRESCIA. Histoire, portrait. = Travailla beaucoup avec son frère; les deux Rosa étaient intimement liés avec le Titien auquel ils prêtèrent leurs pinceaux. = Excellente perspective.

Rosa (Pierre), fils de Christophe. E. I. † 1576 ou 1577. BRESCIA. Histoire, portrait. — Elève chéri du Titien ; mort jeune, par le poison ou la peste, la même année que son père (?). = Coloris plein de vérité.

Rosa (Etienne), frère de Christophe. E. I. * 1570. BRESCIA. Histoire, portrait et perspective. = Tous les travaux d'embellissement dont on le chargea furent exécutés avec son frère. = Excellait dans la perspective.

Rosa (François). E. I. * XVIIIe siècle. GÊNES. Histoire. = On ignore qui fut son maître; étudia à Rome. = Belle architecture, nus étudiés, têtes vives, clairs-obscurs savants.

Rosa (François de), dit **Paciccio.** E. I. † 1654. Histoire, portrait. = Elève de Stanzioni; ses trois nièces, toutes d'une beauté achevée, lui servaient ordinairement de modèles; cette circonstance, jointe à son imagination riche et poétique, lui fit produire des œuvres remarquables pendant sa longue vie. = Dessin correct; extrémités remarquablement belles; traits pleins de noblesse et de grâce ; coloris d'une exquise douceur, quoique d'un empâtement solide et plein de vigueur.

Rosa (Angélique de), nièce de François. E. I. 1614 (?)-1649. Histoire. = Elève de Stanzioni ; elle avait épousé le peintre Augustin Beltrano, qui l'immola à son aveugle jalousie. = Talent remarquable.

Rosa (José-Carvalho). E. Es. * XVIIIe siècle. = Détails inconnus.

Rosa (Salvator). E. I. 1615-1673. RENELLA ou ARENELLA, près de Naples. Paysage, batailles, histoire, portrait et marine. = Né de parents misérables, sa facilité pour l'étude le fit destiner à la magistrature ou à l'état ecclésiastique; mais son génie l'entraîna de bonne heure vers les arts; sa mère était d'une famille de peintres, et ce fut son oncle Greco qui lui donna les premières leçons de dessin; l'étude de la philosophie l'ayant tout à fait dégoûté, on fut obligé de le reprendre dans la maison paternelle ; la misère la plus triste l'entourait : à 17 ans, il se trouva, par la mort de son père, à la tête d'une nombreuse famille que la pauvreté força aux plus dures nécessités; une de ses sœurs avait épousé le peintre Fracanzano,qui donna également des leçons à Rosa. Les difficultés d'une position si pénible ne purent abattre la grande âme de l'artiste; il continua de travailler et connut le Falcone avec lequel il se lia d'une étroite amitié; pourtant ses tableaux seraient peut-être restés éternellement dans l'oubli si Lanfranc ne les eût découverts, exposés dans une échoppe. L'admiration de ce grand peintre commença la réputation de Salvator; d'après ses conseils celui-ci trouva le moyen d'aller se perfectionner à Rome, mais l'excès de ses travaux et les privations qu'il endurait lui occasionnèrent une fièvre maligne et il dut revenir dans son pays natal. Après son rétablissement, le courage le ramena au travail et il obtint une place suivant les coutumes du temps, dans la maison du cardinal Brancaccio, qu'il suivit à Rome, à Viterbe, à Bologne et pour lequel il exécuta plusieurs travaux. Le goût de l'indépendance lui fit abandonner son protecteur et il voyagea plusieurs fois de Naples à Rome ; en 1639, Salvator profita du carnaval et des usages de son époque, se déguisa en marchand d'orviétan et donna essor à sa verve poétique et satirique en déclamant des épigrammes plus spirituelles les unes que les autres contre les puissants et contre ses rivaux. Cette audace ne pouvait manquer de lui attirer un grand nombre d'ennemis; mais avec les ennemis vint aussi la gloire, et on rendit enfin justice à son génie; Salvator fut partisan de Masaniello, se réunit aux artistes napolitains, assemblés sous le titre de *Compagnons de la mort*, et se sauva à Rome à la fin de l'insurrection; ce fut à Florence qu'il trouva une existence riche et brillante, sans être pourtant dépourvu des tracasseries de l'envie qu'amènent avec eux la faveur et le talent; dix ans après, il reprit le chemin de Rome et y compromit sa position par l'opinion exagérée qu'il avait de ses propres talents. Son fils, Auguste, fut son élève, mais n'acquit aucune réputation. = L'ange et Tobie, Paris. — La Pythonisse d'Endor, *ib.* — Bataille, *ib.* — Paysage, *ib.* — Paysages, Avignon. — La mort d'Abel, Rome. — Batailles, *ib.* — Bélisaire, *ib.* — Soldat assis, *ib.* — Une sorcière, *ib.* — Saint Jérôme, *ib.* — Les deux saint Jean, *ib.* — Le géant Titius, *ib.* — Jésus-Christ et les docteurs, Naples. — Parabole de la poutre, *ib.* — Paysage : le pèlerin, *ib.* — Paysage : la paysanne, *ib.* — Moines dans leurs grottes, *ib.* — Paysage : la Madeleine, *ib.* — Paysage : saint Paul l'Ermite, *ib.* — Mercure et le bûcheron, Londres. — Moïse frappant le rocher, *ib.* — Marines, Florence. — Paysage avec rocher et rivière, etc., *ib.* — Portrait du peintre, *ib.* — Grande bataille, *ib.* — Conjuration de Catilina (Chef-d'œuvre), *ib.* — Tempête sur mer, Dresde. — Portrait du peintre avec un singe sur son épaule, *ib.* — Portrait du peintre, Berlin. — Vaisseau en péril, *ib.* — Paysage montagneux, *ib.* — Le prophète Jonas, Copenhague. — Cadmus et Minerve, *ib.* — Tableaux, Milan. — L'enfant prodigue, Saint-Pétersbourg. — Les joueurs, *ib.* — Ulysse et Nausicaa, *ib.* — Démocrite et Protagore, *ib.* — Portraits, parmi lesquels celui du peintre, *ib.* — Paysages, *ib.* — Sacrifice d'Abraham, Madrid. — Isaac et Rébecca, *ib.* — Vue de la ville et du port de Salerne, *ib.* — Les soldats de Gédéon, Munich. — Scène de brigands, *ib.* — Paysages, *ib.* — Marine, *ib.* — Paysage avec ruines, Vienne. — Saint Guillaume, *ib.* — Episode de la bataille entre Constantin et Maxence, *ib.* — Autre épisode de la même bataille, *ib.* — Portrait d'un soldat, *ib.* — Paysage avec une représentation allégorique, *ib.* — Combat de cavalerie, *ib.* — Repas de guerriers autour d'un donjon, Bordeaux. — Ermite contemplant une tête de mort, Marseille. = Manière tout originale et qu'aucun artiste n'a réussi à bien imiter; sans briller par le dessin des figures, celles-ci sont toujours bien conçues et bien posées dans ses paysages dont elles augmentent l'effet; touche large, heurtée et fière; couleur toujours sévère et parfois monotone, sans être jamais désagréable à l'œil; sites grands, sauvages et empreints du caractère sombre de l'auteur; ses premiers tableaux mêmes se ressentent déjà de cette vigueur qu'il déploya par la suite à un aussi haut degré; il se fit une manière expéditive, d'accord avec la fougue de son imagination et l'impatience de son caractère; composition pleine de verve et d'énergie. De tous les genres, c'était celui des batailles qu'il préférait; il pouvait y déployer à son aise l'originalité âpre et mélancolique de son esprit; la chaleur de ses inventions, la fermeté de son pinceau, la disposition savante de ses groupes lui assignent un rang supérieur parmi ses rivaux. Génie neuf et indépendant, il sut imprimer à ses œuvres un cachet particulier qu'il est difficile de méconnaître, et dédaigna toujours de suivre les traces des autres; il dépouilla la nature de tous ses ornements, écarta de ses tableaux ces beaux arbres, ces riches péristyles, ces brillants épisodes de la mythologie, ces détails de la vie champêtre qui font le charme des ouvrages de Claude Lorrain et du Poussin. Quelques vieux troncs sillonnés par la foudre, combattant contre la fureur des autans, se brisant sous les coups redoublés de la tempête, d'arides déserts, de tristes rochers, des sites d'un aspect sauvage et lugubre qui jettent l'âme dans la plus profonde rêverie : voilà ce qu'il choisissait de préférence. Personne mieux que lui n'a réussi à troubler l'air, à agiter et à éclairer les eaux, à représenter le désordre majestueux qui rend la nature plus imposante et plus animée. D'un caractère fougueux, ami de la liberté, aigri par la misère, la jalousie et l'injustice, Salvator fut aussi bon poète que grand peintre et cultiva avec succès tous les arts. Bon graveur à l'eau-forte. = Ventes : V. Julienne (1767), *La Sybille de Cumes*, 12,012 liv. — V. Choiseul (1772), deux paysages, 4,840 liv. — V. Conti (1777), *Bataille de Constantin*, 3,600 liv. — V. Randon de Boisset (1777), paysage : au premier plan, *Tobie et l'Ange*, 7,200 liv — V. Lebrun (1809), paysage, 1,900 fr. — V. Grandpré (1809), deux *paysages* d'un aspect sévère, 1,060 fr. — V. Périer (1838), *Un saint attaché à un arbre attend l'issue d'un combat qui se livre dans le fond*, 2,050 fr. — V. Guillaume II (1850), Paysage, 670 fr. — V. D'Armagnac (1857), *Place Saint-Pierre, à Rome*, 1,000 fr. — V. Northwick (1859), *La fragilité humaine*, 8,580 fr. —

Paysage : *Rocher*, deux figures sur le premier plan, 3,360 fr. — V. de Morny (1865), *Saint Sébastien*, 2,400 fr.

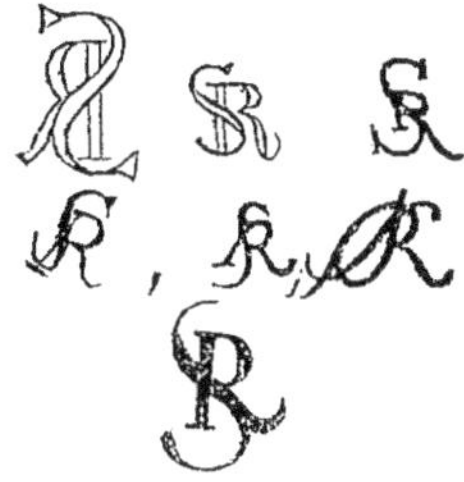

Rosa (Sigismond). E. I. ' XVIIIe siècle. Histoire. = Élève de J. Chiari.

Rosalba. V. Carriera.

Rosales. E. Es. † 1873. Histoire. = Directeur de l'Académie espagnole à Rome où il mourut.

Rosaliba (Antonello). E. I. ' 1505. MESSINE. Histoire. = Détails inconnus. = Peintre très gracieux.

Rosa Sisto. V. Badalocchio.

Rosch (François). E. Al. ' XVIIIe siècle. ALLEMAGNE. = Détails inconnus.

Rose (J. B. de la). E. Fr. 1612-1687. MARSEILLE. Marine, histoire. = Travailla aux vaisseaux de la marine royale de Toulon. Lebrun estimait le talent de ce peintre qui s'adonna quelquefois au genre historique, mais avec moins de succès. Il s'occupa pour le duc de Beaufort et le duc de Lesdiguière. Pour ce dernier, il exécuta, entre autres, quatre marines de douze pieds de longueur sur huit pieds de hauteur. Son fils, Jean-Baptiste, peignait en 1716. On trouve encore noté, en 1725, Alexandre de la Rose et Joseph, en 1736. Tous furent employés à la mairie de Toulon.

Roselli (Nicolas). E. I. ' 1560. FERRARE. Histoire. = On le croit élève de Dosso Dossi. = Faire trop recherché, lâche et minutieux, coloris rosé. = Ventes : Davenport (1863), *La Vierge sur un trône avec l'enfant Jésus*, 728 fr.

Rosemale. E. H. ' XVIIe siècle. Intérieurs d'église, vues. = Détails inconnus. — Il existe de lui, aux archives d'Utrecht, un tableau représentant les *Ruines de l'église Saint-Pierre* dans cette ville, après l'ouragan de 1674. Manière d'Emmanuel De Wit. Figures parfaitement traitées.

Rosen (George J. O. comte de). E. Al. 1843. PARIS. Histoire, portrait. = Élève de Henri Leys. = Eric XIV. — Martin Luther à Wurtbourg.

Rosen (Michel). E. Al. ' XIXe siècle. BONN. Paysage.

Rosenberg (Frédéric). E. Al. 1758. DANTZIG. Paysage. = Demeura longtemps en Suisse et en Hollande et s'établit enfin à Altona, où il travaillait encore en 1830. = Graveur.

Rosenberg (George). E. An. † 1869. Paysage. = Artiste distingué.

Rosenberg (Jean-Ch.-Guill.). E. Al. 1737-1809. BERLIN. Histoire, portrait et décors. = Dessina beaucoup pour les libraires. = Bon graveur à la pointe.

Rosendaal (Nicolas). E. H. 1636-1686. ENKHUIZEN (Hollande sept.). Histoire. = Il accompagna Jacques Torenvliet en Italie.

Rosenfelder (C. L.). E. Al. 1813-1861. BRESLAU. Histoire. = Élève de Henzel. = Sujet tiré du roi Jean. — Narcisse.

Rosenhagen (Jean). E. H. ' XVIIe siècle. Fruits. = Détails inconnus. = Fruits, La Haye. = Manière de J. D. de Heem.

Rosensweig. E. Al. 1840. Fleurs et fruits. = Élève de Volcker, le Vieux.

Rosenthal (J. E.). E. An. 1848. NEWHAVEN (Connecticut). Genre. = Fruit défendu. — Sébastien Bach et sa famille, Leipzig.

Roselius. V. Roesel.

Roser ou **Roeser** (Edme M. B. Abilly), E. Fr. 1737 (?)-1804. HEIDELBERG. = Élève de Loutherbourg ; vint à Paris en 1765 et s'y fit connaître par de belles copies de tableaux anciens. Restaurateur très adroit des tableaux du Louvre.

Rosetti (Dante G.). E. An. 1828. Genre. = Élève de Millais.

Rosetti (Dominique). E. I. 1670 (?). VENISE. Histoire. = Détails inconnus. = Graveur.

Rosetti (César). E. I. ' XVIIe siècle. ROME. Histoire. = Élève de J. Cesari d'Arpino.

Roshoof. V. Roesel.

Rosi (Jean). E. I. ' 1620. Paysage. = Imita Gaspard Falgani.

Rosi (Zenobio). E. I. ' 1621. Histoire, portrait. = Élève de Chr. Allori.

Rosi (Alexandre). E. I. † 1671. FLORENCE. Histoire. = Détails inconnus.

Rosignoli (Jacques). E. I. ' XVIe siècle. LIVOURNE. Histoire. = S'établit en Piémont et y laissa la plupart de ses ouvrages.

Rositi (Jean-Baptiste). E. I. ' 1500. FORLI. Histoire. = Détails inconnus. = Bon dessin et bon coloris.

Rosler (Jean-Charles). E. Al. 1775-1845. GOERLITZ. Portrait. = Mort à Dresde. = Portrait de l'acteur et entomologiste Ochsenheimer, Dresde.

Roslin (Alex.). E. Fr. 1718-1793. MALMOE (Scanie, province de Suède). Portrait. = Se rendit à Bayreuth où il fut directeur d'une naissante académie. Visita l'Italie, en 1747. De là il s'établit à Paris, et y fut nommé membre de l'Académie, en 1753. En 1759, il y épousa Mlle Giroust, peintre comme lui. Retourna en Suède, après la mort de sa femme, en 1772, visita la Russie, en 1775, revint en France après s'être arrêté à Vienne et mourut à Paris. = Imitation habile des étoffes et des accessoires, sentiment faible, dessin peu correct, coloris inégal. Du reste, les portraits de Roslin ne se ressemblent point; il y en a d'excellents, il y en a de fort médiocres. = Portraits, Versailles et Paris. — Portrait, Florence. — Gustave III et ses frères discutent un plan de campagne, Stockholm. — Portrait de Gustave III, *ib.* — Portrait de la femme du peintre, *ib.*

Roslin (Marie-Suz. Giroust, Mme), femme du précédent. E. Fr. 1735-1772. Pastel. = Reçue à l'Académie de peinture, à Paris, en 1770.

Ross (Guillaume-Charles) E. An. 1794-1860. Londres. Portrait en miniature. = Fils d'un peintre en miniature estimé. Peintre de la reine, et anobli par S. M. la reine Victoria. Membre de l'Académie royale de Londres

Ross (Ch.). E. Al. 1843. Flekkefjord. Genre, etc. = Largo. — La débutante.

Rosse (... La). E. H. ' XVIIe siècle Genre. = Détails inconnus. = Manière d'Abr. Van Kuylenburg.

Rosell (don Joseph). E. Es. ' 1754. Histoire. = Membre de l'Académie de Sainte-Barbe, à Valence.

Rosselli (Côme). E. I. 1430 (?). Florence. Histoire. = Elève de Neri di Bicci. Un des derniers artistes de l'ancienne école florentine; appelé à Rome par le pape Sixte IV, il fut chargé d'orner la chapelle Sixtine; mais il resta constamment au dessous de ses compétiteurs. Lanzi dit qu'il florissait en 1496. Son testament est daté de 1506. = Adoration du veau d'or (Fresque), Rome. — Tableaux, *ib.* — Sainte Barbe, Florence. — Saint Jean Baptiste et saint Mathias, *ib.* — Sainte Famille avec saint François, Berlin. — Vierge glorieuse, *ib.* — Jugement dernier (Avec fra Angelico da Fiesole), *ib.* — Jésus-Christ mis au tombeau, *ib.* — Les innocents massacrés reçoivent la bénédiction de l'enfant Jésus, *ib.* — La Vierge et l'enfant Jésus, Paris. — Saint Jérôme au désert, Londres. = Beaucoup de vérité, d'expression, de variété et de relief; dessin incorrect; couleurs éclatantes et peu harmonieuses.

Rosselli (Mathieu). E. I. 1578-1650. Florence. Histoire, portrait. = Arrière-petit-fils d'un frère de Côme Rosselli. Elève de Pagani et du Passignano; étudia avec soin les tableaux des anciens maitres; appelé à la cour du duc de Modène, puis à celle de Come II, duc de Toscane; pour l'enseignement, peu de peintres l'égalèrent; son plus beau titre à la gloire est l'affection paternelle qu'il portait à ses nombreux et habiles élèves. = Baptême de Constantin, Florence. — Tobie, *ib.* — Vierge glorieuse, *ib.* — Triomphe de David, *ib.* — Même sujet, Paris. — Sainte Famille, *ib.* = Dessin correct; imitation exacte de la nature; choix souvent peu heureux; ensemble tranquille, harmonieux et mélancolique; beaucoup de grandiose.

Rosset. E. Fr. ' XVIIIe siècle. Paysage. = Employé à la manufacture de Sèvres. = Peintre de mérite.

Rossetti (Jean-Paul). E. I. ' 1568. Volterra. Histoire, portrait. = Fut employé par Daniel de Volterra, dont il était l'élève et le neveu. Ses ouvrages sont dignes de louanges.

Rossetti (Paul). E. I. † 1621. Cento. Mosaïque. = Elève de J. Muziano. Mort vieux.

Rossi (Ange). E. I. 1660 (?)-1719. Naples. Histoire, perspective et ornements. = Elève de Luc Giordano; étudia à Bologne; s'établit à Venise après avoir visité l'Espagne en compagnie de son maître et de M. Pacelli.

Rossi (Don Angelo de). E. I. 1694-1755. Etat de Gênes. Histoire. = Elève de D. Parodi; il était prêtre. = Imita C. Maratti.

Rossi (Antoine), le Vieux. E. I. ' XVe siècle. Zoldo (Duché de Padoue). Histoire. = Eut l'honneur d'être le premier maître du Titien; de son temps la peinture à l'huile n'était pas encore répandue dans toute l'Italie, mais ses tableaux en détrempe lui méritent une place distinguée dans les arts. = Tableaux, Selva. — Tableaux, Cadore. = Beaucoup de fini; bonne couleur; manière se rapprochant de celle de Jacques Bellini.

Rossi (Antoine), le Jeune. E. I. 1700-1753. Bologne. Histoire. = Elève de M. A. Franceschini. = Etoffa avec talent les tableaux de l'Orlandi et de Brizzi; supérieur à J. Boni pour le fini, il dut lui céder le pas pour la composition.

Rossi (Charles-Antoine). E. I. 1581 (?)-1648. Milan. Histoire. = Travailla à Pavie.

Rossi (Énée). E. I. ' XVIIe siècle. Histoire. = Elève des Carrache.

Rossi (Franç.), dit **Cecco di Salviati** ou **Le Salviatino.** E. I. 1510-1563. Florence. Histoire, portrait. = Elève d'André del Sarto. Ami de Vasari qui l'a un peu trop célébré dans son ouvrage. Peignit beaucoup de grandes compositions dans les palais renommés de l'Italie. Vint en France où il eut peu de succès à cause de la causticité de son esprit et de son singulier caractère. Mort à Florence. = Adam et Ève, Rome. — Artémise pleurant Mausole, Florence. — Portrait d'homme, *ib.* — La charité, *ib.* — Allégorie, *ib.* — Le Sauveur du monde, Vienne. — Sommeil de Jésus, Madrid. — Incrédulité de saint Thomas, Paris. — Psyché et l'Amour, Berlin. — Saint Jean-Baptiste au désert (D'après Raphaël), *ib.* — La charité, Londres. — Le Christ entre deux apôtres, Bruxelles. = Grande fécondité, richesse d'exécution peu commune, dessin correct sauf la longueur quelquefois démesurée de ses figures. Parfaite connaissance des lois de l'architecture et des mœurs des anciens.

Rossi (Jean-Baptiste). E. I. 1627 (?). ROVIGO. Histoire. = Elève d'A. Varotari; s'établit à Venise.

Rossi (Jean-Baptiste), dit **Il Gobbino.** E. I. ' XVIIe siècle. VÉRONE. Histoire, portrait. = Elève d'Alexandre Turchi.

Rossi (Jérôme). E. I. * 1670. ROME. Histoire. = Elève de S. Cantarini, dit le *Pesarese*, et de Flaminio Torre. Un autre peintre du même nom et du même siècle, né à Brescia, fut élève de Rama. = Graveur.

Rossi (Laurent). E. I. † 1702. Histoire. = Elève de P. Dandini ; imita le style du Cortone et réussit à produire des tableaux agréables.

Rossi (Laurent d'Ugolino de). E. I. ' 1475. Histoire. = Détails inconnus. = Jésus-Christ crucifié, Berlin. Ce tableau porte l'inscription suivante que nous reproduisons textuellement : *Questa tavola se fatta fare per Loretto d'Ugolino de Rossi la quale a fattcta* (sic) *fare beltrame distoldo de Rossi* 1475).

Rossi (Muzio). E. I. 1626-1651. NAPLES. Histoire. = Elève du Stanzioni et du Guide ; sa mort prématurée l'empêcha de perfectionner son talent.

Rossi (Nicol.). E. I. ' XVIIe siècle. Histoire, animaux. = Elève de L. Giordano. = Teintes rougeâtres ; bonne composition.

Rossi (Nicolas-Marie). E. I. 1645-1700. Histoire. = Elève de Solimène.

Rossi (Pascal), dit le **Pasqualino.** E. I. 1641-1718 (?). VICENCE. Histoire, genre. = Travailla beaucoup à Turin. = Adoration des bergers, Dresde. — Prédication de saint Jean, *ib.* — Denis de Syracuse maître d'école à Corinthe, Madrid. = Style gracieux.

Rossi (Propertia). E. I. † 1530. BOLOGNE. Histoire. = Cultiva tous les arts et fut douée de tous les talents et de toutes les grâces ; morte, par suite d'un chagrin d'amour, à la fleur de l'âge. = Sculpteur célèbre; graveur; dessinateur; cultiva l'architecture et la perspective.

Rossignon (Louis-Jos -Toussaint). E. Fr. 1780. AVESNES. Histoire. = Elève de Vincent. = Siège de Missolonghi. — Zénobie accueillie par des bergers.

Rosso (Louis). E. I. ' XVIe siècle. VENISE (?). Mosaïque. = Détails inconnus. = Style gracieux, travail délicat, relief vigoureux.

Rosso (Rosso del), dit **Maître Roux.** E. I. 1496 (?)-1541. FLORENCE. Histoire. = Etudia Michel-Ange et le Parmesan; se fit bientôt une grande réputation ; fut fait prisonnier et dépouillé par les Allemands, lors du sac de Rome en 1527 ; parvint à s'échapper et se réfugia successivement à Borgo San Sepolcro, Arezzo et Venise ; fut appelé en France et chargé par François Ier de tous les travaux d'embellissement à Fontainebleau; y devint le rival du Primatice ; leur inimitié aurait pu avoir des suites funestes lorsqu'un événement cruel causa la mort du Rosso : celui-ci ayant accusé et fait mettre injustement à la question son ami Pellegrini, le remords qu'il eut de cette action le porta à s'empoisonner. = Fresques, Rome. — La Vierge et l'Enfant entourés d'anges et de saint Jérôme, Florence. — Un ange jouant de la guitare, *ib.* — Moïse défendant les filles de Jethro (Ebauche), *ib.* — Vierge entourée de saints, *ib.* — Le défi des Piérides, Paris. — Jésus-Christ au tombeau, *ib.* — Les quatre saisons, Berlin. = Style entièrement neuf; caractère spirituel dans les têtes; ajustements et ornements originaux ; couleur brillante; pinceau hardi et franc; contraste grandiose des ombres et de la lumière: style parfois trop bizarre et touche trop fougueuse.

Rossum (J. Van). E. H. ' XVIIe siècle. Portrait. = Détails inconnus. = Ventes : V. Von Engerth, à Vienne, en 1871. Un *Portrait* acquis pour le Musée du Belvédère, 4.820 florins. Van Rossum a peint le portrait de Husinga mort en 1654. Matham (Thierry) a gravé ce portrait.

Rossum (Jean-Corneille Van). E. H. 1820. AMSTERDAM. Portrait et intérieurs. = Elève de J. A. Kruseman.

Rost dit **Rossi** (Jean et Marc). ' XVIe siècle. FLANDRE. Histoire. = Séjournèrent longtemps en Italie et introduisirent à Florence l'art des tableaux en tapisserie. Ils travaillèrent pour Cosme de Médicis, puis exécutèrent, pour le duc de Ferrare, d'admirables tentures d'après les dessins de Jules Romain.

Rotari (le comte Pierre). E. I. 1707-1762. VÉRONE. Histoire, ornements et portrait. = Elève d'A. Balestra et de Trevisani ; parcourut toute l'Europe et acquit une fortune considérable; travailla surtout à Vienne et à Dresde; fut appelé en Russie et nommé premier peintre de la cour par l'impératrice. Mort à Saint-Pétersbourg. = Annonciation, Guastalla. — Saint Louis, Padoue. — Nativité de la Vierge, *ib.* — Fresques : Arabesques, Rome. — Repos en Egypte, Dresde. — Le prince Albert de Saxe, *ib.* — Charles, duc de Courlande, *ib.* — Saint Jacques, *ib.* — Saint François, *ib.* — Madeleine *ib.* — Portraits, *ib.* — Jeune fille pleurant, Munich. — Le sommeil interrompu, *ib.* — Portrait du nonce à Dresde, J. Accoramboni, Berlin. = Beaucoup de grâce, d'expression, d'élégance, de vie, de naturel et de facilité ; coloris obscur et terne; effet calme et harmonieux. Graveur. = Ventes : V. de Heineken (1757), *Pèlerine lisant*, 500 livres.

Rötenbeck (George-Daniel). E. Al. 1645-1705 (?). NUREMBERG. Histoire, portrait, etc. = Peintre habile, dessinateur et modeleur.

Rotermund (Jules-Guillaume). E. Al. 1826-1859. HANOVRE. Histoire. = Elève de Bendemann. Mort aux bains de Salzbrunn, en Silésie. = Le Christ mort pleuré par les siens (Dernier tableau de l'artiste, achevé par Bendemann).

Rotermundt (Jean-Laurent). E. Al. 1760-1825. Histoire. = Détails inconnus.

Roth (George-André). E. H. 1809. AMSTERDAM. Paysage. = Elève de P. G. Westemberg = Vue en Gueldre. = Graveur.

Rothwell (Richard). E. An. 1800-1868. ATHLONE. Portrait, genre, etc. = Souvenir du carnaval.

Rothermel (Pierre F.). E. An. 1817. En PENSYLVANIE. Histoire. = Sainte Agnès. — Cromwell.

Roti (Crescence). E. I. ' XIXe siècle. Histoire.

Röting (Jules-Rob.). E. Al. 1881. DRESDE Histoire. = Elève de Bendemann. = Christophe Colomb devant le conseil de Salamanque, Dresde.

Rota (Antoine). E. I. 1828. GORZ. Genre. = Bacchanale au Lido en 1700. — Le fils du pêcheur.

Rottenhamer (Thomas). E. Al. ' XVIe siècle. ALLEMAGNE. = Peintre des écuries de la cour ducale, à Munich.

Rottenhamer ou **Rothenhammer** (Jean), fils de Thomas. E. Al. 1564-1623. MUNICH. Histoire en petit. = Elève de son père et de J. Donnauer, étudia d'abord à Rome, puis fut élève du Tintoret, à Venise. Mort à Augsbourg où il s'était établi ; malgré ses nombreux travaux, ce peintre devint si pauvre, que ses amis durent se cotiser afin de payer les frais de son enterrement. Il eut un fils nommé Dominique, dont on connaît un tableau daté de 1613, sans aucun autre renseignement biographique. = La chute de Phaëton, La Haye. — Rencontre de David et d'Abigaïl, *ib.* — Saint Philippe baptisant l'Eunuque, *ib.* — Repos en Egypte, *ib.* — Le Christ délivrant les âmes du purgatoire, *ib.* — Mars, Vénus et autres figures, Amsterdam. — Sainte Famille, sainte Catherine et quelques anges, *ib.* — Le jugement de Pâris, Londres. — Enlèvement des Sabines, *ib.* — Pan et Sirinx, *ib.* — Mort des enfants de Niobé, *ib.* — Martyre de saint Etienne, *ib.* — La Vierge et l'enfant Jésus servis par des anges, Dresde. — Paysage : la fuite en Egypte (Paysage de D. Vinkeboons), Vienne. — Les quatre éléments (Avec Breughel d'Enfer), *ib.* — Naissance de Jésus-Christ, *ib.* — Les élus, *ib.* — Les damnés, *ib.* — Massacre des innocents, *ib.* — Résurrection de Lazare, *ib.* — La musique, la poésie, la peinture et l'architecture, Berlin. — Fête de Bacchus (Paysage de Breughel de Velours), *ib.* — Bataille entre les Grecs et les amazones (Paysage de Breughel de Velours), *ib.* — Vision de saint Augustin, Munich. — Martyre de sainte Catherine, *ib.* — La Vierge et l'enfant Jésus entourés de saints, *ib.* — Diane et Actéon (Paysage de Breughel), *ib.* — Jugement de Pâris, *ib.* — Et autres, *ib.* — Mort d'Adonis, Paris. — Madone avec l'Enfant, Rotterdam. — Festin des dieux, Copenhague. — Sainte Famille, Saint-Pétersbourg. = Exécuta un grand nombre de petites compositions sur cuivre, finies avec beaucoup de soin ; imita le coloris du Tintoret et sa manière de disposer les figures ; sur la fin de sa vie, il tomba dans le maniéré, tout en conservant une certaine grâce dans ses airs de tête et beaucoup de finesse dans ses petites figures. Ordinairement Jean Breughel de Velours et Paul Bril peignirent les fonds et les paysages de ses tableaux. = Ventes : V. Franla (1738), *Noces de Cana*, 1,060 fl. — V. Wassenaer (1750), *Chute de Phaëton*, 1,510 fl. — V. Gaillard de Gagny (1762), *Le festin des dieux*, 3,610 liv. — V. Juvigny (1779), *Enlèvement des Sabines*, 2,800 liv. — V. Braamcamp (1771), *Les arts libéraux*, 1,000 fl. — V. Pourtalès-Gorgier (1865), *Adoration des mages*, 750 fr.

Rottermondt (Egide-Paul). E. H. ' 1640. HOLLANDE. Histoire, genre. = Plus connu comme graveur. On n'est pas certain qu'il ait cultivé la peinture, quoique Nagler assure qu'on a des tableaux de lui en Allemagne, entre autres à Cassel. = Imita avec bonheur la manière de Rembrandt.

Rottmann (Charles). E. Al. 1798-1850. HANDSCHUCHSHEIM (Près de Heidelberg). Paysage. = Mort à Munich. = Vingt-trois vues prises en Grèce, Munich. — L'Eibsée dans les Alpes bavaroises, *ib.* — L'Acropolis de Lykion, *ib.* — Corfou, *ib.* — Monreal près de Palerme, *ib.* — Le Haut Gœhl (Alpes), *ib.* — Vue de Brannenbourg, *ib.* — L'Etna, *ib.* — Le cimetière de Syracuse, *ib.*

Rottmann (Léopold). E. Al. 1812-1881. HEIDELBERG. Paysage. = Peintre de la cour.

Rottmayer (Jean-Michel). E. Al. 1660-1727. LAUFEN. Histoire. = Elève de C. Loth. Mort à Vienne où il était peintre de la cour. = Le sacrifice d'Iphigénie, Vienne.

Roubaud (Benjamin). E. Fr. ' 1842. Histoire, portrait et genre. = Salvator Rosa parmi les brigands.

Rouchon. E. Fr. ' 1535. = Peintre miniaturiste qui exécuta les magnifiques ornementations du bréviaire de Saint-Jacques la Boucherie. Il y consacra vingt-deux années. Rouchon était bénédictin.

Rougemont (Emilie GOHIN, Mme). E. Fr. 1821-1859. Portrait de genre. = Elève de Léon Cogniet.

Rougenon (Jean). E. Fr. ' XVe siècle. VALENCIENNES. = Travailla, en 1468, aux entremêts de Bruges.

Rougeron (Jean). E. Fr. 1841-1880. Genre. = Travailla en Espagne; ami de Henri Regnault dont il termina le tableau des *Lances*. = Prise d'habit aux Carmélites.

Rouget (George). E. Fr. 1781-1869. PARIS. Histoire, portrait. = Elève de David. = Saint Louis médiateur entre les rois d'Angleterre et les barons. — Henri IV devant Paris, Versailles.

Rouillard (Jean-Sébastien). E. Fr. 1780. PARIS. Histoire, portrait. = Elève de David. = Alexandre et son professeur Lysimachus. — Portraits de Louis XVIII, Charles X, etc.

Rouillard (Françoise J. A. LENOIR, Mme). E. Fr. 1801. PARIS. Miniature. = Elève de Saint.

Rouillard (Pierre L.). E. Fr. 1820. PARIS. Animaux.

Rouquet. E. Fr. 1702-1758. GENÈVE. Email et portrait en miniature. = Travailla à Londres; s'établit à Paris, y fut reçu membre de l'Académie de peinture, en 1753, et mourut au Louvre. = S'occupa beaucoup de recherches sur la partie mécanique de son art. Auteur de quelques ouvrages sur la peinture.

Rousseau (Antoine). E. Fr. ' 1645. = Peintre du roi; ami de Ph. de Champagne.

Rousseau (Edme). E. Fr. 1816-1858. Miniature. = Elève d'Augustin. Mort à Paris.

Rousseau (Jacques). E. Fr. 1630-1693. PARIS. Perspective, architecture, paysage, etc. = Visita l'Italie; séjourna à Rome et y épousa la sœur du peintre hollandais H. Swanevelt; revenu en France, son talent lui valut l'exécution de plusieurs grands ouvrages; reçu membre de l'Académie, en 1662; fut obligé de quitter la France, par suite de la révocation de l'édit de Nantes; se retira en Suisse, embrassa le catholicisme, en 1688, et vint reprendre sa place de conseiller à l'Académie. Mort à Londres. = Tableaux d'architecture, Londres. — Perspectives, Versailles. = Etudia tous les genres de peinture; ses tableaux d'architecture et de perspective sont ornés d'excellentes figures. Rapidité extraordinaire. Bon dessinateur. Graveur.

Rousseau (Louis). E. Fl. ' 1859. ANVERS. Genre. = Elève de F. de Braekeleer. = La prière.

Rousseau (Philippe). E. Fr. 1816. PARIS. Genre, paysage, nature morte, animaux. = Elève de Gros et de Bertin. = Le rat retiré du monde. — Le déjeûner. — Le singe photographe. — O ma tendre muzette.

Rousseau (Théodore). E. Fr. 1812-1867. PARIS. Paysage et animaux. = Mort à Barbizon. = Bords de la Loire. — Gorges d'Apremont. = Un des paysagistes les plus remarquables de l'école française moderne.

Rousseau (Virginie HUE, Mme). E. Fr. ' 1827. Miniature.

Rousseaux (J. J.). E. Fl. ' 1839. NAMUR. Histoire. = Séparation de Junius Brutus et de Porcia.

Roussin (Victor-Marie). E. Fr. ' 1840. Histoire, paysage. = Agar. — Vue du château de Pau.

Roust (Jean-Henri). E. Fr. 1795. TROYES (Aube). Histoire naturelle sur porcelaine.

Roux (Louis). E. Fr. 1817. PARIS. Histoire. = Elève de P. Delaroche. = Les disciples d'Emmaüs. — Christ en croix.

Roux (Charles). E. Al. 1826. HEIDELBERG. Genre, paysage, animaux. = Dorothée. — Le matin dans les Alpes.

Roverio (Barthélemy), dit **Genovesini.** E. I. ' 1620. Histoire. = Détails inconnus. = Quelques auteurs lui donnent le prénom de Marc. Style grandiose.

Roverre (Jean-Baptiste della). E. I. ' 1626. TURIN. Histoire. = Détails inconnus.

Roverre (Jean-Maurice), dit **Fiamminghini.** E. I. † 1640. MILAN. Batailles, paysage, animaux, histoire et perspective. = Elève des Procaccini. Son surnom lui fut donné à cause de son origine flamande; ses deux frères, Marc et Jean-Baptiste, peintres spirituels, mais peu corrects, aidèrent Jean-Maurice dans ses travaux. = Artiste de mérite; graveur.

Rovezzano (Jean da). E. I. ' XVe siècle. Histoire, portrait. = Elève d'André del Castagno.

Rovigliano (le). E. I. ' XVIIe siècle. CASAL. Histoire. = Florissait à Turin.

Rovigo. E. I. ' 1530. URBIN. Peintre sur porcelaine. = Peignit des vases vernissés.

Rovira de Brocandel (Hippolyte). E.

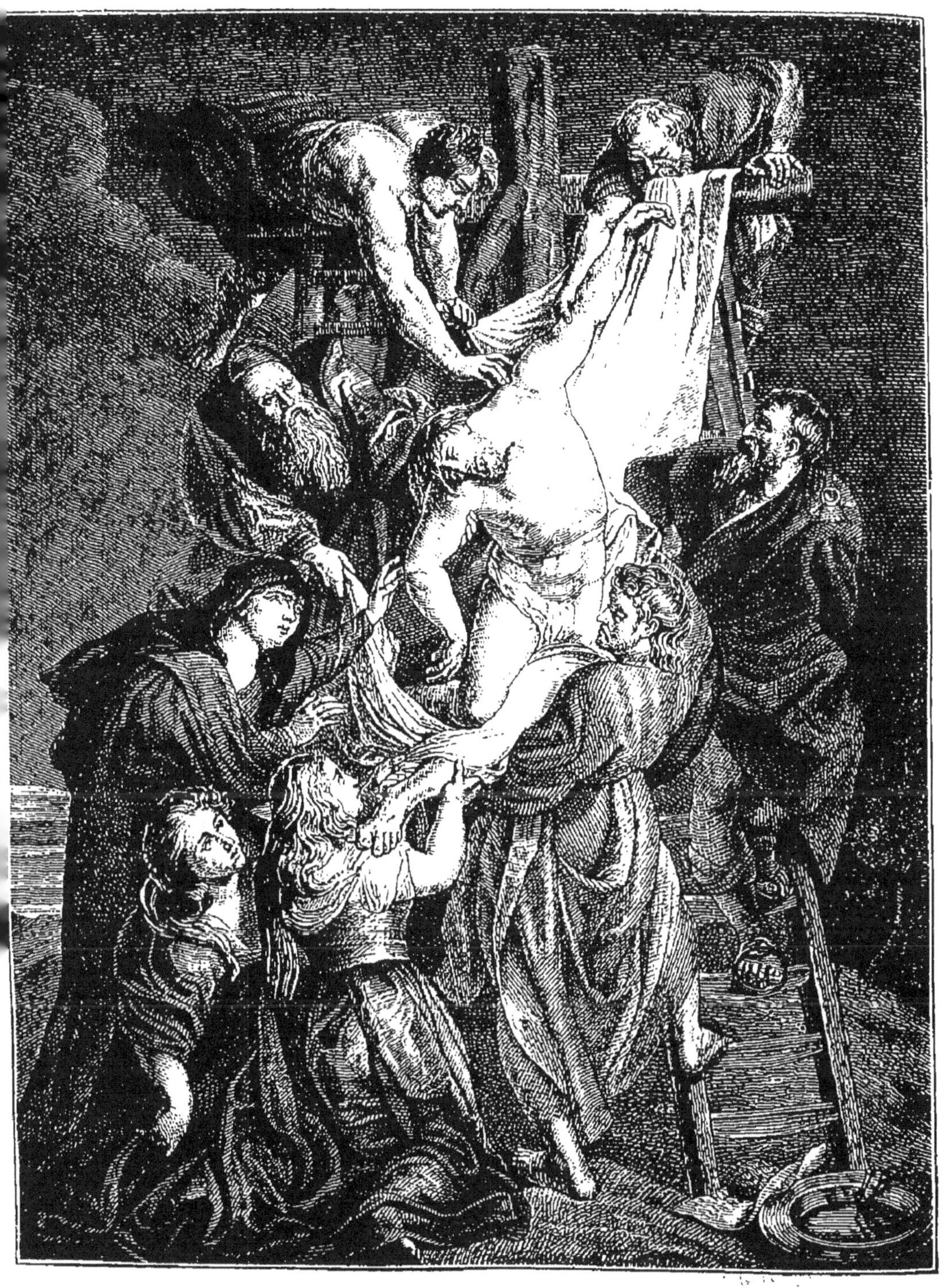

Le descente de croix. Par Rubens. Cathédrale d'Anvers.

Es. 1693-1765. VALENCE. Histoire, portrait. = Élève d'E. Munoz; séjourna à Rome, y copia en clair-obscur les peintures du palais Farnèse, avec la plus rare perfection; sa grande assiduité au travail et sa vie misérable influèrent sur sa santé et surtout sur sa raison; il revint fou en Espagne, et, jouissant de temps en temps de quelques moments lucides, souvent il commençait fort bien un ouvrage pour le barbouiller ensuite lorsque sa raison se voilait de nouveau. Mort à l'hôpital. = Médaillon de saint François Régis, Séville. = Le peu d'ouvrages qu'il mena à bonne fin donnent une idée avantageuse de son talent.

Roxas de Velasco (don Salvator). E. Es. * 1670. = Amateur; un des soutiens de l'Académie de Séville.

Roy (Simon). E. Fr. * 1548. PARIS. = Travailla à Fontainebleau. Ami de Clouet.

Roy (Jean-Baptiste de). E. Fl. 1759-1839. Paysage et animaux. = Son père le forma de bonne heure à l'étude de l'art; il l'emmena en Hollande où les tableaux de Paul Potter attirèrent surtout son attention. Rendit de grands services à l'art par les élèves qu'il forma. Mort à Bruxelles. = Nombreux convois de bestiaux, Bruxelles. — Paysage avec animaux, effet de brouillard, *ib.* — Vaches et taureau passant un marais, Gand (Académie). = Il se forma par l'étude des tableaux de Paul Potter. = Ventes : V. Hartman (1873), *Sortie de la ferme*, 850 fr.

Roy (Jean le). E. Fl. * XVe siècle. = Travailla, en 1468, aux entremets de Bruges.

Roy (Joseph). E. Fr. * XVIIe siècle. = Peintre à gages de la ville de Bordeaux, en 1611. Peignit les portraits des jurats de la ville.

Roy (Michel-Gustave le). E. Fl. 1846-1870. BRUXELLES. Genre.

Roy (Pierre-François le), le Vieux. E. Fl. 1772-1862. NAMUR. Chevaux et batailles. = Il était fils du sculpteur Le Roy; il remporta plusieurs médailles d'or aux expositions, entre autres à Gand, en 1816, avec son tableau de la *Bataille de Waterloo*, qui lui fut acheté 10,000 fr. et qui se trouve aujourd'hui en Angleterre. Mort à Bruxelles. = Excellent dessinateur et graveur.

Roy (Joseph-Anne-S. le), fils de Pierre-François, le Vieux. E. Fl. 1812-1860. BRUXELLES. Sujets militaires et intérieurs. = Élève de son frère et d'Eug. Verboeckhoven.

Roy (Pierre-François le), le Jeune, fils de Pierre, le Vieux. E. Fl. 1803-1833. BRUXELLES. Genre. = Élève de son père. = Jeune garçon apprêtant le déjeûner, Gand (Académie). — Le maître d'école, Haarlem. = Il a peint plusieurs toiles avec son ami, M. Eug. Verboeckhoven. Graveur.

Roy (S. le). E. H. * 1700. Portrait. = Il peignit plusieurs portraits de hauts personnages.

Royalme (Pierre de). E. Fl. * XVe siècle. BRUXELLES. = Exécuta des blasons, en 1480.

Roybet (Ferdinand). E. Fr. 1840. UZÈS (Gard). Genre. = Odalisque et Eunuque. — Rendez-vous de chasse, Cologne.

Royen (Guillaume F. Van). E. H. 1654-1723. HAARLEM. Fleurs, fruits et nature morte. = En 1669, il vint à Berlin comme peintre de la cour. Il y travaillait encore, ainsi qu'à Potsdam, en 1689. Il obtint de la cour de Prusse 5,000 thalers annuellement et fut recteur de l'Académie. Ces détails sont donnés par Nagler et nous ajouterons qu'un artiste qui, à la fin du XVIIe siècle, obtenait à l'étranger une pension de plus de 18,000 fr., mériterait d'être plus connu. Mais le récit de Nagler est-il exact? Bien des exemples nous forcent à en douter. Nous trouvons dans les catalogues de vente des années 1706, 1742 et 1748 des tableaux de ce peintre vendus moins de 20 florins.

Royer (Jean). E. H. * XVIIIe siècle. Paysage. = Cité par Nagler.

Roynard (Vincent). E. Fr. * 1642. = Exécuta, en 1642, des portraits et des tableaux par ordre de la reine Anne d'Autriche.

Rubbens (Jean-Baptiste). E. Fl. * XVIIIe siècle. ANVERS. Histoire, etc. = Élève de l'Académie d'Anvers et de Van Baelen.

Rubbiani (Félix). E. I. 1677-1752. Fleurs et fruits. = Élève de D. Bettini, qu'il accompagna dans ses voyages.

Ruben (Christophe). E. Al. 1805-1875. TRÈVES. Histoire, genre. = Élève de Cornelius, à Dusseldorf. Habita Munich. Appelé à Prague, en 1841, pour y réorganiser l'Académie; y resta 11 ans. Nommé directeur de l'Académie à Vienne; se retira en 1872 et mourut à Vienne. = Ave Maria. — Christoph Colomb. — Fresques au Rudolf. — Belvédère, Vienne. — Le moine. — Couronnement de la Vierge. — La vachère des Alpes, Munich.

Ruben (Frans), fils de Christophe. E. Al. 1845. VIENNE. Histoire, portrait. = La cour de Léon X.

Rubens (A.). E. Fl. † vers 1824. Histoire. = Vécut à Bruxelles et mourut pauvre.

Rubens (Pierre-Paul). E. Fl. 1577-1640. Histoire, portrait, paysage. etc. = Les villes d'Anvers, de Cologne et de Siegen se disputent l'honneur d'avoir donné naissance au plus grand peintre de l'école flamande. Depuis dix ans les archivistes allemands, flamands et hollandais ont fait à ce sujet des recherches minutieuses; ils en ont publié les résultats et, mettant de côté de naturelles prétentions de clocher, il faut bien le dire, jusqu'à présent aucune preuve péremptoire en faveur de l'une ou de l'autre opinion n'a pu encore être fournie. Lors de la célébration, en 1877, du troisième centenaire de la naissance de Rubens, l'administration communale d'Anvers a institué une commission officielle chargée de rechercher en tous lieux les documents relatifs à la vie et aux œuvres du peintre. Nul doute que les travaux de cette commission, formée des hommes les plus compétents, ne soient de nature à déterminer d'une façon précise l'histoire de Rubens comme peintre et comme diplomate, histoire si incomplète encore jusqu'ici, et à établir le catalogue définitif de ses nombreux travaux (1). Pierre Paul était fils de Jean Rubens, professeur de droit et échevin de la ville d'Anvers, qui, pour se mettre à l'abri des guerres civiles déchirant alors le pays, s'était réfugié à Cologne. Des documents publiés pour la première fois par M. l'archiviste R. C. Backhuysen van den Brink et découverts par lui dans les archives secrètes de la maison d'Orange, ont démontré que Jean Rubens, à la suite de relations coupables avec Anne de Saxe, femme de Guillaume le Taciturne, avait été interné à Siegen, ville du comté de Nassau où, d'après les apparences, serait né Pierre-Paul. Sa première jeunesse fut cultivée avec soin ; on l'appliqua de bonne heure à l'étude des belles-lettres, et il fit des progrès rapides dans la langue latine. Son père étant mort, il obtint de sa mère la permission de se livrer à la peinture. On le plaça d'abord chez Tobie Verhaegt et ensuite chez Adam Van Noort, qu'il quitta bientôt pour entrer dans les ateliers d'Otto Venius : à l'âge de 23 ans, Rubens se crut en état de se passer de maitre. En 1598, sous le décanat de son ancien guide Van Noort, Rubens avait été reçu dans la corporation de Saint-Luc; en 1609, il fut reçu dans la corporation des romanistes dont on l'élut doyen en 1613. Doyen de Saint-Luc en 1631. Il eut accès chez les princes, et il s'y fit bientôt distinguer par ses talents et la sagesse de sa conduite. L'archiduc Albert l'envoya à Vincent de Gonzague, duc de Mantoue, qui le reçut favorablement et le prit à son service en qualité de gentilhomme. Ses talents et ses qualités lui acquirent tant de considération dans l'esprit de ce prince, qu'il l'envoya comme ambassadeur à la cour de Philippe III, roi d'Espagne. Rubens partit chargé de riches présents pour le duc de Lermes, un des principaux favoris de Philippe; ces présents furent offerts avec une grâce qui en augmenta le prix. Le nouvel envoyé gagna bientôt l'estime du roi d'Espagne et de toute sa cour ; il fit un grand nombre de portraits et de tableaux d'histoire qui lui valurent des sommes immenses. Le duc de Bragance, depuis roi de Portugal, le fit venir à Villaviciosa, où il avait sa résidence ; il l'envoya ensuite à Rome pour y copier les principaux tableaux des grands maîtres ; les ouvrages du Titien et de Paul Véronèse l'attirèrent ensuite à Venise, et ce fut dans cette excellente école qu'il puisa les règles sûres du coloris, dont il ne s'est jamais écarté. Cet illustre artiste retourna ensuite à Rome, puis se rendit à Gênes où des portraits et des tableaux d'histoire l'occupèrent longtemps, La nouvelle de la maladie de sa mère vint suspendre ses travaux; il partit à la hâte, mais arriva trop tard, sa mère n'était plus. Voulant fuir des lieux si cruels à son souvenir, il se préparait à retourner à Mantoue, lorsque l'archiduc Albert le détermina à ne plus quitter sa patrie ; ce fut alors qu'il épousa Elisabeth Brant, qui lui donna deux fils. Elle mourut en 1626. Il épousa en 1630 Hélène Fourment dont il eut cinq enfants. Rubens jouissait d'une fortune immense et sa réputation devenait européenne. On osa calomnier son talent, il ne répondit à ses ennemis qu'en produisant de nouveaux chefs-d'œuvre. La gloire de Rubens parut dans tout son éclat en 1620, lorsque Marie de Médicis le choisit, pour peindre, dans une des galeries du Luxembourg, les principaux événements de sa vie, depuis sa naissance jusqu'à l'accommodement qu'elle avait fait à Angoulême avec son fils Louis XIII. Cette magnifique série de tableaux fut exécutée à Anvers, à l'exception de deux morceaux. Rubens, au milieu des honneurs et des richesses, sentant venir les infirmités de la vieillesse, ne chercha plus que le calme et la paix; affligé de la goutte et d'un tremblement de main, il se renferma dans sa belle maison et ne peignit plus que des tableaux de chevalet, aidé de l'appui-main. Il composa encore les arcs de triomphe pour l'entrée de Ferdinand ; ce fut son dernier ouvrage; il expira le 30 mai 1640, âgé de 63 ans. On fit à l'illustre artiste des obsèques magnifiques; il fut inhumé dans la chapelle derrière le chœur, dans l'église de Saint-Jacques, à Anvers. Deux siècles après, cette ville paya son tribut d'admiration au grand peintre et lui éleva une statue colossale en bronze. La vie de Rubens est, ainsi que ses ouvrages, empreinte d'un caractère de grandeur, de

(1) Cette commission publie le résultat de ses travaux dans le : *Bulletin-Rubens. annales de la Commission officielle instituée par le conseil communal de la ville d'Anvers pour la publication des documents relatifs à la vie et aux œuvres de Rubens*. (Anvers et Bruxelles. 1882).

noblesse et d'énergie virile; il nous apparaît comme un des plus grands génies qui aient honoré l'humanité; c'est, sans contredit, le plus complet dont puisse se glorifier la Belgique. Il eut le rare bonheur de comprendre son siècle, d'en être compris et apprécié, de jouir dignement de sa gloire, et d'être exempt de ces retours de fortune si communs dans l'existence des artistes. Ce n'est pas qu'il n'excitât l'envie de bien des rivaux; mais. étranger lui-même à ce sentiment, il ne fit que plaindre ceux à qui sa supériorité l'inspirait, et n'employa, pour les désarmer, que les bons procédés, payant la haine par des bienfaits. On a, du reste, écrit à ce sujet une foule d'anecdotes plus mensongères les unes que les autres. Les artistes les plus dignes d'estime ont été accusés d'une jalousie peu en harmonie avec leur caractère. L'histoire a fait justice de ces absurdes inventions, et, grâce à l'esprit de justice moderne, bien des mémoires ont été réhabilitées. = Descente de croix, Anvers (Cathédrale; chef-d'œuvre). — Erection de la croix, *ib.* — Assomption de la Vierge, *ib.* — Flagellation, *ib.* (Eglise Saint-Paul). — Le Christ entre les larrons, *ib.* (Musée). — Adoration des Mages, *ib.* — Sainte Thérèse intercédant pour les âmes du purgatoire, *ib.* — Le Christ à la paille, triptyque avec volets, *ib.* — Communion de saint François, *ib.* — Education de la Vierge, *ib.* — Incrédulité de saint Thomas, triptyque avec volets, *ib.* — La Vierge au perroquet, *ib.* — Jésus-Christ crucifié, *ib.* — La Trinité, *ib.* — Descente de croix, réduction de celle de la cathédrale, *ib.* — Esquisses d'arcs de triomphe, *ib.* — Le Sauveur mort pleuré par les saintes femmes et saint Jean (Paysage de Breughel de Velours), *ib.* (Anvers possède au-delà de 100 Rubens). — Couronnement de la Vierge, Bruxelles. — Martyre de saint Liévin, *ib.* — Adoration des mages, *ib.* — Station au Calvaire, *ib.* — Jésus-Christ au tombeau, *ib.* — Saint François protégeant le monde, *ib.* — Assomption, *ib.* — Bataille d'Ivry, Florence. — Entrée d'Henri IV à Paris, *ib.* — Conséquences de la guerre, *ib.* — Paysage, *ib.* — Sainte Famille, *ib.* — Philippe Rubens, Grotius et Juste-Lipse, en un seul cadre, *ib.* — Visitation, Rome. — Romulus et Rémus, *ib.* — Religieux, Naples. — Cérès et Bacchus, Venise. — Crucifiement de saint Pierre (Chef-d'œuvre), Cologne. — Vingt et un tableaux, la plupart allégoriques, sur Marie-Thérèse, Henri IV et Louis XIII, Paris. — Fuite de Loth, *ib.* — Elie au désert, *ib.* — Adoration des mages, *ib.* — Vierge entourée d'anges, *ib.* — La Vierge et l'Enfant avec un ange entourés de fleurs, *ib.* — Fuite en Egypte, *ib.* — Jésus-Christ crucifié, *ib.* — Triomphe de la religion, *ib.* — Thomyris, *ib.* — Portrait de François de Médicis, *ib.* — Portrait de Jeanne d'Autriche, *ib.* — Portrait de Marie de Médicis, *ib.* — Portrait du baron de Vicq, *ib.* — Portrait d'Elisabeth de France, *ib.* — Portrait d'Hélène Fourment et de deux de ses enfants, *ib.* — Portrait de femme, *ib.* — La fête du village, *ib.* — Le tournoi, *ib.* — Deux paysages, *ib.* — Chasse au lion, Dresde. — Neptune, *ib.* — Diane et ses nymphes revenant de la chasse, *ib.* — Même sujet en demi-figures, *ib.* — Hercule ivre, *ib.* — Méléagre et Atalante, *ib.* — Sujet allégorique, *ib.* — Saint Jérôme, *ib.* — La fille d'Hérodiade, *ib.* — La vieille et les deux garçons dans la grotte, *ib.* — Bethsabée, *ib.* — Les tigresses et le lion, *ib.* — Les satyres, *ib.* — Chasse au sanglier, esquisse, *ib.* — Jugement de Pâris, *ib.* — Le jardin d'amour, *ib.* — Mercure et Argus, *ib.* — Clélie, *ib.* — Le jugement dernier, *ib.* — Saint Ignace, *ib.* — Les deux fils du peintre, *ib.* — Le Christ à Génézareth, *ib.* — Douze portraits, *ib.* — Le portement de la croix, Amsterdam. — L'amour filial, *ib.* — Rencontre de Jacob et d'Esaü, *ib.* — Vénus et Adonis, La Haye. — Portrait d'Ophovius, confesseur du peintre, *ib.* — Portraits des femmes du peintre, *ib.* — Adam et Eve dans le paradis, *ib.* — Portrait d'Hélène Fourment, Berlin. — Couronnement de la Vierge, *ib.* — Portrait de jeune fille, *ib.* — Jésus et saint Jean enfants, dans un paysage, *ib.* — Chasse au cerf (Avec Snyders), *ib.* — Jésus et le petit saint Jean, *ib.* — Mariage mystique de sainte Catherine, *ib.* — Sainte Cécile, *ib.* — Résurrection de Lazare, *ib.* — Persée et Andromède, *ib.* — Jésus chez Marthe et Marie (Avec Snyders), *ib.* — Trois cavaliers, *ib.* — Enlèvement des Sabines, Londres. — La paix et la guerre, *ib.* — Conversion de saint Bavon, *ib.* — Le serpent d'airain, *ib.* — Paysage : vue du château de Steen, *ib.* — Sainte Famille avec saint George et autres saints, *ib.* — Paysage : Coucher de soleil, *ib.* — Apothéose de Guillaume le Taciturne, *ib.* — Jugement de Pâris, *ib.* — Triomphe de Jules César, *ib.* — Les horreurs de la guerre, *ib.* — Portrait de Th. Mayerne, *ib.* — Diane et ses nymphes, *ib.* — Epiphanie, Saint-Pétersbourg. — La pécheresse aux pieds du Sauveur, *ib.* — La Vierge et l'Enfant, *ib.* — Silène avec les faunes et les satyres, *ib.* — Les saints adorant Jésus, *ib.* — La charité romaine, *ib.* — Bacchus. *ib.* — Le fleuve du Tibre, *ib.* — Persée et Andromède, *ib.* — Mort d'Adonis, *ib.* — Visitation. *ib.* — Descente de croix, *ib.* — Beaucoup de portraits, *ib.* — Le Musée de l'Ermitage ne possède pas moins de 54 Rubens, plus une admirable collection d'esquisses. — Jugement de Salomon, Copenhague. — Portrait d'abbé, *ib.* — François Ier, duc de Toscane, *ib.* — Jeanne d'Autriche, *ib.* — Chasse au lion (Animaux de Snyders), Munich. — Saint Pierre et saint Paul, *ib.* — Décius mort, *ib.* — La Victoire couronnant Mars, *ib.* — Réconciliation des Romains et des Sabins, *ib.* — Les réprouvés, *ib.* — Adoration des bergers, *ib.* — Samson et Dalila, *ib.* — Sénèque mourant, *ib.* — Le jugement dernier, *ib.* — Le Christ juge, *ib.* — Le Christ accueillant les quatre pécheurs, *ib.* — Le Christ mourant, *ib.* — Enfant tenant une guirlande de fruits, *ib.* — Saint Michel, *ib.* — Silène et Bacchantes, *ib.* — La Vierge et l'Enfant (Fleurs de Breughel), *ib.* — Massacre des innocents, *ib.* — Latone, *ib.* — Méléagre et Atalante, *ib.* — Sainte Trinité, *ib.* — Minerve protégeant les hommes, *ib.* — Chasse au sanglier, *ib.* — Jésus-Christ au tombeau, *ib.* — La chaste Suzanne, *ib.* — Allégorie sur l'Apocalypse, *ib.* — Paysage : l'arc-en-ciel, *ib.* — Guerrier couronné par la Victoire, *ib.* — Berger et jeune femme, *ib.* — Diane et ses nymphes, *ib.* — Nymphes épiées par des faunes, *ib.* — La Pentecôte, *ib.* — Enlèvement des filles de Leucippe, *ib.* — Martyre de saint Laurent, *ib.* — Satyres, *ib.* — Querelle de soldats, *ib.* — Allégorie sur Marie de Médicis, *ib.* — Adoration des bergers, *ib.* — Job, *ib.* — Défaite de Sennachérib, *ib.* — Saint George, *ib.* — Bataille des Amazones, *ib.* — Conversion de saint Paul, *ib.* — Les pestiférés invoquant saint François de Paule, *ib.* — Saint Christophe, *ib.* — Résurrection des bienheureux, *ib.* — Paysage avec animaux, *ib.* — Beaucoup de portraits, *ib.* — Jésus-Christ entouré de saints, Vienne. — Saint Ignace de Loyola, *ib.* — Assomption, *ib.* — Saint François Xavier, *ib.* — Saint Pépin et sainte Begge, *ib.* — Méléagre et Atalante, *ib.* — Saint Ambroise et Théodose, *ib.* — Entrevue de Ferdinand de Hongrie et de Charles-Ferdinand, infant d'Espagne, *ib.* — Cimon et Iphigénie, *ib.* — Saint André, *ib.* — Tableau d'autel : Marie entourée de saints (Avec volets), *ib.* — Madeleine et Marthe, *ib.* — Fête de Vénus, *ib.* — Annonciation, *ib.* — Jacob et Esaü, *ib.* — Scène de l'Arioste, *ib.* — Allégories, *ib.* — Plusieurs portraits, *ib.* — Le château d'Emmaüs, Madrid. — Conception, *ib.* — Le Christ mort dans les bras de la Vierge, *ib.* — Sainte Famille, *ib.* — Saturne, *ib.* — Le combat des Centaures et des Lapithes, *ib.* — Sainte Famille entourée de saints, *ib.* — Enlèvement de Proserpine, *ib.* — Adoration des mages, *ib.* — Banquet de Térée, *ib.* — Danse de paysans, *ib.* — Philippe II à cheval, *ib.* — L'archiduc Albert, *ib.* — L'infante Isabelle, *ib.* — Les douze Apôtres, *ib.* — Le jardin d'amour, *ib.* Acte religieux de Rodolphe de Habsbourg, *ib.* — Adam et Eve, *ib.* — Portraits, *ib.* — Et beaucoup d'autres. (Le Musée Royal de Madrid possède 62 Rubens). — Discussion des Pères de l'Eglise, Stockholm. — Suzanne et les vieillards, *ib.* (Deux fois ; l'un est signé). — Mercure, *ib.* — Portrait de Sigismond II, *ib.* — Offrande à l'Abondance, *ib.* — Ariane, *ib.* (Ces deux derniers sont des reproductions libres des Titien du Musée de Madrid exécutées en Espagne). — Les trois Grâces, *ib.* — Esquisses, *ib.* — Et autres, *ib.* = Les œuvres de Rubens sont autant de poèmes où l'on découvre chaque jour de nouvelles beautés. Il peignit, l'histoire, le portrait, le paysage, les fruits, les fleurs, les animaux et même la mer. Sa couleur est tendre, vive, fraîche et naturelle, et il a poussé très loin l'intelligence du clair-obscur. Abondant et facile dans ses productions, il savait varier à l'infini ses attitudes et les contraster sans les outrer. Ses expressions sont pleines de justesse et l'on admire son jugement dans tous les morceaux où il a fait usage de l'allégorie. Ses draperies sont toujours convenables aux sujets et jetées avec art ; on y reconnaît distinctement la soie, la laine et le lin. Rubens a peut-être manqué quelquefois à l'élégance et au choix de la belle nature : il est même quelquefois maniéré, surtout dans les extrémités et les emmanchements de ses figures, mais ce défaut ne lui est point ordinaire. Le rôle de Rubens dans l'histoire de l'art est de la plus haute importance, non seulement à cause des élèves qu'il a formés et qui pourraient suffire à sa gloire tels que Jordaens, David Teniers, Van Thulden et Van Dyck, mais ce rôle a un autre sens, un rôle indépendant du mérite des élèves du maître et du nombre comme de la puissance de ses œuvres. Rubens est le chef d'une école qui a renouvelé la face de l'art; depuis trois siècles, malgré les courants contraires, malgré l'influence des mœurs et des idées, les traditions de cette école sont encore respectées et suivies par l'élite des artistes de toutes les nations. Les études que Rubens a faites des écoles italiennes ne rappellent aucunement dans ses travaux, Rome, Florence ou Venise Il a certainement saisi les secrets de Raphaël et de Paul Véronèse, mais l'individualité de ses connaissances en peinture a fait disparaître le fruit de ses études sous un caractère majestueux et saisissant qui est la plus exacte expression du génie de Rubens. On a beaucoup gravé d'après lui ; ses disciples les plus distingués sont Van Dyck, Diepenbeck, Jordaens, David Teniers, Van Mol, Van Thulden, etc.

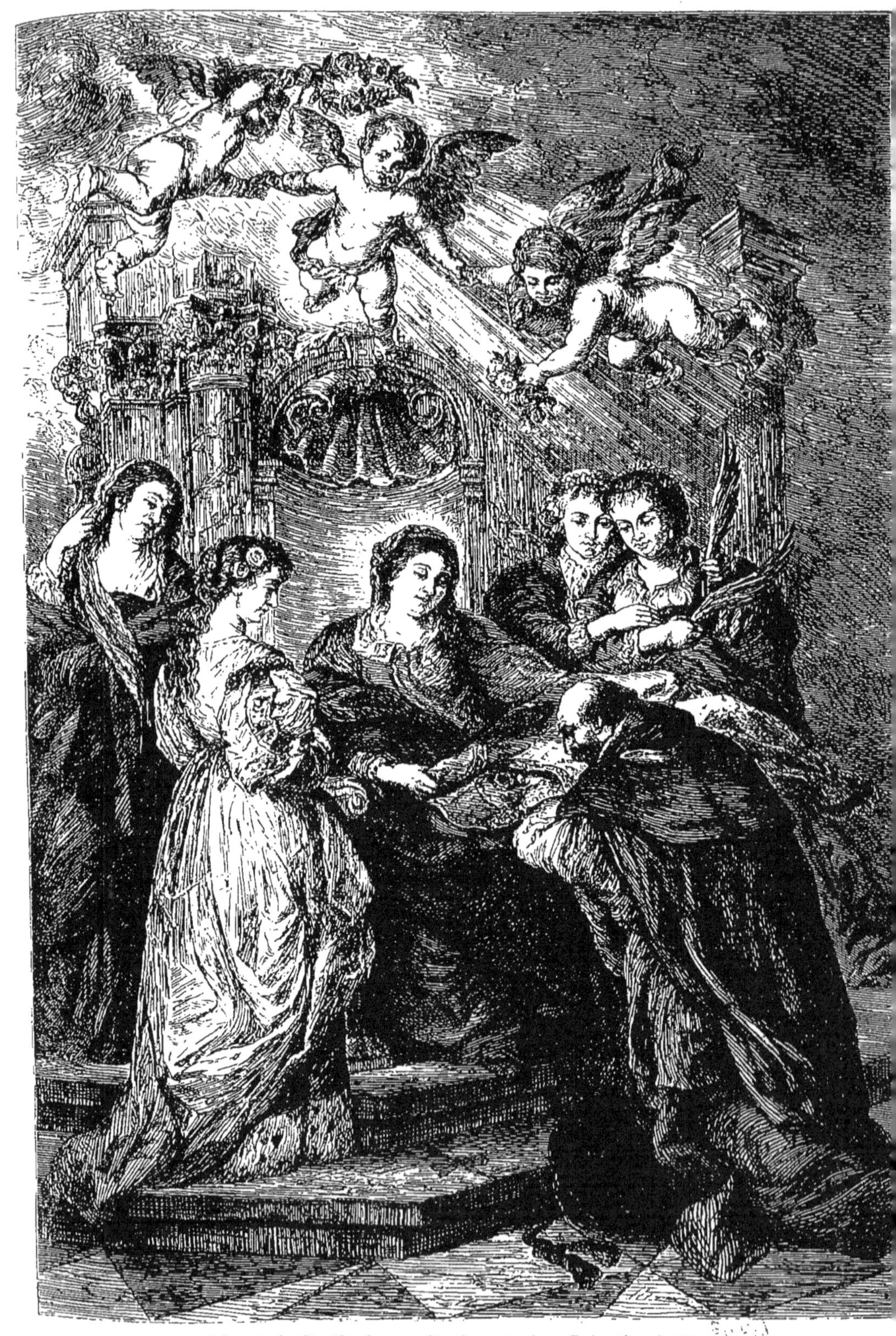

L'autel de St. Ildefonse. Partie centrale. Belvedère à Vienne.

L'influence de Rubens n'a pas été moindre sur la sculpture, l'architecture, la gravure et les arts industriels du XVIIe siècle. C'est ce qui a été brillamment démontré par M. Aug. Schoy dans son mémoire couronné en 1873 par l'Adémie Royale de Belgique : *Histoire de l'influence italienne sur l'architecture dans les Pays-Bas*, p. 309 (Bruxelles, F. Hayez, 1879). = Ventes : V. La Roque (1745), *Saint George et le Dragon* (Esquisse), 61 liv. — V. Tallard (1751), *Sainte Cécile*, 20,050 liv. — Même vente, *Paysage*, 9,905 liv. — V. La Live de Jully (1770), *Portrait d'une des femmes de Rubens*, 20,000 liv. — V. Randon de Boisset (1777), *Adoration des bergers*, 10,000 liv. — V. Robit (1801), *Sainte Famille*, 12,000 fr. — V. Clos (1812), *Portrait du duc de Buckingham*, 9,000 fr. — V. Laperrière (1823), *Sainte Famille, sainte Elisabeth et saint Jean*, 64,000 fr. — V. Bonnemaison (1827), *La marche de Silène*, 20,500 fr. — V. Heris (1841), *Le denier de César*, 35,000 fr. — V. Fesch (1845), *Adoration des bergers*, 13,500 fr. — V. Patureau (1857), Sujet mythologique, 11,500 fr. — Même vente, *Sainte Thérèse intercédant pour les âmes du Purgatoire*, 16,000 fr. — V. Northwick (1859), *Le Christ donnant les clefs à St-Pierre*, 11,960 fr. — V. Stolberg (1859), *Nessus et Déjanire* (Petit tableau), 6,178 fr. — V. Leroy d'Etiolles (1861), *Portrait*, 3,000 fr. — V. Pourtalès-Gorgier (1865), *Portrait*, 11,000 fr. —V. Van Brienen van Grootelindt (1865), *Allégorie sur l'entrée d'Henri IV à Paris* (Esquisse), 12,000 fr. — V. Pommersfelden (1867), Sept tableaux, 162,000 fr. — V. Salamanca (1867), *Colère d'Achille*, 16,200 fr. — *Mort d'Achille*, 15,700 fr. — V. San Donato (1868), *Le Christ pleuré par les saintes femmes*, 25,000 fr. —V. Delessert (1869). *Sainte Famille*, 12,800 fr. — *Portrait d'homme*, 4,100 fr. — V. Pereire (1872), *Apollon et Midas*, 40,000 fr. — V. Salamanca (1875), *Colère d'Achille*, 13,200 fr. — *Mort d'Achille*, 20,000 fr. (Ce sont ceux de la v. Salamanca de 1867.) = (1).

Rubiales (Pierre de). E. Es. * 1555. En ESTRAMADURE. Histoire. = Elève de Fr. Salviati, à Rome ; aida son maître dans plusieurs de ses ouvrages ; ami de Gas. Becerra. = Artiste d'un très grand mérite.

Rubini. E. I. * 1650. En PIÉMONT. Histoire. = Travailla à Trévise.

Rubio. E. Fl. * XIXe siècle. Histoire. = Siège de Bruxelles, Versailles.

Rubio (Antoine). E. Es. † 1653. Histoire. = Elève d'Ant. Pizarro ; nommé peintre du chapitre de Tolède, en 1645.

Rubio (Louis). E. I. 1797. ROME. Histoire. = Elève de L. Cogniet. = Marie Stuart, Rouen.

(1) Voir au *Supplément*.

Rubira (don André de). E. Es. † 1760. ESCACENA DEL CAMPO. Histoire, genre. = Elève de Dom. Martinez, à Séville, puis de Fr. Vieira, à Lisbonne ; s'établit à Séville et s'y fit remarquer. = Beaucoup de naturel dans ses tableaux de genre.

Rubira (don Joseph de), fils d'André. E. Es. 1747-1787. SÉVILLE. Histoire, miniature. = Il serait devenu un des meilleurs artistes de son époque, si une santé maladive n'y eût mis obstacle. Mort à Cadix. = Imitateur de Murillo.

Ruchler (Adolphe). E. Al. 1800 (?). COPENHAGUE. Histoire, genre. = Peintre danois.

Rude (Mme). V. Fremiet.

Rudder (Jean de). E. H. * 1840. Histoire, portrait. = Peintre hollandais, établi à Paris. = Saint George.

Rudder (Louis de). E. Fr. 1807. PARIS. Histoire. = Elève de Gros et de Charlet. = Hamlet tuant Polonius. — Christ couronné d'épines.

Rudolf (Samuel). E. Al. 1639-1713. En ALSACE. Portrait. = Habita Nuremberg et Erlangue.

Rudolph d'Anvers. E. Fl. * 1553. ANVERS. Histoire. = Fit un tableau d'autel, en 1553, pour l'église de Saint-Victor, à Xanten.

Rue (Roger de). E. Fl. * XVe siècle. Inscrit, en 1470-80, sur les registres de la confrérie de Saint-Luc, à Bruges.

Rue (L. Félix de la). E. Fr. 1750 (?). PARIS. Paysage, marine, sujets militaires, etc. = Elève de Ch. Parrocel ; agréé à l'Académie. = Dessinateur et graveur à l'eau-forte.

Rue (les Van Straaten, dit de la). V. Straaten (Van).

Rueda (Gabr. de). E. Es. † 1641. Histoire. = Nommé peintre du chapitre de Tolède, en 1633 ; séjourna à Grenade.

Ruel (Jean-Baptiste). E. Al. * 1680. ANVERS. Histoire, portrait. = D'origine flamande, il était né avec des aptitudes remarquables pour tous les arts ; il fut d'abord élevé pour la musique, et y réussit si bien, qu'il s'attira la protection de l'archevêque de Mayence, Charles-Henri de Metternich. Celui-ci devint son Mécène et lui fit étudier la peinture. Travailla à Heidelberg, à Mayence, à Wurzbourg ; établi dans cette dernière ville Travailla de 1668 à 1715. = Tableaux, Wurzbourg.

Ruelles (P. de). E. H. † 1658. ANVERS (?). Détails inconnus.

Ruet. E. Fr. * XVIIe siècle. Histoire (?). = Elève de Cl. Henriot ; vivait à la cour de Charles III, duc de Lorraine.

Rufo (don Joseph Martin). E. Es. * XVIIIe siècle. MADRID. Histoire, portrait. = Etudia dans sa ville natale.

Rugendas (George-Philippe). E. Al. 1666

1742. AUGSBOURG. Batailles et paysage. = Elève d'I. Fischer; eut un accident à la main droite et s'habitua à peindre de la main gauche; à Vienne, où il se rendit, il recouvra l'usage de sa main droite; résida à Venise, en 1692, y fut élève du Molinaro; étudia à Rome, et revint se fixer dans sa ville natale; pendant le siège d'Augsbourg, Rugendas s'exposa au feu afin d'étudier de plus près les effets des boulets et de toutes les horreurs d'un assaut. = Cavaliers sur un champ de bataille, Dresde. — Scènes de batailles, Vienne. — Siège d'une ville forte, Berlin. — Le camp, *ib.* — Sept tableaux, Brunswick. — Siége de Wismar, Copenhague. = Dessin ferme et correct; génie abondant; composition pleine de feu et pourtant sage; faire facile; couleur séduisante; ce peintre a eu trois manières : la dernière est la meilleure. Graveur.

Rugendas (Jean-Laurent), arrière-petit-fils de George-Philippe. E. Al. 1775-1826. AUGSBOURG. Batailles. = Directeur de l'Académie d'Augsbourg. = Graveur.

Rugendas (Maurice), fils de Jean-Laurent. E. Al. ' XIXe siècle. AUGSBOURG. Paysage.

Rugeri. E. I. ' 1475. Histoire. = Détails inconnus = Saint Jérôme, avec volets, Berlin (Signé : *Sumus Rugerii manus*).

Ruggieri (Antoine). E. I. ' 1660. Perspective, ornements et histoire. = Elève d'O. Vannini.

Ruggieri (Antoine-Marie). E. I. ' XVIIIe siècle. MILAN. Histoire. = Compagnon de travail et ami inséparable de Fr. Bianchi.

Ruggieri (Hercule), frère de Jean-Baptiste, dit **Ercolino de Bologne.** E. I. ' XVIIe siècle. BOLOGNE. Histoire. = Elève et imitateur de Fr. Gessi.

Ruggieri (Jean-Baptiste). E. I. ' XVIIe siècle. Histoire. = Elève de Fr. Gessi; accompagna son maître à Naples où on le conduisit sur une galère sous prétexte de voir cette ville: il fut enlevé sans que l'on sût jamais ce qu'il devint, et fut ainsi une nouvelle victime des persécutions que Caracciolí, Corenzio et Ribera faisaient souffrir à tous les peintres étrangers qui visitaient Naples. Une autre tradition assure qu'après son séjour à Naples il visita Bologne, puis alla s'établir à Rome où il mourut à trente-deux ans, dans les bras de Pierre de Cortone.

Ruggieri (Jérôme). E. I. 1662-1717. VICENCE. Histoire, paysage et batailles. = Florissait à Vérone.

Ruggiero (Ruggieri). E. I. ' XVIe siècle. BOLOGNE. Histoire, portrait. = Accompagna le Primatice en France et aida cet artiste à peindre la galerie de Fontainebleau. = On croit qu'il a gravé.

Ruisch ou **Ruysch** (Anna). E. H. ' 1685. Fleurs et fruits. = On croit qu'elle fut parente de Rachel Ruisch.

Ruisch ou **Ruysch** (Frédéric). E. H. 1638-1731. LA HAYE. Fleurs et fruits. = M. Kramm tient pour certain que ce célèbre professeur d'anatomie et de botanique, père de Rachel Ruisch, a cultivé la peinture dans le même genre que sa fille.

Ruisch (Rachel). V. Ruysch.

Ruisdael (Isaac van), frère de Salomon. E. H. † 1677. NAARDEN. = En 1642, il fit partie d'une assemblée provoquée par la gilde des peintres dont il était membre, peut-être seulement en qualité de marchand de tableaux et de fabricant de cadres. La même année, il épousa en secondes noces Barbe Hoevenaers, de Haarlem. On croit qu'il appartint d'abord à la secte des Mennonites et qu'il quitta celle-ci puisqu'il fit baptiser, en 1660, sa fille Marie âgée de 17 ans. Son fils, le célèbre Jacques, né du premier mariage, vint au secours de son père dans la détresse; c'est ce qui est prouvé par une pièce de 1668. Houbraken et Vincent Laurent Van de Vinne s'accordent à faire d'Isaac un fabricant de cadres.

Ruisdael (Jacques), le Vieux, fils d'Isaac. E. H. † 1682. HAARLEM (?). Paysage, cascade, marine, vues de ville. = On ne sait rien de sa jeunesse, sinon qu'en 1648 il fut inscrit dans la gilde des peintres à Haarlem. Houbraken a prétendu qu'il commença par être médecin, ce que rien n'est venu prouver; en tous cas son nom ne se trouve point sur la liste des praticiens de Haarlem. Le nom de sa mère, première femme d'Isaac, est resté ignoré; on ne sait même pas authentiquement le lieu de sa naissance dont la date est inconnue. On ignore de même le nom de son maître qu'aucuns disent être Al. Van Everdingen. Houbraken dit encore que Ruïsdael ne se maria jamais pour mieux pouvoir se consacrer à son vieux père toujours malade. Ce qu'il y a de certain, c'est qu'il prêta à celui-ci des sommes assez fortes puisqu'Isaac lui abandonna en retour, en 1668, tous les objets mobiliers qu'il pouvait posséder encore. Jacques habitait alors Amsterdam et c'est la même année qu'il y fut témoin au mariage de son illustre ami, Hobbema. En 1659, il y avait obtenu le droit de bourgeoisie. Il y a évidemment un mystère d'amertume dans la vie du grand peintre et cette sombre tristesse se reflète dans beaucoup de ses œuvres. Le second mariage de son père fit-il perdre à celui-ci la position aisée qu'Houbraken lui fait occuper et à laquelle il attribue l'excellente éducation donnée à Jacques? Le chan-

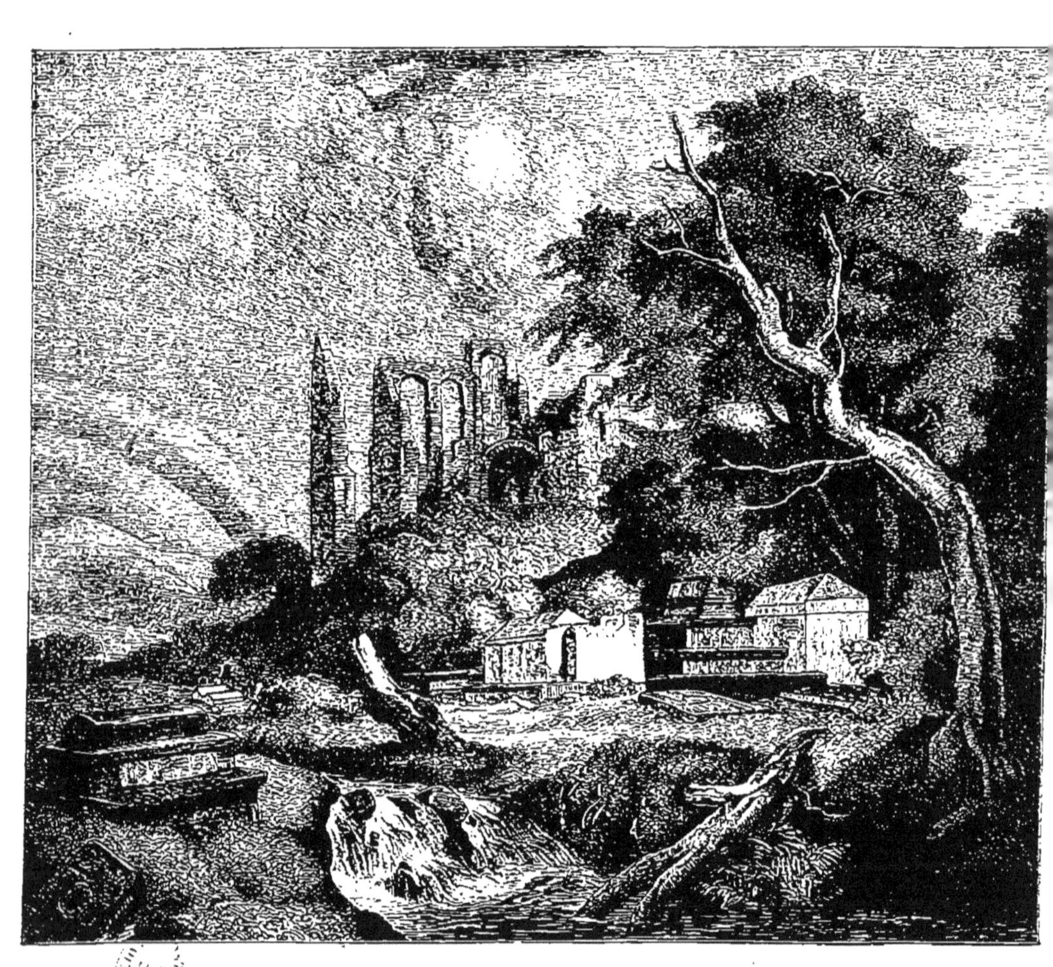

Le cimetière Juif. Tableau par Jacques Ruysdael. Galerie de Dresde.

gement de religion de la famille auquel le fils aîné ne participa point, son bien consacré à secourir son père, et, une vie probablement des plus tristes que ne compensa jamais la justice rendue à son génie méconnu de son vivant, amenèrent une vieillesse pauvre qui provoqua l'intervention de ses frères Mennonites. En effet, en 1681, ceux-ci sollicitèrent du bourgmestre de Haarlem une place dans l'hospice de cette ville pour l'infortuné grand homme, s'engageant à payer sa pension. Jacques y mourut bientôt après et fut enterré le 14 mars 1682. = Une forêt coupée par une rivière (Animaux de Berchem), (Chef-d'œuvre), Paris. — Paysage, village près d'un bois, *ib.* — Vaste campagne éclairée par un coup de soleil (Figure de Ph. Wouwerman), *ib.* — Une tempête, *ib.* — Deux paysages, *ib.* — Une cascade, La Haye. — Un rivage, *ib.* — Vue de la ville de Haarlem, (Chef-d'œuvre), *ib.* — Une cascade (Chef-d'œuvre), Amsterdam. — Vue prise à Wyk, *ib.* (Musée V. D. Hoop). — Le moulin à eau, *ib.* — Deux cascades, *ib.* — Paysage montagneux avec cascade : le château de Bentheim, *ib.* — Paysage : une bourrasque, Florence. — Le bosquet, Madrid. — Bosquet près d'un lac, avec figures, *ib.* — Paysage avec deux chaumières et cascade, (Chef-d'œuvre), Berlin. — Paysage : une pièce d'eau et figures, *ib.* — Marine : mer légèrement agitée avec vaisseaux, *ib.* — Paysage avec une pièce d'eau, Vienne. — Paysage : le passage du lac, *ib.* — Paysage, *ib.* — Paysage avec une pièce d'eau, Bruxelles. — Paysage, avec figures et animaux, *ib.* (Animaux d'A. Van de Velde). — Paysage : le cimetière des juifs, (Chef-d'œuvre), Dresde. — Paysage avec figures et animaux, *ib.* — Chute d'eau, *ib.* — Paysage connu sous le nom de : La Chasse (Figures d'A. Van de Velde). (Chef-d'œuvre), *ib.* — Paysage, au fond un village, *ib.* — Paysage : le chateau de Bentheim, *ib.* — Paysage : le cloître, (Chef-d'œuvre), *ib.* — Et autres, *ib.* — Paysage : cascade, Munich. — Paysages, *ib.* — Paysage, approches d'un orage, (Chef-d'œuvre), *ib.* — Cascade formée par deux torrents, *ib.* — Deux chutes d'eau, Brunswick. — La ferme sous le chêne, Anvers. — La vallée : Vue du chateau de Bentheim, Rotterdam. — Paysage accidenté; le champ de blé, *ib.* — Route dans la forêt, *ib.* — Paysage : une cascade, Londres. — Même sujet, *ib.* — Le moulin à vent, *ib.* (Buck. Pal.). — Plusieurs paysages, Saint-Pétersbourg. — Un torrent d'automne, Copenhague. — Le torrent, *ib.* — La mare, *ib.* — Le taillis de chênes, *ib.* — Les deux tours, Lille. — Entrée de forêt, Nancy (Signé et daté de 1649). = Tons chauds. Touche décidée, feuillé très naturel. Wouwerman a peint des figures dans ses paysages, ainsi que Berchem et Van de Velde. Dessin admirable dans la partie du paysage, gradation de la perspective aérienne, ombres et lumières rendues avec une inimitable perfection; ses animaux et ses figures sont faiblement dessinés. Graveur. L'esprit poétique et la vive imagination de Jacques Ruisdael se plaisaient souvent à retracer les sites les plus sauvages, des paysages couverts de rochers ou de forêts, des chutes d'eau bouillonnante et s'échappant avec fracas des fentes du roc, des rivières ou des mers agitées par la tempête; des arbres déracinés par l'ouragan, ou bien encore quelques tombeaux au milieu d'une campagne muette et déserte, tout ce qui fait rêver, tout ce qui porte à la mélancolie. Son génie, lui a mérité le nom de Salvator Rosa du Nord. = Ventes : V. Choiseul (1772), *Entrée au bois*, 900 liv. — V. La Roque (1775), Deux paysages, 120 liv. — V. Bertels (1779), *Cascade dans un bois*, 455 fl. — V. Robit (1801), *Une cascade*, 3,200 fr. — V. Lapérière (1823), *Forêt avec un marécage*, 7,300 fr. — V. Duchesse de Berry (1837), *Le grand chêne*, 3,650 fr. — V. Fesch (1845), *Le torrent*, 5,886 fr. — Même vente, *Cascade*, 5,000 fr. — Même vente, *Entrée de bois*, 7,000 fr. — V Guillaume II (1850), *Paysage*, avec Van de Velde, 12,900 fl. — V. Patureau (1857), *Vue de Haarlem*, 9,700 fr. — V. Stolberg (1859), *Chute d'eau*, 7,800 thalers. — V. Van den Schrieck (1861), *Le torrent*, 38,000 fr. — V. Scarisbrick (1861), *Paysage*, 32,812 fr. — V. Le Roy d'Etiolles (1864), *Le champ de blé*, 2,700 fr. — V. Demidoff (1863), *Paysage*, avec figures de Wouwerman, 8,000 fr. — V. Meffre (1863), *Cascade*, 11,500 fr. — V. Van Cleff (1864), *Cascade, site de Norwège*, 8,500 fr. — V. Oppenheim (1864), *Paysage avec cascade*, figures de Wouwerman, 38,060 fr. — V. Van Brienen de Grootelindt (1865), *Vue d'une écluse en Hollande*, 12,000 fr. — *Vue du château de Bentheim*, 26,000 fr. — *Paysage*, 10,100 fr. — *Mer houleuse*, 4,900 fr. — V. de Morny (1865), *Paysage*, 30,100 fr. — *Paysage avec ruines*, 6,800 fr. — *Le torrent*, 12,500 fr. — V. H. De Kat (1866), *Le lac de Haarlem*, 5,700 fr. — *La cascade*, 4,000 fr. — *Vue d'Amsterdam*, 2,650 fr. — *Le vieux marché au poisson*, à Amsterdam, 2,350 fr. — V. Salamanca (1867), *Entrée d'une forêt*, 15,400 fr. — *Paysage*, 3,600 fr. — *Le petit abreuvoir*, 7,000 fr. — V. San Donato (1868), *Les dunes de Scheveningue*, 60,000 fr. — V. Stevens (1867), *La mare*, 6,000 fr. — *Paysage*, 3,400 fr. — V. Pereire (1872), *Le château*, 47,000 fr. — *Chute d'eau*, 40,000 fr. — *Blanchisserie d'Overveen*, 5,550 fr. — *La mare dans le bois*, 3,100 fr. — *La cascade* 6,000 fr. — V. Lissingen (1876),

Chute d'eau, 15,100 fr. — *Le sentier*, 29,100 fr. — *Effet de neige*, 11,960 fr.

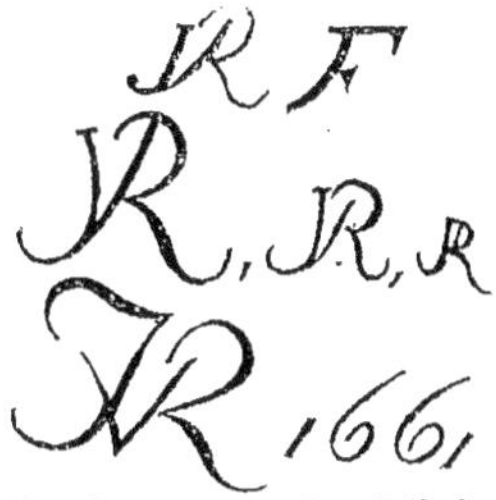

Ruisdael ou **Ruysdael** (Salomon van), frère d'Isaac). E. H. † 1670. HAARLEM. Paysage et marines. = Élève ou imitateur de J. Van Goyen. On croit qu'il naquit en 1605. Reçu, en 1623, dans la corporation des peintres à Haarlem. En 1642, une requête y fut adressée aux doyens et vinders de Saint-Luc pour s'opposer aux ventes et fréquentes criées de tableaux. On résolut d'inviter tout le corps des artistes peintres, graveurs et marchands d'objets d'art à assister aux délibérations sur cette requête. Parmi les noms se trouvent ceux d'Isaac et de Salomon Ruysdael qui s'opposèrent à l'objet de la requête. Deux ans auparavant, en 1640, une vente semblable est notée sur les registres de Saint-Luc comme ayant été tenue par les *frères Ruysdael*. En 1647, Salomon est inscrit comme *vinder*, en 1648, comme doyen de Saint-Luc, *Vinder*, une seconde fois, en 1669; inscrit, la même année, dans la secte des anabaptistes. Mort à la fin de 1670; son enterrement est noté au 3 novembre. Un des monogrammes donné par Brulliot et copié par beaucoup d'autres auteurs doit être ou faux ou mal rendu; en effet il porte la date de 1673, alors que Salomon était décédé depuis trois ans. = Paysage plat avec un village, Dresde. — Pièce d'eau et pêcheurs, *ib.* — Paysage, avec figures et animaux, (Chef-d'œuvre), Munich. — Vue d'un canal, Berlin. — Canal bordé de saules, *ib.* — Un village près d'un canal, *ib.* — Eau calme, Anvers. — Rivière, avec navires, Rotterdam. — Village au bord d'une rivière, Copenhague. = Manière de son maître, coloris trop jaune; composition souvent confuse; rarement il approche de la vigoureuse couleur de son frère; exécution ferme et sûre. = Ventes : V. Stolberg (1859), *Une auberge*, 298 thalers. — V. H. De Kat (1866), *Le bac*, 1,500 fr. — V. Lissingen (1876), *Site hollandais*, 5,080 fr.

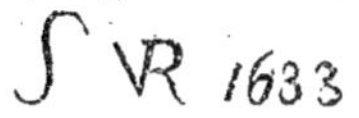

Ruisdael (Jacques), le Jeune, fils de Salomon. E. H. † 1681. HAARLEM (?). = Inscrit dans la gilde de Saint-Luc, à Haarlem, en 1664; épousa la même année Gertrude Van Ruisdael d'Alkmaar. S'établit à Amsterdam, en 1666, s'y remaria avec Anne Colyns dont il eut quatre enfants et alla mourir à Haarlem un peu avant son célèbre cousin et homonyme. On comprend quelles difficultés cette similitude de noms a dû jeter dans l'histoire des Ruisdael; de plus, les deux parents accomplirent les mêmes pérégrinations presque aux mêmes époques et moururent à peu de distance l'un de l'autre. C'est Jacques, le Jeune, qui eut, un an après son premier mariage, des démêlés d'une nature assez scandaleuse, avec sa servante, Sara Harmens. Celle-ci fut, du reste, déboutée de ses prétentions reconnues calomnieuses, paraît-il, et menacée de la maison de correction. Jacques II était également Mennonite, car, peu après sa mort, sa veuve, Anne Colyns, demanda le baptême réformé pour ses quatre enfants en ayant été empêchée jusqu'alors par leur père mennonite. La question la plus grave est maintenant de savoir si Jacques II fut peintre, ce qui est probable, et, en ce cas, quelles sont les œuvres qu'il aurait à revendiquer. Nous craignons qu'il soit bien difficile, sinon impossible, d'arriver à un résultat satisfaisant.

Ruisscher (J.). E. H. ' 1650. HOLLANDE. Paysage et chutes d'eau. = Détails inconnus. = Graveur.

Ruiter (de). E. H. ' 1820. Genre. = Détails inconnus. = La cuisinière, Amsterdam.

Ruiz (Antoine). E. Es. ' 1554. Histoire. = Élève de L. de Vargas; travailla avec Ant. d'Arfan, à Séville.

Ruiz (Jean-Sauveur). E. Es. ' 1671. = Élève de l'Académie de Séville et l'un de ses soutiens.

Ruiz (Pierre). E. Es. ' XVe siècle. CORDOUE (?). Histoire. = Détails inconnus. = Le Rédempteur lié à une colonne; devant lui saint Pierre à genoux, revêtu des ornements épiscopaux, Dresde. (Ce tableau porte l'inscription suivante en lettres gothiques : *I esta · pieca · dexo · pero · ruiz guarnicioner'o · q · dios · perdone · en · gloria · y · alavanca · de · dios · m · o · senor · y · de · su · gloriasa · (sic) · madre.* (Le rédacteur du catalogue fait observer que le mot *dexo* (fundavit) ferait plutôt croire que Pedro Ruiz n'a pas été peintre, mais bien le donateur du tableau, d'autant plus que *guarnicionero* désigne à peu près ce que nous nous nommons *sellier*.)

Ruiz César (Barthelemy). E. Es. ' 1671. = Concourut à l'établissement de l'Académie de Séville.

Ruiz de la Iglesia (François-Ignace).

E. Es. † 1704. MADRID. Histoire, portrait. = Elève de Fr. Camilo, puis de J. Careno; ami de J. de Cabezalero; il eut le malheur de se former d'après les ouvrages de Donoso; il fut pourtant nommé peintre de Philippe V, en 1689. = Style dur et affecté.

Ruiz Gixon (Jean-Charles). E. Es. * 1677. Histoire. = On le croit élève de Fr. Herrera, le Jeune. Vivait à Séville. = Goût sévère, pinceau brillant et hardi.

Ruiz Gonzales (Pierre). E. Es. 1633-1709. MADRID. Histoire, genre. = Elève de J. A. Escalante, puis de J. Careno. Son talent lui fit faire une grande fortune quoiqu'il n'eût commencé à peindre qu'à l'âge de 30 ans. = Flagellation, Paris. — Portement de croix, *ib.* = Ses esquisses se distinguent par la grâce et le coloris.

Ruiz Sariono (Jean). E. Es. 1701-1763. HIGUERA DE ARACENA. Histoire. = Elève d'A. M. de Tobar, son cousin, à Séville. Mort dans cette ville. = Coloris sec et dur, dessin incorrect.

Rumeau (Jean-Claude). E. Fr. * 1815. PARIS. Genre, portrait, aquarelle et miniature. = Elève de David et d'Isabey. = Charlemagne reçoit l'ambassade d'Haaroun-al-Raschid — La barbe-bleue.

Rumilly (Victorine-Angélique-E. GENÈVE, Mme). E. Fr. 1799. GRENOBLE. Genre et portrait, = Elève de Regnault. = Vénus et l'Amour. - Sainte Famille.

Rummelhoff (Ch.). E. Al. 1844. ARENDAL. Paysage. = Matinée d'automne.

Rummelspacher (Joseph). E. Al. 1852. BERLIN. Paysage.

Rummen ou **Ruremonde** (Jean de). E. Fl. * 1486. RUREMONDE. Histoire. = Peignit, en 1486, un tableau et un retable pour l'église de Léau. D'après M. Piot, ce tableau existerait encore et serait une *Descente de croix* attribuée à Otto Venius.

Rump (G.). * 1858. Paysage. = Peintre danois. = Tourbière de Frederiksborg, Copenhague. — Matinée dans une forêt, *ib.* — Cours d'eau dans la forêt de Sœbygaard, *ib.* — Les récifs de Skærgaard, *ib.* — Forêt de Sœbygaard, *ib.* — L'Urefoss, chute de torrent. *ib.*

Rumpf (Philippe). E. Al. 1831. FRANCFORT SUR LE MEIN. Genre. = Dames au parc. — La mère et l'enfant.

Runciman (Alexandre). E. An. 1736-1785. EDIMBOURG. Histoire. = Etudia à Glascow; en Italie, puis s'établit en 1773 à Edimbourg où il exécuta de grands travaux. = Ossian. — L'enfant prodigue. = Graveur.

Runciman (Joseph), frère d'Alexandere. 1744. EDIMBOURG. Histoire. = Suivit son frère en Italie; mourut jeune; promettait de devenir un bon artiste. = Le roi Lear. = Graveur.

Rundt (Charles-Louis). E. Al. * 1839. Architecture, paysage. = Elève de Begas.

Runge (Philippe-Othon). E. Al. 1776-1810. Histoire. = Les quatre parties du jour.

Runk (Ferd.). E. Al. 1746-1834. FRIBOURG (Brisgau). Paysage. = Peintre du duc de Schwarzenberg. = Paysage tyrolien, Vienne. = Connu spécialement par une série de huit tableaux dans lesquels il représenta le système de la nature depuis les côtes de la mer jusqu'aux sommets des montagnes les plus élevées.

Ruoppoli (Jean-Baptiste). E. I. † 1685 (?). Animaux, fleurs, fruits, nature morte. = Elève de P. Porpora. = Supérieur à son maitre dans l'exécution des fruits.

Rupe (Cyprien). E. Fl. * XVe siècle. = Inscrit, en 1470-80, sur les registres de Saint-Luc.

Rupprecht (Frédéric). E. Al. 1779-1831. OBERZEUN (Bavière). Paysage. = Graveur et architecte.

Ruprecht (Jean-Chrétien). E. Al. 1600-1654. NUREMBERG. Portrait. = Détails inconnus. = Le Martyre de 10,000 chrétiens, d'après A. Dürer, Vienne.

Ruschi (François). E. I. * 1640. ROME. Histoire, genre. = Travailla à Vicence, Trévise et Venise. = Manière expressive se rapprochant de celle du Caravage.

Rusconi (Camille). E. I. 1658-1728. MILAN. = Détails inconnus.

Russ (Charles). E. Al. 1779-1843. VIENNE. Histoire. = Hécube pleurant ses enfants, Vienne. — Tirésias.

Russ (Léandre), fils de Charles. E. Al. 1809. VIENNE. Histoire. = Episode du siége de Vienne par les Turcs, Vienne.

Russell (John). E. An. 1744-1806. GUILFORD. Portrait. = Membre de l'Académie royale; excella dans les portraits aux crayons de couleur. Il écrivit un Traité sur l'emploi des crayons.

Russell (Théodore). E. An. 1614. Portrait, etc. = Portraits d'inconnus d'après Van Dyck, Londres (Hamp. Court). — La tête de Cyrus reçue par la reine Thomyris, *ib.*

Russi (Jean de). E. I. * 1455. MANTOUE. Miniature. = Coloria la bible d'Este, pour Borso, duc de Modène.

Russo (Jean-Pierre). E. I. † 1667. Histoire. = Florissait à Capoue, où ses ouvrages étaient recherchés.

Rust (Robert). E. Al. 1847. VIENNE. Paysage. = Elève de Zimmerman. = Château de Heidelberg, Berlin.

Rustfn (O.). E. Al. 1850. District de Sondmor. Genre. = De vive voix et par écrit.

Rustichino. V. Rustici.

Rustici (Gabriel). E. I. ' 1511. Histoire, portrait. = Elève du Frate.

Rustici (Jean-Franç.), dit **Rustichino.** E. I. † 1625. Histoire. = Visita Rome; étudia le Guide, les Carrache et ne produisit que de bons ouvrages. Mort jeune. = La peinture et la poésie, Florence. — Mort de la Madeleine, *ib.* = Style du Caravage; excella dans les effets de lumière.

Rustici (le). E. I. ' XVIe siècle SIENNE. Histoire, grotesques. = Elève de Sodona. Il eut un fils, Christophe, qui hérita de son talent. = Excella dans les grotesques.

Rustici (Vincent). E. I. ' XVIIe siècle. Histoire. = Elève d'A. Casolano. Le moins célèbre de la famille des Rustici.

Rustige (Henri Fr.G.von).E.Al.1810.WERL (Westphalie). Histoire, genre, paysage.=Elève de Schadow. = La prière, Berlin. — Le duc d'Albe au château de Rudolfstadt, Stuttgart.

Ruta (Clément). E. I. 1668-1767. PARME. Histoire, portrait. = Elève de Spolverini et de C. Cignani; suivit l'infant Charles de Bourbon à Naples; devint aveugle à la fin de sa vie.

Ruthard (Charles). E. Fl. (?). ' 1666. ALLEMAGNE (?). Chasses, etc. = Reçu franc-maître de Saint-Luc, à Anvers, en 1663-64. Inscrit sous le nom de Carlo Routtart. On croit qu'il était d'origine allemande. On sait qu'il visita l'Italie entre 1660 et 1680. = Chasse à l'ours, Paris. — Animaux au repos, Florence. — Combat de bêtes sauvages, *ib.* — Chasse au cerf, Vienne. — Même sujet, Berlin. — Combat d'ours et de chiens, *ib.* — Ulysse et Circé, Dresde (Figures de Daniel (?) Heinz). — Cerfs et grues, *ib.* — Cerfs et chiens, *ib.* — Chiens et ours, *ib.* = Très habile dans le genre qu'il avait adopté; composition spirituelle, dessin excellent, beaucoup de mérite; coloris souvent froid et lourd; exécution très soignée. Bon graveur.

Ruthards (André). E. Fl. ' 1600. Histoire. = Il travailla à Rome et l'on croit qu'il entra plus tard dans un couvent de Célestins. = Quelques biographes lui donnent, par erreur, le nom d'André Ruschardt.

Ruths (J. G. V.). E. Al. 1825. HAMBOURG. Paysage. = Paysages des environs de Rome.

Rutten (Jean). E. H. 1809. DORDRECHT. Intérieurs de ville et d'église. = Elève d'A. Van Stry dont il épousa la petite-fille et de G. A. Schmidt.

Ruwersma (Wessel Pieters). E. H. 1750-1827. KOLLUM (Frise). Paysage, portrait. = Se forma sans maître. Mort à Buitenpost.

Ruviale (François), dit **Polidorino.** E. Es. † 1550 (?). ESPAGNE. Histoire. = Elève du Salviati et de Polidore Caravage; employé par Vasari. Lanzi pense qu'il y eut deux Ruviale, tous deux Espagnols, l'un élève du Salviati et l'autre de Polidore.

Ruyr. E. Fr. ' 1387. = Ce nom se trouve inscrit sous les belles verrières de l'église des Bénédictins à Flavigny.

Ruys (Melchior). E. H. ' XVIe siècle. = Reçu dans la confrérie de Saint-Luc, à La Haye, en 1614.

Ruysch ou **Ruisch** (Rachel), fille de Frédéric et femme de Juriaan Pool. E. H. 1664-1750. HAARLEM. Fleurs et fruits. = Elève de Guillaume Van Aalst. Elle épousa le portraitiste Juriaan Pool en 1695. Reçue dans la corporation des peintres à La Haye, en 1701, la même année que son mari. Protégée particulièrement par l'Electeur Palatin qui la nomma peintre de sa cour en 1708. Elle eut dix enfants, et, sans oublier ses devoirs de mère, elle voua un culte constant à l'art. Elle peignit jusqu'à un âge très avancé: plusieurs poètes ont célébré les vertus et les talents de cette femme célèbre. = Bouquets de fleurs (Deux tableaux), La Haye. — Fleurs et insectes, Amsterdam. — Deux tableaux de fleurs, *ib.* (Musée V. D. Hoop). — Même sujet plus petit, *ib.* — Deux tableaux de fleurs, Londres (Kensington). — Fleurs, Florence. — Fruits, *ib.* — Fleurs et insectes, Vienne. — Même sujet, Berlin. — Fleurs et insectes. Dresde. — Fruits, lézard et cerf-volant, *ib.* — Fleurs dans un vase de verre, *ib.* — Fleurs, fruits, insectes, Munich. — Sept tableaux, Cassel (Château de Wilhelmshöhe). — Tronc d'arbre entouré de fleurs, etc. Rotterdam. — Deux tableaux de fleurs, Lille. (Le second est signé: Rachel Ruysch, Æ 83. 1747. Ce doit être une des dernières toiles de l'artiste). = Fermeté extraordinaire, ordonnance riche et variée, pinceau spirituel, effet piquant, talent des plus remarquables. = Ventes : V. Allard de la Court (1766), *Vase avec fleurs*, 1,015 fl. — V. Boreel (1814), *Le bouquet*, 570 fl. — V. d'Hane de Steenhuyse (1860), *Fleurs, fruits, insectes*, 1,450 fr. — V. de Morny (1865), *Fruits dans un vase, oiseaux, insectes*, etc., 1,200 fr. — V. de Rhodes (1868), *Plantes, fleurs et fruits*, 1,050 fr. V. Stevens (1867), *Bouquet de fleurs*, 4,450 fr. — *Bouquet de fleurs*, 1,150 fr.

Ruyten (Jean-Michel). E. Fl. 1813-1881. ANVERS. Genre, histoire, intérieurs de ville. = Elève d'I. Van Regemorter et de G. Nuyen. = Promenade sur l'eau. — La sortie de l'école. = Graveur.

Ruytenschildt (Abraham-Jean). E. H. 1778-1841. AMSTERDAM. Genre, paysage. = Elève de J. Andriessen et de P. Barbiers. = La petite fileuse. — Vue près d'Amsterdam.

Ruyter (Jean de). E. H. (?) * 1810. Genre, portrait.

Ruyven (Pierre Van), E. H. 1651-1716. LEYDE. Histoire. = Elève de Jacques Jordaens. Il peignit l'arc de triomphe lors de l'entrée de Guillaume III, d'Angleterre, à La Haye. = Grande facilité, composition fougueuse.

Ry (de). V. Danckerts de Ry.

Ryck (Pierre-Corneille Van). E. H. † 1628. DELFT. Intérieurs, paysage, cuisines. = Elève de H. Jacobs ; accompagna son maître en Italie et fut employé par les princes et les grands dignitaires de ce pays, où il resta quinze ans. A son retour, il s'occupa à Haarlem. Mort à Delft. = Peignit beaucoup à fresque.

Ryckaert (David), le Vieux. E. Fl. 1560. ANVERS. Figures, animaux. = Reçu franc-maître de Saint-Luc, à Anvers, en 1585. Il est inscrit dans la corporation avec le titre de brasseur. En 1586, il se fit inscrire dans la caisse des secours mutuels. En 1589, il se maria à l'église catholique avec Catherine Rem appartenant à une famille d'artistes ; les époux étaient tous deux des protestants convertis et étaient unis déjà d'après la communion protestante. = Sa spécialité était d'étoffer les tableaux des autres peintres.

Ryckaert (David), le Jeune, fils de David, le Vieux. E. Fl. 1586-1642. ANVERS. Paysage. = Reçu franc-maître, en 1607. Sa fille aînée épousa Gonzales Coques. En 1619, il fut reçu dans la chambre de rhétorique en même temps que son frère Martin. = Excella à représenter les sites montagneux et les torrents.

Ryckaert (David), le troisième, fils de David, le Jeune. E. Fl. 1612-1661-62. ANVERS. Paysage avec figures, diableries, genre, etc. = Elève de son père ; reçu franc-maître de Saint-Luc, en 1636, il en fut doyen en 1652. Il fut honoré de la protection de l'archiduc Léopold-Guillaume, gouverneur général des Pays-Bas catholiques. Ses études d'après Teniers, le Jeune, Brauwer et Van Ostade perfectionnèrent grandement son talent et lui obtinrent beaucoup de commandes. = Un chimiste, Bruxelles. — Tentation de saint Antoine, Florence. – Foire de village, Vienne. — Sorcière et lutin, *ib.* — Fête villageoise, Anvers. — Famille de paysans, Dresde (Signé : D. Ryckaert. 1639). — Même sujet (Signé : D. Ryckaert; 1642). (Le catalogue de Dresde donne encore à cet artiste deux tableaux de nature morte, dont l'un est signé : D. Ryckaert 1699. C'est évidemment une fausse signature puisque les registres authentiques d'Anvers donnent le paiement de la dette mortuaire de Ryckaert en 1661-1662, à moins qu'il n'y ait eu encore un artiste du même nom, peignant la nature morte et postérieur à David, le troisième. Le fils aîné de ce dernier, né à Anvers, en 1649, portait également le prénom de David, mais aucun document ne dit qu'il fût peintre). — L'atelier d'un cordonnier, Amsterdam. — Le fumeur, Rotterdam. — Réjouissance au cabaret, Copenhague. — Repas de fête chez le paysan, *ib.* — Le concert de famille, *ib.* — Vieille femme, St-Pétersbourg. — Homme assis, *ib.* (pendant). = Ses tableaux de diableries sont les plus estimés. Son coloris, d'abord trop gris, devint chaud et agréable. Ses têtes sont bien dessinées et pleines d'animation ; s'approcha assez souvent de Teniers ; excellait dans les effets de lumière. = Ventes : V. Van Brée (1741), *Intérieur rustique*, 121 fl. — V. de Steenhout (1758), *Intérieur*, 233 fl. — Vente à Anvers (1767), *Scène rustique*, dix-sept figures, 305 fl, — V. Baillie (1862), *Fête Villageoise*, 1,705 fr. — V. Hartmann (1873). *Le peintre montrant à l'archiduc Léopold-Guillaume sa propre collection de tableaux*, 4,150 fr. = N. B. Il ne sera pas inutile de faire remarquer que les tableaux de ce peintre ont été souvent débaptisés et jetés dans la circulation sous le nom d'artistes célèbres, notamment de Teniers.

R Fecit

Ryckaert (Mart.), fils de David, le Vieux. E. Fl. 1587-1631. ANVERS. Paysage. = Reçu dans la corporation de Saint-Luc, à Anvers, en 1611 ; il est inscrit comme *n'ayant qu'un bras*. Reçu dans la chambre de rhétorique, en 1699. Van Dyck peignit son portrait. D'après Bryan Stanley, il aurait été élève de Tobie Verhaeght qui, du reste, était lié avec sa famille, et il aurait aussi passé quelques années en Italie. = Genre de de Momper ; beaucoup de goût ; pinceau facile ; on dit que Breughel de Velours étoffa parfois ses tableaux.

Ryckaert (Paul), fils de David, le Vieux. E. Fl. 1592-1649-50. ANVERS. = Reçu comme fils de maître en 1618-19. On ne connaît pas le genre dans lequel il a travaillé.

Ryckaert (Frédéric). E. Fl. * XVIe siècle. Histoire. = Reçu franc-maître de Saint-Luc, à Anvers, en 1550. Il exécuta, en 1570-71, un grand tableau pour le maître-autel de l'église de Saint-Jacques.

Ryck ou **Ryke** (Guillaume de). E. Fl. 1635-1697. ANVERS. Histoire, portrait. = Reçu franc-maître de Saint-Luc, à Anvers, en 1673-1674. Il abandonna son état de joaillier pour s'adonner à la peinture, et visita Londres où il mourut. Il ne fut jamais qu'un peintre médiocre. Toutefois, dans un opuscule de 1685, par Pierre-François de Smedt, il est traité « d'excellent peintre » à propos d'un arc de triomphe qu'il peignit pour le jubilé religieux qui eut lieu cette année. Graveur.

Rycke ou **Ryckx** (Nic.). E. Fl. 1637 (?)-1695 (?). BRUGES. Genre et paysage avec figures. = Son père se nommait Jean. Il voyagea en Orient et séjourna à Jérusalem et dans d'autres endroits de la Palestine d'où il rapporta beaucoup de vues très bien dessinées. En 1667, il fut reçu dans la corporation des peintres, à Bruges, et y remplit diverses charges. de 1671 à 1673. = Manière de Van der Cabel, mais plus claire et plus large; grande facilité de composition. Beaucoup de fouge dans le coloris; figures, chevaux et chameaux dessinés avec esprit.

Rycke (Bernard de). E. Fl. ' 1570. COURTRAI. Histoire religieuse. = Reçu franc-maître de Saint-Luc, à Anvers, en 1561. En 1589-1590, il fut un des quatre experts appelés pour évaluer le *Jugement dernier* que Raphaël Van Coxcie venait de terminer pour la ville de Gand; il avait été choisi par l'auteur du tableau avec Gilles Mostaert. Ce fait, authentique et sur lequel aucun doute n'est possible, est assez difficile à concilier avec l'annotation du registre aux enterrements de l'église Notre-Dame, à Anvers, où on lit :... « *Item, le 3 janvier* (1589) *Bernard de Rykere IX esc.* » Nous savons d'ailleurs par Van Mander que Bernard mourut à Anvers. = Notre Seigneur portant sa croix, Courtrai (Eglise Saint-Martin. — Décapitation de saint Mathieu, *ib.* = Manière agréable et moelleuse.

Rycke (Daniel de), le Vieux, frère de Jean. E. Fl. 1462. GAND. Histoire. = Elève de Nabur Martins; doyen de la corporation de Gand de 1462 à 1464; fit des peintures d'ornementation à Gand et à Bruges, une composition *à portraitures* pour Odwin de Ville, à Gand, en 1468; en 1469, un tableau de maître-autel à personnages pour l'oratoire des Augustins, à à Gand, et, en 1466, des peintures murales au refuge de Jean de Bourgogne (Evêque de Cambrai), à Gand. De Rycke, dont les œuvres furent détruites par les iconoclastes, passe pour avoir été un des peintres distingués du temps. Il appartenait à une des bonnes familles de Gand. On croit qu'il mourut en 1474.

Rycke (Jean de), frère aîné de Daniel, le Vieux. E. Fl. ' 1440. GAND (?). Histoire. = Emule de Hugues Van der Goes. Franc-maître à Gand, en 1432, et juré en 1449 et en 1451.

Rycke (Daniel de), le Jeune, fils de Jean. E. Fl. ' 1455. = Admis dans la corporation des peintres, à Gand, en 1455.

Rycke (Jacques-Zachée de). E. Fl. 1723-1792. BRUGES. Histoire, portrait. = Elève de M. de Visch et de Jean Gaeremyn. Professeur à l'Académie de sa ville natale. = Saint Luc, Bruges (Académie). — Portrait de Jean Van Eyck, d'après Michel Van Coxcie, *ib.*

Rycke (Servais de). E. Fl. ' XVe siècle. = Maître peintre à Gand, en 1422.

Rycker (A. de). E. Fl. ' 1591. Histoire, portrait. = Détails inconnus. = Deux portraits de donateurs, Anvers (Eglise Saint-Jacques. Volets d'un triptyque dont le milieu a disparu). — Deux volets avec revers : portraits de donateurs avec leurs patrons, *ib.* (Mus.). = Beaucoup de force; beau coloris.

Ryckevorsel (Jean Van). E. H. ' 1839. ROTTERDAM. Peinture sur verre et histoire religieuse. = Jésus-Christ donnant les clefs à saint Pierre — Adoration des mages.

Rycks (Corneille). E. Fl. ' XVe siècle. = Inscrit, en 1470-80, sur les registres de Saint-Luc, à Bruges.

Ryex (Jean). E. Fl. 1585-1643. BRUGES. = Détails inconnus. = Outre Paul, deux autres de ses fils sont inscrits parmi les peintres de l'époque. Mathias (1618-1649) et Nicolas (1637-1672). Ce dernier fut élu *vinder* de la corporation de Saint-Luc en 1670, puis gouverneur l'année suivante.

Ryex (Paul), le Vieux, fils de Jean. E. Fl. 1612-1668. BRUGES. Histoire. = On ne sait pas qui fut son maître. Reçu dans la corporation brugeoise, en 1635. = Saint Jérôme, Bruges (Eglise Saint-Sauveur. Signé : *P. rycx-fé* 1644).

Ryex (Paul), le Jeune). E. Fl. 1649-1690. BRUGES. = Il fut reçu dans la corporation des peintres de Bruges, en 1672, et y occupa successivement plusieurs charges. Doyen de 1676 à 1677.

Rydberg (Gustave F.). E. Al. 1835. MALMO (Suède). Paysage. = Paysages, Stockholm.

Rye (Egide de). E. Fl. ' 1600. Histoire, paysage, etc. = S'expatria et se rendit en Allemagne; habita Gratz et y fut au service du duc Charles Ier dont il décora le palais de fresques. = Sainte Catherine mise au tombeau, Vienne (Signé : *Æg. de Rije* 1597).

Rye (James de). E. H. 1809. HILVERSUM. Paysage et animaux. = Elève de J. Van Ravenswaay. = Paysage avec animaux, Haarlem. — Paysage avec animaux, Rotterdam. — Bœuf, vaches et moutons dans un paysage, *ib.*

Ryke (Guill. de). V. Ryck (de).

Rymsdyck ou **Remsdyke** (J. Van). E. H. 1765. HOLLANDE. Portrait. = Vécut quelques années à Bristol. Peintre médiocre. = Graveur.

Ryn (Rembrandt Harmensz Van). E. H. 1607-1669. LEYDE. Histoire, portrait, genre et

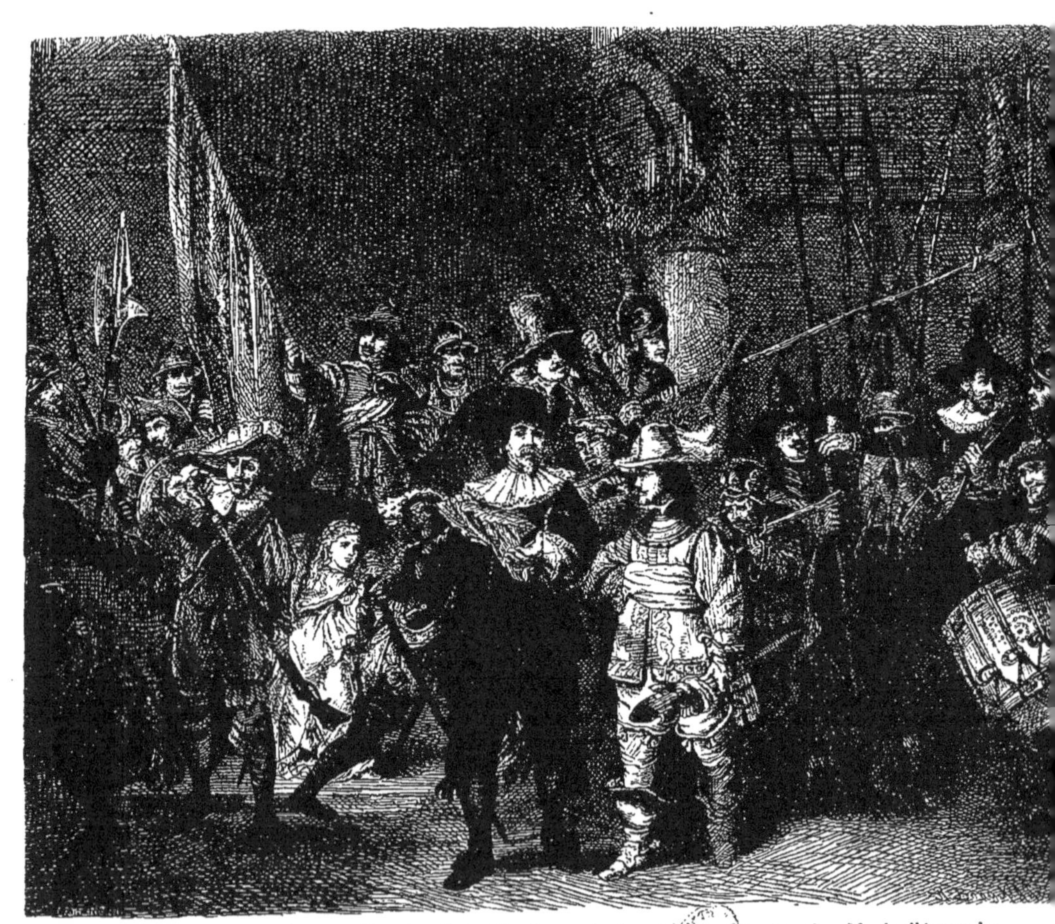

La sortie de la compagnie de Frans Banning Cock (dite La ronde de nuit). Par Rembrandt. Musée d'Amsterdam.

paysage. = Reçut pendant trois ans les leçons de Jacques Van Swanenburg, puis devint élève de P. Lastman, à Amsterdam. Il était fils de bourgeois aisés qui exerçaient la profession de meuniers. Ses dispositions se montrèrent de bonne heure et engagèrent ses parents à lui laisser suivre la carrière artistique; au sortir de l'atelier de Lastman, vers 1624 probablement, il revint à Leyde où il resta jusqu'en 1630; il s'établit alors à Amsterdam où il passa la plus grande partie de sa vie; il épousa en premières noces Saskia Van Uylenburg, fille du bourgmestre de Leeuwarden et en eut quatre enfants dont le dernier, Titus, atteignit seul l'âge adulte; sa seconde femme fut Henriette Jaghers, avec laquelle il se maria, croit-on, vers 1656; c'est du moins à cette date qu'il légitima l'enfant qu'il eut d'elle. Enfin il épousa encore Catherine Van Wyck dont il eut des enfants. Les dates de naissance et de mort du grand peintre ont été longtemps contestées; grâce à des documents authentiques, elles semblent enfin exactement connues. Comme la plupart des anciens peintres, Rembrandt a été l'objet des contes les plus absurdes; on l'a représenté comme possédé d'une insatiable soif de richesses, tandis qu'il consacrait sa fortune à s'entourer de précieuses collections artistiques, et que, par un second mariage, il renonçait volontairement à la fortune importante dont il jouissait du chef de sa première femme. Le fils que Rembrant eut de sa première femme, Titus Van Ryn, fut élève de son père, mais n'acquit acun talent et mourut à 27 ans, en 1668, peu de mois après son mariage avec Madeleine Van Loo qui mit au monde, après la mort de son mari, une fille nommée Titia. Celle-ci, née en 1669, épousa, à Slooten, en 1589, François Byler demeurant à Amsterdam. Comme beaucoup d'artistes, Rembrandt s'inquiéta assez peu de ses affaires. En outre ses admirables collections durent lui coûter de fortes sommes. C'est là qu'il faut chercher la cause de sa ruine. En 1656 et 1658, pour satisfaire ses créanciers, tout son avoir fut vendu publiquement et le grand artiste eut la douleur de voir disperser, pour 5,000 florins, des trésors amassés au prix de tant de sacrifices, trésors qui valaient le quadruple à son époque et qu'on paierait, de nos jours, plusieurs centaines de mille florins. Le courage de Rembrandt ne fut pas abattu. Il se remit au travail et produisit de nouveaux chefs-d'œuvre jusqu'à sa mort. Il ne voyagea point et ne vit, en Hollande, que Dordrecht, la Frise et la Gueldre. Il eut beaucoup et de célèbres protecteurs parmi lesquels nous citerons le prince Frédéric-Henri, son secrétaire Huygens, le bourgmestre d'Amsterdam, Jean Six, l'anatomiste Tulp, le receveur Uyttenbogaard et quelques israélites haut placés. Plusieurs biographes ont donné à Rembrandt le prénom de Paul; c'est une erreur; son nom patronymique était Rembrandt et son nom de famille Van Ryn. = La leçon d'anatomie du professeur Tulp, La Haye (Chef-d'œuvre). — Siméon au temple, *ib.* = Suzanne au bain, *ib.* — Rembrandt en officier, *ib.* — Un jeune homme, *ib.* — Les syndics des drapiers, Amsterdam, — La ronde de nuit. *ib.* (Chef-d'œuvre). — La fiancée juive (Musée V. D.Hoop), *ib.* — Portrait de femme, Anvers. — Figure de vieillard, *ib.* — Le jeune savoyard, *ib.* — Tète d'homme, *ib.* — Le jeune prêcheur, *ib.* — Le vieux juif, *ib.* — Portrait d'homme, Bruxelles. — Jacob bénissant les enfants de Joseph, Cassel. — Portrait de femme, de profil, *ib.* — Paysage : Ruines d'un vieux château, *ib.* — Portrait d'un vieillard, *ib.* — Bustes, *ib.* — L'ange Raphaël quittant Tobie, Paris. — Le bon Samaritain, *ib.* (Chef-d'œuvre). — Deux philosophes en méditation, *ib.* (Chef-d'œuvre). — Quatre portraits de Rembrandt, *ib.* — Portrait d'une jeune femme, *ib.* — Et autres, *ib.* — Paysage : les disciples d'Emmaüs, Saint-Pétersbourg. — L'enfant prodigue, *ib.* — Portrait de Jean Sobieski, *ib.* — Sacrifice d'Abraham, *ib.* — Descente de croix, *ib.* — Portrait d'une vieille femme, *ib.* — Et autres, *ib.* — Festin d'Esther et d'Assuérus, Dresde. — Ganymède sur l'aigle de Jupiter, *ib.* (Chef-d'œuvre). — Jeune femme riant, *ib.* — Buste d'homme, *ib.* — Le héron, *ib.* — Portrait de la femme du peintre, *ib.* — Sacrifice de Manoé et de sa femme, *ib.* — Vieille femme pesant de l'or, *ib.* — Le jeune homme à la cuirasse, *ib.* — Portrait d'un vieillard, *ib.* — Jésus-Christ mis au tombeau, *ib.* — Portraits du peintre et de sa femme, *ib.* — Portrait du peintre, *ib.* — L'homme au grand chapeau, *ib.* — Quatre portraits, *ib.* — Paysage avec un moulin, *ib.* — La concorde du pays, Rotterdam. — La reine Artémise, Madrid. — Portrait d'un Turc, Munich. — Portrait de Rembrandt âgé, *ib.* — Portrait du peintre Govaert Flinck, *ib.* — Plusieurs portraits, *ib.* — Descente de croix, *ib.* (Chef-d'œuvre).— Plusieurs esquisses de sujets de la passion, *ib.* — Jésus-Christ enseignant dans le temple, *ib.* — Et autres, *ib.* — Adolphe de Gueldre insultant son vieux père emprisonné, Berlin (Chef-d'œuvre). — Deux portraits du peintre. *ib.* — Jacob luttant avec l'ange pendant la nuit, *ib.* —Portrait d'une jeune femme, *ib.*—Et autres, *ib.* — L'apôtre saint Paul, Vienne. — Un juif, *ib.* = Portrait de la mère du peintre, *ib.* — Portrait du peintre, *ib.* — Plusieurs portraits, *ib.* — Descente de croix, Londres. — La femme adultère, *ib.* (Chef-d'œuvre). — Adoration des bergers, *ib.* — Paysage : Tobie et l'ange, *ib.* — Portrait d'un rabbin, *ib.* (Chef-d'œuvre). — Portraits, *ib.* — Le maître charpentier de navires, *ib.* (Buck. Pal.). — Le bourgmestre Pancras et sa femme, *ib.* — Le Christ en jardinier, *ib.* — Vieux rabbin, *ib.* — Adoration des mages, *ib.* — La femme à l'éventail, *ib.* (Chef-d'œuvre). — Portrait du peintre, *ib.* — Portraits, Musée Stadel, Francfort-sur-le-Mein. — Le maître de la vigne, *ib.* — Ascension, Augsbourg (Esquisse). — Portrait du peintre, Leipzig. — Tableaux et portraits, Brunswick. — Id, Darmstadt. — Intérieur d'un ménage pauvre, Florence. — Paysage avec rocher, lac, village, etc., *ib.* = Rembrandt est un des peintres dont le talent a une physionomie des plus marquées; peut-être est-elle un peu chargée, mais par cela même elle offre un intérêt très piquant; ses marques distinctives sont d'avoir disposé et éclairé les objets d'une manière toute particulière, et de les avoir imités d'une façon tout originale, soit par un coloris que lui seul possédait, soit par un pinceau essentiellement différent de celui des autres, qui, de près, déplait quelquefois, mais qui, de loin, ajoute à l'effet magique de ses compositions. Rembrandt n'a dû son talent qu'à la nature qui guida son instinct. Il négligea l'étude des antiques et fut un dessinateur médiocre. Quant à la couleur, il n'est personne qui puisse lui être comparé. Il aimait les grandes oppositions de la lumière aux ombres et en poussa très loin l'intelligence. Rembrandt ébauchait ses portraits avec précision et une fonte de couleur qui lui était particulière. Il revenait sur cette composition avec des touches de vigueur, et il chargeait les lumières d'épaisseurs si considérables, qu'on aurait dit qu'il avait plutôt modelé que peint. Ses portraits étaient d'une ressemblance frappante, et il saisissait le caractère de chaque physionomie. Il imitait si fidèlement la nature qu'il semblait que ses têtes s'animassent et sortissent des cadres. Composition sans noblesse mais pleine d'expression. Génie plein de feu mais sans grandeur. Entente admirable du clair-obscur. Effets éclatants dans tous ses tableaux. Dans ses imitations des teintes du soleil, il tombe parfois dans des tons jaunâtres trop monotones; on déplore également qu'il ait sacrifié souvent tout son tableau pour en perfectionner minutieusement les moindres accessoires. Les défauts de ce grand peintre sont d'ailleurs relevés par la vérité et l'esprit qu'il prodigue partout; ses incorrections, ses costumes bizarres, lui sont pardonnés par la nouveauté de ses conceptions; enfin, si Rembrandt n'est pas le modèle à offrir aux peintres, pour les préceptes sérieux de l'art, il pourra leur être d'un grand secours en éveillant leur imagination et en donnant à leur génie une tournure piquante et originale. Ses gravures offrent les mêmes qualités et les mêmes défauts. Pointe libre et pittoresque qui s'affranchit des règles de l'art. Touche spirituelle, légère et expressive. Le nombre des estampes gravées par Rembrandt s'élève environ à 400. = Ventes : V. de la Roque (1745), Paysage, 79 liv. — V. de Tallard (1756), *La mariée juive*, 602 liv. — V. Julliot (1767), *Portrait de la mère de Rembrandt*, 3,400 liv. — V. Blondel de Cagny (1776), *Vertumne et Pomone*, 13,708 liv. — V. Randon de Boisset (1777), *Philosophes en méditation*, deux tableaux actuellement au Louvre, 10,900 l. — V. Choiseul-Praslin (1792), *Sainte Famille*, 17,120 fr. — V. Robit (1802), *Le denier de César*, 8,850 fr. — V. Erard (1832), *Portrait de Trump*, 17,100 fr. — V. Heris (1841, *Bethsabée au bain*, 7,880 fr. — V. Valckenier Van de Poel (1842), *Portraits de Madame de Pellicorne et de sa fille*, 35,045 fl. — V. Fesch (1844), *Prédication de saint Jean-Baptiste*, 70,380 fr. — V. Guillaume II (1850). Ces mêmes portraits, 30,200 fl. — V. Patureau (1857), *Un rabbin*, 15,100 fr. — V. Odier (1861), *Tobie et sa famille*, 4,600 fr. — V. Le Hon (1861), *Portrait de la sœur de l'artiste*, 3,000 fr. — V. Van Cleef (1864), *Le maître de la vigne*, 25,300 fr. — V. Pourtalès-Gorgier (1865), *Portrait d'un Bourgmestre représenté debout*, 34,500 fr. — *Personnage assis*, 27,000 fr. — V. Herman de Kat (1866), *Portrait de Mathys Kalkoen*, 15,500 fr. — V. Pommersfelden (1867), *Saint Paul dans sa prison*, 4,000 fr. — *La prophétesse Anne*, 12,500 fr. — *La Pythonisse d'Endor*, 25,000 fr. — *Portrait de femme ou sainte Cécile*, 8,100 fr. — *Portrait de Rembrandt*, 12,100 fr. — V. San Donato (1868), *Portrait d'une vieille femme*, 55,000 fr. — *Portrait d'une jeune fille*, 21,600 fr. — V. Stevens (1867), *Portrait d'une jeune fille*, 7,950 fr. — V. Delessert (1869), *Portrait d'homme*, 5,100 fr. — V. Lissingen (1876), *Portrait d'homme*, 170,000 fr.

RH, RH, RL, R, HR, RH, R, R Inventor

Rynants (Paul). E. Fl. * 1552. DIEST. = Reçu bourgeois d'Anvers, en 1552.

Rynenburg ou **Reinenburg** (Nicolas). E. H. Genre. = Détails inconnus. = Manière finie.

Rynvisch (C.). E. H. ' 1640. Paysage. = Détails inconnus. = Manière de Breughel de Velours. On croit qu'il grava à l'eau-forte.

Rys (Pierre). E. H. LA HAYE. Portrait.

Rysbrack (Pierre-André), le Vieux. E. Fl. 1655-1720 (?). ANVERS. Paysage. = Travailla à Anvers, en 1672-73, dans l'atelier d'un peintre nommé Philippe-Auguste Immenraet, lequel ne serait autre que Hemelraet (Voir ce nom). Reçu franc-maître, en 1673, comme fils de maître. Visita Paris où il fut élève de Fr. Milé et où il se maria. Deux fils lui naquirent dans cette ville; des offres brillantes lui furent faites pour y rester, mais il préféra le séjour de sa ville natale où il était revenu en 1692, car, en cette année, il fut, à de certaines conditions, affranchi du décanat. On prétend qu'il serait allé s'établir à Bruxelles et qu'il y mourut. = Paysage : baptême du Christ, Berlin. — Paysage montagneux, Anvers. — Paysage, Dresde. = On a beaucoup vendu de ses tableaux pour ceux du Poussin. Pinceau ferme et libre. Paysage d'un ton monotone et sans transparence, mais d'un caractère grandiose et mélancolique; arbres bien compris; figures bien composées. Graveur.

Rysbrack (Pierre-André), le Jeune, fils de Pierre, le Vieux. E. Fl. ' 1713. Paysage (?). = Reçu franc-maître de Saint-Luc, à Anvers, en 1709. Doyen en 1713.

Rysbregts. E. Fl. ' XVIIe siècle. ANVERS. Paysage. = Selon Weyerman il se rendit à Paris et s'y occupa avec succès à se perfectionner; le même auteur ajoute qu'il se maria dans cette ville ou à Lyon avec son hôtesse qui l'avait soigné pendant une maladie et avec laquelle il revint s'établir à Anvers. Weyerman fait un grand éloge de son talent; il agençait, dit il, avec beaucoup d'art, les figures et les arbres sont bien peints et bien dessinés, les accessoires traités en perfection. On peut confondre ses toiles avec celles de Francisque Millet ou Milé. L'auteur cité lui reproche des arbres un peu trop verts et un ensemble trop sombre, en harmonie, dit-il, avec son caractère.

Rysbroeck ou **Reesbroucq** (Jacques Van). E. Fl. † 1704. ANVERS. Portrait. = Reçu franc-maître de Saint-Luc, à Anvers, en 1641-1642; alla s'établir à Hoogstraeten où il mourut. = Graveur.

Rysen (Warnard Van). E. H. ' 1625. BOMMEL. Paysage. = Eleve de Pœlenburg; visita l'Italie, tint le commerce des joyaux sur la fin de sa vie, et mourut en Espagne. = On croit qu'il a laissé des tableaux en Espagne. = Ses études en Italie lui avaient donné une bonne manière.

Rysz (Pierre). E. H. ' 1678. LA HAYE. Portrait. = Elève de J. de Baan. S'établit en Angleterre et y mourut. = Artiste de mérite.

S

Saal. E. Al. † 1870. BADEN-BADEN. Paysage, clairs de lune. = Etabli à Paris qu'il dut quitter à cause de la guerre avec l'Allemagne. Mourut dans sa ville natale.

Saar (Aloys de). E. Al. 1779. TRAISKIRCHEN. Paysage et vues de ville. = Le pont de la Moldau à Prague, Vienne.

Saar (Charles de). E. Al. * 1837. Miniature et aquarelle.

Sabatelli (Aloys). E. I. * 1820. Histoire.

Sabatelli (François), fils d'Aloys. E. I. 1803-1830. FLORENCE.

Sabatelli (Joseph). E. I. * XIXe siècle. Histoire.

Sabatelli (Louis). E. I. * XVIIIe siècle. FLORENCE. Histoire. = Professeur à l'Académie de Milan. = Fresques, Milan. = Lourd et exagéré, bon dessinateur.

Sabaterii (Pierre). E. Fr. * 1298. MONTPELLIER. = Peintre verrier de mérite qui décora la cathédrale de magnifiques verrières. = Compositeur savant, coloriste vigoureux.

Sabaterii (Laurent), fils de Pierre. E. Fr. * 1309. MONTPELLIER. = Succéda à son père. = Artiste de talent.

Sabbatini (André), dit **André de Salerne.** E. I. 1480 (?)-1545. SALERNE. Histoire. = Elève de Raphaël, à Rome ; aida son maître dans quelques-uns de ses ouvrages, travailla beaucoup à Naples, orna de ses tableaux la plupart des églises de sa patrie et fut ami du Caravage, qu'il introduisit auprès des meilleures familles de Naples. = Assomption, Naples. — Descente de croix, *ib.* — Saint Martin faisant l'aumône au diable, *ib.* — L'adoration des mages et la religion sur le trône (Un seul tableau en deux parties), *ib.* = Habile imitateur de la manière de son maître ; bon dessin; choix heureux dans l'expression et les attitudes; ombres trop chargées et muscles trop marqués; draperies bien disposées; coloris frais.

Sabbatini (Laurent), dit **Lorenzino de Bologne.** E. I. * 1577. BOLOGNE. Histoire. = Un des peintres les plus agréables de son époque; on ignore qui fut son maître; appelé à Rome sous le pontificat de Grégoire XIII, ses succès n'y furent pas moins grands que dans sa patrie ; choisi pour présider aux travaux du Vatican. Mort jeune à Rome. = Fresques, Rome. — Mariage mystique de sainte Catherine, Dresde. — Assomption, Bologne. — Dispute de sainte Catherine de Sienne, *ib.* — Jésus-Christ mort soutenu par des anges, *ib.* — Jésus-Christ à Emmaüs, *ib.* — La Vierge et l'Enfant entourés de saints, Berlin. — Le Christ mort, avec deux anges, *ib.* — La Vierge, l'enfant Jésus et saint Jean, Paris. = Sa manière se rapproche de celle du Parmesan ; touche délicate; composition et dessin pleins de gout; pinceau gracieux et correct; imagination vive, exécution rapide; nu savant.

Sabbionetta (le). V. Pesenti.

Sabinais (le). V. Genori.

Sabulo. V. Florent de Sabulo.

Sacchi (le). E. I. * XVIIe siècle. CASAL. Histoire, portrait = Elève et compatriote du Moncalvo; exécuta différents portraits des princes de Gonzague. = Pinceau exercé et savant.

Sacchi (les). E. I. PAVIE. Mosaïque. = Ces peintres, dont la génération exista pendant plusieurs siècles, demeuraient à la Chartreuse de Pavie et remplirent cette cathédrale de mosaïques en pierre dure.

Sacchi (André). E. I. 1598-1661. ROME. Histoire, portrait. = Elève de l'Albane; acquit une si grande réputation, qu'à peine il pouvait suffire à ses commandes; rival de P. de Cortone et du Bernin; visita Venise et la Lombardie; profond théoricien, lent dans l'exécution et difficile à contenter; il disait que le mérite d'un peintre ne consistait pas à produire beaucoup de tableaux médiocres, mais à en faire peu et d'excellents; aussi a-t-il laissé un petit nombre d'ouvrages. = Saint Romuald racontant sa vision, Rome. — Miracle de saint Grégoire le Grand, *ib.* — Mort de sainte Anne, *ib.* — Saint Isidore, *ib.* — Saint Antoine ressuscitant un mort, *ib.* — Madeleine pénitente, Florence. — La Vierge visite sainte Elisabeth, Paris. — Portrait d'un religieux, Munich. – Ivresse de Noé, Berlin. — Junon, Vienne. — Ivresse de Noé, *ib.* — La Sagesse, *ib.* — Portrait de l'Albane, Madrid. — Portrait du peintre, *ib.* — Saint Paul et St Antoine, ermites, *ib.* – Portrait de saint Bernard, Paris. = Savant dessinateur, bon coloriste; composition sage et naturelle; style grandiose, caractères graves, costumes majestueux, draperies aisées et larges; ensemble sérieux et harmonieux. = Ventes : V. Sollier (1781), *Adoration des bergers*, 400 l. — V. Northwick (1859), *Assomption de la Vierge*, 5,200 fr.

Sacchi (Joseph), fils d'André. E. I. * XVIIe siècle. Histoire. portrait. = Elève de son père; se fit mineur conventuel. A Varsovie se trouve une *Sybille* portée au nom d'un Joseph Sacconi. Ne serait-ce pas l'œuvre de Sacchi?

Sacchi (Ant.). E. I. † 1694. CÔME. Histoire. = Se perfectionna à Rome; mort de douleur d'avoir peint une fresque dans de mauvaises proportions.

Sacchi (Charles). E. I. 1616-1706. PAVIE. Histoire. = Elève de Ch. Antoine Rossi; se perfectionna à Rome et à Venise. = Bon coloris, ornements riches; attitudes spirituelles, mais quelquefois un peu affectées. Graveur.

Sacchi (Gaspard). E. I. * 1519. IMOLA. Histoire. = Détails inconnus.

Sacchi (Pierre-François). E. I. † 1526 (?). PAVIE. Histoire. paysage et architecture. = Florissait à Milan; peignit à Gênes jusqu'en 1526. Lanzi pense qu'il y a eu deux peintres du même nom, parce que les mémoires du temps citent déjà un P. F. Sacchi, dès l'année 1460. = Les docteurs de l'Eglise avec les symboles des Evangélistes, Paris. — Jésus Christ crucifié, Berlin. = Très versé dans la perspective; manière très agréable dans le paysage; dessin soigné et délicat; son style a beaucoup de rapports avec celui du Mantegna.

Sacchiense. V. Licinio.

Sacco (Scipion). E. I. * 1545. CÉSÈNE. Histoire. = Elève de Raphaël. = Pinceau large, coloris vigoureux.

Sack (Wolfgang). E. Al. * 1837. Paysage.

Sacré (F.). E. Fl. * 1843. Genre.

Sacré (Joseph). E. Fl. * 1838. GAND. Genre. = Noce villageoise.

Sadeler (Gilles). E. Fl. 1570. ANVERS. Histoire. = Elève, en 1585, de son oncle, le graveur Jean, qu'il accompagna dans tous ses voyages en Allemagne et en Italie. S'établit à Venise. Le plus célèbre graveur de sa famille. Gilles cultiva également la peinture. Appelé par l'empereur Rodolphe II à Prague, il s'y rendit et y passa le reste de ses jours; comblé de biens et d'honneurs par les empereurs Mathieu et Ferdinand II. On assure que le graveur Raphaël Sadeler, le Vieux, oncle également de Gilles, peignit quelques tableaux, lorsque sa vue fatiguée l'obligea à cesser de graver pour quelque temps. = Saint Sébastien percé de flèches, Vienne.

Saen (Gilles ou Egide Van ou De). E. H. * 1600. Paysage. = Détails inconnus.

Saenredam (Pierre). E. H. 1597-1665. ASSENDELFT (Hollande septentrionale). Monuments, perspectives avec figures, etc. = Elève de F. P. De Grebber chez lequel il resta depuis 1608 jusqu'à 1622. En 1623, selon Immerzeel, et 1628, selon Houbraken, il entra dans la corporation des peintres, à Haarlem. En 1635, il était secrétaire de cette société; il se maria à Bloemendael, en 1638. L'acte prouve qu'il habitait Haarlem. En 1640, il devient *vinder*. Reçut des élèves, en 1642 et en 1652. Fit plusieurs travaux pour la ville qui lui furent largement payés. Sa bibliothèque fut vendue en 1667 ; ses tableaux, gravures, dessins, etc., en 1629. Ce cabinet paraît avoir été très riche. Mourut à Haarlem. = Intérieur de l'église de Haarlem, avec figures, Amsterdam. — Une église gothique, *ib.* — Vue de l'ancien hôtel-de-ville d'Amsterdam, *ib.* (Nouvel hôtel-de-ville.) — Vue intérieure de l'église d'Assendelft, *ib.* (Musée V. D. Hoop). — Intérieur d'une église protestante, Turin. = Figures bien traitées ; du naturel ; effet pittoresque ; dessin ferme ; belle distribution de la lumière. Manière large. Peintre justement célèbre, graveur et dessinateur. = Ventes : V. Roell-Hodson (1872), *L'église Saint-Marc*, 1,155 florins

Saey. E. Fl. * 1660. ANVERS. Architecture. = Travailla avec Jérôme Janssens, dit le *Danseur*, qui étoffa plusieurs de ses tableaux. Un Jacques Ferdinand Saey est inscrit comme élève chez van Ehrenberg, en 1672-73 et fut reçu franc-maitre en 1680-81. Nous ignorons son degré de parenté avec le collaborateur de Janssens.

Safft (J. C. G.). E. H. 1778. AMSTERDAM. Paysage et intérieurs. = Elève de P. Barbiers = Graveur.

Saftleven (Corneille), frère d'Herman. E. H. 1606 (?). ROTTERDAM. Intérieurs, genre, paysage, animaux, nature morte. = Il est plus connu comme graveur que comme peintre. Son frère, Herman, l'a surpassé de beaucoup. On croit qu'il vivait encore en 1682. = Intérieur d'une chaumière, Dresde. – Devant une habitation rustique, *ib.* — Plusieurs tableaux de nature morte, *ib.* – Concert de chats, Cologne. – Portrait d'un peintre, Paris. Enfants autour d'un feu, Rotterdam. — Les joueurs de cartes, Berlin. - Adam dans le paradis terrestre, entouré d'animaux, *ib.* — L'arrestation du paysan, Copenhague. = Il a cherché à imiter le genre de Teniers et ne travailla que d'après nature. Groupes spirituels, invention vraie, exécution soignée. Coloris lourd et froid; peignait fort bien la volaille. Graveur.

Saftleven (Herman), frère de Corneille. E. H. 1609-1685. ROTTERDAM. Paysage. = Elève de J. Van Goyen. Ce peintre ne quitta jamais son pays, et perfectionna son beau talent par des études constantes et assidues d'après la nature, auxquelles il joignait les créations de sa riante imagination. Il s'établit à Utrecht, s'y occupa presque exclusivement et y mourut. = Vue du Rhin, Paris. – Paysage, groupe de paysans, Berlin. — Paysage, vue du Rhin avec figures, *ib.* — Paysage avec pastorale, *ib.* — Deux vues du Rhin avec figures, Amsterdam. — Vue perspective du Rhin, *ib.* — Paysage, Vienne. — Trois vues du Rhin avec vaisseaux et figures, *ib.* — Un phare près de la mer, Dresde. — La vigne et les vendangeurs, *ib.*— Paysage rocheux avec bâtiments, *ib.* — Vue d'Utrecht, *ib.* — La vallée, *ib.* — Ehrenbreitstein, *ib.* — Engers, *ib.* — Château de Hermannstein, *ib.* — Vues du Rhin, *ib.* — Et autres, *ib.* — Paysage : Vues du Rhin, etc. Munich. — Vue du Rhin, Rotterdam. — Embarcadère du Rhin, Copenhague. — Vue d'Utrecht, *ib.* — La fenaison, *ib.* — Le cabaret, *ib.* — Le pont de charpente, *ib.* — Vue du Rhin, *ib.* = Perspective très pure, couleur sage, jours vaporeux. Etoffage très riche de figures et de vaisseaux; exécution agréable et finie. Ses productions sont d'une valeur assez inégale. Graveur. = Ventes : V. Pook (1747), *Vue du Rhin*, 110 fl. — V. Kretschmar (1757), *Vue du Rhin*, datée de 1660, 160 fl. — V. Lormier (1763), *Vue du Rhin*, 176 fl. — V. de Neufville (1765), *Vue du Rhin*, 605 fl. — V. à Dordrecht (1768), *Vue du Rhin*, 174 fl.

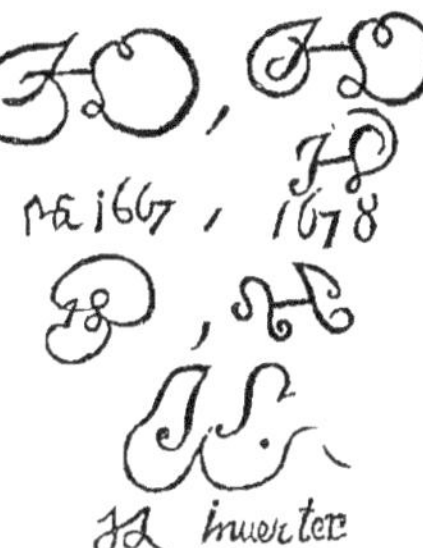

Sager (E.). E. Al. * 1840. Fleurs et fruits. = Elève de Völcker, le Vieux.

Saglio. E. Fr. * 1843. Paysage. = Vue prise près de Civita-Castellana.

Sagoro. E. I. Histoire. = Détails inconnus. = Jésus-Christ mort près de sa mère et de saints personnages, Bruxelles.

Säfvenborn (Jean). *XVIIIe siècle. Marine. = Peintre suédois. Etudia en France sous J. Vernet. = Naufrage au pied d'une tour fortifiée, Stockholm.

Sagrestani (Jean-Camille). E. I. 1660-1731. FLORENCE. Histoire. = Elève de Giusti; étudia dans les principales villes d'Italie. = Coloris agréable; style maniéré.

Sagstaetter (Herm.). E. Al. 1808. Genre. = Deux religieuses. — Les joueurs de cartes.

Saillant (le Père). E. Fr. * XVIe siècle. Miniature. = Religieux augustin; contemporain de Louis Duguernier. Mort à Avignon d'après de Marolles :

Fut connu dans Paris et mort en Avignon.
Cultiva son talent avec distinction.

Saillot (Nicolas). E. Fr. * 1512. BETHUNE. Portrait. = Détails inconnus.

Sailmacker (Isaac). E. H. 1633-1721. HOLLANDE. Marine. = S'établit à Londres, sous Cromwell.

Saint. E. Fr. * 1825. Miniature. = Elève de Regnault et d'Aubry. = Portraits du comte d'Artois, du duc de Guiche, de Zimmerman, etc., etc.

Saint-André (Simon-Bernard de). E. Fr. 1614-1677. PARIS. Histoire, portrait. = Elève des Beaubrun; membre de l'Académie royale. Les *Archives de l'art français* le font naître en 1607. = Peignit pour les Gobelins. – Peintures et sculptures dans la galerie d'Apollon, au Louvre. = Graveur. Egalement sculpteur.

Saint-Aubin (Gabriel-Jacques de). E. Fr. 1724-1780. PARIS. Histoire, genre. = Frère du célèbre graveur de ce nom. Elève de Jeaurat et de Boucher. N'obtint en peinture qu'une renommée médiocre. Mort des suites d'un dépérissement provoqué par la plus complète abnégation de sa personne. Il eut un frère, Louis Michel, peintre sur porcelaine. = Graveur.

Saint-Aulaire (Félix-Achille-Beaupoil). E. Fr. 1801. VERCEIL (Piémont). Marine. = Elève des Garnerey, père et fils. = Cours du Nil, en vue du Caire. — Combat du *Palinure* contre la *Carnation*.

Saint-Beaussant (Alphonse de). E. Fr. * 1842. NANCY. Pastel. = Elève de Maréchal.

Sainte (Mathieu). E. Fl. * XVe siècle. SANT-IAGO. = Elève de Philippot Truffin.

Sainte de Bologne (la). V. Virgi.

Saint-Evre (Gillot). E. Fr. * 1825. Histoire, genre et portrait. = Charles IX et Marie Touchet. — Prise du château de Paix, Versailles.

Saint-Igny (Jean). E. Fr. * 1630. ROUEN. Histoire, etc. = Artiste peu connu et mis en lumière par M. de Pointel dans ses *Artistes provinciaux* (1847). Elève de Rabel. On cite de lui de belles grisailles existant à Rouen à l'Hospice des fous. Plus connu comme graveur et excellent dessinateur de costumes. = Ecole de Vouet.

Saint-Jean (Simon). E. Fr. 1808-1860. LYON. Fleurs et fruits.

Saint-Jean, fils de Simon. E. Fr. 1842-1875. LYON. Fleurs. = Elève de François Lepage, professeur à l'Académie de Lyon. Caractères des plus estimables. Un des plus grands peintres de fleurs des temps modernes. = Tableaux dans les principales galeries de l'Europe. = Composition magistrale et pleine de goût; coloris brillant et naturel: touche pleine de largeur.

Saint-Jean (Louis-Honoré). E. Fr. 1793. DUNKERQUE. Genre et portrait. = Elève de Sénave. = La leçon d'amour. — La leçon de flûte.

Sainties. E. Fr. 1840. Histoire.

Saintin (Jules-E.). E. Fr. 1829. LAMÉ (Aisne). Portrait, genre, etc. = Petite guerre. — Abandon.

Saint-Ours (Jean-Pierre). E. Al. 1752 (?)-1809. GENÈVE. Histoire, portrait. = Vint à Paris, en 1771, et fut élève de Vien; remporta le grand prix et se rendit à Rome. Se fixa à Genève, en 1792. Membre correspondant de l'Institut de France. Mort dans sa ville natale. Il laissa inachevé un ouvrage sur l'utilité politique des beaux-arts chez différents peuples. = On cite parmi ses tableaux un tremblement de terre. — Enlèvement des Sabines, Paris. = Exécuta de fort beaux tableaux.

Saint-Paul (Jean). E. Fr. * XVIIe siècle. NANCY. = Détails inconnus.

Saint-Quentin (Jennyn). E. Fl. * XVe siècle. YPRES. = Travailla aux entremêts de Bruges en 1468.

Saint-Yves (Pierre de). E. Fr. 1666-1716. MAUBERT-FONTAINE. Histoire. = Nommé de l'Académie en 1708.

Saiter ou **Seiter** (Daniel). E. Al. 1647-1705. VIENNE. Histoire, portrait. = Elève de Charles Loth et de Charles Maratti; anobli par le duc de Savoie. Concourut à l'embellissement du palais Quirinal. Travailla beaucoup pour la cour de Turin. Mort à Rome. = Notre-Dame des douleurs, Turin. — Fresques, *ib.* — Saint Jérôme, Dresde. = Couleur pleine de vigueur.

Saja. E. I. * XIXe siècle. NAPLES. Histoire. = Le corps d'Hector rendu à sa famille.

Sala (Vitale). E. I. 1802-1835. Histoire. = Elève de Mezzola.

Salai, Salaino ou **Salario** (André). E. I. * 1510. MILAN. Histoire, portrait. = Elève de L. de Vinci, qui l'affectionnait beaucoup. = Sainte Famille, Florence. = Imita si bien son maître, qu'on l'a quelquefois confondu avec lui. Formes suaves. Assez bon dessin. = Ventes: V. Aguado (1843), *La Vierge et l'Enfant*, 1,900 fr. — V. Pourtalès-Gorgier (1865), *La Vierge pressant l'enfant Jésus contre son sein*, 1,650 fr. — V. Lochis (1868), *La Vierge et l'enfant Jésus*, , 9,600 fr.

Salamanca (Jérôme de). E. Es. * 1594. SALAMANQUE. Histoire, aquarelle. = Florissait à Séville.

Salario. V. Salai.

Salcedo (Jacques de), frère de Jean. E. Es. * 1594. SÉVILLE. Histoire. = Ses fresques ont du mérite.

Salcedo (Jean de), frère de Jacques. E. Es. * 1595. Histoire, ornements. = Se distingua dans l'embellissement du catafalque que la cathédrale de Séville ordonna pour les obsèques de Philippe II.

Saliba Messinensis (Antonellus de). E. I. * 1697. MESSINE. Histoire. = On le croit un des descendants du célèbre Antonello de Messine. = La Vierge et l'Enfant, Catane.

Saligo (Charles-Louis). E. Fl. 1804. GRAMMONT (Flandre orientale). Histoire, portrait. = Elève de Van Huffel et de Gros. = Sainte Famille, Grammont. — Portrait du peintre, Haarlem.

Salimbeni (Archange). E. I. * 1579. Histoire. = Elève du Sodona, dont il termina un des tableaux ; d'autres lui donnent pour maître Frédéric Zuccaro, et une troisième version lui fait recevoir les leçons du Tozzo ou de Bigio, à Sienne; séjourna à Rome. = Dessin correct, mais peu moelleux.

Salimbeni (Ventura), dit **Bevilacqua,** fils d'Archange. E. I. 1557-1613. SIENNE. Histoire. = Elève de son père ; séjourna à Rome sous le pontificat de Sixte-Quint; travailla dans la plupart des villes d'Italie; il serait devenu un grand peintre s'il n'avait pas négligé son art par amour des plaisirs. = Apparition de saint Michel à saint Galgano, ermite, Rome. — Sainte Famille, Florence. — Sainte Famille dans un paysage, Vienne. = Effet aimable et gracieux, clair-obscur savant; dessin très correct. Graveur.

Salincorno ou **Solincorno.** V. Cavalori.

Salini (le chevalier Thomas). E. I. 1570 (?)-1625, ROME. Histoire, fleurs et fruits. = Imitateur du Caravage. = Saint Laurent, Rome. = Se distingua dans le genre des fleurs.

Salis (Charles). E. I. 1680-1763. VÉRONE. Histoire. = Elève de Balestra; il avait d'abord étudié à Bologne sous J. dal Sole. = Bon empâtement.

Sallaert ou **Stallaert** (Antoine). E. Fl. Vers 1590. BRUXELLES. Histoire, genre en petites figures. = Inscrit, en 1606, comme apprenti, dans la corporation des peintres, à Bruxelles, et, vers la même époque, comme élève de Michel de Bordeau, en la même ville. En 1613, il fut reçu franc-maître. Plusieurs auteurs avancent qu'il alla se perfectionner à Anvers, auprès de Rubens. Ce qu'il y a de certain, c'est que le grand peintre lui accorda son amitié et le fit travailler. Doyen de Saint-Luc, à Bruxelles, en 1633-34, 1634-35, 1646-47 et 1647-48. On ignore la date de sa mort. Son fils, Jean-Baptiste, fut reçu franc-maître, en 1644, et ne dépassa pas la médiocrité. = Procession de l'Ommeganck de Bruxelles sur la Grand'Place, en 1620. Bruxelles. — Suite de cette procession (Pendant), *ib.* — Solennité du tir à l'arbalète : l'Infante Isabelle abattant l'oiseau, *ib.* — Procession des pucelles du Sablon, *ib.* — Allegorie de la Passion du Christ, *ib.* — Sainte Famille dans un paysage, Gand. — L'Escaut gelé couvert d'une foule de patineurs, Berlin. = On croit être certain qu'il a gravé sur bois.

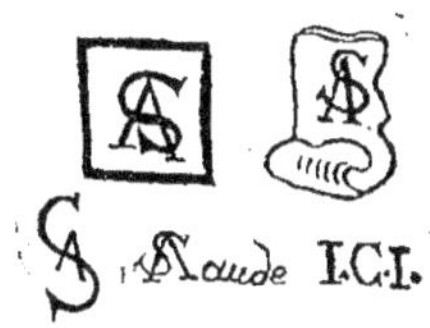

Salli de Celano. E. I. ' xve siècle. Histoire. = Fut employé à Rome.

Sallieth (M.). E. Al. 1749-1791. PRAGUE. = Détails inconnus.

Salm (A.). E. H. ' xviie siècle. Paysage et marine. = Détails inconnus. = Manière de G. Van de Velde; beaucoup de fini.

Salm (A.). E. H. ' xixe siècle. Paysage et animaux.

Salm (Isaac). E. H. 1812. AMSTERDAM. Paysage. = Elève de J. Verschuur.

Salmeggia (Enée), dit **Le Talpino,** E. I. † 1626. BERGAME. Histoire. = Elève des Campi, à Crémone, et des Procaccini, à Milan; étudia quatorze ans à Rome, d'après Raphael, et réussit à imiter avec beaucoup de bonheur son illustre modèle. François, son fils, et Chiara, sa fille, furent ses élèves. = Apparition de la Vierge, Milan. = Style élevé; beaucoup d'effet; draperies heureuses ; bon choix de têtes; manière pleine de noblesse, contours purs, beaucoup de morbidesse, expression et mouvements gracieux.

Salmeron (François). E. Es. 1608-1632. CUENCA. Histoire, genre. = Elève de P. Orrente. Une mort prématurée l'enleva au moment où il donnait les plus belles espérances. = Coloris éblouissant et presque incomparable; le dessin laisse à désirer.

Salmier (Josse). E. Fl. ' 1620. MALINES (?). Histoire. = Cousin germain, par sa femme, de David Herregouts; il donna à celui-ci les premières leçons de son art.

Salmon (Adrien-Alphonse). E. Fr. ' 1830 Paysage, etc. = Elève de Lecourt. Restaurateur de tableaux. = Vue de la porte du bois de Fleury, sous Meudon.

Salmon (Gabriel). E. Fr. ' xvie siècle. En LORRAINE. = Travaillait, en 1514, à l'église des Cordeliers, à Nancy.

Salmon (Jacques-Pierre-François). E. Fr. 1781. ORLÉANS. Histoire, paysage. = Elève de Bardin et de Regnault. — Baptême de Jésus-Christ, Orléans. — Vue du Loiret, *ib.*

Salomé (Emile). E. Fr. 1833. LILLE. Genre. = Elève de Souchon. = Le fabricant de balais du Mont-Noir, Lille.

Salomon (Bernard). V. Bernard.

Salpini (Dominique). E. I. ' 1842. Histoire.

Saltarello (Luc). E. I. 1610. GÊNES. Histoire. = Elève de D. Fiasella; se rendit à Rome pour s'y perfectionner et y mourut d'excès de travail. = Teintes modérées et harmonieuses, composition sage et expressive.

Salvator de Valence. E. Es. ' 1450. VALENCE. Histoire, etc. = Travailla avec Benozzo Gozzoli à Rome; devint le peintre favori de Calixte III. On ne signale de lui que des peintures appliquées à des ornements sacerdotaux rappelés dans des comptes.

Salvestrini (Barthélemy). E. I. † 1630. Histoire. = Le meilleur imitateur de Jean Biliverti.

Salvetti (François-Marie). E. I. 1701-1768. FLORENCE. Histoire. = Elève de D. A. Gabbiani. = Graveur.

Salvi (Tarquin). E. I. 1573. SASSOFERRATO. Histoire. = Détails inconnus. = Le rosaire, Rome. = Composition riche.

Salvi (Jean-Baptiste), dit **Le Sassoferrato,** fils de Tarquin. E. I. 1605-1685. SASSOFERRATO. Histoire, portrait et paysage. = Elève de son père. Se rendit à Naples et à Rome où il étudia plus spécialement les tableaux du Dominiquin. On ne cite aucune particularité sur son compte. Mort à Rome. = Vierge et Jésus, Milan. — Sainte Famille, Rome. — Madone, *ib.* — La Vierge du Rosaire, saint Dominique et sainte Catherine de Sienne, *ib.* — Vierge dans la douleur, Florence. — La Vierge et l'Enfant entourés de chérubins, Dresde. — Sommeil de Jésus, *ib.* — La Vierge en prière, *ib.* — Madone, Bruxelles. — Sainte Vierge, La Haye. — La Madone avec les deux enfants, Saint-Pétersbourg. — La Vierge et l'Enfant, *ib.* — Sommeil de l'enfant Jésus, *ib.* — Sommeil de l'enfant Jésus, Vienne. — La Vierge en prière, Munich. — Portrait de Jeanne d'Aragon (D'après Raphaël), Berlin. — Saint Joseph et l'enfant Jésus, *ib.* — Sainte Famille, *ib.* — Jésus-Christ mort pleuré par sa mère et les saintes femmes, *ib.* — La Vierge et l'enfant Jésus, Madrid. — La Vierge en contemplation, *ib.* — Assomption, Paris. — Sommeil de Jésus, *ib.* — Tête de Vierge, *ib.* Madone en prière. Londres. = Excellait à rendre l'expression de la modestie. Ses petits paysages sont très goûtés. Il doit sa célébrité à la perfection de ses Vierges. = Ventes : V. Lafitte (1834), *La Vierge aux mains jointes*, 2,500 fr. — V. Perregaux (1841), *La Vierge et l'Enfant*, 3,400 fr. — V. Guillaume II (1850), *La Vierge et l'Enfant* (Ovale), 3,000 fl. — V. Van Cleef (1864), *La Vierge en prière*, 1,900 fr. — V. Pourtalès Gorgier (1865), *Buste de la Vierge*, 1,350 fr. — *Buste de l'ange Gabriël*, 850 fr. — V. Salamanca (1867), *La Vierge et l'enfant Jésus*, 4,400 fr. — V. Delessert (1869), *La Vierge en prière*, 2,000 fr. — V. de Breschia (1869), *La Vierge et l'enfant Jésus*, 3,700 fr.

Salviati (François). V. Rossi.

Salviati (Joseph). V. Porta.

Salviatino (le). V. Rossi.

Salvo di Antonio. E. I. ' 1511. En SICILE. Histoire. = Neveu d'Antonello de Messine et heureux imitateur de Raphaël.

Salvolini (de). V. Episcopio.

Salvucci (Mathieu). E. I. 1570 (?)-1628. PÉROUSE. Histoire. = Se rendit à Rome ; fut bien accueilli par le pape, mais l'inconstance de son caractère nuisit à son avenir.

Salzard. E. Fr. ' 1842. Pastel.

Salzea. V. Four (du).

Sam (Ange). E. H. 1699-1769. ROTTERDAM. Histoire, portrait. = Il avait le talent d'imiter parfaitement les dessins des artistes hollandais et italiens, mais il n'abusa jamais de cette spécialité pour tromper les amateurs. = De la force et du fini. Bon dessinateur.

Sambach (François Gaspard). E. Al. 1715-1795. BRESLAU. Bas-reliefs. = Elève de Raphaël Donner; habile sculpteur; en 1762, professeur à l'Académie des beaux-arts, à Vienne; en 1772, directeur et conseiller à la même Académie. = Bacchanale d'enfants (D'après un bas-relief antique), Vienne.

Samengo (Ambroise). E. I. ' XVIIe siècle. GÊNES. Fleurs et fruits. = Elève de A. Ferrari ; mort jeune.

Sammachini (Horace). E. I. 1532-1577. BOLOGNE. Histoire, portrait. = Elève de Pellegrini di Tibaldi ; fut employé à Rome, sous Pie IV ; ami intime de L. Sabbatini. Vasari le nomme, par erreur, Fumaccini. = La Vierge, l'enfant Jésus, saint Joseph, saint Jean et sainte Catherine, Dresde. — Couronnement de la Vierge, Bologne. — La Samaritaine, *ib.* = Caractère très original ; expression délicate, tendre et pieuse; peut-être trop de soin; style grandiose, vigoureux et terrible quand le sujet l'exige.

Sammartino ou **San Martino** ou enfin **Sanmarchi** (Marc). E. I. ' 1680. NAPLES. Histoire, paysage. = S'établit dans la Romagne et s'y distingua ; séjourna longtemps à Venise. = Peignit le paysage avec grand succès.

Sammeling (Benjamin). E. Fl. 1520. GAND. Histoire, portrait et paysage. = Un des meilleurs élèves de Fr. Floris dont il imita la manière. Juré ou sous-doyen de la corporation des peintres en 1583 et en 1598. Vivait encore, dit Van Mander, en 1604, lorsque cet auteur écrivait sa *Vie des Peintres*. Il peignit une partie des décors préparés pour l'Entrée victorieuse, à Gand, du prince de Parme, en 1584. = Il ornait ses ruines de figures d'animaux. Les portraits de ce peintre sont fort estimés. Bon coloriste.

Sammelius (Josse). E. Fl. ' 1515. = Ce peintre est cité dans un compte très curieux de travaux exécutés à Gand au château des comtes. Ces travaux, en ce qui concerne Sammelius, ont une certaine importance : il s'agit de fresques représentant des portraits, des prophètes, des armoiries, etc. (Voir le Compte dans le *Messager des sciences et des arts*, 1838, pag. 361).

Samson (Jean). E. Fr. ' 1533. PARIS. Histoire. = Travailla au château de Fontainebleau.

San (Gérard de). E. Fl, 1754-1830. BRUGES. Histoire, portrait. = Elève de Legillon. Visita l'Italie en passant par la France. Après un séjour assez long en Italie, la maladie de sa mère le rappele à Bruges où, en 1790, il fut dommé directeur de l'Académie. Craignant les désordres de la révolution, il alla s'établir à Groningue, en 1795. On y fonda une Académie à la tête de laquelle on plaça De San. Il mourut dans cette ville. = Bonne expression, bon coloris, touche hardie, manière large.

San Antonio (le frère Barthélemy de). E. Es. 1708-1782, CIENPOZUELOS, Histoire, portrait. = Prit l'habit religieux à l'âge de 15 ans, étudia à Rome, y resta six ans, y reçut les leçons d'A. Masucci et revint à Madrid, en 1740; membre de l'Académie de Saint-Fernand. = Peintre de mérite.

Sanchez (André). E. Es. ' 1600. PORTILLO (Tolède). Histoire. = Elève du Greco, à Tolède.

Sanchez (Clément). E. Es. '1620. Histoire. = Résidait à Valladolid. = Bon coloris, dessin correct.

Sanchez (Louis). E. Es. ' 1611. Histoire. = Résidait à Madrid.

Sanchez (don Manuel). E. Es. ' 1731. Histoire, portrait. = Etabli à Murcie.

Sanchez (don Mariano Ramon). E. Es. 1740-1822. VALENCE. Marine et paysage. = Etudia à Madrid; peintre de la chambre du roi sous Charles IV. = Vue du port de Sainte-Marie, avec figures, Madrid. — Vue du môle de Carthagène, *ib.* — Vue du pont Tortose, *ib.* — Paysage, *ib.* — Et autres, *ib.*

Sanchez (Pierre), le Vieux. E. Es. ' 1462. Histoire. = Accrédité à Séville.

Sanchez (Pierre), le Jeune. E. Es. ' 1660. = Elève de l'Académie de Séville et un de ses soutiens.

Sanchez-Cotan (le frère Jean). E. Es. 1561-1627. ALCAZAR DE SAINT-JEAN. Histoire, fleurs et nature morte. = Elève de Blas del Prado, à Tolède; se fit chartreux, en 1604; séjourna à Grenade, où il mourut regretté pour ses vertus et ses talents. = Dessin assez pur, coloris doux et harmonieux, poses tranquilles. Excella dans les tableaux de fleurs et de fruits.

Sanchez de Castro (Jean). E. Es. ' 1565. Histoire. = Florissait à Séville; fondateur de la primitive école de cette ville. = Composition mal entendue et peu noble.

Sanchez Sarabia (Jacq.). E. Es. † 1779. Genre et architecture. = Membre honoraire de l'Académie de Saint-Fernand, en 1762; travailla quelque temps à Grenade. = Lignes sèches.

Sancho (Etienne), dit **Maneta.** E. Es. † 1778. MAYORQUE. Histoire. = Elève de P. J. Ferrer; son surnom lui vient de ce qu'il était né privé de la main droite. = Coloris satisfaisant; dessin correct.

Sandberg. 1782-1854. Histoire. = Peintre suédois. = Gustave II sauvé par un soldat, Stockholm. — Etudes de paysans, *ib.*

Sandby (Paul). E. An. 1725-1809. NOTTINGHAM. Aquarelles. = Mort à Londres.

Sande-Backhuizen. V. Bakhuizen.

Sander (Jean-Henri). E. Al. 1810. HAMBOURG. Marine. = Visita Munich et Paris. = Tempête sur mer, Hambourg.

Sanderat (Etienne). E. Fr. ' 1447. En PICARDIE. = Exécuta, en 1447, pour Jean de Châlon, seigneur de Vitteau, le livre : *Propriétez des choses*, qu'il illustra de cinquante magnifiques miniatures.

Sanders ou **Sandres** (François). E. Fl. ' XVIe siècle. Histoire. = En 1526, il peignit un *Dernier Jugement* pour la Salle des Plaids du Grand Conseil de Malines. Marguerite d'Autriche possédait de lui, dans sa riche collection, une petite Notre-Dame que Dürer y admira.

Sanders (Jean), dit **Van Hemsen, Van Hemessen, Van Hemssem** ou **Van Hemissen**. E. Fl. ' 1545. HEMIXEM, près d'Anvers, Histoire, portrait. = Un article, publié en 1868, par M. Pinchart dans le *Bulletin des Commissions royales d'art et d'archéologie*, permet de reconstituer entièrement la biographie des Van Hemsen dont le vrai nom était Sanders. Les recherches de M. de Burbure ont aidé M. Pinchart à rétablir la vérité des faits et des dates, dont voici le résumé; Jean est inscrit comme élève d'Henri Van Cleef, le Vieux, à Anvers, en 1519, sous son vrai nom. Il achète le droit de bourgeoisie dans cette ville en 1519 et 1520; y reçoit des élèves en 1535 et 1537; franc-maître de Saint Luc, il en fut doyen en 1547-1548. Il avait épousé Barbe de Fèvre dont il eut deux filles, Christine et Catherine qui suit. Jean Van Hemsen habitait encore Anvers en 1551. L'ouvrage de Guicciardin, terminé en 1563, publié seulement en 1567, le cite parmi les artistes décédés. Van Mander l'ayant donné comme bourgeois de Haarlem, il est probable qu'il quitta Anvers pour cette ville, mais on ne sait en quelle année. = Descente de croix (Avec volets), Bruxelles. — Saint Guillaume, Vienne. — Saint Jérôme dans une grotte, *ib.* — Portrait de Jean Gossaert, dit de Mabuse, *ib.* — Vocation de saint Mathieu, *ib.* (Attribués). — Tobie rendant la vue à son père, Paris (Signé: *Joanes de Hemmessen*, 1555, *inventor et pictor*). — Isaac bénissant Jacob, Munich. — Sainte-Famille, *ib.* (Signé : *Johannes de Hemessen, p.* 1541). — Saint Jérome, Londres. — Vocation de saint Mathieu, Anvers. — Vendeurs chassés du temple, Nancy (Signé : *Joanes de hemessen* 1556). = Quelques parties de ses tableaux étaient faites avec soin et talent. Imitateur de Quentin Metzys; formes vulgaires, expression commune, contours durs, coloris sombre. Excellent peintre de portraits.

Sanders (Catherine), fille de Jean, dite Van Hemsem comme son père. E. Fl. ' 1555. ANVERS (?) Histoire. = Elève de son père. Elle épousa Chrétien de Morien, organiste de l'église Notre-Dame, à Anvers, depuis 1552. Il donna sa démission en 1556, ce qui coïncide avec le départ des époux pour l'Espagne a la suite de la reine Marie de Hongrie auprès de laquelle ils étaient tous deux en grande faveur En 1868 M. Lescart, avocat, à Mons, possédait l'unique tableau connu de Catherine. C'est une Vierge à mi-corps caressant l'enfant Jésus, avec fond de paysage dans lequel on voit de la neige; sur bois (Signé : *Catèrina de Hemessen pingebat*). = Peignait aussi à l'huile, beaucoup de naïveté et de fini.

Sanders (Gérard). E. H. 1702-1767. WESEL. Histoire, paysage et portrait. = Elève de son beau-père Tobie Van Nymegen, avec lequel il alla à Dusseldorf où il trouva ample moisson d'études à faire; plus tard il reçut aussi les leçons de son oncle: Elie Van Nymegen, à Rotterdam, où il l'aida pour ses tableaux de tapisseries. = On ne cite aucun de ses tableaux.

Sandrart (Joachim). E. Al. 1606. FRANCFORT-SUR-LE-MEIN. Histoire, portrait, paysage. = Elève de M. Mérian, le Vieux, peintre allemand, et de Gérard Honthorst avec lequel il se rendit en Angleterre, sous le règne de Charles Ier. Il y travailla beaucoup pour le duc de Buckingham, et, après la mort de celui-ci, pour le comte d'Arundel. C'est à cause des leçons qu'il reçut de Gér. Honthorst, et de son séjour à Amsterdam, qu'on le place quelquefois à l'école hollandaise. En 1627, il se rendit en Italie, où il séjourna à Venise et à Rome; il y vécut au milieu des hommes les plus distingués de cette époque, entre autres Galilée et le marquis Giustiniani. A son retour, son talent devint très populaire, et il travailla pour la plupart des villes de l'Autriche et de la Bavière. Il alla s'établir dans un bien nommé Stockau, près d'Ingolstadt, et le quitta plus tard pour Augsbourg. De là il alla habiter Nuremberg. Il reçut partout des marques d'honneur. On n'est pas d'accord sur l'époque de sa mort qui eut lieu à Nuremberg; les uns citent 1683, d'autres reculent cette date de plusieurs années. = Apollon vainqueur du serpent, Florence. — Sénèque dictant ses dernières leçons, Berlin. — Paysage : Mariage de sainte Catherine, Vienne. — Le philosophe Archimède, *ib.* — Sujet allégorique, *ib.* — Allégorie : Les Mois de l'année, Munich. — Héraclite et Démocrite, *ib.* — Et autres, *ib.* — Portrait de P. C. Hooft, Amsterdam. — La compagnie des archers d'Amsterdam à l'entrée de Marie de Médicis, *ib.* (Hôtel de ville. Chef-d'œuvre.) — La paix de Westphalie, Nuremberg. (Landauer Brüderhaus.) = Tendances réalistes; conceptions heureuses; bon dessin, sentiment de la composition; brosse savante. Biographe distingué; on a de lui un recueil des vies des peintres anciens et modernes, dans lequel ses jugements ne sont pas exempts de partialité. = Graveur.

Sandrart (Jacques), neveu de Joachim. E. Al. 1630-1708. FRANCFORT-SUR-MEIN. Histoire. = Elève de son oncle Joachim Sandrart. On ignore s'il a peint. = Graveur et dessinateur.

Sandrino (Thomas). E. I. 1574 où 1575-1630 ou 1631. BRESCIA. Perspective, architecture. = Artiste de grand mérite. = Goût sûr.

Sandwyk (François Van). E. H. 1641 ou 1642. LA HAYE. Histoire, portrait. = Elève de Nicolas Wieling; membre de la confrérie *Pictura*, à La Haye. Plus tard, il devint ingénieur militaire des états et fut tué à la guerre, dans l'exercice de ses fonctions.

Sané (J.-P.). E. Fr. † 1780 (?). Histoire. = Travailla à Rome; revint en France et mourut à Paris, accablé d'infirmités. = La mort de Socrate. = Le seul tableau que l'on connaisse de lui, donnait des espérances qui ne se réalisèrent pas. = Ventes : V. Sacré (1780), *Mort de Socrate*, 399 l. — Même vente : *Le jugement dernier*, (Copie d'après Michel-Ange), 500 l.

San Felice (Ferdinand). E. I. ' XVIIIe siècle. NAPLES. Histoire, fruits, paysage, perspective. = Elève de Fr. Solimène, qui l'aima beaucoup; il était de naissance noble. = Excella dans les fruits, les paysages et les perspectives.

Sangallo (Bastiano da), dit **Aristotile.** E. I. 1481-1551. FLORENCE. Perspective. = Elève de Pierre Pérugin et de Raphaël dont il fut aussi l'ami. Travailla beaucoup pour les Médicis. Fit de magnifiques peintures pour des arcs de triomphe, gradins, etc. Vers la fin de ses jours il eut la douleur de se voir préférer Salviati, = Génie peu inventif. Comme il aimait à causer avec gravité sur la perspective et l'anatomie, sciences qu'il connaissait à fond, on le surnomma *Aristote*.

Sang de la Loza (Jacques et Bernard). E. Es. ' XVIIe siècle. VALENCE. Genre. = D'une famille noble, ces deux frères se distinguèrent comme amateurs.

San-Giorgio (Eusèbe). E. I. 1478(?)-1550(?). PÉROUSE. Histoire, portrait. = Elève de Pierre Pérugin. = Dessin de son maître; teintes faibles.

Sanguineto (don Raphaël). E. Es. ' XVIIe siècle. = Chevalier de Saint-Jacques; amateur; résidait à Madrid; très lié avec A. S. Coëllo.

Sanguinetti. E. I. ' XIXe siècle. Histoire.

San Marchi. V. Sammartino.

Sano (E.-B.). E. Fl. † 1878. ANVERS. Intérieurs de ville, ruines, etc.

Sano di Pietro. V. Ansano.

San Severino. V. Lorenzo da San Severino.

Sanson (Jean). E. Fr. ' XVIe siècle. Histoire, portrait. = Détails inconnus.

Sansovino (le). V. Cantacci.

Sansovino (del). V. Tatta.

Santa-Croce. V. Girolamo de Santa Croce.

Santa-Croce (Rizzo). V. Rizzo.

Santa-Croce (Pierre-Paul de). E. Es. ' 1591. Histoire. = Details inconnus.

Santa-Fede (François). E. I. ' XVIe siècle. NAPLES (?). Histoire. = Elève d'André Sabbatini. = Coloris plus vigoureux que celui de son fils; ombres plus harmonieuses.

Santa-Fede (Fabrice de), fils de François. E. I. 1560 (?)-1634. NAPLES. Histoire. = Elève de son père et de François Curia; travailla pour plusieurs églises de Naples. = La Vierge et l'enfant Jésus adorés par plusieurs saints, Naples. — Sainte famille dans un paysage, La Haye. = Les œuvres du père et du fils sont très souvent confondues.

Santagostini (Jacques-Antoine). E. I. 1588(?)-1648. Histoire. — Elève de Ch. Procaccini.

Santagostini (Auguste), fils de Jacques-Antoine. E. I. ' 1671. Histoire. = Elève de son père; écrivit sur les peintures milanaises; son frère Hyacinthe fut peintre comme lui. = Style gracieux, expressif, harmonieux, trop de minutie. On cite comme des imitateurs très médiocres des Procaccini, Ossana, Biffi, Ciocca et Ciniselli, tous contemporains des Santagostini.

Santarelli (Gaëtan). E. I. ' XVIIe siècle. PESCIA. Histoire. = Elève des Dandini; issu d'une famille noble. Mort à Rome.

Santelli (Félix). E. I. ' XVIIe siècle. ROME. Histoire. = Rival du chevalier Baglione. = Grande vérité.

Santen (Gérard Van). E. H. ' 1650. Batailles. = Entra, en 1629, dans la corporation de Saint-Luc, à La Haye. = Reçut des commandes importantes du prince d'Orange, Frédéric-Henri.

Santerre (Jean-Baptiste). E. Fr. 1650 ou 1651-1717. MAGNY (près Pontoise). Histoire et portrait. = Elève de Boullogne l'aîné. Protégé par Louis XIV; ce prince lui donna un logement au Louvre et une pension. Reçu à l'Académie, en 1704. Il avait formé chez lui une académie de jeunes filles qui lui servirent souvent de modèles. Mort à Paris. Piganiol de la Force le fait mourir en 1719, à 70 ans. = Suzanne au bain, observée par les vieillards, Paris. — Portrait de femme en costume vénitien, *ib.* — Fresques, Versailles. = Excellait à peindre les jeunes filles. Dessin correct. Coloris sage et gracieux. Génie froid. = Ventes: V. Julienne (1767), *Sujets de bal*, 1,301 l. — V. La Live de Jully (1770), *Une chanteuse*, 1,520 l. — V. Blondel de Gagny (1776), *Adam et Eve*, 12,400 l. — *Coupeuse de choux*, 3,215 l. — V. Conti (1777), *Femme assise*, 480 fr. — V. Poullain (1780), *Coupeuse de choux* (Celle de la vente Blondel de Gagny), 6,889 fr.

Santi. E. I. ' XIXe siècle. Histoire.

Santi (Antoine). E. I. † 1700. RIMINI. Histoire. = Ecole de Cignani; mort jeune.

Santi (Barthélemy). E. I. ' XVIIIe siècle. LUCQUES. Décorations et ornements. = Etudia à Bologne; célèbre décorateur.

Santi (Dominique), dit **Le Mengazzino.** E. I. 1621-1694. Histoire, perspective, ornements. = Elève d'A. Metelli. = Ses tableaux sont parfois confondus avec ceux de son maître.

Santiago Palomares (don François-Xavier de). E. Es. † 1796. Paysage, genre, portrait. = Erudit célèbre et artiste de talent. Mort à Madrid.

Santini, l'Ancien. E. I. ' XVIIe siècle AREZZO. Histoire. = Goût florentin; un autre peintre du même nom, compatriote et contemporain de Santini, l'Ancien, fut nommé Santini le Jeune.

Santino des Portraits (le). V. Vandi

Santo (frère). E. I. ' 1640. VENISE. Histoire = Moine capucin. Travailla beaucoup pour les couvents de son ordre.

Santo Domingo (le frère Vincent de). E. Es. ' 1555. Histoire. = Elève de L. de Médina, à Tolède; se fit Hiéronymite; son principal titre à la gloire est d'avoir donné des leçons à Navarrette (El Mudo). = Belle couleur.

Santos (Jean). E. Es. ' 1662. Genre. = Florissait à Cadix. = Invention agréable.

Santvoort (Abraham Van). E. H. ' XVI

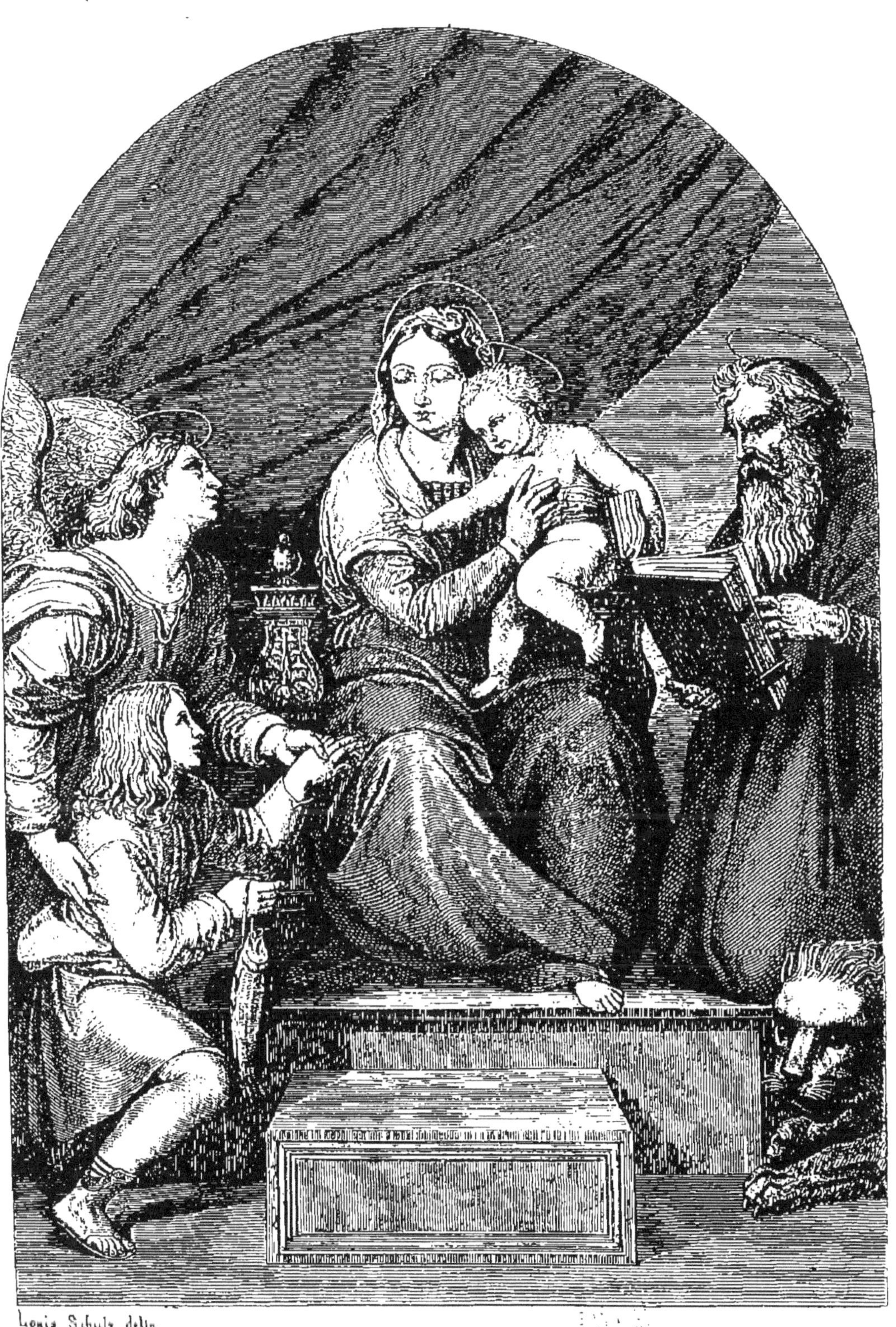

La Vierge au poisson. Par Raphael. Musée du Prado à Madrid.

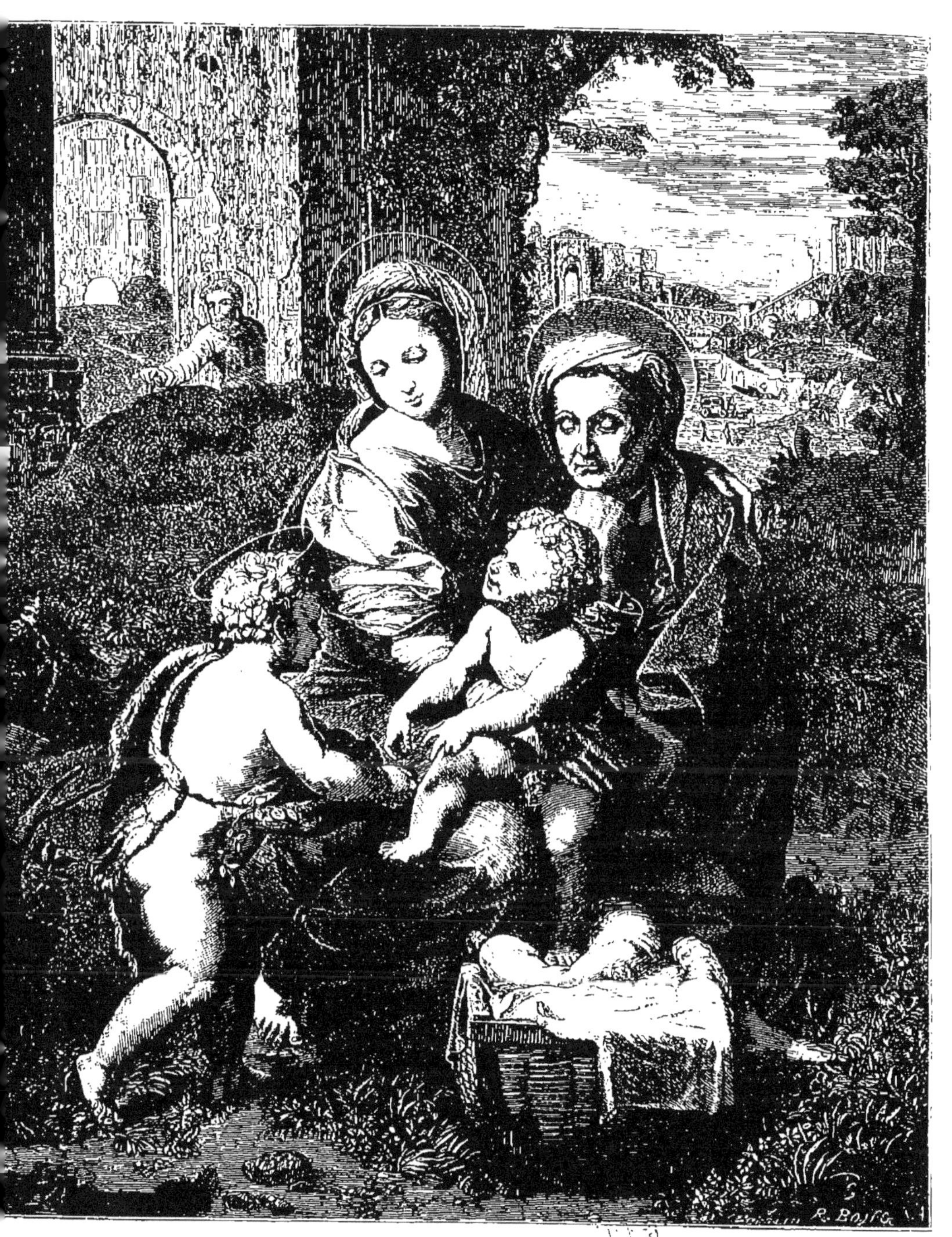

»La perle«. Madone de Raphael. Musée del Prado à Madrid.

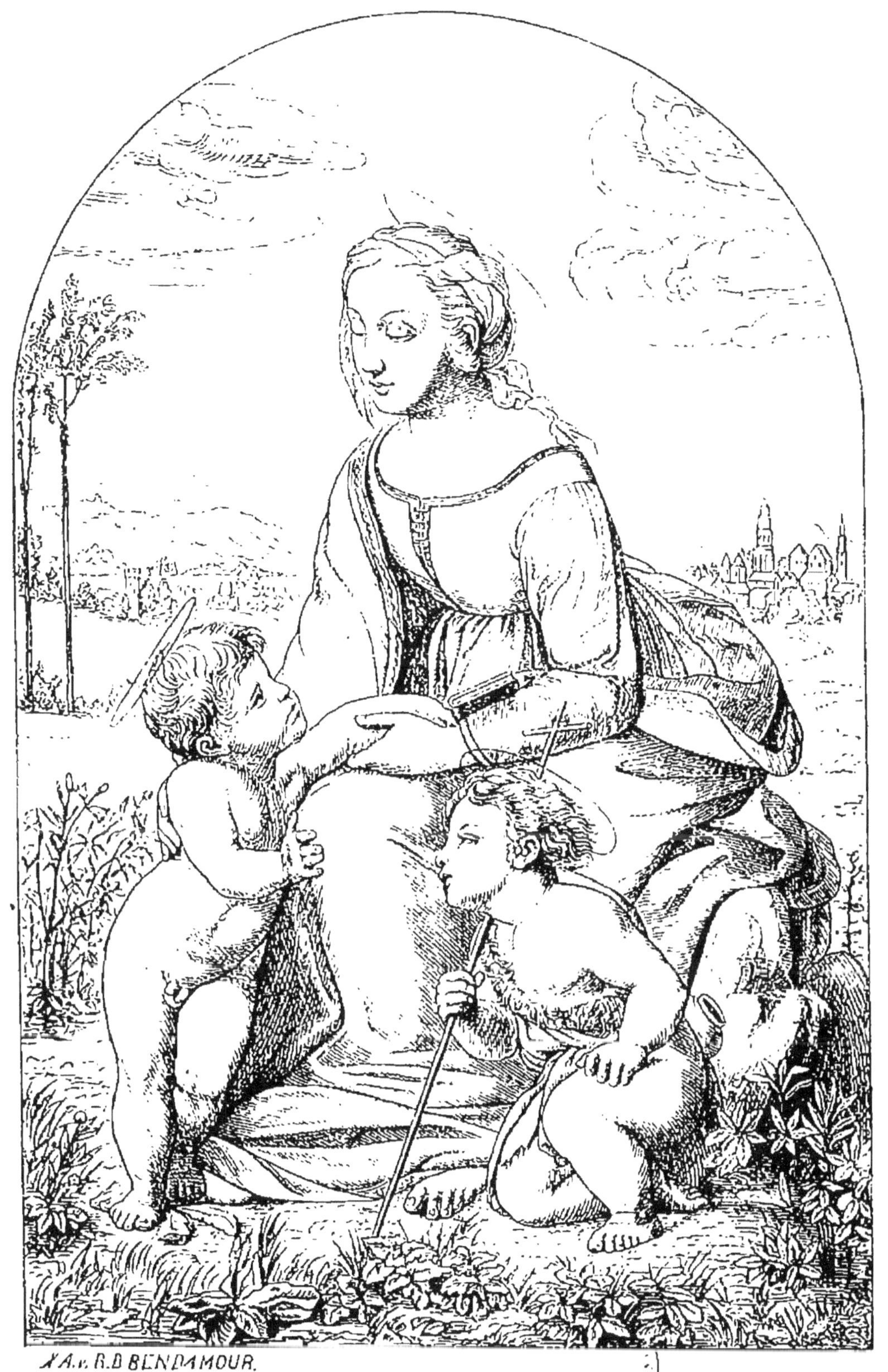

»La belle jardinière«. Madone de Raphael, au Louvre.

siècle. = Artiste s'occupant à Breda. = Graveur.

Santvoort ou **Van Santvoort** (Pierre). E. H. † 1681. HAARLEM. Marine. = Le seul document où il soit cité est le registre aux enterrements. = On lui attribue un paysage gravé. = Manière de Jean Van Aken ou de Breughel ; coloris très gris.

Santvoort (Thierry Van). E. H. * 1635. Histoire, portrait. = Détails inconnus. = Portraits de quatre dames, Amsterdam (Maison de travail). — Le Christ à Emmaüs, Paris. = Têtes vraies, couleur jaune un peu lourde; réussit beaucoup mieux dans le portrait que dans l'histoire.

Santvoort (S. Van). E. H. * XVIIIe siècle. Genre. = Cité par Füssli.

Santose ou **Fantose**. V. Fantucci.

Sanzio, del Sancto ou **De' Santi** (Jean de). E. I. † 1494. COLBORDOLO (près d'Urbin). Histoire. = Père de Raphaël, il sut deviner la vocation de cet illustre artiste et le plaça dans l'atelier du Pérugin. Galeazzo, Antoine, Vincent et Jules furent tous peintres, parents de Jean, et ancêtres de Raphaël. Passavant pense qu'il a été élève de Mantegna. = Visitation, Fano. — Madone avec l'enfant, *ib.* — Saint Jérôme, Saint-Bartolo près Pesaro. — Annonciation, Milan. — Raphaël et Tobie, Urbin. — La Vierge et l'Enfant entourés de saints, Berlin. — La Vierge et l'Enfant. *ib.* = Dessin consciencieux; figures élancées et ne manquant pas de grâce. Ses peintures à la détrempe sont entourées d'un contour noir. Ses *madones* ont de la raideur et lèvent généralement le bras en ouvrant la main.

Sanzio, del Sancto ou **De' Santi** (Raphaël), fils de Jean. E. I. 1483-1520. URBIN. Histoire, portrait. = La famille des Sanzio était ancienne à Urbin et se recommandait par une succession de citoyens distingués dans plus d'une profession. Jean Sanzio, père de Raphaël, était lui-même un peintre assez médiocre, mais qui eut du moins le mérite de deviner la vocation de son fils et de ne la point contrarier; s'apercevant des dispositions extraordinaires que manifestait Raphaël, Jean Sanzio entreprit le voyage de Pérouse et confia son enfant aux soins éclairés de Vanucci, dit le *Pérugin*, qui prévit pour son élève les plus hautes destinées comme peintre; plusieurs années se passèrent, et Raphaël en était déjà arrivé à copier les tableaux de son maître avec une telle perfection que les meilleurs connaisseurs eux-mêmes ne pouvaient distinguer l'original de la copie. Le hasard lui offrit une occasion de se distinguer en travaillant sans le secours de son maître qu'un voyage appelait loin de Pérouse. Raphaël, pendant son absence, fit le tableau qui commença sa réputation et qui fut destiné à l'église de Citta di Castello. Ce tableau est le Saint-Nicolas de Tolentin, qu'il peignit à l'âge de dix-sept ans. Il fit, vers la même époque (1500), une Sainte Famille où l'on trouve cette inscription : R. S. V. Æ. XVII P. *Raphael Sanctius Urbinus anno ætatis* 17 *pinxit.* C'est la première pensée d'une composition qu'il a répétée dans la suite avec quelques changements. Dès 1503, il fut chargé de reproduire en tableaux les principaux faits de la vie de Pie II, dans la cathédrale de Sienne ; il déploya tant de génie dans l'exécution de cette œuvre, que le Bramante l'appela à Rome, près de Jules II, pour décorer de fresques les salles du Vatican; il mit plusieurs années à exécuter cette immense tâche, pendant que Michel-Ange travaillait à la chapelle Sixtine. Cette concurrence fit naître entre les deux artistes une rivalité que quelques historiens, guidés par de faux renseignements, ont fait tourner au profit des mauvaises passions. Le Bramante mort (1514), Raphaël fut chargé de diriger les travaux d'art qui s'exécutaient à Rome. Aussi grand architecte que grand peintre, il fit construire la cour *des loges* et traça pour la basilique de Saint-Pierre un plan qui n'a jamais reçu son exécution. François Ier s'efforça d'attirer ce célèbre artiste en France, et, n'ayant pu y réussir, il obtint de lui quelques ouvrages que la France possède encore. On a prétendu à tort que Raphaël a profité des dessins de Michel-Ange, les historiens ont démontré l'absurdité de ce reproche. Le tableau *del Spasimo di Sicilia*, de Raphaël, a subi les plus extraordinaires vicissitudes. Le vaisseau qui devait le conduire à Palerme fut battu sur les côtes d'Italie d'une violente tempête, y échoua et s'ouvrit en donnant contre un écueil. Tout périt, hommes et marchandises. Une sorte de miracle sauva le tableau. La caisse qui le renfermait, portée par les flots sur les côtes de Gênes, y fût repêchée. On l'ouvrit et on trouva la peinture intacte. Il fallut toute la protection de Léon X pour que le tableau fût restitué au couvent de Palerme. Depuis il passa en Espagne d'où il alla en France (1810) et d'où il retourna enfin en Espagne. Tout le monde connaît les amours de Raphaël avec la belle Fornarina. Il mourut à l'âge de trente-sept ans, léguant aux arts une nombreuse école formée par ses conseils. Sa mort a été attribuée par beaucoup d'écrivains à l'abus des plaisirs, mais il paraît prouvé aujourd'hui qu'il succomba soit aux suites d'une fièvre maligne contractée pendant des recherches archéologiques, soit aux suites d'un refroidissement. Une coïncidence assez bizarre a été remarquée dans la vie de Raphaël; c'est qu'il naquit et mourut le vendredi-saint, jour pour jour à trente-sept ans de distance. = Cartons de l'école d'Athènes, de la bataille du pont Milvius, Milan. — Mariage de la Vierge, *ib.* — Jésus-Christ dans une gloire, Parme. — Sainte Cécile en extase, Bologne. = Portrait de Jules II. Florence. — Portrait de la Fornarina. *ib.* = Sainte Famille, *ib.* — Vierge au Chardonneret, *ib.* — Saint Jean au désert, *ib.* — Portraits, *ib.* — Vision d'Ezéchiel, *ib.* — Sainte Famille dell' Impannata, *ib.* — Madone du Baldaquin, *ib.*— Madone del Viaggio, *ib.* — Vierge à la chaise, *ib.* — Portrait de Léon X, *ib.* — Les Loges (En cinquante-deux tableaux), Rome. — Les Chambres, *ib.* — Vierge au donataire, *ib.* — Transfiguration (Sur bois), *ib.* — Déposition, *ib.* — Portrait de César Borgia, *ib.* — Portrait de Bartole et de Baldus, *ib.* — Madone de Foligno (Sur bois), *ib.* — Couronnement de la Vierge (Sur bois), *ib.* — Les mystères, *ib.* — Le joueur de violon, *ib.* — Les vertus théologales, *ib.* — Saint Luc faisant le portrait de la Vierge, *ib.* — Sacrifices, noces de Roxane (Fresques), *ib.* — Sainte Famille, Naples. — Madone, *ib.* — Portrait d'un cardinal, *ib.* — Portrait de Tibaldi, *ib.* — La Madonna di San Sisto, Dresde. — Portrait du pape Jules II, Londres. — Sainte Catherine d'Alexandrie, *ib.* — Vision d'un chevalier, *ib.* — Le massacre des innocents, *ib.* — Sainte Famille dans un paysage, Munich. — Portrait du peintre, *ib.*— Sainte Famille. *ib.*—Baptême de Jésus-Christ, *ib.* — Descente de croix, *ib.* — L'archange Michel, *ib.* — Résurrection, *ib.* — Madone *del Tempio*, *ib.* — Repos en Egypte, Vienne. — Sainte Catherine, *ib.* — Sainte Famille dans un paysage, *ib.* — Jésus-Christ et les protecteurs de Pérouse, Berlin. — La Vierge lisant, *ib.* — Saint Jérôme adorant l'enfant Jésus, *ib.* — Jésus-Christ au tombeau, *ib.* — La Vierge et l'Enfant, *ib.* — Naissance de Jésus Christ, *ib.* — Sainte Famille : *Ecce Agnus Dei*, *ib.* — La Madone de la famille Colonna, *ib.* — Tapis d'après les cartons du peintre, *ib.* — Judith, Saint-Pétersbourg. — Sainte Famille, *ib.* — Cène, *ib.* — Visitation, *ib.* — Sainte Famille connue sous le nom de la *Belle Jardinière*, Paris. — Sommeil de Jésus, *ib.* — Saint Michel terrassant le démon, *ib.* — La Vierge et l'enfant Jésus, *ib.* — Sainte Famille, *ib.* — Saint Michel combat des monstres, *ib.* — Saint George et le dragon, *ib.* — Portrait de Raphaël et de son maître d'armes, *ib.* — Portrait de Jeanne d'Aragon, *ib.* — Portrait du comte Balthasar Castiglione, *ib.* — Portrait d'un jeune homme, *ib.* — Portraits d'homme, *ib.* — Sainte Marguerite, *ib.* — Sainte Famille dite *de l'Agnus Dei*, Madrid. — Sainte Famille dite *de la Perle*, *ib.* — La Vierge au poisson, *ib.*— Jésus-Christ succombant sous la croix (Tableau célèbre connu sous le nom de : *Spasimo di Sicilia*), *ib.* — Sainte Famille dite *de la Rose* *ib*, — Visitation, *ib.* — Portrait d'un cardinal, *ib.* — Portrait d'homme, *ib.* — Saint Jean écrivant l'Apocalypse, Marseille. = La carrière du plus grand des artistes présente une limite étroite de quatorze ans en partant de la maturité de son génie (1506) à sa mort, et cependant on croit que le nombre de ses œuvres se monte à plus de quatorze cents ! Dessin d'une correction et d'une pureté admirables, expression de figures que lui seul a comprise et qu'il sut rendre avec autant de chasteté que de vérité. Etude savante de l'antique, imagination pleine de poésie, de force et de judicieux mouvements, exécution supérieure à tout. Il serait fort difficile de préciser d'une manière nette et caractéristique le genre de mérite de Raphaël ; ce serait vouloir définir la nature elle-même dont il a été constamment l'interprète. Les contemporains de ce grand homme, après lui avoir reconnu le mérite éminent du dessin, de l'expression et de la composition, attaquèrent son coloris. Quels sont les ouvrages qui, après avoir subi les attaques de trois siècles, brilleront de cette force et de cette harmonie de couleurs que nous connaissons aux œuvres de Raphaël? Dans ses portraits, il se montre gracieux et puissant et n'a point de rival. On en possède une trentaine à l'huile, parmi lesquels on distingue le sien, si répandu en Europe, par toutes sortes de procédés de gravure et de typographie. On peut diviser en trois classes les différents aspects sous lesquels Raphaël a peint ses Vierges et pour lesquelles il a épuisé pour ainsi dire toutes les expressions de la grâce et de la tendresse religieuses : 1° Simples Madones, tableaux faits, pour la plupart, pour des particuliers, où la Vierge est seule avec l'enfant Jésus, et quelquefois avec le petit saint Jean. Telle est celle qu'on appelle, à Florence, la Madona della Seggiola ; 2° saintes Familles, tableaux de famille qui comprennent souvent sept à huit personnes. La plus belle de toutes est celle qu'il fit pour François Ier et qu'on voit à Paris, et 3° Vierges avec l'enfant Jésus apparaissant à de saints personnages, comme la Vierge au poisson. Raphaël est le seul artiste qui se soit porté par la puissance de son génie à un si haut degré de célébrité. Sa position sociale était telle que l'homme le plus ambitieux aurait pu la désirer. Ami des plus grands hommes de son époque, il menait l'existence d'un roi et ne dut sa royauté qu'à son immense génie. De nos jours, M. le docteur Passavant a élevé un impérissable monument à la mémoire de Raphaël par son livre intitulé: *Raphaël d'Urbin et son père*. Edition française. 2 vol. in-8°, 1860. Paris, Renouard. D'autres érudits tels que Waagen, Gruyer et Eug. Muntz, ont suivi Passavant qui lui-même avait été précédé par Vasari, Lanzi et Quatremère de Quincy. Un des derniers historiens de Raphaël, M. E. Muntz, dans l'examen des œuvres du célèbre artiste, refuse de reconnaitre comme étant de lui, certaines compositions qui lui sont attribuées depuis plus de trois siècles. Nous n'avons pas cru devoir suivre cet auteur dans cette voie, la critique de discussion n'étant pas encore élucidée sur les points controversés. = Ventes : V. Crozat (1751), *Judith debout appuyée sur une épée et ayant à ses pieds la tête d'Holopherne*, 2,000 liv. — V. Guillaume II (1850), *Sainte Famille*, 16,500 fl. — Même V. *Portrait de Salesar*. 16,000 fl. — V. Stolberg (1859), *La sainte Vierge et l'enfant Jésus* (Miniature), 10,200 thalers (1).

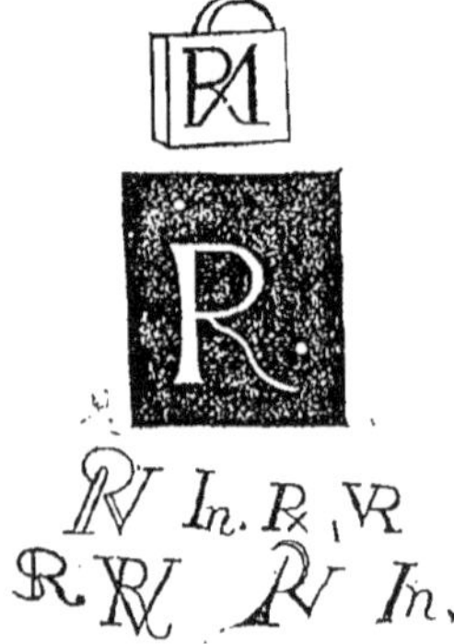

Sansone (le). V. Marchesi.

Sarabat (Daniel). E. Fr. 1747. Histoire. = Elève de Pillement. = Agréé à l'Académie, en 1703. Il eut un fils, né à Lyon, qui fut un bon physicien.

Sarabia. E. Es. ' XVII° siècle. Histoire. = Travailla avec André de Leyto, à Ségovie. = Son coloris est meilleur que son dessin.

Sarabia (André Ruiz de). E. Es. ' 1614. Histoire. = S'embarqua pour Lima, en 1616, et mourut peu de temps après.

Sarabia (Joseph de), fils d'André Ruiz. E. Es. 1608-1669. SÉVILLE. Histoire. = Elève de F. Zurbaran; s'établit à Cordoue et y mourut. Beaucoup des œuvres de ce peintre sont des plagiats, imités des estampes de Sadeler et d'autres artistes. = Un Franciscain priant, Paris. = Simplicité noble, dessin pur, belle couleur, pinceau de maître.

Saracino (Charles), nommé quelquefois **Veneziano** ou **Charles Vénitien.** E. I. 1585-1625 (?). Venise. Histoire. = Se rendit fort jeune à Rome où il s'étudia à imiter Caravage. On le chargea de peindre un grand nombre de sujets à fresque et à l'huile. Mort dans toute la force de l'âge. = Saint Pierre guérissant l'estropié, Rome. — L'adultère, *ib.* — Un saint évêque faisant l'aumône, *ib.* — Sainte Françoise, *ib.* — Saint Bonose, *ib.* — Martyre d'un évêque, *ib.* — Tableaux, Venise. — Vision de saint François d'Assise, Munich. — Assemblée de saints, *ib.*—La Vierge entourée des apôtres, *ib.* — Judith, Vienne. = Draperies riches, goût très prononcé pour les costumes du Levant. On remarque qu'une des particularités du talent de ce maître est de peindre ses personnages gros et pleins de santé.

(1) Voir au *Supplément*.

Sarazin de Belmont (Louise-Joséphine). E. Fr. ' 1827. VERSAILLES. Paysage historique. = Elève de Valenciennes. = Riche contrée arborée, Munich.

Sarcerius (Corneille). E. H. ' 1638. = Cité comme peintre, à Utrecht, dans un document de 1638.

Sardi (Gaëtan). E. I. ' XVIII° siècle. Histoire. = Elève de P. Bianchi et de B. Luti.

Sarmiento (dona Thérèse de), duchesse de Béjar. E. Es. ' XVII° siècle. Histoire. = Vivait à Madrid, peintre amateur. = Tons fins et délicats.

Sarrazin (Jacques). E. Fr. 1588-1660. NOYON. Histoire. = Recteur de l'Académie, en 1655. Plus connu comme sculpteur. = On cite de lui quelques tableaux religieux.

Sarrazin (Bénigne), fils de Jacques. E. Fr, † 1693. Histoire. = Louis XIV lui accorda une pension pour étudier à Rome. = Peintures d'une chapelle à l'hôtel de ville de Marseille.

Sart (Isaac Du). E. H. 1630-1697. AMSTERDAM. Fleurs. = Passa une grande partie de sa vie en Angleterre et y mourut. = Il peignait ses fleurs sur albâtre et obtint un grand succès en ce genre.

Sarti (Antoine). E. I. ' 1600. JESI. Histoire = Détails inconnus.

Sarti (Hercule), dit **Le Muet de Ficarolo.** E. I. 1593. FICAROLO (Ferrarais). Histoire. = Elève du Scarsellino; sourd-muet de naissance. = Un des plus habiles imitateurs de son maître; moins de beauté dans les têtes, contours plus ressentis.

Sarto (André del). V. Vannuchi.

Sarzana (le). V. Fiasella.

Sarzetti (Ange). E. I. ' 1700. RIMINI. Histoire. = Elève de C. Cignani.

Sas (Jean). E. H. ' 1645. Paysage avec figures. = Florissait en Hollande. = Dessinateur à la plume.

Sasc (Julie (?) **Lisiewska** Mme de). E. Al.

1724-1794. SAXE. Portrait, genre. = Elève de son père, George Lisiewski. Séjourna longtemps à la Haye où elle fut inscrite, en 1767, dans la société *Pictura*. Elle retourna ensuite à Berlin, sa résidence ordinaire.

Sassi (Jean-Baptiste). E. I. * 1718. Histoire. = Elève de Solimène, à Naples; travailla à Milan et y acheva des tableux de Pierre Giraldi.

Sasso Ferrato (le). V. Salvi (J.-B.).

Sassoli (Fabien). E. I.* XVe siècle. AREZZO. Histoire, portrait. = Peintre sur verre. = Dessinateur médiocre; possédait le talent de bien cuire et assembler les verres.

Sassoli (Stagio), fils de Fabien E. I.* 1520. AREZZO. Histoire, portrait.=Peintre sur verre. Travailla d'abord ave Dominique Pecori, se sépara ensuite de ce dernier et accueillit dans sa maison le célèbre peintre sur verre Guillaume de Marseille.

Sate (Henri). E. Fr. * XVIIe siècle. PICARDIE. Histoire, portrait, etc.=Détails inconnus.

Sauerweid (Alexandre). E. Al. 1780 (?). EN LIVONIE ou à DRESDE. Histoire et batailles. = Graveur.

Saulcy (Denis). E. Fr. * 1572. SAINTE-MENEHOULD. Histoire, ornements, etc. =Exécuta en 1572 le plafond de la salle neuve du palais ducal.

Saumon (Michelet). E. Fr.* 1416. BOURGES. Histoire, ornements. = Peintre du duc Jean qui lui fit décorer la sainte chapelle à Bourges.

Saunier. E. Fr. * 1840. Genre.

Saura (Moïse-Dominique). E. Es. * XVIIe siècle. LUCENA. (Valence). Histoire. = Devint veuf, se fit ordonner prêtre et ne commença à peindre qu'à cette époque. Mort au commencement du XVIIIe siècle. = De la facilité; imagination féconde, bon dessinateur.

Sautai (Paul E.). E. Fr. 1842. AMIENS. Histoire. Elève de Robert Fleury et de J. Lefèvre. = La veille d'une exécution à Rome.

Sauteny. E. Fr. * XVIIIe siècle. Histoire. = Premier prix de l'Académie royale de peinture de France, en 1713.

Sauterleute. E. Al. * XIXe siècle. Peintre sur verre.

Sauvage (N.(?). E. Fl. * XVIIIe siècle. Histoire, portrait. = Reçu, comme étranger, en 1736, dans la Gilde de Saint-Luc, à Bruxelles. Peintre de la cour du prince Charles de Lorraine.

Sauvage (Joseph-Grégoire), fils du précédent. E Fl. Vers 1733. Portrait en miniature, au pastel et en émail. = Fut, à son tour, attaché au prince Charles de Lorraine, pendant dix-sept ans. La mort de son Mécène le laissa sans ressources; atteint d'une maladie cruelle, il finit, croit-on, ses jours à l'hôpital Saint-Pierre, à Bruxelles, où son frère aîné l'avait placé à ses frais. = On lui accordait du talent.

Sauvage (Simon). E. Fr. * 1420. AMIENS. = Exécuta de magnifiques verrières pour l'église de Saint-Martin au bourg,

Sauvage (Piat Joseph). E. Fl. 1744-1818. TOURNAI. Bas-reliefs, fruits et fleurs. = Elève de Renier Malaine, de l'Académie d'Anvers et de M.-J. Geeraerts pour les bas-reliefs. D'abord établi à Paris, il y fut peintre de Louis XVI et membre de l'Académie. Il revint dans sa ville natale, y fut nommé professeur à l'école de dessin et y réorganisa complètement l'Académie d'où sont sortis depuis des peintres de grand talent. = Tableaux, Tournai. — Portrait du peintre, *ib.* — Bas-relief en grisaille, Lille. — Bas-reliefs, Anvers. = Cité pour ses admirables bas-reliefs et renommé pour ses peintures en émail et sur porcelaine, Son ami, G. Van Spaendonck, a peint des fleurs dans ses tableaux.

Sauvageot (Denis-François). E. Fr. 1793. PARIS. Intérieurs et paysage. = Elève de C. Bourgeois. = Intérieur d'un cloître. — Vue prise dans un souterrain.

Sauvageot (Désirée-Ch. GALLIOT Mme). E. Fr. 1800. PARIS. Histoire, genre et portrait. = Elève de Bouchet. = Jeune anachorète en prière. — Ecole de village.

Sauvan (Philippe). E. Fr. 1698-1792. ARLES (Bouches du Rhône). Histoire. = Fils d'Honoré, peintre lui-même; élève de Parrocel, voyagea en Italie, puis se fixa à Avignon où il se fit une bonne réputation. Il eut un fils, Pierre, et une fille, Gabrielle, peintres tous deux. = Tableaux dans des églises d'Avignon. = Graveur.

Savalo. E. Fr. * 1180. ARRAS. = La bibliothèque de Valenciennes possède un évangéliaire illustré par cet habile artiste.

Savary (Gilles). * 1492. ROYE. Histoire. = Peignit un *Christ au tombeau* pour l'église Saint-Pierre.

Savary (Auguste). E. Fr. 1799. NANTES. Paysage. = Elève de Boissier. = Vue de Laval. — Environs de Château-Gontier.

Savary (Gilet). * XVe siècle. = Travailla, en 1468, aux entremêts de Bruges.

Saven (Jacques et Christophe Van der). E. H. * XVIIe siècle. Histoire religieuse. = Détails inconnus.

Savery (Jacques), le Vieux. E. Fl. * 1575. COURTRAI. Animaux, paysage. = Habita Amsterdam où il donna des leçons à Guillaume Van Nieulant, d'Anvers. Il avait du talent pour représenter les différentes espèces d'animaux, d'oiseaux et de poissons. = Ses tableaux furent recherchés en Hollande.

Savery (Jacques), le Jeune, fils de Jacques, le Vieux. E. Fl. † 1602. COURTRAI. Paysage. = Elève de Jean Bol, de Malines. Il mourut de la peste à Amsterdam. = Kermesse de Saint-Sébastien, La Haye. = Van Mander le cite comme le meilleur élève de Jean Bol. Beaucoup de soin, de patience et de fini. Graveur.

Savery (Roland), fils de Jacques, le Vieux. E. Fl. 1576-1639. COURTRAI. Animaux, paysage, etc. = Elève de son père et de son frère Jacques, le Jeune. Il fut protégé par l'empereur Rodolphe II à la cour duquel il s'était rendu. Ce prince le chargea d'aller peindre des vues du Tyrol pour les reproduire sur les murs de son palais. Savery passa deux années dans le Tyrol. Après la mort de Rodolphe, en 1612, Savery se fixa à Utrecht où il entra dans la gilde de Saint-Luc, en 1627, et où il mourut. = Orphée attirant les animaux, La Haye. — Paysage, Florence. — Paysage avec des lions, Londres. = Paysage avec des lions, *ib.* — Perroquet, grenouilles et écrevisses dans un paysage, Berlin. — Adam et Eve dans un paysage, *ib.* — Forêt avec un cerf et des bohémiens, *ib.* — Paysage avec beaucoup d'animaux, Vienne. — Lisière de forêt, *ib.* — Le torrent : Jésus-Christ tenté par le démon, *ib.* = Fleurs dans un vase, *ib.* — Forêt : le bûcheron, *ib.* — Vue en Tyrol, *ib.* — Paysage : Orphée : *ib.* — Le pont sur le torrent, *ib.* — Orphée allant redemander Eurydice, *ib.* — Chasseur poursuivant un sanglier, Dresde. — Paysage avec animaux de toute espèce, *ib.* — Noé et les animaux, *ib.* — Animaux sauvages dans un site pittoresque, *ib.* — Paysage : ruines, *ib.* — Le torrent, *ib.* — Paysage avec animaux, Brunswick. — Paysage : le ruisseau, *ib.* — Paysage : les bûcherons, Copenhague. — Orphée charmant les animaux au son de sa lyre, Saint-Pétersbourg. — N. B. Les tableaux de Savery ont été très recherchés en Hollande pendant les XVIIe et XVIIIe siècles où il était appelé Xavery. Quantité de ses œuvres ont paru dans les ventes sous le nom de Breughel et ont été cotées à des prix beaucoup plus élevés que lorsqu'elles ont été vendues sous leur véritable nom. = Manière de P. et de J. Breughel; bonne composition, effet agréable, touche spirituelle. La couleur bleue est trop répandue dans ses ouvrages. Ses animaux sont très naturels. Ses premiers travaux sont très inférieurs à ceux qu'il exécuta après ses voyages; ils sont secs, tandis que plus tard le peintre sut allier une imitation exacte et vraie de la nature à beaucoup de grandeur dans l'effet. Graveur.

Savery (Jean) neveu de Roland. E Fl. 1597-1655. COURTRAI. Animaux, paysage. = Elève de son oncle; séjourna à Utrecht en même temps que celui-ci et y fut reçu en 1629, dans la corporation de Saint-Luc. Il se rendit de là en Angleterre où l'on croit qu'il mourut. = Peignit le paysage dans la manière de Roland.

Savery (Pierre). E. H. ' XVIIe siècle. HAARLEM. = Mentionné comme peintre de Haarlem sur la liste de V. L. Van de Vinne; une circonstance digne d'attention, c'est qu'un de ses fils, baptisé en 1630, fut nommé Roland, et que le témoin de la cérémonie, un oncle probablement, portait le même prénom. Ce dernier Roland fit baptiser quatre de ses enfants à la fois, en 1632, à Haarlem. Un Samuel Savery fit aussi baptiser, en 1636, un fils du nom de Roland : témoin encore un Roland Savery. Enfin, dans les registres de Haarlem, apparaissent encore un Jean dont le fils, Jacques, naquit en 1626. Quelle liaison pourrait-il y avoir entre cette famille et les Savery belges? On sait que plusieurs de ceux-ci habitèrent Utrecht et Amsterdam.

Savignac. E. Fr. ' 1840. Genre et intérieurs. = Une cuisine à Honfleur.

Savoldo (Jérôme), dit **Girolamo Bresciano.** E. I. ' 1540. BRESCIA. Histoire. = Etudia le Titien. Comme cet artiste jouissait d'une fortune personnelle, il ne peignit que pour se distraire et ne fit pas payer les tableaux dont il ornait les églises. Mort à Venise. = Jésus-Christ dans une gloire, Pésaro. — Transfiguration, Florence. — Sujet inconnu, Berlin. — Portrait d'homme, Paris. = Bonne couleur et exécution d'un grand fini. Les amateurs recherchent beaucoup les œuvres de Savoldo.

Savolini (Christophe). E. I. ' 1678. CENTO. Histoire. = Elève de Chr. Serra.

Savonanzzi (Emile). E. I. 1580-1660 (?). BOLOGNE. Histoire. = Elève de Calvart et de Cremoni, de Louis Carrache, du Guide, du Guerchin et enfin du célèbre sculpteur l'Algarde. Appartenait à la noblesse; vécut à Ancône et à Camerino; mort octogénaire. = Jésus-Christ mort, Rome. — Sainte Famille, Florence. — Jésus-Christ mis au tombeau, Bologne. = Théorie savante; style inégal; manière du Guide.

Savorelli (Sébastien). E. I. ' 1690. FORLI. Histoire. = Elève de Ch. Cignani; se fit prêtre.

Savoye (Daniel de). E. Fr. 1644-1716. GRENOBLE. Histoire, portrait. = Elève de S. Bourdon; mort à Erlangen. = Portrait de la femme du peintre, Dresde. = Graveur.

Savoyen (Charles Van). E. Fl. 1619-1669. ANVERS. Histoire, mythologie. = En 1635, il est inscrit dans le registre de Saint-Luc, à Anvers, comme élève de Jean Cossiers. Il a longtemps habité la Hollande, mais il mourut dans sa ville natale. Il réussissait surtout dans les petites figures nues de la mythologie. = Vénus et l'Amour sur un Dauphin, Bordeaux. = Bon coloris, dessin peu correct, surtout dans les contours. Il a gravé son propre portrait.

Sayve ou **Saive** (Jean-Baptiste de), le Vieux, dit **Jean de Namur**. E. Fl. † 1624. NAMUR. Histoire, portrait. = Les premiers ouvrages qu'on a de lui datent de 1576 ; il travailla pour le magistrat de sa ville natale à des œuvres peu importantes; il quitta Namur et, en 1590, il porte le titre, à Bruxelles, de *Peintre de Son Altesse* (le duc de Parme) et *Concierge du vignoble de la Cour*. La même année, il revint à Namur. En 1603, de Saive quitta cette ville pour aller s'établir à Malines où il fut reçu, sans droit d'entrée, dans la corporation de Saint Luc. Il y travailla beaucoup, surtout pour les corporations, et y mourut. Un François de Namur, peintre, que les auteurs des *Liggeren* indiquent comme étant un de Saive, est inscrit dans les registres avec la qualité de franc-maître de Saint-Luc, à Anvers, en 1599. = Deux volets : portraits d'échevins et jugement de Cambyse, Namur (Cercle archéol.). — Martyre de sainte Catherine, Malines (Eglise Notre-Dame). — David et Goliath, *ib*. (Eglise Saint-Rombaut, attribué). — Baptême de Jésus-Christ, *ib*. = Style de Pourbus; draperies lourdes; école d'Otto Vénius.

Sayve ou **Saive** (Jean-Bapt. De ou Le), le Jeune, fils de Jean-Baptiste, le Vieux. E. Fl. * 1625. Histoire. = Détails inconnus. = Sainte Amelberge, Tamise (Waes). (Signé : I, BAPTE LE SAYVEF). = Peintre médiocre.

Scacciani (Camille), dit **Carbone**. E. I, * 1715. PESARO. Histoire. = Détails inconnus. = Ecole des Carrache.

Scacciati (André). E, I. 1642. Fleurs et fruits. = Elève de Laurent Lippi qui lui conseilla de quitter l'histoire pour le genre des fleurs dans lequel il réussit parfaitement. = Fit un grand nombre de tableaux pour les pays étrangers.

Scaglia (Jérôme). E. I. * 1672. LUCQUES. Histoire et perspective. = Elève du Paolino et de J. Maracci. = Touche du Paolino, architecture du Cortona. Quelque ressemblance avec P. Ricchi ; plus d'effet que de correction. Nommé parfois *le Parmesan*,

Scajario (Antoine). E. I. † 1640 (?), BASSANO. Histoire. = Elève, gendre et héritier de J. B. da Ponte ; signa quelquefois ses tableaux du nom de : *Antonio da Ponte* ou *Antonio Bassano*.

Scalabrino (le). E. I. *XVIe siècle. SIENNE. Histoire. = Elève du Sodona. = Génie poétique.

Scalberge (Louis). * XVIIe siècle. = Cité par De Marolles.

Scalberge (Pierre). E. Fr. * 1650. Histoire. = Plus connu comme graveur,

Scaligero (Barthélemy). E. I. * XVIIe siècle. PADOUE. Histoire. = Elève d'A. Varotari. Sa nièce, Lucie, fut élève de Claire Varotari.

Scalvati (Antoine). E. I. * XVIIe siècle. BOLOGNE. Histoire, portrait. = Elève de Th. Laurati ; aida son maître aux travaux du Vatican. = Abandonna l'histoire pour le portrait et obtint du succès dans ce dernier genre.

Scanche (H.). E. Al. * 1878. BERGEN. Paysage. = Clair de lune.

Scandellari (Pierre). E. I. * XVIIIe siècle. = Elève de Ferd. Galli di Bibbiena; fit partie de l'Académie de Bologne.

Scannabecchi. V. Muratori.

Scannabecchi (Dalmasio). E. I. 1325 (?). BOLOGNE, Portrait. = Enseigna son art à Bologne. = Deux figures inconnues, Bologne. = Exerça la peinture avec succès.

Scannabecchi (Philippe), fils de Dalmasio, dit **Lippo di Dalmasio**. E. I. 1360 (?). BOLOGNE. = Elève de Vital ; reçut dans l'école de ce dernier le même surnom que son maître: *Lippo delle Madonne*. Scannabecchi fit son testament en 1410, et il paraît qu'il y survécut peu de temps. = Saint Benoit ressuscitant un enfant. = Teintes un peu mieux fondues que la plupart de celles de ses contemporains et draperies plus heureuses; tête d'une beauté rare, surtout dans ses madones qui sont réellement divines.

Scannavini (Maurelio). E. I. 1655-1698. FERRARE. Histoire, portrait. = Elève de Cignani. L'excessive lenteur qu'il mit à exécuter ses tableaux, l'empêcha de subvenir aux besoins de son existence. = Fini peut-être trop minutieux; réussit surtout dans le portrait et y déploya un pinceau gracieux, des teintes vigoureuses et un empâtement plein de douceur.

Scaramuccia (Jean-Antoine). E. I. 1580-1650. PÉROUSE. Histoire. portrait. = Elève de Ch. Roncalli, dit le chevalier dalle Pomerancio; acquit un nom dans sa patrie par les tableaux dont il enrichit les couvents et les églises de Pérouse. = Imita son maître et les Carrache; composition spirituelle, pinceau franc ; coloris trop sombre.

Scaramuccia (Louis Pellegrini), dit **Louis Perugino,** fils de Jean-Antoine. E. I. 1616-1680. PEROUSE. Histoire, portrait. = Elève du Guide; parcourut l'Italie, travailla beaucoup à Milan, laissa partout des ouvrages remarquables et mourut dans cette dernière ville. Auteur d'un livre sur son art, intitulé : *Le Finezze dé pennelli italiani ammirate e* studiate da Gir upeno. (Ce dernier nom sous lequel il se cacha n'est qu'un anagramme de Perugino.) = Sainte Barbe entourée de saints, Milan. — Présentation au temple, Pérouse. = Joignit la manière de son maître à celle du Guerchin; style très original; grâce remarquable; ne s'éleva jamais au sublime, mais resta toujours à une grande hauteur. Graveur.

Scaramusse. E. I. ' XIXe siècle. Histoire.

Scaron (Alexandre). E. Fl. ' XIXe siècle. Fleurs et fruits..

Scarpaccia. V. Carpaccio.

Scarsella (Sigismond), dit **Mondino.** E. I. 1530-1614. FERRARE. Histoire, portrait. = Elève de P. Véronèse; séjourna treize ans à Venise; revint dans sa ville natale et y exécuta plusieurs tableaux estimés. = Imita la manière de son maître; beau mouvement de figures.

Scarsella (Hippolyte), dit **Scarsellino,** fils de Sigismond. E. I. 1551-1621. FERRARE. Histoire. = Elève de son père; se rendit à Venise, y étudia pendant six ans les meilleurs maîtres, et surtout P. Véronèse; réussit si bien dans l'imitation de ce dernier peintre, qu'il mérita le surnom de *Paul de Ferrare;* il tomba quelquefois dans la sécheresse, afin d'éviter le défaut de Sébastien Filippi, son rival, à qui l'on reprochait d'être lourd et grossier. = Assomption, Ferrare. — Noces de Cana, *ib.* — Décollation de saint Jean, *ib.* — La mère de pitié, *ib.* — Noli me tangere, *ib.*— Flagellation, Rome. — Sainte Famille, *ib.* — Didon abandonnée, *ib.* — Départ d'Enée, *ib.* Un souper, *ib.* — Epiphanie, *ib.* — Chute de saint Paul, *ib.* — La Vierge et l'Enfant entourés de saints, Dresde. — Fuite en Egypte, *ib.* Sainte Famille, *ib.* — La Vierge et l'Enfant, sainte Catherine et saint Charles Borromée, *ib.* — Sainte Famille, Florence. — Jugement de Pâris, *ib.* — Naissance d'un enfant noble, *ib.* — L'enfant Jésus et saint Jean, Munich. — Satan et l'Ange, Berlin. — La Vierge et l'enfant Jésus, Bruxelles. = Imita Paul Véronèse sans le suivre dans toutes les parties; théorie savante, imagination brillante et vive; pinceau rapide, spirituel et hardi, têtes de femmes très gracieuses; teintes vaporeuses et remplies d'harmonie; dessin coulant.

Scarsellino. V, Scarsella.

Scarsello (Jérôme). E. I. ' 1660. BOLOGNE. Histoire. = Elève de Gessi; travailla quelque temps à Milan et ensuite, vers 1670, à Turin. = Graveur.

Scelline (Henri). E. Fl. ' XVe siècle. = Maître peintre à Gand; affilié à la corporation, en 1426.

Schaak ou **Schaeck** (B. ou C. ou P.). E H. ' 1665. Scènes villageoises. = Florissait à Rotterdam. = Genre de Brekelenkamp; manière de David Ryckaert.

Schaal (Jacques-Louis). E. Fr. 1799. PARIS. Paysage historique. = Elève de Lethière et de Daguerre. = Forêt de Compiègne. — Château de Royat.

Schaap (Guillaume). E. H. ' 1815. Marine. = S'établit à Utrecht où il fut reçu, en 1806, dans la corporation des peintres. En 1820, il partit pour Amsterdam.

Schaasberg (Adrien et Simon). E. H. ' XVIIIe siècle. LA HAYE. Portrait, paysage et miniature. = Adrien, le père, florissait en 1753; Simon, le fils, en 1783.

Schabet. E. Al. 1815. Histoire.

Schadow (Frédéric-G. de) E. Al. 1789-1862. BERLIN. Histoire, portrait. = Elève de Weitsch. Directeur de l'académie de Dusseldorf. = Sainte Famille, Munich. — La princesse Guillaume de Prusse et ses enfants. — Les quatre évangélistes. = Un des chefs de l'école allemande.

Schaefels (Guill.-F.). E Fl. ' 1846. Marine et genre historique.

Schaefels (Luc), frère de Guilaume. E. Fl. ' 1864. Fleurs, fruits, décorations.

Schaefer (Herman). E. Al. ' XIXe siècle. HALBERSTADT.

Schaeffer. E. Fr. ' 1814. Paysage.

Schaeffer (Jean-Edme). E. Al. † 1821. LOHNHARDSDORFF. Histoire.

Schaeken (Guillaume). E. H. 1755-1830. WEERT. Histoire. = Elève de J. Borrekens, à Anvers, où il fut professsur à l'Académie; résida deux ans en Italie. = Hercule et Nessus. = Ses ouvrages sont nombreux. Il a peint des grisailles.

Schaep (Aimé-P.-H.). E. Fl. ' 1842. Marine = Marine : soleil couchant.

Schaepkens (Alexandre), frère de Théodore et d'Arnaut. E. Fl. 1815. MAESTRICHT. Paysage. = Une nacelle sur la Meuse. — Cour de la prévôté de Saint-Servais, à Maestricht.

Schaepkens (Arnaut) frère d'Alexandre et de Théodore E. Fl. 1817. MAESTRICHT. Paysage, architecture et archéologie. = Elève de l'Académie d'Anvers. = Graveur. Auteur du : *Trésor de l'art ancien en Belgique.*

Schaepkens (Théod.). frère d'Alexandre E. Fl. 1810. MAESTRICHT. Histoire. = Elève de M. Van Brée. = Prise de Maestricht en 1579, Bruxelles. — Mort du comte de Tilly.

Schaffner (Martin). E. Al. ' XVIe siècle. ULM. Histoire, portrait. = Depuis 1502 jusqu'en 1539, Schaffner fut bourgeois et peintre à Ulm, et y fit partie d'une société de peintres. = Six saintes avec leurs attributs, Berlin. — Sainte Famille, Vienne. — La Salutation angélique, Munich. — La descente du Saint-

Esprit, *ib.* — Mort de la Vierge, *ib.* — Portrait : le mathématicien Pierre Appianus, *ib.* — Et autres, *ib.* — Adoration des Mages, (Nuremberg (Chapelle Saint-Maurice). — Cinq saintes, Berlin. — Sainte Famille (Avec volets), Ulm (Cathédrale). — Portraits, *ib.* = Composition pleine de douceur; grand imitateur de la nature; têtes charmantes d'adolescents ; beaucoup de sentiment et d'expression, surtout dans les œuvres de son âge mûr; coloris faible particulièrement dans les chairs. Un des meilleurs peintres de son école.

Schaft (Domin.). Histoire, portrait. = Cité par Houbraken comme faisant partie de la corporation des artistes des Pays-Bas, établis à Rome. Abandonna la grande peinture pour celle des éventails.

Schagen (Gilles Van). E. H. 1616-1668. ALKMAAR. Marine, architecture, portrait, etc. = Elève de Salomon Van Ravesteyn et de P. Verbeek. En 1637, il se mit à parcourir l'Allemagne; il parvint à se faire présenter à Stanislas, roi de Pologne, dont il fit le portrait. Il partit ensuite pour Paris où il eut beaucoup de succès. Après une nouvelle excursion en Allemagne et en Belgique, il revint à Alkmaar, où il fut nommé architecte de la ville. On lui donna, comme à Van de Velde, une frégate pour peindre des combats d'après nature. = Manière large et facile. Bon coloris.

Schalch (Jean-Jacq.). E. Al. 1723. SCHAFHOUSE. Portrait, paysage et histoire. = Elève de Schnatzler; visita la France, l'Allemagne, l'Angleterre, la Hollande et revint dans sa patrie en 1770. = Dessinateur et graveur.

Schalcke (Corn. Van der). E. H. 'XVIIe siècle. HAARLEM. Paysage avec figures, vues de rivières, intérieurs d'église. = Cité par V. L. Van de Vinne, son contemporain. Il figure, en qualité de sergent, sur le beau tableau de Franz Hals représentant les chefs du Serment de Saint-Georges et conservé au Musée de Haarlem. = Artiste de mérite; touche facile, libre et spirituelle; bel effet de lumière. Manière de Philippe Koning.

Schaldi (François). E. Fl. 'XVIIIe siècle. Histoire, kermesses. = Reçu comme étranger, en 1732, franc-maître de Saint-Luc, à Bruxelles.

Schalken (Godefroid). E. H. 1643-1706. DORDRECHT. Histoire, portrait et intérieurs. = Disciple de Gérard Dou. Elevé pour l'étude des lettres, son penchant naturel l'entraina vers les arts; les premiers principes de la peinture lui furent enseignés par Samuel Van Hoogstraten. Il fut assez heureux pour être apprécié de son vivant; sa réputation se répandit à l'étranger et il se rendit en Angleterre, sous le règne de Guillaume III; ce prince le protégea et se fit peindre par lui. Après quelque temps de séjour dans ce pays, Schalken partit pour Dusseldorf d'où il revint dans sa patrie, s'établit à La Haye, y fut accablé d'ouvrage et y resta jusqu'à sa mort. = Cérès cherchant Proserpine, Paris. = Deux femmes (Effet de lumière), *ib.* — Sainte Famille, *ib.* — Vieillard écrivant, *ib.* — Portrait : Guillaume III, d'Orange, à la lueur d'un flambeau, Amsterdam. — Le fumeur, *ib.* — Chacun son goût, *ib.* — Le feu, la lumière. *ib.* — La variété des goûts, *ib.* — Une dame à sa toilette (Effet de lumière), La Haye. — La précaution inutile, *ib.* — Vénus et les colombes, *ib.* — L'empirique, *ib.* — Guillaume III, roi d'Angleterre, *ib.* — Jésus mort près de sa mère, Florence. — Une fille tenant une chandelle qu'elle préserve du vent, *ib.* — Une femme jouant de la trompette (Effet de lumière), *ib.* — Jeune fille mettant une chandelle dans une lanterne, et autres figures, Vienne (Chef-d'œuvre). — Vieillard lisant une lettre à la lueur d'une chandelle, *ib.* — Le jeune pêcheur, Berlin. — Un jeune homme et une jeune fille : le jeu de la cire fondue (Effet de lumière), Bruxelles. — Jeune femme tenant une lettre (Effet de lumière), Dresde. — La jeune fille à la bougie, *ib.* — La jeune fille à l'œuf, *ib.* — Un artiste regardant un buste de Vénus (Effet de lumière), *ib.* — Vieille femme assise, *ib.* — La Madeleine, Munich. — Les vierges folles et les vierges sages (Effet de lumière), *ib.* — Un jeune homme essayant de souffler la lumière que tient une jeune fille, *ib* (Chef-d'œuvre). — Lesbie examinant des bijoux près de son moineau, Londres. — Concert en famille, *ib.* (Buck. Pal.). — Le roi détroussé, *ib.* (Chef-d'œuvre). — Jeune fille en buste tenant une chandelle, *ib.* (Chef-d'œuvre). — Prière du soir de la Sainte-Famille, Copenhague. — Madeleine, *ib.* — La lettre, *ib.* — Les pêcheurs, *ib.* — Le spectre de Junon, *ib.* — Les deux âges, Anvers. — Portrait d'homme, Rotterdam. — Ermite en prière, *ib.* = Grands effets de lumière. Très souvent, dans ses tableaux le personnage principal tient une bougie. Dessin raide, sans goût, contours sans finesse. Sans pouvoir atteindre au talent de Gérar[d] Dou, Schalken est pourtant compté au nombre des meilleurs peintres d'effets de lumière du XVIIe siècle. Ses ouvrages sont agréables [à] l'œil et d'un ton fort naturel; il réussit mieux dans les figures d'homme que dans celles [de] femme. Pendant son séjour en Angleterre, [il] voulut s'essayer à peindre le portrait [en] grand, mais sans pouvoir y réussir; il e[ut] plus de succès dans les petites dimensio[ns]. Kneller était alors le peintre en vogue

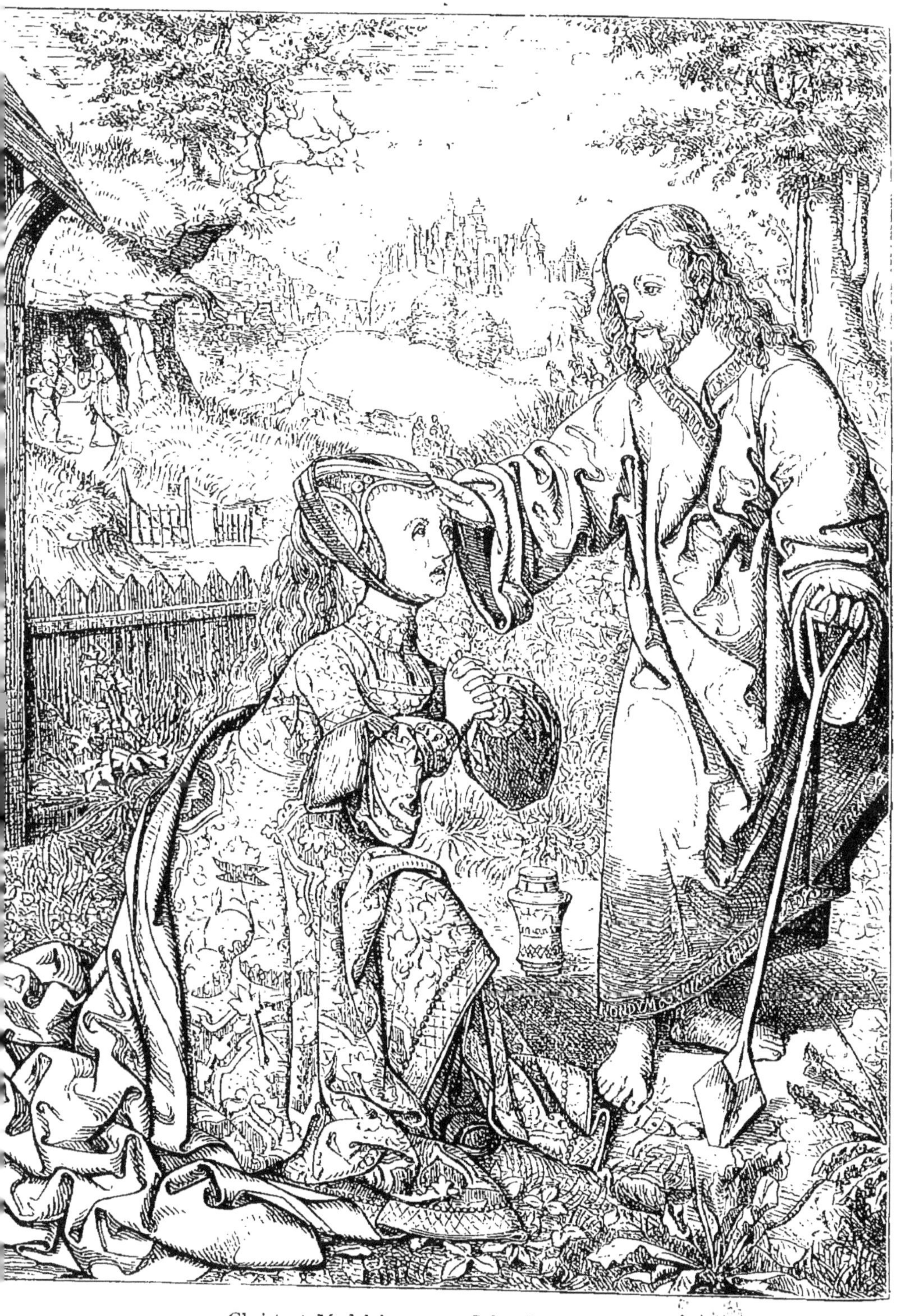

Christ et Madeleine; par Schauffelein. Cassel.

Schalken reprit bien vite la dimension de toiles qui lui permettait de marcher de pair avec son rival. = Graveur. =Ventes : V. Carignan (1742), *Un hallebardier*, 450 liv. — V. Gaillard de Gagny (1762), *La marchande de saumon*, 605 liv. — V. Julienne (1767), *La tabagie*, 2,410 liv. — V. Blondel de Gagny (1776), *La dame avec un habillement jonquille*, 1,312 liv. — V. Poullain (1780), *Jeune femme enfilant une aiguille*, 5,000 liv. — V. Choiseul-Praslin (1793), *Femme faisant du boudin*, 2,000 liv. — V. Tronchin des Délices (1801), *Judas recevant le prix de sa trahison*, 5,000 fr. — V. Villeminot (1807), *Tabagie*, 4,800 fr. — V. Le Roy d'Etiolles (1861), *Madeleine repentante*, 2,350 fr. — V. Van Cleef (1864), *La séduction*, 1,520 fr. — V. Pommersfelden (1867), *La faiseuse de bouquets*,2, 620 fr. — V. Pereire (1872), *La veille de la bataille*, 4,000 fr. — *Un vieil ermite*, 300 fr.

G.S.F.

Schalken (Marie), sœur de Godefroid. E. I. ' XVIIe siècle. DORDRECHT. Genre.= Elève de son frère. = Beaucoup de fini.

Schalken (Jacques), neveu de Godefroid. E. H. 1683 ou 84-1721 ou 22. Dans l'OVERMAASCHE. Portrait et genre. = Elève de son oncle dont il imita la manière avec bonheur. Mort à Amsterdam.

Schall (Raphaël). E. Al. ' 1840. BRESLAU. Histoire. = La Nativité de Jésus-Christ.

Schaller. E. Al. 1802 ou 1803. VIENNE. Histoire. = Le chasseur sauvage. — Les Tables de la loi.

Schaller (Frédéric). E. Al. 1812. BERLIN. Genre. = Elève de Klober. = Un chevalier blessé.

Schallenberg (George). E. Al. ' XIXe siècle. ZUG. Portrait.

Schallhas (Charles). E. Al. 1767-1797. PRESBOURG. Paysage et animaux. = Mort à Vienne. = Graveur.

Schaltz (Daniel). E. Al. † 1686. DANTZIG. Histoire, portrait et animaux. = Détails inconnus. = Excellent graveur.

Schampheleer (Edmond de). E. Fl. 1824. BRUXELLES. Paysage et genre.= Elève d'E. de Block. = Le vieux Rhin près de Gouda, Bruxelles.

Schaper ou **Schapper** (J.). E. Al. † 1674. HAMBOURG. Histoire, portrait. = Habita Nuremberg et y mourut. Excellent peintre sur verre. = Peignit avec beaucoup de délicatesse des verres à boire et des cruches de porcelaine.

Scharer (Jean-Jacques). E. Al. 1676-1746. SCHAFHOUSE. Portrait. = Apprit la peinture à Munich. = Architecte et modeleur.

Scharff (M. C. VAN ROSSUM, Mme). E. H. ' 1820. AMERONGEN. Paysage et vues.

Scharlach (Edouard). E. Al. ' XIXe siècle. MINDEN. Portrait.

Scharnagel (François-S.). E. Al. 1791. BAMBERG.

Schartmann (Adalbert). E. Al. ' XIXe siècle. BERLIN. Portrait.

Schartmann (Emile). E. Al. 1809. BERLIN. Portrait et fleurs. = Elève de Herbig.

Schaubroeck (Pierre) (?). E. Fl. 1542 (?). ANVERS. Histoire, fleurs, fruits, etc. = Elève et imitateur de Jean Breughel. = Incendie de Troie, Vienne. — Partie de village, Copenhague. = Il fut loin d'atteindre à la hauteur de son maître.

Schauffelein (Jean). E. Al. 1492-1539. NORDLINGUE (Souabe). Histoire religieuse et portrait. = Elève d'Alb. Dürer, dont il parvint à imiter parfaitement la manière; quelques auteurs le font naître à Nuremberg. Mort à Nordlingue. = Descente de croix, Nordlingue. — Cathédrale (Chef-d'œuvre), *ib.* — Siège de Béthulie, *ib.* (Hôtel-de-ville). — Et autres, *ib.* — Décollation de saint Paul, Florence. — Saint Pierre et saint Paul conduits au martyre, *ib.* — Et autres, *ib.* — Tête d'homme, Vienne. — Portrait du peintre (?), Berlin. — Jésus-Christ prenant congé de sa mère; la Vierge au milieu d'autres femmes, *ib.* (Panneau en deux compartiments). — La cène, *ib.* — Mort de la Vierge, Munich. — Couronnement de la Vierge, *ib.* — Saint Pierre marchant sur l'eau, *ib.* — Jésus-Christ couronné d'épines, *ib.* — Jésus-Christ au jardin des Olives, *ib.* — Et autres, *ib.* — Saint Bridget, Nuremberg (Chapelle Saint-Maurice). — Ecce Homo, *ib.* (Château). — Histoire de Judith, *ib.* =Couleur chaude, composition naïve et douce. Imita avec bonheur la manière de son maître; talent très inégal. Graveur sur bois. Auteur des gravures du *Theurdanck*.

Schayck (Adrien Van). E. H. ' 1635. = Peintre sur verre. Travaillait à Utrecht.

Schayck (Evrard van). E. H. ' 1560. = Peintre à Utrecht.

Schayck (Goert Van). E. H. ' 1582. Histoire. = Peintre à Utrecht.

Schedone (Barthélemy). E. I. 1570 (?)-1615. MODÈNE. Histoire, portrait. = On le croit élève des Carrache, mais ce fait est fort douteux, car dans sa manière on retrouve plutôt l'école de Raphaël et surtout l'imitation du Corrège. Protégé par Ranuccio, duc de Parme, qui le nomma son premier peintre et pour lequel il exécuta un grand nombre de portraits de famille; toute la maison de Modène se fit également peindre par lui; la funeste passion du jeu détourna souvent Schedonc du travail ; la perte d'une somme considérable lui causa une si grande affliction qu'il en mourut. = Ange aux trois Marie, Parme. — Portrait du cordonnier de Paul III, Naples. — Repos de l'Amour, *ib.* — Jésus-Christ couronné d'épines, *ib.* — Groupe de femmes, *ib.* — Saint Jérôme, *ib.* — Saint Paul, *ib.* — Saint Sébastien, *ib.* — Sainte Famille, *ib.* — Boutique de saint Joseph, *ib.* — Deux Charités, *ib.* — Coriolan, Modène. — L'harmonie, *ib.* — Saint Géminien, *ib.* — Fresques, *ib.* — Notre-Dame de pitié, Pérouse. — Nativité de Jésus-Christ, Rome. — Nativité de la Vierge, *ib.* — Parabole de l'ivraie, *ib.* — L'Arcadie, *ib.* — Saint Roch, *ib.* — La Vierge, l'enfant Jésus et St. Jean, *ib.* — Sainte Famille, Florence. — La Vierge et l'Enfant, *ib.* — St-Paul, *ib.* — Tableaux, Milan, — La Vierge et l'enfant, St. Petersbourg. — Jésus-Christ sur les bras de sa mère, *ib* — Saint Jean, *ib.* — Amour dormant, *ib.* — Sainte Famille, Paris. — Jésus-Christ mis au tombeau, *ib.* — Jésus Christ au tombeau, *ib.* — La Vierge et l'Enfant, Berlin. — Loth et ses filles, Munich. — Deux Madeleine repentantes, *ib.* — Repos en Egypte pendant la nuit, *ib.* — Jésus-Christ mis au tombeau, Vienne. — Le Christ à Emmaüs, *ib.* — Repos en Egypte, Dresde. = Dessin et perspective parfois incorrects; coloris riant et vif dans ses fresques, sérieux et harmonieux dans ses tableaux à l'huile, gracieux et délicat dans ses portraits, qui se font aussi remarquer par une aimable variété d'expression et d'attitudes. Génie noble et élevé, style de la plus grande élégance, touche légère, airs de tête d'une grâce attrayante; fini exquis. = Ventes : V. Tallard (1756), *La Vierge, l'enfant Jésus, saint Jean et saint Joseph*, 900 l. — V. Marcetti (1775), *Esquisse de l'Œuvre de l'Aumône*, 580 liv. — V. Conti (1777), *La Vierge, l'enfant Jésus, saint Jean et saint Joseph*, 5,000 liv. — V. Poullain (1760), *La Vierge, l'enfant Jésus, saint Jean et saint Joseph* (Tableau de la vente Tallard), 1,140 fr. — V. Lebrun (1810), *Saint Jean dans le désert*, 2,600 fr. — V. Erard (1832), *La sainte Famille et saint Jean-Baptiste*, 4,000 fr. — V. Guillaume II (1850), *La Madeleine*, 5,600 fr. — V. Northwick (1859), *La petite fille à l'alphabet*, 10,530 fr.

Scheeres (Henri-Jean). E. H. 1829-1864. LA HAYE. Genre. = Elève de Van Hove.

Scheffel. E. Al. † 1781. Portrait. = Peintre suédois.

Scheffer (Jean). E. Al. 1795-1822. VIENNE. Histoire. = Sainte Cécile pleurée par des anges, Vienne. — Saint André, apôtre.

Scheffer (Jean-Baptiste). E. H. † 1809. MANHEIM. Portrait et intérieurs. = Elève de Tischbein. S'établit à Dordrecht, où il épousa Cornelie Lamme. Sous le règne du roi Louis-Napoléon, il fut nommé peintre de ce prince; mort à Amsterdam. Quoique né en Allemagne, ce peintre est classé dans l'école hollandaise avec laquelle sa manière et ses relations l'ont étroitement uni. = Jacques-Simonz de Ryk dans la prison, La Haye. — Intérieur avec trois figures, Rotterdam. — Portrait du dessinateur Thierry Langendyk, *ib.*

Scheffer (Cornélie LAMME Mme), femme de Jean-Baptiste et fille d'Arie Lamme. E. H. 1769-1839. DORDRECHT. Miniature. = Elle épousa J. B. Scheffer et fut la mère des peintres célèbres de ce nom, Henri et Ary, qui font partie de l'école française moderne. Après la mort de son mari, elle alla s'établir à Paris où elle mourut. = Ses talents, son esprit, ses éminentes vertus, en ont fait une des femmes les plus remarquables de ce siècle. Elle a dessiné et gravé.

Scheffer (Ary), fils de Jean-Baptiste. E. Fr. 1795-1858. DORDRECHT. Histoire, genre et portrait. = Obtint le grand prix de peinture, à Anvers, en 1816. Partit pour Paris et y devint élève de Pierre Guérin. Passa sa vie en France et mourut à Argenteuil, près Paris. = Les femmes souliotes, Paris (Luxembourg). — Charlemagne présentant les capitulaires à l'assemblée des Francs, Versailles. — Gaston de Foix, *ib.* — Faust tenant la coupe de poison, Rotterdam. — Mignon. — Françoise de Rimini. — Saint Augustin et sa mère. = Talent plein de sentiment. Caractère aussi élevé que son talent.

Scheffer (Henri), fils de Jean-Baptiste. E. Fr. 1798-1862. LA HAYE. Histoire, genre. = Charlotte Corday après la mort de Marat. — Levée du siége d'Orléans, Versailles.

Scheffer (Arnold), fils d'Henri. E. Fr. † 1873. Histoire. = Elève de son père. Mort à Venise.

Scheffer (Jean-Gabriel). E. Fr. 1797. GENÈVE. Histoire, genre et portrait. = Elève de Regnault. = Le bon Samaritain.

Scheffer (Paul). E. Al. * 1560. Histoire. = Cité par Domenici pour avoir orné de ses tableaux, en 1560, l'église Saint-Séverin, à Naples.

Scheffers (N.). E. H. * 1710. UTRECHT. Histoire. = Se rendit jeune en Angleterre où il eut à lutter contre la mauvaise fortune. Plus tard, il se lia avec l'Italien Verrio, peintre de la reine Anne, au service et sous la direction duquel il devint un bon peintre.

Scheins (Louis). E. Al. * 1842. Paysage. = Chasse aux canards. — Intérieur de forêt.

Scheitz (Mathieu). E. Al. 1640-1700 (?). HAMBOURG. Genre, portrait. = Elève de Ph.

Wouwerman, en Hollande, où il s'occupa longtemps. En 1672, il travaillait de nouveau dans sa ville natale. = Manière de Van Ostade et de Teniers. Dessinateur et graveur.

Scheitz (André), fils de Mathieu. E. Al. 1680. HAMBOURG. Paysage (?). = Détails inconnus. Graveur.

Schel (Sébastien). E. Al. † 1554. Histoire. = Ecole de Dürer. Vivait à Inspruck. Travailla pour l'empereur Maximilien et le roi Ferdinand. Peignit, entre autres, la salle du Paradis, à la résidence royale d'Inspruck, travail loué par le Titien lors de son voyage à Augsbourg. = Tableau d'autel, Inspruck (Daté de 1517 et portant pour inscription : *Avec l'aide de Dieu, Sébastien Schel, peintre à Inspruck, a fait ce tableau*). = Artiste de valeur.

Schel (Corneille Van). E. Al. XVIIe siècle. = Cité comme ayant donné des leçons, à Hambourg, à Jacques Bherens.

Schelde (Liévin Van der). E. Fl. * 1586. GAND. Histoire, miniature. = Travailla, avec Luc de Heere et Liévin Louis, aux décorations pour l'inauguration comtale du duc d'Alençon, à Gand, en 1582 ; offrit au magistrat de Gand et lui dédia, en 1586, le Recueil des décors exécutés à la Joyeuse Entrée d'Alexandre Farnèse, en 1584. Ces belles miniatures restèrent à l'hôtel-de-ville jusqu'à la fin du XVIIIe siècle. Elles sont aujourd'hui rentrées en la possession de la ville de Gand.

Schelden (Henri Van der). E. Fl. * 1518. Histoire. = Travaillait à Audenarde.

Schelfhout (André). E. H. 1787-1870. LA HAYE. Paysage et hivers. = Elève d'un peintre-décorateur nommé Breckenheimer. On peut dire que ce grand peintre se forma lui-même par son amour pour l'art qu'il cultiva malgré son père. = Vue d'un rivage près des dunes, Rotterdam. – Hiver : le ruisseau gelé, *ib.* — Paysage boisé, *ib.* — Plage de Scheveningue, *ib.* — Le canal gelé, Munich. — Paysage d'hiver : les patineurs, Hambourg. — Berger et moutons, *ib.* — Paysage, Haarlem.

Schellenberg (Jean-Ulric). E. Al. 1709. WINTHERTHUR (Suisse). Paysage et portrait. = Elève de J. Hettlinger, peintre de peu de renom ; parcourut l'Allemagne, s'établit à Berne, fut reçu dans la maison du peintre Huber, dont il épousa la fille, retourna à Berne et y fut nommé membre du grand conseil, en 1759. = Peintre médiocre.

Schellenberg (Jean-Rodolphe), fils de Jean-Ulric. E. Al. 1740. WINTHERTHUR. Oiseaux, fleurs, insectes, etc. = Elève de son père ; ami de Gessner et d'autres savants ; sa santé l'ayant empêché de voyager, il forma seul son beau talent. = Pinceau spirituel et plein de feu, belle imitation de la nature, bon graveur.

Schellinks (Daniel), frère de Guillaume. E. H. 1635 ou 1633-1701. AMSTERDAM. Paysage. = Elève de son frère Guillaume.

Schellinks (Guillaume), frère de Daniel. E. H. 1631 (?)-1678. AMSTERDAM. Histoire, paysage. = Il voyagea pendant plusieurs années et parcourut l'Angleterre, la France, l'Italie, la Sicile, Malte, l'Allemagne et la Suisse. = Sac d'un couvent, Copenhague. — Débarcadère sur une rivière, *ib.* — Eruption du Vésuve : effet de nuit, *ib.* = Bon coloris, pinceau large, riche ordonnance.

Scheltema (Taco). E. H. 1760-1837. HARLINGEN. Portrait. = Il reçut les principes de son art d'un artiste obscur nommé P. Piera, peintre de paysage et de portrait, mort en 1784. Il se perfectionna surtout par l'étude des bons modèles dans la galerie de Dusseldorf. A son retour dans sa patrie, il s'occupa beaucoup à Amsterdam et à Rotterdam. Il avait épousé Jacqueline Van Nymegen, fille et nièce des peintres de ce nom. = Il a fait tous les portraits des fondateurs et directeurs de la réunion batave, à Rotterdam. Ces tableaux se trouvent dans cette ville dans une des salles au-dessus de la Bourse. = Peintre de mérite. Egalement dessinateur.

Scheltema (Taco). E. H. 1831-1867. ARNHEM. Genre et portrait. = Elève de J. Van den Berg, à La Haye.

Schelver (Augustin-François). E. Al. 1805-1844. OSNABRUCK. Genre et chevaux. = Elève de Heelmeyer. Mort à Munich. = Le voiturier tyrolien, Munich.

Schendel ou **Schijndel** (Bernard Van). E. H. 1649 (?). WEESP. Paysage, genre, fêtes, etc. = Il habita Leeuwarden. Inscrit, en 1696, dans la corporation de Saint-Luc, à Haarlem, où il mourut. Style de Jean Molenaer ; étoffage riche et soigné.

Schendel (Pierre Van). E. H. 1806-1870. TER HEYDEN (Hollande). Histoire, portrait et genre. = Elève de M. Van Brée. S'établit à Bruxelles et y mourut. = Scène de nuit (Effet de lumière), Munich. — La Cène.

Schepens (Louis). E. Fl. * 1863. Paysage. = Elève d'A. Ottevaere.

Scherborch (Josse Van). E. Fl. * 1552. AERSCHOT. = Reçu bourgeois d'Anvers, en 1552.

Scheres. E. Al. 1815. Histoire.

Schermier (Corneille). E Fl. * XVIe siècle. Histoire, ornements. = Travailla pour l'église de Sainte-Gudule, à Bruxelles.

Schertel (Joseph). E. Al. † 1869. AUGSBOURG. Paysage. = Elève de Morgenstern. = Environs de Trostberg. — Le lac de Sim. = Talent distingué.

Scheuchzer. E. Al. 1803. ZURICH. Paysage. = Ancien couvent de Cappel, dans le canton de Zurich. = La chapelle d'Ariola, Hambourg.

Scheuren (Gaspard). E. Al. 1812. AIX-LA-CHAPELLE. Paysage. = Etabli à Dusseldorf. = Paysage d'hiver au soleil couchant, Munich. — Château près de l'eau, Hambourg.

Scheyerer (François). E. Al. 1762. PRAGUE. Paysage. = Détails inconnus. = Les montagnes de neige, Vienne.

Scheyts (Mathieu). E. Al. 1640-1700. HAMBOURG. = Paysage, batailles, etc. = Elève de Ph. Wouwerman, à Haarlem. Se trouvait à Anvers, en 1669, y visita Jordaens dont il fait un grand éloge comme artiste et comme homme.

Schianteschi (le comte Dominique). E. I. * XVIIIe siècle. BORGO SAN SEPOLCRO. Perspective. = Elève des Bibbiena. Peintre de réputation.

Schiavo (Paul). E. I. * XVe siècle. Histoire, portrait. = Elève de Masolino da Panicale. — S'efforça d'imiter la manière de son maître.

Schiavone (Grégoire). E. I. 1470. DALMATIE. Histoire, fleurs, fruits, architecture, etc. = Elève du Squarcione ; condisciple d'A. Mantegna. il adopta une manière qui tient le milieu entre celle de ce dernier et celle de Bellini. = La Vierge et l'Enfant, Berlin. — La Vierge et l'Enfant entourés de saints, Londres. = Presque tous ses tableaux sont de petite dimension, et se font remarquer par des compositions pleines de grâce et des anges d'une physionomie céleste.

Schiavone (le). V. Medula.

Schiavoni (Félix). E. I. * XIXe siècle. Histoire.

Schiavoni (Joseph). E. I. * XIXe siècle. Histoire, portrait.

Schiavoni (Luc). E. I. * XVe siècle. Décorations. = Peintre habile. Florissait à Milan, vers 1450.

Schiavoni (Natale). E. I. 1777-1858 CHIOGGIA. Histoire. = Madeleine repentante, Vienne. — Le repentir.

Schick (Gottlieb). E. Al. 1751-1829. ALLEMAGNE. Histoire, = Elève de A. Carstens.

Schick (Pierre). E. H. * 1650. Portrait et miniature. = Florissait en Frise.

Schick (Théophile). E. Al. 1779-1812. STUTTGARD. Histoire. = Elève de Ketsch. = Apollon parmi les bergers. — Portraits des filles du baron de Humboldt.

Schickhardi (Guillaume). E. Al. 1592-1635. HEREMBERG, près Tubingue. = Erudit, orientaliste, hébraïsant, astronome. = Auteur du livre : *Exercitationes hebraicae*.

Schidone. V. Schedone.

Schielling (Chr.). E. Al. * XVIIe siècle. ALLEMAGNE. = Détails inconnus.

Schietere (Th. de). E. Fl. * 1845. Paysage.

Schiff (A. H. B.). E. Fl. * 1843. Genre.

Schiffer (Antoine). E. Al. 1811. GRATZ. Paysage. = Les montagnes de neige, Vienne.

Schiffer (Joseph). E. Al. * XIXe siècle. COLOGNE. Portrait.

Schilbach. E. Al. * XIXe siècle. Paysage.

Schilcher (Antoine). E. Al. 1796-1828. MINDELHEIM (Souabe). Paysage et scènes militaires.

Schilcher (Frédéric). E. Al. * 1837. Portrait.

Schilgen (Philippe). E. Al. 1793-1857. OSNABRUCK. Histoire. = Elève de Cornelius. = Albert IV établissant la succession de Bavière. — Sujets tirés d'Eschyle (Fresques). — Enlèvement d'Hélène, Munich (D'après un carton de Cornelius).

Schilking (H.). E. Al. * 1845. Paysage.

Schille (Henri Van). E. Fl. * 1554. = Peintre sur verre. Doyen de la corporation de Saint-Luc, à Anvers, en 1554.

Schiller (Félix). E. Al. * 1845. Paysage. = Le départ du croisé, effet de matin. — Le retour du croisé, effet du soir.

Schilt. E. Fr. 1790-1859. Fleurs et fruits. = Un des peintres les plus renommés de la manufacture de Sèvres.

Schimon. E. Al. 1798 (?). PESTH (Hongrie). Histoire, portrait.

Schindelaar (Henri-Pierre). E. H. * 1770. LA HAYE. Fleurs et ornements.

Schindler (Albert). E. Al. 1806. ENGELSBERG. Genre. = Elève de Fendi. = Un officier blessé recevant l'extrême-onction, Vienne.

Schindler (Jean). E. Al * 1837. Genre.

Schindler (Jean-Népomucène). E. Al. 1775-1836. Genre et paysage. = Peintre de la cour, à Vienne, où il mourut. = Saint Jean Népomucène, Vienne.

Schinnagel (Maximilien-Joseph). E. Al. 1694-1761. BURGHAUSEN (Bavière). Paysage. = Elève de son beau-père, J. Kamelor. Mort à Vienne. = Paysage : forêt et figures, Vienne. — Paysage : pêcheurs, etc., *ib*. — Paysages, *ib*.

Schioppi. V. Alabardi.

Schippers (Charles). E. Fl. 1813. ANVERS. Histoire. = Elève de M. Van Brée. = Héloïse et Abeilard.

Schirmer (Guillaume). E. Al. 1802-1866. BERLIN. Paysage. = Professeur à l'Académie de Berlin. Mort à Genève. = Scènes de l'Odyssée. — Vues d'Italie. — Environs de Berlin. = Un des chefs de la grande école de paysage historique de l'Allemagne moderne.

Schirmer (Jean-Guillaume). E. Al. 1807-

1863. JULIERS. Paysage et genre. = Eleve de Schadow. Directeur de l'Académie de Carlsruhe.

Schive (J.). E. Al. 1846. Province de TRONDJEM. Paysage. = Hiver.

Schivenoglia (le). V. Rainieri.

Schizzone. E. I. * 1527. Histoire, portrait. = Compagnon de Vincent de San-Gimignano; mourut pendant les troubles de 1527. Les malheurs de la guerre le forcèrent d'abandonner son art dans lequel il avait donné des preuves de talent.

Schjeldrup (Mlle G. E.). E. Al. * 1878. Portrait.

Schleh (Anna). E. Al. † 1879. BERLIN.

Schleich (Antoine). E. Al. 1809. MUNICH. Paysage.

Schleich (Edouard). E. Al. 1812-1874. Près de LANDSHUT. Paysage. = Professeur à l'Académie de Munich. Mort du choléra. = Paysage : le lit de l'Isar, Munich. — Montagne des Alpes bavaroises, *ib.*

Schleissner (Chrétien). 1811. COPENHAGUE. Genre. = Peintre danois. = Un chaudronnier lisant la gazette à sa femme, Munich. — Le marchand de volaille, *ib.* — Marins dans une guinguette, Copenhague. — Chaudronnier dans son atelier, *ib.* — Les pêcheurs zélandais, Hambourg.

Schlesinger (Ad.). E. Al. * XIXe siècle. MAYENCE. Paysage.

Schlesinger (Guillaume-H.). E. Fr. 1814. FRANCFORT-SUR-LE-MEIN. Histoire, genre = Séductions de la vie. — La lecture.

Schlesinger (Jacques). E. Al. † 1855. Histoire. = Professeur au Musée de Berlin où il mourut.

Schlesinger (Félix). E. Al. 1833. HAMBOURG. Paysage et genre. = Etudia à Dusseldorf et en Belgique. = Villageois se rendant à l'église dans la prévôté du Holstein, Hambourg.

Schlichten (Jean-Philippe Von). E. Al. * 1720. ALLEMAGNE. Histoire, genre. = Elève d'A. Van der Werf. = Saint André, Munich. — Un ménétrier, *ib.* = Style maniéré.

Schlichting. E. Al. * 1838. COURLANDE. Genre, etc. = Elève de Hildebrandt.

Schlosser (Léopold). E. Al. * 1840. BERLIN. Paysage. = Paysage avec deux loups.

Schlotthauer (Joseph). E. Al. 1789. MUNICH. Histoire. = Sujets mythologiques, Munich.

Schlotthauer (Charles), neveu de Joseph. E. Al. 1803. MUNICH. Paysage. = Elève de son oncle.

Schmaltz. E. Al. * 1840. Fleurs et fruits. = Elève de Völcker, le Vieux.

Schmerling (Pauline KORIDELKA, baronne). E, Al. 1806-1840. Fleurs et fruits. = Fleurs entourant un bas-relief, Vienne.

Schmetterling (Joseph-Adolphe). E. Al. 1758-1828. VIENNE. Miniature. = S'établit à Amsterdam et y mourut.

Schmetterling (Christiana-J.), fille de Joseph-Adolphe. E. H. 1796-1840. AMSTERDAM. Fleurs et fruits à l'aquarelle.

Schmetterling (Elisabeth-B.), fille de Joseph-Adolphe. E. H. 1804. AMSTERDAM. Miniature et portrait.

Schmid (Charles). E. Al. 1807. MUNICH. Paysage.

Schmid (Jean-Rudolphe). E. Al. 1590-1667. STEIN. Monuments, paysage, etc. = Célèbre général et ambassadeur; vie très aventureuse; habita l'Allemagne, l'Italie et la Turquie. = Peintre et poète.

Schmidt (Adolphe). E. Al. 1816. BERLIN. Portrait et genre. = Elève de Wach. = Un ange.

Schmidt (Augusta). E. Al. * 1827. BERLIN. Genre et portrait. = Elève de Mauzaisse.

Schmidt (Charles). E. Al. * XIXe siècle. BERLIN. Portrait. = Portrait du colonel Tschepeler.

Schmidt (Ed.). E. Al. * XIXe siècle. Paysage. = Elève de Blechen.

Schmidt (George). E. H. 1791. DORDRECHT. Genre. = Elève de P. Hofman. = Un vieillard et une jeune fille qui lit, Haarlem. — Le prêche interrompu.

Schmidt (Guillaume-Henri). E. H. 1809-1849. ROTTERDAM. Genre et portrait. = Elève de G. De Meyer. Mort à Delft. = Moines en méditation, Rotterdam. — Ecole hollandaise, Munich.

Schmidt (Isaac), le Vieux. E. H. 1740-1818. AMSTERDAM. Portrait et paysage. = Elève de Jean Van Huysum et de Quinkhard. Il établit, de concert avec J. Andriessen, une fabrique de tapisseries qui eut le plus grand succès, tant que dura la mode des salons peints. Directeur et un des fondateurs de l'Académie de dessin d'Amsterdam, en 1759. En 1765, il visita la Belgique. = Presque tous ses ouvrages consistaient en dessins pour les fabriques. = Cultiva les lettres et fut en même temps graveur et dessinateur.

Schmidt (Isaac), le Jeune, fils d'Isaac, le Vieux. E. H. † 1826. Portrait. = Elève de A. de Lelie. Abandonna la peinture. Occupa le poste de professeur à l'école d'artillerie et du génie, à Delft.

Schmidt (Jean-Henri). E. Al. 1749-1829. HILDBOURGHAUSEN. Portrait. = Mort à Dresde. = Portrait de S. A. R. la princesse Auguste de Saxe, à l'âge de deux ans, Dresde.

Schmidt (Mathieu). E. Al. 1749-1823. MAN-

HEIM. Paysage. = Directeur de la collection royale d'estampes, à Munich, où il mourut. = Graveur.

Schmidt (Maxim.) E. Al. 1817. Paysage. = Elève de Ch. Kruger.

Schmit (Antoine). E. Fl. † 1862.

Schmitt (Franç.). E. Al. ' 1855. Fruits, etc. = Fruits, Munich. — Même sujet, *ib.* — Fruits et bouteille de vin sur une table, *ib.*

Schmitt (Mathieu). E. Al. ' 1770. Paysage et animaux. = Florissait à Augsbourg. C'est probablement le même que Mathieu Schmidt, cité plus haut. = Graveur.

Schmitz (Herman). E. Al. 1814 (?). DUSSELDORF. Portrait et genre. = Malade soigné par des moines.

Schmitzer. E. Al. 1792. WEINGARTEN, près de Ravensberg. Batailles et chevaux. = Faits militaires des Wurtembergeois.

Schmutz (Jean-Rodolphe). E. Al. 1670. REGENSBERG, canton de Zurich. Portrait. = Elève de M. Fuessli, le Jeune ; visita Londres, y fut ami de Kneller, et y mourut. = Manière de Kneller ; fut recherché en Angleterre.

Schmutzer (Joseph). E. Al. 1806-1837. Histoire. = Dessinateur sur pierre.

Schnatzler (Jean-Ulric). E. Al. 1704-1763. SCHAFFHOUSE. Portrait. = Elève de Jean-Jacques Scharer et de Van Schuppen, à Vienne; revint dans sa patrie, après six ans d'absence; s'adonna à la boisson et mourut subitement. = Pinceau léger, coloris vigoureux et agréable. Sculpteur.

Schneider. E. Al. ' 1835. COBOURG. Histoire. = Scènes de l'histoire de Saxe.

Schneider (Gaspar). E. Al. 1754-1830. MAYENCE. Paysage. = Détails inconnus. = Contrée du Rhin, Munich.

Schneider (N. N.). E. H. ' 1753. BRABANT (?). Paysage avec oiseaux et gibier. = Membre de la confrérie *Pictura*, à La Haye, en 1753 ; quitta cette ville pour aller habiter Amsterdam.

Schneider (Robert). E. Al. 1809. DRESDE. Portrait. = Visita les Pays-Bas, la France et l'Italie. S'occupa spécialement à Hambourg. = Portrait du peintre, Hambourg. — Portrait de J. M. Commeter, *ib.*

Schneiders-Van Greyffenswert (Boniface-C.). E. H. 1804. ZIERIKZÉE. Paysage. = Elève d'A. J. Couwenberg.

Schneit. E. Fr. ' 1840. Histoire. = Le paralytique.

Schnell (Jean). E. Al. ' 1725. BALE. Portrait. = Visita l'Angleterre, en 1720 ; mort à Bristol = Bonne manière.

Schnetz (Jean-Victor). E. Fr. 1787-1870. VERSAILLES. Histoire. = Elève de David, de Gros et de Gérard. A diverses reprises directeur de l'Académie de France, à Rome. Membre de l'Institut. = Jérémie pleurant sur les ruines de Jérusalem. — Bataille de Cérisolles, Versailles. — Tableaux, au Luxembourg et dans les églises de Paris.

Schnibbe (F.). E. Al. ' 1855. HAMBOURG. Paysage et animaux. = Paysage avec animaux, Hambourg.

Schnitzler (Michel). E. Al. 1784 ou 1785-1862. NEUBOURG, (Souabe). Gibier, oiseaux et nature morte. = Gibier mort sur une table, Munich. — Vautour égorgeant un pigeon, *ib.* — Menu gibier mort, *ib.* — Volaille morte, *ib.*

Schnorr de Karolsfeld (Vite-Jean). E. Al. 1764-1853. SCHNEEBERG (Thuringe). Histoire. = Etudia la jurisprudence, se voua aux beaux-arts à l'âge de vingt-cinq ans, et fut élève d'Oeser ; directeur de l'école de peinture à Leipzig. = Peintre de beaucoup de mérite et graveur.

Schnorr de Karolsfeld (Jules), frère de Louis-Ferdinand. E. Al. 1794-1872. LEIPZIG. Histoire, paysage. = Sujets tirés de l'Arioste (Fresque). — Saint Roch. — Scène des Niebelungen, Munich.

Schnorr de Karolsfeld (Louis-Ferdinand), frère de Jules. E. Al. 1788 ou 1789. LEIPZIG. Histoire. — Méphistophélès apparaissant à Faust, Vienne. — Faust et Marguerite, *ib.*

Schöbel. E. Al. ' XIXe siècle. Paysage. = Elève de Blechen.

Schoedelberger (Jean-Népomucène). E. Al. 1779. VIENNE. Paysage et marine. = Vue en Autriche, Vienne. — Le cimetière des capucins, *ib.*

Schoemacker-Doyer (Jacques). E. H. 1792. CREFELD. Histoire, genre et portrait. = Fils d'un père hollandais, il vint jeune en Hollande et y fut élève de J. Andriessen; plus tard il reçut les leçons de M. Van Brée, à Anvers. Habita alternativement Amsterdam et Zwolle. = Vieillard recevant de l'argent et des fruits d'un paysan, Haarlem. — Une famille en prière, *ib.*

Schoen (Ehrard). E. Al. † 1542. NUREMBERG. Portrait. = Elève d'Alb. Durer. = Graveur sur bois.

Schoen (Guillaume). E. Al. 1810. WORMS. Genre. = L'amoureux épié, Munich.

Schoen ou **Schoengauer** (Martin), surnommé **le Beau Martin** ou **Hisp Martin.** E. Al. 1420 (?)-1488. KULMBACH (Franconie). Histoire. = Il travailla dans l'atelier de Roger Van der Weyden, à Bruxelles. En 1441, il travaillait à Ulm où on le retrouve encore en 1450. Vers 1469, il devait résider à Colmar d'après un document que l'on possède. Les Allemands lui attribuent

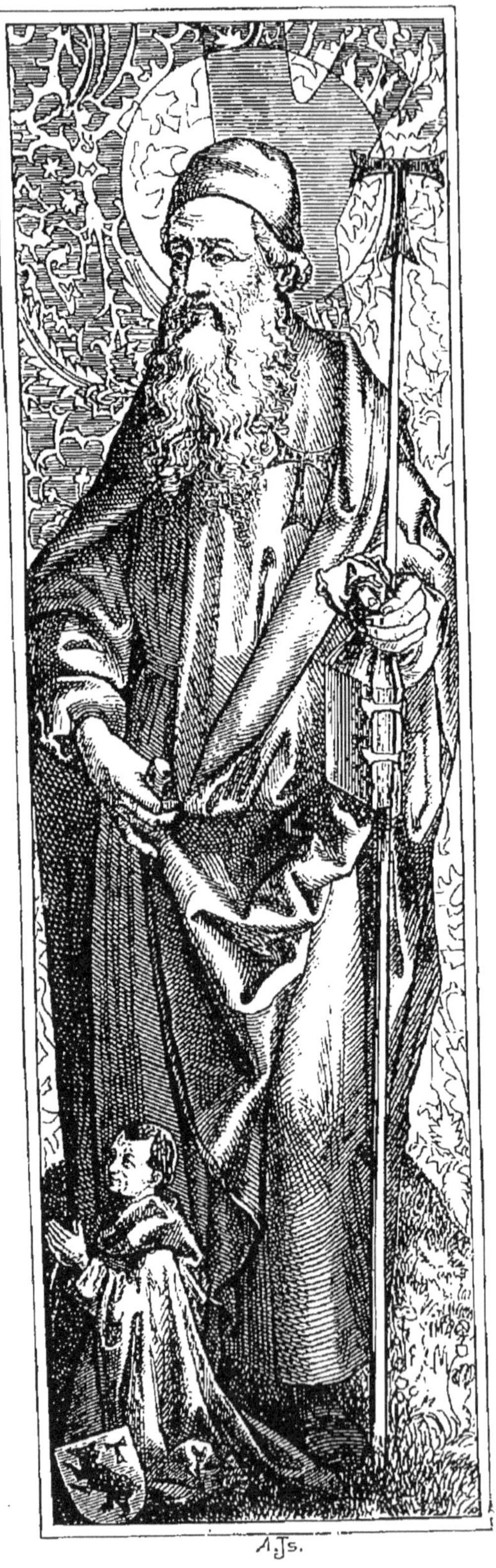

A. Js.

St. Antoine. Volet d'autel. Par Martin Schongauer.
Musée de Colmar.

l'invention de la gravure en taille douce. Mort à Colmar, le jour de la Purification de l'an 1488. Beaucoup d'auteurs ont adopté la date de 1499, d'après une note inscrite sur un portrait du peintre par son élève Largkmair (V. ce nom). Mais cette note doit être erronée ou plutôt mal copiée, car le document où se trouve inscrit le discours de Schoengauer, est le registre authentique des anniversaires de la paroisse Saint-Martin, à Colmar, où l'on conserve une de ses meilleurs œuvres. On cite un de ses frères, nommé Louis, comme ayant aussi cultivé la peinture. = Les Israélites recueillant la manne, Paris. — Jésus-Christ crucifié (Avec volets), Vienne — Christ mis au tombeau, Munich. — Un évêque, une femme et un enfant, *ib.* — Entrée triomphale de David à Jérusalem, *ib.* — La Vierge, *ib.* — Jésus-Christ, la Vierge et saint Jean, Madrid. — La Vierge et l'Enfant assis sur un banc de gazon et entourés de roses, Colmar (Collégiale de Colmar). — Deux volets : l'enfant Jésus adoré par la Vierge, saint Antoine ermite, le donateur et l'Annonciation, *ib.* (Bibliothèque). — Mort de la Vierge, Londres. — La Vierge et l'Enfant dans un paysage, *ib.* (Kensington). — Tableaux, Schleisheim. — Portraits de deux évêques, Bâle. — Jésus-Christ présenté au peuple (dit Christ aux Roseaux), Bruxelles. Nous donnons les tableaux de Schoengauer tels que les indiquent les divers livrets des Musées, mais il y en a bien peu qui aient un caractère de véritable authenticité. = Composition savante, détails finis. Invention riche ; sentiment délicat du beau ; dessin ferme et correct ; extrémités un peu maigres ; draperies exquises ; coloris chaud, riche et transparent. Influence des plus visibles de l'école de Bruges dans ses ouvrages. Graveur. = Ventes : V. Guillaume II (1850), *La mort de la Vierge*, 2,950 fl. — V. Van der Schrieck (1861), *Le Christ aux Roseaux*, 1,050 fr.

Schoenberg (Alexandre, baron de). E. Al. 1792. Dresde. Paysage. = Élève de Schnorr, de C. Reinhard et de P. Hess.

Schoener (F. G. A.). E. Al. ' 1832. Mannbac. Portrait.

Schoenfeld (Henri). E. Al. 1809-1845. Dresde. Vues de ville. = Mort à Munich. = Quai des Bouchers, à Strasbourg, Munich.

Schoenfeldt (Jean-Henri). E. Al. 1609-1675 ou 1680. Biberach (Souabe). Histoire, genre, paysage, etc. = Élève de Jean Sichelbein ; habita Munich et Saltzbourg, se rendit en Italie, étudia avec ardeur les chefs-d'œuvre de l'art, à Rome, et y reçut des commandes importantes ; revint en Allemagne en passant par Lyon, Munich, Vienne, etc. Mort à Augsbourg. = Christ au Calvaire, Augsbourg. — Descente de croix, *ib.* — Partie de musique, Dresde (Double). — Fête de bergers, *ib.* — Le combat de géants, *ib.* — Les Hongrois au tombeau d'Ovide, Londres. — Gédéon et les Madianites, Vienne. — Sacrifice païen, *ib.* — Paysage : réconciliation de Jacob et d'Esaü, *ib.* — Crucifiement, Wurzbourg (Cathédrale). — Tableaux, Bamberg, Salzbourg, Eichstadt, Brixen, Ingolstadt, Nordlingen, etc. = Grande liberté d'exécution ; dessin élégant mais superficiel ; imagination active et gracieuse ; pinceau fougueux ; composition sage et savante. Talent varié ; coloris lourd et cru dans les ombres. Graveur.

Schoengauer. V. Schoen.

Schoenherr (Charles-Gottlob). E. Al. 1724. Lengefeld. Histoire. = Élève de J. Hübner. — S. Pierre ressuscitant Tabithe, Dresde.

Schoenjan ou **Schoonjans** (Jean). E. Fl. ' xve siècle. Malines. Histoire. = Cité comme ayant exécuté, entre autres, pour sa ville natale, en 1441-1442, un tableau représentant les douze Apôtres.

Schoenmakers (J.). E. H. 1755-1842. Dordrecht. Vues de ville, paysage et effets de lumière. = D'abord orfèvre, il s'adonna à la peinture sur le conseil de plusieurs peintres de son époque. Un des fondateurs et directeur de la société *Pictura*, à Dordrecht. Membre de l'Académie d'Amsterdam. = Vue de Dordrecht (Avec J. C Schotel), Haarlem. — Deux effets de lumière, *ib.* = Graveur.

Schoepfer (Jean). E. Al. ' 1560, Nordlingue. Histoire, portrait. = Détails inconnus.

Schoevaerdts (Mathieu). E. Fl. ' xviie siècle. Bruxelles. Paysage, fêtes villageoises, etc. = Élève d'Adrien Fr. Boudewyns. On croit qu'il naquit vers 1667. Reçu franc-maître de Saint-Luc, en 1690, il en fut doyen, en 1692. En 1682, il avait été inscrit comme apprenti. Il visita la France. Van Artois et Boudewyns se servirent de lui pour étoffer quelques-uns de leurs tableaux. Son fils, François, fut reçu franc-maître, en 1704. Un Pierre Schoevaerdts, probablement fils de François, fut reçu en 1731. = Paysage avec figures, Florence. — Paysage avec beaucoup de figures, Paris. — Paysage : le mendiant, *ib.* (Tous deux signés : *M. Schoevaerdts*). — Vue de Saint-Cloud, Schleisheim. — Promenade du bœuf gras, Bruxelles. — Marché au poisson sur une côte, *ib.* — Marché aux fruits, Stockholm. = Marché aux poissons, *ib.* = Il rappelle d'un peu loin Teniers. Dessinateur. Graveur. = Ventes : V. Pereire (1872), *Bassin d'un port de Hollande*, 600 fr.

Scholten (Pierre-H.). E. H. 1805. La Haye. Fleurs et fruits.

Schomper (J. J.). E. H. * 1840. Portrait.

Schonberger (Laurent). E. Al. 1770. VOSLAU, près Vienne. Paysage. = On le croit élève de Wutki; demeurait en Bohême, en 1798; habita Vienne, visita l'Italie et l'Angleterre. Séjourna, vers 1820, à Paris, puis à Amsterdam. = Vue de Bahia, Vienne. — Paysage : clair de lune, Hambourg. = Graveur.

Schönfeld, E. Al * 1837. Paysage et architecture = Vieilles maisons sur les bords du Rhin.

Schönmann (Joseph). E. Al. 1799. VIENNE. Histoire. = Sommeil de Jésus, Vienne. — Conversion de saint Paul, *ib.*

Schoock ou **Schook** (Henri). E. H. * 1670. UTRECHT. Fleurs et fruits. = Cité dans une pièce curieuse, de 1673, dans laquelle sont inscrites les conditions d'un pari entre ce peintre et l'un de ses cousins, à propos de celui qui se marierait le premier. Le père d'Henri, Gisbert Schoock, était également peintre et né à Bommel.

Schoof (Gérard). E Fl. * XVIe siècle. MALINES. Histoire.= Reçu franc-maitre de Saint-Luc, à Anvers, en 1575. Il était fils de Jacques, de Malines, et acquit la bourgeoisie, à Anvers, en 1597. Il avait été doyen de la corporation en 1588 et parait avoir été un homme considéré et un artiste de réputation s'il faut en juger par le grand nombre d'élèves qui travaillèrent dans son atelier. En 1612, Gérard fit don, pour le maître-autel de l'église de Hoboken, d'une *Descente de croix* peinte par lui, à la condition que lui et sa femme seraient annuellement, le jour de la kermesse, transportés en char couvert à Hoboken et y seraient bien régalés. En 1622-23, un Jean Schoof est inscrit comme élève dans les registres de Saint-Luc. En outre, un Guillaume Schoof, également peintre, est annoté, comme franc-maitre, en 1614.

Schoof (Jean). E. Fl. * XVIe siècle. Histoire. = Chargé, en 1514, par le magistrat de Malines, de représenter le grand conseil établi par Charles le Téméraire. Ce tableau, qui orna l'église de Saint-Rombaut, fut détruit par les iconoclastes.

Schoof (Rudolphe). E. Fl. * 1600. Histoire. = Peintre de Louis XIII, roi de France. Cité pour avoir donné des leçons à Adrien De Bie, de Lierre

Schoofs (H. J.). E. Fl † 1862. Paysage. = Environs de Mons.

Schoonbeek (Jean-Nicolas). E. H. 1778. GRONINGUE. Paysage et portrait. = Elève des frères Wieringa et de David, à Paris.

Schoonjans (Antoine). E. Fl. 1650-1717. ANVERS. Histoire, portrait. = Elève d'Erasme Quellyn, en 1668-69. Pendant son séjour à Rome, où il se trouvait en 1674, il y reçut le surnom de Parrhasius. Son talent s'étant fait connaître en Allemagne, il fut nommé peintre de l'empereur Léopold. De là, il alla habiter La Haye et Amsterdam et revint s'établir à Dusseldorf, où il entra au service de l'électeur Jean-Guillaume et où il mourut. = Narcisse, Munich.

Schoor (Nicolas Van). E. Fl. 1666-1726. ANVERS. Histoire, fleurs, paysage, figures, mythologie, etc. = Il travailla avec Morel, le peintre de fleurs, et le paysagiste Rysbrack. Il doit avoir fait beaucoup de dessins pour les fabriques de tapis, à Anvers et à Bruxelles. = Portrait équestre de Charles II, roi d'Angleterre, Gand. = Bon dessin, composition facile, coloris agréable. Il a excellé à peindre de petits amours, des nymphes et des génies.

Schoorl, Scorel, Schoreel, Schorel, Schoerl ou **Schoerel** (Jean ou Jean Van). E. H. 1495-1562. SCHOORL, près Alkmaar. Histoire, portrait et genre. = Elève des Cornelis et de J. de Mabuse. Ce peintre voyagea longtemps et fut protégé et enrichi par les rois ; compagnon de travail d'Albert Dürer, à Nuremberg, où il se rendit après avoir visité Cologne et d'autres villes, entre autres Bâle où il résida; partit pour l'Italie, s'arrêta à Venise; de là fit une excursion en Terre-Sainte, revint en 1520, fut employé à Rome par le pape Adrien VI, son compatriote, dont il fit le portrait. Se rendit à Utrecht, quitta cette ville pour résider à Haarlem, puis y revint et y mourut. Voici ce qu'on grava sur son tombeau : « D. O. M. Jo. Schorelio, pictorum sui sacculi facile principi, qui post edita artis suae monumenta quamplurima, maturo decedens senio, magnum sui reliquit desiderium, vixit annos 67, menses 4, dies 6, obiit a nato Christo A° 1562, 6 decembris. » Dans les portraits qu'on a de ce peintre, il y en a qu'on désigne comme ceux de sa femme, entre autres celui du Musée de Vienne. Jean Schoorl n'a jamais été marié; il était chanoine de l'évêché d'Utrecht; le portrait en question est celui d'une certaine *Aecht* (Agathe), fille de Nicolas de Schoenhoven et dont cet artiste avait eu quatre enfants. Ce renseignement est extrait du testament de Schoorl, cité par Kramm, et par lequel il laisse tous ses biens à cette femme et à ses enfants naturels. C'est Jean Schoorl qui, en 1550, fut appelé à Gand, avec Lancelot Blondeel, pour y nettoyer le chef-d'œuvre des Van Eyck. Le chapitre de Saint-Bavon lui octroya une coupe en argent comme gage de sa satisfaction. = Une Madone, Utrecht (Hôtel-de-ville). — Deux tableaux représentant douze abbés faisant un pèlerinage en Terre Sainte : dans un de ces tableaux qui lui sont attribués, on voit le portrait du peintre, *ib.* — Adoration des mages (Avec volets), Bruxelles. — Allégorie : femme assise tenant un vase, Amsterdam. — Portrait du peintre, Vienne. — Portrait de femme (Ce tableau porte la date de 1539), *ib.* — Repos pendant la fuite en Egypte, Munich. — Saint George et saint Denis, *ib.* — Et autres, *ib.* — Vingt-trois portraits des commandeurs de Saint-Jean, Haarlem (Hôtel-de-ville). — Les pèlerins à Jérusalem, *ib.* — Saint Jean-Baptiste au Jourdain, *ib.* — Portrait du peintre, *ib.* — Jésus-Christ crucifié, Anvers. — Baptême du Christ, Rotterdam. — Adoration des bergers, *ib.* — La Vierge et l'Enfant, *ib.* = Puisa la plupart de ses sujets en Terre-Sainte, où il demeura quelque temps. Bon dessinateur. Imita Raphaël et Michel-Ange; invention énergique, coloris chaud, exécution de maître.

Schooten (Floris Van). E. H. ' XVIIe siècle. = Membre de la gilde de Saint-Luc, à Haarlem, en 1641.

Schooten (François Van). E. H. ' XVIIe siècle Fleurs et fruits. = Professeur à l'université de Leyde; cultiva l'art en amateur. On connait de ses ouvrages étoffés par Fr. Moucheron.

Schooten (George Van). E. H. 1587-1658(?) LEYDE. Histoire, portrait et paysage. = Elève de Conrad Van der Maes ; bon peintre de portraits dès l'âge de vingt ans; il existe une version qui le designe comme un des maîtres de Rembrandt. On croit qu'il fut allié à François Van Schooten. Il fut un des signataires de la requête par laquelle, en 1610, les artistes de Leyde demandèrent au magistrat de la ville les privilèges nécessaires pour fonder une corporation de Saint-Luc. = Les chefs de la garde bourgeoise, à Leyde, en 1626, 1629 et 1650, Leyde (Signé : *V. Schooten fecit*, 1650). · Et autres, *ib.* = Ressemblance frappante.

Schopin (Henri). E. Fr. 1804-1880. LUBECK. Histoire, ornements. = Peintures au château de Versailles.

Schoppe (Jules). E. Al. 1797. BERLIN. Portrait et miniature. = Portraits du comte et de la comtesse d'Arnim. — Odalisques au bain.

Schorer (Jean-Frédéric). E. Al. * 1639. AUGSBOURG ou VIENNE. Genre ou portrait. = Détails inconnus. = Graveur et dessinateur.

Schorn (Charles). E. Al. 1802-1850. DUSSELDORF. Histoire, genre. = Elève de Cornelius, de Gros et d'Ingres. Mort à Munich. = Salvator Rosa parmi les brigands. — Paul III contemplant le portrait de Luther. — Le Déluge, Munich. (Tableau resté inachevé par suite de la mort de l'artiste.)

Schorpp (Michel). E. Al. ' XVe siècle. Histoire. = Il existe de lui, au cabinet de Paris, une estampe qui représente une madone de style byzantin avec ces mots : *Michel Schorpp, maeler zu Ulm*, 1496.

Schot (Conrad). E. H. ' XVIe siècle. Histoire, portrait. = Cité comme élève d'Antoine Moro et comme ayant travaillé avec lui.

Schotanus (Pierre). E. H. ' XVIIe siècle. Fêtes villageoises, batailles, genre et nature morte. = Florissait à Leeuwarden; probablement peintre amateur. On rencontre de ses tableaux à des ventes à Leeuwarden en 1831 et à Amsterdam en 1858.

Schotel (Jean-Chrétien). E. H. 1787-1838. DORDRECHT. Marine. = Elève de Schouman. Etabli à Dusseldorf. = Marine avec vaisseaux, Amsterdam. — Grande marine, Haarlem. — Mer agitée, La Haye. — Vue du Moerdyk, Rotterdam.

Schotel (Christine), fille de Jean-Chrétien. E. H. 1818-1854. DORDRECHT. Fleurs, fruits et nature morte. = Elève de son père et de son frère. Morte à Aardenburg.

Schotel (Pierre-Jean), fils de Jean-Chrétien. E. H. 1808-1865. DORDRECHT. Marine. = Elève de son père. Mort à Dresde. = Vue marine de la Zélande, Haarlem. — Rivière agitée avec navires, Rotterdam. — La tempête, Munich.

Schott (Auguste). E. Al. 1811. GIESSEN. Histoire.

Schouman (Arthur). E. H. 1710-1792. DORDRECHT. Histoire, portrait et oiseaux. = Elève d'A. Van der Burgh. En 1750, il était régent de l'Académie de dessin et chef de la confrérie *Pictura*, à La Haye. Son frère, Corneille, cultiva également la peinture, mais mourut à la fleur de l'âge. = Il peignit beaucoup de tapisseries; beau coloris; oiseaux admirablement exécutés. Bon dessinateur et graveur.

Schouman (Martin), petit-neveu d'Arthur. E. H. 1770-1848, DORDRECHT. Marine. = Elève de Versteeg et d'A. Schouman, son grand-oncle. En 1839, il s'établit à Bréda où il mourut. = Mer agitée, Haarlem. — Même sujet, *ib.*

Schouman (Isaac), fils de Martin). E. Al. 1801. DORDRECHT. Histoire, genre et marine. = Elève de son père. = Combat naval près de Palembang, Haarlem.

Schouten (Gérard-Jean). E. H. 1815. AMSTERDAM. Paysage. = Elève de L. Meyer.

Schovelin. E. Al. ' 1870. Paysage. = Peintre danois.

Schoy (Auguste-F.). E. Fl. 1838. BRUXELLES. Décoration architecturale. = Gouaches et aquarelles représentant la vue générale de l'Eglise restaurée de Notre-Dame du Sablon à Bruxelles. Ecrivain ; auteur d'un mémoire couronné par l'Académie royale de Belgique.

Schoyen (C.). E. Al. † 1870. En NORWÈGE. Paysage. = Elève d'Eckersberg et de Gude. Mort jeune.

Schrader (Jules). E. Al. 1815. BERLIN. Histoire, genre, etc. = Elève de Hildebrandt. Professeur à Berlin. = Mort de Léonard de Vinci. — Frédéric le Grand, Leipzig.

Schramm (Pierre). E. H. ' XVIIe siècle. AMSTERDAM. Portrait. = Cité par Nagler comme ayant habité longtemps l'Allemagne.

Schraudolph (Claude). E. Al. 181'. OBERSDORF. Histoire.

Schraudolph (Jean), frère de Claude). E. Al. 1808-1879. OBERSDORF. Histoire. = Elève de Cornelius. = Moïse faisant jaillir l'eau du rocher. — L'ange portant l'arche. — L'Ascension, Munich.

Schraudolph (Mathieu), frère de Claude. E. Al. 181'. OBERSDORF. Histoire.

Schregardus (Adrien). E. H. ' XVIIIe siècle. AMSTERDAM. Portrait. = Elève de J. M. Quinckhard. Habita La Haye, puis Naarden où il travaillait encore en 1776. = Graveur (?).

Schreiber. E. Al. ' 1842. FURK. Paysage. = Elève de Schirmer.

Schreiber (Mlle). E. Al. ' XIXe siècle. Portrait.

Schreuel (Jean-Chrétien-Albert). E. H. 1773. MAESTRICHT. Portrait et miniature. = D'abord officier dans un régiment hollandais, il abandonna la carrière militaire pour l'art et alla étudier à Dresde et à Berlin ; nommé professeur de peinture par le roi de Saxe. = Bonne réputation.

Schrieck (Daniel Van der). E. Fl. ' 1843. Paysage.

Schriek (Van). V. Marcellis.

Schröder (G. E.). 1687-1750. STOCKHOLM. Histoire. = Peintre suédois. = Allégorie sur l'histoire de la Suède, Stockholm. — Les quatre éléments : allégorie. *ib.*

Schrödter (Adolphe). E. Al. 1805-1875. SCHWED, sur l'Oder. Genre. = Elève de Schadow. Professeur à l'Académie de Carlsruhe. = Pêcheurs dans l'île de Rügen. — Le dégustateur de vins.

Schroeder (Jean). E. Al. ' XVIIe siècle. ALLEMAGNE. = Détails inconnus.

Schroeder (Charles). E. Al. ' 1824. Paysage et genre. = Elève de Blechen.

Schrors (Jean-Pierre). E. Al. ' XIXe siècle. GLADBACH. Portrait.

Schröter (Godefroid-H.). E. Al. 1802. RENDSBOURG. Histoire, portrait.

Schrotzberg (François). E. Al. 1811. VIENNE. Histoire. = Léda et le Cygne, Vienne.

Schrotzberg (Jacques). E. A. ' XIXe siècle. Portrait et sujets mythologiques.

Schubach (Emile). E. Al. 1820. HAMBOURG. Histoire, genre et portrait. = Elève de G. Hardorff; se perfectionna à Munich et à Rome. = Portrait du peintre Gensler, Hambourg.

Schubart (Christ.). E. Al. † 1594. INGOLSTADT. Histoire, portrait. = Habitait Munich. = Portrait : la reine Anne d'Angleterre, épouse de George de Danemark, Dresde.

Schubert. E. Al. ' 1839. DESSAU. Histoire. = Parabole de l'homme riche.

Schuckmann (Fr. V.). E. Al. ' XIXe siècle. BERLIN. Histoire.

Schuhmacher (Charles). E. Al. 1801. SCHWERIN. Histoire. = L'ange annonçant la résurrection aux saintes femmes.

Schuld (Ehrardt). E. Al. ' 1838. COLOGNE. Genre, etc. = Elève de Hildebrandt.

Schuler (Théophile). E. Al. † 1878. = Schliteurs des Vosges. — Députation suisse à Strasbourg.

Schulten (Arnold). E. Al. ' XIXe siècle. DUSSELDORF, Paysage.

Schulz (Léop.). E. Al. 1804-1873. VIENNE. Histoire = Professeur à l'Académie de Vienne. = Exécuta beaucoup de tableaux religieux.

Schultz (Jean-Charles). E. Al. 1801. DANTZIG. Architecture, paysage, etc.

Schultz (Hermann). E. Al. 1816. MARCHE DE PRIEGNITZ. Histoire, genre, portrait et paysage. = Elève de Wach. = Jeune Italienne avec un enfant aveugle. — Un chevalier et une nymphe.

Schultz (Erdmann). E. Al. 1810. BERLIN. Fleurs et fruits. = Elève de Völcker, le Vieux.

Schultz (Jean-Christophe). E. H. 1749-1812. AMSTERDAM. Paysage. = Il donna des leçons à Henri Stokvisch. = Graveur.

Schultze (Jean-Auguste). E. Al. ' XIXe siècle. BERLIN. Paysage avec figures. = Conversation sous les saules, Munich.

Schulz (Charles). E. Al. 1797. SELCHOW (Brandebourg). Genre, chasses et portrait. = L'enfant du prince Radziwill. — Enfants avec un chien.

Schulz (Jules), frère de Charles. E. Al. ' 1838. Chasses et scènes militaires.

Schulz (Léopold). E. Al. 1804. VIENNE. Histoire. = Elève de Cornelius. = Sujets tirés de Théocrite. — Mort de saint Florian.

Schumer (Jean). E. H. ' XVIIe siècle. Paysage, animaux. = Détails inconnus. = Graveur.

Schuppen (Pierre Van). E. Fl. 1623. ANVERS. Portrait, histoire. = Se rendit à Paris où il apprit la gravure chez Nanteuil ; cet artiste est renommé comme bon dessinateur et excellent graveur; il a produit très peu d'ouvrages en peinture.

Schuppen (Jacques Van), fils de Pierre. E. Fl. 1669 ou 1670-1751. ANVERS. Portrait, histoire. = Elève de N. Largillière. Mort à Vienne, où il était peintre de l'empereur et directeur de l'Académie des beaux-arts. = Portrait du prince Eugène de Savoie, Amsterdam. — Portrait de Frédéric Louis, prince de Wurtemberg, Dresde. — Portrait du prince Ignace Farrocel, Vienne. — Portrait d'homme; une lettre jetée sur une table à côté de lui, porte l'adresse suivante : « A Monsieur, Monsieur Thomas de Granger, à Vienne », *ib.* — Trois portraits d'enfants, Hambourg (Paysage de Ferg, fleurs de Tamm). = D'après quelques biographes, ce peintre serait né à Paris où son père, graveur renommé, avait été appelé par le ministre Colbert.

Schurig (Charles-Guillaume). E. Al. 1818-1874. LEIPZIG. Histoire. = Elève de Bendemann, professeur à l'Académie de Dresde où il mourut. = L'évêque de Spire protégeant les juifs, Dresde. = Dessinateur de grand talent. Peintre distingué.

Schurman (Anne-Marie Van). E. H. 1607-1678. COLOGNE. Fleurs, insectes, etc. = Son père était né à Anvers. Peintre, poète, savante, musicienne, sculpteur et graveur. Elle réunit toutes les qualités et fut surnommée la *Merveille de son siècle*. Etablie à Utrecht; parvenue à un âge déjà avancé, elle embrassa la secte des Labbadistes. Suivit Labbada à Altona; revint, après la mort de ce dernier, en Hollande et s'y établit près de Leeuwarden, au village de Wiewerd où elle mourut. = Les principaux musées de l'Europe ne possèdent aucun tableau de cette femme célèbre.

Schuschardt (Chrétien). E. Al. † 1870. Ancien directeur de l'école libre de dessin à Weimar. Décédé en cette ville.

Schuster (Albert-Louis). E. Al. 1824. BERTHELSDORF. Histoire, batailles. = Elève de J. Hübner. = Episode de la bataille de la Moskowa, Dresde.

Schuster (Jean-Martin). E. Al. 1667-1738. NUREMBERG. Histoire, portrait. = Elève de J. Murrer.

Schut (Corneille), le Vieux. E. Fl. 1597-1655. ANVERS. Histoire, etc. = Elève de Rubens. On croit qu'il fut reçu franc-maître, vers 1619; les registres de Saint-Luc se taisent à cet égard. En 1634-35, il acheta, au prix de 200 florins, le privilége que la société de Saint-Luc consentit à lui octroyer, de ne jamais devoir accepter la charge de doyen; en 1635, il fut un des artistes qui décorèrent la ville de Gand, lors de l'entrée du cardinal-infant, Ferdinand. Van Dyck fit son portrait. Il peignit souvent avec son ami, le jésuite Daniel Zegers. = Exaltation de la Vierge, Anvers. — Purification, *ib.* — Martyre de saint George, martyre de saint Jacques (Esquisse), Bruxelles. — La Vierge entourée d'une guirlande (Fleurs de Zegers), *ib.* — Vierge entourée d'une guirlande (Fleurs de Zegers), attribué, Berlin. — Héro et Léandre, Vienne. — La Vierge et l'Enfant Jésus entourés d'anges et de fleurs (Fleurs de Zegers), *ib.* — Jeux d'enfants dans un paysage, Rotterdam. — Sacrifice à Vénus, Dresde. — Neptune et Amphitrite, *ib.* — Couronnement de la Vierge, Copenhague. — Le denier de César, Stockholm. — Adoration des bergers, Saint-Pétersbourg, (Esquisse). — Saint Nicolas apparaissant à l'empereur Constantin, Eglise de Willebroek (Brabant), (Chef-d'œuvre). = Composition heureuse, pinceau vigoureux; réussit très bien dans l'allégorie et la peinture décorative; sentiment faible, lignes peu heureuses, contours durs, tons clairs, froids, ombres trop noires. Graveur. = Ventes : V. Lambert et Duporail (1787). *Sainte Famille*, 600 liv. — V. Feigneau (1812), *Triomphe de la terre*, 120 fr.

Schut (Corneille), le Jeune. E. Fl. † 1675 ou 1676. ANVERS. Histoire. = D'après Bryan-Stanley, il serait fils de Pierre, ingénieur au service de Philippe IV, roi d'Espagne et frère du peintre Corneille, le Vieux. Il aurait été élève de son oncle, aurait suivi son père en Espagne, se serait établi à Séville et y serait mort dans un âge très avancé. Le même auteur ajoute qu'il aurait été l'un des fondateurs et des chefs de l'Académie de cette ville. = On citait de lui un tableau que l'on voyait à Ypres, représentant la Conversion de saint François Borgia. = Imita le style de Murillo.

Schütze (Guill.). E. Al. ˙ 1838. Genre. = La marchande de fleurs.

Schütz (Chrétien-George). E. Al. 1718-1791. FLÖRESHEIM, près de Darmstadt. Paysage, intérieurs d'église. = Elève de Hugo Schligel. Mort à Francfort-sur-le-Mein. = Sept tableaux, Francfort (Institut Stædel). — Dix tableaux, Cassel. = Etudia beaucoup d'après Herman Saftleven. Peignit d'abord une quantité de décorations à fresque à l'intérieur des maisons, puis s'adonna au paysage et représenta presque toujours des vues du Rhin. Exécution et coloris faibles; heureux choix de sujets; sentiment vrai de la nature, bon dessin, touche moelleuse, grande facilité.

Schütz ou **Schytz** (Charles). E. Al. ˙ 1775. VIENNE (?). = Artiste laborieux et plein de talent. = Dessinateur et graveur.

Schuur (Théodore Vander). E. H. 1628-1705. LA HAYE. Histoire. = Se rendit de bonne heure en France pour y étudier chez Sébastien Bourdon. Plus tard il se rendit à Rome où il eut quelques travaux à faire pour Christian de Suède. Revint s'établir dans sa ville natale où il fut, à différentes reprises, directeur de l'Académie. En 1694, il travailla pour la maison d'Orange; en juin 1697, on annonça la mise en vente chez lui, de la main à la main, des *Douze travaux d'Hercule* tableaux que Van Mander cite comme les chefs-d'œuvre de Franck Floris. = Le style italien dominait dans ses ouvrages. Connaissances approfondies en architecture et perspective, et dans tout ce qui regarde l'histoire et l'archéologie.

Schuylenburgh (Hembryck Van). E. H. ' 1647. Vues, etc. = Il était aussi peintre sur verre et résidait à Middelbourg. Il travailla pour le prince d'Orange.

Schwackhoffer (Jean-Joseph). E. Al. 1772. MAYENCE. Portrait, etc. = Élève de J. Kuyper.

Schwanthaler. E. Al. ' XIXe siècle. Histoire. = Plus connu comme sculpteur.

Schwartz (Jean). V. Schwarz.

Schwartz (Christophe). E. Al. 1550-1594. INGOLSTADT. Histoire, portrait. = Se forma en Italie, d'après les peintres Vénitiens, principalement le Tintoret; à son retour, il fut nommé peintre de la cour de Munich. Mort à Munich. = Vulcain montrant à l'assemblée des dieux, Mars et Vénus qu'il a surpris ensemble, Bruxelles. — Jésus à la colonne, Vienne. — Saint Jérôme, Munich. — La Vierge et l'Enfant Jésus dans une gloire, *ib.* — Sainte Catherine, *ib.* — Portrait d'homme; une femme et un enfant lui présentent des cerises, *ib.* — Et autres, *ib.* = Formes agréables et gracieuses; style un peu maniéré; têtes sans expression; coloris cru et lourd. Il décora beaucoup de maisons de fresques à l'extérieur.

Schwartzenbach (Jacques). E. H. ' XVIIIe siècle. VERE. Portrait, etc. = Secrétaire de la chambre de rhétorique, à Vere. = Egalement graveur.

Schwarz. E. Al. ' 1840. Batailles. = Élève de F. Krüger.

Schwarz ou **Schwartz** (Jean). E. Al. ' XVIe siècle. OETTINGEN (Souabe). Portrait, histoire. = En 1520, cet artiste se trouvait à Anvers où il connut Dürer et fit le portrait du célèbre allemand dans la maison des riches négociants Fugger. En 1540, il épousa la veuve du graveur Jean Schaüflein.

Schweickardt (Henri-Guillaume). E. H. 1746-1797. DUCHÉ DE BRANDEBOURG. Paysage, animaux, portrait, etc. = Reçut d'abord les leçons de l'Italien Jérôme Lapis; il demeura à La Haye et alla s'établir en 1786, à Londres, où il mourut. Sa fille, Catherine Wilhelmine, fut la seconde femme du célèbre poète hollandais Bilderdyk. = Patineurs sur un canal glacé, Paris. = Animaux bien dessinés. Dessinateur et graveur.

Schweizer (Jean). E. Al. ' 1660. SUISSE. Paysage, histoire, etc. = Travaillait à Heidelberg. = Graveur.

Schewemminger (Joseph), frère de Henri. E. Al. 1804. VIENNE. Paysage. = Vue en Tyrol, Vienne.

Schwemminger (Henri), frère de Joseph. E. Al. 1803. VIENNE. Histoire. = Scène tirée des poèmes de Schiller, Vienne. — Samson brisant les liens des Philistins.

Schwengen (Pierre). E. Al. ' XIXe siècle. MUFFENDORF. Portrait.

Schwezer (Ehrard). E. Al. ' XVIe siècle. NUREMBERG. = Contemporain de Georges Pens, qui fit son portrait.

Schwind (Maurice Von). E. Al. 1804-1871. VIENNE. Histoire, genre. = Un des peintres célèbres de l'Allemagne moderne. Établi à Munich, il y mourut. = La légende de sainte Elisabeth, Weimar. — La légende des sept corbeaux.

Schwinger. E. Al. ' 1838. GODESBERG. Genre, etc. = Élève de Hildebrandt.

Schijndel (Anne Van). E. H. ' XVIIe siècle. = Inscrite, en 1709, sur les registres de Saint-Luc, à Haarlem.

Schijndel (B. Van). V. Schendel.

Sciacca (Thomas). E. I. 1734-1795. MAZZARA. Histoire. = Travailla à Rome avec le Cavalucci; séjourna à Rovigo et à Palerme.

Sciameroni (le). V. Furini.

Sciaminossi (Raphaël). E. I. 1580. BORGO SAN-SEPOLCRO. Histoire. = Élève de Raphaël dal Colle; vivait encore en 1620. = Goût simple et gracieux. Graveur.

Sciarpelloni (Laurent), dit **Di Credi.** E. I. 1453 ou 1454-1532 (?). FLORENCE. Histoire, portrait. = Élève du Verrochio; étudia d'abord l'orfèvrerie dans l'atelier de Credi dont il prit le nom. D'après Villot, ce fait est erroné et le nom de Credi lui appartiendrait bien véritablement. Ami intime et grand admirateur de Léonard de Vinci, dont il s'appropria la manière, surtout dans ses Saintes Familles, au point que du vivant de ces deux peintres on confondait déjà leurs tableaux. = Nativité de Jésus-Christ, Florence. — Annonciation, *ib.* — La Vierge adorant son fils (Double), *ib.* — Annonciation (Petites figures et chef-d'œuvre), *ib.* — Madeleine aux pieds de Jésus-Christ, *ib.* — Jésus-Christ apparaissant à Madeleine, *ib.* — Sainte Famille, Munich. — Madeleine pénitente, Berlin. — Epiphanie, *ib.* — La Vierge et l'Enfant, *ib.* (Double). — Saint Julien l'hospitalier et saint Nicolas adorant l'enfant Jésus, Paris. —

Sainte famille, Dresde. — La Vierge et l'Enfant, Londres. = Composition simple, têtes bien caractérisées, pinceau délicat, gracieux, expression vive, touche moelleuse, beaucoup de fini.

Scilla (Augustin). E. I. 1629-1700. MESSINE. Histoire, portrait, animaux, paysage, fruits. = Élève d'A. Ricci Barbalunga; envoyé à Rome par le sénat, afin d'y suivre les leçons d'A. Sacchi; revint à Messine, y ouvrit une école, où sa réputation attira un grand nombre d'élèves; forcé par la révolution de Sicile de se réfugier à Rome, il finit par s'établir dans cette ville, fut reçu à l'Académie, en 1679, et en fut nommé président. Naturaliste, numismate et antiquaire. = Saint Hilarion mourant, Messine. = Goût gracieux; caractère de grandeur dans les têtes de vieillards; habile peintre de paysages, d'animaux et de fruits. Son frère Hyacinthe, plus jeune que lui, cultiva également la peinture et avec succès. Xavier, son fils, fut meilleur numismate que peintre.

Sciorina (della). V. Sciorini.

Sciorini ou **Della Sciorina** (Laurent). E. I. ' 1568. FLORENCE. Histoire, portrait. = Élève du Bronzino; travailla au catafalque de Michel-Ange. = Hercule et le dragon, Florence. — La ville de Florence, *ib.* = Dessin correct.

Scipioni (Jacques degli). E. I. ' 1510. AVERARA. Histoire. = Détails inconnus.

Scitivaux de Greische (Roger de). E. Fr. 1830-1870. NANCY. Histoire. = Élève de Couture. Mort à Paris.

Sclavo (Luc). E. I. ' 1430. CRÉMONE. Histoire, portrait. = Détails inconnus. = Placé parmi les meilleurs peintres de son temps.

Scoenenberghe (Les). E. Fl. ' XVe siècle. Peintres sur verre. = Le père s'appelait Jean et travailla, en 1441, pour les églises de Louvain. Ses deux fils, Henri et Tielman, cultivèrent le même genre et travaillèrent aussi à Louvain.

Scoenere (Jean de) le Vieux. E. Fl. ' XVe siècle. Histoire. = Peintre à Gand. On croit qu'il fut élève des Van Eyck; en 1443, on le voit exécutant, avec Baudouin Van Wytevelde, les peintures d'un rétable à volets pour l'oratoire de l'abbaye du Nouveau-Bois, à Gand; en 1425, il peint à l'huile un rétable, l'histoire de la sainte Vierge, et un tableau, la dernière Cène. Jean de Scoenere ouvrit un atelier et fit des élèves.

Scoenere (Jean de) le Jeune. E. Fl. XVIe siècle. GAND. Histoire. = Exécuta des travaux pour le magistrat, peignit des crucifix, etc. Un des chefs de la corporation de 1513 à 1517.

Scoenere (Liévin de) le Vieux. E. Fl. ' XVe siècle. = Peintre à Gand, en 1483-84; travailla à Bruges, en 1468.

Scoenere (Liévin de) le Jeune. E. Fl. ' XVIe siècle. GAND. Histoire. = Exécuta quelques travaux pour le magistrat de 1507 à 1544.

Scoenere (Roland de). E. Fl. ' XVe siècle. = Peintre à Gand, vers 1415. Les vieux comptes échevinaux de Gand le citent assez souvent.

Scoenere (Saladin de) E. Fl. ' 1434. GAND. Histoire. = On croit qu'il fut élève des frères Van Eyck. = L'église des Mineurs, à Gand, possédait un tableau de ce peintre, en 1434. Cette œuvre fut brûlée, en 1578, par les iconoclastes. Dans le contrat qui fut passé entre cet artiste et la fabrique de l'église, il est non-seulement indiqué le sujet qu'il devra prendre, mais encore les couleurs qu'il pourra employer. Ce curieux document est donné en original, avec traduction française, dans les *Peintres gantois* de M. Ed. de Busscher. Le chevalier Dierickx l'a donné avant ce dernier dans ses *Mémoires sur la ville de Gand*, mais avec des fautes.

Scolari (Joseph). E. I. ' 1580. VERONE ou VICENCE. Histoire. = Élève de J.-B. Maganza. = Teintes jaunâtres, bon dessin.

Scopula (Jean-Marie). E. I. ' XIIIe siècle. IRUNTO. Histoire religieuse. = Ce nom se trouve écrit sur un tryptique que possède le musée Campana à Paris. Ce triptyque représente *l'Annonciation, la Visitation* et *la Crèche* et porte l'inscription suivante : *Joaness Maria Scopula de Irunto pinxit in Otranto.*

Scorza (Sinibaldo). E. I. 1589-1631. VOLTAGGIO, pays de Gênes. Paysage, histoire et miniature. = Un peintre nommé Carosio lui enseigna les principes du dessin; fut envoyé à Gênes, y entra à l'école de Paggi et montra bientôt un talent remarquable; ami du Marini, qui le célébra dans ses vers et l'introduisit à la cour de Savoie; forcé de revenir à Gênes par suite de la guerre survenue entre les deux pays, et accusé d'être resté attaché à la cour de Savoie, Scorza subit un exil de dix années qu'il passa à Rome et à Massa : revenu à Gênes, il trouva ses biens ravagés et son beau musée dispersé et brûlé. = Annonciation, Voltaggio. = Belle disposition de sites; étoffage dans le genre de N. Berchem; imita entièrement la manière flamande ; fini précieux ; exécuta un grand nombre de dessins à la plume, où il introduisit des animaux dessinés avec une rare perfection. Graveur.

Scorzini (Pierre). E. I. ' XVIIIe siècle. LUCQUES. Ornements. = Étudia à Bologne.

Scott (G.). E. An. ' XIXe siècle. Aquarelle.

Scott (Samuel). E. An. † 1772. ANGLETERRE. Marine, vues de ville. = S'attacha à imiter le célèbre Guillaume Van de Velde; devint un des peintres les plus renommés de l'Angleterre et exécuta la plupart de ses tableaux pour sir Edouard Walpole. Mort d'une attaque de goutte. = Le vieux pont de Londres, en 1745, Londres. — Le pont de Westminster, *ib.* = Etoffage judicieusement choisi et peint avec une rare perfection. Grande variété. Ses dessins au lavis sont très estimés.

Scotti (Louis). E. I. ' XVe siècle. Histoire. = L'ombre de Samuel apparaissant à Saül.

Scotto (Etienne). E. I. ' 1500. Histoire, ornements. = Maître de Gaudenzio Ferrari. = Excella dans les arabesques.

Scotto (Félix). E. I. ' 1495. Histoire. = De la même famille qu'Etienne Scotto; peignit beaucoup à Côme. = Pinceau expressif et varié, composition judicieuse.

Screta (Charles). E. Al. 1604-1674. PRAGUE. Histoire, portrait. = Se forma lui-même en Italie; résida à Rome, en 1634, avec Guill. Bauer. = Saint Luc peignant la Vierge, Prague. — Martyre de sainte Barbe, *ib.* — Sujet allégorique sur la destruction de la flotte turque, *ib.* — Portrait d'homme assis auprès d'une femme debout, *ib.* — Les quatre évangélistes, Dresde. — Portrait d'un prieur de Malte, *ib.* — Les docteurs de l'Eglise, *ib.* = Manière tout à fait originale; facilité d'invention extraordinaire; ses têtes de saints sont pleines d'énergie et de dignité, ses saintes, du sentiment de la beauté; bonne harmonie et clair-obscur savant; brosse spirituelle et pleine de douceur; réussit fort bien dans le portrait malgré ses ombres trop fortes; dessin souvent incorrect et attitudes extravagantes.

Scriecken (Corneille Van). E. Fl. ' XVe siècle. = Peintre de la confrérie de Saint-Luc de Bruges, en 1450.

Scrivere (Liévin de). E. Fl. ' XIVe siècle. = Peintre à Gand; exécuta des bannières armoriées à l'huile, de 1344 à 1347.

Scrivere (Jean de), fils de Liévin. E. Fl. ' XIVe siècle. = Travailla avec son père au dais de Notre-Dame de Tournai, en 1344.

Scrivere (Macaire de). E. Fl. ' XIVe siècle. = Travailla, avec Liévin de Scrivere, au dais de Notre-Dame, à Tournai, en 1344.

Scrots (Guillaume). E. Fl. ' XVIe siècle. Portrait. = Nommé peintre de la reine Marie de Hongrie, en 1537. = D'anciens documents citent les portraits de l'impératrice Elisabeth, mère de la reine de Hongrie, de l'empereur Charles-Quint et de sa femme, exécutés par cet artiste.

Scuri (Henri). E. I. 1806. BERGAME. Genre et histoire. = Scène tirée d'Ossian, Vienne.

Scutellari (André). E. I. ' 1580. VIADANA (Crémone). Histoire. = Détails inconnus.

Scutellari (François). E. I. ' XVIe siècle. CRÉMONE. Histoire. = Détails inconnus.

Sebastiani (Lazare). E. I. ' XVe siècle. Histoire, portrait. = Elève de V. Carpaccio.

Sebastiano del Piombo. V. Luciano.

Sébastien. ' XVIIIe siècle. Histoire (?). = Nègre brésilien qui décora de fresques dignes d'éloges, le dôme de l'église Saint-François, à Rio-Janeiro.

Sebert. E. Fr. ' XVIIIe siècle. Histoire. = Pèmier prix de l'Académie royale de peinture de France, en 1691, avec son *Abraham quittant la ville d'Haran pour aller dans la terre promise.*

Sebille. V. Sibille.

Sebron (Hippolyte). E. Fr. 1801-1879. CAUDEBEC (Seine-Inférieure). Paysage et intérieurs d'église. = Elève de Daguerre. = Vue d'Amsterdam, effet de nuit. — Stalles de l'église de Vilvorde.

Secano (Jérôme). E. Es. 1638-1710. SARAGOSSE. Histoire. = Se perfectionna à Madrid; fut chargé de plusieurs ouvrages dans sa ville natale. = Manière correcte; bon coloris; devint sculpteur à l'âge de 50 ans.

Seccante (Sébastien). E. I. ' 1565. UDINE. Histoire et portrait. = Elève et portrait de P. Amalteo. = Anges d'une beauté céleste; bons principes; réussit dans le portrait. Son frère, Jacques, commença à peindre à l'âge de 50 ans; ce dernier eut un fils, Sébastien le Jeune, artiste médiocre. Un autre Seccante, de la même famille, florissait dans le même siècle, mais avec très peu de réputation.

Secchiari (Jules). E. I. † 1631. MODÈNE. Histoire. = Visita Rome et Mantoue. = Ecole des Carrache.

Secchi (Jean-Baptiste), dit **Le Caravaggio** et **Le Caravagino.** E. I. ' 1619. CARAVAGGIO. Histoire. = Détails inconnus.

Séchan (Polycarpe, Th.). E. Fr. 1803-1874. PARIS. Décors. = Elève de Ciceri. = Restauration de la galerie d'Apollon. = Peintures architecturales à l'église de Saint-Eustache.

Seddon (Thomas). E. An. 1821-1856. LONDRES. Paysage, histoire et genre. = Il commença par être un excellent dessinateur et remporta, en 1848, la médaille d'argent de la Société des arts. En 1850, il aida activement à fonder l'Ecole de dessin et de modelage de Londres-Nord. C'est en 1851 qu'il se consacra à la peinture. En 1853, il fit un voyage en Orient. Il y retourna en 1856 et mourut au Caire. = Jérusalem et la vallée de Josaphat, Londres.

Sedelmeyer (Jérôme-Jacques). E. Al. 1704-1761. AUGSBOURG. Portrait et miniature. = Elève de Keukel, son beau-frère, auprès duquel il se réfugia, à Vienne, pour fuir les mauvais traitements du graveur Pfeffel, son premier maître; se lia avec G. Fuessli et travailla en commun avec cet artiste. Ayant présenté à l'empereur un remarquable travail de gravure et n'ayant essuyé qu'un refus pour les encouragements qu'il demandait, Sedelmeyer devint fou et mourut misérable dans sa ville natale. = Tableaux de la bibliothèque impériale de Vienne, d'après Daniel Gran. = Plus célèbre comme graveur que comme peintre.

Sedlmayr (Jean-Antoine). E. Al. 1797. MUNICH. Paysage. = Elève de Köbell et de George de Dillis.

Seefisch (Hermann). E. Al. 1816. POTSDAM. Paysage et genre. = Elève de Wach. = Jeune fille priant sur le tombeau de sa mère.

Seefried ou **Seyfried** (Frédéric). E. Al. ' 1560. NORDLINGEN. Portrait. = Quelques auteurs croient qu'il ne fait qu'un avec un artiste peu connu, nommé Westenrieder.

Seeger (Charles-Louis). E. Al. 1809. ALZEY (Hesse). Paysage. = Contrée du Rhin : lever de soleil, Munich.

Seeger (G.). E. Al. ' 1842. DARMSTADT. Paysage. = Vue prise à Wurmflust.

Segala (Jean). E. I. 1643-1700. Histoire. = Détails inconnus. = Lumières éclatantes opposées à des fonds obscurs.

Segarra (Jayme). E. Es. ' 1530. Histoire. = Travailla dans la ville de Reus.

Segher (Anne). E. Fl. ' XVIe siécle. ANVERS. Miniature. = Fille d'un médecin de Bréda.

Seghers ou **Segers** (Gérard, Daniel, Hercule et Jean-Baptiste). V. Zegers.

Seghers (Corneille). E. Fl. 1665-1728. = Les biographes ne citent aucune particularité sur cet artiste.

Seghers (Corneille). E. Fl. 1814-1869. ANVERS. Genre et portait. = Les juifs. = Graveur.

Seghers (F.-G.). E. Fl. ' 1842. Paysage. = Environs de Spa.

Segna d'Antignano. E. I. ' 1350. ANTIGNANO. Histoire et portrait. = Un des premiers membres de la société de Saint-Luc, en 1350.

Segna di Buonaventura. E. I. ' vers 1305. SIENNE. Histoire. = Elève de Duccio de Boninsegna. D'après Vasari, peignait à Sienne, entre 1305 et 1319. = La Vierge et trois saints, Sienne (Signé sur l'épée de saint Paul : *Segna me fecit*). — Jésus-Christ sur la croix avec la Vierge et saint Jean, Londres. = Ses œuvres sont excessivement rares.

Segovia (Jean de). E. Es. ' 1498. Marine et histoire. = Florissait à Madrid. = Tableaux, Ségovie (Eglise Saint-Jacques). = Pinceau facile et élégant; figures mal dessinées; vaisseaux et agrès exécutés avec une grande vérité.

Seguin (Gérard). E. Fr. 1805. PARIS. Genre, portrait et pastel. = Elève de Langlois. = Mazeppa. — Sujets tirés de Walter Scott.

Segur (Gaston de). E. Fr. ' 1840. Portrait.

Segura (André de). E. Es. ' 1500. Histoire. = Etabli à Madrid; travailla à Tolède.

Segura (Antoine de). E. Es. † 1605. SAINT-MICHEL DE LA COGOLLA (Rioja). Histoire. = Travailla à l'Escurial, sous Philippe II. Mort à Madrid.

Seibold (Chrétien). E. Al. 1697-1768. MAYENCE. Portrait et histoire. = Il n'eut d'autre maître que son génie et l'étude assidue de la nature, et choisit Balthasar Denner pour modèle. Peintre du cabinet de l'impératrice Marie-Thérèse, en 1759. Mort à Vienne. = Portrait du peintre, Paris. — Portrait d'enfant, Dresde. — Portrait du peintre, *ib.* — Portrait d'une jeune fille, *ib.* — Portrait d'homme, *ib.* — Portrait d'une femme âgée, *ib.* — Portraits de jeunes filles, Vienne. — Portrait d'un jeune homme, *ib.* = Dessin savant, bon choix d'attitudes, fini extraordinaire. Ses figures sont à mi-corps.

Seidel. E. Al. ' 1842. MUNICH. Paysage. = Vue de la bruyère de Sendling.

Seidl (André). E. Al. 1760. MUNICH. Histoire. = Professeur à l'Académie des beaux-arts, dans sa ville natale. = Graveur.

Seinsheim (comte Auguste de). E. Al. ' 1820. Histoire, portrait. = Elève de Langer, le Vieux. = Saint Othon, saint Louis et sainte Thérèse, Kiederfelden. = Graveur.

Seitz. E. Al. 1813 (?). MUNICH. Histoire. = Réconciliation de Jacob et d'Esaü. — L'Extrême-Onction.

Selb (Charles), frère de Joseph. E. Al. ' 1820. Histoire.

Selb (Joseph), frère de Charles. E. Al. 1786-1832. UNTERSTOCKACH (Tyrol). Histoire.

Seldersiagh (Jacques). E. Fl. ' 1681. BRÉDA. = Reçu bourgeois d'Anvers, en 1681, la même année où il y était inscrit comme élève chez Gaspard Pierre Verbrugghen, le vieux.

Sellaio (Jacques del). E. I. ' XVe siècle. FLORENCE. Histoire, portrait. = Elève de Fra Philippe Lippi.

Sellier. E. Fr. ' XIXe siècle. Histoire. = Elève de l'Académie française à Rome, en 1859.

Sellier (Jean le). E. Fr. ' XVe siècle. CAMBRAI. = Peignit, en 1411, des bannières pour le duc de Bourgogne.

Sellito (Charles). E. I. ' XVIIe siècle. Histoire. = Elève d'Annibal Carrache, à Naples. = Peintre distingué de l'école napolitaine.

Sementa (Jean-Jacques). E. I. 1580. BOLOGNE. Histoire. = Elève de D. Calvart et de Guido Reni. Travailla à Rome dans la même église que Pellegrini di Tibaldi, mourut jeune dans cette ville. = La Vierge, saint Grégoire et saint François, Rome. — Jésus-Christ rédempteur, Bologne. — Sainte Catherine, *ib.* — Martyre, *ib* — Saint Eugène, *ib.* — Mariage de sainte Catherine, Vienne. = Manière du Guide; beaucoup de correction, de force et de vigueur.

Semini (Antoine). E. I. 1485 (?)-1550. GÊNES. Histoire. = Elève de Louis Bréa; travailla beaucoup avec Teramo Piaggia (Voir ce nom), auquel le liait une étroite amitié; les deux artistes signèrent leurs ouvrages de leurs deux noms; peignit encore en 1547; regardé comme le Pérugin de son école. = Martyre de saint André (Avec Teramo), Gênes. — Déposition de croix, *ib.* — Nativité, Savone. — Jésus-Christ crucifié. (On ne dit pas à quel Semini appartient ce tableau), Florence. = Beaucoup de vivacité dans les têtes; coloris agréable et harmonieux; draperies faciles; composition satisfaisante quoiqu'un peu diffuse.

Semini (André), fils d'Antoine. E. I. 1510-1578. GÊNES. Histoire, portrait. = Se rendit à Rome, conjointement avec son frère Octave, y étudia assidûment d'après Raphaël; revint à Gênes, puis se rendit à Milan, exécuta un grand nombre d'ouvrages, tantôt avec son frère et tantôt séparément. Ses deux fils, Alexandre et André, furent également peintres. = Crèche, Gênes. = Talent moins profond que celui d'Octave; partisan constant de l'école romaine; manque souvent de morbidesse et tombe quelquefois dans des erreurs de dessin.

Semini (Octave), fils d'Ant. E. I. 1520 (?)-1604. GÊNES. Histoire, portrait. = Etudia d'après Raphaël, à Rome, où il accompagna son frère André; travailla avec ce dernier à Gènes et à Milan; fut chargé d'exécuter plusieurs fresques pour les grands de la république. Mort à Milan avec la réputation d'un méchant homme. = Imita avec un grand succès la manière de son maitre; beaucoup de variété; bonne architecture; adopta sur la fin de ses jours un style plus facile et moins travaillé; imagination féconde, touche spirituelle, coloris vigoureux et agréable; le dessin manque quelquefois de grandiose.

Semini (M.). E. I. ' XVIIIe siècle. Histoire. = Détails inconnus. = Ecole de C. Maratti.

Semitecolo (Nicolas). E. I. ' 1365. VENISE. Histoire. = Détails inconnus. = Le couronnement de la Vierge, Venise (Signé : Nicolò Semitecolo MCCCLI). = Nu bien exprimé, proportions peut-être un peu trop sveltes; bon coloris.

Semolei. V. Franco.

Sempy. E. Fr. ' XVIIe siècle. Histoire, portrait, = Bon peintre sur verre.

Senave (Jacques-Albert). E. Fl. 1758-1829. Loo (Près Furnes). Histoire, genre, paysage, kermesses, etc. = Elève des Académies de Dunkerque, de Saint-Omer et d'Ypres. Etabli à Paris, il fut nommé directeur honoraire de l'Académie d'Ypres et membre de l'Institut royal à Gand. Mort à Paris. = L'atelier de Rembrandt, Ypres. = Les sept œuvres de miséricorde, Loo. — Paysage avec animaux, deux tableaux, Bâle. = Dessin correct, belle composition, bonne imitation de la nature. = Ventes : V. Lesuire (1833), *Le magister de village*, 367 fr. — V. Moulbrun (1861), *Scène de marché*, 700 fr.

Sendberg. E. Al. ' XIXe siècle. Histoire. = Peintre suédois.

Senelly. E. Al. † 1875. AUTRICHE. Histoire. = Vécut longtemps misérable. Nommé, en 1873, professeur du prince impérial Rodolphe. Perdit la raison la même année. = Etudes rapportées d'un voyage autour du monde sur la *Novarra*. = Admirable dessinateur.

Senezcourt (Jules de). E. Fl. 1818-1866. SAINT-OMER. Genre et portrait. = Etabli à Bruxelles depuis 1841.

Senff. E. Al. ' 1830. HALLE. Fleurs et portrait.

Senti. E. I. ' XIXe siècle. Histoire.

Senties (Pierre-Asthasie-Théod.). E. Fr. 1801. PARIS. Histoire, portrait. = Elève de Gros. = Résurrection, Valence.

Senneras (Mme de). E. Fr. ' 1840. Genre et paysage. = Pèlerinage. — Souvenirs des Pyrénées.

Sequiera. E. Es. 1760 (?). Histoire. = Exposa, en 1824, à Paris, un tableau qui reçut des éloges et qui représentait *La Mort du Camoens*. — Saint Bruno, Lisbonne.

Sequo (Simon). E. Es. ' 1551. Histoire. = On trouve, dans les comptes de la reine Catherine, que ce peintre reçut une cruzade pour un tableau peint sur bois et livré à la supérieure du couvent d'Abrantès.

Sérafin (Pierre). E. Es. ' 1562. Histoire. = Résidait à Barcelone où il était connu sous le nom du Grec; travailla à Tarragone avec P. Pablo.

Serafini (Barnabé), dit **Barnaba de Modène.** E. I. ' 1375. MODÈNE. Histoire, portrait. = Imitateur de Giotto; travailla en Piémont. = La Vierge et l'Enfant, Berlin (Fond d'or; signé : *Barnabas de Mutina pinxit MCCCLXVIIII*). = Bon coloris, style heureux dans les têtes et les draperies.

Serafini (Sérafino de). E. I. * 1385. Modène. Histoire, portrait. = Imita le Giotto.

Serangeli. E. I. * XIXe siècle. Italie. Histoire. = Napoléon reçoit les députés au Louvre, Versailles.

Serapion. Architecture et décorations. = Peintre grec ancien. Faisait de très grands tableaux.

Serenari (l'abbé Gaspard). E. I. * XVIIIe siècle. Palerme. Histoire.=Elève de S.Conca, à Rome.

Serda. E. Fr. * 1845. Paysage. = Vue d'Avignon. — Vue près d'Agen.

Serin (...), le Vieux. E. Fl. * XVIIe siècle. Gand. Histoire, portrait. = Elève d'Erasme Quellyn. Nous trouvons un Remacle Serin inscrit comme franc-maitre peintre dans la corporation de Saint-Luc, à Anvers, en 1672-73. Il est probable qu'il s'agit du père de Jean, le Vieux. = Saint Martin, Tournai (Eglise Saint-Martin).

Serin (Jean), le Vieux, fils de Serin, le Vieux. E. Fl. 1678-1764 ou 1765. Gand. Portrait. = Elève de son père; il s'occupa presque toute sa vie à La Haye et travaillait encore à l'âge de 70 ans. = De la raideur; coloris malheureux; bonne ressemblance.

Serin (Jean), le Jeune, fils de Jean, le Vieux. E. Fl. * 1740. Portrait. = Travaillait encore en 1748.

Serlio (Sébastien). E. I. † 1552. Architecture et ornements. = Célèbre architecte. = Mort très vieux.

Sermei (le chevalier César). E. I. 1516-1600. Orvieto. Histoire, genre.= Travailla à Assise et à Pérouse. =Idées fertiles, grande vigueur des teintes. Composition pleine de mérite.

Sermois (Ferdinand). E. Fr. * 1592. En Picardie. = Peintre mosaïste qui se rendit à Orvieto où il exécuta avec les frères Rosetti, sur un dessin de César Neddia, une immense mosaïque qui excita une admiration générale et qui représentait la *Résurrection de Jésus-Christ*.

Serné (Adrien). E. H. 1773. Haarlem. Vues de ville, etc. = Directeur de l'Ecole de dessin, à Zwolle. = On a de lui quelques gravures.

Serodine (Jean). E. I. * XVIIe siècle. Ascona (Lombardie). Histoire. = Imitateur de M. A. Caravage.

Serpin (Jean). E. Fr. * 1502. Paris. = Miniaturiste appelé, par le cardinal d'Amboise, au château de Gaillon, pour illustrer les huit *Histoyres* du grand livre de Valère.

Serra (Christophe). E. I. * 1678. Cento. Histoire. = Fidèle et habile imitateur de Guerchin.

Serrati. E. I. * 1240. Ferrare (?). Miniature. = Moine bénédictin. = Miniatures de livres de chœur, Ferrare. = Expression pleine de noblesse.

Serre ou **Serra** (Michel). E. Fr. 1658-1733. Tarragone. Histoire, etc. = N'étant âgé que de huit ans, il s'enfuit de la maison où sa mère l'abreuvait de mauvais traitements. Vint à Marseille, s'y acquit beaucoup de réputation, et, quoique dénué de ressources, alla à Rome, y étudia l'antique et revint à Marseille où il fut un des bienfaiteurs de l'humanité pendant la peste qui épouvanta cette ville. Membre de l'Académie en 1704. = Beaucoup de tableaux, Marseille. — Plein du spectacle affreux qui avait si longtemps frappé ses regards, il en retraça les scènes les plus terribles dans deux tableaux destinés au régent de France. = Beaucoup de feu et d'invention. Doué d'une grande imagination, il en a quelquefois abusé.

Serres (D.). E. An * XVIIIe siècle. Paysage, marine et batailles. = Détails inconnus. = George III inspectant la marine à Portsmouth, Londres. — Commencement de la bataille de Camperdown, *ib.* — Fin de cette bataille, *ib.* — Marines, *ib.* — Blackwall, *ib.*

Serret (Mlle). E. Fl. * XIXe siècle. Portrait et genre. = Elève de Mme Haudebourt.

Serrur (Henri-Aug.-César). E. Fr. 1794-1865. Lambersart (Nord). Histoire, genre et portrait. = Elève de Regnault. = Tobie ensevelissant un Hébreu, Rennes. — Bataille de Coni, Versailles. — Mort d'Agamemnon, Lille. — Castor et Pollux, *ib.*

Serrure (Auguste). E. Fl. * 1860. Anvers. Genre. = Le tir.

Serrurier (L. J. J.). E. H. (?). * 1820. Genre. = Demeurait à Amsterdam où il était membre de l'Académie.

Serruys (Louis). E. Fl. * 1845. Marine. = Elève de P. J. Clays.

Servaes (Herman). E. Fl. 1601. Anvers (?) Histoire. = Elève de Van Dyck. Reçu franc-maître de Saint-Luc, en 1650-51. Vivait encore en 1660.

Servandoni (Jean-Jérôme). E. I. 1695-1766. Florence. Paysage, perspective et décors. = Elève de J. P. Pannini. Plus grand architecte que peintre. Il se rendit en Portugal et y exécuta des décorations de théâtre et autres travaux. Il fut l'ordonnateur des fêtes qui eurent lieu en France dans le siècle dernier, et ces fêtes dépassèrent tout ce qui avait été vu en ce genre. En 1749, il alla exécuter des travaux importants en Allemagne et en Angleterre. Puis il revint en France, où il fut nommé de l'Académie, en 1731. C'est lui qui érigea la façade de l'église Saint-Sulpice à Paris. Mort dans cette dernière ville, où il avait été nommé architecte du roi. = Ruines, Paris. = Coloris un peu blafard, dessin de figures peu correct. Le bleu domine trop dans ses ciels.

Servi (Constantin de). E. I. 1554-1622. FLORENCE. Portrait, Histoire. = Elève de Santi-Titi. Il a beaucoup plus de réputation comme architecte. Il ne s'est distingué que dans le portrait; dirigea, à Florence, la fabrique de mosaïques, qui devint très florissante sous son administration. = Imitateur assez heureux des Pourbus.

Servières (Eugénie-Honorée-Marie CHAREN Mme). E. Fr. 1786. Histoire, portrait. = Elève de Lethière. = Louis XIII et Mlle de Lafayette. — Marguerite d'Ecosse et Alain Chartier.

Servin (Elie A.). E. Fr. 1829. PARIS. Paysage. = Elève de Drolling. = Vues de la forêt de Fontainebleau.

Servolini (Benoit). E. I. * XIXe siècle. Histoire. = Herminie chez les bergers.

Sessa (Nicolas). E. I. * XIXe siècle. Histoire.

Sesto ou **Selto** (César da), dit **Le Milanese,** quelquefois **César Magnus.** E. I. † 1524 (?). SESTO, près Milan. Histoire, portrait. = Elève de Léonard de Vinci, ami de Raphaël. Quelques biographes supposent qu'il y a eu deux *Sesto* peintres, c'est une erreur. = Saint Roch et la Vierge, Milan. — Tête de vieillard, *ib.* — Saint Martin, Savone. — Saint George, *ib.* — Saint Roch, *ib.* — Saint Sébastien, *ib.* — La Vierge, dite de la ceinture, Rome. — Portrait d'homme, Vienne. — L'enfant Jésus et saint Jean, Madrid. — Vierge glorieuse, Berlin. = Chairs vraies, dessin pur, exécution vaporeuse. Composition riche.

Setberg. E. Al. * 1842. NUREMBERG. Genre.

Setegast. E. Al. * XIXe siècle. Histoire. = Elève de Veit.

Settala (Manfred). E I. 1600-1680. MILAN. Histoire (?). = Directeur de l'académie à Milan. = Bon mécanicien.

Setti (Cecchino). E. I. * 1495. MODÈNE. Histoire, portrait. = Contemporain de Fr. Magagnolo.

Setti (Hercule de). E. I. * 1575. MODÈNE. Histoire. = Habile graveur. = Style élevé, grande intelligence du nu, coloris vigoureux, mouvements spirituels.

Sève (Gilbert de), frère aîné de Pierre. 1615 (?)-1698. E. Fr. MOULINS. Histoire, portrait = Futrecteur de l'Académie.

Sève (Pierre de), frère de Gilbert. E. Fr. 1623-1695. MOULINS. Histoire. = Reçu au nombre des membres de l'Académie.

Severdonck (François Van). E. Fl. * 1842. Genre, portrait et paysage.

Severdonck (Joseph Van). E. Fl. * 1860. Histoire. = Les stations, Namur (Egl. N. D.).

Severn (J.). E. An. * XIXe siècle. Histoire.

Severo de Bologne. E. I. * 1460. BOLOGNE. Histoire, portrait. = Elève de Lippo di Dalmasio. = Copia les peintres grecs.

Sevilla Romero d'Escalante (Jean de). E. Es. 1627-1695. GRENADE. Histoire. = Elève de Jean-Baptiste Arguello, puis du célèbre Pierre de Moya; rival heureux d'A. Bocanegra; obtint une grande célébrité dans sa ville natale, et la mérita. = Imita, avec le plus grand bonheur, Van Dyck et Rubens.

Sevin (Jean B.). E. Fl. * 1752. Architecture, ornements. = Détails inconnus. = Peignit dans la maison du Cygne, Grand'Place à Bruxelles, un superbe plafond, aujourd'hui disparu. — Plafond de la sacristie de l'église de N. D. de la chapelle, à Bruxelles.

Sevin (Pierre-Paul). E. Fr. 1650. TOURNON. = Nommé en 1690 peintre de la ville de Lyon; il fut révoqué pour cause d'incapacité.

Sevin (Claude). E. Fr. * XVIIe siècle. Histoire. = Deuxième prix de l'Académie royale de peinture de France, en 1776. avec son : *Diogène visité par Alexandre.*

Sevrin (Jean-Baptiste). E. Fl. 1817. ANVERS. Histoire. = Elève de N. de Keyser.

Sewrin. E. Fr. * 1840. Aquarelle et pastel. = Les premières boucles d'oreille.

Seyffarth (Mme). E. An. * XIXe siècle. Aquarelle.

Seyziat (Mme L. L. de). E. Fr. † 1854. Fleurs.

Sgazzino (Le). E. I. * 1600. CITTA DI CASTELLO. Histoire. = Détails inconnus. = Manque de correction; touche, opposition des couleurs et ensemble satisfaisants.

Sguazella (André). E. I. * XVIe siècle. Histoire, portrait. = Elève d'André del Sarto; accompagna son maître à la cour de François Ier et y resta après le départ d'André; attaché au cardinal de Tournon. = La Vierge et l'Enfant avec saint Jean et sainte Anne, Florence. — Jésus-Christ mis au tombeau, Paris. = Imita la manière de son maître.

Sharpe (Mlle Elisa). E. An. * XIXe siècle. Aquarelle.

Shee (sir Martin-Arthur). E. An. 1770-1850. DUBLIN. Portrait, histoire et genre. = Etudia à l'école royale de Dublin; de là il se rendit à Londres, en 1788, et parvint à y entrer, comme élève, à l'Académie royale, sur l'avis de Reynolds. Nommé associé de l'Académie, en 1798, académicien, en 1800, et président de cette institution, en 1830, après la mort de Lawrence. Mort à Brighton. Littérateur et poète. = Bacchus enfant, Londres. — Portrait de Th. Morton, *ib.* = Se consacra presque exclusivement au portrait.

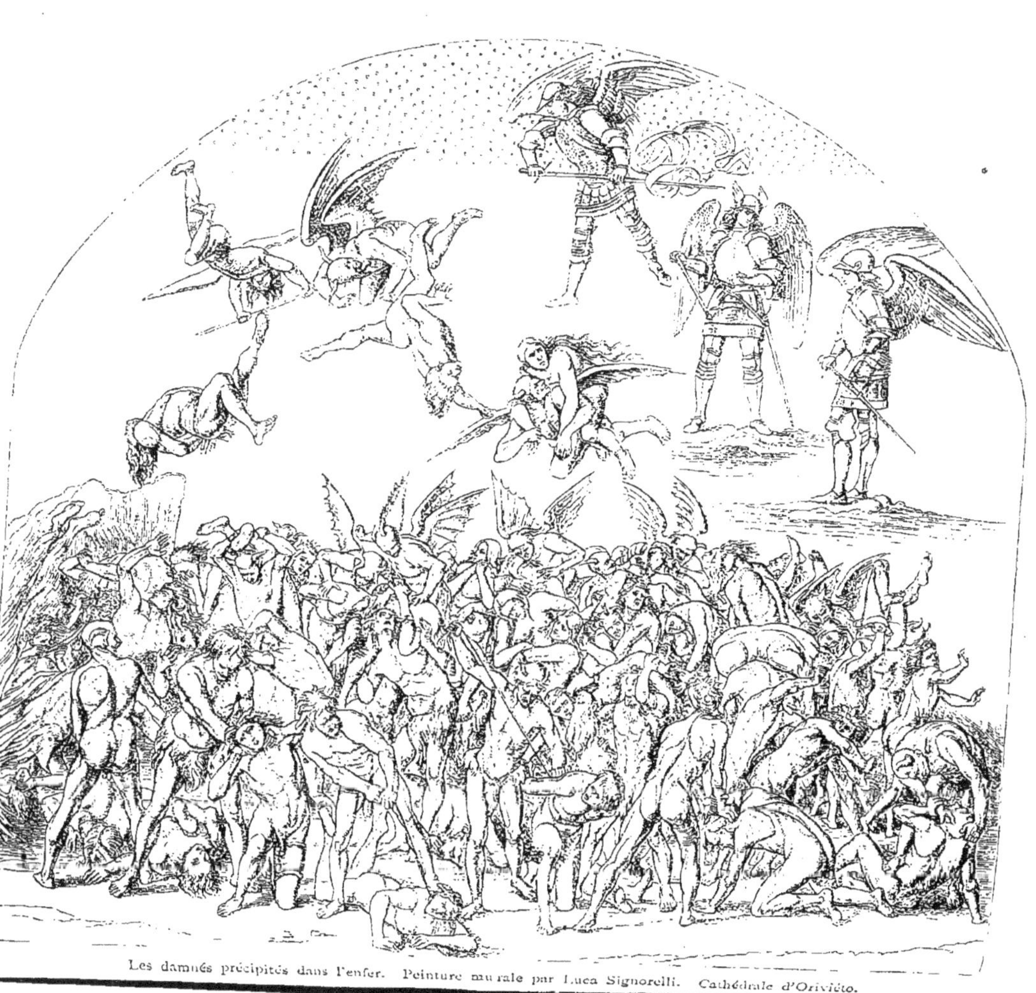

Les damnés précipités dans l'enfer. Peinture murale par Luca Signorelli. Cathédrale d'Orviéto.

Shergold. E. An. * 1842. Portrait.

Sherwin (Jean-Keyse). E. An. † 1790. SUSSEX (?). Genre et histoire. = Peintre et graveur. Elève de Bartolozzi. Pauvre, il arriva à une brillante fortune qu'il dépensa follement. Mort misérable et abandonné dans une auberge. = Son *Bijou de Marlborough* et son *Village abandonné*, dans lequel se trouve le portrait de son père, lui ont fait une belle réputation. Plus grand graveur que peintre.

Shoen. E. Al. * 1842. MUNICH Genre. = La mère avec les enfants.

Sianus. Peintre grec.

Siberechts (Jean). E. Fl. 1627-1703 (?). ANVERS. Paysage et animaux.=Fils du sculpteur Jean; il fut reçu franc-maître de Saint-Luc, en 1648-49. Il a peint beaucoup de vues d'Angleterre, pour le duc de Buckingham qui l'emmena dans sa patrie, et a fait une grande quantité d'aquarelles. Il mourut en Angleterre. Un Guillaume Sibrechts est inscrit comme peintre et fils de maître, dans les Liggeren anversois, en 1657-58. La date mortuaire d'un Siberechts, peintre, sans prénom, est annotée en 1667-68. = Miracle de saint François d'Assise dans un paysage, Anvers. — Intérieur d'une cour de ferme, Bruxelles.— La mère auprès du berceau, Copenhague. = Il s'est attaché à imiter Berchem et Carl Dujardin et y a réussi avec bonheur. = Ventes : V. Pommersfelden (1867), *Paysanne assise, gardant des vaches*, 5,500 fr.

Siberdt (E.), E. Fl. * 1875. ANVERS. Histoire, etc.

Sibille ou **Sébille** (Gisbert). E. H. * 1652. WESP (?). Histoire. = Il fut bourgmestre de Wesp. = Tableaux, Hôtel de ville de Wesp.

Sicard (Apollinaire). E. Fr. † 1881. LYON. Fleurs. = Elève de Berjon et de Revoil.

Sichelbein (Jean-Frédéric). E. Al. 1648-1719. MEMMINGEN (Bavière). Portrait. = Détails inconnus. = Graveur.

Siciolante (Jérôme), dit **Girolamo de Sermoneta.** E. I. * 1560. SERMONETA. Histoire, portrait. = Elève de L. Pistoia et de Périn del Vaga; travailla avec ce dernier à Rome. = Transfiguration, Rome. — Fresques, *ib.* = Beaucoup de fini; invention riche; bonne entente de la composition; nommé quelquefois *Serio*.

Sickinger (Grégoire). * 1590. Histoire. = Peintre suisse récemment découvert par M. Zetter, de Soleure. Se maria à Soleure, le 6 février 1595, avec Elisabeth Theithrich. En 1594, le gouvernement Suisse d'alors acheta à l'artiste pour la salle du Conseil, un *Jugement dernier*. Füssli et Nagler citent son monogramme (G. † S.) sans connaître son nom. Hafner, dans sa chronique, parle du tableau cité ci-dessus sans en connaître l'auteur. C'est par une inscription se trouvant sur le frontispice de quelques vieilles gravures tombées en la possession de M. Zetter, que celui-ci a pu constater l'identité de Grégoire Sickinger avec le signataire du monogramme G. † S. = Dessins à la plume dans l'armorial de la Confrérie de St-Luc, Soleure. — Gravures sur bois à l'Albertina, Vienne. = Artiste de goût et de talent; genre des verriers de son époque pour lesquels probablement ses dessins étaient faits. Peintre, graveur et mouleur.

Siebert (Adolphe), sourd et muet. E. Al. * 1832. BRANDEBOURG, sur la Havel. Histoire. = Elève de Wach. = Les adieux de Tobie. — Jupiter et Mercure chez Philémon et Baucis.

Sieburg. E. H. † 1842. HAARLEM. Paysage et vues. = Mort à Java. = Dessinateur.

Siegert (Aug.). E. Al. 1820. NIEUWIED. Histoire, genre. = Le comte Eberhardt près du corps de son fils.

Siemiradsky (Henri). E. Al. 1843. CHARKOW. Histoire. = La danse des poignards.

Siere (André). E. Fl. (?). * XVe siécle. = Peintre de la confrérie de St-Luc, à Bruges, en 1450.

Sieurac (F.-Joseph-Juste). E. Fr. 1781. CADIX. Miniature. = Elève d'Augustin. = Portrait de lord Byron. Portrait de Walter Scott.

Sieurac (...), fils (?) de F.-J. E. Fr. 1825-1863. Histoire.

Sigalon (Xavier). E. Fr. 1788-1837. UZÈS. Histoire, portrait. = Elève de Pierre Guérin. =Locuste, Nîmes.— Baptême de Jésus-Christ. *ib.* — Athalie, Nantes. — Saint Jérôme, Issingeaux (Haute-Loire). — Jésus-Christ crucifié. *ib.* — La courtisane, Paris. — Vision de saint Jérôme, *ib.*

Sighizzi (André). E. I. * 1678. BOLOGNE. Architecture, ornements et histoire. = Compagnon de travail d'Augustin Metelli; travailla à Turin, à Mantoue et à Parme, où il resta au service de la cour. Ses trois fils furent ses élèves.

Sigismondi (Pierre). E. I. * XVIIIe siècle. Histoire. = Peintre d'assez de mérite.

Signol (Emile). E. Fr. 1804. PARIS. Histoire, portrait. = Elève de Gros. = Méléagre prenant les armes. — Joseph racontant ses songes.

Signol (Louis Eug.), frère d'Emile. E. Fr. 1809. Lille. Portrait, paysage, etc.

Signorelli (Luc), dit **Luc de Cortone.** E. I. 1440 (?). CORTONE. Histoire. = Elève de Pierre della Francesca. Etait allié à la famille des Vasari d'Arezzo. Il est un des premiers qui, en Toscane, dessinèrent le corps humain avec la véritable intelligence de l'anatomie. Travailla à la chapelle Sixtine à Rome. Exécuta des fresques justement célèbres au dôme d'Orviéto, et des travaux non moins importants à Arezzo, à Pérouse, à Urbin, à Sienne et à Florence, travaux qui le placent au premier rang des artistes toscans. Son fils, Antoine, cultiva la peinture et mourut en 1550. = Voyage de Moïse avec Séphora, Rome. — Promulgation de l'ancienne loi, *ib.* — Fresques, *ib.* — Fresques, Orviéto. — Communion des apôtres, Cortone. — Sainte Famille, Florence. — La Vierge, l'Enfant Jésus, des bergers et des prophètes, *ib.* — L'Annonciatien, la crèche et l'Epiphanie, représentés sur un gradin d'autel, *ib.* — La Flagellation, Milan (Signé : *Opus Lucæ Cortonensis*). — La Crèche, Vienne. — Plusieurs saints, Berlin. (Deux volets d'un tableau). — Naissance de la Vierge, Paris. — Sainte Famille avec deux anges, Dresde. = Beaucoup de grâce dans ses compositions, dessin sévère et exact, coloris souvent sans harmonie. Michel-Ange ne dédaigna pas d'imiter quelques parties de ses peintures.

Signorelli (François), neveu de Luc. E. I. † 1560 (?). CORTONE. Histoire, portrait. = Travailla, en 1520, dans la salle du conseil, à Cortone. = Un des bons artistes qu'ait produits Cortone.

Signorini (Guide). E. I. ' XVIIIe siècle. BOLOGNE. Histoire. = Elève de J. M. Crespi. = Il ne faut pas le confondre avec Guido Signorini, héritier du Guide, qui mourut vers 1650.

Sillevoorts ou **Gillevoorts** (Pierre). E. Fl. ' 1619. MALINES. = Signa une requête des peintres de Malines en 1619. Il y eut encore un Mathieu Sillevoorts, mort en 1603. Cette famille était alliée aux Coxie et aux Verhoeven.

Silo (Adam). E. H. 1670. AMSTERDAM. Marine et portrait. = Fameux constructeur de navires, graveur, dessinateur, musicien, etc. Il donna quelques leçons pour la construction des navires au czar Pierre le Grand. — Il ne commença à peindre que très tard. Graveur.

Silva (Henri-Joseph de). E. Es. ' 1800. PORTUGAL. Histoire. = Directeur de l'Académie de peinture établie à Rio-Janeiro. Le peintre français, Felix Taunay, lui a succédé.

Silva Bazan de Sarmiento (dona Mariana de), duchesse de Huescar et d'Arcos. E. Es. † 1784. = Reçue membre honoraire de l'Académie de Saint-Fernand, en 1766 ; elle fut plus tard directrice honoraire de la même institution.

Silvagni. E. I. 1790-1854. = Mort à Rome.

Silvain ou **Sylvani** (Gabriel). E. Fr. ' 1710. Histoire. = Deuxième prix de l'Académie royale de peinture en France, en 1688, avec son : *Noé sortant de l'arche*.

Silvestre (Gilles). E. Fr. ' XVIIe siècle. NANCY. = La famille Silvestre était d'origine écossaise et vint s'établir en Lorraine, au commencement du XVIe siècle. Gilles épousa la fille de Claude Henriet, peintre du duc de Lorraine, et se livra avec ardeur et succès à la peinture, à un âge déjà avancé.

Silvestre (Israël), fils de Gilles. E. Fr. 1621-1691. NANCY. = Elève de son père. Plus connu comme dessinateur et graveur. Louis XIV créa pour lui la charge de maître de dessin des Enfants de France, et cette charge devint, pour ainsi dire, héréditaire dans la famille Silvestre.

Silvestre (Charles-François), fils d'Israël. E. Fr. 1667. PARIS. = Elève de Jos. Parrocel. Maître de dessin des Enfants de France.

Silvestre (Charles-Nicolas), fils de Ch.-Fr. E. Fr. 1699-1767. PARIS. Paysage. = Elève de son père ; reçu à l'Académie, en 1747. Maître de dessin des enfants de France. Séjourna trois ans à Rome. Mort à Valenton. Il épousa la fille du célèbre graveur Le Bas. = Paysage, Paris (Attribué). = Dessinateur et graveur.

Silvestre (Jacques-Augustin), fils de Ch.-Nicolas. E. Fr. 1719-1809. PARIS. = Succéda à son père comme maître des Enfants de France.

Silvestre (Louis), l'aîné), fils d'Israël. E. Fr. † 1740. = Reçu à l'Académie, en 1706.

Silvestre (Louis), le Jeune, fils d'Israël. E. Fr. 1675-1760. PARIS. Histoire, portrait. = Elève de Le Brun et de Boullongne. Alla à Rome, fut directeur de l'Académie de Dresde et revint à Paris où Louis XIV lui donna un logement au Louvre et une pension de mille écus. Reçu à l'Académie, en 1702. Appelé en Pologne, par Auguste III, qui lui donna des lettres de noblesse ainsi qu'à son frère Charles-François. Résida trente années en Allemagne, et, à son retour, fut nommé directeur de l'Académie, en 1752. = Entrevue de l'impératrice Amélie, veuve de Joseph Ier, et d'Auguste III, roi de Pologne, Dresde. Portrait de Louis XV, *ib.* — Hercule poursuivant Nessus, *ib.* — Auguste II, de Pologne, *ib.* — Auguste III, son fils, *ib.* — Auguste le Fort et Frédéric-Guillaume Ier, roi de Rome, se donnant la main, *ib.* — La princesse Electrice, femme d'Auguste III, *ib.* — Auguste II, roi de Pologne, à cheval. *ib.* — Formation de l'homme par Prométhée, Montpellier. = Excellent dessinateur.

Silvestro (don). E. I. † 1350 (?). Miniature. = Religieux camaldule au couvent degli Angeli. Enrichit de belles miniatures les manuscrits de son ami, don Jacopo, célèbre calligraphe. = Beaucoup de fini.

Silvio (Jean). E. I. ' 1532. Histoire. = Ecole du Titien. = Manière gracieuse et naturelle.

Simazoto (Martin). E. I. ' 1488. Histoire. = Florissait en Piémont.

Simbrecht ou **Zimbrecht** (Mathieu). E. Al. † 1680. MUNICH. Histoire. = Son maître est inconnu ; ses peintures, qui dénotent une profonde étude de Raphaël, prouvent qu'il a passé un temps assez long en Italie. Mort à Prague de la peste. = Tableau d'autel, Prague (Eglise Saint-Etienne). — Sainte Rosalie, *ib.* — Education de la Vierge, *ib.* — Visitation, *ib.* (Musée). = Il est rare de trouver, à cette époque, un imitateur de Raphaël aussi simple, d'une composition aussi réfléchie, de formes aussi élevées, d'un sentiment si pur et de draperies jetées avec autant de goût. Coloris chaud et vigoureux. Le petit nombre connu de ses tableaux fait supposer qu'il est mort jeune.

Simler. E. Al. ' 1837. Animaux. = Elève de Wagenbauer.

Simler (Jean). E. Al. 1693-1748. ZURICH. Portrait. = Elève du graveur Melchior Fuessli ; reçut quelques leçons de Pesne, à Berlin, parcourut toute l'Allemagne, visita la Turquie. = Graveur.

Simo ou **Simoni** (Jean-Baptiste). E. Es. † 1717. VALENCE. Histoire. = Elève d'A. Palomino, sous lequel il travailla et qu'il accompagna à Madrid. Mort dans cette ville. Son fils, Pierre Simo, termina les ouvrages laissés inachevés par la mort de son père ; il s'en tira à son honneur. = De la facilité dans les fresques.

Simon (Jean). E. H. † 1620. AMSTERDAM. = Détails inconnus.

Simon (Louis-André). E. Fr. 1764. PARIS. Décorations. = Détails inconnus.

Simon de Bellune. E. I. ' XIVe siècle. BELLUNE. Histoire. = On pense qu'il ne fait qu'un avec Simon de Cusighe.

Simon de Chalons en Champagne. E. Fr. ' XVIe siècle. CHALONS. Histoire. = Peintre établi à Avignon depuis 1545 environ jusqu'au delà de 1565. = Il reste de lui quatre tableaux connus, peints sur bois, savoir : une Adoration des bergers, peinte en 1548, au musée Calvet ; une Notre-Dame de Pitié ; peinte en 1550, dans la même galerie ; une Nativité, dans l'église paroissiale de Saint-Pierre, à Avignon, et une descente du Saint-Esprit, à l'église de Saint-Didier, dans la même ville. Ses tableaux sont tous signés et datés.

Simon de Cusighe. E. I. ' 1390. CUSIGHE, près de Bellune. Histoire. = Détails inconnus.

Simon de Troyes. E. Fr. † 1450. TROYES. = Miniaturiste qui travailla à l'église Saint-Pierre.

Simonau (François). E. Fl. 1783-1859. BORNHEM. Portrait. = Elève de Ber. Fricx. S'établit à Londres en 1815. Il vint de bonne heure à Bruges et y reçut sa première instruction artistique. Plus tard il alla en France et y devint élève de Gros ; revenu à Bruges, il y eut beaucoup de succès. Il alla en Angleterre, y fut protégé par de grands seigneurs et y exécuta un nombre considérable de portraits ; il s'y maria et eut pour gendre le général Soyer. Resté seul, il vit son succès diminuer, mais il continua à travailler refusant de rejoindre sa famille et sa patrie et mourut à Londres. = Ses portraits tiennent de ceux de Lawrence et de Gainsborough. Talent vigoureux. = Portrait, musée de Bruxelles.

Simonau (Gustave Adolphe François), neveu de François, E. Fl. 1810-1870. BRUGES. Aquarelle. = Séjourna dans sa jeunesse à Londres où son père avait un établissement lithographique. Revenu en Belgique, il s'adonna à l'aquarelle et devint en ce genre un des artistes les plus distingués de l'Europe.

Simone. V. Memmi.

Simone (Antoine). E. I. ' XVIIIe siècle. NAPLES. Batailles et paysage. = Etoffait les tableaux de Nicolas Massaro. = Peu de fini.

Simone (Antoine de). E. I. ' XVIIe siècle. Histoire. = Elève de L. Giordano.

Simone de' Crocifissi. E. I. ' 1377. BOLOGNE. Histoire. = Elève de Franco de Bologne ; tire son nom du talent qu'il avait de peindre les crucifix. = Madone assise, Bologne. — Les mystères, *ib.* — Calvaire, *ib.* (Signé : *Symon fecit hoc opus a. d. m. ccc lxx die iiij febr. tollu hic*). Couronnement de la Vierge, *ib.* (Signé : *Symon fecit hoc opus*). — Saint Benoit, *ib.* — Martyre de sainte Christine, *ib.* — Vision de saint Romuald, *ib.* — La cène, *ib.* — Mort de la Vierge, *ib.* — Deux petits anges, *ib.* — Le crucifix entouré de saints, *ib.* — Et autres, *ib.* = Ses peintures sont remarquables par l'expression douloureuse de la tête du Christ, dont les pieds sont, comme dans les tableaux de Giotto, cloués l'un sur l'autre. Draperies exécutées avec grand soin.

Simone di Martino. V. Memmi (Simon).

Simonelli (Joseph). E. I. 1649-1713. Histoire. = Elève de Giordano dont il avait d'abord été le laquais. = Imita le coloris de son maître, dessin médiocre.

Simonetti (Dominique), dit **le Magatta.** E. I. ' XVIIIe siècle. ANCÔNE. Histoire. = Peintre de talent.

Simonide. Peintre grec.

Simonini (François). E. I. 1669. Histoire, portrait et batailles. = Elève de Spolverini ; vécut longtemps à Venise. = Composition riche.

Simons (J.-B.). E. Fl. ' 1743. GAND (?). Histoire. = On voit, signées du nom de ce peintre, deux toiles médiocres dans l'église des Augustins, à Gand.

Simons (M.). E. H. ' XVIIe siècle. Nature morte. = Détails inconnus. = Presque tous ses ouvrages sont allés en Amérique. = Beau pinceau ; il a surpassé parfois Guil. Kalf.

Simons (Michel). E. Fl. ' XVIIIe siècle. BRUXELLES. = Elève de l'Académie d'Anvers, en 1776.

Simons (Quentin). E. Fl. ' XVIIe siècle. = Van Dyck a fait son portrait; on croit qu'il cultiva l'art en amateur.

Simonsen (Niels). 1807. COPENHAGUE. Genre. Marine. = Peintre danois. = Le Pont d'un vaisseau marchand grec. — Intérieur d'une cabane de pêcheurs. — Matelot fumant, Munich. — Soldats danois au bivouac, la nuit du 23 avril 1848, Copenhague.

Simonsz (Albert). E. H. ' 1560. = Elève de Jean Mostert, à Harlem, en 1544. Cité par Van Mander, dans son article sur Albert van Ouwater.

Simonz (Henin). E. Fl. ' 1514. = Elève de Gos. Vander Weyden.

Simplice (frère). E. I. † 1654. VÉRONE. Histoire. = Elève de F. Brusasorci ; travailla à Rome; mort très vieux. = Jésus-Christ mort entouré de sa mère, de saint Jean et de la Madeleine, Florence.

Simplicio. ' 1842. BRÉSIL. Portrait. = Elève de l'Académie de Rio-Janeiro.

Simpol ou **De Simpol** (Claude). E. Fr. ' XVIIIe siècle. CLAMECY. Histoire. = Agréé à l'Académie, en 1704.

Simpson (J.). E. An.' XIXe siècle. Portrait.

Simson (Guillaume). E. An. 1800-1847. DUNDEE. Paysage, portrait et genre. = Elève de l'Académie d'Edimbourg. Visita l'Italie, en 1835. S'établit à Londres, en 1838. Membre de l'Académie royale d'Ecosse. = Tête de nègre, Londres.

Sinding (O.). E. Al. 1842. KOURSBERG. Paysage, genre. = Matinée d'automne. — Perdu.

Singendonck (Didier-Jean). E. H. 1784-1833. UTRECHT. Nature morte. = Officier au service de la Prusse; blessé, en 1806, il dut subir l'amputation d'une jambe et rentra dans sa ville où il s'adonna à la peinture.

Singher (Jean). E. Al. ' XVIe siècle. Pays de HESSE. Paysage. = Admis dans le corps des peintres, à Anvers. = Paysage, Bordeaux. = Beaucoup d'art et de variété.

Sinibaldo de Pérouse. E. I. ' 1525. PÉROUSE. Histoire. = Elève de P. Pérugin. = Un des bons artistes de l'ancienne école.

Sinjeur (Govert). E. H. ' XVIIe siècle (?). Paysage (?). = Détails inconnus. = Peignait dans le style de Ph. Wouwerman.

Sintramme. ' Xe siècle. Miniature. = Peintre calligraphe. = Religieux de Saint-Gall. Contemporain de Tutilon avec lequel il travailla.

Sion (Pierre). E. Fl. ' XVIIe siècle. = Doyen de Saint-Luc, à Anvers, en 1682-83.

Sipkes (Joseph). E. H. ' XIXe siècle. Marine. = Peintre amateur.

Sirani (Jean-André). E. I. 1610-1670. BOLOGNE. Histoire. = Elève du Guide dont il acheva le saint Bruno, à la Chartreuse. Mort à Bologne. Graveur. = Les douze crucifix, Plaisance. — Mariage de la Vierge, Bologne. — Repas chez le Pharisien, *ib.* — Présentation de la Vierge au temple, *ib.* — Conception, *ib.* — Saint Antoine de Padoue, *ib.* = Style très vigoureux. Sa fille Elisabeth illustra son nom. Anne et Barbe, ses deux autres filles, cultivèrent aussi la peinture.

Sirani (Elisabeth), fille de Jean-André. E. I. 1638-1665. BOLOGNE. Histoire et portrait. = Une des femmes les plus célèbres de son temps. Morte à l'âge de vingt-six ans, après avoir terminé un grand nombre de tableaux. On croit qu'elle fut empoisonnée par des rivaux. Elle forma beaucoup d'élèves de son sexe : Véronique Franchi, Vincenzia Fabri, Lucrezia Scarfaglia, Geneviève Cantofoli, etc. Son corps fut déposé dans le tombeau du Guide. = Une femme jetant un homme dans un puits, Naples. — La piété, Rome. — Circé présentant le breuvage à Ulysse, *ib.* — La charité, *ib.* — Judith, *ib.* — Baptême de Jésus-Christ, Bologne. — Saint Antoine de Padoue, *ib.* — Jésus-Christ enfant tenant le globe du monde, *ib.* — La Vierge douloureuse, *ib.* — Sainte Famille, *ib.* — Et autres, *ib.* — Le génie de l'instabilité, Munich. — Marthe et Marie, Vienne. = Manière hardie, touche ferme. Un de ses tableaux, le baptême du Christ, a trente pieds de hauteur. C'est à tort qu'on la croit élève du Guide, puisqu'elle n'avait que quatre ans lorsque ce dernier mourut. On a d'elle des gravures à l'eau-forte exécutées à dix-neuf ans.

Sire-Jacob (Paul). E. Fl. ' 1842. Paysage. = Elève de L. Kühnen.

Siries (Violante). E. I. † 1783. FLORENCE. Portrait, etc. = Détails inconnus.

Sirouy (Achille L. J.). E. Fr. 1834. BEAUVAIS. Genre, etc. = Elève de Couture. = Supplice de Tantale.

Sisel. E. Fl. 1750 (?)-1813. ANVERS. Fleurs et fruits. = Il peignit quelquefois sur verre. = Il a exécuté quelques miniatures.

Sittmann. E. Al. ' XIXe siècle. Histoire.

Six (Nicolas). E. H. ' XVIIe siècle. HAARLEM. = Elève de C. De Moor.

Sixte. ' XVIe siècle. = Cité par de Marolles.

Sjollema (Thierry-Piebes). E. H. 1760-1840. TERBANTSTERSCHANS. Paysage et marine. = Travailla jusqu'à sa mort qui arriva au Heerenwal. = Presque toutes ses œuvres sont en Frise. — Deux tableaux, Leeuwarden (Cabinet d'antiquités).

Skarf (E.). E. Al. 1837. CHRISTIANIA. Paysage. Marine. = Pêcheurs norwégiens.

Skeisers (Claire). V. Keyser (Clara de).

Skramstad (L.). E. Al. 1856. FLAMAR. Paysage. = Hiver.

Skredsvig (Ch.). E. Al. 1854. MODUM. Paysage. = Le soir sur la montagne.

Skovgaard (P. C.). ' E. Al. 1817-1875. SEELAND. Paysage, vues, etc.=Peintre danois. = Le vieux chêne, Copenhague. — Rivière près de la côte de Siaelland. — Le lac de Skaritso, *ib.* — Route devant le château de Vognserup (Siaelland), *ib.* — Jour d'été dans un parc, *ib.* — Vue du bois de Tidsvilde, *ib.*

Slabbaert (Charles). E. H. ' XVIIe siècle. Intérieurs et portrait. = Sa manière a tant de ressemblance avec celle d'Isaac Van Ostade, qu'on le croit élève de ce peintre. = Vieille femme coupant du pain pour ses deux petits enfants en prière devant elle, Amsterdam. = Tons chauds, bonne composition, expression bien sentie. = Ventes : V. Leyden (1816), *Prière avant le repas*, 841 fl. (C'est le tableau du musée d'Amsterdam).

Slangenburgh (Charles-Jacques-Baar Van). E. H. 1783-1850 (?). LEEUWARDEN. Portraits, intérieurs, etc.=Élève de J. Beekkerk, de J. H. Nicolay et de G. Vander Kooi.

Slangenschilder. V. Vromans.

Sleap (Joseph-Axe). E. An. 1808-1859. LONDRES. Aquarelle. = Vue de Londres : saint Paul au fond, Londres.

Slingeland (Pierre Van). E. H. 1640-1691. LEYDE. Genre et nature morte. = Élève de Gérard Dou qu'il surpassa en patience; le temps énorme qu'il employait à finir ses tableaux fait que ceux-ci sont assez rares et se paient fort cher. = Intérieur de ferme, concert villageois, Amsterdam. — L'homme riche, *ib.* — Les bulles de savon, Florence. — L'ermite, Londres. — La dentellière, *ib.* (Buck. Pal.). — Cuisinière nettoyant ses ustensiles de ménage, Berlin. — Intérieur avec figures : portraits de la famille Meerman, Paris (Chef-d'œuvre auquel, dit-on, il travailla pendant trois années). — Petit portrait d'homme, *ib.* — Vaisselle, coffre, tonneau, etc., *ib.* — La leçon de musique interrompue, Dresde. — La chanteuse, *ib.* — Scène d'intérieur, *ib.* — Un atelier de tailleur, Munich. — Une femme cousant près de son enfant, *ib.* (Chef-d'œuvre). — Intérieur de cuisine, Bridgewater. — Intérieur d'une élégante maison hollandaise, Copenhague. — Jeune hollandaise agaçant son perroquet, *ib.* = Dessin sans goût. Détails traités avec la plus grande minutie. Le plus grand éloge qu'on puisse faire de ce peintre, c'est que parfois on a confondu quelques-uns de ses tableaux avec ceux de son maître. = Ventes : V. Bierens (1747), *une dentellière*, 1,250 fl. — V. Lormier (1763), *un intérieur*, 1,400 fl. — V. Gaillard de Cagny (1762), *Deux intérieurs*, pendants : *La couseuse et la jeune mère*, 1,430 liv. — V. Clos (1812), *Deux hommes assis près d'une table*, derrière eux plusieurs figures, 5,000 fr. — V. Lapeyrière (1817), le même tableau, 6,300 fr. — V. de Berry (1837), Le même tableau, 5,250 fr. — V. Fesch (1845), *La jeune mère*, 1,000 fr. — V. Montbrun (1861), *Portrait d'homme*, 720 fr. — *Portrait de femme*, 1,040 fr. — V. Meffre (1863), *Portrait d'homme*, 1,311 fr. — V. Van Cleef (1864), *Intérieur de cuisine*, 600 frs. — V. Pereire (1872), *La leçon de musique*, 5,200 fr.

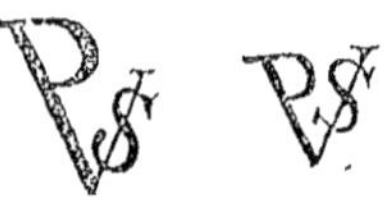

Slingeneyer (Ernest). E. Fl. 1820. LOOCHRISTY (Flandre orientale). Histoire.=Élève de G. Wappers. = Le vengeur. — Mort de Jacobsen. — Bataille de Lépante.

Slingerlant (Corneille). E. H. ' 1650. DORDRECHT. = Cité par Nagler comme ayant étudié à Rome et ayant fait deux fois le voyage d'Italie. S'établit dans sa ville natale.

Sloovere (Salin ou Saladin de). E. Fl. ' XVe siècle. = Cité dans les comptes de l'hôpital de Notre-Dame à Audenarde, de 1468 à 1469.

Slop (Jean). E. H. 1643-17". EDAM. Histoire, portrait. = Élève de Joseph Oostfries; peintre sur verre.

Slothouwer (H. J.). E. H. 1809. TIEL. Portrait. = Élève de son père, peintre de tapisseries, et d'Oosterhout.

Sluis (Jacques Van der). E. H. † 1736. LEYDE. Intérieurs. = Élève de A. De Vois et de P. Van Slingeland; élevé dans la maison des orphelins, à Leyde. = Imita la manière de ses deux maîtres.

Sluys (Gilles Van der). E. Fl. ' 1505. = Doyen de la corporation de Saint-Luc, à Anvers, en 1505.

Sluyse (Charles Van der). E. Fl. ' XVIIIe siècle. HEUSDEN. = Élève de l'Académie d'Anvers, en 1773. Il en fut directeur en 1784.

Smaelen (François). E. Fl. ' 1842. Genre.

Smak-Gregoor (Gilles). E. H. 1770-1843. DORDRECHT. Paysage et animaux. = Élève des Van Stry, ses oncles, et de M. Versteeg et de G. Van Leen.

Smargiasso (le). V. Ciafferi.

Smaut ou **Smout** (Luc). E. Fl. * XVIIe siècle. ANVERS. = Elève d'Artus Wolfaerts, en 1631-32; franc-maître de Saint-Luc, en 1653-54. Il ne vivait plus en 1686-87.

Smees (Jean). E. H. † 1729. AMSTERDAM. Paysage. = Détails inconnus. = Graveur.

Smekens (Gérard-Jos.-Ch.). E. Fl. 1812. ANVERS. Marine.

Smelz (Guillaume). E. Fl. * 1591.= Peintre sur verre.

Smet (les De). E. Fl. * XVIe siècle. GAND. Peintres sur verre. = Plusieurs membres de cette famille exécutèrent des travaux pour le magistrat, notamment, François, Pierre et Jean. Ces artistes occupèrent également des charges dans la corporation des peintres, de 1534 à 1539.

Smet (Wolfgang de). E. Fl. * XVIIe siècle. Histoire. = Peintre de la décadence florissant à Louvain.

Smets (Ant.) ou **Smedt** (A. De). E. H. (?). * XVIIe siècle. BELGIQUE (?). Genre et nature morte. = Membre de la société *Pictura*, à La Haye, en 1665.

Smets (Chrétien). E. Fl. * 1555. MALINES. = En 1550, il se rendit en France: s'arrêta à Lyon et y entra au service d'Henri d'Albret, grand-père d'Henri IV. En 1556, Smets revint voir ses parents à Malines, mais la guerre ayant repris, il fut arrêté à Bruxelles comme Français et bientôt relâché. En 1557, il adressa une requête à Philippe II pour pouvoir retourner à Pau; on ignore s'il obtint cette permission.

Smeyers (Nicolas). E. Fl. 1600 (?). MALINES. = Elève de L. Françoys, le Vieux. En 1632, il fut reçu maître dans la corporation des peintres. Son père était peintre à Malines. = On ne connait pas le genre que Nicolas avait adopté.

Smeyers (Egide ou Gilles), le Vieux, fils (?) de Nicolas. E. Fl. 1635-1710. MALINES. Histoire. = Elève de son père, puis de J. Verhoeven. Il épousa Elisabeth Herregouts, fille du peintre David Herregouts. En 1682, il était trésorier de la gilde de Saint Luc dont il était devenu franc-maître en 1657. Lié d'une étroite amitié avec Luc Franchoys, le Jeune, il acheva une *Assomption* de ce dernier, destinée à Wavre Notre-Dame. Il fit encore pour la même commune plusieurs autres tableaux. Son fils Juste, né en 1669, fut franc-maître peintre a Malines; il n'a laissé aucune trace dans l'histoire de l'art; il en est de même d'un autre frère de Juste, Jean Louis, né à Malines en 1663 et reçu dans la gilde des peintres en 1694. = Mort de saint Norbert, Bruxelles. — Saint Norbert consacrant deux diacres, *ib.* — Portrait des doyens de la corporation des tailleurs, à Malines, en 1695, Malines (Musée). — Bienfaits de la sainte Trinité, Malines (Eglise Saint-Jean). — Les trois sortes d'esclavages, *ib.* — Et autres, *ib.* — Résurrection de Lazare, *ib.* (Séminaire). — Les disciples d'Emmaüs, *ib.* = Il a peint l'histoire en grand et en petit. Composition heureuse; dessin correct; coloris clair, transparent, mais insuffisant; physionomies heureuses.

Smeyers (Jacques), fils de Gilles, le Vieux. E. Fl. 1657-1732. MALINES. Histoire, portrait, genre, kermesses, etc. = Elève de son père. Entra dans la gilde de Saint-Luc, en 1688. = Tentation de saint Antoine, Malines (Eglise Sainte-Catherine). — Adoration de la sainte Famille, *ib.* — Les Sœurs noires adorant la sainte Trinité, *ib.* (Couvent des Sœurs noires). = Coloris lourd. Ses compositions de genre sont spirituelles et bien mouvementées; ton sombre; aspect lourd et froid. Réussit dans le portrait.

Smeyers (Gilles ou Egide-Jos.), le Jeune, fils de Jacques. E. Fl. 1694-1774. MALINES. Histoire, ornements, portrait et paysage. = Son père le destina tout d'abord à la peinture, mais le jeune homme préférait les études historiques. Plus tard le goût des arts lui vint et il profita de la protection du baron de Loë pour accompagner celui-ci, en 1715, à Dusseldorf où il étudia trois ans sous la direction du peintre Douven, de Ruremonde. Il revint à cause de l'état infirme de ses parents morts aveugles tous deux; il les aida autant qu'il le put, fesant même des peintures décoratives. Il s'occupa beaucoup d'affranchir les peintres de leurs entraves vis à vis des anciens statuts de Saint-Luc et enfin mit à profit ses connaissances littéraires. Outre le flamand, il possédait parfaitement le latin et connaissait l'allemand, le français et l'italien. Il écrivit des articles pour la *Bibliotheca Belgica*, et pour la *Vie des peintres* de Descamps. Il composa une vie de Rubens, manuscrit qu'il dut vendre dans ses vieux jours, et qui fut revendu à Anvers, en 1776, chez l'échevin Verdussen. On lui doit une suite de la Vie des peintres de Van Mander, un inventaire complet de toutes les œuvres d'art qui existaient de son temps à Malines dans les édifices publics et des notices très complètes sur les artistes malinois. Lié avec le prévot Azevedo qui fut en même temps son ami, ainsi qu'avec la plupart des hommes distingués de son époque. Ces liaisons n'empêchèrent pas Smeyers de tomber dans la misère lorsque le malheureux artiste devint malade. Il dut vendre sa bibliothèque pour entrer à l'hôpital où il mourut. = Il fit le portrait de l'historien Foppens : cette œuvre d'art est perdue. — Portrait du chanoine de Laet, Malines (Grand Séminaire). — Chute des anges, *ib.* — Histoire de saint Dominique, *ib.* (Eglise Saint-Rombaut). — La Pentecôte, *ib.* (Aux Sœurs-Noires). — Tableau allégorique avec portraits, *ib.* (Aux Sœurs Maricolles). — Portrait en pied du cardinal Thomas Philippe d'Alsace de Boussu, *ib.* (Musée). — Les doyens de la corporation des tailleurs, en 1735, *ib.* — Episode de l'histoire de l'Ordre des Dominicains, *ib.* — Portraits d'enfants, *ib.* (Eglise de N. D. d'Hanswyck). — Tableaux dans les églises des environs de Malines. — Plusieurs tableaux (Eglise d'Assche). — On voit de lui à l'hôtel de ville de Saint-Nicolas un grand tableau représentant *Philippe-le-Beau prêtant serment entre les mains de l'abbé de Baudeloo de respecter les franchises du pays de Waes.* Ce tableau a été fortement retouché. = Artiste extrêmement fécond mais inégal pour le coloris. Dessin hardi et correct. Excellent portraitiste.

Smeyster (...). E. Fl. ' 1792. ANVERS. Paysage. = Cité par Füssli et Nagler.

Smidt (Henri). E. Fl. ' XVIe siècle. = Vivait à Anvers, inscrit sur les registres de Saint-Luc, en 1541 ; vivait encore en 1568. Cité par Nagler et Kramm.

Smidt (Martin-Joachim). E. Al. 1718. GRAFFENWERTH, près de Krems, en Autriche. Histoire. = D'abord destiné à la sculpture, son penchant l'entraîna vers la peinture ; artiste très laborieux = Graveur.

Smies (Jacques). E. H. 1765-1833. AMSTERDAM. Vues de ville, etc. = Plutôt connu comme dessinateur plein d'esprit et excellent professeur. Il a fait très peu de tableaux à l'huile.

Smirke (Robert). E. An. 1752-1845. Genre. = Ami de Lawrence ; s'occupa presque exclusivement à illustrer les publications littéraires. = Coloris suave, effets pleins de charme ; manque de nature et d'énergie ; effet trop efféminé et trop mou.

Smirsch (Charles). E. Al. ' 1837. Fleurs et fruits.

Smissen (Dominique Van der). 1704-1760. ALTONA. Portrait. = Peintre danois. Elève de B. Denner. Il doit s'être occupé longtemps en Hollande d'où probablement sa famille était originaire. = Portrait du docteur Vincent Rumpf (1734), Hambourg. — Portrait de femme, *ib.* — Portrait d'homme en costume de bourgmestre, *ib.*

Smit (A.). E. H. ' 1765. Portrait. = Il travaillait à Amsterdam. Graveur.

Smit, Smith ou **Schmidt** (André). E. Fl. ' 1650. Marine. = Détails inconnus. = Une mer légèrement agitée, Berlin (Signé : *A. Smit).*

Smit, Smith ou **Schmidt** (Arnold). E. H. ' XVIIe siècle. Paysage et marine. = Quelques-uns le confondent avec André Smit ; il paraît cependant que ce furent deux artistes différents. = Marines avec plusieurs vaisseaux, Copenhague.

Smit (Thierry). E. H. ' XVIIe siècle (?). Marine. = Détails inconnus. = D'après Kramm, cet artiste aurait égalé Bakhuysen dans ses œuvres.

Smit (Jean). E. H. ' XIXe siècle. Genre et intérieurs. = En 1820, il demeurait à Amsterdam.

Smit (Alexandre de). E. Fr. 1812. DUNKERQUE. Genre. = Elève de M. Van Brée. = Henri VIII signant l'arrestation d'Anne de Boleyn. — Louis XII guérissant un paralytique.

Smith (Constant-Louis-Félix). E. Fr. ' 1817. PARIS. Histoire. = Elève de David et de Girodet. = Sainte Famille. — Songe d'Athalie, Versailles.

Smith (George), frère de Guillaume et de Jean. E. An. 1730-1776. CHICHESTER. Paysage. = Graveur et poète. Excellent peintre.

Smith (Guillaume), frère de George et de Jean. E. An. † 1764. CHICHESTER. Paysage, fleurs, fruits et portraits. = Eut beaucoup de succès.

Smith (Jean), frère de Guillaume et de George. E. An. † 1764. CHICHESTER. Paysage. = Graveur.

Smith (Jean). E. H. ' XVIIe siècle. Portrait. = Auteur du portrait d'Adam Van Vianen, gravé par Théod. Van Kessel.

Smith-Hald (F.). E. Al. 1846. CHRISTIANIA. Paysage. = Paysage d'automne. — Station de bateau à vapeur.

Smits (Eugène). E. Fl. 1826. ANVERS. Histoire, genre. = La marche des saisons, Bruxelles.

Smits (François-Marc). E. Fl. 1760-1833. ANVERS. Portrait. = Elève de l'Académie d'Anvers, en 1779, et d'A. de Quertenmont ; il vécut pauvre et mourut à l'hôpital Sainte-Elisabeth, où, grâce à de généreux secours, il avait été traité en particulier. = Portrait du peintre Herreyns, Anvers. = Bon coloris ; manque de vigueur.

Smits ou **Smitz** (Gaspard). E. Al. ' 1670. ALLEMAGNE. Histoire, fleurs, portrait, fruits et miniature. = Visita l'Angleterre, en 1662. Etabli à Dublin, il y mourut dans la misère. Les uns donnent la date de 1689, les autres celle de 1707 pour celle de sa mort. = Expression naturelle, belle carnation, bonne couleur. Un *chardon* qu'il plaçait dans tous ses fonds était sa signature. On prétend que sa femme servit de modèle pour toutes ses

Madeleines, sujet qu'il affectionnait. Ses tableaux de fleurs et de fruits étaient très estimés. Graveur en mezzo-tinto.

Smits (Guillaume). E. Fl. ' 1582. DIEST. = Reçu bourgeois d'Anvers en 1582. = En 1646-47, un Guillaume Smits, peut-être descendant de l'artiste de Diest, fut reçu franc-maître peintre dans la corporation anversoise.

Smits (J.-G.). E. H. ' 1639. Vues de ville, paysage.

Smits ou **Hartcamp** (Louis). E. H. 1635 (?). Histoire et fruits. = En 1675, il s'établit à Dordrecht. = Il s'est servi de couleurs qui n'ont pas résisté au temps; par là ses ouvrages ont perdu toute leur valeur.

Smits (N.) E. H. 1672-1731. BRÉDA. Histoire. = Détails inconnus. = Il a exécuté de beaux plafonds en Hollande. = Bon dessin, bonne composition et coloris agréable.

Smits (Palmyre). E. Fl. ' 1843. Genre et portrait.

Smits (Samuel). E. H. ' XVIIe siècle. Histoire. = Cité par L. Van Hoogstraten comme un peintre de mérite habitant La Haye.

Smyters ou **de Smytere** (Anne). E. Fl. ' 1540. GAND. Miniature. = Citée avec éloge par Van Mander, Vaernewyck et Guicciardin. Elle épousa le célèbre sculpteur Jean de Heere et devint la mère du peintre Luc de Heere.

Smytzen (Arnold). E. Fl. † 1744. LIÉGE (?). Gibier. = On a de lui quelques peintures à Liège.

Snaeyers (Edouard). E. Fl. ' 1631. Batailles. = Reçu franc-maître à Anvers, en 1616-17. Doyen de la corporation de St-Luc, en 1632-33, la même année que le décanat de Rubens.

Snaphaan (A. D.). E. H. ' XVIIe siècle (?). Genre et portrait. = Résida longtemps à Dessau et à Leipzig. Ecole de Fr. Van Mieris; ses meilleures toiles approchent tellement de celles de Guill. Van Mieris, qu'on les confond avec ces dernières. = Une dame à sa toilette, recevant un billet, Berlin. (Ce tableau est signé *A. D. Snaphaan.*)

Snayers (Pierre). E. Fl. 1592-1667. ANVERS. Histoire, portrait, batailles et paysage. = Elève de Sébastien Vranckx et peintre d'Albert et d'Isabelle et plus tard du cardinal Infant d'Espagne. Reçu franc-maître de Saint-Luc, à Anvers, en 1612. Il mourut à Bruxelles, après avoir réalisé une fortune considérable. Il avait acquis le droit de bourgeoisie dans cette dernière ville et y avait été inscrit dans la corporation des peintres, en 1628. Il fit plusieurs voyages, entre autres en Allemagne. = Bataille de Prague, Bruxelles. — Bataille d'Hoechst, *ib.* — Bataille de Wimpfen, *ib.* — Siège de Courtrai, *ib.* — Combat des quarante, dit de Lekkerbetjen (1600), Londres. — Attaque nocturne de Lille, Madrid. — Siége de Gravelines, *ib.* — Siège de Breda, *ib.* — Partie de chasse de don Ferdinand d'Espagne, *ib.* — Et autres, *ib.* — Paysage avec figures, Berlin. — Paysage avec figures, Vienne. — Bataille, *ib.* — Halte militaire, *ib.* — Evènements de la vie militaire de l'archiduc Léopold-Guillaume et du feld-maréchal O. Piccolomini, douze tableaux, *ib.* — Et autres, *ib.* — Combat sur la lisière d'une forêt, Nuremberg. — Brigands attaqués par des hommes armés, Dresde. — Sujet du même genre, *ib.* — Paysage, *ib.* — Le voyageur, *ib.* — Pillage d'un village, *ib.* = Rubens et Van Dyck estimaient beaucoup le talent de ce peintre; peu d'animation; manière très distinguée dans ses scènes militaires. Paysages vrais, sentiment naturel, coloris clair et vigoureux. = Ventes : V. Salamanca (1867), *Bataille*, 4,500 fr. — *Siège de Courtrai*, 3,700 fr. — *Déroute d'Halberstadt*, 4,500 fr. — *Défaite des troupes palatines en Bohême*, 4,450 fr.

Snel (Jean). E. Fl. ' 1493. = Doyen de la corporation de Saint-Luc, à Anvers, en 1493, 1494, 1502 et 1504.

Snellaert (Daniel). E. Fl. ' 1540 COURTRAI. = Reçu franc-maître de Saint-Luc, à Anvers, en 1540, et bourgeois de la ville, en 1544.

Snellaert (Guillaume). E. Fl. ' 1560. = Cité par Van Mander, comme le premier maître de Pierre Vlerick. Il habitait Courtrai.

Snellaert (Nicolas), fils de Guillaume. E. Fl. ' XVIe siècle. COURTRAI. Histoire. = Elève de Charles d'Ypres, passa une grande partie de sa vie en Hollande et mourut à Dordrecht. On le croit né en 1542 et mort en 1602. = Aida son maître dans un grand tableau du jugement dernier, peint par Charles d'Ypres au village de Hooglede; dessin satisfaisant.

Snellaert (Jean). E. Fl. ' XVe siècle. TOURNAI. Histoire. = On le croit élève de Jacques Daret. On a longtemps cru qu'il était né à Anvers, mais cette version doit être écartée puisqu'on a découvert qu'il fut reçu bourgeois de cette ville le 7 juillet 1484. En 1453, il était à Tournai où il fut reçu franc-maître de Saint-Luc. La même année il revient à Anvers où il aide à réorganiser la confrérie de Saint-Luc; les doyens y sont institués et Snellaert a l'honneur d'être nommé le premier doyen de Saint-Luc avec son ami, Jean Scoermoke; il fut encore doyen en 1458, 1465 et 1480; tour à tour à Anvers et à Tournai, il forma des élèves dans ces deux villes. Nommé peintre de Marie de Bourgogne, pour laquelle il peignit un oratoire. Après l'année 1480, son nom n'apparait plus, ni à Anvers, ni à Tournai. Ce grand artiste est considéré comme le fondateur de l'école de peinture d'Anvers; son zèle, son activité, tous les témoignages d'estime, de considération et d'amitié dont il fut entouré, montrent en quel honneur était son talent. Egalement peintre sur verre; aucun de ses ouvrages n'est parvenu jusqu'à nous. En 1483, un Jean Snellaert, le jeune, fut reçu comme franc-maître peintre dans la gilde anversoise. Rien n'indique que ce fût un parent du grand Snellaert.=D'après Kramm, Jean Snellaert pourrait être l'auteur des peintures de l'ancienne chapelle des ducs de Bourgogne, à Anvers, aujourd'hui enclavée dans une maison particulière.

Snellinck (Jean), le Vieux. E. Fl. 1549-1638. MALINES. Histoire et batailles. = Son épitaphe le fait naître en 1544 et van Mander en 1549. Son père se nommait Daniel et était décédé avant 1618. Il passa une partie de sa vie à Malines, puis acheta le droit de bourgeoisie, à Anvers, en 1574. Il fut lié, dans cette ville, avec la plupart des grands artistes de son époque. Van Dyck a fait son portrait. La grande réputation que Snellinck sut s'acquérir vient surtout du talent qu'il déployait à exécuter des patrons pour tapis; nos principaux peintres l'occupaient de ces mêmes travaux, surtout pour les grandes fabriques d'Audenarde, si florissantes au XVIIe siècle. Il se rendit à plusieurs reprises dans cette ville, notamment en 1608 et en 1615. En 1585, il reçut pour élève le célèbre Abr. Janssens. Snellinck eut le titre de peintre d'Albert et d'Isabelle. Plusieurs de ses fils cultivèrent la peinture; ce sont : Jean, le Jeune, né en 1575, reçu franc-maitre, en 1606-07; Daniel, né en 1576, reçu franc-maitre la même année que son frère aîné; Gérard, né en 1577, reçu franc-maitre à Bruxelles, en 1603, puis bourgeois de cette ville; franc-maitre à Anvers, en 1609. Ces trois artistes étaient issus du premier mariage de leur père avec Hélène de Jode. D'un second mariage, Snellinck eut encore plusieurs fils peintres : André, né en 1587, reçu franc-maitre en 1609 et mort en 1653; Abraham, né en 1597 et mort en 1661; il avait été reçu franc-maître en 1638-39. On cite encore dans la famille Snellinck, Paul, fils de Gérard, né en 1615, reçu franc-maitre, en 1645-46, mort en 1665-66 et Abraham, le Jeune, dont on ne connait point la filiation et qui fut admis à Saint-Luc, en 1661. Un Nicolas Snellinck est inscrit comme élève, en 1606. Cette famille remonte même beaucoup plus haut. Elle s'établit à Malines en 1475, par un tonnelier du nom de Daniel. Dès 1531, un Daniel, peintre, fut reçu membre de Saint-Luc; un homonyme le fut en 1544. Un de ces deux artistes remplit les fonctions de doyen en 1581 et fut échevin de la ville l'année suivante. Il mourut en 1587. Les registres Malinois signalent de lui un grand tableau exécuté pour la ville en 1571-1572, au prix de 80 livres et représentant la *Bataille de Gravelines*. Un des deux Daniel était mort en 1561. L'auteur du tableau cité fut probablement le père de Jean. = Résurrection, Malines (Eglise Saint-Rombaut, triptyque dont les volets ont été enlevés). — Descente du Saint-Esprit, *ib.* (Eglise Sainte-Catherine).—Transfiguration de Jésus-Christ, Audenarde (Eglise Sainte-Walburge). — Glorification de la Vierge, *ib.* — Création d'Adam, avec volets, *ib.* (Eglise Notre-Dame de Pamele). — Jésus-Christ entre les larrons, Anvers. = Grande réputation comme peintre d'histoire et de batailles. Belle composition; coloris puissant; touche solide, effet brillant.

Snellinks (J.). E. H. † 1691. ROTTERDAM. Paysage. = Détails inconnus. = Figures spirituellement dessinées. Paysage dans la manière de F. Moucheron.

Snep (D.). E. Fl. * 1842. Paysage.

Snuffelaer (le). V. Laar (Van),

Snyders (François). E. Fl. 1579-1657. ANVERS. Fruits, chasses, batailles, etc. = Elève de P. Breughel, le Jeune, en 1593 et d'Henri Van Balen. Franc-maitre de St-Luc, en 1602; il épousa la sœur des peintres Corneille et Paul de Vos. Doyen de la société des Romanistes, en 1628; c'est là une preuve qu'il avait visité Rome. Travailla pour le roi d'Espagne, pour l'archiduc Léopold-Guillaume et d'autres souverains. Rubens l'affectionnait vivement; c'est lui qu'il chargea, conjointement avec deux autres, de présider à la vente des objets d'art qu'il délaisserait. Van Dyck fit son portrait. Un Francis Snyders II, peintre, est inscrit dans les Liggeren Anversois comme élève en 1623-24 et comme franc-maitre, en 1626-27. Il mourut en 1641-42. En 1660-61 nous trouvons encore inscrite la dette mortuaire d'un François Snyders, peintre et membre de la société de rhétorique, *La Violette*. = Des cygnes dans l'eau se défendant contre un chien, Anvers. — Nature morte, *ib.* — Chasse au cerf, etc., Paris. — Le paradis terrestre, *ib.* — Entrée des animaux dans l'arche, *ib.* — Chasse au sanglier, *ib.* — Les marchands de poissons, *ib.* — Chiens dans un garde-manger, *ib.* — Fruits et animaux, *ib.* — Chasse au sanglier, Florence. — Chasses, Madrid. — Chasse au cerf (Paysage de Rubens), La Haye. — Cuisine avec légumes et gibier (Figures et paysage de Rubens), *ib.* — Fruits et gibier mort, Amsterdam. — Gibier mort et légumes, *ib.* — Tableau représentant gibier, chiens, etc., Londres. — Nature morte, *ib.* (South Kensington). — Gibier, poissons, fruits, etc., Bruxelles. — Dans plusieurs tableaux de Rubens, gibier et fruits. Berlin. — Gibier, légumes et fruits, *ib.* — Combat d'ours et de chiens, *ib.* — Combat de coqs, *ib.* — Concert d'animaux, *ib.* — Cygne mort, paon, etc., Dresde. — Intérieur de cuisine, Rubens s'y est peint ainsi que sa femme, en cuisinier et cuisinière, *ib.* — Paradis terrestre, *ib.* — Ours attaqué par des chiens, *ib.* — Et autres, *ib.* — Bataille et victoire de Henri IV (Avec Van Dyck), Munich. — Fruits, légumes et gibier, *ib.* — Deux lionnes poursuivant un chevreuil, *ib.* (Chef-d'œuvre). — Et autres, *ib.* — Un ours attaqué par des chiens, Vienne. — Oiseaux et gibier morts, fruits, etc., Rotterdam.— Chasse à la lionne, Saint-Pétersbourg. — Chasse à l'ours, *ib.* — Cheval dévoré par des loups, *ib.* — La fruitière, *ib.* — La maraîchère, *ib.* (Pendants; fig. de van Bockhorst, dit Langen-Jan). — Combat de chiens, *ib.* — Marchand de gibier, *ib.* (Signé. La figure du marchand est de Jean van Bockhorst). — Les marchands de marée, *ib.* (Fig. de van Bockhorst; pendant du précédent). — Garde-manger, *ib.* — Gibier sur une table, *ib.* (Figure de femme par Rubens). — Défi de coqs, *ib.* — Concert d'oiseaux, *ib.* (Pendants. Le dernier est un chef-d'œuvre; longtemps attribués à Hondekoeter). — Et autres, *ib.* — Table de cuisine avec gibier, fruits, etc., Copenhague. — Table de cuisine avec vases et paniers de fruits, *ib.* — Sujets de chasse et de nature morte, Stockholm (Cinq tableaux). = Snyders fut choisi par Rubens pour peindre les fleurs, les fruits et les animaux de ses tableaux. Composition riche et variée. Couleur énergique, touche hardie et large. Il a imité, on ne peut mieux, la nature. Van Dyck l'a également employé pour peindre dans ses tableaux des fleurs, des fruits ou des animaux. Les chasses de Snyders sont particulièrement recherchées pour leur fougue entraînante. Graveur. = Ventes : V. De Lyert (1779), deux tableaux : *Gibier et Fruits*, 150 liv. — V. Burgraaf (1811), *Animaux*, paysage de Wildens, 351 fr. — V. Fesch (1845), *La poule disputée* et *chasse au sanglier* (deux tableaux), 6,850 fr. —V. Stolberg (1859), *Ours se défendant contre des chiens*, 785 thalers. — V. Pommersfelden (1867), *Chasse au sanglier*, 6,000 fr. — V. Salamanca (1875), *Le marchand de gibier*, 6,300 fr. — *Chien lâchant sa proie pour l'ombre*, 4,650 fr. — *Combat d'un coq et d'un dindon*, 6.200 fr.

Snyers (Isabelle). E. Fl. ' 1842. ANVERS. Genre, portrait. = Élève de Kinsoen. = La bonne nouvelle. — Enfants escaladant un balcon.

Snyers (Pierre). E. Fl. 1681-1752. ANVERS. Fleurs, portrait, paysage, genre. = Élève d'Alexandre Van Bredael; franc-maître de Saint-Luc, en 1707. D'après un document de 1771, un Pierre Sneyers, paysagiste renommé, fut reçu, comme étranger, dans la corporation bruxelloise de Saint-Luc, en 1705. Il visita Londres, où il fit beaucoup de portraits dans la noblesse. Directeur de l'Académie d'Anvers, fonction qu'il remplit gratuitement par dévoûment pour cet établissement qui périclitait. = Paysage montagneux, Anvers. = Un des meilleurs artistes de son époque.

Snyers (Pierre-Jean), neveu de Pierre, 1696-1757. ANVERS. Chasses. = Élève de son oncle. A l'âge de 25 ans, il abandonna la peinture. Il laissa un fils qui fut peintre. = Il peignit parfois des chasses en grand; celles de petite dimension sont rares et estimées.

Sobleo ou **Desubleo** (Michel). E. Fl. (?) ' XVIIe siècle. ANVERS(?) Histoire. = Élève du Guide; s'établit à Bologne où il était venu très jeune; passa une grande partie de sa vie à Venise. = Fresques, Bologne (église de Jésus et Marie). — Saint Carmélite, Venise (Église des Carmélites). = Manière de son maître; pinceau hardi.

Socrate. 315 ans avant Jésus-Christ. Histoire. = Disciple de Pansias. (Pline.) = Les filles d'Esculape, Hygie, Eglé, Panacée, Laso. — Œnos ou le cordier fainéant.

Soderini (Mauro). E. I. ' 1730. Histoire. = Élève de Jos. dal Sole. = Dessin correct; effet agréable.

Sodoma (Le). V. Sodona.

Sodona (Le chevalier). V. Razzi.

Sodring. ' XIXe siècle. Paysage. = Peintre danois.

Soedermark (P.-J.). ' XIXe siècle. Portrait. = Peintre suédois.

Soenens (Le chevalier) E. Fl. ' 1843. Paysage.

Soens (Jean). E. H. 1553-1611. BOIS-LE-DUC. Paysage. = Se rendit à Anvers et y passa quelque temps dans l'atelier de Gilles Mostaert; de là il se rendit en Italie, séjourna à Rome et à Parme où il mourut. Il peignit beaucoup à fresque, en Italie. Couleur vraie, touche vigoureuse et pleine de feu.

Soest (Jacques Van). E. H. † 168'. LONDRES. Portrait. = On cite un P. Van Soest, qui aurait peint les quatre batailles navales de 1666, entre les Hollandais et les Anglais. On ignore si ce P. Van Soest fut allié à Jacques Van Soest; ils fleurirent à la même époque.

Soete (Adolphe). E. Fl. ' 1845. Paysage.

Soeterik (Théodore). E. H. 1810. UTRECHT. Paysage. = Élève de C. Van Geelen et de Van Straten.

Soggi (Nicolas). E. I. * XVIe siècle. FLORENCE. Histoire, portrait. = Élève de Pierre Pérugin; se rendit à Rome et s'établit ensuite à Arezzo; devenu vieux et pauvre, il alla implorer le secours de son élève Giuntalocchi, qui le renvoya durement, oubliant tous ses bienfaits. = Sainte famille, Florence. = Manière sèche; perspective habile; fini précieux; effet lourd et désagréable.

Sogliani (Jean-Antoine). E. I. * 1530. FLORENCE. Histoire, portrait. =Vécut et travailla pendant vingt-quatre ans avec Laurent Sciarpelloni di Credi; exécuta plusieurs ouvrages remarquables. Mort de la pierre. =La Vierge et l'enfant Jésus, Florence. — La Vierge donnant l'habit à saint Thomas, *ib.* — La crèche, Berlin. = Imita son maître et le frère Barthélemy de Saint-Marc; travail très lent mais très soigné; talent séduisant; expressions remplies de bonté et de douceur.

Sogni. E. I. * XIXe siècle. Histoire.

Sohn (Charles). E. Al. † 1867. BERLIN. Histoire, genre, portrait. = Renaud et Armide. — Hylas enlevé par des nymphes.

Sohn (Charles), le Jeune, fils du précédent. E. Al. 1845. DUSSELDORF. Genre. = Jeune espagnole.

Soignie (Jacques Joachim de). E. Fl. 1720-1783. MONS. Histoire, paysage et portrait. = Etudia à Paris; voulut se rendre en Italie mais s'arrêta à Lyon. Revint s'établir dans sa ville natale. = Episodes de la vie de Mme de Chantal, Mons. — Annonciation, adoration des bergers et autres, *ib.*= Goût sérieux, bon dessin.

Soiron (François). E. Fr. 1755-1813. GENÈVE. Email. = Détails inconnus.

Soiron (Philippe), fils de François. E. Fr. * 1825. Peintre sur porcelaine.

Sojaro (le). V. Gatti.

Sokoloff. E. R. † 1791. Histoire. = Détails inconnus. = Mercure endormant Argus.

Solari (André del). V. Gobbo.

Solario (Antoine), dit le **Zingaro.** E. I. 1382 (?)-1455 (?). CIVITA (Abruzzes). Portrait, histoire, paysage. = S'étant rendu à Naples pour y exercer l'état de chaudronnier, il y vit une jeune fille si belle qu'il en tomba amoureux : ayant appris que c'était la fille du peintre Colantonio, il la demanda à son père qui, pour se débarrasser de Solario, lui dit que sa fille n'épouserait qu'un peintre. Après sept ans d'un travail opiniâtre, il parvint à manier le pinceau avec succès et à épouser l'objet de son amour. Ce fait rappelle la légende attribuée à Quentin Metsys. Vasari a oublié ce peintre. = Vie de saint Bernard (Fresque), Naples. — La Vierge et l'enfant Jésus, *ib.* — Vierge au milieu des Apôtres, *ib.*— Vierge glorieuse, *ib.*—Descente de croix, *ib.*— Saint Ambroise, Munich.—Saint Louis, prince royal de Naples, *ib.* — Saint Jérôme, saint Bénédict, saint Martin, Berlin. — Portrait d'un jeune prince couronné, Dresde. — Portrait d'une jeune princesse, *ib.* = Grande fraîcheur de coloris, belle expression, mouvements bien étudiés. Ses tableaux portent l'empreinte des différentes écoles qu'il fréquenta, tout en gardant une manière à lui et un style original.

Soldani (Maximilien). E. I. 1658-1740. FLORENCE. Histoire. = Plus connu par ses travaux de sculpture.

Soldiny. E. Fr. * 1756 Histoire. =Membre de l'Ancienne Académie de St-Luc, à Paris.

Sole (Antoine-Marie del). E. I. 1606-1684. BOLOGNE. Paysage. = Élève de l'Albane; on le surnomma *il Mancino de paesi* (Le gaucher des paysages), parce qu'il réussissait également à peindre de la main gauche.

Sole (Jean-Joseph del), fils d'Ant.-Marie. E. I. 1654-1719. BOLOGNE. Histoire, portrait, paysage, etc. = Élève de L. Pasinelli; fit partie de l'Académie de Bologne; travailla à Lucques; se rendit à Rome en passant par Florence, reçut partout des marques d'admiration et revint mourir dans sa ville natale. = Sainte Catherine de Bologne, Rome. — Hercule aux pieds d'Omphale, Dresde. = Imita d'abord son maître et ensuite le Guide et L. Carrache; style gracieux et correct. Graveur.

Soleri (George). E. I. † 1587. ALEXANDRIE. Portrait, histoire, paysage, etc. = On ignore le nom de son maître. Laissa un fils, Raphaël, qui fut un peintre médiocre. = Vierge et saints personnages, Alexandrie. — Saint Laurent en adoration, Casal : on lit sur ce dernier tableau l'inscription suivante : *Opus Georgii Soleri Alexand.* 1573. = Coloris faible, figures spirituelles.

Solfarolo (le). V. Tavella.

Soli (Joseph-Marie). E. I. 1745-1822. VIGNOLA (Modène). Perspective, etc. = Cité plutôt comme architecte célèbre. = Il exécuta quelques tableaux pour la duchesse d'Orléans, fille du roi de Naples.

Solimena (Le chevalier François), dit parfois **L'abbé Ciccio.** E. I. 1657-1747. NOCERA DE' PANANI (Naples). Histoire, batailles, etc. = Fils d'un peintre nommé Cinge, qui le destinait d'abord à l'étude des lois, il devint peintre malgré ses parents et reçut d'abord les leçons de son frère, puis de Francesca, de Maria et de Giacomo del Pô, à Naples où il passa pour ainsi dire toute sa vie. Fut protégé par le cardinal Orsini et reçut d'importantes commandes de Philippe V.

Mort dans sa villa, près du Vésuve, après avoir amassé une fortune considérable. = Tableaux de genre, Saint-Pétersbourg. — Apothéose de saint Philippe, Naples. — Vision de saint Benoit, *ib.*— Fresques, *ib.*— Tableaux, Gênes. — La salutation angélique, La Haye. — Les quatre parties du monde, Rome. — Le bain de Diane, Florence. — Un prêtre grec donnant une couronne d'or à un ange, Munich. — Sophonisbe recevant le poison, Dresde. — Déesses sur les nuages, *ib.* — Les lapithes et les centaures, *ib.*— Enlèvement d'Hippodamie, *ib.* — La Vierge et l'Enfant avec saint Vincent de Paul, *ib.* — Mort de saint François, *ib.* — Mater dolorosa, *ib.* — Céphale et l'Aurore, Vienne. — Résurrection, *ib.* — Descente de croix, *ib.* — Borée et Eurythie, *ib.* — L'empereur Charles VI entouré de sa cour, *ib.* — Le serpent d'airain, Madrid. — Prométhée, *ib.*— Sisyphe, *ib.* — Saint Jean, *ib.* — Héliodore chassé du temple, Paris. — Tentation d'Adam et d'Eve, *ib.*= Composition désordonnée, suite de son imagination poétique; manière expéditive. = Ventes : V. de Heinecker (1757), *Apollon et Daphné*, 1500 l. — V. Rubempré (1765), *La Nativité*, 480 fl. — V. Conti (1777), *L'Annonciation*, 2,380 l. — V. Poullain (1780), *Repos en Egypte*, 1,540 l.

Solis (don François de), E. Es. 1629-1684. MADRID. Histoire. = Elève de son père, Jean de Solis, pour le dessin; à dix-huit ans il exécuta un tableau remarquable qui lui acquit la faveur de Philippe IV et lui procura beaucoup d'ouvrage; ouvrit une académie dans sa maison et la soutint à ses frais. = Au commencement de sa carrière, ses tableaux de *Conceptions* lui acquirent une célébrité méritée, mais il suivit ensuite le goût du jour, adopta un coloris blafard, et sacrifia sa gloire à sa fortune.

Solis (Virgile). E. Al. 1514-1562. NUREMBERG. Histoire. portrait. = Détails inconnus. = Imita d'abord Alb. Dürer, puis les Italiens; pinceau ferme, peu de sentiment. Très habile enlumineur. Graveur.

Sollewyn (Hendrina). E. H. 1784. HAARLEM. Fleurs et fruits. = Elève de G. Hendriks.

Solosmeo (le). E. I. ' XVIe siècle. Histoire, portrait. = Elève d'André del Sarto.

Solsernus. E. I. ' 1207. Histoire. = Détails inconnus. = Le Sauveur entouré de la Vierge et de saint Jean (Mosaique), Spolète. = Style byzantin mêlé d'une expression grande et digne.

Soltau. E. Al. 1811 (?). HAMBOURG. Genre. = Intérieur de couvent. — Réunion de moines.

Solvyns (François-Balthasar). E. Fl. 1760-1824. ANVERS. Marine. = Elève de de Quertenmont. Fils d'un riche négociant et armateur, il côtoya avec un de ses vaisseaux les Pays-Bas, afin d'y peindre des vues maritimes. Très bien vu à la cour de Marie-Christine, à Bruxelles; il fut nommé capitaine de la frégate-vigie, sur l'Escaut. Visita les Indes, d'où il rapporta des études précieuses. A son retour il publia un ouvrage de gravures coloriées, représentant les fêtes, habitudes et mœurs des Indiens. = Vue des Indes orientales, Vienne (Palais).

Somer (Paul Van), le Vieux, frère de Bernard. E. Fl. 1576 (?)-1621. ANVERS. Portrait. = Après avoir été établi à Amsterdam, il se rendit en Angleterre, où il fit les portraits de plusieurs grands, et où il fut peintre de la cour. En 1617 il s'occupait à Bruxelles. Les biographes ne sont pas d'accord sur les dates de naissance et de mort des frères Van Somer; on en cite jusqu'à trois différentes. = Portrait : Chrétien IV, roi de Danemark, Londres. — Portrait : Jacques Ier, d'Angleterre, *ib.* — Portrait : Henri, prince de Galles, fils de Jacques Ier, *ib.* — Portrait : le duc de Richmond, *ib.* — Portrait : Anne de Danemark, femme de Jacques Ier, *ib.* — Charles Ier, jeune, Copenhague (Architecture d'H. Van Steenwyck). = Composition vraie et agréable; coloris chaud et clair; exécution finie. Ses portraits sont souvent confondus avec ceux de D. Mytens.

Somer (Bernard Van), frère de Paul. E. Fl. 1579 (?)-1632 (?). ANVERS. Portrait. = Inscrit sur les *Liggeren* anversois, en 1588, comme élève de Philippe Lisaert ou Elisaert, le jeune. Cette date doit, nous semble-t-il, faire remonter un peu celle de sa naissance, quoique, à cette époque, on devint apprenti de très-bonne heure. Plus tard, Bernard étudia son frère qu'il suivit à Amsterdam. Visita l'Italie, où il épousa la fille d'A. Mytens.

Somer (Paul Van), le Jeune. E. H. 1649 (?). AMSTERDAM. = On le croit un descendant de Paul Van Somer, le Vieux. = Plus connu comme graveur.

Somers (Guillaume) E. Fl. 1819. ANVERS. Genre, intérieurs et effets de lumière. = Elève de G. Wappers. = Les enfants sans asile (Effet de lumière).

Somers (Louis-J.). E. Fl. 1813-1880. ANVERS. Genre. = Elève de Braekeleer. = Le plain-chant des moines, Liège. — Ecole de village.

Sommé (Félicité). E. Fl. ' 1842. Histoire et genre. = Marguerite et Faust.

Sommer. E. Al. ' XIXe siècle. Portrait.

Son (George Van). E. Fl. 1622-1667. ANVERS. Fleurs et fruits. = Reçu franc-maitre de Saint-Luc, à Anvers, en 1643-44. = Raisins et autres fruits sur un plat de porcelaine, Dresde. —

Coupe avec fruits, *ib.* — Chardon et bleuets, *ib.* — Cartouche festonné de fruits et de fleurs, Copenhague. — Pendant du précédent, *ib.* = Ton piquant et naturel, pinceau décidé.

Son (Jean Van), fils de George. E. Fl. Vers 1650-1700 ou 1702. ANVERS. Fleurs, fruits, gibier mort, etc. = Elève de son père dans la manière duquel il peignit, mais en le surpassant de beaucoup. Il s'établit et se maria à Londres, où il mourut. = Fruits, Bruxelles. = Ordonnance agréable, spirituelle et raisonnée, pinceau de maître, beaucoup d'harmonie et un fini précieux. Il peignait les grappes de raisins avec une effrayante vérité.

Sonderland (Antoine). E. Al. 1805-1878. DUSSELDORF. Genre. = Troupe de Bohémiens. = Lenore.

Sonjé ou **Soinje** (Jean). E. H. † 1691. ROTTERDAM. Paysage. = Reçu dans la corporation de Saint-Luc, à Delft, en 1646. = Une vallée, La Haye. — Paysage rocheux et montagneux, Rotterdam. = Pinceau facile. Ton maniéré et sombre, ciels parfois transparents, figures bien faites. On connait un de ses ouvrages étoffé par Du Jardin.

Sonne (J.-G.). 1800 (?). Genre et batailles. = Peintre danois. = Tyroliens se défendant dans leurs montagnes, Copenhague. — Paysans romains, *ib.* — Le vieux pêcheur, *ib.* — Le troupeau s'abreuvant, *ib.* — Les malades de la nuit de la saint Jean (Siaelland), *ib.* — Assaut des hauteurs de Dyppel, en Schleswig, le 5 juin 1848, *ib.* — Bataille d'Idsted, en 1850, *ib.* — Fête de saint Jean à Tidsville et pèlerinage au tombeau et à la source de Sainte-Hélène, *ib.* — Episode de la bataille de Fredericia, en 1849, *ib.*

Sonnemans (...). E. H. Histoire. = Descamps cite de lui deux tableaux, qui, dit-il, se trouvaient à Malines.

Sonnenberg (Jean). E. H. * 1770. UTRECHT. Fleurs et fruits. = Elève des deux Haag. Membre de la société *Pictura*, à La Haye, en 1770. Il s'adonna spécialement à empailler des animaux et transporta son industrie à Leyde, où il demeurait encore en 1793.

Sonnius (Henri). E. H * 1657. LA HAYE. Portrait. = Elève de J. Van Ravestein. En 1631 il est inscrit, comme élève, dans l'ancienne gilde de La Haye. Mourut en Angleterre à un âge très avancé. Un des quarante-sept artistes qui fondèrent la société *Pictura*, à La Haye, en 1656. Kramm le nomme, par erreur, Frédéric.

Soolmaker (J.-F.). E. H, * XVIIe siècle. Paysage, genre, etc. = On le croit élève de Berchem ; on prétend que Wynands se servait parfois de lui pour peindre les figures de ses tableaux. = Réconciliation de Jacob et d'Esaü, Bruxelles. — Paysage d'Italie, *ib.* — Paysage italien, La Haye. — Paysage italien, Rotterdam. = Le dessin de ses animaux ressemble à celui de Berchem, mais il ne posséda ni le pinceau spirituel ni le coloris de ce grand maître. Soolmaker a un coloris lourd et froid.

Sopolis. 87 ans avant Jésus Christ. Genre et portrait. = Vivait à Rome (Pline).

Soprani (Raphaël). E. I. 1612-1672. GÊNES. Paysage. = Noble génois et biographe des peintres liguriens.

Sordillo de Pereda. V. Arco.

Sordo d'Urbino (le). V. Viviani.

Sordo (Jean del), dit **Mone de Pise.** E. I. * XVIIIe siècle. PISE. Histoire. = Elève de Frédéric Barocci. Ne serait-ce pas le même qu'Alexandre Viviani, dit le Sourd d'Urbin? = Bon coloris ; peu d'invention.

Sorensen (C.-F.). * 1858. Paysage, vues et marines. = Peintre danois. = Côte ouest de Jutland après une tempête, Copenhague.

Sorg. V. Rokes.

Soriani (Charles). E. I. * XVIIe siècle. Histoire. = Peignait à Pavie. Manière agréable.

Soriani (Nicolas). E. I. † 1499. CRÉMONE (?). Histoire. = Oncle maternel du Garofalo à qui il donna des leçons.

Soriau (Daniel). E. Al. * XVIIe siècle. ALLEMAGNE. Nature morte, fleurs et fruits. = Détails inconnus. = Aiguière dorée entre une branche de rosier et un plat d'argent contenant des fruits. Copenhague. (Le catalogue de ce musée donne à Soriau le prénom de *Pierre*).

Sorlay. E. Fr. * XVIIe siècle. Histoire, portrait. = Elève de Pierre Mignard, le Vieux.

Sorri (Pierre). E. I. 1556-1622. GUSME (Sienne). Histoire, portrait et paysage. = Elève de Salimbeni. Voyagea longtemps dans les villes d'Italie et finit par s'établir au lieu de sa naissance où il mourut. = Tableaux, Sienne. — Consécration de l'église du Dôme, Pise. — Jésus-Christ et les docteurs, *ib.* = Atteignit un haut degré de perfection dans l'histoire, dans le paysage et dans le portrait. Composition ingénieuse, pinceau gracieux.

Sosten (Ch. Von) E. Al. * XVIIe siècle. ALLEMAGNE. = Détails inconnus.

Sosus. SICYONE (?). Mosaïque. = Florissait à la cour d'Attale, à Pergame.

Soto (Jean de). E. Es. 1592-1620. MADRID. Histoire. = Elève distingué de Barth. Carducho. Mort à la fleur de l'âge. = Peignit les fresques du cabinet de toilette de la reine au Prado. = Il promettait de devenir un des meilleurs peintres de son pays.

Soto (don Laurent). E. Es. 1634-1688. MADRID. Paysage et histoire. = Elève de Benoit-Manuel Aguero. Abandonna la peinture pour exercer un autre emploi ; voulut dans sa vieillesse reprendre les pinceaux, mais sans succès ; mort dans la misère. = Sainte Rosalie, Madrid. = Imitation du style de son maître.

Sotomayor (Louis de). E. Es. 1635-1673. VALENCE. Histoire. = Elève d'E. March, puis de J. Careno, à Madrid; sa mort prématurée fit évanouir les belles espérances que donnait son talent. = Goût pur, belle couleur composition savante.

Sottino (Gaëtan). E. I. * XVIIIe siècle. EN SICILE. Histoire. = Détails inconnus.

Soubdain (Jean). E. Fr. * 1522. TROYES. = Peintre verrier qui exécuta de belles verrières à l'église de la Madeleine et à celle de Saint-Nicolas. = Artiste de grand mérite.

Soubre (Charles). E. Fl. * 1865. LIÈGE. Histoire et paysage. = Professeur à l'Académie de Liège. = Le retour de la Palestine.

Souchon (François). E. Fr. 1787-1857. ALAIS (Gard). Histoire, genre et portrait. = Elève de David. Ami de Sigalon. Directeur de l'école de peinture de Lille, depuis 1836. = Martyre de saint Sébastien, Bordeaux. — Résurrection de Lazare, Paris. — Le mourant (Etude), Lille. — Paysages, *ib.* — Résurrection de Lazare, *ib.* — Le jeune mendiant, *ib.* — Saint Roch, *ib.* — Couronnement d'épines, *ib.* — Portrait de François Ier, *ib.* — Les Noces de Cana, *ib.* — Et autres, *ib.*

Soudokolski. E. R. * 1829. Histoire. = Prise d'Erzeroum, Saint-Petersbourg.

Soukens (Jean). E. H. * 1680. BOMMEL. = Elève de Jean Vorsterman. = Vues du Rhin avec figures. = Graveur.

Soukens (Gisbert), fils de Jean. E. H. 1685-1760. BOMMEL. Paysage. = Elève de son père.

Soukens (Henri), fils de Jean. E. H. 1680-1711. BOMMEL (Hollande). Histoire et paysage. = Elève de son père. Visita l'Italie. = Bon dessinateur à la plume.

Soulary (de), E. Fr. 1792-1870. = Directeur de l'école de peinture de Saint-Etienne. Mort dans cette ville.

Soules (Eugène), E. Fr. * 1843. Paysage. = La ville et le château de Lourdes. (Pyrénées).

Sourd (le). V. Kaynoot.

Sourley (Jérôme). E. Fr. * 1661. Histoire. Elève de Mignard. = Peignit en 1664 le *Mai* de Notre-Dame représentant l'apparition de Jésus-Christ à saint Pierre, à la porte de Rome.

Soutens (Marie). E. H. * 1657. Miniature. = Travaillait à La Haye.

Soutman (Pierre). E. Fl. 1590 (?)-1657. HAARLEM. Histoire, portrait. = Elève de Rubens. Fut reçu bourgeois d'Anvers en septembre 1620. Peintre du roi de Pologne. Il abandonna la cour pour retourner dans sa ville natale. Il s'y maria en 1630; *vinder* de Saint-Luc en 1633. Il est cité dans des documents de 1640 et de 1651. En 1657 il fut enterré dans la grande église et les frais mortuaires s'élevèrent à la somme, considérable pour l'époque, de 31 florins. Il appartenait à une famille ancienne et distinguée et jouissait d'une grande considération. Graveur bien connu des œuvres de Rubens.

Soutman. E. Fl. * 1795. Portrait. = Ce nom se trouve sous une toile représentant une famille vêtue à la mode de la République. Ce tableau qui se trouve à Liège (1882) est peint dans la manière de Greuze.

Souville (Michel). E. Fr. * XVIIIe siècle. Histoire. = Deuxième prix de l'Académie royale de peinture de France, en 1705, avec son tableau de : *Judith amenée par des soldats dans la tente d'Holopherne.*

Souza (J.-P.). E. Es. * XIXe siècle

Sozzi (Olivio). E. I. * XVIIIe siècle. CATANE. Histoire. = Travailla beaucoup à Palerme; un autre Sozzi, avec le prénom de François, travaillait à Girgenti dans le même siècle.

Sozzo (Nicolas di). E. I. * 1334. SIENNE (?). Miniature. = Détails inconnus. = Miniatures des volumes de Kaleffi et de Leoni, Sienne. = Grande perfection.

Soyer (Hans) E. Fl. * 1323. YPRES. Portrait. = Exécuta en 1323 les portraits du comte et de la comtesse de Flandre pour le magistrat d'Ypres. Il fut remunéré par une somme de 20 sous (20 francs).

Soyer (Jean). E. Fr. * 1497. TOURS. = Miniaturiste qui travailla aux petites *Heures* d'Anne de Bretagne. = Artiste de mérite.

Soyer (Mme). E. Fr. * 1840. Portrait.

Spada (Lionello). E. I. 1576-1622. BOLOGNE. Histoire. = Né de parents pauvres et placé chez les Carrache comme domestique; la vue de leurs œuvres détermina sa vocation. Après quelques essais satisfaisants, il se rendit à Rome auprès de M. A. de Caravage dont il devint l'élève et l'ami le plus dévoué et qu'il suivit dans tous ses voyages; après la mort d'Amerighi, Spada fit de grands travaux à Ferrare, à Modène et à Reggio, et s'établit dans sa ville natale. Sur la fin de sa vie, il alla à Parme, au service du duc Ranuccio qui le protégea. = Tableaux, Reggio. — Martyre Parme. — Saint Jérôme, *ib* — Suzanne au bain, Modène. — L'enfant prodigue, *ib.* — Meurtre d'Abel, Naples. — Un concert, Rome = Jésus-Christ couronné d'épines, Dresde. — David vainqueur de Goliath, *ib.* — L'amour avec un léopard, *ib.* — Melchisédech, Bologne — Sainte Cécile, Madrid. — L'enfant prodigue Paris. — Un concert, *ib.* — Martyre de saint Christophe, *ib.* — Enée et Anchise, *ib.* — Saint Jean-Baptiste, La Haye. — Les quatre âges d

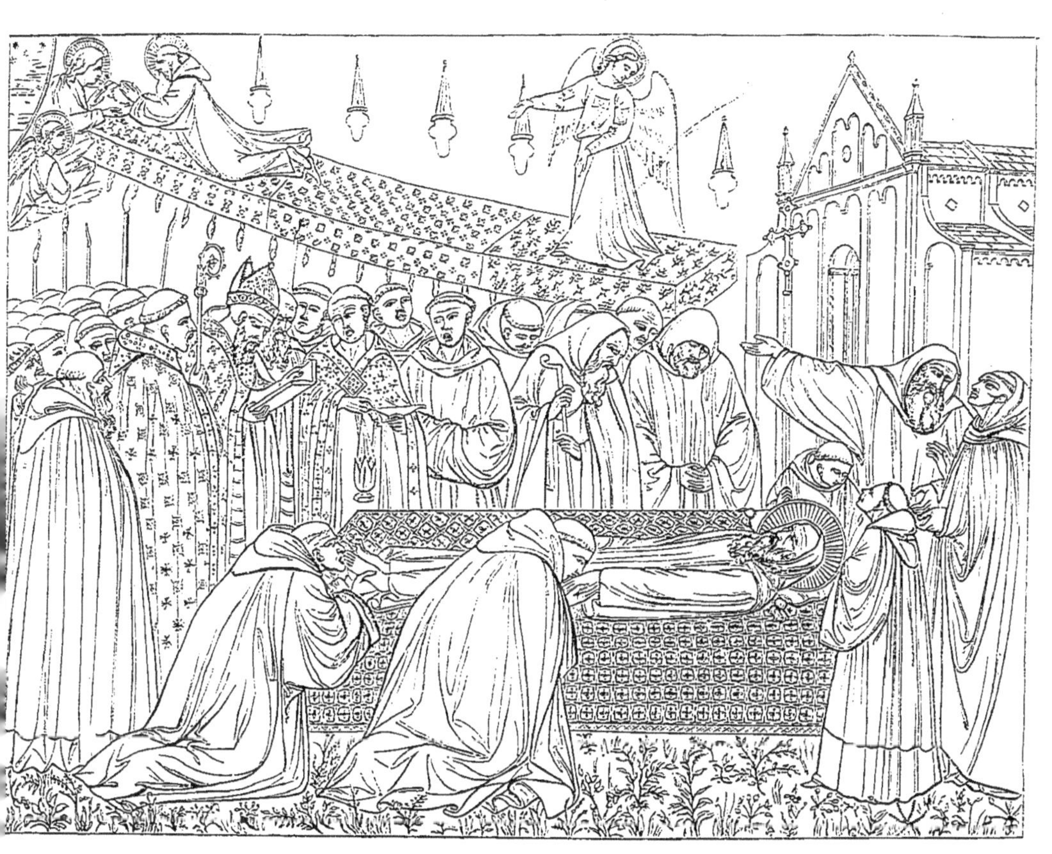

Enterrement de St. Benoît. Peinture murale par Spinello Aretino à St. Miniato près de Florence.

la vie, Bordeaux. = Manière moins puissante et moins vraie que celle du Caravage; coloris éclatant; dessin manquant parfois de science, de correction et d'énergie; dans ses bons ouvrages on ne trouve aucun de ces défauts et l'on y remarque les qualités contraires. Imita le Dominiquin avec beaucoup de succès.

Spada (lo). V. Marescalco.

Spadari (Benoît). E. I. ' XVIe siècle. Histoire, portrait. = Elève de Guillaume de Marseille. = Peintre sur verre.

Spadarino (le). V. Galli (J. A.).

Spaden (Jean). E. Fl. ' 1381. LOUVAIN. Figures. Cité dans les comptes de la ville de Louvain avec le sobriquet de Jean Pot à l'huile (Oliepot). Travailla pour la commune à partir de 1364 et mourut avant 1394. De ses deux fils Jean et Amelric, le premier fut également peintre.

Spaendonck (Corneille Van), frère de Gérard. E. H. 1756-1840. TILBURG. Fleurs et fruits. = Etudia à Anvers, et fut ensuite élève de Herreyns, à Malines; il se rendit à Paris, près de son frère, et travailla avec lui pour la fabrique de porcelaine de Sèvres. Mort à Paris.

Spaendonck (Gérard Van), frère de Corneille. E. H. 1746-1822. TILBURG. Fleurs et fruits. = Placé d'abord chez un peintre en meubles et en bâtiments où il resta six ans; de là il alla à Bréda où il travailla aux décorations pour une grande fête en l'honneur du prince Guillaume V. Le bénéfice qu'il en retira lui servit à se rendre à Paris où son talent lui procura bien vite de la réputation et de l'ouvrage; protégé par Lavalette qui le traita comme un ami; nommé professeur d'iconographie au Jardin des plantes et membre de l'Institut. Reçu à l'Académie, en 1781. Mort à Paris. = Fleurs et fruits, Paris. = Les tableaux de ce peintre célèbre étaient richement payés. Van Spaendonck fut un des grands maitres du genre. = Ventes : V. de Gonay (1807), *Vase avec fleurs*, 220 fr. — V. Lafontaine (1821), *Bouquet de fleurs*, 2,550 fr. — V. Raguse (1857), *Vase de fleurs*. 2,450 fr.

Spagiasi (Jean). E. I. † 1730. REGGIO. Histoire. = On ignore qui fut son maître; mort au service du roi de Pologne. Son fils Pellegrino fut élève de François Bibbiena, peignit les ornements, les perspectives et les décors, et mourut en France en 1746.

Spagna (le) V, Spagnuolo.

Spagnuolo (Jean) ou Giovanni di Pietro, dit **Le Spagna**. E. I. ' 1524. Histoire, portrait. = Un des meilleurs élèves de P. Pérugin, le meilleur, peut-être après Raphaël; s'établit à Spolète, en 1516; y fut reçu, l'année suivante, dans la corporation des peintres, et y laissa, ainsi qu'à Assise, ses meilleurs ouvrages. Vivait encore en 1530. = Saint Jérôme, Rome. — La Vierge sur un trône, Assise. (Eglise de Saint-François); chef-d'œuvre). — Glorification de la Vierge, Londres. = M. Viardot écrit, en 1837, qu'il est reconnu comme étant l'auteur de l'*Adoration des Mages*, à Berlin, attribuée jusqu'à présent à Raphaël et qu'il a laissé à Pérouse un *Père Eternel bénissant*. M. Viardot lui attribue la fresque de la Magliana achetée pour le Louvre comme étant de Raphaël. = Portraits pleins de vérité : imita avec bonheur le coloris de son maître : dans ses derniers ouvrages, il imita la troisième manière de Raphaël; ses meilleures œuvres sont dans le style du Pérugin.

Spagnuolo (il). V. Crespi

Spaingaerts ou **Spaignaert** (Jacques). E. Fl. ' 1640. = Doyen de la corporation de Saint-Luc, à Anvers, en 1641-42.

Spaignien ou **Spanien** (Henri Van). E. Fl. ' 1635. = Doyen de la corporation de Saint-Luc, à Anvers, en 1637-38.

Spalthof (Nicolas). E. H. ' 1650. Histoire, animaux, etc. = Il alla trois fois à Rome et fit chaque fois le voyage à pied. = Peignit souvent des marchés aux légumes en Italie.

Spangenberg, père. E. Al. ' 1865. = Professeur à Goettingue.

Spangenberg (Frédéric), fils du précédent. E. Al. 1848-1874. = Mort subitement en Italie d'une maladie de cœur, en faisant l'ascension du Vésuve. = Talent plein de promesses.

Spartmann ou **Sparmann**. E. Al. 1805-1865. DRESDE. Paysage. = Il fut, pendant plusieurs années, professeur de dessin du prince Louis-Napoléon.

Sparvier (Pierre de). E. Fr. 1660-1731. Portrait, batailles, fleurs, etc. = Elève de César Gennari, à Bologne; s'établit à Florence et y mourut. = Manière agréable.

Speckter (Erwin). E. Al. 1806-1835. HAMBOURG. Histoire, portrait et paysage. = Commença ses études à Hambourg, puis devint élève de Cornélius, à Munich. Visita l'Italie, en 1828. = L'albanaise, Hambourg. — La romaine, *ib*.

Speckter (Othon), frère d'Erwin. E. Al. ' 1835. Histoire.

Spedula (Joseph). E. I. ' XIXe siècle. Histoire. = Adam et Eve pleurant la mort d'Abel.

Speeckaert (Hans ou Jean). E. Fl. † 1577 (?). BRUXELLES. Histoire, portrait. = Cité avec grand éloge par Van Mander; il était fils d'un brodeur; il séjourna à Rome et fut lié avec Ar. Mytens; sa santé l'engagea à retourner dans sa patrie; à Florence, où il se trouvait alors, il devint malade et, ayant repris la route de Rome, il mourut dans cette ville. Nommé, par erreur, Specart, Speccard et Spekart. = Portrait du peintre, Vienne.

Speeckaert (J.). E. Fl. 1748-1838. MALINES. Fleurs et fruits. = Habita Malines la plus grande partie de sa vie et mourut à Bruxelles. A l'âge de 84 ans, il remporta le prix du concours de peinture, à Gand.

Speer (Martin). E. Al. * 1750. Histoire. = On prétend qu'il fut élève de Fr. Solimène; du moins il fut son imitateur. = Graveur.

Speets (Corneille). E. H. 1794. OUDDORP (Près d'Alkmaar). Equipages, intérieurs et genre.

Spelt (Adrien Van der). E. H. †1673. LEYDE. Fleurs.=Elève de Crabeth, le Jeune. Ce peintre travailla longtemps à la cour de l'électeur de Brandebourg, puis alla s'établir à Gonda où il se maria pour la troisième fois; cette dernière union ne fut pas heureuse, et Adrien mourut de chagrin à un âge encore peu avancé. = Peignit aussi sur verre. Artiste de grand talent.

Spencer (Fréd.-R.). 1805-1875. Portrait. = Peintre américain. Mort à Wampsville (New York).

Spengel (Jean-Ferd.). E Al. 1819. HAMBOURG. Paysage, marine. = Etabli à Munich, depuis 1841. = Vue marine, Hambourg.

Spera (Clément). E. I. * XVIIe siècle. Architecte. = Florissait à Milan. = Alexandre Magnasco étoffa souvent ses tableaux.

Speranza (Jean). E. I. * 1500. VICENCE. Histoire. = Détails inconnus; Vasari nomme un Verezio, compagnon de Speranza; on élève des doutes sur l'existence de ce peintre. = Coloris faible.

Speranza (Jean-Baptiste). E I. † 1640. Histoire. = Elève de l'Albane, à Rome. = Excellent peintre à fresque.

Sperling (Jean-Chrétien). E. Al. *XVIIe siècle. Histoire, paysage, genre, fleurs. = Détails inconnus = Pomone; près d'elle Vertumne déguisée en vieille, Dresde.

Sperwer (Pierre). E. Fl. * XVIIe siècle. ANVERS. Histoire, portrait. = Il fut inscrit comme élève dans les registres de Saint-Luc, à Anvers, en 1675-76. Il reçut, en 1703, des Etats anversois la somme de 90 florins pour avoir peint un portrait du roi (Philippe V?) destiné à l'hôtel de ville. = On connait de lui, à Anvers, quelques tableaux qui ne sont pas sans mérite.

Spiering (Jean). E. Fl. * XVe siècle. Miniature. = Enlumineur; inscrit, en 1478, sur les registres de la corporation des libraires, à Bruges.

Spierings ou **Spierinckx** (Pierre). E. Fl. 1633-1711. ANVERS. Paysage. = Reçu franc-maître de Saint-Luc, à Anvers, en 1555-1556. Pierre Spierings ou Spierinckx a jusqu'à présent été nommé par erreur Nicolas. Il ne mourut point en Angleterre comme l'ont prétendu quelques biographes, mais bien à Anvers, le 30 août 1711; il y demeurait dans la rue Sale (Vuyle straat). Lui et sa femme, Jeanne Marie de Jode, qui décéda en 1714, furent tous deux enterrés devant le grand chœur de l'église Saint-Jacques, au-dessous de la pierre sépulcrale d'Arnould Quellin II. Il passa plusieurs années en Italie où son talent le fit distinguer. Peintre de Louis XIV. Ami et contemporain de Biset. = Deux grands paysages, Anvers. — Deux paysages, Madrid. (Le catalogue du Musée de cette ville orthographie mal son nom; il l'appelle *P. Spierinckx*). = Il a cherché à imiter Salvator Rosa. Presque toutes les figures de ses tableaux sont peintes par d'autres artistes, parmi lesquels on cite Pierre Ykens.

Spierinc (Nicolas). E. Fl. * XVe siècle. Miniature. = Florissait à Bruxelles, en 1469. Il enlumina un manuscrit pour le duc de Bourgogne et fut chargé de porter cet ouvrage à La Haye.

Spierre (Claude). E. Fr. * XVIIe siècle. NANCY. = Fils d'un cordonnier. Se rendit à Rome où il se fit remarquer par de brillantes dispositions. Mort jeune.

Spierre (François), frère de Claude. E. Fr. 1643-1681. NANCY. Histoire. = Connu plus spécialement comme célèbre graveur.

Spiers (Albert Van). E. H. 1666-1718. AMSTERDAM. Histoire, ornements. = Elève de G. Van Ingen. Il forma son goût à Rome et à Venise. En 1697, il revint à Amsterdam.

Spies (...). E. H. * XVIIe siècle. BOIS-LE-DUC. Histoire.

Spiesz (Henri). E. Al. 1832-1875. Histoire. = Mort à Munich. = Tableaux, Munich (Musée national).

Spilberg (Gabriel). E. Al. * XVIIe siècle. ALLEMAGNE. Histoire. = On le croit frère de Jean Spilberg, artiste hollandais. Peintre à la cour d'Espagne.

Spilberg (Jean). E. H. 1619-1690. DUSSELDORF. Histoire, portrait. = Elève de Gov. Flinck. Il vécut dans les honneurs et dans les richesses, et eut, de son vivant, la réputation d'un bon peintre. En 1681, il s'était établi à Dusseldorf où il avait été nommé peintre du duc Wolfgang (Guillaume) et où il mourut. = Repas de vingt-deux archers, Amsterdam (Hôtel de ville). = Dessin parfois incorrect. Couleur vraie, mais monotone, manière un peu pâteuse. Imitateur très heureux de Van der Helst.

Spilberg (Adrienne), fille de Jean. E. H. 1650-169·. AMSTERDAM. = Elle avait quelque mérite comme peintre, mais ses dessins au pastel ont seuls fait sa réputation. Son deuxième mari fut le célèbre Eglon Van der Neer.

Spilnberg ou **Spilenberger** (Jean). E. Al. † 1673. Histoire. = Gentilhomme hongrois; travailla à Venise, à Augsbourg et à Vienne : quitta cette dernière ville à cause de la peste, et mourut dans une maison de quarantaine, au moment de se rendre en Bavière. = Graveur ; il ne faut pas le confondre avec Jean Spilberg, peintre hollandais, allemand de naissance, mais élève de Govaert Flinck.

Spindler. E. An. ' XIXe siècle. Genre.

Spindler (Louis). E. Al. ' 1828. HUNINGUE (Haut-Rhin). Genre et portrait.= Dessinateur. = La Mélancolie. — Ninon de l'Enclos.

Spineda (Ascanio). E. I. 1588. TRÉVISE. Histoire. = Elève de Palma, le Jeune; appartenait à une famille noble. = Dessin très exact; pinceau doux, teintes extrêmement gracieuses.

Spinelli (Spinello), le Vieux. E. I 1330. AREZZO. Histoire. = Elève de J. de Casentino; après avoir exécuté plusieurs ouvrages à Arezzo, il fut employé aux Camaldules de Casentino; de là il travailla près de Florence au monastère de San Miniato. En 1384, il acheva un tableau pour le couvent de Monte Oliveto; il résida quelque temps à Florence, puis fut appelé à Pise pour y travailler au Campo Santo ; il y exécuta des chefs-d'œuvre. En 1392, il retourna à Florence où il séjourna un an, pour revenir ensuite dans sa ville natale. En 1405, il se trouvait à Sienne, et, en 1407, il contracta un engagement, pour lui et son fils, pour une série de fresques à exécuter dans le palais de cette ville. Depuis juillet 1408, son nom ne paraît plus dans les paiements. Il mourut à un âge très avancé, on ignore la date exacte. On le cite pour le rare courage qu'il eut pendant la peste de Florence en soignant les malades. = Scène de la vie de saint Benedict, Florence (Monastère de San Miniato). — Annonciation, Arezzo (Couvent des Innocents). — Et autres, *ib.* — Couronnement de la Vierge, Florence (Académie). — Vocation de Zébédée, *ib.* — La cène, Berlin. — Nativité et Circoncision (Diptyque), *ib.* — L'Annonciation (Diptyque), *ib.* — Les deux saint Jean et saint Jacques le Majeur, Londres. = Il eut de son temps une grande réputation.

Spinelli (Gaspard), fils de Spinello, le Vieux E. I. ' XIVe siècle. AREZZO. Histoire, portrait. = Elève de son père et du sculpteur Laurent Ghiberti; mort à 56 ans, après avoir beaucoup travaillé. = Peignit fort bien en détrempe et parfaitement à fresque. On prétend qu'il surpassa son père pour le dessin.

Spinelli, le Jeune, neveu de Gaspard. E. I. ' XVe siècle. Histoire. = Fils de l'orfèvre et ciseleur Forzore Spinelli; travailla à la sacristie de San Miniato, près de Florence.

Spinny (Guillaume de). E. Fl. † 1785. BRUXELLES. Portrait. = Etudia à Bruxelles, puis en France; s'établit à La Haye, en 1756. = Peintre de talent; belle couleur, effet agréable.

Spirito. E. I. ' 1675. Portrait. = Employé à la cour de Turin.

Spirk (J.). E. H. ' 1683. LA HAYE. Portrait = Quitta La Haye, on ne sait pour quelle localité.

Spisanello (le). V. Spisano.

Spisano (Vincent), dit **Spisanello.** E. I. 1595-1662. ORTA. Histoire, paysage. = Elève de Calvart. = Christ à la colonne, Bologne. = Dessin moins solide que celui de son maître, moins de vérité, style maniéré.

Splinter (Gérard). E. H. ' XVIe siècle. = Cité par Van Mander comme un des maîtres d'Abr. Bloemaert, à Utrecht.

Splinter (Jean). E. H. ' 1510. = Cité dans de vieux comptes de la ville d'Utrecht.

Splinter (Thierry-Jean), frère (?) de Jean. E. H. ' XVIe siècle. = Cité dans de vieux documents de la ville d'Utrecht.

Spoede (Jean-Jacques). E. Fl. † 1760. ANVERS. Nature morte. = Etudia à l'Académie de sa ville natale, puis se rendit à Paris où il devint l'ami et l'élève de Watteau. On trouve ce nom dans les livrets des expositions de Saint-Luc faites à l'arsenal, à Paris, en 1751, 1752 et 1753. Il fut professeur et recteur de cette corporation. Il fit aussi le commerce des tableaux.

Spoel (Jacques). E. H. 1820-1868. ROTTERDAM. Histoire, portrait.

Spohler (Jean-Jacques). E. H. 1811, NEDERHORSTDEN-BERG (Hollande septentrionale). Hivers et paysage. = Elève de J. Pieneman.

Spohr. E Al. ' XIXe siècle. RIGA. Genre.

Spoleti (Pierre-Laurent). E. I. 1680-1726. FINALE, (Etat de Gênes). Histoire, portrait. = Elève de D. Piola, le Vieux ; séjourna à Madrid. = Réussit surtout dans le portrait.

Spolverini (Hilarion). E. I. 1657-1734. PARME. Batailles, etc. = Elève de F. Monti ; il ne travailla que pour le duc de Parme ; forma de bons élèves ; mort à Plaisance. = Beaucoup d'énergie, composition pleine d'effet. On disait que les soldats de Monti menaçaient et que ceux de Spolverini donnaient la mort.

Spoor (J. L. G.). E. H. ' XVIIIe siècle BUDEL. Paysage. = Elève de H. J. Antonissen.

Receveur des rentes du prince Guillaume V, à Eindhoven. = On a de lui une gravure.

Sporckmans (Hubert). E. Fl. 1619-1690. ANVERS. Histoire. = Elève de Rubens. Doyen de Saint-Luc, en 1659, il y avait été reçu franc-maître, en 1640. Homme riche et considéré. = On voyait de lui, à Anvers, un tableau représentant saint Charles Borromée, priant pour les pestiférés. = Tableau, Anvers (Hôtel de ville).

Spranger (Barth.). E. Fl. 1546-1627 (?). ANVERS. Histoire, paysage, portrait et allégories. = Inscrit dans les *Liggeren* anversois comme élève, en 1557, de Jean Mandyn, ami de son père. Après la mort de son vieux maitre, on le plaça chez un amateur nommé Van Dalem, où il ne pouvait faire aucun progrès. Il dut y rester quatre années. En 1565, il partit pour Paris et eut encore la mauvaise fortune d'y tomber entre des mains inhabiles. Il quitta cette ville sans y avoir rien appris et se rendit à Milan après s'être arrêté à Lyon. A Milan, où il croyait recevoir des commandes, son orgueil reçut de dures leçons; il y apprit à ses dépens qu'il lui restait presque tout à apprendre; il alla ensuite à Parme où il fut employé dans l'atelier du Sojaro; une nouvelle mésaventure l'obligea à quitter Parme pour se rendre à Rome. Là il entra au service du cardinal Farnèse; il fut présenté au pape par ce prélat. Pie V le nomma son peintre et le logea au Belvédère. Après la mort du pape, Spranger se rendit à Vienne auprès de l'empereur Maximilien; c'était en 1575. Il resta au service de son successeur Rodolphe II qui l'appela auprès de lui à Prague et le combla de biens et d'honneurs. Il finit par l'anoblir et voulut qu'il s'appelât désormais Spranger Van der Schilde. En 1602, Spranger alla revoir sa patrie en passant par la Hollande et fut reçu partout avec les plus grandes marques d'estime. Il revint à Prague et y resta jusqu'à sa mort dont on n'a pu fixer la date certaine. = Paysages (Fresques), Italie. — Jugement dernier, Rome. — Vierge, *ib.* — Portrait, Valenciennes. — Minerve foulant l'ignorance aux pieds, Vienne. — Portrait du peintre, *ib.* — Mars et Vénus, *ib.* — Portrait de la femme du peintre, *ib.* — Le Parnasse, *ib.* — Allégorie sur les vertus de Rodolphe II, *ib.* — Vulcain et Maja, *ib.* — Hercule et Omphale, *ib.* — Circé et Ulysse, *ib.* — Mars et Vénus surpris par Mercure, *ib.* — Les géants escaladant le ciel, *ib.* — Résurrection, Berlin. — Sainte Famille, Brunswick. — Sainte Famille, Darmstadt. — Diane et Actéon, Schleisheim. — Mort de Lucrèce, Copenhague. — Diane et ses nymphes, Stockholm. — Vénus entourée d'Amours et servie par les Grâces, Saint-Pétersbourg. = Ordonnance riche, pinceau spirituel; son dessin laisse à désirer, contours anguleux; imitateur du Parmesan; attitudes forcées; manque de sentiment; coloris froid. On remarque dans ses œuvres l'absence complète des premières études indispensables à tout bon artiste.

Spriet (Jean-François Van). E. Fl. * XIXe siècle. TOURNAI. Portrait et genre. = Premier prix de l'Académie d'Anvers, en 1808; continua ses études à Paris, puis revint en Belgique.

Spriet (Jean Van der). E. H. * 1690. DELFT. Portrait. = Elève de Verkolje; élevé à l'orphelinat. S'établit en Angleterre. = Graveur en mezzo-tinto.

Springer (Corneille). E. H. 1817. AMSTERDAM. Vues de ville. = Elève de Karssen. = Vue de Munster.

Sprong (Gérard). E. H. 1600. HAARLEM. Portrait = Il fit plusieurs portraits des arbalétriers de Haarlem. = Portrait de femme, Paris.

Spruyt (Philippe-Lambert-Joseph). E. Fl. 1727-1801. GAND. Histoire, portrait et genre. = Après avoir reçu quelques leçons de J. B. Milé, il se rendit à Paris, où il fut élève de Ch. Van Loo; en 1757, il fréquenta, à Rome, l'atelier de Raphaël Mengs; de Rome il se rendit à Naples, puis revint dans sa patrie; il s'occupa quelque temps à Bruxelles. Premier professeur de l'Académie de dessin à Gand, en 1770; à la fin du règne de Marie-Thérèse, il fut chargé de rédiger le catalogue de tous les tableaux qui se trouvaient dans les églises et les couvents de la Belgique. = Graveur d'assez peu de mérite.

Spruyt (Charles), fils de Philippe-Lamb.-Joseph. E. Fl. 1769-1851. BRUXELLES. Intérieurs d'église, histoire, marine, paysage, etc. = Elève de son père. Visita l'Italie et, revenu dans sa patrie, s'établit à Bruxelles. = Marie de Brabant sauvée par son frère, Haarlem. = Graveur.

Spruyt (E. Pierre). E. Fl. * XVIIIe siècle (?). = Plus connu comme graveur.

Spruyt (Jacques-Philippe). E. Fl. * 1764. GAND. Portrait et genre. = Etudia à Gand et à Bruxelles. S'occupa quelque temps à La Haye et séjourna longtemps à Delft. De là il revint dans sa ville natale.

Spyck (Henri Van). E. H. * 1670. Portrait. = Florissait à La Haye. = Il a fait le portrait de Benoît Spinoza dont on pense qu'il suivit la doctrine. = Artiste de talent.

Spyk (Van) ou **Spyk** (Van der, Jacques-Albert). E. H. * XVIIe siècle. = Florissait à La Haye où il fut reçu dans la confrérie de Saint-Luc en 1644. Surnommé, à Rome, *la tubéreuse*.

Spykerman (Pierre). E. H. † 1666. = Reçu dans la corporation de Saint-Luc, à Haarlem, en 1660.

Squarcione (François). E. I. 1394-1474. PADOUE. Histoire. = Le plus habile maître de l'école vénitienne de son temps. C'est de ce célèbre professeur que sont sorties l'école de Lombardie fondée par Mantegna, et l'école de Bologne fondée par Zoppo. Ce maître n'a pas eu de rival dans son siècle. = Jésus-Christ mort sur les genoux de sa mère, Dresde. = Presque toutes les villes d'Italie lui commandèrent des tableaux. La galerie du comte de Lazara possédait (1828) et possède peut-être encore un admirable tableau de lui. On observe dans cette œuvre une tendance à se rapprocher du style grec. Figures sveltes. Draperies un peu raides.

Staak (Ype et Jurjen). E. H. * 1788. FRISE. = Peintres sur verre.

Staal (P.). * 1616. Paysage. = Cité par Nagler comme un imitateur de Momper.

Staben (Henri). E. Fl. 1578-1658. ANVERS. Histoire, intérieurs. = Il étudia sous le Tintoret et visita la France, où il s'établit et où son talent lui valut beaucoup de succès. = La plus grande partie de ses tableaux se trouve en France. = Bonne composition, coloris agréable.

Stache (Adolphe). E. Fl. 1823-1862. BRUXELLES. Portrait et genre.

Stack (J. M.). E. Al. 1812-1868. SUÈDE. Paysage. = Vue de Haarlem. Paysage italien.

Stadler (Aloys). E. Al. 1791. JEGT. Tyrol. Histoire. = Elève de J.-J. Schöpf, à Inspruck.

Stadler (J.). E. Al. † 1856. ZURICH. Paysage. = Artiste de mérite. Se tua en se précipitant du toit de sa maison.

Stael (Evrard). E. H. * 1514. = Florissait à Utrecht.

Stael de Holstein (Charles). E. Al. 1811. LIVONIE. Portrait et genre. = Elève de Wach. = Pierre de Provence et la belle Maguelonne.

Staelpaert (Jérôme). E. Fl. * 1570. Vues. = Peintre à Audenarde. Reçu bourgeois d'Anvers, en 1564,

Staes de Schildre E. Fl. * XVe siècle. LOUVAIN. = Travailla, en 1468, aux entremets de Bruges.

Staets (...). E. Fl. * 1467. YPRES. = Travailla aux fêtes de la Toison d'or, à Bruges.

Staets van Campen (Thierry, le père, et Jean le fils). E. Fl. * XVIe siècle. ANVERS. = Cités par Guicciardin comme peintre sur verre.

Stakenberch ou **Stakenbergh** (Mathieu Van). E. Fl. * XVe siècle. = Peintre à Bruges, en 1450.

Stalbent ou **Stalbemt** (Adrien Van). E. Fl. 1580-1662. ANVERS. Paysage avec figures. = Elève de Tyssens; Charles Ier l'appela à Londres où il exécuta un grand nombre d'ouvrages. En 1609, il entra dans la corporation des peintres, à Anvers; il en fut doyen en 1618. Son tombeau, qui se trouve au village de Putte, porte la date de sa mort. Van Dyck fit son portrait que Pontius a gravé. = Adoration des bergers, Berlin (Signé : A.V. Stalbent. F. A^o 1622). — Banquet des dieux, Dresde. — Le jugement de Midas, *ib.* — Vue d'Anvers, Copenhague = Bon étoffage; artiste de talent; il a parfois étoffé les intérieurs de P. Neefs. Graveur.

Stallaert (Ant.). V. Sallaert.

Stallaert (Jos.-J.-F.). E. Fl. 1825. MERCHTEM (Brabant). Genre, histoire et portrait. = Elève de Navez. Directeur de l'Académie de Tournai. = Incendie de la cave de Diomède. — Mort de Didon, Bruxelles.

Stallenberg (Théodore). E. Fl. * XVIIIe siècle. ANVERS. = Remporta un prix à l'Académie d'Anvers, en 1758 et en 1761.

Stampart (François). E. Fl. 1675-1750. ANVERS. Portrait. = En 1688-89 il est inscrit comme fréquentant l'atelier, à Anvers, d'un Gilain Pierre Vanderseypen; fut aussi élève de P. Tyssens. Reçu dans la corporation anversoise comme fils de maître, en 1692-93. Il fut appelé à Vienne par l'empereur Léopold qui le nomma premier peintre de la cour, titre qui lui fut conservé par Charles VI. Mort à Vienne. = Portrait de G. De Herzelles, 3e évêque d'Anvers, Anvers. — Portrait d'homme, Vienne. = Ses portraits ont de la réputation. Il imita son maître et étudia beaucoup les ouvrages de Van Dyck.

Stanfield (G.-Clarkson). E. An. 1867. Marine, paysage et décors. = Membre de l'Académie royale de Londres. = Entrée du Zuiderzée, Londres. — Bataille de Trafalgar, *ib.* (Esquisse). — Vue du lac de Côme, *ib.* — Le canal et l'église des jésuites à Venise. *ib.*

Stange (Bernard). E. Al. 1806. DRESDE. Paysage et vues. = Vue de Venise : clair de lune, Munich. — Fenêtre d'une tour; effet du soir, *ib.* — Funérailles du Doge de Venise, *ib.* — Paysage au clair de lune, *ib.*

Stanzioni (le chevalier Maxime). E. I. 1585-1656. NAPLES. Histoire, portrait. = Elève de Caracciolo et de Lanfranc; se rendit à Rome et y étudia les ouvrages d'Annibal Carache; fut chargé, avec Ribera, de terminer les ouvrages que la mort du Dominiquin avait laissés inachevés; ouvrit une école à Naples, d'où sortirent plusieurs artistes distingués. Mort de la peste. = Possédée guérie par saint Janvier, Naples. — Vie de saint Jacques (Fresques), *ib.* — Une Sibylle, Rome. — Saint Antoine de Padoue, *ib.* — Les sciences naturelles, allégorie, Dresde. – Prédication de saint Jean, Madrid. — Sacrifice à Bacchus, *ib.* — Sujet mystique, *ib.* — Décollation de saint Jean, *ib.* — Saint Sébastien, Paris. = Se rapprocha beaucoup du Guide et imita le style et le coloris du Dominiquin dans les tableaux de ce maître qu'il dut terminer; les ouvrages de la seconde période de sa vie sont beaucoup moins soignés. Architecte et écrivain.

Staphorst (Abraham). E. H. * XVIIe siècle. Portrait. = Florissait à Dordrecht; fils de Jean Staphortius.

Stapleaux (Michel-Ghislain). E. Fl. 1799-1881. BRUXELLES. Histoire, portrait. = Elève de David. = Retour de l'enfant prodigue, Prague. — Rébecca et Isaac.

Stapleaux (Louise SCHAVYE-RUTTY, Mme). E. Fl. ' 1842. Aquarelle.

Star (Vander). V. Stella.

Starck (Jules). E. Fl. 1814. BASTOGNE. Histoire. = Elève de Navez et d'Horace Vernet. = Léopold Ier prêtant serment à la Constitution, Chambre des représentants, Bruxelles. – Le crucifiement, église de la reine, Laeken près Bruxelles

Stark (J. H.). E. H. ' 1840. AMSTERDAM. Genre et vues.

Starnina (Gérard). E. I. 1354-1403. FLORENCE. Histoire. = Elève d'Ant. Veneziano; se fit bientôt remarquer par des ouvrages pleins de talent; se rendit en Espagne, y amassa de la richesse et revint dans sa patrie où il reçut des commandes considérables, entre autres celle de consacrer la prise de Pise, par les Florentins, en 1406, par un tableau représentant saint Denis, évêque, la ville s'étant rendue le jour de la fête de ce saint. = Mort de saint Jérôme, Florence. — L'Archange saint Michel, Dresde. — Raphaël et le jeune Tobie, *ib.* = Dessin savant; invention originale, expresssion assez naturelle, coloris vrai, draperies heureuses.

Starrenberg ou **Sterrenberg** (Jean). E. H. ' 1670. GRONINGUE. Portrait, tapisseries, plafonds, ornements, etc. = Il vécut longtemps avec J. De Wolf, dont il était l'intime ami. = Comme il ne faisait qu'esquisser ses ouvrages, on finit par l'employer aux ornements de salon. Ordonnance riche et variée.

Stattler. * XIXe siècle. CRACOVIE. Histoire. = Peintre polonais.

Staub (André). E. Al. * 1837. Miniature et aquarelle.

Staveren (Jean-Adrien Van). E. H. * XVIIe siècle (?). AMERSFOORT, Histoire, intérieurs et allégories. = Il a peint beaucoup de moines en prière. = Un géographe dans son cabinet, Paris. — Vieillard méditant dans une grotte, Amsterdam. — Un ermite, *ib.* (Mus. V. D. Hoop. — La couseuse, Copenhague = Saint Jérôme priant, *ib.* = Il imita Gérard Dou; du caractère, de l'expression, du fini.=Ventes : V. Meffre (1863) *Adoration des bergers*, 2330 fr. — V. Delessert (1869) *Saint Pierre en prison*, 305 fr.

Staveren (Gisbert Van). E. H. 1790. ALPHEN (Rhin). Fleurs et fruits.

Steen (Jean). E. H. 1626 (?)-1679. LEYDE. Intérieurs et scènes de cabaret. = Elève de Nicolas Knupfer d'Utrecht, puis d'Adrien Van Ostade, à Haarlem, et enfin, à La Haye, de J. Van Goyen dont il épousa la fille. Presque tous les biographes, à l'exemple de Houbraken et de Weyerman, ont flétri ce peintre, en disant qu'il avait passé sa vie dans la débauche et l'ivrognerie. Ces accusations sont dénuées de fondement; Jean Steen a eu une carrière assez courte, et pourtant il est parvenu à un haut degré de perfection et il a exécuté un grand nombre de tableaux. Il était brasseur en même temps que peintre, et probablement l'état qu'il professait a donné lieu aux calomnies dont on a poursuivi son nom. En 1648, il entra dans la corporation des peintres de Leyde. En 1649 eut lieu son premier mariage. D'après plusieurs vieux auteurs, Jean Steen aurait dès lors demeuré plusieurs années à Delft; aucune trace de ce séjour n'avait pu être découverte; on devait donc, sans preuves, s'en rapporter à Weyerman et à Houbraken pour ce fait, lorsque, dans des recherches pour sa monographie de Paul Potter, M, van Westhreene découvrit, dans le registre des ventes de La Haye, de 1657, un article concernant les héritiers de Jean van Goyen, qui mentionne, entre autres : « Jean Steen, mari de Marguerite Van Goyen, brasseur au *Roskam* (à l'Etrille) à Delft.» Le séjour à Delft est donc clairement prouvé. On sait qu'il n'habita pas Leyde de 1649 à 1653, qu'il en partit de nouveau en 1658, sans avoir, pendant ce dernier intervalle, payé sa dette annuelle à la corporation. De nouveaux renseignements ont été fournis par le Dr Vander Willigen. Ce savant a trouvé son nom mentionné sur une liste de 1661, destinée au bedeau de la gilde de Saint-Luc, à Haarlem; puis un régistre de baptême catholique note le baptême de sa fille Elisabeth, à Haarlem, en 1662; elle mourut la même année. Marguerite Van Goyen elle-même y décéda en 1669. Enfin, dans le Mémorial des échevins de Haarlem, de 1670, est insérée une décision par laquelle on souscrit à la réclamation faite par un pharmacien, du chef de médicaments fournis à la défunte femme de Jean Steen. La somme due (10 fl. 5 s. 8 d.) fut imputée sur le produit

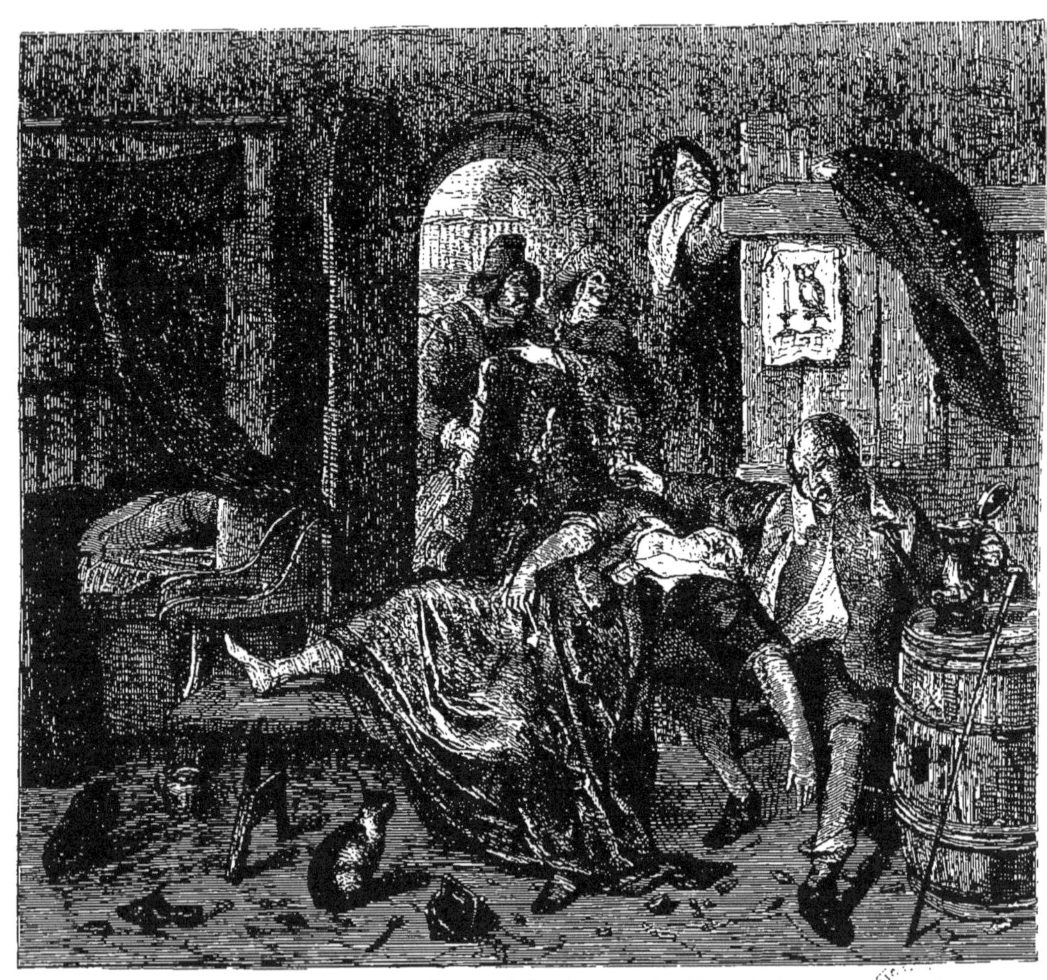

Après le festin. Par Jean Steen. Collection van der Hoop à Amsterdam.

d'une vente de tableaux ayant appartenu à Jean Steen et sur lesquels le pharmacien avait mis arrêt. Voilà donc une nouvelle résidence que l'on n'avait pas soupçonnée jusqu'à présent et où se passèrent pourtant des faits assez graves pour le peintre. Il est certain que quelque temps après la mort de son père, qui décéda en 1669, il retourna habiter Leyde dans une maison qu'il avait héritée et où il remit un peu ses affaires, auparavant dans le plus grand désordre. Il eut plusieurs enfants de Marg. Van Goyen ; l'un d'eux, Corneille, fut reçu dans la corporation des peintres, à Leyde, en 1680. Jean Steen appartenait à la religion romaine; en 1673, il se remaria avec la veuve d'un libraire nommé Herculens et née Marie Van Egmont; de ce second mariage, célébré à Leyderdorp, naquit un fils nommé Thierry ou Théodore qui paraît avoir été sculpteur et, en cette qualité, au service d'un prince allemand. On le voit, rien n'est parfaitement clair ni certain dans la biographie de Jean Steen ; cependant bien des erreurs ont déjà été redressées, et c'est aux recherches assidues de M. van Westrheene que l'on doit les données intéressantes acquises à l'histoire. (Voir : *Jan Steen. Etude sur l'art en Hollande*, par T. van Westrheene, wz. La Haye, Martinus Nyhoff, 1856. 1 vol. in-8°). = Portrait du peintre, Amsterdam. — Paysans revenant d'une fête, *ib.* — Paysanne nettoyant des meubles, *ib.* — Le pain chaud (Chef-d'œuvre), *ib.* — Tréteaux d'un charlatan de village, *ib.* — La fête de Saint-Nicolas (Chef-d'œuvre), *ib.* — La partie de trictrac, *ib.* — Noce campagnarde, *ib.* — Un médecin près d'une jeune fille malade, *ib.* (Musée V. D. Hoop). — Intérieur, *ib.* — Joyeuse compagnie, *ib.* — Les buveurs, *ib.* — Autre compagnie joyeuse, *ib.* — Les rhétoriciens, Bruxelles. — L'opérateur, *ib.* — La fête des Rois, *ib.* — L'offre galante, *ib.* — La famille du peintre, La Haye. — Scène de la vie humaine, *ib.* (Chef-d'œuvre). — Ménagerie, *ib.* — La jeune fille malade, *ib.* — Le médecin, *ib.* — Un dentiste, *ib.* — Visite à la malade, *ib.* — Fête de Saint-Nicolas, Rotterdam. — La fausse opération, *ib.* — Tobie, *ib.* — Vieillard taillant une plume, *ib.* — Kermesse de village, Londres (Buck. Pal.). — Le roi boit, *ib.* — Intérieur de cabaret, (Chef-d'œuvre), *ib.* — Femme sortant du lit, *ib.* — Le joueur de violon (Port. du peintre) et autres figures, *ib.* — Repos du voyageur, Montpellier. — Compagnie joyeuse, *ib.* — Buveurs à table, Nantes. — Les amours de Jean Steen, Rouen. — Intérieur, Francfort-sur-le-Mein. — Un chirurgien, *ib.* — Festin au Palais d'Assuérus, Saint-Pétersbourg. — Le médecin *ib.* — La conversation, *ib.* — Les noces, *ib.* — Le goutteux, *ib.* — Intérieurs, *ib.* — Paysans à table sous un treillage, Florence. — Le violoniste, *ib.* — Danse et banquet de paysans, Paris. — Paysans attablés dans un jardin, Berlin. — Noce villageoise, Vienne. — Intérieur d'une maison hollandaise avec figures, *ib.* — Une femme et son enfant, Dresde. — Noces de Cana, *ib.* — Combat de paysans, Munich. — Le médecin et la femme malade, *ib.* — Le contrat de mariage, Brunswick. — Compagnie joyeuse, *ib.* — La sérénade, *ib.* — La fête des rois, Cassel. — Scène d'auberge, *ib.* — Samson insulté par les Philistins, Anvers. — La noce de village, *ib.* — L'Avare surpris par la mort, Copenhague. — Entrée de Saül à Jérusalem, *ib.* = Pinceau facile, composition pleine de charme et d'effet, dessin correct. Génie inné pour la peinture; sentiment d'invention hors ligne ; harmonie, couleur, empâtement, esprit et touche également remarquables ; quelques-unes de ses toiles sont un peu négligées; dans ce cas, ses têtes sont vulgaires, ses personnages tiennent de la caricature, ses expressions sont exagérées et son coloris lourd et monotone. Ses meilleurs tableaux ont été peints de 1661 à 1668, pendant son séjour à Harlem où il fut probablement influencé par Van Ostade. On connait de lui deux eaux-fortes. = Ventes : V. Braamkamp (1771), *Une école*, 1,200 fl. — V. de Berry, (1837), *Les noces de Cana*, 13,500 fr. — V. Heris (1841), *L'indisposition*. 5,600 fr. — Même vente, *La noce*, 2,800 fr. — V, Perregaux (1841), *Le marché à la volaille*, 9,950 fr. — V. Guillaume II (1850), *La fête des Rois*, 3,000 fl. — V, d'Hane de Steenhuyze (1860), *La fête des Rois*, 5,050 fr. — V. Vander Schrieck (1861), *Noce de village*, 10,800 fr. — V. Van Cleef 1864), *Le théâtre de la foire*, 2,960 fr. — V. Oppenheim (1864), *Partie de cartes*, 7,350 fr. — V. Morny (1865), *Le contrat*, 5,000 fr. — V. de Brienen de Grootelindt (1865), *Un Intérieur*, 22,500 fr. — V. Herman de Kat (1866), *Le festin*, 6,800 fr. — V. San Donato (1868), *Moïse frappant le rocher*, 12,900 f.. — V. de Rhodes (1868), *Un intérieur joyeux*, 1800 fr. — V. Stevens (1867), *Le chirurgien de village*, 1,300 fr. — V. Delessert (1869), *Salus Patriae suprema lex esto*, 8,000 fr. = *La fête de Saint-Nicolas*, 2,200 fr. — V. Scharf (1876), *Assuérus et Esther*, (Composition de 16 figures) 13,000 fr.

Steen d'Alkmaar (Jean). E. H. * XVIIIe siècle. ALKMAAR. Genre et histoire. = Peintre de talent que l'on a parfois confondu avec le vieux Jean Steen, malgré la différence d'époque et de genre. = Coloris clair, pinceau habile.

Steen (Suzanne Van). E. H. * 1648. Genre. = Détails inconnus. Ne serait-elle pas la même que Suzanne Van Steenwyck ? (V. ce nom.) = Artiste de mérite.

Steen (Jean Vander). E. H. * 1770. Vues, etc. = Passa une grande partie de sa vie à Constantinople: il échangea son pinceau contre une épée, et, en compagnie de quelques anglais, se rendit aux Indes orientales sous le nom de Master Stone. Il mourut lieutenant d'artillerie, au service de la compagnie des Indes, au Bengale, avant 1784.

Steen (François Vander). E. Fl. 1604. ANVERS. Histoire. = Un accident qui lui arriva pendant son enfance, et qui le priva de l'usage d'une de ses jambes, détermina sa vocation pour la peinture. Il travailla pour l'archiduc Léopold et l'empereur Ferdinand III ; ce dernier lui assura une pension. = Il a laissé des gravures très estimées.

Steenback (le comte). V. Stenbock.

Steenbergen (Albert). E. H. 1814. HOOGEVEEN. Fleurs, fruits et oiseaux. = Elève de J. Van Ravenswaay.

Steene (François-Bernard-Jacques Van de). E. Fl. 1781-1849. BRUGES. Paysage. = Elève de Legillon; notaire de profession, il ne cultiva l'art qu'en amateur. = Paysage boisé, Bruges (Académie).

Steene (Aug. Van de), fils de François. E. Fl. 1803. BRUGES. Paysage et vues de ville. = Elève de Ducq.

Steener (Jean de). E. Fl. * 1440. GAND. Histoire. = Cet artiste a peint beaucoup de tableaux pour des béguinages, en Flandre. On l'a confondu avec Jean de Scoenere.

Steenhault (Augustine de). E. Fl. * 1843. Fleurs et fruits.

Steenlant ou **Steelant** (Jean Van). E. Fl. * XVe siècle.= Peintre à Gand ; travailla à Bruges, en 1468, et à Gand, en 1488.

Steenree (Guillaume). E. H. 1600 (?). UTRECHT. Genre. = Neveu et élève de Poelenburg. = Imita la manière de son oncle.

Steenwinckel (Gérard). E. Fl. * XVIIe siècle. Animaux. = Inscrit en 1631-32 comme élève de Mathieu Musson, dans les archives de Saint-Luc. En 1640, il alla à Copenhague où le roi Chrétien et sa cour l'honorèrent de leur bienveillance.

Steenwinkel (Henri). E. H. * XVIIe siècle. Histoire, genre, etc.=Un des meilleurs élèves de Jean Verkolje; outre son talent original, il en avait un tout particulier à imiter celui des autres peintres. = Episode de la Jérusalem délivrée, effet de lumière, Salzthalen.

Steenwyck (Henri Van), le Vieux. E. H. 1550 (?)-1604 (?). STEENWYCK. Histoire, intérieurs et architecture. = Elève de Jean-Fredeman De Vries. En 1577, il est inscrit comme franc-maître peintre dans les registres de Saint-Luc, à Anvers. Il mourut à Francfort sur-le-Mein, où il s'était établi après avoir demeuré dans les Flandres et dans le Brabant. Quelques auteurs le font mourir en 1603, ce qui est impossible, puisque Vienne possède de lui un tableau daté de 1604. = Bâtiments, avec figures de J. F. De Vries, La Haye. — Vue d'une église catholique à la lueur des chandelles, Amsterdam. — Palais de Didon ; Enée présenté à cette princesse, Londres. — Intérieur d'église gothique pendant la nuit, Vienne. — Délivrance de saint Pierre, *ib.* (Daté de 1604). — Intérieur d'église gothique avec figures, *ib.* — La prison de saint Jean-Baptiste (Figures de F. Franck, le Vieux), Florence. — Intérieur d'église, Bruxelles. = Ce peintre avait beaucoup de mérite ; ses tableaux étaient recherchés. Breughel de Velours a peint des figures dans ses tableaux, ainsi que plusieurs membres de la famille des Franck. Belle perspective linéaire et aérienne; effet un peu dur. Il est le premier qui représenta des effets de lumière dans des intérieurs d'église.

Steenwyck (Henri Van), le Jeune, fils de Henri, le Vieux. E. H. 1580 ou 1589(?)-1648(?). AMSTERDAM. Histoire, genre, architecture, etc. = Elève de son père. Il travailla d'abord à Anvers où J. Breughel, Van Thulden, Stalbent et d'autres étoffèrent ses tableaux. Mort à Londres où Charles Ier l'avait appelé. Après la mort de ce peintre, sa veuve vint s'établir à Amsterdam où elle peignit des vues d'après nature. Les biographes se trompent en donnant pour date de la mort de ce peintre 1640, puisqu'un de ses tableaux, à Berlin, porte l'année 1642. On croit que son décès eut lieu en 1648. = Vue d'une place entourée de monuments, La Haye. — La délivrance de saint Pierre (Double), Vienne. — Intérieur d'église avec figures, *ib*, — Jésus-Christ mené chez le grand-prêtre, Madrid. — Saint Pierre en prison, Londres. — Intérieurs d'église, Paris. — Jésus chez Marthe et Marie (Figures de Poelenburg), *ib.* — Les prisonniers, Berlin (Signé : H. V. Stein : 1642). — Architecture dans les portraits de Charles Ier et de la reine Henriete-Marie, Dresde (Attribué). — Intérieur d'église gothique, *ib.*—Deux autres intérieurs d'église, *ib.* — Intérieur d'église gothique, Copenhague. = Ses sujets sont le plus souvent allégoriques; belle couleur, beaucoup d'effet. Van Dyck l'employa, dit-on, pour les fonds d'architecture de ses portraits. = Ventes : V. Wassenaer d'Obdam (1750), *Une église catholique*, figures de Breughel de Velours, 365 fl.— V. Choiseul (1772), *Une cathédrale*, avec figures de Pourbus, 2,000 liv. — V. Conti (1777), *Intérieur d'église*, figures de Pourbus, 1,940 liv.

Steenwyck (Suzanne Van). E. H. * XVIIe siècle. Histoire. = On la cite comme étant cette veuve d'Henri Van Steenwyck, le Jeune, qui fut elle-même artiste. Nous pensons que cette Suzanne est la même personne que Suzanne Van Steen (V. ce nom).

Steenwyk (Nicolas). E. H. 1640-1698. BRÉDA. Nature morte, instruments de musique, livres, etc. = Mort dans la plus grande misère. Nous croyons que ce peintre ne fait qu'un avec le soi-disant Pierre Steenwyk cité par le catalogue de Madrid. = Composition agréable; beaucoup de vérité et de justesse.

Steenwyk (Pierre). E. Fl. * XVIIe siècle Histoire, allégories. = Etabli à Bréda, où il menait une vie très déréglée; il choisissait presque toujours, pour sujets de ses tableaux, les emblèmes de la mort. Cet article est extrait du catalogue du Musée royal, à Madrid, seul livre où nous ayons trouvé le uom de cet artiste. = Emblèmes de la mort, Madrid.

Stefani (Thomas de). E. I. 1230. NAPLES. Histoire. = Contemporain de Cimabuë; protégé par Charles I^r, roi de Naples, de préférence à ce dernier maître; jouit également de la faveur de Charles II.

Stefanischi (Jean-Bapt.). E. I. 1582-1659. RONTA, (Florentin). Portrait et miniature. = Elève d'A. Commodi. Ermite au Monte Senario. = Excella dans la miniature.

Stefano. E. I. * XVe siècle. FLORENCE. Miniature. = Elève de Gherardo. = Abandonna la peinture pour l'architecture.

Stefano de Ferrare. E. I. † 1500 (?). FERRARE. Histoire, portrait. = Elève du Squarcione. Ami d'André Mantegna; on pense que son nom de famille était *Falsagonelli*. = Beaucoup de mouvement et de correction.

Stefano de Verone ou **Stefano de Zevio.** E. I. * 1450. VÉRONE ou ZEVIO. Histoire, portrait. = Elève d'Ange Gaddi; laissa de nombreux et remarquables ouvrages à Mantoue et dans sa patrie; son frère, Giovan' Antonio, resta dans la médiocrité, ainsi que le fils de ce dernier, nommé Jacopo. = Habile fresquiste; poses hardies, expression gracieuse dans les têtes. On voit, dans presque tous ses tableaux, un paon qu'il avait adopté pour signature. Quelques auteurs, et Vasari entre autres, citent un peintre nommé Sebeto de Vérone qui n'est autre que Stefano; la ville de Zevio portait autrefois le nom de *Zebetum*. C'est ce qui les a induits en erreur.

Stefano. V. Lapo (Et.).

Stefanone. E. I. † 1390 (?). Histoire. = Elève de maître Simon; travailla avec Gennaro di Cola. = De l'imagination, pinceau hardi et ferme, figures spirituelles.

Steffeck. E. Al. * 1838. BERLIN. Genre et paysage. = Chevaux dans un paysage.

Steffelaer (Corneille). E. H. 1797-1861. AMSTERDAM. Paysage. = Elève de Kobell. Mort à Haarlem. = Graveur.

Steffens (Charles-Henri). E. Al. 1801. POSEN. Histoire, portrait. = Elève de Wach. = Adam et Eve chassés du paradis.

Steffens (Louise). E. H. 1841-1865. LA HAYE. Genre. = Etablie à Bruxelles où elle mourut.

Steinbruck (Edouard). E. Al. 1802. MAGDEBOURG. Histoire = Elève de Wach. = Chute d'Adam et d'Eve. — Agar.

Steiner (Gaspard). E. Al. 1734. WINTERTHUR. Portrait. = Détails inconnus.

Steiner (Jean-Conrad), E. Al. 1757. WINTERTHUR. Paysage. = Style imitant celui de S. Gessner. = Graveur.

Steinfeld (François). E. Al. 1787. VIENNE Paysage. = Paysage, Vienne.

Steinfeld (Guillaume), fils de François. E. Al. * 1837. Paysage.

Steinfurth (Hermann). E. Al. 1823. HAMBOURG. Histoire. = Commença ses études à Dresde et se perfectionna à Dusseldorf, à Munich et en Italie. = Diane surprise par Actéon, Hambourg.

Steingrübel. E. Al. * 1837. Paysage. = Vue d'Italie.

Steinheil (Louis-Charles-A.). E. Fr. 1814. STRASBOURG. Histoire. = Elève de Decaisne. = Peintures murales dans la Sainte-Chapelle du palais de Justice à Paris.

Steinkopf (Frédéric-Théophile). E. Al. 1779. STUTTGARD. Paysage.

Steinla (Maurice). V. Muller dit : Steinla.

Steinle (Edouard). E. Al. 1810. VIENNE. Histoire. = Fresques, Cologne (Musée). — Saint Luc peignant la Vierge, Vienne. = Fresques, Strasbourg.

Stella (François **Van der Star,** dit), le Vieux. E. Fl. 1563-1605. MALINES. Histoire. = Mort à Lyon, où il exécuta un grand nombre de tableaux. Son père, nommé Jean, naquit à Malines, en 1525, se retira à Anvers sur la fin de sa vie et y mourut, en 1601. Il fut la souche des nombreux peintres de ce nom et peintre lui-même. = Descente de croix, Lyon. — Christ au tombeau, *ib.*

Stella (Fr. **Van der Star,** dit), le Jeune, fils de François, le Vieux. E. Fr. 1603 (?)-1647. LYON (?). Histoire. = Suivit son frère Jacques dans tous ses voyages et ne le quitta que pour se marier à Paris; son mariage lui occasionna une foule de procès qui le détournèrent de la peinture et le conduisirent au tombeau. = Même style que son frère; moins de force.

Stella (Jacques **Van der Star,** dit), fils de François, le Vieux. E. Fr. 1596-1657.

LYON. Histoire, portrait, etc. = Se rendit jeune en Italie; employé par le grand-duc Côme II; partit pour Rome en 1623, et y reçut les conseils du Poussin; appelé en Espagne par le roi de ce pays, il était prêt à s'y rendre lorsque les injustes accusations de ses ennemis le firent mettre en prison; aussitôt que son innocence fut reconnue, il se hâta de retourner en France; nommé peintre du roi par le cardinal de Richelieu, il reçut le cordon de Saint-Michel, en 1645 = Jésus-Christ recevant la Vierge dans le ciel, Paris. — Minerve chez les muses, *ib.* — Moïse retiré du Nil, Saint-Pétersbourg. — Sainte Famille, *ib* = Manière agréable et fine; imita le Poussin avec bonheur; excellait dans les jeux d'enfants, la perspective et l'architecture; dessin assez correct; coloris de pratique et parfois trop rouge; son grand défaut est la froideur; pinceau fin. Graveur. = Ventes : V. Randon de Boisset (1777), *Sainte Famille*, 930 fr. — V. Conti (1777), *Sainte Famille avec des anges*, 1,721 liv. — V. Thevenin (1810), *La Vierge et l'enfant Jésus endormi*, (vendu 3,000 liv. à la vente Conti), 321 fr.

Stella (Antoine **Boussonnet**), neveu de Jacques et de François. E. Fr. 1637 (?)-1682. LYON. Histoire. = Elève de son oncle Jacques; eut beaucoup de succès dans sa ville natale, ainsi qu'à Paris; admis à l'Académie de peinture en 1666. Il fit beaucoup de tableaux pour les églises de province. Un document français le fait naître en 1634. = Imita parfaitement la manière de son maître; pinceau agréable. Graveur.

Stella (Antoinette **Boussonnet-**), nièce de Jacques et de François. E. Fr. 1635-1676. LYON. = Elève de son oncle Jacques; morte à Paris des suites d'une chute. = Cultiva la gravure avec succès.

Stella (Claudine **Boussonnet-**), nièce de Jacques et de François. E. Fr. 1634-1697. LYON. = Elève de son oncle Jacques; montra un talent réel pour la peinture, mais acquit beaucoup plus de célébrité comme graveur. Morte à Paris.

Stella (Fermo). E. I. ' 1502. CARAVAGGIO. Histoire. = Elève de Gaudenzio Ferrari.

Stella. V. Stern.

Stellingmerk ou **Stellingwerf** (G. Van). E. H. ' 1657. Histoire, portrait. = Détails inconnus. = Portraits de régents, Amersfoort.

Stenbock (le comte). E. Al. ' 1836. REVAL. Genre. = Famille de brigands.

Stephan (maître) **de Cologne.** V. Lothener.

Stephan (Joseph). E. Al. † 1786. MUNICH. Paysage, gibier et nature morte. = Elève de Watterschott. = Graveur.

Stephanoff (James). E. An. ' XIXe siècle. Genre et aquarelle.

Stephanus (Jean). V. Calcar.

Sterbeeck (François Van). E. Fl. 1630-1693. ANVERS. Histoire naturelle. = Botaniste très distingué et bon architecte. Il était dans les ordres.

Steri (A.). E. Fl. ' XIXe siècle. Histoire. = Détails inconnus.

Stern (Ignace), dit **Stella,** en Italie. E. Al. 1698-1746. BAVIÈRE. Histoire. = Elève de Charles Cignani, en Italie. Après avoir longtemps voyagé, il se fixa à Rome, où il mourut. = Annonciation, Plaisance. — Vierge allaitant, Vienne.

Sternberg. E. R. ' XIXe siècle. Paysage et genre.

Stessinwinckel. E. Al. DANEMARK. Histoire. = Célèbre par le tableau des 7 planètes qu'il peignit sur un plafond du palais de la reine.

Stettler (Guillaume). E. Al. † 1708. BERNE. Miniature. = Reçu dans le grand conseil en 1680. = Dessinateur et médailleur.

Steuben (le baron Charles de). E. Fr. 1788-1856. BAUERBACH (Duché de Bade). = Histoire, portrait. = Son père émigra en Russie où le jeune homme reçut ses premières leçons. Envoyé à Paris, il y devint élève de R. Lefèvre et de Gérard. Mort à Paris. = Pierre le Grand sauvé par sa mère de la fureur des Strélitz (Luxembourg). — Saint Germain recevant les aumônes de Childéric. — Bataille de Tours, Versailles. — Jeanne la folle, Lille.

Steuben (Eléonore ... Mme), femme de Charles. E. Fr. ' 1827. PARIS. Portrait. = Elève de R. Lefèvre.

Steuben, fils. E. Fr. ' 1840. Genre. = Episode de la vie de Milton.

Steur (Gérard Vander). E. H. = Cité incidemment par Houbraken, comme résidant à Alkmaar, sans désignation de date.

Steuven. V. Stuven.

Steurwald (Guillaume). E. Al. ' XIXe siècle. QUEDLINBOURG. Paysage.

Stevaert (François). E. Fl. ' 1635 MALINES. Histoire. = Elève de David Herregouts, en 1627. Son père, Jone, était également peintre et mourut de la peste en 1625. Ce Jone avait, en 1614-1615, fourni les plans pour l'ornementation de la salle d'audience du Grand Conseil, à Malines, ainsi que pour les petites salles de la même cour, au nouveau Palais.

Stevens (Alfred), frère de Joseph. E. Fl. 1828. BRUXELLES. Genre. = La dame rose, Bruxelles. — Miss Fauvette. — Douloureuse certitude.

Stevens (Joseph), frère d'Alfred. E. Fl.

1820. Bruxelles. Animaux. = Un temps de chien. — La lice et sa compagne.

Stevens (Antoine-Palamède), frère de Palamède. E. H. * 1646. Delft. = Histoire, portrait, intérieurs et genre. = Son père, Palamède Stevens (Fils d'Etienne) était sculpteur en pierres fines à Delft. En 1621, le fils fut admis dans la corporation de St-Luc, de cette ville; il y occupa des charges de 1653 à 1673; en 1673, il en fut doyen pour la dernière fois. D'après quelques auteurs, il serait né en 1604 et mort en 1680. = Salle du Binnenhof à La Haye pendant la grande assemblée des Etats généraux, en 1651, La Haye (Architecture de Van Delen, figures de Stevens). — Portrait d'une jeune fille, Berlin. — Combat de cavalerie et d'infanterie, *ib.* — Soldats dans une ferme, *ib.* — Concert, *ib.* — Partie de plaisir, Francfort-sur-le-Mein. — Portrait d'homme, Bruxelles. — Fête publique, Copenhague. = Effet agréable; bonne manière; beaucoup d'originalité dans l'ordonnance et la façon de peindre. = Ventes : V. Rocheb... (1873). *Intérieur : trois hommes et quatre dames*, 2,750 fr.

Stevens (Palamède), frère d'Antoine. E. H. 1607-1638. Londres. Batailles, portraits. = Stevens, le père, fut appelé à la cour de Jacques d'Ecosse; il s'y occupa quelque temps et ce fut pendant ce séjour que naquit son fils Palamède. Celui-ci fut élevé à Delft où il continua à résider. En 1627, il y fut reçu franc-maître de Saint-Luc et fût probablement devenu bon peintre, si une mort prématurée ne l'eût arrêté au milieu de ses travaux. = Combat de cavalerie et d'infanterie, Vienne. — Combat de cavalerie, Dresde. — Même sujet, Munich. — Le repas champêtre, Berlin. — Intérieur de corps de garde, Copenhague. = Il imita la manière d'Isaac Van de Velde. Inférieur à son frère.

Stevens (Jean), dit **De Cuypere.** E. Fl. * xive siècle. Ce peintre est cité comme fils d'André et *pingerer*, en 1395. André lui-même est connu comme ayant été peintre de la ville d'Anvers et organisateur de ses fêtes. Cet André doit être mort en 1431. En 1378, demeurait au Vieux Marché aux Grains, à Anvers, un peintre nommé Jean de Cupere; on le nommait ordinairement Jean Stevens. C'est évidemment du même personnage qu'il s'agit.

Stevens (Jean). E. H. † 1722. Paysage avec petites figures. = S'établit à Londres et y mourut.

Stevens (Antoine). E. Fl. * 1570. Malines. Histoire. = D'après M. Neefs il fut reçu franc-maître de Saint-Luc, à Malines, en 1560. Antoine est le chef d'une nombreuse famille d'artistes. Sa fille Jeanne épousa vers 1580 le peintre Maurice Moreels, le vieux. Leur fils, nommé également Maurice, cultiva l'art à son tour.

Stevens (Jacques), le vieux, fils d'Antoine. E. Fl. * 1600. Malines. Histoire. = Peignit des arcs de triomphe pour la ville de Malines. Il habita Anvers où il reçut la franc-maîtrise en 1589; la même année il se mariait à Malines où il reçut un élève en 1614. Il mourut avant 1630, laissant neuf enfants, dont deux furent peintres.

Stevens (Jacques), le Jeune, fils de Jacques le vieux. E. Fl. 1593-1662. Malines. Histoire. = Elève de son père. Se maria à Malines une première fois en 1620; sa femme lui fut enlevée par la peste, en 1626. Il se remaria la même année avec sa pupille Agnès Bisschops, enfant unique et orpheline d'un peintre du prénom de Henri.

Stevens (Jean), fils de Jacques, le Vieux. E. Fl. 1595- vers 1627. Malines. Histoire. = Il était membre de la gilde de Saint-Luc; en cette qualité, il signa une pétition, en 1619. A l'époque du décès de son père, il habitait Anvers.

Stevens ou **Steevens** (Pierre), fils d'Antoine. E. Fl. 1540-1604. Malines. Histoire, paysage. = Au temps de Charles Van Mander, Stevens était peintre de l'empereur Rodolphe II et demeurait à Prague. En 1600 il revint dans sa ville natale et y peignit quatre vues gravées par Egide Sadeler en 1620 sous le nom des *Quatre saisons*. D'après un auteur allemand, Stevens s'établit à Prague en 1590. Son fils Pierre le jeune, éteit peintre et graveur à Prague. Son petit-fils, Antoine, dit Stephani, fut habile peintre à l'huile, se fixa à Prague en 1644 et y mourut en 1672. On le nomme aussi Stevens de Steinfels. Un fils de celui-ci peignit à fresque et mourut au commencement du xviiie siècle. On croit que ce dernier fut père de Jean-Jacques Steinfels ou Stevens, qui peignit en 1695-1698 au couvent de Waldsassen, en Bavière, et fut aussi graveur. Enfin on cite encore un excellent peintre du nom de Paul Stevens et qui travailla à Prague en 1674. Ajoutons encore que l'Allemagne conserve le souvenir de Jean-Michel-Chrétien Stephane, peintre à Leipzig, en 1720, et d'un Pierre Stephens, sans doute d'origine anglaise et auteur du portrait de la reine Marie-Béatrice d'Angleterre. Notre Stevens ou Steevens est connu en Allemagne sous le nom de *Stephani*, signature qu'il avait adoptée. = Paysage : Chasse au cerf, Vienne. = Bon dessinateur. Pierre Stevens était l'oncle de Maurice Moreelse le jeune, qui étudia auprès de lui à Prague. Graveur.

Stevens (Richard). E. H. * 1586. Portrait.

= Sculpteur, architecte, médailleur et peintre. Etabli en Angleterre, sous le règne d'Elisabeth.

Stevens (François Van). E. Fl. ' XVIIIe siècle. LIERRE. Paysage. = Elève de l'Académie d'Anvers, en 1791.

Steyaert (Antoine). E. Fl. 1765-1863. BRUGES. Histoire, clairs de lune, etc. = Elève de l'Académie de Bruges et professeur à l'Académie de Gand, où il s'était établi. Mort dans cette ville. = Ruines d'un temple gothique, Haarlem. — Saint Antoine prêchant à Limoges, Gand (Eglise de Saint-Nicolas).

Steyn (J.). E. H. 1805-1840. Miniature. = Travaillait à Amsterdam.

Stieler (Joseph). E. Al. 1781-1858. MAYENCE. Portrait. = Elève de Fæsel et de Füger. Mort à Munich, peintre de la cour de Bavière. = Portraits des plus belles femmes de la Bavière. — Portraits de la cour de Bavière, Munich. — Portrait de Goethe, *ib.*

Stiemart (François). E. Fr. † 1740. DOUAI. Portrait, décors, etc. = Décorateur du Louvre et garde des tableaux du roi. Nommé de l'Adémie, en 1720.

Stilke (Hermann). E. Al. † 1860 BERLIN. Histoire, portrait. = Elève de P. Cornelius. = Pèlerins au désert. — Croisés en vedette. — Judith et Holopherne.

Stille (Hermine). E. Al. 1810-1869. Fleurs. = Femme de talent.

Stimmer (Abel). E. Al. ' XVIe siècle. SUISSE (?). Histoire, portrait. = Peintre sur verre. = On voyait de lui, en Suisse, de fort beaux vitraux.

Stimmer (Tobie). E. Al. 1534. SCHAFFOUSE. Portrait, histoire. = L'histoire de ses premières années est fort obscure; travailla à Francfort-sur-le-Mein et à Strasbourg; appelé à la cour du margrave de Bade; mourut à Strasbourg dans la vigueur de l'âge. Rubens a fait son portrait. = Bonne ordonnance, dessin noble et satisfaisant; imitation exacte de la nature. Selon la mode de son époque, il décora à fresque les façades de beaucoup de maisons à Strasbourg, à Francfort et dans sa ville natale. Ses peintures à l'huile sont très rares. Deux de ses frères cultivèrent la peinture : Abel, comme peintre sur verre; Josias, né en 1555, peignit à l'huile.

Stobbaerts (B.-L.). E. Fl.' 1852. Paysage, animaux, etc. = La cuisine.

Stobbeleere (L.). E. Fl. ' 1843. Paysage.

Stober (François). E. Al. 1760-1834. VIENNE. Vues et paysage. = Détails inconnus. = Vue à Spire, Vienne.

Stobwasser (Gustave). E. Al. ' 1835. BERLIN. Histoire. = Elève de Wach.

Stock (Jean Vanden). E. H. ' XVIIe siècle. Oiseaux. = Un des quarante-sept artistes qui, en 1656, fondèrent la société *Pictura*, à La Haye.

Stock (Ignace Vanden). E. Fl. ' 1670. Paysage. = Reçu franc-maître de Saint-Luc, à Bruxelles, en 1660. Il donna des leçons à Adrien-François Boudewyns. Jouissait d'une bonne réputation. = Fut également graveur.

Stock ou **Stok** (Jacques Vander). E. H. 1794-1864. LEYDE. Paysage. = Elève d'A.-J. Besters. Mort à Amsterdam.

Stock ou **Stok** (Jacqueline Vander), fille de Jacques. E. H. ' 1840. Fleurs. = Elève de son père.

Stock (Jean Vander). E. Fl. ' XVIIe siècle. ANVERS. Histoire. = Cité par F. Bogaerts. Elève de Rubens.

Stockman (Jean). E. H. † 1670. HAARLEM. = Reçu dans la corporation de Saint-Luc, en 1637, il en fut secrétaire en 1651.

Stockman (Léonard), fils (?) de Jean. E. H. ' XVIIe siècle. HAARLEM. = Inscrit dans la corporation de Saint-Luc en 1670. Un fils de Jean, nommé Léonard, fut baptisé en 1641; il est probable que c'est celui-ci.

Stockmann (A.). E. Al. ' 1855. Genre. = Etabli à Munich. = Le mendiant importun, Hambourg.

Stocquart (Ildephonse). E. Fl. 1819. GRAMMONT. Paysage, animaux et genre. = Elève de Ducorron et d'E. de Block. = Environs de Grammont. — La chapelle au bois.

Stoer (Laurent). E. Al. ' 1556. AUGSBOURG. Portrait. = Graveur.

Stoffels (Léonard). E. H. ' XVIIe siècle. = Maître-peintre et bourgeois de Haarlem en 1651.

Stokade. V. Helt-Stokade (de).

Stokvisch (Henri). E. H. 1767-1820. LOENERSLOOT. (Utrecht). Paysage, animaux. = Se rendit jeune à Amsterdam pour y étudier la peinture et s'occupa quelque temps dans la fabrique de tapisseries de J.-C. Schutsz. = Paysage avec animaux, Amsterdam.

Stolker (Jean). E. H. 1724-1785. AMSTERDAM. Portrait, genre. = Elève de Quinkhard; passa neuf années à La Haye, puis alla s'établir à Rotterdam. = Les régents de la corporation des marchands de vin, Rotterdam. — Portrait d'homme, *ib.* = Grand dessinateur; fit beaucoup de tapisseries qui sont spirituellement ordonnées et touchées avec un pinceau habile. Graveur.

Stolker (P.). E. H. ' 1775. Portrait. = On le croit fils de Jean Stolker; florissait à Rotterdam. = Bon artiste pour l'époque.

Stoltz (Jos.). E. Al. ' XIXe siècle. Genre. = La veuve et la famille de l'officier à l'église, Munich.

Stolzlin (Jean). E. Al. * 1520. ULM. = Détails inconnus.

Stom ou **Stomer** (Jean-Baptiste). E. Fl. Histoire. = D'après Nagler, il est erronément nommé Mathieu par Domenici; le même auteur dit qu'il s'occupa longtemps à Naples et qu'il fut nommé Stomo en Italie. On ne cite aucune date. D'après Domenici, il aurait déployé un beau talent dans plusieurs ouvrages, à Naples et à Milan.

Stom ou **Stohom** (Mathieu). E. Fl. * XVIIe siècle. Histoire. = Travaillait en Italie, dans la première moitié du XVIIe siècle. Nagler dit qu'il fut le second maitre de Jean Van Houbraeken; établi à Messine, en 1640.

Stomme. V. Avercamp (Van).

Stone (François). E. An. 1798-1859. Aquarelle.

Stone (Henri), dit **Old Stone.** E. An. † 1655. Portrait. = Fils d'un statuaire, sa vocation l'entraîna vers la peinture. Visita l'Italie et y étudia d'après les grands maîtres. = La famille Cornaro, d'après le Titien, Londres. = Imitateur habile de Van Dyck.

Stone (Marc). E. An. 1840. LONDRES Histoire. = De Waterloo à Paris. — Le refus.

Stoobe (Jean Henri). E. Al. * XIXe siècle. KŒNIGSBERG. Portrait.

Stoof (Guillaume-B.). E. H. 1816. UTRECHT. Histoire et genre. = Elève de C. Kruseman. = Recours à la clémence du prince Maurice. — Retour d'un voyageur.

Stoom (Mathieu). E. H. 1643-1702. HOLLANDE. Batailles et paysage. = Elève de Jules Orlandini. Mort à Vérone. = Champ de Bataille, Dresde. — Combat entre des Européens et des Asiatiques, *ib.* — Voyageurs attaqués et pillés, *ib.* — Les côtes de la mer, débarquement de soldats, *ib.* — Combat de cavalerie, *ib.* = Peintre de mérite.

Stoop (Corneille). E. Al. 1606 (?). HAMBOURG. Paysage avec figures. = Détails inconnus. = Grotte avec figures, Dresde.

Stoop (Jean-Pierre). E. H. 1612. HOLLANDE. Paysage et batailles. = On le dit frère de Thierry, et l'on croit qu'il s'est occupé en Angleterre, en même temps que son frère.

Stoop (Thierry). E. H. 1610 (?)-1686. DORDRECHT (?). Chevaux, batailles et paysage. = Il visita Lisbonne et y résida; en 1662, il suivit l'Infante de Portugal en Angleterre, avec le titre de peintre de la cour. Son talent eut beaucoup de succès dans ce pays. Il en revint en 1678. D'anciens documents constatent qu'en 1652 il habitait Utrecht, ville qu'on lui donne parfois pour patrie. On pense qu'il visita aussi l'Italie, = Paysage d'Italie, Bruxelles. — Halte de postillon, *ib.* — Combat de cavalerie, Berlin. — Turc à cheval et autres figures, *ib*, — Un homme entouré de chiens de chasse, Dresde. — Rendez-vous de chasse, Copenhague. = Bon dessin; composition remarquable; on a de lui quelques gravures. = Ventes : V. Pauwels (1873), *Le cheval pie*, 1,200 fr.

Stoop (Roger). E. Fl. * XVe siècle. = Maître peintre verrier, à Gand. Exécuta pour l'église collégiale de Sainte-Pharaïlde, à Gand, trois verrières, en 1433 : Le Christ en croix, les armoiries de Philippe le Bon et celles d'Isabelle de Portugal.

Stoop (C. de). E. Fl. 1827-1864. Paysage.

Stoop (Guillaume Vander). E. H. * 1638. = Peintre sur verre, à Utrecht.

Stooter (Léonard). E. Fl. 1692. LEYDE. Paysage. = Reçu franc-maître de Saint-Luc, à Anvers, en 1656-57 et bourgeois de la même ville, en 1658. Fixa son séjour à Anvers; s'y maria et y mourut. = Il existe de lui un tableau étoffé par Teniers.

Stoppel. E. Al. * 1837. Portrait en miniature.

Storelli (Félix-Ferdinand-M.). E. I. 1778, TURIN. Paysage. = Elève de Palmerius. = Vue prise à Neuilly. — Vue du lac de Côme.

Storer (Christophe). E. Al. † 1671. COSTNITZ. Histoire. = Habita quelque temps Milan.

Storey (Georges A.). E. An. 1834. LONDRES. Genre, etc. = Elève de Leigh. = Le duo. — Vieux soldat.

Stork (Abraham). le Vieux. E. H. 1650 (?). AMSTERDAM. Marine et vues. = On sait peu de chose de cet artiste. On croit qu'il mourut entre 1708 et 1710. = Marine, La Haye. — Une plage, *ib.* — Combat naval, Paris. — Un rivage. La Haye. — Une mer calme, *ib.* — Combat naval, Berlin. — Le port d'Amsterdam, Dresde. — Marine, *ib.* — La Meuse, près de Rotterdam, Londres. — Port de mer italien, Rotterdam. — Pendant, *ib.* — Vue prise sur l'Y à Amsterdam, *ib.* — Deux marines, Amsterdam (Musée V. D. Hoop). — Vue du Dam et de l'ancien hôtel de ville d'Amsterdam, *ib.* — Marine : Temps pluvieux, Copenhague. = Dessin soigné. Pinceau excellent, couleur vraie. Ses tableaux fourmillent de figures. Imitateur de Bakhuizen, il fut loin de l'égaler pour le goût de la composition et l'élégance de la touche. On cite son portrait fait par lui-même. Graveur. = Ventes : V. Mecklembourg (1870) *Port de mer hollandais*, 900 fr.

Stork (Abraham), le Jeune. E. H. * XVIIIe siècle. Marine et vues. = On a des tableaux signés A. Stork et datés de 1742. = L'ancien port, à Rotterdam, Rotterdam. (Le catalogue du musée de cette ville donne à l'artiste le prénom de *Jean).*

Storms (Frédéric). F. Fl. * 1845. Histoire.

Storms (Jules). E. Fl. * 1845. Histoire.

Storto (Hippolyte). E. I. ' XVIe siècle. CRÉMONE. Histoire. = Élève d'Antoine Campi.

Stoskopf (Sébastien). E. Al. ' XVIIe siècle. STRASBOURG. Nature morte. = Élève de Daniel Soriau; habita quelque temps à Venise et à Paris.

Stothard. E. An. 1778-1821. ANGLETERRE. Histoire et monuments.

Stothard (Thomas). E. An. 1755-1834. LONDRES. Genre, histoire, ornements, paysage, etc. = Il perdit son père fort jeune et après avoir reçu sa première éducation dans le Yorkshire, il fut mis en apprentissage à Londres, chez un dessinateur pour étoffes; peu après il s'occupa d'illustrations pour livres et en exécuta beaucoup. En 1778, il devint élève de l'Académie royale, associé, en 1791, et membre en 1794. Nommé par Lawrence un des chapitaux de l'école anglaise. = Fête des vendanges, en Grèce, Londres. — Fête champêtre, *ib.* — Cupidon caressé par Calypso et ses nymphes, *ib.* — Diane et ses nymphes au bain, *ib.* — L'intempérance : Marc-Antoine et Cléopâtre, *ib.* — Bataille, *ib.* (Esquisse). — On cite comme sa peinture la plus remarquable le pèlerinage à Cantorbéry. = Sentiment doux et délicat; imagination riche. Graveur et dessinateur.

Stoure (Liévin de). ' XVe siècle. = Travailla, en 1468, aux entremets de Bruges.

Straaten (George Vander). E. Fl. ' 1556. Portrait et histoire = Travaillait, en 1556, à la cour de Lisbonne où il fut nommé Strata, Estrata et Estraten.

Straaten (Jean-Joseph-Ignace Van). E. H. 1766-1808. UTRECHT. Gibier. = Élève de C. Van Geelen. = Gibier mort dans un paysage, Rotterdam. = Peintre de mérite.

Straaten ou **Straaten** (Van) ou **Verstraeten** (Lambert). E. H. 1631-1712. Haarlem, Portrait, Histoire. = On désigne aussi ce peintre et son fils sous le nom de *de* ou *de la Rue*. Lambert était, non-seulement bon peintre, mais en même temps maître d'école.

Straaten ou **Straeten** (Van) ou **Verstraeten,** fils de Lambert. (Henri). E. H. 1665. (?) HAARLEM. Paysage. = Entré sous le nom de Van Straaten dans la Gilde de Saint Luc, à Haarlem, en 1687. D'après Fiorillo il se rendit en Angleterre en 1690 et y eût été bien reçu sans la légèreté de sa conduite. = Genre de Ruisdael.

Straaten (Lambert Henri Van). E. H. ' XVIIe siècle. HAARLEM. = Sans doute parent du précédent. Élève de Gilles Rombauts, en 1656. Membre de Saint-Luc, en 1657. Vivait encore en 1702.

Strack (Philippe-L.). E. Al. 1761-1836. HAYNA. Paysage et vues. = Élève et neveu de J. A. Tischbein. = Ruines du théâtre antique, à Taormina, Hambourg. — Ruines de Pœstum, *ib.*

Strada (Vespasien). E. I. ' 1595. ROME. Histoire = Mort à l'âge de trente-six ans, sous le pontificat de Paul V. — Miracles de saints, Rome. = Graveur.

Stradanus (Jean STRADAN. dit). E. Fl. 1536 (?)-1605. BRUGES. Histoire, vues, genre, batailles, chasses, allégories, etc. = Élève de son père, peintre peu connu, puis de Max. Franck, à Anvers; il travailla ensuite trois ans dans l'atelier d'un peintre hollandais, nommé Lungo. Quelque temps après, il partit pour l'Italie, en passant par Lyon où il fut employé, grâce à la protection de Cl. Corneille. Séjourna peu à Venise, se rendit à Florence et de là à Reggio et à Rome afin de se perfectionner dans cette dernière ville. Il y travailla avec le Salviati qui exerça une salutaire influence sur son talent, puis revint à Florence où Cosme de Médicis l'avait déjà distingué. Il reçut de nouvelles commandes de ce prince et fit un grand nombre de Cartons pour les tapisseries du palais. George Vasari fait un grand éloge de notre artiste. Stradan fut admis à l'Académie de Florence et travailla aux décorations du tombeau de Michel-Ange. On prétend que don Juan l'appela à Naples pour y peindre ses principaux faits d'armes et qu'il l'emmena en Espagne et dans les Pays-Bas. Ce fait n'a pas pu être prouvé. Son fils Scipion fut son élève, mais ne dépassa pas la médiocrité. Son épitaphe le fait mourir à 82 ans, ce qui donnerait l'an 1523 pour celui de sa naissance. Mais nous ne pouvons affirmer l'exactitude de ce document. = Laboratoire d'un alchimiste, Florence. — Circé métamorphosant les compagnons d'Ulysse, *ib.* — Repos des dieux dans une grotte, Vienne. — Flagellation, *ib.* — Le bon Samaritain, Bruges (Hôpital Saint-Jean). = Dessin correct, mais lourd: invention riche; bon coloris; belle ordonnance; un peu de manière; beaucoup de sentiment et d'expression. Manque de goût dans les personnages accessoires. Réussit très bien dans les batailles; chevaux bien étudiés.

Strachuber. E. Al. 1814 MONDSÉE, (Bavière). Histoire. = Jésus-Christ annoncé aux bergers.

Straeten ou **Verstraeten** (Nicolas Vander) E. H. 1680-1722. UTRECHT. Paysage. = S'établit à Londres et y mourut. = Artiste de mérite.

Strageli. E. I. ' XIXe siècle. ITALIE. Histoire. = Adieux de Napoléon et d'Alexandre, Versailles.

Stramot (N.). E. Fl. ' 1693. ANVERS (?).

Portrait. = Il a dessiné beaucoup de monuments pour divers ouvrages. Il eut un fils, Pierre, qui se maria à Anvers en 1659 avec Cornélie de Meulder. = Portrait de Van Steerbeck, Anvers. — Le jubilé de 16''. Louvain (Église Ste-Gertrude). Grande toile remplie de nombreux personnages qui doivent être des portraits.

Stranover (...). E. H. Fleurs, fruits et oiseaux. = Détails inconnus. = On croit que ce fut un amateur.

Straten (Bruno Van). E. H. 1786. UTRECHT. Paysage et vues de ville. = Blanchisserie près du rempart d'une ville, Rotterdam.

Straten (Jacques Van). E. H. 1747-1824. UTRECHT. = Travaillait à Amsterdam. = Outre le dessin et la peinture, il s'était créé une spécialité qui consistait à imiter la nature ou des tableaux avec une espèce de composition en poussière de marbre.

Strauch (Laurent). E. Al. 1554-1630. NUREMBERG. Histoire, portrait. = Elève de Jean Hauer; habita sa ville natale et Augsbourg. = L'Immaculée conception, Vienne.

Streater (Robert). E. An. 1624-1680. LONDRES. Tous les genres. = Fils d'un peintre obscur. Elève de Dumoulin, il est un de meilleurs artistes que l'Angleterre ait produits. Peintre du roi Charles II. = Le théâtre d'Oxford avait un plafond peint par lui dont on faisait un grand et pompeux éloge. = On a fait à ce peintre, surtout de son temps, une réputation trop grande. Robert Whitehal dit que la postérité sera plus redevable à Streater qu'à Michel-Ange lui-même. Graveur.

Streefkerk (C. Van). E. Fl. Genre. = Détails inconnus. = On cite un tableau très bien peint de cet artiste, représentant le bénédicité.

Streek (Juriaan Van). E. H. 1632-1678. Portrait, allégories et nature morte. = Mourut à Amsterdam. = Bon coloris, beaucoup de naturel.

Streek (Henri Van), fils de Juriaan. E. H. 1659. Intérieurs d'église. = Elève de son père et d'E. De Wit. = Intérieur d'une église protestante, Rotterdam. = S'adonna spécialement à la sculpture.

Streicher. E. Al. ' XVIIIe siècle. SALTZBOURG. Histoire, paysage, etc. = Donna des leçons au peintre Salomon Gessner.

Streidel. E. Al. ' XIXe siècle. Histoire.

Strense (Roland de). ' XVe siècle. = Travailla, en 1421, pour compte du duc de Bourgogne.

Stresi (Pierre-Martire). E. I. † 1620. Histoire. = Elève de J. P. Lomazzo. = Copia habilement les tableaux de Raphaël.

Strésor (Henri). E. Fr. ' XVIIe siècle. Portrait. = Cité par de Marolles. Allemand d'origine, il vint s'établir à Paris et y embrassa la religion catholique. Il eut de la réputation et fit le portrait de Louis XIV et ceux de plusieurs personnages de distinction. Il mourut d'accident, vers 1672.

Strésor (Sœur Anne-Marie-Renée), fille d'Henri. E. Fr. 1651-1713. PARIS. Miniature et histoire. = Reçue à l'Académie, en 1676 ou 1677. En 1687, elle entra au couvent de Notre-Dame de la Visitation, à Paris, après avoir été renommée dans le monde pour son esprit, sa grâce et ses talents. Elle dut apprendre à peindre à l'huile pour pouvoir être admise sans dot dans le monastère, fit de rapides progrès et remplit la maison de ses œuvres.

Strick (Pierre). E. Fl. ' XVIIIe siècle. Histoire. portrait. = Donna des leçons à Balthazar Beschey.

Striep (Chrétien). E. H. ' 1650. Fleurs, plantes et insectes. = Cité comme le maître d'Abr. de Heusch.

Stringa (François). E. I. 1635 ou 1638-1709. Histoire. = Les uns le font élève de L. Lana, les autres du Guerchin; surintendant de la grande galerie d'Este. = Grande fécondité, pinceau spirituel, hardi et prompt; ombres très chargées; figures trop longues.

Stroebant (Jean). E. Fl. ' XVe siècle. = Travailla, en 1468, aux entremets de Bruges.

Stroifi (D. Herman). E. I. 1616-1693. PADOUE. Histoire. = Elève de B. Strozzi; fondateur de la congrégation de saint Philippe de Néri, à Venise; mort dans cette ville. = Tomba dans l'excès du clair-obscur, mais imita habilement le Strozzi.

Stroobant (François). E. Fl. 1819. BRUXELLES. Vues de ville. = Elève de Lauters. = Une maison de charité, à Malines. — Le château de Heidelberg. — Vue de Bruges. — Anciennes maisons de la place de l'hôtel-de-ville à Bruxelles. Bruxelles (Musée).

Strozzi (Bernard), dit **le prêtre Génois** ou **Il Capucino**. E. I. 1581-1644. GÊNES. Histoire, portrait. = Né de parents pauvres. Elève de Pierre Sorri; entra fort jeune dans l'ordre des capucins; se fit connaître par des œuvres hardies et savantes, et put, par là, nourrir sa mère et sa sœur. Exécuta une belle fresque à la lueur d'une torche parce que le lieu n'avait pas d'ouverture d'où pût venir la lumière. N'ayant pas obéi à la cour de Rome qui le forçait de retourner au couvent, dont il était sorti, il fut pris et mis en prison dans son cloître; ses amis vinrent pour le délivrer la nuit, mais ils ne purent y réussir. Bernard demeura trois ans sous les verrous, puis, ayant un jour obtenu la permission d'aller voir sa sœur, il se vêtit d'habits séculiers et s'embarqua secrètement pour Venise où il fut protégé. Il travailla à Gênes, à Novi, à Voltri et à Venise. = Plusieurs demi figures, Rome. — Femme devant une table couverte d'instruments de musique, Dresde. — David vainqueur de Goliath, *ib.* — Bethsabée apportant à David la nouvelle de la révolte d'Adonia, *ib.* — La monnaie du tribut (Sur une porte), Florence. — Tobie recouvrant la vue, St-Pétersbourg. — Officier en costume de guerre, Berlin. — La monnaie du tribut, Munich. — Saint Antoine, Venise. — Saint Laurent Giustiniani, *ib.* — Saint Antoine, Paris. — La vierge et l'enfant, *ib.* — Saint Jean-Baptiste, Vienne. — Elie et la veuve de Sarepta, *ib.* — Portrait du doge François Erizzo, *ib.* — Le joueur de luth, *ib.* = Beaucoup de feu, de l'énergie, de la fécondité, mais beaucoup de désordre dans sa manière de composer. Dessin incorrect et souvent manquant de noblesse. On mit sur sa tombe : *Bernardus Strotius, pictorum splendor, Liguriæ decus, hic jacet.*

Strozzi (Zanobio). E. I. 1412. Histoire. = Elève de Fra de Fiesole ; né de parents nobles, il se distingua comme amateur. = Imita son maître.

Strudel (Jacques). E. Al. ' XVIIe siècle. ALLEMAGNE. = Détails inconnus.

Strudel (Pierre, baron Von), fils de Jacques. E. Al. 1648-1717. KHLOES (Tyrol). Histoire, allégories et fleurs. = Elève de son père et de Charles Loth. Protégé par l'empereur Léopold. Mort à Vienne, où il était premier directeur de l'Académie des beaux-arts, fondée en 1704 par l'empereur Léopold Ier. = Enfants jouant avec des fruits (Avec F. W. Tamm) Dresde. — Jupiter et Antiope, *ib.* — Suzanne et les vieillards, *ib.* — Quatre tableaux représentant des génies tenant des guirlandes de fleurs, Vienne. — Le Christ mort sur les genoux de sa mère, *ib.* — Ecce Homo, Munich. = Grande originalité de faire et de composition. Le catalogue de Vienne le fait naître en 1648 et mourir en 1714 ; celui de Munich donne pour dates de sa naissance et de sa mort 1680-1717.

Strumph (J. H.). E. H. ' 1748. Portrait et histoire. = Il s'occupa de tapisseries et fut également dessinateur.

Stry (Abraham Van), frère de Jacques. E. H. 1753-1826 DORDRECHT. Fleurs, portrait et intérieurs. = Elève de George Ponse. S'était fait une réputation en ornant les voitures de fleurs et de fruits. Membre de plusieurs Académies ; cet artiste eut beaucoup de mérite pour son époque. Son fils, nommé comme lui Abraham, copia beaucoup les tableaux de son père et fut directeur de la société *Pictura*, à Dordrecht. = La leçon de dessin, Amsterdam. — Jeune fille nettoyant un chaudron, *ib.* — Intérieur : l'aubergiste, Rotterdam. = Couleur agréable, pinceau large. Il a beaucoup dessiné. Graveur.

Stry (Jacques Van), frère d'Abraham. E. H. 1756-1815. DORDRECHT. Paysage. = Elève d'A. C. Lens, à Anvers ; se forma d'après les ouvrages d'A. Cuyp et travailla plusieurs années, les mains malades et enveloppées de linge. = Paysage avec animaux, La Haye. — Paysage avec animaux, Amsterdam. — Paysage montagneux, berger et troupeau, Rotterdam. = Coloris chaud, bonne manière ; ses dessins se rapprochent de ceux de Cuyp et d'Hobbema. Bonne imitation de la nature. On a de lui une gravure.

Stuart (Gilbert). E. An. 1755-1828. NARRAGANSET. Portrait. = Vint très jeune en Ecosse et fut gradué à l'université de Glascow, se consacra à la peinture et devint élève de l'Américain Benjamin West, son compatriote. Après avoir travaillé avec succès à Londres et à Paris, il retourna dans sa patrie, en 1794, et y habita quelque temps Philadelphie. Parmi les portraits qu'il exécuta en Europe, on remarque trois rois : Louis XVI, George III et George IV ; plusieurs célébrités telles que Kemble, Reynolds, West, etc. En Amérique il fit les portraits de six présidents, parmi lesquels, Washington, Adams et Jefferson. Il s'établit à Boston, en 1807, et y mourut. = Portrait de Guillaume Woollet, graveur, Londres. — Portrait du graveur J. Hall, *ib.* — Portrait de Benjamin West, *ib.* = Touche libre, beaucoup d'effet et de caractère. Il excellait dans les têtes d'homme.

Stubbs (George). E. An. 1736-1806. LIVERPOOL. Animaux. = Anatomiste. = Excella à peindre les chevaux.

Stuber (Godefroid). E. Al. † 1724 (?). Histoire. = S'occupa à Munich et y mourut. = Il appartient probablement à la famille de Nicolas Stuber.

Stuber (Nicolas). E. Al. ' XVIIe siècle. MUNICH (?). Histoire. = Elève de son père, s'occupa longtemps en Italie ; fut chargé de plusieurs grands travaux dans sa ville natale, et employa pendant quelques années le pinceau de J. H. Keller. Son père Gottlied, et ses deux frères, Joseph et François, cultivèrent également la peinture, mais sans parvenir à la hauteur de Nicolas. = Manière se rapprochant de celle de l'école romaine, dessin vigoureux, coloris agréable, ordonnance pleine de force, architecture remarquable.

Stuber (Jean-Rodolphe). E. Al. 1700. WINTERTHUR. Portrait, émail et miniature. = Etudia à Bâle, visita Paris, y reçut des leçons de de Troy, travailla à Genève, à Neufchâtel et à Bâle, voyagea en Angleterre et en Hollande. = Dessin correct, coloris naturel; très inégal dans ses productions.

Studio. V. Lint (Van).

Stuerbout (Hubert). E. Fl. † 1483. Décorations, histoire. = Dès 1439, il habitait Louvain où il exécuta plusieurs grands travaux décoratifs en cette année et dans les années suivantes, jusqu'en 1469. En 1454, il fut nommé peintre de la ville et directeur du matériel de l'*Omgang* en remplacement d'Arn. Van Voerspoel. Ses frères, Emmanuel et Nicolas, l'aidèrent à l'embellissement des chars. En 1445, il avait fait un ouvrage considérablé à l'abbaye de Parc. Sa femme, brodeuse en or, et ses trois fils, Hubert, le Jeune, Gilles et François, travaillaient avec lui, en 1462. Gilles, doreur et dessinateur plutôt que peintre, succéda à son père comme peintre de la ville. Il mourut en 1496. Quoique intimement liées, les familles Stuerbout et Bouts ne se touchaient aucunement. C'est l'erreur où sont tombés la plupart des biographes et c'est par là qu'on a longtemps appelé erronément le grand Thierry Bouts du nom de Stuerbout.

Sturini (Marc). E. I. ' XVIIe siècle. = Détails inconnus. = Madeleine pénitente, Florence. (Signé : *Opus Marci Sturini* 1654).

Sturler. E. Fr. ' 1840. Histoire, genre. = Les lutteurs.

Sturm (Fernand). E H. ' 1555. ZIERIKSEE. Histoire. = Cité par Vasari et Fiorillo comme travaillant à Séville, en 1555, et y faisant preuve d'un beau talent.

Sturm (Jacques). E. Fl. 1808-1844. LUXEMBOURG. Genre. = Elève de J. B. Fresez Il travailla d'abord à un établissement lithographique à Bruxelles; en 1841, il partit pour Paris et de là pour l'Italie où il mourut. = La sortie de l'église. — Françoise de Rimini. — Faust et Marguerite. — Fridolin.

Sturm (Pierre-Henri). E. Al. 1785. GENÈVE. Sur émail. = Elève de Henri.

Sturmer (Charles). E. Al. 1803. BERLIN. Histoire, batailles. = Elève de Cornelius. = Combat sur le pont de l'Inn en 1258. — Assaut de Belgrade.

Sturmer (Henri). E. Al. 1774. KIRCHBERG. Histoire, paysage. = Etudia d'abord à Oehringen et à l'Académie d'Augsbourg; travailla ensuite à Gottingue et s'établit plus tard à Berlin. = Ne serait ce pas le même que Jean Stürmer, le Jeune, ou bien est-ce son frère?

Sturmer (Jean), le Vieux. E. Al. ' 1477. Histoire, portrait. = Acquit le droit de bourgeoisie, à Ulm, en 1477.

Sturmer (Jean), le Jeune. E. Al. 1775. KIRCHBERG. Histoire, portrait. = Membre de l'Académie de Berlin, en 1816. = Peignait à fresque.

Stuven ou **Steuven** (Ernest). E. H. 1657. HAMBOURG. Portrait, fleurs et fruits. = Elève de J. Voorhout, de Guillaume Van Aalst et d'Abraham Mignon. Ses excentricités lui valurent une foule d'ennemis, et le jetèrent même en prison. Mort à Rotterdam. = Abandonna le genre du portrait pour s'adonner à celui des fruits et des fleurs dans lequel il acquit beaucoup de talent.

Stuyvesant (Jean Van). E. H. ' XVIIe siècle. Portrait. = Détails inconnus.

Suardi (Barthélemy), dit **Bramantino.** E. I. ' 1529. MILAN. Histoire, portrait. = Elève de Bramante; travailla à Rome, puis à Milan. = Fresques, Rome. — Tableaux, Milan. — Vierge glorieuse, Berlin. — Allégorie, *ib.* = Excellait dans la perspective linéaire; très bon architecte.

Suarez de Orozco (Martin). E. Es. ' 1670. = Un des soutiens de l'Académie de Séville.

Suarez ou **Juarès** (Laurent). E. Es. ' XVIe siècle. MURCIE. Histoire. = Condisciple de Christophe de Acevedo; travailla de concert avec cet artiste dans sa ville natale. = Composition bien entendue; draperies heureuses; belle nature.

Suau (Jean). E. Fr. 1758. TOULOUSE. Histoire. = Elève de Rivals; remporta le grand prix de peinture; professeur à l'école centrale de Haute-Garonne; rendit de grands services à cette école; membre de l'Académie royale de peinture, sculpture et d'architecture de Toulouse et membre de plusieurs sociétés savantes. = Liberté rendue par Louis XVI aux Etats-Unis, Toulouse. = Dessinateur.

Suau (Pierre-Théodore), fils de Jean. E. Fr. ' 1820. TOULOUSE. Histoire. = Elève de son père et de David. = Mort de Philopémen. — La Vierge au Rosaire.

Suavius (Lambert). E. Fl. ' XVIe siècle. LIÈGE. Histoire. = Elève et beau-frère de Lambert Lombard avec lequel il a été confondu. Florissait entre 1540 et 1559. = Excellent dessinateur et graveur éminent.

Subbu. ' XVIIe siècle. = Cité par De Mapolles.

Subissati (Sempronio). E. I. ' XVIIIe siècle. URBIN. Histoire. = Elève de C. Maratti. Mort à Madrid.

Subleyras (Pierre). E. Fr. 1699-1749. UZÈS. Histoire, portrait, etc. = Fils d'un peintre médiocre, nommé Mathieu. Celui-ci l'envoya à Toulouse dans l'atelier d'Ant. Rivals; en 1724, il vint à Paris où il remporta le grand prix; il alla à Rome où il se maria avec Maria Tibaldi, célèbre miniaturiste, membre de l'Académie de Saint-Luc. Le calme de son existence. son amour pour les beaux-arts et son caractère paisible, en firent un homme estimable et un peintre de talent. Mort à Rome. Graveur. = Saint Basile remettant le calice à un diacre, Rome. — Jésus-Christ chez Simon le Pharisien, Dresde. — Saint Janvier, Berlin. — Christ en croix, Milan. — Saint Jérôme, *ib.* — Jésus-Christ chez Simon le Pharisien, Paris. — Le serpent d'airain, *ib.* — Martyre de saint Pierre, *ib.* — Martyre de saint Hippolyte, *ib.* — Messe de Saint Basile le Grand, *ib.* — L'empereur Théodose recevant la bénédiction de saint Ambroise, *ib.* — Saint Bruno guérissant un enfant, *ib.* — Les oies du frère Philippe, *ib.* — Le faucon, *ib.* — L'ermite, *ib.* — Saint Basile et l'empereur Valens, Saint-Petersbourg. — Portrait de l'architecte François Romain, Gand. = Belle ordonnance, couleur suave. Il eut le malheur de paraître au milieu de la décadence de l'école romaine. Graveur. = Ventes : V. La Live de Jully (1769). *Buste de femme*, 249 fr. — V. Randon de Boisset (1777). *Messe de saint Basile*, 6,800 fr. — V. Conti (1775), *La sainte Vierge en méditation*, 140 fr. — V. Robit (1801), *Saint Hyppolyte, martyr*, 750 fr.

Succa (Antoine de). E. Fl † 1620. Portraits, blasons, etc. = Inscrit dans les Liggeren en 1598 à Anvers comme franc-maître. Cet artiste s'occupa particulièrement de portraits de personnages historiques dont il fit une grande quantité de copies; il n'en reste rien si ce n'est un portrait de seigneur espagnol du XVIe siècle, à l'hôtel-de-ville d'Anvers. De Succa était un collectionneur d'antiquités. Il dessina des portraits pour des éditeurs.

Suchodolski. ' XIXe siècle. POLOGNE. Histoire, genre, etc. = Peintre polonais.

Sucquet (Jacques). E. Fl. ' XVIIe siècle. ANVERS. Histoire. = Elève de Godefroid Maes, à Anvers, en 1681-1682. Il appartenait à l'ordre des Dominicains.

Sudot (Ernest). E. Fl. ' 1845. Histoire, portrait. = Elève de Navez.

Sueur (Le). V. Lesueur.

Sully. E. An. ' XIXe siècle. AMÉRIQUE. Portrait.

Sunder. V. Cranach (Luc).

Sunman. E. H. † vers 1707. Portrait. = Se rendit en Angleterre après la mort du chevalier Lely; il fit le portrait de Charles II, mais avec un médiocre succès; il partit pour Oxford et mourut à Londres.

Suppa (André). E. I. 1628-1671. MESSINE. Histoire, portrait. = Elève de B. Triconi. = Style plein d'imagination dans les têtes; grande délicatesse dans les détails.

Surchi (Jean-François), dit **Le Dielai.** E. I. † 1590 (?). Histoire, ornements et portrait. = Elève et aide des Dossi. = Figures élégantes, vives et gracieuses, draperies naturelles et faciles; voulant surpasser son maître pour la hardiesse et la vigueur du coloris, il tomba souvent dans la crudité et l'exagération; excella dans les ornements.

Surgeloose (Constant de). E. Fl. ' 1843. Genre.

Surmont (Paul-Jos.-G.). E. Fl. 1802. GAND. Paysage. = Elève de P. F. de Noter.

Surquet (Jean). E. Fr. ' 1472. NOYON. Histoire. = Exécuta une *Cène* pour la cathédrale.

Susanne. E. Fr. ' 1752. Histoire. = Membre de l'Académie française de Saint-Luc.

Susenier. E. H.' 1646. DORDRECHT. Nature morte et intérieurs. = Entra, en 1646, dans la corporation de Saint-Luc, à Dordrecht.

Sustermans ou **Suttermans** (Juste), frère de Jean. E. Fl. 1597-1681. ANVERS. Histoire, portrait. = Elève de Guillaume De Vos, le neveu de Martin, en 1609; partit afin de se perfectionner par l'étude des maîtres étrangers; s'arrêta trois ans à Paris et y fréquenta l'atelier de François Pourbus, le Jeune. Les leçons de cet artiste eurent une influence décisive sur son talent. Etabli en Italie, il y devint l'ami du grand-duc de Florence, Cosme II, et de ses successeurs, Ferdinand II et Cosme III; l'empereur Ferdinand le fit venir à Vienne pour y faire le portrait de ce prince et ceux des membres de sa famille. Il fut magnifiquement reçu à cette cour et fut même anobli par l'empereur. Peu de temps après son retour à Florence, il fut invité par le pape Urbain VII à se rendre à Rome et obtint encore un congé dans ce but. Il fut de nouveau parfaitement reçu et fit les portraits du pape et de sa famille. Il retourna à Rome, en 1644, visita encore l'Allemagne et plusieurs villes de l'Italie. Il revint définitivement à Florence, en 1653, y resta jusqu'à sa mort et sut y conserver son honorable position et ses nombreux amis. Il fut également lié avec Rubens et Van Dyck. Sustermans avait trois sœurs et neuf frères; trois de ces derniers cultivèrent également la peinture. = Ferdinand II recevant le serment d'obéissance, Florence. — Portraits : Victoire della Rovere, Christian de Danemarck, *ib.* — Madeleine, *ib.* — Et autres, *ib.* — Christ au tombeau, Berlin. — Mort de Socrate, *ib.* (Attribués). — Portrait de l'archiduchesse Claudie, fille de Ferdinand II, Vienne. — Portrait d'Alexandre Farnèse, Edimbourg. — Portrait de Galilée, Cambridge (Collège de la Trinité). — Portraits que l'on croit être ceux de Ferdinand II, de Toscane et de sa femme, Victoire della Rovere, Londres. = Ordonnance raisonnée, piquant coloris, dessin correct et effet remarquable. Excella dans le portrait;

touche hardie et savante; ressemblance admirable, pinceau gracieux et fin, expressions nobles, digne émule de Van Dyck. = Ventes : V. Poniatowski (1867), *Portrait de Cromwell*, 1,800 fr.

Sustermans ou **Suttermans** (Jean), frère de Juste. E. Fl. ' XVIIe siècle. Portrait et genre. = Elève de son frère Juste qu'il rejoignit en Italie et qu'il accompagna à Vienne. Recommandé par lui à l'empereur Ferdinand, celui-ci lui fit épouser la fille d'un de ses officiers et le protégea constamment. = Tête de matrone, Vienne.

Sustris ou **Suster.** V. Zustris.

Sutat. E. Fr. ' 1840. Histoire. = Saint Jean.

Suvée (Joseph-Bernard). E. Fl. 1743-1807. BRUGES. Histoire, portrait. = Elève de M. De Visch et de l'Académie de Saint-Luc, à Paris, où il fut surnommé plus tard le second Bachelier. Professeur de l'école gratuite de dessin, à Paris, en 1766; lauréat du concours qui eut lieu dans cette même ville en 1771; fit une excursion à Bruges où il fut reçu avec les plus grands honneurs; repartit pour Paris et, de là, en 1772, pour Rome où il entra à l'école de Vien. Passa six ans en Italie et revint, en 1778, à Paris, où il fut nommé peintre du roi et membre de l'Académie, en 1780. La même année, il visita encore Bruges et se maria à Paris avec une fille du peintre du roi, Louis du Rameau, et artiste elle-même. En 1792, il fut nommé directeur de l'Académie française à Rome; la révolution l'empêcha de partir, et, la jalousie aidant, il fut même jeté en prison où il fit le portrait d'André Chénier. La chute de Robespierre lui rendit la liberté; il en profita pour revoir sa ville natale, en 1799. En 1801, Suvée alla diriger l'école française à Rome, et mourut subitement dans cette dernière ville. = Mort de Coligny, Paris. — Portrait de l'auteur, Bruges (Académie). — Portrait de P. J. de Cockq, *ib.* — Portrait de L. du Rameau, beau-père de l'artiste, *ib.* — L'invention du dessin, *ib.* = Dessin correct, beau coloris, de l'imagination et beaucoup de facilité. Goût supérieur à celui de son époque; un des réformateurs de l'art, en France.

Suycker (Arnold-Corneille). E. H. ' XVIIe siècle. = Signataire d'une requête artistique à Haarlem, en 1642; se trouvait alors en Frise. Abandonna la peinture la même année.

Suycker (Reyer-Claesz.). E. H. ' XVIIe siècle. = Doyen de Saint-Luc à Haarlem, en 1643; il était entré dans la corporation en 1639. Un Nicolas Suycker, prokablement père de Reyer, y est inscrit en 1596.

Suythoff (Corn.). E. H. ' 1675. Portrait. = Vers 1682, il se trouvait à Batavia.

Swaanenburg (Guillaume Van). E. H. ' 1725. Paysage. = Cité plutôt comme poète que comme peintre.

Swagers (François). E. H. 1756(?)-1836. UTRECHT. Paysage, marine. = Travailla une grande partie de sa vie à Paris, où il mourut. = Paysage : moutons et berger, Rotterdam. — La tempête au rivage, *ib.* — Route à côté d'une rivière, *ib.* = Les figures de quelques-uns de ses tableaux sont de G. R. Van der Wall, tandis que lui-même étoffait souvent les tableaux de ses confrères.

Swagers (Elisa), femme de François. E. H. ' 1815. Miniature. = Elève de Mme Guiard-Vincent, de Pajou et d'Augustin. Directrice de l'école de dessin, à Ecouen.

Swagers (Caroline), fille de François. E. H. ' 1831. Genre, portrait. = Elève de sa mère. = Le chapeau de paille.

Swaine. E. An. Marine. = Deux marines, Londres (Hamp.-Court).

Swalm (Martin Van der). E. H. ' XVIIe siècle. Marine. = Demeurait à Flessingue. On croit qu'il y eut encore des peintres de ce nom, entre autres un P. Van der Swalm, mais on ne connait aucune particularité sur leur vie. = Vaisseaux et gréements bien dessinés.

Swanenburg ou **Swanenburch** (Isaac Klaassen Van), dit **Nicolaï.** E. H. 1534-1614. LEYDE. Histoire. = Il donna des leçons à Octave Van Veen et à Jean Van Goyen. En 1596, il fut bourgmestre de sa ville natale. = Il fit les dessins de quelques belles verrières de l'église Saint-Jean, à Gouda et de la Halle, à Leyde.

Swanenburg ou **Swanenburch** (Nicolas-Isaac Van), fils d'Isaac. E. H. ' XVIIe siècle. = Elève de son père, dont il était le second fils. S'établit à La Haye où il fut reçu dans la corporation, en 1602 et où il eut du succès. Vivait encore, en 1641.

Swanenburg ou **Swanenburch** (Guillaume Van), fils d'Isaac. E. H. 1581-1612. LEYDE. Portrait. = Plus connu comme graveur; il a exécuté très peu de peintures.

Swanenburg ou **Swanenburch** (Jacques Van), fils d'isaac, et dit **Nicolaï.** E. H. † 1638. LEYDE. Histoire. = Acheva ses études à Rome, travailla longtemps à Naples, s'y maria et revint en Hollande, en 1617. Il eut la gloire d'enseigner les éléments de son art à Rembrandt, qui passa trois années dans son atelier. = Procession papale sur la place de Saint-Pierre à Rome, Copenhague. (Signé : *Giacomo Swanenburgh* 1628.)

Swanenburg (Corn. Van). E. H. ' 1665. = Cité dans un vieux document de la ville d'Utrecht.

Swaneveld ou **Swanevelt** (Herman), dit **Herman d'Italie.** E. H. ' 1650. WOER-

DEN. Paysage avec figures. = On assure qu'il commença à étudier sous Gérard Dou, mais qu'il partit fort jeune pour l'Italie où il devint élève de Claude Lorrain, à Rome. Ses études sérieuses et solitaires d'après la nature, le firent surnommer l'ermite. Il fut admis comme membre de l'Académie, à Paris, en 1651, disent les uns, le 8 mars 1653, disent les autres. Mort en 1655, s'il faut en croire les registres de l'Académie française, tandis que tous ses biographes le font mourir à Rome, en 1690 et que Passeri dit qu'il quitta Rome et mourut à Venise en 1659, âgé d'environ 50 ans. M. De Stuers, dans son Catalogue du musée de La Haye, le fait naître en 1620. = Grand paysage italien, La Haye. — Paysages, Florence. — Paysages, Londres. — Paysages, Rome. — Paysage : saint Paul prêchant, Madrid. — Paysage : effet de soleil, *ib.* — Paysages, *ib.* — Paysage avec figures, Berlin. — Paysages : effet de soleil, Paris. — Paysage, Dresde (Attribué). — Paysage italien, Munich. — Paysage d'Arcadie : le satyre, Rotterdam. — Soirée d'été, Copenhague. — Les bords du fleuve, *ib.* = Peinture suave, belles figures. Couleur quelquefois froide; composition pleine de goût; dessin admirable; bon graveur. = Ventes : V. Lempereur (1773), *Paysage*, 280 l. — V. Conti (1777), *Paysage*, 752 l. — V. Erard (1832), *Fuite en Egypte*, 1,500 fr. — V. Pourtalès-Gorgier (1865), *Fuite en Egypte*, 650 fr.

Swart (Albert). E. H. † 1833. BUITENPOST (Frise) Portrait. = Elève de Ruwersma et de G. Van der Kooi. Mort à la fleur de l'âge.

Swart ou **Swartz** (Le cavalier). E. H. ' 1690. Portrait, genre. = Détails inconnus. = Nagler croit que le cavalier Swart se nomme Jean-Henri et qu'il est l'auteur d'un beau tableau placé dans l'église St-Jacques, à Lubeck.

Swart ou **Vredeman** (Jean). E. H. 1469-1535. GRONINGUE. Histoire, paysage. = Il voyagea en Italie, où ses études consciencieuses furent de la plus grande utilité aux élèves qu'il forma à son retour. Séjourna surtout à Venise. Demeurait à Gouda en 1522-23. = Adoration des mages. (Avec volets). Bruxelles. — Le Christ mort, Berlin. (Attribué). = Manière de Jean Schoorl. Graveur.

Swart (Cortianus-Henri de). E. H. . 1818. ARNHEM. Paysage.

Swartenbroek (G.). E. Fl. ' 1842. Histoire. = Elève de Navez. = Les mendiants. — Education de la Vierge.

Swebach (Jacques-Fr.-Jo.), dit **Fontaine**. E. Fr. 1769-1823. METZ. Batailles, genre. = Directeur de la fabrique de porcelaine de l'empereur de Russie. = Scène champêtre : les voyageurs, Saint-Pétersbourg. — Vue du Tyrol, Lyon. — Passage du Danube par l'empereur Napoléon.

Swebach (Edouard), fils de Jacques. E. Fr. ' 1827. Genre. = Elève de son père. = Chasse au cerf. — Voyage d'été en Russie.

Sweelden (Arnold). E. Fl. ' 1470. = Vivait à Tongres entre 1458 et 1483.

Sweerts (Michel). E. H. ' XVIIe siècle. Portrait, histoire. = Un document de 1771 constate que ce peintre fut reçu franc-maître de Saint-Luc, à Bruxelles, en 1657 et qu'il fut créé chevalier en récompense de son talent. = Graveur.

Swerius (Charles). E. H. ' XVIIe siècle. = Reçu, en 1614, dans la corporation de St-Luc, à La Haye.

Swertner (George-Pierre). E. H. ' XVIIIe siècle. = Cité par Nagler comme peintre et prédicant des Mennonites, à Haarlem, en 1743.

Swerts (Jean). E. Fl. 1820-1879. ANVERS. Histoire. = Elève de N. de Keyser. Mort à Prague où il était directeur de l'Académie. = Les trois Marie au tombeau de Jésus. — Les marguerites. — Fresques à l'église de Notre-Dame à Saint-Nicolas; à l'église Saint-George, à Anvers, à Ypres et à Courtrai, avec G. Guffens.

Swevents (Joseph). E. H. ' XVIIe siècle. = Reçu, en 1616, dans la corporation de St-Luc, à La Haye.

Swinderswyk (Guillaume). E. H. ' XVIIe siècle. = Membre de Saint-Luc, à Haarlem, en 1642.

Swister (Joseph), ou **Le Suisse**. E. Al. ' 1580. SUISSE. Histoire. = Elève de J. Van Achen; travailla pour l'empereur.

Swoboda (Charles). E. Al. 1820-1870. Histoire. = Mort à Vienne.

Swowoda (Edouard). E. Al. ' 1837 Genre.

Swyndregt (François-Montauban Van). E. H. 1784. ROTTERDAM. Portrait, intérieurs. = Elève de C. Bakker.

Swyndregt (Nic. Van). E. H. 1810. ROTTERDAM. Histoire, genre. = La bénédiction du mourant.

Syll (Reyer Van). E. H. ' 1600. = Peintre sur verre.

Symen ou **Siimen** (Pierre). E. Fl. ' 1620. BRUXELLES. = Cité par Nagler. Van Dyck a fait son portrait.

Sylvestre (François). E. Fr. ' XVIIe siècle. Paysage. = Elève de Joseph Parrocel. = Membre de l'Académie.

Sylvestre (Joseph-N.). E. Fr. 1847. BEZIERS. Histoire, genre, etc. = Elève de Cabanel. = Locuste essayant le poison préparé pour Britannicus.

Sypkens (Ferdinand-H.). E. H. 1813. AMSTERDAM. Paysage. = Elève de Steffelaar et de J. de Ryk. = Environs de Haarlem.

Szoon (Michel). E. H. ' XVIIe siècle. Marine. = Cité par Nagler.

T

Taats (Rutger-Moens). E. H. ' XVIIIe siècle. MIDDELBOURG. Histoire, portrait, paysage. = Elève d'A. Schouman. Inscrit dans la corporation de La Haye, en 1761.

Tabar. E. Fr. † 1660. Histoire, genre.

Tabariés de Grandsaigne (Adolphe). E. Fr. ' XIXe siècle. PETIT-ANDELY (Eure). Paysage, etc. = Dessinateur. = Trait de clémence de Louis XII. — La Samaritaine.

Taborda. E. Es. 1766. = Détails inconnus.

Tacconi (François)), frère de Philippe. E. I. ' 1464. CREMONE. Histoire. = Il fut, ainsi que son frère, en 1464, exempté d'une taxe communale, en récompense de travaux exécutés au palais public de Crémone. En 1490, François fut employé à l'église Saint-Marc, à Venise. = La Vierge et l'Enfant sur un trône, Londres. (Signé : *Op. Francisi Tachoni*, 1489. *Octu.)* = Artiste de grand mérite.

Tacconi (Philippe), frère de François. E. I. ' 1464. CRÉMONE. Histoire. = Travailla avec son frère au palais de Crémone.

Tacconi (Innocent). E. I. ' XVIe siècle. Histoire. = Elève d'Annibal Carrache; paya d'ingratitude la confiance de son maître qui l'abandonna à sa médiocrité. = Fresques, Rome.

Tacke (Louis). E. Al. 1823. BRUNSWICK. Architecture, décorations.

Tadema (Alma). E. H. 1836. DRONRYP (Frise). Histoire. = Etudia à Anvers. Etabli en Angleterre. = Education des enfants de Clotilde. — Audience d'Agrippa.

Taets (Nathanael). E. H. ' XVIIe siècle. = Reçu, en 1651, dans la corporation de Saint-Luc, à La Haye,

Taeye (Louis de). E. Fl. ' 1865. GAND. Histoire. = Elève de H. Dillens. = Peintures à l'Université de Gand.

Tafi (André). E. I. 1213-1294. FLORENCE. Mosaïque. = Contemporain de Cimabue et élève d'Apollonius, à Venise. = Introduisit plusieurs perfectionnements dans le genre qu'il avait choisi; peignit le premier, dans ses tableaux, des anges jouant du violon.

Taffin (Emmanuel). E. Fl. ' XVIIIe siècle. COURTRAI. = Elève de l'Académie d'Anvers, en 1777.

Tagliani (Louis). E. I. ' XIXe siècle. Histoire. = Courage d'Alexandre le Grand après sa blessure.

Tagliasacchi (Jean-Bapt.). E. I. † 1737. BORGO SAN DONNINO. Histoire. = Elève de J. dal Sole; vécut à Plaisance. = Mérite au-dessus de sa réputation.

Taham. E. Fl. ' XIXe siècle. SPA. Histoire. = Etabli à Paris. = Martyre de saint Lambert, Liége (Eglise Saint-Paul). — Tableaux, Paris. — Tableaux, Bayonne. — Tableaux, Bordeaux.

Taig (Sébastien). E. Al. ' 1540. NORDLINGUE. Histoire. = Travailla, de 1516 à 1560, avec J. Herlin et Jean Schœuffelein. = Son père, Martin, était peintre sur verre à Lauingen.

Taillasson (Jean-Joseph). E. Fr. 1746-1809. BLAYE (Près de Bordeaux). Histoire. =

Il avait écrit sur les murs de la maison de son père : *Je serai peintre, ou je mourrai ; je le jure par Raphaël*. Il alla fort jeune à Paris avec Lacour, y devint élève de Vien, échoua pour le grand concours, alla en Italie à ses frais, en 1773, s'y forma et revint en France au bout de quatre ans. Reçu à l'Académie, en 1785. = Ulysse et Néoptolème enlèvent à Philoctète les flèches d'Hercule, Paris. — Le tombeau d'Elysée, Bordeaux. = Beaucoup d'expression ; revenant trop souvent sur des parties déjà traitées, ce qui donne à son coloris l'air d'avoir été fait péniblement. Auteur d'un bon ouvrage : *Observations sur quelques grands peintres* (Paris, 1807 à 1808).

Tailler (M.). E. H. NIMÈGUE. Paysage et monuments.

Taillevent, Talleven ou **Talven** (François). E. Fl. ' 1622. BETHUNE. Histoire, portrait.= Exécuta, en 1622, les portraits des souverains de Bourgogne, de Flandre et d'Espagne pour la ville de Bethune, au prix de 188 livres. Quelques années après il peignit un tableau du *Sauveur du monde*, et, en 1629, une Notre-Dame pour l'église de Dourien près la Bassée.

Tait (Arthur Fr.) E. An. 1850. LIVERPOOL. Animaux.

Tait (J.) E. An. 1834. CINCINATTI. Paysage.

Talami (Horace) E. I. 1625-1705. REGGIO. Histoire, perspective. = Elève de L. Spada et de Desani ; se perfectionna dans ses voyages en Italie, en étudiant d'après les Carrache. = Style plus solide que gracieux.

Talon. E. Fr. ' XVIIe siècle. Portrait. = Détails inconnus.

Talpino (le). V. Salmeggia.

Talus, 1350 ans avant Jésus-Christ. = Neveu de Dédale; on croit qu'il peignit des vases antiques.

Tamburini (Jean-Marie). E. I. ' 1650. BOLOGNE. Histoire. = Mort à Rome, très âgé. = Occupe un rang honorable dans l'école de Bologne. Graveur.

Tamm ou **Tanm** (François-Werner), dit **Dapper.** E. Al. 1658-1724. HAMBOURG. Fleurs, fruits et nature morte. — Elève de Th. Von Sosten et de J. Pfeiffer. Visita l'Italie et y choisit pour modèle le peintre Mario Nuzzi. Appelé à la cour de Vienne, il se mit à étudier les peintres hollandais Mort à Vienne. = Plusieurs tableaux de fleurs et de fruits, Vienne. — Un chasseur entouré de gibier mort, *ib.* — Gibier mort, gardé par un chien, *ib.* — Paire de pigeons, Dresde. — Poule et ses poussins, *ib.* — Gibier mort, *ib.* — Oiseau de proie planant au-dessus de deux faisans et d'un pigeon, *ib.* — Fleurs dans trois portraits d'enfants, de Balth. Denner, Hambourg. = Dispositions soignées ; beau dessin ; coloris lourd ; genre décoratif; ses meilleurs tableaux sont ceux où il imita Hondekoeter.

Tanck. E. Al. ' 1837. Marine. = Barque poussée à la mer.

Tancredi (Philippe). E. I. 1655-1725. MESSINE. Histoire. = Elève de C. Maratti à Rome et à Naples; vécut longtemps à Palerme. = Grande facilité, bon coloris, composition habile.

Tancredi (Raphael). E. I. 1838. NAPLES. Histoire, genre.

Tandini de Bevagna. E. I. ' 1580. BEVAGNA (Près d'Assise). Histoire. = Détails inconnus.

Tanneur (Philippe). E. Fr. ' 1829. MARSEILLE. Histoire, marine. = Combat du Vengeur. — Vue de Marseille.

Tant (Victor). E. Fl. ' 1537. = Doyen de la corporation de Saint-Luc, à Anvers, en 1537.

Tanteri (Valère). E. I. † 1606. Histoire, portrait. = Elève de Chr. Allori.

Tanzi (Antoine). E. I. 1574 (?)-1644. ALAGNA (Novarais). Histoire, perspective. = Concourut avec les Carloni à Milan et se distingua dans plusieurs autres villes d'Italie. = Manière spirituelle et pleine de mouvement. Son frère, Jean-Melchior, fut un peintre médiocre.

Tapia (don Isidore de) E. Es. 1720. VALENCE. Histoire. = Elève d'E. Munoz ; vint à Madrid, en 1743; visita le Portugal, et revint mourir à Madrid ; membre de l'Académie de Saint-Fernand, depuis 1755. = Coloris gracieux.

Tapia (P. J. de). E. Es. ' 1586. Genre. = Habitait Valence. = Profondes connaissances théoriques.

Taraboti (Catherine). E. I. ' 1660. Histoire, portrait. = Elève de Claire Varotari.

Taraschi (Jules). E. I. ' 1546. MODÈNE. Histoire, portrait. = Elève de Pellegrino, le Jeune; ses deux frères, dont on ne cite pas les noms, furent également peintres.

Taraval (Thomas-Raphael). E. Fr. † 1750. Portrait.= Etudia à Paris ; se rendit à Stockholm, y devint peintre du roi de Suède. Son second fils, Louis-Gustave, né à Stockholm, en 1737, fut peintre et graveur et vint rejoindre son frère Hugues, à Paris, après la mort de son père. Son neveu, Jean-Gustave, né à Paris et mort très jeune à Rome, en 1784, fut grand prix à dix-sept ans.

Taraval (Hugues), fils de Thomas-Raphaël. E. Fr. 1728-1785. Histoire, portrait et genre. = Elève de J. B. Pierre ; remporta le grand prix, en 1756, et se rendit à Rome comme pensionnaire du roi ; voyagea en Danemark et en Suède; fut reçu à l'Académie, en 1769, et en devint professeur, en 1778. Mort à la manufacture des Gobelins dont il était sur-inspecteur. = Triomphe d'Amphitrite, Paris. — Vénus et Adonis, Stockholm. = Graveur.

Tardieu, dit Cochin (Jean-Charles) E. Fr. 1765-1830. PARIS. Histoire, portrait et paysage. = Elève de Regnault; fils et petit-fils de graveurs. = Allégorie, Rouen. — Tableaux, Paris. — Tableaux, Besançon. — Tableaux, Nîmes. — Tableaux, Lons-le-Saulnier. — Halte de l'armée française à Sienne, Versailles.

Tardif (Olivier). E. Fr. ' 1554. ROUEN. = Peintre-verrier renommé qui travailla à la cathédrale. = Beaucoup de feu ; artiste savant. Il eut un fils, Noel, qui lui succéda dans les travaux sans avoir son talent.

Taricco (Sébastien). E. I. 1645-1710. CHERASCO (Piémont). Histoire. = On croit qu'il étudia à Bologne.

Tarillio (Jean-Baptiste). E. I, ' 1575. MILAN. Histoire. = Détails inconnus.

Tarquin de Viterbe. E. I. ' XVIe siècle. VITERBE. Perspective. = Ami intime de Jean Sanna, qui étoffait ses tableaux.

Tartarius (Corneille). E. H. ' 1657. Entra dans la gilde de St-Luc, à Haarlem, en 1657.

Tarte (Paul de la). E. Fr. ' XVIIe siècle. PONT-A-MOUSSON. = Détails inconnus.

Tarufli (Emile). E. I. 1633-1696. BOLOGNE. Histoire, portrait et paysage. = Elève de l'Albane et compagnon de travaux de Ch. Cignani, à Bologne et à Rome. Mort assassiné. = Excellait dans l'art de copier les peintres anciens; effet pittoresque dans les portraits; bon paysagiste.

Tassaert (François-Nicolas-Octave). E. Fr. ' XIXe siècle. PARIS. Histoire, genre. = Elève de Guillon-Lethière. = Funérailles de Dagobert à Saint-Denis, Versailles.

Tassaert (Pierre). E. Fl. † 1692-93. ANVERS. = Reçu franc-maître de Saint-Luc, à Anvers, en 1635.

Tassaert (Jean-Pierre), fils de Pierre. E. Fl. 1651-1725. ANVERS. Histoire, intérieurs et portrait. = Franc-maître de Saint-Luc, à Anvers, en 1690; il en fut doyen en 1701. L'année suivante, il acheta une dispense de toute charge ultérieure du décanat. = Réunion de philosophes, Anvers.

Tassaert (Philippe-Joseph), le Vieux, fils de Jean-Pierre. E. Fl. 1732. ANVERS. = Admis à Saint-Luc, en 1757. Voyagea en Angleterre et en Irlande où il se maria. = Un Tassaert, peintre d'histoire, né à Anvers, fut reçu, comme étranger, dans la corporation de Saint-Luc, à Bruxelles, en 1763.

Tassaert (Philippe), le Jeune, fils de Philippe, le Vieux. E. Fl. 1758. ANVERS. = Se rendit à l'étranger et mourut en voyage.

Tassaert (Pierre-François), fils de Pierre. E. Fl. 1644. ANVERS. = Admis à Saint-Luc, en 1689-90, comme fils de maître.

Tassaert (Octave). E. Fr. 1800-1874. Genre. = Elève de Lethière. L'existence de ce peintre qui tient de Proudhon, de Fragonard et de Greuse, fut misérable. Tassaert s'est suicidé. = La famille malheureuse. = Ses tableaux commencent à être vivement recherchés. = Il a laissé quelques travaux poétiques manuscrits.

Tassel (Pierre). E. Fr. ' XVIe siècle. LANGRES (?). Histoire, etc. = Détails inconnus. = Tableau au musée de Troyes.

Tassel (Richard), fils de Pierre. E. Fr. 1588-1666 ou 1668. LANGRES. Histoire, etc. = Elève de son père et du Guide. Séjourna longtemps à Rome. Lebrun voulut l'attirer à Paris pour l'aider aux *Batailles d'Alexandre*, mais il préféra la position indépendante qu'il avait à Langres. Occupa des emplois civils. Se distingua comme citoyen, comme sculpteur et comme peintre. Ses compositions sont plus nombreuses que soignées. Son épitaphe dit qu'il mourut en 1660. C'est une erreur puisqu'il peignit, en 1663, le tableau de sainte Martine. = Tableaux, Langres. — Tableaux, Dijon. — Tableaux, Lyon. — Tableaux, Troyes. = Bon coloris et bon dessin, touche légère, attitudes forcées, demi-teintes très fraiches.

Tassel (Jean), fils de Richard. E. Fr. 1608. LANGRES. = Détails inconnus. = Moins de talent que son père avec lequel il est cependant quelquefois confondu.

Tassi. V. Buonamici.

Tassinari (Jean-Baptiste). E. I. ' 1612. PAVIE. Histoire. = On le croit élève de Ch.-A. Rossi.

Tasson (F.). E. Fl. ' 1836. Histoire. = Vénus pleurant Adonis. — Assomption.

Tassone (Charles). E. I. ' 1690. CRÉMONE. Histoire. = Elève de J.-B. Natali; séjourna à Turin.

Tassoni (Joseph). E. I. 1653-1737. ROME. Animaux. = Rival de Dominique Brandi.

Tassy (Joseph). E. Fr. 1797-1860. = Peintre et marchand de tableaux. Mort à Marseille.

Tatta (Jacques), dit **Del Sansovino.** E. I. 1579-1670. Histoire. = Elève d'André Cantacci ; plus célèbre comme sculpteur.

Tauler ou **Taulier** (Jean). E. Fl. † 1640. BRUXELLES. Histoire. = Il s'établit à Liége, vers 1600, et y mourut après y avoir épousé la sœur de S. Damery ; sa femme fut son élève. = Tableaux dans les églises et les couvents de Liége. = Graveur.

Taunay (Nicolas-Ant.). E. Fr. 1755-1830. PARIS. Histoire, paysage, scènes militaires. = Elève de Brenet, puis de Casanova; étudia en Suisse; fut agréé à l'Académie, obtint de remplacer un pensionnaire de Rome, décédé; membre de l'Institut et de la Légion d'honneur. Envoyé à Rio-Janeiro, en compagnie de Debret et de quelques autres artistes, pour y fonder une Académie, il éprouva de grands obstacles causés par l'envie, et eut la douleur de voir nommer à sa place un peintre portugais qui était loin de posséder son talent. Il revint en France après la mort d'un des deux fils qui l'avaient suivi à Rio-Janeiro. = Intérieur d'un hôpital militaire provisoire en Italie, Paris. — Prise d'une ville, *ib.* — Pierre l'Ermite prêchant la première croisade, *ib.* — Prédication de saint Jean, *ib.* — Fête de village, Montpellier. = Ventes : V. Langraff (1784), *Distribution d'aumônes*, 800 l. — V. Fouquet (1804), *Paysage avec animaux* (Nommé *le Taureau furieux*), 211 fr. — V. Richard W. (1857), *Scène de carnaval* (Sujet libre), 2,200 fr. — V. Raguse (1857), *Bénédiction des troupeaux*, 695 fr.

Taunay ((Félix), fils de Nicolas-Antoine. E. Fr. † 1881. Histoire, paysage. = Directeur de l'Académie de Rio-Janeiro. = Grande cascade de Tijuca. — Mort de Turenne,

Taurel (Jacques). E. Fr. ' 1812. TOULON. Histoire, marine, paysage. = Elève de Doyen. = Combat de Boulogne. — Prise de Naples, Versailles.

Taupin (Maurice-Hippolyte-Edouard). E. Fr. 1795. Paysage, fleurs, fruits. = Elève de Van Spaendonck et de Budelot.

Taurin (Léonie). E. Fr. ' 1842. Aquarelle. = Le poète mourant.

Taursique. Peintre grec.

Tavara (Don Fray Fernando). E. Es. † 1577. SANTAREM. Histoire. = Grand aumônier du roi dom Sébastien; cultivait la peinture avec grand succès. = Tableaux au couvent de Benefica.

Tavarone (Lazare). E. I. 1556-1641. GÊNES. Histoire. = Elève de L. Cambiasi; fit beaucoup d'honneur à son maître qu'il suivit en Espagne; revint à Gênes et y hérita de la gloire du Cambiasi. = Coloris gras, vigoureux, varié; harmonie parfaite, composition ingénieuse, soin inégal.

Tavella (Charles-Antoine), dit **Le Solfarolo.** E. I. 1668-1738. MILAN. Paysage. = Elève de Tempesta, à Milan. Alexandre Magnasco a peint parfois les figures de ses paysages. Sa fille, Angélique, née en 1698, morte en 1746, fut son élève. = Ciels chauds, belles dégradations, heureux effets de lumière, touche pleine de charme et grande vérité.

Tavenier (Henri). E. H. 1734-1807 HAARLEM. Paysage, ornements. = Elève de J. Augustini; travailla dans la fabrique de tapisseries de son maître, et, plus tard, pour son propre compte. = Il a dessiné des paysages.

Tavenraat (Jean). E. H. 1809. ROTTERDAM. Paysage. = Elève de C. Bakker et de G. Smidt. = Digue en Hollande.

Tavernier. E. Fl. † 1859. VANNES (France). Vues de ville, paysage. = Mort à Bruxelles. Il avait passé la plus grande partie de sa vie en Belgique. = Environs de Namur. — Ruines d'une abbaye.

Tavernier (François). E. Fr. 1659-1725. PARIS. Histoire. = Elève de Jouvenet. Voyagea en Italie. Nommé académicien, en 1704, et, quelques années après, secrétaire de la même institution.

Tavernier (Gérard de). ' XVe siècle. = Travailla aux entremets de Bruges en 1468.

Tavernier (Jean). ' XVe siècle. = Inscrit dans la confrérie des peintres de Bruges, en 1450.

Tavernier (Jehan le). E. Fl. ' XVe siècle. Miniature. = Peintre et enlumineur à Audenarde. En 1455, il exécuta plusieurs travaux pour Philippe-le-Bon. Un Tavernier, doreur et enlumineur vécut à Audenarde, de 1444 à 1475. En 1436, un Gilles de Tavernier, peintre, vivait également à Audenarde. Enfin, on trouve inscrit comme franc-maître, dans la corporation de Tournai, en 1434 (V. st.) un Jehan Tavernier.

Tayaert (Liévin). E. Fl. ' XVIe siècle. GAND. Histoire. = Il habita la Hollande où il s'occupa du commerce de tableaux. Ce peintre n'était pas sans mérite.

Tayler (J. Frédéric). E. An. 1804. BARNAMWOOD. Chevaux, etc.

Taylor (Brook). E. An. 1685-1731. MIDDLESEX. = Un des hommes les plus remarquables qu'ait produits l'Angleterre; musicien, peintre, légiste, philosophe, physicien, géomètre, ses connaissances étaient universelles. = Son principal ouvrge est intitulé : *Methodus incrementorum*, Londres. 1715-1717.

Taylor (J. J. S. Baron). E. Fr. ' 1837. BRUXELLES. = Elève de Suvée.

Taylor (S.). E. An. ' XIXe siècle. Genre.

Taymans (Louis). E. Fl. ' 1860. Portrait.

Tedesco (Jacques Del). E. I. ' XVe siècle. Histoire, portrait. = Elève de Dom. Ghirlandaio.

Tedesco (N.). E. I. ' 1400. SIENNE. Histoire. = Inscrit sur le registre des peintres de Sienne.

Tedesco. V. Elzheimer.

Teerlinck (Lavinie). ' XVIe siècle. Miniature. = Florissait à Londres.

Teerling (Arthur Samuelz). E. H. ' XVIIe siècle. = Reçu dans la corporation de Saint-Luc, à Haarlem, en 1632.

Teerling (Abraham, dit **Alexandre**).

E. H. 1777-1857. DORDRECHT. Paysage avec animaux. = Elève de M. Versteeg et d'Adrien Lamme. En 1808, il visita la France et l'Angleterre, et reçut, à Paris, les conseils de David. Il s'établit, à Rome qu'il ne quitta plus jusqu'à sa mort. = Paysage italien, Haarlem. — La cascade de Tivoli, *ib*. — Et autres, *ib*. — Vue d'Aricia, près de Rome, Munich.

Teichs (Frédéric-Adolphe). E. Al. 1812. BRUNSWICK. Histoire. = Othon II.

Teissier (Jean-George). E. H. 1750. LA HAYE. Portrait, paysage et genre. = Elève de B. Bolomey. S'étant appliqué spécialement à la partie théorique de l'art, il fut recherché pour l'enseignement et forma de bons disciples. Sous-directeur du Musée de La Haye et membre de l'administration de l'Académie de dessin, dans cette ville. Mort vieux. = Peintre médiocre. Bon restaurateur de tableaux.

Téléphanus. Neuf cents ans avant J.-C. SICYONE. Miniature. = Renommé pour ses peintures de vases antiques. Cité par Pline.

Tellebault (Jean). E. Fr. * 1395. VALENCIENNES (?) Histoire. = Travailla à Valenciennes.

Tellier. E. Fr. * 1840. Portrait.

Temmick (Mlle H. C.). E. H. * 1841. Intérieurs et genre. = Elève de L. H. de Fontenay. = La visite au prisonnier.

Temminck (Léonard). E. H. 1753-1813. LA HAYE. Miniature. = Directeur de la société *Pictura*.

Tempel (Abraham Van den). E. H. † 1672. LEYDE. Histoire et portrait. = Elève de G. Van Schooten. Forma d'excellents élèves. = Portraits d'un homme de condition et de sa femme, Berlin (Chef-d'œuvre). — Portraits des régents de l'orphelinat de Leyde, Leyde. — Allégorie sur les fabriques et la guerre, *ib*. (Trois tableaux). — Portrait d'Hugo de Groot (Grotius), Amsterdam (Mus. V. D. Hoop) ; probablement d'après une estampe ou un tableau. — Portrait de dame, *ib*. — Portrait d'homme, Rotterdam. — Portrait de femme (Pendant du précédent), *ib*. — Famille hollandaise, Hambourg. = Dessin de bon goût. Excellent coloris, belles draperies. Manière de Van der Helst.

Temperello (le). V. Caselli.

Tempesta. V. Molyn.

Tempesta (Antoine). E. I. 1555-1630. FLORENCE. Histoire, paysage, batailles et ornements. = Elève de Santi-Titi et de J. Stradanus, peintre flamand. = Scènes de martyres (Fresques), Rome. — Triomphe de l'Amour (Fresque), *ib*. — Pompe triomphale de la Vertu (Fresque), *ib*. = Composition d'une fécondité extraordinaire ; dessin plein d'énergie; imagination fougueuse et inépuisable ; réussit peu dans les grands sujets; teintes parfois trop sombres, manque de correction. Graveur.

Tempesti (Dominique). E. I. 1652-1718 (?). FLORENCE. Paysage et portrait. = Elève de Volterrano ; ce peintre ne fait qu'un avec Dominique de Marchis ; séjourna longtemps à Rome et voyagea en Europe. = Exerça son art avec succès. Graveur.

Tempestino (le). E. I. * 1680. Marine. = Elève de Pierre Molyn, dit *Tempesta* qui épousa sa sœur pour la faire assassiner ensuite. On ne cite pas le nom de famille de ce peintre, qui séjourna à Rome et prit le surnom de son maître.

Tency (Jean B. J.). E. Fl. * 1790. Marine. = Détails inconnus. = La tempête, Anvers.

Tengnagel (Fabrice de). 1803. COPENHAGUE. Paysage. = Peintre danois.

Teniers (Julien II). E. Fl. 1572-1615. ANVERS. Fleurs, etc. = Reçu franc-maître, en 1594. Il eut pour élèves, entre autres, son frère David I et G. Van den Hoecke. On ne connaît point de tableaux de lui, mais on en trouve de cités dans de vieux documents, à Anvers, à Turnhout et à Alost.

Teniers (David), le Vieux. E. Fl. 1582-1649. ANVERS. Foires, kermesses, histoire en petit, paysage. = La famille Teniers, alias Taisnier, était originaire d'Ath où habitait son auteur, Joachim. Le fils de Joachim, Julien I, vint s'établir comme mercier à Anvers où il acquit le droit de bourgeoisie en 1558. Julien mourut en 1585, laissant, de deux femmes, sept enfants, dont six fils et une fille. L'aîné des fils du second lit est Julien II. On dit que David I fut également élève de Rubens ; reçu, comme maître de Saint-Luc, en 1606. Il voyagea en Italie où il rencontra Elzheimer dont il imita la manière. Il séjourna dix ans à Rome. Outre Abraham, le vieux Teniers eut encore des fils peintres : Julien, reçu dans la corporation comme fils de maître, en 1635-36. Il était né en 1616 et mourut en 1678-79. Julien perdit son droit de bourgeoisie, car il dut le racheter en 1651. Théodore, frère cadet de Julien, naquit en 1619 et fut reçu franc-maître peintre en même temps que son aîné. Il mourut, en 1697, à Bruxelles. = Les sept œuvres de miséricorde, Anvers. — Adoration du Christ, Paris. — Médecin assis avec une bouteille à la main, Florence. — Tentation de saint Antoine, Berlin. — Paysages avec figures, Vienne. — Pan dansant avec une nymphe, satyres et nymphes, *ib*. — Vertumne et Pomone, *ib*. — Paysage avec bergers, Dresde. — Kermesse de village, *ib* — Petit paysage avec une rivière, *ib*. — Paysage : les pêcheurs, *ib.* — Blanchisserie flamande, *ib.* — Kermesse flamande, *ib.*— Paysage avec figures, *ib.* — Un peintre à son chevalet, Saint-Pétersbourg. — Deux paysages, *ib.* — Figures dans un paysage de Van Artois, Bruxelles. — Deux tabagies, Stockholm. = Ses tableaux sont pleins de charme et de vérité. Les plus anciens sont lourds de tons, crus de couleur; plus tard, il améliora sa manière : il acquit un pinceau plus franc et plus d'harmonie; enfin, il se rapprocha davantage du style de son fils. Graveur. = Ventes : V. Conti (1777), *Vénus sortant du bain*, 1,199 l. — V. Fesch (1845), *Paysage*, 435 fr.

Teniers (Abraham), fils de David, le Vieux. E. Fl. 1629-1670-71. ANVERS. Genre, paysage, etc. = On croit qu'il fut élève de son père; inscrit comme fils de maître de Saint-Luc, en 1645-46. Plusieurs biographes, même parmi les modernes, font, par erreur, naître ce peintre en 1608. Il fut capitaine de la garde bourgeoise. = Portrait d'un prélat, Saint-Pétersbourg. = Imitateur de son frère. = Ventes : V. Van Brienen de Grootelindt (1865), *Kermesse flamande* 1,950 fr.

Teniers (David), le Jeune, fils de David, le Vieux. E. Fl. 1610-1690. ANVERS. Genre, paysage, kermesses, portrait, animaux. = Elève de son père. Doyen de Saint-Luc, à Anvers, en 1644-45: il avait été reçu franc-maître en 1632. Il fut nommé peintre de l'archiduc Léopold, reçut des commandes importantes du roi d'Espagne, des marques d'estime de Christine de Suède, de plusieurs grands d'Angleterre et d'autres pays et particulièrement de don Juan d'Autriche qui fut, dit-on, son élève. En 1663, il fonda, avec plusieurs de ses collègues de Saint-Luc, l'Académie des beaux-arts, d'Anvers. Entre 1648 et 1652, Teniers alla s'établir à Bruxelles où naquirent les deux derniers enfants qu'il eut d'Anne Breughel, fille de Breughel de Velours, sa première femme qui y mourut en 1656. Teniers épousa, à Bruxelles, en secondes noces, Isabelle De Fren, dont il eut encore quatre enfants. D'après un document de 1771, Teniers aurait été reçu franc-maître de Saint-Luc, à Bruxelles, en 1675. Cela ne concorde pas avec la date de son arrivée dans cette ville. Après la mort de sa seconde femme, en 1683, David Teniers, déjà âgé de 73 ans, éprouva un grand chagrin. La division se mit dans sa famille pour des affaires d'intérêt et ses enfants du premier lit lui firent un procès qui dut singulièrement assombrir ses dernières années. Ce procès eut des péripéties diverses; il se continua après la mort de David III qui précéda son père dans la tombe, et, après celle du vieux peintre, entre les enfants des deux lits. Rubens avait pour Teniers une estime et une affection toutes particulières. La date de la mort de Teniers a déjà fait naître bien des controverses. Descamps l'avait donnée en 1690 ; M. Alphonse Wauters avait réfuté Descamps et avait porté le décès du célèbre peintre à 1694. Depuis, le registre de Saint-Luc, à Anvers, avait parlé à son tour : la date mortuaire de Teniers s'y trouve inscrite en 1689-90, donnant ainsi raison à Descamps. Enfin, après ces indications diverses, était venu le registre des enterrements de l'église de la chapelle, à Bruxelles, consulté par M. Pinchart, d'après les renseignements de M. Ch. de Brou. Dans ce registre se trouvait confirmé un article du journal hollandais, *De Navorscher* (l'Investigateur, 1856, VI, 40) qui rapporte une annonce du *Haarlemsche courant* (22 mai 1685, n° 20). Dans cette annonce est citée la vente de tableaux, objets d'art et *plusieurs productions du défunt*, vente qui se fera dans la maison de feu Teniers, le Jeune, rue Haute, à Bruxelles. Le registre de l'église de la Chapelle semblait corroborer ainsi l'article précité : « le 11 février 1685, sieur David Teniers (inhumé) dans l'église de Caudenberg (demeurant) rue Haute, à côté de la porte Rouge. » L'on semblait donc d'accord pour fixer la date du décès de Teniers en 1685, lorsqu'une découverte des plus intéressantes est venue tout remettre en question. Un manuscrit précieux fut acquis, en 1864, par l'administration communale d'Anvers; c'est une espèce de memento écrit de la main de David Teniers, LE TROISIÈME, l'aîné des enfants que David eut d'Anne Breughel ; ce livre contient des renseignements de famille très importants. La veuve de David III et un de ses fils y ont inscrit la date de la mort de ce dernier peintre; cette date est celle de 1685. Donc l'annonce de vente citée par le *Navorscher* et l'article du registre aux enterrements de l'église de la Chapelle, se rapportent à David III. Un nouveau document définitif a été cité par M. Galesloot : dans le procès entre les enfants de Teniers II, les enfants du second lit furent déboutés par un arrêt du Conseil de Brabant (devant qui la cause avait été plaidée), du 27 septembre 1692. L'action avait commencé par une requête introductive du 11 octobre 1690, « quatre ou cinq mois, y est-il dit, après la mort du peintre. » Voilà donc l'année 1690 reconnue, comme celle du décès de David II, et, la date du 25 avril 1690, adoptée par M. Van Lerius, peut être définitivement admise. = Valenciennes secourue, Anvers. — Buveurs flamands, *ib.* — Le matin, *ib.* — L'après-dîner, *ib.* — La vieille, *ib.* — Maison rustique, Bruxelles. — Les cinq sens,

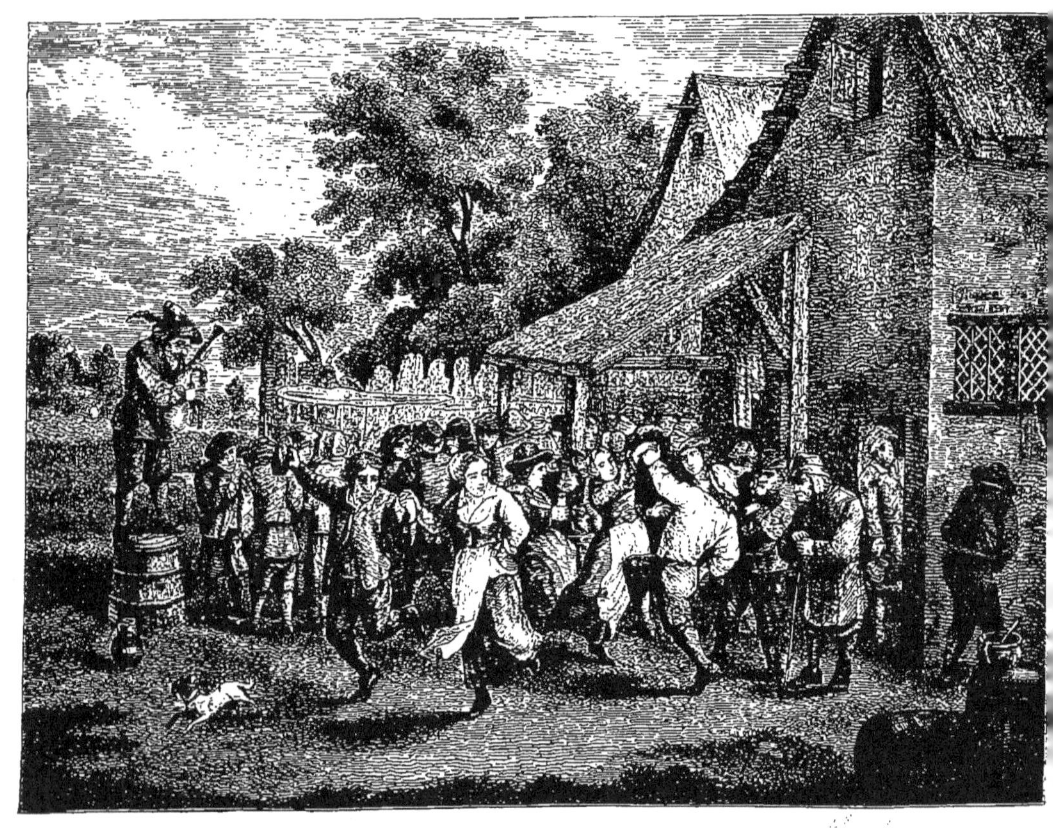

Danse de paysans devant un cabaret. Par D. Teniers le Jeune.

ib. — Apprêts de départ pour le marché (Paysage de Van Uden), *ib.* — La grande kermesse, *ib.* (Chef-d'œuvre, signé : *D. Teniers Fec.* 1652). — St Pierre reniant Jésus-Christ, Paris (Chef-d'œuvre). — L'enfant prodigue, *ib.* (Chef-d'œuvre). — Intérieur d'estaminet, *ib.* — Les œuvres de miséricorde, *ib.* — Fête de village, *ib.* — Paysage avec des pêcheurs, *ib.* — Chasse au héron, *ib.* — Et autres, *ib.* — Société de fumeurs et de buveurs, Munich. — Concert de chats et de singes, *ib.* — Danses et jeux de paysans, *ib.* — Noce villageoise, *ib.* (Chef-d'œuvre). — Les joueurs de cartes, *ib.* (Chef-d'œuvre). — Et autres, *ib.* — Pêche miraculeuse, Bruges (Hôpital Saint-Jean). — Paysans buvant et fumant, Rotterdam. — Le joueur de vielle. *ib.* — Les joueurs de trictrac, Dresde. — Kermesse flamande, *ib.* — Les joueurs de cartes, *ib.* — Scène de sorcellerie, *ib.* — Intérieur de cabaret, *ib.* — Paysans attablés, *ib.* — Le jeune homme à la cruche, *ib.* — Vieillard écrivant, *ib.* — Corps de garde, *ib.* — Les dormeurs, *ib.* — Alchimiste, *ib.* — Tentation de saint Antoine, *ib.* — Grande kermesse de village, *ib.* — Le dentiste, *ib.* — Plusieurs intérieurs, *ib.* — Le banquet de noces à la campagne, Rome. — Le jeu de quilles, Madrid. — Fête villageoise, *ib.* — L'histoire d'Armide, en douze tableaux, *ib.* — Un cabinet de tableaux, *ib.* — Même sujet, *ib.* — Et autres, *ib.* (En tout 54 tableaux). — Tentation de saint Antoine, Copenhague. — La bonne cuisine, La Haye. — Alchimiste dans son laboratoire, *ib.* — Cuisine flamande, avec beaucoup de figures-portraits, Saint-Pétersbourg. — Les arquebusiers d'Anvers, *ib.* (Contenant beaucoup de portraits, entre autres ceux du peintre et de sa famille; chef-d'œuvre). — Plusieurs fêtes de village, *ib.* — Corps de garde, *ib.* — Intérieur d'auberge, *ib.* — Un vieil amoureux, *ib.* — Joueurs, *ib.* — Buveurs, *ib.* — Fumeurs, *ib.* — Paysage : le marché à faire, *ib*, — Le marché conclu, *ib.* (Pendants) — Port de mer, *ib.* — Médecin de village, etc. (Saint-Pétersbourg possède la plus admirable collection de Teniers qu'il soit possible de rencontrer. Tous les genres de l'artiste y sont représentés). — Saint Pierre pleurant, Florence. — Partie de musique, Londres. — Intérieur rustique, *ib.* — Les changeurs d'argent, *ib.* — Les joueurs de tric-trac, *ib.* — Kermesses, *ib.* (Buck. Pal.) — Les quatre paysans, *ib.* — Danses devant la maison de campagne du peintre, *ib.* — Intérieur de cabaret de village, Amsterdam. — Corps de garde, *ib.* — L'heure du repos, *ib.* — Tentation de saint Antoine, *ib.* — Kermesse flamande, *ib.* (Musée V. D. Hoop). — Les joueurs de dés, *ib.* — Paysage : la maison rustique, *ib.* — Scène de paysans, Berlin. — L'alchimiste, *ib.* — Tentation de saint Antoine, *ib.* — Concert de famille, *ib.* (Portraits du peintre et de sa famille), — Portrait d'officier, *ib.* — Noce villageoise, Vienne (Chef-d'œuvre). — Une foire, avec les portraits du peintre et de sa famille, *ib.* — Abraham et Isaac, *ib.* — Le grand tir, à Bruxelles, en 1652, avec beaucoup de portraits, *ib.* (Chef-d'œuvre). — Tentation de saint Antoine, Lille. — Intérieur hollandais, Bâle (Chef-d'œuvre). — Joueur de luth, *ib.* — Fumeur, *ib.* — Buveurs, fumeurs, musiciens ambulants, corps de garde, Stockholm (Quatre tableaux signés). = Les petits tableaux de Teniers sont supérieurs aux grands. Il n'y a rien de plus naïf et de plus facile dans l'exécution. Le feuillé des arbres est léger, les ciels admirables. Ses petites figures sont d'une touche très spirituelle et le caractère y est parfaitement saisi. Ordonnance riche, coloris relevé, touche délicate, effet harmonieux, voilà les principaux traits qui distinguent ce peintre inimitable. Son habileté à s'assimiler tous les genres le fit surnommer le Protée de la peinture. Graveur. = Ventes : V. Lorangère (1744), *Tabagie*, 130 liv. — V. Ch. La Roque (1745), *Tabagie*, 412 liv. — V. Julienne (1767), *Noce de village*, 7,202 liv. — *Intérieur de cuisine*, 630 liv. — V. Lalive de Jully (1770), *Fête flamande*, 6,800 liv. — V. Lempereur (1773), *Guinguette flamande*, 8,040 liv. — V. Blondel de Gagny (1776), *L'enfant prodigue*, 29,000 liv. — V. de Brunoy (1776), *Accords flamands et le lendemain des noces* (Deux tableaux), 11,000 liv. — V. Conti (1777), *Les Œuvres de miséricorde*, 10,500 liv. — V. Randon de Boisset (1777), *Un déjeuner*, 20,000 liv. — V. Choiseul Praslin (1793), *Fête flamande* (400 figures), 29,250 liv. — *La petite guinguette flamande*, 2,200 liv. — V. Robit (1802), *Le déjeuner* (De la vente Randon), 17,000 liv. — *Tabagie*, 3,892 liv. — V. Lapérière (1817), *Fête de village*, 7,100 fr. — V. Erard (1832), *Les quatre saisons*, 24,000 fr. — V. de Berry (1837), *Le déjeuner* (De la vente Robit), 24,500 fr. — V. Las Marismas (1843), *Corps de garde*, 15,300 fr. — V. Fesch (1845), *Couronnement d'épines*, 24,000 fr. — V. Guillaume II (1850), *Fête flamande*, 12,300 fl. — V. Patureau (1857), *Corps de garde*, 20,500 fr. — Même vente, *Tentation de saint Antoine*, 6,900 fr. — V. Northwick (1859), *Laboratoire d'un alchimiste*, 17,550 fr. — V. Fould (1860), *Intérieur de cabaret*, 9,150 fr. — V. Van den Schrieck (1861), *Le médecin de village*, 14,100 fr. — V. Oppenheim (1864), *Kermesse : paysans attablés devant un cabaret*, 38,060 fr. — V. de Morny (1865), *Intérieur d'un corps de garde* (Cuivre), 7,100 fr. — *Intérieur*, 10,000 fr. — V. Couteaux (1865), *La cuisine de l'archiduc Léopold au* XVIIe *siècle*, 13,300 fr. — V. Pommersfelden (1867), *Teniers dans la galerie de l'archiduc Albert, à Bruxelles*, 15,000 fr. — *Le fumeur*, 9,000 fr. — *Saint Jérôme dans le désert*, 3,050 fr. — *Intérieur*, 4,000 fr. — V. Salamanca (1867), *Kermesse flamande*, 2,400 fr. — *Fête flamande*, 7,000 fr. — *Intérieur*, 7,000 fr. — V. San Donato (1868), *Le déjeuner de jambon*, 77,000 fr. — V. Delessert (1869), *Le marché au Poisson*, 159,000 fr. — *Le gastronome*, 9,000 fr. — *Tabagie (Le chapeau blanc)*, 11,000 fr. — V. de Villafranca (1870), huit tableaux peints avec Van Kessel et représentant des faits relatifs à la carrière de Antonio Moncada, 81,850 fr. — V. de Lissingen (1876), *Intérieur flamand*, 21,300 fr. — *Tentation de saint Antoine*, 7,020 fr. — *Le cabaret*, 4,380 fr.

Teniers (David), le Troisième, fils de David, le Jeune. E. Fl. 1638-1685. ANVERS. Genre, portrait. = Ce n'est que récemment et par l'acquisition d'un manuscrit de famille faite par l'administration communale d'Anvers, que l'on sait que le troisième David fut également peintre. Sa marraine fut Hélène Fourment, la seconde femme de Rubens. Il fut envoyé en Espagne pour y compléter son éducation artistique. On sait que c'est entre 1638 et 1642 que David II alla habiter Bruxelles, c'est donc dans cette dernière ville que vécut, travailla et mourut son fils, David III. Il épousa, en 1671, à Termonde, Anne Marie Bonnarens, de cette ville; il en eut six enfants. Il fut enterré dans l'église de la Chapelle, à côté de sa mère, Anne Breughel. Le manuscrit cite plusieurs élèves de David III et paraît indiquer qu'il travailla avec son père à plusieurs œuvres commandées par le duc d'Orléans. Ils furent du reste collaborateurs pour divers travaux ce qui est prouvé par le manuscrit cité. Le talent de cet artiste a dû être très apprécié de son vivant, car parmi ses élèves, plusieurs étaient venus de l'étranger, surtout de l'Espagne, par l'impulsion et la protection des plus célèbres personnages de l'époque. Ensuite on lit, entre autres, dans le *memento* susdit : « Depuis faict » el pourtraict de Son Ex. El marquis del » Pico y Velasco, en pies si grand comme al » naturel avecq une bataille et l'artillerie de » rire (derrière) pour la somme de trente-cinq » patacons faisant en florins... 84. » La haute estime que l'on avait pour la famille Teniers est encore prouvée par les noms de la plupart de ceux et celles qui furent parrains et marraines des enfants de David III; ils appartiennent aux plus nobles personnages. Il est certain que l'on confond les œuvres du père avec celles du fils, sans que jamais l'on puisse espérer de trouver le moyen de les distinguer. C'est, du reste, le plus grand éloge que l'on puisse faire du talent de David Teniers, le Troisième.

Tennant (J.). E. An. ' XIXe siècle. Paysage et genre.

Tenniel (J.). E. An. 1820. LONDRES. Histoire, genre.

Teran (Jean-Ant.). E. Es. ' 1673. = Élève et soutien de l'Académie de Séville.

Terbruggen (Henri). E. H. 1588-1629. DEVENTER. Histoire, genre. = Élève d'A. Bloemaert, à Utrecht; fit sa réputation à Rome et à Naples; Il séjourna aussi à Milan où il se trouvait avec Tyman Van Galen et où il connut François Deknibberch. Il quitta l'Italie et revint par la Suisse, en compagnie de ces deux compatriotes et de Michel Vanden Zanden, un autre Utrechtois chez lequel Deknibberch (V. ce nom) avait travaillé. En 1615, il était de retour à Utrecht où il apparaît comme témoin dans un acte notarié. Rubens estimait son talent. Il signait rarement ses tableaux. Mort à Utrecht. = Les quatre évangélistes, Deventer. — Jésus-Christ couronné d'épines, Copenhague. = Pinceau hardi, composition riche; de l'imagination.

Terbruggen (J.). E. H. Fleurs. = Détails inconnus. = Bonne ordonnance; imitation fidèle de la nature; touche un peu lourde.

Terburg (Gérard). E. H. 1608-1681. ZWOLLE. Portrait, intérieurs. = Élève de son père, artiste inconnu, qui passa quelques années à Rome; étudia plus tard à Haarlem, sous des maîtres habiles; le goût des voyages lui vint de bonne heure; parcourut successivement l'Allemagne, l'Italie, l'Espagne, l'Angleterre et la France. Ayant été distingué, en 1646, à Munster, par l'ambassadeur d'Espagne, celui-ci l'emmena dans son pays; Terburg y reçut les honneurs que méritait son talent et s'y fit une grande fortune; ayant quitté Madrid, il se rendit à Londres; après avoir visité Paris, il revint en Hollande, où il épousa sa nièce. Il dut habiter quelque temps Haarlem, car on l'y trouve inscrit dans les registres de Saint-Luc. Le prince d'Orange le nomma bourgmestre de Deventer. Il mourut dans cette ville, sans enfants, entouré de l'estime générale. = Un militaire offrant de l'argent à une jeune dame, Paris (Chef-d'œuvre). — La leçon de musique, *ib.* — Une musicienne, *ib.* — Un conseil de magistrats et d'ecclésiastiques, *ib.* — Un officier lit une dépêche, une

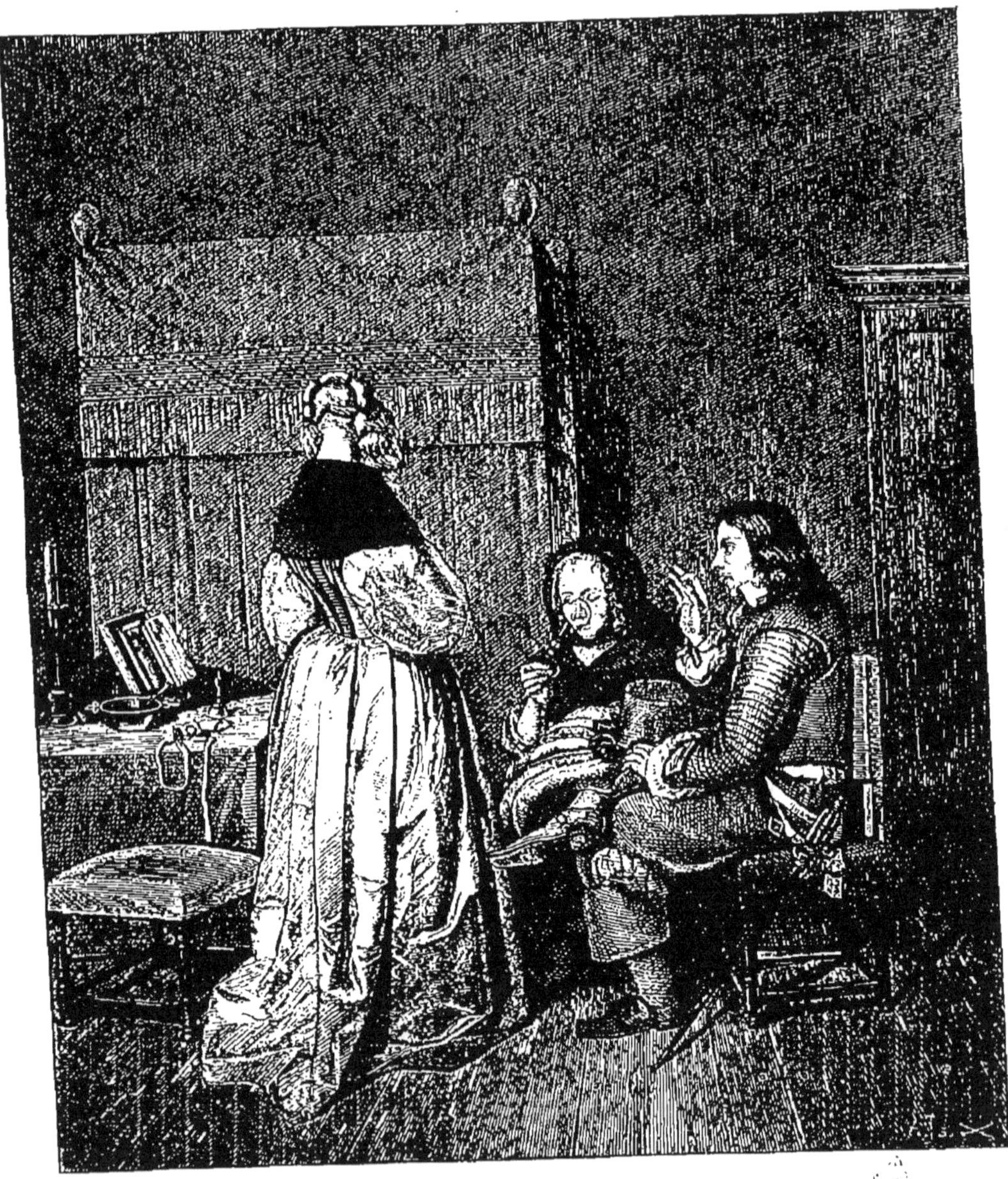

Exhortation paternelle. Par Terburgh. Musée de Berlin.

jeune dame l'écoute, La Haye (Chef-d'œuvre). — Portrait du peintre en costume de bourgmestre, *ib.* — Scène d'intérieur : le conseil paternel (Chef-d'œuvre), Amsterdam. — Femme buvant à côté d'un jeune homme endormi, Florence. — Jeune femme pelant une pomme pour son enfant, Vienne. — Jeune fille écoutant la lecture d'une lettre, *ib.* — Scène de famille, Berlin. — Un officier réprimandant sa fille, *ib.* — Portrait d'un jeune homme, *ib.* — Jeune femme se lavant les mains, Dresde. — Officier écrivant une lettre, *ib.* — La joueuse de luth, *ib.* — La robe de satin blanc, *ib.* — Intérieur villageois, Munich. — Soldat remettant une lettre à une demoiselle, *ib.* — La joueuse de luth, Cassel (Château de Wilhelmshohe; chef-d'œuvre). — La lettre d'amour, Londres, (Buckingham-Palace). — La joueuse de mandoline, Anvers. — Seigneur vêtu de noir, Rotterdam. — Dame vêtue de noir (Pendant du précédent), *ib.* — Portraits d'homme et de femme, debout, Copenhague. — Vieille dame en costume de veuve, *ib.* = Cet artiste imita parfaitement les étoffes et surtout le satin; bonne ressemblance, mais dessin lourd et parfois incorrect; pinceau un peu sec, manière agréable et large, coloris frais et transparent, beaucoup d'élégance dans les costumes; grande harmonie. On lui reproche le manque d'expression; ses portraits offrent des beautés peu communes; ils sont presque tous de petite dimension. Il peut être considéré comme le fondateur de cette école de genre, à petits sujets, qui compta tant d'illustrations en Hollande. = Ventes : V. Vence (1750), *Le magister hollandais*, 400 l. — V. Choiseul (1772), *Le verre de limonade*, 4,000 l. — V. Randon de Boisset (1777), *Trois dames dans une chambre*, 10,000 l. — V. Robit (1801), le même tableau, 9,000 fr. — V. Serreville (1812), *La leçon de musique*, 15,000 fr. — V. Galitzin (1825), le même tableau, 24,300 fr. — V. Berry (1837), *Signature du traité de Munster*, 45,500 fr. — V. Patureau (1857), *Jeune fille à sa toilette*, 7,800 fr. — V. Montbrun (1861), *Jeune femme à sa toilette*, 6,010 fr. — V. Baron (1861), Deux portraits, 2,900 fr. — V. Le Hon (1861), *La visite*, 10,900 fr. — V. Vanden Schrieck (1861). *Intérieur*, 5,400 fr. — V. Odier, (1861), *Portrait d'homme*, 2,900 fr. — V. Meffre (1863), *La toilette de l'enfant*, 4,500 fr. — V. Van Cleef (1864), *Portrait de Terburg*, 1,100 fr. — V. de Morny (1863), *Portraits des Ministres plénipotentiaires du Congrès de Munster*, 25,000 fr. — V. Salamanca (1867), *Le cavalier en visite*, 35,000 fr. — *Portrait d'un gentilhomme*, 10,000 fr. — V. Delessert (1869), *Jeune femme et cavalier*, 30,000 fr. — *La dégustation*, 45,000 fr.

Terburg (Gezina), sœur de Gérard. E. H. * XVIIe siècle. Intérieurs. = On connait de ses dessins à la sépia, mais on n'est pas sûr qu'elle ait peint.

Terdona (Pierre de). * XIVe siècle. AVIGNON. = Détails inconnus.

Térence d'Urbin. V. Térenzi.

Terenzi (Terenzio), dit **le Rondolino** ou **Térence d'Urbin.** E. I. * XVIe siècle. PESARO. Portrait et miniature. = Employé à Rome par le cardinal de la Rovère; vendit de ses tableaux pour des ouvrages d'anciens peintres, et fut chassé de la cour pour cette fraude insigne; on dit que la honte que lui causa cet évènement le fit mourir de chagrin.

Ter Himpel. V. **Himpel** (Ter).

Terlee (Jean). E. H. * 1650. Histoire. = On dit qu'il fut élève de Rembrandt. D'après Bryan-Stanley, il serait né à Dordrecht, en 1636, et mort en 1687. = Beau style, bon dessin, couleur agréable, invention de génie. Un des meilleurs peintres d'histoire de la Hollande.

Ternite (Guillaume). E. Al. 1786. NEUSTRELITZ. Portrait, histoire. = Portrait du roi de Prusse et de la feue reine.—Saint Jean-Baptiste. Graveur.

Terol (Jayme). E. Es. * 1607. VALENCE. Histoire.=Elève de N. Borras de Cocentayna; peignit avec J. Rodr. de Espinosa, en 1607.

Terrini. E. I. Histoire.= Fresques. Rome.

Terwesten (Augustin) le Vieux, frère de Mathieu et d'Elie. E. H. 1649-1717. LA HAYE. Histoire. = Après s'être occupé du dessin et de la ciselure, il devint élève de Wieling et de Guillaume Doudyns. Au bout de quelques années d'étude, il songea à se perfectionner par les voyages; il partit pour l'Italie en passant par l'Allemagne, fut six ans absent et revint à La Haye, en 1678. Directeur de l'Académie de cette ville. Appelé, en 1690, à Berlin, par l'électeur de Brandebourg, plus tard roi de Prusse, il y fonda une Académie et y resta jusqu'à sa mort. = Bonne couleur, exécution rapide, composition savante. Graveur.

Terwesten (Elie), frère d'Augustin et de Mathieu. E. H. 1651-1729. LA HAYE. Fleurs et fruits. = Elève de son frère Augustin. Mort à Rome, où il passa une grande partie de sa vie.

Terwesten (Mathieu), frère d'Augustin et d'Elie. E. H. 1670-1757. LA HAYE. Histoire, portrait. = Elève de son frère Augustin, puis de G. Doudyns et de D. Mytens. Le désir de revoir son frère et sa vieille mère, qui demeuraient à Berlin, le fit se rendre dans cette ville, en 1696. De là il partit pour Venise et pour Rome. Revint à La Haye, en 1699. = Portrait de la princesse Anne d'Angleterre, épouse de Guillaume IV d'Orange, Amsterdam.

Terwesten (Augustin) le Jeune, fils de Mathieu. E. H. 1711-1781. LA HAYE. Histoire, portrait. = Peintre de mérite; il habita quelque temps Delft et y décora plusieurs appartements, ainsi que dans sa ville natale. En 1737, il fut inscrit dans la société *Pictura*.

Terwesten (Pierre), fils de Mathieu. E. H. 1714-1798. LA HAYE. Fleurs et fruits. = Elève de son père; il ne put se consacrer entièrement à l'art, les devoirs de sa profession d'employé l'en empêchant. Secrétaire de la société *Pictura*, en 1762, il en fut chef-homme, en 1785. Continuateur des catalogues de Hoet et auteur de notices fort utiles sur les peintres hollandais.

Terzi (Christophe). E. I. † 1743. Histoire. = Elève de J. M Crespi; séjourna à Rome; mort jeune. = Pinceau sûr.

Terzi (François). E. I. † 1600? BERGAME. Histoire. = Ecole du Titien; en 1550, il se rendit à Vienne, où il vécut longtemps au service de l'archiduc Ferdinand. Mort très vieux, à Rome. Il signait ses lettres du nom de Tertico. = Assomption, Bergame (Eglise Saint-François). — Nativité, *ib.* – Sujets tirés de la vie du Christ et des apôtres, *ib.* (Eglise Saint-Simplicien). = Dessin sec, coloris vigoureux, brillant et plein d'harmonie. Habile graveur au burin.

Tesauro (Bernard). E. I. ' 1470. Histoire, portrait. = Elève de S. Buoni; on le fait descendre de Philippe Tesauro. = Invention sage, draperies et figures plus naturelles que celles de ses prédécesseurs. Bon choix de formes, expression, accord, intelligence des teintes et reliefs très satisfaisants.

Tesauro (Philippe). E. I. 1260?-1320. Histoire, portrait. = Elève de Thomas de Stefani; peignit dans l'église de Santa-Restituta, la vie du bienheureux ermite Nicolas : c'est le seul tableau de ce maître qui ait résisté au temps.

Tesauro (Raimon). E. I. ' 1497. Histoire. = Neveu (?) de Philippe Tesauro. = Bonnes études.

Teschendorf (Emile) E. Al. 1823. STETTIN. Histoire, genre, portrait.

Tesi (Mauro). E. I. 1730-1766. MODÈNE. Ornements et architecture. = Elève d'un maître obscur, il se forma d'après les œuvres de Metelli et de Colonna. Mort à Bologne, par suite de son dévoûment pour le comte Algarotti, son Mécène. Quelques auteurs le font naître à Montalbane. = Style solide, ornements judicieux; grand relief, fini parfait. Graveur

Tesio (Le). E. I. ' XVIIIe siècle. TURIN. Histoire. = Elève de Mengs, à Rome.

Testa (César). E. I. ' 1550. Histoire. = Contemporain d'Alexandre de Carpi.

Testa (Pierre), dit **le Lucchesino.** E. I. 1617-1650. LUCQUES. Histoire. = Elève de P. de Cortone, puis du Dominiquin; ami du Poussin; mort à Rome, noyé dans le Tibre; on croit qu'il se tua par désespoir du peu de commandes qu'il recevait. Son caractère plein de vanité fut la cause de son insuccès. = Mort de Didon, Florence. = Imita le Cortone et le Poussin; pinceau énergique; grand admirateur de l'antique. Graveur. = Ventes : V. Hoevenaar (1693), *Sacrifice d'Abraham*, 300 fl

Testard (Robinet) E. Fr. ' 1500. PARIS. Miniaturiste. = Travailla pour les duchesses de Savoie et d'Angoulême et pour François Ier. Il y eut un Jean Testard qui fut peintre d'Henri II et qui travailla au Louvre.

Testard. E. Fr. ' 1842. Paysage. = Repos de la sainte Famille. — Hivers.

Testefort (Jean) E. Fr. ' 1508. = Cité comme un peintre de grand talent qui travailla pour le cardinal d'Amboise.

Testelin (Gilles). E. Fr. ' XVIIe siècle. = Peintre du roi Louis XIII.

Testelin (Louis), fils de Gilles. E. Fr. 1615-1655. PARIS. Histoire, portrait. = Elève de Vouet. Ami de Lebrun. Membre de l'Académie royale de peinture, en 1648. Exécuta de nombreux travaux décoratifs et autres. = Flagellation de saint Paul et de Silas, Paris. — Saint Pierre ressuscitant Tabithe, *ib.* = C'est lui qui, le premier, orna d'accessoires les portraits, et qui détruisit ainsi la simplicité du genre.

Testelin (Henri). E. Fr. 1616-1695. PARIS. Histoire, portrait. = Elève de Vouet. Peintre de la cour, secrétaire de l'Académie et professeur; après la révocation de l'édit de Nantes, Testelin étant calviniste, alla s'établir à La Haye, en 1693 et y mourut. = Passage du Rhin, Versailles. = On a publié, après sa mort, un de ses ouvrages traitant de la peinture et de la sculpture. = Excellait dans le portrait.

Testelin (Pasquier) E. Fr. ' 1590. Histoire, portrait. = Elève de Bunel. On le croit né à Paris. Travailla au Louvre et à Fontainebleau.

Testorino (Brandolin). E. I. ' XIVe siècle. BRESCIA. Histoire = On pense que ce peintre travailla concurremment avec Adigiero de Zevio. = Comparé à Gentile da Fabriano.

Tetar Van Elven (Jean-Baptiste). E. H. 1805. AMSTERDAM. Intérieurs d'église, genre et portrait. = Elève de Herreyns et de Van Brée. = Le vieux marin, Hambourg. = Graveur et modeleur.

Tetar Van Elven (Pierre-Henri-Théodore), fils de Jean-Baptiste. E. H. 1831. Vues de ville. = Etabli à Turin.

Tevelin (Jean). E. H. ' 1562. YPRES. = peintre de la ville d'Ypres.

Teyler (Jean). E. H. ' 1665. NYMÈGUE. Histoire, vues de ville, oiseaux, fleurs, etc. = Elève de Van Langeveld ; d'abord professeur de mathématiques à l'Académie de Nymègue. Voyagea en Italie. Revenu dans sa patrie, il établit une école d'art ou fabrique d'art, où l'on dessinait, gravait et imprimait en couleurs. = Il a fait beaucoup de tableaux sur tapisseries.

Teylingen (J. Van). E. H. ' XVIIe siècle. Portrait. = Connu par le portrait qu'il fit du théologien Triglander.

Teytaud (Alphonse). E. Fr. ' 1843. LUBERSAC. Histoire et paysage. = Diane surprise par Actéon.

Than (Maurice). E. Al. 1828. En HONGRIE. Histoire, portrait.

Thans (Guillaume). E. H. 1816. ROTTERDAM. Histoire, portrait et genre. = Intérieur d'auberge (Effet de lumière). — Albert Beiling près de son tombeau (Effet de lumière).

Thaulow (F.). E. Al. 1847. CHRISTIANIA. Paysage, marine. = Plage de Lister.

Thearin Bolonais. V. Tiarini.

Theer (Adolphe), frère de Robert. E. Al. ' 1840. Miniature et aquarelle.

Theer (Robert), frère d'Adolphe. E. Al. ' 1842. Miniature.

Thelott (Charles). E. Al. 1792-1829. DUSSELDORF. Portrait.

Themann. E. Al. ' 1840. Batailles. = Elève de F. Krüger.

Themer (Guillaume). E. Fl. ' 1845. Paysage.

Thénot (Jean-Pierre). E. Fr. 1803. PARIS. Paysage et architecture. = Le pont de la chèvre. = Dessinateur.

Théodore. ATHÈNES. = Cité par Diogène Laërce. Pline parle d'un Théodore de Samos, élève d'un Micosthène. Diogène Laërce cite encore un peintre de ce nom à Ephèse.

Theodori (Charles). E. Al. 1788. Paysage et genre.

Théodore ou **Thierry de Prague.** E. Al. ' 1360. PRAGUE (?). Histoire. = Travaillait à Prague où les arts florissaient à cette époque, grâce à la protection éclairée que leur accordait l'empereur Charles IV (1348-78) Les peintres employés par ce prince s'exercèrent surtout au château de Karlstein, sa résidence favorite. = Saint Augustin, Vienne. — Saint Ambroise, *ib.* — Jésus-Christ crucifié, *ib.* — On lui attribue une suite de 125 figures de saints personnages, exécutées dans l'église de la Sainte-Croix, à Prague. = Excellent peintre pour son époque; types bohémiens trop prononcés; figures de femme plus nobles que celles des hommes; carnations inégales, draperies larges.

Théolon (Etienne). E. Fr. 1739-1780. AIGUES-MORTES. Scènes familières et portrait. = Elève de Vien. Agréé à l'Académie en 1774. Mort à Paris. = Portrait de vieille femme, Paris. = Style plein de goût; coloris transparent, touche légère ; fini précieux, exactitude minutieuse.

Théomneste, 331 ans avant Jésus-Christ. = Il l'emportait sur Appelle dans l'ordonnance de ses compositions (Pline).

Théon, 352 ans avant Jésus-Christ. SAMOS. Histoire, genre. = Cet artiste avait peint un guerrier qui, l'épée nue et l'air menaçant, se précipitait au combat. Avant de lever la toile qui cachait son œuvre, il fit sonner la charge par un trompette. = Oreste tuant sa mère.

Théophane de Constantinople. E. I. ' 1230. CONSTANTINOPLE. Miniature, histoire. = Se rendit en Italie, s'établit à Venise et y forma des disciples ferrarais, ce qui le fait regarder comme le fondateur de l'école ferraraise.

Théophile dit **Monachus** ou **Presbyter.** ' X^e ou XIe siècle. Histoire, miniature, fleurs, etc. = On pense qu'il vivait en Lombardie ; il était moine. Auteur du plus remarquable ouvrage sur la peinture que les temps anciens nous aient transmis. On pense que son nom dans le monde était Roger puisqu'un des manuscrits de son travail porte : *Théophili Monachi, qui et Rugerus.* Homme aussi savant que modeste.

Theotocopuli (Domin.), dit **El Greco.** E. Es. 1548 (?)-1625. EN GRÈCE. Histoire. = Elève ou condisciple du Titien en Italie, où il reçut son surnom; habitait Tolède, en 1557; fut appelé à Madrid, par Philippe II, pour travailler à l'Escurial. Soutint dignement l'honneur de l'art, protégea tous les jeunes artistes et forma des élèves. Sculpteur et architecte. Mort très vieux. = Tableaux, Paris. — Portrait d'homme (Signé), Vienne. — Jésus-christ mort, Madrid. — Don Rodrigue Vasquez, président de Castille, *ib.* — Plusieurs portraits, *ib.* — Saint Bernard, *ib.* — Assomption, *ib.* = Le premier tableau qu'il fit en Espagne et qui représente le partage des vêtements de Jésus-Christ, est tout à fait dans la belle manière du Titien. Le Greco adopta ensuite le style fantastique, un coloris grisâtre, blafard, qui métamorphose ses personnages en fantômes. Il lui resta toujours un pinceau ferme, un empâtement plein de science et de vigueur. Ventes : V. Pereire (1872), *Portrait d'Alonzo de Herrera*, 920 fr. — V. Salamanca (1875), *La Vierge et l'Enfant*, 600 fr.

Theotonius (frère). E. I. ' XIIIe siècle. ALLEMAGNE. Histoire, portrait. = Etabli en Italie ; peintre sur verre.

Therbousch (Anne-Dorothée LISIEWSKA Mme), fille de George Lysiewsky. E. Al. 1728-1782. BERLIN. Portrait, genre. = Elève de son père, vint à Paris, fut reçue à l'Académie, en 1767, retourna à Berlin et y fit le portrait de Frédéric II, en 1772. Peintre du roi de Prusse, de l'électeur palatin et membre de l'Académie de Bologne. Les biographes allemands la font naître en 1722; la date de 1728 est celle donnée par les registres de l'Académie de Paris. = Un homme éclairé par une bougie et tenant un verre de vin, Paris.

Théricles. ATHÈNES. = Un des peintres qui s'occupèrent à peindre des vases antiques.

Thérimaque, 350 ans avant Jésus-Christ. PAROS. = Egalement sculpteur.

Thess (Pierre). E. Fl. ' XVIe siècle. = Ce peintre se trouve mentionné parmi les personnes recommandées au prône de St-Jacques à Anvers, le 11 juin 1541.

Thiele (Jules A.). E. Al. 1841. DRESDE. Paysage, animaux.

Theude (Gronland). ' 1842. ALTONA. Fleurs, fruits. = Peintre danois.

Thévenin (Charles). E. Fr. 1760-1839. Paris. Histoire, portrait. = Elève de Vincent; Premier prix en 1791; membre de l'Académie des beaux-arts, conservateur administrateur de la bibliothèque royale pour les estampes et membre de la Légion d'honneur. = Passage de l'armée française sur le mont Saint-Bernard, Versailles. — Le général Augereau au pont d'Arcole, *ib.* — Reddition d'Ulm, *ib.* — Portrait de Louis XI, *ib.* = Graveur.

Thévenin (Claude-Noël). E. Fr. 1801. CRÉMIEU (Isère). Genre, portrait, miniature, histoire. = Elève d'Abel de Pujol et de Maricot. = Le joueur de vielle. — Etude de vieillard. — Assomption.

Thévenot. E. Fr. ' XIXe siècle. Histoire. = Prise et combat de Ratisbonne, Versailles.

Thibaut. E. Fr. 1757-1826. MONTIERENDER (Haute-Marne). Paysage. = Se rendit à Rome comme pensionnaire du roi; fut nommé, à son retour, architecte des maisons royales; fut appelé en Hollande pour restaurer le palais de La Haye et l'hôtel de ville d'Amsterdam; membre de l'Académie. = Egalement architecte; laissa plusieurs ouvrages sur la perspective. Peintre amateur.

Thibaut (Jean). E. Fl. ' XVIIIe siècle. = Reçu franc-maître de St-Luc, à Bruxelles, vers 1737.

Thiboust (Jean-Pierre). E. Fr. 1763. PARIS. Miniature, portrait. = Elève de Durameau. = Peintre sur porcelaine.

Thiebault. E. Fl. (?) ' XVe siècle. = Enlumineur; inscrit, en 1470, sur les registres des libraires de Bruges.

Thiele (Alexandre ou Jean-Alexandre). E. Al. 1685-1752. ERFURT. Paysage à l'huile et au pastel. = Il fut d'abord simple soldat. Etudia d'après nature et reçut quelques leçons de C. A. Agricola. Il eut des commandes du roi Auguste de Pologne, par qui, en 1747, il fut nommé peintre de la cour. Mort à Dresde. = Paysage : parmi les figures on remarque le portrait du peintre, Berlin. — Quarante-six tableaux, Dresde. = Il paraît qu'il fut le premier à exécuter le paysage au pastel. Choix de sites très heureux, bon dessin, grande vérité, exécution soignée; coloris lourd et sombre surtout dans ses premiers tableaux. Il peignit de préférence les vues pittoresques de l'Elbe et du Saal.

Thiele (Jean-Frédéric-Alex.). E. Al. 1747-1803. DRESDE. Paysage. = Probablement fils d'Alexandre Thiele. = Graveur.

Thielen (Jean-Philippe Van). E. Fl. 1618-1667. MALINES. Fleurs. = Issu d'une ancienne et noble famille, il était seigneur de Couwenberg. Elève et ami de Daniel Zegers. Il est aussi noté dans les *Liggeren* comme ayant travaillé chez Théod. Rombouts, mari de sa sœur Anne, en 1631-1632. Reçu franc-maître de Saint-Luc, a Anvers, en 1641-42. En 1660, il fut reçu en la même qualité dans sa ville natale où il s'établit. Ses ouvrages furent recherchés de tous côtés. Le roi d'Espagne les estimait beaucoup. Campo Weyerman parle d'un fils de Jean-Philippe, peignant dans le même genre, mais très inférieur à son père. Ce ne peut être que Jean-François qui épousa Catherine de Coninck. = Guirlande de fleurs, Anvers. — Même sujet, *ib.* — Fleurs, Madrid. — Guirlande de fleurs entourant la Vierge et l'enfant Jésus, Vienne. — Fleurs, *ib.* — Bouquet de fleurs, Lille. = Ses tableaux sont parfois comparés à ceux de son maître, avec lequel il collabora souvent. Inférieur à celui-ci pour le dessin et pour le coloris.

Thielen (Anne-Marie Van), fille de Jean-Philippe. E. Fl. 1641. ANVERS. Fleurs. = Elève de son père. Religieuse au couvent de Muysen, près Malines, où une sœur de son père était prieure. = Talent et réputation.

Thielen (Françoise-Catherine Van), fille de Jean-Philippe. E. Fl. 1645. ANVERS. Fleurs. = Elève de son père, elle l'imita avec succès. Religieuse au même couvent qu'Anne-Marie.

Thielen (Marie-Thérèse Van), fille de Jean-Philippe. E. Fl. 1640-1706. ANVERS. Fleurs. = Elève de son père. = Bas-relief entouré de fleurs, Malines (Musée). = Elle suivit avec bonheur la manière de son maître.

Thielens (Jean). E. Fl. 1580-1630. ANVERS. Intérieurs d'atelier, de laboratoires, paysage. = Paysage avec batiments, etc., Vienne. — Paysage avec Diane et nymphes, Berlin. = Manière de David Teniers.

Thiémon ou **Diethmar.** vers 1045-1101. BAVIÈRE. Histoire. = Peintre, sculpteur, fondeur et doreur, il était de naissance noble. Abbé de Saint-Pierre en 1079, archevêque de Saltzbourg en 1090. En 1099, il partit pour la Terre Sainte. Ayant refusé de réparer une idole, il fut mis à mort; vraie ou fausse, cette histoire l'a placé au rang des martyrs.

Thiénon. E. Fr. ' 1817. Paysage à l'aquarelle. = Vues de Clisson.— Cascade de Tivoli.

Thier (Bernard Henri). E. H. 1751 (?)-1814. LUNDINGHAUSEN (Munster), Paysage, fleurs et fruits. = Il vint à Amsterdam comme vitrier; mais son goût pour les arts le fit entrer dans une fabrique de tapisseries, où il peignit d'abord des fleurs et des fruits et ensuite des paysages. Il finit par s'établir à Leyde où il mourut. = Le contour de ses dessins est bon, mais il pèche par trop de roideur. Graveur.

Thierrée (Eug.). E. Fr. ' 1845. Paysage.

Thierriat (Augustin-Alexandre). E. Fr. 1789-1870. LYON. Histoire, genre. = Elève de Revoil et de Grogniard. = Intérieur du vieux cloître de Saint-André le Bas.— Enterrement d'un chartreux.

Thierry d'Eemste (de ou de Haarlem). E. Fl. † 1542. EEMSTEDE (Près d'Haarlem). Histoire. = Un des premiers religieux de la Chartreuse de Louvain; excella dans la peinture, occupa plusieurs charges dans sa communauté et fut aimé de tous par ses excellentes qualités.

Thiersch (Louis) E. Al. 1825. MUNICH. Histoire.= Fresques, Vienne (Eglise grecque.) — Marche triomphale de Bacchus.

Thill (Jean-Charles de). E. Al. 1624-1676. NUREMBERG. Fruits et oiseaux. = Elève de Chr. Rupert; étudia en Italie et habita Venise.

Thirion (Eugène Fr.) E. Fr. PARIS ' 1868. Histoire. = Elève de Picot, Fromentin et Cabanel.

Thirion (Victor) E. Fr. PARIS † 1878. Genre.

Thirion (G. G.). E. Fl. ' 1830. Paysage, intérieurs, etc. = Paysage arcadien. — Intérieur d'un temple ancien, avec figures.

Thiry (Léonard), V. Diry.

Tholoz (Barthélemy). ' xve siècle. = Travailla aux entremets de Bruges, en 1468.

Thoman (Jacques-Ernest). E. H. 1588-1653. HAGELSTEIN. Histoire, portrait. = Détails inconnus.

Thomas (Alexandre). E. Fl. MALMEDY. 1820. Histoire, portrait. = Judas Iscariote, Bruxelles. — La mère de douleurs.

Thomas (Antoine J.-B.). E. Fr. 1791-1833. PARIS. Histoire. = Jésus-Christ chassant les vendeurs du temple, Paris. — Les Seize au Parlement.

Thomas (Moïse-Pierre). E. Es. ' XVII siècle. VALENCE. = Détails inconnus.

Thomas (Gérard). E. Fl. † 1721. Genre. = Doyen de Saint-Luc, à Anvers, en 1694 et en 1706. = Manière de Teniers.

Thomas (Jean), le Vieux. E. Fl. ' xve siècle. ANVERS. = Il travailla aux entremêts de Bruges, en 1468; inscrit, en 1457, sur les registres de la confrérie de Saint-Luc, à Anvers. Doyen de cette confrérie en 1457, 1461, 1465 et 1471.

Thomas (Jean), le Jeune. E. Fl. 1617-1673. YPRES. Histoire religieuse. = Elève de Rubens. Reçu bourgeois d'Anvers, en 1642, et franc-maître de Saint-Luc, en 1639-40. Il visita l'Italie avec A. Van Diepenbeke, son ami. Mort à Vienne, où il était établi et où il avait été nommé peintre de l'empereur Léopold II. = Triomphe de Bacchus, Vienne. — Tableaux, Ypres. — La plupart de ses tableaux sont en France et en Allemagne. = Grand imitateur de Rubens; composition riche, coloris chaud, mais peu transparent Il a gravé quelques paysages qui sont estimés.

Thomas (Pierre), le Vieux. E. Fl. † 1676. = Inscrit comme élève, à Anvers, en 1634-35, comme franc-maitre, en 1645-46. Doyen de la corporation de Saint-Luc, en 1657.

Thomas (Pierre), le Jeune, E. Fl. ' XVIIe siècle. = Elève de God. Maes, en 1681; franc-maitre de Saint-Luc, en 1689. Il était probablement fils de Pierre, le Vieux.

Thomas le Sicilien. T. Laurati.

Thomassin (Pauline). E. Fl. ' 1845. Genre. = Elève de Ch. Venneman.

Thomassin (Simon). E. Fr. † 1732. PARIS. = Graveur.

Thoming. E. Al. ' 1839. Paysage.

Thompson (Guillaume). E. An. 1726-1798. DUBLIN. = Egalement écrivain. = Les principes du beau, 1798, in-4°.

Thompson (Mark). E. An. † 1875. Paysage. = Mort à Sunderland.

Thomson (Mlle E.). ' 1855. Fleurs. = Peintre danois. = Couronne de fleurs suspendue à une branche de hêtre, Copenhague.

Thomson (Henri). E. An. 1773-1843. PORTSEA. Histoire, genre et portrait. = Membre de l'Académie royale, en 1803. = Robin mort, Londres.

Thonet (Antoine). E. Fl. ' XVIIIe siècle, LIÉGE. = Elève de l'Académie d'Anvers, en 1792.

Thompson (J.) E. An. 1807-1879. Genre.

Thonis (Jacques). E. Fl. ' 1481. = Membre de la corporation de Saint-Luc, à Anvers, en 1481.

Thopas (Jean). E. H. ' XVIIe siècle. Portrait. = Inscrit, en 1668, dans la corporation des peintres, à Haarlem. Nagler dit qu'on a de lui des portraits dessinés portant le millésime de 1654; d'autres sont datés de 1663. = Artiste de grand mérite. Egalement dessinateur.

Thornburn (Robert). E. An. 1818. DUMFRIES. Histoire, portrait.

Thoren (Otto von) E. Al. 1828. VIENNE. Animaux.

Thörmer. E. Al. ' 1838. DRESDE. Genre, etc. = La côté de Vico, près de Naples.

Thornberg. E. A. ' XVIIIe siècle. NORWÉGE. Portrait.

Thornill (Jacques). E. An. 1676-1734. WEYMOUTH. Histoire, portrait. = Premier peintre d'histoire de la reine Anne. = Fresques (chefs-d'œuvre), Greenwich. — Ce fut lui qui peignit le dôme de Saint-Paul.

Thornill (le chevalier Jacques). E. An. 1732. PROVINCE DE DORSET. Tous les genres. = Détails inconnus.

Thouron. E. Al. ' XIXe siècle. GENÈVE. Email.

Thuijl (Waltaver van). E. H. † 1657. = Inscrit dans la gilde des peintres, à Haarlem, en 1643.

Thuillier (Louise, épouse : de Mornard). E. Fr. 1819. AMIENS. Paysage.

Thuillier (P.). E. Fr. 1799-1859. AMIENS. Paysage. = Elève de Watelet et Gudin. = Le retour du marché (Environs du Puy).

Thuilliers (Jean). E. H. ' XVIIIe siècle. Architecture, perspective. = Elève (?) de Jean Van der Heyden. = Manière de son maitre.

Thulden ou **Tulden** (Théod. van). E. Fl. 1606-1676 (?). BOIS-LE-DUC. Histoire, kermesses, portrait, etc. = Elève de Rubens. Reçu, en 1626-27, maitre de Saint-Luc, à Anvers, où il reçut le droit de bourgeoisie, en 1636. Avant cette époque, il avait été appelé à Paris, où il peignit pour les Mathurins des toiles importantes. En 1635, il épousa, à Anvers, la fille du peintre Henri Van Balen. Doyen de Saint-Luc, en 1639-40. En 1648, il fut appelé à La Haye, où il décora la Maison au Bois. En 1656, il éxécuta les dessins des vitraux que Jean de la Baer peignit pour la chapelle de la Vierge, à l'église de Sainte-Gudule, à Bruxelles; la même année, notre artiste était établi dans sa ville natale. En 1662, il y demeurait encore, et, d'après Immerzeel, il y serait décédé, en 1676. Il n'existe pas de preuves de cette assertion. = Martyre de saint Adrien, Gand. — Saint François Xavier enseignant la foi, *ib.* — Jésus-Christ apparaissant à la Vierge, Paris. — Orphée, Madrid. — Invention de la pourpre, *ib.* — Esquisses d'arcs de triomphe, Anvers. — Portrait de B. Van Tulden, frère du peintre, *ib.* — Saint François dans une gloire, *ib.* — Noce flamande, Bruxelles. — Le Christ à la colonne, *ib.* — Triomphe de Galathée, Berlin. — Assomption, Vienne. — La Vierge et l'enfant Jésus recevant l'hommage des provinces de Flandre, de Brabant et de Hainaut, *ib.* — Jugement de Pâris, Copenhague. — Jésus-Christ apparaissant à la sainte Vierge, *ib.* = C'est l'élève qui, pour le coloris, s'est le plus rapproché de son maitre. Il a peint les figures dans les tableaux de P. Neefs, le Vieux, et de Steenwyck. Ses premiers tableaux sont les meilleurs; lorsque l'influence de l'école française le domina, il perdit beaucoup de ses qualités. Graveur. = Ventes : V. Pommersfelden (1867), *Roxane et Adolonius*, accessoires de Kalf, 4,700 fr.

Thumann (Frédéric P.) E. Al. 1834. TSCHAKSDORF. Genre. = Sujets pris dans Chamisso.

Thurin (Simon-Abraham). E. Fr. 1797. FÉCAMP. Marines. = Elève de Storelli. = Vue prise en Hollande.

Thurneiser (Jean-Jacques). E. Al. 1630-1718. BALE. = Détails inconnus.

Thybaut (Guill.). V. Tybout.

Thurot (Blanche-Lucie HOGEUR, Mme). E. Fr. ' 1825. VERSAILLES. Genre et portrait. = Elève de Regnault. = Sully regardant l'image de Henri IV. — Jeanne d'Arc,

Thys (le frère dominicain). E. Fl. ' XVIIIe siècle. Histoire. = Détails inconnus. = Descente de croix, Anvers.

Thys (Gisbert). E. Fl. 1625 (?)-1684 (?). ANVERS. Portrait, paysage et animaux. = Il allait de ville en ville pour faire des portraits. Nagler le fait naitre à Amsterdam et étudier chez Hanneman, à La Haye. Un Gisbert Thys est inscrit dans le registre de St-Luc, comme élève, en 1630, et comme maitre, en 1637. On a comparé ses portraits à ceux de Van Dyck.

Thys (Pierre), le Vieux. V. Tyssens.

Thys (Pierre-Joseph). E. Fl. 1749-1823. LIERRE. Fleurs. = Elève de l'Académie d'Anvers, ami de Van Spaendonck avec lequel il fit le voyage de Paris; s'établit à Bruxelles. Une de ses filles, nommée Barbe, cultiva la peinture et fut la seconde femme du peintre C. Cels. Une autre devint la mère du peintre d'histoire Ed. de Biefve. = Marie-Christine et le prince de Saxe le chargèrent d'orner de fleurs et de fruits les salles du palais de Laeken, près de Bruxelles. Ce bel ouvrage fut détruit par les troupes de la république française, en 1792. = Il s'occupa avec beaucoup

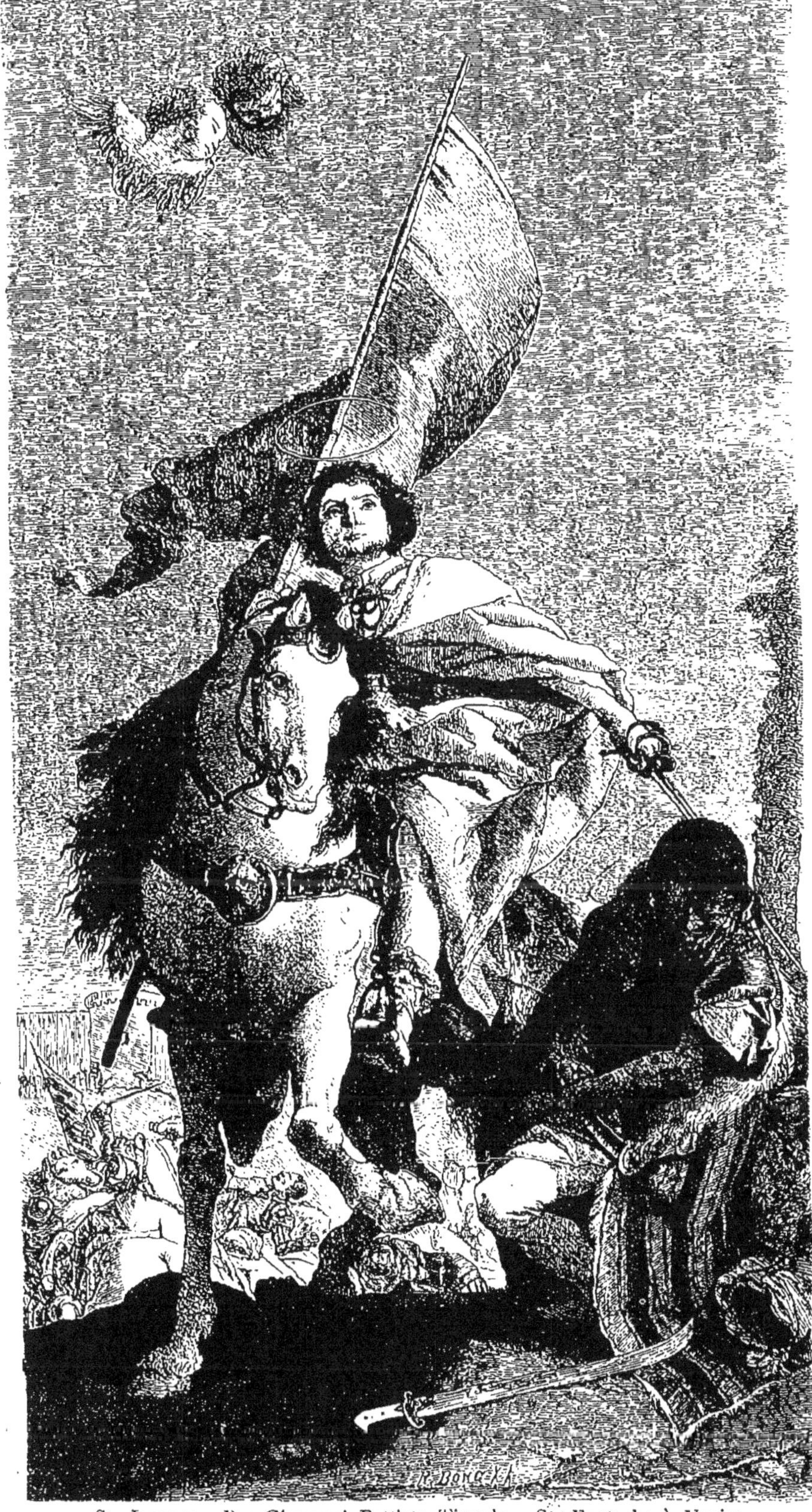

St. Jacques. Par Giovanni Battista Tiepolo. St. Eustache à Venise.

de talent à restaurer les vieux tableaux et exécuta plusieurs dessins coloriés d'après les anciens maîtres.

Thys (Jean-François), fils de P.-J. E. Fl. 1783-1865. BRUXELLES. Genre. = Elève de son père. = Le jésuite Zeghers recevant les présents du prince d'Orange.

Tiarini (Alexandre), dit **Thearin Bolonais.** E. I. 1577-1668. BOLOGNE. Histoire. = Elève de Pr. Fontana, de Cesi et de Passignano; reçut les conseils et les instructions de L. Carrache. Travailla successivement à Parme, à Crémone, à Modène, mais passa la plus grande partie de sa vie à Reggio et reçut des commandes de tous les points de l'Italie. = Saint Pierre disputant avec Simon le magicien, Rome. — Médor écrivant le nom d'Angélique, Dresde. — Sainte Famille avec des anges, Florence. — Adam et Eve pleurant Abel, *ib.* — Mariage de sainte Catherine, Bologne. — Déposition, *ib.* — La Vierge et l'Enfant entourés de saints, *ib.* — Sainte Catherine de Sienne en extase, *ib.* — Saint Jean-Baptiste exhortant Hérode, *ib.* — La Vierge au scapulaire, *ib.* — Sainte Famille avec saint François d'Assise, *ib.* — Saint Laurent, *ib.* — Saint George et le dragon, *ib.* — Ecce Homo, *ib.* — Saint Bruno, *ib.* — Assomption, *ib.* — Saint Jean évangéliste, Berlin. — Saint Joseph reconnaissant l'innocence de la Vierge, Paris. — Tancrède dans la forêt enchantée, Munich. — Portement de croix, Vienne. = Style facile, grave et mesuré, draperies larges, coloris peu éclatant mais harmonieux; raccourcis admirables, invention très originale, figures riches; physionomies, mouvements et costumes variés : son caractère mélancolique se reflète dans ses ouvrages.

Tibaldo ou **Tibaldi.** V. Pellegrini.

Tibère d'Assise. V. Assise.

Tibergeau. E. Fr. * XVIIe siècle. BLOIS. = Bon peintre à la détrempe.

Tiberghien (L.). E. Fl. * 1845. Histoire. = La Vierge et l'enfant Jésus.

Tideman (Philippe). E. Al. 1657-1705. HAMBOURG. Histoire, allégories. = Etudia huit années sous Nicolas Raes (?), puis devint, pendant six mois, élève de G. Lairesse qu'il aida dans ses travaux pendant deux années; il se sépara alors de lui et eut bientôt des commandes importantes pour plafonds, portes, appartements, etc., ce qui lui valut fortune et réputation. = Esprit inventif; pinceau ferme.

Tidemand (Adolphe). 1816-1876. MANDAL (Norwège). Genre, etc. = Peintre norwégien. Elève de Hildebrandt. = Le chasseur de loups, Hambourg.

Tielemans (Jean-F.). E. Fl. * XVIIIe siècle. ANVERS. = Elève de l'Académie d'Anvers, en 1780.

Tielemans (Louis). E. Fl. 1826-1856. ANVERS. Genre. = Foire annuelle à Bruges.

Tielemans (Martin-François). E. Fl. 1784. LIERRE. Histoire, portrait. = Elève de l'Académie d'Anvers, puis de David. Visita l'Angleterre et le Hanovre. Directeur de l'école de dessin dans sa ville natale. = Les disciples d'Emmaüs, Lierre.

Tielens. V. Thielens.

Tieling (Louis). E. H. (?). * 1650. Paysage et animaux. = Détails inconnus.

Tiellius (M.). E. H. * 1683. Genre. = Détails inconnus.

Tienen (... Van). E. H. * XVIIe siècle. Fleurs, fruits et animaux. = Détails inconnus.

Tiepoletto. V. Tiepolo.

Tiepolo (Jean-Baptiste), dit **le Tiepoletto.** E. I. 1692-1769 ou 1770. VENISE. Histoire. = Elève de G. Lazzarini; se distingua dès l'âge de seize ans; travailla à Milan et dans plusieurs autres villes d'Italie dont il remplit les églises et les palais d'ouvrages magnifiques. Visita l'Espagne et mourut à Madrid. = Têtes d'étude (Esquisse), Londres. — Festin d'Antoine et de Cléopâtre, Saint-Pétersbourg. — Sainte Catherine de Sienne, Vienne. — Réception d'un seigneur et de sa suite, Berlin. — Jeune femme sortant du bain, *ib.* — Vénus et l'Amour, Madrid. — Conception, *ib.* — Eliézer et Rebecca, Bordeaux. — Ecce Homo, Caen. — Partie de cartes, Rouen. = Pinceau agréable et sûr, exécution prompte; imita la manière de P. Véronèse; touche spirituelle et facile. Graveur. = Ventes : V. de Heineken (1757), *Triomphe de Flore*, 1,200 l. — V. Pauwels (1877), *La Vierge et l'enfant Jésus apparaissant à saint Antoine de Padoue*, 2,550 fr. — V. Signol (1878), *Alexandre et Bucéphale*, 3,000 fr. — *Jésus présenté au temple*, 1,820 fr.

Tiepolo (Jean-Dominique), fils de Jean-Baptiste. E. I. 1727. VENISE. Histoire, portrait. = Elève de son père, qu'il suivit en Espagne et avec les ouvrages duquel les siens ont beaucoup de ressemblance. = Institution de l'Eucharistie, Copenhague. = Graveur.

Tierce (Jean-Baptiste). E. Fr. * XVIIIe siècle. Paysage. = Agréé à l'Académie, en 1786.

Tierceville (Eugène de). E. Fr. * 1843. Histoire, portrait. = Elève d'Ingres et de Blondel. = Saint Louis, Fontainebleau. — Loth et ses filles.

Tierendorf (Jérémie Van). E. Fl. * 1619. Histoire. = Détails inconnus. = On voyait de lui à Ypres deux tableaux représentant: le premier, Jésus-Christ remettant les clefs à saint Pierre; le deuxième, la naissance du Christ.

Tiersonnier. E. Fr. * XVIIIe siècle. Histoire. = Deuxième prix de l'Académie royale de peinture de France, en 1741, avec son tableau de *la guérison de Tobie*.

Tiersonnier (A.). E. Fr. 1797. Histoire, genre = Elève de Guérin et de Lethière. = Le lavement des pieds au couvent de la Trinité à Rome. — Jeune Napolitaine.

Tiger (Jean). E. Fr. 1638-1698. FALAISE. Portrait. = Reçu à l'Académie, en 1675.

Tilborgh (Gilles Van). E. Fl. 1625 (?)-1678 (?). BRUXELLES. Assemblées et kermesses. = On croit qu'il fut élève de Teniers. Quelques biographes parlent de deux peintres de ce nom; le premier, né à Anvers, en 1570 selon les uns, en 1578 selon les autres, mort en 1622 ou 1632, aurait été le père de Gilles, le Jeune. Contemporain du vieux Teniers, il aurait peint dans la manière de ce maître. Immerzeel combat l'opinion des deux Tilborgh, Kramm la soutient. Il paraît y avoir, d'après ce dernier, des peintures signées du nom de Tilborgh, pendant un espace de temps trop long pour appartenir à un seul individu. Cette assertion demanderait des preuves. Gilles Van Tilborgh est inscrit comme franc maître de Saint-Luc, à Bruxelles, en 1654 ou en 1644, d'après un document assez inexact de 1771; son nom y est orthographié : *Gilles Tilborch*, et c'est ainsi qu'il signe ses tableaux de Dresde et de Lille. Le prince Charles-Alexandre de Lorraine possédait de lui un tableau représentant l'artiste avec sa famille; on ignore ce que cette toile est devenue. = Plusieurs princes à cheval sortant du palais des ducs de Brabant, Bruxelles. — Un repas, La Haye. — Une place avec beaucoup de figures; noce hollandaise, Dresde (Chef-d'œuvre). — Corps de garde, Saint-Pétersbourg. — Villageois attablés, *ib.* — Le fumeur, *ib.* (Signé). — Repas rustique, *ib.* — Atelier de l'artiste, Copenhague. — Le repas du savetier, *ib.* — Fête de village, Lille. — Tableaux, Bordeaux, Nantes, Rouen et Valenciennes. = Il imita Brauwer à s'y méprendre et travailla beaucoup dans la manière de ce maître. Composition soignée, coloris clair, belle exécution. = Ventes : V. Van den Schrieck (1861), *Réunion de famille*, 1,900 fr.

Tilen ou **Tilens** (Jean ou Hans). E. Fl. * 1650. Paysage. = Ce peintre n'est cité que par les catalogues de Berlin et de Vienne. Il est peut-être le même que Jean Thielens d'Anvers, imitateur de Teniers. = Paysage montagneux, Vienne (Signé : *Ioan Tilens*. 16...). — Paysage : Diane et ses nymphes revenant de la chasse. Berlin (Signé : *H. Tilen*).

Tilius ou **Van Tilius** (Jean). V. Filius.

Tillet. E. An. * XVIIe siècle. = Maître du graveur John Smith.

Tillemans (Pierre). E. Fl. 1684 (?)-1734. ANVERS. Paysage, portrait et chasses. = En 1708, il partit pour l'Angleterre, où il fut protégé par le duc de Devonshire et lord Byron, auquel il enseigna le dessin. Mort à Norton (Comté de Suffolk). = Ses copies d'après le Bourguignon et Teniers lui acquirent beaucoup de réputation. Il excellait à peindre des chevaux.

Tilmans (Simon-Pierre), dit **Schenck**. E. H. 1601-1668. Paysage et portrait. = Il doit s'être occupé longtemps à Amsterdam; quelques-uns le font naître à Brême, ce qui ne repose sur aucune preuve. Il passa plusieurs années en Italie. = Il abandonna le paysage pour le portrait et réussit parfaitement dans ce dernier genre.

Tilmont. E. Fl. † 1842. BRUXELLES. Histoire. = Il demeurait à La Haye en 1838-39 et mourut à Bruxelles. = Charles V à son baptême nommé chevalier de la Toison d'or.

Timagoras. 450 ans avant Jésus-Christ. CHALCHIS. Histoire. = Célèbre peintre de son époque (Pline).

Timanthe. 400 ans avant Jésus-Christ. CYTHNOS (Une des Cyclades). Histoire, portrait. = Rival de Parrhasius. Il y eut un deuxième Timanthe, bon peintre. (Pline et Plutarque.) = Sacrifice d'Iphigénie. — Polyphème endormi, dont de petits satyres mesurent le pouce avec un thyrse. = Ne pouvant rendre la douleur du père d'Iphigénie, il lui voila le visage : *Patris ipsius vultum velavit, quem digne non poterat ostendere*. Dalechamp prétend que cette idée est due à Euripide.

Timarète, fille de Micon, le Jeune. 435 ans avant Jésus-Christ. Histoire. = Diane à Ephèse.

Timbal (Louis-Charles). E. Fr. 1820-1880. PARIS. Histoire. = Elève de Drolling. = Peintures murales, Paris (Eglise Saint-Etienne du Mont). — Peintures à l'église de la Sorbonne. Paris. — Décoration du Panthéon, *ib.*

Timomachus. BYZANCE. Histoire, = Ajax et Médée. Ce tableau lui fut acheté par Jules César pour 80 talents (532,000 fr. Pline). — La Gorgone. — Iphigénie. — Oreste.

Timothée d'Urbin. V. Vite. (Timothée della).

Tinelli (Tibère). E. I. 1586-1638. VENISE. Histoire, portrait. = Elève du chevalier Contarini et ensuite du Bassan; s'appliqua à étudier la nature, l'histoire et tout ce qui y a rapport. Un de ses portraits ayant été présenté, en 1633, au roi Louis XIII, ce prince fit décorer l'auteur de l'ordre de Saint-Michel, en lui faisant promettre de venir à sa cour. Tinelli ne tint pas ses engagements et céda aux prières de sa mère, qui voulait le retenir auprès d'elle. = Portrait du poète Strozzi, Florence. — Buste, *ib.* — Portraits d'homme, *ib.* = Touche facile, dessin correct, belle couleur; ses portraits n'ont pas moins de mérite que ses tableaux d'histoire.

Tinthouin (Jules). E. Fr. 1822-1859. Histoire. = Elève de P. Delaroche et de Gleize.

Tinti (Jean-Baptiste). E. I. ' 1590. PARME. Histoire, portrait. = Elève de Sammachini, à Bologne. = Mystère de la Passion, Paris. = Se perfectionna d'après les ouvrages de Tibaldi, du Corrège et du Parmesan.

Tintore (Simon del). E. I. '1690. LUCQUES. Fleurs, fruits, genre et oiseaux. = Excella dans le genre qu'il avait adopté. Son frère Cassiano fut élève du Paolino et devint un peintre d'histoire assez médiocre; François, le second de ses frères, ne fut pas sans mérite.

Tintorello (Jacques). E. I. ' XVe siècle. VICENCE. Histoire. = Détails inconnus. = Se rapprocha de Victor Pisanello pour le coloris; dessin moins pur.

Tintorella (Marietta) V. Robusti.

Tintoret (le). V. Robusti.

Tio (François). E. I. ' 1318. FABRIANO. Histoire. = Orna la tribune des conventuels à Mondaino.

Tiranoff. E. R. ' XIXe siècle. Intérieurs. = Elève de Wenezianoff

Tirlemont (Jean de) ou **Jean le Verrier.** E. Fl. ' 1481. Peintre sur verre. = Travailla à Léau.

Tirman. E. Fr. ' 1691. = Un des professeurs-fondateurs de l'Académie de Bordeaux, en 1691.

Tischbein (Jean-Antoine), frère de Jean-Henri. E. Al. 1720-1784. HAINA (Hesse). Histoire = Reçut les premières notions du dessin à Francfort et ne s'y occupa d'abord que de la peinture en tapisserie; étudia à Paris et à Rome, et revint en Allemagne; s'occupa pendant des années à La Haye et y fut inscrit, en 1752, dans la société *Pictura;* s'établit à Hambourg, y forma une école de dessin et y mourut. = Auteur d'un ouvrage intitulé: *Instruction pour apprendre la peinture par principes*, Hambourg, 1771, in-8°.

Tischbein (Jean-Henri), frère de Jean-Antoine. E. Al. 1722 (?)-1789. KLOSTER-HAYDA (Cassel). Sujets mythologiques et portrait. = Elève de Van Loo, en France, et de Piazetta, à Venise. Peintre du landgrave de Hesse-Cassel; nommé directeur de l'Académie de peinture et d'architecture, fondée à Cassel, en 1776, et professeur de peinture au collège Carolin; c'est là qu'il fonda une école nouvelle, se rapprochant de l'école vénitienne. = Quatre portraits au pastel, Amsterdam. — Tableaux à Cassel et dans les principales résidences de l'Electorat de ce nom. = Imagination riante et poétique; nu savant; draperies transparentes, jetées avec goût; belle entente du clair-obscur, coloris trop vif, et trop cru; se forma d'après le style de Watteau et de Boucher; composition maniérée.

Tischbein (Jean-Frédéric-Auguste), neveu de Jean-Henri et de Jean-Antoine. E. Al. 1750-1812. MAESTRICHT. Histoire, portrait. = Elève de son oncle Jean-Henri, à Cassel; étudia pendant sept ans les écoles de France et d'Italie, par la protection du prince de Waldeck, qui le nomma, à son retour, peintre de sa cour, avec le titre de conseiller; visita la Hollande, y fut inscrit, en 1786, dans la confrérie *Pictura*, à La Haye. Se trouvait à Dessau, en 1795, et obtint la place de professeur et directeur de l'école des beaux-arts, à Leipzig, en 1800. Mort à Heidelberg. = Ses portraits sont très recherchés, surtout ceux de femme; coloris agréable.

Tischbein (Charles), fils de Jean-Fr.-A. E. Al. 1797. DESSAU. Histoire, portrait et genre. = Elève de son père et de Nortman.

Tischbein (Jean-Henri-Conrad), neveu de Jean-Henri et de Jean-Antoine. E. Al. 1742-1808. HAINA (Hesse). Paysage et histoire naturelle. = Elève de son oncle Jean-Henri, à Cassel; voyagea en Hollande; nommé, en 1775, par le landgrave de Hesse-Cassel, inspecteur de la belle galerie mise en ordre par Jean-Henri. = *Traité élémentaire de la gravure à l'eau-forte, avec quatre-vingt-quatre feuilles de gravures, tirées selon cette méthode*, Cassel, 1790, in-folio (en allemand). = Graveur.

Tischbein (Jean-Henri-Guillaume), neveu de Jean-Henri et de Jean-Antoine. E. Al. 1751-1829. HAINA (?). Histoire, portrait. = Elève de son oncle, travailla à Hambourg, en Hollande, à Hanovre; arriva à Berlin, en 1777, et y fit tous les portraits de la famille royale; se trouvait à Rome, en 1779, et, en 1787, à Naples, où il se fit connaître de toute la cour : nommé directeur de l'Académie, dans cette ville, en 1790. Les malheurs de la guerre qui tombèrent sur Naples le forcèrent de retourner dans sa patrie, en 1799. = Education, aventures et fin déplorable d'un âne (Gravures). — Homère, dessiné par Tischbein, d'après des antiques, expliqués par Heyne; Gottingue, 1801 à 1804, en six cahiers. — *Recueil de gravures de vases antiques* (1791-1803), etc. = Un des plus grands peintres d'histoire de son époque. Célèbre dessinateur.

Tisio (Benvenuto), dit **Le Garofalo.** E. I. 1481-1559. FERRARE. Histoire, portrait. = Elève de quelques mauvais peintres ; se rendit à Rome, à vingt-cinq ans, se mit sous la direction de Baldini ; se rendit à Bologne, fut protégé par le duc de Mantoue ; retourna à Rome, en 1505, et s'y lia étroitement avec Raphaël dont il étudia les ouvrages ainsi que ceux de Michel-Ange. Revint dans sa patrie, y travailla avec le Dossi, fut employé par le duc de Ferrare et s'occupa énormément pour les églises et les couvents ; il perdit un œil en 1531, devint aveugle, en 1550, et survécut neuf ans à ce malheur. Ami de tous les grands peintres ses contemporains. = Sibylle devant Auguste, Rome. — Descente de croix, *ib.* — Conversion de saint Paul, *ib.* — Vierge entourée de saints, *ib.* — Annonciation, *ib.* — Deux Sainte-Famille, *ib.* — Sainte Lucie, *ib.* — Vierge dans la gloire, *ib.* — Jésus-Christ mort, Naples. — Epiphanie, *ib.* — Annonciation, Florence. — Saint Jacques, *ib.* - Sibylle devant Auguste, *ib.* — Sainte Famille, *ib.* — Vierge entourée de saints, Venise (Signé : *Benvenuto Garofalo MDXVIII*). — Vision de saint Augustin, Londres. — Jésus-Christ au jardin des Oliviers, *ib.* — Sainte Famille entourée d'anges et de saints, *ib.* — La Vierge et l'Enfant, sainte Cécile, saint Bernard et saint Antoine, Dresde. — Mars, Vénus et l'Amour, *ib.* — Neptune et Pallas, *ib.* — Apparition de la Vierge, *ib.* — Noces de Bacchus et d'Ariane, *ib.* — Sainte Famille, *ib.* — Sommeil de Jésus, *ib.*— Sainte Famille, Saint-Pétersbourg — Jésus-Christ au tombeau, *ib.* — La Samaritaine, *ib.* — La Madone et l'Enfant, *ib.* — La femme adultère, *ib.* — La Vierge et l'Enfant, saint Michel et saint Jean Baptiste, Munich. — La Vierge et l'Enfant, *ib.* — Portrait d'homme, *ib.* — Un homme jouant de la flûte, *ib.* - Jésus-Christ mort, Berlin.— Annonciation, *ib.* — Saint Jérôme se donnant la discipline, *ib.* — Epiphanie, *ib.* — Ascension, *ib.* — Deux Sainte Famille, Paris. — Mystère de la Passion, *ib.* — Circoncision, *ib.* — Sommeil de Jésus, *ib.* —Sainte Marguerite, Copenhague. — Adoration des mages, *ib.* = Un des plus célèbres imitateurs de Raphaël ; son surnom lui vient d'un œillet qu'il plaçait dans presque tous ses tableaux. Composition savante, étudiée, animée ; douceur exquise, grâce peut-être un peu affectée ; coloris moelleux, effet souvent vigoureux. = Ventes : V. Lebrun (1810), *La Samaritaine*, 3,650 fr.. — Même vente, *Saint Sébastien*, 800 fr. — V. Roux (1811), *Sainte Famille*, 2,460 fr. — V, Sommariva (1839), *La Vierge assise et son fils*, 1,710 fr. — V. Northwick (1859), *Lapidation de saint Etienne*, 39,520 fr. — V. Salamanca (1867), *Sacrifice antique*, 37,000 fr. — *Circoncision*, 7,000 fr.

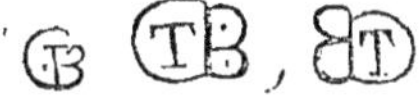

Tisserand. E. Fr. * XVIIe siècle. REIMS. Histoire. = Ce peintre avait composé un sixième ordre d'architecture qu'il présenta au roi. = *Nunc dimitis*, Reims.

Tissier. (J.-B.-A.). E. Fr. * 1814-1876. PARIS. Portrait.

Tissier (Cyprien). E. Fr. * 1541. PARIS (?) Miniaturiste. = Travaillait à Paris où ses miniatures étaient très recherchées.

Tissot (J. F.). E Fr. * 1859. NANTES. Genre. = Elève de Flandrin et de Lamothe.

Titi (Santi). E. I. 1538-1603. BORGO SAN-SEPOLCRO. Histoire, portrait. = Elève d'Al. Allori ; étudia à Rome ; se fixa à Florence et se distingua dans les ouvrages qu'il exécuta, lors des funérailles de Michel-Ange. = Tableaux et fresques, Rome. — Les sœurs de Phaéton métamorphosées en peupliers, Florence. — Hercule et Iole, *ib.* — Jésus-Christ crucifié, *ib.* — Tête de jeune fille, *ib.* — Jésus-Christ entrant à Jérusalem, *ib.* — La Vierge et l'Enfant Jésus, *ib.* — Portrait d'homme, *ib.* — Le Christ mort, pleuré par les siens, Berlin. = Soin extraordinaire ; pinceau très fin ; manière savante et gracieuse ; coloris vigoureux dans les têtes ; dessin très correct ; manque d'idéal ; expression remarquable ; accessoires de bon goût.

Titi (Tibère), fils de Santi. E. I. * XVIe siècle. FLORENCE (?). Histoire, portrait en miniature. = Elève de son père auquel il survécut assez longtemps. = Portrait du prince Léopold de Médicis enfant, Florence. = Ne réussit que dans les portraits en miniature et obtint dans ce genre une réputation méritée.

Titi (dal). V. Rainaldi.

Titien (le). V. Vecelli.

Tizianello. V. Vecelli (Tiz).

Tkadlick ou **Kadlick** (François). E Al. 1786. PRAGUE. Histoire. = Saint Luc peignant la Vierge, Vienne. — Saint Paul bénissant les chrétiennes de Tyr.

Tlépolème, 75 ans avant Jésus-Christ. — Cité par Cicéron.

Tobar (Alphonse-Michel de). E. Es. 1678-1758. HIGUERA (Près Aracena). Histoire, portrait. = Elève de J. A. Faxardo, à Séville ; ses dispositions suppléèrent au talent du maître ; son talent et son caractère le firent nommer peintre de Philippe V, en 1729 ; suivit le roi à Madrid et continua, jusqu'à sa mort, à s'occuper avec zèle de son art. = Tableaux, Paris. — Portrait de Murillo, Madrid. — La divine bergère, *ib.* — Saint Joseph et l'Enfant Jésus,

Berlin. = Imitateur de Murillo; les copies de Tobar sont très souvent prises pour des originaux. Il n'a fait malheureusement qu'un seul ouvrage de sa propre invention et c'est un tableau d'un mérite supérieur. = Ventes : V. Soult (1852), *Jésus et saint Joseph*, 1,150 fr.

Toccagni. E. I. * XVIe siècle. Histoire. = Élève de Camille Procaccini.

Töche. E. Al. * 1838. Paysage. = Élève de Blechen.

Tocqué (Louis). E. Fr. 1696-1772. PARIS. Portrait. = Fils d'un peintre d'architecture distingué. Élève de N. Bertin; reçu à l'Académie, en 1734, il en fut conseiller; renommé en Suède en Russie et en Danemark. = Portrait présumé de Mme de Graffigny, Paris. — Portrait de Marie Leczinska, *ib.* — Portrait du dauphin, fils de Louis XV, à dix ans, *ib.* — Portrait du comte de saint Florentin, Marseille. — Portrait, Versailles. = Effet gracieux et noble; touche légère et spirituelle; coloris vrai et animé; mains bien dessinées et bien peintes.

Toeput (Louis), dit **Pozzo** ou **Pozzoserato.** E. Fl. * 1590. MALINES. Paysage, architecture, marchés, etc.= Il passait pour un des meilleurs poètes de son temps. Il peignit quelques tableaux à Venise pendant le séjour qu'y fit Van Mander et mourut à Trévise. Vivait encore en 1604. Il s'intitulait souvent lui-même L. da Trevizi et naquit, croit-on, vers 1550. = Bonne ordonnance; ciels très heureux, surtout dans les couchers de soleil. Réussit également fort bien dans la représentation des tempêtes. Graveur et éditeur d'estampes.

Tognone (Antoine). E. I. * XVIIe siècle. Histoire. = Élève de B. Zelotti, à Vicence, où il broyait les couleurs.

Tol (David Van). E. H. * XVIIe siècle. Genre. = Kramm pense qu'il pourrait être le frère de Pierre. = Ses petits sujets sont souvent représentés dans une niche.

Tol (Dominique Van). E. H. * XVIIe siècle. Genre, intérieurs. = Élève de G. Dou dont Bryan-Stanley le dit être neveu; on a de lui des chefs-d'œuvre, mais il travaillait très inégalement. = Tableau, Leyde. — Enfants jouant avec un chat, Amsterdam. — Un vieillard à une fenêtre, Dresde. — Une vieille femme dévidant du fil à une fenêtre, *ib.* — Vieillard allumant sa pipe, Rotterdam. — Le vendeur de harengs, *ib.* — Portrait de G. Dou, *ib.* — Une mère travaillant près d'un berceau, Saint-Péters-bourg. — Un savant au travail, Copenhague.= Dans le goût de Van Brekelenkamp et de G. Dou, mais plus de fini que le premier de ces deux maîtres : ses tableaux sont fréquemment attribués à G. Dou; expression peu spirituelle; coloris un peu froid. = Ventes: V. Dubarry (1774), *portrait du peintre*, 656 liv. — V. Juvigny (1779), *le cordonnier*, 750 liv. — V. Sarrazin (1802), *le cordonnier*, de la vente Juvigny, 800 fr. — V. Rhoné (1861), *Intérieur*, 1,420 fr. — V. Van Brieven de Grootelindt (1865). *La lecture pieuse*, 4,650 fr. — V. Delessert (1869). *Jeune fille faisant de la dentelle* 5,150 fr.

Tol (Nicolas Van). E. H. * XVIIe siècle. Histoire. = Reçu franc-maitre de Saint-Luc à Anvers, en 1653-54. = Bon artiste.

Tol (Pierre Van). E. H. * XVIIe siècle. Intérieurs. = Kramm le croit frère de David. = Beaucoup de fini; ses tableaux sont très recherchés et fort bien payés.

Tolède (Jean de), le Vieux. E. Es. * 1498. Histoire. = Élève de J. de Bourgogne; travailla avec son maître au cloître de l'église de Tolède. = Un des peintres les plus célèbres de son temps.

Tolède (Jean de), le Jeune. E. Es. † 1645. Histoire. = Élève de Tristan; nommé peintre du chapitre de Tolède, en 1641. = Beaucoup de goût.

Tolède (le capitaine Jean de). E. Es. 1611-1665. LORCA. Histoire, fleurs, fruits, batailles et marine. = Son père, Michel de Tolède, lui enseigna les premiers éléments; se rendit en Italie comme soldat; devenu capitaine, il quitta cette carrière pour revenir à ses pinceaux; ami de M. A. Cerquozzi, qui lui donna des leçons; s'établit à Grenade, travailla à Murcie, vint enfin à Madrid, y fut particulièrement distingué et y mourut. Combat naval entre des Espagnols et des Turcs, Madrid. — Débarquement de Mores et combat, *ib.* — Combat naval, *ib.* — Fleurs et fruits, Paris. = Style et manière de son maitre; composition ingénieuse, belle exécution; excellait par le coloris et la parfaite entente du clair-obscur.

Tolentino (Marc-Antoine). E. I. * XVe siècle. Histoire. = Élève de P. della Francesca.

Tolet (Pierre Talboom). E. H. * XVIIe siècle. =Entra dans la gilde de Saint-Luc, à Haarlem, en 1638. En 1610 fut reçu à l'hospice des vieillards, dans la même ville, un peintre du nom de Gilles le Grand Toilet, originaire de Tournai, âgé de 64 à 65 ans. Il y mourut en 1614.

Tolmezzo (Dominique). E. I. * 1479. UDINE. Histoire. = Détails inconnus. = Bon coloris.

Toma (Rodolphe-Mathieu). E. Al. 1792. VIENNE. Genre, paysage. =Villageois dans un paysage, Vienne. — Partie de forêt, *ib.*

Tomaes Tomaesen. E. Fl. * XVIe siècle. = Doyen de Saint-Luc, à Anvers, en 1529 et en 1534.

Tombe (la). V. Latombe.

Tomberg (Daniel). E. H. 1603-1678. GOUDA. Histoire, portrait. = Elève de Westerhout auquel il succéda comme conservateur des vitraux de sa ville natale. Son fils, Guillaume, cultiva la même branche que son père et fut chargé, à son tour, après la mort de celui-ci, de la conservation des vitraux. = Après le terrible ouragan de 1674, il fut appelé à restaurer les vitraux des églises de sa ville natale. = Ses ouvrages sont moins éclatants et moins vigoureux que ceux de ses prédécesseurs.

Tomé (Narcisse). E. Es.' XVIIIe siècle. Histoire. = Voici comment les biographes s'expriment sur son compte : « Destructeur des arts au commencement du XVIIIe siècle, ce peintre dont on ignore la date de la mort, aurait dû ne pas naître. » = Sculpteur et architecte.

Tome (Luc di). E. I. ' 1367. SIENNE. Histoire, portrait. = Elève du Berna; travailla dans toutes les villes de la Toscane. = Manque de moelleux.

Tomaso, fils du miniaturiste Stefano. E. I. † 1564. Histoire. = Elève de Laurent Sciarpeloni di Credi; exécuta à Florence et dans d'autres villes un grand nombre de travaux. = Réussit à imiter le fini de son maître; draperies très heureuses.

Tommaso de Florence. E. I. ' 1521. FLORENCE. Portrait, histoire. = Vivait en Espagne.

Tommaso de Modène. V. Mutina.

Tommaso di Stefano, dit **Giottino.** V. Lapo.

Tommaso Tommasi di Pietro Santi. E. I. ' XVIIIe siècle. Ornements et perspective. = Elève des frères Melani. = Génie remarquable.

Tommaso del Verrochio. E. I. ' XVIe siècle. Histoire. = Aida Vasari dans ses travaux.

Tom Ring. V. Ring.

Tonelli (Joseph). E. I. ' 1668. Histoire, perspective et ornements. = Elève de J. Chiavistelli; étudia également à Bologne. = Fresques, Rome.

Tonduzzi (Jules). E. I. ' 1525. FAENZA. Histoire. = Elève de J. Romain. = Peintre de mérite.

Tongheren (Antoine et Guillaume Van). E. Fl. ' XVe siècle. = Inscrits, en 1450, sur les registres de la confrérie de St-Luc, à Bruges.

Toni (Ange-Michel). E. I. ' XVIIe siècle. Histoire. = Donna les premières leçons à J. M. Crespi. = Peintre médiocre.

Tonnelier. E. Fr. ' 1842. Paysage. = Vue prise au Fay

Tonno. E. I. ' XVIe siècle. NAPLES. Histoire. = Elève de Polidore Caravage, qu'il assassina pour s'emparer de son argent; il expia ce crime par la potence. = Talent au-dessus du médiocre.

Tons (les). E. Fl. ' XVIe siècle. BRUXELLES. Aquarelle et genre à l'huile. = Cette famille de peintre est citée par Van Mander; Guillaume, le père, excellait dans l'aquarelle; un de ses fils, Hans, résidant en Italie, réussit dans le même genre. Cet Hans, ou Jean, travailla comme élève à Anvers, en 1584 et en 1585 chez un certain Henri Ghysmans. Un autre de ses fils, Guillaume, le Jeune, peignait le genre à l'huile et se trouvait encore en Italie, en 1604. Dans un errata, Van Mander parle encore d'un jeune membre de cette famille, Hubert, frère des deux précédents, qui, d'après le vieil auteur, excellait dans le paysage et les petites figures et s'occupait momentanément à Rotterdam. Hubert est inscrit comme franc-maître de Saint-Luc, à Anvers, en 1596.

Tonys (Jacques). E. Fl. ' 1461. = Doyen de la corporation de St-Luc, à Anvers, en 1461, 1472, 1477, 1482 et 1487.

Topfer (J. A.). E. H. ' XIXe siècle. Paysage. = Peintre amateur.

Töpffer. E. Al. ' 1799-1846. GENÈVE. Paysage et genre. = Scènes populaires. = Dessinateur humoristique plein de talent et écrivain distingué.

Topino-Lebrun (François-Jean-Baptiste). E. Fr. 1769-1801. MARSEILLE. Histoire, portrait. = Fut envoyé à Rome, comme élève et s'y lia intimement avec David, qui le reçut dans son école à son retour à Paris; se passionna pour la révolution et se livra à tous ses excès; fut nommé, en 1793, juré du tribunal révolutionnaire, et, quoique bon, serviable, et ami sincère, il se laissa entraîner par son imagination à voter un grand nombre de condamnations iniques, et s'égara entièrement; traduit lui-même devant les tribunaux, la mort de Robespierre le sauva; son esprit exalté le ramena toujours dans les intrigues politiques et il périt sur l'échafaud, accusé d'avoir conspiré contre le premier consul, avec Demerville, Aréna et le sculpteur Ceracchi. = Mort de Caïus Gracchus, Marseille. = Ce tableau fut couronné au salon et valut à son auteur une récompense du gouvernement.

Torbido ou **Turbido** (François), dit **le More de Vérone.** E. I. 1500-1581. VÉRONE. Histoire, portrait. = Elève de Giorgion et ensuite de Liberale de Vérone, qui lui légua tous ses biens. = Portrait du peintre, Munich. — Le nain de l'empereur Charles-Quint (Attribué), Paris. = Belle imitation de la nature. Suivit la manière de ses deux maîtres. Portraits très ressemblants. Graveur.

Torelli (César). E. I. ' XVIIe siècle. ROME. Histoire, portrait. = Détails inconnus.

Torelli (Maitre). E. I. ' XVIe siècle. Histoire. = Elève du Corrége; travailla à Milan.

Torelli (Félix). E. I. 1667 ou 1670-1748. VERONE. Histoire. = Elève de J. dal Sole; il avait d'abord reçu les leçons de Santo Prunato, dont il resta l'imitateur. = Saint Jean évangéliste, Bologne.—Saint Barnabé, apôtre, *ib*. = Pinceau énergique, clair-obscur savant.

Torenburg ou **Toorenburgh** (Gérard). E. H. 1737(?)-1785(?). AMSTERDAM. Vues de ville. = Elève de J. Ten Compe et de C. Pronk. Mort à Nykerk. = Vue de l'Amstel à Amsterdam, La Haye. = Il a fait de jolis dessins d'après Wouwerman et d'autres.

Torenvliet ou **Toorenvliet** (Jacques). E. H. 1641-1719. LEYDE. Histoire, portrait et genre. = Il partit, en 1670, pour Rome, en compagnie du peintre N. Rosendael, afin de se perfectionner dans son art. Il séjourna à Rome et à Venise. = La boucherie, Vienne. (Ce tableau est signé : J. TOORENVLIET, *inventor et fecit*, A° 1677.) — Marchande de poisson devant une fenêtre, Dresde. — Un vieux juif, *ib*. — Une femme chantant, *ib*. = Touche froide, bonne composition. Graveur.

Torenvliet ou **Toorenvliet** (Abrahom), fils de Jacques. E. H. 1685-1735. LEYDE. Portrait. = Elève de son père. = Bonne ressemblance; coloris sec.

Toresani (André). E. I. 1727 (?)-1760. BRESCIA. Animaux, marine, histoire, etc. = Travailla beaucoup à Venise et à Milan.

Törmer (Benno-Frédéric). E. Al. 1804-1859. DRESDE. Genre. = Mort à Rome. = La leçon de musique, Dresde.

Tornioli (Nicolas.) E. I. ' 1640. SIENNE. Mosaïque, histoire et portrait. = On le croit élève de M. A. Vanni; travailla à Bologne et dans plusieurs villes d'Italie.

Torre (Barthélemy). E. I. ' 1600. AREZZO. Histoire, portrait. = Elève de J. A Lappoli; il était gentilhomme; se rendit à Rome et y travailla sous don Giulio Clovio. Sa manière de vivre toute cynique le conduisit au tombeau à 25 ans. = Excellent dessinateur.

Torre (Flaminio), dit **Degli Ancinelli.** E. I. 1621-1661. BOLOGNE. Histoire. = Elève de Pesarese et du Guide; mort à Modène où il était peintre de la cour. = Sainte Famille, Dresde. — Sainte Apolline, *ib*. = Imita avec le plus grand bonheur la manière des anciens maîtres. Graveur.

Torre (Jean-Baptiste della). E. I. † 1631. ROVIGO. Histoire. = Elève de Ch. Bononi; s'établit à Venise et y mourut assassiné à la fleur de l'âge. = Beaucoup de génie.

Torre (Jean-Paul). E. I. ' XVIIe siècle. ROME. Histoire. = Né gentilhomme; élève du Mutien.

Torre (Nicolas-André). E. Es. † 1678. Histoire. = Mort à Madrid. = Manière large et facile.

Torre (Théophile). E. I. ' 1600 AREZZO. Histoire. = Peintre à fresque.

Torregiani (Barthélemy). E. I. † 1674 (?). Paysage et portrait. = Elève de Salvator Rosa. Mort très jeune. = Paysages, Rome. — Médaillon : Henri VIII, Londres. — Narcisse, Munich. — Agar et Ismaël, *ib*. — Paysage, Madrid. (Les auteurs espagnols lui donnent le prénom d'André.)

Torrentius (Jean-Simonz dit). E. H. 1589-1640 (?). AMSTERDAM. Nature morte et sujets libres. = De nouvelles lumières ont jailli sur la vie de Torrentius; elles sont dues à M. le Dr Van der Willigen et sont extraites des pièces du procès reposant encore aux archives de Haarlem. Nous nous en sommes servis pour compléter et rectifier la biographie de cet artiste. C'est en 1627 qu'il fut arrêté, pendant un séjour qu'il faisait à Haarlem. On l'accusait d'être à la tête de la secte des Rouge-Croix à laquelle on attribuait les doctrines les plus perverses, d'être adonné à la sorcellerie, à une immoralité notoire, tant à Haarlem, qu'à Amsterdam, Rotterdam, Leyde, Delft et La Haye. Il ne fit aucun aveu mais le témoignage de tous ceux qui furent entendus et parmi lesquels se rencontrent les noms les plus honorables, est accablant pour Torrentius. Une lettre existe, écrite pour prémunir un jeune homme contre les exemples de l'artiste; il y est dit que celui-ci avait été jusqu'à vouloir perdre de réputation sa propre femme dont la vertu était exemplaire « et qu'il mérite d'être mis dans une maison de correction comme son père, un pelletier, qui y a été ou y est encore, à Cologne. » Torrentius fut condamné à être brulé vif. La condamnation au bûcher fut changée en un emprisonnement de vingt années. Il avait épousé Cornélie, la fille du célèbre Jacques Van Campen, mais celle-ci dut le quitter et retourna auprès de ses parents; elle avait sans doute conservé quelque pitié pour lui, car, en 1628, elle obtient d'aller le visiter dans sa prison. Les parents de sa femme ainsi que leur ami Salomon de Bray, s'y rendirent également, en 1629. Deux fois le prince Frédéric-Henri essaya sans succès de faire commuer sa peine; la seconde fois il était joint à la requête une lettre du roi d'Angleterre. L'ambassadeur de ce pays obtint enfin son élargissement à condition qu'on ne le reverrait plus dans le pays. = Beaucoup de vigueur et de finesse d'expression.

Torres (Mathias de). E. Es. 1631-1711. ESPINOSA DE LOS MONTEROS. Histoire, ornements, paysage et batailles. = Élève de son oncle Thomas, peintre très médiocre, qui le fit venir à Madrid, lorsque déjà sa première jeunesse était passée; reçut heureusement quelques leçons d'Herrera, le Jeune. Ses fils, grands peintres d'illuminations, l'aidèrent à s'enrichir, mais ils moururent avant lui, et le vieux Torres tomba dans la misère. Mort à l'hôpital. = Ses ouvrages ne sont plus reconnaissables tant il les faisait sombres. Assez de grâce et de liberté dans le paysage et les batailles.

Torres (Clément de). E. Es. 1665 (?)-1730. CADIX. Histoire. = Élève de J. Valdès-Leal, à Séville; vint à Madrid, s'y lia intimement avec Palomino et revint mourir à Cadix. = Dessin très agréable.

Torres (le comte de Las). E. Es. ' 1700. — Amateur; travaillait à Madrid.

Torri ou **Torrigli** (Pierre-Antoine). E. I. ' 1678. Histoire et ornements. = Élève de l'Albane.

Torricella (le). V. Buonfanti.

Torrigli. V. Torri.

Torsslow (H.). E. Al. 1838. STOCKHOLM. Paysage.

Tortebat (François). E. Fr. 1621-1690. Histoire. = Gendre de S. Vouet. = Nommé de l'Académie, en 1663. Il eut vingt-neuf enfants. Auteur d'un livre d'iconologie fort estimé. = Graveur.

Tortebat (Jean), fils de François. E. Fr. 1652-1718. PARIS. Portrait. = Admis académicien, en 1699. = Excellait dans son genre. Edelinck a gravé d'après lui.

Tortelli (Joseph). E. I. 1662. BRESCIA. Histoire. = Détails inconnus. = Touche spirituelle.

Tortiroli (Jean-Baptiste). E. I. ' 1632. CRÉMONE. Histoire. — Élève d'An. Mainardi; visita Rome et Venise. = Composition sage; coloris agréable; mort à trente ans.

Tortolero (don Pierre). E. Es. † 1766. SÉVILLE. Histoire. = Élève de D. Martinez.

Tortoret. ' XVIIe siècle. = Cité par de Marolles.

Tory (Godefroid). E. Fr. ' 1529. BOURGES. = Il fut à la fois peintre, graveur, écrivain et imprimeur. Célèbre miniaturiste. = On lui attribue la peinture qui se trouve en tête du manuscrit de Diodore de Sicile.

Tossicani (Jean). E. I. ' XIVe siècle. AREZZO. Histoire, portrait. = Élève de Tommaso, dit Giottino; employé à Pise et dans toute la Toscane. = Imita le style de son maître.

Toto (Antonio). E. An. ' XVIe siècle. ITALIE. Histoire. = Peintre en chef du roi Henri VIII. Il succéda, dans cette charge, à André Wright. = Cité également comme architecte.

Toudouze (Edmond). E. Fr. ' 1871. PARIS. Histoire. = Élève de Pils et de Leloir. = Agamemnon et Clytemnestre.

Toulmouche (Auguste). E. Fr. 1829. NANTES. Genre. = Élève de Gleyre. = Jeunes filles dans une bibliothèque. — Le miroir.

Toulon (Mme Martine-A.-M. Van). E. H. ' 1828. Fleurs, fruits et gibier. = Élève de G. Hekking.

Toulza (Joséphine). E. Fr. ' 1825. MARSEILLE. Miniature. = Élève d'Aubry.

Tourcaty (Jean-François). E. Fr. 1763. PARIS. Portrait, histoire. = Élève de J. Bardin; agréé à l'Académie. = Graveur.

Tournai (Gilles de). E. Fl. ' XVe siècle. YPRES. = Travailla, en 1468, aux entremets de Bruges.

Tournant (Almice). E. Fr. ' 1842. Portrait en miniature.

Tournemine (Ch.-Em. de). E. Fr. 1814-1872. TOULON. = Élève d'Isabey. = Vue de Luzor. — Lac sacré d'Oudeypoor.

Tournemine (Thomas). E. Fr. ' 1509. LILLE. Décorations, etc.

Tournesol. V. Hulst (Van).

Tourneux (J.-F.). E. Fr. 1809-1867. Pastel. = Jésus-Christ à Emmaüs.

Tournier. E. Fr. ' XVIIe siècle. TOULOUSE. Histoire. = Élève de Valentin. Selon d'Argenville, il peignit la chapelle des Pénitents noirs de cette ville, ainsi qu'une Descente de croix à Saint-Étienne et un tableau au mausolée de Saint-Thomas.

Tournières (Robert). E. Fr. 1668-1752. CAEN. Portrait en petit, histoire et genre. = Élève de B. Boullongne, à Paris; reçu à l'Académie, en 1702, comme peintre de portraits, et, en 1716, comme peintre d'histoire; il fut nommé peintre ordinaire du roi et se retira dans sa ville natale, deux ans avant sa mort. = Portraits de la famille Maupertuis, Nantes. = Dibutade ou l'invention du dessin, Paris. = Ses portraits sont souvent historiés; bon goût, coloris agréable. Imita les Hollandais, entre autres Netscher. = Ventes : V. Dubarry (1774) *La femme au perroquet*, 940 liv. — V. Chabannais (1777), *Portraits de Titien et de sa maîtresse*, 111 liv. — V. 12 avril 1874, à Paris, *Portrait de Launay*, 2,060 fr. — V. Belisard (1783), *Portrait de Tournières*, 470 liv.

Tourny (Joseph-G.). E. Fr. 1818-1880. Portrait, etc. = Graveur.

Tourtier (Jacques). E. Fr. ' 1458. NOYON. Excellent miniaturiste.

Toussaint (P.-J.). E. Fl. ' 1855. Intérieurs.

Toussaint (Louis). E. Al. 1826. KÖNIGSBERG. Genre. = L'étranger au château.

Toutain (Pierre). E. Fr. 1644-1686. LE MANS. Histoire. = Reçu à l'Académie. en 1681.

Toutin (Jean). E. Fr. ' 1632. CHATEAUDUN. Email. = Orfèvre, qui trouva la manière de faire des émaux épais et opaques sur or. Quelques auteurs lui donnent le prénom d'Henri.

Touton. E. Fr. ' 1700. Email. = Successeur du suisse Petitot. = Emaux, Paris.

Touvenin. E. Fr. ' 1481. = Peintre verrier; fit des réparations à la grande verrière du couvent des Cordeliers de Mirecourt.

Touzé (J.). E. Fr. 1747 (?)-1807. PARIS. Genre. = Connu par les facéties dont il divertissait ses amis. = Invention ingénieuse et spirituelle; peu d'études solides.

Tozzo (Jean del). E. I. ' 1530. = Contemporain du Bigio; établi à Sienne.

Traballesi (Barthélemy et François). E. I. ' XVIe siècle. Histoire. = Barthélemy fut élève de Vasari; son frère, François, fut élève d'un des frères Ghirlandaio; le premier travailla à Rome sous le pontificat de Grégoire XIII et mourut jeune. = La tour de Danaé, Florence. — Fresques, Rome.

Trachez (Jean). E. Fl. 1750 (?) - 1822. ANVERS. Paysage, vues de ville et monuments. = Elève de H.-J. Antonissen. = Manière de H. De Cort; du fini et une bonne imitation de la nature; travailla à la détrempe. Graveur.

Traini (François). E. I. ' XIVe siècle. FLORENCE. Histoire, portrait. = Elève d'A. Orcagna; surpassa son maître dans quelques parties de l'art. Bon coloris, beaucoup d'invention et d'harmonie.

Tramasure (P. de). E. Fl. 1790 (?). BRUXELLES. Paysage et architecture. = Etabli à Gand.

Tramulles (François), Frère de Manuel. E. Es. ' XVIIIe siècle. PERPIGNAN (?) = Détails inconnus.

Tramulles (don Manuel), frère de François. E. Es. 1715-1791. BARCELONE. Histoire et décors.=Elève d'A. de Viladomat; établit une Académie chez lui : de nombreux élèves y venaient étudier. = Manière incorrecte; ses meilleurs ouvrages sont ceux dans lesquels il imita son maître; se distingua dans la perspective.

Tranfurnari (Emmanuel). X[e] ou XIe siècle. CONSTANTINOPLE. Histoire. = On pense qu'il séjourna en Italie. = Le sommeil ou les obsèques de St-Ephrem, Rome. = Coloris vif et brillant.

Trautman (George). E. Al. 1713-1769. DEUX-PONTS. Fêtes villageoises et genre. = Mort à Francfort-sur-le-Mein. = Graveur. = Ventes : V. Demidoff (1868), *Tête de vieillard*. 370 fr.

Trautschold (Guillaume). E. Al. 1815. BERLIN. Genre, portrait. = Elève de Herbig.

Trasi (Louis). E. I. 1634-1694. ASCOLI. Histoire. = Elève du Sacchi, puis de C. Maratti. = Artiste de talent.

Traverse (Charles-Franç.). E. Fr. ' XVIIIe siècle. Histoire (?) = Gentilhomme du marquis d'Ossuna, ambassadeur de France en Espagne; accompagna son maître dans ce dernier pays. = Artiste intelligent.

Travi (Antoine), dit **Antoine de Sestri.** E. I. 1613-1668. SESTRI, Etat de Gènes. Paysage. = Elève de B. Strozzi; ses fils cultivèrent le même genre que lui, mais sans atteindre son talent. = Détails gracieux, manque de fini, pinceau hardi. On croit qu'il grava à l'eau-forte.

Traviés (Ch.-Jos.). E. Fr. 1804-1859. WINTERTHUR (Suisse). Portrait, genre, etc. = Elève de Heim; plus connu comme caricaturiste. On lui doit la création du type de Mayeux.

Trayer (J.-B.-J.). E. Fr. 1824. PARIS. Genre. = Elève de Lequien. = Ecole de filles. — Couturières.

Treidler (A.-A.-L.-E.). E. Al. 1846. BERLIN. Histoire. = Elève de Schrader. = François Ier et Charles-Quint.

Trembloy. E. Fr. † 1880. Fleurs.

Tremollière (Pierre-Charles). E. Fr. 1703 (?)-1739. CHOLET (Anjou). Histoire, genre et portrait. = Elève de J.-B. Van Loo; remporta le grand prix de peinture et resta six ans à Rome; reçu à l'Académie, en 1737. Mort à Paris. = Tableaux, Lyon. = Invention vive et féconde; dessin correct, clair-obscur savant, effet juste, coloris heureux, pinceau léger et spirituel, Graveur. = Ventes : V. Vassal (1774), *Bain de femmes*, 1,231 liv. — V. Gros (1778), L'*Education de l'amour*, 1,800 liv. — V. Montbrun (1861), *Vénus dérobant le carquois de l'amour*, 510 fr.

Trenkwald (Joseph-M.). E. Al. 1824. PRAGUE. Histoire. = Elève de Rubens. = Peintures dans des églises de Prague.

Trensaert (J.-P.). E. Fl. ' 1834. Vues de ville et genre. = Enfants fêtant Bacchus. — Intérieur de ferme.

Tresham (Henri). E. An. † 1814. IRLANDE. = Peintre et poète.

Treu (Catherine). E. Al. 1741. BAMBERG. Fleurs, fruits et nature morte. = Attachée à la cour Palatine, à Manheim, et membre de l'Académie de Dusseldorf. = Touche large et libre.

Treu (Joseph-Marquard), E. Al. ' 1740. ALLEMAGNE. Histoire. = Détails inconnus.

Treu (Jean-Nicolas), fils de Joseph. E. Al. 1734-1786. BAMBERG. Histoire. = Elève de son père; étudia à Paris, sous Charles et Pierre Van Loo ; voyagea en Italie; s'établit à Wurtzbourg et y mourut. = Couleur fraîche ; style maniéré.

Treverret (Victorine). E. Fr. ' 1824. QUIMPER. Peintre sur porcelaine. = Elève de Mme Jaquotot. = La Vierge au voile (D'après Raphaël). — Sommeil de l'enfant Jésus (D'après Raphaël).

Trevisani (Ange). E. I. ' 1730. VENISE. Histoire, portrait. = Ne quitta jamais sa ville natale et acquit une bonne réputation, surtout comme peintre de portraits. = La Vierge et l'Enfant, Madrid. = Style naturel et de bon goût. pinceau soigneux et recherché, surtout dans l'art du clair-obscur.

Trevisani (François), dit **Le Romain.** E. I. 1656-1746. CAPO D'ISTRIA. Histoire, portrait. = Elève du Zanchi, à Venise; il avait d'abord été confié à un peintre flamand et avait exécuté sous sa direction, à l'âge de onze ans, un tableau qui fut regardé comme un prodige. A Rome, le cardinal Flavio Chigi. neveu du pape Alexandre VII, devint le protecteur du Trevisani; des travaux importants lui furent confiés par le cardinal et par le duc de Modène ; le premier lui obtint la dignité de chevalier. Travailla à Bologne, à Camerino, Pérouse, à Forli, etc. Sa réputation parvint jusqu'à Pierre le Grand qui lui demanda plusieurs tableaux. Mort à Rome. = Le prophète Baruc, Rome. — Tableaux et fresques, *ib.* — La Vierge et l'enfant Jésus, Florence.—Songe de saint Joseph, *ib.* — Marie-Madeleine, Saint-Pétersbourg. — Même sujet, Madrid. — Massacre des Innocents, Dresde. — Repos en Egypte, *ib.* — Saint Antoine de Padoue, *ib.* — Mort de saint François, *ib.* — Jésus-Christ aux Oliviers, *ib.* — Sainte Famille, *ib.* — Sommeil de Jésus, Paris. — La Vierge et l'Enfant, *ib.* — Jésus-Christ mort pleuré par des anges, Vienne. — Chute des anges rebelles, Munich. = La vue des chefs-d'œuvre que renferme Rome lui fit changer totalement sa manière primitive; il s'en forma une analogue au goût de son époque; possédait un talent admirable pour contrefaire toutes les manières; beau choix, pinceau fin, ton plein de feu, touche spirituelle; du fini.= Ventes : V. de Heineken (1757), *Naissance de la Vierge*, 2,000 liv.

Trezel (Pierre-Félix). E. Fr. 1782-1855. PARIS. Histoire, portrait. = Elève de Lemire, jeune. = Phèdre jugée aux enfers, Angers. — Adieux d'Hector et d'Andromaque, Bordeaux.

Trezzo (Jacques de). E. I. † 1595. TREZZO. Mosaïque. = Etudia à Milan ; se rendit en Espagne et y exécuta le tabernacle de l'église de l'Escurial, le plus magnifique, dit-on, de la chrétienté.

Triconi (Barthélemy). E. I. ' XVIIe siècle. MESSINE. Portrait. = Elève d'A. Bicci, dit Barbalunga.

Tricot (François-Joseph). E. Fl. ' XVIIIe siècle. BRUXELLES. = Couronné à l'Académie d'Anvers, en 1770.

Triebel (Charles). E. Al. 1823. DESSAU. Paysage.

Triga (Jérôme). E. I. ' 1695. Histoire. = Florissait à Rome et donna des leçons à P. Bianchi.

Trimolet (Anthelme). E. Fr. 1798. LYON. Histoire, genre et portrait. = La famille de Costa. — Intérieur d'un atelier de mécanicien.

Trinquese (J.). E. Fr. ' XVIIIe siècle. FRANCE. Portrait. = Elève de Largillière; s'occupa longtemps à La Haye, en 1767. = Peintre de talent.

Tripier-Lefranc (Eugénie LEBRUN, Mme), nièce de Mme Lebrun-Vigée. E. Fr. ' 1825. PARIS. Portrait et genre. = Elève de Regnault. = Louis XIV et la belle jardinière. — Retour du soldat.

Trippel (Alexandre). E. Al. ' 1770. SCHAFFOUSE. Histoire. = Travaillait à Copenhague, en 1767, et y remporta le premier prix de peinture, à l'Académie.

Trippel (Jean-Henri). E. Al. 1683-1708. SCHAFFOUSE. Genre. = Architecte et très versé dans la perspective. = Pinceau spirituel.

Trippez ou **Trippet** (Henri). E. Fl. 1585-1674. LIÉGE. Histoire. = A longtemps travaillé pour les églises du pays et de la ville de Liége. = Assez bon peintre ; du jugement.

Triqueti (Henri de). E. Fr. ' 1831. Histoire. = Jugement de Galilée. — Mort de Charles le Téméraire.

Tristan (Louis). E. Es. 1586-1640. Près de TOLÈDE. Histoire, portrait. = Elève du Greco, dont il sut imiter les bonnes qualités et éviter les défauts ; de bonne heure son beau talent fut apprécié et les commandes arrivèrent en foule ; ses travaux l'ont rendu célèbre ; il eut, de plus, la gloire d'être le maître de Velasquez. = Tableaux, Paris.— Tableaux, Tolède. — Tableaux, Bourg de Yprès. — Portrait de Lopez de Vega, Saint-Pétersbourg. = Dessin correct et pur, teintes gracieuses, composition vive et savante, accessoires parfaitement traités. Palomino s'est trompé en le faisant naître plus tôt.

Triva (Antoine), dit quelquefois **de Trivis.** E. I. 1626-1699. REGGIO. Histoire, genre. = Elève du Guerchin. Mort à Munich. Sa sœur Flaminia, qu'il avait emmenée à Venise, réussit également dans la peinture, = Vénus sortant du bain, Dresde. = Manière pleine de vérité. Graveur.

Trivellini. E. I. ' 1694. Histoire. = Elève de J. B. Volpato.

Trivis (de). V. Triva.

Troger (Paul). E. Al. 1698-1777. ZELL (Tyrol). = Elève d'un peintre italien; peintre de l'empereur, et, depuis 1751 jusqu'en 1759, recteur de l'Académie, à Vienne, où il mourut. = Jésus-Christ au jardin des Olives, Vienne. = Graveur.

Trogli (Jules). E. I. 1613-1685. Histoire et perspective. = Elève de F. Gessi; publia un ouvrage intitulé : *Des Paradoxes de la perspective;* ce traité lui valut le surnom du *Paradoxe.*

Troïlus (Gustave Uno). 1815-1875. Portrait. = Peintre suédois distingué. = Mort à Stockholm.

Troivaux. E. Fr. ' 1829. Miniature et aquarelle.

Tromba (le). V. Rinaldi.

Trombatore (Joseph). E. I. ' XVIIe siècle. Histoire. = Elève d'A. Falcone et du Calabrese.

Trometta (Nicolas) ou **Nicolas de Pesaro.** E. I. ' XVIIe siècle. PESARO. Histoire. = Elève de F. Zuccaro. D'abord artiste d'un talent supérieur, il se négligea par la suite et devint médiocre. = La crèche, Rome. = Fresques, *ib.*

Troncossi (Joseph-François), dit **Paris.** E. I. 1784. NAPLES. Paysage et peintre sur porcelaine. = Elève de Gosse, de Bertin et de Mortelèque. = Vues du château de Rosny. — Chasses du duc de Berry.

Troost (Adolphe). E. Fl. ' 1843. Genre.

Troost (Corneille). E. H. 1697-1750. AMSTERDAM. Portrait et intérieurs. = Elève de A. Boonen. Se maria à Zwolle, en 1720. Artiste justement renommé pour son esprit et son talent. = Intérieur avec figures, Londres. — Portrait du peintre, Amsterdam. — Plusieurs dessins à la gouache et au pastel, La Haye. — La fausse contrition, Rotterdam. = Excellent dessin, composition des plus spirituelles, sans tomber dans la charge : excella dans le comique de bon goût et sut, par son talent, diminuer le triste effet des costumes raides de son époque. Il a fait un grand nombre de dessins et a gravé en mezzo-tinto. = Ventes : V. de Heineken (1757), *Jeune fille dessinant,* 300 liv. — V. Tonneman (1754). *La femme prodigue,* 300 fl. — V. Testas (1757), *Intérieur de cabane,* 250 fl. (Voir : *Cornelis Troost en zyn Werken, door A. Ver Huell. Arnhem. Gouda Quint.* 1873.

Troost (Sarah), fille de Corneille. E. H. 1731-1803. AMSTERDAM. Portrait en miniature. = Elève de son père : elle épousa J. Ploos Van Amstel.

Troost (Guillaume), le Vieux. E. H. 1684-1759 AMSTERDAM. Paysage et portrait. = Elève de Glauber. Il se rendit à Dusseldorf, en 1712, et séjourna longtemps en Allemagne où il peignit beaucoup de portraits; pensant s'établir à Clèves, il fit auparavant encore une visite à sa patrie, en mars 1735. Il se rendit à Haarlem où l'on croyait qu'il était resté dix ans; c'est une erreur, car, l'année de son arrivée, il partit pour Amsterdam, résolut alors de ne plus retourner en Allemagne et resta dans sa ville natale jusqu'à sa mort. = Il a laissé la réputation d'un peintre de mérite.

Troost van Groenendoelen (Jean-Henri), fils de Guillaume, le Vieux. E. H. ' XVIIIe siècle. Paysage. = S'occupa d'abord de dessiner pour les fabriques de soieries, puis s'adonna au paysage. Mort à Amsterdam.

Troost (Jacqueline-Marie VAN NIKKELEN), femme de Guillaume, le Vieux. E. H. 1690, CASSEL. Fleurs et fruits. = Elève de son père et d'H. Van der Myn.

Troost (Guillaume), le Jeune. E. H. 1812. ARNHEM. Paysage, portrait, marine. = Elève de B.-J. Van Hove et de Schelfhout.

Troostwyk (Wautier-J. Van). E. H. 1782-1810. AMSTERDAM. Portrait, paysage, animaux. = Elève des frères Andriessen. = Graveur.

Troppa (François). E. I. Histoire. = Détails inconnus. = La Madeleine, Rome. — Saint Augustin, *ib.* — Un Crucifix, *ib.* — Annonciation, *ib.*

Troppa (le chevalier Jérôme). E. I. ' 1700. Histoire. = Rivalisa avec le Romanelli; vécut peu de temps. = Madeleine repentante, Copenhague. = Imitateur de C. Maratti.

Trotti (le chevalier Jean-Baptiste), dit **le Vieux Malosso.** E. I. 1555. CRÉMONE. Histoire. = Elève de Bernard Campi, qui l'aima avec la plus grande tendresse, lui donna sa nièce en mariage et l'institua, en mourant, héritier de son école; appelé à Parme, afin d'y peindre en concurrence avec Augustin Carrache; malgré l'infériorité de son ouvrage, il réussit mieux à la cour que ce grand peintre; celui-ci ayant dit que c'était un mauvais os (mal osso) qu'on lui avait donné à ronger, Trotti adopta le surnom de *Malosso,* et prit ainsi pour un éloge ce qui n'était en réalité qu'un blâme. Ses talents lui méritèrent le titre de chevalier. = Abandonna la manière de son oncle; étudia le Corrége et imita le Sojaro; style riant, aimable, franc et brillant; raccourcis variés, mouvements pleins d'esprit; abusa des couleurs éclatantes, ce qui mérita à quelques-unes de ses œuvres le reproche d'être un peu peintures sur porcelaine; manque de relief; têtes d'une beauté ravissante et pleines de grâce et d'amabilité; groupes souvent uniformes et quelquefois remplis de variété et d'imagination; le plus grand reproche qu'on lui fasse est d'avoir eu un pinceau trop dur.

Trotti (Euclide), neveu du chevalier Jean-Baptiste. E. I. ' 1600. Histoire, portrait. = Elève de son oncle ; s'étant rendu coupable du crime de haute trahison et ayant été mis en prison, on croit qu'il mourut du poison que lui donnèrent ses parents, afin de le faire échapper à l'infamie du supplice. Mort jeune. = Imita avec le plus grand bonheur la manière de son maître ; style plus grave.

Trost (Charles). E. Al. ' 1839. Histoire. Saint-Hubert.

Trouvé (Michel). E. Fr. ' 1454. ROUEN. = Peintre verrier renommé qui exécuta en 1454 les verrières du manoir épiscopal de Rouen. =Touche ferme, hardie, beaucoup d'harmonie.

Troya (Félix). E. Es. 1660-1731. SAINT-PHILIPPE, alors Xativa. Histoire. = Elève de G. De la Huerta, à Valence.=Imita son maître.

Troyen (Rombout Van). E. H. † 1650. AMSTERDAM (?). Perspective et paysage. = Ne quitta point sa ville natale. = Sacrifice dans les Catacombes, Lille.

Troyon (Constant). E. Fr. 1813-1865. SÈVRES. Paysage, animaux. = Elève de Riocreux, mort à Paris. = Paysage, Lille. — Paysages dans les principaux musées de l'Europe. = Grande et légitime réputation.

Trozo de Monza. E. I. ' 1480. MONZA. Histoire. = Peignit beaucoup à Milan. = Invention confuse, attrait piquant par les costumes et les usages lombards, belle perspective.

Trübner (Henri-G.). E. Al. 1851. HEIDELBERG. Paysage.

Truchot. E. Fr. † 1823 (?). Paysage, intérieurs. = Convoi d'Isabeau de Bavière. — Le grand escalier du palais du duc d'Orléans (Figures de Xavier Leprince).

Truffin (Philippe ou Philippot). E. Fl. † 1506-1507. TOURNAI. Histoire, portrait. = Elève de Louis le Duc en 1457; reçu maître peintre, en 1461; juré et receveur de la corporation en 1463, 1473 et 1477, et doyen en 1479 et 1504. En 1474 il fit sur commande un retable pour le grand autel de l'église de Warchin, près de Tournai, promettant, dans l'acte de n'employer que de la dorure, des couleurs d'aussi bonne qualité et à livrer une œuvre qui ne serait pas inférieure au retable ornant l'autel du serment des canonniers dans l'église de sainte Catherine à Tournai et représentant l'*Histoire de saint Antoine* qui était donc aussi une œuvre de Truffin. Le retable de Warchin devait représenter deux sujets de la Passion; il paraît qu'il ne satisfit point les paroissiens qui durent attraire Truffin devant les Prévôts. = Travailla en 1468, aux entremets de Bruges. Un des peintres les plus renommés de l'école de Tournai ; il eut un grand nombre d'élèves, parmi lesquels on en cite de Gand, de Bruges, de Ziriczée, d'Utrecht, de Haarlem et même de San-Jago, en Espagne.

Trulin (Edouard Albéric). E. Fl. 1820. GAND. Histoire. = Elève de l'Académie d'Anvers et de Wappers. = Dix-neuf tableaux, St-Amand-lez-Gand (Eglise) — Tableaux, Destelbergen (Près Gand).

Trulin (J.-E.). E. Fl. ' 1842. Genre. = Le fumeur au repos.

Trumbull (Gordon). E. An. 1841. STONINGTON (Connecticut). Genre. = Le moment critique.

Trumbull (Jean). E. An. 1756. LEBANON (Connecticut). Histoire, batailles, portrait, miniature. = Elève de West, à Londres; fils du premier gouverneur de l'Etat de Connecticut; visita deux fois l'Europe. = Sortie de la garnison de Gibraltar, New-York. — Bataille de Bunkers-Hill, *ib.* — Portrait de Washington, *ib.* — Même sujet, Charlestown. — Même sujet, collége de New-Haven. = Le meilleur artiste américain de son époque.

Tscharner (Théodore). E. Fl. ' 1860. Paysage, genre.

Tschernetzoff (les frères). E. R. ' XIXe siècle. Paysage.

Tschirnetzoff, aîné. E. R. † 1865. Paysage. =Mort à Saint-Pétersbourg.

Tschrirner (Charles). E. Al. 1800. BOIZENBOURG. Portrait, genre, histoire. = Elève de Wach. = Saint Marc et saint Mathieu, Francfort-sur-l'Oder. — Le joueur de flûte.

Tshaggeny (Edmond). E. Fl. 1818-1873. BRUXELLES. Animaux, paysage. = Elève d'E. Verboeckhoven. = Etudes de bœuf, vache, mouton, etc.

Tshaggeny (Charles). E. Fl. 1815. BRUXELLES. Chevaux, paysage et genre. = Elève d'E. Verboeckhoven.—L'Empirique, Londres. — Contribution forcée, épisode des troubles des Pays-Bas, en 1568. — Malle poste des Ardennes, Bruxelles.

Tubach (Paul). E. Fl. ' XVIe siècle. = Il était attaché au service de Marguerite d'Autriche, en 1526. = Un vieux compte le cite comme auteur de plusieurs blasons pour verrières, peints au cloître de *Notre-Dame des Sept douleurs*, près de Bruges; ces travaux furent faits pour la gouvernante.

Tuccari (Jean). E. I. 1667-1743. MESSINE. Batailles en petit. = Fils d'un peintre nommé

Antoine, qui fut un très médiocre élève de Barbalunga. Mort de la peste. = Exécution rapide, imagination féconde et brillante, dessin peu correct.

Tudot (Louis-Edmond). E. Fr. 1805-1861. BRUXELLES Histoire. = Directeur de l'Académie de Moulins (Allier) en France, il était né accidentellement en Belgique de parents français. = Publia d'importants ouvrages qu'il illustra de ses dessins. = Artiste, archéologue et savant distingué.

Tuer (Herbert). E. H. † vers 1686. NYMÈGUE. Portrait. = Alla en Angleterre sous le règne de Charles Ier, et, après la mort de ce prince, revint mourir dans sa patrie, probablement à Utrecht. = Fiorillo fait l'éloge de son talent.

Tuerlinckx (Louis). E. Fl. * 1860. Portrait.

Tulden (Th. Van). V. Thulden (Van).

Tullio de Pérugia. E. I. * 1219. PÉROUSE. Histoire. = Ce peintre se rendit à Assise, pendant le célèbre chapitre *delle stuore* afin d'y peindre un portrait de saint François, en reconnaissance d'une grâce qu'il assurait avoir reçue par son intercession. = Saint François. Ce tableau qui s'est malheureusement perdu, portait l'inscription suivante : *Io Tullio, pittore di Perugia, essendo stato guarito da questo beato huomo. F. Francesco d'Assisi, di una grandissima apoplesia, sono andato quest' anno MCCXIX al capitolo delle store alla M. deli Angeli, et ho fato il presente suo ritratto sopra di lui per divocione che io ho in questo beato huomo.*

Tuncotto (George). E. I. * 1473. Histoire. Florissait en Piémont.

Tunner (Joseph). E. Al. * 1839. VIENNE (?). Histoire. = Elève d'Overbeck. = Annonciation et Visitation (Fresques), Rome (Avec Steinle).

Tuphaine (Michel). E. Fr. * 1700. Histoire. = Troisième prix de l'Académie royale de France, en 1683, avec son *Invention des tentes*.

Tura (Côme). E. I. 1406-1469. FERRARE. Histoire, portrait, miniature. = Elève de Galasso Galassi et du Squarcione; peintre de la cour; le père Jérôme Fiorini lui donna des leçons pour la miniature. = La Crèche, Ferrare. — Les Actes de saint Eustache, *ib.* — Vierge entourée de saints, *ib.* — Sommeil de l'Enfant Jésus. Berlin. — Miniatures de livres de chœur, Ferrare. — Jésus-Christ mis au tombeau, Londres. = Style sec et timide, muscles bien indiqués, architecture exacte, bas-reliefs et ornements du goût le plus exquis, composition riche, variée et poétique.

Turbido. V. Torbido.

Turchi (Alexandre), dit **l'Orbetto** et **Alexandre Véronèse.** E. I. 1580-1650 ou 1582-1648. VÉRONE. Histoire, portrait. = Fils d'un pauvre aveugle que dans son enfance il conduisait dans les rues en mendiant. Elève de Félix Riccio, dit Brusasorci; entra plus tard dans l'école de Charles Caliari, rivalisa avec les Carrache. Préparait ses couleurs lui-même. Mort à Rome où il s'était établi. = Le supplice des martyrs, Vérone. — La Mère des douleurs, *ib.* — L'Amour et Psyché, Londres. — Des anges, Rome. — Présentation au temple, *ib.* — Et autres, *ib.* — Jésus-Christ couronné d'épines, Dresde. — Martyre de saint Etienne, *ib.* — David avec la tête de Goliath (Chef-d'œuvre) attribué, *ib.* — Jugement de Pâris, *ib.* — Nativité, *ib.* — Siméon au temple, *ib.* Sainte Trinité, *ib.* — Marie allaitant Jésus, *ib.* — Vénus et Adonis, *ib.* - Le Déluge, Paris. — Samson et Dalila, *ib.* — La femme adultère, *ib.* — Mariage de sainte Catherine, *ib.* — Antoine et Cléopâtre, *ib.* — Descente de croix, Saint-Pétersbourg. — La Fille d'Hérodiade recevant la tête de Saint Jean, Munich, — Fuite en Egypte, Madrid. — Salomé et Hérodias, *ib.* — Sainte Trinité, Vienne. — Mise au tombeau, *ib.* — Vénus maîtresse du monde, la Haye. = Bien inférieur à Annibal Carrache auquel ses contemporains l'ont souvent comparé. Couleur attrayante; bon dessin, un peu d'empâtement. = Ventes. V. San Donato. *Christ mort* (Sur marbre) 430 fr.

Turco (César). E. I. 1510 (?)-1560 (?). ISCHSTELLA Histoire. = Elève d'André Sabbatini de Salerne. = Imita le Pérugin; bon peintre à l'huile; ne réussit pas dans les fresques.

Turessio (François). E. I. * 1610. Mosaïque. = Détails inconnus.

Turgis (Guillaume). E. Fr. * 1462. ROUEN. = Artiste verrier dont les travaux étaient admirés.

Turken (Henri). E. H. 1791. EINDHOVEN. Genre, portrait, miniature, etc. = S'établit à Bruxelles. = Marie Stuart et son secrétaire.

Turner (Guillaume Joseph-Mallord). E. An. LONDRES. 1775-1851. Histoire, paysage, marine, etc. = L'amitié de l'aquarelliste Girtin et la faculté de pouvoir étudier dans la collection du docteur Monro, développèrent de bonne heure ses facultés. Entré comme élève à l'Académie royale, en 1789, il fut nommé académicien, en 1802. La même année, il visita la Suisse et la France. En 1807, il succéda à Edwards, comme professeur de perspective, à l'Académie royale. Visita trois fois l'Italie en 1819, 1829 et 1840. Grand peintre, humeur bizarre; consacra sa longue vie à exécuter un nombre considérable de travaux; légua, pour fonder une institution de secours en faveur des artistes, plus de deux millions cinq cent mille francs; donna ses œuvres à la *National Gallery* (Y compris les dessins, croquis, etc., le nombre des œuvres léguées s'élevait à 20,000). = Coucher du soleil par un brouillard, Londres. — Didon bâtissant Carthage, *ib*. (Tous deux chefs-d'œuvre). — Cent quatre toiles, y compris les esquisses et formant en partie le legs de l'auteur, *ib*. = Peignit supérieurement, mais avec exagération, les effets de lumière. Bon sentiment de la nature qu'il rendait avec un effet trop théâtral. Génie inventif et audacieux; travailla pour beaucoup d'éditeurs anglais. Les prix des tableaux de Turner sont aujourd'hui excessivement élevés et exagérés.

Turpilius, 69 ans après Jésus-Christ. ROME. Histoire. = Chevalier romain; exécuta de beaux ouvrages a Vérone. Pline, dont il était contemporain, raconte qu'il peignait de la main gauche.

Turpin de Crissé (Lancelot-Théodore, comte). E. Fr. 1782-1859. PARIS. Paysage, architecture. = Les adieux de René à sa sœur. — Ruines de l'abbaye de Croyland.

Turpin (Pierre-Jean-François). E. Fr. 1775. VIRE (Calvados). Histoire naturelle. = Etudia sans maître. = Bon dessinateur.

Turrita, voir Mino da Turrito.

Tusch (Jean). E. Al. 1738-1817. EN TYROL. Portrait. = Détails inconnus. = Portrait de la mère du peintre, Vienne.

Tuscher (Marc). 1705-1751. Histoire. = Peintre danois. = Sapho et Cupidon, Copenhague.

Tutilon. † vers 908. Miniature et histoire. = Contemporain de Natker et moine comme lui; florissait à Saint-Gall, où il était au couvent des Bénédictins. Fit de longs voyages pour se perfectionner dans son art. = Peintre, poète, ciseleur, musicien et statuaire. Acquit une grande célébrité.

Tybout (Guillaume) E. H. 1526 (?)-1599. HAARLEM. Histoire, portrait. = Peintre sur verre. Il fit les portraits des comtes de Hollande et exécuta plusieurs autres vitraux de la plus grande beauté. Ces travaux sont notés dans les registres aux années 1545, 1549, 1557, 1562, 1585, 1586 et 1596. Ce dernier ouvrage comporte un grand vitrail d'église qui lui fut payé 700 livres. Son nom est orthographié de plusieurs façons : Debault, Thybaut, Tebaut, Thibailt, Tybaut, Tybault, Thebaut et enfin Tybout. Il y eut encore plusieurs verriers assez renommés dans cette famille; Thierry, Thierry Guillaume et Guillaume Thierry. Les deux derniers figurent en cette qualité dans les registres de Saint Bavon, à Haarlem, en 1522. = Artiste d'un mérite hors ligne. Graveur.

Tydeman (Gérard). E. H. 1640. Perspective. = Il s'établit à Zwolle, c'est ce qui a fait croire à quelques biographes qu'il y est né. D'après Nagler, il serait mort en 1710, à l'âge de 73 ans et aurait été libraire à Zwolle.

Tyn (Lambert Den). E. Fl. 1770-1816. ANVERS. Intérieurs, effets de lumière, clairs de lune, etc. = Elève de P.-J. Van Regemorter.

Tynagel ou **Tengnagel** (A.). E. H. ' 1645. Portrait, etc. = Détails inconnus.

Tynagel (Guill.). E. H. ' 1635. Portrait. = Florissait à Utrecht.

Tyssens (Nicolas). E. Fl. 1660-1719. ANVERS. Armoiries, fleurs, fruits et nature morte. = Il passa quelque temps en Italie. Rebuté par le peu d'accueil que ses ouvrages reçurent dans son pays, il s'établit à Dusseldorf où il fût plus heureux. Visita la Hollande et l'Angleterre. = Beau coloris, bonne composition et dessin correct.

Tyssens ou **Thys** (Pierre). E. Fl. 1616-1677 ou 79. ANVERS. Histoire, portrait. = Franc-maître de Saint-Luc, à Anvers, en 1644-45, et doyen en 1661-62. Peintre de l'empereur Léopold. Un de ses fils, Pierre-Paul, né en 1652, fut reçu à Saint-Luc, en 1677, comme fils de maître; il fut probablement élève de son père. Un troisième Pierre Thys, étranger à celui qui nous occupe, est inscrit comme franc maître, en 1689, et un quatrième du nom, neveu de ce dernier, est inscrit à la même date. = Vénus pleurant Adonis, Vienne. — Apparition de la Vierge, Anvers. — Portrait de H. Van Halmale, *ib*. — Portrait de M. Gérardi, *ib*. — Saint François recevant l'indulgence de la Portioncule, *ib*. — Icare et Dédale, *ib* — Jesus-Christ apparaissant à Saint Jean de la Croix, *ib*. — Adoration du Saint Sacrement, *ib*. (Eglise Saint-Jacques; chef d'œuvre). — Mariage mystique de Sainte Catherine, Copenhague. — Martyre de Saint Benoit, Bruxelles. — Portrait de femme, *ib*. — Achille chez Lycomède, Stockholm. = Beau et vigoureux coloris, dessin correct. Ses fonds d'architecture sont très bien exécutés. Chairs trop rouges. Dans ses tableaux d'histoire, on retrouve l'influence de Gaspard de Craeyer. Excellait dans le portrait.

Tyssens (Jean-Baptiste), fils (?) de Pierre. E. Fl. ' 1691. = Reçu franc-maître de Saint-Luc en 1689-90, il fut doyen en 1691. Si ce peintre était fils de Pierre, dit le Vieux, il est né à Anvers, en 1654; mais nul document ne dit que le Jean-Baptiste cité parmi les dix enfants de Pierre, a été peintre. M. Bogaerts nomme un Augustin Tyssens, fils de Pierre, né en 1662, élève de son père et paysagiste dans le goût de Berchem. Or aucun des enfants de Pierre, le Vieux, n'a porté le nom d'Augustin.

Dans les *Liggeren*, nous trouvons un Augustin Tyssens, reçu, comme fils de maitre, dans la corporation anversoise, en 1653-54 et mort en 1675. Plus loin, dans le même registre, est marqué un autre Augustin, peintre, avec la dénomination peut-être abusive de : *le Vieux*, et noté comme étant décédé en 1691-92.

Tzane (Emmanuel). V. Emmanuel Tzane (frère).

U

Ubaghs (Emile). E. Fl. 1844-1879. LIÉGE. = Elève de l'Académie de Liége.

Ubeda (le père Thomas). E. Es. * 1754. Genre, histoire. = Membre de l'Académie de Sainte-Barbe, connue plus tard sous le nom de Saint-Charles, à Valence. = Composition aimable.

Ubelesqui ou **Ubielesqui** (Alexandre), dit **Alexandre.** E. Fr. 1649(?)-1718. PARIS. Histoire. = Elève de Ch. Lebrun; continua ses études à Rome, et devint membre de l'Académie, en 1682; à son retour en France, il travailla pour le roi et mourut professeur à l'Académie.

Uberfeldt (Jean-B. Van). E. H. 1807. ZEVENTER (Hollande méridionale). Histoire, portrait et genre. = Elève de J.-A. Kruseman. = Episode du siége de Haarlem.

Uberti (Pierre). E. I. * 1733. Portrait. = Peintre renommé. Son père, Dominique, fut un artiste médiocre.

Ubertino (Baccio), frère de François. E. I. * XVIe siècle. FLORENCE. Histoire, portrait. = Elève de Pierre Pérugin; aida beaucoup son maître. = Bon coloris; dessin correct.

Ubertino (François), dit **Le Bacchiacca,** frère de Baccio. E. I. † 1557. FLORENCE. Histoire, grotesques, portrait, animaux, plantes, etc. = Elève de Pierre Pérugin; travailla pour Côme de Médicis. = Les prétendants au trône, Dresde. — Baptême de Jésus-Christ, Berlin. = Excellait dans les figures de petite dimension.

Uccelli (degli). V. Neri.

Uccelli ou **Uccello.** V. Dono (Paul di).

Uceda (le duc d'). E. Es. * 1715. = Ambassadeur d'Espagne en Italie; amateur.

Uceda (Jean de). E. Es. * 1594. SÉVILLE. Histoire. = Travailla pour le chapitre de sa ville natale.

Uceda (don Jean de). E. Es. * 1660. SÉVILLE. Histoire. = Elève de D. Martinez; un des fondateurs de l'Académie de sa ville natale. = Pinceau libre, mais incorrect.

Uceda (Pierre de). E. Es. † 1714. SÉVILLE. Histoire, genre. = Elève de J. de Valdes-Leal. = Bon coloris, perspective assez savante, manque de noblesse.

Uceda Castroverdo (Jean). E. Es. * 1623. Histoire. = Elève de J. de Las-Roelas, à Séville. = Dessin large, composition noble, goût vénitien.

Uchtervelt (Jacques). E. H. * 1675. Genre, portrait. = On le croit élève de Borchem, en même temps que P. de Hooge. P. Terwesten affirme qu'il fut disciple de Mieris, le Vieux. Beaucoup de biographes étrangers le nomment *Jean* et Ochtervelt. = Scène d'intérieur, Dresde. — Le marchand de poisson, La Haye. — Tableaux, Amsterdam (Leprozenhuis). — Seigneur et dame jouant aux cartes, Rotterdam. — Dame hollandaise faisant de la musique, Copenhague. — Scène d'intérieur : le joueur de violon, etc., Varsovie (Côté sous le nom d'Ucterwald). = Le genre de ses ouvrages le ferait plutôt croire élève de Terburg ou de Metzu; si ses tableaux se rencontrent rarement, c'est que beaucoup d'entre eux passent pour des Terburg. = Ventes : V. Le Brun (1778), *Une femme, un enfant et une servante*, scène d'intérieur, 704 liv. — V. Lambert et du Porail (1787), *L'aumône*, 500 liv. — V. Périer (1838), *La leçon de musique*, 350 fr. V. Meffre (1863) *Le goûter*, 3,950 fr. — V. Herman de Kat (1866). *La collation*, 1,080 fr. — V. Delessert (1869) *La jeune malade*, 1,940 fr.

Udemans (Guillaume). E. H. 1723-1797. MIDDELBOURG. Marine. = Couronné pour un projet de construction de trois-mâts, pour la Compagnie des Indes orientales. = Vaisseaux bien dessinés.

Uden (Luc Van). E. Fl. 1595-1672-73. ANVERS. Paysage avec figures. = Il était fils et élève d'Arnold, peintre d'Anvers et inscrit, comme franc-maitre, en 1587, dans la confrérie de Saint-Luc de cette ville. Arnold ou Artus mourut en 1627-28. Luc fut reçu franc-maitre, en 1626-27. Van Dyck fit son portrait. Il fut l'ami de Rubens qui orna ses paysages de figures; par contre, Rubens l'employait pour peindre les paysages de ses tableaux. D'après Kramm, qui se fonde sur les annotations du sieur Mols, d'Anvers, Luc aurait eu un frère plus jeune que lui, nommé Jacques, et inscrit, en 1641, sur les registres de Saint-Luc. Il aurait peint le paysage dans le style de son frère, mais avec beaucoup moins de mérite. Ce Jacques aurait eu un fils, Adrien, inscrit comme peintre dans les registres de Saint-Luc, en 1665, et celui-ci aurait donné le jour à Pierre Van Uden, noté dans la même confrérie, en 1695, comme peintre en miniature. Un Van Uden fut, en effet, inscrit comme franc-maitre, en 1640-41, mais sans prénom. Adrien Van Uden se trouve reçu en 1665-66 comme fils de maitre, et Pierre en 1673-74, mais sans que nous puissions éclaircir la généalogie de ces divers artistes. = Paysage, Gand. — Paysage, Londres. — Paysage avec figures de Teniers, Saint-Pétersbourg. — Pendant du précédent, *ib.* — Paysage avec voyageurs et animaux, *ib.* — Paysage avec figures, Madrid. — Paysage : Hébé présente l'ambroisie à l'aigle de Jupiter, *ib.* — Paysage plat entrecoupé de canaux : pour figures, une noce villageoise, Dresde, (Chef-d'œuvre). — Paysage avec cascade, *ib.* — Et autres, *ib.* — Etang entouré d'arbres, Munich. — Paysage : Enlèvement de Proserpine, Paris. — Cérès et Cyané, *ib.* — Vue de l'abbaye de Saint-Bernard sur l'Escaut, Anvers. — Paysage avec figures de P.-J. Van Regemorter, *ib.* — Le moulin à eau, *ib.* — Paysage dans un tableau de D. Teniers, Bruxelles. = Un des meilleurs paysagistes de la grande école. Belle manière; sentiment pur et profond de la nature; bon dessin, belle distribution de la lumière, coloris riche et clair, quoique parfois d'un vert un peu monotone; beaucoup de fini; il comprenait avec la même perfection les représentations des grands espaces et des paysages de très petite dimension. Graveur distingué. = Ventes : V. Sneyers (1752), *Paysage*, 52 fl. — V. D'Heyne (1761), *Vue du château d'Oydonck*, 114 fl. — V. Neven (1879) *Paysage*, 1,125 fr.

Udine (Dominique). E. I. ' XIXe siècle. Histoire. = Thésée ramenant les filles de Créon.

Uffenbach (Philippe). E. Al. † 1640. FRANCFORT-SUR-LE-MEIN. Portrait, histoire. = Elève d'A. Grimmer. Il est souvent nommé par erreur : Oudenbach, Offenbach ou enfin Ussenbach. = Annonciation, Vienne. = Graveur.

Uggioni (Marc). E. I. † 1530. UGGIONE (Milanais). Histoire, portrait. = Elève de L. de Vinci; un des bons peintres milanais. = Tableaux et fresques, Milan. — Copie en petit de la Cène de L. de Vinci, *ib.* — Sainte Famille, Paris. — La Vierge et l'Enfant entourés de saints, Berlin. = Beau dessin, coloris brillant, figures belles, variées, spirituelles. = Ventes : V. Lochis (1868). *La Vierge et l'enfant Jésus*, 1,800 fr.

Ugolino de Sienne. E. I. † 1339. SIENNE. Histoire, portrait. = Ami intime de Stefano de Florence; remplit de ses ouvrages un grand nombre d'églises d'Italie. Mort dans un âge avancé. = Imitateur de Guido da Siena. Manière des maitres grecs.

Ugolino d'Orvieto. E. I. ' 1321. ORVIETO. Histoire. = Appelé à peindre dans la cathédrale d'Orvieto.

Uhlenhaut (H.). E. Al. ' 1842. Portrait.

Uil (Jean den). E. H. ' XVIe siècle. Paysage et animaux. = D'après Kramm, ce graveur aurait aussi manié le pinceau.

Uitenwaal ou **Wttewaal** (Joachim). E. H. 1566. UTRECHT. Histoire. = Il apprit d'abord, de son père, la peinture sur verre; plus tard, il devint élève de J. De Beer; visita l'Italie, fut protégé par l'évêque de St-Malo, avec lequel il voyagea pendant plusieurs années. La date de sa mort est inconnue. Sandrart affirme l'avoir visité souvent lors de ses études à Utrecht, en 1625; il était revenu se fixer dans sa ville natale où il était à la fois artiste et marchand de chanvre = Mars et Vénus surpris par Vulcain. La Haye. — Actéon surprenant Diane au bain est changé en cerf, Vienne. — Adoration des bergers (Eclairé par l'auréole du Christ, *ib.* — Loth et ses filles, Berlin. — Adoration des bergers, Madrid. — Noces de Thétis et de Pélée, Munich. — Deux vitraux, église de Gouda. — Le Parnasse, Dresde.

—Saint Jean, prêchant au désert, Copenhague. = Bon coloris, bon dessin, en grand et en petit; touche large; style un peu maniéré. Van Mander fait de lui un grand éloge. = Ventes : V. Lormier (1763), *Le jugement de Pâris,* 170 fl. — V. Heemskerk (1765), Le même tableau, 106 fl.

Uiterlimmige (Vautier). E. H. 1730-1784. DORDRECHT. Portrait et oiseaux. = Elève de A. Schouman; marchand de tableaux. = Ses tableaux sont en très petit nombre. = Il possédait de grandes connaissances théoriques.

Uithoeck ou **Wthouck** (Henri). E. H. * XVIe siècle. Histoire. = Cité par Van Mander comme un peintre de mérite qui florissait à Rotterdam.

Ulenbrok (Rombaut Von). E. Al. * 1616. Genre et intérieurs. = Travaillait à Dantzick. = Manière d'A. Cuyp; peignait de préférence les sujets de cuisine.

Ulenburgh ou **Uylenburgh** (Rombaut). E. H. * XVIIe siècle. Portrait et histoire. = Appartenait à la famille de la première femme de Rembrandt, Saskia Ulenburg. Etabli à Amsterdam. Parent de Gérard.

Ulenburgh ou **Uylenburgh** (Gérard). E. H. * XVIIe siècle. AMSTERDAM. Paysage avec figures. = Son père, Henri, marchand d'objets d'art, était le cousin germain de Saskia, première femme de Rembrandt, il fut élève de ce grand peintre. Gérard continua le commerce d'Henri et sa belle galerie fut célébrée par Vondel et Antonides Van der Goes. En 1675, il fit de mauvaises affaires et ses collections durent être vendues. D'après Nagler il abandonna son pays et se rendit en Angleterre où il peignit des draperies et des fonds de paysage pour Pierre Lely. Le même auteur le dit mort en ce pays, vers 1690.

Ulfsten (N.). E. Al. 1855. BERGEN. Paysage, marine. = Paysage de la Norwége méridionale.

Ulft (Jacques Vander). E. H. 1627 (?). GORCUM. Paysage, animaux et vues de villes. = Quoique les biographes aient tous, après Houbraken, répété que Vander Ulft n'avait point visité l'Italie, nous croyons avec M. Kramm que cette assertion est erronée et que cet excellent artiste peignit d'après nature les charmants paysages italiens que l'on possède de lui. Nommé bourgmestre de Gorcum. Il fut un des meilleurs peintres sur verre de son temps. D'après M. Waagen, il vivait encore en 1688. = Port de mer en Italie, Amsterdam —Vue d'une ville en Italie, *ib* — Vue de l'hôtel de ville d'Amsterdam (1667), Amsterdam (Hôtel de ville). — Vue d'édifices antiques avec un corps d'armée en marche, La Haye. — Les côtes de Scheveningue avec une revue militaire, etc., Berlin. — Place Trajane à Rome avec figures, *ib.* — Porte d'une ville près d'une rivière, Paris. — Vue d'une place publique avec une multitude de figures, *ib.* — Paysages avec bâtiments et figures, Dresde. — Ville italienne, Rotterdam. = Sa manière fait penser aux tableaux de J. Both; il exécutait avec beaucoup de soin les figures et les animaux dont il ornait ses tableaux et les arrangeait avec un goût très pittoresque; bon dessin; coloris riche et chaud, mais parfois un peu lourd. Empâtement solide; touche soignée quoique libre et spirituelle. On connait de lui une gravure à l'eau-forte. = Ventes : V. Blondel de Gagny (1776), *Paysage avec bâtiments et figures*, 1,500 liv.—V. Nieuhoff (1777), *La fête du bouclier*, 700 fl. — V. Van Brienen de Grootelindt (1865), *Port de mer du levant*, 660 fr.

Ulin (Pierre d'). E. Fr. 1669-1748. Histoire. = Premier prix de l'Académie royale de peinture de France, en 1696, avec son *Pharaon donnant son anneau d'or à Joseph.* Peintre ordinaire du roi. = Laomedon puni par Apollon et par Neptune.

Ulivelli (Côme). E. I. 1625-1704. FLORENCE. Histoire. = Elève du Volterrano. = Fresques, Rome. = Manière de son maitre; moins d'élégance; coloris moins brillant, touche plus maniérée et moins facile.

Ulivi (Pierre). E. I. 1806. PISTOIE. Portrait, genre.

Ulmann (Benjamin). E. Fr. 1829. — BLOTZHEIM (Alsace). Histoire, portrait, genre, etc. = Elève de Drolling et de Picot. Sylla chez Marius. — Remords de Caïn.

Ulsen (W. G. Van). E. H. * 1822. ZWOLLE. Paysage. = Détails inconnus.

Ultkins. E. Al. Paysage. = Détails inconnus. = Paysages, Rome.

Umbach (Jonas). E. Al. 1624-1700. AUGSBOURG. Histoire. = Détails inconnus. = Graveur.

Umile (le frère). E. I. * 1710. FOLIGNO. Histoire. = Moine franciscain; employé à Rome par le cardinal Castaldi. = Bon peintre à fresque.

Uncker (d'). E Al. † 1866. Genre humoristique. = Mort à Dusseldorf.

Undelot (Jacques). * XVe siècle. Miniature. = Ce nom se rencontre, d'après M. de Laborde, avec la date de 1465, sous une jolie miniature d'un des manuscrits de la bibliothèque de Bourgogne, à Bruxelles. Cette miniature représente le duc Charles et sa femme agenouillés.

Unterberger (Ignace). E. Al. 1744-1797. KARALES, Tyrol. Histoire, animaux, fleurs, architecture, etc. = Favorisé par la cour de

Vienne. Après avoir été à Rome, il fut un des plus grands artistes de l'Allemagne; bon mécanicien, il inventa, pour une société qui faisait creuser un canal en Hongrie, un char dont l'utilité fut reconnue par le gouvernement.=Composition noble, dessin à l'antique; ses groupes, ses distributions de lumière, ses draperies et son coloris, sont remarquables.

Unterberger (Frans). E. Al. 1838. INSPRUCK. Paysage.

Unterleitner (Joseph). E. Al. ' 1736. BAVIÈRE. Histoire. = Florissait à Freisingen. = Sculpteur.

Uppink (H.). E. H. 1753(?)-1798. AMSTERDAM. Fleurs et fruits. = On croit que ce fut un peintre amateur. = Ses ouvrages ne manquent point de mérite. Ventes. V. Van Cleff (1864). *Bouquet de fleurs* et *pêches et raisins*, les deux 3,500 fr.

Urbain (Ferdinand de Saint-). E. Fr. 1654. NANCY. Architecture (?). = Né d'une famille anoblie par les ducs de Lorraine. Apprit la peinture sans maitre. S'adonna à la gravure et à l'architecture, arts dans lesquels il s'est rendu célèbre.

Urbani (Michel-Ange). E. I. ' 1564. CORTONE. Histoire, mosaïque.=Peintre sur verre, sorti de l'école de Guillaume de Marseille.

Urbanis (Jules). E. I.' 1574. SAN-DANIELLO. Histoire. = Elève de P. Amalteo.

Urbano (Pierre). E. I. ' XVIe siècle. PISTOIE. Histoire. = Elève de Michel-Ange. = Artiste médiocre.

Urbina (Jacques de). E. Es. ' 1585. MADRID. Histoire, décorations. = Travailla avec A. S. Coello, en 1570, aux arcs de triomphe élevés lors de l'entrée d'Anne d'Autriche, femme de Philippe II, à Madrid; exécuta de beaux ouvrages à Burgos, de concert avec Gr. Martinez. = Dessin large, coloris brillant mais un peu sec.

Urbinelli (L'). E. I. ' XVIIe siècle. URBIN. Histoire. = Elève de Cl. Ridolfi. = Dessin hardi, excellent coloris; style un peu vénitien.

Urbini (Charles). E. I. ' 1585 CRÈME. Histoire, perspective. = Ayant été victime d'une injustice de la part de ses concitoyens, il alla s'établir à Milan. = Peu de variété, beaucoup de grâce, perspective savante, composition habile.

Ursela. E. H. ' XVIIe siècle. Intérieurs. = Elève de François Van Mieris, le Vieux. = = Manière de son maître.

Ursone. E. I. ' Commencement du XIIIe siècle. BOLOGNE. Histoire, portrait. = Elève ou imitateur des peintres grecs établis en Italie.

Urzanqui. E. Es. 1657. SARRAGOSSE. Histoire religieuse. = Obtint quelque réputation.

Ussi (Etienne). E. I. 1822. FLORENCE. Histoire.

Utenhove (Joris). E. Fl. ' XVe siècle. YPRES. = Travailla, en 1468, aux entremets de Bruges.

Utenweerde (Jean-Louis). E. H. ' 1607. UTRECHT. = Peintre sur verre.

Uteweert (Pierre). E. H. ' 1541. UTRECHT. = Peintre sur verre.

Utrecht (Adrien Van). E. Fl. 1599-1652-53. ANVERS. Fleurs, animaux, nature morte, histoire. = La réputation de ce bon peintre le précéda dans ses voyages en France, en Italie et en Allemagne, où il trouva beaucoup d'ouvrage et l'accueil que méritait son talent. Le roi d'Espagne fut un de ses principaux protecteurs. Reçu franc-maitre de Saint-Luc, à Anvers, en 1625, il est inscrit, en 1614, comme élève d'un certain Herman de Ryt. Sa sœur épousa le peintre Simon de Vos et lui-même se maria, en 1627, avec Constance Van Nieulant, fille de Guillaume, peintre et poète; Constance qui n'avait que seize ans lors de son mariage, cultivait elle-même la poésie avec succès. = Une échoppe de marchand de poissons, Gand. — Nature morte (Avec figures de Jordaens), Madrid. — Fruits et oiseaux morts, etc., *ib.* — Fruits, instruments de musique, etc., Dresde. — Nature morte, Anvers. — Arrivée à Anvers du prince cardinal Ferdinand d'Espagne, *ib.* (Hôtel de ville). — Volaille effrayée par un épervier, Rotterdam. — Tableaux, Cassel. — Tableaux, Brunswick. — Jambons, homard, fruits, instruments de musique, etc., Amsterdam (Musée V. D. Hoop). — Fruits, Copenhague. — Fruits, St-Pétersbourg (Signé) = Il excellait à peindre les oiseaux de l'Inde au plumage éclatant et varié; exécution très soignée et très ferme; coloris chaud et vigoureux, digne parfois de celui de Rembrandt. Grande vérité dans les détails. = Ventes: V. Dewit (1755), *Paons, oiseaux, etc.*, 57 fl. — V. Da Costa (1764), *Nature morte*, 192 fl.

Utrecht (Jean Van). E. Fl. ' 1549. ARLES(?). = Reçu bourgeois d'Anvers, 1549.

Uuterswane (Philippe). E. Fl. ' XVe siècle. GAND. Histoire. = Elève de Nabur Martins; florissait à Bruxelles, vers 1467.

Uwins (Thomas). E. An. 1782-1857. LONDRES. Histoire, portrait, genre. = D'abord graveur, il abandonna cet art pour la peinture; il devint élève de l'Académie royale et commença sa carrière comme aquarelliste. Visita la France, en 1814. Se mit à peindre à l'huile; travailla en Ecosse; se rendit en Italie, en 1826, et revint en Angleterre, en 1831. En 1839, il fut élu acédémicien. Nommé surveillant des peintures royales, en 1842. = Vendanges dans le midi de la France, Londres. — Le chapeau de brigand, *ib.*

Uytenbogaart (Isaac). E. H. 1767-1831. AMSTERDAM. Paysage avec animaux, nature morte et fruits. = Elève de J. Andriessen; demeura plusieurs années à Hoorn où il fut nommé directeur d'une fabrique de tapisseries. Plus tard il fonda lui-même un établissement de ce genre. = Beaucoup de fini.

Uytenbogaart (Abraham), fils d'Isaac. E. H. 1803. HOORN. Portrait. = Elève de J. Pieneman et de son père. Plus connu comme architecte.

Uytenbroek ou **Uttenbroek** (Jean Mathieu Van). E. H. ' XVIIe siècle. = Reçu en 1610, dans la corporation des peintres, à La Haye. Il est peut-être le père de Moïse.

Uytenbroek (Moïse Van). E. H. ' 1630. LA HAYE. Paysage. = On pense qu'il fut l'élève de Poelenburg, à cause de la grande ressemblance des toiles de ces deux maîtres. Une de ses bonnes gravures est datée de 1615. En 1620, il fut reçu franc-maître de Saint-Luc, à La Haye; il est cité dans les ordonnances de paiement des Stadhouders. En 1641 il habitait encore La Haye, mais en 1650 il avait cessé de vivre, car on trouve indiqué, sur un vieux document, le logement de sa veuve en cette année. = Paysage avec cascade et animaux, Florence. — Paysage : Bergers dansant autour d'un arbre, Vienne. — Paysage : Nymphe et Faunes, *ib.* — Paysage : Clair de lune, Copenhague. — Jupiter et Mercure chez Philémon et Baucis, Brunswick. = Ses tableaux sont composés dans le style de Poelenburg. Graveur. = Ventes : V. Van Tongeren (1692), *Moïse*, 110 fl. — V. Da Costa (1764), *Une bacchanale*, 72 fl.

Uytewael. V. Uitenwaal.

V

Vaart (A. Vander). E. H. ' 1723. Genre. = Détails inconnus.

Vaart (Jean Vander). E. H. † 1721. Haarlem. Histoire, portrait, paysage et nature morte. = Elève de Th. Wyck, le Vieux; établi à Londres où il mourut. Nagler le fait naître en 1667, Bryan, en 1647. = Graveur en manière noire.

Vaccarini (Barthélemy). E. I. ' 1450. Ferrare. Histoire, portrait. = Détails inconnus.

Vaccaro (André). E. I. 1598-1670. Naples. Histoire. = Elève de Girolamo Imparato; ami de Massimo Stanzioni; appartenait à la société des *Compagnons de la mort.* = Tableaux, Naples. — Jésus-Christ après sa résurrection entouré de saints personnages, Dresde. — Flagellation, Munich. — Vénus pleurant Adonis. Paris. — Mort de saint Gaëtan, Madrid. — Sujet mystique, *ib.* — Combat de femmes, *ib.* — Cléopâtre, *ib.* — Isaac et Rébecca, *ib.* — Loth et ses filles, *ib.* — Sainte Rosalie, *ib.* — Et autres, *ib.* = Né pour l'imitation, il choisit d'abord le Caravage pour modèle, et, plus tard, le Guide.

Vaccaro (Nicolas), fils d'André. E. I. 1634-1709. Histoire = Imita la manière de son père, puis celle du Poussin dans ses bacchanales.

Vaccaro (François). E. I. 1636 (?)-167 '. Bologne. Vues, etc. = Elève de l'Albane; peintre, graveur et littérateur. Composa un traité de perspective; se trouvait parmi les *Compagnons de la mort.* En 1670, il quitta sa patrie sans que l'on sût jamais ce qu'il devint.

Vacche (frère Vincent delle). E. I. ' 1500. Vérone. Marqueterie. = Laïque olivétain, se fit remarquer à Padoue.

Vachelin E. Fr. ' 1506. Strasbourg. = Employé par le duc de Lorraine.

Vadder (Louis de). E. Fl. ' 1590. Bruxelles. Paysage. = Immerzeel le fait naitre vers 1560 et Kramm conclut que sa mort a dû avoir lieu vers 1623. Dans un document de 1771, où du reste nous avons rencontré beaucoup d'erreurs, Louis de Vadder est noté comme ayant été reçu franc-maitre peintre à Bruxelles, en 1628. En même temps est cité, comme franc-maitre peintre à Bruxelles, en 1613, un de Vadder bon paysagiste, du prénom d'Augustin. = Pièce d'eau entouré d'arbres, Bruxelles (1). — Paysage : les trois cavaliers, Munich. — Paysage, Stockholm. = Cet artiste a excellé à rendre la brume du matin et les piquants effets de lumière. Il s'approcha de Rubens pour la richesse et la vivacité du coloris, pour la largeur de la touche et la belle manière de distribuer sa lumière. Graveur.

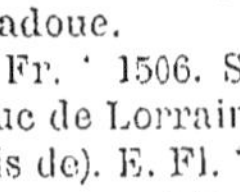

Vaeck (Corneille). E. H. ' XVIIe siècle. — Portrait. = Travaillait en Hollande en 1620.

Vafflard (Piere Ant.-Aug.). E. Fr. 1777.

(1) Ce tableau n'est plus indiqué dans la dernière édition du catalogue du musée de Bruxelles (1882).

Paris. Histoire, genre, portrait. = Elève de Regnault. = Mort de saint Louis. — La colonne de Rosbach renversée par les Français, Versailles.

Vaga (H). E. I. ' xvie siècle. Histoire, portrait. = Travaillait à Toscanello; eut la gloire de contribuer aux succès de Périn del Vaga, qu'il emmena à Rome et qui, par reconnaissance, prit son nom. = Peintre médiocre.

Vaganucci (François). E. I. ' 1510. Assise. Histoire. = Détails inconnus. = Ancien style.

Vajani ou **Vaiani** (Horace), dit **El Fiorentino.** E. I. ' 1600. Histoire. = Travailla à Milan; nommé quelquefois Alexandre. = Graveur.

Vaillant (A.-J.-B.). E. Fr. 1817-1852. Histoire naturelle.

Vaillant (Bernard), frère de Waleram. E. Fl. Vers 1633(?). Lille. Portrait. = Elève et compagnon de voyage de son frère Waleram. Il finit par s'établir a Rotterdam. On a de lui un portrait au crayon signé et daté de 1675; la date de sa mort, donnée jusqu'à présent en 1674, est donc inexacte. = Connu comme célèbre dessinateur au crayon. On croit qu'il s'est fort peu occupé de peinture.

Vaillant (Jacques), frère de Waleram. E. Fl. † 1691 (?). Lille. Histoire, portrait. = Elève de son frère Waleram. Le voyage d'Italie ayant perfectionné son talent, il devint bon peintre d'histoire et s'établit à Berlin, où l'électeur de Brandebourg le nomma son peintre. A Vienne, où il fut appelé, il eut l'honneur de faire le portrait de l'empereur. Inscrit dans la société *Pictura*, à La Haye, en 1670. Mort à Berlin. = Tableaux dans les résidences de Berlin, Potsdam et Charlottenburg. = Ses ouvrages eurent beaucoup de succès en Allemagne. Composition affectée; dessin plus faible, coloris plus gris et plus lourd que chez son frère. Graveur.

Vaillant (Jean), frère de Waleram. E. Fl. 1624-16''. Lille. Paysage, portrait. = Elève de son frère Waleram. Il fut peintre de l'électeur palatin, se maria, s'établit en Allemagne et quitta la peinture pour le commerce. Mort à Frankenthal. Il est le propre frère de Waleram, tandis que les autres artistes du nom de Vaillant sont nés d'une autre mère.

Vaillant (Waleram). E. Fl. 1633-1677. Lille. Portrait, trompe-l'œil, etc. = Elève de Jean-Erasme Quellyn. Il fit les portraits des principaux souverains de l'Allemagne et de la France. En 1658, il travaillait à la cour de l'empereur Léopold dont il fit le portrait; puis il séjourna à la cour de Louis XIV où il eut le même succès. Il s'établit ensuite à Amsterdam où il mourut.=Deux tableaux de portraits, Amsterdam (Maison des orphelins). — Portraits du grand électeur de Brandebourg et de sa première femme, Berlin (Palais royal). —Une planche à laquelle sont fixées plusieurs lettres, Dresde. (Signé : Wallerant Vaillant fecit 1658. Heidelberg.)= Coloris vrai et clair; belle composition. Influence de Vander Helst. Ressemblance frappante et bonne manière. Il fut un des premiers graveurs en mezzo-tinto.

Vaillant (Vincent). ' xviie siècle. = Cité par de Marolles.

Vaine (de). E. Fr. ' 1840 Histoire. = Saint Gilles.

Vairinx. E. Fr. ' xviie siècle. Lyon (?). Histoire. = Donna des leçons à Claude Audran, le Vieux.

Valade (Jean). E. Fr. 1709-1787. Poitiers. Portrait. = Fut nommé de l'Académie en 1754.

Valcazar (Gabriel de). E. Es. ' 1661. Histoire. = Défendit les droits des artistes, à Valadolid.

Valck (Albert-Simon de). E. H. † 1657. Flessingue. Histoire. = Etabli à Haarlem. Reçut des élèves en 1640 et 1642. *Vinder* de la corporation de Saint-Luc, en 1644. Il fut chargé d'exécuter des tableaux pour le château de Zwanenburg, depuis transformé en fabrique de sucre. Les tableaux ont été enlevés par les nouveaux propriétaires.

Valck (Adrien de), fils d'Albert. E. H. 1622. Haarlem. = Entra dans la corporation de Saint-Luc, à Haarlem, en 1648.

Valck ou **Valk** (Henri de). E. H. ' 1706. Portrait et intérieurs. = Inscrit, en 1693, dans la confrérie de Saint-Luc, à Haarlem. = Intérieur de ferme : le jeu, Copenhague.

Valck (Pierre de). E. H. 1584. Leeuwarden. Histoire, portrait et paysage. = Il n'eut point de maître et se forma en Italie. = Il orna, de ses œuvres, le palais des princes, à Leeuwarden. = Imita la manière d'Ab. Bloemaert.

Valck (Simon de). E. H. ' 1740. Portrait. = Travaillait à Leyde.

Valck (Sim. Vander). E. H. ' 1615. Leyde (?). = Orfèvre et peintre.

Valckenborgh, Valckenborcht, Valckenburg ou **Valkenburg** (Luc Van), frère de Martin. E. Fl. 1530 ou 1540-vers 1625. Malines. Paysage, scènes militaires et villageoises, etc. = Inscrit dans la corporation de Saint-Luc, à Malines, en 1560, franc-maître en 1564. Lors des troubles de sa patrie, il se mêla à la politique, embrassa les idées nouvelles et dut fuir sa patrie en 1566; il alla d'abord à Anvers où il paraît avoir suivi les leçons de Pierre Breughel; puis, accompagné de son frère Martin et de Jean Vredeman De Vries, il travailla à Liége et à Aix-la-Chapelle. Un instant revenu à Anvers, le triomphe des

Espagnols le força à retourner en Allemagne. Peintre de l'archiduc Mathias, il passa plusieurs années à Lintz auprès de ce prince; il fut lié avec George Hoefnagel qui l'employa pour des dessins, à Francfort, en 1594. En 1597, Luc se trouvait établi à Nuremberg où Sandrart dit l'avoir connu personnellement, en 1622. Mort en Allemagne. Outre Martin et les fils de Luc, on cite encore Henri, frère de Martin et de Luc, membre de Saint-Luc, à Malines, en 1560; Quentin, reçu dans la confrérie, en 1559; Jean cité dans les *Liggèren* d'Anvers comme élève d'Adrien Van den Queecborne, en 1551; Maurice, mort à Nuremberg en 1632 et Nicolas travaillant encore dans cette ville à la même époque, ces deux derniers désignés par Nagler comme également fils de Luc. = Paysage : chasse au cerf; parmi les figures se trouve celle de l'archiduc Mathias, Vienne. — Les saisons, *ib.* — Paysage rocheux, *ib.* — Et autres, *ib.* — Vue d'une ville, Francfort. — Hiver : au fond, la ville d'Anvers, *ib.* — Deux paysages, (L'un signé de 1595), Brunswick. — Les mines, Madrid. — La forge, avec beaucoup de figures, *ib.* — Paysage : les conducteurs de chameaux, *ib.* = Ton harmonieux, mais un peu gris; dessin sage et assez élégant; exécution très finie.

Valckenborgh, Valckenborcht, Valckenburg ou **Valkenburg** (Egide Van), fils de Luc (?). E. Fl. ' 1600. Paysage avec figures. = Quelques-uns le croient fils de Martin. = Embrasement de Troie, Brunswick. = L'ange exterminateur, *ib.*

Valckenborgh, Valckenborcht, Valckenburg ou **Valkenburg** (Frédéric Van), fils de Luc. E. Fl. † 1623. Paysage avec figures. = Elève de son père. D'après Kramm, cet artiste serait né à Malines en 1570 et mort à Nuremberg. = Une fête de village, Vienne. (Ce tableau porte la date de 1595.) — Foire annuelle dans une ville avec beaucoup de figures, *ib.* (Ce tableau porte la date de 1594.)

Valckenborgh, Valckenborcht, Valckenburg ou **Valkenburg** (Martin Van), frère de Luc. E. Fl. 1542. MALINES. Paysage, genre, portrait. = Inscrit comme son frère dans la corporation des peintres, à Malines, en 1559. Précéda d'une année son frère à Anvers où il n'alla point pour des motifs politiques. Sauf cela, les mêmes notes historiques données pour Luc, se rapportent à Martin, sauf que ce dernier laissa son frère s'établir à Lintz et qu'il se fixa à Francfort où il mourut. Le séjour de Martin à Anvers est prouvé car on le trouve inscrit comme ayant été adjoint en 1585 au premier doyen de la corporation, en qualité d'ancien; il y est nommé Martin Van Valckenborch. Son fils, nommé Martin comme lui, réussit à Francfort comme peintre de portraits et mourut pendant une épidémie, en 1636. = Kermesse, Vienne. — La tour de Babel, Dresde. — Paysage : la statue de Cybèle, Gotha. = Pinceau spirituel, beaucoup d'imagination.

Valckert. V. Valkert.

Valcop (Henri et Conrard) E. Fr. ' 1454. = Miniaturistes qui ont illustré des *Hystoires* pour Marie d'Anjou, reine de France.

Valdahon (de). E. Fr. 1772. DÔLE, (Jura). Histoire, portrait. = Détails inconnus.

Valdahon (de). E. Fr. ' 1842. Paysage. = Les moulins de Vichy.

Valdemira de Leon (Jean). E. Es. ' XVIIe siècle. TAFALLA, Navarre. Fleurs, fruits et ornements. = Elève de F. Rizi, à Madrid. Mort à 30 ans, au moment où son talent allait atteindre sa maturité.

Valdès (don Jean de). E. Es. ' XVIIe siècle. = Ministre des finances, à Madrid; peintre amateur.

Valdès (Luc de). E. Es. 1661-1724. SÉVILLE. Histoire, portrait. = On ne cite pas son maître; fut choisi, lors de la formation du département de la marine, à Cadix, comme maître de mathématiques des cadets; mort dans cette ville. = La Vierge et l'Enfant, Paris. — Le Christ, *ib.* = Formes peu grandioses; beaucoup de facilité dans les fresques; grand dessinateur; graveur.

Valdès Leal (Jean de). E. Es. 1630-1691. CORDOUE. Histoire. = Elève d'A. del Castillo; s'établit à Séville, y fut majordome et président de l'Académie jusqu'en 1666; fit une excursion dans sa patrie, en 1672, et y donna d'excellents conseils à Palomino; revint à Séville, se rendit à Madrid, en 1674, et retourna de nouveau à Séville, où il mourut; la popularité de Murillo excita sa jalousie. = Tableaux, Paris. — Présentation de Marie au temple, Madrid. — L'empereur Constantin, *ib.* — Miracle de saint Basco, de Portugal, Dresde. = Ses principes ressemblaient extraordinairement à ceux de Fr. Rizi : tous deux ils visaient à travailler beaucoup, sans songer à bien faire et abusaient du talent qu'ils avaient reçu de la nature; attitudes forcées, manière heurtée et prompte; fécondite extraordinaire, dessin et coloris satisfaisants. Sa femme, Elisabeth Carasquilla, peignait en amateur.

Valdivieso (Louis de). E. Es. ' XVIe siècle. Genre. = Jouissait d'une grande réputation à Séville. = Manière facile et élégante.

Valence (Pierre). E. Fr. † 1518 (?) = Célèbre artiste et ingénieur. Travailla pour le cardinal d'Amboise et acquit une grande réputation comme hydraulicien.

Valencia (Jacopo de). E. I. ' 1480. Histoire. = Travailla d'abord à Venise, puis se rendit en Espagne. = En Italie, il choisit Bellini pour modèle, tandis qu'en Espagne, il adopta le style flamand.

Valencia (le frère Mathias de). E. Es. 1696-1749. VALENCE. Histoire, genre. = Son nom de famille était Laurent Chafrion. Elève de Corrado Giacuinto, à Rome; revint à Valence, se rendit à Grenade, se fit capucin et mourut noyé. = Bon coloris.

Valencienne (Colin de). ' XVe siècle. = Travailla, en 1468, aux entremets de Bruges.

Valenciennes (Pierre-Henri). E. Fr. 1750-1819. TOULOUSE. Paysage, histoire. = D'abord destiné à la musique, il alla étudier le dessin chez Doyen; se rendit en Italie, revint en France et forma une école d'où sont sortis la plupart des paysagistes dont la France s'honore. Membre de l'ancienne Académie en 1787, membre de l'Académie de Toulouse, de la Légion d'honneur, etc. Mort à Paris. = Paysage : Cicéron découvrant le tombeau d'Archimède, Paris. = Composition pleine de noblesse. Il publia un *Traité de perspective et de l'art du paysage*, 1800, in-4°. = Ventes : V. Livry (1810), Paysage avec figures, 950 fr. — V. Godefroy (1813). Deux *Paysages*, datés de 1807, 1,100 fr.

Valentin (Le). E. Fr. 1601-1634. COULOMMIERS, (Brie). Histoire, genre. = Le véritable nom de ce peintre devrait être Valentin de Boullongne. On l'a longtemps appelé Moïse Valentin par suite d'une corruption du mot *monsu* dont d'Argenville a fait Moïse au lieu de *monsieur*. D'après des renseignements publiés par M. Dauvergne, Valentin descend directement des Boullongne. La similitude de son genre avec celui de Vouet a fait croire qu'il avait été l'élève de ce dernier, mais il est aujourd'hui reconnu qu'il n'en est rien. Etudia Michel-Ange et Caravage et fut le contemporain et l'ami du Poussin qui l'a même imité dans ses ouvrages. Un bain pris mal à propos fut cause de sa mort prématurée. = L'innocence de Suzanne reconnue, Paris. — Le jugement de Salomon, *ib*. — Deux concerts, *ib*. — Le denier de César, *ib*. — La diseuse de bonne aventure, *ib*. — Un cabaret, *ib*. — Martyre de saint Procès et de saint Martinien, Rome. — Décollation de saint Jean, *ib*. — Rome triomphante, *ib*. — Jésus-Christ et les docteurs, *ib*. — Un joueur de guitare, Florence. — Sentence de Jésus-Christ, *ib*. — Vieillard aveugle jouant de la viole, Dresde. — Martyre de saint Laurent, Madrid. — Scène de bohémiens, Berlin. — Le lavement des pieds, *ib*. — Moïse et les tables de la loi, Vienne. — Jésus-Christ livré aux railleries des soldats, Munich. — La reine Artémise, *ib*. —Saint Pierre reniant Jésus-Christ, St-Petersbourg. — Jésus-Christ chassant les vendeurs du temple, *ib*. — Le brelan, Anvers. — Scène de carnaval : le jeu, Copenhague. — Soldats jouant aux dés la tunique de Jésus-Christ, Lille. = On disait à Rome que le Poussin saisissait mieux les affections de l'âme et que le Valentin représentait mieux la nature. Pinceau léger, coloris fort et vigoureux. On a gravé ses œuvres. = Ventes : V. Tallard (1756), *Soldats jouant au trictrac et soldats jouant aux cartes*, deux tableaux, 391 liv. — V. Jullienne (1767), *Soldat romain*, 501 liv. — V. Lauragais (1772), *Samson à qui l'on coupe les cheveux*, 520 liv. — V. Robit (1802), *Suzanne devant Samuel*, 820 fr. — V. Villeminot (1807), *Personnage jouant de la guitare*, 381 fr. — V. Delessert (1869) *Reniement de St-Pierre*, 4,000 fr.

Valentina (Jacques de). E. I. ' 1502. SERRAVALLE, (Marche Trévisane). Histoire. = Imitateur du Squarcione. = La Vierge et l'Enfant Jésus, Berlin. — Nativité, *ib*.

Valeriani (Dominique). E. I. ' XVIIIe siècle. Perspective. = Elève de M. Ricci. Son frère Joseph, le Jeune, fut élève du même maître et peignit l'histoire.

Valeriani (Joseph). E. I. ' XVIe siècle. AQUILA. Histoire. = Entra dans l'ordre des Jésuites. = Imita François Sebastiano; dessin lourd, coloris trop sombre.

Valerio. (Théodore). E. Fr. 1819-1879. LONGWY. (Moselle). Histoire, portrait, genre, etc. = Elève de Charlet. = La famille de Charlet. — Gardeuse d'armes.

Valernes (Evariste de). E. Fr. ' 1845. AVIGNON. Portrait, histoire. = Fuite d'Agar.

Valero (Christophe). E. Es. † 1789. ALBORAYA (Valence). Histoire. = Elève d'Ev. Munoz, puis de S. Conca, à Rome; directeur de l'Académie de Valence, en 1768; membre de l'Académie de Saint-Fernand, depuis 1762. = Ses ouvrages se distinguent par le coloris et l'énergie.

Valescart ou **Walescart** (Jean). E. Fl. † 1675. LIÈGE. Histoire. = Etudia d'abord à Anvers. De là il se rendit en Italie ou il se perfectionna dans l'atelier du Guide. Mort dans un âge avancé.

Valesio (Jean-Louis). E. I. 1561. BOLOGNE. Miniature. = Elève de L. Carrache. Mort jeune à Rome. On le cite plutôt comme graveur. = Un peu sec, peu de relief.

Valkenborck (Henri Van). E. Fl. ' 1570. LOUVAIN. Peintre de sa ville natale, en 1570; vivait encore en 1585.

Valkenburg (Danker L. M.). E. H. 1827-1854. Histoire.

Valkenburg (Thierry). E. H. 1675-1721. AMSTERDAM. Nature morte, animaux, portrait, etc. = Elève de J. Weeninx. Voyagea en Allemagne, où il fut protégé par plusieurs grands personnages. De retour dans sa patrie, il trouva à s'y occuper amplement, mais ayant contracté un mariage peu heureux, il alla à Surinam d'où il revint malade, en Hollande. = Tableau, Francfort-sur-le-Mein (Institut Städel). — Ours assailli par des chiens, Copenhague. = Exécuta des tableaux qui lui valurent une réputation méritée; il s'approcha si près de son maitre qu'on confond quelquefois leurs tableaux. Bon peintre de portraits. Ventes. V. Pereire (1872), *Coq, Poule et Canards*, 880 fr.

Valkert ou **Valckert** (Warnard Van den). E. H. * XVIIe siècle AMSTERDAM. Histoire, portrait. = Elève de Henri Goltzius; quelques auteurs le font naitre en 1572, d'autres en 1580. = Jésus-Christ faisant venir à lui les petits enfants, Utrecht. = Manière de son maître. Bonne ressemblance; beau coloris; ordonnance riche, graveur.

Vallayer (Anne). E. Fr. * XVIIIe siècle. Genre, fleurs, fruits. = Elle épousa un sieur Coster que les archives ne l'Académie appellent peintre de genre. Fut reçue à l'Académie de peinture, en 1770 = Talent remarquable.

Valle (Charles della). E. I. * 1470. MILAN(?). Histoire. = Bon peintre de l'école milanaise; le même probablement que Carlo de Milan, cité par Lomazzo. Son frère, Jean, fut également peintre.

Valle de Barcena (le frère Jean de). E. Es. * 1660. MAZUELLA, près Burgos. Histoire. = Religieux dominicain à Burgos.

Valleporte (Michel Vander). E Fl. * XVe siècle. LOUVAIN. = Travailla, en 1468, aux entremets de Bruges.

Vallet (Emile). E. Fr. 1834. RIOM. Paysage.

Vallerien (Louis). E. Fr. * 1598. RENNES. Ornements.

Vallin. E. Fr. * 1815. Histoire, paysage et portrait. = Triomphe d'Amphitrite — Thésée et Hippolyte.

Vallou de Villeneuve (Julien). E. Fr. 1795. Genre. = Elève de Garnerey et de Millet. = La veuve du marin. — Les deux amies.

Valois (Ambroise). E. Es. * 1660. JAEN (?). Histoire. = Elève de S. Martinez.

Valois (Jean-François). E. H. (?) 1781. SURINAM. Paysage et vues de ville. = Vue d'une ville, Haarlem.

Valois (Jean-Chrétien), fils de Jean-François. E. H. 1809. LA HAYE. Miniature. = Elève de son père.

Valon (Jean). E. Es. * 1603. Histoire. = Travailla à Valence.

Valpuesta (le licencié don Pierre de). E. Es. 1614-1668. BOURG D'OSMA. Histoire. = Elève d'Eug. Caxès, à Madrid; se fit ordonner prêtre. = Imita son maître avec bonheur.

Valsaureaux. V. au *Supplément*, à *Parrocel*.

Vanderburch (Jacques H.). E. Fr. 1796-1854. PARIS.

Vanderguchte (Jean). E. Fl. * XVe siècle. = Reçu dans la corporation des peintres, à Gand, en 1463.

Vandetar (Jean). E. Fr. * 1372. PARIS. = Miniaturiste de la ville de Paris. Exécuta en 1372 de magnifiques miniatures d'une bible pour le roi Charles V.

Vandi (Santo), dit **le Santino des portraits.** E. I. 1653-1716. BOLOGNE. Portrait. = Elève de C. Cignani; protégé par Ferdinand, grand duc de Toscane, et par Ferdinand, duc de Mantoue, qui le retint à sa cour; parcourut plusieurs parties de l'Italie et mourut à l'étranger. = Manière gracieuse, touche moelleuse, ferme et naturelle.

Vanetti (Marc). E. I. * XVIIIe siècle. LORETTE. Histoire. = Elève de Ch. Cignani

Vangus (Mathieu). E. Al. * XVIIIe siècle. ALLEMAGNE. Histoire. = Détails inconnus. = Saint Cyrille et saint Méthodius, Rome.

Vanhove (Victor G.). E. Fl. 1826. RENAIX. Genre, portrait. = Les orphelines. = Egalement sculpteur.

Van Lerius (Joseph). E. Fl. 1823-1876. BOOM. Histoire. = Elève de Wappers. Professeur à l'Académie d'Anvers. = Cendrillon. — Lady Godiva.

Van Loo. V. Loo (Van).

Van Moer (Jean-B.). E. Fl. 1819. BRUXELLES. Vues de ville. = Fort de Belem. — Intérieur d'Eglise en Portugal. — Eglise saint Marc, à Venise.

Vanni (André di). E. I. * 1370. SIENNE Histoire, portrait. = Un des principaux chefs de la corporation des peintres, à Sienne; fut envoyé comme ambassadeur auprès du pape et correspondit avec la fameuse sainte Catherine de Sienne. Visita Naples, vers 1373. = Un des maîtres les plus importants de l'école siennoise.

Vanni (Bernard-Nello). E. I. * 1370. PISE. Histoire, portrait. = Eleve d'André Orcagna; orna la cathédrale de sa patrie d'une foule de peintures. On pense qu'il ne fait qu'un avec Nello Vanni. Seul peintre du XIVe siècle qui ait travaillé au Campo-Santo.

Vanni (Cinuzzi). E. I. * XIVe siècle. FLORENCE(?). Histoire, portrait. = Un des fondateurs de la société de Saint-Luc, en 1350.

Vanni ou **Vannius** (le chevalier François). E. I. 1565-1609. SIENNE. Histoire. = Elève du Passarotti. Les Italiens le nomment le restaurateur de la peinture du XVIe siècle. Travailla dans la Lombardie et étudia particulièrement le Baroche, et avec tant de bonheur qu'on se trompe souvent entre ces deux artistes. Vanni avait été parrain de Fabio Chigi, plus tard élu pape sous le nom d'Alexandre VII. = Tableaux, Sienne. — Tableaux, Pise. — Sainte Famille avec sainte Elisabeth et saint Jean, Dresde. — Repos de la Sainte Famille, Paris. — Sainte Famille, *ib.* — Martyre de sainte Irène, *ib.* — Naissance de la Vierge, Rome. — Sainte Famille, Londres. — Les fils de Jacob en Egypte, Florence. — Saint François, *ib.* — Flagellation, Vienne. — Vierge entourée de saints, *ib.* — Les Marie, Madrid. — Saint Pierre et Simon le magicien, Copenhague. = Il a laissé un nombre considérable de tableaux dont le catalogue complet n'existe pas. Imitation exacte de la manière de Baroche. Bon architecte, mécanicien et graveur. = Ventes : V. Aguado (1843), *Sainte Famille*, 1,830 fr.

Vanni (le chevalier Michel-Ange), fils de François. E. I. ' 1609. SIENNE. Histoire. = Inventeur d'un procédé pour colorer le marbre. Cette particularité se lit sur le tombeau de son père. Fut créé chevalier. = Graveur.

Vanni (le chevalier Raphaël), fils de François. E. I. 1596-1657 (?). SIENNE. Histoire. = Élève de son père et d'Antoine Carrache; reçu à l'Académie de Saint-Luc en 1655. = Sainte Catherine, Pise. — Jésus-Christ portant sa croix, Sienne. — Enlèvement d'Hélène, Florence. — Mariage de sainte Catherine, *ib.* = Dessin grandiose; coloris heureux. Imitateur du style de Pierre Cortone.

Vanni (Jean-Baptiste). E. I. 1599-1660. FLORENCE ou PISE. Histoire. = Élève de Ch. Allori. S'il avait eu une meilleure conduite et des principes plus solidement établis, il aurait pu, avec le génie que la nature lui avait donné, s'élever à une grande hauteur. S'établit à Florence. On lui doit quelques belles gravures. = Saint Laurent, Sienne. = Imita le coloris de son maître à s'y tromper. Dessin excellent. Trop de facilité.

Vanni (Nello), frère de Torino. E. I. * XIVe siècle. Histoire. = Acheva l'histoire de Job commencée au Campo-Santo de Pise, par Giotto.

Vanni (Torino), le Vieux, frère de Nello. E. I. ' 1340. PISE. Histoire. = Son père était un peintre médiocre. = La Vierge et l'Enfant Jésus recevant les adorations des esprits célestes, peint sur bois, fonds dorés, Paris (Signé : TVRINVS VANNIIS DE PISIS ME PIQSIT).

Vanni (Torino), le Jeune, fils de Torino, le Vieux. E. I. ' 1397. Histoire. = Détails inconnus. = Tableau d'autel, Ripa d'Arno (Signé : *Turinus Vannis de Riguli depinxit* A. D. *MCCCXCVII madii*).

Vanni (Jean-François del). E. I. ' XVIIe siècle. Histoire. = Elève, à Rome, de F. Vanni, dont le nom lui resta.

Vanni (Jean-Antoine del). E. I. ' XVIIe siècle. Histoire. = Elève de F. Vanni, à Rome; désigné seulement par le nom de son maître.

Vannini (Octave). E. I. 1585-1643. FLORENCE. Histoire, portrait. = Elève du Passignano. = Herminie et Tancrède, Florence. — Ecce Homo, *ib.* = Bon coloris, exécution très soignée, ensemble froid et contraint.

Vannino. E. I. ' XVe siècle. PÉROUSE. Histoire, portrait. = Détails inconnus.

Vannucchi (André), dit **André del Sarto.** E. I. 1488-1530. FLORENCE. Histoire, portrait. = Fils d'un tailleur. Placé d'abord chez un orfèvre, il quitta la ciselure pour la peinture sous la conduite de Jean Barile, peintre médiocre. Etudia sous Pierre Orefice. François Ier l'appela à Paris, le combla de bienfaits et l'engagea à quitter Florence ; mais André ne voulut point se rendre aux désirs du monarque et resta à Florence. On a prétendu que François Ier lui avait confié une somme importante pour l'achat de statues antiques et qu'il en fit un mauvais usage. Comprenant sa faute, André n'osa revoir son bienfaiteur et mena une vie tourmentée par le chagrin jusqu'à la peste de Florence qui l'enleva. Sa femme, qui avait contribué à lui faire manquer à l'honneur en le poussant à abuser de l'argent de François Ier, l'abandonna avant sa mort. En 1529, lors du siége de Florence, le réfectoire du monastère de San Salvi où se trouvait une de ses fresques, fut respecté par les soldats. On lui éleva un beau monument en 1606. = Tableaux, Milan. — La Madone del Sacco, Rome. — Sainte Famille, *ib.* — Madeleine, *ib.* — Portrait de Machiavel, *ib.* — Jésus-Christ enseveli par sa mère, Parme. — Sainte Famille, Londres. — Mariage de sainte Catherine, Dresde. — Sacrifice d'Abraham, *ib.* — Jésus-Christ mort sur les genoux de sa mère, *ib.* — Portrait d'un jeune homme, Copenhague. — Madone, Florence. — Portraits, *ib.* — La piété entre deux enfants (Fresque), *ib.* — Plusieurs saints, *ib.* — Portraits, *ib.* — Saintes Familles, *ib.* — Déposition, *ib.* — Annonciation, *ib.* — Vierge glorieuse, *ib.* — Discussion sur la Trinité, *ib.* — Jésus-Christ au tombeau, *ib.* — Assomption, *ib.* — Le Bramante donnant des leçons d'architecture au jeune duc d'Urbin, Naples. — Visitation, Saint-Pétersbourg. — Madone avec les deux enfants, *ib.* — Sainte Famille (Double), *ib.* — Même sujet, Paris. — Charité, *ib.* — Portrait de la femme du peintre, Berlin. — Vierge glorieuse, *ib.* — Mira-

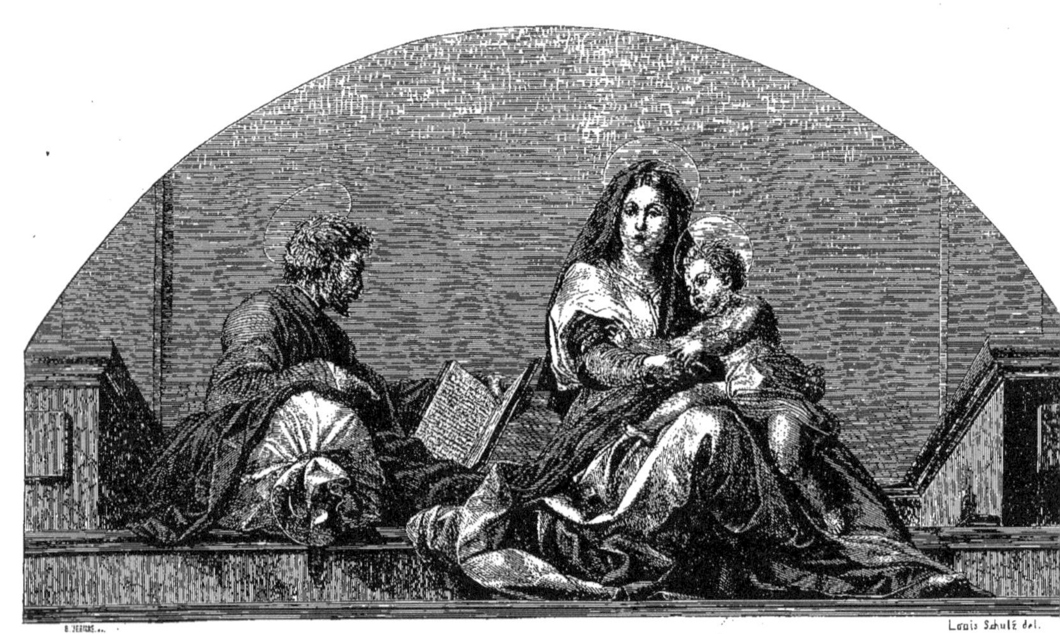

B. JEGHERS sc. Louis Schulz del.

Madone au sac.
Peinture murale par Andrea del Sarto. Cloître du couvent des Servites à Florence.

cles de saint Antoine de Padoue, *ib.* (Deux tableaux). — Jupiter et Léda, Bruxelles. — Sainte Famille (Plusieurs fois répété), Munich. — Saint Jean au désert, *ib.* — Visitation, *ib.* — Saint Zacharie, *ib.* — Salomé tenant la tête de saint Jean, *ib.* — Portrait de la femme du peintre, Madrid. — Sainte Famille entourée d'anges, *ib.* — Sujet mystique, *ib.* — Sainte Famille, *ib.* — Sacrifice d'Abraham, *ib.* — La Vierge et l'Enfant Jésus, *ib.* — Sainte Famille, Vienne. — Jésus-Christ mort, *ib.* = Manière gracieuse, dessin froidement correct, coloris très frais et très harmonieux. Mouvement naturel; ses draperies sont bien jetées mais manquent de caractère. Les principaux ouvrages d'André del Sarto ont été gravés. Son école est fort nombreuse; Vasari et Salviati s'y font remarquer. = Ventes : V. Tallard (1756), *Vierge accompagnée de l'Enfant Jésus et de saintes*, 6,300 liv. — V. Denon (1826), *Portrait de femme*, 1,210 fr. — V. Lafitte (1834), *La Vierge, l'Enfant Jésus et plusieurs saints*, 28,000 fr. — V. Perregaux (1841), *La Vierge, l'Enfant et saint Jean*, 2,250 fr. — V. Guillaume II (1850), *Sainte Famille*, 85,000 florins.— V. Northwick (1859), *La charité*, 5,460 fr. V. Pourtalès-Gorgier (1865), *Portrait de la femme du peintre*, 8,800 fr.— V. San Donato (1870), *La Vierge, l'enfant Jésus et S. Jean*, 5,100 fr.

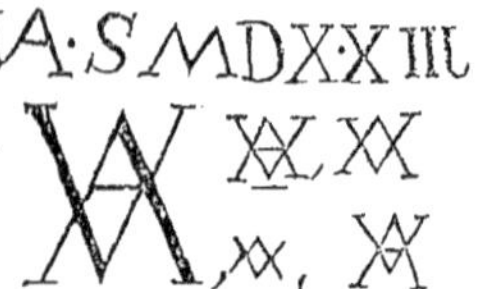

Vante ou **Attavante.** E. I. * 1484. FLORENCE. Miniature. = Ami du miniaturiste Gherardo; employé par Mathias Corvin, roi de Hongrie. = Miniatures, bibliothèque du Vatican. — Miniatures, bibliothèque de Venise. — Miniatures du Missel de Mathias Corvin, bibliothèque de Bourgogne, Bruxelles. = Imita don Barthélemy della Gatta. Fini admirable.

Vanucci (Pierre), dit **Le Perugin.** E. I. 1446-1524. CITTA DELLA PIEVA. Histoire, portrait. = Ne possédant absolument rien à son arrivée à Florence, un coffre lui servit longtemps de lit et c'est à peine s'il gagnait de quoi se nourrir; son travail opiniâtre surmonta sa mauvaise fortune : aucun auteur ne dit avec certitude quel fut son maître. Pietro de Pérouse, selon les uns, Nicolas Alunno, selon les autres, un peintre presque inconnu d'après Vasari. Lors de l'édification de la chapelle Sixtine, par Sixte IV, ce pontife appela les plus habiles artistes pour la décorer; parmi eux se trouvait Pierre Pérugin qui devint la tige de la célèbre école de Rome et eut l'honneur de devenir le maître de Raphaël. Avare et défiant, le Pérugin avait coutume d'emporter avec lui tout son argent dans ses fréquents voyages de Castello della Pieva à Pérouse : dévalisé un jour par des voleurs, son chagrin fut si violent, malgré l'indemnité presque totale que lui firent ses protecteurs, qu'il pensa en mourir. Ses travaux lui avaient acquis des biens considérables; il se fit construire plusieurs maisons à Florence et possédait quelques terres. = Mariage de la Vierge, Caen. — Vierge dans la gloire, Bologne. — Assomption, Naples. — Madone, *ib.* — Père éternel, *ib.* — Mariage de la Vierge, Pérouse. — Madone, Florence. — Assomption (Chef-d'œuvre), *ib.* — Jésus-Christ crucifié, *ib.* — Jésus-Christ aux Oliviers, *ib.* — La Vierge, l'Enfant Jésus, saint Jean et saint Sébastien, *ib.* — Portrait d'un abbé, *ib.* — Portrait d'un général, *ib.* — Jésus-Christ crucifié, *ib.* — Madeleine, *ib.* — Déposition, *ib.* — Tableau (Daté de 1500), Vallombreuse (Près Florence). — Saint Pierre recevant les clefs (Fresque), Rome. — Sainte Famille, *ib.* — Résurrection, *ib.* — La Sainte Vierge entourée de saints, *ib.* — Episodes de l'histoire romaine (Fresques), *ib.* — Et autres, *ib.* — Sainte Famille, Londres. — La Vierge adorant l'Enfant, *ib.* — Portrait de femme, *ib.* — Madone, Bruxelles. — Tableaux, Milan. — Vierge glorieuse, Vienne. — La Vierge, l'Enfant et deux saintes, *ib.* — La Vierge et l'Enfant, Munich. — La Vierge apparaît à saint Bernard, *ib.* — La Vierge adorant l'Enfant Jésus, *ib.* — La Vierge et l'Enfant, Paris. — Sainte Famille, *ib.* — Combat de l'amour et de la chasteté, *ib.* — Saint Paul, *ib.* — Nativité de Jésus-Christ, *ib.* — Saint Jérôme et saint François de Sales adorant Jésus, Saint-Pétersbourg. — Epiphanie, *ib.* — La Vierge et l'Enfant, Berlin. — La Vierge, l'Enfant et plusieurs saints, *ib.* — Le prophète Isaïe, Nantes. — Le prophète Jérémie, *ib.* — La Vierge et l'Enfant Jésus entourés d'un évêque et d'un cardinal, Bordeaux. — Saint Jérôme et saint Augustin, *ib.* — La famille de la Vierge, Marseille. — Saint Crépin, Dresde. — Saint Roch. *ib.* — La Vierge, l'Enfant Jésus et saint Jean, Bruxelles. — Ascension, Lyon (Chef-d'œuvre). — Saint Jacques le mineur et saint George, *ib.* = Style un peu sec et un peu cru, selon le défaut de son époque; draperies quelquefois un peu pauvres; têtes de jeunes gens et de femmes d'une grâce charmante, coloris aimable, mouvements souples et ronds; teintes parfaitement harmonieuses, perspective habile dans le paysage, architecture noble et riche; manque de variété dans ses tableaux d'autel; composition sage et bien distribuée; montra, dans ses fresques, des idées plus fécondes, des formes plus accusées, et plus d'accord dans l'harmonie générale. = Ventes : V. Guillaume II (1850), *Saint Augustin et quatre moines*, 7,400 fl. — V. Northwick (1859), *La Vierge assise avec l'Enfant et plusieurs saints*, 9,100 fr. — V. San Donato (1870), *Vierge et enfant Jésus*, 3,900 fr.

Vanutelli (Scipion). E. I. ' XIXe siècle. ROME. Genre. = Le carnaval de Venise.

Van Vitelli. V. Vitelli.

Vaprio (Augustin). E. I. ' 1498. Histoire. = Détails inconnus.

Vaprio (Constantin). E. I. ' 1459. MILAN. Histoire. = Détails inconnus.

Varana. V. Guarnana.

Varcollier (Mme Atala). E. Fr. ' XIXe siècle. Portrait, genre. = Elève de Mme Haudebourt.

Varela (François). E. Es. † 1658. SÉVILLE. Histoire. = Elève distingué de Las Roelas. = Bon dessin, draperies larges, coloris vénitien.

Varenne (Charles **Santoire de**). E. Fr. 1763. PARIS. Paysage, marine. = Elève de Cl.-J. Vernet; premier professeur de l'Académie des beaux-arts de Varsovie; décoré de l'ordre de saint Stanislas de Pologne, par le czar Alexandre. = Incendie de Moscou, Saint-Pétersbourg.

Varenne (Dorothée de), fille de Charles. ' 1815. Miniature, aquarelle, fleurs et fruits. = Elève de Redouté.

Vargas (Louis de). E. Es. 1502-1568. SÉVILLE. Histoire, portrait. = Etudia en Italie, puis revint en Espagne où il eut peu de succès. Retourna en Italie et y resta longtemps. Rappelé dans sa patrie, il y exécuta beaucoup de fresques qu'on a laissé dépérir. = La Vierge et l'Enfant Jésus dans une gloire, Paris. — Sainte Famille, *ib.* = Excellente entente des raccourcis, dessin savant. Doué d'un caractère gai, ce peintre ne s'en livrait pas moins à toute l'austérité de la pénitence, se couchait dans une bière et se recouvrait d'un cilice.

Vargas (André de). E. Es. 1613-1674. CUENCA. Histoire. = Elève de Fr. Camilo. Il avait pour coutume de ne soigner ses œuvres qu'en raison du prix qu'on lui en donnait. = Tableaux, Cuenca. — Tableaux, Hiniesta. — La sainte Vierge, Paris. = Habile dessinateur et coloriste brillant.

Vari (Pierre). E. Fr. ' 1648. = Peintre du Roi. Il y eut plusieurs artistes dans cette famille; l'un d'eux fut éventailliste.

Varin ou **Warin** (Jean). E. Fl. 1603-1672, LIÉGE. Portrait. = Il est plutôt connu comme graveur, sculpteur et fondeur. Il fut nommé graveur général pour les monnaies par le roi Louis XIII, et mourut à Paris où il s'était établi. Un des artistes les plus célèbres de son époque, il peut être considéré comme le fondateur de l'art monétaire en France. Nommé membre de l'Académie de peinture de Paris, en 1665. Piganiol de la Force le fait naître en 1622. *(Description de Paris).* = Beaucoup de fini et une bonne ressemblance.

Varin (Liévin). E. Fr. ' 1515. TROYES. = Peintre verrier renommé. Exécuta de merveilleux vitraux à la cathédrale de Troyes.

Varin (Quentin). E. Fr. ' 1610. BEAUVAIS. Histoire, portrait. = Etudia à Beauvais et à Amiens. A Beauvais, il fut dirigé dans ses études par le chanoine Fran. Gaget, artiste fort médiocre. Florissait à Paris; il y fut présenté à Marie de Médicis et reçut la commande des travaux du Luxembourg. La condamnation d'un ami l'effraya au point de le faire se cacher pour se dérober aux recherches de ses protecteurs. Cette circonstance insignifiante en elle-même, eut pour résultat de faire remplacer, aux peintures du Luxembourg, Quentin Varin par Rubens. Son meilleur titre à la gloire est d'avoir donné les premières leçons à Nicolas Poussin. = Assomption, église des Andelys. — Légende de saint Vincent, martyr, *ib.* — Présentation au temple, Paris, (Eglise de Saint-Germain des Prés). = Belle composition; pinceau souple et ferme; racourcis savants; belle perspective.

Varley (Jean). E. An. ' XIXe siècle. Aquarelle.

Varlunga. V. Casini.

Varnier (Jules). E. Fr. ' 1842. Portrait, histoire. = Saint Sébastien.

Varonne (Jean). E. Al. 1832. BELLINZONA. Paysage. = Vues d'Italie et de Suisse.

Varotari (Dario), le Vieux. E. I. 1539-1596. VÉRONE. Histoire. = Fondateur d'une bonne école de peinture. Sa fille, Claire, fut son élève : les poètes contemporains le célébrèrent. = Ses tableaux, peu nombreux, sont à Venise et a Padoue. = Dessin sévère. Couleur vraie, mais froide.

Varotari (Alexandre), dit **Padovanino**, fils de Dario. E. I. 1590-1650. PADOUE. Histoire, paysage, etc. = Elève de son père. Partagea son temps entre Padoue et Venise; fit de nombreux élèves et eut un fils, Dario, le Jeune, graveur, médecin, poète et peintre de portraits assez estimé. = Saint Dominique calmant une tempête, Venise. — Saint Libéral, *ib.* — Martyre de saint Jean, *ib.* — Sacrifice d'Iphigénie, *ib.* — Vierge glorieuse, *ib.* — Saint Diacre priant, *ib.* — Descente du Saint-Esprit, *ib.* — Noces de Cana, *ib.* — Déposition, Rome. — Vénus se couvrant, *ib.* — Lucrèce un poignard à la main, Florence. — Jésus-

Christ mort, *ib.* — Cornélie et ses enfants, Londres. — Cléopâtre, Dresde. — Judith, *ib.* — Lucrèce, *ib.* — Judith, Vienne. — La femme adultère, *ib.* — Sainte Famille, *ib.* — Orphée, Madrid. — Vénus et l'amour, Paris. — Ecce Homo, Berlin. = Imitateur très heureux du Titien; possédant à un haut degré la science du raccourci. Composition sage et grande facilité de pinceau. Ses tableaux ont poussé au noir.

Varwere (Guillaume), **Le Coloreur.** E. Fl. ' xve siècle. = Inscrit à Bruges dans la confrérie de Saint-Luc, en 1450.

Vasallo (Antoine-Marie). E. I. ' xviie siècle. Paysage, fleurs, animaux. = Mort jeune. = Bon coloris.

Vasari (Lazare). E. I. 1380-1452. Arezzo. Histoire, portrait et ornements. = Ami de Pietro della Francesca, dont il imita la manière. = Réussissait dans les sujets de petite dimension.

Vasari (George), petit-fils de Lazare. E. I. 1512-1574. Arezzo. Histoire, portrait. = Elève de Michel-Ange, d'André del Sarto et d'autres peintres fameux. Architecte habile. Grand peintre de fresques. Travailla dans presque toutes les villes d'Italie; fut appelé à la cour de Côme Ier, duc de Florence, s'y rendit en 1553 et fonda une Académie dans cette ville, en 1561. = Jésus-Christ chez Marthe et Marie, Bologne. — Cène de saint Grégoire, *ib.* — Trois anges, Florence. — Naissance de la Vierge, *ib.* — Vision du comte Ugo, *ib.* — Portrait de Laurent de Médicis, *ib.* — Le prophète Elisée, *ib.* — La forge de Vulcain, *ib.* — Tentation de saint Jérôme, *ib.* — Sainte Famille, *ib.* — Récolte de la manne, Naples — Jésus-Christ et les apôtres, *ib.* — L'innocence couronnée par la justice, *ib.* — Descente de croix, Rome. — Dispute de sainte Catherine, *ib.* — Conversion de saint Paul, *ib.* — Jésus-Christ mort sur les genoux de sa mère, Dresde. — Portrait de Côme de Médicis, Berlin. — Le Saint-Esprit descendant sur les néophytes, *ib.* — Annonciation, Paris. — Passion de Jésus-Christ, *ib.* — La Cène, *ib.* — Saint Pierre marchant sur les eaux, *ib.* — Sainte Famille, Munich. — Même sujet, Vienne. — La charité, Madrid. = Imita de préférence Michel-Ange; sacrifia, le plus souvent, le fini à la célérité; c'est ainsi, que tout en étant bon dessinateur, beaucoup de ses figures ne sont pas correctes, les couleurs souvent grossières et peu empâtées et l'effet général, languissant; on l'accuse d'avoir introduit le style dur qui régna dans l'école florentine à cette époque. Son plus beau titre à la célébrité est sa *Vie des peintres*, qu'il entreprit d'écrire d'après les conseils du cardinal Farnèse. = Ventes : V. Lebrun (1810), *Sainte Catherine*, 400 fr.

Vasco. E. Es. ' xvie siècle. = Enlumineur du roi Alphonse V. = Il ne faut pas confondre ce peintre avec Gran-Vasco.

Vasco (Fernandez), dit **Gran-Vasco.** E. Es. 1552. Vizeu. Histoire, etc. = La biographie de ce peintre est fort obscure; on pourra lire avec fruit le livre du comte Raczynski, qui donne à cet égard de nombreuses explications. Gran-Vasco a laissé beaucoup de tableaux en Portugal, mais on lui en prête beaucoup plus qu'il n'en a peint. Cité comme le plus grand peintre portugais

Vasconio (Joseph). E. I. ' 1657. Histoire. = L'Orlandi a fait son éloge. Académicien de Saint-Luc en 1657.

Vaselli (Alexandre). E. I. ' xviie siècle. Histoire, portrait. = Elève d'H. Brandi.

Vasi (Joseph). E. I. ' 1760. Paysage et architecture. = Peintre, architecte et graveur; florissait à Rome.

Vasouns (Jean). E. Fl. ' 1615. Histoire, portrait. = Sous-prieur au couvent des dominicains, à Maastricht. = Egalement dessinateur.

Vasquez (Jean-Baptiste). E. Es. ' xvie siècle. Séville. Histoire. = Peintre et sculpteur. = Bonne réputation.

Vasquez (Alphonse). E. I. 1575 (?)-1645. Rome. Histoire, fleurs, fruits, etc. = Elève d'Arfian, qui le fit, comme c'était quelque peu l'usage, travailler sur de la serge. Auteur de fresques dont on n'a plus que le souvenir. Travailla et mourut en Espagne. = Saint François d'Assise, au couvent de la Merci. — On cite de lui un beau tableau : Le mauvais riche. = Possédait bien la science de l'anatomie. Peignait avec beaucoup de talent la nature morte.

Vassele (Jean Van). E. Fl. ' xvie siècle. = Demeurait à Malines, en 1516, et y travailla pour la cour, à l'occasion des obsèques de Ferdinand d'Aragon.

Vassilacchi (Antoine), dit **l'Aliense.** E. I. 1556-1629. Ile de Milos, Grèce. Histoire. = Elève de P. Véronèse, qui le congédia par jalousie; apprécié par ses contemporains, il fut employé, à Venise, à des travaux importants. = Adoration des mages, Venise. — Prise de Bergame, *ib.* = Imagination riche; génie formé pour les arts.

Vastine. E. Fr. ' 1840. Portrait.

Vauchelet (Théophile). E. Fr. 1802-1873. Passy (Paris). Histoire, portrait. = Elève d'Abel de Pujol et de Hersent. = La première naissance. — Capitulation de Magdebourg, Versailles.

Vaudechamp (Joseph). E. Fr. 1790. Rambervillers. Portrait. = Elève de Girodet. = Saint Charles-Borromée.

Vaulot (Claude). E. Fr. 1818-1842. Histoire, genre et portrait. = Elève de L. Cogniet. = Intérieur de café. — Mort de saint Joseph.

Vauthier (Antoine-Charles), frère de Jules. E. Fr. 1790. PARIS. Histoire naturelle.

Vauthier (Jules-Antoine). E. Fr. 1774. PARIS. Histoire. = Elève de Regnault. = Dessinateur et lithographe.

Vautier (Benjamin). E. Al. 1829. MORGES. (Vaud). Genre. = Elève de l'école de Dusseldorf. = Dimanche en Souabe. — Scènes du Wurtemburg, Bâle. — Après l'ensevelissement, Cologne. — La rixe apaisée. — Diner de circonstance.

Vautrin. E. Fr. ' XVIIIe siècle. Détails inconnus.

Vautrin (François). E. Fr. ' 1566. Histoire. = Religieux de l'abbaye d'Epernay qu'il orna de peintures sacrées.

Vauquer (Robert). E. Fr. ' XVIIe siècle. Email. = Elève de Christ. Morlière et imitatateur de Toutin. Les auteurs du temps exaltent beaucoup cet artiste.

Vauquier (Jean-Robert). E. Fr. ' XVIIIe siècle. Fleurs et fruits. = Cultiva également la gravure.

Vauzelle (Jean-Lubin). E. Fr. 1776. ENGERVILLE (Seine-et-Oise). Aquarelle. = Elève d'H. Robert. = Vue d'Aranguez, en Espagne. — Vue prise de l'ancien café Pâris, au Pont-Neuf.

Vaymar (Jean-Henri). E. I. 1665-1738. Histoire, portrait. = Elève du Baciccio; fut appelé trois fois à Turin pour y peindre la famille royale.

Vaz (Diego). E. Es. ' 1538. = Exécuta des travaux dans la sacristie d'Alcobaca.

Vazquez (Augustin et Amoro). E. Es. ' 1594. Histoire. = Ces deux frères jouissaient d'une excellente réputation à Séville.

Vazquez (Jérôme). E. Es. 1568. Histoire. = Elève de G. Becerra; résidait à Valladolid.

Vecchi (François de). E. I. Histoire. = Tableau, Rome.

Vecchi ou **Vecchis** (Jean de). E. I. 1536-1614. BORGO SAN SEPOLCRO. Histoire. = Habitait Rome; travailla en concurrence avec Thadée Zuccaro. = Saint Jérôme, Rome. = Vie de sainte Catherine de Sienne (Fresques), *ib.*

Vecchia (Pierre della). E. I. 1605-1678. VENISE. Histoire, portrait. = Elève d'A. Varotari; excella dans la restauration des anciens tableaux, ce qui, assure-t-on, lui valut son surnom; car il paraît que son nom de famille était Muttoni. = Saül et David, Dresde. — Un magicien, *ib.* — Un guerrier, *ib.* — La vieille mégère, *ib.* — Portrait d'un chevalier, *ib.* — Buste d'un homme armé, Florence. — Portrait d'un militaire, Vienne. — Portrait de femme, *ib.* — David vainqueur de Goliath, *ib.* — Portrait d'homme, Paris. — Jeune homme et jeune fille, Berlin. = S'étudia à imiter les grands maitres du siècle précédent; idées bornées; réussit le mieux dans les sujets facétieux; style peu gracieux; très vigoureux et chargé d'ombres; pinceau facile, goût exempt d'affectation.

Vecchietto (le). V. Lorenzo di Piero.

Vecchio (le). V. Alberto.

Vecchio di San Bernardo (il). V. Minzochi.

Vecelli (Tiziano), dit **le Titien.** E. I. 1477-1576. PIÈVE DE CADORE. Histoire, portrait, paysage, etc. = Confié d'abord à la direction de Gentile Bellini, le Titien reconnut bientôt l'insuffisance de son maître, se rapprocha du Giorgion et profita de l'arrivée de quelques peintres flamands dont les tableaux pleins de force et de vérité le firent hésiter un instant entre leur style et celui de l'école italienne. Ayant travaillé en concurrence avec le Giorgion, le Titien triompha de son rival et dès lors commença sa réputation : sa première récompense fut d'être nommé par le sénat, premier peintre de la république. Alphonse d'Este l'employa à Ferrare : à son retour à Venise, Léon X le fit appeler à Rome, mais le grand artiste refusa son hospitalité ainsi que celle de François I^r. L'admiration de ses compatriotes ne connut bientôt plus de bornes: l'Arioste le consultait; l'Arétin, qui narguait les rois, devint le flatteur de l'artiste, et lui obtint l'insigne honneur de peindre Charles-Quint, à Bologne. Ce monarque le combla d'honneurs, lui accorda le titre de chevalier, le diplôme de comte Palatin, et lui montra son admiration et même sa déférence dans toutes les assemblées publiques. En 1545, il céda aux instances de Paul III, se rendit à Rome, y travailla pendant un an pour le pape et pour les Farnèse, connut Michel-Ange qui l'admira sans orgueil et sans jalousie, ainsi que l'illustre Raphaël qui ne vivait plus que par ses ouvrages. S'étant arrêté à Florence en revenant de Rome, le Titien n'y excita aucun enthousiasme, sollicita en vain l'honneur de faire le portrait de Côme de Médicis et se hâta de revenir à Venise. Quoique âgé de 70 ans, il avait conservé toute la vigueur de la jeunesse et ne cessait de produire des chefs-d'œuvre. Deux fois, Charles-Quint l'avait appelé à Augsbourg (1548-1550), puis il l'avait emmené à Inspruck. Vecelli travailla également pour le successeur de ce grand monarque, et c'est ainsi que ses plus belles œuvres se trouvent en Espagne. En 1557, il alla pleurer, loin de Venise, la mort de son ami l'Arétin, s'arrêta à Tercento et à Spilemberg, a

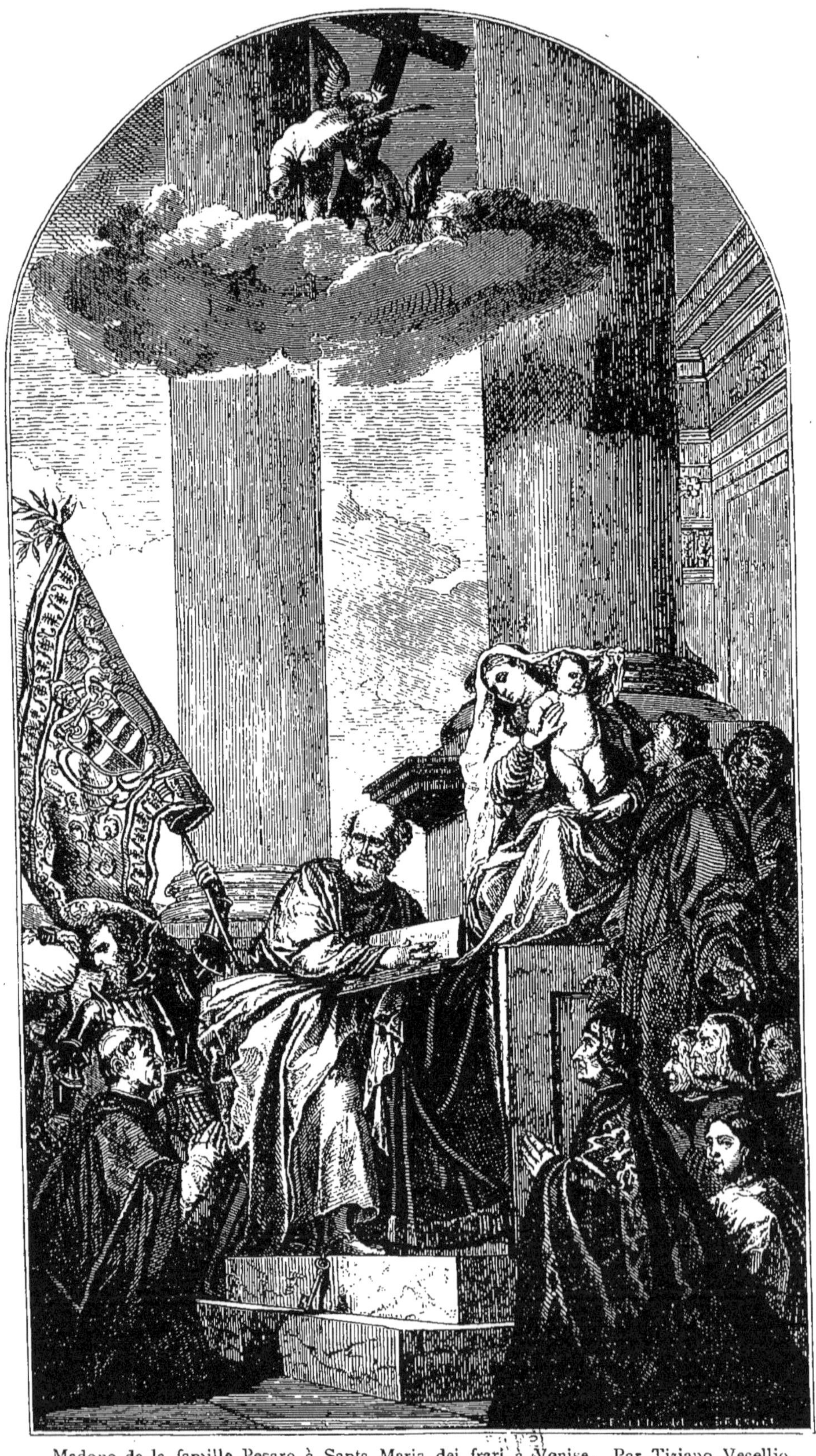

Madone de la famille Pesaro à Santa Maria dei frari à Venise. Par Tiziano Vecellio.

prit la mort de son auguste bienfaiteur, Charles-Quint, eut en même temps à déplorer les désordres de son fils Pomponius, et trouva dans le travail la consolation de tous ses chagrins. Il s'occupait encore lorsqu'il succomba à la peste de 1576, âgé de près de cent ans. = Adoration des mages, Milan. — Jésus-Christ traîné par le bourreau, Parme. — Vierge, Rome. — Portrait d'un doge, *ib.* — Sainte Famille, *ib.* — Trois Grâces, *ib.* — L'amour sacré et l'amour profane, *ib.* — Madeleine, *ib.* — Léda, *ib.* — Portrait : la belle du Titien. *ib.* — Portraits, *ib.* — Sacrifice d'Abraham, *ib.* Baptême de Jésus-Christ, *ib.* — Femme adultère, *ib.* — Vanité, *ib.* — Madeleine, Naples. — Danaé, *ib.* — Paul III et le prince de Parme, *ib.* — Portrait d'Erasme, *ib.* — Portrait de Philippe II, *ib.* — Martyre de saint Pierre de Vérone, Venise, — Martyre de saint Laurent, *ib.* — Annonciation, *ib.* — Saint Nicolas, *ib.* — Tobie et l'ange, *ib.* — Descente du saint-Esprit, *ib.* — Mort d'Abel, *ib.* — Sacrifice d'Abraham, *ib.* — David et Goliath, *ib.* — Saint Marc, *ib.* — Quatre Evangélistes, *ib.* — Quatre docteurs, *ib.* — St-Christophe, *ib.* — Le Doge Marino Grimani, *ib.* — Visitation de sainte Elisabeth, *ib.* — Déposition, *ib.* — Présentation au temple, *ib.* — Assomption (Chef-d'œuvre), *ib.* — Saint Jean-Baptiste au désert, *ib.* — Vieille femme, *ib.* — Jésus-Christ traîné par le bourreau, *ib.* — Portraits d'Alphonse I, duc de Ferrare (?) et de Laura di Dianti (?). La Haye. — La femme du Titien, Florence. — Vénus au petit chien, *ib.* — Portrait du cardinal Beccadelli, *ib.* — François de la Rovere, duc d'Urbin, *ib.* — La femme du précédent, *ib.* — La Vierge, l'Enfant Jésus et sainte Catherine, *ib.* — La capitaine Jean de Médicis, *ib.* — Portrait : la Flore, *ib.* — La Vénus, *ib.* — Le prélat Beccadelli, *ib.* — Et autres, *ib.* — Madeleine, *ib.* — Christ, *ib.* — Mariage de sainte Catherine, *ib.* — Bacchanale, *ib.* — Portrait de Vésale, *ib.* — Portrait de Philippe II, d'Espagne, jeune, *ib.* — Portrait de l'Arétin, *ib.* — Portrait de Louis Cornaro, *ib.* — Portrait d'un jeune homme inconnu, *ib.* — Concert, Londres. — Sainte Famille, *ib.* — La monnaie du tribut, *ib.* — *Noli me tangere*, *ib.* — Sainte Famille avec sainte Catherine, *ib.* — Portrait de l'Arioste, *ib.* — Enlèvement de Ganymède, *ib.* — Madeleine, *ib* — Alexandre de Médicis, *ib.* — Saint Ignace de Loyola, *ib.* — Portraits, *ib.* — Bacchus et Ariane, *ib.* — Vénus et Adonis, *ib.* — Et autres, *ib.* — Le Pape Alexandre VI présente à saint Pierre l'évêque de Paphos, Anvers. — Deux portraits d'homme, Bruxelles. — La monnaie du tribut, Dresde, (Chef-d'œuvre). — Vénus endormie, *ib.* — Portrait d'une jeune femme, *ib.* — Portrait d'une dame en robe noire, *ib.* — Portrait d'homme tenant une palme, *ib.* — Portrait d'une jeune femme habillée de blanc, *ib.* — Portrait de Lavinia Vecelli, *ib.* — Sainte Famille avec d'autres saints, *ib.* — Sainte Famille aux Borgia, *ib.* — Portrait de sa maîtresse, Saint-Pétersbourg. — Portrait d'homme, *ib.* — La Madone et l'Enfant, *ib.* — La Vierge et les deux enfants, *ib.* — Une jeune femme devant une glace, *ib.* — Jésus-Christ en contemplation, Madrid. — Jésus-Christ aux Oliviers, *ib.* — Saint Jérôme, *ib.* — Ecce Homo, *ib.* — Mater dolorosa, *ib.* — Portrait équestre de Charles-Quint, *ib.* — Portrait du peintre, *ib.* — Portrait d'un chevalier de Malte, *ib.* — Diane et Actéon, *ib.* — Diane et Calisto, *ib.* — La Gloire, *ib.* — Sisyphe, *ib.* — Portrait de Philippe II, *ib.* — Salomé, *ib.* — Sainte Marguerite, *ib.* — Vénus et Adonis, *ib.* — Prométhée, *ib.* — La Foi catholique en Espagne (Allégorie), *ib.* — Le péché originel, *ib.* — Déposition, *ib.* — Victoire de Lépante, *ib.* — Bacchanale, *ib.* — Sainte Catherine, *ib.* — Sainte Famille, *ib,* — Isabelle de Portugal, *ib.* — Epiphanie, *ib.* — Alphonse duc de Ferrare, *ib.* — Portraits, *ib.* — Et autres, *ib.* — Portrait du peintre, Berlin. — Portrait de sa fille Lavinia, *ib.* — Portrait de l'amiral Mauro, *ib.* — Adoration des bergers, *ib.* — Visitation, *ib.* — Adoration des mages, *ib.* — Circoncision, *ib.* — Les paraboles (Esquisse), *ib.* — Des Amours, *ib.* — La Vierge, l'Enfant et plusieurs saints, Paris. — Deux Anges adorant l'Enfant Jésus, *ib.* — Sainte Famille, *ib.* — Sainte Agnès, *ib.* — Les Pèlerins d'Emmaüs, *ib.* — Couronnement d'épines, *ib.* — Jésus-Christ porté au tombeau, *ib.* — Saint Jérôme, *ib.* — Le concile de Trente, *ib.* — Jupiter et Antiope, *ib.* — Portrait de François Ier, *ib.* — Portrait d'un commandeur de Malte, *ib.* — Portrait du marquis de Guast, *ib.* — Portrait d'Hippolyte de Médicis, *ib.* — Portraits d'une jeune femme et d'un homme tenant deux miroirs, *ib.* — Portraits, *ib.* — Lucrèce, Vienne. — Portrait d'Ulysse Aldovrandi, *ib.* — Portrait de Jacques Strada, *ib.* Diane et Calisto, *ib.* — Ecce Homo (Les personnages sont des portraits), *ib.* — Le Pape Paul III, *ib.* — L'Apôtre saint Jacques, *ib.* — Portrait de Philippe Strozzi, *ib.* — Portrait d'André Vésale, *ib.* — Portrait d'Isabelle d'Este, *ib.* — Le Sauveur du monde, *ib.* — Jésus-Christ mis au tombeau, *ib.* — Danaë, *ib.* — Portrait de Benoit Varchi, *ib.* — La Vierge et l'Enfant entourés de saints, *ib.* — Portrait du peintre, *ib.* — Portrait de l'électeur Jean-Frédéric, *ib.* — Sainte Famille, *ib.* — Portrait de Charles Quint, *ib.* — La femme adultère, *ib.* — Plusieurs allégories, *ib.* — Epiphanie, *ib.* — Lucrèce, *ib.*

— Sainte Catherine, *ib.* — Paysage : le songe de Jacob, *ib.* — Portraits, *ib.* — Et autres, *ib.* — Adoration de l'Enfant Jésus, Munich. — Portrait de l'Arétin, *ib.* — Portrait de l'amiral Grimani, *ib.* — Portrait de Charles-Quint, *ib.* — Vénus et une bacchante, *ib.* — La Sainte Famille et le donateur, *ib.* — La Vierge et l'Enfant, *ib.* — Jupiter et Antiope, *ib.* — Portraits, *ib* — Galatée sur une conque marine, Bordeaux. — Vénus endormie et deux satyres, *ib.* — La femme adultère (Attribué). *ib.* = Choix sévère de figures et de détails; peintre inimitable de la nature, excella à exprimer les nuances les plus délicates, les sentiments les plus opposés; son talent varié brilla tour à tour dans les sujets sacrés, profanes, mythologiques et champêtres; à toutes ses qualités, plus que suffisantes pour constituer le grand peintre, le Titien réunit celle d'être le premier coloriste de l'Italie; en vain a-t-on examiné, sacrifié même quelques-uns de ses tableaux, personne n'a pu découvrir son secret, et l'œil le plus exercé se flatterait en vain de suivre les traces d'un pinceau dont on ne peut assez admirer les prodiges. C'est ainsi que le Titien détacha les Vénitiens de l'imitation servile des anciens, sans dédaigner toutefois leurs chefs-d'œuvre. Dans ses compositions, rien n'est inutile, et tout paraît nécessaire ; on n'oserait supprimer les moindres accessoires sans craindre de nuire à l'harmonie de l'ensemble. L'expression de ses figures est inimitable : il ne se bornait pas à saisir le caractère d'une passion : il la nuançait de plusieurs manières en marquant, pour ainsi dire, les degrés de souffrance ou de joie des différents acteurs. Non moins renommé dans ses portraits, l'histoire nous apprend qu'ils étaient d'une ressemblance admirable en ce qu'ils dépeignaient l'homme moral en même temps que l'homme physique : c'est beaucoup, sans doute, de retracer la physionomie, mais c'est bien un autre mérite de laisser sur les traits, l'empreinte ineffaçable des vertus et des vices. Préférant le bonheur domestique aux jouissances de la fortune et de la gloire, aussi modeste que plein de génie, il ne se laissa point corrompre par les louanges de l'Arétin, ni par les honneurs dont il fut accablé. On peut lui reprocher d'avoir renvoyé de son école le Tintoret dont les progrès excitaient sa jalousie : du reste, il répara cette erreur en se faisant remplacer par lui dans des travaux importants qu'il devait exécuter. = Ventes : V. Gaignat (1768), *Adrien VI et Charles-Quint*, 2,410 liv. — V. Conti (1777), *Diane et Actéon*, 6,950 liv. — V. Knight (1845), *Tarquin et Lucrèce*, 1,050 liv. st. — V. Soult (1852), *Le denier de César*, 62,000 fr. — V. Northwick (1859), *Tarquin et Lucrèce*, 5,970 fr. d'après la *Gazette des Beaux-Arts* ; 10,290 fr. d'après le *Moniteur des Arts*. — V. Brett, à Londres (1864), *Le Christ mort*, 15,860 fr. — V. Pommersfelden (1867), *Portrait d'homme avec une cuirasse*, 15,500 fr. — V. Lochis (1868), *Le sommeil de l'Enfant Jésus*, 15,000 fr.

Vecelli (Horace), fils du Titien. E. I. † 1576. VENISE. Portrait, histoire. = Elève de son père, qu'il accompagna à Rome et en Allemagne; malheureusement pour son talent, il négligea la peinture pour l'alchimie, et mourut jeune de la peste la même année que son père. = Portrait d'homme, Vienne. = Excella dans le portrait.

Vecelli (François), frère du Titien. E. I. 1483 (?). CADORE. Histoire. = Elève de son frère; passa sa jeunesse à l'armée ; le Titien le fit renoncer à la peinture pour le commerce; peignait encore, en 1531. = Annonciation, Venise. — Jésus-Christ montré au peuple, Dresde. — La Vierge et l'Enfant sur un trône et entourés de saints, Berlin.

Vecelli (Marc), neveu du Titien et dit **Marco di Tiziano.** E. I. 1545-1611. CADORE. Histoire, portrait. = Elève de son oncle et son compagnon fidèle dans ses voyages; ce fut le membre de la famille Vecelli qui fit le plus d'honneur au Titien. = Congrès de Bologne, Venise. — La Zecca, *ib.* — Leonardo Doni adorant la Vierge, *ib.* — Madone de la Miséricorde, Florence. = Composition simple, bon mécanisme, manque d'intérêt et d'animation.

Vecelli (Tiziano), dit **Tizianello,** fils de Marc. E. I. * 1620. Histoire, portrait. = Elève de son père. = Manque de noblesse dans les formes, pinceau franc et solide mais peu agréable; ses portraits sont estimés ainsi que ses têtes d'expression, surtout celles où se peint un sentiment de colère.

Vecelli (César), frère de Fabrice. E. I. † 1600 (?). CADORE. Histoire. = Membre de la famille du Titien. = Plus connu comme graveur.

Vecelli (Fabrice), frère de César. E. I. † 1580 (?). CADORE. Histoire. = Appartient à la famille du Titien. = Peintre de mérite, mais fort peu connu.

Vecelli (Thomas). E. I. † 1620. Histoire. = Parent du Titien et peintre de mérite.

Vecq (La). V. La Vecq.

Veen (maître Corneille Van). E. H. * 1660. = Un des fondateurs de la société *Pictura*. à La Haye, en 1656, il en fut le premier secrétaire. On pense qu'il appartenait à la famille d'Otto Van Veen. Avocat et artiste amateur.

Veen (Gilbert Van), frère d'Otto. E. Fl.

1558(?)-1628. LEYDE. Portrait, histoire. = Il fit les portraits de plusieurs princes et princesses et sa réputation dut être fort grande dans ce genre. En 1588, il se trouvait à Rome, et, en 1589, à Venise. Mort à Anvers. = Peintre et graveur de grand mérite.

Veen (Otto Van), dit **Otto Venius.** E. Fl. 1558-1629. LEYDE. Histoire, portrait. = Il descendait en ligne directe d'un fils naturel de Jean III, duc de Brabant, par Isabeau Van Vene; son père était bourgmestre de Leyde, en 1565. En 1572, lors des troubles des Pays-Bas, le bourgmestre de Leyde, resté fidèle à Philippe II, perdit ses biens et se retira à Liége avec son fils, Otto, qui y rencontra Lampsonius et en reçut les leçons de l'art de la peinture. En 1575, Otto partit pour l'Italie où il se perfectionna chez F. Zucchero. En 1580, Otto, revenu à Liége, y devint page d'Ernest de Bavière qui lui confia une mission pour l'empereur Rodolphe II. En 1584, Venius se trouvait à Leyde; en 1593, il était fixé à Anvers. Il y fut reçu franc-maître de Saint-Luc, en 1594, et occupa la charge de doyen, en 1602-1603. Peintre d'Alexandre Farnèse, puis d'Albert et d'Isabelle. En 1599, lors de l'entrée à Anvers de ces souverains, il fut chargé d'exécuter les décorations de la ville, comme il l'avait déjà fait pour l'archiduc Ernest, en 1594. En 1612, les archiducs le nommèrent garde ou waradin de la monnaie de Bruxelles, charge dont son fils Ernest reçut la survivance, en 1617, du vivant de son père. Bon poète et bon prosateur. Otto Venius eut la gloire de former Rubens. = Le portement de la croix, Bruxelles. — Mariage mystique de sainte Catherine, *ib.* — Le Christ au Calvaire, *ib.* — Adoration des bergers, Gand. — Douze tableaux représentant les faits mémorables des anciens Bataves sous Claudius Civilis, Amsterdam. — Charité de saint Nicolas, Anvers. — Vocation de saint Mathieu, *ib.* — Saint Paul devant Félix, *ib.* — Portrait de l'évêque Jean Miræus, *ib.* — Saint Nicolas sauvant ses ouailles de la famine, *ib.* — Zachée sur le figuier, *ib.* — Martyre de saint André, *ib.* (Eglise Saint-André). — Le triomphe de l'église catholique (En dix tableaux), Munich. — Otto Venius et sa famille, Paris. — Le Parnasse, Berlin. — Allégorie : conversion de l'homme du vice à la vertu, Copenhague. — Minerve protégeant un jeune homme contre la volupté, Stockholm. = Ce fut l'école de Zucchero qui le forma. Dessin correct, composition gracieuse, excellente manière de draper, figures pleines d'expression; de l'affectation dans les sujets; coloris trop éclatant.

Veen (Gertrude Van), fille d'Otto. E. Fl. 1602-1643. ANVERS. Portrait. = Elève de son père. Elle épousa Louis Malo. = Portrait d'Otto Van Veen, Bruxelles.

Veen (Pierre Van), frère d'Otto. E. Fl. 1570. LEYDE. Histoire. = Peintre amateur. En 1614, il habitait La Haye. D'après un document, un peu obscur, Kramm donne pour ce peintre, les dates suivantes : 1564-1630. = Délivrance de la ville de Leyde, en 1574, Leyde.

Veen (Gérard Van), frère de Roch. E. H. * XVIIe siècle. Oiseaux, animaux, etc. = Le livre d'études de Jacq.-G. de Weth, porte : « Van Veen, gentilhomme, entra chez moi en pension pour apprendre le dessin, le 11 mai 1668. » Evidement il ne s'agit pas de Roch puisque celui-ci a laissé des dessins signés de 1662. Peut-être cette note se rapporte-t-elle à Gérard. = Manière de Roch. Belle exécution.

Veen (Roch Van), frère de Gérard. E. H. * 1670. Histoire, animaux. = Mort à Haarlem, d'après quelques auteurs, en 1706. Cependant ses nombreuses richesses artistiques, ne furent vendues, dans cette ville, qu'en 1709. On a de lui des dessins, signés et datés, depuis 1662. = Il peignit à la détrempe et sur parchemin.

Veen (P. Van). E. H. * 1825. Paysage. = Ce peintre habitait Gendringen.

Veen (Martin Van), dit **Heemskerk** et surnommé **Le Raphaël Hollandais.** E. H 1498-1574. HEEMSKERK. Histoire, portrait. = Fils d'un laboureur, sa vocation artistique se montra de bonne heure; il obtint d'être mis à l'atelier d'un certain Corneille Willems, peintre à Haarlem; son père se repentit ensuite de sa condescendance, le rappela et le remit aux travaux de la ferme; une maladresse qu'il commit et dont il craignait d'être rudement puni, le fit s'enfuir de la maison paternelle; il n'eut rien de plus pressé que d'entrer de nouveau chez un peintre; cette fois ce fut à Delft, chez Jean Lucas. Bientôt, voyant sans doute le peu qu'il pouvait apprendre à pareille école, il fit si bien qu'il fut admis dans l'atelier déjà célèbre de Jean Schoorl, à Haarlem; là ses progrès furent si rapides, qu'au bout de peu de temps, il s'appropria complétement la manière de son maître; on prétend que celui-ci en fut jaloux et qu'il l'éloigna de lui; mais ce fait n'est pas prouvé d'après le témoignage même de Van Mander. Après avoir donné quelques preuves remarquables de son talent, il partit pour l'Italie où il s'occupa, à Rome surtout, à copier les antiques et les admirables modèles que Michel-Ange et les autres grands hommes de cette époque, lui fournissaient amplement. Très pusillanime de caractère, une aventure assez insignifiante qui lui arriva, lui fit quitter l'Italie après trois années seulement de séjour; à son retour en Hollande, on s'aperçut bientôt combien sa manière s'était modifiée et améliorée. De 1538 à 1541 il peignit le maître-autel de l'église Saint-Laurent, à Alkmaar. Cet important travail lui fut payé 750 fl. plus une rente viagère de 20 florins. Dès 1544 on le trouve à Haarlem, employé par le magistrat de la ville, pour le modèle d'une verrière. Heemskerk se maria deux fois sans laisser d'enfants; son second mariage ne fut pas heureux; il fut vingt-deux ans marguillier à Haarlem. En 1572, lorsque la ville fut assiégée par les Espagnols, il se retira à Amsterdam auprès de son ancien élève, Jacques Rauwaerts. Après la reddition de la ville, un grand nombre de ses ouvrages furent envoyés en Espagne par les vainqueurs; d'autres tombèrent sous la fureur des Iconoclastes. En 1546, Van Veen fit un tableau pour la corporation des drapiers; cette œuvre lui fut payée 150 florins, en trois fois, d'après le contrat que l'on possède encore. On sait qu'il fut doyen de Saint-Luc, bourgeois de Haarlem et en relations avec ses concitoyens les plus distingués. Le testament autographe du peintre est en la possession d'une personne de la Haye; il donne quelques renseignements sur Van Veen. Ces détails se trouvent non-signés dans les *Peintres de Haarlem*, par le Dr A. van der Willigen. Ils donnent la plus haute idée de son intelligence et de son caractère. Riche et sans postérité, il fit plusieurs legs de bienfaisance dont un mérite d'être cité. Il donna une propriété dont l'intérêt devait servir annuellement à doter chaque année deux jeunes filles pauvres, à condition que l'une d'elles fût née à Haarlem et que toutes deux se mariassent sur sa tombe. Le dernier de ces mariages fut célébré le 19 novembre 1787. = Adoration des mages, Rotterdam. — Triomphe de Bacchus, Vienne. — Saint Jean prêchant dans le désert, *ib.* — La mort et le jugement, Londres. — Jonas, *ib.* — Jésus guérissant les malades, *ib.* — Résurrection, Copenhague. — Christ succombant sous la croix (Avec volets), Bruxelles. — Le jugement de Momus, Berlin (Signé : Martinus Van Heemskerck. Inventor 1560). — Saint Bénédict, Munich. — Saint Maurice, *ib.* — Portrait d'homme, *ib.* — Saint Henri et sainte Hélène, *ib.* — Episode de la vie de saint Ewald, *ib.* — Et autres, *ib.* (M. Waagen dit que les tableaux de Munich sont de Bart. de Bruyn). — Sujets sacrés, Delft (Hôtel de ville). — Sujets sacrés, Haarlem (Cinq tableaux). — Jésus-Christ crucifié, Saint-Pétersbourg. — Douleur de la Vierge, de saint Jean et des saintes femmes, Dresde (Volet d'une descente de croix). = Rapporta de Rome une exécution plus étudiée et en même temps plus sévère que celle de son maître, et des contours moins anguleux. Lairesse dit que son dessin, facile et raisonné, mérite d'être étudié à cause de sa fermeté et de la pureté des contours. Belle ordonnance, physionomies agréables, nus savamment compris, beaucoup de sentiment et d'expression. Il a gravé un grand nombre de pièces que l'on recherche plus pour leur rareté que pour leur mérite. Architecte distingué, habile dessinateur à la plume, peintre sur verre, Heemskerk fut un des artistes néerlandais les plus complètement doués que l'on puisse citer.

Veen (Gérard Vander). E. H. * XVIIIe siècle. = Peintre sur verre qui florissait à Groningue.

Veen (Pierre Vander), fils de Gérard. * XVIIIe siècle. = Elève de son père, et, comme lui, peintre sur verre à Groningue.

Veer (Jean de). E. H. * 1642. UTRECHT. Histoire. = En 1642, il envoya à l'hôpital de Saint-Job un tableau représentant Andromède.

Veer (R. de). E. H. * XVIIe siècle. = Inscrit, en 1674, dans la confrérie des peintres, à Utrecht.

Veeren (Anne-Marie Van). E. H. * XIXe siècle. LOENEN. Fleurs et fruits. = Elève de G. Hekking et de H. G. ten Cate.

Veerssen (Théodore Van). E. Fl. * 1842. Paysage.

Veglia (Marc). E. I. * 1509. Histoire, portrait. = Elève de V. Carpaccio.

Veglia (Pierre). E. I. * 1509. Histoire, portrait. = Elève de V. Carpaccio.

Veillat. E. Fr. * 1842. Paysage. = Allée d'ormeaux.

Veit (Jean), frère de Philippe. E. Al. * 1819. BERLIN. Histoire. = Adoration des mages, Berlin. — Madones.

Veit (Philippe). E. Al. 1793-1878. BERLIN. Histoire. Elève de Mathæi, à Dresde. = Les sept années d'abondance (Fresques), Rome. — Présentation au temple. — St-Georges. — Le christianisme apportant à l'Allemagne l'art et la civilisation, Francfort. = Un des chefs de la peinture monumentale et idéaliste en Allemagne.

Veith (François-Michel). E. Al. 1799. AUGSBOURG. Portrait, genre.

Veith (Jean-Martin). E. Al. 1650-1717. SCHAFFOUSE. Histoire. = Détails inconnus. = Style sauvage et grandiose. Dessinateur.

Veken (Jean-Baptiste Vander), frère de Pierre. E. Fl. * 1620. = Peintre sur verre. Il fut le maître de Jean Bronckhorst, en 1605. En 1604 un Laurent Vander Veken fut reçu dans la corporation anversoise, comme fils de maître. Nous ignorons s'il eut des liens de parenté avec Jean-Baptiste. = Exécuta en 1620-1621 un grand vitrail dessiné par Henri Van Balen pour le transept de l'église N.-Dame, à Anvers. Ce vitrail a été enlevé en 1803.

Veken (Pierre Vander), frère de Jean-Baptiste. E. Fl. ' 1622. Histoire. = Peintre sur verre. = Tuteur des enfants de son frère. Vivait encore en 1628-29. Dans cette même année, un Pierre, le Jeune, était franc-maître de Saint-Luc; il était fils de Jean-Baptiste et fut, croit-on, simplement vitrier. = Rencontre d'Abraham et de Melchisedech, verrière de l'église de Saint-Jacques, Anvers.

Veken ou **Vekene** (Rombaut Vander). E. Fl. † 1619. Histoire, portrait. = Reçu franc-maître de Saint-Luc, à Anvers, en 1582; doyen de la corporation en 1596-97. Il était peintre sur verre et vitrier de l'abbaye de Saint-Michel et fut chargé, en 1604 et en 1605, de peindre de grandes verrières, détruites aujourd'hui, pour l'église de Saint-Jacques, à Anvers. = Artiste de grand mérite.

Vekene (Arthur Van). E. Fl. ' 1507. = Elève de Gos. Vander Weyden.

Vela (Christophe). E. Es. 1598-1658. Jaën. Histoire. = Elève de Cespédès, à Cordoue; puis de V. Carducho, à Madrid. Mort en tombant dans une citerne. = Dessin correct, mauvais coloris.

Vela (le licencié don Antoine), fils de Christophe. E. Es. 1634-1676. Cordoue. Histoire. = Il était prêtre dans sa ville natale. = Dessin et coloris assez satisfaisants.

Velasco (Louis de). E. Es. † 1606. Histoire, portrait. = Peintre du chapitre de Tolède, en 1581; exécuta dans cette ville des ouvrages remarquables. = Incarnation, Tolède. — Et autres *ib.* = Dessin correct; formes grandioses, caractères nobles; teintes assez suaves et brillantes.

Velasco (Christophe de), fils de Louis. E. Es. ' 1600. Genre, portrait. = Elève de son père. = Il ne put égaler son maître.

Velasco (Mathias de), fils de Christophe. E. Es. ' XVIIe siècle. Histoire. = Elève de son père; suivit la cour de Philippe III, à Valladolid. = Peintre de mérite.

Velasquez (Alexandre-Gonzalez), frère d'Antoine et de Louis. E. Es. 1719-1772. Madrid. Histoire, décorations. = Elève de l'Académie de Madrid; fut chargé de travaux remarquables, dès l'âge de 19 ans; nommé en 1752, sous-directeur de la classe d'architecture, et, en 1772, obtint le même titre dans celle de peinture. Travailla presque constamment avec ses deux frères. = Architecte renommé; excellait dans la perspective.

Velasquez (Antoine-Gonzalez), frère d'Alexandre et de Louis. E. Es. 1729-1793. Madrid. Histoire. = Elève de Corrado Giacuinto, à Rome; fut chargé de plusieurs ouvrages dans cette ville; revint en Espagne, en 1753; reçut, en récompense des beaux travaux qu'il y exécuta, le titre de peintre du roi Charles III, en 1757, et, en 1765, la place de directeur de l'Académie; aida ses deux frères dans leurs principales œuvres. = Excellent peintre à fresque; beaucoup de grâce et de facilité; imagination féconde.

Velasquez (Louis-Gonzalez), frère d'Alexandre et d'Antoine. E. Es. 1715-1764. Madrid. Histoire, décorations. = Elève de l'Académie de Madrid; travailla, avec son frère Alexandre aux décorations du théâtre du Retiro, lors du couronnement de Ferdinand VI; nommé sous directeur de l'Académie, et, peu d'années après, peintre du cabinet du roi. = Les peintures de la coupole de l'église de Saint-Marc, à Madrid, lui firent le plus grand honneur.

Velasquez (don Diego-Rodriguez **de Sylva y.**) E. Es. 1599-1660. Séville. Histoire, portrait, paysage, genre, fleurs, fruits, etc., = Son père se nommait Juan Rodriguez de Silva, sa mère dona Geronima Velasquez : c'est ce dernier nom qui est resté au grand peintre; de bonne heure on s'aperçut de son goût pour la peinture : placé dans l'atelier de Herrera, le Vieux, la rudesse de ce maître obligea l'élève à le quitter; Velasquez se mit alors sous la direction de Fr. Pacheco, dont il devint bientôt le disciple favori et qui, cinq ans plus tard, lui accorda la main de sa fille; les tableaux de Louis Tristan, de Tolède, frappèrent Velasquez et lui firent abandonner le style sec et raide auquel ses professeurs l'avaient habitué; c'est alors qu'il résolut d'aller à Madrid. Il s'y rendit en 1622, y étudia d'après les chefs-d'œuvre que renferme cette ville et fut appelé à la cour l'année suivante. Philippe IV l'attacha tout d'abord à son service, et, lui ayant commandé son portrait, il fut si satisfait de l'exécution de cet ouvrage qu'il le nomma son peintre particulier, titre auquel il ajouta plus tard ceux de huissier de sa chambre et de grand maréchal des logis. Admis dans l'intimité du roi, ses succès et sa faveur n'altérèrent pas son caractère et ne portèrent point atteinte à l'austérité de sa vertu. Rubens vit le jeune artiste, lors de son séjour à Madrid; il devina son génie, l'encouragea et lui conseilla d'aborder les grands sujets, mais de s'y préparer par des études devant les chefs-d'œuvre d'Italie; dès l'année suivante, Velasquez suivit les avis de l'illustre Flamand; il débarqua à Venise, de là se rendit à Rome, où Urbain VIII le logea au Vatican, puis alla visiter son compatriote Ribera à Naples, et s'occupa partout à étudier avec l'ardeur la plus noble et le goût le plus éclairé; aussi, en 1631, lors de son retour en Espagne, il y fut reçu avec un redoublement de faveur et y occupa sans partage le premier rang dans la peinture. Il accompagna à deux reprises le roi en Aragon, dans les années 1642 et 1644, et fut envoyé une seconde fois en Italie, afin d'y faire des acquisitions pour le musée royal; dans ce deuxième voyage, il fit le portrait du pape Innocent X, et cet ouvrage reçut, comme les œuvres de Raphaël et du Titien, les honneurs de la procession et du couronnement; il revit encore son ami Ribera et visita successivement Bologne, Florence, Parme et Gênes d'où il comptait se rendre à Paris; la guerre entrava ce projet. Velasquez s'embarqua pour Barcelône et revint à Madrid où il travailla paisiblement jusqu'en 1660; pendant le cours de cette année, il fit le voyage d'Irun, lorsque Philippe IV conduisit sa fille Marie-Thérèse à Louis XIV; les fatigues de ce voyage altérèrent la santé déjà chancelante du grand peintre; il devint malade à Madrid et y mourut après une carrière qui ne fut qu'une longue suite de succès et d'honneurs de tous genres. = La diseuse de bonne aventure, Valenciennes. — Le Comte d'Olivarez, Dresde.—Deux portraits d'homme, *ib.* — Philippe IV, Londres. — La reine Christine, femme de Philippe IV, *ib.* — Adoration des bergers, *ib.* — Portrait de Charles Balthasar, fils de Philippe IV, à l'âge de onze ans, La Haye. — Paysage espagnol, *ib.* (Attribué à Velasquez par Burger). — Portraits de deux enfants, Bruxelles. — Portrait d'Innocent X, Rome. — Portrait d'homme, *ib.* — Portrait de Philippe IV, Florence. — Vierge allaitant, Barcelone. — L'infante Marguerite, fille de Philippe IV, Paris. — Et beaucoup d'autres, *ib.* — Portrait d'une enfant (Attribué), Nantes. — Portrait d'un cardinal, Naples. — Portrait d'homme, Berlin.—Portrait du cardinal Dezio Azzolini, *ib.* — Portrait du peintre (?), Munich. — Un mendiant, *ib.* — Portrait du cardinal Respigliosi, *ib.* —Portrait de l'Infante Maria-Anna, enfant, *ib.* — Portraits, *ib.* — Paysan tenant une fleur, Vienne. – La famille du peintre, *ib.* — Philippe IV, roi d'Espagne, *ib.* — L'Infant don Carlos, *ib.* — L'Infante Marie-Thérèse, *ib.* — Portrait *ib.* — Jésus-Christ crucifié, Madrid. — Couronnement de la Vierge, *ib.* — Philippe IV, jeune (Buste), *ib.* — Portrait d'Alonzo Cano(?), *ib.* — Saint Antoine, abbé, et saint Paul, premier ermite, *ib.* — Bosquets de jardins, avec architecture et figures, *ib.* — Portrait de Philippe IV, *ib.* — Portrait de Marie-Anne d'Autriche, seconde femme de Philippe IV, *ib.* — Portrait de don Prosper, fils de Philippe IV, *ib.* — Vue de l'arc de Titus et de Campo-Vaccino, à Rome, *ib.* — Tête de vieille (Etude), *ib.* — Portrait en buste d'Elisabeth de Bourbon, première femme de Philippe IV, *ib.* — Réunion de buveurs, tableau connu sous le nom des *Ivrognes*, (Chef-d'œuvre), *ib.* — La Famille de Philippe IV, *ib.* (Ce célèbre tableau, où le peintre s'est représenté la palette en main, valut à l'auteur la décoration de l'ordre de Saint-Jacques que Philippe IV peignit lui-même sur la poitrine de Velasquez, suivant la tradition). — Adoration des mages, *ib.* — Portrait équestre du comte d'Olivarez, *ib.* — La forge de Vulcain, *ib.* — Portrait de Philippe III à cheval, *ib.* — Un prétendant de la cour de Philippe IV, *ib.* — Portrait de don Balthasar Carlos, fils de Philippe IV, *ib.* — Ferdinand d'Autriche, jeune, *ib.* — Mercure et Argus, *ib.* — Portrait équestre de Philippe IV, *ib.* — Reddition de Bréda (Chef-d'œuvre), *ib.* — Les fileuses (Chef-d'œuvre), *ib.* — Portrait du poète Gongora, *ib.* — Paysages, *ib.* — Portraits de Philippe IV, de la famille de ce prince, de plusieurs personnages de sa cour, etc., etc., *ib.* — Vue du Prado, *ib.* — Vue d'Aranjuez, *ib.* — Deux figures de nains, *ib.* — Mort de saint Joseph, Saint-Pétersbourg. — Portrait du pape Innocent X, *ib.* — Portrait du roi Philippe IV, *ib.* — Portrait du duc d'Olivarez, *ib.* — Tête de jeune homme, *ib.* — Portrait d'homme à cheval, Amsterdam. = Velasquez ne se contenta point de suivre les leçons de ses maîtres; il étudia la nature dans ses moindres détails; depuis les plantes, les insectes jusqu'à l'homme, il ne négligea rien; sans craindre les difficultés, il étudia le corps humain dans toutes ses différentes sensations, s'attacha ensuite à un examen profond des sentiments de l'âme et parvint ainsi à cette surprenante vérité qui se remarque dans tous ses ouvrages et surtout dans ses portraits. Ses paysages sont traités largement, presque esquissés, on doit les voir à quelque distance, et l'on admire alors une nature belle, simple et sublime. Dans le portrait il a vaincu tous les peintres de son pays et il n'est surpassé par aucun de ses rivaux étrangers; rien n'est comparable à la parfaite imitation de la nature que l'on y remarque, si ce n'est la franchise et l'audace avec lesquelles son pinceau en aborde les difficultés. Dans les tableaux d'histoire, Velasquez évita toujours les sujets sacrés, les scènes d'imagination; son esprit observateur et presque mathématique, ne se prêtait pas aux grandes conceptions qui demandent la chaleur du sentiment et l'exaltation de l'âme. Peintre de la vérité et de la nature, sous ce

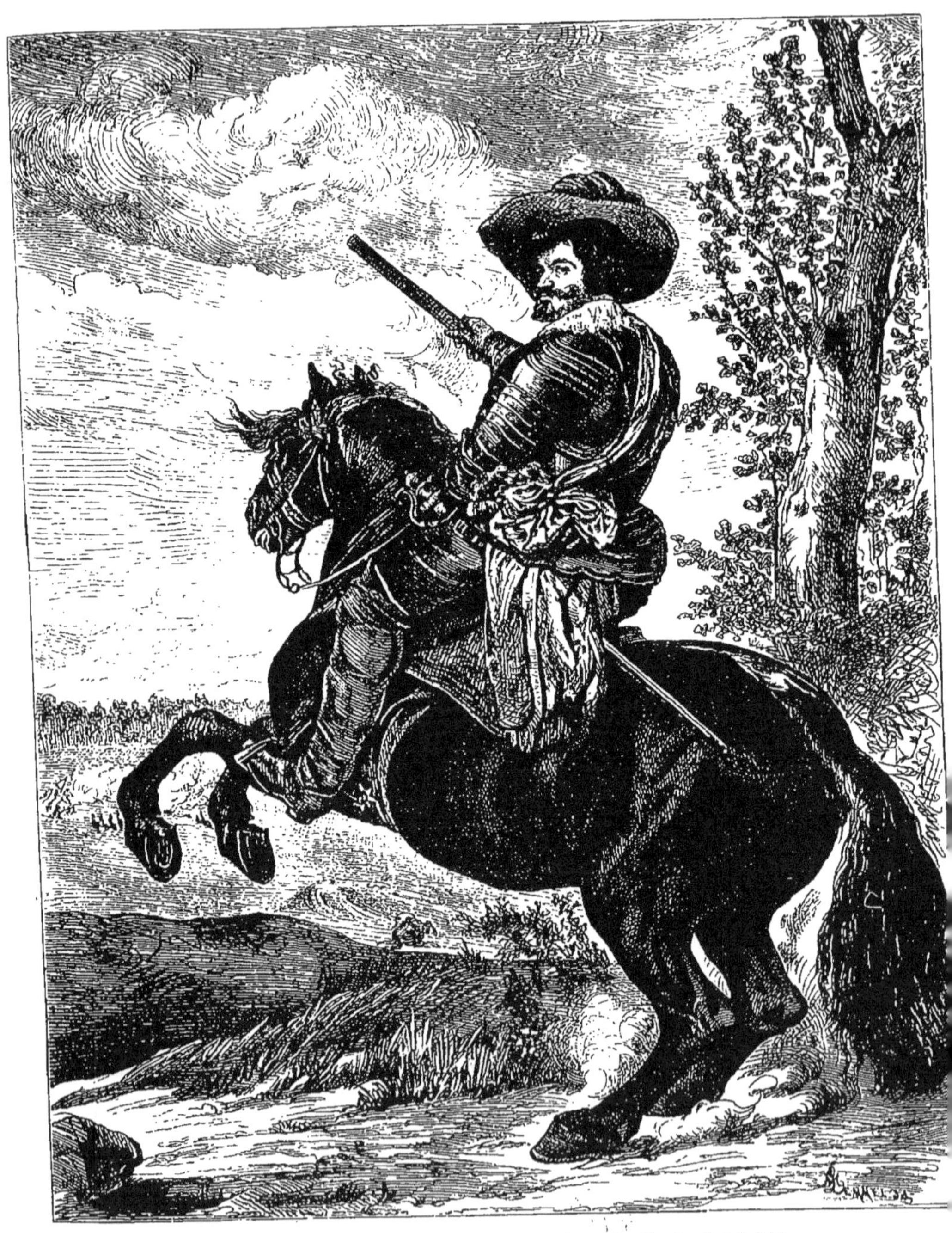

Le duc Olivarès. Par Velasquez. Musée du Prado à Madrid.

rapport Velasquez est sans égal; son dessin est d'une pureté irréprochable, il se joue des difficultés de la forme, comme de celles de la lumière : tantôt il compose un tableau entièrement en clair-obscur; puis il en achève un autre sans un seul repoussoir, sans une ombre, et tous deux sont des chefs-d'œuvre; sa couleur est ferme, sûre, naturelle, sans éclat; pour l'entente de la différence des plans, la distribution de la lumière, la perspective linéaire et aérienne, il poussa ces diverses qualités jusqu'à la perfection; on ne saurat lui faire aucun reproche, car tout ce que l'étude peut faire acquérir, il le posséda au plus haut degré; ce qui lui manque ne dépendit pas de lui; l'imagination, la force de conception, la profondeur de pensée, le sentiment, l'expression, sont des dons du ciel qu'aucune science humaine ne saurait enseigner. = Ventes : V. du duc de Choiseul (1772), *Une dame*, 599 liv. — Même vente, *Mars et Vénus*, 1,115 liv. — V. du prince de Conti (1777), *Le premier*, 460 liv. — Même vente, *Le second*, 600 liv. — V. Lapeyrière (1817), *Buste de Philippe IV*, 2,450 fr. — Même vente, *Buste d'un cardinal*, 450 fr. — V. Lapeyrière (1823), *Portrait en pied de Philippe IV*, 7,500 fr. — Même vente, *Autre portrait du même*, 7,920 fr. — Même vente, *Portrait du duc d'Olivarez*, 11,520 fr.— Même vente, *Un chasseur*, 1,000 fr. — Même vente, *Portrait d'une jeune princesse*, 120 fr. — V. Erard (1832), *Portrait de don Diego Rodriguez de Citray*, 1,800 fr. — V. Dubois (1840), *Portrait de Philippe IV*, 2,360 fr. — Même vente, *Portrait de la reine*, 2,850 fr. — Même vente, *Portrait de son frère*, 5,150 fr. — V. Aguado (1843). *Jeune fille et nègre*, 1,200 fr. — Même vente. *Dame à l'éventail* gravé par Leroux, 12,750 fr. — Même vente, *Portrait d'un corregidor*, 1,600 fr. — Même vente, *Scène de mendiants*, 1,210 fr. — Vente Guillaume II (1850), *Portrait de Philippe IV et du duc d'Olivarez*, deux tableaux, 38,850 fl. — Même vente, *Portrait de femme*, 575 fl. — Même vente, *Jeune fille*, 775 fl. — Vente Northwick (1859), *Portrait équestre de don Luis de Haro, marquis del Carpio*, 32,920 fr. — *Chasse au sanglier*, 8,060 fr. — *Loth et ses filles*, 3,840 fr. — Vente Brett (1864). *Portrait d'une princesse*, 4,680 fr. — Vente Pourtalès-Gorgier (1865) *Roland mort*, 37,000 fr. *Portrait du roi d'Espagne : Philippe IV*, 7,200 fr. — Vente Morny (1865) *Portrait d'une infante*, 51,000 fr.— *Portrait de Marie-Thérèse d'Autriche*, 6,200 fr. — Vente Salamanca (1) (1867). *Portrait de Philippe IV*, 71,000 fr. — *Portrait d'une dame*, 98,000 fr. — *Autre portrait de dame*, 28,000 fr.— *Portrait équestre du prince Balthazar*, 14,700 fr. — *Portrait de Sainte Claire*, 38,000 fr. — *Intérieur de posada*, 12,700 fr. — *Portrait d'un cardinal*, 16,200 fr.— *Portrait de Philippe IV*, 5,300 fr. — *Le nain de Philippe IV*, 7,500 fr. — *Portrait esquisse de Philippe IV*, 1,820 fr. — *Portrait esquisse de la femme Philippe IV*, 1,450 fr. — *Portrait du cardinal Borgia*, 27,100 fr. — *Etude de tête d'homme*, 2,000 fr. — *Une chienne et son petit*, 3,900 fr. — *Portrait de femme en buste*, 2,150 fr. — *Promenade au Retiro*, 5,400 fr. — *Vue du Retiro*, 5,100 fr. — V. Didier (1868). *Portrait présumé de la fille de Velasquez*, 15,100 fr. — *Moines déjeûnant*, 1,000 fr. — V. Peleguer (1869). *Enfant mangeant sa soupe*, 2,950 fr. — V. Salamanca (1875). *Intérieur de posada*, 4,980 fr. — *Aveugle jouant du violon*, 1,600 fr. — *Portrait d'un cardinal*, 19,300 fr. — *Portrait d'une dame de la cour de Philippe IV*, 17,000 fr. — *Le nain de Philippe IV*, 4,400 fr. — *Portrait esquisse de la femme de Philippe IV*, 3,050 fr. — V. à Paris en 1874. *Portrait de Philippe IV*, 3,000 fr.

Velasquez Minaya (don François). E. Es. ' 1630. Genre. = Chevalier de Saint-Jacques, écuyer de la reine et peintre amateur. = Composition agréable.

Velasquez (Zachar). E. Es. ' XVIIIe siècle. — Détails inconnus.

Velde (Etienne-Louis Van de). E. Fl. 1757-1824. GAND. = Il était petit-fils de Louis Cnudde par sa mère et devint chanoine. = Bon dessinateur. Ses tableaux sont peu connus. Il fut aussi écrivain.

Velde (Isaac Van de). E. H. 1587 (?). AMSTERDAM. Batailles, paysage, etc. = Son mariage est inscrit à Haarlem, en 1611; il y épousa Catherine Maertens, une gantoise. Inscrit dans la gilde de Saint-Luc, en 1612. En 1617 et 1618, il faisait partie de la chambre de Rhétorique de Haarlem. Il habitait encore cette ville, en 1626 et résidait à Leyde en 1630. Mais, entre temps, il dut encore séjourner à La Haye, car il y est inscrit comme franc-maître de Saint-Luc, en 1628. Mort à Leyde. Quelques auteurs le font élève de P. de Neyn; cette assertion est erronée, mais ce qu'il y a de certain c'est qu'ils travaillèrent ensemble. D'après Kramm, Isaac serait le père de Guillaume Van de Velde, le Vieux. Il existe de lui un dessin daté de 1652. = Le dîner, La Haye. — Combat de cavaliers, Brunswick. — Combat près d'un moulin à vent, Dresde. — Combat dans le voisinage d'un gibet, *ib.* — Paysage avec animaux, Hambourg. — Paysage, combat de cavalerie, Vienne. — Attacher le

(1) Il est utile de faire remarquer que nous voyons plusieurs tableaux de cette vente reproduits aux enchères publiques avec des prix différents (voir vente Salamanca) (1875).

grelot au chat; allégorie, Amsterdam. — Incendie éclairant un combat, Rotterdam. — Gentilhomme à cheval, *ib.* = Touche spirituelle, coloris trop vert. Plusieurs artistes se servaient de lui pour peindre les figures de leurs paysages. Ses figures représentaient ordinairement des cavaliers vêtus à l'espagnole. Graveur.

Velde (Guillaume Van de), le Vieux, fils(?) d'Isaac. E. H. 1610-1693. LEYDE. Marine. = Il fut d'abord destiné à la marine et occupa longtemps un emploi dans cette carrière. Ce fut là ce qui décida du genre de son talent. Il est probable qu'il s'établit, jeune encore, à Amsterdam, puisque son fils Guillaume est né dans cette ville, en 1633. Quand il prévoyait quelque combat en mer, il s'embarquait aussitôt pour le dessiner avec plus de vérité. Les états de Hollande lui firent équiper une flotte légère, au moyen de laquelle il pouvait, pendant le combat, aller d'un point à un autre. Charles II et Jacques II, d'Angleterre, le protégèrent. Il mourut à Londres. = Ses dessins ornent toutes les collections remarquables. Quant à ses tableaux, on en rencontre peu ou point, et ils n'ont d'autre mérite que celui de porter la signature du grand dessinateur. Ce ne fut que vers la fin de ses jours qu'il peignit à l'huile, sans pouvoir réussir dans ce genre. Ses dessins sont admirables de vérité.

Velde (Adrien Van de), fils de Guillaume, le Vieux. E. H. 1639-1672. AMSTERDAM. Animaux, histoire, paysage, genre et batailles. = Elève de Wynants, qu'il surpassa. Dès son jeune âge, il fit pressentir le talent qu'il posséderait un jour; ayant plus de goût pour le paysage que pour les marines, genre dans lequel excellaient son père et son frère, on l'envoya à Haarlem, et c'est là qu'il entra dans l'atelier du célèbre Wynants. Wouwerman lui apprit à bien dessiner les figures. Il peignit l'histoire avec autant de succès que le paysage. Hobbema, Vander Heyden, Hakkert, Wynants, Verboom, Moucheron et bien d'autres encore, se servirent de son talent pour étoffer leurs tableaux. = Trois pâturages, Paris. — Côtes de Scheveningen, *ib.* — Les amusements de l'hiver, *ib.* — La famille du pâtre, *ib.* — Paysage : le passage du bac, Amsterdam. — Paysage avec les portraits du peintre et de sa famille, *ib.* (Mus. V. D. Hoop. Chef-d'œuvre). — Le rendez-vous de chasse, *ib.* — Vaches dans un paysage, *ib.* — Paysage : figures et animaux devant une chaumière (Chef-d'œuvre), *ib.* — Animaux dans un paysage, La Haye. — La plage hollandaise, *ib.* — Paysages avec animaux, Florence. — Paysage avec animaux, Londres. — Départ pour la chasse, *ib.* (Buck. Pal.). — La bergère, *ib.* — Paysage et animaux, effet de soir, *ib.* — Pastorale (Chef-d'œuvre), *ib.* — La plage de Scheveningen, *ib.* — La vie rustique, *ib.* — Paysage avec figures (Le paysage est de Hakkert), Berlin. — Paysage avec moutons, bergère, etc., *ib.* — Paysage : vache et laitière, *ib.* — Paysage avec animaux, *ib.* — Paysage : combat de cavalerie (Paysage de F. Moucheron), Vienne. — Bourrasque pendant une partie de campagne, *ib.* — Paysage : ruines d'un temple, avec figures, *ib.* — Paysage avec ruines, figures et animaux, Dresde. — Hiver, *ib.* — Femme buvant dans un verre, *ib.* — La vache qu'on trait, *ib.* — Bœufs et moutons, *ib.* — Paysage avec animaux; la vieille porte, *ib.* — Paysages, Munich. — Chevaux, *ib.* — Batailles, *ib.* — Vue des côtes de Scheveningen, Cassel. — Paysage avec moutons et bœufs, Anvers. — Figures dans deux paysages de Wynants, *ib.* — La boutique du maréchal ferrant, Rotterdam. — Prairie avec animaux, *ib.* — Animaux dans un paysage de Ruisdael, Bruxelles. = Pinceau flou, touche chaude. Composition pleine de gaîté; il peignait bien les animaux. La mauvaise qualité des couleurs que ce peintre employa a gâté beaucoup de ses œuvres. Dessin très soigné, effet remarquable, coloris beau et éclatant; Van de Velde posséda toutes les qualités qui constituent le génie, et peut être placé sur le même rang que Nicolas Berchem. Graveur. Quelques-unes de ses gravures portent la date de 1653 : il n'avait alors que 14 ans. = Ventes : V. Julienne (1767), *Animaux gardés par un jeune garçon; animaux avec un pâtre et une femme filant;* les deux, 3,000 liv. — V. Lalive de Jully (1770), *Figures et animaux*, 3,100 liv. — V. Blondel de Cagny (1776), *L'aveugle*, 14,981 liv. — V. Conti (1777), *Amusement d'hiver*, 4,000 liv. — V. Robit (1801), *La fenaison*, 9,900 fr. — V. Erard (1832), Cinq tableaux, 15,460 fr. — V. du duc de Berry (1837), *Mercure et Argus*, 9,500 fr. — V. Perregaux (1841) *Le départ pour la chasse*, 26,850 fr. — V. Duval (1843), Deux tableaux, 28,400 fr. — V. Patureau (1857), Paysage, 23,500 fr. — V. D'Hane de Steenhuyze(1860). *La sortie de la bergerie*, 7,150 fr. — V. Scarisbrick (1864) *Le manège*, 5,050 fr. — V. Oppenheim (1864). *Femme s lavant les pieds dans un ruisseau où une vache se désaltère*, 11,285 fr. — V. de Morny (1865). *Gentilhomme à cheval et page avec chiens*, 10,000 fr. — V. Van Brienen de Groo telindt (1865). L'*automne* 15,000 fr. — *Paysage d'hiver*, 32,000 fr. — V. Pommersfelden (1867) *La sieste*, 40,000 fr. — V. Salamanca (1867) *Paysage et animaux*, 5,000 fr. — V. de Rhode (1868). *Le paturage*, 11,050 fr. — V. Delesser (1869). *Animaux près d'un ruisseau*, 10,000 fr

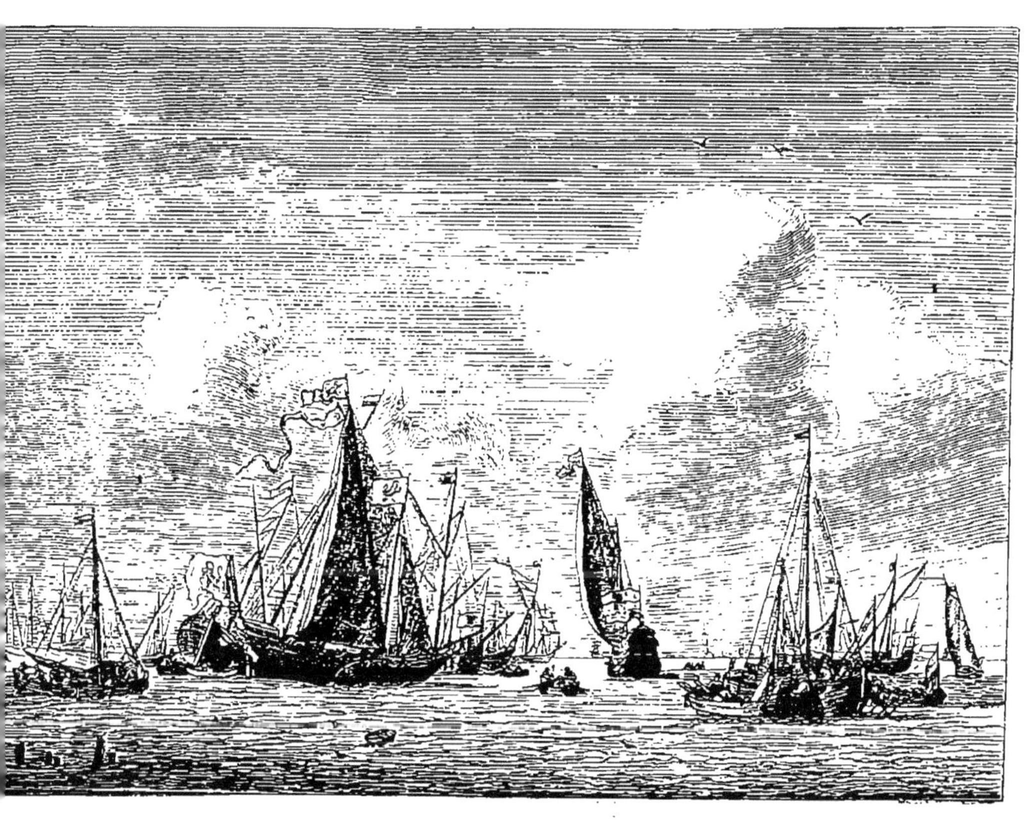

Marine. Tableau par Guillaume van de Velde. Galerie de Cassel.

Velde (Guillaume Van de), le Jeune, fils de Guillaume, le Vieux. E. H. 1633-1707. AMSTERDAM. Marine. = Elève de son père et de S. De Vlieger. Peintre de Charles II, d'Angleterre, en 1675. A cette époque, il avait déjà atteint le plus haut degré de son incomparable talent. Il mourut à Greenwich près de Londres, où il avait passé la plus grande partie de sa vie. En 1686 il était revenu pour quelque temps à Amsterdam. Tant qu'il séjourna en Hollande, il peignit les victoires de ses compatriotes sur les Anglais, mais lorsque la faveur de Charles II et de Jacques II l'accueillit à la cour de Londres, il changea de sujets et peignit les défaites des Hollandais par les Anglais. = Prise du vaisseau *le Royal-Prince*, Amsterdam. — La capture amenée au port, *ib.* (Pendant du précédent). — Quatre vaisseaux pris et amenés dans le port de Gorée, *ib.* (Ces deux tableaux et le suivant sont considérés comme des chefs-d'œuvre). — Vue d'une partie de la ville et du port d'Amsterdam, avec vaisseaux, *ib.* — Près de la côte, *ib.* — La forte brise, *ib.* — Un port, *ib.* — Vue de la côte de Scheveningen, *ib.* (Mus. V. D. Hoop). — Marine : effet de brise, *ib.* — Grand navire faisant des salves, *ib.* – Calme en mer, *ib.* — Mer calme avec vaisseaux (Deux tableaux), La Haye. — Vue sur l'Ij, *ib.* — Mer légèrement agitée avec vaisseaux de guerre, Berlin. — Même sujet, *ib.* — Même étoffage sur une mer calme, *ib.* — Un calme sur mer, Londres. — Une brise fraiche sur mer, *ib.* — Marines, *ib.* — Marine avec beaucoup de navires, (Daté de 1659), *ib.* (Buck. Pal.). — Marines, *ib.* — Tempête sur mer, Munich. — Marine, *ib.* — Marine avec vaisseaux, Cassel. — Marine, Paris. — Escadre hollandaise au mouillage, *ib.* — Marine par un temps calme, Anvers. — Bataille navale de Solebay, Rotterdam. = Ciels admirables, beau coloris, pinceau vigoureux, ordonnance riche et variée, effets magiques. Etude profonde de la nature, perspective linéaire et aérienne admirable; vérité inimitable; goût parfait du pittoresque; dessin des plus savants, effets charmants d'ombre et de lumière. Le plus grand peintre de marines que la Hollande ait produit. Smith porte le nombre des tableaux connus de ce peintre à 329. = Ventes : V. Julienne (1767), *Marine*, 1,060 liv. — V. Choiseul (1772), *Eau calme*, 1,700 liv. — V. Blondel de Cagny (1776), *Mer calme*, 470 liv. — V. Conti (1777), *Mer calme*, 3,150 liv. — *Marine*, 1,260 liv. — V. Randon de Boisset (1777), *Mer calme*, 8,051 liv. — *Côte*, 5,600 liv. — V. Paillet (1783), *Vue du Texel*, 2,400 liv. — V. Lenglier (1788), *Vue marine*, 1,400 liv. — V. Praslin (1793), *Vue d'une mer calme*, 6,980 liv. — V. Van Leyden (1804), *Mer par un temps calme*, 801 fr. — V. Clos (1812), *Mer calme avec flotte*, 12,610 fr. — V. Lapeyrière (1817), *Mer calme*, 9,000 fr. — V. Erard (1832), *Vue du Zuyderzée*, 20,000 fr. — V. du duc de Berry (1837), *Mer calme*, 3,810 fr. — V. Heris (1841), *Mer calme*, 9,800 fr. — V. Perregaux (1841), *Combat naval* (Chef-d'œuvre), 22,100 fr. — V. Guillaume II (1850), *Marine*, 2,500 fl. —V. Patureau (1857), *Marine*, 9,000 fr. — *Mer calme*, 10,000 fr. — V. Le Hon (1861). *Marine*, 20,000 fr. — V. Van Brienen de Grootelindt, (1865). *Incendie du Chatham*, 70,500 fr. — V. de Morny (1865). *Marine*, 35,000 fr. — V. Herman de Kat (1866). *Vue du Texel*, 10,700 fr. — *Vue du Zuiderzée*, 12,100 fr. — V. San Donato (1868). *Marine*, 68,000 fr. — V. Théodale de Rhodes (1868). *Marine* 10,000 fr. — *Combat naval*, 4,900 fr. — V. Didier (1868). *Pleine mer* 5,200 fr. — *Mer calme*, 1,500 fr. — V. Delessert (1869). *Mer calme*, 12,500 fr. — *Marine*, 14,500 fr. (Ce tableau en 1801, vente Tolozan, fut adjugé pour 800 fr.) — *Les pêcheurs*, 7,200 fr. — V. Pereire (1872). *Marine*, 14,200 fr. — *Marine*, 28,500 fr. — V. Roell-Hadson (1872). *Eau calme*, 44,450 florins. — V. Lissingen (1876). *Marine*, 34,500 fr.

Velde (Corneille Van de), fils de Guillaume, le Jeune. E. H. * 1710. Marine. = Weyerman assure l'avoir connu intimement à Londres, en 1710. Il y épousa, en 1699, Bernarde Van der Hagen. Cet auteur fait de Corneille un grand éloge.

Velde (François Van de). E. Fl. * XVIe siècle. GAND. Histoire.=Exécuta les travaux décoratifs pour les Joyeuses Entrées de Charles Quint et de son fils Philippe, à Gand, en 1549. = Peintre et sculpteur.

Velde (Jean Van de), le Vieux, frère d'Isaac. E. H. 1598 (?). HAARLEM (?). Paysage, animaux, kermesses, etc. = Son père s'appelait également Jean. C'était un célèbre calligraphe et professeur de français. Jean, le Jeune, fut *Vinder* de Saint-Luc, à Haarlem, en 1635. S'établit à Leyde. Il fut meilleur graveur que peintre. = La plupart de ses gravures sont d'après M. Molyn, A. Elzheimer et G. Buitenweg.

Velde (Herman Van de). E. Fl. * XVIIe siècle. ANVERS. = Reçu franc-maître de Saint-Luc, à Tournai, en 1681.

Velde (J. Van de). E. Fl. * 1842. Histoire, genre. = Elève de N. de Keyser. = Vision de Godefroid de Bouillon.

Velde (Jean Van de), le Jeune. E. H. * 1679. = Peintre et dessinateur, cité par Nagler; d'après ce dernier, Jean le Vieux et Jean le Jeune, auraient presque toujours été confondus.

Velde (Nicolas Van de). E. Fl. * xviie siècle. Ypres. Histoire. = Détails inconnus. = La cène, Poperinghe (Eglise Saint-Bertin). En outre, Descamps assure avoir vu de lui, dans l'église de Saint-Martin, à Ypres, un bon tableau, mal restauré, et représentant un miracle de saint Martin; la même église aurait possédé du même auteur, le Triomphe de l'Eglise et une Sainte Famille.

Velde (Pierre Van de). E. H. * 1590. Marine. = Etabli en Angleterre. = Un Pierre Van de Velden, peintre, est inscrit comme franc-maître de Saint-Luc, à Anvers, en 1653-54. Il donna des leçons à Jacques Peeters.

Velde (H. Van der). E. H. 1744. Paysage et vues de ville. = Vivait encore, en 1822.

Velde (Van de). Jal signale trois peintres de ce nom, Justus, Jean-Juste et Jean-Ignace qui ont travaillé à Paris de 1686 à 1700. Jean-Ignace était né à Gand en 1692 et son père, Pierre, peintre également, se retira à Termonde. Dans une déclaration de baptême à Paris, Jean-Ignace est qualifié de *peintre du Roy*. On ne connait aucun des travaux de ces artistes.

Veldhoven (Henri Van). E. H. † 1769. Leyde. Portrait et intérieurs. = Mort à Utrecht où il avait longtemps enseigné le dessin. = Connaissances théoriques.

Veldhoven (Paul Van), fils de Henri. E. H. * xviiie siècle. Portrait. = Elève de son père.

Veldman (Wybrand). E. H. 1742-1800. Groningue. Portrait, miniature. = Détails inconnus.

Velghe (A.). E. Fl. 1837-1869. Courtrai. Fleurs, fruits.

Veli (Benoit). E. I. * xviie siècle. Histoire. = Travailla dans la cathédrale de Pistoie.

Vellani (François). E. I. 1688-1768. Modène. Histoire. = Elève de Stringa.

Vellemans (Grégoire). E. Fl. * xvie siècle. Histoire. = Chargé par le magistrat de Malines de peindre le couronnement de Charles-Quint.

Velpe (Rodolphe ou Radulphe Van). E. Fl. * 1430. Histoire, décorations. = Florissait à Louvain. Le dernier tableau dont il fut chargé par la ville, ne put être achevé; la mort vint surprendre l'artiste; ce dut être avant 1480. Sa veuve se fit recevoir au Grand Béguinage où elle vivait encore à la fin de 1486. = Peintre de réputation.

Velsen (J. Van). E. H. * 1631. Genre. Détails inconnus.

Velten (M.-J.). E. Fl. * 1845. Portrait.

Veltroni (Etienne). E. I. * 1568. Monte Sansovino. Histoire, portrait et genre. = Parent de G. Vasari avec lequel il travailla et qu'il suivit à Naples, à Bologne et à Florence. = Exécution difficile; beaucoup de soin et de patience.

Velx (Rodolphe Van). E. Fl. * xve siècle. = Il fut chargé de dorer et d'enluminer une statue de la Vierge, en 1442. Etabli à Malines.

Vely (Anatole). E. Fr. * xixe siècle. Housson (Somme). Genre, portrait. = Elève de Signol. = Lucie de Lammermoor.

Velzen (Jean-Pierre Van). E. H. 1816-1853. Haarlem. Paysage. = Elève de N.-J. Roosenboom. Mort à Bruxelles. = Environs d'Anvers.

Ven (Gérard Vander). E. H. 1818. Rotterdam. Intérieurs. = Elève de G. Schmidt; se perfectionna à Anvers.

Ven (Jean Vander). E. Fl. * 1845. Genre. = Elève de J. Meganck; se trouvait établi à Rome, en 1845.

Venables (Mlle). E. Fl. * 1842. Genre.

Venais. * xve siècle. = Travailla, en 1468, aux entremets de Bruges.

Vénard. E. Fr. * xviiie siècle. Histoire. = Premier prix de l'Académie royale de peinture de France, en 1712, avec son *Abigaïl s'humiliant devant David et obtenant la grâce de son époux Nabal.*

Venanzi (Jean ou François). E. I. 1627-1705. Histoire, portrait. = Elève du Pésarèse ou de C. Gennari.

Venetsianoff (Alexis-Gravilovitch). E. R. 1775. Moscou. Paysage, genre. = Détails inconnus. = Intérieur d'une grange russe, Saint-Pétersbourg.

Venevault (Nicolas). E. Fr. 1671-1753. Dijon. Miniature. = Etudia à Paris; fit, en 1724, à Lunéville, les portraits des princes et princesses de la cour de Lorraine. Reçu à l'Académie, en 1752. = Tableau allégorique sur la victoire de Friedberg. — Portraits. = Bonne ressemblance, touche large et spirituelle.

Veneziano (le). Voir Seracino.

Veneziano (Antoine). E. I. 1319-1383. Venise. Histoire. = Elève d'A. Gaddi; surpassa son maître; obtint des travaux dans les principales villes d'Italie. Ses rivaux l'ayant empêché d'obtenir la récompense que méritait son talent, Antoine se rendit à Florence, y laissa des preuves de son génie, fut appelé à Pise; il revint à Florence et abandonna son art pour la chimie et la médecine, eut longtemps une grande vogue dans cette dernière branche et mourut de la peste, victime de son zèle à secourir les malheureux atteints de ce fléau. = Vie de saint Ranieri (Fresques), Pise. (Ces peintures avaient été commencées par Simon Memmi). = Dessin exact, composition sage: têtes variées, draperies heureuses, coloris harmonieux: imitation exacte de la nature;

il a dû avoir un procédé particulier pour peindre à fresque, car ses ouvrages se sont étonnamment bien conservés.

Veneziano (Bartolommeo), E. I. * 1515. VENISE. Histoire, portrait. — Trois de ses tableaux, seulement, sont connus; ils portent les dates de 1505 et de 1530. = Portrait d'un homme jeune, Londres. (Signé : *Ludovicum Marti. Ætatis suæ Anno XXI. Bartolm. Venetus. faciebat MCXXX, XVI. zun).*

Veneziano (Dominique). E. I. 1420-1470 ou 1476. VENISE. Histoire. = En 1439, il peignit la grande chapelle de Saint-Egide dans l'église de l'hôpital de Sainte-Marie-la-Neuve, à Florence; il fut assisté par Pietro della Francesca. En 1441, il travaillait dans la même chapelle avec Biccio di Lorenzo. Il fut employé plus tard à Lorette avec Pietro della Francesca; tous deux quittèrent cette ville lors de la peste, donc vers 1450, Dominique retourna à Venise; c'est là qu'il connut Antonello, devint son élève et son ami et en apprit le secret de la peinture à l'huile, entre 1451 et 1455. Travailla à Lorette, à Pérouse, en 1454, et se rendit enfin à Florence; l'admiration qu'il excita éveilla la jalousie d'André del Castagno (voir ce nom); celui-ci feignit pour Dominique la plus vive amitié et l'assassina après lui avoir arraché son secret. D'après Sandrart, il serait mort en 1463. = Dessin correct; perspective et raccourcis savants; ses meilleurs ouvrages ont péri.

Veneziano (Lorenzo). V. Lorenzo de Venise

Veneziano (Paolo) V. Paolo (maitre).

Vengier (Pierre). E. Fr. * 1483. AMIENS. Histoire. = Exécuta des fresques sur les murs de l'hôpital d'Amiens représentant des sujets sacrés.

Vengier (Jean). E. I. frère de Pierre. * 1485. AMIENS. Histoire. = Fit pour l'hôtel de ville d'Amiens un Christ de la plus grande beauté.

Venier (Pierre). E. I. † 1737. UDINE. Histoire. = Suivit les principes de l'école vénitienne; mort vieux.

Venne (Adrien Vander). E. H. 1589-1665. DELFT. Batailles, sujets grotesques, histoire, etc. = Elève de L. Van Diest. Le prince d'Orange, le roi de Danemark et d'autres souverains, recherchèrent ses ouvrages. Travailla beaucoup pour les imprimeurs; on recherche l'édition de Cats qu'il a illustrée : passa la plus grande partie de sa vie à Middelbourg et mourut à La Haye, où il fut, en 1656, un des fondateurs de la société *Pictura*. En 1625, il avait été inscrit dans l'ancienne gilde de Saint-Luc. Il est cité pour son zèle pour la réforme et son attachement envers la maison d'Orange. = La pêche aux âmes, Amsterdam (Paysage de Jean Breughel). — Le prince Maurice et d'autres princes à cheval, *ib.* — Fête donnée en 1609 à l'occasion de la trêve conclue entre l'archiduc Albert et les Hollandais (Paysage et accessoires de J. Breughel de Velours), Paris. = Pinceau ferme. Ordonnance riche et variée. La plupart de ses tableaux sont peints en grisaille. Dessin spirituel. Il fut aussi poète et dessinateur. = Ventes : V. Le Roy d'Etiolles (1861), *la kermesse de Ryswyck*, 10,000 fr.

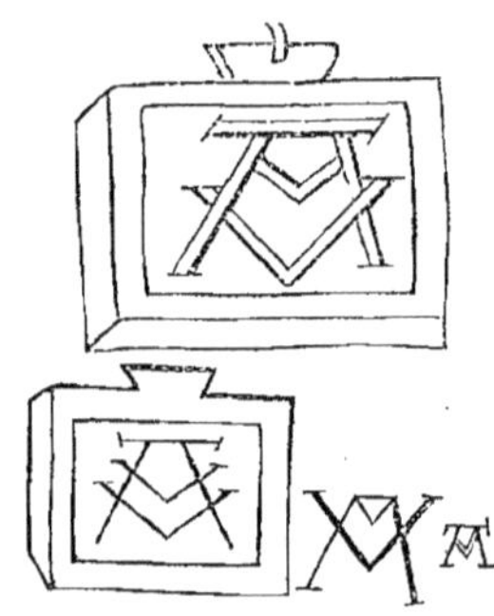

Venne (Gilles Vander). E. Fl. † 1719. BRUXELLES. = Peintre et marchand de tableaux, mort à Paris.

Venne (Hubert Vander), fils d'Adrien, E. H. * 1665. LA HAYE. Histoire et allégories. = Elève de son père. Inscrit, en 1665, dans la société *Pictura*. = Peignit en grisaille avec beaucoup de talent.

Venne (Pierre) Vander). E. H. * XVIIe siècle. = Probablement un frère d'Adrien. Il fut reçu comme peintre, dans l'ancienne confrérie de Saint-Luc, à La Haye, en 1639, et fut en 1656 un des 47 artistes qui fondèrent la société *Pictura*, dans la même ville.

Venne (Jean Van de). E. H. * XVIIe siècle. BRUXELLES. Paysage. = Pierre Bout a peint quelquefois les figures de ses paysages. = Un document fort inexact, de 1771, cite comme franc-maitre à Bruxelles en 1609, un Augustin Van der Venne, de Malines, excellant dans les paysages montagneux et la perspective.

Venneman (Charles-Ferdinand). E. Fl. 1803-1875. GAND. Genre, intérieurs. = Elève de Ferdinand de Braekeleer. = Concert burlesque. — Scène de paysans, Munich.

Ventura. E. I. * 1248. BOLOGNE. Histoire, portrait. = Elève des peintres grecs établis en Italie.

Venturini (Gaspard). E. I. * 1594. FERRARE. Histoire. = Elève de B. Castelli, à Gênes. = Goût idéal dans le coloris.

Venturini (Ange). E. I. * XVIIIe siècle. VENISE. Histoire. = Elève du Balestra.

Venusti (Marcel), dit **le Mantuano.** E. I. 1515-1576. MANTOUE. Histoire. =Elève de Périn del Vaga; aida son maître à Rome et à Florence, obtint l'estime de Michel-Ange et travailla pour le cardinal Farnèse. = Les Limbes, Rome. — Assomption, *ib.* — Jésus-Christ au Calvaire(Tous trois d'après des dessins de Michel-Ange), *ib.* — Les mystères (Fresques), *ib.* — Jugement dernier (D'après Michel-Ange), Naples. — Nativité, Vienne. — Jésus-Christ aux Oliviers, Berlin. = Dessin d'une élégance exquise, composition grandiose, coloris vigoureux, pinceau pur et fini; imita, sans l'outrer, la manière de Michel-Ange, surtout dans ses petits sujets.

Vera (Aleja). E. Es. ' XIXe siècle. BISSUELA (Malaga). Histoire, genre. = Elève de Madrazzo.

Vera (le frère Christophe de). E. Es. 1577-1621. CORDOUE. Histoire. =Elève de P. de Cespedès; se fit hiéronymite, en 1602. Mort d'excès de travail.

Vera (J. de). E. Es. ' XVIe siècle. Histoire. = Résidait à Baeza. = Plus connu comme sculpteur.

Vera cabeza de vaca (François de). E. Es. 1637-1700. CALATAYUD. Portrait, histoire. = Elève de Jos. Martinez; page de D. Juan d'Autriche.=Réussit dans le portrait.

Veracini (Aug.). E. I. † 1762. FLORENCE. Histoire. = Elève de S. Ricci; son frère Benoit, né à Florence en 1710, cultiva également la peinture. = Mort d'Abel, Florence.

Veralli (Philippe). E. I. ' 1678. Paysage, histoire. = Elève de l'Albane.

Vérard (Antoine). E. Fr. 1450-1519. PARIS. Miniature. = Travailla pour la reine Anne de Bretagne. Imprimeur et graveur sur bois.

Verbeeck (François Xavier). E. Fl. 1686-1755. ANVERS. Batailles. = Elève de P. Casteels dont il épousa la fille. Doyen de la corporation de Saint-Luc dans les années 1741 et 1747, il en avait été reçu franc-maître, en 1709. Il fut un des directeurs de l'Académie royale d'Anvers. Ses deux filles, Elisabeth, née en 1720, et Anne, née en 1727, cultivèrent la peinture et furent ses élèves.

Verbeeck (Frans). E. Fl. † 1570. MALINES. Histoire, genre, charges, etc. = Elève de François Crabbe, le récollet, dit **François Minnebroer** et **N. Frans.** Reçu franc-maître de Saint-Luc en 1531. En 1563, il en était doyen. François eut, outre ses deux fils, Charles et Jean, un frère, peintre comme lui et nommé Philippe, qui fut reçu membre de Saint-Luc en 1525. Un Jean, plus ancien, mourut en 1519; un 3e Jean fut admis au métier en 1553; un Guillaume de Malines aussi, habitait Anvers en 1648; enfin dans les *Liggeren*, on renseigne un Rombaut Verbeke, élève en 1723, maître en 1735 et probablement d'origine malinoise. Charles, un des fils de François, était aussi franc-maître peintre à Malines. Un homonyme de François fut reçu franc-maître en 1518 et mourut à Malines en 1535. Frans Verbeeck abandonna la peinture à l'huile pour la détrempe et le genre historique pour celui de Jérôme Bos où son esprit lui valut des succès.

Verbeeck (Jean), dit **Hans de Malines,** fils de François (?). E. Fl. ' XVIe siècle. MALINES. Histoire, genre. = Franc-maître de Saint-Luc, à Malines, en 1569, doyen en 1599. Travailla aux arcs de triomphe pour l'entrée d'Albert et d'Isabelle, l'année de son décanat. Obtint le titre de peintre de leurs Altesses. Vivait encore en 1619. = Une fête des archers d'Anvers, Anvers (attribué). = Quelques-uns disent qu'il a gravé.

Verbeeck (Henri). E. Fl. 1817. ANVERS. Paysage. = Elève de H. Vander Poorten. = Environs de Dinant. — Ruisseau dans les Ardennes.

Verbeeck ou **Verbeek** (Isabelle). E. H. Paysage. = Détails inconnus.

Verbeeck (Josse ou Juste). ' XVIIe siècle. Portrait. = En 1682, il se trouvait au service d'un grand seigneur de Prague.

Verbeeck (Corneille). E. H. ' XVIIe siècle. Marine. = Inscrit dans la corporation des peintres, à Haarlem, en 1610. Un Corneille Verbeek est inscrit, en 1635, sur les registres de Saint-Luc, à Alkmaar. = Schrevelius fait l'éloge de son talent.

Verbeeck ou **Verbeecq,** fils de Corneille (?) (Pierre-C.). E. H. ' XVIIe siècle. HAARLEM. Paysage, animaux, batailles. = On croit qu'il fut le maître de Ph. Wouwerman et très probablement le fils de Corneille. Nous ne savons pourquoi M. Waagen le nomme *Jean-Corneille*, dans son ouvrage sur les écoles du Nord, tandis que dans le catalogue du musée de Berlin, il lui restitue son nom de Pierre en donnant la signature du tableau que possède de lui ce musée. Un Pierre Verbeeck est inscrit comme franc-maître peintre sur les registres de Saint-Luc, à Anvers, en 1663-64. = Paysage : Combat de cavalerie, Berlin. (Signé : P. Verbeeck). = Genre de Wouwerman; bon dessin, touche facile; coloris énergique mais un peu lourd; exécution soignée. Graveur.

Verbeek (François). E. Fl. † 1864. ANVERS. Genre.

Verbeet (Guillaume), E. H. 1801. BOIS-LE-DUC. Fleurs, fruits. = Elève de H. Turken et ne A. Van Bedaff.

Verbius ou **Verbuis** (Arnold). E. H.

1646(?)-1704. DORDRECHT. Histoire, portrait, genre. = Passa quelque temps en Frise et y mourut. = Ses sujets, d'un goût douteux, sont souvent d'une vérité et d'une crudité choquantes pour la morale.

Verboeckhoven (Ch.-Louis le Vieux), dit **Louis** frère d'Eugène. E. Fl. 1802. WARNETON, Flandre orientale. Marine. = Mer houleuse. — Mer calme avec bateaux pêcheurs, Haarlem. — Marine, Anvers, (Figures d'Eugène Verboeckhoven). — Mer houleuse, *ib.*

Verboeckhoven (Louis), le Jeune, fils de Charles-Louis. E. Fl. * 1870.

Verboeckhoven (Eugène), frère de Charles-Louis. E. Fl. 1798-1881. WARNETON, Flandre orientale. Animaux. = Moutons surpris par l'orage, Bruxelles. — Campagne de Rome. — Troupeau de moutons et autres animaux, Hambourg. – Bergerie, Munich.

Verboom ou **Van Boom.** (Abraham). E. Fl. Paysage, animaux. = On le croit élève de J. Ruisdael. Plusieurs auteurs l'ont nommé A. Van Boom; c'est sous ce nom qu'il est désigné dans d'anciens catalogues et que nous l'avons noté à notre tour. = Le départ pour la chasse, Bruxelles. — Paysage : la forêt, Amsterdam. — Paysage, *ib.* (Musée V. D. Hoop). — Deux paysages, Dresde. — Paysage boisé : le soir, Rotterdam. — Le chemin de l'enclos, Copenhague. — Le pêcheur auprès du ruisseau de la forêt, *ib.* = A. Van de Velde et Ph. Wouwerman ont peint souvent l'étoffage de ses tableaux. Imitateur de Ruisdael et de Waterloo; peignit de préférence des forêts. Arbres bien compris; bonne perspective aérienne; exécution savante; style un peu trop décoratif dans les tableaux de grande dimension; coloris parfois trop lourd et moins harmonieux d'effet que son grand modèle. Ses dessins sont très voulus. = Ventes : V. Delessert (1869), *Paysage*, 760 fr.

Verbrugge (Jean-Charles). E. Fl. 1756-1831. BRUGES. Intérieurs, animaux, etc. = Elève de J. Gaeremyn et de Legillon. = Intérieur de ferme, Bruges (Académie). — Intérieur d'étable, *ib.* — Intérieur de ferme, avec figure.

Verbrugge-Andriesz. (Gisbert). E. H. 1633-1730. LEYDE. Portrait, genre. = Elève de G. Dou; demeura quelque temps en Angleterre, et, à son retour, s'établit à Delft. Travailla jusqu'à l'âge de 96 ans.

Verbruggen (Adrienne). E. H. 1707. LA HAYE. Fleurs. = Fille d'un conseiller aux états de Brabant; élève de J. Verkolje.

Verbruggen (Balthasar - Hyacinthe). E. Fl. * 1735. ANVERS. Histoire. = Elève en 1690-91 de Gaspard-Pierre, le Jeune, et sans doute son parent. Franc-maître en 1694-95 et doyen de la corporation de Saint-Luc, à Anvers, en 1735.

Verbruggen (Gaspard-Pierre), le Vieux. E. Fl. † 1680-81. ANVERS (?). Fleurs. = Reçu franc-maître de Saint-Luc, à Anvers, en 1649-50. = Artiste de mérite.

Verbruggen (Gaspard-Pierre), le Jeune, fils de Gaspard-Pierre, le Vieux. E. H. 1664-1730. ANVERS. Décorations, fleurs, fruits. = Elève de son père. Doyen de Saint-Luc en 1691, il y avait été reçu comme fils de maître, en 1676-77. En 1706, il quitta sa ville natale pour aller s'établir à La Haye, où il fut accablé d'ouvrage et inscrit dans la société *Pictura*, en 1708. Il peignit pour la maison d'Orange dès 1694, car il est inscrit dans le livre des ordonnances, du prince Frédéric-Henri, en cette année, pour une somme de 500 flor. Il y figure avec les initiales J.-G. En 1697, il travaaillait pour les mêmes souverains, avec Robert Duval, un des tableaux faits en collaboration avec ces artistes avait pour sujet Vertumne et Pomone. D'après ces dates, n'y aurait-il pas lieu de modifier celle de son établissement à La Haye? Malgré ses succès, il rétourna pauvre à Anvers, où il devint domestique de la même Académie dont il avait été directeur. = On voyait autrefois un tableau de fleurs, de ce peintre, dans la salle des réunions de la corporation de Saint-Luc, à Anvers. = La plupart de ses ouvrages consistaient en tapisseries, ornements de salon et décorations. = Ventes : V. de la Rocheb... (1873), *Portrait de jeune femme dans une guirlande de fleurs*. Le portrait est de Constantin Netscher, 5,000 fr.

Verbruggen (Jean), le Vieux. E. H. 1712. ENKHUIZEN, Hollande septentrionale. Marine. = Appartenait à une famille distinguée et fut, à diverses reprises, échevin de sa ville natale. = Architecte et peintre amateur.

Verbruggen (Jean), le Jeune. E. Fl. 1760(?)-1810(?). Paysage avec figures et animaux. = Etabli à Bruxelles.

Verbuis (Jean). E. H. * XVIIIe siècle. DORDRECHT. Histoire. = Inscrit dans la confrérie *Pictura*, à La Haye, en 1706.

Verburcht (Augustin), dit **Jorisz.** E. H. 1525-1552. DELFT. Histoire, portrait. = Habita Malines et Paris, et se noya en puisant de l'eau. = Cinq beaux tableaux qu'il peignit à son retour à Delft, suffirent pour faire sa réputation. Graveur.

Verburg (Adrien). E. H. * 1600. = Cité pour avoir donné des leçons à David Bailly.

Verburg (D.). E. H. Paysage. = Détails inconnus. = Il existait de lui à Liége, en juin 1878, un beau et grand paysage dans la manière de Wynants avec d'élégantes figures du tempe de la jeunesse de Louis XIV. Ce tableau est signé.

Verburg (Jean). E. H. * XVIIe siècle. UTRECHT. Peintre sur verre. = Il fut le maître de Jean Van Bronkhorst.

Verburgh (Corneillle-Gérard). E. H. * XIXe siècle. Paysage. = Elève de H. Bakhuyzen.

Verburgh (Henri-Corneille). E. H. 1602. DELFT. = Détails inconnus.

Verbyl (Jean). E. H. * XVIIe siècle. GOUDA. Histoire. = Elève de Vautier Pierre Crabeth, petit-fils du célèbre Vautier. Séjourna en Italie.

Vercampen (François). E. Fl. * XVIIIe siècle. UDEN. = Elève de l'Académie d'Anvers, en 1776.

Vercellesi (Sébastien). E. I. * 1650. REGGIO. Histoire. = Elève de L. Spada et de Desani.

Verchio ou **Civerchio** (Vincent). E. I. * 1520. CRÈME. Histoire, portrait. = Résida longtemps à Milan et y forma d'excellents élèves; on parle déjà de lui, comme peintre, en 1460; on lui suppose donc une très longue carrière. = Habile fresquiste; figures bien étudiées, perspective admirable.

Verdé-Delisle (Marie-Eve A. PERIGNON, Mme). E. Fr. 1805. PARIS. Genre. = Elève de Pérignon. = Lecture de la Bible. — Charles VII et Agnès Sorel.

Verdezzoti (Jean-Marie). E. I. 1525-1600. VENISE. Paysage. = Elève et ami du Titien et gentilhomme. = Bon dessinateur; peintre habile et littérateur.

Verdier (François). E. Fr. 1651-1730. PARIS. Histoire, portrait. = Elève et neveu de Lebrun; reçu à l'Académie, en 1678, il en devint professeur; fut beaucoup employé par Lebrun. Mort dans la plus grande indigence. = Assomption de la Vierge, Paris. = Génie abondant, facile; beaucoup d'érudition dans l'histoire. Graveur.

Verdier (Henri). E. Fr. LYON (?) 1655. Histoire. = Peintre de la ville de Lyon; il eut un fils, Joachim, qui le remplaça. Il a souvent été confondu avec F. Verdier.

Verdier (Marcel). E Fr. PARIS. 1817-1856. Histoire, portrait, genre. = Elève d'Ingres. = Saint Philippe baptisant l'eunuque. — Mlle de Sombreuil, Bagnères de Bigorre.

Verdoel (Adrien). E. H. * 1650. FLESSINGUE. Histoire. = On croit qu'il fut élève de Rembrandt; d'autres disent, et c'est plus probable, que L. Bramer et G. De Wit furent ses maîtres. Quelques-uns donnent pour date de sa naissance et de sa mort, 1620-1681. Il abandonna la peinture pour se faire marchand de tableaux. = Grand amateur de livres et de poésie; auteur lui-même; une de ses œuvres fut couronnée, en 1675, par une société de Flessingue. = Vieillard en méditation, Copenhague. = Bon dessin; coloris vigoureux.

Verdonck (Corneille). E. H. * XVIIe siècle. Paysage, marine. = Détails inconnus.

Verdot (Claude-François). E. Fr. 1667-1733. PARIS. Histoire. = Elève de Bon Boullongne. Reçu à l'Académie, en 1707. = Saint Paul et la vipère, à Malte, Paris.

Verdussen (Henri). E. Fl. † 1684. ANVERS. Reçu franc-maître de Saint-Luc, à Anvers, en 1657-58. Enterré dans la cathédrale sous la dénomination de *Signor*. En 1665-66, un Léonard-François Verdussen, était élève chez Gonzalès Coques, à Anvers. Plus tard nous trouvons un Jacques, franc-maître peintre à Anvers, en 1692-93, et inscrit comme fils de maître.

Verdussen (Pierre). E. Fl. * XVIIIe siècle. Paysage avec animaux et figures, chevaux. = Un Pierre Verdussen fut reçu dans la corporation anversoise de Saint-Luc, comme fils de maître, en 1696-97.

Verdussen (Jean-Pierre), fils(?) de Pierre. E. Fl. † 1763. ANVERS. Batailles, chasses, chevaux, foires d'animaux, etc. = En 1744, il habitait Marseille et y était membre de l'Académie. La même année, il partit pour Turin et accompagna le roi de Sardaigne à la guerre. Visita plusieurs autres cours et mourut à Avignon avec la réputation d'un grand artiste. = Marché aux chevaux, Metz — Foire aux bœufs, *ib.* — (Signés : J.-P. (entrelacés) Verdussen. — Marché de volaille et de moutons, Varsovie. — Marché aux poissons au bord de la mer, *ib.*

Verellen (Jean-Joseph). E. Fl. 1788-1856. ANVERS. Histoire. = Elève d'Herreyns.

Verelst (Guillaume). E. H. * 1720. Portrait. = Détails inconnus. = Deux portraits d'homme, Rotterdam.

Verelst (Pierre) E. H. * XVIIe siècle. ANVERS(?). Intérieurs, kermesses. portrait. = En 1660, il fut doyen de la réunion des peintres, à La Haye. La même année, il alla s'établir à Voorburg; en 1665, il était encore inscrit dans le registre de Saint Luc comme artiste vivant et ancien doyen. On remarquera que le tableau de Berlin est, suivant le catalogue de ce musée, daté de 1618. M. Waagen, cependant, dans le même article où il donne cette signature, met la naissance du peintre en 1641. Nagler la donne en 1614. Si la signature de Berlin est authentique et bien copiée, il faut reporter beaucoup plus loin la naissance de Pierre Verelst et l'on ne peut plus dire qu'il a imité Rembrandt dont il serait de beaucoup l'aîné. = Portrait d'une vieille dame, Berlin. (Signé : P. Verelst 1618). — Réunion de paysans, Vienne. — Intérieur de ferme,

Copenhague. = Imita Rembrandt dans ses portraits; invention vraie; coloris froid et lourd dans les chairs; clair-obscur très savant. Dans ses tableaux de genre il prit Adr. Van Ostade pour modèle.

Verelst (Herman), fils de Pierre). E. H ' XVIIe siècle. LA HAYE. Genre, fleurs, fruits, portrait. = Inscrit, en 1665, dans la société des peintres, à La Haye. Visita l'Italie et s'établit à Vienne où il resta jusqu'au siége de cette ville par les Turcs; de là, il se rendit en Angleterre. = Tableaux, Allemagne. = Il acquit, ainsi que son frère Simon, une réputation très méritée dans le genre qu'il avait adopté.

Verelst (Corneille), fils d'Herman. E. H. 1667(?). VIENNE(?). Fleurs, fruits. = Accompagna son père à Londres. = Tableaux, Londres. = Excellait dans son genre.

Verelst (Marie), fille d'Herman. E. H. ' XVIIe siècle. Portrait, miniature. = Elle avait de grandes connaissances en linguistique.

Verelst (Simon), fils de Pierre. E. H. ' XVIIe siècle. LA HAYE. Fleurs, fruits et portrait. = En 1666, il fut inscrit dans la confrérie des peintres à La Haye; se rendit en Angleterre où il devint célèbre; son principal protecteur, le duc de Buckingham, le pria de faire son portrait : Simon se rendit à ses désirs, mais il mit dans son tableau une si grande quantité de fleurs, que l'on commença par en rire; puis on finit par le trouver très bien, et ce genre devint à la mode surtout parmi les femmes. = Portrait d'une dame d'honneur de la reine Catherine, Londres. — Portrait de femme, *ib.* — Portrait de femme, Paris. — Buste d'un homme couvert d'une armure, Dresde. = Possédait un talent fort remarquable; il fut en si grande vogue en Angleterre, qu'on paya ses ouvrages d'un prix jusque-là sans exemple pour les tableaux de fleurs et de fruits. Les poètes de son époque, et surtout Prior, firent des vers à sa louange.

Verendael (Nicolas Van). E. Fl. 1640-1691. ANVERS. Fleurs, insectes, etc. = Reçu, en 1656, dans la gilde de Saint-Luc, comme fils de maître; son père, Guillaume, lui enseigna probablement son art. Les dates données jusqu'à présent sur ce peintre sont complétement erronées. Celles que nous consignons ici et que nous devons à l'obligeance de M. Génard, sont authentiques et fournies par les registres de l'époque. = Vase avec des fleurs, Florence. — Fleurs, fruits, crucifix en bronze, tête de mort, etc., Munich. (Signé : N. v. Verendael, 1686.) — Famille de singes avec des vêtements d'homme, Dresde. — Fleurs, *ib.* — Intérieur d'une cuisine avec volaille morte, poisson, fleurs, etc., Dresde. (La cuisine et le cuisinier, par D. Teniers. (Signé : N. v. Verendael et D. T.) — Fleurs entourant une Madone en grisaille, Berlin. (Signé : Nic. v. Verendael, 1670.) — Buste de Pomone en grisaille entouré de fruits, Saint-Pétersbourg. — Buste de Flore, entouré de fleurs, *ib.* (Pendants). — Nature morte, *ib.* (Longtemps attribué par erreur à J.-D. de Heem). = Excellente imitation de la nature; insectes dessinés avec une grande finesse et beaucoup de correction.

Vereschagin (Basile). E. R. 1842. TCHEREPOVETS (Novogorod). Histoire, batailles, etc. = Elève de Gérôme. = Episodes de batailles entre Russes et Turcs.

Vereyck (Adrien-Corneille). E. H. ' XVIIe siècle. GOUDA. = Bourgmestre de Gouda, en 1650. Amateur.

Vereycke (Jean), surnommé **Klein Hansken.** E. Fl. ' 1556. BRUGES. Paysage, perspective et portrait. = Alexandre met sa naissance en 1510 et sa mort en 1567; les erreurs reconnues dans lesquelles cet écrivain est tombé doivent mettre en garde les personnes qui seraient tentées de le consulter. = Bonnes figures dans des paysages qui étaient composés d'une manière originale.

Vereyen ou **Veregius** (Josse). E. Fl. ' XVIe siècle. ANVERS. = Peintre sur verre cité par Guicciardin comme possédant un talent hors ligne.

Verflassen. E. Al. ' XIXe siècle. Intérieurs.

Vergara (Eusèbe-Marcellin de). E. Es. † 1771. = Chanoine de la collégiale de Talavera de la reine = Peintre amateur.

Vergara (Joseph). E. Es. 1726-1799. VALENCE. Histoire, etc. = Elève d'E. Munoz; se forma en copiant les estampes de l'Espagnolet et étudia la manière de Coypel et de Paul de Mateis; ardeur extraordinaire pour le travail; un des fondateurs de l'Académie de Sainte-Barbe, à Valence, et directeur de celle de Saint-Charles, dans la même ville. = Mentor et Télémaque, Valence. — Couvent, *ib.* — Saint-Sébastien, Paris. = Tenta tous les genres et essaya tous les procédés. Coloris excellent, dessin correct, mais manque de style. Auteur de quelques notes sur les peintures de son pays.

Vergara (Nicolas de), le Vieux. E. Es. 1510(?)-1574. TOLÈDE. Histoire. = On croit qu'il ne quitta jamais sa patrie quoique ses œuvres se rapprochent des meilleures écoles d'Italie; nommé peintre et sculpteur de la cathédrale de Tolède, en 1542, il en peignit les vitraux avec l'aide de ses deux fils, Nicolas et Jean. = Dessin plein de goût, accessoires délicats, belles formes.

Vergara (Jean de), fils de Nicolas, le

Vieux. E. Es. * 1580. Tolède. Histoire. = Travailla avec son père et son frère aux vitraux de la cathédrale de Tolède.

Vergara (Nicolas de), le Jeune, fils de Nicolas le Vieux. E. Es. 1540 (?)-1606. Tolède. Histoire. = Remplaça son père comme peintre et sculpteur de la cathédrale de Tolède, et travailla pendant quarante ans aux vitraux de ce monument. Ami intime de Fernandez Navarrete el Mudo qui mourut dans ses bras. = Se distingua dans la peinture sur verre, la sculpture et l'architecture.

Vergazon (Henri). E. Fl. * XVIIe siècle. Paysage, ruines, portrait. = Il était établi en Angleterre sous le règne de Guillaume III. Il peignit les fonds des portraits de Kneller.

Vergelli. V. Verzelli.

Vergh (François). E. Al. 1689. Francfort. Paysage. = Détails inconnus.

Vergnaux (Nicolas-Joseph). E. Fr. * 1812. Coucy (Aisne). Paysage. = Elève de Hue. = Inauguration de la statue d'Henri IV. — Entrée de Louis XVIII à Paris.

Vergouwen (Jeanne). E. Fl. * XVIIe siècle. Histoire, portrait. = Elève de Van Uden ; reçue dans la corporation de Saint-Luc, à Anvers, en 1658-59. = Cette femme-peintre possédait, d'après de Bie, un talent remarquable pour copier les tableaux des grands artistes.

Verhaast. V. Verharst.

Verhaegen (Jean). E. Fl. * XVe siècle. Anvers. Portrait. = Inscrit, en 1471, sur les registres de la confrérie de Saint-Luc, à Anvers. Il peignit à Paris, en 1482, le portrait de saint François de Paule.

Verhaeghen (Joseph). E. Fl. Vers 1810. Anvers. Histoire.

Verhaeght (Tobie). E. Fl. 1561-1631. Anvers. Paysage, architecture. = Reçu franc-maître de Saint-Luc, à Anvers, en 1590 ; doyen en 1595 et en 1596. De 1591 à 1617 il reçut un grand nombre d'élèves parmi lesquels plusieurs devinrent des artistes renommés. Ce peintre est le même que Tobie Van Haecht (Voir ce nom). Son père était également peintre. = On possède de lui au musée de Bruxelles un paysage avec figures. — Les quatre âges du monde. — La tour de Babel. Ce dernier sujet a été souvent traité par l'artiste. = On a beaucoup gravé d'après lui.

Verhaert (Thierry). E. H. * XVIIe siècle. = Reçu, en 1631, dans la gilde de Saint-Luc, à La Haye.

Verhaghen (Jean-Joseph), dit **Pottekens Verhaghen,** frère de Pierre-Joseph. E. Fl. 1726 (?). Aerschot. Intérieurs villageois, objets de cuisine. = Elève de son frère. Il étudia à Anvers. Son surnom lui vient du talent spécial avec lequel il représentait toute espèce de poteries. = Beaucoup de vérité ; il avait un grand talent pour peindre les métaux.

Verhaghen (Pierre-Joseph), frère de Jean-Joseph. E. Fl. 1728-1811. Aerschot. Histoire. = Elève de l'Académie d'Anvers, en 1741 ; s'établit à Louvain ; premier peintre du prince Charles de Lorraine, en 1771. Protégé par Marie-Thérèse, il visita la France, la Sardaigne, l'Italie et tous les pays possédés par l'impératrice. Cette dernière le nomma premier peintre de sa cour pendant son séjour à Vienne. Il revint à Louvain, en 1773. = Adoration des mages, Bruxelles. — Agar et Ismaël renvoyés par Abraham, Anvers. — Présentation de Jésus au temple, Gand. — Couronnement de saint Etienne, roi de Hongrie, Vienne. = Ses ouvrages se distinguent par un coloris remarquable.

Verharst (Arthur). E. H. † 1666 Gouda (?). Histoire. = Elève de Vautier Crabeth, le Jeune, et peintre sur verre. Il étudia quelque temps à Rome. Un Thierry Verharst est cité deux fois dans les registres de Saint-Luc, à Haarlem. D'après la seconde note, il aurait tenu un cabaret.

Verhas (E.-F.). E. Fl. * 1838. Histoire. = Elève de l'Académie de Bruxelles ; professeur à l'école de dessin de Termonde.

Verhas (Frans). E. Fl. * 1875. Termonde. Genre. = Le lion, Gand.

Verhas (Jean-François). E. Fl. * 1875. Termonde. Genre. = Le maître peintre, Gand. — La revue des écoles, Bruxelles.

Verheyden (François). E. Fl. 1806. Louvain. Histoire, genre. = Elève de J. Langlois, à Paris. = Les jeunes filles au bois. — Les danseuses de corde.

Verheyden (François-Pierre), le Vieux. E. H. 1657-1711. La Haye. Chasses, animaux. = D'abord sculpteur, ce ne fut qu'à quarante ans qu'il commença à peindre. Il étudia d'après François Snyders, peintre flamand et d'après Hondekoeter. = Bonne couleur, grande harmonie ; les plumes et les poils de ses animaux sont d'une vérité frappante.

Verheyden (François), le Jeune, fils aîné de François le Vieux. E. H. † 1711. = Il fut peintre et statuaire en même temps, ainsi que son père et mourut la même année que ce dernier.

Verheyden (Mathieu), fils de François le Vieux. E. H. 1700. Bréda. Portrait, histoire et allégories. = Elève d'H. Carré ; lié avec Terwesten, Netscher, Ch. de Moor et autres artistes de cette époque, il se perfectionna en étudiant leurs différentes manières. Inscrit dans la confrérie *Pictura*, à La Haye, en 1726. Vivait encore en 1776 et mourut à un âge très avancé.

Verheyden (J.-B.). E. Fl. ' 1845. Portrait.

Verheyen (Jean-Henri). E. H. 1778-1846. UTRECHT. Paysage, vues de ville. = La place de Sainte-Marie, à Utrecht, Rotterdam. — L'église de Sainte-Gertrude, à Utrecht, *ib.* — Le pont sur le canal, *ib.*

Verheyen (Joos). E. Fl. ' 1542. ANVERS. Histoire. = Vint à Bruges, en 1542-43. Fut aussi peintre vitrier.

Verhoek (Gisbert), frère de Pierre. E. H. 1644-1690. BODEGRAVEN. Batailles. = Elève de son frère et d'A. Pynacker.

Verhoek (Pierre), frère de Gisbert. E. H. 1633-1702. BODEGRAVEN. Paysage, ornements, etc. = S'occupa beaucoup de peindre sur marbre et de décorer les appartements. Mort à Amsterdam. = Plus renommé comme poète que comme peintre.

Verhoesen (Albert). E. H. 1806. UTRECHT. Paysage, animaux. = Elève de Bruno Van Straaten. = Paysage avec animaux, Haarlem.

Verhoesen (Jean), fils d'Albert. E. H 1832. UTRECHT. Paysage.

Verhoeve (Abraham). E. H. ' XVIIe siècle. Histoire (?) = Cité par V.-L. V. d. Vinne parmi les peintres de Haarlem, déjà décédés en 1702. Un fils d'Abraham, nommé Adrien, fut baptisé en 1668. Il ne nous semble pas qu'il y ait lieu de confondre cet artiste avec les Abraham Verhoeven, graveurs anversois, qui travaillaient vers 1605. Dans le catalogue de Hoet est cité un tableau grandeur nature représentant l'âge d'or et peint par A. Van der Hoeve.

Verhoeven (Gilles). E. Fl. ' 1620. MALINES. Franc-maître de St-Luc, en 1618. = Il fut aussi sculpteur. Nous nous en sommes rapporté, pour les Verhoeven, aux travaux de M. Neeffs sur les peintres de Malines. Nous ferons remarquer toutefois que Gilles fut reçu franc-maître en 1618 alors que son fils Jean devait avoir environ 18 ans et que celui-ci, dont la naissance est indiquée vers 1600, n'entra dans la corporation qu'en 1642. On cite un Michel Verhoeven, peintre, mort en 1649, fils de Jean et de Marguerite Sillevoorts.

Verhoeven (Jean), fils de Gilles. E. Fl. Vers 1600. MALINES. Histoire, portrait, animaux en petit. = Elève de Nicolas Van Ophem, artiste dont on ne connaît que le nom. En 1642, il fut admis dans la corporation des peintres; doyen en 1669; il vivait encore en 1676. Rival de Luc Franchoys, le Jeune, il suscita à celui-ci toutes espèces de tracasseries à son retour de France et l'attaqua même par la calomnie. = Triptyque avec le portrait du notaire Verhaegen, Malines (Cénotaphe dans l'église de Sainte-Catherine). — Portrait de R. Heyns, *ib.* (Musée). — Portrait de Jean Caddorder, *ib.* — Portraits de dix membres des serments, agenouillés devant la Vierge tenant son fils mort sur ses genoux, *ib.* — Saint Hyacinthe, *ib.* (Eglise Saint-Jean). — Et autres dans diverses églises de Malines. = Composition simple. Couleur un peu sèche, mais sage, fixe et transparente.

Verhoeven (Martin), fils de Gilles. E. Fl. ' 1623. MALINES. Fruits, fleurs. = Reçu dans la corporation des peintres à Malines, en 1623, comme fils de maître.

Verhoeven-Ball (Adrien-Joseph). E. Fl. 1824-1882. Genre, nature morte. = Elève de Leys. = Weeninx dans son atelier.

Verhoogh (Jean). E. H. 1798. ROTTERDAM. Clairs de lune.

Verhout (Constantin). E. H. ' XVIIe siècle. GOUDA. Genre, histoire. = Cité par Houbraken pour avoir dirigé, pendant six ans, Jean Voorhout, le Vieux.

Verhuik ou **Verhuyk** (Corneille). E. H. 1648. ROTTERDAM. Paysage, batailles, animaux, chasses. = Elève d'A. Hondius. Voyagea en Italie; résida plusieurs années à Bologne où, d'après Lanzi, il habitait encore, en 1718. Plusieurs auteurs prétendent qu'il ne fait qu'un avec Pierre Verhoek; ils nomment celui-ci Pierre-Corneille. Kramm est d'un avis contraire et en fait deux artistes bien distincts. = Adopta, en Italie, la manière du Bourguignon; ses paysages sont dans un style agréable et étoffés de figurines dans la manière de Callot.

Verhulst (Charles-Pierre). E. Fl. 1775-1820. MALINES. Histoire, intérieurs et portrait. = Elève de l'école de dessin de Malines; professeur à l'Académie de Bruxelles. = Portraits du roi des Pays-Bas, du prince d'Orange, etc.

Verhulst (Elie). E. H ' 1599. Fleurs. = Détails inconnus.

Verhulst (Mayke) ou **Bessemers.** V. Bessemers.

Verkolje (Corneille). E. H. ' XVIIe siècle. = Inscrit, en 1613, dans la confrérie des peintres à Utrecht.

Verkolje (Jean). E. H. 1650-1693. AMSTERDAM. Histoire, portrait et intérieurs. = Une plaie qui força le jeune Verkolje à rester plusieurs années sur son lit, lui révéla sa vocation. Il dessinait pour se désennuyer. Jean Lievens ne lui donna des leçons que pendant six mois, après lesquels Verkolje fut déjà un peintre distingué. En 1672, il se maria à Delft, s'y établit et y demeura jusqu'à sa mort. = Scène d'intérieur, Paris. — Repos du jeune chasseur, Rotterdam. — Le trompette et la dame, Dresde. = Pinceau ferme; du goût, du dessin, coloris clair et chaud; ses têtes laissent à désirer. On a de lui beaucoup de gravures à la manière noire. = Ventes : V. Sollier (1781), *Un homme jouant de la flûte*, 572 liv. — V. Meffre (1863). *Le goûter*, 367 fr. — V. à Paris, 3 mai (1866). *Le taquin*, 1,530 fr.

Verkolje (Nicolas), fils de Jean. E. H. 1673-1746. DELFT. Histoire, portrait, genre, effets de lumière. = Elève de son père. Mort à Amsterdam où il habita pendant de longues années. = Proserpine cueillant des fleurs, Paris. — Jeune fille assise à une fenêtre près de laquelle se trouve un chasseur, Berlin. — Un trompette à une table et autres figures, Dresde. — Toilette d'Hersé, Copenhague. = Imita le style de Vander Werf dans ses tableaux d'histoire; motifs affectés, coloris chaud, exécution soignée. Bonne invention dans ses tableaux de genre, où, par contre, son coloris est très froid. Bon graveur.

Verkolje (Abraham), fils (?) de Nicolas. E. H. * XVIIIe siècle. = Détails inconnus.

Verlat (Charles). E. Fl. 1824. ANVERS. Genre, histoire, portrait. = Elève de N. de Keyser. = Le Tintoret, instruisant sa fille. — Les deux amis. — Le charretier. — Bataille de Waterloo (Panorama).

Verlinde (Pierre-Antoine). E. Fl. 1801. BERGUES-SAINT-VINOC (France). Histoire, genre. = Elève de Ducq, de M. Van Brée et de Guérin. = Un peintre faisant le portrait d'une dame, Haarlem. — Mort de saint Louis.

Vermazen (Jean). E. H. 1753. LA HAYE. Portrait, paysage avec figures. = Elève de Haag. Visita l'Angleterre, et, revenu dans sa patrie, y fut inscrit, en 1779, dans la confrérie *Pictura*.

Vermeer (J.-Renier). E. H. 1632-1675. DELFT. Paysage, vues de ville avec figures, portrait, genre. = Elève de Ch. Fabritius. Inscrit comme franc-maître de Saint-Luc, à Delft, en 1653, il fut un des chefs. On trouve sa signature avec la date de 1662, sur un compte de la ville de Delft se rapportant à la confrérie de saint Luc; il y signe comme doyen de la société. Son nom est bien *Vermeer* et non point *Vander Meer*, comme beaucoup d'auteurs l'ont écrit. Mais il est connu sous le nom du *Delftsche Vander Meer*. On croit qu'il habita Amsterdam. Il ne vivait plus en 1696. = Vue de Delft du côté du canal, La Haye. — La servante laitière, Amsterdam. (Collection Six.) — Façade d'une maison hollandaise, *ib*. — Intérieur : la lettre, *ib*. (Mus. V. D. Hoop) — Intérieur avec trois figures, Brunswick (Chef-d'œuvre). — Intérieur avec quatre figures de grandeur naturelle : la courtisane, Dresde (Chef-d'œuvre; signé et daté de 1656). — La liseuse, *ib*. = Ecole de Rembrandt. Invention très riche, harmonie supérieure dans l'arrangement des couleurs, gradation parfaite dans les teintes, touche énergique, large et solide, empâtement très fin. Réussit très bien dans le portrait. = Ventes : V. Lebrun (1810), *Jeune femme avec sa domestique*, 600 fr.

Vermeersch (Yvon). E. Fl. 1810-1852. MALDEGHEM. Vues de ville. = Elève de P.-F. de Noter. S'établit en Bavière et mourut à Munich. = Vue d'une ville, Haarlem. — Ruines de l'ancienne abbaye de Saint-Bavon à Gand. — Intérieur de l'église des franciscains à Salzbourg, Munich. — Une ville d'Italie, *ib*. — Porte d'une ville d'Italie, *ib*. — Tour d'une vieille muraille, *ib*.

Vermehren (Jean-F.). E. Al. 1823. KINGSTED. Genre, vues, paysage. = Peintre danois. = Les adieux du soldat. Copenhague. — Colporteur en Jutland, *ib*. — Esquisses, *ib*. — Une rue du bourg de Gerano, *ib*. — Le semeur, *ib*.

Vermersnyre (Jean de). E. Fl. * XVe siècle. = Travailla, en 1468, aux entremets de Bruges.

Vermeulen (Corneille). E. H. 1732-1813. DORDRECHT. Ornements, etc. = Il était marchand de tableaux et copiait les ouvrages des grands maîtres hollandais : il réunissait symétriquement ces copies dans un grand cadre qu'il exposait chez lui. = Ses copies sont lourdes et raides; on y reconnait cependant l'original.

Vermeulen (André), fils de Corneille. E. H. 1763-1814. DORDRECHT. Paysage, animaux et marine. = Elève de son père; il a fait de bons dessins d'après les tableaux de Cuyp. Mort à Amsterdam. = Hiver : les patineurs, Copenhague. = Facilité extraordinaire pour l'ordonnance de ses tableaux; il peignit le plus souvent des hivers avec une multitude de figures; coloris agréable; peu de vérité.

Vermeulen (Jacques). E. H. (?). * 1765. Oiseaux, nature morte. = Travaillait à Rome en 1765.

Vermeulen (L.). E. Fl. * 1830. Genre.

Vermeulen (Paul). E. H. * 1723. = Etabli, croit-on, à Haarlem.

Vermey ou **Vermoyen** (Jean-Cornelisz). E. Fl. 1500-1559. BEVERWYK (Près Haarlem). Histoire, portrait et paysage = Demeurait à Malines où il travaillait en 1531; protégé par Marguerite d'Autriche et Marie de Hongrie; la première l'attacha à son service, en 1529. Il alla pour elle en Allemagne auprès de l'empereur e roi de Hongrie et de Bohême, afin de rapporter à Marguerite le portrait de ce prince e ceux de tous les sien. Ce voyage eut lieu e 1530, et son but fut Augsbourg où se trouvaient, à cause de la réunion de la Diète, le personnages à portraiter. Il fut recommand par ses protectrices à Charles-Quint qui le f

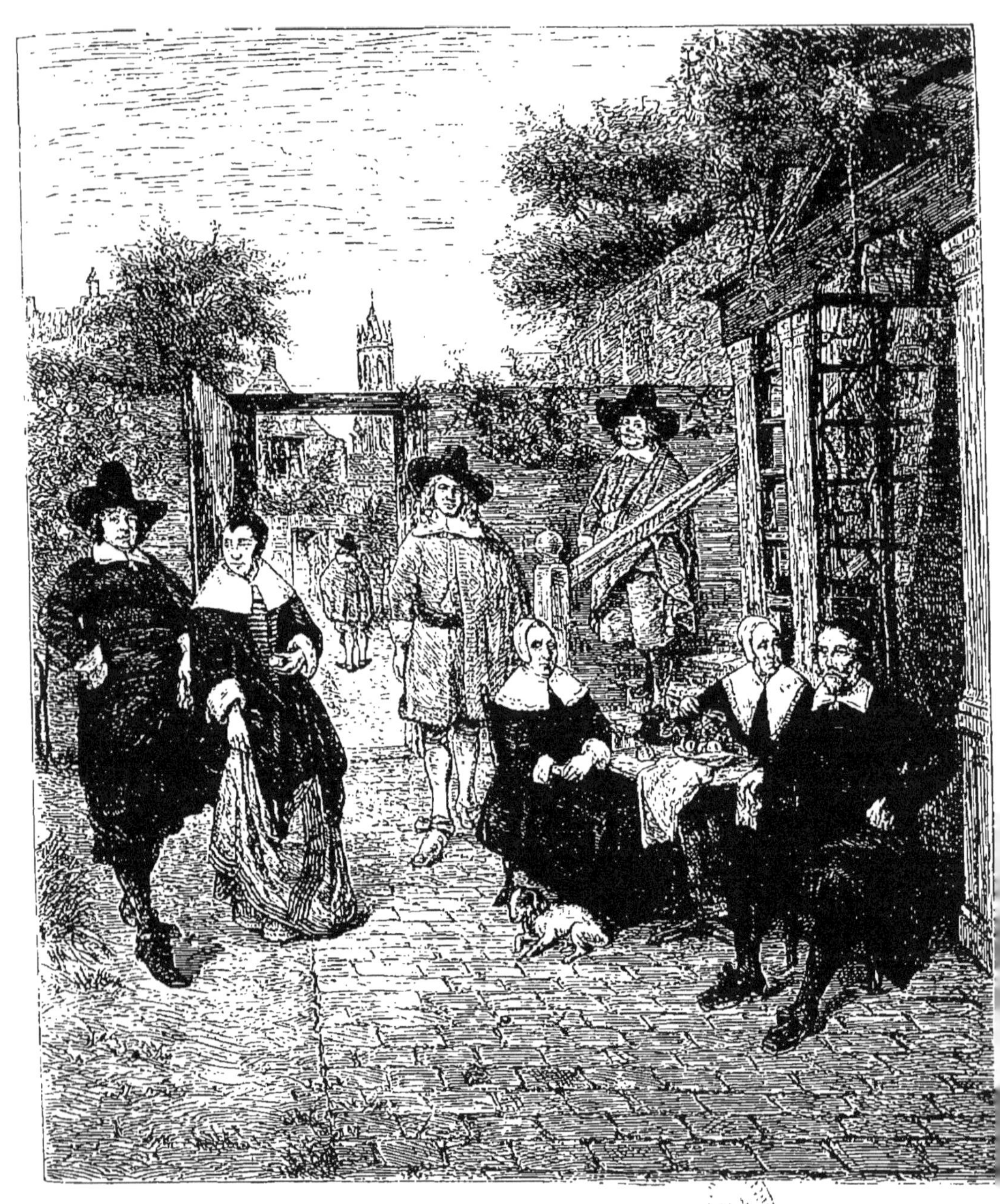

Scène de famille hollandaise. Par Jean van dér Meer de Delft.
Galerie de l'académie à Vienne.

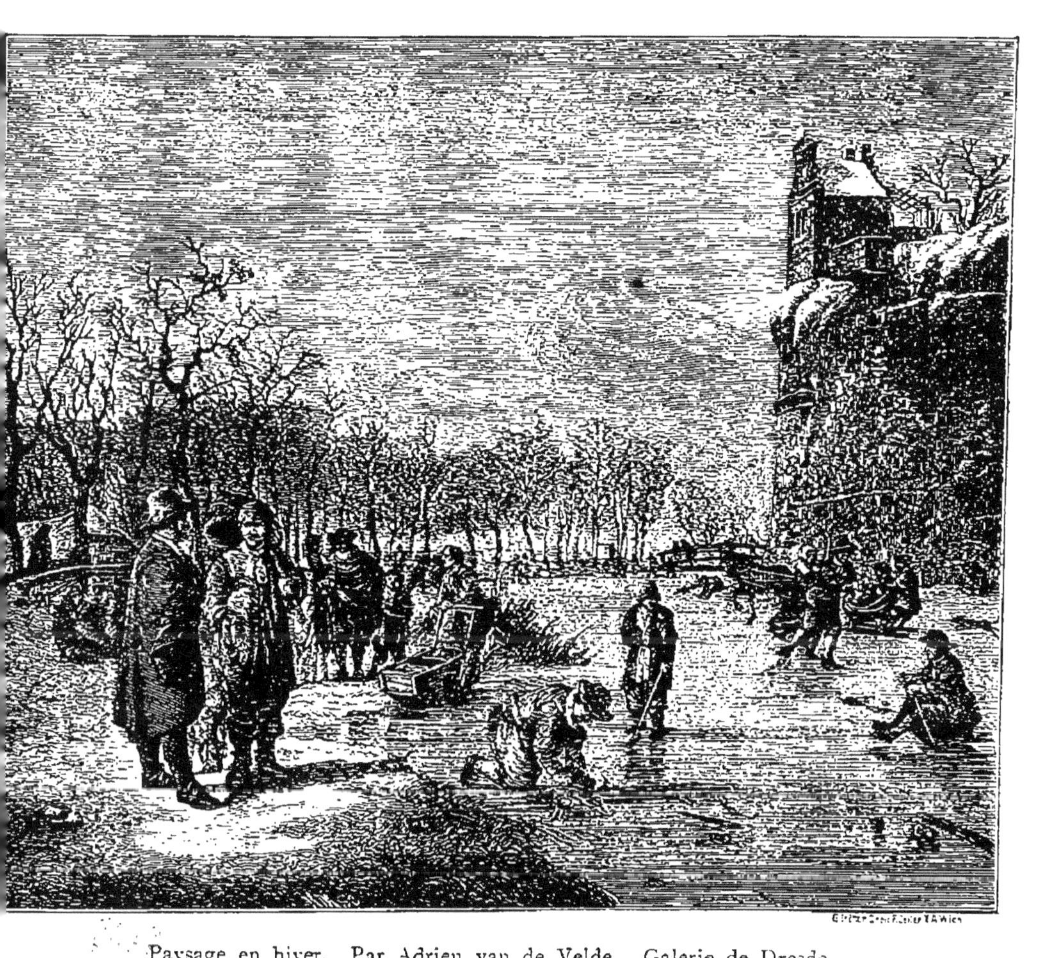

Paysage en hiver. Par Adrien van de Velde. Galerie de Dresde.

venir en Espagne, en 1534, et qu'il accompagna en Afrique où il dessina le siége de Tunis et d'autres épisodes de cette campagne. D'après ces dessins, il fit dix grands cartons coloriés qui servirent de modèles pour des tapisseries exécutées par ordre de l'empereur, en Flandre. Ces cartons sont actuellement conservés à Vienne, au musée d'art et d'industrie fondé et ouvert en 1864. En Espagne, on le surnomma EL MAYO et JUAN DE BARBALONGA; en Flandre, JAN MET DEN BAARD. Mort à Bruxelles.=Les ouvrages de ce peintre qui se trouvaient dans l'église de Ste-Gudule de Bruxelles, furent détruits par les Iconoclastes. Divers paysages que l'on disait être d'une grande beauté, ont péri dans l'incendie du palais du Prado, à Madrid, en 1608. Une espèce de fatalité qui a détruit, à peu près, tout ce qui restait de Vermeyen, fait qu'on ne peut plus juger du talent de cet artiste, en grande réputation à son époque. Depuis la seconde édition de cet ouvrage, un renseignement intéressant a été produit, à propos de cet artiste, par M. Malss, inspecteur du musée Städel, à Francfort s/M: il se trouve dans cette galerie, huit feuilles de gravures numérotées, exécutées par Vermeyen, représentant les combats de Tunis et intitulées : « Kurtze erzeichniss wie keyser Carolus V. in Africa dem könig von Thunis so von dem Barbarossen vertrieben mit kriegsrustung zur hulffe komt, etc etc : MDXXXV. » Cette suite forme, avec le portrait de Charles-Quint, la première série des gravures parues dans l'ouvrage de Hogenberg, à Cologne, en 1558. Elle permet de supposer que l'artiste les exécuta d'après les cartons qui existent à Vienne. Le même savant ajoute qu'il se trouve des esquisses peintes de quelques uns des mêmes sujets (feuilles 3, 4, 5, 8) dans le château de Coburg et deux esquisses dont les gravures n'existent pas.

Vermeyen (Michel). E. Fl. ' 1842. Paysage.

Vermiglio (Joseph). E. I. ' 1675. TURIN. Histoire. = Etudia d'après le Guide et les Carrache. = Belle architecture, bonne composition, dessin correct, formes bien choisies, expression profonde, coloris chaud, éclatant et varié.

Vermote (Séraphin). E. Fl. COURTRAI. † 1869. Genre, paysage, histoire. = Le roi boit. — Ruines d'une église.

Vernansal)Guy-Louls). E. Fr. 1639-1729. FONTAINEBLEAU. Histoire, portrait. = Reçu à l'Académie, en 1687; son fils, peintre d'histoire, fut agréé à l'Académie en 1741.

Vernansal. E. Fr. ' 1599. PARIS. Histoire. =Peintre du roi; travailla à Fontainebleau et fut nommé conservateur des tableaux.

Vernet (Claude-Joseph). E. Fr. 1712-1789. AVIGNON. Marine, paysage. = Elève de son père Antoine, décorateur habile, mais artiste peu connu, de Vialy, croit-on et de Manglard; travaillait à Aix, chez Mme de Simiane, en 1732; se rendit en Italie, arriva à Rome, en 1734, y entra dans l'école de Ber. Fergioni et ne tarda pas à surpasser ce maître ; après des commencements assez pénibles, son mérite lui amena la fortune; ami du célèbre Pergolèse, reçu à l'Académie de Saint-Luc, en 1743; revint en France, sur l'invitation de Louis XV, après une absence de vingt ans ; entremêlée de plusieurs voyages en France, a Marseille notamment, fut reçu, à son arrivée, membre de l'Académie de peinture, en 1753, et conseiller en 1766; fut chargé de représenter tous les ports de la France et s'en acquitta, en dix ans, avec un talent remarquable. Son génie fut apprécié de son vivant et rien ne troubla sa gloire Joseph eut un frère, nommé François, marchand d'estampes et peintre, celui-ci a un tableau de Sainteté à l'église de Saint-Agricol, à Avignon, plus un paysage et des fleurs au musée de la même ville. Un autre frère, appelé Ignace selon N. de Laborde et qui n'était autre que Jean-Antoine, selon M. L. de Lagrange, peignit le paysage et mourut à Naples. Antoine, le père de Claude-Joseph, passe pour avoir eu vingt-deux enfants. Les registres de baptême d'Avignon n'en mentionnent que cinq parmi lesquels, il est vrai, François et Ignace ne sont pas compris. Il est difficile de supposer, pourtant que ces registres aient commis dix-sept omissions. = Marines, Rome. — Marines, Nantes. — Une tempête; le port de Livourne. La Haye. — Paysage : les cascatelles de Tivoli, *ib.* — Marines, Florence. — Paysage : Cascade, Madrid. = Paysages, *ib* — Paysage : Cascade, Berlin.—Vue du Tibre à Rome, Vienne. — Le matin, Munich. — Vue de Rome : Soleil couchant, *ib.* — Indendie d'une ville maritime pendant la nuit. *ib.* — Marine : Tempête, *ib.* — Et autres, *ib.* — Marine : Tempête, Paris. — Marines. *ib.* — Paysages, *ib.* — Vues des ports de mer de la France (15 tableaux), *ib.* — Paysages, Saint-Pétersbourg. — Le matin, *ib.* — Marines, *ib.* — Vue d'un port avec vaisseaux, Londres. — Le château Saint-Ange, à Rome, *ib.* — Deux orages, Genève. — Marines, Nantes.—Tableaux, Rouen, Lille, Montpellier, Grenoble, Lyon. — Une ville en flammes sur le bord d'une rivière, Dresde. = Ce peintre eut deux manières : dans la première, il a imité la vigueur et la fierté de Salvator Rosa; dans la seconde, qu'il adopta à son retour en France, il a su éclairer ses teintes, les varier, les rendre plus aimables, mettre dans son exécution une merveilleuse facilité sans jamais s'écarter de la nature; quelquefois cette facilité lui a fait adopter un style un peu maniéré que rachetaient d'ailleurs d'éminentes qualités. Magnifiques effets de lumière, belle ordonnance, ciels transparents et pleins d'effet; grande variété de scènes; composition tour à tour effrayante, pleine d'émotion, de poésie et d'enthousiasme, ou calme, tranquille et riante. Lorsque Vien commença à ramener l'école française vers les saines doctrines, Vernet n'eut rien à faire pour son genre : ses tableaux sont dignes des meilleurs temps de l'art. = Ventes : V. Julienne (1767), *Travaux d'un port de mer*, 3,915 liv.—V. La Live de Jully(1770), *Fin d'un orage* et *Vue de Civita Vecchia*, 5,000 liv. — V. Choiseul (1772), *Baigneuses*, 5,950 liv. — V. Blondel de Cagny (1776), *Marine*, 1,220 liv. — V. Conty (1777) *Baigneuses* (citées plus haut), 5,100 liv. — *Deux marines*, 5,900 liv. — V. Randon de Boisset (1777), *Vue d'Avignon*, 4,999 liv. — *Tempête* et *calme*, 8,540 liv. — V. Calonne (1788), *Tempête* et *port*, 7,500 liv. — V. Choiseul-Praslin (1793), *Deux tableaux*, 5,550 liv. — V. Robit (1801), *Vue de Tivoli*, 3,820 liv. — *Baigneuses* (citées plus haut), 2,820 liv. V. Clos (1812), *Vue de Beaucaire*, 2,460 fr. — V. Laperière (1823), *Cascatelles de Tivoli*, 7,053 fr.—V. du duc de Berry (1837), Paysage, 2,030 fr. — V. Perregaux (1841). *Vue d'une anse*, 2.400 fr. — V. Fesch, (1845), *Deux tableaux*, 1,458 fr. — V. Northwick (1859). *Pêcheurs tendant leurs filets*, 3,120 fr. — V. Demidoff (1863). *Marine et paysage*, 4,000 fr. V. Delessert (1869). *L'arc-en-ciel*, 4,400 fr. — V. San Donato (1870). *Marine, coup de vent*, 4,000 fr. — *Marine, port de mer*, 4,000 fr.

Vernet (Antoine-Charles-Horace), dit **Carle**, fils de Claude-Joseph. E. Fr. 1758-1836. BORDEAUX. Batailles, histoire, chasses, genre, caricatures. = Elève de son père et de Lépicié. Il se rendit en Italie, où il ne trouva point le genre de modèles qu'il cherchait et où il fut pris d'une sombre mélancolie qui lui fit abandonner ses pinceaux. Son père le rappela promptement en France et le maria à la fille du graveur Moreau. Il reprit son art, fut agréé à l'Académie, en 1789, fut chargé de représenter la plupart des grandes victoires de l'empire; membre de l'Institut, en 1814. Chevalier des ordres de Saint-Michel et de la Légion d'honneur. En 1827, son fils Horace fut nommé directeur de l'Académie de Rome; Carle le suivit en Italie, mais, dès cette époque, il ne produisit plus que fort peu d'ouvrages. L'unique sœur de Carle, Emilie Vernet, Mme Chalgrin, mourut sur l'échafaud pendant la révolution française. = Le Corso, Avignon. — Batailles de Rivoli, de Marengo, de Tolosa, de Wagram, Versailles. — Prise de Pampelune, *ib.* — Napoléon donnant l'ordre avant la bataille d'Austerlitz, *ib.* — Napoléon accorde une heure à la ville de Madrid pour capituler, *ib.* — Bataille de Marengo, *ib.* — Chasse au daim, pour la Saint-Hubert de 1818, Paris. = Excella dans les chasses; exécuta un nombre prodigieux de petits sujets, de dessins et de lithographies dans tous les genres. = Ventes : V. Villers (1812), *le triomphe de Paul Emile*, 1,000 fr.

Vernet (Emile-Jean-Horace), fils de Carle. E. Fr. 1789-1863. PARIS. Batailles, marine. = Prise de la Smala d'Abd-el Kader, Versailles. — Abraham renvoyant Agar, Nantes. = Peintre historien des actions et des mœurs de l'époque.

Vernet (Joseph), dit **Lauzet**. E. Fr. 1797. PARIS. Paysage, animaux. = Elève de Michallon. = Repos de chasse. — Passage du gué.

Vernet (Jules). E Fr. ' 1825. Portrait en miniature. = Le petit écolier.

Vernici (Jean-Baptiste). E. I. † 1617. Histoire. = Elève des Carrache; fut au service du duc d'Urbin.

Vernier (Emile L.). E. Fr. 1831. LONS-LE-SAUNIER (Jura). Vues, etc. = Un éboulement à Yport. = Egalement lithographe

Vernigo (Jérôme), dit **da Paesi**. E. I. † 1630. VÉRONE. Paysage. = Mort de la peste.

Véron (Alexandre-R.). E. Fr. ' XIXe siècle. MONTBAZON. Histoire. = Elève de Delaroche.

Véron, dit **Bellecourt**. E. Fr. 1773. PARIS. Histoire, fleurs. = Elève de David et de G. Van Spaendonck. = Napoléon visite les invalides infirmes, Versailles.

Véronèse (Boniface). E. I. ' XVIe siècle. VÉRONE. Histoire, portrait.=Elève du Titien. = Marcha sur les traces de son maitre.

Véronèse (Paul). V. Caliari.

Verpoeken. E. H. ' XIXe siècle. Paysage. = Paysage avec figures, Haarlem.

Verpoorten (Michel). E. Fl. ' 1596. MALINES.(?) Détails inconnus.

Verreydt (Jacques). E. Fl. ' 1842. ANVERS. Paysage. = Vue de ville au clair de lune.

Verreydt (Pierre-Victor). E. Fl. 1814. DIEST. Histoire. = Elève de Van Brée et de de Keyser. = Exécution de J. Molay. — Le père Gérard.

Verrio (Antoine). E. Fr. ' 1671. NAPLES. Histoire. = Agréé à l'Académie en 1671.

Verrochio (André). E. I. 1432-1488. FLORENCE. Histoire. = Célèbre sculpteur et orfèvre; comme peintre son nom sera impérissable pour avoir été le maitre de Pierre Pérugin, Lorenzo di Credi et Léonard de Vinci. Ce dernier ayant peint dans un tableau d'André une tête d'ange qui surpassait tout le reste en beauté, Verrochio, de dépit, abandonna la peinture. = Baptême de Jésus-Christ, Florence. — Les trois Archanges, Munich. — Sainte Famille, *ib.* — Sainte Famille (avec L. de Vinci), Berlin. = On reconnaît ses principes dans les têtes de Léonard. = Ventes : V. Nortwick (1859), *La Vierge et l'enfant Jésus*, 9,980 fr.

Verschaeren (Jean-Antoine). E. Fl. 1803-1863. ANVERS. Histoire, portrait et paysage. = Elève de Herreyns. Professeur à l'Académie d'Anvers. = Descente de croix, Louvain. — Annonciation, Bois-le-Duc. — Portrait de G.-J. Herreyns, Anvers.

Verschooten. E. Fl. * XVIIIe siècle. BRUXELLES. Histoire, plafonds et vestibules. = Premier directeur de l'Académie de Bruxelles, fondée dans cette ville par le prince Charles de Lorraine; il mourut à la fin du XVIIIe siècle. Il peignit au palais de l'ancienne Cour, à Bruxelles.

Verschoten (George). E. H. * XVIIe siècle. = Cité comme le premier maître de Jean Lievens. Florissait à Leyde.

Verschuring ou **Verschuuring** (Hri), le Vieux. E. H. 1627-1690. GORCUM. Genre, histoire, batailles, etc. = Elève de J. Both. Nommé bourgmestre de sa ville natale, où ses talents et ses vertus lui firent beaucoup d'amis. Il dessina tant de ruines, de châteaux et de bâtiments de tout genre, qu'il devint aussi un excellent architecte. Il passa plusieurs années en Italie, où il se rendit à deux reprises, voyagea en France et en Suisse et périt dans un voyage par eau, à deux lieues de Dordrecht. D'après Kramm, son nom doit être écrit *Verschuring*. = Les remparts : cantinières, chariots, femme assise sur une mule et autres figures, Berlin. — Etoffage d'une vue de Delft, par J.-F. Van Asch, Delft. — Paysage montagneux d'Italie, Rotterdam. — Un rivage, *ib.* — Le maréchal ferrant, *ib.* — Bâtiments en ruines avec figures, Dresde. — Halte de voyage, Copenhague. = Imagination vive et féconde, fortes études dans le dessin, couleur vigoureuse. Il peignait de préférence des attaques de voleurs; beaucoup de vérité. D'après des catalogues de ventes hollandais, Wouwerman a souvent peint les chevaux de ses compositions. Graveur.

Verschuring ou **Verschuuring** (Guillaume), fils de Henri, le Vieux. E. H. 1657. GORCUM (?). Intérieurs, portrait. = Elève de son père et de J. Verkolje, à Delft. Il fut bourgmestre et receveur à Gorcum. = Dame causant avec un jeune homme, Rotterdam. = Graveur.

Verschuring ou **Verschuuring** (Hri), le Jeune, fils de Guillaume. E. H. 1695-1769. = Il occupait un poste élevé dans les finances, à La Haye; en 1740, il y fut secrétaire de la société *Pictura*, et doyen, en 1762.

Verschuur (Albert), frère de Liévin. E. H. * XVIIe siècle. Portrait. = Il était mort en 1691. = Bonne réputation.

Verschuur (Liévin), frère d'Albert. E. H. * 1680. ROTTERDAM. Vues, marine. = Elève de Simon de Vliegher. Fut également bon sculpteur; visita l'Italie avec J. Van der Meer, le Vieux. En 1691, il avait cessé de vivre. = Marine avec vaisseaux et figures (Punition d'un chirurgien de navire), Amsterdam. — Marine : arrivée de Charles Stuart à Rotterdam, *ib.* — Vue d'un port de mer, Nüremberg (Landauer Brüderhaus). = Bon dessin; exécution finie; peu d'harmonie. = Ventes : V. Herman de Kat (1866), *Vue de Rotterdam*, 1,600 fr. — V. Pereire (1872), *Marine, vue de Hollande*, 12,650 fr.

Verschuur (Vautier). E. H. 1812-1874. AMSTERDAM. Paysage, animaux. = Elève de P.-G. Van Os et de Steffelaar. Le plus jeune de ses fils, né en 1841 et établi à Haarlem, cultive également la peinture. = Ecurie avec un cheval.

Verselin (Jacques). E. Fr. 1645-1718. PARIS. Miniature. = Reçu à l'Académie, en 1687.

Verspilt (Victor). E. Fl. * XVIIe siècle (?). GAND (?). Paysage. = On voit dans la sacristie de l'église des Augustins, à Gand, plusieurs paysages signés de ce nom. C'est probablement cet artiste que Descamps nomme Verspilt et que Nagler suppose ne faire qu'un avec Verbyl, ce qui est complétement erroné.

Verspronels. * XVIIe siècle. = Cité par de Marolles. L'orthographe de ce nom nous paraît devoir être vicieuse. Il est plus que probable qu'il s'agit de Jean Verspronk ou Verspronck, fils de Corneille. (V. ci-dessus).

Verspronk ou **Verspronck** (Corneille-Engelbertz). E. H. * 1610. Gouda (?). Histoire. = Elève de C. Van Haarlem et de C. Van Mander. Entra dans la gilde des peintres, à Haarlem, en 1593. De 1594 à 1621, il est inscrit sur les rôles de la garde bourgeoise de Haarlem. En 1637, il reçut un élève, toujours dans la même ville où, probablement il mourut. Cette famille portait originairement le nom de Sprong ou Sprongh qui fut porté, au XVe siècle, par un Gérard recteur magnifique de l'Université de Louvain. Il ne vivait plus en 1666, année où est inscrite la mort de sa veuve. = Repas d'arquebusiers, Haarlem (Musée. Signé : C. E. (?) 1618).

Verspronk ou **Verspronck** (Gérard),

fils de Corneille. E. H. ' XVIIe siècle. Histoire. = Bon peintre d'histoire.

Verspronk ou **Verspronck** (Jean), fils de Corneille. E. H. 1597-1662. Portrait. = Elève de Fr. Hals. On croit qu'il séjourna en France à cause d'un certain nombre de portraits de grands personnages de ce pays, gravés d'après notre artiste. Entra dans la gilde, à Haarlem, en 1632. En 1644 il y était candidat pour les fonctions de *Vinder*. Mort dans cette ville. Jean Verspronck est, paraît-il, le premier qui changea le nom originaire de la famille de Sprong. = Les régentes de l'hôpital Sainte-Elisabeth, Haarlem (Musée; signé : J. Verspronck, 1642). = Talent remarquable, parfois digne de son illustre maître. = Ventes : V. Demidoff (1869), *Portrait de femme*, 1,340 fr. — V. Rocheb (1873), *Portrait de femme*, 5,600 fr.

Versprong (J.-Corneille). E. H. ' XVIIe siècle. = Cité par V. d. Vinne parmi les peintres de Haarlem. Reçu franc-maître de Saint-Luc, en 1632.

Verspuy (Gisbert). E. H. 1823-1862. GOUDA. Paysage, vues de ville.

Verstappen (Martin). E. Fl. 1773-1840. ANVERS. Paysage. = Elève de P. Van Regemorter. Se rendit à Rome où il eut beaucoup de succès et où il fixa sa résidence. Il y fut nommé professeur à l'Académie de Saint-Luc. = Galerie d'Albano. — Paysage italien, Haarlem. = Cet artiste peignait de la main gauche; il a lithographié et on connaît de lui une gravure fort rare.

Versteeg (Jean). E. H. ' XVIIIe siècle. DORDRECHT (?). Vues, marine. = Maître batelier, dessinateur et peintre.

Versteeg (Michel), fils de Jean. E. H. 1756-1843. DORDRECHT. Marine, paysage et effets de lumière. = Elève de G. Ponse. Il reçut, en 1811, la visite de Napoléon Ir, qui fit chez lui une acquisition importante. = Effet de lampe, Haarlem. — Effet de chandelle, *ib.* — Scène d'intérieur : effet de lumière, Lille. = Beaucoup de fini.

Verstegen (Jacques). E. H. ' XVIIIe siècle. Portrait. = On croit qu'il habitait Amsterdam. Il a fait le portrait du poète hollandais Nomsz : ce portrait est gravé par Houbraken. = Peintre d'assez de mérite.

Verstraate (Lambert). V. Straaten (L. Van).

Verstraaten (Luc). E. H. ' XVIIe siècle. LA HAYE. Paysage. = Un des 47 artistes qui, en 1656, fondèrent la société *Pictura*.

Verstraeten. E. Fl. ' XVIIIe siècle. Architecture. = Réunion du serment de l'arbalète, Anvers, (Paysage de Huysmans, figure de B. Van den Bossche).

Vertangen (Daniel). E. H. 1598-1657. LA HAYE. Histoire, paysage. = Elève de Poelenburg. Mort à La Haye. = Saint François dans un paysage, Vienne. — Adam et Ève chassés du Paradis terrestre, Dresde. — Moïse sauvé des eaux, Rotterdam.— Diane et ses nymphes, Copenhague. = On confond souvent ses tableaux avec ceux de son maître qu'il sut parfaitement imiter pour le coloris, l'ordonnance, le fini et les figures. Dans les ventes cette confusion a été maintes fois constatée.

Vertommen (Guillaume-Joseph). E. Fl. 1815. AERSCHOT. Intérieurs, genre. = Marguerite et Faust. — Anniversaire de la grand'-mère. = Graveur.

Vertin (Pierre-G.). E. H. 1819. LA HAYE. Vues de port et de ville. = Elève de B.-J. Van Hove. = La vieille église de Delft. — Vue de ville (Figures de H. Rochussen).

Vertmuller (Adolphe-Ulric). E. Fr. † 1803. STOCKHOLM. Portrait. = Reçu à l'Académie, en 1784.

Vertunni (Achille). E. I. ' 1875. NAPLES. Paysage. = Vues d'Egypte.

Verveer (Adrien). E. H. ' 1646. DORDRECHT. Portrait, histoire. = En 1646, il fut admis dans la corporation de Saint-Luc, à Dordrecht. = Il mettait beaucoup de figures nues dans ses tableaux. Manière trop rude.

Verveer (Elchanon). E. H. ' 1870. Genre. = S'est particulièrement attaché à reproduire des scènes empruntées à la vie des marins.

Verveer (Samuel-Léonard). E. H. 1813-1876. LA HAYE. Vues de ville et marine. = Elève de B.-J. Van Hove. = Vue d'Amsterdam. — Départ pour le marché.

Vervloet (François), le Jeune, E. Fl. 1810-1875. MALINES. Monuments et intérieurs. = Le cloître de Sainte-Marie la Neuve, à Naples, Bruxelles. — L'église de Saint-Pierre, à Rome, Haarlem.

Vervloet (Augustine... Madame), femme de Jean. 1806. BRUXELLES. Fleurs, fruits, gibier.

Vervloet (Jean l'aîné), frère de François. E. Fl. 1790-1869. MALINES. Histoire, portrait. = Professeur et directeur à l'Académie de Malines. = Madeleine repentante, Reeth. — Saint-Vincent de Paul.

Vervloet (Victor), fils de Jean. E. Fl. 1829. MALINES. Monuments, intérieurs. = L'écoutète à Malines. — Saint Marc à Venise. — La porte de Louvain à Bruxelles en 1600.

Vervoort. E. Fl. ' 1815. Nature morte, oiseaux, etc. = Travaillait à Anvers. = Beaucoup de vérité.

Vervoort (Jean). E. Fl. ' XVIIe siècle. — Inscrit en 1605, sur les registres de Saint-Luc, à Anvers.

Vervoort (Jérôme). E. Fl. * 1578. LIERRE. = Reçu bourgeois d'Anvers, en 1578.

Vervoort (Joseph). E. Fl. 1676. ANVERS. Paysage avec figures. = Elève de P. Rysbrack.

Vervoort (Michel), le Jeune. E. Fl. * XVIIIe siècle. ANVERS. Histoire. = Elève de l'Académie d'Anvers, en 1797. = Vision de Sainte-Barbe, Bruxelles (Eglise du Sablon). -- Sainte-Barbe, conduite au supplice, *ib.* = Peintre de talent.

Vervoort (N.). E. Fl. * XVIIe siècle. BRUXELLES. Paysage.

Vervou (P.). E. Fl. * 1843, Paysage.

Verwée (Louis-Pierre). E. Fl. 1807-1877. COURTRAI. Animaux et hivers. = Elève d'E. Verboeckhoven. = Animaux au pâturage. — Paysage : carrière (Figures d'E. Verboeckhoven).

Verwée (Alfred), fils de Louis. E. Fl. * 1865. Paysage avec animaux. Attelage zélandais, Bruxelles.

Verwée (C.-L.), fils de Louis. E. Fl. † 1882. Genre.

Verwer (Abraham de). E. H. * 1625. MARINE.=Florissait à Amsterdam. Il fut en longs pourparlers avec les Etats au sujet d'une invention pour fermer les ports de Dunkerque et d'Ostende; ses voyages à ce propos lui furent assez largement payés. On lui avait commandé, comme à Van Wieringen, (Voir ce nom) la *Bataille de Gibraltar*, pour être offerte au prince Maurice; la toile de son rival ayant été préférée, Verwer réclama et demanda que la sienne fût achetée à un prix honnête. Les délégués du conseil déclarèrent que le tableau était fort bien peint et avait coûté beaucoup de peines. On en offrit 2,400 flor. (Kramm dit 1,200, d'après le *Navorscher*, VI, 1856, p. 338) à l'artiste qui accepta. Abraham et N. Verwer ne font qu'un même peintre. Un Jean Verwer est inscrit dans la gilde de Saint-Luc, à Haarlem, en 1647.

Verwilt (François). E. H. 1598-1655. ROTTERDAM. Paysage, portrait. = Elève de C. Poelenburg. = Portrait du fils du lieutenant-amiral Van Nes, Amsterdam. — Nymphe au bain, Copenhague. = Il travailla dans la manière de son maître, mais ne sut pas égaler le ton de ses paysages; ses figurines sont agréablement traitées.

Verzelli ou **Vercelli** (Joseph-Tiburce). E. I. † 1700 (?). RECANAI. Paysage. = Dessinateur, peintre et architecte.

Verzyl (Jean-François). E. H. † 1647. GOUDA. Portrait.=Elève d'Arthur Van Waes; se perfectionna en Italie. = Les régents de la maison des pauvres, Gouda.

Vespino (le). V. Bianchi (André).

Vespré (Antoine). E. Fr. * 1645. Histoire, ornements. = Gendre de Ph. de la Ronse. Travailla avec son beau-père aux peintures de la cathédrale de Chartres.

Vestier (Antoine). E. Fr. 1740. AVALLON. Portrait. = Elève de J.-B.-M. Pierre. Reçu à l'Académie, en 1786. Graveur. = Ventes : V. Ribeyre (1872), *Portrait de Marie-Antoinette*, 600 fr.

Vet (Jean Dawe de), ou **Jean Damerz.** E. H. 1595-1625. LEYDE. Portrait, histoire. = Un des bons élèves de Th. Crabeth. Visita la France et l'Italie et s'établit à Gouda.

Vetten (Jean). E. H. 1827-1866. Genre. Mort à Amsterdam.

Vetter. E. Fr. 1820. PARIS. Histoire, portrait, etc. = Elève de Steuben. = Mascarille et Jodelet, Paris. — Le mignon au bilboquet.

Vettewinkel (Henri). E. H. 1809. AMSTERDAM. Marine, genre, etc. = Jean Steen et sa femme.

Vezzo (Virgin. de), femme de Simon Vouet. E. Fr. † 1638, miniature, histoire. = Elève de Vouet qui l'épousa à Rome et dont elle fut la première femme; elle lui donna quatre enfants, deux fils et deux filles; l'aînée des filles épousa le peintre François Tortebat, la seconde, Michel Dorigny également peintre. Le plus jeune des fils suivit la même carrière que ses parents. Elle eut la faveur du roi et ses travaux furent estimés de son temps de même que son caractère.

Vexes (Joseph). E. Es. † 1782. MADRID. Histoire. = Séjourna en Italie et s'établit, à son retour, à la Rioja, où il mourut. Aventurier, grand poète; ce peintre eût pu acquérir un talent très supérieur s'il avait voulu faire des études sérieuses. = Dessin très correct, facilité surprenante, belle couleur.

Veyrassat (Jules-J.). E. Fr. * 1865. PARIS. Genre, animaux.

Viadana (André de). E. I. * XVIe siècle. Histoire. = Elève de B. Campi, à Milan.

Vialy (Louis-René de). E. Fr. 1680-1770. AVIGNON. Portrait, ornements. = Elève d'H. Rigaud; exécuta le portrait de don Philippe, infant d'Espagne et de plusieurs membres de la famille royale de France. Il peignit beaucoup de chaises à porteurs. Alla s'établir à Paris entre 1755 et 1759. On croit qu'il donna les premières leçons à Joseph Vernet, à Avignon ou à Aix. Il resta toute sa vie en excellentes relations avec son ancien élève. Peintre du roi et membre de l'ancienne Académie de Saint-Luc, à Paris, en 1756.

Vianen (Berthold Van). E. H. * 1606. Paysage. = Détails inconnus.

Vianen (Corneille Van). E. Fl. (?). * XVIe

siècle. Perspectives. = Travaillait à Malines. Il était mort en 1560.

Vianen (Luc Van). E. H. Genre. = Détails inconnus.

Vianen (Paul Van). E. H. ' XVIIe siècle Portrait, histoire, paysage. = Inscrit comme peintre, en 1642, dans la confrérie de Saint-Luc, à Utrecht. On pense qu'il était fils du célèbre ciseleur de ce nom. Mort, croit-on, en 1652.

Vianen (Pierre-Henri Van). E. H. ' 1535. = Cité dans un ancien document de la ville d'Utrecht.

Viani (Antoine-Marie), dit **le Vianino.** E. I. 1540 (?). CRÉMONE. Histoire, portrait. = Elève des Campi; peintre de Vincent de Gonzague, duc de Mantoue et de trois de ses successeurs. Mort à Mantoue dans un âge assez avancé. = Saint-Michel, Mantoue. — Le paradis, *ib*. — Fresques. *ib*. — Vénus et l'Amour, Dresde. = Manière de ses maitres; style gracieux.

Viani (Jean). E. I. 1636-1700. BOLOGNE. Histoire, portrait. = Elève de Fl. Torre et condisciple du Pasinelli avec lequel on croit qu'il travailla; rempli de science, Viani ne négligea rien pour perfectionner son talent, en dessinant sans relâche et en étudiant l'anatomie jusqu'à la fin de ses jours. Dirigea une école, rivale de celle de Cignani, et d'où sortirent une foule d'artistes distingués. = La Vierge et l'enfant Jésus, Florence. — Saint-Bruno au désert, Bologne. — Sainte-Rosalie devant le crucifix, *ib*. = Théorie savante, dessin satisfaisant, belles formes, coloris bien empâté, mouvements gracieux, draperies légères; étudia constamment d'après nature; ne parvint à égaler les plus habiles artistes que dans les tableaux où il apporta tous ses soins.

Viani (Dominique), fils de Jean. E. I. 1668-1711. BOLOGNE. Histoire, portrait. = Elève de son père, dont il continua l'école. Parcourut une partie de l'Italie, laissant partout des preuves de son talent. Mort à Pistoie. = Moins d'exactitude que son père; il lui est également inférieur pour la noblesse du dessin, la vérité, la variété, et le brillant du coloris; contours plus grandioses, touche plus fière et s'approchant de celle du Guerchin; ornements plus somptueux.

Viani (Marie). E. I. 1670-1711. BOLOGNE. Histoire. = Détails inconnus. = Vénus et l'Amour, Dresde.

Vianino (le). V. Viani.

Viardot. E. Fr. 1805. DIJON. Portrait, etc. = Elève de Picot.

Vibert. ' XVIIe siècle. = Cité par De Marolles.

Vibert (Jean-G.). E. Fr. 1840. PARIS. Genre. = Elève de F. Barrias et de Picot. = Daphnis et Chloe. — Four banal. — Apothéose de M. Thiers.

Vicente (Barthélemy). E. Es. 1640-1700. près de SARAGOSSE. Histoire, genre, paysage. = Elève de Juan Careno, à Madrid; revint à Saragosse, y enseigna les mathématiques et y resta jusqu'à sa mort. = Coloris vénitien; style agréable dans le paysage.

Vicente (Jean). E. Es. ' XVIIIe siècle. Histoire. = Details inconnus. = La Conception, Paris.

Vicentino. V. Michele.

Vicinelli (Odoard). E. I. 1684-1755. Histoire. = Elève de J.-M. Morandi. = Fit honneur à son maitre.

Vicino. E. I. ' XIIIe siècle. PISE. Mosaïque, histoire. = Acheva, avec André Tafi et Gaddo Gaddi, une mosaïque commencée par fra Mino da Turrita. = Style ancien; également sculpteur.

Vicolungo. E. I. ' XVIIe siècle. VERCEIL. Histoire. = Elève de B. Lanino. = Coloris satisfaisant; idées vulgaires, costumes bizarres.

Victor ou **Victors** (Jacques). E. H. ' XVIIe siècle. Oiseaux, gibier, nature morte. = On pense qu'il fut fils ou frère de Jean. = Poule, poussins et pigeons près d'un pigeonnier, Rotterdam. — Oiseaux, Dresde. — Colombier; trois pigeons (Paysage de Ruisdael), Copenhague. — Oiseaux domestiques au coin d'une forêt, *ib*. = Style de Hondekoeter et de Th.-R. Camphuysen. Beau talent.

Victor ou **Victors** (Jean). E. H. ' 1650. AMSTERDAM. Histoire, intérieurs, portrait, paysage. places, marchés, etc. = Elève de Rembrandt. Kramm a vu de lui un beau portrait d'homme, signé et daté de 1662. Puisque le portrait du Louvre est daté de 1640. On peut donc assigner déjà vingt-deux ans à sa carrière artistique. Longtemps ce peintre a été confondu avec un élève de Rubens, Victor Wolfvoet (V. ce nom), et avec Jacques Victors, son frère ou son fils; de là sont résultées les plus singulières erreurs. Aujourd'hui les faits sont rétablis dans la vérité. = Moïse sauvé des eaux, Dresde. — La coupe retrouvée dans le sac de Benjamin, *ib*. — Tobie et sa famille remerciant le Seigneur, Munich. — Joseph expliquant les songes aux deux captifs, Amsterdam. — Un marché, *ib*. (Collection Six). — Le charcutier, *ib*. (Musée V.-D. Hoop). — Le charlatan dentiste, *ib*. — La fête des noces, Anvers. — Portrait d'une vieille femme, Rotterdam. — Paysage hollandais avec figures et animaux, *ib*. — Esther et Aman, Brunswick. — David et Samuel, *ib*. — Samson et Dalila, *ib*. — Ruth et Booz, Francfort-sur-le

Mein. — David et Salomon, Copenhague. — Jacob faisant enfouir les idoles de Laban, *ib.* — Booz et Ruth, *ib.* — Vieille femme assise, *ib.* — Jeune fille à sa croisée, Paris. — (Signé : Jan Fictoor, f. 1640). — Jacob béni par Isaac. *ib.* = Ses compositions ont beaucoup de ressemblance avec celles de Rembrandt, dont il imita le style avec une grande science, plus de lourdeur, moins de tranparence. Ses derniers tableaux sont de beaucoup inférieurs aux pre-miers. = Ventes: V. Neven (1879). *La diseuse de bonne aventure*, 2,687 fr.

Victor ou **Victors** (Laurent). E. H. ' XVIIe siècle. Genre. = Ce peintre n'est pas sans mérite. On croit qu'il était parent de Jacques et de Jean. Un Victor Victors, peintre de Haarlem, y mourut en 1708. Un homonyme y fut baptisé en 1627 et y entra dans la gilde des peintres, en 1664.

Victor. V. Wolfvoet.

Victor (S.). ' XVIIe siècle. = Religieux cité par de Marolles.

Victoria (don Jean-Joseph **Navarro,** marquis de la). E. Es. 1687-1771. Genre, paysage. = Soldat à huit ans, il parvint à de hautes dignités. Un des hommes les plus célèbres de l'Espagne. Il enseigna la peinture à ses deux filles, Marie-Ignace et Rosalie. Mort à Cadix. = Dessin plein d'originalité.

Victoria (don Vincent). E. Es. 1658-1712. VALENCE. Histoire, portrait. = Etudia d'abord dans sa ville natale et alla se perfectionner à Rome dans l'école de C. Maratti; peintre de Côme III, grand-duc de Toscane; obtint un riche canonicat à Xativa, près Valence, et revint dans sa patrie; entreprit une seconde fois le voyage de Rome, fut nommé antiquaire du pape et fut entouré de la considération et de l'estime de tous les hommes remarquables de l'Italie. Mort à Rome. = Connaissance profonde de l'antiquité, goût délicat; le meilleur éloge que l'on puisse faire de cet artiste, c'est qu'on confondit souvent ses tableaux avec ceux de son maître; peignait le portrait avec succès. Graveur.

Vidal (Denis). E. Es. 1670. VALENCE. Histoire. = Elève d'A. Palomino, à Madrid; de retour dans sa ville natale, on lui confia des travaux importants. Mort à Tortose. = Vie de saint Nicolas de Barri. — Vie de saint Pierre. — Fresques, Valence. = Belle exécution.

Vidal (Jacques), le Vieux. E. Es. 1583-1615. VALMOSEDA. Histoire. = Etudia à Rome; revint dans sa patrie, se fixa à Séville et y exécuta des ouvrages remarquables. Mort prématurément. Chanoine de la cathédrale de Séville. = Le Christ, Séville. — La Vierge, *ib.* = Dessin correct, beau coloris.

Vidal de Liendo (Jacques), le Jeune, neveu de Jacques, le Vieux. E. Es. 1602-1648. BALMASEDA. Histoire. = Elève de son oncle; se rendit comme lui, à Rome, pour obtenir une prébende et y étudia avec assiduité et fruit. Mort à Séville. = Tableaux, Valence. = Parvint à surpasser son maître.

Vidal (Joseph). E. Es. ' XVIIe siècle. VINAROZ. Genre, batailles. = Elève d'E. March, à Valence; son fils, nommé Joseph comme lui, ne put jamais égaler son père. = Manière de son maître.

Vidal (Jules-Joseph-Génie). E. Fr. 1795. MARSEILLE. Histoire, marine. = Elève de P. Guérin et d'Aubry. = Côtes de Bretagne.

Vidal (Vincent). E. Fr. 1812. CARCASSONNE. Histoire, etc. = Elève de P. Delaroche. = Dessinateur et pastelliste.

Viegelman (Siegfried). E. Al. † 1827. HAMBOURG. Paysage, genre.

Vieil (Le). V. Levieil.

Vieillevoye (Joseph-Barthelémy). E. Fl. 1798-1855. VERVIERS. Histoire, portrait et genre. = Elève d'un peintre peu connu nommé Giselin, puis de l'Académie d'Anvers et directeur de l'Académie de Liége. = Pierre de Bex. — La cananéenne aux pieds de Jésus-Christ.

Vieira (François). E. Es. 1700 (?)-1783. LISBONNE. Histoire. = Etudia treize ans à Rome, revint dans sa patrie, en 1732, et y travailla jusqu'à la fin de sa vie. = Ce peintre eut, de son temps, une réputation colossale. Graveur.

Viellart ou **Villaert** (Germain). E. Fl. ' XVe siècle. Miniature. = Enlumineur à Bruges; inscrit, en 1470, sur les registres des libraires de Bruges.

Vien (Jsseph-Marie), le Vieux. E. Fr. 1716-1809. MONTPELLIER. Histoire, portrait. = Elève de Legrand et de Giral; partit pour Paris en 1740; y entra chez Natoire, remporta plusieurs prix dans les concours et fut envoyé à Rome par le gouvernement; parcourut toute l'Italie, travaillant avec ardeur d'après l'antique et le modèle vivant; fut reçu à l'Académie, en 1754; nommé presque aussitôt professeur; fut appelé dans les principales cours de l'Europe et refusa toujours de quitter sa patrie Il résista même à l'offre d'une place de professeur que lui présenta l'Academie romaine de St-Luc. Honoré des titres de conseiller, de membre de l'Académie d'architecture et enfin de directeur de l'Académie française à Rome; reçut le cordon de Saint-Michel; revint à Paris, en 1781; nommé premier peintre du roi, en 1788; perdit ses places et ses pensions à la révolution et se trouvait dans un état voisin de la gêne lorsqu'il fut appelé par le premier consul au sénat conservateur, où il reçut successivement les titres de comte et de commandeur de la Légion d'honneur. Vien, quoique âgé de 93 ans, travaillait encore six mois avant sa mort. Il avait fondé, à Paris, une école que fréquentèrent un grand nombre d'élèves. = Saint Germain et saint Vincent, Paris. — L'ermite endormi, *ib.* — Dédale et Icare, *ib.* — Amours jouant avec des fleurs, des cygnes et des colombes, *ib.* — Hélène poursuivie par Enée pendant l'incendie de Troie, Versailles. — Fresques, Rome. — Circoncision (Esquisse), Bordeaux. = Manière large et sage tenant de celle du Dominiquin et de celle de Lesueur; belles têtes, dessin correct, beaux pieds et belles mains, draperies bien jetées, expressions simples et naturelles; rien de tourmenté, ni de recherché dans les détails et l'ordonnance; simplicité quelquefois poussée jusqu'à la froideur et la raideur; bonne entente des lumières, pinceau ferme et frais, coloris harmonieux. Considéré comme le restaurateur de la peinture moderne en France. Il fut à la fois le maître et le précurseur de David. Graveur. = Ventes : V. Lalive de Jully (1770), *Suzanne et les vieillards*, 300 livres. — V. Choiseul (1772), *Femme au bain*, 2,050 liv.

Vien (Marie-Thérèse REBOUL, Mme). E. Fr. 1735-1806. Nature morte et fleurs. = Elève de son mari : reçue académicienne en 1757. Membre de l'Académie de Saint-Luc, à Rome. = Excella dans le genre qu'elle avait adopté.

Vien (Marie-Joseph), fils de Joseph-Marie. E. Fr. 1761. PARIS. Portrait, miniature. = Elève de son père et de Vincent. = Peintre amateur.

Vierly, le Vieux. E. H. ' 1685. ROTTERDAM. Paysage. = Il ne vivait plus, en 1691, de même que Vierly, le Jeune.

Vierly, le Jeune. E. H. ' 1685. ROTTERDAM. Paysage. = Détails inconnus.

Vierpyl (Jean-Charles). E. Fl. ' XVIIe siècle. Allégories, armoiries, etc. = Inscrit dans la confrérie de Saint-Luc, à Anvers, comme élève de Jacques Peeters, en 1698.

Viette (P.-A.). E. Fl. ' 1845. Genre.

Vigée (Louis). E. Fr. ' XVIIIe siècle. Portrait, genre. = Il est le père de Louise-Elisabeth Vigée, devenue Madame Lebrun. Sa maison était le lieu de réunion d'un grand nombre d'hommes distingués qui tous l'aimaient et l'estimaient. Mort jeune à la suite d'un accident. = Artiste estimé, surtout dans le portrait; coloris agréable et transparent; touche spirituelle; auteur de jolis pastels

Vigée (Louise-Elisabeth). V. Lebrun.

Viger. E. Fr. ' 1756. Portrait, pastels. = Conseiller à l'ancienne Académie de Saint-Luc, à Paris.

Viger (Jean-L.-H.). E. Fr. † 1879. Genre. = Le pas de gavotte.— La mauvaise nouvelle.

Vighi (Jacques). E. I. ' 1567. MEDICINA (Bolonais). Histoire. = Protégé par les souverains du Piémont.

Vigier. V. Corteys ou Courtois.

Vignali. E. Fr. ' XVIIIe siècle. MONACO. Histoire. = Premier prix de l'Académie royale de peinture de France, en 1781, avec son : *Supplice des Machabées.*

Vignali (Jacques). E. I. 1594-1664. Dans le CASENTIN. Perspective, histoire. = Elève de Rossetti. = Jésus-Christ, sainte Catherine et deux autres saints, Florence. = Quelque ressemblance avec le style du Guerchin pour la touche et les fonds.

Vignaud (Jean). E. Fr. 1775-1826. BEAUCAIRE. Histoire, portrait. = Elève de David. = Mort de Lesueur, Château de Meudon. — Le Christ apparaissant à Madeleine, Beaucaire. — Résurrection de la fille de Jaïre, Paris (Saint-Roch).

Vignaud (... MONPEUR, Mme). E. Fr. 1825-1869. PARIS. Fleurs.

Vigne (Joseph). E. Fr. 1795. PARIS. Peintre sur verre. = Vitraux à Rosny.

Vigne (Ignace de). E. Fl. 1767-1840. GAND. Décorations. = Il habitait sa ville natale en 1793. = Les théâtres de Londres lui doivent de belles décorations.

Vigne (Edouard de), fils d'Ignace. E. Fl. 1808-1866. GAND. Paysage. = Elève de Surmont. = Vue prise dans les Abruzzes. = Environs de Naples. = Graveur.

Vigne (Félix de), fils d'Ignace, E. Fl. 1806-1862. GAND. Histoire, portrait. = Elève de son père et de Paelinck. = Les amours d'Abrocome et de la belle Anthia, Bruxelles. — Espièglerie d'enfants, Haarlem. = Graveur.

Vignerio (Jacques). E. I. ' 1552. MESSINE. Histoire. = Elève de Polidore Caravage.

Vigneron (Pierre-Roch). E. Fr. 1789-1872. VOSNON (Aube). Portrait, genre, histoire. = Elève de Gros et de Gautherot. = Le convoi du pauvre.— Le duel.— L'exécution militaire. = Egalement lithographe.

Vignola (le). V. Barocci.

Vignolles (Thierry). E. Fr. ' XVIIe siècle. Portrait. = Détails inconnus.

Vignon. E. Fr. ' XIXe siècle. Histoire. = Bataille de Sedinam (Avec Cogniet), Versailles.

Vignon (Claude). E. Fr. 1594-1670 (D'après Guillet de saint Georges). TOURS. Histoire, portrait. = Louis XIII et le cardinal de Richelieu le firent travailler par égard pour son talent et aussi en vue de l'aider à soigner sa nombreuse famille, composée de trente quatre enfants qu'il eut de deux mariages. Il était fils d'un valet de chambre des rois Henri III et Henri IV. Il parcourut l'Italie où il choisit le Caravage pour modèle; nommé membre et professeur de l'Académie, à Paris, en 1651. Trois de ses enfants furent artistes comme lui; ce sont probablement ceux dont les noms suivent. = Adoration des mages, Lille. — Adam et Ève après le péché, Dresde. — Les mêmes chassés du paradis terrestre, *ib.* = Manière expéditive; composition et formes invraisemblables; coloris séduisant, mais que le temps a tout à fait terni. Graveur.

Vignon (Charlotte), sœur de Nicolas et de Philippe. E. Fr. * XVIIe siècle. Fleurs. = Cité par de Marolles.

Vignon (Nicolas), frère de Philippe. E. Fr. * XVIIe siècle. = Cité par de Marolles.

Vignon (Philippe), frère de Nicolas. E. Fr. 1634-1701. PARIS. Portrait. = Fut reçu membre de l'Académie, en 1667. Il eut encore un frère aîné nommé Claude-François, né à Paris et peintre comme lui. Claude fut également reçu à l'Académie et mourut en 1703 âgé de 69 ans. = Peignit le portrait de son père qu'il offrit à l'Académie. — Portrait du peintre et graveur Henri de Mauperché, Versailles.

Vigri (Sainte Catherine), dite **La Sainte de Bologne.** 1413-1463. E. I. BOLOGNE. Histoire, miniature. = Plusieurs écrivains lui ont donné pour maître Lippo di Dalmasio; c'est une erreur. = Sainte Ursule et ses compagnes, Bologne.—Même sujet, Venise (Signé : CATERINA *vigri f. Bologna;* 1456).

Viguier (Constant). E. Fr. 1799. PARIS. Miniature, etc. = Elève de Saint-Martin et de Rœhn, père. = Dessinateur.

Vila (Senen). E. Es. † 1708. VALENCE. Histoire. = Elève d'E. March; s'établit à Murcie et y mourut. = Dessin correct; invention facile, grande exactitude dans les personnages et les costumes.

Vila (Laurent), fils de Senen. E. Es. 1683-1713. MURCIE. Histoire, genre. = Elève de son père : se distingua dans sa patrie.

Viladomat (Antoine). E. Es. 1678-1755. BARCELONE. Histoire, batailles, portrait et paysage. = Elève de Pascal Baylon, peintre médiocre, puis de B. Peramon; reçut les leçons de l'italien Bibbiena pour l'architecture et la perspective. Fut chargé d'un grand nombre de travaux dont il s'acquitta avec un talent supérieur. Selon le témoignage de Raphaël Mengs, A. Viladomat est le meilleur peintre que possédât l'Espagne à cette époque. = Tête de vieillard, Paris. = Il ne dut ses talents qu'à ses dispositions naturelles; invention facile, manière vraie, correcte, expressive, coloris frais et harmonieux, style sage et simple.

Viladomat (Joseph), fils d'Antoine. E. Es. † 1786. Histoire. = Elève de son père. Mort à Barcelone. = Artiste fort médiocre.

Vilain (Philippe). E. H. * XVIIIe siècle. ROTTERDAM. = Détails inconnus. Weyerman cite un N. Vilain, de Rotterdam, bon peintre de portraits, qu'il a connu et qui vivait encore en 1720. Cet auteur ajoute que N. Vilain avait un fils, peintre comme son père. Un de ces Vilain ne fait-il qu'un avec Philippe? c'est ce qu'on ne saurait affirmer.

Vilette (N.-N. de la). E. Fr. 1691-1775. FRANCE. Miniature. = Passa sa vie en Hollande et mourut à La Haye. = Peintre de mérite.

Villa-Amil (Genaro-Perez de). E. Es. * 1842. Paysage.

Villacis (Nic. de). E. Es. † 1690. MURCIE. = Elève de Velasquez, à Madrid; visita Rome. = Peintre amateur. Goût épuré et correct.

Villafranco Malagon (Pierre de). E. Es. * 1660. ALCOLEA DE LA MANCHE. Histoire. = Elève de V. Carducho, à Madrid; vivait encore en 1680. = Graveur.

Villafuerte de Zapata (Jérôme). E. Es. * 1630. Histoire (?). = Gentilhomme et garde-bijoux de Philippe IV; amateur, résidant à Madrid. = Dessin pur; bon mécanicien.

Villaine. E. Fr. * 1845. Histoire.

Villamor (Jacques et André). E. Es. * XVIIe siècle. Histoire. = Elèves de V. Diaz; ces deux frères, établis à Valladolid, furent très grands défenseurs des droits des artistes.

Villamor (Ant.). E. Es. 1661-1729. ALMEYDA DE SAN YAGO (Zamora). Histoire. = Elève de ses oncles Jacques et André, à Valladolid; s'établit à Salamanque et y mourut regretté pour son épuisable charité. = Plus de pratique que de science.

Villanueva (le père Antoine). E. Es. 1714-1785. LORCA. Histoire. = Membre de l'Académie de Saint-Charles, à Valence. Mort dans cette ville. = Style maniéré.

Villaumbrosa (la comtesse de). E. Es. * XVIIe siècle. Portrait. = Etabli à Madrid; amateur. = Excella dans le portrait.

Ville (J. de). E. H. * 1628. = Publia à Gouda, en 1628, un ouvrage sur la peinture et l'architecture. = Egalement architecte.

Villegas-Marmolejo (Pierre de). E. Es. 1520-1577. SÉVILLE. Histoire. = Ami du fameux Arias Montano et lui-même un des plus célèbres artistes de l'Andalousie. = La Nativité, saint François, saint Sébastien, Vierge et Jésus, et autres, Paris. = Dessin correct, composition noble, attitudes majestueuses, beaux raccourcis, beaucoup d'expression.

Villemsens. E. Fr. † 1859. Histoire, genre. = Mort à Toulouse. = Les inondés de Tounis.

Villeneuve (Jules). E. Fr. 1796. PARIS. Paysage. = Vue du lac de Brientz. — Vue près du lac de Thun.

Villeneuve (P.). E. Fr. 1803. BREST. Paysage. = Elève de Watelet. = Vue de la vallée de l'Elorne.

Villequin (Etienne). E. Fr. 1619-1688. LAGNY (Seine et Marne). Histoire, portrait. = Reçu à l'Académie, en 1663. En 1665, il n'avait pas encore envoyé son tableau de réception et il parait qu'il ne l'exécuta pas. On raconte de ce peintre qu'il passa une grande partie de sa vie à plaider. Un document français le fait naitre à Ferrière en Brie. = Jésus-Christ guérissant les aveugles de Jéricho, Paris. — Graveur.

Villeret (François). E. Fr. 1800 (?). Intérieurs, aquarelle. = Elève de Gué. = Intérieur de l'église des Carmes déchaussés, à Gand.

Villers (Mme). E. Fr. ' XVIIIe siècle. Genre. = Détails inconnus.

Villers (de). E. Fr. ' 1842. Paysage. = Vues prises près de Versailles.

Villiers-Huet, fils de J.-B. Huet, le Vieux. (V. ce nom.) E. Fr. ' 1805. PARIS. Miniature, paysage. = Peintre habile; il s'établit en Angleterre où il devint le favori de la cour. Il fut aussi graveur. En 1806, il publia à Londres des cahiers de paysage et d'animaux.

Villoldo (Jean de). E. Es. ' 1530. Histoire. = Elève et neveu d'A. Perez de Villoldo; établi à Tolède, y travailla avec Amberes et Jean de Bourgogne, et sut mériter l'admiration de ses contemporains. = Fresques, Madrid. — Tableaux sur bois, *ib.* = Beau dessin, autant de noblesse que le permettait le style de son époque.

Vilre (Daniel de). E. Fl. ' XVe siècle. = Peintre à Gand, en 1463.

Vilsteren (Jean Van). E. H. ' 1743. Portrait. = Egalement graveur.

Vimercati (Charles). E. I. 1660-1715. Histoire. = Elève distingué d'Her. Procaccini, le Jeune; peignit beaucoup à Codogno.

Vin (Henri Vander). E. Fl. ' XIXe s. GAND. Paysage avec animaux. = Restaurateur de tableaux.

Vin (Paul Vander). E. Fl. ' 1860. GAND. Chevaux.

Vincent (François-André). E Fr. 1746(?)-1816. PARIS. Histoire. = Son père, François-Elie, né à Genève, mais établi à Paris, fut un habile peintre en miniature; il voulut faire de son fils un banquier, mais la vocation du jeune homme l'emporta. Elève de Vien; remporta le grand prix, en 1768; alla en Italie et revint en France, en 1776; nommé agréé de l'Académie en 1777, membre titulaire cinq ans après et professeur, en 1792; membre de l'Institut, de la Légion d'honneur, etc. = La piscine miraculeuse, Rouen. — Bataille des pyramides, Versailles. — Zeuxis choisissant pour modèles les plus belles filles de Crotone, Paris. — Henri IV rencontrant Sully blessé, *ib.* — La leçon de labour, Bordeaux. = Graveur.

Vincent (Adél. LABILLE DES VERTUS, Mme). E. Fr. 1749-1803. Portrait, miniature. = Son premier mari s'appelait Guyard. Elle épousa ensuite le peintre François-André Vincent. Elle fut d'abord élève du père de son mari et fut admise à l'Académie de Saint-Luc; elle reçut ensuite les leçons de Latour. Plus tard elle devint élève de François-André et se mit à peindre à l'huile; elle réussit si bien dans ce genre qu'elle fut reçue à l'Académie, en 1783, et nommée peintre de Mesdames et de Monsieur de France.

Vincent (Henriette-A. RIDEAU DU SAL, Mme). E. Fr. 1786. BREST. Fleurs et fruits. = Elève de Redouté et de Van Spaendonck.

Vincent (Michel). E. Es. ' XVIIe siècle. Histoire. = Résidait à Madrid. = Teintes agréables, dessin satisfaisant.

Vincent (Sophie CALBRÈS, Mme). E. Fr. 1822-1859. ROUEN. Paysage. = Elève de Bellanger et de Rémond. Morte à Lille. = Vue près de Lille, Lille.

Vincent de San-Gimignano. E. I. ' 1525. SAN-GIMIGNANO. Histoire, portrait. = Elève de Raphaël; travailla dans la loge vaticane; le sac de Rome, en 1527, le força de quitter cette ville. Mort peu de temps après. = La Vierge, l'enfant Jésus et saint Jean, Dresde. = Manière très soignée; coloris harmonieux; caractère de figures agréable.

Vincentino (François). E. I. ' XVIe siècle. MILAN. Paysage, histoire. = On le croit élève de Bernazzano. = Parvint à représenter dans ses paysages jusqu'au sable soulevé par le vent.

Vincentio. E. I. ' XVIIe siècle. ETATS DU PAPE. Paysage, histoire. = Elève de G. Dughet, dit Poussin.

Vincentius (Jean). E. H. ' 1766. LA HAYE. Histoire, portrait. = Son père était peintre de portrait et mourut jeune; Jean fut alors placé à l'orphelinat et les Régents le donnèrent pour élève à Arthur Schouman. Plus tard ils l'envoyèrent achever ses études en Italie.

Vincenzo di Stefano, fils de Stefano de Vérone (?). E. I. ' 1465. VÉRONE. Histoire. = Donna les premières leçons à Liberale de Vérone.

Vinchon (Auguste-J.-B.). E. Fr. 1789-1855. PARIS. Histoire. = Elève de Serangeli, de Turin. = Mort de Diagoras (Fresque), Paris. — Sacre de Charles VII, Versailles. — Dévouement du Dr Mazet, Marseille.

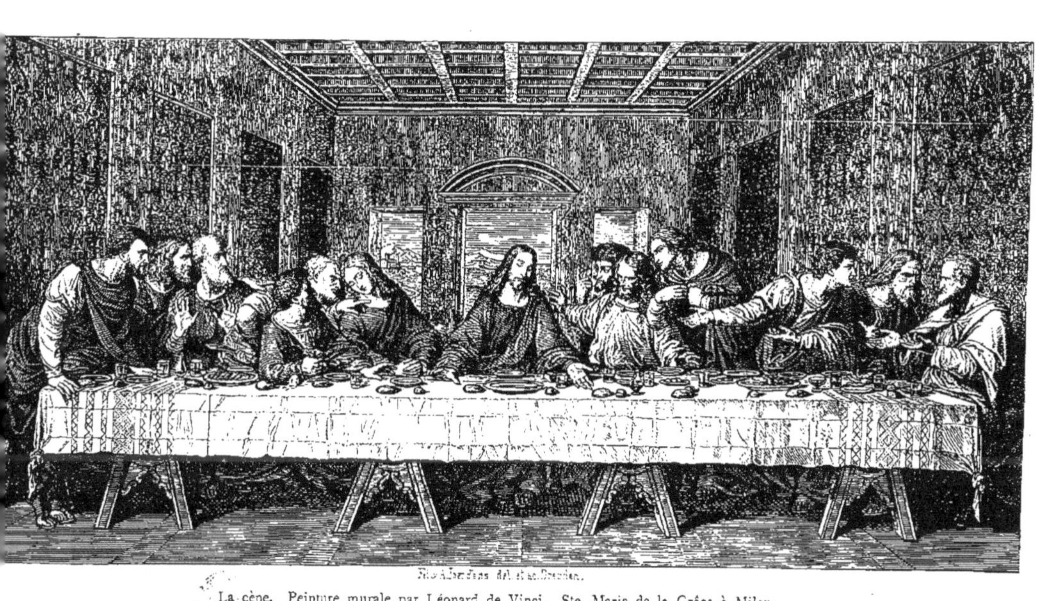

La cène. Peinture murale par Léonard de Vinci. Ste. Marie de la Grâce à Milan.

Vinci (Gaudenzio). E. I. * 1515. NOVARE. Histoire. = Elève de L. de Vinci. = Peintre excellent.

Vinci (Léonard de). E. I. 1452-1519. CHATEAU DE VINCI (Près de Florence). Histoire, portrait. = Elève d'A. Verrochio (Voir ce nom), qui se voyant, malgré son talent, surpassé de bonne heure par son élève, abandonna la peinture. Se rendit, en 1489, à Milan, où son protecteur, le duc Ludovic Sforza, le nomma directeur de l'Académie de peinture et d'architecture. Ce fut dans cette ville qu'il exécuta le fameux tableau de *la Cène*, devenu si célèbre. Au commencement du XVIe siècle, Sforza fut battu, fait prisonnier par les Français, et mourut misérablement en Touraine. Le vainqueur, Louis XII, accorda à Léonard plusieurs faveurs signalées. Celui-ci partit pour Florence, et y fut chargé, par le sénat, de peindre, avec Michel-Ange, la salle du conseil. Les deux artistes produisirent des chefs-d'œuvre sans pouvoir se surpasser. Léonard, inquiet de la réputation toujours croissante de son rival, quitta Florence pour Rome, et suivit dans cette ville Julien de Médicis. Présenté au nouveau pape, Léon X, ce dernier, prévenu peut-être par les partisans de Michel-Ange, l'accueillit froidement : Léonard, mécontent de cette réception, céda aux instances de François I^r^ et partit pour la France, en 1515, après avoir fait encore plusieurs voyages à Florence, Parme et Milan. Reçu comme son génie le méritait, logé au château de Saint-Cloud, Léonard de Vinci y finit paisiblement ses jours. La tradition le fait mourir entre les bras de François I^r^, mais ce fait est loin d'être prouvé. D'un esprit plein de ressources, d'une âme noble et généreuse, d'un caractère aimable et gracieux, d'une philosophie douce, ce grand homme montra parfois une susceptibilité voisine de la jalousie. = Sainte Famille (Achevée par B. Luini), Milan. — La cène (Chef-d'œuvre), *ib.* — Portrait du peintre, *ib.* — Madone, Naples. — Flore, *ib.* — La vanité et la modestie, Rome. — Portrait de la reine Jeanne la Jeune, *ib.* — Jésus Christ disputant avec les docteurs, *ib.* — Vierge (Fresque), *ib.* — Portraits, Florence. — La tête de Méduse, *ib.* — Adoration des mages (Ebauche et chef-d'œuvre), *ib.* — La Vierge au raisin, Dresde. — Jésus-Christ disputant avec les docteurs, Londres. — Portrait d'homme, *ib.* — L'enfant Jésus et saint Jean, *ib.* — Hérodiade, *ib.* — Sainte Famille, Saint-Pétersbourg. — Vierge allaitant, *ib.* — Saint Jean évangéliste, *ib.* — La Joconde, *ib.* — Sainte Cécile, Munich. — La Vierge et l'enfant Jésus, *ib.* — Saint Jean-Baptiste, Paris. — La Vierge, l'enfant Jésus et sainte Anne, *ib.* — La Vierge aux rochers, *ib.* — Bacchus assis, *ib.* — Portrait de Monna Lisa, dit : *La Joconde* (Chef-d'œuvre), *ib.* — Portrait de femme, *ib.* — Sainte Famille, Madrid. — Portrait de femme, *ib.* — Jésus, sainte Anne et la Vierge, *ib.* = Goût sévère, épris de la perfection, doué au plus haut degré du génie de l'invention, inférieur à Raphaël pour l'art de la composition, il peut lui être comparé sous d'autres rapports : eut comme lui le privilége d'exécuter les têtes de madones vraiment divines, et posséda à un plus haut degré que cet illustre artiste, la science du clair-obscur. Son expression dramatique est parfaite et la beauté qu'il représente est toujours remplie de noblesse et de majesté. Peintre éminemment classique, théoricien savant, dépourvu de toute espèce d'affectation, son désir de terminer les objets jusque dans leurs moindres détails et d'en arrêter les contours avec précision, le fait quelquefois tomber dans la sécheresse; excellent coloriste, en comparaison des artistes de son temps; ses carnations sont trop violettes et ont trop souvent le poli du marbre; enfin, son dessin, quoique savant, a parfois de la maigreur. Peintre, sculpteur, architecte, ingénieur, chimiste, mécanicien et poète, il fut également célèbre dans chacune de ces différentes branches. = Ventes : V. Guillaume II (1850), *La colombine*, 40,000 florins. — Même V. *La Leda et ses enfants*, 24,500 florins. — V. Collot (1855), *Salomé*, 16,500 fr. — V. Davenport (1863). *Vierge et enfant Jésus*, 3,640 fr. — V. Pourtalès-Gorgier (1865). *La Vierge et l'enfant Jésus à la fleur d'ancolie*, 83,500 fr. — V. Pommersfelden (1867). *Une Madone.* (Ce tableau ne parait pas devoir être de Léonard ; on croit que c'est une admirable copie faite par quelque grand maître flamand) 17,000 fr.

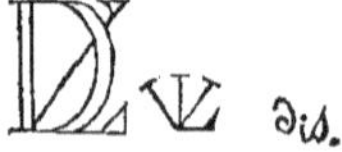

Vincidor (Thomas), dit : **Thomas de Bologne.** E. I. * XVIe siècle. BOLOGNE (?). Histoire, portrait. = Elève de Raphaël. A Anvers, il se lia avec Albert Dürer, en 1521; celui-ci fit son portrait. Vincidor était venu en Flandre, en 1520, chargé d'une mission de Léon X, qui, dans un sauf-condult, l'appelle son peintre et fait de son talent un grand éloge. La mission confiée à l'artiste consistait à faire confectionner en Flandre, d'après les dessins de Raphaël, les tapisseries destinées à Léon X. C'est Vincidor qui coloria, en grande partie, les cartons destinés aux ouvriers flamands, cartons dont la plupart sont aujourd'hui à Hampton-Court. D'après le peu de renseignements que l'on possède, il paraît que Vincidor retourna pour quelque temps en Italie; il fut ensuite au service d'Henri de Nassau pour lequel il alla à Bréda. Il fut probablement l'architecte reconstructeur du château de cette ville et mourut dans les Pays-Bas, vers 1536.

Vinck (A.). E. H. ' 1622. Portrait. = Détails inconnus.

Vinck (François). E. Fl. ANVERS. ' 1865. Histoire, genre. = Elève de Leys. = Les stations du Christ, Anvers (Eglise N. D.). — Les confédérés devant Marguerite de Parme, Anvers.

Vinck (Joseph). E. Fl. 1544-1603. BRUXELLES. Paysage. = Mort à Francfort, d'après Nagler.

Vinckboons ou **Vinck** (Fr.). E. Fl. ' 1845. Genre.

Vinckeboons (David). E. Fl. 1578-1629. MALINES. Histoire en petit, kermesses, paysage, etc. = Elève de son père Philippe, assez bon peintre à la détrempe qui, ne pouvant gagner sa vie à Malines sa patrie, vint résider à Anvers où il fut admis dans la corporation de Saint-Luc, en 1580; il partit ensuite pour la Hollande et mourut à Amsterdam en 1601; David habita quelque temps Anvers, mais il passa la meilleure partie de sa vie à Amsterdam où il mourut. Plusieurs membres de la même famille cultivèrent l'art : Arnould, reçu peintre à Malines, en 1516; il était mort en 1569; Henri, reçu dans la gilde de Saint-Luc en 1545 et mort en 1550; cette même année Josse fut admis comme franc-maître; François, franc-maître en 1559, était mort avant le 10 janvier 1570 ; Gilles, entré dans la corporation en 1550, mourut dix ans après. Jean, fils d'Arnould cité plus haut, devint membre de la gilde en 1540; il en était doyen en 1559.=Le prince Maurice allant à la chasse, Amsterdam. — Une loterie aux flambeaux devant la façade de l'hospice des vieillards d'Amsterdam, Amsterdam (Hospice des vieillards). Chef-d'œuvre, 1603.—Personnages dansant sur la glace, Florence. — Paysage : Fuite en Egypte, Berlin. — Distribution de pain aux portes d'un couvent, *ib.* — Kermesse de village, *ib.* — Tobie et l'ange, *ib.* — Même sujet, *ib.* — Le crucifiement, Vienne. — Paysage : Repos pendant la fuite en Egypte, etc., *ib.* — Fête sur une pelouse au village, Dresde. — Pauvres et estropiés recevant des secours devant un couvent, *ib.* — Jésus-Christ montant au Calvaire, Munich. (Chef-d'œuvre, 1611) — Carnaval sur la glace, *ib.* — Kermesse flamande, Anvers. — Société élégante attablée dans un jardin, Copenhague. — La forêt : Abraham chasse Agar, *ib.* — Foire annuelle au village, Hambourg. — Tableaux, Brunswick, Valenciennes, Lille, etc. — Distribution de vivres à la porte d'un couvent, Stockholm. — Paysage, *ib.* — Deux paysages, Saint-Pétersbourg. = Il fut bon peintre sur verre et exécuta en détrempe des miniatures représentant des oiseaux, des poissons, etc. Rottenhamer a quelquefois étoffé ses paysages. On lui reproche un peu de raideur et un ton souvent peu agréable. Graveur.

Vincq (Philippe). E. Fl. ' 1590. LILLE (?). Histoire, portrait. = Artiste en renom à Lille où il reçut des commandes officielles importantes : en 1590 les portraits de Louis de Mâle, de sa femme et de sa fille pour lesquels il reçut 400 l.; puis la *Devanture* de la vieille halle ; en 1598, diverses peintures à la chambre échevinale; en 1599, une *Table d'autel* pour la chapelle de la halle au prix de 240 l.; la même somme lui fut payée, l'année suivante, pour avoir peint la chapelle. Enfin, disent les archives, désireux de posséder le vaste et magnifique tableau du *Jugement dernier*, (Sans doute le chef-d'œuvre du maître) les échevins lui font compter, dans ce but, la somme (alors énorme) de 700 l.

Vini (Sébastien). E. I. ' XVIe siècle. VÉRONE. Histoire.=Reçut le droit de bourgeoisie à Pistoie. = Invention et composition très riches.

Vinit (Charles-Léon). E. Fr. 1806-1862. PARIS. Genre, intérieurs, paysage. = Elève de Percier et de Raymond.

Vinkeles (Cécile), sœur d'Elisabeth. E. H. ' 1816. AMSTERDAM. Portrait, genre. = Elle était fille du graveur Renier Vinkeles et épousa un sieur Mulder.

Vinkeles (Elisabeth), sœur de Cécile. E. H. ' 1816. Miniature.

Vinkeles (Herman). E. H. ' 1840. Paysage. = Il était petit-fils du graveur Renier Vinkeles.

Vinne (Vincent-Laurent Vander), le Vieux. E. H. 1629-1702. HAARLEM. Histoire, portrait, paysage et animaux. = Le bisaïeul et l'aïeul de ce peintre étaient des paysans frisons nommés Lolle (Laurent), et Jelle (Gilles) Lollesz. Son père Laurent-Gilles s'établit à Haarlem, y fut fabricant de toile, négociant en soie et en fil et prit le nom de famille de Vander Vinne, corruption de celui d'un bien qu'il possédait en Frise. Il eut dix enfants, tous des fils, parmi lesquels on cite un bibliographe et poète, Isaac-Laurent; Vincent, le premier artiste de la famille et le septième fils de Laurent-Gilles fut, en 1647, élève de Frans Hals, pendant neuf mois. Entra dans la gilde en 1649, s'occupa ensuite quelque temps à Monnikendam, puis, il se réunit à quelques autres peintres pour faire le tour de l'Allemagne, de la Suisse et de la France et revint à Haarlem, en 1653. A Paris, il travailla chez Pierre Forest. En 1656, il s'y maria pour la première fois. *Vinder* et trésorier de Saint-Luc, en 1662; se remaria en 1668; chacune de ses femmes lui donna six enfants. Le fameux bourgmestre Six, cet amateur si entendu, avait la plus grande estime pour le talent de Vincent-Laurent, artiste dont le mérite égala l'incroyable activité. A cette époque, il était de mode de faire peindre les enseignes par de grands artistes. Vincent acquit tant de réputation dans ce genre, qu'il fut surnommé le Raphaël des enseignes. Un de ses fils, Isaac, fut bon graveur. = Délivrance de saint Pierre, Bruxelles. = Beaucoup de génie, de feu et d'enjouement.

Vinne (Laurent Vander), le Vieux, fils de Vincent-Laurent. E. H. 1658-1729. HAARLEM. Fleurs, paysage. = Elève de Berchem, et, dit-on, de Teniers III, en 1673. Entra dans la gilde de Saint-Luc, en 1685. Ce peintre a beaucoup travaillé pour un certain Philippe de Flines, à Amsterdam, dont le cabinet fut vendu en 1700. *Vinder* de Saint-Luc, en 1729. Son fils, Vincent, a fait quelques gravures. Il était propriétaire d'une fabrique de coton et de rubans. = On reconnait dans ses paysages, et surtout dans ses arbres, la manière de son maître. Graveur.

Vinne (Jacques Vander), fils de Laurent, le Vieux. E. H. 1688-1737. HAARLEM. = Reçu, en 1735, dans la gilde des peintres, à Haarlem, comme peintre et graveur. On a de lui une gravure de peu de mérite mais très rare, exécutée à l'âge de onze ans. La fille de son fils George, Esther Vander Vinne, épousa Jean Van Lee; leur fils Vincent né en 1798 conserva le nom de sa famille maternelle et s'occupa de gravure dès sa plus tendre jeunesse. Il abandonna la culture de l'art.

Vinne (Laurent Vander), le Jeune, fils de Jacques. E. H. 1712-1742. HAARLEM. Paysage avec animaux. = Marié en 1735, il entra, la même année, dans la gilde de Saint-Luc.

Vinne (Jean Vander), le Jeune, fils de Laurent, le Vieux. E. H. 1699-1753. HAARLEM. Paysage, fleurs, etc. = Son mariage est annoté en 1732. Son fils Jean (1734-1805) a gravé. Egalement dessinateur.

Vinne (Vincent Vander), fils de Jean, le Jeune. E. H. 1736-1811. HAARLEM. Fleurs, fruits et paysage. = Elève de son père; il fut marchand de tableaux. = Ses dessins sont estimés; il travailla beaucoup pour les tapissiers. Graveur.

Vinne (Jean Vander), le Vieux, fils de Vincent-Laurent. E. H. 1663-1721. HAARLEM. Chasses, paysage et batailles. = Elève de son père. Afin de fuir sa belle-mère il se rendit en Angleterre, en 1686, et y reçut les leçons de Jean Wyck. De retour dans son pays, en 1688, il se réunit à son frère Isaac, et établit une fabrique de soieries, mais ne cessa point de cultiver l'art. Il se maria en 1698. = Musiciens ambulants, Vienne. = Bon dessinateur et graveur.

Vintcent (Louis-A.). E. H. 1812-1842. LA HAYE. Histoire, genre. = Elève de B.-J. Van Hove et de Kruseman. = Savoyard au repos. — Vieille femme lisant la Bible.

Vinton (Frédéric P.) E. An. 1846. VANGOR (Maine). Genre. = Elève de Bonnat. = La Mandoline.

Viola (Domin.). E. I. † 1696 (?). Histoire. = Elève de M. Preti, dit le Calabrese.

Viola (Jean-Baptiste). E. I. 1576-1622. Paysage, histoire. = Elève d'Annibal Carrache. Mort à Rome. = Touche très moelleuse.

Viollet-Leduc (Adolphe). E. Fr. ' 1840. Aquarelle, paysage etc. = Baptême du comte de Paris.

Virgilii (le Commandeur). E. I. † 1876. Genre, histoire. = Décédé à Trani. = Peintre distingué.

Virgilio. E. I. ' XVIe siècle. ROME. Histoire, grotesques et portrait. = Elève de Balthasar Peruzzi.

Viruli (Guillaume). E. Fl. (?). † 1678. Paysage. = Reçu franc-maître peintre, à Anvers, en 1672-73. Un des membres les plus zélés du Consistoire Calviniste, à Anvers. Plusieurs assemblées eurent lieu dans sa maison. Mort le même mois que Jordaens. Dans son acte de décès, il est nommé « le célèbre peintre... ». Il fut enterré à Ossendrecht. Son nom fut orthographié de diverses manières : Viruli, Viroeli, Virlij. On cite un tableau d'armure de Breughel de Velours où Renier de la Haye peignit les figures, Viruli exécuta le paysage.

Visacci (le). V. Cimatori.

Visch (Mathieu de). E. Fl. 1702-1765. RENINGHE (Flandre occidentale). Histoire, portrait. = Elève de J. Van den Kerckhove, à Bruges. Voyagea en France et resta plusieurs années en Italie. A Venise, il fut élève de J.-B. Piazetta. Revenu à Bruges, il y établit dans sa maison, en 1735, avec quelques-uns de ses confrères, une école de dessin; grâce à ses soins et à ceux de quelques autres amis des arts, l'Académie fut rétablie à Bruges en 1739; il en fut professeur et directeur. Il a écrit quelques notes sur la vie des peintres. = Portrait de religieuse, Bruges (Hôpital Saint-Jean). — Agar, *ib.* (Eglise Saint-Jacques). — Allégorie sur les arts, *ib.* (Académie). — Portrait du peintre, *ib.* — Même sujet, *ib.* — Portrait d'homme, *ib.* = Défauts de l'époque; goût maniéré; dessin peu correct.

Visconti. E. Fl. 1838-1880. Paysage. = Mort à Bruxelles.

Visentini (Antoine). E. I. 1689-1782. Perspective, paysage. = Détails inconnus. = J.-B. Tiepolo et Zuccherelli peignirent les personnages de ses vues.

Visino (Il). E. I. † 1512. FLORENCE. Histoire, portrait. = Elève de M. Albertinelli; fut conduit en Hongrie par des marchands florentins, et reçut beaucoup de commandes dans ce pays. Le roi le protégea, et son talent y était en grand renom, lorsqu'il mourut, par suite du climat froid de ce pays. = Bon dessin; coloris satisfaisant; exécution très soignée; composition variée et souvent bizarre.

Viso (le père Christophe). E. Es. ' XVIIe siècle. Portrait. = Moine franciscain; vivait à Madrid avec le titre de commissaire général des Indes. Mort dans cette ville.

Vispré. E. Fr. † 1790 (?). Fleurs, fruits. = Séjourna à Londres, où l'on croit qu'il mourut. = Peignait les fleurs et les fruits sous glace. On trouve encore quelques-uns de ses fragiles ouvrages. Graveur.

Visscher (Corneille de). E. H. ' 1570. GOUDA. Histoire, portrait. = Il se noya pendant la traversée de Hambourg à Amsterdam. La plupart des biographes se trompent en donnant pour dates de sa naissance et de sa mort 1520-1568. Le tableau qui se trouve à Vienne, et qui est signé par lui, en est la preuve. En outre, le portrait de Guillaume I^r d'Orange, mort sur un lit de parade, porte la date de 1584. = Portrait d'homme avec cette inscription : *Aetatis svae* 62. A° 1574. *Ars probat virvm*, Vienne. — Portrait de Guillaume I^r, mort sur un lit de parade, Amsterdam.

Visscher (Théodore). E. H. 1650 (?)-1707. HAARLEM. Paysage, animaux. = Elève de Berchem. Quelques auteurs ont donné sur la vie de cet artiste des détails romanesques dont l'authenticité est loin d'être reconnue. Il passa plusieurs années à Rome, où il mourut.

Vissenaken (Jérôme Van). E. Fl. ' XVIe siècle. Histoire. = Elève de Fr. Floris.

Visser (Adrien de). E. H. 1762-1837. ROTTERDAM. Paysage, portrait. = Elève d'Ommeganck, à Anvers. Habita Alkmaar à deux reprises et y mourut. = S'occupa longtemps à donner des leçons de dessin.

Visser (Guillaume de). E. H. 1802. SCHOONDYKE. Portrait, intérieurs. = Elève de J. de Cauwer, à Gand.

Visser (Pierre-Jean de). E. H. 1764. LEMMER (Frise). Portrait, intérieurs et paysage. = Elève de P. Barbiers, à Amsterdam. S'établit à Oldemarkt en Overyssel.

Vital ou **Vitale.** E. I. ' 1345. BOLOGNE. Histoire, portrait et miniature. = Elève de Franco de Bologne; peignit beaucoup avec son condisciple Lorenzo. = La Vierge et l'Enfant adorés, Bologne. = Monotonie désagréable; surnommé *des Madones*, parce que c'était là l'unique sujet que traitait son pinceau.

' **Vitali** (Alexandre). E. I, 1580-1630. URBIN. Histoire. = Elève du Barocci qui l'affectionna beaucoup. = Copia avec talent les ouvrages de son maître.

Vitali (Candide). E. I. 1680-1753. Fleurs, fruits, oiseaux, ornements, etc. = Elève de C. Cignani. = Grande fraicheur, composition charmante, pinceau plein de délicatesse.

Vite (Antoine), dit **Antonio de Pistoia.** E. I. ' 1403. PISTOIE. Histoire, portrait. = Elève de G. Starnina; envoyé à Pise par son maître, il y exécuta des tableaux qui lui valurent une réputation méritée.

Vite (Pierre della), frère de Timothée. E. I. ' XVIe siècle. URBIN. Histoire. = Ecole de Raphaël. = Très inférieur à son frère; on croit qu'il ne fait qu'un avec ce prêtre d'Urbin, parent et héritier de Raphaël et dont parlent plusieurs historiens.

Vite (Timothée della), dit **Timothée d'Urbin.** E. I. 1470-1524. URBIN. Histoire, portrait. = Elève et ami de Raphaël; petit-fils, par sa mère, d'Antoine Alberto, de Ferrare. D'abord orfèvre, il abandonna cet art pour la peinture; travailla à Bologne, puis à Rome, où Raphaël l'avait appelé, et enfin dans plusieurs villes secondaires de l'Italie. = Portrait de Raphaël, Rome. — Fresques, *ib.* — Madeleine au désert, Bologne. — Vierge glorieuse, Berlin. — Saint Jérôme, *ib.* = Manière grâcieuse et imitant celle de Raphaël; coloris suave; dessin satisfaisant. = Ventes : V. Carignan (1742), *Sainte famille*, 3,000 liv.— V. Northwick (1859), *Descente de croix*, 5,020 fr.

Vitelli, Vitel ou **Wittel** (Gaspard Van), dit **Gaspard Degli Occhiali.** E. I. 1647-1730. UTRECHT. Paysage, architecture, perspective et miniature. = Elève de Mathieu Withoos. Alla jeune en Italie et y demeura. Ayant perdu un œil, il continua néanmoins à peindre de grands sujets. Sa vie fut laborieusement remplie comme artiste, comme érudit et comme homme de bien. Il fut appelé à Naples par le vice-roi, qui le protégea constamment. Son surnom en Italie fut *Pictoors*. = Vue du village de Nettuno, Rome. — Vue de Grotta-Ferrata, *ib.* — Vues de Monte Cavallo et de Ponte Sixto, *ib.* — Et autres, *ib.* — Vue de Castel-Sant-Angelo, Florence. — Vue de la villa Medici, *ib.* — Vue de Saint Pierre à Rome, Vienne. — Vue de Venise, Paris. — Vue à Venise : le Doge rentrant au palais de

Saint Marc, *ib.* = Grande exactitude dans ses vues, belle perspective, coloris brillant, ciels négligés. Excella dans la miniature, manière de Canaletti.

Vitelli (Louis Van), fils de Gaspard. E. I. 1700-1773. NAPLES. Histoire. = Tenu sur les fonts par le vice-roi don Louis de la Cerda. Fut un des plus célèbres architectes de l'Italie; il est plutôt cité comme tel que comme peintre. = Fresques, Naples.

Viterbo (Laurent da). E. I. ' 1450. VITERBE(?). Histoire. = Détails inconnus. = Peintre à fresque.

Vito (Félicien de Saint). E. I. ' XVIe siècle. Histoire, portrait. = Elève de Daniel de Volterra; nommé par son maître un de ses exécuteurs testamentaires. = Cultiva aussi la sculpture.

Vitringa (Wigerus). E. H. 1657-1721. LEEUWARDEN. Marine. = Il était docteur en droit et appartenait à une famille distinguée. Il a dû habiter Alkmaar, car il y est inscrit dans la corporation des peintres, en 1696. Mort à Wirdum = Rivière agitée avec navires, Rotterdam. = Excellente touche, détails heureux, manque de transparence. Bon dessinateur.

Vitrulio. E. I. ' XVIe siècle. Histoire. = Détails inconnus.

Vittoria (Vincent). E. Es. VALENCE. = Détails inconnus. = Tableau, Rome.

Vivarini (Antoine), dit **Antonio da Murano,** frere de Barthélemy. E. I. ' 1460. MURANO. Histoire, portrait. = Eleve d'André de Murano. Associé avec Juste ou Jean Alemana. = Vierge glorieuse (Avec Jean d'Alemana), Venise. (Signé : Joanes et Antonius de Murano f. MCCCCXXXX,) — J.-C. entouré de quatre saints, *ib.* avec Jean d'Alemana. (Signé : M 1496. — Johanes. Alalianus Antonius. Dauriano F. (inscription qui doit être modifiée en Alamanus et Da Muriano). — Tableaux, *ib.* (Egliso Saint Zacharie). Il y a deux retables des mêmes auteurs; ils sont signés, celui de gauche : Johannes et Antonius de Murano pinxerunt—1443. — Celui de droite : — Johans et Antonius D. Murano inxerunt 1443. M. october hoc op^s f. f. venerabil. d. dna. Agnes Ma. mitiao Monaster S. Zacharie). — M. Viardot, dans ses recherches sur les œuvres d'art, [illegible] attribue ce tableau aux frères An[illegible]ovanni da Murano; c'est une erreur. [illegible] da Murano n'est autre que Jean ou [illegible]lemana, associé d'Antoni. — Vierge [illegible] Bologne. — Adoration des mages, [illegible] — Plusieurs figures de saints (Avec [illegible]ni), *ib.* = Bonne entente de la cou[illegible]es formes, beaucoup de soin.

[illegible]**ini** (Barthélemy), dit **da Murano,** frère d'Antoine. E. I. ' 1480. MURANO. Histoire. = Elève d'Antoine; dans plusieurs de ses tableaux on remarque un chardonneret *(vivarino)* par allusion à son nom; peignit à Venise, en concurrence avec les Bellini; s'occupait encore, en 1499; mort d'excès de travail. = Devant d'autel, Bologne (Avec Antoine). (Signé : Anno Dni MCcCcL H. Op^s inceptum fuit et perfectum venetiis ab Antonio et Bartolomeo fribs de Murano Ni. V. Pot. Max. Ob. Monumentum R. P. D. Ni. Car. O. S. †). Plusieurs sujets saints en six parties (Avec Antoine Vivarini), Berlin. — Saint George et le Dragon, *ib.* (Signé : *Factum Venetiis per Bartolomeum Vivarinum de Muriano pinxit* 1485). — Un évêque, *ib.* — La Vierge et l'Enfant, *ib.* — L'enfant Jésus dormant sur les genoux de la Vierge (chef-d'œuvre), Naples. (Signé : Bartolomeus Vivarinus de Murano pinxit 1490). — Saint Augustin, *ib.* (Signé : Bartholomeus Vivarinus de Muriano pinxit. M^{o}CCCCLXXIII). — Sainte Claire, *ib.* — La Vierge et quatre Saints, *ib.* — La Vierge et l'Enfant, Londres. = Travaillait assez inégalement; ses bons ouvrages peuvent être comparés à ceux des meilleurs peintres de son époque; belle perspective; imitation exacte et raisonnée de la nature.

Vivarini (Louis), dit **da Murano.** E. I. ' 1490. VENISE(?). Histoire. = On le croit frère et élève d'Antoine; travailla à Venise en concurrence avec Jean Bellini et Scarpaccio et ne resta point inférieur à ces deux maîtres. = Saint Jean-Baptiste, Venise. Saint Mathieu, *ib.* — La Vierge et plusieurs Saints, *ib.* (Signé : Abvixe Vivarino P. M. CCCCLXXX). — Portement de croix, *ib.* — (Eglise Saint Jean et Saint Paul). = Daté de 1414. (Ce dernier tableau doit appartenir à un peintre antérieur; peut-être à celui qui fut élève d'André de Murano). — Saint Jean l'Evangéliste, saint Jérôme et autres saints adorant l'Enfant sur les genoux de la Vierge, Berlin. -- Vierge glorieuse, *ib.* Saint Marc, *ib.* — Jésus dormant sur les genoux de la Vierge, Vienne. — Belle composition, sentiments bien exprimés, coloris plein de morbidesse, architecture noble et bien imitée de l'antique. On croit qu'il y eut un autre Louis Vivarini, florissant vers 1440 et élève d'Andrea de Murano.

Viverius (Jacques). E. H. 1543-1593. Miniature. = Célèbre miniaturiste sous Guillaume I^r d'Orange qui le tenait en haute estime.

Viviani (Antoine), dit **Il Sordo d'Urbino** (le sourd d'Urbin). E. I. ' XVIe siècle. URBIN. Histoire. = Elève de Frédéric Barocci; séjourna à Rome. = Vie de saint Jérôme (fresque), Rome. = Manière de son maître.

Viviani (Louis). E. I. ’ 1630. Urbin. Histoire. = Elève de Barocci ; parent d'Antoine Viviani. = Sa manière tient de celle de son maître et du style vénitien.

Viviani (Octave). E. I. ’ XVIIe siècle. Brescia. Architecture, vues. = Elève de Th. Sandrino. = Bâtiments : le Panthéon, Dresde. — Ruines, *ib.* — Perspective avec figures, Madrid. — Perspective, *ib.* = Goût moins sûr que celui de son maître ; style plus confus.

Viviano (le). V. Cadagora.

Vivien (Joseph). E. Fr. 1657-1734. Lyon. Portrait. = Se rendit jeune à Paris et y reçut les conseils de Lebrun ; se fit une grande réputation comme peintre au pastel et travailla pour les principaux personnages de l'Europe ; protégé par Louis XIV, reçu à l'Académie, en 1701, comme membre et ensuite comme conseiller ; premier peintre des électeurs de Bavière et de Cologne. Mort à Bonn. = Portrait de Fénélon, Munich. — Portrait de Maximilien-Emmanuel, électeur de Bavière, *ib.* — Portrait du peintre, *ib* — Portrait de Fénélon, Paris. = Dessin savant, coloris frais, ressemblance exacte, beau choix d'imitation ; grande facilité, exécution hardie. Un de ses fils fut son élève, accompagna son père en Allemagne et mourut à Bruxelles à l'âge de trente ans.

Vlaeminck (Jean de). E. Fl. Vers 1810. Gand. Portrait, genre, etc. = Elève de l'Académie de Gand. Cité par Nagler.

Vlaming ou **Vlaaming.** E. H. ’ XVIIIe siècle. Paysage. Vues de ville. = S'occupait à Amsterdam. Cité par Nagler.

Vleeshouwer (Isaac). E. H. 1643-1690. Flessingue. Histoire, portrait. = Elève et ami de Jordaens. Il s'occupa plusieurs années à Anvers, puis il revint s'établir dans sa ville natale.

Vlerick (Pierre). E. Fl. 1539-1581. Courtrai. Histoire. = Fils d'un homme de loi, il était destiné à la même carrière ; mais sa vocation artistique l'entraîna vers la peinture. Il se rendit à Malines après avoir reçu quelques leçons de Charles d'Ypres ; delà il visita Anvers où il s'arrêta dans l'atelier de Jac. Floris ; mais comme il n'y travaillait que comme ouvrier, et qu'il sentait que son talent méritait mieux, il partit pour l'Italie où il s'occupa assez longtemps chez le Tintoret ; à Rome, il étudia les œuvres de Michel-Ange, s'occupa de la peinture à fresque et travailla pour le Muziano qui le chargea de peindre des figures dans ses paysages. Après avoir encore visité Naples, il revint dans sa patrie en traversant l'Allemagne ; revenu à Courtrai, il ne put parvenir à s'y faire une réputation ; il essaya de se fixer à Tournai, n'y fut pas plus heureux et y mourut de la peste.

Vletter (Samuel de). E. H. 1816-1844. Amsterdam. Genre, portrait, histoire. = Elève de J.-A. Daiwaille et de J.-A. Kruseman. = Départ d'une famille bourgeoise.

Vleugels (Philippe). E. Fl. 1619-1694. Anvers. Histoire, portrait. = Elève de C. Schut. Sa mère, Catherine Geerts, était parente de Rubens, ce qui donna au jeune artiste l'entrée de l'atelier du grand peintre. Il se rendit en Angleterre, en 1641, pour y travailler sous les yeux de Van Dyck qu'il trouva mort ; vint à Paris, s'y fixa et fut nommé de l'Académie, en 1663. = Talent ordinaire ; coloris satisfaisant ; manque d'études ; réussit surtout dans le portrait.

Vleugels (Nicolas), fils de Philippe. E. Fl. 1664-1732. Paris. Histoire, genre. = Elève de son père et de Pierre Mignard. Il visita l'Italie ; fut élu membre de l'Académie des beaux-arts, à Paris, en 1716. En 1724, il fut désigné comme directeur de l'école française, à Rome, poste qu'il remplit avec une grande dignité. Il sut y conquérir, comme il l'avait fait à Paris, par son esprit et son caractère, l'estime et l'amitié des hommes les plus distingués. Le roi le nomma chevalier de Saint-Michel. Il avait été très lié avec Watteau. Mort à Rome. Les bulletins de l'Académie royale de Belgique, 2e série, tome XI, p. 686, commettent une erreur en faisant mourir notre artiste à 58 ans. L'épitaphe de Nicolas, donnée par l'auteur même de l'article des *Bulletins*, dit clairement qu'il mourut en 1732, *Ætatis LXVIII.* Nicolas Vleugels est donc né en 1664 ainsi que le déduit la notice en question. = Le lever, Valenciennes. La toilette, *ib.* — Apelle peignant Campaspe, chateau de Compiégne. — La Vierge visitant Elisabeth, Saint-Pétersbourg. — Sainte famille, *ib.* (Pendant du précédent). = Sa composition et son coloris rappellent l'école vénitienne et principalement Paul Véronèse. Goût maniéré de l'époque.

Vleys (Nicolas). E. Fl. ’ XVIIe siècle. Bruges. Histoire. = Il se rendit jeune en Italie où il reçut les leçons de C. Maratti. Reçu maître dans la corporation des peintres en 169[illegible] à Bruges. = Il a laissé très peu de tableaux.

Vleys (François), fils de Nicolas. E. Fl. † 1761. Bruges. Histoire (?). = Il ne cultiva la peinture que comme amateur, embrassa les ordres et devint chapelain de la cathédrale à Bruges, en 1736.

Vlieger. E. H. ’ XVIIe siècle. Histoire sacrée en petit. = S'occupait en Hollande ; s'établit à Hambourg où il mourut. Cité par Nagler. = Bon pinceau ; ton brun peu agréable.

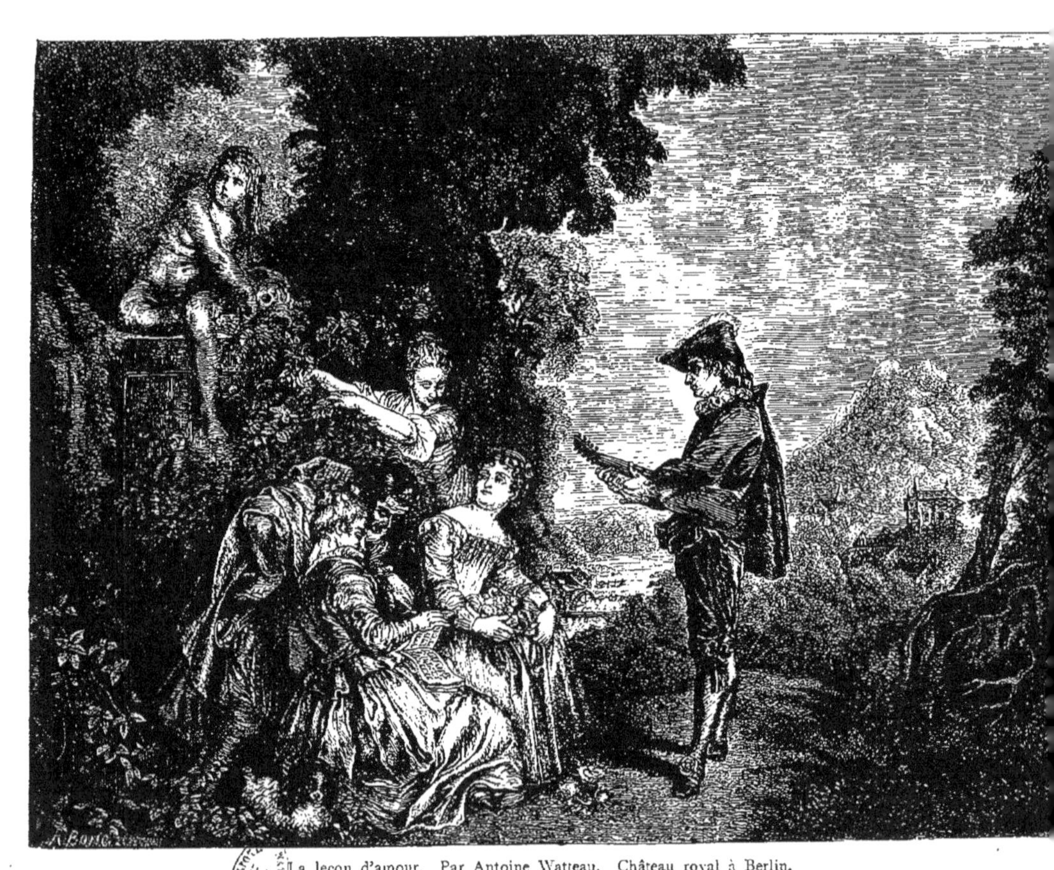

La leçon d'amour. Par Antoine Watteau. Château royal à Berlin.

Vlieger (Eeltje de). E. H. * XVIIe siècle. Fleurs. = Détails inconnus; probablement elle fut peintre amateur, et parente, sinon fille, de Simon.

Vlieger (Séraphin de). E. Fl. 1806-1848. ECCLOO. Portrait, genre. = Elève d'A. de Poorter. Mort à Alost.

Vlieger (Simon de). E. H. 1612. AMSTERDAM. Paysage, marine, portrait. = Dans les comptes communaux de Delft, on le trouve cité, en 1640 et en 1641 pour avoir livré des tableaux destinés à être reproduits en tapisseries; il y en a pour la somme, importante à cette époque, de 700 florins. (Voir *Recueil historique de Rotterdam* vol : III. Nygh et Van Dittmar). On ne connaît aucune autre particularité de la vie de ce peintre qui a une grande réputation; ses ouvrages font croire qu'il a reçu des leçons de Jean Van Goyen. Il enseigna son art à Guil. Vande Velde. = Les régates, Amsterdam (Chef-d'œuvre). (Signé et daté de 1656) — Mer légèrement agitée, avec vaisseau, Berlin. — Marine : Temps calme, avec vaisseaux, Paris. — Petit tableau de marine, *ib.* — Tempête sur mer, Dresde. — Marine : le lac glacé, avec patineurs, etc., *ib.* (Attribué). — Tempête sur mer, Munich (Chef-d'œuvre). — Marine, Anvers. — Marine, Saint-Pétersbourg. — La Meuse à Rotterdam, Copenhague. — Navires sur le Zuiderzée, *ib.* — Même sujet, *ib.* = Coloris relevé et argentin. Sentiment pur de la nature; il représenta la mer avec une grande vérité; beaux ciels; harmonie et perspective aérienne remarquables; exécution libre et pleine de douceur. Graveur sur cuivre de grand mérite. = Ventes. V. Delessert, (1869). *Marine*, 500 fr.

Vlieger (T. de). * XVIIe siècle Portrait. = Détails inconnus.

Vliet (Guill. Vander). E. H. 1586-1644. DELFT. Histoire, portrait, etc. = Un Guillaume Vander Vliet, fesait partie de la confrérie de Saint-Luc, à Delft, dès 1613. Il en était un des chefs, en 1634. Un Jean Van Vliet était graveur à Leide, en 1637. Nous le croyons distinct de Jean-George, l'élève de Rembrandt. Après avoir peint l'histoire, il s'adonna spécialement au portrait. = Portrait d'homme, Bruxelles. = Pinceau riche et savant. Touche ferme et facile.

Vliet (Henri Van ou Vander), neveu de Guillaume. E. H. 1605(?). DELFT. Histoire, portrait, clairs de lune, etc. = Elève de son oncle ainsi que de Michel Mierevelt. Reçu maître de Saint-Luc, à Delft, en 1632. Vivait encore en 1661. = Deux intérieurs d'églises gothiques avec figures, Gand. — Femme travaillant à la lueur d'une lampe, Berlin. — La vieille église à Delft, La Haye. — Intérieur d'église gothique, Munich. — La vieille église à Delft, Amsterdam. — Intérieur d'une église protestante, avec figures, Rotterdam (Daté de 1656). — Intérieur d'église : effet de soleil, *ib.* — La famille du vieux soldat, Copenhague. = Bonne entente du clair-obscur; effet chaud et brillant; il a peint quelques effets de lumière dans le genre de Schalcken. = Ventes : V. Meffre (1863), *Intérieur d'église*, 235 fr. — V. Van Cleeff (1864), *Intérieur d'un temple protestant*, 1,659.

Vliet (Jean-Gerges Van ou Vander). E. H. 1610(?). DELFT. Genre, portrait, etc. = Issu d'une famille patricienne. Elève de Rembrandt. = Enlèvement de Proserpine, Berlin. = Cet artiste a imité la manière de son maître; composition vulgaire jusqu'à la parodie, tons de chairs verts et faibles, ombres noires, exécution très soignée. Il a fait, d'après les ouvrages de son maître et d'après d'autres peintres, des gravures très estimées.

Vlieten (Michel Van). E. Fl. * XVIe siècle. = Demeurait à Bruges, en 1531.

Vlugt. V. Claessens.

Voelker. E. Al. * 1837. Genre. = Jeune fille et petit garçon sur un rivage.

Voerspoele (Arnold Van). E. Fl. * 1406. LOUVAIN. Figures. = Remplaça en 1417, Rombout Van Inghene, comme directeur de l'*Omgang de Louvain*. Un des artistes les plus renommés de sa ville natale, à cette époque. Exécuta, en 1420, un grand nombre de figures dans l'auditoire de la faculté de médecine et une peinture pour celui du droit civil. On croit qu'il mourut en 1453.

Voet (Charles-Borchart). E. H. 1670-1745. ZWOLLE. Insectes, fleurs, fruits. = Son frère, bourgmestre de Zwolle, était amateur de fleurs, de plantes et collectionneur d'insectes; c'est ce qui détermina la vocation du jeune artiste. A 19 ans il fut peintre du comte de Portland qui l'emmena en Angleterre. Il fut également protégé par le roi Guillaume III et devint plus tard employé à Dordrecht, sans abandonner son art et ses études favorites. Il est inscrit dans les livres d'ordonnances du prince Frédéric-Henri dès 1699, pour des travaux faits pour la maison d'Orange. En 1701 il travaille en collaboration avec Robert Duval; la même année il peint un tableau de fleurs dans l'appartement que le comte de Portland avait au château de Dieren, appartenant à Guillaume III. Il embellit de ses œuvres *Zorgvliet*, maison de campagne, du célèbre Cats.

Voet (Ferdinand). E. Fl. * 1680 ANVERS. Histoire, paysage, portrait. = Il se rendit en Italie et séjourna longtemps à Rome où il fit le portrait du pape Clément IX, et où ses ouvrages furent très recherchés; il passa deux fois en France et y fit quelques beaux portraits. La seconde fois c'était en revenant d'Italie avec les Van Bunnik d'Utrecht, pour retourner dans sa patrie. A Anvers, il donna de nouvelles preuves de son talent. = Bon dessin; arrangement spirituel. Graveur.

Vogel (Chrétien-L.). E. Al. 1759-1816. DRESDE. Genre, portrait. = Elève de Schoenau. = Portraits des deux jeunes fils du peintre, Dresde.

Vogel von Vogelstein (Charles), fils de Chrétien. E. Al. 1788-1868. WILDENFELS. Histoire, portrait. = Vie de la Sainte Vierge (Fresques). — Portrait de Frédéric-Auguste, roi de Saxe, Dresde. — Portrait du pape Pie VII, peint à Rome d'après nature, *ib.* — Portrait du poète Tieck.

Vogel (Pierre). E. Al. * 1835. FRANCFORT-SUR-LE-MEIN. Genre. = Goëtz Von Berlichingen.

Vogel (Corn. Jean de). E. H. 1824-1879. DORDRECHT. Paysage. = Elève de Verbruggen.

Vogel (Louis). E. Al. 1788-1879. Histoire. = Bataille de Sempach.

Vogelaer ou **de Vogel** (Charles Van), dit **Carlo di Fiore** et **Distelbloem.** E. H. 1653-1695. MAESTRICHT. Fleurs, fruits, nature morte et animaux. = Se forma dans sa ville natale, puis se rendit à Rome; de là il partit pour Lyon et Paris où il eut peu de succès. Revenu à Rome, il y fut protégé par C. Maratti qui lui fit peindre les accessoires de ses tableaux; il fut surnommé en Italie *Carlo di Fiore*. Mort à Rome. = Fruits dans un tableau attribué à Carlo Maratti. Dresde. — Fleurs, Schleisheim.

Vogelaer (Charles de). E. H. * 1586. Peintre sur verre. = Florissait à Utrecht et visita Amsterdam.

Vogelesanck (Isaac). E. H. 1688-1753. AMSTERDAM. Histoire, portrait, batailles et paysages avec figures. = Elève de Hugtenburg. S'établit à Londres, où il mourut. = Il peignit souvent des fonds de paysages dans les tableaux de ses confrères.

Voghelaere (Liévin de). E. Fl. * 1625. Paysage.

Vogt. E. Al. * XVIIIe siècle.

Vogtherr (Henri). E. Al. * 1527. STRASBOURG. Histoire(?). = Détails inconnus

Voigt (Mlle). E. Al. * 1837. Portrait.

Voillemot (André-Ch.) E. Fr. 1822. PARIS. Genre. = Elève de Drolling. = Fête galante. — Crépuscule.

Voirin (Claude-Joseph). E. Fr. * XVIIIe siècle. GERMINY (Lorraine). Histoire, portrait. = Peintre du duc Léopold de Lorraine, en 1715.

Voiriot (Guillaume) E. Fr. 1713-1799. PARIS. Portrait. = Agréé à l'Académie, en 1757 et nommé académicien en 1759; membre de l'Institut de Bologne, de l'Académie de Florence et de celle de Rouen.

Vois (Adrien ou Arie de). E. H. 1641 (?). LEYDE. Genre, paysage, portrait et histoire. = Elève de Knupfer et d'Abraham Van den Tempel. Ayant épousé une femme assez riche, il abandonna son art et vécut douze ans dans la paresse et l'oisiveté. Au bout de ce temps, la nécessité l'obligea à reprendre ses pinceaux, ce qu'il fit avec le plus louable empressement. Son activité ne se démentit plus, heureusement pour l'art. Kramm croit que l'année de sa naissance doit être reculée. Cela est sans aucun doute si les dates inscrites sous certains de ses tableaux sont authentiques. Balkema le fait mourir en 1698. = Portrait d'un négociant assis à son bureau, Paris. — Un peintre à son chevalet (On croit que c'est Adam Pynacker), *ib.* — Pêcheur portant un panier de poissons, Amsterdam. — Un musicien tenant son violon et un verre de vin, *ib.* — Paysan fumant sa pipe, *ib.* — (Musée V. D. Hoop). — Chasseur tenant une perdrix (Portrait), La Haye. — Vénus et Adonis, Berlin. — Paysage : baigneuse endormie, Dresde. — Le fumeur, *ib.* — La jeune bergère, *ib.* — Et autres, *ib.* — Le buveur, Munich. — Le fumeur, *ib.* — Portrait de vieille femme, Anvers. — Portrait d'homme, Rotterdam. — Allégorie : la justice et la paix que semble vouloir retenir l'Electeur de Brandebourg entouré de plusieurs autres personnages, Varsovie (Signé : *A. D. Vois f.*). = Il imita spirituellement Brauwer et Teniers; composition animée; coloris chaud et clair; exécution d'un fini qui se rapproche parfois de François Van Mieris. = Ventes : V. Braamcamp (1771), *Chasseur assis devant un arbre*, 1,210 florins. — V. Vaudreuil (1784), *Homme assis à une table*, 2,100 livres. — Même vente, *Portrait de Pynacker*, 1,802 liv. — V. Tronchin (1789). Le même, 1,150 liv. — V. Lorez (1804), *Tableau allégorique* sur les dépenses de Louis XIV pour se créer un parti en Hollande, 1,501 fr. — V. Meffre (1863), *Le joueur de violon*, 140 fr.

Voisin (Philippe). E. Fl. * XVe siècle. = Peintre du Tournaisis. = Détails inconnus.

Volaire ou **Volère** (Jacques). E. Fr. * 1750. TOULON (?). Histoire, architecture, marine. = Son père, nommé Jean, était peintre attaché à l'arsenal de Toulon, mais originaire de Nantes; il peignait en 1682. Jacques travaillait également pour la marine dès 1730. Lié avec Vernet lorsque celui-ci vint peindre le port de Toulon, il devint bientôt son compagnon assidu et même, son collaborateur, pour les détails de perspective et d'architecture. Il le suivit à Bordeaux, Bayonne, La Rochelle et ne se sépara de lui qu'en 1763; il alla s'établir à Rome où, selon Nagler, il fit deux tableaux de batailles navales pour l'empereur de Russie et où il devint membre de l'Académie de Saint-Luc. Valaire finit par s'établir à Naples et y mourut. Un peintre du nom d'André Volaire, fils ou frère de Jacques, travaillait à Toulon, en 1782. = Gloire de l'Eucharistie, Toulon (Eglise de Sainte-Marie). = D'après Nagler, Volaire aurait été un bon peintre de marine.

Volcker (Guillaume), le Vieux. E. Al. 1775. BERLIN. Fleurs, fruits. = Etudia à la fabrique royale de porcelaine, dont il était directeur. Membre de l'Académie. = Ses tableaux de petite dimension ont plus de mérite que les grands.

Volcker (Guillaume), le Jeune, fils de Guillaume, le Vieux. E. Al. ' XIXe siècle. BERLIN. Fleurs, fruits. = Elève de son père. = Tableau de fleurs, Munich.

Volcker (O.), fils de Guillaume, le Vieux. E. Al. 1810. BERLIN. Paysage. = Elève de son père. = Un moulin. — Environs de Dessau.

Volder (Josse de). E. H. 1600. HAARLEM. = Inscrit, en 1632, dans les registres de Saint-Luc; secrétaire-adjoint, puis secrétaire de cette corporation, en 1642. Homme honoré et peintre capable.

Volders (Louis). E. Fl. ' 1666. BRUXELLES(?) Histoire, portrait. = On ne sait rien de l'existence de cet excellent peintre dont les portraits ont été souvent attribués à Coques. Mensaert le dit élève de Crayer. = Christ à la croix. (Ce tableau est signé L. VOLDERS), Louvain (Hôtel-de-ville). — Reddition du compte de la ville en 1703, portraits de magistrats communaux, *ib.* — Sainte Aye en extase, Bruxelles (Eglise de Notre-Dame de la Chapelle). = Ventes : V. des couvents supprimés, à Bruxelles (1785). *Notre Seigneur porté au tombeau*, (Hauteur 10 pieds 4 pouces. Largeur 7 pieds) 74 florins. — V. Bullion (1814). *La partie de musique* dans la cour d'une maison opulente (Portraits) 3,000 fr. — V. Pauwels, (1877). *Le même tableau* attribué à Coques. 7,000 fr. — V. Febure (1882). *Le même tableau* où reparait la signature de Volders avec la date de 1666, 6,505 fr.

Voleur (Guillaume le). ' XVe siècle. = Travailla, en 1453, au banquet de Lille.

Voleur (Jehan le). E. Fl. † 1417 (?). = Peintre et valet de chambre du duc de Bourgogne; en outre, gouverneur de sa maison de plaisance, le château de Hesdin

Voleur (Colart ou Colin le), fils de Jehan. E. Fl. ' XVe siècle. = Obtint de l'emploi pour plusieurs années, en la même qualité que son père; c'est lui qui fut l'auteur des mécaniques et des surprises que renfermait le château de Hesdin, ce dont le duc le récompensa par une somme de 1,000 livres. Il fut généralement employé, avec Hue de Boulogne, à peindre des bannières et des pennons. En 1443, le nom de Colart disparait des archives du duc.

Vol-How (H.). E. Fl. Nature morte. = Cité par les catalogues espagnols. C'est très certainement un nom estropié par les copistes de cette signature. = Oiseaux morts, Madrid.

Volk (Fred.-J.). E. Al. 1817. NORDLINGUE. Paysage, genre. = Tableaux à Berlin, Cologne, Munich, etc.

Volk (Louis). E. Al. 1825. AUGSBOURG. Animaux.

Volkers (Emile-F.-H.). E. Al. 1831. BIERKENFELD. Genre. Chevaux. = Elève de Rietschel et de Schnorr.

Volkhart (Guillaume). E. Al. 1815-1876. HERDEECKE. Histoire, genre. = Abdication de Marie Stuart. — Herminie et Tancrède.

Volkhart (Max). E. Al. 1848. DUSSELDORF. Genre etc. = Gravelotte. — L'audience du bourgmestre.

Volkert. E. H. ' 1450. HAARLEM. Histoire. = Cet artiste dessina beaucoup pour les peintres sur verre. = Manière hardie.

Volkmar (Antoine-E.-C.). E. Al. 1827. BERLIN. Genre, portrait. = Elève de Schrader et de Léon Cogniet.

Volkoff (Théodore). E. R. 1729-1763. KOSTROMA. = Poète et comédien : fondateur du théâtre russe.

Vollenhove (Herman Van). E. H. ' 1614. KAMPEN. Histoire. = Florissait à Utrecht. = L'artiste (?) faisant le portrait d'un homme et d'une femme âgés assis devant lui, La Haye. (C'est l'unique tableau que l'on connaisse de lui.) Une gravure de Vande Pas, datée de 1614, représente, d'après ce peintre, le Christ à Emmaüs.

Vollevens (Jean), le Vieux. E. H. 1649-1728. GERTRUIDENBERG. Portrait. = Son premier maître fut Nicolas Maas; puis il entra dans l'atelier de Jean de Baan qu'il aida à peindre ses portraits. Mort à La Haye. = Ressemblance parfaite.

Vollevens (Jean), le Jeune, fils de Jean, le Vieux. E. H. 1685-1758. LA HAYE. Portrait. = Nommé peintre de la princesse douairière de Jean-Guillaume prince d'Orange. Doyen de la corporation des peintres, à La Haye, en 1748; il l'était encore à sa mort. = Portrait du prince d'Orange et de sa famille. = Ses portraits avaient beaucoup de succès et lui étaient richement payés.

Vollmer (Adolphe-Frédéric). E. Al. 1806. HAMBOURG. Marine, histoire et paysage. =

Etudia à Munich et visita la France. = Vue de l'Elbe près de Hambourg. — Un port au lever du soleil. — Vue dans la forêt saxonne, Hambourg.

Vollon (Antoine). E. Fr. 1833. LYON. Nature morte. = Le singe à l'accordéon, Lyon. — Coin de halle.

Volmar. E. Al. † 1865. = Peintre et sculpteur. Mort à Bâle.

Volmarin. E. H. ' 1670. Batailles. = Mort avant 1691.

Volmelder (Auguste). E. Al. 1835. EICHSTETTEN (Bade). Paysage.

Volpato (Jean-Baptiste). E. I. 1633-1706. BASSANO. Histoire. = Abandonna l'état ecclésiastique pour se livrer à la peinture. Habita Vienne, Padoue et Venise. = Auteur, mathématicien, anatomiste, philosophe et métoposcope.

Volpe (Vincent). ' XVIe siècle. = Travailla pour et à la cour d'Angleterre, de 1514 à 1530. Il peignit les bannières et les gonfanons pour le grand vaisseau anglais, *Henri-Grâce-à-Dieu*.

Volpelière (Julie). E. Fr. ' 1815. MARSEILLE. Histoire, portrait. = Elève de Serangeli. = Saint Martin, Perpignan. — Amour endormi.

Volpi (Etienne). E. I. ' XVIIe siècle. SIENNE. Histoire. = Elève d'A. Casolano (?).

Volsum ou **Volxum** (Jean-Baptiste Van). E. Fl. 1679-1732. GAND. Processions, histoire, etc. = Elève de R. Van Audenaerde; en 1706, il fut admis dans la corporation des peintres à Gand. = Cavalcade qui eut lieu en 1717, Gand. = Coloris animé, dessin correct.

Volterre ou **Volterra.** V. Ricciarelli.

Volterrano (le). V. Franceschini.

Voltigeant (Josse). E. Fr. ' 1585. Histoire, décorations. = Peintre du roi; travailla au château de Fontainebleau où il décora le cabinet dit des empereurs. Il y a eu plusieurs artistes de ce nom et nous croyons qu'ils appartiennent à une famille flamande dont le nom a été traduit ou mal orthographié en France.

Voltolino (André). E. I. 1643. Portrait, histoire. = Elève de J. Locatelli. = Style étudié mais froid; réussit dans le portrait.

Voltri (Nicolas de). E. I. ' 1401. GÊNES. Histoire religieuse.

Voltz (Philippe). E. Al. ' XIXe siècle. BINGEN. Histoire.

Vonck (C. ou J.). E. H. ' XVIIe siècle. Nature morte, oiseaux. = Il peignit quelquefois des oiseaux dans les paysages de Ruisdael. = Chasse au chevreuil (Paysage de Ruisdael), Dresde. (Signé : J. V. R. enlacés et J. Vonck fec.). — Volaille, *ib.* = Pinceau de maître, coloris vigoureux et agréable, touche transparente.

Vonck (Elias). E. H. ' XVIIIe siècle. MIDDELBOURG. Oiseaux. = Il a fait des tapisseries. = Manière de A. Schouman.

Voogt (Henri). E. H. 1766-1839. AMSTERDAM. Animaux, paysages et vues de ville. = Elève de J. Andriessen. Visita Rome, s'y établit et y mourut. = Paysage italien; approche d'un orage, Rotterdam. — Paysage avec ruines, *ib.* — Buffles effrayés par un orage, Haarlem. = Graveur.

Vooght (N. (?) de). E. Fl. ' XVIIe siècle. Marine. = Cité dans un document de 1771, comme ayant été reçu en qualité d'étranger dans la gilde de Saint-Luc, à Bruxelles, en 1681. La même pièce raconte qu'il navigua en mer pendant plusieurs années.

Voordecker (Henri). E. Fl. 1778-1861. BRUXELLES. Paysage, animaux, portrait, intérieurs et pigeons. = Elève de J.-B. de Roy. = Le village et la chapelle de Waterloo, Bruxelles. — Enfants s'amusant avec des poules et des pigeons, Haarlem.

Voordecker (François), fils d'Henri. E. Fl. ' 1842. Histoire, portrait, paysage et genre.

Voordecker (Louise), fille d'Henri. E. Fl. ' 1842. Fruits, oiseaux.

Vooren (Jacques Vander). E. H. ' XIXe siècle. Genre. = Elève de J. Ter Beek. = Peintre amateur.

Voorhout (Jean), le Vieux. E. H. 1647. UITHOORN, près d'Amsterdam. Histoire, portrait. = Elève de C. Verbout, peintre d'intérieurs, à Gouda, et de Jean Van Noordt, peintre d'histoire et de portraits, à Amsterdam. En 1672, il alla s'établir à Frederikstadt; un peu plus tard, il quitta cette ville pour Hambourg. Ses amis le décidèrent à revenir à Amsterdam. Partout il eut le succès que méritait son talent. = Réussit également dans le portrait. Dessin soigné et noble. Composition bien entendue. Coloris ferme tourné au noir dans beaucoup de ses tableaux. Grande harmonie de couleur.

Voorhout (Jean), le Jeune, fils (?) de Jean, le Vieux. E. H. ' 1698. UITHOORN, près d'Amsterdam. Histoire. = Il a adopté le même genre que Jean, le Vieux.

Voorman (D.-Batavus). E. H. ' 1820. Histoire, portrait, genre, etc.

Voort (Corneille Vander). E. H. ' 1600. AMSTERDAM (?). Portrait. = Un des meilleurs peintres de portraits de son époque. On cite, parmi ses élèves, David Bailly qui reçut ses leçons jusqu'en 1608. Van Mander le croit né à Anvers, sans pouvoir l'affirmer.

Voort (Joseph Vander). E. Fl. ' 1734. = Elève de P. Rysbrack en 1689-90. Nommé doyen de la corporation de Saint-Luc, à Anvers, en 1734; il se racheta de cette charge.

Voort (Michel Vander), *alias* Vervoort, fils de Joseph. E. Fl. 1714-1777. ANVERS. Histoire. = Doyen de la corporation de Saint-Luc, à Anvers, en 1752. Directeur de l'Académie, la même année. Il peignit dans la salle des conférences de la corporation, un plafond à la détrempe, représentant *Apollon et les Muses*. Dès 1676-77 un Michel Vander Voort *alias* Vervoert, est inscrit comme élève dans les registres de Saint-Luc, à Anvers. Il pourrait être le grand père de Michel II. = Allégories : deux bas-reliefs en grisaille, Anvers. = Graveur.

Vorobieff (Mathieu). E. R. 1788' Vues. = Professeur en Russie. = Le cirque Maxime à Rome, Saint-Pétersbourg.

Vorre (Josse). E. Fl. † 1461. GAND. Histoire. = Elève de Jean Martins. Exécuta des peintures et un tableau à volets pour la chapelle des francs-bateliers, en 1441, ainsi que l'*Annonciation*, *la Présentation au temple* et *l'Ascension* pour des églises de Gand et *le Jugement dernier* pour l'église de Zwynaerde. = Il a laissé la réputation d'un artiste de mérite.

Vorsterman (Luc-Emile). E. Fl. 1595-1667 (?). BOMMEL. Paysage, etc. = Elève de Rubens. = Reçu franc-maître de Saint-Luc, à Anvers, en 1619-20; acquit la bourgeoisie dans la même ville, en 1620. Abandonna la peinture pour la gravure et excella dans cette dernière branche. Egalement marchand d'objets d'art. = Paysage, Dresde.

Vorsterman (O.). E. Fl. ' XVIIe siècle. Genre. = Cité par Nagler et uniquement connu par une gravure reproduisant un de ses tableaux.

Vorstermans (Jean). E. H. 1643 (?). BOMMEL. Paysage. = Elève de son père, peintre de portraits peu connu, et de Herman Saftleven. Ce peintre aimait beaucoup le faste et afficha toute sa vie une ridicule et ruineuse vanité. Etant allé à Londres, où il travailla pour Charles II, il se fit un grand nombre d'ennemis et fut mis en prison pour dettes. Un riche Anglais s'étant attaché Vorstermans pour lui faire peindre des antiquités, il partit avec lui; mais l'Anglais étant mort en route on n'entendit plus parler du peintre. = Petit paysage avec quelques retranchements, Dresde. = Ses vues du Rhin sont richement étoffées, d'un beau coloris et peintes avec goût.

Vortel. E. Al. ' 1835. Peintre sur verre.

Vos (de). Ce nom fut porté à Anvers par un grand nombre d'artistes dont beaucoup sortirent de la ligne commune. Outre ceux sur lesquels nous nous étendons plus loin, nous trouvons encore cités les peintres suivants : en 1489, Jean de Vos I, franc-maître de Saint-Luc, vivant encore en 1521; Gaspard, sans désignation de métier, élève en 1511; Jérôme I, franc-maître en 1535, sans plus que son nom; Pierre l'étoffeur, reçu comme fils de maître, en 1546, mort en 1591; Jacques l'étoffeur, franc-maître en 1559; Daniël, peintre, franc-maître et fils de maître en 1596; Hans ou Jean, élève en 1601, franc-maître en 1609, mort en 1627; Charles de Vos, élève chez un peintre, en 1604; Paul II, élève chez un peintre, en 1626-27; Jérôme, peintre, élève, en 1627-28 de Jérôme Van Kessel.

Vos (Philippe). E. Fl. ' 1585. BRUXELLES. = Se rendit en Espagne et y fut employé par Charles-Quint. En 1588, il se trouvait encore dans ce pays, puisqu'à cette époque il adressa au duc de Parme une requête appuyée par Philippe II, et tendante à obtenir levée du séquestre mis sur ses biens pour cause d'absence pendant les troubles religieux.

Vos (Corneille de), le Vieux, frère de Paul, E. Fl. 1585(?)-1651. HULST. Histoire, portrait. = Reçu franc-maître de Saint-Luc, à Anvers, en 1608, il en fut doyen en 1619-20. Ami d'A. Van Dyck qui peignit son portrait. Son fils, Jean-Baptiste, fut reçu comme fils de maître, dans la gilde de Saint-Luc, en 1643-44. Il mourut en 1679. On ignore le genre dans lequel il a peint. = Le concierge de la corporation de Saint-Luc, à Anvers. — Episode de la vie de Saint Norbert, *ib.* — Ex-Voto : portrait de famille en deux panneaux, *ib.* — Adoration des mages, avec volets, *ib.* — Le vœu à la Vierge, *ib.* — Mise au tombeau avec volets, représentant les portraits du peintre J. de Wael et de sa femme Gertrude de Jode, avec leurs saints patrons, *ib.* (Cathédrale). — Portrait de Corneille Lantschot, *ib.* (Eglise Saint-Jacques). Portraits du peintre, de sa femme et de ses deux enfants, dans un salon, Bruxelles (Figures de grandeur naturelle). — Une famille de sept personnes en promenade, Saint-Pétersbourg. — Trois cavaliers et une dame à une partie de jeu, Stockholm. (La tradition veut que les personnages soient Charles I^r d'Angleterre, la reine, un seigneur et Cromwell (?). (Signé). — Le triomphe de Bacchus, Madrid. — Apollon et le serpent, *ib.* — Vénus sortant de l'écume de la mer, *ib.* — Portraits d'un homme et de sa femme, Berlin (Signé : DC. Vos. f. A° 1629). — Baptême de Clovis, Vienne. = Sa manière appartient à l'école d'Antoine Van Dyck. = Ventes : V. Le Roy d'Etiolles (1864). *Deux portraits d'homme*, 4,000 fr. — V. Blaizel (1870). *Portraits du peintre, de sa femme et de leurs filles*, 12,220 fr.—*Portraits du comte Roos et de sa femme*, 6,460 fr.

Vos (Paul de), frère de Corneille le Vieux. E. Fl. 1590-1678. HULST. Chasses et batailles. = Elève en 1604, à Anvers, d'un certain Denis Van Hove, et en 1605, d'un peintre peu célèbre nommée David Remeeus qui donna également des leçons à Corneille. Chez le même maître étudia encore un Jean de Vos, élève en 1601, franc-maître en 1609. Il mourut en 1627 et fut probablement un proche parent de Paul et de Corneille sinon leur frère. Le père de ce dernier se nommait également Jean Paul, fut reçu en 1620 franc-maître de Saint-Luc. Il travailla beaucoup pour le roi d'Espagne et l'empereur d'Allemagne, qui tous deux estimaient son talent. Il a peint également des tableaux de chasses pour le duc d'Aerschot, son protecteur particulier. Van Dyck a peint son portrait. Un Paul de Vos II est inscrit comme franc-maître peintre, en 1632-33. Il fit partie de la chambre de rhétorique la *Violette*, et décéda en 1664-65. = Animaux et fruits, Madrid. — Renard courant, *ib.* — Combat de chats, *ib.* — Le chien et la pie, *ib.* — Cerfs et chiens, *ib.* — Tableaux, Schleisheim. — Cheval poursuivi par une meute, Saint-Pétersbourg.—Combat d'ours et de chiens, *ib.* (Pendants).—Cheval terrassé par des loups, *ib.* —Chasse au cerf, *ib.*—Combat de léopard et de chiens, *ib.* — (Tous ces tableaux sont signés. Ils sont attribués erronément à Snyders par Viardot). = Dans la plupart de ses ouvrages, de Vos peignit souvent du feu et de la fumée. Beaucoup de force et de vérité. Genre de Snyders auquel il resta très inférieur pour le dessin et le goût; il réussit le mieux dans les chiens et les cerfs; paysages très vrais. = Ventes : V. Salamanca (1867). *Chasse au cerf*, 3,200 fr. — *Chasse* (le pendant) 2,700 fr. — *Chasse à l'ours*, 6,000 fr. — *Chasse au tigre*, 6,600. — *Chasse à l'ours*, 3,100 fr. — *Chasse au sanglier*, 2,050 fr. — V. Salamanca (1875). — *Chasse au sanglier*, 5,000 fr. — *Chasse au taureau*, 2,500 fr. — *Chasse aux chevreuils*, 3,000 fr.

Vos (Corneille de), le Jeune. E. Fl. * XVIIe siècle. = Reçu, en 1633-34, dans la corporation de Saint-Luc, à Anvers, comme fils de maître. Il n'appartient point à la famille des de Vos de Hulst. = Etoffait les tableaux de ses confrères.

Vos (H.-J.). E. H. * XVIIIe siècle. Genre, intérieurs.

Vos (H.-G.), fils de H.-J. E. H. * XIXe siècle. Intérieurs, genre. = Intérieur avec des dames, Haarlem.

Vos (Jacques-A. de). E. Fl. * XVIIIe siècle. ANVERS. = Elève de l'Académie d'Anvers, en 1789.

Vos (Jean). E. Fl. * 1660. ANVERS. Portrait. = Peintre de mérite.

Vos (Pierre de), le Vieux. E. Fl. 1490-1567. LEYDE. = Doyen de la corporation de Saint-Luc, à Anvers, en 1536; il en avait été reçu franc-maître, en 1519.

Vos (Martin de), le Vieux, fils de Pierre. E. Fl. 1532-1603. ANVERS. Histoire, paysage et chasses. = Elève de son père et de F. Floris. Il visita l'Italie où il travailla pour les Médicis et où il devint élève et ami du Tintoret. A son retour, il fut reçu dans la confrérie de Saint-Luc, à Anvers, en 1558. Il en fut doyen, en 1572. En 1589-1590, il fut choisi comme expert, par le magistrat de Gand, pour évaluer le *Jugement dernier* que Raphaël Van Coxcie venait de terminer pour cette ville. = Jésus-Christ crucifié, Anvers. — Triptyque : triomphe du Christ, *ib.* — Triptyque : saint Thomas touchant les plaies du Christ, *ib.* — Nativité de Jésus-Christ, *ib.* — Triptyque : le denier de César, *ib.* — Triptyque : saint Luc peignant la Vierge, *ib.* — Saint François recevant les stigmates, *ib.* — Episodes de la vie du bienheureux Conrad, *ib.* — Tentation de saint Antoine, *ib.* — Grisailles, *ib.* (La cathédrale d'Anvers possède ses plus belles toiles). — Martyre de saint Jacques le Majeur, *ib.* (Eglise Saint-Jacques). — Crucifiement du Sauveur, Florence. — Tobie recouvrant la vue, Londres. — Portrait d'homme, Bruxelles. — Portrait de femme, *ib.* (Deux grisailles au revers de ces portraits qui formaient les volets d'un triptyque). — Panneau peint des deux côtés : 1° Pêche miraculeuse, Berlin; 2° Jonas précipité dans la gueule de la baleine, *ib.* — Allégorie, *ib.* — Saint Eloi, Bruges. — Saint Paul piqué par une vipère, Paris. — Le jugement dernier, Rotterdam.—Jésus-Christ à Emmaüs, Copenhague. = Le Tintoret l'employa pour peindre le paysage de ses tableaux. Dessin correct, couleur vigoureuse, touche délicate. Il est un des peintres les plus féconds de son temps. On cite comme une particularité extraordinaire de ce maître, les coiffures qu'il donnait à ses personnages.

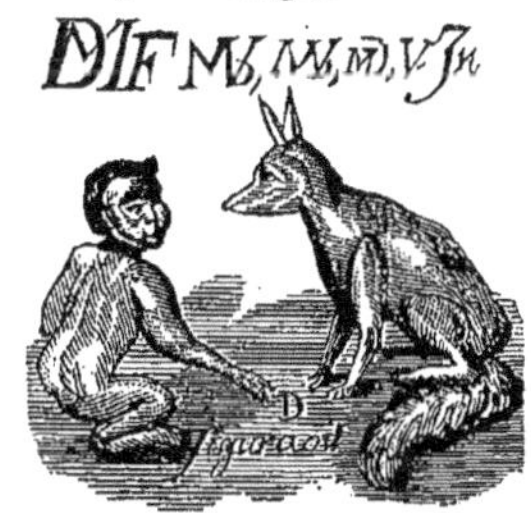

Vos (Martin de), le Jeune, fils de Martin,

le Vieux. E. Fl. 1576-1613. = Admis à Saint-Luc, à Anvers, en 1607.

Vos (Pierre de), le Jeune, fils de Pierre, le Vieux. E. Fl. * 1570. ANVERS. Histoire, etc. = Reçu comme franc-maître de Saint-Luc, à Anvers, en 1554, sous la dénomination de doreur de brosses d'habits; en 1560 seulement il apparaît, dans les registres comme peintre et ayant reçu des élèves. On croit qu'il aida son frère dans ses tableaux. Cité par Van Mander comme un très bon peintre; d'après Nagler, il travaillait encore en 1590.

Vos (Guillaume de), fils de Pierre, le Jeune. E. Fl. * 1600. ANVERS. Histoire. = Elève de son oncle. Van Dyck l'a compris dans les portraits des hommes célèbres de son temps. Reçu dans la corporation de Saint-Luc, à Anvers, comme fils de maître, en 1593; doyen en 1600. Un Guillaume de Vos est inscrit dans les registres de Saint-Luc, à Malines, comme étant entré en 1559 dans l'atelier de Jacques de Poindre. = Il imita la manière de son maître.

Vos (Simon de). E. Fl. 1603-1676. ANVERS. Histoire, chasses. = Elève de Corneille de Vos, son homonyme mais non son parent, en 1615, et de Rubens. Reçu franc-maître de Saint-Luc, en 1620. Il laissa aux pauvres la moitié de ses biens. Cette particularité se lit sur son portrait. Van Dyck a peint celui-ci. = Portrait du peintre, Anvers. — La cathédrale possédait autrefois un excellent tableau à volets de cet artiste, comparé aux ouvrages de Rubens. Ce tableau, enlevé en 1794, se trouve au musée de Lille, et ses volets à celui de Nantes. — Les œuvres de miséricorde, Varsovie. (Signé : *S. D. Vos in. et F.* 1635.) = Il peignait l'histoire en grand et en petit; dans quelques-uns de ses tableaux, on retrouve le coup de pinceau de son maître. On cite son portrait comme étant peint dans le style du Corrége. Profondes connaissances théoriques. = Ventes : V. de Rocheb. (1873). *Portrait de l'infante Isabelle*, 13,200 fr.

Vos (P.-J.-W. de). E. H. * 1826. Paysage.

Vos (Vincent de). E. Fl. 1829-1875. COURTRAI. Chiens.

Vos (Marie). E. H. * 1860. = Fleurs, fruits. = Etablie à Oosterhoudt (Hollande) avec Adrienne Haanen. (Voir ce nom).

Vosberg (Henri). E. Al. 1833. LEIR (Autriche). Paysage. = Elève de Schirmer.

Voskuil (Pierre). E. H. 1797. ZWOLLE. Paysage. = Elève de Schoemaker-Doyer.

Voskuil (Nicolas-G.), fils de Pierre. E. H. * XIXe siècle. = Elève de son père.

Vosmaer (Jacques). E. H. 1584-1641. DELFT. Paysage, fleurs et fruits. = Appartenait à une ancienne et noble famille. = Ses ancêtres étaient régents de la ville de Delft. Voyagea en Italie, revint dans sa ville natale, en 1608, et y épousa, la même année, Anne Vander Graaf dont il eut plusieurs enfants. Il était major de la garde bourgeoise. Doyen de Saint-Luc, en 1633. = Très estimé par les amateurs; à son retour de d'Italie, il ne peignit plus que les fleurs.

Vosmaer (Daniel), fils (?) de Jacques. E. H. * 1654. DELFT. Paysage, vues, etc. = M. Burger suppose qu'il était condisciple de Vermeer, de Delft, chez Ch. Fabritius. = Il a peint plusieurs fois la grande catastrophe de la poudrière de Delft. Un de ces tableaux se voit à l'hôtel de ville de Delft, (Signé : Daniel Vosmaer). — Une plage, étoffée par S. de Vlieger, parut dans une vente, en 1747, comme de Vosmaer, sans prénom. C'est probablement de Daniel. = Artiste de talent.

Vosnagel (Jean). E. H. * XVIIe siècle. LA HAYE. = Elève de N. Wieling. Mort ingénieur au service des états de Hollande.

Voss (Jacques). E. Al. * XIXe siècle. WASSENBERG. Portrait.

Vouet (Aubin), frère de Simon. E. Fr. 1595-1641. Histoire. = Elève de son frère Simon, qu'il aida dans ses travaux.

Vouet (Claude), frère de Simon. E. Fr. * XVIIe siècle. Histoire. = Elève de son frère Simon; celui-ci le chargea de l'aider dans quelques-uns de ses ouvrages.

Vouet (Simon), frère de Claude et d'Aubin. E. Fr. 1590-1649. PARIS. Histoire. = Elève de son père Laurent, peintre médiocre; ses progrès furent si rapides, qu'à quatorze ans déjà, il fut appelé en Angleterre et y recueillit des sommes assez considérables; emmené à Constantinople par l'ambassadeur français, son succès n'y fut pas moins grand; se rendit à Venise et de là à Rome; fut employé par le pape Urbain, et protégé par les Doria; nommé prince de l'Académie de Saint-Luc, en 1624; rappelé à Paris, par Louis XIII, et nommé premier peintre du roi à qui il eut l'honneur de donner des leçons; rival malheureux du Poussin, Vouet ne put lui pardonner son talent supérieur. La grande masse d'ouvrages qu'il eut à exécuter lui fit abandonner sa première manière si recommandable, pour en adopter une autre plus expéditive qui nuisit beaucoup à son coloris et à sa réputation. Plusieurs des grands peintres du XVIIe siècle sortirent de ses ateliers. Il est considéré comme le fondateur de l'enseignement académique en France. Aubin et Claude, ses frères, furent parmi ses élèves ainsi que sa première femme, Virginia de Vezzo et un fils dont on ne cite pas le nom. = Portrait de Suger, Nantes. — Saint Fabien, Rome. — Les trois

Ages, *ib.* — Saint Charles Borromée priant pour les pestiférés, Bruxelles. — Annonciation, Florence. — Saint Louis en extase, Dresde. — La salutation angélique, Berlin. — Jésus-Christ présenté au temple, Paris. — La Vierge, l'enfant Jésus et Saint Jean, *ib.* — Jésus-Christ crucifié, *ib.* — Allégorie sur la richesse, *ib.* — La foi, *ib.* — Jésus-Christ au tombeau, *ib.* — La charité romaine, *ib.* — Portrait en pied de Louis XIII, *ib.* — La justice, la modération, la force et la prudence, Versailles.—La Vierge et l'enfant Jésus, Saint Pétersbourg. — Mater Dolorosa, *ib.* — Plusieurs tableaux d'histoire, *ib.* = Eut une grande et bonne influence sur la direction que prit l'école française à son époque; dessinateur habile, coloris savant, pinceau facile, teintes fraîches; négligea le clair-obscur et la perspective. = Ventes : V. Chiquet (1768), *La Vierge et l'enfant Jésus*, 140 liv.—V. Conti (1777), *Vénus et Adonis*, 90 liv. — V. Fesch (1845), *Martyre de Saint Eustache*, 53 scudi.

SV Pi.

Vouet (Virginie, Vezzo-Velletrano, femme de Simon). E. Fr. † 1638. Histoire, portrait. = Détails inconnus.

Voullemier (Annette). E. Fr. 1796. Chatillon-sur-Seine. Genre, miniature. = Elève d'Aubry et de Regnault. — La sœur de charité.

Vouw ou **Vrouw** (Jean de). E. H. * 1670. Rotterdam. Paysage, etc. = Connu aussi comme architecte et dessinateur de plans et de cartes. On croit qu'il vivait encore en 1691.

Vrancx. V. Franck.

Vranque. E. Fl. * xve siècle. = Peintre demeurant à Malines. Fit, en 1413-14, le portrait de Mlle Catherine de Bourgogne. *(Archives de Lille)*. Nous pensons que dans ce Vranque il faut voir un Franck dont la biographie nous est encore inconnue.

Vreckom (Auguste). E. Fl. * 1845. Bruxelles. Portrait, genre.

Vredeman (Gérard). E. H. * 1613. Leeuwarden. = Peintre sur verre.

Vredenburg (J.). E. H. * 1826. Amsterdam(?). Portrait.

Vree (Nic. de). E. H. 1650 (?)-1702. Amsterdam. Paysage, fleurs. = Ami de Jean Luiken dont il partagea les croyances religieuses. Il est mort à Alkmaar où il s'était retiré. Il y est inscrit en 1697, dans la corporation des peintres. = Ses tableaux avaient du mérite.

Vreem (Antoine). E. H. † 1681. Dordrecht. = Elève de G. Schalken. Mort très jeune. On croit qu'il naquit vers 1660.

Vrelant (Guillaume). E. Fl. † 1481. Miniature. = Cité dans le plus vieux compte connu de la confrérie des enlumineurs de Bruges, celui de 1454; paya sa cotisation jusqu'en 1481; l'année suivante elle fut acquittée par sa veuve. Nommé tour à tour Vredelant, Vreylands et Vrelant. Il fit ajouter deux volets au tableau que Memlinc, son voisin et probablement son ami, exécuta pour la confrérie de Saint-Jean et s'y fit représenter ainsi que sa femme. = Miniatures du manuscrit des *Histores de Haynnaut*, Bruxelles (Biblio. de Bourgogne 2e volume). = Artiste renommé : bonnes proportions, draperies bien dessinées; chairs trop brunes; talent inégal.

Vrenay (Jean de). * xive siècle. = Travailla de 1396 à 1398, pour la ville de Tournai.

Vreumingen (Thierry-J. Van). E. H. 1818. Gouda. Paysage et vues de ville. = Elève d'A.-J. Van Wyngaerdt.

Vridric. V. Frédéric.

Vriendt (François de), le Vieux, dit **Frans Floris**, E. Fl. 1517(?)-1570. Anvers. Histoire. = Fils du tailleur de pierres, Corneille I; élève de L. Lombard, à Liége. Avant de se livrer à la peinture, il fut élevé pour devenir sculpteur. Revenu de Liége à Anvers, il y fut reçu franc-maître de Saint-Luc, en 1540. Il visita l'Italie et fut protégé par plusieurs grands seigneurs de son époque. On dit qu'il eut plus de cent vingt élèves. Grand ami du faste, il ne sut pas conserver les richesses qu'il avait acquises par son talent. = Le jugement dernier, Bruxelles. — Adam et Ève, Florence. — Enfants jouant avec un agneau, Londres. — Argus, *ib.* — La chute des anges rebelles, Anvers (Chef-d'œuvre). — Adoration des bergers, *ib.* — Saint-Luc peignant la Vierge, *ib.* — Adam et Ève dans le paradis terrestre et les mêmes après leur péché, Vienne. — Deux portraits, *ib.* — Adoration des bergers, Dresde. — Portrait de l'empereur Vitellius, *ib.* — La jeune rieuse, *ib.* — Jésus portant sa croix, *ib.* — Loth et ses filles, *ib.* — Sainte famille, Munich. — Le déluge, Madrid. — Portrait, *ib.* — Loth et ses filles, Berlin. — Vénus et l'Amour, *ib.* — Vulcain exposant aux yeux des dieux, Vénus et Mars enfermés dans un filet, *ib.* — Caïn tuant Abel, Copenhague. — Les trois âges de l'homme, Saint-Pétersbourg (Chef-d'œuvre). = Il fut appelé de son temps, le Raphaël des Flamands. Dessin correct, composition large, exécution très fine. Graveur. = Ventes : V. Conti (1777), *Le festin des dieux*, 1,760 liv. — V. Nogaret (1807), *Diane et Calisto*, 700 fr.

FF, FF

FF INVE, FF

Vriendt (François de), le Jeune, dit **Floris,** fils de François, le Vieux. E. Fl. * XVIe siècle. Histoire en petit et genre. = S'établit à Rome et y eut du succès.

Vriendt (Jean-Baptiste de), dit **Floris,** fils de François, le Vieux. E. Fl. * XVIe siècle. Histoire. = Assassiné à Bruxelles, par des Espagnols.

Vriendt (Jacques de), dit **Floris,** frère de François, le Vieux. † 1581. ANVERS. Histoire, portrait. = Reçu franc-maître de Saint-Luc, à Anvers, en 1551. Excellent peintre sur verre. = Le dernier jugement, Bruxelles (Verrière à l'église Sainte-Gudule).

Vriendt (Corneille III de), dit **Floris,** neveu de François, le Vieux. E. Fl. 1551(?)1615. ANVERS. = Reçu franc-maître de Saint-Luc, à Anvers, en 1577. Fils du sculpteur et architecte, Corneille Floris II et petit-fils du tailleur de pierres, Corneille I, l'auteur de cette nombreuse famille artistique, ce peintre possédait beaucoup de talent; il habitait Anvers, mais un document authentique prouve qu'en 1586, il avait quitté la ville et le pays de Brabant. Toutefois il revint mourir dans sa ville natale. Son fils, Jean, également peintre, fut reçu franc-maître de Saint-Luc, en 1615, à Anvers. Il mourut en 1650. Il y eut encore un Jean Floris, fils de Corneille, le Vieux, fabricant célèbre de pots de faïence sur lesquelles il peignait avec talent des petites scènes plaisantes, des figurines etc. Il fut admis au service de Philippe II, roi d'Espagne, et mourut jeune dans ce dernier pays. = Il était également sculpteur.

Vriendt (Jean de). E. Fl. * 1620. Paysage.

Vries (Adrien de), le Vieux. E. H. * 1590 LA HAYE. = Se fixa à Prague. Plus connu comme sculpteur que comme peintre. Il exécuta des travaux admirables, comme sculpteur, à Prague. Quoique plusieurs biographes assurent qu'il a peint, aucun n'a pu désigner le genre qu'il avait choisi, ni les tableaux qu'il a exécutés. Il a été très souvent confondu avec Adrien de Vries d'Amsterdam, le peintre hors ligne passé sous silence par ceux qui ont écrit sur l'art; il est fort possible que ce dernier ait été fils du sculpteur auquel on peut avoir attribué les peintures d'Adrien, le Jeune.

Vries (Adrien de), le Jeune. E. H. * 1635. AMSTERDAM. Portrait. = Ce grand peintre, aimé et admiré de Rubens et de Van Dyck, a été, jusqu'à présent, à peu près complètement oublié par les biographes; il se rendit à Paris avec de chaudes recommandations de Peiresc qui s'occupe de lui dans plusieurs lettres à Du Puy (Puteanus). (Voyez *Journal des Beaux-Arts*, 1861), et le *Bulletin-Rubens*, t. Ier, Nagler le dit né vers 1600. Il doit avoir peint les portraits de plusieurs grands personnages de France; on a la gravure de celui de Jacques de la Baraudérie (Adr. de Vris (*sic*) pinxit). Il est presque incroyable que l'on n'ait pu fournir aucun renseignement sur la vie d'un artiste aussi éminent et donc le prénom même est contesté car on prétend qu'il s'appelait *Abraham*. Il ne serait pas impossible que ces incertitudes proviennent de ce qu'il y aura eu plusieurs de Vries à la même époque. Un Adrien de Vries fut reçu franc-maître peintre à Anvers, en 1634-35. S'agirait-il de notre artiste et celui-ci serait-il venu étudier à la grande école de Rubens? = Portrait d'homme (Présumé celui du peintre), Dresde (Signé : *A. de Vries*. Ao 1639). = Grande finesse, modelé et dessin pleins de profondeur; harmonie merveilleuse; digne à la fois de Holbein et de Rembrandt.

Vries (Abraham de). E. H. * XVIIe siècle. = Reçu dans la gilde de Saint-Luc, à La Haye en 1644. M. van Westrheene le donne comme ne faisant qu'un avec Adrien de Vries, le célèbre peintre de portraits, en ajoutant que celui-ci est improprement nommé Adrien. Nous renvoyons cet auteur à notre notice sur Adrien de Vries, le Jeune.

Vries (Gérard de). E. H. * 1635 (?). = Les tableaux délaissés par lui furent vendus à Haarlem, en 1635, en même temps que ceux de Corneille Gael, son beau frère.

Vries (Catherine Julia ROETERS VAN LENNEP, Mme de). E. H. 1813. ALMELO. Fleurs et fruits. = Membre de l'Académie des beaux-arts d'Amsterdam.

Vries (Didier de). E. H. * XVIe siècle. FRISE. Cuisines, échoppes de fruits. = Il habita quelque temps Venise. = Bon coloris, du naturel.

Vries (J.-C. de). E. H. 1804. AMSTERDAM. Portrait, intérieurs et marine. = Elève d'Odevaere et de Paelinck, à Bruxelles. Etabli à Boston.

Vries (Jean-E. de). E. H. 1808. AMSTERDAM. Décorations.

Vries (Jean Fredeman ou Vredeman de). E. H. 1527-1606 (?) LEEUWARDEN. Architecture et paysage. = Elève de R. Gerrits, peintre peu connu; il habita longtemps Malines et travailla aussi à Anvers, à Francfort, à Brunswick, à Prague, etc. Après un séjour à Hambourg, il vint à Amsterdam, puis à La Haye et ensuite retourna de nouveau à Hambourg. En 1586 il était à Anvers où il peignait la perspective et l'architecture dans un retable commandé à Raphaël van Coxie par des marguilliers d'une chapelle de Notre-Dame. De Vries travailla souvent aussi avec Michel van Coxie, entre autres pour son tableau de la

Circoncision. = Intérieur d'église gothique avec figures, Vienne. — Tableaux, Dantzig (Hôtel de ville). — Intérieur de la cathédrale d'Anvers, Hambourg. = Grand imitateur de la nature. Ordonnance spirituelle et variée. Ton délicat et clair. S'occupa beaucoup d'architecture et de perspective.

Vries (Paul de), fils de Jean Fredeman E. H. 1567. ANVERS. Architecture, paysage. = Mort à La Haye. Il aida beaucoup son père et fut un artiste de mérite.

Vries (Pierre de), fils de Salomon. E. H. 1587. LA HAYE. Paysage, architecture. = On ne connait aucun détail sur la vie de cet artiste. = Il imita la manière de son père.

Vries (Jean-Renier de). E. H. * 1657. HAARLEM. Paysage avec bâtiments, portrait, histoire.. = M. de Stuers, dans son catalogue du musée de La Haye l'appelle Renier Van Vries. = Lingelbach a étoffé quelques-uns de ses tableaux. = Paysage : Habitation rustique; le Seigneur au faucon, Amsterdam. — Paysage : Vue d'un village (Sur bois), Gand. — Paysage, Berlin. — Paysage : La treille, *ib.* Paysage : bergers et animaux, *ib.* — Pêcheurs près d'un canal, Rotterdam. — Le troupeau, La Haye. — Château en ruines sur une rivière, Copenhague. — Chasse au cerf, Bruxelles (Figures de Jean Asselyn). = Manière de J. Ruisdael. = Ventes : V. de Mecklembourg, (1870) *La chaumière*, 600 fr.

Vries (Mlle M.-A.-J. de). E. H. * 1824. Miniature. = Demeurait à Rotterdam.

Vries (N. de). E. H. * 1613. Décorations. = Florissait à Amsterdam.

Vroilynck (Gislain). E. Fl. † 1625. BRUGES(?). Histoire. = Il fut reçu comme franc-maître dans la corporation des peintres à Bruges, en 1620. Élu *Vinder* de la corporation en 1621, et *Stehouder* en 1622, office qu'il remplit jusqu'en 1623. = Déposition, Bruges (Eglise Notre-Dame, signé : *Vroilynck*, F. 1620).

Vrolyck (Jacques), alias **Fola.** E. Fl. * 1584. BETHUNE. = Reçu bourgeois d'Anvers, en 1584.

Vrolyk (Jacques-Adrien). E. H. 1834-1862. LA HAYE. Paysage. — Elève de Schelfout.

Vromans (Jacques). E. H. * XVIIe siècle. LA HAYE. Paysage. = Reçu membre de la société *Pictura*, à La Haye, en 1668.

Vroman (Nicolas), surnommé **Slangen-Schilder.** E. H. 1660. HOLLANDE. Plantes et animaux. = Détails inconnus. = Grand fini, beaucoup de naturel et bon coloris.

Vroom (Guillaume). E. H. * XVIe siècle. Histoire, vues, etc. = Détails inconnus. = Beaucoup de fini; composition animée.

Vroom (Henri-Corneille). E. H. 1566-1640. HAARLEM. Marine. = Elève et ami de Paul Bril, il apprit cependant d'abord son art à Delft, comme on le verra plus bas. Visita l'Espagne, l'Italie, la France, le Portugal, etc. Le cardinal de Médicis l'employa à Rome. Il fit, pour un fabricant de tapis, en Angleterre, une suite de dessins destinés à l'amiral Howard. Ces dessins pour tapis représentaient deux combats navals. Plus tard, Vroom se rendit en Angleterre, fut introduit auprès de l'amiral et s'étant fait connaître comme l'auteur des dessins susdits, il en reçut une gratification. En 1597, il obtint franchise pour toutes charges à remplir auprès de la corporation de Saint-Luc, dans sa ville natale. En 1601, on lui paya 60 livres pour la représentation de l'*Armada*, ou la flotte des 2,800 vaisseaux de Philippe. En 1603 il fut de nouveau occupé pour la ville. En 1610 il peignit le *combat naval de Gibraltar*, toile estimée à 2,400 florins. Montrée aux membres des Etats, elle fut acquise au prix de 1800 florins, pour être offerte au prince de Galles. En 1620, le conseil de l'Amirauté voulut lui commander le même sujet pour être offert au prince Maurice; mais l'entente ne put avoir lieu et la commande fut faite à C. Van Wieringen. (V. ce nom). En 1630 il peignit pour la ville un combat naval et en 1636 un autre tableau. En 1634, il fit don à la ville de Delft d'une vue de cette cité en considération, dit le vieux compte-communal d'ou est extrait ce renseignement, de la sépulture de sa mère dans la vieille église de Delft et aussi à cause de son affection particulière pour la ville où il apprit son art dans sa jeunesse. = L'Amiral Van Heemskerk faisant couler bas les galères espagnoles devant Gibraltar, Amsterdam. — Un port avec de grands vaisseaux, Haarlem (Hôtel de ville). = Exécution soignée; mauvaise perspective; eau trop verte.

Vroom (Corneille), fils de Henri-Corneille. E. H. † 1661. HAARLEM. Paysage. = Inscrit dans la corporation de Saint-Luc, en 1635. Il se libéra de la garde bourgeoise, en 1639, par un tableau de 325 florins, vendu à la régence; il reçut 125 florins et les 200 autres servirent à sa libération de tout service et corvées. Il paraît qu'il se retira de la gilde volontairement. Sa réputation était fort grande parmi ses contemporains. = Vue de la mer, Florence. = Souvent on confond ses ouvrages avec ceux de Ruisdael et de Hobbema.

Vroom (Frédéric), fils de Henri-Corneille. E. H. † 1667. HAARLEM. Histoire. = Dès 1619 il est inscrit dans la garde bourgeoise; en 1635, il fut sommé de payer sa redevance à la corporation de Saint-Luc. En 1651 on note son second mariage. = Il fut aussi architecte.

Vroom (Jacques). E. H. † 1700. SAARDAM.

Paysage. = *Vinder* de Saint-Luc, en 1653. Il se maria pour la seconde fois, en 1659, et pour la troisième fois, en 1668, à une femme catholique dont il eut, en 1671, un fils nommé Corneille.

Vroom (Adrien). E. H. * XVIIe siècle. = Franc-maître de Saint-Luc, à Haarlem, en 1637.

Vrye (Adrien de). E. H. XVIe siècle. = Peintre sur verre. = Elève des Crabeth.

Vrye (Thierry de). E. H. † 1681. GOUDA. Histoire. = Elève de Vautier Crabeth, le Jeune; étudia aussi à Utrecht. Visita plusieurs fois la France. = Peintre sur verre.

Vrymoet (J.). E. H. * 1788. Paysage. = Détails inconnus. = On connaît peu d'ouvrages de ce peintre. = Pinceau ferme, bonne couleur.

Vucht (Berthele Vander). E. Fl. * XVe siècle. = Travailla, en 1468, aux entremets de Bruges

Vucht (Jean Van). E. H. 1598. HOLLANDE. Intérieurs d'église. = Détails inconnus. La date de sa naissance est donnée par Nagler sans preuves à l'appui. Un de ses tableaux mentionné dans le catalogue de Hoet, est daté de 1628. = Intérieur d'église avec figures, Metz. (Sur bois).

Vucmuy (P.). E. H. * 1685. Portrait, genre. = Détails inconnus. = Genre de Nic. Maas.

Vuez. V. De Vuez.

Vuibert (Remi). E. Fr. * 1639. PARIS(?). Histoire, portrait. = Elève de S. Vouet; travailla presque toute sa vie à Rome. On le croit né vers 1607. Nommé quelquefois, par erreur, Remi Wibert. = Graveur

Vulcop (Henri). E. Fr. * 1454. PARIS. = Habile miniaturiste du roi Charles VII et de la reine Marie d'Anjou, ainsi que son frère Conrard également miniaturiste remarquable.

Vuillefroy (Dominique-F. de) E. Fr. 1841. PARIS. Paysage, marine, animaux. = Elève de Hébert et de Bonnat. = Paysages de Fontainebeleau.

Vulders. E. H. † 1789. AMSTERDAM. Décorations.

Vuwe (Hennequin et Guillaume de). * XVe siècle. = Travaillèrent aux entremets de Bruges, en 1468.

W

Waagen (Adalbert). E. Al. 1834. MUNICH. Paysage.

Waagen. G.-F. E. Al. 1794-1868. HAMBOURG. Histoire, portrait en miniature. = Fils d'un peintre. Directeur du Musée de Berlin et auteur de plusieurs ouvrages estimés sur l'art. = Portrait de la femme du peintre.

Waal (Juste de). E. H. † 1800, = Membre de la corporation des peintres, à Utrecht où il mourut, = Graveur.

Waard (Ant. de). E. H. 1689-1751. LA HAYE. Histoire, portrait et paysage. = Elève de S. Van der Does. Visita la France, et habita quelque temps Paris. Membre de la société *Pictura* à La Haye, en 1719. = Il a peint des tapisseries et des ornements de salon,

Waardenburg (Evrard). E. H. 1792-1839. HAARLEM. Portrait. = Mort à Arnhem où il était recteur du collége latin. = Peintre-amateur.

Waart (Jean Van der). E. H. 1667-1721. HAARLEM. Portrait, histoire. = S'établit pendant quelque temps à Londres où il fit beaucoup de portraits. = S'adonna également à la gravure.

Waas ou **Waes** (Arthur Van). E. H. † 1650 (?). GOUDA. Genre. = Elève de Vauthier Crabeth, le Jeune. Il visita la France et l'Italie. = Graveur.

Wabbe (Jacques). E. H. ' 1602. HOORN. Histoire, portrait. = Peintre d'assez de mérite.

Waech (Guillaume). E. Al. 1787. BERLIN. Histoire, portrait. = Elève de Kretschmar. = La Vierge et l'Enfant entourés d'anges. — Les neuf Muses (Fresques), Berlin.

Wachslunger (J.-G.). E. Al. ' 1700. Chasses, gibier et nature morte. = Travaillait en Bavière. = Gibier mort et oiseaux dans un paysage, Hambourg.

Wachsmuth (Ferdinand). E. Fr. 1802-1869. MULHOUSE. Histoire, portrait et paysage. = Elève de Gros. = Prise du fort Saint-Philippe (Port-Mahon), Versailles.

Wachter (George-Frédéric-Eberhard de). E. Al. 1762-1852. STUTTGARD. Histoire. = Elève de David. Visita l'Italie. Quelques auteurs le font naître à Bahlingen, dans le royaume de Wurtemberg. = Belle imagination, exécution faible, peu de couleur.

Wadin (Edouard). E. Fl. ' 1845. Paysage.

Waefelaer. E. Fl. ' 1785. Décors. = Cet artiste a peint dans beaucoup de salons particuliers des panneaux représentant des sujets villageois. = Beaucoup d'intelligence dans la disposition de ses sujets ; ciels bien traités, pinceau léger.

Waegeman (Henri). E. Al. 1536. ZURICH. Histoire, portrait. = On le croit fils d'un grand magistrat de Zurich ; admis dans la société des artistes de cette ville, en 1579. = Dessinateur à la plume.

Wael (Antoine de). E. Fl. 1629-1672. ANVERS. Figures. = Cité par Baldinucci comme

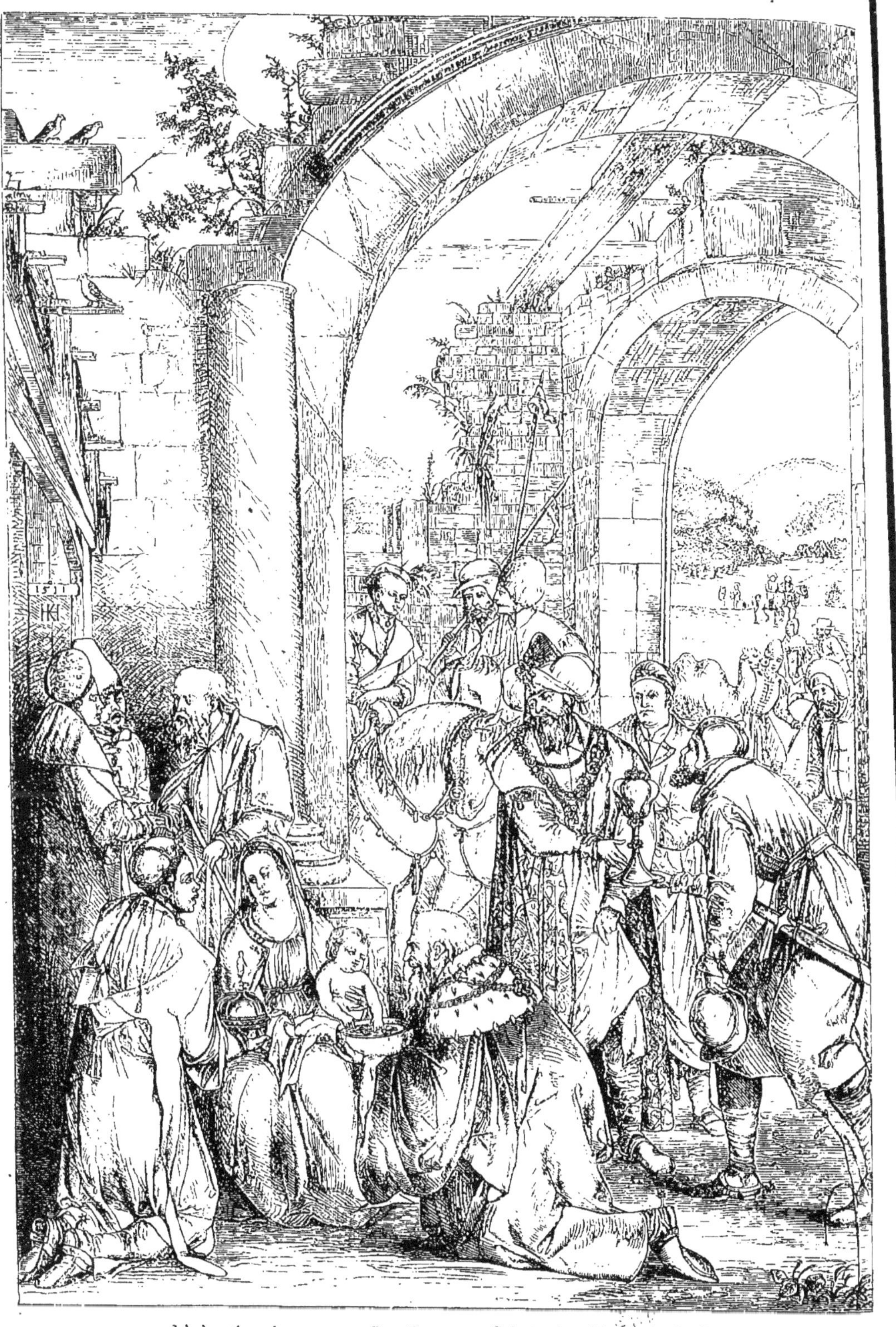

L'adoration des mages. Par Hans von Culmbach. Musée de Berlin.

étoffant les tableaux de B. Torregiani, à Rome. Tué par la foudre, dans son lit.

Wael (Jean de). E. Fl. 1558-1633. ANVERS. Histoire. = Elève de François Franck, le Vieux. Continua ses études à Paris. Doyen de la corporation de Saint-Luc, à Anvers, en 1594; il y avait été reçu franc-maitre dix ans auparavant. Van Dyck a gravé son portrait. Dès 1556 il y a déjà un Jean de Wael ou de Wale inscrit comme franc-maitre peintre dans les registres de Saint-Luc. = Tableaux dans les Musées d'Amsterdam, de Berlin et de Florence.

Wael (Corneille de), fils de Jean. E. Fl. 1592. ANVERS. Histoire, batailles et animaux. = Elève de son père. Le roi Philippe III lui fit de nombreuses commandes; il travailla également pour le duc d'Aerschot et accompagna son frère Luc en Italie; il eut beaucoup de succés à Gênes où il mourut, dit-on. Un autre Corneille de Wael est inscrit comme franc-maître, à Anvers, en 1560. La dette mortuaire d'un Corneille de Wael est inscrite dans les *Liggeren*, en 1661-62. S'il s'agit de notre Corneille, celui-ci n'est donc point décédé à Gênes. = Le passage de la Mer Rouge, Vienne. — Buveurs attablés, Nantes. = Composition riche; beaucoup de feu et d'expression. Graveur.

Wael (Luc de), fils de Jean. E. H. 1591-1661. ANVERS. Paysage, batailles. = Elève de son pére et de Jean Breughel. Inscrit comme fils de maître dans la corporation de Saint-Luc, en 1627-28. Il alla fort jeune en Italie et en France où il acheva plusieurs beaux ouvrages. En 1647-48, un Philippe de Wael est inscrit dans la gilde anversoise des peintres domme fils de maître. Van Dyck a gravé son portrait. = Ordonnance riche; il représentait avec un talent égal les tempêtes et le temps calme.

Waelkin (Georges). E. Fl. * xve siècle. BRUGES. = Inscrit, vers 1480, sur les registres de Saint-Luc.

Waerden (D.). E. H. Vers 1594. Genre. Détails inconnus.

Waerre (Arnold de). E. Fl. * xve siècle. YPRES. Travailla aux entremets de Bruges.

Waesberg (Simon Van). E. Fl. * xve siècle. = Travailla, en 1468, aux entremets de Bruges.

Wage (Pierre). E. Fl. * 1644. VALENCIENNES. = Reçu franc-maître de Saint-Luc, à Anvers, en 1640-41. Il y acquit le droit de bourgeoisie, en 1644.

Wagenbauer (Maximilien-Joseph). E. Al. 1774-1829. GRAFING (Bavière). Paysage, animaux, figures, etc. = Inspecteur de la galerie royale, à Munich, où il mourut. = Figures, animaux dans la *Vue du Walchensée* de Jacques Dormer, le Jeune, Munich. — Le jeune taureau, *ib.* — Paysage avec figures et animaux : l'aube, *ib.* — Paysage, *ib.* — Vue aux environs de Marquardstein, *ib.* = Animaux bien dessinés, belle imitation de la nature, beaucoup de naïveté et de grâce.

Wagenens. (Jacques.) E. Fl. * 1559. MALINES. = Reçu bourgeois d'Anvers en 1559.

Wagener (Jean-George) E. Al. 1642-1686. NUREMBERG. Histoire, portrait. = Elève de D. Preisler; habita quelque temps à Darmstadt.

Wagenschon (François-Xavier), E. Al. 1726-1790. PRAGUE. Histoire. = Elève de P. Brandel. Mort à Vienne. = Graveur.

Wagner (Alexandre, frère de Ferdinand). E. Al. 1838. EN HONGRIE. Histoire, genre. = Elève de Piloty. = Siège de Bagdad. — Picadores.

Wagner (Elise). E. Al. 1828. Fleurs. = La guirlande rompue, Dresde.

Wagner (Guillaume-G.). E. H. 1814-1855. LA HAYE. Vues de ville.. = Porte de ville antique. — Environs de Dinant.

Wagner (Jean), dit **de Kulmbach.** E. Al. 1500-1540. KULMBACH. Histoire, portrait. = Elève de J. Walch, puis d'Alb. Dürer, à Nuremberg. = Déposition, Nuremberg. — Quatre saints (1523), *ib.* — Descente de croix, *ib.* — Saint Nicolas, *ib.* — Un saint roi, *ib.* — La Vierge et l'enfant entourés d'anges, *ib.* (Eglise Saint-Sebald). (Chef-d'œuvre). — Tableau d'autel, Francfort-sur-Mein (Inst. Stædel). — Figures de saints, Couvent de Heilsbronn (Entre Anspach et Nuremberg). — Portrait : Jacques Fugger, le riche, Berlin. — Portrait de femme, *ib.* — Saint Zacharie, Munich. — L'adoration des mages, *ib.* — Descente du Saint-Esprit, *ib.* — Et autres, *ib.* = Coloris brillant, composition grâcieuse et parfois austère; fidèle au style de son maitre, il lui resta inférieur pour la conception, mais il le surpassa pour le goût et le sentiment de la nature, ainsi que pour la chaleur et l'harmonie du coloris.

Wagner (Marie-Dorothée DIETRICH, Mme). E. Al. 1728-1788. DRESDE. Paysage. = Une vallée avec un ruisseau et un moulin, Dresde.

Wagner (Simon). E. Al. ' 1824. STRALSUND (?). Genre.

Wagner' (Ferdinand). E. Al. 1820-1881. Histoire. = Elève de Cornelius et de Schnorr. = Fresques en Bavière.

Wagner (François). E. Al. 1810. BERLIN. Histoire, genre. = Elève de Hensel. = Adam et Ève. — Une fileuse.

Wagner (Jean-Martin). E. Al. 1778. WURTZBOURG. Histoire. = Elève de Füger. = Les héros devant Troie. — Conseil des dieux. = Egalement sculpteur.

Wagner (Edouard). E. Al. 1831-1859. BERLIN. Animaux. =Mort par suite d'un accident.

Wagner-Deines (Jean). E. Al. 1803-1859. HANAU (Hesse). Animaux, paysage.

Wahl (Jean-Salom.). E. Al. 1689. CHEMNITZ. Portrait. = Elève de Dav. Hoyer; étudia d'après nature, et habita Dresde, Hambourg et Copenhague.

Wahlberg (Herman-A.-L.). E. Al. 1834. STOCKHOLM. Paysage, Marine. = Nuit d'été en Suède. — Soir à l'ile de Waderon.

Wahlbom. (Jean-G.). 1810-1858. CALMAR. Histoire, animaux. = Peintre suédois. = Gustave II blessé mortellement à la bataille de Lutzen, Stockholm. — Animaux, *ib.*

Wailly (Léon de). E. Fr. ' 1819. Histoire naturelle, portrait. = Le tigre royal. — Le faisan doré.

Wal (Jacques-Marc Vander). E. H. 1644-1720. HAARLEM. Petites figures. = Elève d'A. Van Ostade. Doyen de Saint-Luc, en 1688. = Artiste de talent; bonne ordonnance. Manque complet de goût.

Wal ou **Wall** (J. Vander). E. H. 1728-1788. LA HAYE. Tapisseries, ornements, paysage, architecture. = Elève des peintres de tapisseries, Kruisbergen. Membre de l'Académie de La Haye en 1775; à cette époque, il s'établit à Amsterdam. = Très-entendu en architecture et en perspective.

Walch (Jacques). E. Al. 1470-1500. = Détails inconnus. Quelques biographes prétendent que Walch et Jacques de Barbari ne font qu'un seul et même artiste. = Portrait : l'empereur Maximilien I^r^, Vienne. — Portrait : l'empereur Maximilien I^r^, Munich. — Portrait d'homme, *ib.*

Walchartz. V. Valescart.

Waldeck (le comte Maximilien). E. Al. 1766-1875. PRAGUE. Architecture, vues, genre. = Elève de David et de Prud'hon, à Paris. Célèbre et infatigable voyageur. En 1869 deux tableaux de lui furent exposés. Ils représentaient des monuments aztèques avec le sous titre : *Loisirs d'un centenaire.* Mort à Paris.

Waldenburg (Frédéric-A.). E. Al. 1847. BERLIN. Paysage.

Waldmuller (Ferdinand-George). E. Al. 1793. VIENNE. Genre, portrait, paysage. = Portrait d'une vieille femme, Vienne. — Chasseurs tyroliens, *ib.* — Les mendiants, *ib.*

Waldmuller (....), fils de Ferdinand. E. Al. ' 1837. Portrait.

Waldorp (Antoine). E. H. 1803-1866. T'BOSCH (près de La Haye). Vues de ville et marine. = Ville en hiver, Haarlem. — Mer agitée du côté du Zuiderzée.

Waldorp (Jean-Gérard). E. H. 1740-1809. AMSTERDAM. Ornements, etc. = Directeur de l'Académie de dessin à Haarlem. En 1805, il était conservateur de la Galerie des Indes, à La Haye où il mourut. = Bon dessinateur, graveur.

Walen (J.). E. Al. ' xve siècle. ALLEMAGNE. = Détails inconnus.

Walens, Wallin, Wallinc ou **Walins** (Gilbert). E. Fl. † 1487 ou 1488. BRUGES. Histoire. = Inscrit en 1474, dans la confrérie de Saint-Luc, à Bruges. En 1475, le magistrat lui commanda un *Jugement dernier* destiné à la salle du tribunal du Franc. Remplit des fonctions dans la Gilde de Saint-Luc de 1481 à 1486.

Walens, Wallin, Wallinc ou **Walins** (Michel). E. Fl. (?) ' xve siècle. = Inscrit, en 1467 comme élève et en 1480 comme maître dans les registres de Saint-Luc, à Bruges. Mourut entre 1492 et 1495.

Walens, Wallin, Wallinc ou **Walins** (Guillaume), fils de Michel. E. Fl. † 1553. BRUGES. Histoire et miniature. =Reçu comme fils de maître, en 1506; on trouve son nom cité dans les comptes de la corporation, de 1527 à 1548; il y remplit des fonctions entre 1520 et 1547. Il mourut avant novembre 1553. Il y eut encore un Chrétien Walins ou Wallin, inscrit comme franc-maître en 1556.

Walker (G.). E. An. † 1875. Aquarelle. = Membre de l'Académie royale.

Walker (Robert). E. An. ' XVIIe siècle. Portrait. = Partisan de la révolution qui renversa Charles I^r^, il s'attacha à Cromwell dont il fit un grand nombre de portraits. = Deux portraits de Cromwell, Londres *(British Museum)*. Il paraît que le portrait de Cromwell de la galerie de Florence, attribué au chevalier Lely, est également de Walker.

Wall (Evrard G. Vande). E. H. ' 1626. = Peintre sur verre à Utrecht.

Wall (Guillaume R. Vander). E. H. 1756-1813. UTRECHT. Paysage, animaux. = Bon modeleur et bon dessinateur. Il fut le maître de Jean Kobell. Reçu dans la corporation des peintres, à Utrecht, en 1795.

Wallaert (P.). E. Fr. ' 1784. LILLE (?). Marine. = Tout ce que l'on sait de lui, c'est qu'en 1792, il demeurait à Toulouse = Marine, au musée de Toulouse.

Wallander (Joseph-W.). E. Al. 1821. STOCKHOLM. Genre. = Le rendez-vous.

Wallays (Edouard). E. Fl. 1813. BRUGES. Genre, histoire, intérieurs. = Elève de J. Geirnaert. Directeur de l'Académie de Bruges. = Maximilien d'Autriche recevant l'ordre de la Toison d'or. — L'église Sainte-Anne à Bruxelles. — Prométhée, Bruges. (Acad.). — La salle du Franc, à Bruges, *ib.*

Wallich (Arnold). * XIXe siècle. Décors. = Peintre danois.

Wallis. E. An. * XVIIIe siècle. Paysage. =

Wallis. E. An. * XIXe siècle. Genre. = Ecole des Pré-Raphaëlites.

Walraven (Isaac). E. H. 1686-1765. AMSTERDAM. Histoire, portrait = D'abord joaillier, il prit le goût de la peinture dans un voyage à Dusseldorf. Il avait déjà 24 ans lorsqu'il commença à étudier cet art. = Saint Jérôme, Dresde. — Portraits, *ib.* — Portraits, Munich. = Bon coloris, ordonnance sage, manière peu facile. Il a fait quelques gravures et a modelé.

Wals (Godefroid). E. Al. * 1640. COLOGNE. Paysage. = Elève d'Augustin Tasso, en Italie; travailla à Gênes, à Savone, et mourut à Naples, dans un tremblement de terre. = Manière d'Adam Elsheimer; on croit qu'il grava.

Walsche (P. G. de). E. Fl. * 1840. Paysage.

Walskapelle (Jacques). E. H. 1670. Fleurs, fruits. = Détails inconnus. = Fleurs, fruits, Berlin.—Fleurs dans un verre, Dresde. (Signé). — Deux tableaux, Schwerin. = Se forma d'après Jean D. de Heem. Aucun autre n'approcha si près de ce grand peintre pour la finesse du style et de la composition et le goût du sentiment; harmonie remarquable; exécution vraie dans les détails. La rareté de ses tableaux provient de ce que beaucoup d'entre eux sont attribués aux de Heem.

Walter. E. Al. * XVIIe siècle. STRASBOURG. Miniature. = Détails inconnus.

Waltmann (Jacques). E. Al. * 1837. Paysage.

Walton (E.). E. An. 1833-1880. Paysage. = Vues des Alpes.

Walvis (Ignace). E. H. * XVIIe siècle. GOUDA. Histoire. = On croit qu'il étudia la peinture en Italie. = Imita Raphaël. Bonnes figures, dessin correct.

Wamps. E. Fr. * XVIIIe siècle. LILLE. Histoire. = Elève de Restout. Premier prix de l'Académie royale de peinture de France, en 1715, avec son tableau : *Reconnaissance du peuple juif envers Judith.* = Jugement de Salomon, Lille.

Wandelaer (Jean). E. H. 1690-1759. AMSTERDAM. Portrait. = Rendit de grands services aux arts et fut aussi écrivain. Mort à Leyde. = Plusieurs auteurs ne le citent que comme dessinateur et graveur, cependant il a peint des portraits.

Wans (Jean-Baptiste) dit **le Capitaine.** E. Fl. 1628. ANVERS. Paysage. = Elève d'un François Van Oost. = Inscrit sur les registres de Saint-Luc comme franc-maître, en 1656-57. Capitaine de la garde bourgeoise dans sa ville natale. De juin 1662 à juin 1665, il dut être absent d'Anvers, car il paya et fut inscrit comme bourgeois forain. Vivait encore en 1683-84, année où la dette mortuaire de sa femme est inscrite dans les registres de Saint-Luc. = Paysage : le lac, Anvers. = Il fit des copies d'après Van Dyck.

Wappers (Gustave). E. Fl. 1803-1874. ANVERS. Histoire, portrait. = Elève de M. Van Brée et de Herreyns. Ancien directeur de l'Académie d'Anvers. Etabli à Paris. = Dévouement du bourgmestre de Leyde.—Pierre-le-Grand. — Episode des journées de septembre, Bruxelles — Dernier adieu de Charles Ier à ses enfants. = Considéré comme un des fondateurs de l'école belge.

Ward (Edouard-Mathieu). E. An. 1816-1879. Histoire. Genre. = Membre de l'Académie royale, à Londres. — Le docteur Johnson dans l'antichambre de lord Chesterfield, Londres. — Disgrâce de lore Clarendon, *ib.* — Episodes de l'histoire d'Angleterre, *ib.* = Ventes : V. Northwick (1859). *La disgrâce de Clarendon,* 21,034 francs.

Ward (Henriette). E. An. 1832. LONDRES. Genre.

Ward (James). E. An. 1769-1859. LONDRES. Animaux, paysage. = Elève de G. Morland, dont il épousa la sœur; Morland, à son tour, épousa la sœur de Ward. Nommé peintre du prince de Galles, en 1794. Membre de l'Académie, à Londres, en 1811. = Le conseil des chevaux, Londres. — Paysage avec bâtiments, *ib.* = Graveur.

Warenberger (Simon). E. Al. 1769 (?). BULACH (Bavière). Paysage. = Pensionnaire de la cour de Munich. = Graveur.

Warlincourt (Joseph). E. Fl. 1784. BRUGES Intérieurs d'église, de monuments, etc. = Elève de l'Académie de Bruges et de David, à Paris. Etabli dans cette dernière ville.

Warnaer ou **Warnars** (Jacques). E. H. * XVIIe siècle. Histoire, paysage. = Elève de Ph. Wouwerman, en 1642. = Il représentait souvent des baigneuses. Beaucoup de fini; belle ordonnance.

Warnyk. E. R. * XIXe siècle. Portrait, genre.

Wart (Thierry-Antoine Vande). E. H. 1767. AMSTERDAM. Miniature, paysage. = Elève de J. Kuyper; également professeur de musique. = Graveur

Wartel (Genev.-A. PAGÈS, Mme). E. Fr. 1796. NANTES. Portrait, miniature, histoire, etc. = Elève de Vincent. = L'amour et Psyché (D'après Picot).

Waser (Anne). E. Al. 1679-1713 ZURICH. Portrait, miniature. = Elève de J. Werner et de Sulker; employée par les cours de Londres, de Bade-Dourlach, de Stuttgard, de Wurtemberg et par la république de Hollande. Morte d'une chute. = Dessin correct; bonne ressemblance; essaya de peindre à l'huile, mais sans suécès. Exécuta quelques pastorales, avec beaucoup d'harmonie; littérateur distingué.

Washington (George). 1827. E. Fr. MARSEILLE. Histoire.= Elève de Picot.=Nomades dans le Sahara, Lille.

Wasmann. E. Al. ' 1837. Genre. = Pifferari entrant dans une cabane.

Wassenberg (Jean-Abel). E. H. 1689-1750 GRONINGUE. Portrait. = S'établit à Rotterdam et y devint élève de A. Vander Werf. D'abord destiné à l'étude des lettres, son penchant l'entraina à devenir peintre. Son fils, Jean, suivit la même carrière que lui.

Wassenberg (Elisabeth-Gertrude), fille de Jean-Abel. E. H. 1726-1782. GRONINGUE. Portrait, intérieurs. = Elle avait épousé le conseiller Fockens. = On connait peu de ses ouvrages. = Ordonnance spirituelle, beaucoup de fini.

Wassenhove (Josse Van). E. Fl. ' xve siècle. = Peintre à Gand, en 1469. Peignit, en 1467, pour l'église Saint-Jean, à Gand, quarante écussons pontificaux.

Wassileffski. E. R. ' 1700. Histoire. = Sous Pierre-le-Grand.

Watelet (Louis-Etienne). E. Fr. 1782-1866. PARIS. Paysage avec figures.=Elève de Valenciennes. = Henri IV et le capitaine Michaud (Figures de M. Comte). — Vallée des Alpes.

Waterlant (Mouweryn ou Mouryn et Nicolas Simonsz Van). E. H. ' 1480. HAARLEM. Histoire, décorations. = Simon, le père, était enlumineur de statues; ses deux fils furent probablement parmi les premiers artistes méritant ce titre qui aient vécu à Haarlem. Leurs noms se rencontrent, de 1473 à 1509, dans les archives de l'église de Saint-Bavon, en cette ville. Mouweryn est d'abord désigné comme enlumineur de statues; en 1478 on mentionne la mort de sa femme; en 1485, il reçoit, avec son frère, la commande de deux volets pour le tableau du maître autel; la même année ces artistes paraissent avoir collaboré avec un peintre nommé Jacques Willems; en 1487, ils reçoivent une commande nouvelle de deux volets identiques aux premiers; ayant satisfait aux exigences du contrat, il sont chargés de l'autre tableau; chaque partie devant être couverte d'or pour y » peindre artistement toutes sortes de figu- » res, il demanderont aide au meilleur pein- » tre qui existe en Hollande, etc., etc. » On fut sans doute satisfait de ce travail, car, en 1489, on leur commanda les volets extérieurs du maître-autel, sur lesquels devait être représentée la *Destruction de Jérusalem*. Enfin, en 1490, ils furent encore chargés de peindre un *Arbre de Jessé*. En 1509 est noté l'enterrement de Mouweryn. En 1527 est enterré Maritgen Momen, veuve du peintre Waterlandt. C'est sans doute la veuve de Nicolas, Mouweryn ayant perdu sa femme en 1478.

Waterloo (Ant.). E. H. † 1662. UTRECHT. Paysage. = Inscrit, en 1619, dans la corporation des peintres, à Utrecht. Il demeura plusieurs années dans une habitation de campagne située entre Maarssen et Breukelen, près d'Utrecht; c'est là qu'il invita Weenix à venir étoffer ses tableaux. Ceux auxquels ce dernier a mis la main, sont les meilleurs. Quoiqu'il soit mort à l'hôpital Saint-Job, à Utrecht, il ne faut pas inférer de là qu'il était réduit à la misère. Ces établissements, en Hollande, donnaient asile à différentes catégories d'individus : les pauvres et ceux qui payaient leur logement et leur nourriture. Comme la corporation de Saint-Luc tenait ses séances à l'hôpital de Saint-Job, à Utrecht, il n'est pas étonnant que plusieurs artistes s'y soient retirés. = Paysage, Florence. — Paysage avec figures, Berlin. — Paysages, Dresde (Attribués). — Paysage, forêt et chute d'eau, Munich. — Paysage boisé et rocheux, Rotterdam. = Ciels et lointains légers. Grands effets de lumière. Composition un peu froide, et coloris trop uniforme. Il est beaucoup plus connu comme excellent graveur que comme peintre.

Waterloo (Jean-Pierre). E. H. 1790. AMSTERDAM. Paysage.

Waterloos (Henri Van). E. Fl. (?) ' xve siècle. = Peintre de la confrérie de Saint-Luc, en 1450.

Watman (Henri). E. Al. ' 1650. Paysage. = Détails inconnus.

Watrin (J.-J.-M.). E. H. 1785. AMSTERDAM. Miniature.

Watt (H.). E. An. ' XIXe siècle. Genre.

Watteau (Jean-Antoine). E. Fr. 1684-1721. VALENCIENNES. Genre. = Fils d'un entrepreneur, il manifesta de bonne heure ses goûts pour l'art; confié à Dérin le meilleur maître de sa ville natale, il ne fut point livré à l'abandon comme l'on prétendu ses biographes. Se rendit à Paris où il végéta quelque temps chez des artistes médiocres, vivant de copies ou d'œuvres rapidement exécutées. Il vint enfin chez le peintre Gillot où il étudia, puis aida Audran dans ses décorations du Luxembourg. Il retourna à Valenciennes pour peu de temps; c'est à cette époque que l'on commença à apprécier ses tableaux. Revenu à Paris, il y continua à étudier d'après de bons modèles. En 1717, il fut reçu à l'Académie. Le succès ne changea rien à la défiance naturelle qu'il avait de lui-même ni à son caractère chagrin et mélancolique qui lui faisait préférer la retraite à toutes relations. En 1720, il fit une petite excursion en Angleterre, mais le mauvais état de sa santé le fit revenir en France où il mourut trop jeune pour l'art qu'il cultivait avec tant d'amour et de succès. C'est à Nogent où il espérait rétablir sa santé qu'il rendit le dernier soupir. = La conversation, Valenciennes. — Assemblée sur une terrasse, Dresde. — Réunion au pied d'une statue de Vénus, *ib.* — Bal champêtre, Madrid. — Vue du Parc de Saint-Cloud, *ib.* — Divertissements français, Berlin. — Le carnaval en Italie, *ib.* — La musique, *ib.* — Jeune homme, habillé à l'espagnole et jouant du luth, Vienne. — Nombreuse société se divertissant dans un jardin, Munich. — Embarquement pour Cythère, Paris. = Figure naïves, gracieuses et pleines d'expression, pinceau vrai, dessin correct. Sa composition se ressent du mauvais goût de l'époque quant aux costumes et à l'architecture. On prétend qu'à l'article de la mort, en voyant le crucifix que le curé de Nogent lui présentait, il s'écria : « Comment un artiste a-t-il pu si mal représenter les traits de Dieu? » = Ventes : Les tableaux d'Antoine Watteau ont été longtemps dédaignés; aujourd'hui une réaction exagérée s'est produite en leur faveur. V. De la Roque (1745), deux tableaux. *Fatigues* et *Délassements*, sur cuivre, 680 liv. — V. de Julienne (1767). *Fêtes vénitiennes*, 2,615 liv. — Même vente. *Mezzetin jouant de la guitare dans un jardin*, 708 liv. — V. Conti. *Halte de troupes et marche de cavalerie*, 1,026 l. — V. Randon, *Fêtes vénitiennes* de la vente Julienne, 3,000 fr. — V. Denon (1826). Deux petits tableaux, *Cavaliers et dames dans un jardin*, 3,015 fr. — V. Fesch. (1844). *Rendez-vous de chasse et amusements champêtres*, 29,350 fr. — V. Patureau (1857), *Amusements champêtres*, 6,000 fr. — Même vente, *Nymphe endormie*, 2,600 fr. — V. Monbrun (1861), *La balançoire*, 2,000 fr. — V. de Morny (1863). *Rendez-vous de chasse*, 31,000 fr. — *Les plaisirs du bal*, 37,000 fr. — *Récréation champêtre*, 15,000 fr. — *La dame à l'éventail*, 7,650 fr. — V. Maison (1869). *La toilette*, 13,000 fr.

Watteau (Louis-Joseph), neveu d'Antoine. E. Fr. 1731-1803. VALENCIENNES. Histoire, genre, fêtes villageoises et scènes militaires. = On ignore quel fut son maître, mais on pense qu'il se forma d'après les tableaux de son oncle; professeur à l'académie de Lille. Mort dans cette ville. = Les quatre parties de la journée, Valenciennes. — Le congé absolu, *ib.* — Tableaux d'église, Saint-Amand. = Composition facile, touche fine.

Watteau (François-Louis-Joseph), fils de Louis-Joseph. E. Fr. 1758-1823. VALENCIENNES. Histoire, genre, batailles et décor. = Elève de L. Durameau; professeur et ensuite directeur de l'école de dessin, à Lille, en 1798 et en 1812 Créateur du Musée de cette ville, où il est mort. = Le menuet sous le chêne. Valenciennes. — Mort de Socrate, Lille. — Et autres, *ib.* = Composition abondante.

Watteau (Julien), cousin d'Antoine. E. Fr. ' 1693. VALENCIENNES. Histoire. = Elève de G. Mignon. = Reçu franc-maitre peintre, en 1693. = Peintre de mérite.

Watterschoot (Henri Van). E. Fl. † 1748. ANVERS. Paysage, batailles, fleurs. = Vivait à Munich, dans la plus grande misère, malgré son beau talent. = Rival de Fr. Joa. Beich, qu'il surpassa dans quelques parties.

Wattier (Edouard). E. Fr. ' 1827. LILLE. Genre. = Elève de Gros. = Dessinateur.

Wattier (Emile). E. Fr. 1800-1868. PARIS. Genre. = Elève de Gros. = Sortie de l'église. — Ninon de l'Enclos et le marquis de la Châtre.

Watts (Mme). E. An. 1792-1815. ANGLETERRE.

Watts (Georges.-F.). E. An. 1820. LONDRES. Histoire = Alfred haranguant les Saxons. — L'amour et la mort. — Fresques à Lincoln's-Inn, Londres.

Watzdorf (Henri-Auguste de). E. Al. 1760. GREITZ (Saxe). Paysage, chevaux. = Travaillait en amateur. = Graveur.

Waudamus (Jean-Corneille). E. H. HOLLANDE. = On ignore s'il fut dessinateur ou peintre.

Wauquiere (Etienne). E. Fl. 1808-1869. CAMBRAI. Histoire, portrait, genre. = Elève de Hallez, à Mons et de l'Académie d'Anvers. Directeur de l'Académie de Charleroy, en 1830, professeur à celle de Mons, en 1840, puis directeur de la même institution, en 1854. = La peste, Mons. — Un avare, *ib.* — Incrédulité de Saint-Thomas, église de Thulin. — Portrait d'Ant. Wiertz, Bruxelles. — La Pologne (Allégorie).

Wauters (Charles-Augustin). E. Fl. 1808-

1869. BOOM. (Anvers). Histoire. Mort à Malines. — La Cène, Malines (Cathédrale). — L'albane et sa famille. — Mort de Marie de Bourgogne.

Wauters (Emile-Ch.). E. Fl. 1846. BRUXELLES. Histoire. = La folie de Vander Goes, Bruxelles. — Marie de Bourgogne, à Gand.

Wauters (J.), fils de Ch. A. E. Fl. 1840-1869. Histoire, portrait.

Wauters (Constantin). E. Fl. 1826-1853. ANVERS. Genre. = Elève de F. de Braekeleer. Mort à Naples. = Annonçait un talent distingué.

Waxschlunger (Paul). E. Al. ' 1720. Chasses, paysage. = Travaillait à Ratisbonne: mort très jeune à Bamberg.

Wayembourg. (Jean de). E. Fr. ' XVIe siècle. Portrait. = Portraitiste du duc de Lorraine, Charles III, et de sa famille.

Wazelin. E. Fl. ' XIIe siècle. Miniature. = Bénédictin, abbé de Saint-Laurent, près de Liége. Miniaturiste habile.

Webb (Charles M.). E. Al. 1832. BREDA. Genre. = Elève de Camphausen. = Le dimanche après-midi. — Les politiques — Les joueurs.

Webber (Jean). E. Al. 1751-1793. Marine, paysage, etc. = Fils d'un statuaire suisse; fit, avec le capitaine Cook, son troisième voyage et rendit à ce dernier de grands services. = Dessin net mais léché. Coloris brillant. Graveur.

Webbers (Zacharie). E. H. † 1697. AMSTERDAM. Histoire, portrait. = Elève de G. de Lairesse. Connu également comme théologien, il a publié des écrits sous le pseudonyme de *Jacobus Adolphszoon*. = Fit les portraits de plusieurs hommes célèbres de son siècle. = Suiderhoef et Van Gunst ont gravé d'après lui. Dessinateur.

Weber (Auguste). E. Al. 1817-1873. MANHEIM. Portrait. = Mort à Dusseldorf.

Weber (Antoine-Jean). E. Fr. 1797. Portrait, etc. — Elève de Gros et de Vaflard. = Dessinateur.

Weber (Paul). E. Al. 1823. DARMSTADT. Paysage. = Vues d'Orient, de Suisse, etc.

Weber (Théodore A.). E. Al. 1838. LEIPZIG. Marine. = Baie de Douarnenez. — Marée montante à Boulogne.

Webster (J.). E. Al. ' 1845. Genre. = Le lutrin de village.

Webster (Thomas). E. An. 1800. Genre, portrait. = Punch. — La lettre d'amour. — Les commères du village. = Ventes : V. Northwick (1859). *Le déjeûner* ou *la bêtise punie*, 26,000 fr.

Wechinger (Jérémie). E. Al. ' 1571. ANSPACH. = Devint bourgeois de Nordlingue, en Bavière, en 1571, y travailla avec Joseph Herlin, à la façade de l'hôtel de ville.

Wechter (George). E. Al. ' 1579. NUREMBERG. Nature morte (?). = Détails inconnus. = Graveur.

Wecter ou **Wechter** (Melchior de). ' XVe siècle. = Travailla aux entremets de Bruges, en 1468.

Weddige (Charles). E. Al. 1815. RHEINE. Histoire. = Femme aveugle auprès d'un bénitier.

Weeling (Anselme). E. H. 1675-1747. BOIS-LE-DUC. Intérieurs. = Quitta Bois-le-Duc pour Middelbourg et revint mourir dans sa ville natale, dans un état voisin de la misère. = Il peut être compris dans les bons peintres d'intérieurs. Adopta la manière de Godefroid Schalken.

Weeninx ou **Weenix** (Melle). E. H. Fleurs. = Citée dans les catalogues de Hoet et de Terwesten.

Weeninx ou **Weenix** (Jacques). E. H. ' XVIIe siècle. Fleurs, fruits, nature morte. = Il est probable qu'il fut le second fils de Jean-Baptiste Weeninx, né après 1647, et dont la vie est peu connue.

Weeninx ou **Weenix** (Jean-Baptiste). E. H. 1620 ou 1621-1660. AMSTERDAM. Histoire, paysage, portrait, nature morte, etc. = Elève d'A. Bloemaart et de N. Moeyaart. Il se maria à l'âge de 18 ans, avec la fille de Gilles de Hondekoeter, grand-père de Melchior. Weeninx avait un ardent désir de voir l'Italie : sa jeune femme et sa famille voulurent le retenir, il promit de n'être absent que pendant quatre mois, mais ces mois devinrent autant d'années. Il trouva à Rome un zélé protecteur dans le cardinal Pamphile, pour lequel il exécuta beaucoup de tableaux. En 1649 il faisait partie de la gilde de Saint-Luc, à Utrecht. Il vécut riche et honoré. = Gibier mort et instruments de chasse, Amsterdam. — Gibier, oiseaux, fleurs, etc., *ib.* — Fruits, singe, chien, gibier mort, *ib.* L'oie blanche, *ib.* (Mus. V. D. Hoop). — Portrait d'homme en pied, *ib.* — Levrier, *ib.* — Portrait d'une dame assise devant son miroir, Bruxelles (Attribué). — Port de mer italien, Anvers. — Nature morte, Londres. (Buck. Palace.) — Corsaires turcs débarqués et repoussés, Paris. — Port de mer avec bâtiments et figures, Vienne. — Herminie chez les bergers, Berlin. — Jeune fille endormie à côté d'un vieux bâtiment, Munich (Chef-d'œuvre). — Un chasseur avec un lièvre et des oiseaux, *ib.* — Et autres, *ib.* — Troupeau de chèvres et de brebis, Saint-Pétersbourg. — Et autres, *ib.* — Chaudronnier ambulant, Rotterdam. — Rencontre de Jacob et d'Esaü, Dresde. — Le petit chien et la poule

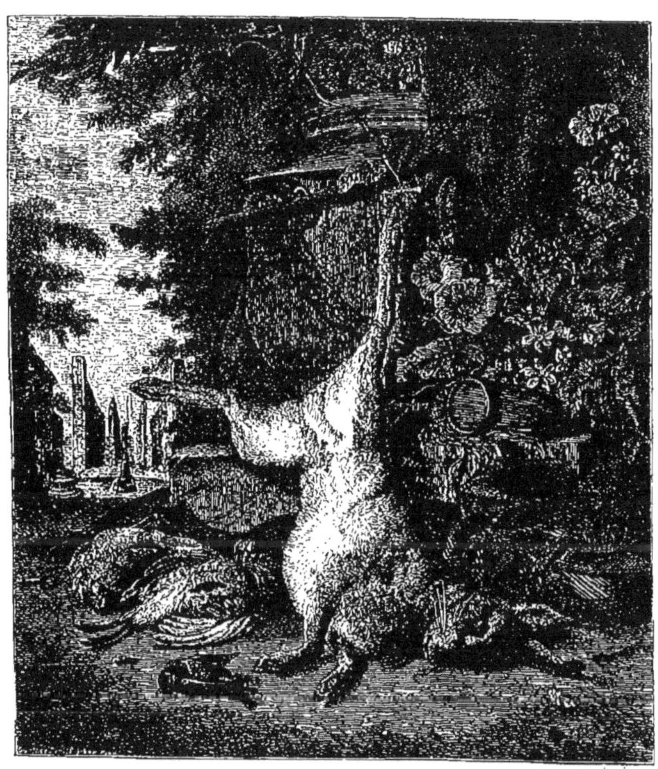

Nature morte. Par Jean Weenix. Belvedère à Vienne.

huppée, *ib.* — Port de mer italien, Copenhague. = Plusieurs de ses tableaux sont si achevés qu'on les prend pour des ouvrages de Mieris et de Dou. Grande fraîcheur de coloris, composition large et aisée. = Ventes : V. Randon de Boisset (1777), *Paysage avec figures et animaux*, 6,000 liv. — Vente Poulain (1780), Le même tableau, 7,200 liv. — V. Vander Pot (1808), *Un lièvre attaché à un arbre, perdreaux, linotte*, etc., 2,510 fl. — V. Lehon (1861), *Chien de chasse*, 15,600 fr. — V. Leroy d'Etiolles (1864). *Groupe d'animaux*, 3,000 fr. — V. Demidoff (1863). *Nature morte*, 17,500 fr. — V. Herman de Kat (1866). *Gibier près d'un vase*, 5,100 fr.—V. Pommersfelden (1867). *Trophée d'oiseaux* 25,000 fr. — *Gibier mort*, 41,500 fr. — *Le Paon*, 22,000 fr. — V. Fould (1869). *Gibier mort*, 9,500.

Weeninx ou **Weenix** (Jean), fils de Jean-Baptiste. E. H. 1640-1719. AMSTERDAM. Animaux, fleurs, paysage, etc. = Elève de son père, qu'il perdit alors qu'il n'avait que 20 ans. Grâce à ses dipositions naturelles, il sut continuer heureusement ses études. Il s'établit assez jeune à Utrecht, où il se trouvait encore, en 1668. Il y est porté sur la liste des membres de Saint-Luc. Jean-Guillaume, électeur palatin, un des plus grands protecteurs de l'art à son époque, attira Weeninx à sa cour et se l'attacha. Il exécuta pour ce prince des travaux importants, entre autres au château de plaisance de Bemberg, près de Cologne. A Amsterdam aussi, il laissa des preuves de son beau talent. = La maison de campagne, Amsterdam. — Gibier et fruits, *ib.* — Gibier mort et attirail de labour, *ib.* — Animaux dans un paysage, La Haye. — Faisan et autre gibier mort, *ib.* — Gibier mort (Deux tableaux), Londres. — Le cygne mort, *ib.* — Gibier mort, Berlin. — Différents animaux près d'une pièce d'eau, *ib.* — Fleurs dans un vase, *ib.* — Gibier mort dans un paysage, Vienne. — Lièvre, perdrix et instruments de chasse, Paris. — Port de mer, *ib.* — Gibier mort auprès d'un vase et gardé par un chien, *ib.* — Animaux morts et fruits, Madrid. — Gibier mort, Dresde. — Volaille, oiseaux et gibier morts, *ib.* — Lièvre et oiseaux morts, *ib.* — Coq blanc, faisan, etc., *ib.* — Lièvre mort, oie, faisan et autres oiseaux morts, Munich. — Un daim et deux lièvres suspendus, un loup mort, un sanglier, etc., (Chef-d'œuvre), *ib.* — Et autres, *ib.* — Paon, autres oiseaux morts, fruits, etc., Rotterdam. — Lièvre, ustensiles de chasse, etc., Copenhague. — Perdrix, faisans, etc., *ib.* = Dessin savant. Couleur vraie. Il a réussi dans tous les genres. Ses tableaux sont souvent confondus avec ceux de son père, mais son coloris est plus beau. Il atteignit la plus grande hauteur dans le gibier mort et vivant. Graveur. = Ventes : V. Van Brienen de Grootelindt (1865), *Vue d'un parc seigneurial*, 10,000 fr. — V. Salamanca (1867). *Paysage*, 8,000 fr.

Weerdt (Adrien de). E. Fl. 1536 (?). BRUXELLES. Paysage, histoire. = Il apprit à peindre à Anvers chez Chr. Van Queecborne, le Jeune, et voyagea en Italie. Mort à Cologne où il s'était rendu en 1566. On connaît une estampe d'après un de ses tableaux, signée : A. de Weerd, I. 1577. Plusieurs de ses tableaux ont été gravés. = La Vierge et l'enfant Jésus, Berlin. = Cet artiste peignit dans la manière du Parmesan.

Weerts (Conrad-A.). E. H. 1782. DEVENTER. Paysage. = Elève de G. Van Leen et de Kaldenbagh.

Weesop. E. H. * 1645. Portrait. = Peintre hollandais qui s'établit en Angleterre vers 1642; revint sur le continent après la mort de Charles Ier, en 1649. = Imita Van Dyck avec talent.

Wegelin (Adolphe). E. Al. 1810-1881. CLÈVES. Paysage et intérieurs d'église.= Elève de Schadow = Eglise de Saint-Géréon, à Cologne.

Wegener (J.-Fr.-Guillaume). E. Al. 1812. DRESDE. Paysage, animaux. = Paysage américain : Steppes et forêts en flammes, Dresde. — Cerfs traversant une rivière à la nage, *ib.*

Wegert (Augustin). E. Al. * 1824. Histoire, portrait. = Elève de Rauch.

Weghe (P. Van de). E. Fl. * 1843. Genre.

Wegmann ou **Wagman** (Jean-Henri). E. Al. 1536 (?). ZURICH. Histoire. = Habita Lucerne et s'y convertit au catholicisme. = Belle ordonnance; dessin vigoureux.

Wegmayr (Sébastien). E. Al. 1776. VIENNE. Fleurs, fruits. = Fleurs, fruits et un nid d'oiseau, Vienne.

Wehme (Zacharie). E. Al. * 1591. Vues de ville, etc. = Peintre à la cour de Chrétien Ier, électeur de Saxe.

Wehrsdorfer. E. Al. * 1835. Peintre sur verre.

Weichberger (Edouard). E. Al. 1843. EISENACH. Paysage. = Le soir dans la vallée.

Weideman (Frédéric). E. Al. 1668. OSTERBOURG. Portrait. = Elève de Rutger Van Langevelt, peintre hollandais, et de l'Académie royale de Berlin.

Weidner (Guillaume-Fr.). E. H. 1817-1850. HAARLEM. Fleurs, fruits et gibier.

Weidner (Joseph). E. Al. * 1837. Genre.

Weigand (Conrad). E. Al. 1842. NUREMBERG. Histoire. = Albert Dürer et Agnès Frey.

Weiner (Jean). E. Al. * 1620. WEILHEIM (Bavière). Histoire, portrait et genre. = Elève de Frédéric Zustris (Peintre italien et fils de

Lambert Zustris, peintre hollandais), et de Chr. Schwartz. = Graveur.

Weir (Robert). 1803. NEW-ROCHELLE (Amérique). Histoire, paysage. = Etudia en Italie.

Weirotter (François-Edmond). E. Al. 1730-1771. INSPRUCK. Paysage. = Visita l'Italie et la France. Mort à Vienne, professeur de l'Académie. = Graveur.

Weis (Ferdinand). E. Al. ' XIXe siècle. MAGDEBOURG. Portrait.

Weiser (B.). E. Fl. ' 1855. Histoire, genre.

Weiser (Joseph-E.). E. Al. 1847. PATSCKAU. Genre. = Le dernier refuge, Dresde.

Weishaupt (Victor). E. Al. 1848. MUNICH. Animaux.

Weiss (Antoine), frère de Guillaume. E. H. 1801. FALKENAU (Bohême). Fleurs, fruits. = Elève de Daiwaille. Etabli à Amsterdam. = Fruits sur une table, Haarlem.

Weiss (Guillaume), frère d'Antoine. E. H. ' XIXe siècle. Fleurs, fruits. = Etabli à Amsterdam.

Weiss (Barthélemy). E. Al. 1732. MUNICH. Histoire. = Détails inconnus. = Graveur.

Weiss (Jean-B.). E. Al. 1812. MUNICH. Marine. = Tempête : choc de deux vaisseaux, Munich.

Weissenbruch (Jean). E. H. 1822. LA HAYE. Vues de ville et paysage. = Elève de Verveer.

Weitch (Jean-Frédéric). E. Al. ' XVIIIe siècle. Histoire, portrait. = Visita l'Italie; directeur de l'Académie de Berlin, en 1798. = Portrait : le père de l'artiste, Berlin.

Welker (Ernest). E. Al. ' 1837. Paysage et aquarelle.

Well (Arnold Van). E. H. 1772-1818. DORDRECHT. Hivers et clairs de lune. = Elève d'A. Vermeulen.

Welle (D.). E. H. ' 1800. Portrait, histoire. = Travaillait à Leyde. = Egalement dessinateur.

Wellekens (Jean-Baptiste). E. H. 1658-1726. ALOST. Portrait. = Fut envoyé très jeune à Amsterdam, y travailla d'abord chez un orfèvre, puis préférant la peinture, y devint élève de A. de Grebber; visita l'Italie.

Weller (David-Frédéric). E. Al. 1759-1778. KIRSCHBERG. Fleurs, fruits. = Mort à Dresde. = Corbeille de fleurs et de fruits, Dresde.

Weller (Théodore). E. Al. 1802. MANNHEIM. Genre. = Laboureurs italiens avec leurs bestiaux, Munich.

Wells. (Henri). E. An. 1828. LONDRES. Portrait en miniature.

Wells (H.-G. Boys, Mme). E. An. 1831-1861. Genre. = Ecrivain distingué.

Welter (Michel). E. Al. 1806. COLOGNE. Décors et aquarelle.

Wenckart. V. Winckaert.

Wendelstadt (C.-R.). E. Al. 1790. WETZLAR. Histoire. = Graveur.

Wendlin. E. Al. ' XIXe siècle. Histoire.

Wenglein (Joseph). E. Al. 1845. MUNICH. Paysage.

Wenng (Charles). E. Al. 1787. NORDLINGUE. Paysage, figures.

Wentzel (Michel). E. Al. ' 1832. Fleurs, nature morte.

Werberger. E. Al. ' 1837. Peintre sur porcelaine.

Werdmuller (Rodolphe). E. Al. 1639-1668. ZURICH. Paysage, fleurs, portrait, histoire, etc. = Elève de J. Morell et de Conrad Mayer; visita Amsterdam, y devint gravement malade et dut revenir dans sa patrie; forma le projet de visiter la France, en 1668, et se noya par accident pendant le voyage. = Etudia beaucoup d'après nature; se distingua par une grande vérité. Ingénieur et architecte.

Werenfels (Rodolphe). E. Al. 1629-1673. BALE. Portrait, histoire. = Etudia trois ans à Amsterdam, visita la France et l'Italie; ne revint à Bâle qu'en 1664 et fut reçu dans le conseil. = Dessin satisfaisant, coloris trop gris.

Werf (Adrien Vander). E. H. 1659-1722. KRALINGER-AMBACHT (Près de Rotterdam). Histoire, intérieurs, portrait et paysage. = Elève de C. Picolet et d'Egl. Vander Neer; son père était meunier et voulait que son fils lui succédât; sa mère désirait le voir entrer dans la carrière ecclésiastique; mais la nature l'avait créé artiste et il obéit à sa vocation. S'établit à Rotterdam. A 17 ans, sa réputation était déjà faite : la vie de ce peintre offre une suite non interrompue de prospérités de tout genre. Il fut longtemps au service de Jean-Guillaume, électeur Palatin, qui vint le visiter en 1696, l'enrichit et lui donna le titre de chevalier, en 1703; de là ses fréquents voyages à Dusseldorf et son séjour dans cette ville. Appréciés de son vivant, ses tableaux furent couverts d'or : il dut en grande partie son talent à l'étude consciencieuse qu'il fit des belles toiles et des beaux antiques qui enrichissaient les principaux cabinets de son pays. Vander Werf cultiva également l'architecture, la gravure et la sculpture. = La charité romaine, Londres (Buck. Pal.). — Petit garçon et petite fille, *ib.* — Loth et ses filles (?), *ib.* — Adam et Ève, Paris. — Moïse sauvé des eaux, *ib.* — La chasteté de Joseph, *ib.* — Un ange annonçant le Christ aux bergers, *ib.* — Madeleine au désert, *ib.* — Séleucus cédant Statonice à son fils, *ib.* — Nymphes dansant, *ib.* — Portrait du peintre, Amsterdam. — Sainte Famille, *ib.* — Psyché et Cupidon, *ib.* — Paysage : Nymphes dansant près d'un berger, *ib.* — Enfance d'Hercule, *ib.* (Mus. V. D. Hoop). — Enfance de Bacchus, *ib.* — Paysage : Bacchanale, *ib.* — La mère et les enfants, *ib.* — Fuite en Egypte, La Haye. — Portrait d'un magistrat, *ib.* — Jugement de Salomon, Florence. — Adoration des bergers, *ib.* — Portrait de Malborough, *ib.* — Bénédiction de Jacob, Berlin, — Femmes honorant les statues de Priape et de Vénus, *ib.* — Jacob bénissant Ephraïm et Manassé, *ib.* — Loth et ses filles, *ib.* — Nymphe de Diane, *ib.* — Sainte Famille, *ib.* — Paysage avec figures, *ib.* — Marie-Madeleine lisant, *ib.* — Portrait d'homme, Vienne. — Portrait de Jean Snellen, Rotterdam. — Le jugement de Pâris, Dresde. — Scène pastorale, *ib.* — Portrait du peintre et de sa famille, *ib.* — Loth et ses filles, *ib.* — L'ermite, *ib.* — Jésus et saint Jean, *ib.* — Annonciation, *ib.* — La partie d'échecs, *ib.* — Madeleine lisant, *ib.* — Diogène et sa lanterne, *ib.* — Abraham chassant Agar, *ib.* — Madeleine, Munich. — L'électeur Jean-Guillaume et sa femme Anne-Louise, entourés d'allégories artistiques, *ib.* — Seize tableaux de la vie du Christ, *ib.* — La Nymphe Calisto, *ib.* — Effet de lumière, *ib.* — Ecce Homo, *ib.* — Allégorie, *ib.* — Sara présentant Agar à Abraham, *ib.* — Portraits, *ib.* — Et autres, *ib.* — Tableaux, Cassel. — La visite à la toilette, Saint-Pétersbourg. — Sainte Famille, *ib.* — Descente de croix, *ib* — Même sujet, *ib.* — La Vierge sur un nuage, *ib.* — Adam et Ève chassés du paradis, *ib.* — Plusieurs tableaux de genre, *ib.* — Jeune fille regardant une fleur, Copenhague. = Bon dessin, bonne ordonnance, belles draperies, fini précieux, grande patience, telles furent les qualités de ce peintre célèbre. On lui reproche d'avoir habillé des personnages de la Bible en velours et en satin et d'avoir employé des couleurs trop tranchantes. Landon, Le Carpentier, J. Reynolds et d'autres écrivains étrangers rendent tous hommage au talent de Vander Werf; ils vantent l'effet agréable de ses tableaux, tout en lui reprochant de trop faire ressembler ses chairs à de la porcelaine ou à de l'ivoire; elles n'ont rien du moelleux de la vie; on voudrait trouver aussi, dans son coloris, un peu plus de cette transparence qui ajoute tant à l'effet et au mérite d'un tableau. = Ventes : V. Gaillard de Gagny (1762), *Descente de croix*, 6,721 liv. — V. Choiseul (1772), *Loth et ses filles*, 5,260 liv. — V. Blondel de Gagny (1776), *Sainte Marguerite*, 4,800 liv. — V. Randon de Boisset (1777), *L'homme à la flûte*, 8,800 liv. — V. Poullain (1780), *Suzanne et les vieillards*, 4,300 liv. — V. Dubois (1784), *Portrait du peintre*, 1,600 liv. — V. Paillet (1814), *Loth et ses filles* (de la vente Choiseul), 1,679 fr. — V. Lapeyrière (1825), *Vierge agenouillée sur les nues*, 3,350 fr. — V. Gevers Arnoutz, *Portrait du peintre*, 6,000 florins. — V. Demidoff (1863). *Jeune fille* 2,150 fr. — V. Van Brienen de Grootelindt (1865). *Intérieur d'un riche appartement*, 2,600 fr. — V. Pommersfelden (1867). *Le jeu de cartes*, 2,600 fr. — *Déclaration d'amour*, 9,100 fr.

Werf (Pierre Vander), frère d'Adrien. E. H. 1665-1718. ROTTERDAM. Genre, portrait, histoire. = Elève de son frere qu'il aidait souvent. = Saint Jérôme au désert, Amsterdam. — Jeune fille parant de fleurs une statue, *ib.* — Jeune fille dessinant près d'un jeune homme, *ib.* — Le Christ pleuré par les saintes femmes et Joseph d'Arimathie, Berlin. — Enfants jouant avec un oiseau, Florence. — Jeune fille tenant une souris, Dresde. — Le plat de moules, *ib.* — Madeleine repentante, Rotterdam. - Portrait du peintre, *ib.* — Portrait du pasteur Texelius, *ib.* = Ses tableaux, quoique d'une touche moins délicate, ressemblent beaucoup à ceux de son frère; sentiment assez pauvre, dessin plus faible. = Vente : V. Van Schuilenburg (1735), *Saint Jérôme*, 265 fl.

Wergeland (O.-A.). E. Al. 1844. CHRISTIANIA. Histoire, genre. = Mort de Dyucke.

Werner (Antoine-A.). E. Al. 1843. FRANCFORT-SUR-LE-MEIN. Histoire, genre. = Elève de Lessing et de Schrodter. = Proclamation de l'empire allemand à Versailles. - Le congrès de Berlin de 1878.

Werner (Frédéric). E. Al. 1828. BERLIN. Genre = Elève de Wenzel.

Werner (Ch.-H.). E. Fr. 1798-1856. Histoire naturelle. = Mort à Paris où il était attaché au museum d'hist. natur. = Peintures sur velin, au museum. — Auteur d'un *Atlas des oiseaux de l'Europe.*

Werner (Charles). E. Al. 1808. WEIMAR. Vues de ville et aquarelle. = Elève de Schnorr. = Le marché de Piperno (aquarelle).

Werner (Joseph), le Vieux. E. Al. XVIIe siècle. = Détails inconnus.

Werner (Joseph), le Jeune, fils de Joseph, le Vieux. E. Al. 1637-1710. BERNE. Histoire en petit et en miniature. = Elève de son père et de Math. Mérian, le Jeune; ami du poète Quinault; appelé en France par Louis XIV, puis nommé professeur de peinture à l'Académie de Berlin, par Frédéric II; habita quelque temps Augsbourg, visita l'Italie, travailla à Inspruck, établit une école de dessin dans sa maison et mourut dans sa ville natale. = Tobie ensevelissant les morts, Vienne. — Allégorie : les muses, Munich. = Se distingua particulièrement dans la miniature; apporta dans un cadre restreint tout le mouvement, l'effet et l'expression des plus grandes compositions.

Wernle. E. Al. ' 1700. ALLEMAGNE. = Détails inconnus.

Werth (Jean et Laurent de). E. Fl. ' 1482. LIÈGE. = Tous deux bons peintres sur verre.

Wertheimer (Gustave). E. Al. ' 1880. VIENNE. Histoire. = Venus Anadiomène. — Peintures allégoriques colossales.

Wertmüller (Adolphe-Ulric). E. Al. 1749-1812. STOCKHOLM. Portrait, histoire, genre. = Peintre Suédois qu'on dit élève de Pilo. Vint de bonne heure en France et y étudia à l'Académie dont il devint membre; peintre du roi de Suède, en 1787. On perd ses traces en France, en 1789; il dut alors retourner dans sa patrie où il resta jusqu'en 1797, époque à laquelle il partit pour l'Amérique où il mourut, on ne sait où ni quand. Nagler prétend à tort qu'il décéda à Stockholm en 1811. = Marie Antoinette se promenant avec ses enfants dans les allées de Trianon, Gripsholm (Suède). (Ce tableau lui avait été commandé par Marie-Antoinette pour être offert à Gustave III.) — Ariane, Stockholm. — Deux portraits du comte d'Armfeld, l'un en Hercule, l'autre en David.

Wery (O.). E. Fl. ' XVIIIe siècle. MONS. Paysage. = Ce peintre jouissait d'une réputation méritée. = Imitateur de Poussin et encore plus de Gaspard Dughet. Touche argentine dans les petites figures à l'instar de D. Teniers. Beaucoup de poésie, de grandiose. Exécution facile.

Wery (George). E. Fl. 1605-1644. ANVERS. Histoire. = Reçu franc-maître en 1630. Elève de Rubens. = Copia pour des églises du pays de Waes des tableaux de Rubens et de Jordaens.

West (Benjamin). E. An. 1738-1820. SPRINGFIELD (Pensylvanie). Histoire, portrait. = Dès l'âge le plus tendre, il manifesta des dispositions étonnantes pour la peinture. Le don qu'on lui fit d'une boite de couleurs détermina sa vocation. Il étudia à Philadelphie chez un peintre du nom de Williams dont les leçons et les conversations lui furent également utiles. Il habita plus tard New-York. En 1760, il se rendit à Rome et resta trois ans en Italie. En 1763, il visita l'Angleterre où il se décida à s'établir. Chaudement recommandé par l'archevêque d'York au roi George III, il devint peintre de ce prince pour lequel il travailla pendant plus de trente ans. Un des premiers membres de l'Académie de Londres, il y succéda, comme président, à Reynolds, en 1792. Ami de R. Mengs, de Reynolds et de Wilson, il est un des artistes dont l'Angleterre s'honore le plus. Mort d'hydropisie. = Cléombrote banni par Léonidas, Londres. — Oreste et Pylade, *ib.* — Christ guérissant les malades, *ib.* — La cène, *ib.* — Saint Pierre reniant Jésus-Christ, *ib.* — Beaucoup de portraits, *ib.* — Et plusieurs autres, *ib.* = Touche vigoureuse et dessin très correct. Grande sévérité dans le choix de ses sujets et dans l'exécution de ses costumes. Il fit, à l'âge de quatre-vingt ans, un de ses meilleurs tableaux, *Jésus-Christ guérissant les malades dans le temple.* Benjamin West mena une vie heureuse au milieu des honneurs que lui valut son talent.

West (Jean-H. Van). E. H. 1803. LA HAYE. Genre = Elève de C. Kruseman. = La famille de Cats.

Westall (Richard). E. An. 1765-1836. HERTFORD. Histoire. = Académicien en 1794. Plus connu comme éminent aquarelliste.

Westenberg (Pierre-George). E. H. 1791. AMSTERDAM. Paysage, marine. = Elève de Hulswit. Parti en 1857 pour les Indes néerlandaises. = Douane de mer à Amsterdam, Haarlem. — Jetée à Amsterdam, *ib.* — Paysage avec maison de paysan, Rotterdam.

Wester (Corneille). E. H. 1809. BERGUM (Frise). Portrait. = Elève de G. Van der Kooi.

Westerbaan (Jean). E. H. ' XVIIe siècle. LA HAYE. Portrait. = Un Jean Westerbaan fut dignitaire de la gilde de St-Luc, à La Haye, en 1650, 1652 et 1653; il y était entré en 1624. Un des 47 artistes qui fondèrent la société *Pictura*, à La Haye en 1656; son fils est inscrit dans la même confrérie comme élève de Hanneman en 1638. Il aida aussi à fonder la nouvelle société en 1656. En 1650, il fesait partie de la garde bourgeoise et vivait encore en 1669. — Un Jacques Westerbaan fut reçu franc-maître en 1628. On ignore si les tableaux de La Haye sont de lui ou de Jean. = Portraits d'Arnold Geesteranus et de sa femme, La Haye.

Westerhout (Alexandre). E. H. 1588-1661. UTRECHT. = Elève de Jean van der Burg. Se perfectionna en France pendant un séjour de six années. Conservateur des verrières de l'église de Saint-Jean, à Gouda où il mourut. = Peintre sur verre.

Westerveld ou **Westervelt** (A. Van). E. H. Genre, paysage, animaux. = Détails inconnus. = Peignit les assemblées de musiciens dans le genre de Le Ducq.

Westervelde (Clerbaut Van). E. F ' 1460. Histoire. = Peignit un grand tableau d'autel pour l'église de Wachtebeke, dans les Flandres, ainsi que trois autres pour l'église de Saint-Jacques, à Gand.

Westin. ' 1840. E. Al. Directeur de l'Académie de Stockholm. = Peintre suédois.

Westmacott (R.). E. An. ' 1835.

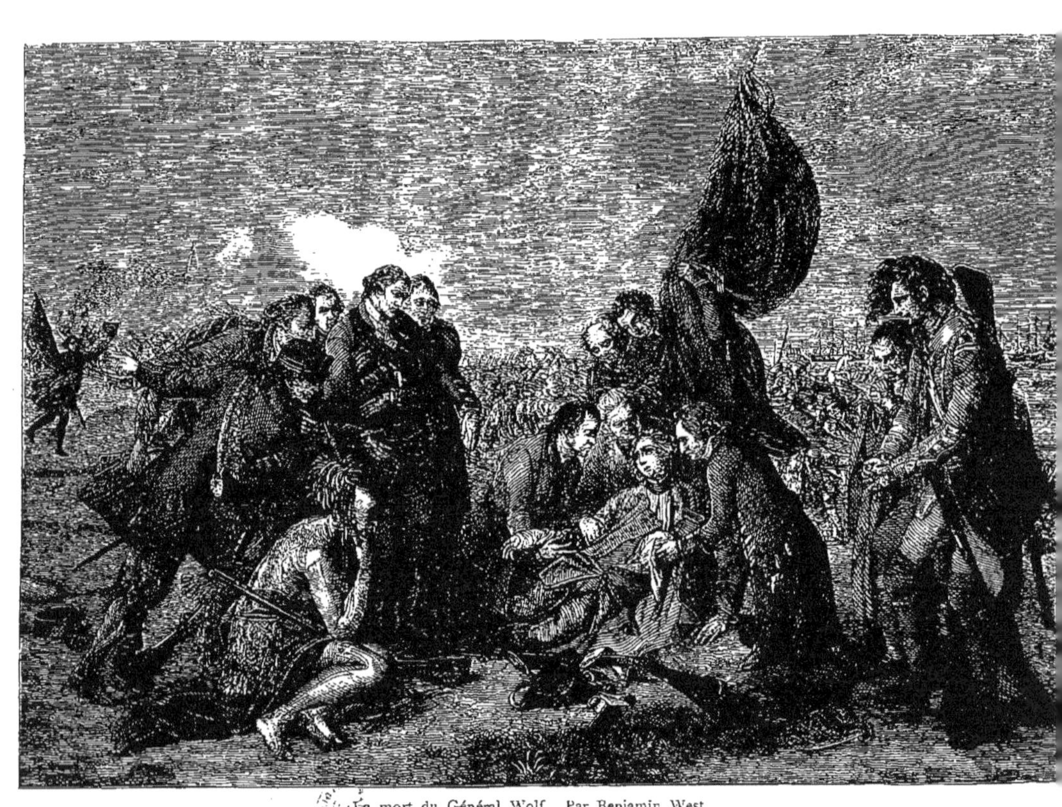

La mort du Général Wolf. Par Benjamin West.

Westphal (J.). E. Al. * 1832. Genre.

Westvaling (Haine). E. Fl. (?). xve siècle. =Travailla, en 1468, aux entremets de Bruges.

Wet ou **Weth** (Gérard de). E. H. * xviie siècle. Histoire. =Membre de St-Luc, à Haarlem, en 1633. = La fille de Jephté, Copenhague.

Wet, Wett, Wette ou **Weth** (Emmanuel de). E. H. * xviie siècle. HAMBOURG. Genre, portrait, etc. = Se rendit trés jeune à Amsterdam, y entra à l'atelier de Rembrandt et y resta établi.Le nom de cette famille était, en réalité, Düwett. En Hollande, on les nomme communément de Wett.

Wet, Wett, Wette ou **Weth** (Jacq.-Willems de),le Vieux. E.H. *xviie siècle. HAARLEM. Histoire. = Inscrit dans la confrérie de Saint-Luc, à Alkmaar, en 1637; à Haarlem, en 1644,comme candidat aux fonctions de *Vinder*. Pourtant, en 1636, il demeurait déjà à Haarlem. En 1661, il y fut doyen de Saint-Luc. Son livre d'études, fort intéressant, commence en 1636 et s'arrête en 1671. On a trouvé dans ce livre une note ainsi conçue : « *Dans l'année* 1642 *P. Potter est venu chez moi pour apprendre à peindre, à raison de huit livres par an.* » On ignore s'il s'agit du grand Paul Potter, de son père ou de Pierre, le jeune. Le même manuscrit note la réception de Christophe de Jong, comme élève, en 1670. Il était encore à Haarlem en 1671. Kramm raconte qu'il y fut inscrit, en 1677, dans la gilde de Cologne où il demeura plusieurs années. Il n'y a aucune trace de ce fait dans les recherches de M. Van der Willigen. Celui-ci fait judicieusement observer que Jean de Weth dont quelques biographes relatent l'existence, doit ne faire qu'un avec Jacques, le prénom de Jean ne se trouvant pas une seule fois sur les registres de St-Luc. = Scène de l'Apocalipse, Copenhague. — J.-C. parmi les docteurs, Brunswich (signé J. de Wet, 1673). — Incendie de Troie, *ib.* = Bon dessin, assez bonne ordonnance. De loin ses tableaux ressemblent à des Rembrandt.

Wet ou **Weth** (Jacques de), le Jeune, fils de Jacques le Vieux. E. H. † 1697. HAARLEM. Histoire portrait.=Il fut peintre de Jacques II, roi d'Angleterre. Mort à Amsterdam.=Peignit dans la manière de son père.

Wette (François de). E. H. * xviie siècle (?). Sujets bibliques. = Cité par Waagen ; = Les jeunes gens dans la fournaise, Schleisheim. — La résurrection de Lazare, *ib.* = Ses tableaux sont en figures de petite dimension; style de Rembrandt; agencement remarquable; têtes expressives; tons lourds, touche faible.

Wetterling (C.). E. Al. 1796-1858. Genre, bataille.

Wexelsen. E. Al. 1830. NORWÈGE. Paysage.

Weyden (Roger Vander) le Vieux ou **Pasture** (Roger de le). E. Fl. Entre 1398 et 1400-1464. TOURNAI. Histoire, portrait. = Il n'est peut-être pas de peintre sur le compte duquel on ait été autant induit en erreur que sur celui-ci ; la dualité de son nom dont l'un est l'exacte traduction de l'autre, du français en flamand, et la dénomination de Roger de Bruges, ont été pour beaucoup dans les obscurités qui ont longtemps enveloppé sa biographie. Plusieurs savants belges se sont donné la tâche de débrouiller ce chaos, et leurs investigations ont été couronnées d'un plein succès. MM. Wauters et Pinchart nous ont reconstitué le vieux peintre avec des dates certaines et des faits incontestables. Il a été reconnu que le Tournaisien *de le Pasture*, s'était vu transformer en Flandre en *Vander Weyden;* ce fut le point de départ des découvertes ultérieures dont nous donnons ici la substance. Son père portait le prénom d'Henri et était décédé en 1435. Sa femme se nommait Elisabeth ou Isabelle Goffaerts ; on prétend qu'elle était d'origine bruxelloise. Il commença à peindre assez tard et ne fut inscrit dans la confrérie de St-Luc, à Tournai, qu'en 1427. après son mariage; il passa cinq années à l'atelier de Robert Campin et ne fut reçu maître qu'en 1432. Il partit pour Bruxelles avec sa famille et nous l'y retrouvons peintre ou *pourtraiteur* de la ville, vers 1435, fonctions qu'il remplit jusqu'à sa mort. On sait qu'il alla à Rome, en 1450 et y assista au Jubilé; revenu à Bruxelles il y travailla jusqu'à sa mort. La confrérie de Saint-Luc à Tournai fit célébrer un service pour son ancien confrère. Roger eut quatre enfants : Corneille, devenu religieux; Marguerite, Pierre dont il est question plus bas et Jean qui fut orfèvre. Roger mourut le 18 juin 1464 (Registre des rentes à charge du domaine de Bruxelles). Il fut enterré, ainsi que sa femme, dans l'église collégiale de Ste-Gudule « devant l'autel de Ste-Catherine, sous une pierre bleue. » Là se bornent les renseignements que l'on a sur lui. Ce sont, comme toujours, les vieilles archives et particulièrement celles de la ville de Bruxelles, explorées par M. Wauters, qui ont fourni la preuve évidente de l'identité de le Pasture avec Vander Weyden. En effet, les archives communales de Tournai font mention du service que fit célébrer, pour l'âme de Vander Weyden, la corporation des peintres à laquelle il était resté affilié; le vieux document dit en toutes lettres : « Rogier de » le Pasture, natyf de cheste ville de Tournay, » lequel demoroit à Brouselles. »=Triptyque :

Nativité, le Christ mort et Jésus-Christ apparaissant à la Vierge après la résurrection, Berlin. (Ce tableau fut offert par le pape Martin V au roi d'Espagne, Jean II; c'est une preuve de la grande réputation dont notre artiste jouissait en Italie.) — Trois scènes de la vie de Saint Jean-Baptiste, *ib.* — Retable à volets : la Nativité; le Christ souverain de l'Orient; le Christ souverain de l'Occident, *ib.* — Le dernier jugement, Beaune (hôpital). — Saint Pierre, Saint Jean, Saint Cosme et Saint Damien entourant la Vierge et l'enfant Jésus, Francfort (institut Stadel). — Vierge allaitant, *ib.* — Sainte Veronique, *ib.* — Sainte Trinité, *ib.* — Adoration des Mages (avec volets), Munich. — Saint Luc peignant la Vierge, *ib.* — Descente de croix, La Haye. — Les sept Sacrements, Anvers. — Annonciation, *ib.* — Portrait de Philippe-le-Bon, *ib.* — Tête de femme en pleurs, Bruxelles. — Descente de croix, Madrid. (Cédé par le serment des arbalétriers de Louvain, à Philippe II et envoyé en Espagne.) (Admirable chef-d'œuvre.) — Descente de croix, Louvain. (Eglise St-Pierre). Cité par Molanus, comme ornant autrefois le monument funèbre de la famille Edelheere. Le tableau actuel est probablement une copie de l'original de Madrid. = Beaucoup de foi et d'inspiration religieuse; belles draperies; imitation parfois trop exacte mais énergique de la nature; nu maigre; dessin parfois défectueux dans les mains et les pieds; admirable coloris; aucun artiste n'exerça une aussi grande influence sur l'art; le naturalisme des Van Eyck gagna tout le Nord, grâce à lui. = A la vente faite les 27 et 28 avril 1874 à Paris, hôtel des commissaires priseurs, parut un tableau présenté sous le nom de Roger Van der Weyden, *Fuite en Egypte.* Triptique, 2,020 fr.

Weyden (Pierre Vander), fils de Roger, le Vieux. E. Fl. 1437. BRUXELLES. Histoire. = Il fut sans doute élève de son père. Vivait encore en 1514. Qualifié de «portraiteur» dans les actes de l'époque. Outre Gosswin, il eut encore un fils nommé Pierre.

Weyden (Gosswin Vander), fils de Pierre. E. Fl. 1465. BRUXELLES. Histoire. = Il étudia à Bruxelles, puis alla s'établir à Anvers où, en 1498-1499, il acquit le droit de bourgeoisie et où, en 1503, il acheta une maison, il y reçut des élèves, en 1503, 1504, 1507, 1512, 1513 et 1517; en 1514 et en 1530, il y fut doyen de la corporation de Saint-Luc. En 1514 il vendit la maison acquise en 1503 et se retira probablement au refuge de l'abbaye de Tongerloo. En 1535, il peignit, étant septuagénaire, un triptyque pour l'abbaye de Tongerloo. M. le chr. L. de Burbure a découvert des documents authentiques qui établissent la certitude des données qui précèdent et qui fournissent en outre des preuves de l'état fortuné où se trouvait Gosswin, de la confiance que lui accordaient les abbés de Tongerloo et enfin qui nous apprennent qu'il vivait encore en 1538. On ignore quand et où il mourut, mais l'auteur déjà cité suppose qu'il finit ses jours à Tongerloo, auprès de son ami, l'abbé Arnoul Streyters. Gosswin avait épousé une proche parente des peintres Benninc et portant le même nom que ces derniers. = Saint Augustin, Berlin. — Histoire de Sainte-Dymphne, abbaye de Tongerloo (Avec Roger le Jeune (?). Attribué). = Talent distingué.

Weyden (Roger Vander), le Jeune, fils de Gosswin. E. Fl. ' XVIe siècle. Histoire. = Elève de son père. Inscrit dans la corporation de Saint-Luc, à Anvers, en 1528, après avoir été dispensé de l'apprentissage. La date de mort donnée par Van Mander étant inexacte, beaucoup d'auteurs ont commis des erreurs à propos de Roger, le jeune. Les documents découverts par M. de Burbure sont venus tout éclaircir. Notre artiste vivait encore en 1538, mais en 1543 sa femme est désignée comme veuve. Voici les tableaux qui lui sont attribués : Descente de croix, Madrid (Escurial). — Répétition du même sujet, *ib.* (Musée). — Autre répétition, Berlin. — Descente de croix, Liverpool. — Même sujet, Kensington. — Même sujet, Naples. — Portraits du peintre et de sa femme, Londres. — La Madeleine, *ib.* = Style de Roger le Vieux; proportions moins longues; dessin plus délicat; moins de goût dans les types, manière plus large, ombres plus claires; il paraît s'être dévoué spécialement à représenter les souffrances du Christ et les douleurs de la Vierge.

Weyenberg (J.). E. H. ' XVIIIe siècle. Portrait. = Détails inconnus.

Weyer (Gabriel). E. Al. † 1640. NUREMBERG. Histoire, portrait, etc. = Travailla beaucoup à Cobourg pour les graveurs. = Peintre de mérite.

Weyer (Jean). E. Al. COBOURG. Histoire (?), etc. = Elève d'un peintre nommé Wolf. Bircker. = On a de lui une grande quantité de dessins admirables.

Weyer (Jean-Mathieu). E. Al. 1620-1690. HAMBOURG. Batailles, chevaux, etc. = Donna des leçons à Jean-Philippe Lembke. Nommé quelquefois Jean et quelquefois Mathieu. = Dessin peu correct, pinceau très spirituel.

Weyerman (Jacq.-Campo). E. H. 1679-1747. Fleurs. = Ses écrits immoraux, diffamants et ses actes répréhensibles le firent condamner à une réclusion perpétuelle. Mort en prison. Auteur d'une vie des peintres qui laisse beaucoup à désirer sous le rapport de l'exactitude. = Meilleur littérateur qu'artiste.

Weyermann ou **Weyhermann** (Jacques-Christophe) E. Al. 1698-1757. SAINT-GALL. Paysage. = Elève de Beich, à Munich; travailla à Augsbourg, et mourut dans cette ville. = Talent fort inégal.

Weyler (J.-B.). E. Fr. 1749-1791. STRASBOURG. Portrait en miniature sur émail. = S'établit en France; fut chargé, par le roi, en 1785, de faire sur émail les portraits des hommes célèbres; la mort l'arrêta au milieu de cet intéressant travail. Mme Kugler, sa femme et son élève, fut chargée, par le gouvernement, de continuer la collection.

Weyman (Nicolas, Jean et Melchior). E. H. ' 1510. = Peintres sur verre. = Nicolas et Jean étaient frères; il est presque certain que Melchior était leur parent. Florissaient à Utrecht.

Weysser (Charles). E. Al. 1833. DURLACH. Perspective, intérieurs.

Weyts (Thierry). E. Fl. ' xve siècle. = Peintre de la confrérie de Saint-Luc, à Bruges, en 1450.

Wharton (P.-J.). E. An. 1841-1880. PHILADELPHIE. Genre.

Wheatley (François). E. An. 1747-1801. LONDRES. Histoire. = Détails inconnus. = Assemblée des communes d'Irlande (chef-d'œuvre).

Whickelo (Jean). E. An. ' XIXe siècle. Aquarelle.

Whistler (James-A.). E. An. 1834. LOWELL (Massachusetts). Paysage.

Whitehouse (James). E. An. 1803. WALLINGFORD (Vermont). Portrait.

Whittredge (W.). E. An. 1820. CINCINNATI. Paysage.

Wicar (Jean-Baptiste). E. Fr. 1762-1834. LILLE. Histoire, portrait. = Elève de David, à Paris. Etabli à Rome; professeur de l'Académie de Saint-Luc. = Résurrection du fils de la veuve de Naïm, Lille. — Jugement de Salomon, *ib.* — Portrait de M. Lesage-Senault, *ib.* — Virgile lisant l'Enéide devant Auguste et Livie, *ib.*

Wicheren (Jean-J.-G. Van). E. H. 1808 LEEUWAARDEN. Portrait. = Elève de G. Van der Kooi.

Wichmann (Adolphe). E. Al. ' 1860. Genre. = Etabli à Dresde. = Une dame distribuant des fruits à ses enfants, Munich.

Wichterne ou **Wichtere** (France Vander) et **Cavael** (Jacques). E. Fl. 1400. YPRES (?). Histoire (?). = Travaillaient pour la ville d'Ypres. Cités dans un vieux document communal. Vander Wichtere exécuta des cartons pour tapisseries lesquelles furent confectionnées à Arras.

Widenmann (J.). E. Al. ' 1490. WEISSENHORN. Histoire, portrait. = Travailla à Ulm et dans plusieurs autres villes de l'Allemagne.

Wiebke (Bertholet). E. Al. ALLEMAGNE. Fleurs, fruits. = Détails inconnus. = Fruits, Dresde.

Wiegmann (Mme Marie). E. Al. 1826. SILBERBERG (Breslau). Genre, portrait. = Une ondine.

Wiegmann (Adolphe), fils de Marie. E. Al. 1840-1870. = Fils de Rodolphe l'architecte écrivain. Mort à la bataille de Spicheren où il se battait comme volontaire dans la guerre contre la France.

Wiekenberg (Pierre-G.). E. Al. 1812-1846. STOCKHOLM. Histoire. = Eve pleurant Abel, Stockholm. — Paysage, paysage dalecarnien, *ib.*

Wielant (Jean). E. H. † 1717. HAARLEM. Paysage avec figures. = Reçu dans la corporation de Saint-Luc, en 1696. = Il ornait ses paysages de figurines de femmes nues.

Wieling (Nicolas). E. H. † 1689. LA HAYE. Histoire. = Il travailla pour le comte de Hornes et fut appelé à la cour de Brandebourg. Un des premiers membres de la corporation des peintres, à La Haye, dans laquelle il est inscrit, en 1661. Mort à Berlin. Il eut un fils, Mathieu, qui peignit les décors.

Wieringa (Jean). E. H. 1709-1780. GRONINGUE. Décorations. = Peignit quelques bonnes tapisseries.

Wieringa (Gérard), fils de Jean. E. H. † 1817. GRONINGUE. Paysage. = Elève de J. Andriessen. Etudia quelque temps à Dusseldorf.

Wieringa (N.). E. H. ' XVIIe siècle. Portrait. = Florissait en Frise où l'on cite de lui un portrait daté de 1649.

Wieringen (Corneille Van). E. H. † 1635. HAARLEM. Marine, paysage. = La date de sa naissance que Immerzeel place vers 1600, est inexacte, car, dès cette même année, il est inscrit sur les rôles de la garde bourgeoise, et, en 1603, la ville lui paya 42 livres pour un travail commandé. Elevé d'abord pour la marine. Ce fut après avoir fait de longs voyages que cet artiste revint dans sa patrie avec le goût de la peinture. M. Van der Willigen, l'historien des peintres de Haarlem, a rectifié les fausses données qu'on avait sur cet artiste. = Combat naval, Madrid. — Rencontre du Palatin et de sa fiancée à Flessingue, Haarlem (acheté en 1628 pour le refuge des vieillards, au prix de 160 florins). — Marine, *ib.* — En 1620, il fut chargé par le conseil de l'amirauté d'exécuter la *Bataille de Gibraltar;* ce tableau tait destiné au prince Maurice et satisfit complètement ce dernier. Il fut payé 2400 florins à l'artiste. C'était celui que l'on avait voulu commander d'abord à H. C. Vroom. (Voir ce nom). = Il rendait admirablement l'eau, les ciels et les tempêtes. Graveur.

Wieringen (Nicolas Van), fils de Corneille. E. H. † 1643 (?) HAARLEM (?) Marine. = Inscrit dans la gilde de Saint-Luc, en 1636.

Wiertz (Antoine-Joseph). E. Fl. 1806-1865. DINANT. Histoire. = Mort à Bruxelles. = Le corps de Patrocle disputé par les Grecs et les Troyens. Fuite en Egypte. Bruxelles. (Egl. Saint-Joseph). —Les anges rebelles.= Une des grandes figures artistiques de l'école belge moderne. Idéal et philosophique dans ses compositions; coloriste puissant. Ses principaux tableaux forment le musée Wiertz qui appartient à l'Etat, Bruxelles.

Wiertz (Henri-François). E. H. 1784-1858. AMSTERDAM. Paysage, genre, etc. = Elève de P. Barbiers. = Jeune fille en prière.

Wieschebrink (Frans). E. Al. 1818. BURGSTEINFURT. Genre. = Le premier baiser.

Wiessner (C.). E. Al. * XIXe siècle. NUREMBERG. Paysage.

Wigdahl (A.). E. Al. 1830. PROVINCE DE BERGEN. Paysage, Marine. = Paysage de Vos.

Wigmana (Gérard). E. H. 1673-1741. WORKUM (Frise.). Histoire. = Se trouvait à Rome, en 1700; surnommé par dérision et pour son orgueil : *Le Raphaël de la Frise;* se croyant méconnu en Hollande, il se rendit à Londres où son succès ne fut pas plus grand. = Travail facile et bon fini. Graveur.

Wigmana (Jean), fils de Gérard. E. H. * XVIIIe siècle. AMSTERDAM (?). = Détails inconnus.

Wilbaut (Nicolas). E. Fr. 1716-1763. CHATEAU-PORCIEN (Champagne). Portrait, etc. = Travailla longtemps en Allemagne, surtout à Dresde.

Wilbaut (P.-P.-Jacques), neveu de Nicolas. E. Fr. 1729-1816. CHATEAU-PORCIEN. Portrait, etc. = Peintre estimable.

Wilberg (Chr.). E. Al. 1839. HAVELBERG. Perspective, intérieurs,etc.=Golfe de Naples.

Wilbrandt. E. Fl. NAMUR. 1873. Décors. = Mort à Bruxelles.

Wild (Gaspard). E. Fr. 1804. ZURICH. Paysage, aquarelle.

Wild (William). E. Fr. * 1840. Vues de ville. = Vue d'une rue de Calais. — Vue prise à Alger.

Wilde (Auguste de). E. Fl. * 1860. Genre, effets de lumière. = La déclaration d'amour.

Wilde (François de). E. Fl. * 1873. FLANDRE. Genre, portrait.

Wilde (J. de). E. H. * XVIIe siècle. FRISE(?) Portrait. = Il est probable qu'il ne fait qu'un avec Jean-Guillaume Vander Wilde, né à Leyde, et qui devint bourgeois de Leeuwarden où il se maria et s'établit. On lui accorde du mérite.

Wilde (Jacques de). E. Fl. * XVe siècle. = De la confrérie de Saint-Luc, en 1450.

Wildens (Jean). E. Fl. 1586-1653. ANVERS. Paysage. = Elève de P. Verhulst. Ami de Rubens et de Van Dyck qui fit son portrait. Reçu franc-maître de Saint-Luc, en 1604. Hollar, Hondius, Matham et d'autres, ont gravé d'après lui. Son fils, Jérémie, né en 1621, mort en 1653, quelques semaines après son père, cultiva également la peinture, et, en 1646-47, fut reçu franc-maître de Saint-Luc. = Sainte Famille dans un paysage (figures de Th. Rombouts), Anvers. — Paysage : Hiver, Dresde. — Paysage boisé, Nuremberg (Landauer-Brüderhaus). = Il avait un génie heureux dans le choix de ses sujets, une exécution facile, une bonne couleur, une grande légèreté dans les ciels et les lointains.

Wildrik (Mlle R.-S.). E. H. * 1840. Paysage. fleurs, fruits.

Wilhelm von Cöln dit **Meister Wilhelm.** E. Al. * 1380. HERLE (Allemagne septentrionale) ou COLOGNE. Histoire. = Détails inconnus. = Crucifiement, Coblentz (Eglise Saint-Castor). — La Vierge et l'Enfant, Cologne (Avec volets). — Crucifiement, *ib.* — Plusieurs saints, Munich. — Sainte Véronique, *ib.* — La Vierge et l'enfant Jésus et plusieurs saints, Berlin. — Vie de la Vierge et épisodes de la vie de Jésus-Christ, *ib.* = Dessin souple; têtes souriantes, composition admirable, ton délicat de couleur, manière spirituelle, grande pureté dans les caractères.

Wilk. E. Fr. * XVIIIe siècle. = Détails inconnus.

Wilkens (Théod.). E. H. * XVIIIe siècle. AMSTERDAM. Paysage. = En 1710, il étudiait à Rome, en même temps que J. Van Lint. Nagler dit qu'il mourut dans cette ville, vers 1748.

Wilkie (David). E. An. 1785-1841. PAROISSE DE CULTS (Comté de Fifeshire, Ecosse). Genre, paysage, histoire. = Elève de Graham; sa vie honorable et laborieuse lui valut l'estime de tous; membre de l'Académie, peintre du roi, ami de Walter-Scott; mourut en mer. = Devinez mon nom, Londres. — Fête de village, *ib.* — Le musicien aveugle, *ib.* — Portrait de Th. Daniell, *ib.* — Les premières boucles d'oreilles, *ib.* — Paysage : forêt, *ib.* — Et autres, *ib.* — L'ouverture du testament, Munich. — Ses tableaux les plus célèbres sont : Colin maillard; le jour des loyers; les politiques de village. = Imita souvent Van Ostade; spirituel et observateur, exécution fine et soignée; abus des tons roses et manque d'air dans la plupart de ses compositions. Ses sujets d'intérieur sont généralement traités avec un grand sentiment. = Ventes : V. Guillaume II (1850), *La famille du distillateur*, 20,300 fr.

Willart (Louis). E. Fl. 1844. MALINES. Histoire, portrait. = Mater dolorosa, Poitiers. — Hero à Sestos, Londres. — L'assomption.

Willaert (Corneille). E. Fl. ' XVe siècle. BRUGES. = Florissait à Bruges, en 1450.

Willaerts (Adam). E. Fl. 1577 (?). ANVERS. Processions, batailles, marine. = On a commis beaucoup d'erreurs au sujet de la date de sa mort. Ce peintre atteignit un âge très avancé; en 1666, il était encore inscrit sur la liste des régents de l'hôpital Saint-Job à Utrecht où il se trouvait établi dès 1611, puisqu'il y fut, de cette année à 1637, doyen de la corporation de Saint-Luc. = Tableau dans lequel le peintre se représente sur un vaisseau, Munich. — Fête donnée, à Tervueren, à Albert et à Isabelle, Anvers. — Port de mer avec vaisseaux, Vienne. — Marine avec vaisseaux, Berlin. — Vue d'un port de mer, Madrid. — Port de mer avec vaisseaux et figures, Dresde. — Combat entre des Hollandais et des Espagnols, Copenhague. = Il excellait à peindre des vaisseaux incendiés. Couleur un peu grise; détails très soignés, touche large; bonne harmonie.

Willaerts (Abraham), fils d'Adam. E. H. ' 1637. UTRECHT. Histoire, animaux, etc. = Elève de son père, de Jean Bylert, et plus tard, à Paris, de Simon Vouet. Le comte Maurice de Nassau, avant de se l'attacher, l'envoya en Afrique pour en rapporter des dessins sur les mœurs, coutumes et habillements de ce pays. Revenu dans sa patrie, il s'établit à Amersfoort et fut très lié avec le grand architecte Jac. Van Campen. Pour Abraham comme pour son père, il doit y avoir eu une erreur dans les dates; Kramm le dit inscrit, comme doyen de Saint-Luc, à Utrecht, en 1624, et comme ayant fait don, en 1638, d'un tableau à l'hôpital Saint-Job. Il ne peut donc être né en 1613. = Exécuta un grand nombre de dessins.

AB W.
1637

Willaerts (Corneille), fils d'Adam. E. H. ' 1622. Paysage, marine. = Inscrit, en 1622, dans la corporation des peintres, à Utrecht.

Willaerts (Isaac), fils d'Adam. E. H. ' XVIIe siècle. Marine, portrait, figures, vaisseaux. = Cité dans d'anciens documents d'Utrecht comme ayant étoffé ou peint pour la ville divers tableaux, en 1659 et 1667. = Parmi les tableaux étoffés par lui, il y en a cinq de Schoorl et trois d'un peintre inconnu; tous se trouvent au musée d'Utrecht.

Willaerts (Jean), fils (?) d'Adam. E. H. ' XVIIe siècle. UTRECHT (?). Marine, paysage. = Détails inconnus. = Vue d'un fleuve avec beaucoup de vaisseaux, Rotterdam.

Willaerts ou **Willaert** (Adrien). E. H. ' XVIIe siècle. = Inscrit, en 1611, dans la corporation de Saint-Luc, à Utrecht. Probablement apparenté à la famille artistique des Willaerts établie à Utrecht.

Willaume. E. Fr. ' XVIIe siècle. Histoire. = Travailla pour le Maréchal de la Ferté, gouverneur de Nancy. Se retira à Metz et y mourut.

Wiele (Pierre-Alexandre), E. Fr. 1748. PARIS. Genre. = Agréé à l'Académie, en 1774.

Wille (Auguste). E. Al. 1829. CASSEL. Genre, paysage. = Visite au couvent.

Willebald. E. R. ' 1828. Histoire = Prise de Kars.

Willeborts (Thomas). V. Bossaert.

Willemans. V. Willmann.

Willemart (Philippe-Albert). E. H. (?). ' XVIIe siècle. = Inscrit, en 1671, dans la corporation de Saint-Luc, à Cologne.

Willems (Corneille). E. H. ' XVIe siècle. Histoire. = Travaillait de 1481 à 1540 à Haarlem où il donna les premières leçons au célèbre Martin Heemskerk. Corneille est cité à diverses reprises dans les archives de sa ville natale. Il eut deux fils, Luc et Floris, qui furent assez bons peintres, voyagèrent beaucoup et séjournèrent à Rome.

Willems (Florent). E. Fl. 1816. LIÉGE. Genre. = Les arbalétriers. — La veuve. — Toilette de la mariée, Bruxelles.

Willems (Jean), le Vieux. E. Fl. ' 1510. LOUVAIN. Histoire. = Maître de la corporation de Saint-Luc, en 1500.

Willems (Pierre), fils de Jean, le Vieux. E. Fl. ' 1524. LOUVAIN. Histoire. = Il avait parfois jusqu'à treize élèves dans son atelier. = Peintre et graveur sur bois.

Willems (Jean), le Jeune, fils de Jean, le Vieux. E. Fl. † 1548. LOUVAIN. Histoire. = Remplaça, en 1527, Rombaut Van Berlair, comme peintre de la ville et directeur de l'*Omgang*. Epousa la fille du peintre Jean Rombauts. Travailla beaucoup pour les églises et monastères de la ville et des environs de Louvain. = Artiste de talent.

Willems (Marc). E. Fl. 1527 (?)-1561. MALINES. Histoire. = Elève de Coxcie, le Vieux. Il fut le compositeur de presque tous les peintres-décorateurs, verriers et tapissiers de son temps. En 1549, il peignit pour l'entrée de Philippe II, à Malines, un arc de triomphe où était représentée l'histoire de Didon. = Excellent dessinateur.

Willers (A.-C.). E. H. * XVIIe siècle. Portrait. = Travaillait en 1680. = Bon dessin; mauvais coloris.

Willers. E. Al. * 1839. Paysage. = La campagne de Rome.

Williams (Hélène-Marie). E. An. 1759-1827. = Egalement littérateur.

Williams (Edouard). E. An. 1782-1855. LAMBETH. Paysage, clairs de lune. = Elève de son oncle, James Ward. Mort à Barnes (Surrey), ou il passa les dernières années de sa vie. Ses six fils embrassèrent la carrière paternelle. = Paysage avec figures : clair de lune, Londres.

Williams (Penry). E. An. * 1859. Genre. = Résida à Rome. = La joueuse de tambourin, Londres. — Famille de paysans italiens, *ib.* — Paysannes napolitaines à la fontaine, *ib.*

Williamson (John). E. An. 1826. EN ECOSSE. Paysage. = Etabli en Amérique.

Willich (César). E. Al. FRANKENTHAL. Genre. = Elève de Schorn. = Nymphe et satyre.

Willigen ou **Willingen** (Pierre Van der). E. Fl. 1607 (?). † 1694. BERG OP ZOOM. Nature morte. = Franc-maître de Saint-Luc, à Anvers, en 1654-55. Reçu bourgeois d'Anvers, en 1661. Son frère Jean, fut son élève. Reçu comme franc-maître peintre, à Anvers, en 1661-62, il mourut dans la même ville, en 1693. Pierre dut être un homme riche, car il paya, de son vivant, pour sa dette mortuaire, une somme de 40 florins tandis que la contribution ordinaire était de 3 fl. et 4 sous.

Willingen (Henri Van der). E. Fl. * 1662. BERG OP ZOOM. = Reçu bourgeois d'Anvers, en 1662.

Williot. E. Fr. † 1865. Paysage. = Mort par suite d'accident.

Williquin l'Enlumineur. E. Fl. * XVe siècle. YPRES. Miniature. = Travailla, en 1468, aux entremets de Bruges.

Willison (G.). E. An. * XIXe siècle. Histoire, paysage.

Willmann (Michel). E. Al. PRUSSE. 1630 (?)-1706. Portrait, genre, histoire. = Elève de Rembrandt, à Amsterdam. Florissait à Königsberg; se fit moine et mourut dans le couvent Leubus, en Silésie. = Portrait d'enfant, vu de profil, Dresde. = On le cite comme un excellent peintre. Graveur.

Willmes (Engelbert). E. Al. 1786-1866. COLOGNE. Histoire. = Elève de J.-B. Regnault, à Paris. Revint à Cologne. = Graveur.

Wilms (Joseph) (sourd et muet). E. Al. * 1840. OBERKASSEL. Portrait.

Wils (Etienne). E. Fl. † 1628. ANVERS. Histoire. = Elève d'Abraham Janssens, en 1607; franc-maître de Saint-Luc, en 1615; doyen de la corporation, en 1625. Il y eut encore un Corneille Wils, peintre, élève de Guillaume De Vos, en 1606, franc-maître en 1617-18 et qui mourut, croit-on, en 1650.

Wils (Jean). E. H. * 1635. Paysage, animaux. = Membre de la gilde de Saint-Luc, à Haarlem, en 1628. Il fut un des maîtres de Nic. Berchem. Il séjourna en France. Il était mort avant 1670, car en cette année sa veuve et ses enfants sont inscrits comme tels dans les comptes de la ville. Son cabinet d'objets d'art fut vendu en 1680. = Manière de J. Both; Berchem a peint parfois l'étoffage de ses tableaux.

Wilson (J.), le Vieux. E. An. * XIXe siècle. Marine, paysage.

Wilson (J.), le Jeune. E. An. * XIXe siècle. Paysage.

Wilson (Richard). E. An. 1713-1782. PINEGAS (Montgommery). Histoire, portrait, paysage. = Fils d'un ministre; ses dispositions se montrèrent de bonne heure et il fut d'abord placé à Londres chez un peintre obscur nommé Wright. Son génie pour la peinture historique et de paysage se développa en Italie sous la conduite et par les conseils de Zuccarelli et de Vernet; revenu à Londres, en 1755, il ne réussit point, malgré son talent, à devenir un peintre populaire. Un des trente-six premiers membres de l'Académie royale, fondée en 1768. Il en devint bibliothécaire après le décès de Hayman, en 1776. Cet emploi, fort peu rétribué, lui était nécessaire pour pouvoir subvenir à ses modestes dépenses. Il eut à lutter contre la mauvaise fortune et ne dut une position meilleure qu'a l'héritage d'un frère; il se retira alors à Llanverris (Denbighshire) où il mourut. = La villa de Mécène à Tivoli, Londres. — Paysage : la mort des enfants de Niobé, *ib.* — Paysage avec figures : le pont, *ib.* — Vues d'Italie, plusieurs tableaux, *ib.* — Le Lac d'Averne, *ib.* = Talent souple et varié; coloris vif, touche spirituelle, composition élégante, belles lumières, ombres bien calculées; figures peu heureuses. On le surnomma, de son temps, le *Claude Lorrain anglais*. = Ventes : V. Northwick (1859), *la villa de Cicéron*, 7,800 fr.

Wilt (Thomas Vander). E. H. 1659-1733. PIERSHIL. Portrait, intérieur et histoire. = Elève de Verkolje à Delft, où il était établi. = Intérieur avec figures, Berlin. = Trop de raideur. Graveur.

Wilt (Guillaume Vander), fils de Thomas. E. H. 1692-1727. = Elève de son père. = Bon dessinateur.

Wilte (Liévin de). E. Fl. * XVe siècle. = Peintre et architecte à Gand, en 1450.

Winck (Chrétien). E. Al. 1738-1812. EICHADT (Bavière). Histoire. = Peintre de la ur de Bavière. Mort à Munich. = Graveur.

Winck (Jean-Amand), neveu de Chrétien. „ Al. 1752-1820. LAUFER-SUR-LE-NECKAR. leurs, fruits. = Florissait à Munich et y mourut dans un hôpital.

Winckaert ou **Wenckart** (Jean-Casyn). E. Fl. * xve siècle. = Inscrit comme franc-maître sur le registre de Saint-Luc, à Anvers, en 1466; doyen en 1486. Son père, Casyn, enlumineur d'images, fut reçu bourgeois d'Anvers, en 1440 et fut un des premiers francs-maîtres, de Saint-Luc; en 1453, celui-ci remplit souvent les fonctions de doyen. Jean-Casyn travailla avec J. Daret pour le duc de Bourgogne. Les *Liggeren* l'appellent aussi *de Seuter* et *Jean Casus*, et l'intitulent peintre et *écrivain de livres* (auteur); comme tel il remporta le 1^r^ prix, à Malines, en 1491 et en 1501, au nom de la Gilde, de refrains poétiques. Son fils, Luc, fut reçu franc-maître peintre, à Anvers, en 1511, sous le nom de Casus alias Wenckart.

Wincle (Chrétien Vande). E. Fl. * xve siècle. Miniature, etc. = Peintre à Gand, en 1417. Enlumina des statues et peignit des pennons de trompettes pour la commune de Gand. Travailla aussi au dais de Notre-Dame de Tournay.

Wincle (Philippe Vanden). E. Fl. * xve siècle. GAND. Histoire, décorations. = Travailla, en 1468, aux peintures décoratives pour les fêtes nuptiales de Charles le Téméraire à Bruges.

Windekens (Joos Van). V. le supplément.

Windus (Guill.-L.). E. An. * XIXe siècle. Genre. = Ecole des préraphaëlites.

Winge (Martin-E.). E. Al. 1825. STOCKHOLM. Histoire. = Elève de Couture. — Kroka, Stockholm.

Wingen (Van). V. Wynghen (Van).

Wingender (Charles). * XIXe siècle. E. Al. DUSSELDORF. Portrait.

Winkelirer (Joseph). E. Al. 1800. DUSSELDORF. Portrait, paysage.

Winne (Jean et Arnould). E. Fl. * XVIe siècle. GAND. Décors et blasons. = Employés par le magistrat de Gand. Liénon, fils d'Arnould, également peintre, naquit à Gand, en 1514.

Wint (P. de). E. An. * XIXe siècle. Aquarelle.

Winter (Abraham-H.). E. H. 1800. AMSTERDAM. Paysage, animaux. = Elève de Wonder et de C. Van Hardenberg. Etabli à Utrecht. = Intérieur d'etable, Haarlem.

Winter (de). E. H. * XVIIIe siècle. = Van Gool rapporte de ce peintre, qu'il se trouvait à Rome où il se faisait passer pour baron. = Artiste de peu de mérite.

Winter (Gilles de). E. H. 1650-1720. LEEUWARDEN. Intérieurs et fonds de paysage. = Elève de Brakenburg. Mort à Amsterdam où il passa presque toute sa vie. = Couleur excellente, mais parfois incorrecte.

Winter (Henri de). E. H. 1717-1783 (?). AMTERDAM. Genre, paysage, etc. = Elève de C. Pronk. S'occupa, dans sa jeunesse, pour des princes allemands. = Auteur d'un *Catalogue raisonné de toutes les gravures de Berchem*, ouvrage très estimé. = Manière de son maître.

Winter (Louis de). E. Fl. 1819. ANVERS. Paysage. = Elève de Jacob Jacobs. = Le passage du gué. — Vue prise dans les Ardennes.

Winter (Maurice de). E. Fl. * xve siècle. = Inscrit, en 1450, dans les registres de la confrérie de Saint-Luc, à Bruges.

Winter (Adrien Van). E. H. 1794 (?)-1820. Paysage. = Mort à Leyde. = Peintre amateur.

Winterhalter (Franz), frère d'Herman. E. Al. 1806-1873. MENZENSCHWAND (Bade). Portrait. = Mort à Francfort sur le Mein. Peignit une foule de personnages illustres de son époque. = Grande réputation.

Winterhalter (Herman), frère de Franz. E. Fr. * 1840. Histoire, portrait.

Winterhalter (W.), frère de Xavier, E. Al. * 1840. Histoire, genre. = Deux jeunes paysannes.

Winterhalter (Xavier). E. Al. * 1840. TODTNAU (Forêt-Noire). Paysage, genre. = Le décaméron. — Le *dolce far niente*.

Winteroy (N. Van). E. H. * 1825. TILBURG. Histoire.

Wintter (Joseph-George). E. Al. 1720-1789. MUNICH. Chasses, animaux. = Graveur de la cour. = Bon graveur.

Wipplinger (Fr.). E. Al. * 1837. Paysage.

Wirtz, Wirg ou **Wirz** (Jean). E. Al. 1640-1709. ZURICH. Portrait et sujets bizarres. = Elève de Conrad Mayer; perdit un œil pendant le courant de ses études, ce qui ne l'empêcha pas de cultiver son art avec ardeur. Comme il fut constamment obligé de travailler pour avoir du pain, il s'attacha au genre du portrait, et son génie ne put recevoir tout son développement. Pourtant il est extraordinaire d'avoir pu, comme lui, sans jamais quitter sa patrie, imiter le style de plusieurs grands maîtres de l'école italienne, entre autres Michel-Ange, Salvator Rosa et Paul Véronèse, et d'avoir pu reproduire une foule de détails avec une vérité qui tient du prodige. = Graveur. *Romæ animale exemplum*, ouvrage mystique et absurde, accompagné de 42 planches (1677, in-8°). Les planches sont remarquables par leur exécution bizarre, grandiose, hardie et pleine d'effet.

Wisgall (Conrad). E. Al. 1757-1870. AUTRICHE. Paysage. = Ce centenaire mourut à Vienne.

Wislicenus (Hermann). E. Al. 1825. EISENACH. Histoire. = Elève de J. Schnorr. = L'abondance et l'indigence, Dresde.

Wissezone (Jacques-Corneille). E. Fl. * XVe siècle. ZIERICKZEE. = Elève de Philippot Truffin.

Wissinck ou **Wissing** (Henri Van). E. Fl. * XVe siècle. LOUVAIN. = Travailla en 1468 aux entremets de Bruges, puis s'établit dans cette dernière ville où on trouve son nom dans les registres de Saint-Luc, vers 1470-80.

Wissing (Guillaume). E. H. 1656-1687. LA HAYE. Portrait. = Elève de G. Doudyns et de P. Lely à Londres. Il fut protégé par Jacques II, d'Angleterre, qui l'attacha à sa personne; ce prince le choisit pour aller peindre, à La Haye, le portrait de Guillaume III et de sa femme, Marie d'Angleterre. On croit qu'il mourut empoisonné par des ennemis, envieux de sa gloire. = Deux portraits de la reine Marie, femme de Guillaume III d'Angleterre, Londres. — Portrait de Guillaume III, d'Angleterre, *ib.* = Un des meilleurs peintres de portraits de son temps.

Wit (François de). E. Fl. * XVIIe siècle (?), GAND. Histoire. = Résida en Italie et y fut surnommé *Apollon* à cause de son talent comme poète.

Wit (Jacques de). E. H. 1695-1754. AMSTERDAM. Histoire, portrait, tapisseries. = Elève de A. Van Spiers et de J. Van Hal, à Anvers, où de Wit se perfectionna par l'étude des grands maîtres. Ce peintre possédait des connaissances étendues et était aussi aimable que savant. La quantité de dessins qu'il a produits est innombrable. On cite, parmi eux, ceux qu'il fit des plafonds de Rubens, à l'Eglise des Jésuites, à Anvers. = Bas-relief : enfants et attributs de chasse, Dresde. — Plafonds et autres décorations, Amsterdam (Hôtel de ville). — Les saisons, Cassel. — Couronnement de sainte Catherine, Rotterdam. — Allégorie : grisaille, *ib.* — Autre allégorie, *ib.* = Excella dans les études d'enfants; les petits séraphins qu'il peignit en masse, sont d'une beauté idéale. Représentait avec vérité tout ce que l'on comprend sous le nom de grisailles; possédait une théorie parfaite en anatomie et par là même ses figures en raccourci étaient supérieurement exécutées. = Ventes : V. Braamcamp (1771), *Tableau allégorique*, 540 fl. — V. Conti (1777), *Enfants avec attributs de chasse*, peint en bas-relief, 250 fr. Intérieur d'une église protestante, Rotter-

Wit (Jean de). E. H. † 1660. HAARLEM (?). Nature morte. = Reçu dans la corporation de Saint-Luc, à Haarlem, en 1644. Sommé de payer sa cotisation, il répondit qu'il le ferait dès que Corneille Vroom déjà vieux peintre lui aurait donné l'exemple. On ignore la suite qui fut donnée à l'affaire. Un autre Jean de Wit fut enterré dans la grande église, en 1677. = Gibier mort, Haarlem. = Bon peintre.

Wit (P.-J. de). E. Fl. 1816-1870. ANVERS. Ornements. = Peintre de talent.

Witdoeck (Pierre-Joseph). E. Fl. 1803. ANVERS. Genre, intérieurs. = Elève de F. de Braekeleer et de M. Van Brée. = Action généreuse des femmes d'Amsterdam. — Intérieur de l'église de la Trappe à Westmalle, avec figures.

Witherington (Guillaume-Fr.). E. An. * 1843. Paysage, genre. = Membre de l'Académie royale. = Paysage boisé : la femme et l'enfant, Londres. — La houblonnière, *ib.*

Withoos (Mathieu). E. H. 1627-1703. AMERSFOORT. Plantes, insectes, fleurs, etc. = Elève et ami d'Otto-Marcellis Van Schriek. Il résida deux ans en Italie, où il travailla pour le cardinal de Médicis. En 1672, il alla s'établir à Hoorn où il mourut. Deux de ses fils, Pierre et François, dessinaient sur parchemin des sujets qu'il reproduisait sur la toile. = Fleurs et insectes, Londres. — Même sujet, *ib.* — Serpent et papillon près d'un chardon, Rotterdam. = Autant de fini que de naturel.

Withoos (Alida), fille de Mathieu. E. H. * XVIIe siècle. Fleurs, fruits et insectes. = Fut également dessinateur.

Withoos (Jean), fils de Mathieu. E. H. 1648-1685. AMERSFOORT. Paysage. = Demeura quelque temps à Rome. Mort au service du comte de Saxe-Lauwenbourg. = Coloris vigoureux. Il dessina beaucoup plus qu'il ne peignit.

Witt (Emmanuel de). E. H. 1607-1692. ALKMAAR. Intérieurs d'église, genre, etc. = Elève d'Evrard Van Aelst. Inscrit dans la corporation des peintres, à Alkmaar, en 1636. Plus tard il s'établit à Amsterdam. Il vivait en inimitié avec tous ses confrères et spécialement avec G. Lairesse. Son caractère éloigna de lui tout le monde et fit que, malgré son beau talent, il devint misérable. Il s'endetta et finit par se tuer. = Intérieur d'église avec figures, Amsterdam. — Intérieur de l'église de Delft, *ib.* — Intérieur d'église, *ib.* (Mus. V. D. Hoop). — Intérieur d'église avec figures, Berlin (Signé et daté de 1667). — La Synagogue d'Amsterdam, pendant le service, *ib.* (Signé et daté de 1680, chef-d'œuvre). — Intérieur d'église avec figures, Cassel (Château de Wilhelmshöhe). —

dam. — Intérieur de l'église de Delft, Bruxelles. = Dessin correct. Bon coloris. Science parfaite de la perspective linéaire et aérienne; clair-obscur savant; admirable empâtement; touche large et libre; lumières et ombres bien distribuées; modèle supérieur; figures bien dessinées et d'un effet très pittoresque. = Ventes : V. Van Cleef (1864), *Intérieur de temple hollandais*, 8,890 fr. — V. Herman de Kat (1866), *Intérieur d'église*, 4,600 fr. — V. Roel-Hadson (1872), *Intérieur d'une église protestante*, 29,700 florins (C'est le prix qu'indique le *Moniteur des Arts* du temps). — V. Lissingen (1876), *Intérieur d'église* (Prédicateur en chaire), 14,300 fr.

Witte (Corneille de), frère de Pierre. E. Fl. ' 1570. Paysage. = En 1573, il appartenait à la garde particulière du duc de Florence. = Peintre de mérite.

Witte (Pierre de), dit **Candito.** E. Fl. 1548-1628. BRUGES. Histoire, perspective. = Fut emmené très jeune à Florence. Il travailla avec Vasari dans le palais du pape. Mort à Munich, au service de Maximilien, duc de Bavière. Son fils, Guillaume, né à Munich, en 1585, suivit la carrière paternelle et eut le titre de peintre de l'électeur palatin. = Quelques peintures dans le palais du prince Maximilien, à Munich. — L'annonciation, Berlin. — La résidence royale de Munich fut bâtie d'après ses plans et sous sa direction, en 1600. = Peintre savant à l'huile et à fresque; excella dans les décorations des maisons. Il fut également bon sculpteur, modeleur et bon architecte. Les biographes italiens ont fait deux peintres de cet artiste. Semblable erreur est souvent arrivée pour ceux des artistes flamands et hollandais qui ont reçu des sobriquets en Italie.

Witte ou **Wit** (Gaspard de). E. Fl. 1618. ANVERS. Paysage. = Fils de Jacques et de Jeanne Goubau, il ne faut pas le confondre avec son homonyme cité plus loin. Il existe une assez grande confusion dans les de Witte, confusion qui n'est pas éclaircie même par les excellents travaux de M. Van Lerius. Peut-être Gaspard, fils de Jacques, séjourna-t-il aussi en Italie et en France, mais nous pensons que les biographies des deux homonymes ont été confondues. En effet, dans les annotations des *Liggeren*, M. Van Lerius donne pour date de mort de Gaspard, fils de Pierre et de Barbe Remeeus, 1680-81, renvoyant au supplément de son cat. du mus. d'Anvers où il donne la même date mortuaire pour Gaspard, fils de Jacques et de Jeanne Goubau. = Paysage : la bonne aventure, Anvers. — Guérison de l'aveugle, *ib.* — Beaucoup de vues des campagnes romaines. — Paysage avec ruines, Vienne. = Peignait à la détrempe et à l'huile. Antoine Goubau étoffa souvent ses paysages. Artiste de grand mérite.

Witte (Gisekin de). E. Fl. ' XVe siècle. GAND. = Elève de Philippot Truffin.

Witte (Jean de), le Vieux. E. Fl. ' XVe siècle. = Maître peintre à Gand en 1442.

Witte (Jean de). E. Fl. ' 1567. BRUXELLES (?). Histoire. = Il accompagna Nicolas Van Orley à Stuttgard, pour y travailler aux peintures du château bâti pour le duc Christophe de Wurtemberg. Ce prince honora de sa bienveillance et de sa protection particulières les deux artistes; à sa mort, en 1568, de Witte suivit encore son compagnon de travail à Cologne où il s'était précédemment fait inscrire dans une corporation; plus heureux que Van Orley, il y obtint le droit de bourgeoisie, s'y maria, paraît-il, et y resta jusqu'à sa mort. On cite sa conduite honorable, comme étant constamment intervenu en faveur de ses compatriotes auprès des autorités de la ville. Deux peintres des Pays-Bas dont on ignore l'histoire et la valeur, Gaspard Ruitz et François Hogenberg, vinrent le rejoindre à Cologne ainsi que son frère Josse.

Witte (Liévin de). E. Fl. Vers ou en 1513. GAND. Histoire, architecture, perspective, miniature. = Mathématicien et architecte distingué selon le dire de Sanderus. Il fit des cartons de verrières pour l'église de Saint-Bavon, à Gand, mais ne peignit pas lui-même sur verre comme l'a été dit erronément. En 1538, la commune gantoise lui commanda l'étendard symbolique et les fanons blasonnés de la Chambre de Rhétorique. En 1575, Liévin comparut devant les échevins, à Gand, se disant âgé de 62 ans ou environ; il y fit un testament en faveur de sa servante, à laquelle il légua un tiers de ses biens pour les soins qu'elle avait donnés à son frère Jean décédé et à lui-même. En 1577, cette fille étant mariée, de Witte fit aux époux une donation entière entre vifs à charge pour eux de le loger, nourrir, vêtir, soigner, etc., de soigner pour ses funérailles, son enterrement, etc. Deux mois après, le 4 février 1578, cet acte fut rompu du consentement des deux parties, les archives ne disent pas pour quelle raison. Les dates que nous avons données sur ce peintre, dans notre seconde éd^{on}, d'après les autres biographes, doivent donc être rectifiées puisque Liévin vivait encore en 1578. = Plusieurs auteurs lui attribuent les tableaux suivants : la Vierge et l'Enfant, entourés de saintes et de quatre anges, Rouen. — Crucifiement, Berlin. (Longtemps attribué à Mabuse). — Adoration des mages, Munich. (Attribué à Jean Van Eyck). — Miniatures dans le bréviaire de Grimani, Venise *(bibliothèque)*. Le Dr Waagen lui attribue le *Baptême du Christ*, de l'hôpital Saint-Jean, à Bruges, que d'autres auteurs donnent erronément, selon nous, à Memlinc. = Formes vraies, mouvements gracieux, dessin faible, excepté dans quelques parties; sentiment délicat.

Witte ou **Wit** (Pierre de), le Vieux. E. Fl. † 1651-1652. ANVERS. = Il est inscrit, en 1596, dans les *Liggeren* d'Anvers, comme élève d'un certain Pierre Verhulst alias Horin. En 1509-10 il fut reçu franc-maître. En 1628-29 il faisait partie de la société de rhétorique *la Violette*. En 1662-63 on trouve inscrite la dette mortuaire de sa veuve, Barbe Remeeus.

Witte ou **Wit** (Pierre de), le Jeune, fils de Pierre, le Vieux. E. Fl. 1624-1669. ANVERS. Paysage. = Inscrit comme fils de maître dans les registres de Saint-Luc, à Anvers, en 1646. Il était le demi-frère de Gaspard et fut le premier maître de Corneille Huysmans, dit *de Malines*. Beaucoup d'imagination et de facilité; manière hardie et originale; tons gris et froids. Peignit beaucoup de fonds pour les peintres de figures et d'animaux. Style italien, bien qu'il n'eût jamais visité l'Italie.

Witte ou **Wit** (Gaspard de), fils de Pierre, le Vieux. E. Fl. 1624-1680-81. ANVERS. Paysage. = Il n'était que le demi-frère de Pierre, le Jeune. Gaspard voyagea en France et en Italie, c'est ce que nous apprend incidemment le peintre-biographe Egide-Joost Smyers dans ses notes sur Corn. Huysmans, confirmant ainsi les dires de Descamps. Les *Liggeren* d'Anvers l'inscrivent comme fils de maître, en 1650; il faisait partie de la société des célibataires, en 1673.

Wittel (Gaspard Van). V. Vitelli.

Wittevronghel (Alexandre). E. H. ' 1845. Paysage. = Elève de J. Ruyten.

Wittkamp (J.-B.). E. Fl. 1820. RIESENBECK (Westphalie). Histoire, genre. = Elève de de Keyser. — Mort du Tasse. — Hivernage des Hollandais à la Nouvelle-Zélande, en 1596 1597.

Wittich (L.-Henri). E. Al. 1816. BERLIN. Genre. = Le page.

Wittig (Barthélemy). E. Al. † 1684. ŒLS (Silésie). Histoire, genre. = Habita Nuremberg et y mourut. = Un grand repas, Vienne.

Wittmer (Jean-Michel). E. Al. ' XIXe siècle. MOURNAU. Histoire. = Le corps de sainte Catherine emporté par des Anges, Munich. — Adoration des bergers, *ib.*

Witz (Emmanuel). E. Al. 1717. BIEL (Suisse). Portrait, histoire. = Etudia à Paris, se rendit en Espagne; d'abord poursuivi par le malheur, la fortune lui devint enfin favorable; revint dans sa patrie, en 1761. = Les ouvrages qu'il fit en Espagne lui valurent beaucoup de réputation.

Woensel (Pétronille Van). E. H. 1785-1839. LA HAYE (?). Fleurs, fruits, insectes, etc. = Elève de J. Van Os.

Woestine (Siger Vander). E. Fl. ' XIVe siècle. Ornements, etc. = Travailla à Tournai, en 1344. En 1356 il peignit *à l'huile* des pinacles et des pennons armoriés.

Woestine (Roger Vander), fils de Siger. E. Fl. † 1416. Histoire. = Ce peintre ne doit pas être confondu avec Roger Vander Weyden. Voici ce que dit à propos de ce nom M. Ed. de Busscher, dans ses *Peintres Gantois*, pag. 51 : « Les diverses mentions de *Roeger de Scildere* (Roger le peintre) sans dénomination patronymique, que l'on rencontre dans les manuscrits de la ville de Gand, de 1386 à 1416 et l'immatricule de 1414 du maître peintre *Roeger van Bruscle* (Roger de Bruxelles), dans le *Livre de la Corporation plastique*, ont fait croire, avec toute apparence de raison, qu'il s'agissait dans les deux cas du même artiste, aïeul ou père de Roger Vander Weyden de Bruxelles. Des actes que je viens de découvrir dans les registres échevinaux de Gand, renversent cette supposition et prouvent que le Roger dont il s'agit dans les annotations de la comptabilité communale, n'est autre que le peintre gantois *Roger Vander Woestine*, fils de *Siger Vander Woestine*, mentionné dans les comptes de 1352 à 1369 et dans les registres scabinaux en 1365-66. » (Suivent les extraits des comptes qui établissent évidemment l'identité individuelle de *Roger le peintre* et de *Roger Vander Woestine*). M. de Busscher fait remarquer que l'immatricule de 1414 *(Roeger van Bruescle)* est peut-être une qualification nouvelle donnée à Roger Vander Woestine, à son retour d'un voyage à Bruxelles, qu'il effectua en 1404-1405. Roger Vander Woestine exécuta un assez grand nombre de travaux pour la commune de Gand. Il mourut dans cette dernière ville.

Woetchler (Eberhard de). E. Al. 1762. ALLEMAGNE. Histoire (?). Elève de A. Carstens.

Wohlgemuth (Michel). E. Al. 1434-1519. NUREMBERG. Histoire. = Elève de Jacques Walen = Jugement dernier, Cologne. — La passion, Nuremberg. — Saint Martin et saint Venceslas, sainte Elisabeth et sainte Barbe, *ib.* — Jésus devant Pilate, Paris. — Tableaux, Zwickau. — Saint Jérôme (Tableau d'autel avec volets), Vienne. — La Vierge, l'enfant Jésus et les deux saint Jean, Berlin. — Crucifiement, *ib.* — Jésus-Christ au Jardin des Olives, Munich. — Crucifiement, *ib.* — Descente de croix, *ib.* — Résurrection, *ib.* — Et autres, *ib.* — Tableau d'autel, Eglise d'Heilsbronn (Franconie. Chef-d'œuvre). — Pilate, Liverpool. — Descente de croix, *ib.* = Dessin senti, couleur riche, imitation assez exacte de la nature, composition simple, expression naïve et religieuse; mérite très inégal.

Wolf (Gaspard). E. Al. 1735. MURI (Suisse). Paysage, marine, etc. = Etudia à Constance, parcourut l'Allemagne, visita Paris et y travailla auprès de Lutherburg.

Wolf (Jonas). E. Al. * XVIIe siècle. ALLEMAGNE. = Détails inconnus.

Wolf (Jean-André), fils de Jonas. E. Al. 1652-1716. Histoire, portrait. = Elève de son père et de Bal. Ableitner. = Mariage de la Vierge, Munich. — Portrait du peintre, *ib.*

Wolf (Joseph). E. Al. * 1838. Paysage. = Ruines de Streitberg.

Wolf (Jacques de). E. H. † 1685. GRONINGUE. Histoire. = Ami de J. Starrenberg. Le poète Smids a écrit des vers sous ses tableaux.

Wolfaerts ou **Wolffordt** (Artus). E. Fl. 1581-1641. ANVERS. Histoire. = Reçu franc-maître de Saint-Luc en 1616-17; probablement le père d'Artus, le Jeune. De son temps il jouissait d'une grande réputation. Van Dyck a peint son portrait. = Fuite en Egypte, Madrid. — Sainte Famille, *ib.* = Il ornait ses fonds d'architecture. Ordonnance simple, quoique grande et noble. Il a peint quelques tableaux dans le goût de Teniers.

Wolfaerts (Jean-B.). E. H. 1625-1687. ANVERS. Paysage. = Voyagea en Italie et paraît s'être établi en Hollande. Reçu, en 1647 dans la gilde de Saint-Luc, à Haarlem. = Paysage montagneux avec animaux, Rotterdam. = Style de Cuyp. Ce peintre était rempli de connaissances, d'esprit et d'imagination.

Wolff (Benjamin). E. Al 1758-1825. DESSAU (Allemagne). Histoire, portrait et miniature. = S'occupa à Dresde, Berlin, Vienne et Rome et finit par s'établir à Amsterdam, où il mourut. = Portrait : François I^r, Amsterdam. = Bon dessinateur.

Wolff (Jean). E. Al. * 1839. Histoire. = Homère et son guide.

Wolff (Louise). E. Al. 1798. MUNICH. Portrait.

Wolfgang (George-André). E. Al. 1703. AUGSBOURG. Portrait. = Travailla en Angleterre et vint à Gotha où on le nomma peintre de la cour. = Excella dans son genre.

Wolfsen (Alida). E. H. * XVIIe siècle. Portrait. = Détails inconnus. = Talent remarquable. Genre de G. Netscher.

Wolfvoet (Victor), le Vieux, E. Fl. * XVIe siècle. = Franc-maître de Saint-Luc, à Anvers, en 1595-96.

Wolfvoet (Victor), le Jeune, fils de Victor, le Vieux. E. Fl. 1612-1652. ANVERS. Genre, portrait, histoire. = Elève de son père, puis de Rubens, auprès duquel il resta fort longtemps. Reçu à Saint-Luc, en 1644. Pendant longtemps on a ignoré le nom de famille de ce peintre; il n'était connu que sous le nom de Victor; un biographe inintelligent y avait ajouté celui de Jean, et, depuis, Victor Wolfvoet était devenu Jean Victor et était confondu avec le Hollandais, Jean Victor ou Victors, élève de Rembrandt. M. Génard, d'Anvers, a rendu à chacun des deux artistes sa personnalité et son nom et a fait cesser une des plus grossières erreurs dont l'histoire de nos peintres ait été entachée. Le monument funèbre de cet artiste se voyait autrefois dans l'église Saint-Georges, à Anvers. = Visitation, Anvers (Eglise Saint-Jacques). — Tête de Méduse entourée de serpents, de lézards et d'autres reptiles, Dresde. (Signé : VICTOR WOLFVOET.) = Beau coloris.

Wolke (Berthold). E. Al. 1829. HAVELBERG. Genre. = L'opération.

Wollmar. E. Fr. * 1842. STRASBOURG. Paysage, etc. = La tempête.

Wolters (Herman). E. H. 1682-1755 ou 1756. ZWOLLE. Paysage, portrait. = Elève de R. Koets et de Th. Van Pée; il épousa la fille de ce dernier. Mort à Haarlem.

Wolters (Henriette VAN PÉE, femme de Herman), fille de Th. Van Pée. E. H. 1692-1741. AMSTERDAM. Portrait en miniature. = Elève de son père; elle fut honorée de la visite de Pierre le Grand et de celle du roi de Prusse. Sa réputation fut brillante, beaucoup de poètes firent des vers à sa louange. Ceux qui voulaient être peints par elle devaient se résoudre à lui accorder vingt séances de deux heures chacune. Il est assez extraordinaire que les auteurs ne citent aucune œuvre de cette femme remarquable. = Un grand fini; atteignit un haut degré de perfection dans la miniature.

Woluwe (Jean Van). E. Fl. * 1386. BRUXELLES (?). Miniature, histoire. = Enlumineur de Jeanne de Brabant, il parait avoir été un artiste de grand mérite; il exécuta pour la princesse des ouvrages nombreux et importants, comme enlumineur, et même, en 1384, il peignit un diptyque pour l'oratoire de Jeanne; en 1386, on cite encore de lui des peintures exécutées dans un corridor du palais de Bruxelles (Fresques ou tableaux ?). En 1400, un Jean Van Woluwe, peintre, se trouve inscrit dans la confrérie de Saint-Jacques. C'est probablement notre artiste.

Wonder (Pierre-Christophe). E. H. 1780-1852. UTRECHT. Effets de lumière, genre, etc. = Mort à Amsterdam. = Société de musiciens — La marchande de harengs, Rotterdam.

Wood (J.). E. An. * XIXe siècle. Genre.

Woodward (T.). E. An. * XIXe siècle. Genre.

Woolbert (H.). E. Fl. * 1842. Paysage, aquarelle.

Woot de Trixhe. V. Detrixhe.

Wordlige (Thomas). E. An. 1700-1766. PETERBOROUGH (Comté de Northampton). Genre et miniature au pastel. = Elève de Grimaldi et de Louis Boitard; visita avec ce dernier maître la Hollande et la Flandre, et mérita le surnom de Rembrandt anglais, par ses belles gravures à l'eau-forte. = *Collection choisie de dessins tirés des pierres précieuses antiques, pour la plupart dans la possession de la grande et petite noblesse du royaume, gravées à la manière de P. Rembrandt*, Londres, 1768, 2 vol. petit in-folio. = Ne put réussir à peindre à l'huile. On estime beaucoup la plupart de ses copies et de ses têtes à la mine de plomb.

Woreven (M.-V.). E. H. Paysage, histoire. = Détails inconnus. = Paysage : Orphée attirant les animaux au son de sa lyre, Berlin. (Ce tableau est signé M. V. WOREVEN.)

Worms (Antoine de). E. Al. * 1530. WORMS. Histoire, portrait. = Demeurait à Cologne, en 1529. = Imitateur d'Alb. Dürer; bon dessin; sentiment de la beauté; graveur sur bois.

Worms (Jules). E. Fr. 1832. PARIS. Genre. = La romance à la mode. — Le compliment.

Wornle von Adelsfried (Auguste). E. Al. 1829. VIENNE. Histoire. = L'adoration des mages, Vienne. — Peintures murales à Inspruck.

Worobieff (Mathieu - Nikiphorovitch). E. R. 1788. Paysage, vues. = Le couvent du Nouveau-Jérusalem à Vosskressensk, Saint-Pétersbourg.

Worp (Guillaume Vander). E. H. 1803. ZUTPHEN. Histoire, portrait et intérieurs. = Elève de Herreyns et de Van Brée.

Worst (Jean). E. H. * 1655. Paysage. = Ami et compagnon de voyage de J. Lingelbach. = Grand dessinateur, bonne connaissance des lois de la perspective.

Wortelmans ou **Ortelmans.** Ce nom se rencontre dans les *Liggeren* d'Anvers au XVIe siècle avec différents prénoms, Adrien, Gilles, Damien, Pierre, Philippe, Guillaume, comme étant celui d'un peintre ou de plusieurs peintres, mais sans indications particulières utiles.

Woude (Englebert Vander). E. Fl. * 1695. BRUGES. Miniature, etc. = Il fut prieur d'un couvent à Bruges, et vivait encore en 1718. Il partageait son temps entre la culture des lettres et la peinture, et possédait une des plus belles collections d'art qu'il y eût à Bruges.

Woultrequin. * XVe siècle. = Travailla, en 1468, aux entremets de Bruges.

Wouter (Jean-François de). E. Fl. * XVIIIe siècle. BRUXELLES. = Adressa, en 1787, une requête aux états du Brabant, afin d'obtenir un emploi honorable. Sa haute origine y est mentionnée.

Woutermaertens (Edouard). E. Fl. * 1855. Animaux. = Elève de Robbe.

Wouters (François). E. Fl. 1612-1659. LIERRE. Paysage avec figures. = Elève de Rubens. Appelé par l'empereur en Allemagne, comme peintre de sa cour. En 1637, il accompagna l'ambassadeur de son maître à Londres; il y entra au service du prince de Galles, plus tard Charles II. Malgré son succès, il revint dans sa patrie et s'établit à Anvers où il fut doyen de Saint-Luc, en 1649. Il avait été reçu franc-maitre en 1634-35. Il était déjà revenu à Anvers en 1641, puisqu'au mois d'août de cette année il fut chargé avec deux autres peintres, d'aller évaluer, à Steen, des tableaux appartenant à la succession de Rubens. François eut un de ses frères, Pierre, également peintre, il était né à Lierre, en 1617 et est inscrit comme élève sur les *Liggeren* anversois, en 1631-32. = Saint Joachim, Vienne. — Saint Joseph, *ib.* — Tableau de genre, Saint-Pétersbourg. — Vénus et Adonis (Esquisse), Copenhague. = Coloris agréable; grands effets de perspective. Il a peint également en grand, mais il réussit moins bien dans ce genre. = Graveur.

Wouters (Gommaire). E. Fl. * XVIIe siècle. LIERRE (?). Histoire. = Visita Rome, où on lui donna le surnom de Ridder. = Les gravures qu'on a de lui sont dans la manière de Callot.

Wouwerman (Philippe). E. H. 1619-1668. HAARLEM. Batailles, foires, chasses, etc. = Le père de Philippe, né à Alkmaar et mort en 1642, s'appelait Paul-Joosten Wouwerman, et était peintre d'histoire assez médiocre; mais, selon la déplorable habitude du temps, il est presque toujours désigné, dans les archives, sous ses seuls prénoms de Paul-Joosten. M. Vander Willigen en a fait la découverte et par là a retrouvé les dates exactes de la naissance de ses enfants, dont trois furent peintres. Nous rectifions ces dates d'après l'auteur précité. Paul-Joosten fut marié trois fois. Ses trois fils peintres sont issus de la troisième femme. Philippe fut élève de son père et de J. Wynants qu'il surpassa; il avait à peine 19 ans, dit-on, lorsqu'il se mit à courtiser, contre la volonté de son père, une jeune fille de la religion romaine. Tous deux se rendirent à Hambourg où un prêtre catholique les maria. Wouwerman resta quelques semaines dans cette ville, peignant dans l'ate-

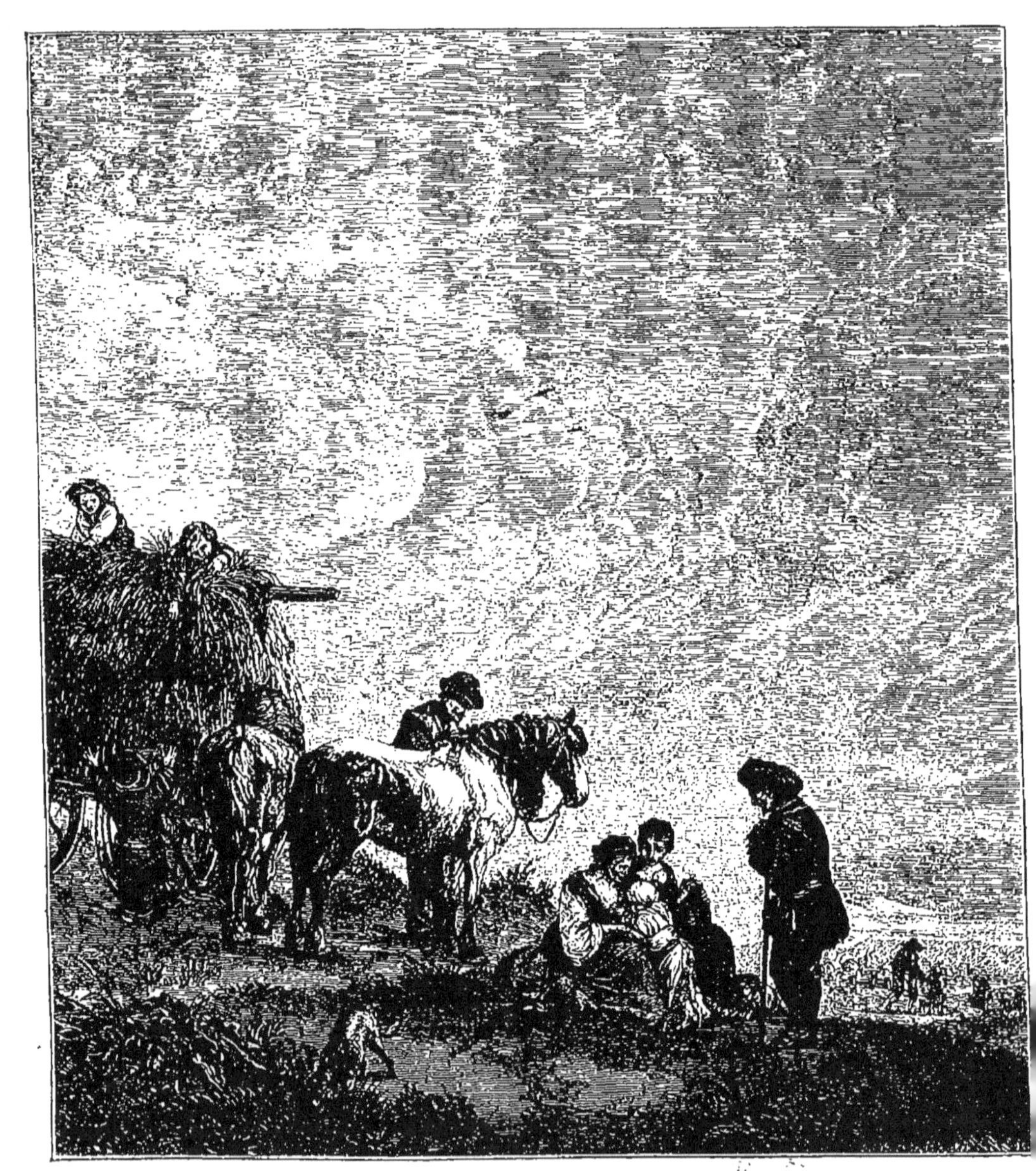

La charette de la moisson. Par Philippe Wouwerman.
Galerie Leuchtenberg.

lier du peintre Evrard Decker. Il apparait dans les archives, à Haarlem, à diverses époques : en 1640, d'abord, comme membre de Saint-Luc, reçu comme fils de maître; en 1643, on note l'enterrement d'un de ses enfants. En 1642 et en 1656, il fait inscrire des élèves. En 1645, il est *Vinder* de la corporation. Le 10 mai 1668 il fut enterré et les frais de la cérémonie s'élevèrent à 37 florins ; sa femme, ne lui survécut que peu de temps; elle fut enterrée le 22 janvier 1670; les frais furent de 21 florins. Ces sommes, considérables pour l'époque, prouvent que si, comme on l'a dit, Wouwerman lutta quelque temps contre le sort, il finit dans une position tout à fait aisée. Les 50 florins de contributions qu'il payait, en sont une preuve de plus. Ce fut un prêtre, dit-on, le curé Corneille Cats, qui, en lui prêtant une assez forte somme d'argent, le mit sur la voie de la fortune et du succès; il ne cessa d'être reconnaissant envers son bienfaiteur. Le grand nombre de tableaux peints par cet artiste ferait croire à une longévité extraordinaire, et pourtant il vécut à peine 49 ans! Philippe Wouwerman, sans avoir jamais quitté sa patrie, sans avoir rencontré au commencement de sa carrière artistique ces encouragements qui bien souvent animent et développent le génie, sut arriver, dans son genre, à une perfection qu'aucun de ses successeurs n'est encore parvenu à égaler. = Le maréchal ferrant, Amsterdam. — Le cheval blanc, *ib.* — Brigands battus et chassés par des paysans, *ib.* — La chasse au héron, *ib.* (Chef-d'œuvre). — Rixe villageoise, *ib.* — Chasseurs à la poursuite du cerf, *ib.* — Manége en plein air, *ib.* — L'Abreuvoir, *ib.* (Musée V. D. Hoop; chef-d'œuvre). — - Un camp, *ib.* — Paysage, *ib.* — Grande bataille, La Haye. — Un camp, *ib.* — Paysage avec chevaux, *ib.* — Partie de chasse, *ib.* — Manége en pleine campagne, *ib.* — Paysage : le chariot de foin, *ib.* (Chef-d'œuvre). — Paysans à pied et à cheval, *ib.* — L'arrivée à l'hôtellerie, *ib.* — Le départ de l'hôtellerie, *ib.* — Halte de cavaliers, Anvers. — Même sujet, *ib.* — Bataille, Londres. — Le coup de pistolet, *ib.* (Buck. Pal.). — Le chariot de foin, *ib.* — Halte de cavaliers, *ib.* — Chasse au faucon (Avec Wynants), *ib.* — Le maréchal ferrant, *ib.* — Bataille, *ib.* — Foire, *ib.* — Marché aux chevaux, *ib.* — Chariot arrêté par des bandits, *ib.* — Récolte du foin, *ib.* — Paysage : les remparts, Berlin. — Paysage : le retour de la chasse, *ib.* — Paysage : le chariot, *ib.* — Paysage : chariots et chevaux, Vienne. — Paysage : voyageurs attaqués par des voleurs, *ib.* — Paysage : le retour de la chasse, *ib.* — Paysage avec cavaliers, etc., *ib.* — Le départ pour la chasse, Paris. — Le pont de bois sur le torrent, *ib.* — Départ pour la chasse au vol, *ib.* — Intérieur d'écurie, *ib.* — Halte de chasseurs et de cavaliers, *ib.* — Halte de cavaliers près d'une tente, *ib.* — Halte de militaires, *ib.* — Manége près d'une rivière, *ib.* — Le passage du gué, *ib.* — Chasse au cerf, *ib.* (Chef-d'œuvre). — Choc de cavalerie (Double), *ib.* — Promenade du bœuf gras, *ib.* — Parade, Madrid. — Les cavaliers, *ib.* — Chasse aux lièvres, *ib.* — Départ pour la chasse, *ib.* — Repos de cavaliers, *ib.* — Et autres, *ib.* — Chasse au cerf, Munich (Chef-d'œuvre). — Le voyageur près du pont, *ib.* — Bataille entre les Suédois et les Impériaux, *ib.* — Le village pillé, *ib.* — Et autres, *ib.* — Tableaux, Londres (Buck. Pal.). — Le coup de pistolet, *ib.* (Chef-d'œuvre). — Paysages, Saint-Pétersbourg. — Assaut d'une forteresse, *ib.* — Intérieur d'une écurie, *ib.* — Chasse au cerf, *ib.* — Chasse au faucon, *ib.* — Et autres, *ib.* (En tout 49 tableaux). — Scène de pillage, Rotterdam. — Les deux paysans et le cheval blanc, *ib.* — Gentilhomme à cheval, *ib.* — L'aumône des capucins, Dresde. — Le cheval qui se cabre, *ib.* — Le pillage des reitres, *ib.* — Foire aux chevaux, *ib.* — Combat de cavalerie, *ib.* — L'écurie, *ib.* — La cascade, *ib.* — Départ pour la chasse au vol, *ib.* — Chasse à l'ours et au sanglier, *ib.* — La grotte du maréchal, *ib.* — Le gué, *ib.* — Halte de cavaliers, *ib.* — Le cerf forcé, *ib.* — Le quartier-général de l'armée hollandaise, *ib.* — Combat d'infanterie et de cavalerie, *ib.* — La bonne aventure, *ib.* — Et cinquante-neuf autres, *ib.* — Chasse à courre, Copenhague. — Cavaliers devant une auberge de village, *ib.* — Episode de chasse : la paysanne à la chèvre, *ib.* = Nul ne l'a surpassé dans le dessin des chevaux et des figures, qui sont exécutés avec une admirable correction. Couleur excellente, touche ferme quoique fine, belle entente du clair-obscur, composition large, lointains et ciels très vaporeux, imitation exacte de la nature. Auteur d'une gravure. = Ventes : V. Verrue (1737), deux grands tableaux, 5,036 liv. — V. Fonspertuis (1748), deux tableaux gravés par Moyreau, 3,300 liv. — V. Tugny et Crozat (1751), *Le coche*, 1,000 liv. — V. Deselle (1761), *Bataille*, 4,550 liv. — V. Rubempré (1765), *Le jeu du chat*, 4,500 fl. — V. Julienne (1767), *Chasse au cerf*, 16,700 liv. — V. Choiseul (1772), *Chasse au cerf* (Celui de la vente Julienne), 20,700 liv. — V. Dubarry (1774), *Une foire*, 6,000 liv. — V. Randon de Boisset (1777), *Course du hareng*, 12,000 liv. — V. Conti (1777), *Marché de chevaux et manége*, (Deux tableaux), 19,800 liv. — V. Poullain (1780), *Vue d'un camp*, 3,460 liv. — V. Choiseul-Praslin (1793). *La ferme au colombier*,

37,500 liv. — V. Tolozan (1801), *Une fête en hiver*, 6,550 fr. — V. Paillet (1811), *Bataille*, 19,150 fr. — V. Lapeyrière (1817), *Campement d'armée*, 9,400 fr. — V. de Berry (1837), *Le marché aux chevaux*, 35,600 fr. — V. Perregaux (1841), *L'espion*, 35,100 fr. — V. Guillaume II (1850), *Saint-Hubert*, 3,000 fl. — V. Patureau (1857), *Halte de cavaliers*, 50,000 fr. —Même vente, *Marche d'une armée*, 12,600 fr. — Même vente, *Paysage sablonneux*, 30,000 fr. — V. Northwick (1859), *Misères de la guerre*, 36,910 fr. — *Le cerf forcé*, 8,100 fr. — V. Le Roy d'Etiolles (1864), *La halte*, 3,700 fr. — V. Demidoff (1863), *Un cavalier*, 5,450 fr. — V. Meffre (1863), *Le débarquement des marchandises*, 40,700 fr. — V. Oppenheim (1864), *Départ pour la chasse*, 8,660 fr. — *Le combat pour l'étendard*, 22,575 fr. — V. Van Cleef (1864), *Les saltimbanques*, 3,700 fr. — V. Van Brienen de Grootelindt (1865), *Halte de cavaliers*, 37,000 fr. — V. Herman de Kat (1866), *Le débarcadère*, 20,000 fr. — V. Pommersfelden (1867), *L'hôtellerie*, 65,500 fr. — *L'aumône*, 24,500 fr. — *L'étrier*, 7,500 fr. — *Chasse au cerf*, 18,100 fr. — *Déménagement rustique*, 7,000 fr. — *Le maréchal ferrant*, 7,200 fr. — *Scène de voyage*, 25,100 fr. — V. San Donato (1868), *La récolte des foins*, 50,000 fr. — V. Delessert (1869), *Halte militaire*, 26,500 fr. — *Halte au puits*, 13,000 fr. — *Chevaux allant boire*, 7,500 fr. — V. Fould (1869), *Le cerf forcé*, 20,200 fr. — V. D. B. (1869), *L'abreuvoir*, 19,100 fr.

Wouwerman (Pierre), frère de Philippe. E. H. 1623-1683 (?). HAARLEM. Chasses, animaux. = Elève de son frère Philippe. Reçu dans la gilde de Saint-Luc, à Haarlem, en 1646. Les registres de Haarlem donnent son mariage en 1654, ainsi que la naissance de sa fille Suzanne, en 1655 et, celle de son fils Paul, en 1657. Pierre dut séjourner en France, car on a de ses tableaux représentant des vues de Paris. Il est possible qu'il séjourna à Anvers et que c'est ainsi qu'il y mit son fils Paul en apprentissage, mais aucune trace de ce séjour ne nous est connue. = Assaut de Coevorden, en 1672, Amsterdam. — Chasseurs à cheval se reposant près d'un cabaret, Florence. — Siége d'une ville flamande par les Espagnols, Berlin. — Manége auprès d'un rempart, Bruxelles. — Deux batailles, Saint-Pétersbourg. — Un camp, *ib.* — Les vivandiers, *ib.* — Vue de la tour et de la porte de Nesle, vers 1664, Paris. — Le camp, Rotterdam. — Paysage : Enfants jouant avec une chèvre et un chien, *ib.* — Vue de Paris : le Pont-Neuf pendant le carnaval, Copenhague. — Même sujet, Brunswick. = Le manoir, *ib.* = Il s'approcha d'assez près du talent de son frére; la grande différence qui règne entre eux est le ton lourd de Pierre, sa manière moins franche, et sa touche moins spirituelle. = Ventes : V. Van Brienen de Grootelindt (1865), *Retour de la chasse au faucon*, 1,600 fr.

Wouwerman (Paul), fils de Pierre. E. Fl. 1657 (?). HAARLEM. Paysage, animaux. = Il fut élevé pour la peinture à Anvers. Plus tard, il devint chartreux dans la même ville où il mourut presque centenaire. On n'avait point, jusqu'ici trouvé les preuves de la filiation attribuée à cet artiste que quelques biographes avaient dit être fils de Philippe, mais aujourd'hui les registres de Haarlem ainsi qu'on vient de le voir dans la notice consacrée à Pierre Wouwerman, consultés, ont parlé et ils nous apprennent que Pierre Wouwerman eut un fils qui fut nommé Paul. M. Kramm s'appuie sur des souvenirs personnels de M. J. van Regemorter, dont le père contemporain de Paul Wouwerman aurait vécu avec ce dernier et serait, ajoute M. Kramm, mort onze ans après lui. Or, Pierre van Regemorter est né en 1755 et décédé en 1830, tandis que Paul Wouwerman est né probablement en 1657 et mort avant la naissance de P. van Regemorter! Le même auteur s'appuie aussi sur un document erroné du sieur Mols. Celui-ci, en effet, extrait des registres de Saint-Luc, l'année d'apprentissage de Paul, mais il l'extrait mal. Ce n'est point en 1680 que cet artiste y est inscrit comme élève, mais bien en 1669-70. Sa naissance en 1657 correspond alors parfaitement avec l'âge de 12 ans auquel dit-on, il fut mis en apprentissage à Anvers.

Wouwerman (Jean), frère de Philippe. E. H. 1629-1666. HAARLEM. Paysage avec figures et animaux. = Reçu dans la gilde de Saint-Luc, en 1655. = Paysage accidenté et sablonneux, Rotterdam. = Il choisit de préférence des vues entrecoupées de lacs et de rivières; manière franche et spirituelle; bonne harmonie; coloris ferme. Sa manière ressemble tant à celle de J. Wynants que ses tableaux, signés J. W. passent pour ceux de ce maître.

Wrage (Jean-H.). E. Al. 1843. DANS LE HOLSTEIN. Paysage. = Vues du Tyrol, de l'Italie et de la Sicile.

Wraske (Jean-Chr.). E. Al. 1817. HAM-

BOURG. Histoire. = Elève de l'Académie de Dusseldorf. = La fille du cid, Hambourg. — Niobé, *ib.*

Wright (André). E. An. ' XVIe siècle. Histoire, portrait. = Peintre en titre d'Henri VIII. Il succéda à John Brown, en 1532. Mourut peu de temps avant Holbein.

Wright (Jean Guillaume). E. An. ' XIXe siècle. Aquarelle.

Wright (Joseph), dit **Wright de Derby.** E. An. 1734-1797. DERBY. Histoire, portrait, genre, paysage, etc. = Elève d'Hudson, à Londres, en 1751; se perfectionna en Italie, en revint en 1775, s'établit d'abord à Bath, puis dans sa ville natale; fit une nouvelle excursion en Italie; assista à une éruption du Vésuve et en fit plusieurs tableaux qui furent considérés comme des chefs-d'œuvre. Reçu à l'Académie de peinture, dans sa patrie, en 1782; jouit de son vivant des dons de la fortune et des honneurs qu'amène la gloire. = On admire dans ses paysages l'élégance du dessin, la science du clair-obscur, la vérite et la délicatesse du coloris, le style varié, tantôt calme et tantôt sublime. Excellait dans les clairs de lune, les incendies et les effets de lumière.

Wright (Michel). E. An. ' XVIIe siècle. Portrait. = Détails inconnus. = Jean Lacy, comédien sous Charles II, Londres.

Wright (R.). E. An. ' 1820. Marine. = Yacht royal pendant une tempête et ayant à bord la princesse Charlotte, Londres.

Wttewaal. V. **Uitenwaal.**

Wubbels (Jean). E. H. ' XVIIIe siècle. Vues marines.

Wuchters, Wugters ou **Wogter** (Abraham). E. H. ' XVIIe siècle. HOLLANDE. Portrait, histoire. = Etabli à Copenhague, vers 1636 ou 1639. Son talent lui attira la protection du roi de Danemark qui le nomma peintre de la cour, charge qu'il occupa pendant vingt-cinq ans. En 1664, il alla se fixer à Soroë. Beau-frère de Ch. Van Mander, le Jeune. Vivait encore en 1675. = Portrait de Chrétien IV, roi de Danemark, Vienne. — Le prince Valdemar Christian, en pied, Copenhague. = Graveur.

Wughters (Charles). E. Fl. ' 1722. Histoire, fleurs. = Elève de Van Opstal. Doyen de Saint-Luc, à Anvers, en 1722, 1735, 1738, 1739 et 1742. Il se racheta de sa charge. = Salomon recevant la reine de Saba, Berlin.

Wueluwe (Henri Van). E. Fl. ' 1495. = Doyen de la corporation de St-Luc, à Anvers, en 1495, 1499, 1503, 1507, 1513 et 1523.

Wuest (Jean-Henri). E. Al. 1741. ZURICH. Paysage, etc. = Etudia en Hollande, travailla à Rotterdam et à Amsterdam, visita la France et revint dans sa patrie, en 1769. = Ciels légers, pinceau et coloris satisfaisants.

Wuier (Théodore Van de). E. H. ' 1683. Portrait. = Détails inconnus. = Portrait de Guillaume III d'Orange, roi d'Angleterre, Rotterdam.

Wuisle (Philippe Vander). ' XVe siècle. = Travailla au banquet de Lille en 1453.

Wulff (W. F.). E. Al. ' 1832. Paysage et marine.

Wulfaert (Adrien). E. Fl. 1804. TER GOES (Zélande). Histoire, genre, etc. = Elève de Ducq, à Bruges. Séjourna à Paris; établi d'abord à Gand, puis à Anvers. = La signature du contrat. — Mars consolant Vénus, Gand. — Le corps de garde de la compagnie des chasseurs francs (1830), Bruges (Académie). — Enfant sortant du bain, *ib.*

Wulffaert (Hypolyte). E. Fl. ' 1875. Histoire. = Gondole funèbre au XIIIe siècle.

Wulfhagen (François). E. H. ' 1648. ANCIEN DUCHÉ DE BRÊME. Portrait. = Elève de Rembrandt. = Imita son maître.

Wulfraat (Math.). E. H. 1648-1727. ARNHEM. Intérieurs, portrait, histoire. = Elève de A. Diepraam. Il avait d'abord fait ses études pour devenir médecin comme son père, mais son goût pour l'art l'emporta. Il s'établit à Amsterdam et s'occupa quelque temps à Francfort.

Wulfraat (Marguerite), fille de Mathieu. E. H. 1678-1738 (?). ARNHEM. Portrait, genre, histoire. = Elève de son père. Elle peignit à la manière de G. Netscher; main ferme, étoffes moelleuses.

Wulmuller. E. Fl. ' 1845. Genre.

Wunder (Guillaume-Ernest). E. Al. 1717 (?). CRANICHFELD (Turingue). Histoire, genre, fleurs et fruits. = Entra au service du margrave Frédéric, de Bayreuth, et devint inspecteur de la galerie de ce prince et de tous les tableaux d'église de sa principauté. = Peignit beaucoup de décorations de théâtre.

Wuny (Jacquemart de) ' XVe siècle. = Travailla au banquet de Lille, en 1453.

Wurmser (Nicol.). E. Al. ' 1357. STRASBOURG. Histoire. = Florissait à Prague où il fut employé par l'empereur Charles IV. = Scènes bibliques, Prague (Attribué). = Belle invention, composition savante.

Wursch (Jean-Melchior). E. Al. 1732. BUECHS (Unterwald), Portrait. = Voyagea en France et en Italie.

Wuruss (B.). E. Al. ' 1370. ULM. Histoire, portrait. = Détails inconnus.

Wurzinger (Charles). E. Al. 1817. VIENNE. Histoire. = Ferdinand II, Vienne.

Wust (Alexandre). E. Fl. 1837-1876. EN AMÉRIQUE. Paysage. = Mort à Anvers. =

Chute d'eau dans le Hardanger-Fjord. — Côtes de Norwège.

Wust (Christophe). E. H. 1801. BOIS-LE-DUC. Portrait et intérieurs.

Wutki (Michel). E. Al. 1738-1822. KREMS. Paysage. = Passa plusieurs années en Italie où il fut le rival de Hackert. Mort à Vienne. = La cascade de Tivoli, Rome. —Vue près du Tibre : clair de lune, Vienne. = Se distingua dans les effets de nuit et les grands paysages boisés.

Wyatt (Henri). E. An. 1794-1840. THICKBROOM près Lichfield. Portrait, genre, etc. = Elève de l'Académie royale à Londres, en 1811; en 1815, il devint l'élève particulier et l'aide de Lawrence. S'établit à Birmingham, en 1817, puis à Liverpool, à Manchester et enfin à Londres, en 1825. En 1834, il séjourna à Leamington et, en 1837, retourna à Manchester où il mourut. = Vigilance, Londres. — Le philosophe, *ib.*

Wyburd (François-J.). E. An. 1826. LONDRES. Genre. = Visite de voisinage.

Wyck (Thomas). E. H. 1616-1677. BEVERWYK. Marine, intérieurs, foires, etc. = Voici les diverses annotations que l'on trouve sur lui dans les registres de Saint-Luc et de la ville lesquelles infirment plusieurs des faits avancés jusqu'ici. En 1642, il fait ses excuses aux *Vinders* et doyens de ne pas payer son annuité, allant retrouver ses parents à Beverwyck; un délai lui est accordé. En 1644, on lit dans le registre aux mariages de Haarlem : Thomas Wyck, célibataire de Beverwyk, avec Catherine Adams, jeune fille de Haarlem. En septembre 1656, on enterra un de ses enfants. Il fut *Vinder* de Saint-Luc, en 1658 et doyen en 1660. Il fut enterré dans la grande église, le 19 août 1677, de sorte que sa mort supposée à Londres est une fable. D'après plusieurs auteurs, il passa quelque temps en Italie et en représenta beaucoup de points de vue, surtout des environs de Naples et tous les bords de la Méditerranée. = Tableau, Haarlem. — Port de mer, Florence. — Une femme filant dans l'intérieur d'une maison, Amsterdam. — Paysage des dunes avec chasseurs, *ib.* (Musée V. D. Hoop.) — Paysage, *ib.* — Deux paysages avec figures d'Ad. Van de Velde, *ib.* — Ruines près de la mer avec figures, Vienne. — Un pont, pièce d'eau et figures, *ib.* — Port de mer, avec bâtiments, statue de Bacchus, fontaine, etc., Berlin. — Alchimiste dans son laboratoire, Dresde. — Edifices italiens, *ib.* — Autre alchimiste, *ib.* — Même sujet, Munich. — Intérieur : une femme entourée d'enfants, Rotterdam. — Côte rocheuse, *ib.* — Paysage italien, *ib.* — Cour d'auberge italienne, Copenhague. — Intérieur de ferme hollandaise, *ib.* = Ordonnance spirituelle, coloris chaud. Beaucoup d'effet, groupes gracieux et naturels; bon dessin; de l'harmonie; excellait à représenter des ports de mer; bon graveur. = Ventes : V. Fesch (1845), *Cour d'auberge*, 540 fr. — V. Van Ravenzwaay (1829), *Intérieur rustique*, 350 fl.— V. Rochebr. (1873), *La cuisinière*, 3,400 fr. — V. Marcille (1876), *Portrait de l'artiste dans son atelier*, 1,300 fr.

Wyck (Jean), fils de Thomas. E. H. 1640(?)-1792. HAARLEM. Chasses et batailles. = Elève de son père. Il passa la plus grande partie de sa vie en Angleterre, où il est mort. = Tableaux, Angleterre.=Tons chauds. Il peignait parfaitement les chevaux. Ses petits tableaux sont les plus estimés.

Wyck (Jean Van der). V. Battele (Jean Van).

Wyckersloot (Jean Van). E. H. ' 1658. UTRECHT. Portrait. = Il appartenait à une ancienne famille noble de la Hollande; on pense qu'il fut peintre-amateur. = Travailla dans le genre de Terburg.

Wyere (Hubert Van den). E Fl. ' 1540. MALINES. = Reçu bourgeois d'Anvers, en 1540.

Wyelandt (Guillaume). E. Fl. ' XVe siècle. Miniature. = Enlumineur. On voit dans les manuscrits de la bibliothèque de Bourgogne, des miniatures exécutées par lui. En 1467, il fit les peintures d'un manuscrit pour le duc de Bourgogne. En 1470-71, il fut inscrit sur les registres des libraires à Bruges.

Wyld (William). E. An. 1806. LONDRES. Paysage. = Mont Saint-Michel. — Couvent des arméniens à Venise.

Wynants (Jean). E. H. ' XVIIe siècle. HAARLEM. Paysage et architecture. = On assure qu'il fut le maître de Ph. Wouwerman. Le registre aux mariages de Haarlem, mentionne au 4 février 1646, le mariage d'un Jean Wynants, veuf de Weert, avec Luytgen Van den Ende, jeune fille de Goch. S'agit-il du peintre? c'est ce que l'on n'oserait affirmer. Les notules des registres de Saint-Luc citent, en octobre 1648, un Jean Wynants, marchand d'objets d'art : Wynants vivait à Haarlem. Un de ses tableaux, à l'Ermitage à St-Petersbourg, porte la date de 1679. = Paysage avec figures d'Adr. Van de Velde, Amsterdam. — Paysage et troupeau, *ib.* — La ferme, *ib.* — Paysages (fig. de Lingelbach), Londres. — Paysages, Vienne. — Paysages, Bruxelles. — Paysage boisé, La Haye (Signé et daté de 1659). — Chemin dans les dunes (fig. de Lingelbach), *ib.* (Signé et daté de 1675). — Paysage; la femme à la hotte, Dresde. — Paysage avec animaux, *ib.* — Paysage, Munich. — Les coqs

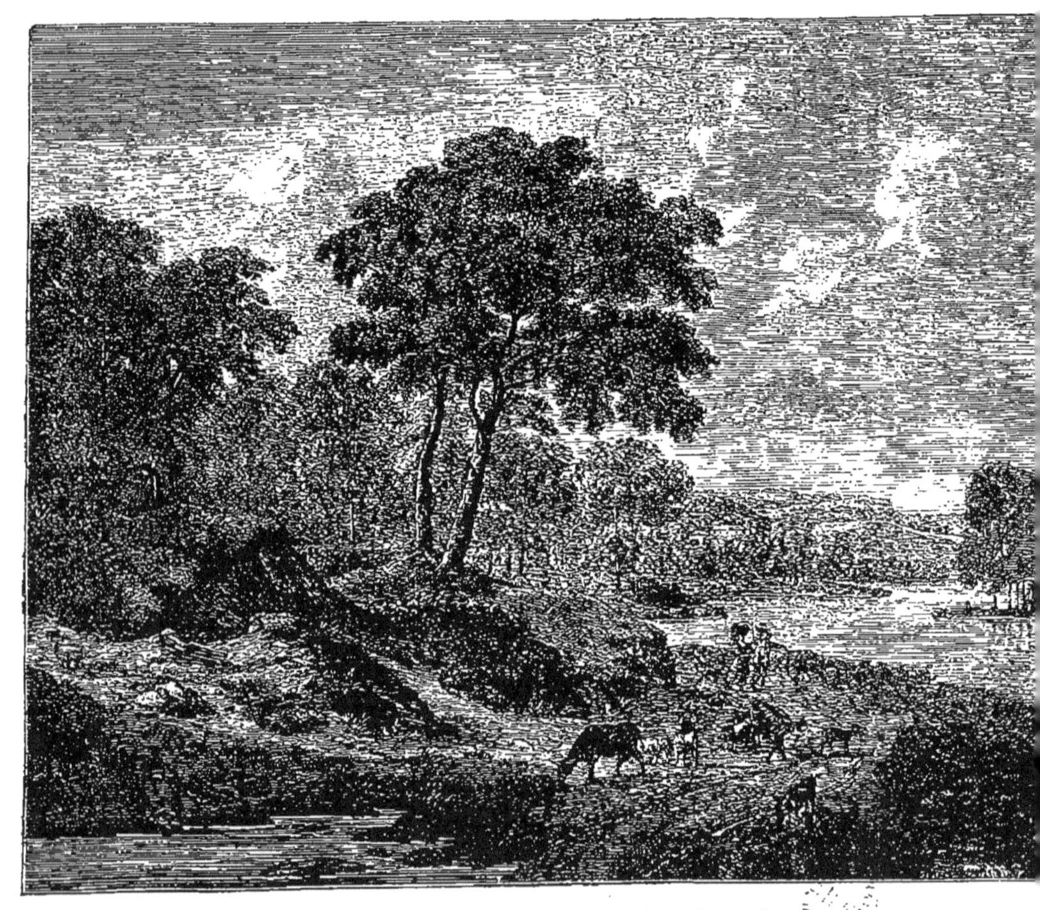

Paysage par Jean Wynants. Pinacothèque à Munich.

et les poules, Saint-Pétersbourg. — Ferme au milieu d'un paysage, *ib.* — Et autres, *ib.* — Lisière de forêt, Paris. — Paysage avec figures d'Ad. Van de Velde, *ib.* — Paysage : le cavalier aux faucons, *ib.* — Paysage avec figures d'Ad. Van de Velde, Anvers. — Paysage et animaux, *ib.* (Fig. d'Ad. Van de Velde). — Paysage boisé (Fig. de Lingelbach), Rotterdam. — Paysage boisé : la colline, *ib.* — Paysage accidenté et sablonneux, *ib.* — Paysage sablonneux de Hollande, Copenhague. — Paysage : le cavalier en conversation, Berlin. — Paysage, Haarlem. = Simplicité et naturel. Pinceau agréable ; ses vues de dunes sont délicieuses ; caractère un peu monotone ; vérité extraordinaire, fini parfait dans les moindres détails ; perspective aérienne délicate. La minutie de son exécution explique le nombre relativement restreint de ses toiles. A. Van de Velde, J. Lingelbach, Ph. Wouwerman, et d'autres encore ont doublé la valeur de ses tableaux en y peignant des figures. = Ventes : V. Blondel de Gagny (1776), Paysage, 3,750 liv. — V. Randon de Boisset (1777), *Paysage* avec l'arbre écorcé, 10,000 liv. — V. Cossé (1778), *Paysage*, 1,200 liv. — V. Périer (1838), *Le fauconnier*, 8,000 fr. — V. Perregaux (1841), *Coteau sablonneux*, 3,450 fr. — V. Patureau (1857), *Sortie de la bergerie* (Avec Adr. Van de Velde), 7,600 fr. — Même vente : *Paysage*, 4,500 fr. — V. Le Roy d'Etiolles (1861), *Paysage avec figure et animaux*, 920 fr. — V. Van Cleef (1864), *Paysage* avec figures d'Adrien Van de Velde, 8,570 fr. — V. de Morny (1865), *Paysage* avec figures, 4,200 fr. — V. Van Brienen Van Grootelindt (1865), *Paysage* avec figures d'Adrien Van de Velde, 16,100 fr. — V. Delessert (1869), *Paysage* avec figures de Lingelbach, 9,500 fr. — *Paysage* avec figures d'Adrien Van de Velde, 33,500 fr. (Ce tableau fut adjugé pour 2,485 fr. à la vente Tolozan en 1801). — *Paysage* avec figures de Lingelbach, 51,000 fr. — V. Schneider (1876), *Arbre dépouillé dans la campagne*, 8,200 fr. — *Paysage*, 35,000 fr.

J. W. fe.

Wynckelman (Franrois-Jacques). E. Fl. 1762-1844. BRUGES, Paysage. = Elève de Suvée, à Paris, en 1780 ; visita Rome, en 1784, et y resta cinq ans ; séjourna à Naples et revint à Bruges, en 1790. Président de l'Académie de Bruges, en 1816. = Paysage napolitain, Bruges Acad.).

Wynen (Oswald). E. H. ' XVIIIe siècle. Fleurs et fruits. = Elève ou imitateur de J. Van Huysum.

Wynen (Dominique Van). E. H. 1661. AMSTERDAM. Genre grotesque. = Après avoir été pendant quelque temps l'élève de G. Doudyns, il se rendit à Rome ; sa prodigalité l'empêcha de faire fortune, Bonaventure Van Overbeek vint à son secours lors de son séjour à Rome : il lui donna des tableaux à faire, le ramena dans sa patrie et paya son voyage. = Il peignit beaucoup de sujets représentant des cérémonies de l'association des peintres, à Rome. Touche large en même temps que spirituelle.

Wynendaele (Arnould van) E. Fl. † 1592. GAND. Vues, décors. = Employé par le magistrat de Gand et peintre de la ville. Sous-doyen de la Gilde des peintres en 1576, 1577 et 1591. Il reste de cet artiste une collecction fort curieuse d'édifices gantois saccagés ou détruits au XVIe siècle ainsi que les effigies des comtes et comtesses de Flandre inhumés à l'abbaye de Saint-Pierre. = Beaucoup d'exactitude ; peu de sentiment artistique.

Wynfield (David W.). E. An. 1837. Histoire, genre. = Mort de Cromwell. — David jouant de la harpe devant Saul.

Wyngaerde (Antoine Vanden). E. Fl. ' XVIe siècle. = Fut en 1510 au service de Philippe II d'Espagne. Il présenta une requête à la gouvernante, Marguerite de Parme, pour pouvoir se rendre en Espagne, avec sa famille, sa fortune et ses tableaux. On l'appelait dans ce pays, Antonio de Las Vinas. Un Antoine Van de Wyngaerde est inscrit comme francmaître de Saint-Luc a Anvers, en 1510 et comme ayant reçu des élèves en 1517 et en 1522. On ne dit pas s'il était peintre.

Wyngaerdt (Antoine-J. Van). E. H. 1808. ROTTERDAM. Paysage et vues de ville. = Elève de J. de Meyer.

Wyngaerdt (Pierre T. Van), frère d'A. J. E. H. 1816. ROTTERDAM. Histoire, portrait et genre. = Elève de J. H. Van de Laar. = Le militaire blessé. — La leçon de lecture.

Wynghen (Joseph Van). E. Fl. 1544-1605. BRUXELLES. Histoire allégorique. = Il demeura longtemps à Bome et fut quatre années au service d'un cardinal ; de retour dans sa patrie, il y devint premier peintre du duc de Parme. En 1584, il se rendit à Francfort et fut remplacé auprès du prince par Otto Venius. Il eut tant de succès dans la ville allemande, qu'il s'y établit et y resta jusqu'à sa mort. Cet artiste affectionnait la peinture allégorique. Quelques-unes de ses œuvres ont été reproduites en tapisseries. = Composition riche et grandiose.

Wynghen (Jérémie Van), fils de Joseph.

E. Fl. 1578-1648. BRUXELLES. Histoire, portrait. = Elève de son père. Il visita l'Italie et s'établit à Francfort où il s'adonna exclusivement au portrait. = Bonne ressemblance, de la facilité et du naturel.

Wyns (N.). E. Fl. ' XVIIe siècle. BRUXELLES. Fleurs. = Cité par F. Bogaerts.

Wyntrack. E. H. ' XVIIe siècle, PROVINCE DE DRENTHE. Animaux et paysage. = Elève de J. Wynants qui a peint parfois les paysages de ses tableaux. = Paysage avec figures et animaux : la ferme, Paris. = Pinceau ferme et exact. Il a peint des figures dans les tableaux d'Hobbema.

Wypart ou **Wypartz** (Antoine). E. Fl. ' XVIe siècle. = Cité pour avoir peint des verrières, en 1587, pour l'abbaye de Robermont, dans le pays de Liége.

Wytevelde (Baudouin Van). E. Fl.' 1443. GAND. Histoire religieuse. = Peintre et sculpteur; s'occupa avec Jean de Scoenere et travailla pour le duc de Bourgogne. En 1439, il fit un tableau pour l'église de Saint-Bavon, à Gand : *la tentation de saint Antoine*; en 1443, il fit un autre tableau, en compagnie de Jean de Scoenere, pour l'abbaye du Nouveau Bois; en 1451, deux tableaux d'autel pour la chapelle des Foulons, à Gand.

Wytevelde (Clairbault Van), neveu de Baudouin. E. Fl. ' XVe siècle. Histoire. = Maître peintre à Gand, en 1454. Restaura, en 1456, le tableau d'autel de l'église ce Wachtebeke près de Gand. En 1460, il décora les volets d'un triptyque de maître-autel pour l'église d'Aspre (près Gand), de douze figures peintes à l'huile, y enlumina et dora richement le retable, le crucifix et autres sculptures.

Wytman (Mathieu). E. H. 1650-1689. GORCUM. Animaux, paysage, fleurs, fruits, etc. = On trouve un Mathieu Wytman inscrit, en 1667, dans la confrérie des peintres, à Utrecht. = Jeune fille feuilletant un cahier de musique, Dresde. = Style de G. Netscher.

Wyttenbach. E. Al. ' 1845. Genre et animaux. = Une renarde ayant pris un lièvre. — Moines dans l'intérieur d'un couvent.

X

Xavery (Gérard Jos.). E. H.* 1741. Anvers. Genre. = S'établit en Hollande ; il était frère du cébre sculpteur Jean-Baptiste Xavery. Membre de la société *Pictura* à La Haye, en 1741. Un Charles Xavery est inscrit comme élève à Anvers, chez Bernard Christiaenssen, en 1681-82. Il est annoté comme pauvre et ne pouvant pas payer sa redevance; il fut reçu dans la corporatiou en 1693-94 comme fils de maître. = Graveur.

Xavery (François), neveu de Gérard Jos. E. H. * XVIIIe siècle. La Haye. Paysage avec figures et animaux. = Fils du sculpteur Jean-Baptiste. Elève de son oncle, puis de J. de Wit, à Amsterdam. Il habita La Haye, puis encore Amsterdam. Membre de la société *Pictura*, à La Haye, en 1768. Il finit par s'établir à Rotterdam. = S'occupa surtout de la peinture d'éventails.

Xavery (Jacqües), neveu de Gérard Jos. E. H.* XVIIIe siècle. La Haye. Presque tous les genres. = Il était frère de Francois. Elève de J. de Wit. Il parait qu'après avoir longtemps habité Amsterdam et y avoir réussi à se faire une fortune, il alla s'établir à Paris.

Xeller (Christian). E. Al. 1784-1872. Peintre-restaurateur de la galerie de Berlin.

Xhenemont (Jacques). E. Fl. * 1787. Liége. = En 1787, il remporta le premier prix de dessin, d'après nature. à l'Académie de Saint-Luc.

Ximenès (Angel-Joseph). E. Es. * 1690. Histoire. = Elève d'A. Rubio, à Tolède ; peintre de la cathédrale de cette ville.

Ximenès (François). E. Es. 1598-1666. Tarragone. Histoire, = Passa plusieurs années à Rome; fut employé à Teruel. à son retour, et fit des legs aux jeunes élèves fils de peintres et aux orphelines filles d'artistes. = Faire très large, bon coloris, dessin incorrect.

Ximenès (François-Michel). E. Es. † 1792. Séville. Histoire, genre. = Elève de D. Martinez; directeur de l'école de dessin de sa ville natale. = Style de la décadence.

Ximenès (Michel). E. Es. * XVIIe siècle. = Florissait à Madrid. = Bonne réputation.

Ximenès de Illescas (Barnabé), E. Es. 1613-1671. Lucena. Histoire. = Embrassa la carrière militaire; passa en Italie, où se réveilla son goùt pour la peinture. Mort à Andujar.

Ximenéz de Zarzoza (Antoine). E. Es. * 1660. = Un des principaux élèves et soutiens de l'Académie de Séville.

Ximenez-Donoso (Joseph), fils d'Antoine. E. Es. 1628-1690. Consuegra. Histoire. = Elève de son père et de Fr. Fernandez, à Madrid; alla à Rome. y négligea les études sérieuses; travailla à Valence, à Segorbe, à Madrid avec Cl, Coello, son ami, à Tolède, où il fut nommé peintre du chapitre, en 1685. = Vie de saint Benoît (en six tableaux), Madrid. — Canonisation de saint Pierre d'Alcantara, *ib.* — Cène, *ib.* = Conception, *ib.* — Saint Joseph, Paris. = Teintes agréables; assez de relief dans les figures, génie d'invention; en général plus de présomption que de talent.

Ximeno (Mathias). E. Es. * 1652. Histoire. = Florissait dans la vieille Castille. = Beau dessin, coloris satisfaisant.

Xylander (Wilhelm F.). E. Al. 1840. Copenhague. Marine. = Clair de lune à Portsmouth.

Y

Yanez (Hernand ou Ferdinand). E. Es. † entre 1550 et 1560. ALMEDINA DE LA MANCHE. Histoire. = On le croit élève de Raphaël, à Rome; d'autres lui donnent L. de Vinci pour maître; ces assertions prouvent au moins le grand mérite de Yanez, qui était réellement un des plus célèbres artistes de son époque. Il florissait à Cuenca.=Saint-Sébastien, Paris. = Expression noble, belle couleur, style ferme.

Yavarri (Jérôme). E. Es. ' XVIIe siècle. Histoire. =Résidait à Valence ; ne réussit que dans les fresques.

Yeames (Frédéric W.). E. An. 1835. TAGANROY (Russie). Histoire, etc. = Amy Robsart. — Pour les pauvres.

Yegoroff(Alexis-Yegorovitch). E. R. 1777. Histoire. =Sainte famille, Saint-Pétersbourg,

Yeurdigne. E. Fl. ' XVIIe siècle. Histoire, paysage. = Elève de Corbeen. Il était sourd-muet. = On a connu de lui un tableau représentant l'éducation de la Vierge.

Ykens (François). E. Fl. 1601. ANVERS. = Elève en 1615 d'un certain Osée Beet qui épousa une Marguerite Ykens; sœur probablement de François, chez ce même Osée travailla, en 1605, un Jean Ykens. Enfin on trouve encore inscrit, dans les *Liggeren*, Godefroid élève de Pierre de Vos, en 1557, franc-maître en 1568 et Simon, élève de Gilles Coignet, le Vieux, en 1570 et franc-maître en 1579. François, franc-maître en 1630-31, fut inscrit à Anvers comme bourgeois forain, en 1665.

Ykens (Charles). V. Eyckens.

Ykens (Pierre), le Vieux. E. Fl. 1599-1649. ANVERS Histoire, portrait, bas-reliefs, etc. = Les biographes ne mentionnent aucune particularité sur ce peintre. = La cène, Anvers. = On cite de lui un portrait du chevalier Janssens de Hujoel, ancien bourgmestre d'Anvers, qui se voyait dans la chambre des doyens de Saint-Luc, à Anvers. = Bon dessin; figures élégantes, accessoires bien traités. Peignit beaucoup en camaïeu.

Ykens (François), fils (?) de Pierre le Vieux. E. Fl. 1660. ANVERS. Fleurs, fruits, etc. = Elève de son père. Quelques auteurs donnent l'année 1677 comme celle de sa mort. = Gibier, fruits, légumes, Madrid. — Fleurs dans un vase, Vienne. = Ventes : V. De Steenhault (1758), *Table avec fruits*, 15 fl.

Ykens (Jean), fils de Pierre, le Vieux. E. Fl. 1625-1669. ANVERS. Fleurs, fruits, histoire. = Elève de son père. Reçu franc-maître de Saint-Luc, en 1639-40. Il fut d'abord sculpteur. = Il existe à Lierre, à l'église du Béguinage, un tableau représentant le centenier aux pieds du Christ, et signé : *Joannes Ykens. Inv. et F.* 1651. La chaire de vérité du village de Contich est de Jean Ykens ; elle fut exécutée en 1665 et valut 500 florins à son auteur. = Ventes : V. Vervoort (1746), *Vases, fleurs et enfants* (deux tableaux), 85 florins.

Ykens (Pierre), le Jeune, fils de Jean. E. Fl. 1648-1695-96. ANVERS. Histoire religieuse. = On pense qu'il fut élève de son père ; franc-maître de Saint-Luc, en 1672. En 1689, il fut doyen de Saint-Luc, mais il se racheta du service pour 60 *patacons et un tableau de sa main, peint le mieux possible.* En 1671, il épousa une fille du peintre Pierre Van Bredael qui lui donna douze enfants. = Tableaux, Malines. — Sainte Catherine disputant avec les philosophes, Anvers. — Portrait de Jean-Baptiste Greyns, *ib.* — La Cène, *ib.* (église Saint-André). — Sainte-Thérèse, Lille. (Signé : PTR. YKENS INVENTOR ET FECIT). = Beau coloris, dessin correct, draperies pleines de goût.

Ykens (Jean-Pierre), fils de Pierre, le Jeune. E. Fl. 1673. ANVERS. Sujets mythologiques, histoire, genre. = Elève de son père. Franc-maître de Saint-Luc, en 1690. = Un document de 1771, cite un Pierre Eyckens, reçu comme étranger dans la corporation bruxelloise de Saint-Luc, en 1705.

Ykens (Laurence-Catherine), fille de Jean. E. Fl. 1659. ANVERS. Fleurs, fruits, insectes. = Reçue dans la gilde de Saint-Luc, en 1687-88. = Feston de fleurs et de fruits, Madrid. — Guirlande entourant un paysage, Madrid. = Ventes : V. Siebrecht (1754), *Fleurs, fruits*, 22 florins.

Ynghene ou **Hynghene** (Rombaut de). E. Fl. * 1391. LOUVAIN. Figures. = Le premier directeur du matériel du célèbre *Omgang de Louvain* (Cavalcade au cortége communal). Cité pour la dernière fois en 1414.

Yon (Edmond Ch.). E. Fr. 1836. PARIS. Paysage. = Bras de la Seine. — Canal de la Villette.

Young (Edouard). E. Al. 1823. PRAGUE. Histoire. = Elève de Piloty.

Yperen (Jean-Thomas Van). E. H. * 1642. = Reçu bourgeois d'Anvers en 1642.

Yperen (Urbain Van). E. H. * 1657. LA HAYE. Portrait. = Elève de Jean Mytens. Un des quarante-sept fondateurs de la société *Pictura*, à La Haye, en 1656.

Ypres (Charles d'). E. Fl. 1510-1563 ou 1564. YPRES. Histoire portrait. = Peintre, sculpteur et architecte; voyagea en Italie. Travailla beaucoup à Ypres où il fit les plans de plusieurs maisons remarquables par leur élégance; exécuta des tables de communion en marbre et peignit des fresques dans plusieurs monastères des environs d'Ypres. On croit qu'il fut élève du Tintoret. Il se tua, selon le témoignage de Van Mander, pendant un accès de folie, d'un coup de couteau, au milieu d'un brillant festin que lui avaient offert les artistes de Courtrai. = Saint-Pierre et saint-Paul, Ypres, église Saint-Pierre. — Adoration des mages, triptique, *ib.* (Hôpital) et autres, *ib.* = Dessin correct, composition heureuse. Il jouissait d'une réputation méritée.

Ysebrand (Adrien). E. Fl. † 1551. Portrait. = Elève de Gérard David. Entré dans le serment de Saint-Luc, à Bruges, en 1510. Il était étranger, car il acheta le droit de bourgeoisie à Bruges la même année. *Vinder* en 1516-23-25-32-35-41-44-47 et Gouverneur ou doyen, en 1526 et 1537. = Portrait, Bruges (Hôpital Saint-Jean). = Il a peint beaucoup de portraits sur verre. Il saisissait parfaitement la ressemblance.

Yzebrantz. V. **Kussaens.**

Ysembrandt (Rut.). * XVe siècle. = Travailla, en 1468, aux entremets de Bruges.

Ysendyck (Antoine Van). E. Fl. 1801-1875. ANVERS. Histoire, portrait. = Elève de M. Van Brée. Directeur de l'Académie de Mons. Mort à Bruxelles. = Laissez venir à moi les petits enfants. — La charité. — Portrait de M. J. Van Brée, Anvers.

Ysendyck (Elisabeth Van), veuve de Barthélemy Jacobs. E. Fl. * 1596. = Inscrite, en 1596, à Anvers, comme bourgeoise foraine.

Yserman (François). E. Fl. * 1598. MALINES. = Reçu bourgeois d'Anvers, en 1598.

Yssel (Charles Vander). E. H. * XVIIIe siècle. Trompe-l'œil. = Inscrit dans la corporation des peintres, à Utrecht, en 1778.

Ysselsteyn (A.-F.). E. H. * 1672. Gibier et oiseaux morts. = Détails inconnus. = Coq et oiseaux morts, Schleischeim. = Beau talent.

Yserhout. E. H. * XVIe siècle. GOUDA. = Peintre sur verre. Le premier à qui l'on confia la garde et l'entretien des verrières des Crabeth.

Yvart (Baudouin). E. Fr. 1610-1690. BOULOGNE-SUR-MER. = Reçu à l'Académie, en 1663.

Yverni ou **Yveraci.** E. Fr. * XIVe siècle. = Peintre à Avignon, en 1390.

Yvon (Adolphe). E. Fr. 1817. ESCHWILLER. Histoire, portrait. = Elève de P. Delaroche. — Solferino. — Malakoff.

Yweins (Berlinette). E. Fl. * XVe siècle. Miniature. = Enlumineuse inscrite, en 1470, sur les registres des libraires, à Bruges.

Z

Zaagmolen ou **Saagemoolen** (Martin). E. H. * 1658. AMSTERDAM (?). Histoire. = Il fut le maître de Michel Van Musscher et du célèbre graveur Jean Luiken.=Mérite peu transcendant. Graveur.

Zabala (le chevalier Jérôme de). E. Es. * XVIIe siècle. MURCIE. = Elève de J.-N. Villacis; peintre amateur.

Zabalza (Michel de). E. Es. * 1756.=Membre de l'Académie de Saint-Fernand; chevalier et amateur.

Zaccagna (Turpino). E. I. * 1537. CORTONE. Histoire, portrait. = Elève de Luc Signorelli. = Adopta un autre style que celui de son maître.

Zacchetti (Bernard). E. I. * 1523. REGGIO EN MODÈNE. Histoire. = On le croit élève de Raphaël.

Zacchia (Laurent), dit le Jeune. E. I. * 1560. LUCQUES. Histoire. = Détails inconnus. = Contours assez moëlleux; coloris satisfaisant. Dessin faible. = Graveur, dessinateur.

Zacchia (Paul), dit le Vieux. E. I. * 1527. LUCQUES. Histoire. = Un des principaux citoyens de sa ville natale. = Tableaux, Lucques. — Sainte famille, Berlin. = Dessin correct; contours anguleux. Perspective et raccourcis heureux.

Zaccolini (le père (Mathieu). E. I. 1590(?)-1630. CÉSÈNE. Perspective. = Moine théatin; eut la gloire d'enseigner dans son art le Dominiquin et le Poussin. = Auteur de plusieurs traités sur la perspective.=Imitation parfaite.

Zachtleven. V. Saftleven.

Zaenredam. V. Saenredam.

Zaganelli. V. Marchesi.

Zagel (Mart.). E. Al. ALLEMAGNE. Histoire (?). = Détails inconnus.

Zagnani (Antoine-Marie). E. I. * 1689. BOLOGNE. Fleurs, fruits. =Rival d'Ant.Mezzadri.

Zago (Santo). E. I. * XVIe siècle. Histoire. Ecole vénitienne. = La Vierge et l'enfant Jésus, Florence. = Belle exécution.

Zaide (Jean de le). E. Fl. * 1342. YPRES. Portrait. = Exécuta un portrait pour le magistrat d'Ypres.

Zaïs (Joseph). E. I. † 1784. VENISE. Paysage et batailles. = Elève de Fr. Zuccarelli et de Simonini; mort pauvre à l'hôpital de Trévise.

Zaist (Jean-Baptiste). E. I. 1700-1757. CRÉMONE. Ornements. = Elève de J. Natali. = Historien des peintres de son pays.

Zamacoïs (Edouard). E. Fr. † 1871. BILBAO. Genre. = Elève de Meissonier.

Zamboni (Mathieu). E. I. * XVIIe siècle. Histoire. = Elève de J.-M. Crespi; travailla à Rimini; vécut peu de temps. = Imita le Cignani.

Zamboni (Michel). E. I. * 1505. Mosaïque. = Travailla à Venise. = Délicatesse exquise.

Zambrano (Jean-Louis). E. Es. † 1639. CORDOUE. Histoire, genre. = Elève de Cespédès; s'établit à Séville et y mourut. = Imita parfaitement son maître; coloris brillant, de l'expression et du feu; composition pleine de charme dans ses tableaux de genre.

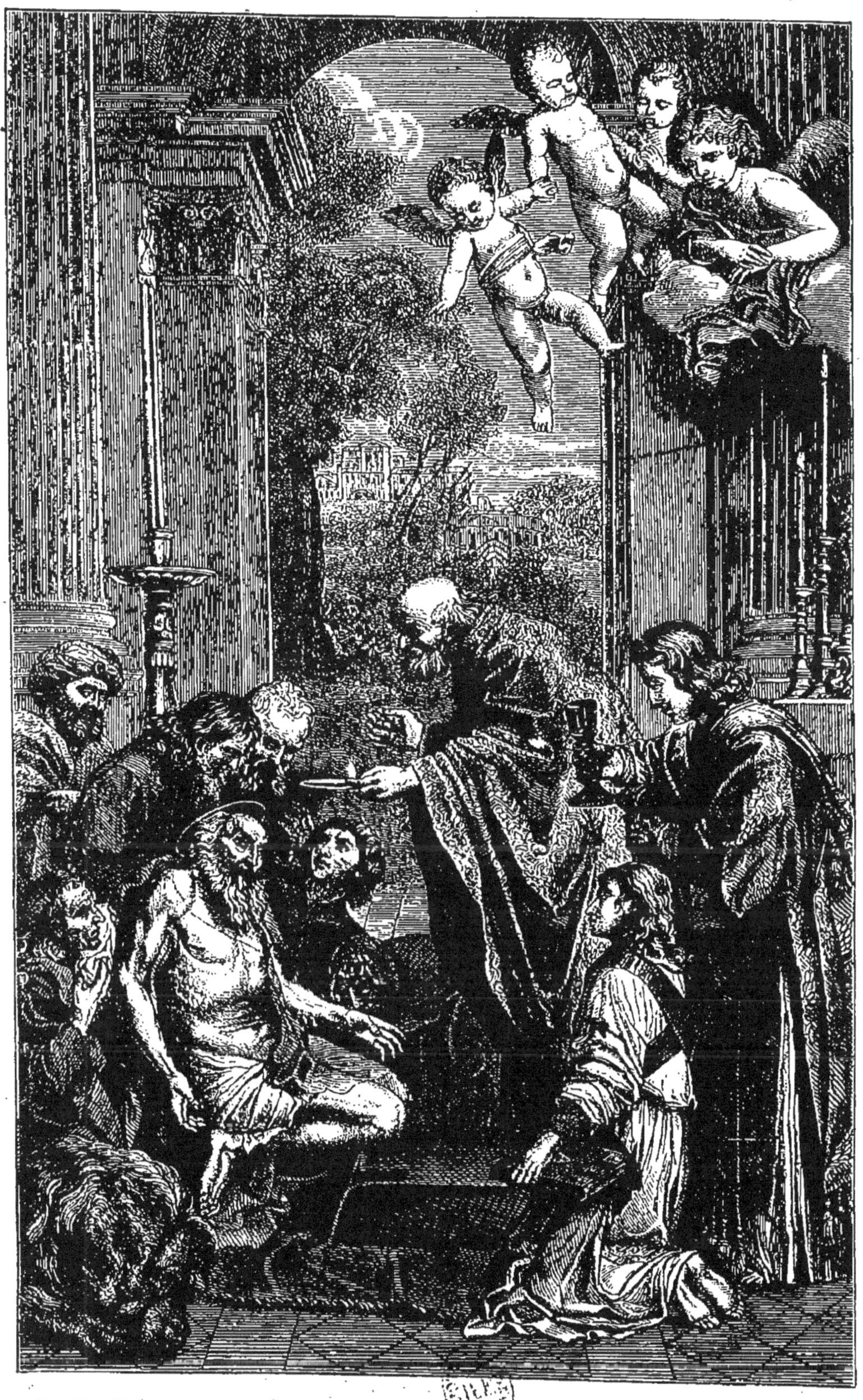

La dernière communion de St. Jérôme. Par Domenico Zampieri dit Le Dominiquin.
Rome, Vatican.

Zamora. E. Es. * 1600. Histoire. = Résidait à Valence. = Peignit un grand nombre de madones fort médiocres.

Zamora (Jacques de). E. Es. * 1594. Histoire. = Travailla à la cathédrale de Séville.

Zamora (Jean de). E. Es. * 1664. Histoire, paysage. = Très en renom à Séville; un des soutiens de l'Académie. = Manière flamande; figures assez correctes.

Zamora (Sancho de). E. Es. * 1498. Histoire. = Travailla à Tolède. = Tableaux, Tolède (Eglise Saint-Jacques).

Zampezzo (Jean-Baptiste). E. I. 1620 (?)-1700. CITADELLA (Près de Bassano). Histoire. = Elève de J. Apollonio; étudia à Venise; travailla à Bassano.

Zampieri (Dominique) dit **Le Dominiquin.** E. I. 1581-1641. BOLOGNE. Histoire, portrait et paysage. = Fils d'un cordonnier. Elève de Denis Calvart; entra à l'école des Carrache; ami de l'Albane; traitait ses propres productions avec la plus grande sévérité; s'occupa quelque temps à Bologne, puis à Parme, et ensuite à Rome; poursuivi par la plus noire envie, il dut s'enfuir de Naples où il travaillait, par suite des persécutions de Corenzio et y revint pourtant achever ses travaux, afin de rendre la liberté à sa femme et à ses enfants qu'on avait emprisonnés; d'un caractère doux, modeste et craintif, sa bonté et sa faiblesse furent souvent funestes à son art, en lui faisant exécuter les compositions bizarres qu'on lui demandait; on assure, avec vraisemblance, qu'il mourut empoisonné, à Naples, finissant ainsi misérablement une vie qui n'avait été qu'un tissu de persécutions et de malheurs. La seule amitié de l'Albane lui resta constamment fidèle. = Vierge, Milan. — Saint Jean, *ib.* — Archevêque, *ib.* — Martyre de sainte Agnès, Bologne. — Notre-Dame du Rosaire, *ib.* — Martyre de saint Pierre, *ib.* — Communion de saint Jérôme (Chef-d'œuvre), Rome. — Flagellation de saint Grégoire, *ib.* — Chasse de Diane (Chef-d'œuvre), *ib.* — Sibylle de Cumes, *ib.* — Paysages historiques, *ib.* — Vie de sainte Cécile, *ib.* — L'âme tentée, Naples. — Miracles de saint Janvier, *ib.* — Prédication de saint Jean, Florence. — Baptême de Jésus-Christ, *ib.* — Portrait du cardinal Aguccia, *ib.* — Madeleine, *ib.* — Paysage : Diane au bain, *ib.* — Paysage : Amours et satyres, *ib.* — Paysage : Tobie et l'ange, Londres. — Paysage : saint George et le dragon, *ib.* — Martyre de saint Etienne, *ib.* — Saint Jérôme et l'ange, *ib.* — La charité, Dresde. — Saint Jérôme au désert, Madrid. — Sacrifice d'Abraham, *ib.* — Hercule aux pieds d'Omphale, Munich. — Hercule exterminant sa famille, *ib.* — Suzanne et les vieillards, *ib.* — Saint Jérôme, *ib.* — Paysage : Enlèvement d'Europe, *ib.* — Dieu reproche à Adam sa désobéissance, Paris. — David jouant de la harpe, *ib.* — Sainte Famille, *ib.* — Paysage : la fuite en Egypte (?), *ib.* — Ravissement de saint Paul, *ib.* — La Vierge et l'Enfant, *ib.* — Sainte Cécile, *ib.* — Hercule et Achéloüs, *ib.* — Hercule et Cacus, *ib.* — Thimoclée devant Alexandre, *ib.* — Triomphe de l'amour, *ib.* — Renaud et Armide, *ib.* — Paysage : Herminie chez le berger, *ib.* — Sainte Famille devant le Père éternel, Saint-Pétersbourg. — Madeleine enlevée par les anges, *ib.* — La Vierge apparaissant à sainte Thérèse, *ib.* — Jésus-Christ portant sa croix, *ib.* — Saint Jérôme, *ib.* — David vainqueur de Goliath, *ib.* — Délivrance de saint Pierre, *ib.* — Thimoclée devant Alexandre, *ib.* — Le charpentier, *ib.* — Portrait de l'architecte Scamozzi, Berlin. — Saint Jérôme, *ib.* — Saint Jacques le mineur, *ib.* — Le déluge, *ib.* — Saint Thomas, *ib.* — Saint Jean l'évangéliste, *ib.* = Dessin correct et expressif, coloris vrai, pensées justes; touche parfois un peu lourde et un peu sèche, draperies quelquefois négligées, lumières trop éparses; ces défauts ne se rencontrent que dans ses tableaux à l'huile; dans ses fresques, au contraire, la touche est franche et légère, les carnations fraîches et vraies. Sculpteur. = N. B. Ce qui constitue l'œuvre véritable du Dominiquin sont ses fresques. Les tableaux dont nous allons donner les prix ne peuvent donc servir à apprécier la valeur commerciale des travaux de l'artiste, d'autant plus qu'il y a beaucoup de copies qui ont été présentées aux ventes sous son nom. = Ventes : V. Julienne (1768), *Christ portant sa croix* et *Elévation de la croix*, ensemble 2,012 fr. — V. Lebrun (1793), *Sainte Cécile*, 10,000 fr. — V. de Fraynaies (1838), *Charité romaine*, 5,300 fr. — V. Las Marismas (1843), *La musique* (Allégorie), 1,105 fr. — V. Guillaume II (1850), *Sujet mythologique*, 1,125 fl. — V. Pourtalès-Gorgier (1865), *Sybille posant la main sur le livre des oracles*, 5,100 fr. — V. San Donato (1870), *Sainte Catherine*, 520 fr.

Zanata (Joseph). E. I. * 1718. Histoire. = Elève de Ch. Nuvolone.

Zanchi (Philippe et François). E. I. * 1555. BERGAME. Histoire. = Ces deux frères travaillèrent avec J. Colleoni.

Zanchi (Antoine). E. I. 1639-1722. ESTE. Histoire. = Elève de Ruschi. = Assomption, Florence. — Epiphanie, *ib.* — Rébecca recevant les présents, Dresde. = Formes vulgaires, coloris triste, pinceau large et hardi, effet pittoresque, clair-obscur magique; ensemble imposant; dessin incorrect.

Zande (Vande). V. Backhuyzen.

Zande (Michel Vanden). E. H. * 1610. = Etabli à Milan.

Zandwyck (François Van). E. H. LA HAYE. = Détails inconnus.

Zanella (François). E. I. * 1710. Histoire. = Elève de Luc Ferrari.

Zanetti (Dominique). E. I. * XVIIIe siècle. Histoire. = Détails inconnus. = Jésus-Christ mort, Munich. — Saint Jérôme, *ib.*

Zani (Jean-Baptiste). E. I. * 1660. Histoire. = Elève de J.-A. Sirani; mort très jeune. = Fresques, Rome. = Graveur.

Zanichelli (Prosper). E. I. 1698-1772. REGGIO. Décorations. = Détails inconnus.

Zanimberti (Philippe). E. I. 1585-1636. BRESCIA. Histoire et sujets mythologiques. = Elève de Santa Peranda; séjourna à Venise. = Caractère noble, belle touche, coloris naturel; excella dans les petites figures.

Zanna (Jean), dit **Le Pizzica**. E. I. * XVIe siècle. ROME. Histoire. = Lié d'une étroite amitié avec Tarquin de Viterbe.

Zanotti (Jean-Pierre). E. I. 1674-1765. PARIS. Histoire. = Fils d'un auteur italien qui fut l'ami de Corneille. Elève de Pasinelli, à Rome. Voyagea beaucoup et mourut secrétaire de l'Académie Clémentine. = Saint Thomas, Bologne. = Composition sage, figures vraies. Il a publié des ouvrages relatifs à la peinture et à la littérature.

Zant (Arnold Van 't). E. H. 1815. DEVENTER. Paysage. = Elève de J.-H. Meyer.

Zanten (Pierre Van). E. H. 1746-1813. LEYDE. Portrait. = S'établit à Rotterdam où il mourut. Marchand de tableaux. = Bonne manière.

Zapata (Antoine). E. Es. * XVIIe siècle. SARIA. Histoire. = Elève d'Al. Palomino, à Madrid; il était prêtre.

Zappony (Jean-Dominique). E. I. * XVIIe siècle. VÉRONE. Paysage. = On ignore s'il fut peintre ou dessinateur. = Manière de R. Savery.

Zarinena (François). E. Es. † 1624. VALENCE. Histoire. = Elève de Ribalta, le père. = Suivit avec bonheur la manière de son maître.

Zarinena (Jean), fils de François. E. Es. † 1634. Histoire. = Elève de son père.

Zarinena (Christophe), fils de François. E. Es. † 1622. VALENCE. Histoire. = Elève de son père. Mort très jeune. = Savante et heureuse imitation du Titien.

Zarotto. V. Luzzo.

Zarza (Charles et Jean-Mathieu). E. Es. * 1655. = Ces deux frères contribuèrent à l'établissement de l'Académie de Séville.

Zauffelly. V. Zoffani.

Zawialoff. E. R. † 1856. Histoire. = Mort à Saint-Pétersbourg où il était professeur à l'Académie des beaux-arts.

Zeelander (Pierre de). E. H. * XVIIe siècle (?). Marine. = Séjourna à Rome.

Zeeman (Abraham-J.). E. H. 1811. AMSTERDAM. Portrait, genre. = Elève de Paelinck, de Kruseman et de N. de Keyser. = Jean Steen et sa future.

Zeeman (Enoch), frère d'Isaac. E. H. † 1744. HOLLANDE. Portrait. = Passa la plus grande partie de sa vie à Londres. = Portrait : la reine Caroline, femme de George II, Londres. — Portrait de George II, *ib.* — Portrait du peintre, Dresde. = Acquit de la réputation comme peintre de portraits.

Zeeman (Paul), fils d'Enoch. E. H. * XVIIIe siècle. Portrait.

Zeeman (Isaac), frère d'Enoch. E. H. † 1751. = Il laissa un fils qui cultiva également la peinture.

Zeeman (J.). E. H. * 1807. Histoire, genre. = Etabli à Workum, en Frise; il fut le premier maître de Douwe de Hoop.

Zeeman (Renier). V. Nooms.

Zeeuw (Marin de). V. Marinus. = La mauvaise interprétation de la signature de Marinus, né à Romerswalen ou Reymerswerle, a longtemps égaré les biographes. Aujourd'hui les faits sont rétablis dans leur véritable signification.

Zeffi (Gio.). E. I. * XVIIe siècle. Histoire. = Donna des leçons à Antoine Balestra.

Zegelaar (Gérard). E. H. 1719-1794. LOENEN (Près d'Utrecht). Portrait, intérieurs et histoire. = Ce peintre était sourd et muet, demeura à Amsterdam et mourut à Wageningen. = Il peignit des tapisseries.

Zegerman (Jean). E. H. * XVIIe siècle. = Membre de la corporation de Saint-Luc, à Utrecht, en 1611.

Zegers, Segers ou **Seghers** (Daniel). E. Fl. 1590-1661. ANVERS. Fleurs, fruits. = Fils de Pierre qui fut également artiste et lui donna les premières leçons. Elève de J. Breughel de Velours. En 1611, il fut inscrit dans la corporation de Saint-Luc, à Anvers. Peu de temps après, en 1614, il entra dans l'ordre des Jésuites; ses supérieurs lui permirent de se rendre à Rome pour se perfectionner; revenu dans son pays, il y fut honoré de l'amitié de Rubens et comblé d'honneurs par tous les souverains. Ses tableaux furent, de son vivant, d'un prix exorbitant. = Guirlande de saint Ignace, Anvers (Fig. de C.Schut).—Guirlande de la Vierge, *ib.* (Fig. de C. Schut). — Buste d'homme (Grisaille entourée de fleurs), Florence. — Bouquet de roses, Londres. — Fleurs, *ib.* — Fleurs et paysage (Avec Schut), *ib. (South Kensington).* — Plusieurs guirlandes de fleurs entourant des tableaux de C. Schut, Madrid. — Guirlande de fleurs autour d'une Sainte Famille, La Haye. — Guirlande de fleurs autour d'un buste de Guillaume III, *ib.* — Bouquet de fleurs, Bruxelles. — La Vierge et l'enfant Jésus entourés de fleurs, Bologne. — Fleurs entourant deux figures d'enfants, Berlin (Fig. d'Erasme Quellyn). — Fleurs entourant une Sainte Famille (d'Erasme Quellyn, *ib.* — Guirlande entourant le saint Sacrement avec cette inscription : *O amor qui semper ardes*, Vienne. — Fleurs entourant une Sainte Famille (Fig. de Van Dyck), *ib.* — Et d'autres, *ib.* — Six tableaux, Dresde. — Couronne de fleurs autour d'une niche, Rotterdam. — Fleurs, Copenhague. = Fini précieux, pinceau de maître, coloris frais et naturel; dessin admirable; grande vérité; arrangement plein de goût. Rubens et Schut peignirent souvent les figures de ses tableaux. = Ventes : V. Pommersfelden (1867) *Guirlande de fleurs entourant un médaillon de C. Schut représentant la Vierge et l'enfant dans une niche*, 13,000 frs. — V. Pereire (1872) *Fleurs entourant un médaillon*, 900 francs.

DS
100 · Jesu 1643

Zegers (Gérard). E. Fl. 1591-1651. ANVERS. Histoire, genre, etc. = Elève de Van Balen et d'Abr. Janssens. Reçu franc-maître de Saint-Luc, en 1608. Il se rendit en Italie où il s'appliqua à imiter Manfredi et Caravage. Le roi d'Espagne lui fit d'importantes commandes, lors du voyage de notre artiste à Madrid. En 1620, il était de retour à Anvers, où il se maria l'année suivante. En 1637, il fut doyen ou consul des romanistes, c'est à dire des artistes qui avaient visité Rome et, en 1646-47, doyen de Saint-Luc. Ami de Rubens et de Van Dyck. Ce dernier fit son portrait. = Saint François en extase, Paris. — Mariage de la Vierge, Anvers (Chef-d'œuvre). — Saint Louis de Gonzague, *ib.* — Extase de sainte Thérèse, *ib.* — La Vierge au Rosaire, *ib.* — Le Christ revenant des limbes, *ib.* — Sainte Claire adorant l'Enfant Jésus, *ib.* — Saint Norbert recevant l'habit de son ordre. *ib.* — Vénus et Adonis, Rotterdam. — Vierge dans une gloire, Florence. — Jésus dans la maison de Marthe et Marie, Madrid (Chef-d'œuvre). — Christ à la colonne, Gand. — Résurrection de Lazare, *ib.* — Martyre de saint Liévin, *ib.* — Paysage avec une Sainte Famille, Vienne. — Sainte Famille, *ib.* — Et d'autres, *ib.* — La Cène, Copenhague. = Dessin correct, couleur vigoureuse, belle entente du clair-obscur, expression pleine de vérité. Types distingués, figures élégantes, de la grâce, de l'harmonie; manière large.

Zegers (Jean-Baptiste), fils de Gérard. E. Fl. 1624-1670-71. ANVERS. Histoire. = Reçu à Saint-Luc, comme fils de maître, en 1646-47; en 1649, il se trouvait à Vienne, où il avait conquis la bienveillance du duc d'Amalfi, pour lequel il avait travaillé pendant trois années; celui-ci lui donna une chaude lettre de recommandation pour l'archiduc Léopold-Guillaume, lorsque le jeune peintre retourna dans sa patrie, en 1652. Doyen de Saint-Luc en 1669-70.

Zegers ou **Seghers** (Hercule). E. H. 1627. UTRECHT. Paysage, genre, histoire. = Méconnu par ses contemporains, malheureux dans toutes ses entreprises, il finit par s'adonner à la boisson; il se tua en sortant d'une orgie. On assure qu'il demeurait à La Haye, vers 1650. = Ordonnance riche, couleur naturelle, ton agréable, beau pinceau. Graveur. (Voir sur cet artiste presque inconnu : *Journal des Beaux-Arts*, 1871, p. 178.)

Zegher (.....). E. Fl. ' XVIe siècle. Histoire. = Florissait à Audenarde, en 1549.

Zeghers. E. Fl. ' XVe siècle. = Travailla aux entremets de Bruges, en 1468.

Zegin (Paul). E. Al. ' 1610. Histoire. = On croit qu'il florissait à Munich.

Zeï. E. I. ' XVIIIe siècle. BORGO-SAN-SEPOLCRO. Histoire. = Peignit dans la cathédrale de sa patrie. = Bon coloris; types communs et sans expression.

Zeitblom ou **Zeytbloom** (Barthélemy). E. Al. ' 1490. ULM. Histoire, portrait. = Peintre très distingué, qui travaillait encore dans sa ville natale entre les années 1504 et 1517. = Tableaux, Nuremberg. — Saint George, Munich. — Saint Antoine, ermite, *ib.* — Saint Pierre, Berlin. — Sainte Anne, *ib.* — Deux anges, *ib.* — Tête de Christ couronné d'épines, *ib.* — La Vierge, la Madeleine, Sainte Hélène et Saint Jean, Stuttgardt. — Tableau d'autel avec volets : l'Annonciation, la Présentation, les deux Saint Jean, *ib.* (chef-d'œuvre). — Scènes de la vie de la Vierge, église de Heerberg (Souabe). — Même sujet en différentes peintures, château de Sigmaringen. = Style sévère; imitateur de Frédéric Herlin; subit l'influence de M. Schöngauer; quoique inférieur sous certains rapports à ses modèles, il possède un charme tout particulier, par la simplicité, la pureté et la chaleur de son sentiment religieux; il arrive parfois presque au

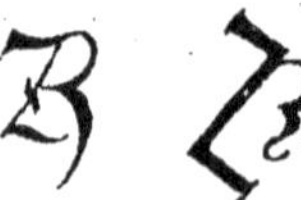

sublime en ce genre; membres grêles et raides; types trop répétés. Coloris chaud, transparent; belles draperies.

Zelerhoff. E. R. * XIXe siècle.

Zelhorst. E. Fl. * 1761. = Mensaert cite ce peintre comme auteur d'un des quinze *Mystères du rosaire* de l'église des Dominicains de Bruxelles.

Zeller. E. Al. † 1856. Genre. = Jeune femme à sa fenêtre.

Zelotti (Baptiste). E. I. 1532 (?)-1592 (?). VÉRONE. Histoire. = Elève d'Ant. Badile; travailla avec P. Véronèse, son condisciple; s'occupa beaucoup dans les campagnes. Mort misérable. = Saint Victor et Sainte Corona, Florence. — Jésus-Christ mort sur les genoux de sa mère, Vienne. — Sainte famille avec Sainte Catherine, Berlin. = Composition originale, coloris lumineux. On confond parfois ses œuvres avec celles de Paul Véronèse.

Zenale (Bernard ou Bernardin). E. I. † 1526. TREVIGLIO (Milanais). Histoire et perspective. = Peintre et architecte. Fut chargé des réparations à la cathédrale de Milan, Léonard de Vinci le prenait quelquefois pour juge. Il a laissé un *Traité sur la perspective.*

Zeno (Donato). E. I. * XVIe siècle. VÉRONE. Histoire. = Vécut à Rimini. = Du soin, composition simple, dessin très pur, excellent coloris.

Zeppel (Chrétien). E. H. * 1769. LA HAYE. Portrait. = Elève du vieux Haag. = Bon restaurateur de tableaux.

Zerezo. V. Cerezo.

Zeuxis. 475 ans avant J.-C. HÉRACLÉE. Histoire. = Elève d'Apollodore. Défié par Parrhasius, il peignit des raisins que les oiseaux vinrent becqueter. Parrhasius, de son côté, peignit un rideau que son rival le pria de soulever. Zeuxis se déclara vaincu. Ce peintre acquit une immense fortune. Il se montrait aux jeux olympiques couvert d'un manteau où son nom se trouvait écrit en lettres d'or. (Pline.) = Alcmène. — Pan. — Pénélope. — Jupiter assis sur son trône et entouré des dieux qui sont debout. — Hercule étouffant les serpents. — Le tableau des raisins. — Hélène. — Marsyas. Junon Sacinienne. = Se fit surtout remarquer par la recherche de l'idéal. Pline lui reproche de faire des têtes trop fortes.

Zichn (Michel von). E. Al. 1827. ZALA (Hongrie). Vues, etc. = Fête à Venise.

Zick (Gustave). E. Al. 1809. COBLENTZ. Chasses et genre. = Elève de Schadow.

Ziegler. E. Al. † 1837. Paysage.

Ziegler (Claude-Jules). E. Fr. 1804-1856. LANGRES. Histoire, portrait. = Elève d'Ingres; mort à Paris. = Giotto, Paris (Luxembourg). — Saint Luc peignant la Vierge, *ib.* — Coupole de l'église de la Madeleine, *ib.* — Saint George, Nancy. — L'imagination. Langres. = Auteur d'un ouvrage sur la céramique.

Ziegler (Jacques). E. Al. * 1575. Histoire, portrait. = Peintre de la cour d'Autriche; travailla beaucoup pour l'évêque Vite de Wurzbourg. = Tableau d'autel, Bamberg. = Talent médiocre.

Ziem (Félix-F.-G.-P.). E. Fr. 1821. BEAUNE. Vues. = Vue d'Anvers. — Vue de Venise au matin.

Zierickzee (Martin). E. H. * XVIe siècle. AMSTERDAM. = Cité par Guicciardin.

Zierickzée (Thomas Van). E. Fl. * XVIe siècle. Histoire. = Elève de Fr. Floris.

Ziesel (George-Frédéric). E. Fl. 1756-1809. HOOGSTRATEN. Fleurs, fruits. = Vint s'établir à Anvers, en 1770, auprès de son tuteur. On ne dit pas qui fut son maître. Ami de Pierre Faes et d'Ommeganck. Il résida quelque temps à Paris. = Bouquet de fleurs, Anvers. = Bonne imitation de la nature, grand fini, beaucoup d'effet; coloris vigoureux. Il a peint aussi en miniature.

Ziesenis (Jean-George). E. Al. 1716-1777. HANOVRE (?). Portrait. = S'occupa longtemps à la cour d'Angleterre et à celle de Hollande. Il fut appelé à La Haye, en 1768, pour faire les portraits de Guillaume V et de sa femme. Il y fut inscrit la même année dans la société *Pictura.*

Zifrondi ou **Cifrondi** (Antoine). E. I. 1657-1730. BERGAME. Histoire. = Elève de Franceschini; séjourna en France. = Génie pittoresque, pinceau facile.

Zimbrecht. V. Simbrecht.

Zimmermann (Jean-W.-G.). E. H. 1816. MONNIKENDAM. Genre, portrait. = Elève de J.-A. Kruseman. = Jeune fille malade.

Zimmermann (Albert), frère d'Auguste, de Maximilien et de Robert. E. Al. 1809. ZITTAU (Lusace). Paysage. = S'établit à Munich. = Effet de neige, Dresde. — Paysage : Combat de centaures contre des léopards, Munich. — Paysage : Chute d'eau, *ib.*

Zimmermann (Auguste Richard), frère d'Albert, de Maximilien et de Robert. E. Al. 1820-1875. ZITTAU. Paysage. = Elève de son frère aîné, Albert. S'établit à Munich ainsi que ses frères. = Paysage : Hiver; entretien sur la glace, Munich. — Hiver : la Forge, *ib.* — La récolte des pommes de terre, *ib.* = Un des meilleurs artistes modernes de l'Allemagne.

Zimmermann (Clément). E. Al. 1789. DUSSELDORF. Histoire, portrait. = Elève de Langer le Vieux. — Fresques, Munich. —

Cimabue et Giotto. *ib.* Pèlerins romains, *ib.*

Zimmermann (François). E. Al. † 1764. AUGSBOURG. Histoire. = S'établit à Munich et y mourut. = Peignit également à fresque.

Zimmermann (Henri). E. Al. * 1837. Genre.

Zimmermann (Maximilien), frère d'Albert, d'Auguste et de Robert. E. Al. 1811. ZITTAU (Lusace). = S'établit à Munich. = Paysage d'hiver, Munich. — La forêt, *ib.* — Bois de chênes, *ib* — Paysage : le Repos du berger, *ib.*

Zimmermann (Robert-S.), frère d'Auguste, d'Albert et de Maximilien. E. Al. * XIXe siècle. ZITTAU. = Intérieur, au château de Schleissheim, Munich.

Zinani (François). E. I. * 1755. REGGIO. Décorations et perspective. = Elève des Bibbiena.

Zincke (Chrétien-Frédéric). E. Al. 1684-1767. Dresde. Email et portrait. = Elève de Boit; se fixa en Angleterre en 1706, et y fut protégé par George II; nommé peintre du cabinet de Frédéric, prince de Galles; fit une excursion en Allemagne en 1737, et revint en Angleterre, où il ne reprit ses pinceaux qu'à la demande de Mme de Pompadour, qui lui fit copier en émail le portrait de Louis XV. = Acquit une grande réputation dans le genre qu'il avait adopté, et fut mis au même rang que le célèbre Petitot.

Zingaro. V. Solario.

Zinger (Hans). E. Fl. * XVIe siècle. ZINGER (Hesse). Histoire, paysage. = Franc-maître de Saint-Luc, à Anvers, en 1543. On le nomme souvent *den deutschen Hans* et on le confond avec Memlinc. = Il a beaucoup travaillé pour les artistes en tapisseries. Bon graveur sur bois.

Zingmeister. E. Al. * 1835. Genre, histoire.

Zitoz (Miguel). E. E. * XVIIe siècle. = Ferdinand et Isabelle, Madrid (Musée).

Zo (Achille). E. Fr. * 1870. BAYONNE. Genre. = Aveugle à Tolède

Zoboli (Jacques). E. I. † 1767. MODÈNE. Histoire. = Elève de Fr. Stringa; séjourna à Bologne; s'établit et mourut à Rome. = Saint Jérôme, Rome. — Et autres, *ib.* = Pinceau fin et soigné, coloris harmonieux.

Zocchi (Joseph). E. I. 1711-1767. EN TOSCANE. Histoire, paysage. = Etudia d'abord à Florence puis à Rome, à Bologne, etc. Mort à Florence d'une maladie épidémique qu'il avait contractée à Sienne. = Invention féconde; génie flexible; choix heureux; dessin pur; beau coloris; réussit surtout dans les petites proportions.

Zoccoli (Nicolas), nommé aussi **Cortoni.** E. I. * XVe siècle. Histoire, portrait. = Elève de Philippe Lippi, le fils. = Très inférieur à son maître.

Zoest ou **Soest** Gérard Van) (?). E. H. * 1690. Portrait. = S'établit en Angleterre sous Guillaume III.

Zoffani ou **Zauffelly** (Jean). E. Al. 1733-1788 (?). REGENSBURG (Ratisbonne). Portrait, histoire. = Etabli longtemps en Italie. Mort aux Indes orientales, d'après les uns, et en Angleterre, en 1795, d'après les autres. = Portrait de Marie-Christine d'Autriche, Vienne. — Vénus sur les eaux, Bordeaux. — Vénus et Adonis, *ib.* (Signés Zauffely et datés de 1760). = Exécution facile, ton clair; style maniéré, de l'harmonie.

Zoffany. E. Al. 1735-1812. FRANCFORT. Genre. = S'établit en Angleterre. Ne serait-ce pas le même que le précédent sur lequel les renseignements sont assez incertains? = Deux enfants dansant, Glasgow. = Imita Hogarth et fut souvent gravé.

Zoll. E. Al. † 1833. DONAUSCHINGEN. Histoire mythologique. = Hercule et Hébé.

Zolo (Joseph). E. I. 1675-1743. BRESCIA. Paysage. = Etudia d'après tous les maîtres et n'en imita aucun. = Invention féconde, détails variés, coloris très soigné.

Zomer (Jean-Pierre). E. H. 1641-1726. AMSTERDAM. Genre. = Ce peintre fut un excellent connaisseur et un marchand de tableaux renommé. Il fit beaucoup de bien aux artistes.

Zomeren (Henri Van). E. H. XVIIe siècle. Histoire, paysage, fleurs. = Etabli à Amsterdam. Son père avait également cultivé l'art dans sa jeunesse, puis était devenu marchand de tableaux. Adrien Brauwer travailla chez lui.

Zompini (Gaëtan). E. I. 1702-1778. = Elève de N. Bambini; travailla pour la cour d'Espagne. = Invention féconde. Graveur.

Zona (Antoine). E. I. 1810. VENISE. Histoire. = Glycère.

Zoppo (le). V. Micone.

Zoppo (le). V. Pieri.

Zoppo (Marc). E. I. * 1480. BOLOGNE. Histoire, portrait. = Elève du Squarcione; compétiteur et ami d'André Mantegna; travailla à Padoue; étudia quelque temps à Venise et fut un des artistes les plus remarquables de son époque. = La Vierge enfant, Bologne. — Saint Jean-Baptiste et saint Augustin, *ib.* — La Vierge et l'Enfant entourés de saints, Berlin. — Saint Dominique, Londres. = Composition se rapprochant de l'école vénitienne; style plus rude que celui du Mantegna, surtout dans le dessin des pieds; plis moins raides, plus dégagés, et coloris plus harmonieux. Nu très bien entendu, figures et détails très soignés.

Zoppo (Paul). E. I. † 1515 (?). BRESCIA. Miniature. = Peignit le siége de Brescia sur un bassin de cristal qu'il brisa en le transportant à Vienne. Mort de douleur à la suite de ce fait. = Jésus-Christ au Calvaire, Brescia. = Touche excessivement fine.

Zoppo (Rocco). E. I. † 1500. FLORENCE. Histoire, portrait. = Imita Pierre Pérugin; travailla beaucoup à Rome. = Adoration des bergers, Berlin.

Zoppo de Gangi. E. I. XVIIIe siècle. GANGI. Histoire. = Détails inconnus.

Zoppo de Lugano (le). V. Discepoli.

Zorg (Henri-Martin). V. Rokes.

Zorrilla (Jean de). E. Es. * 1630. = Elève de J. de Chirinos; résidait à Madrid; ami de Vanderhamen. = Coloris frais.

Zoukers (Jean). E. H. * XVIIe siècle. Paysage et vues en miniature. = Habita La Haye où il fut choisi, en 1679, comme secrétaire de la société *Pictura*.

Zuber (Jean). E. Fr. 1844. RIXHEIM (Alsace). Paysage, etc. = Elève de Gleyre. = Près de la ferme. — Une halte.

Zuberlein (Jacq.). E. Al. * 1590. TUBINGUE. Portrait. = Dessina des portraits d'après Elie Alt. = Bon dessinateur.

Zuccarelli ou **Zuccherelli** (François). E. I 1702 (?)-1788. PITIGLIANO (Sienne). Histoire, paysage. = Elève de M. Ricci; fit sa fortune à Londres, y fut l'un des fondateurs de l'Académie de peinture. = Paysages, Vienne. = Facilité et correction. Accessoires traités avec beaucoup de minutie. Bon graveur.

Zuccaro ou **Zucchero** (Fréd.), frère de Thadée. E. I. 1542-1609. Histoire, portrait. = Elève de son frère; termina les fresques commencées par ce dernier. Ayant eu de graves désagréments à Rome avec ses rivaux, il quitta l'Italie et parcourut l'Europe. Revint plus tard dans sa patrie où il fut nommé *prince* de l'Académie de Saint-Luc. Cette nomination, qui lui fut octroyée par le pape, était une compensation aux chagrins que Zuccaro dut éprouver en voyant ses fresques effacées et recouvertes par d'autres. Mort à Ancône. = Barberousse devant Innocent, Venise. — Le portier de la reine Elisabeth, Londres. — La reine Elisabeth, *ib.* — Allégorie, *ib.* — La calomnie, *ib.* — Déposition, Rome. — Fresques, *ib.* — Portrait d'homme, Florence. — L'Age d'or, *ib.* — L'Age d'argent, *ib.* — Allégorie, *ib.* — Saint Pierre en prison, *ib.* — Sainte Famille, Vienne. = Il a peint dans la grande coupole de l'église métropolitaine des figures hautes de cinquante pieds. Il raconte lui-même cette particularité dans ses *Lettere pittoriche*. Il a publié, à Turin, un traité intitulé : *Idea de' pittori, scultori, e architetti*.

Zuccaro ou **Zucchero** (Thadée), frère de Frédéric. E. I. 1529-1566. SANT'-ANGELO IN VADO. Portrait, histoire. = Vint à Rome qu'il inonda de ses tableaux bons ou mauvais, à tel point que les revendeurs s'en défaisaient à tout prix. Son père, nommé Ottavianio, fut un artiste médiocre peu connu. = Il a orné le monument de Vignole, près Viterbe. — Conversion de saint Paul, Rome. — Diane, Florence. — Madeleine enlevée au ciel, *ib.* = Têtes soignées. Nu bien rendu. Il affectait parfois un laisser-aller qui a nui à sa réputation. Il a souvent reproduit, dans différents tableaux, les mêmes figures et jusqu'aux mêmes draperies. = Ventes : V. Marchand (1779), *Jésus guérissant le paralytique* (petit tableau précieux), 90 livres

Zuccati (Sébastien). E. I. † 1490 (?). EN VALTELINE. Histoire. = Donna à Titien enfant les premières leçons de dessin. On le fait naître, par erreur, à Trévise.

Zuccati (François), fils de Sébastien. E. I. * 1563. EN VALTELINE. Mosaïque, portrait. = Auteur de plusieurs tableaux pleins de talent. = Mosaïques, Venise. = C'est à lui et à son frère que sont dus les perfectionnements apportés dans leur siècle à la mosaïque. Grande intelligence du dessin.

Zuccati (Valère), fils de Sébastien. E. I. * 1563. EN VALTELINE. Mosaïque, portrait. = Produisit des ouvrages remarquables = Deux archanges (Avec François), Venise. — Et autres, *ib.* = Les tableaux des Zuccati étaient exécutés d'après les cartons des plus grands maîtres de leur époque.

Zuccati (Arminio), fils de Valère. E. I. * 1585. Mosaïque. = Aida son père et son oncle dans leurs célèbres travaux. = Mosaïques, Venise.

Zuccherelli. V. Zuccarelli.

Zucchi (François), frère de Jacques. E. I. † 1620 (?). Mosaïques, fleurs, fruits. = Elève de son frère; après la mort de ce dernier, il s'adonna à la mosaïque, genre dans lequel il est devenu célèbre. = On lui doit les mosaïques de la coupole de Saint-Pierre, à Rome.

Zucchi (Jacques), frère de François. E. I. 1541-1590 (?). FLORENCE. Histoire, portrait. = Elève de Vasari. Mort riche. = Son tableau de la Pêche du corail, qu'il fit pour Ferd. de Médicis, fut l'origine de sa fortune et de sa réputation. — Tableaux et fresques, Rome. = Style plus achevé que celui de son maître; grand fini dans les fresques.

Zucco (François). E. I. † 1627. BERGAME. Histoire, portrait. = Elève des Campi, à Crémone, et de J.-B. Moroni, à Bergame; concurrent de Cavagna et de Salmeggia.

Zuccoli (le chevalier Louis). E. I. † 1876.

Genre. = Mort à Milan. = Peintre distingué.

Zugni (François). E. I. 1574-1636. BRESCIA. Histoire. = Elève du jeune Palma. = Surpassa son maître pour la solidité du coloris sans l'égaler pour le reste. Sandrini peignit les perspectives dans ses tableaux.

Zuppelli (Jean-Baptiste). E. I. ' XVe siècle. CRÉMONE. Histoire, portrait et paysage. = Contemporain de Boccaccino. = Goût original, mais un peu sec, coloris agréable et moelleux, grâce naïve.

Zurbaran (François). E. Es. 1598-1662. FUENTE DE CANTOS. (Estramadure). Histoire, portrait. = Elevé d'abord pour les travaux de l'agriculture; son goût pour la peinture le fit envoyer à Madrid où il entra dans l'atelier de J. de Las Roelas; dès lors son talent se fit remarquer; bientôt les commandes lui arrivèrent en foule et presque toutes les villes de l'Espagne employèrent son pinceau. Il était peintre du roi. — Saint Célestin (?) visité par un ange, et refusant la couronne papale, Dresde. — Beaucoup de tableaux, Cadix. — Sainte Ursule, *ib.* — Apothéose de saint Thomas, Séville. — Le Père éternel, *ib.* — Et beaucoup d'autres, *ib.* — Judith, Paris. — Moine en prière, *ib.* — La sainte à la flèche, *ib.* — Et beaucoup d'autres, *ib.* — Jésus-Christ à la colonne, Berlin. — Saint Pierre Nolasque, *ib.* — Saint Jean accompagne la mère de douleurs, Munich. — Saint François en extase, *ib.* — Apparition de saint Pierre, apôtre, à saint Pierre Nolasque, Madrid. — Saint Pierre Nolasque, *ib.* — Les travaux d'Hercule, *ib.* — L'Enfant Jésus endormi, *ib.* — Moine franciscain en prière, Londres. = Manière pleine de grandeur; effet brillant, études solides; étudia beaucoup d'après les tableaux de Michel-Ange, de Caravage, et mérita d'être surnommé : *le Caravage espagnol;* mais il est plus froid, plus correct que son modèle, et ne lui ressemble que par la science du clair-obscur et les teintes bleues de ses compositions; jetait des masses de lumière dans ses premiers plans, finis avec soin, et obtenait ainsi des effets merveilleux; inspiration toujours sérieuse, même dans les sujets gracieux; rendait parfaitement les figures ascétiques et austères du cloître. = Ventes : V. Aguado (1843), *Prise d'habit de sainte Claire*, 600 fr. — *Saint Hugues changeant le repas des chartreux*, 4,725 fr. — V. Soult (1852), *Saint Pierre Nolasque et saint Raymond de Penafort*, 19,500 fr. — *Le miracle du crucifix*, 19,500 fr. — *Saint Laurent*, 3,000 fr. — V. Louis-Philippe (1853), *La Vierge et l'Enfant*, 3,125 fr. — *Saint François avec les stigmates*, 6,635 fr. — V. Salamanca (1867), *L'Annonciation*, 40,000 fr. — *L'Assomption*, 6,350 fr. — *Sainte Famille*, 4,700 fr. — V. Salamanca (1875), *L'Assomption*, 1,000 fr. (c'est le même tableau que le précédent côté à 6,350). — *Un pénitent gris*, 2,200 fr.

Zurmuhlen (B.). E. H. ' 1825. Paysage, marine, etc. = Florissait à Amsterdam.

Zustris ou **Suster** (Lambert), dit **Lambert van Amsterdam.** E. H. ' XVIe siècle. AMSTERDAM. Histoire, etc. = Etudia d'abord chez Chris. Schwartz, à Munich, puis devint élève du Titien. S'occupa longtemps à Venise. = Vénus et l'amour, Paris. — Baptême du Christ, esquisse, Caen.

Zustris (Frédéric), dit **Federigo di Lamberto,** fils de Lambert. E. I. 1526-1599. AMSTERDAM. Histoire, portrait. = Choisit Florence pour patrie et employa son talent à orner le catafalque de Michel-Ange. Gendre du Padouan Cartaro. = Portrait du peintre sous la figure de saint Luc, Munich. = Style élevé; dessin correct; composition savante.

Zuylen (Jean Van). E. H. ' XVIIe siècle. Portrait. = Florissait à Utrecht.

Zwaerdecroon (Bernard). E. H. ' 1645. UTRECHT. = Cité dans un vieux document de la ville d'Utrecht à propos d'une donation réciproque que lui et sa femme se firent, en 1645.

Zwaerten (Nicolas de). E. Fl. ' XVe siècle. YPRES. = Travailla, en 1468, aux entremets de Bruges.

Zwanart (Pierre). ' XVe siècle. = Travailla, en 1468, aux entremets de Bruges.

Zwanne (Guillaume). E. Fl. ' XVe siècle. = Travailla, en 1468, aux entremets de Bruges.

Zwart (Albert-Gérard). E. H. † 1833. Portrait. = On croit qu'il est mort à Leeuwarden.

Zweder. E. H. ' XVe siècle. Histoire. = Exécuta plusieurs travaux pour la ville de Haarlem, en 1429 et en 1435.

Zwecker (Jean-Pierre). E. Al. ' 1839. FRANCFORT-SUR-LE-MEIN. Histoire. = Henri I[r].

Zwengauer (Antoine). E. Al. 1810. MUNICH. Paysage. = Contrée stérile; l'étang, Munich. Paysage montagneux, *ib.*

Zwigtman (Corneille). E. H. 1782. s'HEERENHOEK. Portrait.

Zwigtman (Marinus), fils de Corneille E. H. ' 1840. Portrait.

Zyl (Gérard Van), surnommé à Londres **Le petit Van Dyck.** E. H. ' XVIIe siècle. Portrait, intérieurs. = On prétend qu'il travailla longtemps chez Van Dyck, à Londres. En 1641, il revint dans sa patrie. Il habita Amsterdam de 1655 à 1658. = Compagnie élégante se livrant à la danse dans un jardin, Copenhague. = Ce que l'on remarquait le plus dans ses tableaux d'intérieurs étaient les figures de femmes, et surtout le charmant dessin et le blanc coloris des mains. = Ventes : V. Lormier (1763), *Une dame au milieu de musiciens*, 310 fl.

Zyll (Jean Van). E. H. ' 1551. UTRECHT. Peintre sur verre. = Cité par Guicciardin comme un peintre renommé.

Zyll (Reyer Van). E. H. ' 1585. UTRECHT. Peintre sur verre. = Au service des états d'Utrecht. Son fils, Jean, cultiva le même art. Reyer vivait encore en 1605.

Zyll (Thierry Van). E. H. 1561. UTRECHT. Histoire, portrait. = Contemporain des Crabeth. = Il était peintre sur verre.

SUPPLÉMENT

ADDENDA ET CORRIGENDA

Les notices marquées d'un astérisque sont nouvelles. — Les noms sans astérisque sont ceux de peintres déjà compris dans le Dictionnaire mais mal orthographiés, ou à la notice desquels il a été apporté des changements.

A

Abeele (Josse Seb. Van den). E. FL.

* **Abry** (Léon). E. Fl. 1857. ANVERS. Histoire, portrait, genre. = Les émigrants.

Abshoven (Ferdinand van) le jeune. E.FL.

Abshoven (Ferdinand van). E. FL.

Abshoven, Apshoven ou **Absthoven** (Ferdinand van). E. FL.

Abts (Vautier) E. FL.

Acar (Charles Louis). E. FL.

Acker (Jean Baptiste van). E. FL.

Achtschelling (Luc). E. FL.

Adriaenssens (Antoine). E. FL.

Adriaenssen (Alexandre). E. FL.

Adriaenssen (Henri). E. FL.

Adriaenz (Jean). E. FL.

Aelst (Paul van). E. FL.

Aeps (Jean) E. FL.

Aertsens (Henri). E. FL.

Aertsens (Jacques). E. FL.

Aken (Sebastien van). E. FL.

Aken (T. van). E. FL.

Alberi (François). E. I.

Albert (Frederic Guillaume Ferdinand Théodore). E. AL.

Alberto. = Vente Weyer (1862) : *Vierge avec l'enfant Jesus*, 2,437 fr.

Alemana (Juste de). E. I.

Alemana (Jean de). E. I.

Alkok. E. H.

Alimpius. E. R.

* **Alizard.** Il y eut un peintre de ce nom qui obtint un premier prix en 1762 à l'Académie de France et qui alla étudier à Rome.

* **Allemand** (Sigismond). E. Al. 1840. = La promenade en chasse.

Allori (Alexandre). = Vente Poniatowski (1867). *Portrait de Bianca Capello*, 4,100 fr.

Allori (Ange). Vente Pourtalès-Gorgier (1865). *Portrait d'un jeune homme de la famille de Médicis*, 55,000 fr. — *Portrait supposé de l'une des filles de Cosme de Médicis*, 2,000 fr.

Allori (Christophe). = Vente San-Donato (1870). *Portrait de Dianora Frescobaldi*, 16,500 fr.

Ambroos (Jean-Antoine). E. FL.

Anastasi (Paul-Joseph).= Devint aveugle en 1830 et mourut à Paris.

Anderson (Nils). E. AL.

Angel (Philippe). E. H.

Angus (Guillaume-Louis). E. FL.

Ansiaux (Jean-Joseph). E. FL.

* **Anthonis** (André-J.). E. FL. 1851-1878. ANVERS. Genre. = Le petit paresseux.

Anthonissen (Henri-Joseph). E. FL.

* **Anthony** (Jean-B.). E. FL. * 1870.= Peintures murales. BERCHEM. (Anvers).

* **Antoridès,** 300 ans avant J.-C. = Cité par Pline comme ayant été élève de Persée.

Arbant (Louis), * 1868.

Arimenede (L.), *lisez* **Arimenese** (L').

Aripert. Notice à supprimer ; c'est le meme que **Auripert.**

Avercamp (Henri Van).= Contrairement à ce qui a été dit, ce peintre est né muet et doit à cette circonstance d'avoir été appelé : *de Stomme*. (Voir sur cette famille et les travaux de l'artiste les *Archives d'Obreen*, t. 2, p. 195.

Axenfeld. E. FR. * XIXe siècle.

B

Baade (Knud). † 1880.

Backhuisen (Gérard), *lisez* **Backhuysen.**

Backuisen (Ludolf), *lisez* **Backhuysen.**

' **Baillet** (Comtesse Marie Caroline Elisa de). E. Fl. 1821-1879. ANVERS. = Elève de Swerts et de Guffens. Devint aveugle vers la fin de sa vie. = Peintures de la chapelle des enfants de l'hospice, Anvers.

Bar (Nicolas de).=A la vente Blaisel (1870) on exposa un *Mariage mystique de sainte Catherine* placé sous ce nom ainsi qu'une *Vierge avec l'enfant Jésus*. Chacun de ses tableaux fut adjugé pour 1,500 fr. On vit également apparaître, du même auteur, à la vente de Brescia (1869), une *Madone* qui fut vendue 800 fr.

Barbarelli. = V. Pommersfelden (1867), *Jalousie*, 21,500 fr. (On a émis l'idée que ce tableau était de Cariani, imitateur de Giorgion). — Vente San-Donato (1870), *Souper vénitien* dit *le Souper profane*, 55,000 fr.

Barbary (Jacques de). E. I.

Bastien-Lepage. *Ajouter à ses tableaux* : Jeanne d'Arc.

Batut. E. FR. ' 1868.

Beauerlein (Jean). E. AL.

Beaufaux (Polydore Constant). Né en 1829.

Beaumes (Jehan de). † 1397.

' **Beaumont.** E. Fr. ' XIXe siècle. Genre. = La part du capitaine.

' **Beauverie** (Charles J.). E. Fr. 1839. LYON. Paysage.= Cueillette des pois à Anvers.

Becker (Charles). = Charles V chez le banquier Fugger.

Beechey (George). E. AN.

' **Beers** (Jan). V. Van Beers.

' **Bellemans** (Jos.). E. FL. 1816. ANVERS. Histoire, genre. = Mort de saint Remacle. — Peintures murales à Saint-Remacle, Verviers. — Peintures murales à Saint-André, Anvers.

Bellier de la Chavignerie. Mort en 1871. = Auteur du *Dictionnaire général des artistes de l'école française*. Continué par Louis Auvray, 1868-1883.

Bello (Marc). = Vente Blaisel (1870). *L'enfant Jésus sur les genoux de sa mère*, 600 fr.

Belly. = Pèlerins allant à la Mecque.

Benouville (Léon). E. FR. = Mort de St-François d'Assise.

Bentabole. † 1880.

Berchem (Pierre Nicolas). = M. Wauters (V. *Journal des Beaux-Arts*. N° 4 de 1883) a découvert toute une série de tableaux qui seraient peints par cet artiste. C'est d'abord les tableaux du musée de Berlin, attribués jusqu'à présent à Pierson (Christophe). Les autres se trouvent dans des galeries particulières. M. A. Bredius, de La Haye, aurait précédé M. Wauters dans cette découverte qui si elle se vérifiait, doterait la liste des peintres hollandais d'un excellent artiste de plus. Il y a lieu de remarquer que le monogramme donné par M. A. Bredius a été jusqu'ici attribué par Brulliot et d'autres, à une femme peintre d'Anvers : Clara ou Catherine Peeters. (voir ce nom).

' **Bergh** (Alphonse de). E. Fl. 1850. Eecloo. Genre. = Départ pour la ville.

' **Berges** (Jean Ch.). E. Al. 1803-1871. En Suède, Marine. = Entrée du port d'Anvers.

Bernward. E. AL.

' **Bert** (Emile). E. Fl. 1814-1857. GRAMMONT. = Elève de J.-B. De Jonghe et de Ducorron. = Graveur.

' **Bertrand** (Georges) E. Fr. 1849. PARIS. Histoire. = Elève de Yvon, Barrias et Bonnat. = Patrie.

' **Besnard** (Paul Albert). E. Fr. ' 1879. PARIS. = Elève de Cabanel. = Après la défaite.

Bidot (Clément A.). E. FR.

Bisschop (Abraham). XVIIe siècle.

' **Bley** (And.). E. Fr. ' 1777. LYON. Portrait = Ce nom se trouve au bas d'un portrait du bienheureux Labre gravé par Cunego à l'eau-forte. Sous la gravure on lit : *And. Bley lugdunensis ad vivam depinxit anno* 1777.

Bleybtreu (George). E. Al.

Blokhuysen (Thierry van). † 1869.

Bloot (Pierre de).= Le IIIe volume du *Recueil historique de Rotterdam* publié par Nygh et Van Ditmar, contient quelques renseignements sur ce peintre.

Boisseau (Alfred). E. FR.

' **Boklund** (J. Ch.). E. Al. 1817. Histoire. = Conseil de guerre, Stockholm.

Boks (E. J.). 1840. HOLLANDE.

Bollory ou **Bellori** (Jérôme). XVIe siècle.

' **Bonheur** (Germain). E. Fr. † 1880. Frère de Rosa.

Bougenier (Henri Marcelin Auguste). E. FR.

' **Bourel** (Aristide). E. Fr. DUNKERQUE. = Tableaux au Musée de Lille.

' **Bourgeois** (Urbain). E. Fr. 1842. NEVERS. Histoire. = Elève de Cornu et de Cabanel. = La science.

Bourlard (A.). E. FL. MONS. Histoire. = Tableau allégorique. — Laboureur romain.

Bout (Pierre). E. FL.

Bonys (André) né en 1657. *Cette notice doit être supprimée. Elle forme double emploi avec* **Bouys** *(André) né en* 1656 *et placée* *après* **Bouzas** *lequel ne doit venir qu'après* **Bouys.**

Bovy (Firmin) † 1881. Mort à San Francisco.

Boyenval (Alexis François). E. FR.

Brandet (Guillaume). E. FR.

Breda (Charles). E. AL.

Bredael (Jean van). E. FL.

Bredael (George van). E. FL.

Brion (Gustave). E. FR.

* **Brock-Lajos** (Louis). E. Al. * 1879. PAPA (Hongrie). Histoire. = Elève de Munkacksy. = Abandonnés. — Les émigrants.

* **Brozik** (Wenzel). E. Al. 1852. PILSEN (Bohème). Histoire. = Elève de Piloti. = Partie d'échecs des fiançailles. (Légende danoise).— Une fête chez Rubens.—Le Chanteur.

Bruycker (François Antoine de). Mort en 1882.

Budelot (Philippe). E. FR.

Burgh (H. Van der). *Supprimez la première des deux notices se rapportant au même artiste, lequel appartient à* l'école hollandaise.

Buonacorsi (Pierre).= Vente Pourtalès-Gorgier (1865), *Portrait du cardinal Cybo,* à l'âge de 22 ans, 4,000 fr.

C

Calame (Alexandre). E. Fr.

Calimberg ou **Calimperg** (Joseph). E. AL.

* **Camp** (Camille van). E. Fl. 1834. TONGRES. Histoire, portrait. = Mort de Marie de Bourgogne, Bruxelles. = Graveur.

* **Cap** (Constant). E. Fl. 1842. ST-NICOLAS (Flandre Or^le^). Genre. = En première. — Vive le Roi !

* **Capeinick** (J^n^). E.Fl. 1838. GAND. Fleurs.

Capellino (Jean Dominique). E. I.

Carl (Jean). E. FR.

* **Carpentier** (Evariste). * XIXe siècle. Genre. = Scène de la révolution de 93. — Un compte à régler.

Carvalho (Joseph des Reis). E. ES.

Cassel (Félix P. A. V. F.). * XIXe siècle.

Cavallino (Bernard). E. I. 1622.

* **Cazin** (Jean Ch.). E. Fr. 1841. SAMER (Pas de Calais). Histoire. = Elève de Lecoq de Boisbaudran = Ismael.

* **Cederstrom** (Bon G. A.). E. All. * XIXe s.

Cellony (Joseph André). E. FR.

Cère (Jacques F. C.), lisez **Clère.**

Chabry (Léonce), mort en 1882. = Etabli en Belgique.

* **Charlet** (J. J. Emile), auteur des : *Blessés de septembre* 1830, exposé en 1880.

Chartran (Théobald). E. Fr. 1849. BESANÇON. Histoire. = Elève de Cabanel. = Le Cierge.

Claudot (B. Charles). E. Fr.

Claus (Emile). E. Fl. 1849. Vive St-Eloy (Flandre Occ^le^). Genre = Combat de coqs.

Clerc ou **Klerck** (Henri) doit être placé après Cléophante.

Clippele (Mme). E. Fr.

Codde (Pierre). = Ventes : V. Scharf (1876), *Les danseurs,* 20,000 fr. — Même v. *Assemblée galante,* 2,000 fr.

Coddeman (Luc). E. Fl.

* **Colens.** E. Fl. * 1824. = Etabli à Bruxelles en 1824. Emule de H. M. Desprez.

* **Colsoule** (G.). E. Fl. 1845. BRUGES. Chevaux, animaux, etc.

* **Comerre** (Léon-Fr.). E. Fr. 1850. TRÉLON (Nord). Histoire. = Elève de Cabanel. = Samson et Dalila.

Commenduno * XVe siècle.

Coucke (Pierre). = On croit, sans preuves certaines, que le tableau du musée de Bruxelles : *La Cène,* attribué à Lambert Lombard, est de Coucke.

* **Courtois** (Gustave). E. Fr. 1852. PUSEY (Saône). Histoire. = Elève de Gérome. = Dante et Virgile aux enfers.

* **Cronbjort** (Charles). E. Al. 1694-1777. Portrait. = Détails inconnus. = Portraits de Frédéric I, roi de Suède et de sa femme, Stockholm.

* **Cupere** ou **Cuypere** (Franç. et Arnold de). E. Fl. * XVIe siècle. YPRES. = Ces noms sont ceux de deux peintres verriers, père et fils, demeurant à Ypres. Leur maison en bois existe encore.

Cuylenburg (J. van). E. H.

D

* **Dagnan-Bouveret** (Pascal A. J.). E. Fr. 1852. PARIS. Genre. = Elève de Gérome. = Un accident.

* **Dameron** (Charles E.). E. Fr. 1848. PARIS. Paysage, etc. = Elève de Pelouze. = Cabane de bucherons à Vaux de Cernay.

* **Dantan** (Joseph E.). E. Fr. 1848. PARIS. Genre. = Elève de Pils et de Lehman. = Un coin d'atelier.

De Groux (Ch.), né à Commines (France).

* **Dehodencq,** fils. = Cet enfant, âgé de 10 à 11 ans, a exposé au Salon de Paris, en 1875, un tableau de nature morte qui a eu un grand succès. C'était à la même époque que l'on exposait à Bruxelles les œuvres du jeune Fritz Van de Kerkhove (voir ce nom).

* **De Lathouwer** (Auguste). E. Fl. 1836. LOUVAIN. Paysage.

Delfosse (Aug.), né en 1832.

***Delft-d'Eyssel** (Baron Eug.Louis Van). 1815-1877. ANVERS. Paysage. = Vues prises en Allemagne et en Suisse.

Den Duyts (Gustave), né en 1850.

Deveria (Eugène Marie Fr. J.). E. Fr.

Dewinne (Liévin). E. Fl.

Diepenbeeck (Abraham Van), né en 1596.

Ducq (Jean le). = Ventes : V. à Paris (1874), *Le partage du butin*, 6,800 fr. La signature de ce tableau est presque entièrement effacée et a été remplacée par celle de Gérard Dow.

Duchatel (François).

Dodin. E. Fr.

Duccio di Boninsegna. E. I.

* **Dupré** (Julien). E. Fr. 1851. PARIS. Genre. = Elève de Laugée et de Lehmann. = Récolte des foins.

Du Thielt (Guill.). = M. Alph. Van den Peereboom a démontré qu'il ne fut pas peintre mais graveur. Guillaume eut un fils peintre et les peintures de celui-ci ont été erronément attribuées au père. *(Guillaume Du Thielt. Graveur. Ypres.* 1882).

Duval (Marc.). = Il eut un fils qui fut son élève et dont le roi Henri II fit le portrait.

E

Ehrenberg (G. van). = M. Van den Branden, dans son Hist. de l'école d'Anvers, le dit né en Allemagne d'après sa propre déclaration.

F

Faber (Fréderic Théodore). = Graveur.

* **Farasyn** (E.). E. Fl. 1858. ANVERS. Genre. = Le marché aux poissons à Anvers.

Ferrari (Gaudenzio). = Ventes : V. Blaisel (1870), *La Vierge et l'Enfant Jésus avec deux anges soutenant une draperie rouge*, 2,000 fr.

Fisen (Englebert). = On consultera avec fruit la brochure de M. J. Helbig, intitulée : *Les papiers de famille d'Englebert Fisen*. Liége, Grandmont-Donders, 1881.

G

* **Gabriel** (P. I. C.). E. Fl. * 1870. En HOLLANDE. Paysage. = La mare.

Gaudini (Antoine). E. I.

* **Gavarni** (Pierre).

Geedts (Pierre Paul). E. Fl.

* **Geens** (Louis). E. Fl.

Geest (Wybrand de). = Il faut lire ainsi la suscription du tableau de la vente Pommersfelden : WYBRANDUS DE GEEST FACIEBAT LEVAERDIAE A° 1621.

Gelée (Claude, dit le Lorrain). = Ventes : V. Northwick (1859) *Vue d'Italie*, 7,800 fr. — V. Rhoné (1861) *Soleil levant*, 3,800 fr. — V. Pourtalès-Gorgier (1865) *Paysage d'Italie*, 36,500 fr. — V. de Morny (1865) *Marine, soleil levant*, 5,650 fr. — V. Pereire (1872) *Soleil levant* (celui de la vente Rhoné) 5,600 fr.

* **Gilbert** (V.G.). E. Fr. 1847. PARIS. Nature morte. = Un coin de la halle aux poissons.

* **Ginest** ou **Gineste.** * XIXe siècle. = Travailla avec Madame Rude, née Fremiet, aux décorations du château de Tervueren, près de Bruxelles.

Giraud (P. F. E.). = Permission de dix heures. — Le prévôt Marcel.

Gisler (Lucien). = Portrait, Tournai.

Gobbo (Solario). = Vente Pourtalès-Gorgier (1865) : *Tête de saint Jean Baptiste sur un plat d'argent* (signé) 2,700 fr.

* **Godding** (Emile). E. Fl. 1844. BRUGES. Histoire, portrait.

Goetgebuer (Auguste Léonard), mort en 1878. = Chasseur et jeune fille. = La fille de Cromwell.

* **Gons** (Fr.). E. Fl. 1824. ANVERS. = Martyre de saint Sébastien, Schooten.

Gossaert (Jean). = Ventes : V. Pourtalès-Gorgier (1865) *Vierge et enfant Jésus*, 1,900 frs.

Gosswyn (Gérard). E. Fl., né en 1616, mort en 1691.

Goyvaerts (Abraham). E. Fl. 1589-1626. ANVERS. Paysage. = Inscrit comme fils de maître dans la corporation en 1607. = Les quatre éléments (signé), Brunswick.

Graft (David Von). E. Al.

Grasdorp (Jean). E. Al.

Griffoni (Jérôme). E. I.

* **Guiette** (Jules). E. Fl. 1852. ANVERS. Paysage.

* **Guillemet.** E. Fr. * 1874. Paysage. = Bercy en décombre.

* **Guillon** (Alfred). E. Fr. * 1844. CONCARNEAU (Finistère). Histoire. = Elève de Cabanel et de Bouguereau. = Le dernier marin du *Vengeur*.

H

Hagborg. E. Fr. * 1870. Marine. = Grande marée dans la Manche.

Hasselgren (Gustave). E. Al.

* **Heecken** (A. B. van). E. H. * 1652. = Ce nom se trouve sur un tableau de la collection Bierens vendue en 1881, à Amsterdam. *(Méditation).*

Heere (Lucas de). E. Fl.

Hemelraet. *Voir* Immenraet.

Herculin Bolonais. *Voir* Ercole. *La phrase qui suit concerne la notice relative* à Herde (Jacques de) *placée immédiatement après.*

Heubel (Alexandre). ' XIXe siècle.

Heyermans (Jean E.). E. Fl. 1837. Rotterdam.

Hilliard (Richard). E. An.

Hockert (Jean Frédéric). E. Al.

Hoerberg (Pierre). E. Al.

Hooy (Dammasz Claesz de). ' XVIe siècle.

Horebout (Gerard). E. Fl.

Hornes (Jacques van). E. Fl.

Hosson (F. C. de). E. H.

Hulsdonck (Jacques van). E. Fl. ANVERS. † 1647. Fleurs. = Reçu en 1608 franc-maître de la Gilde de Saint-Luc. (Les recherches de M. Alph. Goovaerts ont restitué cet artiste à l'école flamande. V. *Journal des Beaux-Arts,* 1879, p. 2).

' **Huyser** (Jacques). E. H ' 1587. Histoire. = Ce peintre fit un grand tableau pour l'église de Ruremonde et reçut,de ce chef,une somme de cent florins (*Archief d'Obreen.* t. 1, p. 121).

I

Immenraet (Michel-Ange). = Ce peintre a été confondu jusqu'à présent avec des Emelraet, Hemelraet et autres noms approchant. Grâce à un travail de M. Alphonse Govaerts, d'Anvers, la lumière s'est faite et l'on peut remettre les choses à leur place. Michel-Ange Immenraet naquit à Anvers en 1621. Franc-maître de Saint-Luc en 1663-64. Il doit être mort après 1668, date de son décès donnée par les biographes. Il doit avoir peint également l'histoire puisque sa signature a été trouvée au bas d'une *Continence de Scipion.*

' **Immenraet** (Philippe Augustin),frère de Michel-Ange. ANVERS 1627. Paysage. = Elève de Luc Van Uden. Franc-Maître de Saint-Luc en 1654-55.

Induno (Dominique), mort en 1878.

Inemer (Félix V.). E. Fr. 1801-1865.

' **Ingres** (Jean M. J.), père de Jean Auguste Dominique. E. Fr. 1754-1814. TOULOUSE. = Professeur de dessin à Montauban. Le musée de cette ville possède quelques tableaux de ce peintre qui fut aussi sculpteur.

' **Isambert** (Alph.). E. Fr. 1818. PARIS. Histoire, portrait. = Elève de P. Delaroche et de Gleyre. = Les parasites de Diogène, Amiens.

Isbert (Mme). E. Fr. 1825. PARIS. Portrait, miniature.

J

' **Jacob** (Abraham J.). E. Fr. † 1865. ORLÉANS. = Directeur du musée d'Orléans.

Jacob (Nicolas H.), né en 1782.

' **Jacquemart** (Jules F.). E. Fr. 1837-1880. PARIS. Nature morte. = Plus connu comme graveur.

' **Jacquinet.** E. Fr. ' 1753. Nature morte. = Reçu à l'Académie de Saint-Luc en 1753.

' **Jadelot** (Mme). E. FR. 1820. METZ. Histoire, etc. = Peintre sur porcelaine.

' **Janet** (Mlle). E. Fr. † 1877. Fleurs et fruits.

Janet-Lange, né en 1815.

Jérichau. 1819-1881.

Jollivet (Pierre J.), né en 1794.

' **Joly** (Alexis V.). E. Fr. 1798. PARIS. Paysage. = Elève de Mongin.

' **Jourdan** (Adolphe). E. Fr. 1825. NIMES. Portrait, etc. = Elève de Jalabert.

' **Jourdain** (Roger). E. Fr. 1845. LOUVIERS. Paysage. = Elève de Cabanel. = Le halage.

Juillerat (Mme), née en 1806 à LYON. = Elève de Paul Delaroche.

Juliard (Nicolas J.), né en 1790.

Jundt (Gustave Adolphe), né en 1830.

K

Kerkhove (Jean van de), mort en 1881.

' **Keyser** (Albert de). E. Fl. 1829. ANVERS. Genre, animaux, etc.

Koosovius. = On a vendu des tableaux à Cologne, en 1875,qui portaient ce nom (vente Bandry-Landberger).

Kuwasseg (Ch. J.), mort à Nanterre en 1877.

L

Lacaze (Théophile), né à Libourne (Gironde), mort en 1846.

' **Lacépède** (Mme de), comtesse Kautz. 1796-1860. = Portraits en miniature.

Lacour (Pierre), né en 1745. = Graveur.

' **Laberge** (Charles Aug.). E. Fr. 1805-1842. PARIS. Paysage. = Elève de Berten et de Picot. = Le soleil couchant, Paris.

' **Laboulaye** (Paul de). E. Fr. ' 1879. BOURG. Portrait, genre. = Elève de Bonnat. = Le Sabbat. — Marchandes de volailles.

Lacroix † 1779.=Elève de Joseph Vernet. On a de lui des tableaux dans les musées de Dijon, Orléans, Angers et Bordeaux.

Laen (Thierry van der). Mort en 1828 ou 29.=Imita le style de Vermeer sous le nom duquel ses tableaux passent le plus souvent dans les ventes.

' **Lafitte** (Louis). E. Fr. 1770-1828. PARIS. Histoire. = Elève de Demarteau et de Regnault. 1[r] grand prix de Rome. = Psyché. — Clémence de S. M. l'empereur et roi.

Lafon (Emile), né en 1817.

Lambinet(Emile),né en 1815;mort en 1878.

' **Lamleyn** (Alexandre). E. Fr. 1813. Hohenfeld. Histoire.

' **Lamothe** (Louis). E. Fr. 1822-1869. LYON. Histoire, portrait, paysage. = Elève d'Ingres et de Flandrin. = Peintures dans des églises de Paris et des départements.

Lancrenon (Joseph Ferdinand) (et non Charles), né en 1794. = Directeur du musée de Besançon.

Lanen (Jacques Van der).=Cet artiste doit être nommé *Lamen* ainsi que le démontre M. Th. Van Lérius, dans ses *Biographies des artistes anversois* (Anvers 1881-83), publiées par Genard. Il naquit à Anvers en 1584. Le même auteur nous apprend qu'il y eut encore Gaspard et Barthélemi Van der Lamen, peintres tous deux. Gaspard obtint la franc maîtrise à Anvers en 1615-16; Barthélemi est cité comme élève de Van der Lanen, dans les Liggeren, en 1632-33.

Langlacé (Jean B. G.), né en 1786 et mort en 1864.

Lapito (Louis Auguste), mort en 1874.

Larichardière (Richard **Masson** de). E. Fr. ' 1620. Miniature. = Appelé dans quelques documents : *vallet du roy*.

' **Latil** (Mme). E. Fr. 1808. Moscou. Portrait.

Latombe (Nicolas). = On a de lui des dessins où le prénom est figuré par un A.

Laurens (J. P.). F. Fr. ' XIXe siècle. = Mort de Marceau.—Excommunication de Robert le pieux.

Lavallée-Poussin. = Le musée d'Alençon possède des œuvres de ce peintre.

' **Le Blanc** (Julien). E. Fr. 1851. PARIS. Histoire. = Le bataillon carré à Fougères en 1793.

Leblanc (Théodore), né à Strasbourg en 1800, mort en 1837 au siége de Constantine.

Lebouteux (Pierre), né en 1683.

Lebouy (Aug.), né en 1812, mort en 1854.

' **Lebrun** (François J. B. T.). E. Fr. 1769-1801. MARSEILLE. Histoire. = Guillotiné pour avoir conspiré contre le premier consul. — Mort de Caius Gracchus.

Lebrun (Pierre). = Didon sur le bûcher. = Graveur.

' **Leclaire** (Victor). E. Fr. 1830. PARIS. Fleurs, etc. = Fleurs d'automne.

' **Leemans** (Egide Fr.). E. Fl. 1839-1883. ANVERS. Paysage. = Elève de son père, restaurateur de tableaux. = Paysage, Anvers.

' **Legrand de Serant** (Pierre Nicolas Sicot). E. Fr. ' 1796. ROUEN. Histoire, genre. = Elève de Descamps, mort à Berne, âgé de 71 ans. = Mort de Pline l'ancien. — Retour à l'amitié.

Lemoine (Jean), mort en 1709.

Lemud (Aimé de). = La chute d'Adam, Nancy. — Le prisonnier. Metz.

Lenain. = Le *Dictionnaire* de Bellier de la Chavignerie donne l'indication des tableaux suivants, sans désigner s'ils sont d'Antoine, de Louis ou de Mathieu : au Louvre : La crèche ; un maréchal dans sa forge ; l'abreuvoir ; le repas villageois. Salle la Caze : Repas de paysans. — Au musée d'Angers : La Nativité. — Au musée de Chartres : Portrait de François de Villers, Saint-Paul, sieur de Marque église. — Au musée de Douai : Enfants se disputant un reste de bouillie. — Au musée de Nancy : Scène d'intérieur. — Au musée de Nantes : Intérieur rustique. — Au musée de Rennes : la Sainte Vierge, Sainte Anne et l'Enfant Jésus.— Au musée de Valenciennes : Deux hommes jouant aux cartes près d'un tombeau.

Lenoir (Simon Bernard), né à Paris en 1729, mort en 1789.

' **Lepaon** (J. B.). E. Fr. 1738-1785. PARIS (?) Batailles, paysage, etc. = Elève de Casanova. Entra en 1756 dans un régiment de Dragons. = Bataille de Fontenoy, Versailles. — Hallali d'un cerf. — Nantes. = Graveur.

' **Lepec** (Charles). E. Fr. 1830. PARIS. Histoire, portrait. = La volupté (émail). — Clémence Isaure (émail).

' **Lépée** ' 1809. Fleurs, gibier.

' **Le Pla** ou **Le Plat** (Jacques). E. Fl. MALINES. † 1678. Histoire. = On l'appelle parfois De Pla. Entra en 1666 dans l'atelier de Jean le Saive ou le Sayve le jeune. Franc-maître à Malines en 1673. Mort jeune. Il promettait un bon peintre. On a de lui un tableau d'autel à l'église de Saint-Joseph à Hanswyck : *Adoration des bergers*. On y sent les efforts d'un peintre habile expirant et d'un esprit éprouvé par la maladie.

N. B. Il existe dans une famille noble de Gand, un tableau signé P. Le Plat représentant, en assez grande dimension, *la Prédication du père Marc d'Aviano*, sur le marché du Vendredi, à Gand. Ce prêche dura trois jours et eut lieu en 1681. Ce tableau d'un coloris timide et clair, rappelle assez bien celui de Jean Le Sayve le jeune. Nous serions disposé à le donner à Jacques Le Plat, n'étaient le prénom commençant par un P et la date du décès de Jacques que nous transmet M. E. Neefs dans son *Histoire des peintres de Malines*. *Le Messager des sciences historiques* (Gand, 1861) a donné sur ce tableau un article de M. Moke, accompagné d'une gravure au trait.

' **Lerolle** (Henri) E. Fr. 1848. PARIS. Paysage. = Elève de Lamothe.

' **Leroux** (Louis Eug.). E. Fr. 1833. PARIS. Genre. = Elève de Picot. = Le nouveau né. — Avant la confession.

' **Leroux** (L. H.). E. Fr. 1829. VERDUN. Genre. = Elève de Picot. = Une nouvelle vestale, Verdun. — Funérailles romaines.

' **Leroux** (Marie Guillaume Ch.). E. Fr. 1814. NANTES. Paysage. = Elève de Corot. = L'Erdre pendant l'hiver, Nantes. — Village près de Souilliers.

' **Leroux de Livry** (Mme). E. Fr. ' 1850. PARIS. Histoire, portrait. = Elève de M. et de Mme Hersent. = Tête de jeune fille, Châlons-sur-Saône.

Leroy de Liancourt (François), 1741 ou 42-1835. = Elève de Vien.

Leroy (Sébastien), mort en 1832.

Lesecq (Henri), né en 1818.

Lesourd-Beauregard, né en 1800.

Lespinasse (Louis N.), né à Pouilly en 1734, mort en 1803. = Vue du jardin des Tuileries. Versailles.

Lesueur (Pierre), petit neveu d'Eustache. Mort à Bordeaux en 1786.

Levelt (Henri J.). E. H.

' **Lhermitte** (Léon A.). E. Fr. 1844. MONT-SAINT-PÈRE (Aisne). Genre. = Elève de Lecoq de Boisbaudran. = L'aïeule.

Licherie (Louis), né en 1629. = Jésus sur la croix. BESANÇON (musée).

Lieverseege (H.). *Notice à supprimer.*

' **Linnig** (Willem, J^r^). E. Fl. 1847. ANVERS. Genre. = Noce villageoise. — Un sculpteur.

' **Lobrichon** (Timoléon). E. Fr. 1831. CORNOD (Jura). Portrait, genre. = Elève de Picot. = Il était une fois. — Supplice de Tantale.

Lombard (Lambert). = On conteste à ce peintre la paternité du tableau du musée de Bruxelles, *La Cène* qu'on donne à Pierre Coucke. Il existe une gravure plus ou moins fidèle de ce tableau et l'on a rencontré une épreuve avec une annotation qui permet de douter que Lombard soit l'auteur de cette *Cène*.

Longhi (Pierre). = A la vente Meffre on a vendu un tableau indiqué sous le nom de Longhi (Antoine), *le Bal*, 670 fr. Le prénom d'Antoine doit être une erreur.

' **Loo** (Jacques van). = D'après les *nouvelles archives de l'art français* (Tome I, p. 443) il serait né à l'écluse (Bruges) en 1614 et aurait été reçu à l'Académie de peinture en 1663. Peintre du Roi. Il serait mort en 1690. = Portrait de Michel Corneille, Paris. = Porporati a gravé d'après lui une étude de femme nue.

Loose (Jean de), fils de J. J. — E. Fl. ' XIXe s.

' **Lorimier** (Etienne). E. Fr. 1759-1813. PARIS. Paysage. = Elève de Hue.

' **Loudet** (Alfred). E. Fr. 1836. MONTELIMART (Drôme). Portrait, histoire, genre. = Elève de Cogniet. = Véturie. — La petite sœur quêteuse.

Lousteau (Jacques J. L.), né en 1815.

Luciano (Sébastien) dit *Del Piombo*. Ventes : V. Northwick (1859) *Querelle d'amoureux*, 3,900 fr. — V. Pourtalès-Gorgier (1865) *Portr. du duc d'Urbin (?)*. On attribue ce portrait à André Del Sarto 93,000 fr. — V. San Donato (1870) *Port. de Franc. degli Albizzi*, 6,300 fr.

M

Maclise (Daniel). E. An.

' **Maignan** (Albert P. R.). E. Fr. ' 1880. BEAUMONT-SUR-SARTHE (Sarthe). Histoire, genre, etc. = Elève de Noel et de Luminais. = Départ de la flotte normande.

' **Maillard** (Diogène Ulysse Napoléon). E. Fr. 1840. CHAUSSÉE DU BOIS DE L'ÉCU (Oise). Histoire, portrait. = Elève de Laemlyn, de Cornu et de Cogniet. Baptême de St-Augustin, Paris. — L'amour berger.

' **Maillard** (L. L.). E. Fl. 1848. ANVERS. Intérieurs, nature morte.

' **Maillot** (Th. P. N.). E. Fr. 1826. PARIS. Histoire. = Elève de Drolling et de Picot. = St-Remi.— Peintures dans des églises de Paris.

Mainardi (Thomas). E. I.

' **Maisiat** (Joanny). E. Fr. 1824. LYON. Fleurs, fruits, paysage. = Elève de l'école de Lyon et de Lehmann.

' **Maison** (Pierre E. J.). E. Fr. 1814. AUX RICEYS (Aube). Histoire, etc. = Elève de L. Cogniet. = Peintures ; églises de Paris.

Maldeghem (Jean-Baptiste Van).

Mans. On ne trouvera pas dans cette 3me édition ce qui se lit dans la deuxième, attendu que le tableau dont il y est parlé n'est plus mentionné dans la récente édition du livret du musée de Berlin.

' **Marandon de Montyel** (Edouard F. B.). E. Fr. 1784-1854. BORDEAUX. Paysage, vues de ville. = Tableaux aux musées de Bordeaux et d'Orléans.

' **Marcille** (Camille C.). E. Fr. ' 1865. CHARTRES. Portrait. = Elève de Steuben.

' **Marcille** (Martial F.). E. Fr. 1790-1856. ORLÉANS. Portrait.

Marigny (Michel), né en 1795 et mort en 1849.

' **Markas d'Argos.** Cette signature se trouve sur les fresques de l'église du Monastère de Pharomeai, construit au XVIIe siècle dans l'île de Salamine. On y voit un nombre infini de figures qu'on estimé à 50,000. Ces fresques représentent des sujets de l'ancien et du nouveau Testament. Elles furent terminées en 1735.

' **Marzocchi de Bellucci** (Tito). E. Fr. 1800. FLORENCE. Histoire, portrait, genre. = Elève d'Ary Scheffer et d'Horace Vernet. = La femme adultère.

' **Masure** (Jules). E. Fr. 1819. BRAISNES. Paysage. = Elève de Corot. = Vue des bords de la Seine, Havre.

' **Maswiens** (Joseph). E. Fl. 1828-1880. LOUVAIN. Intérieurs d'église. = Stalles de l'église d'Averbode.

Mattet (Ch. P. F.), né en 1798, m. en 1870.

Mauzaisse (Jean-B.). Mort en 1844.

' **May** (Edouard). E. An. 1825. NEW-YORCK. Histoire, portrait, genre.= Elève de Couture. = Le rêve de Suzanne.

' **Mayer** (Auguste). E. Fr. 1805. BREST. Paysage, combats maritimes, etc. = Bataille navale, Versailles. – Vieux port de Porstrein, près Brest.

Mazerolle (Alexis Joseph), né en 1843.

Mee (Mrs. Anne). E. An.

Melin (Joseph Urbain), né en 1814.

Melkbye. *Notice à supprimer.*

' **Menard** (Louis), frère de René, 1822 PARIS. Paysage. = Elève de Th. Rousseau et de Troyon. Ecrivain. = Intérieur de forêt.

' **Menard** (René). E. Fr. 1827. PARIS. Paysage. = Elève de Troyon et de Dupré. Plus connu comme écrivain. = Une mare.

' **Merelle** (Pierre). E. Fr. 1713-1782. PARIS. Histoire, portrait. = Professeur, recteur et conseiller de l'Académie de St-Luc. = Orphée et Euridice.

' **Merson** (Charles-Olivier). E. Fr. 1822. NANTES. Histoire. = Elève de L. Cogniet et de Drolling. = Couronnement de la Vierge.

' **Merson** (Luc Olivier), fils de Charles. E. Fr. 1846. PARIS. Histoire. = Elève de Chassevent et de Pils. = Peintures à la Cour de Cassation.

' **Mery** (Alfred E.). E. Fr. 1824. PARIS. Genre, animaux, etc. = Elève de J. Beaucé. = Autour d'un cerisier.

Metzinger (Kilian). *Notice à supprimer.*

' **Meulen** (Edmond Van der). E. Fl. 1841. BRUXELLES. Chiens, nature morte. = Chiens donnant à ferme. — Chiens au chenil.

Meyers (Isidore). E. Fl. 1844. ANVERS.

Michelet. E. Fr.

Micone (Nicolas), mort en 1830.

Millet (Jean François), né en 1814.

Milton (J.). E. An.

Milton (John). E. AN. ' XVIIIe siècle. Marine, paysage. = Plusieurs graveurs ont reproduit ses tableaux.

' **Moerenhout,** fils de Joseph. J. — E. Fl. 1840. ANVERS. Clairs de lune.

Modonino (Jean-Baptiste). E. I.

' **Monvel** (Louis Maurice **Boutet** de). E. Fr. 1850. ORLÉANS. Histoire. = Elève de Lefebvre et de C. Duran. = Leçon avant le Sabbat.

' **Moreels** (Maurice). E. Fl. 1550 (?) 1631. MALINES. = Fut aussi marchand de couleurs. = Exécuta des tableaux pour des arcs de triomphe.

Moreels (Maurice), le vieux, *lisez* Moreelse.

' **Morot** (Aimé N.). E. Fr. 1850. NANCY. Histoire. = Elève de Cabanel. = Le bon samaritain.

' **Moreau** (Adrien). E. Fr. 1843. TROYES. Genre. = Elève de Pils. = Bohémiens.

Mourier (Loys). E. Fr.

Morse (Samuel). E. An.

' **Muntsaert** (François). E. Fl. ANVERS, 1616-1650. Histoire. = Elève de Th. W. Boschaert. Franc-maître de St-Luc en 1641-42. = Assomption de la Vierge, Anvers (église St-Jacques), attribué à Pierre Thys. = On doit la biographie de cet artiste à M. Th. Van Lerius.

N

' **Nauwens** (Jos.). E. Fl. 1835. ANVERS. Nature morte, etc.

Neer (Eglon Henri Van), *lisez* Neer (Eglon Henri van der).

' **Nicolié** (Paul E.). E. Fl. 1828. ANVERS. Nature morte.

' **Nonclercq** (Elie). E. Fr. ' 1880. VALENCIENNES. Histoire.= Elève de Cabanel.—Atala.

Nooms dit *Zeeman.* = Ventes : V. De Vis Blockhuyzen (1870) *Chantier près d'Amsterdam* 2,550 fr. — V. Desanfans (1873) *Un port avec vaisseaux* 10,750 fr.

Nyts (Gilles) = Paysage montueux, Dresde. — Id., ib.

O

Olin (P. P.). — En novembre 1881 on a vendu, Hôtel Drouot, un bouquet de fleurs dans la manière de Van Spaendonck, *signé* P. P. OLIN. Ce tableau provenait de la collection du comédien Daubray.

Opzomer (Simon), mort en 1878 à Anvers.

' **Ouderaa** (Pierre Van der). E. Fl. 1841. ANVERS. Histoire. = En route pour le supplice. — Réparation judiciaire.

P

Paele (Rembrandt). E. An.

Parrocel. = Les notices qui suivent et dont nous puisons les éléments dans le *peintre-graveur* de M. Prosper de Baudicour, remplacent celles qui se trouvent dans le corps de l'ouvrage et qui concernent cette famille.

Parrocel (Barthélemy). E. Fr. 1595-1660. MONTBRISON *(Le reste comme au Diction.)*.

Parrocel (Jehan), fils de Barth. E. Fr. 1631-1653. BRIGNOLLES. = On ne connaît aucun de ses travaux.

Parrocel (Louis), fils de Barth. E. Fr. 1634-1703. BRIGNOLLES. Histoire. = Travailla dans le Languedoc, à Paris et s'établit à Avignon où il mourut. Exécuta d'importants travaux pour l'hôtel de ville d'Avignon. = Graveur.

Parrocel (Joseph), fils de Barthélemy. E. Fr. 1646-1704. BRIGNOLLES. Histoire, sujets militaires. = Elève de son frère Louis et de Courtois, dit le Bourguignon. Voyagea en Italie; travailla à Paris et mourut à Aix. = Graveur.

Parrocel (Ignace Jacques), fils de Louis. E. Fr. 1667-1721 ou 1722. AVIGNON. Batailles. = Elève de son oncle Joseph; voyagea en Italie et en Autriche; chargé par l'empereur et par le prince Eugène d'un grand nombre de travaux; appelé dans les Pays-Bas par le duc d'Aremberg. Mort à Mons. =Batailles du prince Eugène (Sept grands tableaux), Vienne. = Imita la manière de son maître et fut celui qui s'en approcha le plus.

Parrocel (Pierre), fils de Louis. E. Fr. 1670-1639 AVIGNON. Histoire. = Elève de son oncle Joseph, puis de C. Maratti, à Rome; revint en France; parcourut le Languedoc, la Provence, le comtat d'Avignon, et laissa partout des preuves de son ta'ent; agréé à l'Académie, en 1730, et mort à Paris. = Dessin gracieux, coloris agréable, exécution ferme, effet harmonieux. = Graveur

Parrocel (Charles), fils de Joseph. E. Fr. 1688-1752. PARIS. Batailles, histoire. = Elève de Lafosse; se rendit à Rome; revint en France, abandonna l'histoire pour les batailles, entra dans un régiment de cavalerie, afin d'étudier ses sujets d'après nature; membre de l'Académie et professeur depuis 1745; chargé, en 1721, par le duc d'Antin et de la part de Louis XIV, de deux toiles remarquables, qui lui firent beaucoup d'honneur. Suivit le roi XV, dans ses campagnes en 1744 et 1745, et fut chargé de représenter ses conquêtes. Mort d'apoplexie, aux Gobelins, où il demeurait. = L'ambassade turque de 1721, Paris. — Tableau, Tours. = Etudia particulièrement les mouvements du cheval; parvint à les représenter avec la plus grande exactitude et beaucoup de grâce et de naturel; coloris moins brillant que celui de son père, moins de fracas, mais empâtement de couleurs plus solide et ton de vérité bien préférable. Ses dessins sont fort recherchés. = Graveur.

Parrocel (Etienne), fils d'Ignace Jacques). E. Fr. 1696. AVIGNON. Histoire. = Résida longtemps à Rome. On croit qu'il y mourut. = St-François Regis, Marseille. (Ce tableau est signé et daté de Rome, 1739).

Parrocel (Pierre Ignace), fils de Pierre. E.Fr. 1702-1775. AVIGNON.=Histoire. Graveur.

Parrocel (Joseph François), fils de Pierre. E. Fr. 1704-1781. AVIGNON. Histoire, batailles. = Elève de son père; voyagea en Italie, puis vint se fixer à Paris. Agréé à l'Académie de peinture en 1755; mort à Paris vers la fin du règne de Louis XV; le dernier artiste de la célèbre famille des Parrocel. Il semble résulter d'une notice publiée par M. A. Taillandier, dans les *Archives de l'art français*, tome VI, p 57, que cet artiste doit être substitué à Etienne. C'est une erreur; Etienne a parfaitement existé ainsi que le prouve M. Prosper de Baudicour dans son livre excellent *(Le Peintre-Graveur.* = Paris, 1861). Bataille de Lawfeld, Versailles. = Graveur.

Parrocel (Jeanne Françoise Pallas) fille de Joseph François. E. Fr. 1734-1829. PARIS. Fleurs, animaux. = Elle épousa Lefebvre de Valrenseaux.

Parrocel (Marie), fille de Joseph Fr. E. Fr. 1743-1824. Histoire, portrait. = Elève de son père.

Parrocel (Thérèse), fille de Joseph François. 1745-1835. Portrait en miniature.

Parrocel (Etienne Antoine). E. Fr. 1817, AVIGNON. Histoire. = Tableaux dans les églises d'Avignon, Marseille, etc. = Egalement écrivain.

' **Pauwels** (Maximilien). E. Fl. ' XVIIe siècle. = Signalé par M. Th. Van Lerius comme auteur d'un grand tableau représentant: la Lecture du traité de Munster, sur la grande place d'Anvers.

' **Peeters** (Catherine). E. Fl. 1615-1676 (?) ANVERS. Fleurs, fruits, nature morte. = Sœur de Bonaventure et de Jean. Elève du premier. Après la mort de Bonaventure elle alla demeurer chez Jean, à Hoboken, près d'Anvers. = Oiseaux morts, etc. Madrid. — Poissons, chandelier, fruits, pain, etc., *ib.* — Verre, olives, huîtres, Schleissheim. Un des tableaux de Madrid porte la date de 1611. Est-ce une erreur de transcription ou bien il y a-t-il eu deux femmes peintres du nom de C. Peeters? = Pinceau hardi, touche de maître. *(Cette notice remplace celle de* PEETERS *(Clara))*.

' **Pelez** (Fernand). E. Fr. 1848. PARIS. Genre. = Elève de Cabanel et de Barrias. = Au lavoir.

Pereyra ou **Pereira** (Vasco). *Cette notice doit se trouver après celle de* Pereyra (Diègue).

Pesay (Nicolas) ' xve siècle.

Pierson (Christophe). Les trois tableaux du musée de Berlin ne sont pas de lui. Ils appartiendraient, d'après M. Wauters, à Pierre Nicolas Berchem. (V. *Journal des Beaux-Arts*, n° 4 de 1883).

Perier (François). *Cette notice doit être supprimée. Elle fait double emploi avec* PERRIER (François).

' **Plumot** (André). E. Fl. 1829. ANVERS. Genre, animaux.

Poel (Egbert Van der), mort en 1664.

' **Pointelin** (Auguste Em.). E, Fr. 1839. ARBOIS (Jura). — Paysage. = Elève de Maire. = Coteau jurassien.

' **Portielje** (Jean). E. Fl. 1829. AMSTERDAM. Portrait. = Portrait en pied du roi Léopold II.

Potheuck (Jean). = Ce peintre est d'origine verviétoise. Son nom de famille était Potheuque. Il naquit à Leyde, en 1626, et mourut en 1669. (*Archief d'Obreen*. T. I, p. 125).

Potzholdt (Frédéric). E. H.

Q

Quertenmont (de). = Auteur d'une très belle copie de la *Vierge au Rosaire*, de Michel-Ange Amerighi. Cette copie existe à l'église Saint-Paul, à Anvers, et a longtemps été considérée comme l'original. (Voir : *Journal des Beaux-Arts*, année 1873, page 111).

' **Quitton** (Ed.). E. Fl. 1842. PERUWELZ (Hainaut). Genre, etc.

R

Raeburn et **Reaburn**. *C'est le même.*

' **Ranvier** (Joseph V.). E. Fr. ' 1870. Histoire, etc. = Enfance de Bacchus.

' **Reinick** (Robert). E. Al. 1807-1852. Dantzig.

Remaux (Des).= Ce nom doit être placé à Desramaux (J. J.). Un tableau signé ainsi se trouve à Ypres. Il représente Neptune, Apollon et Diane.

' **Renouf** (Emile). E. Fr. 1845. PARIS. — Genre, etc. = Elève de J. Lefebvre et de C. Duran. = La veuve.

Ribot. Saint-Sébastien, martyr.

Richomme (Jules). E. Fr.

' **Rixens** (Jean A.). E. Fr. 1846. Saint-Gaudens (Garonne). Histoire. = Elève de Gérôme. = Mort d'Agrippine.

' **Rougeron** (Jules J.). E. Fr. 1842. GOVREY-CHAMBERTIN (Côte d'or). Histoire. = Elève de Picot et de Cabanel. = Prise d'habit aux Carmélites.

' **Rozier** (Dominique). E. Fr. 1840. PARIS. Genre. = Elève de Vollon. = La fin du réveillon.

Rubens (Pierre Paul). E. Fl.

(La notice qui figure dans le *Dictionnaire* sur ce grand peintre, doit être complétée au moyen des renseignements dont la mise en lumière a été provoquée en ces derniers temps par l'érudition, les recherches et les trouvailles d'un groupe d'hommes qui se sont voués à la mission de reconstituer la vie de Rubens. Nous avons pensé qu'il valait mieux refaire complétement cette notice que d'y introduire des interpolations et des notes. Nous profiterons de cette occasion pour rectifier quelques faits reconnus inexacts depuis qu'une clarté plus grande s'est projetée sur l'existence de cet illustre peintre).

Les récents et sérieux travaux entrepris par M. Armand Baschet, Max. Rooses, Vanden Branden, Genard, Ruelens, Dumortier, Eenen, Backhuyzen, etc. n'ont pu déterminer d'une façon péremptoire, le lieu de naissance de Rubens. Nous sommes à cet égard en présence d'une polémique dont le dernier mot n'a pas encore été écrit et qui nous oblige à considérer Anvers, Cologne ou Siegen, comme l'une des villes où Rubens serait né en 1577. Pierre Paul était fils de Jean Rubens, professeur de droit et échevin de la ville d'Anvers, qui, pour se mettre à l'abri des guerres civiles déchirant alors le pays, s'était réfugié à Cologne. Des documents publiés pour la première fois par M. l'archiviste R. C. Backhuysen van den Brink et découverts par lui dans les archives secrètes de la maison d'Orange, ont démontré que Jean Rubens, à la suite de relations coupables avec Anne de Saxe, femme de Guillaume le Taciturne, avait été interné à Siegen, ville du comté de Nassau où, d'après les apparences, serait né Pierre-Paul. Sa première jeunesse fut cultivée avec soin ; on l'appliqua de bonne heure à l'étude des belles-lettres, et il fit des progrès rapides dans la langue latine. Après avoir été placé chez Marguerite de Ligne en qualité de page, il obtint de sa mère la permission de se livrer à la peinture. On le plaça d'abord chez Tobie Verhaegt et ensuite chez Adam Van Noort, où il travailla pendant quatre ans, et d'où il entra dans les ateliers d'Otto Venius : à l'âge de 23 ans, Rubens se crut en état de se passer de maître. En 1598, sous le décanat de son ancien guide Van Noort, Rubens avait été reçu dans la corporation de Saint-Luc; en 1609, il fut reçu dans la corporation des romanistes dont on l'élut doyen en 1613. Désireux de voir l'Italie, il partit, en 1600, pour Venise où l'attirait son amour pour les grands coloristes. C'est dans cette ville que

Vincent de Gonzague se l'attacha comme peintre au traitement de 400 ducats. Si Vincent le traita avec considération, il ne l'apprécia point à sa véritable valeur, car il lui fit faire des copies et l'envoya dans ce but à Rome. Ce fut pendant qu'il était occupé dans cette ville qu'il reçut de son pays une commande de l'archiduc Albert qui le chargea de l'exécution d'un triptyque pour l'église de la Sainte-Croix, à Jérusalem. De retour à Mantoue, Vincent de Gonzague l'envoya en Espagne, le chargeant de présenter de riches cadeaux à Philippe III. Ces cadeaux furent offerts avec une grâce qui en augmenta le prix. Les ouvrages du Titien et de Paul Véronèse l'attirèrent ensuite à Venise, et ce fut dans cette excellente école qu'il puisa les règles sûres du coloris, dont il ne s'est jamais écarté. Après de nombreux travaux exécutés à Rome et à Gênes, l'artiste retourna en hâte à Anvers, où l'appelait la maladie de sa mère, mais il arriva trop tard, elle n'était plus. Voulant fuir des lieux si cruels à son souvenir, il se préparait à retourner à Mantoue, lorsque l'archiduc Albert le détermina à ne plus quitter sa patrie ; ce fut alors qu'il épousa Elisabeth Brant, qui lui donna deux fils. Elle mourut en 1626. Il épousa en 1630 Hélène Fourment dont il eut cinq enfants. Rubens jouissait d'une fortune immense et sa réputation devenait européenne. On osa calomnier son talent, il ne répondit à ses ennemis qu'en produisant de nouveaux chefs-d'œuvre. La gloire de Rubens parut dans tout son éclat en 1620, lorsque Marie de Médicis le choisit, pour peindre, dans une des galeries du Luxembourg, les principaux événements de sa vie, depuis sa naissance jusqu'à l'accommodement qu'elle avait fait à Angoulême avec son fils Louis XIII. Cette magnifique série de tableaux fut exécutée à Anvers, à l'exception de deux morceaux. En 1524, Rubens reçut des lettres de noblesse, et fut chargé d'importantes missions diplomatiques qu'il sut remplir avec une discrétion et un talent qui lui valurent de grands honneurs et de royales sympathies. Ces missions qui ne l'empêchèrent point de se livrer à la peinture, l'occupèrent 6 ou 7 ans, jettèrent sur sa carrière un vif éclat et associèrent son nom de la manière la plus flatteuse aux affaires du temps. Au milieu des honneurs et des richesses, sentant venir les infirmités de la vieillesse, ne cherchant plus que le calme et la paix, affligé de la goutte et d'un tremblement de main, le grand artiste se renferma dans sa belle maison et son château de Perck. Il composa encore les arcs de triomphe pour l'entrée de Ferdinand, ainsi que quelques autres tableaux parmi lesquels il convient de citer le martyre de Saint-René. Il expira le 30 mai 1640, âgé de 63 ans. On fit à l'illustre artiste des obsèques magnifiques ; il fut inhumé dans la chapelle derrière le chœur, dans l'église de Saint-Jacques, à Anvers. Deux siècles après, cette ville paya son tribut d'admiration au grand peintre et lui éleva une statue colossale en bronze. — La vie de Rubens est, ainsi que ses ouvrages, empreinte d'un caractère de grandeur, de noblesse et d'énergie virile ; il nous apparait comme un des plus grands génies qui aient honoré l'humanité ; c'est sans contredit, le plus complet dont puisse se glorifier la Belgique. Le domaine des arts ne fut pas le seul où il se complut ; il aimait les lettres et les sciences et dut à ses connaissances dans ses matières, d'étroites relations avec les hommes les plus éminents de son époque. Il eut le rare bonheur de comprendre son siècle, d'en être compris et apprécié, de jouir dignement de sa gloire, et d'être exempt de ces retours de fortune si communs dans l'existence des artistes. Ce n'est pas qu'il n'excitât l'envie de bien des rivaux ; mais, étranger lui-même à ce sentiment, il ne fit que plaindre ceux à qui sa supériorité l'inspirait, et n'employa, pour les désarmer, que les bons procédés, payant la haine par des bienfaits. On a, du reste, écrit à ce sujet une foule d'anecdotes plus mensongères les unes que les autres. Les artistes les plus dignes d'estime ont été accusés d'une jalousie peu en harmonie avec leur caractère. L'histoire a fait justice de ces absurdes inventions, et, grâce à l'esprit de justice moderne, bien des mémoires ont été réhabilitées. = Descente de croix, Anvers (Cathédrale ; chef-d'œuvre). — Erection de la croix, *ib.* — Assomption de la Vierge, *ib.* — Flagellation, *ib.* (Eglise Saint-Paul). — Le Christ entre les larrons, *ib.* (Musée). — Adoration des Mages, *ib.* — Sainte Thérèse intercédant pour les âmes du purgatoire, *ib.* — Le Christ à la paille, triptyque avec volets, *ib.* — Communion de saint François, *ib.* — Education de la Vierge, *ib.* — Incrédulité de saint Thomas, triptyque avec volets, *ib.* — La Vierge au perroquet, *ib.* — Jésus-Christ crucifié, *ib.* — La Trinité, *ib.* — Descente de croix, réduction de celle de la cathédrale, *ib.* — Esquisses d'arcs de triomphe, *ib.* — Le Sauveur mort pleuré par les saintes femmes et saint Jean (Paysage de Breughel de Velours), *ib.* (Anvers possède au-delà de 100 Rubens). — Couronnement de la Vierge, Bruxelles. — Martyre de saint Liévin, *ib.* — Adoration des mages, *ib.* — Station au Calvaire, *ib.* — Jésus-Christ au tombeau, *ib.* — Saint François protégeant le monde, *ib.* —

Assomption, *ib.* — Bataille d'Ivry, Florence. — Entrée d'Henri IV à Paris, *ib.* — Conséquences de la guerre, *ib.* — Paysage, *ib.* — Sainte Famille, *ib.* — Philippe Rubens, Grotius et Juste-Lipse, en un seul cadre, *ib.* — Visitation, Rome.— Romulus et Rémus, *ib.* — Religieux, Naples. — Cérès et Bacchus, Venise. — Crucifiement de saint Pierre (Chef-d'œuvre), Cologne. — Vingt et un tableaux, la plupart allégoriques, sur Marie-Thérèse, Henri IV et Louis XIII, Paris. — Fuite de Loth, *ib.* — Elie au désert, *ib.* — Adoration des mages, *ib.* — Vierge entourée d'anges, *ib.* — La Vierge et l'Enfant avec un ange entourés de fleurs, *ib.* — Fuite en Egypte, *ib.* — Jésus-Christ crucifié, *ib.* — Triomphe de la religion, *ib.* — Thomyris, *ib.* — Portrait de François de Médicis, *ib.* — Portrait de Jeanne d'Autriche, *ib.* — Portrait de Marie de Médicis, *ib.* — Portrait du baron de Vicq, *ib.* — Portrait d'Elisabeth de France, *ib.*— Portrait d'Hélène Fourment et de deux de ses enfants, *ib.* — Portrait de femme, *ib.* — La fête du village, *ib.* — Le tournoi, *ib.* — Deux paysages, *ib.* — Chasse au lion, Dresde. — Neptune, *ib.* — Diane et ses nymphes revenant de la chasse, *ib.* — Même sujet en demi figures, *ib.* — Hercule ivre, *ib.* — Méléagre et Atalante, *ib.* — Sujet allégorique, *ib.* — Saint Jérôme, *ib.* — La fille d'Hérodiade, *ib.* — La vieille et les deux garçons dans la grotte, *ib.* — Bethsabée, *ib.* — Les tigresses et le lion, *ib.* — Les satyres, *ib.* — Chasse au sanglier, esquisse, *ib.* — Jugement de Pâris, *ib.* — Le jardin d'amour, *ib.* — Mercure et Argus, *ib.* — Clélie, *ib.* — Le jugement dernier, *ib.* — Saint Ignace, *ib.*—Les deux fils du peintre, *ib.* — Le Christ à Génézareth, *ib.* — Douze portraits, *ib.* — Le portement de la croix, Amsterdam. — L'amour filial, *ib.* — Rencontre de Jacob et d'Esaü, *ib.* — Vénus et Adonis, La Haye. — Portrait d'Ophovius, confesseur du peintre, *ib.*—Portraits des femmes du peintre, *ib.* — Adam et Eve dans le paradis, *ib.* — Portrait d'Hélène Fourment, Berlin. — Couronnement de la Vierge, *ib.* — Portrait de jeune fille, *ib.* — Jésus et saint Jean enfants, dans un paysage, *ib.* — Chasse au cerf (Avec Snyders), *ib.*— Jésus et le petit saint Jean, *ib.* — Mariage mystique de sainte Catherine, *ib.* — Sainte Cécile, *ib.*—Résurrection de Lazare, *ib.* — Persée et Andromède, *ib.* — Jésus chez Marthe et Marie (Avec Snyders), *ib.* — Trois cavaliers, *ib.*— Enlèvement des Sabines, Londres. — La paix et la guerre, *ib.*— Conversion de saint Bavon, *ib.* — Le serpent d'airain, *ib.* — Paysage : vue du château de Steen, *ib.* — Sainte Famille avec saint George et autres saints, *ib.* — Paysage : Coucher de soleil, *ib.* — Apothéose de Guillaume le Taciturne, *ib.* — Jugement de Pâris, *ib.* — Triomphe de Jules César, *ib.* — Les horreurs de la guerre, *ib.* — Portrait de Th. Mayerne, *ib.* — Diane et ses nymphes, *ib.* — Epiphanie, Saint-Pétersbourg. — La pécheresse aux pieds du Sauveur, *ib.* — La Vierge et l'Enfant, *ib.* — Silène avec les faunes et les satyres, *ib.* — Les saints adorant Jésus, *ib.* — La charité romaine, *ib.* — Bacchus, *ib.* — Le fleuve du Tibre, *ib.* — Persée et Andromède, *ib.* — Mort d'Adonis, *ib.* — Visitation, *ib.* — Descente de croix, *ib.* — Beaucoup de portraits, *ib.* — Le Musée de l'Ermitage ne possède pas moins de 54 Rubens, plus une admirable collection d'esquisses. — Jugement de Salomon, Copenhague. — Portrait d'abbé, *ib.* — François Ier, duc de Toscane, *ib.* — Jeanne d'Autriche, *ib.* — Chasse au lion (Animaux de Snyders), Munich. — Saint Pierre et saint Paul, *ib.* — Décius mort, *ib.* — La Victoire couronnant Mars, *ib.* — Réconciliation des Romains et des Sabins, *ib.* — Les réprouvés, *ib.* — Adoration des bergers, *ib.* — Samson et Dalila. *ib.* — Sénèque mourant, *ib.* — Le jugement dernier, *ib.* — Le Christ juge, *ib.* — Le Christ accueillant les quatre pécheurs, *ib.* — Le Christ mourant, *ib.* — Enfant tenant une guirlande de fruits, *ib.* — Saint Michel, *ib.* — Silène et Bacchantes, *ib.* — La Vierge et l'Enfant (Fleurs de Breughel), *ib.* — Massacre des innocents, *ib.* — Latone, *ib.* — Méléagre et Atalante, *ib.* — Sainte Trinité, *ib.* — Minerve protégeant les hommes, *ib.* — Chasse au sanglier, *ib.* — Jésus-Christ au tombeau, *ib.* — La chaste Suzanne, *ib.* — Allégorie sur l'Apocalypse, *ib.* — Paysage : l'arc-en-ciel, *ib.* — Guerrier couronné par la Victoire, *ib.* — Berger et jeune femme, *ib.* — Diane et ses nymphes, *ib.* — Nymphes épiées par des faunes, *ib.* — La Pentecôte, *ib.* — Enlèvement des filles de Leucippe, *ib.* — Martyre de saint Laurent, *ib.* — Satyres, *ib.* — Querelle de soldats, *ib.* — Allégorie sur Marie de Médicis, *ib.* — Adoration des bergers, *ib.* — Job, *ib.* — Défaite de Sennachérib, *ib.*—Saint George, *ib.* — Bataille des Amazones, *ib.* — Conversion de saint Paul, *ib.* — Les pestiférés invoquant saint François de Paule, *ib.* — Saint Christophe, *ib.* — Résurrection des bienheureux, *ib.* — Paysage avec animaux, *ib.* — Beaucoup de portraits, *ib.*—Jésus-Christ entouré de saints, Vienne. — Saint Ignace de Loyola, *ib.* — Assomption, *ib.* — Saint François Xavier, *ib.* — Saint Pépin et sainte Begge, *ib.* — Méléagre et Atalante. *ib.* — Saint Ambroise et Théodose, *ib.* — Entrevue de Ferdinand de Hongrie et de Charles-Ferdinand, infant d'Espagne, *ib.* — Cimon et Iphigénie, *ib.* — Sain

André, *ib.*— Tableau d'autel : Marie entourée de saints (Avec volets), *ib.* — Madeleine et Marthe, *ib.* — Fête de Vénus, *ib.* — Annonciation, *ib.* — Jacob et Esaü, *ib.* — Scène de l'Arioste, *ib.* — Allégories, *ib.* — Plusieurs portraits, *ib.* — Le château d'Emmaüs, Madrid — Conception, *ib.* — Le Christ mort dans les bras de la Vierge, *ib* — Sainte Famille, *ib.* — Saturne, *ib.* — Le combat des Centaures et des Lapithes, *ib.* — Sainte Famille entourée de saints, *ib.* — Enlèvement de Proserpine, *ib.* — Adoration des mages, *ib.* — Banquet de Térée, *ib.* — Danse de paysans, *ib.* — Philippe II à cheval, *ib.* — L'archiduc Albert, *ib.* — L'infante Isabelle, *ib.* — Les douze Apôtres, *ib.* — Le jardin d'amour, *ib.*— Acte religieux de Rodolphe de Habsbourg, *ib.* — Adam et Eve, *ib.* — Portraits, *ib.* — Et beaucoup d'autres. *ib.* (Le Musée Royal de Madrid possède 62 Rubens). — Discussion des Pères de l'Eglise, Stockholm. — Suzanne et les vieillards, *ib.* — (Deux fois; l'un est signé) — Mercure, *ib.* - Portrait de Sigismond II, *ib.* — Offrande à l'Abondance, *ib.* — Ariane, *ib.* (Ces deux derniers sont des reproductions libres du Titien du Musée de Madrid exécutées en Espagne). — Les trois Grâces, *ib.* — Esquisses, *ib.*—Et autres, *ib.*= Les œuvres de Rubens sont autant de poèmes où l'on découvre chaque jour de nouvelles beautés. Il peignait l'histoire, le portrait, le paysage, les fruits, les fleurs, les animaux et même la mer. Sa couleur est tendre, vive, fraîche et naturelle, et il a poussé très loin l'intelligence du clair-obscur. Abondant et facile dans ses productions, il savait varier à l'infini ses attitudes et les contraster sans les outrer. Ses expressions sont pleines de justesse et l'on admire son jugement dans tous les morceaux où il a fait usage de l'allégorie. Ses draperies sont toujours convenables aux sujets et jetées avec art; on y reconnait distinctement la soie, la laine et le lin. Rubens a peut-être manqué quelquefois à l'élégance et au choix de la belle nature : il est même quelquefois maniéré, surtout dans les extrémités et les emmanchements de ses figures, mais ce défaut ne lui est point ordinaire. Le rôle de Rubens dans l'histoire de l'art est de la plus haute importance, non seulement à cause des élèves qu'il a formés et qui pourraient suffire à sa gloire tels que Jordaens, David Teniers, Van Thulden et Van Dyck, mais ce rôle a un autre sens, un rôle indépendant du mérite des élèves du maître et du nombre comme de la puissance de ses œuvres. Rubens est le chef d'une école qui a renouvelé la face de l'art; depuis trois siècles, malgré les courants contraires, malgré l'influence des mœurs et des idées, les traditions de cette école sont encore respectées et suivies par l'élite des artistes de toutes les nations. Les études que Rubens a faites des écoles italiennes ne rappellent aucunement dans ses travaux, Rome, Florence ou Venise. Il a certainement saisi les secrets de Raphaël et de Paul Véronèse, mais l'individualité de ses connaissances en peinture a fait disparaître le fruit de ses études sous un caractère majestueux et saisissant qui est la plus exacte expression du génie de Rubens. On a beaucoup gravé d'après lui; ses disciples les plus distingués sont Van Dyck, Diepenbeck, Jordaens, David Teniers, Van Mol, Van Thulden, etc. L'influence de Rubens n'a pas été moindre sur la sculpture, l'architecture, la gravure et les arts industriels du XVIIe siècle. C'est ce qui a été brillamment démontré par M. Aug. Schoy dans son mémoire couronné en 1873 par l'Académie Royale de Belgique : *Histoire de l'influence italienne sur l'architecture dans les Pays-Bas*, p. 309 (Bruxelles, F. Hayez, 1879). = Ventes : V. La Roque (1745), *Saint George et le Dragon* (Esquisse), 61 liv. — V. Tallard (1751), *Sainte Cécile*, 20,050 liv.—Même vente, *Paysage*, 9,905 liv. — V. La Live de Jully (1770), *Portrait d'une des femmes de Rubens*, 20,000 liv. — V. Randon de Boisset (1777), *Adoration des bergers*, 10,000 liv. — V. Robit (1801), *Sainte Famille*, 12,000 fr. — V. Clos (1812), *Portrait du duc de Buckingham*, 9,000 fr. — V. Laperrière (1823), *Sainte Famille, sainte Elisabeth et saint Jean*, 64,000 fr. — V. Bonnemaison (1827), *La marche de Silène*, 20,500 fr. — V. Heris (1841), *Le denier de César* 35,000 fr. — V. Fesch (1845), *Adoration des bergers*, 13,500 fr. — V. Patureau (1857). Sujet mythologique, 11,500 fr. — Même vente, *Sainte Thérèse intercédant pour les âmes du Purgatoire*, 16,000 fr. — V. Northwick (1859), *Le Christ donnant les clefs à St-Pierre*, 11,960 fr. — V. Stolberg (1859), *Nessus et Déjanire* (Petit tableau), 6,178 fr. — V. Leroy d'Etiolles (1861), *Portrait*, 3,000 fr. — V. Pourtalès-Gorgier (1865), *Portrait*, 11,000 fr. — V. Van Brienen van Grootelindt (1865), *Allégorie sur l'entrée d'Henri IV à Paris* (Esquisse), 12,000 fr. — V. Pommersfelden (1867), Sept tableaux, 162,000 fr. — V. Salamanca (1867), *Colère d'Achille*, 16,200 fr. — *Mort d'Achille*, 15,700 fr. — V. San Donato (1868), *Le Christ pleuré par les saintes femmes*, 25,000 fr.—V. Delessert (1869), *Sainte Famille* 12,800 fr. — *Portrait d'homme*, 4,100 fr. — V. Pereire (1872), *Apollon et Midas*, 40,000 fr.— V. Salamanca (1875), *Colère d'Achille*, 13,200 fr. — *Mort d'Achille*, 20,000 fr. (Ce sont ceux de la v. Salamanca de 1867).

CATALOGUE DES OEUVRES DE P. P. RUBENS

AVEC L'INDICATION DES MUSÉES ET DES ÉGLISES OU ELLES SE TROUVENT ET CELLE DES ARTISTES QUI LES ONT GRAVÉES.

Nous nous sommes rigoureusement tenus aux renseignements fournis par Smith bien que, depuis l'apparition de son livre, la liste des travaux de Rubens se trouve devoir être modifiée, mais ce travail délicat ne nous paraît pas devoir être entrepris ici. Dans un temps plus ou moins éloigné, il sera possible de reconstituer l'œuvre de Rubens au sujet duquel des controverses s'élèvent tous les jours. Les amateurs et les curieux devront à ce sujet recourir aux Journaux et aux Revues de l'époque. Pour nous, nous croyons bien faire d'adopter l'énumération officiellement reçue, n'en élaguant même pas les productions plus ou moins suspectes.

SUJETS RELIGIEUX.

Ancien et nouveau testament. — Abel mort, sur l'avant-plan d'un paysage. Gravé par J. Heath. — Abigaïl offrant ses présents à David. Gravé par Lommelin. — Même sujet. — Abimélech avec Abraham et Sara. — Abimélech donnant à David le pain consacré. Cette peinture, l'une des trente six qui ornaient le plafond de l'église des Jésuites, à Anvers, périt dans l'incendie de cet édifice, en 1718. — Abraham prêt à sacrifier Isaac. Cet ouvrage périt dans le même désastre. — Même sujet. Dans la galerie de Potsdam. Gravé par Stock, gravé aussi par Galle, et par un anonyme, mais avec quelques changements. — Abraham renvoyant Agar. Gravé dans la Young's Grosvenor Gallery. — Adam et Ève dans le paradis terrestre. Au musée royal de La Haye. — Même sujet. Copié par Rubens d'après Titien. Dans l'Escurial, en Espagne. — Agar dans le désert. — Bethsabée au bain. Même sujet. Même sujet. Gravé par Thommassin. — Bethsabée au bain, recevant une lettre de David. On en connaît une gravure, attribuée à Prenner. — Caïn tuant son frère. Gravé par D. de Meyne, *exc.* — Daniel dans la fosse aux lions. Gravé au burin par Blooteling, par Van der Leeuw et par Lamb, et à la manière noire par J. Ward. Il en existe une eau-forte extrêmement rare par Street. — David coupant la tête à Goliath. Une des peintures qui périrent dans l'église des Jésuites, à Anvers, en 1718. Gravé par Panneels. — David terrassant un lion. — David étranglant un ours Gravé par Panneels, avec quelques changements. — David avec les anciens d'Israël, transportant l'Arche. — Élie nourri dans le désert par un ange. Au musée du Louvre, à Paris. Gravé au burin par Lauwers, et à l'eau-forte par Panneels. — Même sujet. Esquisse. — Élie montant au ciel. Une des trente-six peintures qui périrent dans l'incendie de l'église des Jésuites, à Anvers, en 1718. — Esther devant Assuérus. Périt dans le même desastre. — Même sujet. Esquisse. Gravé par Panneels et par Colins. —Même sujet. Gravé par Van den Wyngaerde. — Vision d'Ézéchiel. Dessin de Julio Clovio, d'après Raphaël, retouché par la main de Rubens. — Les Israélites ramassant la manne dans le désert. Gravé au trait dans la Young's Grosvenor Gallery. — Jacob et Ésaü se rencontrant sur la route de Canaan. Dans la galerie royale de Munich. Gravé par Vorsterman, par Balliu et par Giffart.—Même sujet. Étude du précédent ouvrage.—Jacob et Ésaü. Dessin de Raphaël, retouché par Rubens. — Job sur le fumier. Cette peinture, gravée par Vorsterman et par Krafft, se trouvait dans l'église de Saint-Nicolas, à Bruxelles, et périt dans le bombardement de cette ville, en 1695.—Même sujet. Esquisse terminée. Dans la galerie royale de Munich. — Jonas jeté à la mer. Gravé par Tassaert. — Joseph chez Pharaon. L'une des trente-six peintures qui périrent dans l'incendie de l'église des Jésuites, à Anvers, en 1718. — Josué battant les Amalécites. Esquisse. — Judith coupant la tête à Holopherne. Gravé par Galle. — Judith mettant la tête d'Holopherne dans un sac. Gravé par Voet et par Schroeder.—Loth et sa famille fuyant de Sodome. Au musée du Louvre, à Paris. — Même sujet. Composé d'une autre manière. Gravé par Vorsterman. Le musée de Paris en possède un dessin retouché par Rubens pour servir à Vorsterman. — Loth avec ses filles. Gravé par W.-P. Leeuw. — Même sujet. Gravé par Coelmans. — Même sujet. Gravé par Swanenburg. — Martyre des Macchabées. — Melchisédech donnant du pain et du vin à Abraham. Au musée de Hesse-Cassel. Gravé par Witdouck et par Neefs. — Même sujet. — Même sujet. Esquisse terminée. — Même sujet. Dessin. — La Reine de Saba devant Salomon. Périt dans l'incendie de l'église des Jésuites, à Anvers, en 1718. — Même sujet. Esquisse. — Même sujet. Esquisse composée de dix figures. Gravée par Spruyt. —Jugement de Salomon. Gravé par Bolswert, puis par Visscher avec quelques changements, ensuite par Viel. — Samson trahi par Dalila. Dans la galerie royale de Munich. Lithographié par Piloti. — Même sujet. Gravé par Matham. — Samson terrassant le lion. Esquisse terminée.—Samuel offrant un sacrifice après le retour de l'Arche. Gravé par Lommelin. — Sennachérib défait avec son armée. Dans la galerie royale de Munich. Lithographié par Piloti. Le groupe du centre a été gravé par Soutman. — Élévation du Serpent d'airain dans le désert. Se trouve dans la galerie royale de Postdam. — Même sujet. Gravé par Bolswert et par Galle. — Même sujet. Cette répétition, qui se trouve à l'Escurial, passe pour une copie faite par un élève de Rubens, et retouchée par le maître. — Susanne avec les deux vieillards. — Même sujet. Dans la galerie de Munich. Gravé par Pontius, par Vorsterman, par Lasne, par Jegher, par Spruyt, par Simon et par Quirinus Marc. Les gravures de ces trois derniers offrent quelques changements au trait par Rubens. Il en existe aussi une planche à la manière noire. — Même sujet. Dans la galerie de Potsdam. — Même sujet. Esquisse. Cette pièce se trouvait, en 1745, dans la collection du comte Domburg. Le musée de Paris possède de cette composition un excellent dessin au crayon, lavé au bistre et terminé à l'huile, par un élève de Rubens, et retouché par le maître, pour servir au graveur Pontius. — Tobie avec l'Ange. Cette pièce forme l'un des volets du tableau de la Pêche miraculeuse, qui se trouve dans l'église de Notre-Dame, à Malines. Elle fut gravée par Bolswert. — Adoration des Bergers. Gravé au burin par Vorsterman, et à l'eau-forte par Spruyt. — Même sujet. Esquisse de l'ouvrage précédent. — Même sujet. Composition de onze figures, peinte pour l'église des Capucins, à Lille. Se trouve dans le musée de cette ville. Gravé par Bolswert. — Même sujet. Un des petits tableaux peints pour l'autel de l'église de Saint-Jean, à Malines. — Même sujet. Pièce peinte pour l'église des Capucins, à Aix-la-Chapelle. Gravé par Vorsterman, par Jeaurat et par un anonyme. — Même sujet. Dans la galerie royale de Munich. Gravé par Pontius. — Même sujet. Esquisse de l'ouvrage précédent. Dans la même galerie. — Même sujet. Esquisse terminée. Composition de neuf figures et de deux anges. Gravée par Pontius. — Même sujet. Gravé par Basan. — Même sujet. Gravé par Panneels. — Adoration des mages. Composition de douze figures. Peinte pour l'abbaye de Saint-Michel, à Anvers. Se trouve aujourd'hui au musée de l'Académie de cette ville. Gravé par Lommelin et par Eyndhout. — Même sujet. Cet ouvrage périt dans l'incendie de l'église des Jésuites, à Anvers, en 1718.— Même sujet.— Même sujet. Composition de vingt-quatre figures, peinte pour l'église des Capucins, à Tournai. Placé au musée de Bruxelles. Gravé par Vorsterman et par Lauwers. On en possède un beau dessin retouché par Rubens, au musée de Paris. — Même sujet. Composition de vingt figures, peinte pour l'église Saint-Jean, à Malines, où elle se trouve aujourd'hui. Gravé par Vorsterman et par Nolpe. — Même sujet. Esquisse de la toile précédente. — Même sujet. Ouvrage commandé à Rubens par l'archiduchesse Isabelle, pour l'église des Annonciades, à Bruxelles. Aujourd'hui au musée de Paris. Gravé par Bolswert, par Panneels et par un anonyme. — Même sujet. Répétition de la précédente composition. Dans la Malboroug-Gallery, en Angleterre. — Même sujet. Composition de onze figures. Gravé par Witdouck, et dans la Young's Gallery. — Même sujet. Esquisse de l'ouvrage précédent. De la collection de M. Van Sasseghem, à Gand. — Même sujet. Dans la galerie de Potsdam — Même sujet. Esquisse. — Même sujet. Dans la galerie de l'Escurial. Rubens s'y est représenté lui-même, à cheval. — Même sujet. Composition de quatorze figures. — Même sujet. Esquisse. — Même sujet. Gravé par Frizza. Il existe aussi de cette composition une gravure de livre, due à un anonyme, Van den Enden, *exc.* — La Femme adultère. Ce tableau dans lequel on reconnaît les portraits de Rubens, de Van Veen, de Luther et de Calvin, fut peint pour la famille de Knyff, à Anvers. Gravé par Mlle Simons et par Tassaert, par Cardon dans la Treisheim's British Gallery, et par W. Bromley dans la Forster Gallery. — Martyre de saint André. Tableau peint pour l'autel de la chapelle flamande, à Madrid. Aujourd'hui placé à l'Escurial. Gravé par Alexandre Voet, jeune, et par un anonyme, J. Dierickx *exc.* — Même sujet. Magnifique dessin par Rubens. — Saint André appuyé sur sa croix. Peint sur la partie extérieure du volet gauche du tableau de la Pêche miraculeuse, dans l'église de Notre-Dame, à Malines. — Deux Anges. Ces figures découpées ornaient autrefois l'autel de l'église de Sainte-Walburge, à Anvers. — Ascension de Notre-Seigneur. Cet ouvrage périt dans l'incendie de l'église des Jésuites, à Anvers, en 1718. — La Sainte Cène. Cet ouvrage périt dans le même désastre. — Même sujet. Esquisse en grisaille. Gravé par Bolswert. — Même sujet. Gravé par Bolswert. — Même sujet. Esquisse du tableau précédent, peinte en grisaille. — Même sujet. Dessin copié d'après la Cène de Léonard de Vinci. Gravé par Soutman et copié par A. Van Rymsdyk. — Le Christ en Croix — Même sujet. Ce tableau peint pour l'église de Sainte-Walburge, à Anvers, y était placé autrefois au dessus de la sacristie. — Même sujet. Cet ouvrage, qui fut donné à l'église des Récollets d'Anvers, par Corneille de Winter, se trouve aujourd'hui au musée de l'Académie de cette ville. Gravé par Sneyers et par Bolswert. — Même sujet. Répétition du précédent, en petit. — Même sujet. Avec quelques changements. — Même sujet. - Même sujet. — Même sujet. L'un des trois tableaux qui ornaient autrefois l'autel de la Chapelle de la corporation des Poissonniers, dans l'église de Notre-Dame, à Malines.—Même sujet. Dans la galerie royale de Munich. Gravé par Bolswert. — Même sujet. Gravé par Bolswert. — Même sujet. Jérusalem se montre dans le lointain. Gravé par Sompelin et par Galle. — Même sujet. Un peu plus grand. — Même sujet. Gravé par Bolswert avec la ville de Jérusalem dans le fond. Gravé par B. Harfeldt avec un fond éclairé, répété en petit, sans la ville, par C. Galle, jeune. — Même sujet. Avec un château sur une colline. Gravé par Bolswert. — Même sujet. Avec deux anges sur des nuages. Gravé par Pontius et à l'envers par C. Galle.—Même sujet. Gravé par Soutman. — Le Christ triomphant de la mort et du péché. Épitaphe de la famille de Cockx, dans l'église de Sainte-Walburge, à Anvers. Gravé par Remy Eyndhoudt, par Galle, par un anonyme, et par un autre anonyme, en petit. — Même sujet. Au palais Pitti, à Florence. — Le Christ élevé en croix. Tableau peint pour l'église de Sainte-Walburge, à Anvers. Placé aujourd'hui dans la cathédrale de Notre Dame, en la même ville. Gravé par Witdouck. — Même sujet. Esquisse terminée de l'ouvrage précédent. — Même sujet. Autre esquisse avec beaucoup de changements. — Même sujet. Dessin à la plume colorié. Première étude du grand tableau. — Même sujet. Dessin à la plume. — Même sujet. Tableau qui périt dans l'incendie de l'église des Jésuites, à Anvers, en 1718. — Le Christ se découvrant à ses disciples à Emmaüs. — Même sujet. Au musée royal de Munich. Gravé par Witdouck, par Sompelin et à l'envers par Swanenburg. — Même sujet. Avec quelques changements. Se trouve au palais de la Parada, en Espagne. — Le Christ voyageant avec ses disciples, à Emmaüs. Le paysage est de Breughel. — Le Christ marchant sur l'eau. L'un des trois petits tableaux qui ornaient la table de sacrifice de l'autel de la chapelle des Poissonniers, dans l'église de Notre-Dame, à Malines. Gravé par Tassaert. — Le Christ donnant les clefs à saint Pierre. Gravé par Krafft, par Van Eisen et par Winstanley. — Même sujet. Composé d'une autre manière. Gravé par P. de Jode. — Le Christ montant au Calvaire. Ouvrage peint pour l'abbaye d'Afflighem. Se trouve au musée de Bruxelles. Gravé par P. Pontius. — Même sujet. Esquisse du précédent tableau. Au musée d'Amsterdam. — Le Christ tenant la croix dans ses bras. Dans la galerie de Vienne. Gravé par N. Ryckmans et par Prenner.—Le Christ couronné d'épines. Gravé par Bolswert, par Lauwers et Aubert. — Le Christ mort. Esquisse terminée. — Le Christ portant la croix. Superbe esquisse en grisaille. — Le Christ dans le jardin des Oliviers. Gravé par Melar, par Coget, par le capitaine Baillie et par un anonyme. — Le Christ apparaissant à Marie Madeleine. Gravé par Lommelin et par Wyngaerde. — Même sujet. La scène se passe dans un paysage de Breughel. — Le Christ bénissant les enfants. Quelques-uns contestent l'authenticité de cet ouvrage et l'attribuent à Diepenbeke. — Le Christ au tombeau. Composition de cinq figures, peinte pour orner la sépulture de la famille Michielsens, dans la cathédrale d'Anvers. Placé aujourd'hui au musée de l'Académie de cette ville. Gravé par Ryckman et dans le musée français. — Même sujet, avec saint François et deux anges. Donné par le duc d'Arenberg à l'églse des Capucins, à Bruxelles, en 1616. Fait aujourd'hui partie du musée de la même ville. Gravé par Bolswert et par Pontius. — Même sujet. Saint Joseph d'Arimathie et Nicodème portent le corps, accompagnés de saint Jean et des trois saintes femmes. Gravé par Witdouck. Les planches de Pontius, de Bolswert, de Galle et de Landry, présentent plusieurs changements. On connaît du même sujet une gravure de Soutman, mais où la Vierge ferme les yeux du Sauveur, et une autre de Prenner, où l'on compte deux figures de moins. — Même sujet. Figures à mi-corps. Dans la galerie impériale de Vienne. Gravé par Prenner. — Même sujet. Figures entières. Galerie du prince de Lichtenstein à Vienne. — Même sujet. A l'Escurial, en Espagne. — Même sujet. La Vierge tenant une serviette à la main. Gravé par Ryckmans. — Même sujet. Petit tableau d'une beauté remarquable. Décrit par M. Buchanan. — Même sujet. Le corps du Sauveur est soutenu par la Vierge, par S. Jean et par Marie Madeleine. Tableau peint pour l'église des Carmes déchaussés, à Anvers. Placé aujourd'hui au musée de cette ville. Gravé par Bolswert. La circoncision dans le temple. Sujet composé de douze figures. Dans l'église de Saint-Ambroise, à Gênes. Gravé par Lommelin. — La descente de croix. Cette grande toile, peinte pour l'autel de la chapelle des Arquebusiers, dans la cathédrale d'Anvers, se voit encore aujourd'hui dans la même église. Elle fut gravée par Vorsterman, et à la manière noire par Val. Green. Le musée de Paris possède de cet ouvrage un beau dessin au crayon, terminé par Rubens. — Même sujet. Esquisse. — Même sujet. Ce tableau, peint pour l'église des Capucins, à Lille, se trouve aujourd'hui au musée de cette ville. Gravé par Meyssens. — Même sujet. Avec quelques changements. Gravé par Waumans. — Même sujet. Cet ouvrage, peint pour l'église des Capucins, à Lierre, en disparut lors de l'invasion des troupes républicaines françaises, en Belgique. Gravé par Lauwers. — Crucifiement au mont Calvaire. Au musée de l'Académie d'Anvers. Gravé par Bolswert et par Aubert. — Même sujet. Esquisse du précédent appartenait autrefois au monastère des Capucins, à Lierre. — Même sujet, sans autres figures que le Christ et les deux larrons. Peint pour l'église des Capucins, à Lille. Se trouve au musée de cette ville. Gravé par Bolswert. — Même sujet, avec plusieurs figures. Peint pour l'église de Santa Croce di Gerusalemme, à Rome, par ordre de l'archiduc Albert (1). Cet ouvrage périt en mer. — Même sujet, autrement composé. Au musée du Louvre, à Paris. — Martyre de saint Etienne. Cet ouvrage, peint pour l'abbaye de Saint-Amand en Flandre, appartenait, en 1830, à S. M. le roi des Belges, alors prince de Saxe-Cobourg. Gravé par Tassaert. Ecce homo. — Une seule tête. Gravé par Dannoot. — Même sujet. Composition de plusieurs figures. Gravé par Galle et par Lauwers. — Les quatre évangélistes. Gravé par Eyndhoudt et par Bolswert. — Même sujet. Esquisse originale du précédent tableau. — La Flagellation de Notre-Seigneur. Dans l'église des Dominicains, à Anvers. Gravé par Pontius. — Même sujet. Esquisse terminée du précédent tableau. Dans la galerie de l'Escurial, en Espagne. — La Fuite en Egypte, effet de nuit, clair de lune. Au musée du Louvre, à Paris. — Même sujet. Esquisse terminée d'une autre composition. Gravé par Marinus et à l'envers par Galle — La fille d'Hérodias montrant à Hérode la tête de saint Jean-Baptiste. Gravé par Bolswert et par Clouet. — La fille d'Hérodias recevant la tête de saint Jean sur un plat. Figures jusqu'aux genoux. Admirablement gravé par Bolswert. — La Fille d'Hérodias portant la tête de saint Jean sur un plat. Elle est accompagnée d'une femme plus vieille, qui tient un chandelier à la main. Figures vues jusqu'aux genoux. Gravé par Panneels. — L'incrédulité de saint Thomas. Epitaphe du bourgmestre Nicolas Rockox, peinte pour l'église des Récollets, à Anvers. Placée aujourd'hui au musée de l'Académie de cette ville. Gravé par Chataigné. — Massacre des Innocents. Dans la galerie royale de Munich. Gravé par Pontius et par Dupuis. — Saint Jean l'Evangéliste plongé dans l'huile bouillante. Intérieur d'un des volets du tableau de l'Adoration des Mages, qui orne l'église de Saint-Jean, à Malines. Gravé à l'eau-forte par Spruyt. — Saint-Jean l'Evangéliste dans l'île de Patmos. Extérieur des volets du même tableau. — Saint-Jean Baptiste baptisant le Sauveur. Extérieur d'un des volets du même tableau. — Même sujet. Composition de deux figures. Gravé par Panneels et par Lommelin ; gravé aussi avec quelques légers changements par Krafft. — Même sujet. Vaste composition qu'on dit peinte par Rubens pour l'église des Jésuites, à Mantoue, pendant son séjour en Italie. Gravé en petit trait par Ch. Onghena, de Gand. — Décollation de saint Jean-Baptiste. Intérieur d'un des volets du même tableau. Gravé par Spruyt. On en connaît aussi une petite planche ovale gravée par P. de Jode. — Jésus entrant à Jérusalem. Tableau peint pour la cathédrale de Malines. — Jésus lavant les pieds des Apôtres. Tableau pour la même église. — Jésus chez Simon le Pharisien. Au palais impérial de l'Ermitage, en Russie. Gravé par M. Natalis, par Monaco et par Earlom. Dans la Hougthon-Gallery. Gravé à l'eau-forte par Panneels. — Saint Joseph et la Vierge allant à Jérusalem à la recherche de leur fils. Gravé par un anonyme, Hendricx *exc.* — Lazare ressuscité de la mort. Dans la galerie de Potsdam. Gravé par Bolswert. — Même sujet. Esquisse. — Marthe et Maria avec le Christ. — La nativité. Cet ouvrage périt dans l'incendie de l'église des Jésuites, à Anvers, en 1718. — Même sujet. Composition de huit figures. — Même sujet. Gravé par Bolswert, par Dallée et par Laurie ; gravé aussi par un anonyme pour une vignette de livre, Van den Enden *exc.* — Nicodème visitant le Christ. Gravé par Krafft. — Conversion de saint Paul. Dans la galerie royale de Munich. Lithographié par Piloti. — Même sujet. Gravé par Bolswert. — Même sujet. Superbe esquisse du tableau précédent.

(1) C'est par erreur que cette église se trouve indiquée page 447 comme étant à Jérusalem.

— Même sujet. Esquisse. — Même sujet. Esquisse. — Même sujet. Esquisse. — Le Bon Pasteur. Gravé par Hendricx. — La Pêche miraculeuse. Dans l'église de Notre-Dame, à Malines. Gravé par Bolswert. — Même sujet. Esquisse. Gravé par Soutman. — Pentecôte. Descente du Saint-Esprit. Dans la galerie royale de Munich. Gravé par Pontius, et par Galle avec quelques changements. — Même sujet. Esquisse originale du précédent tableau en grisaille. — Saint Pierre trouvant dans un poisson la pièce d'argent du tribut. Intérieur d'un des volets du tableau de la pêche miraculeuse, dans l'église de Notre-Dame, à Malines. Gravé par un anonyme. — Saint-Pierre tenant les clefs à la main. Extérieur d'un des volets du même tableau. -- Martyre de saint Pierre. Dans l'église de ce saint à Cologne. On en connaît une gravure assez médiocre par Ernest Thelott. — Présentation dans le temple. Intérieur de l'un des volets qui ornent le tableau de la Descente de croix ; peinte pour les arquebusiers d'Anvers. Dans la cathédrale de cette ville. Gravé par Pontius, Holhenhemels, Visscher et Val. Green. — L'Enfant prodigue dans l'intérieur d'une étable. Gravé par Bolswert. — Résurrection de Notre-Seigneur. Epitaphe de J.-B. Moretus et de Martine Plantin. Peint pour la cathédrale d'Anvers. Placé aujourd'hui au musée de l'Académie de cette ville. Gravé par Bolswert, par Galle, par Punt, et en petit par un anonyme. — Même sujet. Ce tableau périt dans l'incendie de l'église des Jésuites, à Anvers, en 1718. — Même sujet. L'un des petits tableaux qui ornaient l'autel de l'église de Saint-Jean, à Malines. — Retour d'Egypte. Ouvrage peint pour l'église des Jésuites, à Anvers, gravé par Bolswert. Il en existe une autre gravure où le sujet est enrichi de plusieurs anges. — Même sujet. Dans la Malborough-Collection. Gravé par Vosterman, par Laurie, par Voet et par Mac Ardell. Gravé aussi à l'envers par un anonyme. Il existe de cet ouvrage au musée de Paris un dessin au crayon et à l'encre de Chine terminé par Rubens. — Salvator mundi. Ouvrage peint en Italie pour le duc de Mantoue. — Le bon Samaritain. — Tentation du Christ dans le désert. Périt dans l'incendie de l'église des Jésuites, à Anvers, en 1718. Gravé par Jegher. — Martyre de saint Thomas. Gravé par Neefs. — Tribut de César. Figures à mi-corps. Gravé par Landry, par Visscher et par Vorsterman. Il existe une gravure du même sujet, composé de douze figures, par Dankers, et une autre en petit de cette même composition. — Même sujet. Répétition du précédent ouvrage, par un élève de Rubens et retouché par le maître. Au musée du Louvre. Les experts évaluèrent, en 1816, cette pièce à 50,000 francs. — Six femmes visitant le tombeau du Sauveur. Gravé par Vorsterman. — Soixante-seize sujets représentant d'une manière variée, la sainte Famille. Dessinés dans les différents pays de l'Europe et gravés par les plus célèbres artistes. — Annonciation. L'ange a un genou posé en terre. Dans la Malborough-Collection, en Angleterre, gravé par Bolswert. Une autre planche, due à Drevet, offre cette même composition, mais augmentée de six anges. — Même sujet. La Vierge et l'ange se présentent de profil. Dans la galerie impériale de Vienne. Gravé par Diepenbeke. — Même sujet. Dans le musée d'Amsterdam. — Même sujet. Esquisse. Gravé par Drevet. — Même sujet, sur l'avant-plan une corbeille et un chat. — Même sujet, la Vierge tient un livre à la main. Gravé par F. De Steen; gravé aussi comme vignette de livre, Van den Enden *exc.* — Même sujet. Peint, selon la tradition, par Rubens avant son départ pour l'Italie. — Assomption. La meilleure composition que Rubens ait faite de ce sujet. Dans la cathédrale d'Anvers. Gravé par Bolswert. — Même sujet. Périt dans l'incendie de l'église des Jésuites, à Anvers, en 1718. — Même sujet. Dans le musée de Bruxelles, gravé par Bolswert, et en petit par Loemans. — Même sujet. L'esquisse originale du tableau précédent se trouve dans la collection royale d'Angleterre. — Même sujet. Le Sauveur se montre au dessus de la Vierge. Tableau donné par les archiducs Albert et Isabelle à l'église de la Chapelle, à Bruxelles. Se trouve aujourd'hui dans la galerie d'Augsbourg. Gravé par Pontius, et à l'envers par Jegher. Gravé de nouveau, plus tard, par Masson. — Même sujet. Même composition. Dans la galerie royale de Munich. — Même sujet. La Vierge agenouillée sur des nuages. Tableau peint pour l'église des Chartreux, à Bruxelles. Aujourd'hui dans la galerie Lichtenstein, à Vienne. Gravé par Witdouck. — Même sujet. Esquisse du tableau précédent. — Même sujet. La Vierge accompagnée d'une multitude d'anges. Dans la galerie impériale de Vienne. — Même sujet. Superbe esquisse. Dans la galerie royale de Potsdam. — Même sujet. Dessin terminé par Rubens. Dans la galerie de Florence. — Même sujet. Esquisse terminée. — Même sujet. — Même sujet. On en connaît une assez médiocre gravure par Lommelin. — Même sujet. La Vierge, accompagnée de cinq anges. Gravé à l'eau-forte par Panneels. — Immaculée Conception. La Vierge avec l'Enfant debout sur un globe et écrasant la tête d'un serpent qui se tord à l'entour. Dans la collection royale d'Espagne. Gravé par Bolswert. — Couronnement de la Vierge. Périt dans l'incendie de l'église des Jésuites, à Anvers, en 1718. — Même sujet. Gravé par Bolswert. — Même sujet. Gravé par un anonyme. Van den Enden *exc.* — Même sujet. Grande composition. Au musée de Bruxelles. Gravé par Pontius, et par un anonyme, Van den Enden *exc.* Gravé aussi par Jegher et par Fauci avec quelques changements. Ce dernier, d'après un tableau appartenant au marquis de Guerini, à Florence. La riche collection de M. Vanden Schrieck, à Louvain, possédait une esquisse de l'ouvrage du musée de Bruxelles. — Exaltation de la Vierge. La Vierge avec l'Enfant montent sur un nuage. Au dessous une compagnie de saints qui les adorent. Dans la galerie de Potsdam. — Le nom de Marie entouré d'une gloire d'anges. Périt dans l'incendie de l'église des Jésuites, à Anvers, en 1718. — La Vierge dans un cercle de fleurs, peintes par une autre main. — La Vierge avec l'Enfant. Groupe placé dans une niche et que des enfants ornent de guirlandes de fleurs et de fruits. Gravé par Galle. — La Vierge devant le Christ. Elle a une main posée sur son sein et, pliant un genou, supplie le Sauveur qui, debout devant elle, tient sa croix qu'un ange l'aide à soutenir. Deux anges planent au dessus d'eux. Gravé par Van Panderen. — Mariage de la Vierge. Gravé par Bolswert et par Lauwers. — La Vierge des douleurs. Elle est à genoux, soutenue par deux anges. L'un d'eux lui tire de la poitrine l'épée dont elle est percée. Gravé par W. P. Leeuw. — Sainte Agnès; avec un agneau. L'un des volets du tableau de saint Georges, peint pour les arbalétriers de Lierre. Gravé par Voet, et à l'eau-forte par Panneels. — Saint Ambroise. Périt dans l'incendie de l'église des Jésuites, en 1718. — Saint André avec sa croix. Esquisse. Dans la galerie impériale de Vienne. — Sainte Anne et la Vierge. Périt dans l'incendie de l'église des Jésuites, à Anvers, en 1718. — Même sujet. Périt dans le même désastre. — Saint Athanase. Périt dans le même incendie. — Saint Augustin. Périt dans le même désastre. Gravé par un anonyme, Van den Enden, *exc.* — Même sujet. Esquisse terminée. Dans la galerie impériale de Vienne. — Buste d'un apôtre. Dans la galerie de Dresde. — Les douze apôtres. Simples figures peintes par Rubens pour le palais Raspigliosi, à Rome. Gravé par Bolswert sur des planches séparées. — Les mêmes. Gravé par Galle sur des planches séparées. — Les mêmes, avec leurs attributs. Le Sauveur est auprès d'eux. Figures à mi-corps. Gravé par Ryckman, aussi par Bolswert, sur des planches séparées. — Sainte Barbe. Dans la galerie de Potsdam. Gravé par Bolswert sans les deux anges qui accompagnent la sainte dans le tableau. — Saint Basile. Périt dans l'incendie de l'église des Jésuites, à Anvers, en 1718. — Sainte Catherine. Partie extérieure d'un des volets de l'érection de la croix que possède la cathédrale d'Anvers. Gravé par Bolswert. — La même. Périt dans l'incendie de l'église des Jésuites, à Anvers, en 1718. — La même; s'appuyant sur une roue brisée. Figures à mi-corps. Gravé par Bolswert et par Panneels.— La même, s'appuyant sur un glaive, le pied posé sur une roue. Un ange la couronne. Gravé par Galle, par L. Zucché, et par P. De Jode dont un anonyme copia la planche. — La même. Gravé par Vosterman d'après un contour dessiné par Rubens d'après un antique. — La même. Esquisse peinte par Rubens pour un plafond. — Sainte Cécile. Périt dans l'incendie de l'église des Jésuites, à Anvers, en 1718. — Saint Christophe portant l'enfant Jésus sur ses épaules. Partie extérieure d'un des volets de la Descente de Croix que possède la cathédrale d'Anvers. Gravé par Eyndhoudt et par Van Thienen. — Saint Jean Chrysostome. Périt dans l'incendie de l'église des Jésuites, à Anvers, en 1718. — Sainte Claire. Périt dans le même désastre. — Sainte Claire et saint Albert. Patrons des archiducs Albert et Isabelle. Partie intérieure des volets du tableau de saint Ildephonse, peint pour l'église de Caudenberg, à Bruxelles. Se trouve dans la galerie impériale de Vienne. — Sainte Dorothée. Gravé par Galle et par un anonyme. — Saint Eloi. Partie extérieure d'un des volets du tableau de l'érection de la croix, que possède la cathérale d'Anvers. — Ermite avec une lanterne. Un des volets de la descente de croix, que possède la cathédrale d'Anvers. — Sainte Eugénie. Périt dans l'incendie de l'église des Jésuites, à Anvers, en 1718. — Saint François-Xavier. Debout devant un autel. Ce tableau fut peint pour l'église des Jésuites, à Bruxelles. Gravé par Bolswert et par Marinus, répété en petit par un anonyme. — Saint François agenouillé sur une terrasse. Au palais Pitti à Florence. Gravé par Mogalli. — Saint George à cheval. Gravé par Panneels. — Saint Grégoire. Périt dans l'incendie de l'église des Jésuites, à Anvers, en 1718. — Le même périt dans le même incendie. — Le même. En habits pontificaux et méditant sur un livre. Gravé par un anonyme. — Sainte Hiltrude, couronnée de fleurs, tenant d'une main un livre et portant de l'autre une lampe. Gravé par Galle, et en ovale par Thomas Galle. — Saint Ignace de Loyola. Portrait. Dans la galerie royale de Munich. —

Le même. Placé devant un autel. Peint pour l'église des Jésuites, à Bruxelles. Ce tableau fut gravé par Bolswert, par Marinus et en petit par un anonyme. — Saint Jean-Baptiste. Debout. L'un des volets de l'épitaphe de J.-B. Moretus. Au musée de l'Académie d'Anvers.— Saint Jean l'Evangéliste. L'un des volets de l'épitaphe de la famille Michielsens. Dans le même musée. — Saint Jérôme. Périt dans l'incendie de l'église des Jésuites, à Anvers, en 1718. — Le même. Dans la galerie impériale de Vienne. — Le même, avec un lion. Se trouvait autrefois à Modène. — Le même, vu jusqu'aux reins, tenant à la main une croix et une pierre. Gravé à la manière noire par Laurie. — Le même. Simple figure. Dans la galerie de l'Escurial. — Sainte Lucie. Périt dans l'incendie de l'église des Jésuites, à Anvers, 1718. Gravé par un anonyme. — Sainte Marie-Madeleine. Périt dans l'incendie de l'église des Jésuites, à Anvers. Gravé par un anonyme. — La même, une main posée sur sa poitrine, l'autre levée vers le ciel. Gravé par un anonyme. — La même, s'arrachant les cheveux et renonçant aux vanités du monde. Gravé par un anonyme. — La même, les bras croisés sur sa poitrine. Gravé par un anonyme. — La même, agenouillée dans une caverne. Gravé à l'eau-forte par Rubens lui-même. — La même. Tête vue de profil. Gravé par un anonyme. — La même. Tête vue de face. Gravé par un anonyme. — La même, agenouillée devant un crucifix. Gravé par un anonyme. — La même, méditant devant un crucifix. Gravé par un anonyme. — La même, penchée sur un crucifix, qu'elle tient entre les mains. Gravé par un anonyme.— La même, expirant, portée par deux anges. Gravé par Balliu. — La même, assise au pied d'un rocher. Gravé par un anonyme. — Sainte Martine. Un des volets de l'épitaphe de la famille Moretus. Au musée de l'Académie d'Anvers. — Sainte Marguerite. Périt dans l'incendie de l'église des Jésuites, à Anvers. Gravé par un anonyme. — Saint Mathieu. Buste. — Le même, écrivant son Evangile sous la dictée de l'ange. Gravé par Watson. — Deux moines lisant dans un livre. Gravé à la manière noire par J. Spilsbury. — Deux moines. Dans la galerie Lichtenstein, à Vienne. — Saint Pépin et sainte Begge. Dans la galerie impériale de Vienne. Gravé par Prenner et par Vanden Steen. — Saint Pierre et saint Paul. Têtes. Ouvrages peints pour l'église de Saint-Donat, à Bruges. Ils furent vendus par cette église. — Les mêmes. Ouvrages peints pour l'église des Capucins, à Anvers. Gravé par Eyndhoudt. — Les mêmes. Dans la galerie royale de Munich. Lithographié par Piloti. — Les mêmes. Esquisse terminée. Galerie impériale de Vienne. — Saint Pierre avec les clefs. Buste. Dans la galerie de Dresde. — Sainte Thérèse avec un pigeon. Gravé par Verschuypen. — La même, tenant un cœur enflammé. Un ange lui présente une coupe. Gravé par Galle. Dans cette division il faut placer, en outre, les dix-huit figures suivantes, toutes gravées. Van-den Enden *exc.* — Saint Antoine. — Saint Antoine de Padoue. — Saint Bernard.— Saint François. — Saint François de Paule. — Saint Hubert. — Saint Ignace de Loyola. — Saint Jean-Baptiste. — Saint Jean l'Evangéliste. — Saint Joseph. — Saint Joseph avec l'Enfant et une tige de lis. — Saint Joseph tenant l'Enfant qui couronne un saint. — Saint Paul. — Sainte Agathe. — Sainte Agnès. — Sainte Apolline. — Sainte Thérèse. — Sainte Ursule. — Saint Ambroise refusant à Théodose l'entrée de l'église. Dans la galerie impériale de Vienne. Gravé par Schmuzer et par Prenner. — Le même. Esquisse du précédent ouvrage. Dans la galerie royale de Munich. — Saint Ambroise, saint Grégoire, saint Jérôme et saint Augustin, discutant un texte des livres saints. Gravé par Van Dalen. — Un chœur d'anges. Dans la galerie de Potsdam. — Anges portant un tableau qui représente la Vierge avec l'Enfant. Ouvrage peint pour la Chiesa Nuova, à Rome, vers l'an 1605. — Deux anges. Peints pour l'église de Sainte-Walburge, à Anvers. Furent vendus par cette église, en 1739. — Sainte Anne enseignant à lire à la Vierge. Ouvrage peint pour les Petits-Carmes, à Anvers. Se trouve aujourd'hui au musée de l'Académie de cette ville. Gravé par Bolswert, par Kaukerken et par un anonyme, Van den Enden *exc.* Aubert a gravé d'après cette composition, mais en l'altérant. — Sainte Anne arrangeant les cheveux de la Vierge en présence de saint Joachim. Plusieurs anges planent au-dessus du groupe. Esquisse. Dans la galerie Lichtenstein, à Vienne. — Annonciation en présence des patriarches, des prophètes, etc. Superbe esquisse. — Mort de saint Antoine. Composition de sept figures. Gravé par Clouet. — Saint Augustin regardant un enfant assis au bord de la mer. Il est vêtu de ses habits pontificaux. L'enfant tient une écuelle qui lui sert à creuser le sable. Gravé par Neefs et par Alexandre Voet. — Saint Bavon distribuant des aumônes. Dans la cathédrale de Saint-Bavon, à Gand. Gravé par Pilsen. — Même sujet. Esquisse d'une composition beaucoup plus vaste que la précédente. Provenant du Caregga Palazzo, à Gênes. — Miracle de saint Benoît. Esquisse. — Cardinaux, évêques et docteurs de l'Eglise, discutant le mystère de l'Eucharistie. Ouvrage peint pour l'église des Dominicains, à Anvers. Gravé par Sneyers. — Deux cardinaux donnant la mitre à un prélat. Dans le fond on voit la Vierge et les douze apôtres, au dessus desquels plane le Saint-Esprit. Gravé par Soutman. — Sainte Catherine portée au tombeau par deux anges. Un des trois petits tableaux que Rubens peignit pour l'autel de Sainte-Walburge, à Anvers. — Mariage de sainte Catherine. Tableau peint pour l'église des Augustins, à Anvers. Gravé par Sneyers et par Eyndhoudt. — Même sujet. Esquisse du tableau précédent. — Même sujet. Tableau qui appartenait, en 1766, aux Augustins de Malines. Gravé par P. de Jode. — Même sujet. Esquisse du tableau précédent. — Même sujet. Dans la galerie de Potsdam. Gravé par Bolswert. — Même sujet. Autrement composé. — Sainte Cécile jouant de l'orgue. Deux anges l'accompagnent. Dans la galerie de Potsdam. Gravé par Witdouck. Gravé aussi, sans les anges, par Panneels et par Lommelin. — Même sujet. Autrement composé. Gravé par Panneels, par Lommelin et par Wyngaerde. — Même sujet. Esquisse en grisaille. — Sainte Catherine. Volet du tableau représentant l'érection de la croix, que possède la cathédrale d'Anvers. Gravé par Bolswert, et plus tard par Mariette, *exc.* — Le Christ voulant foudroyer le monde. Ouvrage peint pour l'église des Dominicains, à Anvers. Gravé au trait dans les *Annales du Musée.* — Même sujet. Composition beaucoup moins riche. Peinte pour l'église des Récollets à Gand. Aujourd'hui au musée de Bruxelles. — Le Christ mort couché sur les genoux de son père. Peint pour les Grands Carmes, à Anvers. Aujourd'hui au musée de l'Académie de cette ville. Gravé par Bolswert. — Le Christ apparaissant à sainte Thérèse qui intercède pour les âmes du purgatoire. Peint pour l'église des Grands-Carmes, à Anvers. Aujourd'hui au musée de l'Académie de cette ville. Gravé par Bolswert. — Même sujet. Esquisse du tableau précédent, peinte en grisaille coloriée çà et là. — Même sujet. Autre esquisse. — Le Christ apparaissant à quatre pécheurs repentants. Dans la galerie royale de Munich. Gravé par Natalis, par Lauwers et à la manière noire par Val. Green. — Même sujet. Au palais royal de Turin. — Le Christ triomphant de la mort et du péché. Dans la galerie royale de Potsdam. Gravé par Bolswert. — Saint Christophe portant l'enfant Jésus. Dans la galerie royale de Munich. — La chute des anges rebelles. Dans la galerie royale de Munich. Gravé par Vosterman et à l'envers par Ragot. — Même sujet. Esquisse. — La chute du dragon. Dans la galerie royale de Munich. Gravé par Van Orley. Soutman grava, en 1642, un des principaux groupes de cette composition. Un cinquième dessin au crayon, lavé à l'encre de Chine, se trouve dans le British Museum. — La chute des damnés. Dans la même galerie. Gravé par Suyderhoef. — Se Clotilde donnant l'aumône à un enfant perclus. Esquisse. — Dieu le Père. Peint pour l'autel de l'église de Sainte-Walburge, à Anvers, sur un panneau découpé. Vendu en 1739. — Les quatre docteurs de l'Eglise. Esquisse. Gravé par Van Dalen. — *Ex voto.* Représentant saint Jean introduisant le donateur en présence du Sauveur, assis à table avec six de ses disciples. — La Foi, l'Espérance et la Charité, représentées par trois femmes. Gravé en ovale par J.-Bapt. Michel. — Saint François d'Assise recevant la communion. Au musée de l'Académie d'Anvers. Gravé par Sneyers et en petit par un anonyme. — Saint François recevant les stigmates. Peint pour l'église des Récollets, à Gand. Aujourd'hui placé au musée de l'Académie de cette ville. Gravé par Vorsterman. Gravé aussi par Panneels avec quelques changements. Le musée de Paris possède de cet ouvrage un dessin au crayon, retouché par Rubens pour le graveur. — Même sujet. Volet du tableau peint par Rubens pour la corporation des tailleurs, à Lierre. Placé aujourd'hui dans l'église de Saint-Gommaire en cette ville. Gravé par Galle. — Même sujet. Gravure à l'eau-forte par Rubens lui-même. — Saint François ayant les stigmates. Il est en extase devant l'enfant Jésus et saint Jean, dans un paysage peint par Snyers. — Saint François recevant l'Enfant de la Vierge. Tableau peint pour l'église des Capucins, à Anvers. Placé aujourd'hui dans la même église paroissiale. Gravé par Soutman et par Visscher. — Même sujet. Peint pour la corporation des tailleurs, à Lierre. Gravé par Lasne. — Même sujet. Peint pour l'église des Capucins, à Lille. Placé au musée de la même ville. — Saint François de Paule montant au ciel. Gravé par Lommelin. — Saint François Xavier ressuscitant des morts. Dans la galerie impériale de Vienne. Gravé par Marinus et par un anonyme. — Même sujet. Esquisse originale du précédent ouvrage. Dans la même galerie. — Martyre de saint George. Tableau peint pour la corporation des arbalétriers, à Lierre. Gravé par Panneels. — Saint George foulant le dragon à ses pieds. Volet du tableau précédent. — Saint George à cheval terrassant le dragon. Galerie royale de Munich. Esquisse. Gravé à l'eau-forte par Panneels. — Saint George vainqueur du dragon. Dans la collection royale d'Angleterre. Gravé par Liénard dans la galerie d'Orléans

La figure du saint est le portrait de Charles Ier, roi d'Angleterre. La figure de Cléodelinde est le portrait de la reine Henriette-Marie. C'est le tableau qui, à ce que l'on prétend, d'après une erreur de Michel, l'historien de Rubens, fut présenté par le peintre à Charles Ier. Selon le catalogue même des tableaux et des objets d'art que possédait ce prince, le roi acheta cet ouvrage à Endymion Porter. Le tableau, après la vente de tous ces objets, entra dans la galerie d'Orléans, d'où il sortit après la vente de cette collection, en 1798. — Saint George terrassant le dragon. Dans la galerie de l'Escurial. — Saint Grégoire, saint Maurice, sainte Claire et d'autres saints. Tableau peint à Rome pour la Chiesa Nuova des Pères de l'Oratoire. Gravé par un anonyme. — Même sujet. Tableau dont Rubens orna la chapelle de l'église de l'abbaye Saint-Michel, à Anvers, où sa mère fut enterrée. On sait qu'après la mort de sa femme, Elisabeth Brant, il peignit dans la partie supérieure de cet ouvrage une Vierge avec l'Enfant Jésus. Gravé par Eyndhoudt. — Guerre entre l'esprit et la chair, représentée par un homme suspendu en l'air à une corde, et qui est poussé en sens divers par des anges et des démons. Gravé par Bolswert. — Sainte Hélène trouvant la vraie croix. — Sainte Hélène tenant la sainte croix. Ouvrage peint à Rome pour l'église de Santa Croce, par ordre de l'archiduc Albert. — Saint Ignace de Loyola guérssiant les malades. Ouvrage peint pour l'église des Jésuites, à Anvers. Aujourd'hui dans la galerie impériale, à Vienne. Gravé par Marinus, par un anonyme et dans la Wiener Galerie. Le musée de Paris possède de cette composition un beau dessin au crayon noir, rehaussé de blanc et retouché par Rubens pour le graveur. — Même sujet. Esquisse originale du tableau précédent. Dans la même galerie à Vienne. — Même sujet. Dans l'église de Saint-Ambroise, à Gênes. — Saint Ignace de Loyola. — Saint Ildephonse recevant la chasuble de la Vierge. Tableau peint pour la confrérie de ce saint, dans l'église de Caudenberg, à Bruxelles. Aujourd'hui dans la galerie impériale de Vienne. Gravé par Witdouck. Watelet a gravé, d'après un dessin d'étude de Rubens, une planche représentant le groupe placé à la gauche de la Vierge et représentant deux saintes. — Inspiration du Saint-Esprit, représenté par une femme qui, un livre ouvert sur ses genoux et une plume à la main, écoute ce que lui dit l'Esprit saint représenté par une colombe. Dessin d'un fini admirable, composé sans doute pour servir de vignette à quelque livre religieux. — Saint Ivon. Appartenait autrefois à l'église des Jésuites, à Louvain. — Saint Jérôme expliquant les saintes Écritures. Gravé par Galle. — Le nom de Jésus entouré d'une gloire d'anges. Périt dans l'église des Jésuites, à Anvers, en 1718. — Saint Joseph présentant l'enfant Jésus à Dieu le Père. — Jugement dernier. Dans la galerie royale de Munich. Gravé par Visscher et par C. H. Hess. Cette même galerie possède une autre composition représentant le même sujet. — Même sujet. Esquisse du tableau précédent. Dans la galerie royale de Dresde. — Martyre de saint Laurent. Peint pour l'église de la Chapelle, à Bruxelles, qui vendit cet ouvrage pour en employer le produit à la réparation des désastres qu'avait causés à cet édifice le bombardement du maréchal Villeroi, en 1695. Il fut acquis par l'électeur Palatin, Guillaume de Neubourg, et se trouve aujourd'hui dans la galerie royale de Munich. Gravé par Vorsterman. — Légende romaine. Esquisse. Dans la galerie royale de Munich. — Martyre de saint Liévin. Peint pour l'église des Jésuites, à Gand. Aujourd'hui au musée de Bruxelles. Gravé par Caukerken. — Madeleine expirant dans les bras des deux anges. Peint pour l'église des Récollets, à Gand. Gravé par Balliu. — Madeleine renonçant aux vanités du monde. Dans la galerie impériale de Vienne. Gravé par Vorsterman. — Charité de saint Martin. Tableau provenant d'Espagne. Gravé par Chambers. — Martyre d'une sainte. Se trouvait autrefois dans la Chiesa Nuova, à Rome. Gravé par Van der Leeuw. — Martyre d'un saint. Dessin à la plume rehaussé. — Martyre d'un saint. Probablement saint George. — Dessin colorié. — Saint Michel chassant les anges rebelles. Périt dans l'incendie de l'église des Jésuites, à Anvers, en 1718. — Saint Michel, armé de la foudre, foule Satan à ses pieds. Esquisse. Gravé par Mélan. Saint Michel chassant le grand dragon. Gravé par Neefs. — Nom de Jésus entouré d'une gloire d'anges. Périt dans l'incendie de l'église des Jésuites, à Anvers, en 1718. — Pape ouvrant les portes du ciel. Composition de plusieurs figures. Deux anges dans les nuages. — Pape accompagné de deux saints et d'un ange. Dessin.—Les Pères de l'Eglise marchant en procession avec saint Thomas d'Aquin et la duchesse infante d'Isabelle, vêtue en sainte Claire, sa patronne. Ouvrage peint pour l'église de Loches, en Espagne. Gravé par Bolswert et Eyndhout. — Le prêtre incrédule devant l'autel avec un autre personnage. — La Vierge, intercédant auprès de la sainte Trinité pour les âmes du purgatoire.

— Le Purgatoire : le nom de Jésus entouré d'une splendeur. Gravé par Galle. — La résurrection des justes. Dans la galerie royale de Munich. — Saint Roch institué patron des pestiférés. Dans l'église d'Alost pour laquelle cet ouvrage fut peint. Gravé par Pontius, par Audran, et dans le Musée français. — Saint Roch guéri de la peste par un ange. Petit tableau donné par Rubens aux membres de la confrérie de Saint-Roch, à Alost. — Saint Roch en prison. Petit tableau donné par Rubens aux mêmes. — Glorification d'un saint. Esquisse. Dans la galerie royale de Dresde. — Le Sauveur enfant, assis sur un coussin placé sur un nuage. Il tient à la main un globe et donne de l'autre la bénédiction. — Le Sauveur, la Vierge et treize autres figures. Dessin au bistre fait pour servir de titre à un livre. — Le Sauveur dans une gloire, entouré de saints. Dessin fait à Rome d'après un tableau de Raphaël. Faisait partie de la même collection. — Martyre de saint Sébastien. Gravé par Panneels. Gravé aussi, mais avec quelques changements, par Ragot. Fut répété plus tard, en petit, à l'envers, Marin, *exc.* — Le Christ apparaissant à sainte Thérèse. Donné par le duc de Bernonville et sa femme, la princesse d'Aremberg, à l'église des Carmes déchaussés, à Bruxelles. Appartenait, en 1814, à M. Delahante, à Paris. Gravé par Bolswert. Gravé aussi, mais avec quelques changements, par Deroy. — La sainte Trinité. Dans la galerie royale de Munich. Gravé par Vorsterman et par un anonyme. Lithographié par Piloti. — Même sujet. Tableau peint pour l'église de l'Ange-Gardien, à Madrid. — Triomphe de la charité. Peint pour l'église des Carmes, à Loches, fondée par le duc d'Olivarez. Gravé par Lommelin. — Le triomphe de l'Église. Peint pour la même église. Gravé par Bolswert. — Même sujet. Esquisse admirable. — Le triomphe de la religion chrétienne. Peint pour l'église de Loches. Aujourd'hui au musée du Louvre. Gravé par Lauwers. — Le triomphe de la religion sur le paganisme et l'idolâtrie. Peint pour la même église. Gravé par Bolswert. — Martyre de sainte Ursule et des onze mille Vierges. Esquisse. Gravée à l'eau-forte par Spruyt. — La Vierge avec l'Enfant, accompagnés d'autres saints. Dans la chapelle qui sert de sépulture à Rubens, dans l'église de Saint-Jacques, à Anvers. Gravé par Eyndhoudt, par Pontius et par Aubert. — La Vierge avec l'Enfant sur un trône Un grand nombre de saints groupés devant elle. Esquisse. Dans la galerie royale de Potsdam. — La Vierge et sainte Anne adorant l'enfant Jésus. Autrefois dans l'oratoire de Monte Cavallo, à Rome. — La Vierge au Rosaire. Dans le palais de l'Ermitage, en Russie. — La Vierge avec l'Enfant. Elle est debout dans une niche devant laquelle sont placés huit saints personnages. Esquisse. — La Vierge avec l'Enfant, assise sur un trône et accompagnée de saints. — La Vierge avec l'Enfant. Elle donne le scapulaire à un moine de l'ordre des Carmes, qui le reçoit à genoux. Gravé par P. de Jode. Miracle de sainte Walburge. — Elle est dans un bateau assailli par une tempête. Ouvrage peint pour l'église paroissiale de Sainte-Walburge, à Anvers. — L'enterrement de sainte Walburge.

SUJETS TIRÉS DE L'HISTOIRE.

Agrippine avec trois autres personnages. Dessiné d'après un camée antique. Deux de ces figures ont été gravées en ovale par un anonyme. — Auguste, Livius, Germanicus et Tibère. Accompagnés de plusieurs soldats, ils érigent un trophée Dessin d'après un camée de l'empereur d'Allemagne. Gravé par un anonyme. — Jugement de Cambyse. Esquisse terminée. Gravé par Eyndhoudt. — Marche triomphale de César allant à un sacrifice. Peint d'après les dessins d'Andréa Mantegna. — Charité romaine — Même sujet. Dans la galerie royale de la Haye. Gravé par A. Voet. — Même sujet. Dans la galerie du palais de l'Ermitage, en Russie. — Même sujet. Dans la Molborough-Collection. Gravé par J. Smith. — Même sujet. Même composition, mais dans des proportions plus petites. — Même sujet. Autre composition. Gravé par Panneels. — Monument de Charles, fils de Philippe III. Gravé par Galle On sait que ce monument fut composé parce que ce jeune prince avait, en 1626, tué à la chasse un taureau et un sanglier. — Mariage de Constantin. Se trouvait, en 1798, dans la galerie du duc d'Orléans. Gravé dans la Galerie d'Orléans par Tardieu et Godefroy, — Constantin auquel la croix lumineuse apparaît au ciel. Faisait partie de la même galerie. Gravé dans le même ouvrage par Tardieu et Liénard. — Constantin confiant à deux de ses soldats la garde du Labarum. Faisait partie de la même galerie. Gravé dans le même ouvrage par Tardieu et Liénard. — Bataille entre Constantin et Maxence. Se trouvait dans la même galerie. Gravé dans le même ouvrage par Lorieux, Tardieu et Moncornet. — Constantin couronné par la Victoire. Provenant de la même galerie. Gravé dans le même ouvrage par Cathelin, Tardieu et Moncornet. — Constantin. Son entrée triomphale à Rome. Se trouvait dans la même galerie. Gravé dans le même ouvrage par Lorieux et Tardieu. — Constantin rendant la liberté aux sénateurs romains. Faisait partie de la même galerie. Gravé dans le même ouvrage par Cathelin et Tardieu. — Constantin donnant à son fils le commandement de la flotte. Provient de la même galerie. Gravé dans le même ouvrage par Bosq et Tardieu. — Constantin approuvant le dessin du plan de la ville de Constantinople. Se voyait dans la même galerie. Gravé dans le même ouvrage par Hubert et Tardieu. — Constantin adorant la croix. Faisait partie de la même galerie. Gravé dans le même ouvrage par Delignon et Tardieu. — Bataille de Constantin. Provenant de la même galerie. Gravé dans le même ouvrage par Delignon et Tardieu.— Même sujet. Autre composition. On en connaît une gravure médiocre de C. Baroni — Constantin. Esquisse d'un des tableaux qui composent cette série. Elle représente un double mariage impérial devant l'autel de Jupiter. — Décius consultant les augures avant de marcher contre les Gaulois et les Samnites. Gravé par Schmuzer. — Décius haranguant ses soldats avant la bataille. Gravé par Schmuzer. — Décius béni par les prêtres et jurant de se dévouer pour le succès de ses armes. Gravé par Schmuzer. — Même sujet. Gravé à l'aqua-tinte. — Décius renvoyant les licteurs avant la bataille. Gravé par G.-A. Muller. — Mort de Décius. Gravé par G.-A. Muller. — Funérailles de Décius. — Même sujet. Esquisse originale du tableau précédent. Dans la galerie royale de Munich. — Décius. Quatre cartons représentant des scènes relatives à la vie de ce consul et destinés à être exécutés en tapisserie. — Décius. Esquisse représentant une scène de la vie de ce consul. — Diogène, sa lanterne à la main, cherchant un homme sur la place publique. Dans la galerie du Louvre. Evalué, en 1816, par les experts, à 70,000 fr. — Même sujet. Dans la galerie royale de Munich. — Triomphe d'un empereur. Il est monté sur un char dont les roues passent sur les corps de ses ennemis. Dessin fait par Rubens d'après un camée antique. Gravé en ovale par un anonyme. — Entrevue des trois Ferdinand avant la bataille de Nordlingen. Ouvrage peint pour un des arcs de triomphe qui furent érigés à l'entrée solennelle de l'archiduc Ferdinand, à Anvers, et 1635. Dans la galerie impériale de Vienne. Gravé par Van Thulden. Même sujet. Esquisse originale du tableau précédent. — Ferdinand, archiduc d'Autriche et le roi de Hongrie à la bataille de Nordlingen. Ouvrage peint pour un des arcs de triomphe érigés à l'entrée solennelle de l'archiduc à Anvers, en 1635. Dans la galerie royale à Windsor. Gravé par Van Thulden. — Même sujet. Esquisse originale du tableau précédent. Au musée de l'Académie d'Anvers. — Entrée triomphale de Ferdinand à Anvers. Ayant servi à orner un autre arc de triomphe. Gravé par Van Thulden. — Ferdinand en habit de cardinal, conduit par Minerve et suivi de la Justice, de la Paix et de l'Abondance. Gravé par Bolswert. — Germanicus et Agrippine. Montés sur un char traîné par des centaures. Dessin de Rubens d'après un camée antique. Gravé par un anonyme. — Henry IV à la bataille d'Ivry. Cet ouvrage devait faire partie de la deuxième série de tableaux, commandés par Marie de Médicis. Dans la galerie de Florence. Gravé par Lorenzini. — Triomphe d'Henri IV après la bataille d'Ivry. Même origine. Se trouve dans la même galerie. Gravé par Lorenzini. — Même sujet. Esquisse du tableau précédent. Même sujet. Autre esquisse. — Mort d'Hippolyte. Gravé par M. Cosway. Le musée de Paris possède de ce tableau un dessin au crayon. — Même sujet. Répétition de l'ouvrage précédent. Gravé par Earlom et par Anker Smith. — Mort de Maxence. Faisait partie de la série de tableaux de Constantin le Grand, dans la Galerie d'Orléans. Gravé dans la Galerie d'Orléans par Hubert, Tardieu et un anonyme, Drevet *exc.* — Mutius Scœvola devant Porsenna. Composition de sept figures. Gravé par Schmuzer. — Philopœmen coupant du bois pour l'esclave dans une hôtellerie.—Volaille, fruits, légumes et gibier, peints par Snyders. Appartenait, en 1798, à la galerie du duc d'Orléans. Gravé dans la Galerie d'Orléans par N. Varin. — La pucelle d'Orléans — Paix entre les Romains et les Sabins Galerie royale de Munich. Gravé par H. Sentzenick. — Romulus et Rémus allaités par une louve. Esquisse. — Même sujet. Se trouvait dans la galerie du Capitole à Rome. — Même sujet. Esquisse. Gravé par un anonyme. — Enlèvement des Sabines. Dans la galerie de l'Escurial. — Même sujet. Esquisse du tableau précédent. — Même sujet. Dans la National Gallery, en Angleterre. On en possède une planche assez médiocre gravée par Martinasi, en 1770. — Même sujet. Dessins d'étude pour le même tableau. — Même sujet. Dessin à la plume rehaussé de blanc, d'après Polidori. — Réconciliation entre les Sabins et les Romains. Dans la galerie de l'Escurial. — Même sujet. Esquisse originale. — Les sept sages de la Grèce. Esquisse. — Mort de Sénèque. Dans la galerie royale de Munich. Gravé par Alexandre Voet, junior. On connaît aussi une gravure de C. Galle qui représente la figure de Sénèque seule avec retranchement du reste le cette composition qui offre cinq figures. — Tête de Sénèque mourant. — Continence de Scipion. Composition de quinze figures Gravé par Bolswert. Gravé aussi dans la Galerie d'Orléans par Dambrun. On en connaît une eau-forte gravée par Spruyt évidemment d'après l'esquisse. — Séleucus confiant son fils à Stratonice. — Sophonisbe. — La reine Tomyris faisant plonger la tête de Cyrus dans un vase de sang. Dans la galerie du Louvre. — Même sujet. Autrement composé. Gravé par Pontius, Ragot, Duchange et Launay. — Même sujet. Dessin magnifique de la même composition fait au crayon, à l'encre de Chine et colorié.

SUJETS MYTHOLOGIQUES.

Achille plongé dans les eaux du Styx. Ouvrage peint par ordre de Charles Ier, roi d'Angleterre, pour servir de patron à une tapisserie. Gravé par Ertinger, en 1679, et par B. Baron, en 1724. — Education d'Achille. Peint pour Charles Ier. — Achille découvert chez les filles de Lycomède. Peint pour le même. Esquisse terminée. — Même sujet. Gravé par Visscher, par Ryckman et par un anonyme. La colère d'Achille devant Agamemnon. Ouvrage peint pour Charles Ier.— Briséis rendue à Achille. Ouvrage peint pour le même. — Thétis demandant à Vulcain des armes pour Achille. Peint pour Charles Ier. — Achille vainqueur d'Hector. Peint pour le même. — Mort d'Achille. Ouvrage peint pour le même. — Mort d'Adonis. Il en existe une gravure au trait dans la Dulwich-Gallery. On en possède aussi une gravure par Panneels avec quelques changements.—Ajax devant l'autel de Minerve. Dans la galerie Lichtenstein à Vienne. — Bataille des Amazones et des Grecs. Dans la galerie royale de Munich. Gravé par Vorsterman, en 1623. Gravé aussi par Duchange, et en petit par Dupuis. — Même sujet. Esquisse. — Andromède enchaînée au rocher. — — Andromède et Persée. Dans la galerie de Potsdam. Gravé par Tardieu. — Même sujet. Dans la galerie de l'Escurial. — Même sujet. — Même sujet. Gravé par Harrewyns. — Angélique et Herminie. — Antiope et Jupiter. — Même sujet. Autrement composé. Gravé par Panneels. On connaît aussi une planche due au burin de Ravenet d'après un tableau de Rubens — Apollon sur son char. Il est accompagné d'un grand nombre d'Amours, et la Nuit se retire devant lui. Dans la galerie Lichtenstein, à Vienne. — Apollon poursuivant Daphné. Esquisse. Gravée par Panneels. — Apollon conduisant le char du soleil. Dans la galerie de l'Escurial. — Atalante et Méléagre chassant au sanglier. Dans la galerie impériale de Vienne. Le paysage est de Wilden, les animaux sont de Snyders. Gravé à l'eau-forte par Prenner. — Même sujet. — Même sujet. Autrement composé. Gravé par Earlom dans la Houghton-Gallery. — Même sujet. Gravé par Bolswert. — Même sujet. Même composition que celle du tableau de la galerie impériale de Vienne. Gravé par Van Kessel. — Réveil d'une Bacchante. Dans la galerie de l'Escurial. — Procession d'une bacchanale. Dans la Malborough-Collection, en Angleterre. Gravé à la manière noire par Hodges. — Bacchus tenant une coupe à la main. — Bacchus, Vénus et Cérès. — Bacchus ivre. — Triomphe de Bacchus. Composition de six figures. Dans la galerie de l'Escurial. — Bacchus assis sur un tonneau, nymphes et satyres. Dans la galerie de Florence. Gravé par Piérolini. — Bacchus soutenu par un satyre et par un faune. Un tigre et deux bacchantes armées de tyrses. Gravé par Suyderhoef. — Même sujet. Sans le tigre et sans les bacchantes. Gravé par Bolswert d'après un dessin de Rubens. — Le jeune Bacchus. Buste. Gravé par C. Watson. — Bellérophon attaquant la Chimère. Cet ouvrage ornait l'un des arcs de triomphe érigés à l'entrée de l'archiduc Ferdinand, à Anvers, en 1635. Gravé par Van Thulden.—Borée enlevant Orythie. Gravé par Spruyt. — Cadmus semant les dents du dragon. Esquisse. — Calisto découverte. Il existe, selon Waagen, un tableau représentant le même sujet à l'Académie des arts à Madrid. — Castor et Pollux enlevant les filles de Leucyppe. Dans la galerie de Munich. Gravé par Val. Green. — Amours des centaures. — Cérès avec un satyre et une corne d'abondance. Le paysage est attribué à Wildens. — Cérès et Pomone. — Cupidons qui se battent. Sujet tiré de Philostrate. — Cupidon se taillant un arc. Cet ouvrage, signé du nom de Rubens et portant le millésime de 1614, est une copie d'après Corrège avec plusieurs changements. Il se trouve dans la galerie royale de Munich. — Cupidons et Bacchantes. Copie d'après Titien. — Cupidon endormi. Psyché, une lampe à la main, le regarde. Gravé par un anonyme. — Cymon et Iphigénie. — Danaé recevant la pluie d'or. Dessin de Rubens d'après Titien. Ce dessin servit à Krafft pour graver la planche qu'on lui doit de ce sujet. — Enlèvement de Déjanire. Gravé dans la galerie Lebrun. Gravé aussi par un anonyme.— Même sujet. Gravé par Panneels. On en connaît aussi une eau-forte. — Repos de Diane et de ses nymphes après la chasse. Se voit dans la galerie royale de Munich. Le paysage est de Breughel, les chiens et le gibier sont de Van Kessel. Gravé par Soutman. — Diane et ses nymphes partant pour la chasse. Le paysage est de Breughel. Se trouve dans la galerie royale de Munich. — Même sujet. Gravé par J. Ward. — Diane et ses nymphes poursuivant un cerf et un faon. Gravé par Goupy. — Diane avec trois nymphes et trois satyres. Dans la galerie royale de Dresde. Gravé par Bolswert. — Même sujet. Les figures vues jusqu'aux genoux. Ce tableau d'un des élèves de Rubens, fut terminé par le maître. Dans la galerie de Dresde. Gravé par Bolswert. — Bain de Diane. Copie d'après Titien. Dans la galerie de l'Escurial. — Même sujet. Vendu par la veuve de Rubens au cardinal de Richelieu, pour trois mille écus. — Diane et deux nymphes endormies et deux satyres qui les épient. Dans la collection royale d'Angleterre. Il en existe une belle planche gravée à la manière noire par R. Earlom. — Diomède et Ulysse allant prendre le palladium dans le temple de Minerve. Gravé par Vosterman, jeune — Enée cherchant son père dans les enfers. Gravé par Vorsterman. — Enée avec Astyanax, Créuse et Anchise, s'échappant de la ville de Troie. Esquisse. Dans la galerie impériale de Vienne. Gravé par Prenner. — Erichtonoüs découvert par les filles de Cécrops. Peint en 1614. Se trouve dans la galerie Lichtenstein, à Vienne. Gravé par Van Sompel. — Même sujet. Esquisse du tableau précédent. — Enlèvement d'Europe. Dans la galerie de l'Escurial. — Jeune faune ayant un chalumeau. Dans la galerie impériale de Vienne. Gravé par Prenner. — Génie d'un fleuve, appuyé sur une urne et entouré de roseaux. On connait une gravure faite d'après Rubens par Evangelisti, mais où le dieu est accompagné d'une nymphe. — Flore, Cérès et Pomone, avec une corne d'abondance. Dans la galerie de Potsdam. Gravé par Van Kessel. — Même sujet. Avec deux cornes d'abondance. Deux figures, dit-on, sont les portraits des deux femmes du peintre. — Flore couronnée de fleurs. Buste. Dans la galerie de l'Escurial. — Enlèvement de Ganimède. Petit tableau. Dans la galerie de l'Escurial. — Même sujet. Se trouvait, en 1798, dans la galerie d'Orléans. — Les Trois Grâces. Il fut vendu par la veuve du peintre au roi d'Angleterre, Charles Ier. — Même sujet. Dans la galerie de l'Escurial. — Même sujet. Avec deux Cupidons. Peint en grisaille. Au palais Pitti à Florence. Gravé par Massard. Gravé aussi par P. De Jode, sans les deux Amours. — Hébé tendant une coupe à l'aigle de Jupiter. Gravé en ovale par Panneels. — Hercule. — Hercule ivre, soutenu par une nymphe et par un satyre. Dans la galerie royale de Dresde. — Hercule étranglant le lion de Némée. Dans la galerie royale de Potsdam. Gravé, en 1801, par F.-F. Freidhof. — Hercule se reposant de ses travaux. Dans la galerie de l'Escurial. — Hercule abattant l'hydre de Lerne. Dans la galerie de l'Escurial. — Hercule entre Minerve et Vénus. Tableau peint pour le duc de Toscane. Dans la galerie de Florence. — Hercule et Omphale. Composition de plusieurs figures. — Hercule exterminant les démons de l'Envie et de la Discorde. Gravé par Jegher d'après un dessin de Rubens. — Hygie, déesse de la santé. — Ixion embrassant un nuage. Gravé par Van Sompel. — Junon, Minerve et Vénus descendant sur un nuage devant Pâris. — Junon transportant les yeux d'Argus sur la queue d'un paon. — Jupiter et d'autres divinités en présence des trois Grâces. Esquisse faite pour un plafond. Dans la galerie Lichtenstein, à Vienne. — Jupiter assis sur un nuage, Junon appuyée sur son épaule. Gravé par Panneels. — Latone et ses enfants auxquels les paysans de la Carie refusent de l'eau. Dans la galerie de Munich. — Mars agitant son glaive et accompagné de la Discorde. Dessin au bistre. — Mars, Vénus et Cupidon. Dans la galerie de Dulwich. On connaît une eau-forte d'après cet ouvrage, gravée par un anonyme. — Même sujet. Autrement composé. On en possède une fort mauvaise gravure par un anonyme, A.-V. Hoorn, *exc.* — Mars et Vénus dans une caverne. Gravé en 1778, par J.-F. Avril, sous le titre de : Mars au retour de la guerre. — Méléagre présentant la tête d'un sanglier à Atalante. Dans la galerie royale de Dresde. Gravé par Bartsch, et à l'envers par Meyssens. — Même sujet. Dans la Malborough-Collection à Blenheim, en Angleterre. Gravé par Bloemaert. Gravé aussi par Panneels d'après une autre composition. — Mercure endormant Argus. — Même sujet. Dans la galerie royale de Dresde. — Même sujet. — Même sujet. — Même sujet. Dans la galerie de l'Escurial. — Mercure accompagnant Psyché à l'Olympe. Gravé par Finden. — Jugement de Midas. Dans la galerie de l'Escurial. — Même sujet. Composition de quatre figures. Gravé par Pilsen. — Minerve protégeant une mère et ses enfants. Gravé par Henriques d'après un tableau qui se trouvait dans la collection de M. Langlier. Le musée du Louvre possède une étude faite par Rubens pour cet ouvrage. — Narcisse qui se regarde dans l'eau. Dans la galerie de l'Escurial. — Neptune sur son char traîné par des chevaux marins. Dans la galerie de l'Escurial. — Neptune sur son char traîné par des chevaux marins et accompagné des Néréides. Cet ouvrage connu sous le nom de *Quos ego*, et ayant servi à orner un des arcs de triomphe érigés à l'occasion de l'entrée triomphale de l'archiduc Ferdinand, à Anvers, en 1635, se trouve dans la galerie royale de Dresde. Gravé par Van Thulden. — Même sujet. Esquisse originale du précédent ouvrage. — Neptune et Amphitrite. Gravé par Schmuzer d'après un tableau appartenant au comte de Schœnburn, à Vienne. — Même sujet. — Réunion des dieux sur l'Olympe. Dans la galerie de l'Escurial. — Orphée délivrant Euridice des enfers. Dans la galerie de l'Escurial. Lithographié dans la galerie de Madrid. — Orphée enchantant les animaux. Composition capitale fort loué par Cumberland dans ses *Anecdotes of Spanish Painters*. Se trouve dans la galerie de l'Escurial. — Orphée et Eurydice. Esquisse. Dans la galerie royale de Spotsdam. Gravé par Dickenson et par Desplaces. — Pan poursuivant Syrinx. Dans la collection royale d'Angleterre — Même sujet. Esquisse. — Pan et Cérès. Le paysage et les fruits sont de Breughel. — Jugement de Pâris. Petit tableau. Dans la galerie royale de Dresde. Gravé par Lommelin, par Dambrun, par Moitte et par Couché. — Même sujet. Autrefois au palais de Buen Retiro, en Espagne. Aujourd'hui dans la galerie de l'Escurial. — Même sujet. Répétition en grand du tableau de la galerie de Dresde avec quelques changements. Gravé par Woodman. — Même sujet. Dessin d'une aiguière destinée à être ciselée en argent, par Théodore Rogiers, pour le roi d'Angleterre, Charles Ier. Gravé par J. Neefs. — Pâris enlevant Hélène. Dans la galerie de l'Escurial. — La chute de Phaëton. Esquisse. Dans la galerie Lichtenstein, à Vienne. Gravé à l'eau-forte par Panneels. — Même sujet. Dessin que l'on croit fait pour servir de modèle pour un plafond. Dans la collection du comte Mulgrave, en Angleterre. Il existait autrefois un tableau présentant la même composition dans le palais Brignoletti, à Gênes. — Phaëton et Apollon. Dans la galerie de l'Escurial. — Philémon et Baucis donnant l'hospitalité à Jupiter et à Mercure. Gravé par Meyssens — Pluton jugeant les morts conduits devant son tribunal par Mercure. Dessin colorié d'après une peinture de Primatice. Au musée de Paris — Mort de Procris. — Progné et sa sœur Philomèle montrant à Térée la tête de son fils dont il vient de manger la chair. Dans la galerie de l'Escurial. Gravé par Galle. — L'enlèvement de Proserpine. Dans la galerie de l'Escurial. — Même sujet. Ouvrage capital. Placé dans la Malborough-Collection. Gravé à l'eau-forte par Soutman. — Même sujet. Esquisse du tableau précédent. — Protée, Achéloüs et plusieurs dieux marins à table. Des Néréides leur servent des poissons et des fruits, qui sont dus au pinceau de Breughel. Cet ouvrage fut peint à Rome pour la princesse de Scalamare. — Apothéose de Psyché. Dans la galerie royale de Potsdam. — Pygmalion et Galathée. Dessin d'un bassin destiné à être ciselé en argent pour le roi Charles Ier, par Théodore Rogiers. Gravé par Neefs. — Pythagore avec des fruits. Les fruits peints par Snyders. — Un sacrifice. D'après Elzheimer. — Saturne dévorant ses enfants. Petit tableau. Dans la galerie de l'Escurial. — Un satyre avec un panier de raisins, accompagné d'une nymphe. — Un satyre tenant une grappe de raisins, accompagné d'un faune qui boit. Dans la galerie royale de Munich. Lithographié par Piloti. — Un satyre exprimant le jus d'une grappe de raisins dans une coupe tenue par un autre satyre plus jeune. Derrière eux on voit le jeune Bacchus tenant une grappe de raisins, et sur l'avant-plan une tigresse qui allaite ses petits. Dans la galerie royale de Dresde. — Un Satyre. Grandeur naturelle. Dans la galerie de l'Escurial. — Un satyre couronné de pampre et portant une grande quantité de fruits. Il est accompagné d'une bacchante, qui joue des castagnettes et d'un faune tenant d'une main une coupe et exprimant de l'autre le jus d'une grappe de raisins sur la tête du satyre. Figures vues jusqu'aux genoux. Gravé par Carol. Francij. — Un satyre assis sur une terrasse et exprimant le jus d'une grappe de raisins dans une coupe. Sur l'avant-plan un tigre endormi et un autre qui cherche à saisir les fruits d'une branche vers laquelle il s'avance. Gravé par Vorsterman. — Un satyre, un homme et une femme. Ouvrage inachevé. — Des satyres et d'autres figures dans une caverne. Autour d'eux une quantité de vases et de coupes d'or de la plus grande variété et de la plus grande richesse. Gravé par Wyngaerde. — Sylène ivre soutenu par un satyre et par un nègre. Dans la galerie royale de Munich. Gravé par Bolswert, par Panneels et par Van Orley. — Sylène, un nègre, un satyre et une vieille femme. Dans la même galerie. Gravé par Soutman. — Sylène avec des nymphes, des satyres, etc. Gravé par Delaunay avec addition d'une tête de bouc, et par Folo sans cette tête. — Sylène ivre soutenu par un satyre et par un faune. Dessin lavé au bistre et terminé à la plume. Se trouve au musée de Paris. — Sylène avec plusieurs satyres et faunes. Au palais de l'Ermitage, en Russie. Gravé par Soutman, gravé aussi par Earlom dans la Hougton-Gallery. — Sylène que trois satyres placent sur un âne. On connaît une gravure de Popels représentant un sujet semblable traité par Rubens, mais composé de douze figures. — Sylène avec des satyres et des bacchantes. — Sylène avec des faunes et des satyres. Excellente esquisse, en grisaille, représentant le même sujet que le tableau que possède le palais de l'Ermitage, en Russie. — Noces de Thétis et Pélée. Gravé par Wyngaerde. — Thétis implorant le secours de Jupiter pour Achille. — Chute des Titans. Dans la galerie de l'Escurial. — Le fleuve du Tibre. Représenté par un vieillard, appuyé sur une urne jaillissante et accompagné d'enfants, de Tritons et d'une femme tenant une corne d'abondance. Ouvrage peint en Italie pour le palais Gighi à Rome. — Vénus suppliant Adonis de ne pas aller à la chasse. Dans la galerie royale de Munich. Gravé par Panneels. — Même sujet. Se trouve dans la galerie de Florence. Gravé par Patas et par Lorenzini. — Même sujet. — Même sujet. Au palais de l'Ermitage, en Russie — Même sujet Dans le musée royal de La Haye. Gravé par Tassaert, gravé aussi dans le Musée Français. — Même sujet. Vénus et Adonis. Copie d'après Titien. Dans la galerie de l'Escurial. — Fête en l'honneur de Vénus dans l'île de Cythère. Se trouve dans la galerie royale de Vienne. Gravé par Prenner. — Toilette de Vénus. Copie d'après Titien. Se trouve dans la galerie Lichtenstein à Vienne. — Naissance de Vénus. Elle est accompagnée de Neptune, d'Amphytrite, de Néréides, de Tritons et d'Amours Dans la galerie royale de Potsdam. Gravé par Soutman. Gravé aussi par P. de Jode avec quelques changements. Il existe une gravure de Schmuzer d'une composition semblable de Rubens qui se trouvait dans la possession du comte de Schœnburn. — Même sujet. Peint en grisaille. On croit que cet ouvrage servit de modèle à une aiguière d'argent, destinée au roi Charles Ier. — Vénus liant l'Amour. Copie, d'après Titien. Dans la galerie de l'Escurial. — Vénus et Adonis, accompagnés de plusieurs Amours. — Vénus blessée par une épine et consolée par l'Amour. Esquisse. — Vénus endormie sur une terrasse et l'Amour alarmé par l'approche d'un satyre. — Vénus nourrisant les Amours. Gravé par C. Galle et par Surugue Il existe aussi de ce sujet une eau-forte de Watelet, gravée d'après un dessin de Rubens, fait à la plume et au crayon — Vénus avec l'Amour endormi dans ses bras. Gravé par Krafft. — Vénus se regardant dans un miroir tenu par Cupidon. Une femme plus âgée lui arrange les cheveux. Gravé par Panneels. — Vulcain travaillant dans sa forge. Dans la galerie de l'Escurial. — Vulcain forgeant les armes d'Achille. Esquisse d'un tableau qui ornait l'un des arcs de triomphe érigés à l'occasion de l'entrée de l'archiduc Ferdinand, à Anvers, en 1635. — Vertumne et Pomone dans un jardin. — Même sujet.

SUJETS ALLÉGORIQUES.

L'Abondance. Trois génies avec une corne d'abondance. Gravé par un anonyme. On connaît une autre gravure due aussi à un anonyme et représentant le même sujet, mais composé d'une manière différente. — L'Ambition foulant aux pieds le dieu du vin. Dans la galerie royale de Dresde. Gravé par Tangé. — L'amour et le vin. Rubens a introduit dans cette composition son portrait et celui de sa femme. Se trouve au Palazzo Brignoli, à Gênes. — Union entre l'Angletrre et l'Ecosse. Esquisse d'une partie du plafond de la salle de White-Hall. — Union entre l'Autriche et l'Espagne. Tableau qui ornait l'un des arcs de triomphe, érigée à l'occasion de l'entrée de l'archiduc Ferdinand, à Anvers, en 1635. L'esquisse originale de cette composition se trouve au musée de l'Académie d'Anvers. Gravé par Van Thulden. — La Beauté couronnant un héros. Dans la galerie royale de Munich. — Char orné de figures. Esquisse. Se trouve dans le musée de l'Académie d'Anvers. Cet ouvrage faisait partie d'un des arcs de triomphe, érigés à l'occasion de l'entrée de l'archiduc Ferdinand, à Anvers, en 1636. Gravé par Van Thulden. On en possède un dessin au musée de Paris. — La Charité. Une femme nourrissant trois enfants. Dans la galerie royale de Potsdam. Gravé par Galle et par Surugue. — Le commerce d'Anvers. Ce tableau ornait un des arcs de triomphe élevés à l'occasion de l'entrée de l'archiduc Ferdinand, à Anvers, en 1635. — La Famine. Gravé par un anonyme. — Cinq femmes. La première est assise et tient une couronne. La deuxième agenouillée, s'appuie sur un fauteuil. La troisième tient une lampe allumée. La quatrième a un livre, et la cinquième se présente dans l'attitude de la méditation. Deux génies, dont l'un sonne de la trompette, planent dans l'air. Gravé à l'eau-forte par un anonyme. Femme assise et pleurant sur les cadavres de plusieurs guerriers. Esquisse. Dans la galerie Lichtenstein, à Vienne. — Une Vieille Femme et des enfants. Elle tient un petit vase sur des braises sur lesquelles un des enfants souffle, tandis que l'autre tient un fagot à la main. Gravé par Boëce; gravé aussi par Basan. — L'archiduc Ferdinand recevant l'hommage de la Belgique. Ce tableau ornait l'un des arcs de triomphe érigés à l'occasion de l'entrée de ce prince, à Anvers, en 1635. Gravé par Van Thulden. — L'archiduc Ferdinand accompagné de la Victoire, de la Miséricorde et de la Religion. — Ce tableau ornait un autre arc de triomphe élevé à la même occasion. Gravé par Van Thulden. — Le Génie de la France avec les emblèmes du commerce, de la prospérité et du bon gouvernement. — Génie mettant d'accord la Peinture et la Nature. Dessin à la plume, lavé au bistre. — Le Gouvernement florissant. Une femme portant une couronne murale, assise sur un piédestal et tenant d'une main la proue d'un navire. Elle est appuyée par un bras sur un ballot. Gravé par P. Pontius. Il existe une gravure d'un sujet semblable due au burin de Vorsterman. — Horreurs de la guerre. Mars armé d'un glaive et sortant du temple de Janus, dont les portes sont ouvertes. Dans la galerie de Florence. — Guerrier assis sur les cadavres de ses ennemis. Il est soutenu par Bellone et couronné par la Victoire. Dans la galerie impériale de Vienne. Il existe de ce sujet une lithographie. — Guerrier tendant les bras à une femme accompagnée de l'Amour, qui verse les richesses d'une corne d'abondance. Esquisse. Dans la galerie Lichtenstein, à Vienne. — Allégorie faisant allusion à Henri IV. Esquisse. — Henri IV, tenant une branche d'olivier à la main et conduisant Marie de Médicis. L'Hymen plane au dessus d'eux. Esquisse d'un des tableaux destinés à former une deuxième série sur la vie de ce roi. Gravé par Martinasie. — Henri IV méditant son mariage avec Marie de Médicis. Appartenant à la série de la galerie de Médicis, à Paris. Gravé par Audran. — Même sujet. Esquisse du tableau précédent. Se trouve dans la galerie royale de Munich. Mariage de Henri IV avec Marie de Médicis, à Florence. Fait partie de la même série à Paris. Gravé par Trouvain. — Même sujet. Esquisse du tableau précédent. Se trouve dans la galerie royale de Munich. — Consommation du mariage d'Henri IV avec Marie de Médicis, à Lyon. Fait partie de la même série à Paris. Gravé par Duchange. — Henri IV remet, avant son départ pour l'Allemagne, les soins du royaume à Marie de Médicis. Fait partie de la même série. Gravé par Audran. — Même sujet. Esquisse du tableau précédent. Se trouve dans la galerie royale de Munich. — Apothéose d'Henri IV. Fait partie de la même série, à Paris. Gravé par Duchange. — Même sujet. Esquisse du tableau précédent. Se trouve dans la galerie royale de Munich. — Apothéose de l'archiduchesse infante Isabelle. Tableau qui décorait un des arcs de triomphe érigés à l'occasion de l'entrée de l'archiduc Ferdinand, à Anvers, en 1635. Gravé par Van Thulden. — Le Temple de Janus. Tableau qui ornait un des arcs de triomphe érigés à la même occasion. Gravé par Van Thulden. — Apothéose du roi Jacques Ier accompagné de la Justice et de la Loi. Un des compartiments du plafond de la salle, aujourd'hui la chapelle White-Hall, à Londres. Gravé par S. Gribelin et par Lucas Vorsterman, jeune. — Jacques Ier assis sur son trône. A sa gauche, Bellone armée de la foudre. A ses pieds on voit la Guerre agenouillée. La Paix et l'Abondance l'accompagnent, ainsi que Mercure frappant de son caducée l'Envie et le Mal. Autre compartiment du même plafond. Gravé par S. Gribelin. — Jacques Ier assis sur son trône et tendant son sceptre vers son fils Charles Ier. L'enfant est tenu par deux femmes, l'Ecosse et l'Irlande, tandis qu'une autre, la Grande Bretagne, le couronne. Autre compartiment du même plafond. Gravé par Gribelin. — Prospérité du gouvernement de Jacques Ier. Représenté dans deux frises qui accompagnent les ouvrages précédents. On y voit des génies avec des fleurs et des fruits, qui signifient l'abondance et la prospérité du pays. Gravé par S. Gribelin et Lucas Vorsterman. — Bon gouvernement de Jacques Ier. Représenté par une femme qui, armée d'un frein, foule la Sédition à ses pieds. Autre compartiment du même plafond. — Sagesse du règne de Jacques Ier. Représenté par Minerve chassant la Sédition. Compartiment du même plafond. Gravé par S. Gribelin. — Splendeur des arts sous le règne de Jacques Ier. Représenté par Apollon qui tient une corne d'abondance dont il verse les trésors. Compartiment du même plafond. Gravé par S. Gribelin. — Générosité de Jacques Ier. Il foule l'Avarice à ses pieds, tandis qu'auprès de lui Hercule frappe avec sa massue l'Envie. Compartiment du même plafond. Gravé par S. Gribelin. — La Justice, la Paix et l'Abondance. Esquisse d'un des groupes de la galerie Médicis. Gravé par Eyndhoudt. — Jupiter donnant à la femme le gouvernement du monde. Esquisse. — Mars offrant des armes à Louis XIII. Gravé par Martinasie. — Naissance de Louis XIII. Tableau qui fait partie de la galerie Médicis, à Paris. Gravé par Audran. — Même sujet. Esquisse. Se trouve dans la galerie royale de Munich. — Majorité de Louis XIII. Tableau qui fait partie de la galerie Médicis à Paris. Gravé par A. Trouvain. — Même sujet. Esquisse. Se trouve dans la galerie royale à Munich. — Mariage de l'archiduc Maximilien avec Marie de Bourgogne. Composition de sept figures. Ce tableau décorait un des arcs de triomphe érigés à l'occasion de l'entrée de l'archiduc Ferdinand, à Anvers, en 1635. Gravé par Van Thulden. — Destinées de Marie de Médicis. Ce tableau fait partie de la galerie Médicis à Paris. Gravé par Chastillon. — Même sujet. Esquisse de l'ouvrage précédent. — Naissance de Marie de Médicis. Cet ouvrage fait partie de la galerie de Médicis, à Paris. Gravé par Duchange. — Même sujet. Esquisse du tableau précédent. Se trouve dans la galerie de Munich. — Education de Marie de Médicis. Cet ouvrage fait partie de la galerie Médecis, à Paris. Gravé par A. Loir. — Même sujet. Esquisse du tableau précédent. Se trouve dans la galerie royale de Munich. — Mariage de Marie de Médicis. Cet ouvrage fait partie de la galerie Médicis, à Paris. Gravé par Trouvain. — Même sujet. Esquisse du tableau précédent. Se trouve dans la galerie royale de Munich. — Débarquement de Marie de Médicis à Marseille. Cet ouvrage fait partie de la galerie Médicis, à Paris. Gravé par Duchange. — Même sujet. Esquisse du tableau précédent. Se trouve dans la galerie royale de Munich. — Couronnement de la reine Marie de Médicis à Saint-Denis. Cet ouvrage fait partie de la galerie Médicis à Paris. Gravé par Duchange. — Même sujet. Esquisse du tableau précédent. Se trouve dans la galerie royale de Munich. — Bon gouvernement de la reine Marie de Médicis. Cet ouvrage fait partie de la galerie de Médecis, à Paris. Gravé par Picart. — Même sujet. Esquisse du tableau précédent. Se trouve dans la galerie royale de Munich. — Voyage de la reine Marie de Médicis à Pont-de-Cé. Cet ouvrage fait partie de la galerie Médicis, à Paris. Gravé par Simonneau. — Même sujet. Esquisse du tableau précédent. Se trouve au musée royal de Munich. — La reine Marie de Médicis ayant conclu le double mariage de sa fille et de son fils. La scène se passe sur un pont de bateaux jeté sur l'Andaye. Isabelle de Bourbon est remise aux ambassadeurs d'Espagne, et Anne d'Autriche à ceux de France. Cet ouvrage fait partie de la galerie de Médicis, à Paris. Gravé par B. Audran. — Même sujet. Esquisse du tableau précédent. Se trouve dans la galerie royale de Munich. — Prospérité de la régence de Marie de Médicis. Cet ouvrage fait partie de la galerie Médicis, à Paris. Gravé par Picart. — Même sujet. Esquisse du tableau précédent. Se trouve dans la galerie royale de Munich. — Fuite de la reine Marie de Médicis de Blois. Cet ouvrage fait partie de la galerie Médicis, à Paris. Gravé par Vermeulen. — Même sujet. Esquisse du tableau précédent. Se trouve dans la galerie royale de Munich. — Marie de Médicis se détermine à se réconcilier avec son fils Louis XIII. Cet ouvrage fait partie de la galerie Médicis, à Paris. Gravé par Nattier. — Même sujet. Esquisse du tableau précédent. Se trouve dans la galerie royale de Munich. — Conclusion de la paix entre Marie de Médicis et son fils. Cet ouvrage fait partie de la galerie Médicis, à Paris. Gravé par Picart. — Même sujet. Esquisse du tableau précédent. Se trouve dans la galerie royale de Munich. — Confirmation de la paix conclue entre Marie de Médicis et son fils, et entrevue de la reine-mère et du roi. Cet ouvrage fait partie de la galerie Médécis, à Paris. Gravé par Duchange. — Marie de Médicis. Allégorie relative à cette reine. Dans la galerie royale de Potsdam. — Marie de Médicis. Allégorie relative à la vie de cette reine. Esquisse. — Marie de Médicis conduite en prison à Blois. Esquisse. Se trouve dans la galerie royale de Munich. — Minerve protégeant la Paix et le Bonheur contre les attaques de Mars. Se trouve dans la galerie royale de Munich. — Minerve chassant les démons de la guerre du trône de Jacques Ier. Magnifique esquisse d'une partie du plafond de la salle de White-Hall. — La Nature dévoilée par les Grâces, accompagnées de nymphes et de satyres qui jouent avec des fleurs et des fruits. Les fruits et les fleurs sont peints par Breughel. Gravé par Van Dalen. — La Navigation et le Commerce. Esquisse terminée. — Neptune favorisant le voyage de l'archiduc Ferdinand. Ce tableau, connu sous le nom de *Quos ego*, décorait l'un des arcs de triomphe érigés à l'occasion de l'entrée de ce prince, à Anvers, en 1635. Il se trouve dans la galerie royale de Dresde. Gravé par Van Thulden. — Même sujet. Esquisse originale du tableau précédent. — La Paix et la Guerre. Tableau peint pour le roi Charles Ier. Gravé par J. Heath dans la Stafford-Gallery. — La Paix et la Guerre. Représentées par des trophées. Superbe esquisse d'une peinture qui décorait l'un des arcs de triomphe érigés à l'occasion de l'entrée de l'archiduc Ferdinand, à Anvers, en 1635. Gravé par Van Thulden et par Bickham. — La Paix et l'Abondance représentées par deux femmes. — Même sujet. Esquisse. — La Paix et la Prospérité du gouvernement. Composition de quinze figures. Gravé par Eyndhoudt. — Pallas défendant une femme et ses enfants contre les fureurs de la Guerre. Esquisse à l'huile sur papier. Se trouve dans le musée du Louvre. — La Paresse punie et l'Industrie applaudie par le Temps. Gravé par Couchet. — Philippe IV présentant à l'archiduc Ferdinand le bâton de commandant de son armée. Ce tableau ornait l'un des arcs de triomphe érigées à Anvers, à l'occasion de l'entrée de l'archiduc, en 1635. Gravé par Neefs. — Philippe IV investissant son frère, l'archiduc Ferdinand, du commandement de son armée destinée à marcher contre les Suédois en Allemagne. Ce tableau décorait un autre arc de triomphe élevé à la même occasion. Gravé par Van Thulden. — Philippe IV. Composition allégorique. Gravé au burin par P. Pontius, et à l'eau-forte par Spruyt. — Portique rustique, orné de figures allégoriques. Esquisse d'un autre arc de triomphe érigé à Anvers, en 1635, à l'occasion de l'entrée de l'archiduc Ferdinand en cette ville. Se trouve au musée de l'Académie d'Anvers. Gravé par Van Thulden. — Même sujet. Il est surmonté de Jason qui enlève la Toison d'or. On y voit aussi une femme avec les emblèmes du commerce, et plusieurs autres figures allégoriques. Esquisse d'un autre arc de triomphe élevé à la même occasion. Se trouve au même musée. Gravé par Van Thulden. — La Renommée couronnant Mars de lauriers. Dans la galerie royale de Munich. Gravé par Tanjé. La galerie de Munich possède un autre tableau de Rubens représentant le même sujet autrement composé. La galerie de Dresde possède deux autres compositions pareilles. — Rome triomphante. Esquisse terminée. — La Sévérité. — Le Temps découvrant la Vérité. Ce tableau fait partie de la galerie Médicis, à Paris. Gravé par A. Lhoir. — Le Temps découvrant la Vérité du christianisme. — Le Temps triomphant de la Mort. Dessin à la plume, lavé à l'encre de Chine, fait pour servir de titre à un livre. — La Terre et l'Eau, représentées par un fleuve appuyé sur une urne et par une femme ayant des fruits sur ses genoux. Il existe une planche gravée par Vangelisti, laquelle représente un sujet à peu près semblable, et qui fut probablement faite d'après le tableau peint par Rubens pour le palais Ghigi à Rome. On en connaît une autre, mais avec des changements, due au burin de P. de Jode. — Les Quatre Parties de la terre, représentées par quatre fleuves et autant de femmes avec des attributs divers. Se trouve dans la galerie impériale de Vienne. Gravé par Prenner. — Arc de triomphe. Deux études. Se trouve au musée de Paris. — Trophée d'armes de nations vaincues. Dessin composé pour servir de titre à une histoire des Césars. Gravé par Lasne.

PORTRAITS.

Une Abbesse. Se trouve dans la galerie royale de Munich. — Une Abbesse. Gravé dans la Galerie Choiseul. — Le duc d'Albe assis sur un cheval bai. Esquisse terminée. — Les archiducs Albert et Isabelle accompagnés de leurs patrons saint Albert et sainte Claire. Peints sur l'intérieur des volets du tableau fait par Rubens pour la chapelle de la confrérie de Sainte-Ildephonse, dans l'église de Caudenberg. Se trouve aujourd'hui dans la galerie impériale de Vienne. Gravé par Harrewyns. — Archiduc Albert. Il est assis sur un cheval fringant et tient de la main droite un bâton de commandement. Dessin à la plume, lavé au bistre. Se trouve au musée de Paris. — Le même. Ce portrait ornait un des arcs de triomphe érigés à l'occasion de l'entrée de l'archiduc Ferdinand, à Anvers, en 1635. Il provient, dit-on, de l'hôtel de ville de Bruxelles et, après avoir appartenu, en 1829, à M. Emmerson, de Londres, fut vendu au gouvernement belge par M. Heris, de Bruxelles. — Le même. Portrait équestre. Se trouve dans la galerie royale d'Angleterre. — Le même. — Le même. On le voit de trois quarts et décoré du collier de la Toison d'or. Sa main droite est appuyée sur une table couverte d'un tapis, et sa gauche tient la poignée de son épée — Le même. Vu de face. Il porte une ample fraise et est vêtu d'un habit richement brodé. Sa main droite tient son épée. Gravé par Muller. — Le même avec l'infante Isabelle. Gravé dans un cadre ovale et embelli de palmes et de lauriers, d'après un dessin fait pour servir de modèle à une médaille. — Le même. — Lord Arundel. — Lord Arundel, avec sa femme et son fils. Se trouve dans la galerie royale de Munich. — Le même, revêtu d'un manteau garni de fourrure. Gravé par J. Houbraken, dans un cadre ovale orné. — Le même, revêtu d'une armure. — Attendulus Mutius, vu de profil et un bonnet sur la tête. Gravé par un anonyme. — Anne d'Autriche, femme de Louis XIII, roi de France. Gravé par Louys dans un ovale orné. Il existe une autre planche gravée par un anonyme, où le même portrait se voit dans un cadre octogone. — Corneille Backx, fondateur du collége de Louvain qui porte ce nom. — Marcellin et Héliodore de Barca. Deux moines. Gravé en ovale sur la même planche, par un anonyme. — Le cardinal Bellarmin. Il est assis à une table dans son cabinet d'étude. Gravé par Bolswert. — Mme Boonen. On regarde le portrait connu sous ce nom comme celui d'une dame de cette famille. D'autres le croient celui de la première femme de Rubens. Il fait aujourd'hui partie de la galerie du Louvre. — Philippe le Bon, duc de Bourgogne. Se trouve dans la galerie impériale de Vienne. Gravé dans la Wiener-Gallery. — Elisabeth de Bourbon, femme de Philippe IV, roi d'Espagne. Dans la galerie royale de Munich. Gravé sans les mains par P. Pontius et par Louys. Gravé aussi en petit par Viennot. — La même, répétition du portrait précédent. — La même. Buste. Répétition du même portrait, attribué à un élève de Rubens et retouché par lui. Dans la galerie impériale de Vienne. — La même. Elle est vêtue de satin bleu. Se trouve dans le musée du Louvre à Paris. Il existe une répétition de cet ouvrage dans la Malborough-Gallery, en Angleterre. — Isabelle Brant, première femme de Rubens. Se trouve dans la galerie royale de Munich. On connaît une gravure d'Elliot qui ressemble exactement à cette peinture. — La même. Dans la galerie royale de La Haye. — La même. Elle tient un livre à la main. Dans la galerie de Florence. — La même. Elle a les cheveux blonds négligemment bouclés. — La même. Elle a une chaîne d'or au cou. — Jean Breughel de Velours. — Le duc de Buckingham. — Le même à cheval. — Le même, avec sa femme et ses trois enfants. Gravé par W. Walker. — Portrait d'un cardinal. Il est assis dans un cabinet d'étude, a une main posée sur sa poitrine, et tient de l'autre un rosaire. Ses yeux sont fixés sur un miroir, tenu par un moine et dans lequel se reflètent les stigmates de saint François. Gravé par un anonyme. — Le Chapeau de paille. Ce magnifique portrait passe pour être celui d'une demoiselle de Lunden, d'Anvers, que, selon la tradition, Rubens voulait épouser. Gravé à la manière noire par Reynolds. Lithographié à Bruxelles. Il en existe aussi une gravure au trait faite par Teylor, d'après un ancien dessin au crayon noir. — Charles le Téméraire. — Charles Ier d'Angleterre et la reine Henriette Marie, représentés, l'un en saint George et l'autre en Cléodelinde dans la grande composition de saint George terrassant le dragon, qui se trouve dans la collection royale d'Angleterre et qui fut gravé par Liénard. — L'empereur Charles V à cheval. Dessin d'étude, fait au bistre pour un portrait équestre de cet empereur. — Charles V, Philippe IV et la reine Elisabeth de Bourbon. — Charles V, revêtu d'une riche armure. Copie d'après Titien. Gravé par Vorsterman. — Charles d'Autriche, fils de Philippe III, roi d'Espagne, vu de profil et revêtu d'une armure. Gravé en ovale par P. de Jode. Gravé aussi dans un cadre rond pour servir de frontispice à un recueil de médailles, imprimé à Anvers. — Constance, reine de Pologne, femme de Sigismond. Figure entière. Se trouve au musée royal de Munich. Gravé par P. Pontius. — Quatre portraits de courtisanes de Venise. Copie d'aprè Titien. — Courtisane anglaise. — Dame française inconnue. — Dame inconnue ayant un bonnet sur la tête. — Dame inconnue ayant un petit chien entre les bras. — Dame inconnue. Vue de face, vêtue d'une robe noire et coiffée d'un large chapeau. Dans la galerie royale de Munich. Vieille dame inconnue. On croit que ce portrait est celui de la mère de Rubens. Dans la même galerie. — Dame inconnue, d'environ vingt-cinq ans, vue de trois quarts. Se trouve dans la galerie royale de Dresde. — Six portraits de femme. Se trouvent dans la galerie de Dresde. — Jeune dame inconnue. Dans la galerie royale de Potsdam. — Dame inconnue, vêtue de soie noire, un chapeau sur la tête. Elle est assise sur un fauteuil et a un manchon sur les genoux. Dans la galerie du palais de l'Ermitage, en Russie. Gravé par Watson, dans la Houghton-Gallery. — Dame inconnue, la tête couverte d'un chapeau garni de plumes; un collier de perles lui descend sur la poitrine: un corsage rouge et de larges manches. — Dame inconnue, la tête légèrement inclinée en avant. — Dame inconnue. Elle porte un voile noir. — Dame inconnue. Elle est vue de face, a les cheveux bouclés et ornés d'une rose; autour du cou une chaîne de joyaux, attachée par une agrafe au devant de sa poitrine découverte; autour de ses épaules une large collerette de dentelle. Il en existe une gravure à l'eau-forte parmi les planches faites de cette collection. — Jeune dame inconnue. Elle est vue de face, vêtue de soie noire avec des manches tailladées et a une ample fraise autour du cou. Elle porte à la poitrine une riche croix de joyaux d'où tombe une chaîne. — Dame inconnue d'environ trente-cinq ans. — Dame inconnue. Buste. — Dame inconnue. Représentée en Cléopâtre, tenant une coupe à la main et ayant un serpent attaché à sa poitrine. Gravé par Neefs. Dame inconnue. Portrait en pied. Posée debout et portant une large fraise. Gravé par un anonyme. — Dame inconnue. Tête. Superbe dessin au crayon. — Antoine Van Dyck. Il fait partie de la galerie d'Angleterre. — Eléonore, femme de l'empereur Charles V. Deux portraits copiés d'après Titien. — Portrait d'un évêque. — Portrait d'un enfant. Petite fille tenant un chat sous son bras. Gravé dans l'œuvre de G. Hoet. — Isabelle d'Este, comtesse de Mantoue. Peinte par Rubens d'après Titien. Gravé par Vorsterman. — La même. Copiée d'après Titien. — Alphonse d'Este, duc de Ferrare. Copié d'après Titien. — L'archiduc Ferdinand, gouverneur général des Pays-Bas. Ce portrait ornait l'un des arcs de triomphe érigés lors de l'entrée de ce prince, à Anvers, en 1635. — Le même. Portrait équestre. On connaît une gravure de Van der Does qui ressemble beaucoup à ce tableau. — Le même. Représenté en cardinal. Se trouve dans la galerie royale de Munich.

Gravé par Galle. — Le même. Esquisse de l'ouvrage précédent. Dans la même galerie. — Le même. Portrait équestre. Dans la même galerie. Gravé par P. Pontius. Il existe du même ouvrage une répétition, attribuée à Van Dyck, dans la galerie du musée royal de Madrid. — Le même. Portrait en pied. Revêtu d'une armure, ayant une écharpe autour de l'épaule et un chapeau orné de plumes sur la tête. Dans la galerie impériale de Vienne. Gravé par Prenner. — Le même. — Portrait équestre. Etude terminée sur papier. — Le même. En cardinal. — Le même. Portrait équestre. Dans la galerie royale d'Angleterre. — Le même. Etude d'un portrait équestre. Le prince est accompagné d'un aigle et d'une femme qui agite la foudre. — Le même. Portrait en pied. Revêtu d'une armure, tenant de de la main droite un bâton de commandement, et de la gauche la poignée de son épée. Gravé par Prenner. — Le même. Vu de trois quarts, la tête coiffée d'un large chapeau à plumes, une fraise au cou et un bâton de commandement à la main droite. Gravé par Neefs. Gravé aussi, sans les mains, par Sylvestre. — Ferdinand, roi de Hongrie. Se trouve dans la galerie impériale de Vienne. Gravé par Prenner. — Ferdinand de Médicis, grand duc de Toscane. — Ferdinand II. Gravé dans un cadre ovale, orné de figures allégoriques par Parerga. Gravé aussi par un anonyme dans un ouvrage sur la numismatique. — Ferdinand, comte palatin et duc de Bavière Gravé dans un cadre ovale orné, de Jode *exc.* — Jeune fille d'environ treize ans. — Hélène Fourment, seconde femme de Rubens. Dans la galerie royale de Munich. Lithographié par Piloti. — La même, à l'âge de vingt-cinq ans. Dans la galerie royale de Munich. — La même. Dans la galerie royale de Dresde. — La même. Elle se dispose à aller au bain. Dans la galerie impériale de Vienne. Gravé par Prenner. — La même. Dans la galerie royale de La Haye. — La même, à l'âge d'environ vingt-deux ans. accompagnée de deux de ses enfants. Dans le musée du Louvre. Gravé dans le musée français. Gravé aussi par M. Cosway, mais sans les deux enfants. — La même. Dessin au crayon, légèrement lavé au pinceau. Dans la galerie de Florence. — La même, vue de face et les cheveux bouclés. Se trouve dans le palais de l'Ermitage, en Russie. Gravé par Michel dans la Houghton-Gallery. — La même. — La même. — La même. — La même. — La même. Portrait en pied. Se trouve dans la Malborough-Collection. Gravé par Earlom. — La même. — La même. On connaît encore un autre portrait d'Hélène Fourment en bergère, gravé trois fois par Pether, d'après une peinture de Rubens. — La même. — La même. Elle porte un turban. Gravé par Elliot d'après un tableau qui appartenait à M. Bradford, en Angleterre. Il existe aussi de ce portrait une gravure par Dickenson. — François Sforce, deuxième duc de Milan. Peint d'après Titien. — François de Médicis. L'un des portraits peints pour la galerie Médicis, à Paris. Dans le musée du Louvre. Gravé par Edelinck. — Le duc Jean Fréderic de Saxe. Peint d'après Titien. — Balthazar Gerbier, sa femme et ses neuf enfants. Ouvrage attribué à Rubens. Dans la galerie royale d'Angleterre. Gravé par Marc Ardell, par R. Brooskaw et par W. Walker. — Mme Gerbier, avec quatre de ses enfants. Se trouve dans la galerie royale d'Angleterre. Répétition du groupe principal de l'ouvrage précédent. Attribué aussi à Rubens. — Gevaerts. Il est assis dans son cabinet d'étude. Gravé par Pontius. — Vincent Gonzague, duc de Mantoue Il appelle la bénédiction de la sainte Trinité sur l'église nouvellement bâtie des Jésuites, à Mantoue. Cette peinture, dit-on, date de l'an 1611. — Le cardinal Granvelle. — André Gritti, doge de Venise, peint d'après Titien. — Grotius. Buste. — Jean Van Havre. Gravé par C. Galle dans un cadre ovale orné. — Philippe, landgrave de Hesse, peint d'après Titien. — Alexandre Goubau et sa femme. La Vierge au dessus d'eux dans les nuages. Ces portraits furent peints pour orner la sépulture de ces deux personnages, dans la cathédrale d'Anvers. — Portrait d'homme habillé en Turc. — Portrait d'homme en costume espagnol. Dans la galerie de Munich. — Autre. On le regarde comme le portrait de l'ambassadeur génois à la cour d'Espagne, peint pendant le séjour de Rubens, à Madrid. Il est vêtu de soie rouge et porte le collier de la Toison d'Or. — Autre. Un jeune homme. Dans la galerie royale de Munich. — Autre, tenant un livre à la main. Dans la même galerie. — Autre. Tête. Dans la même galerie. — Autre, cheveux courts, barbe touffue, une fraise autour du cou. Dans la galerie royale de Dresde. Gravé par Daullé. — Deux autres. Dans la même galerie. — Autre, vu de profil, vêtu de noir, ayant une grande fraise et la tête chauve. Dans la galerie impériale de Vienne. — Autre. Dans la même galerie. — Autre, vêtu d'un habit de soie noire, d'une ample fraise et d'un manteau noir. Il tient son bonnet de la main droite et ses gants de la main gauche. Cet ouvrage, qui porte le millésime de 1615, se trouve dans la galerie Lichtenstein à Vienne. — Autre. Jeune homme en costume espagnol. Dans la galerie royale de Potsdam. — Autre, vêtu de noir et portant une fraise, les cheveux et la barbe noirs. — Autre, vêtu de soie noire façonnée, ayant un manteau noir sur l'épaule gauche. Il a la main droite appuyée sur sa hanche. — Autre, vêtu de noir, ayant un collet blanc qui retombe autour de son manteau qu'il tient devant lui de la main droite. — Autre. — Autre, avec des cheveux courts et une barbe. Gravé dans un cadre ovale par un anonyme. — Autre. Peint en grisaille. Gravé par Jegher d'après un contour dessiné par Rubens. — Autre. — Autre, en costume de fauconnier. Dans la collection royale d'Angleterre. — Portrait d'homme accompagné d'une femme. Dans la galerie royale de Potsdam — Autre. Se trouvait, en 1780, dans le Palazzo Doria, à Gênes. — Portrait de l'impératrice. — L'archiduchesse infante Isabelle d'Autriche. Gravé par Muller. — La même. Gravé par Lauwers dans un cadre ovale orné. — La même. Elle porte le costume des Pauvres-Claires, et est accompagnée de deux anges qui lui mettent une couronne sur la tête. Gravé par P. Pontius. — La même. Portrait sans mains. Gravé par un anonyme. — La même, s'appuyant contre un vase et ayant près d'elle un perroquet. Gravé à la manière noire par Miller. — La même. Ce portrait ornait un des arcs de triomphe érigés à l'occasion de l'entrée de l'archiduc Ferdinand, à Anvers, en 1635. — Jeanne d'Autriche, grande-duchesse de Toscane. L'un des portraits peints pour la galerie Médicis, à Paris. Gravé par Edelinck. — Juste-Lipse. — Le bourgmestre d'Anvers, Van Kessel. Gravé. — Le pape Léon X. Gravé dans un cadre ovale par Vorsterman. — Léonard Jessius, jésuite. Gravé par C. Galle. — Vanden Linden, chevalier de l'ordre de Saint-Jean de Jérusalem. Charles de Longueval. Gravé dans un cadre ovale orné, par Vorsterman. — Anne d'Autriche, femme de Louis XIII. — Portrait d'un docteur de Louvain. Gravé par Coelmans. — Lucas de Leyde. Dessin fait au bistre rehaussé de blanc. — Édouard Lupus, musicien distingué de Lisbonne. Gravé par un anonyme. — Le docteur Maierna, médecin du roi Jacques Ier. Gravé dans la collection du docteur Mead. — Le même. — Le frère du duc de Mantoue, vêtu d'une armure. — L'archiduc Maximilien, vêtu de noir, ayant une fraise et un manteau fourré. Il porte une grande croix sur l'épaule et une autre suspendue à une chaîne à son cou. Gravé par Vorsterman, et à l'envers dans un cadre ovale par Meyssens. Gravé aussi dans un ovale orné par Suyderhoef. — Le même, revêtu d'une armure richement travaillée. Se trouve dans la galerie impériale de Vienne. Gravé dans la Wiener-Gallerie. — Cosme de Médicis, vu de profil. Gravé par Vorsterman. — Laurent de Médicis. Gravé par Vorsterman. — Catherine de Médicis, assise sur un fauteuil. Se trouve dans la Malborough-Collection, à Blenheim, en Angleterre. — Marie de Médicis. Représentée en Bellone. Portrait peint pour la galerie Médicis, à Paris. Gravé par Massé. — La même. — Portrait d'un militaire, revêtu d'une armure et ayant un manteau sur les épaules. Gravé par un anonyme. — Portrait d'un ministre d'Angleterre. Gravé à l'eau-forte par Rubens. — Pic de la Mirandole. Copie d'après une peinture italienne. — Moine franciscain, ayant un livre et une tête de mort. Se trouve dans la galerie royale de Munich. — Moine franciscain. Ce portrait, que l'on regarde comme celui du confesseur de Rubens, se trouve au Palazzo Doria. — Moine de l'ordre des Cordeliers. — Moine en adoration devant un crucifix. Gravé par Van den Bergen. — Martine Plantin, femme de Jean-Baptiste Moretus. Se conserve chez les descendants de Moretus, à Anvers. Le même portrait se retrouve sur l'un des volets d'une Résurrection peinte pour la sépulture de cette famille, et qui se voient aujourd'hui dans le musée de l'Académie d'Anvers. L'autre volet offre le portrait de Jean-Baptiste Moretus. — Thomas Morus, chancelier d'Angleterre. Ce portrait fut fait, d'après le désir du roi d'Espagne, pendant le séjour de Rubens à Madrid, d'après une peinture de Hans Holbein. Il se trouve aujourd'hui au musée royal de Madrid. — Portrait du Nain de Philippe II. Copié d'après Titien. — Duc de Neubourg. — Portrait d'officier espagnol. Gravé par Fitler. — Comte d'Olivarez, duc de San Lucar. Peint en grisaille. Gravé par P. Pontius et en petit par Galle, jeune. — Michel Ophius, dernier évêque de Bois-le-Duc et confesseur de Rubens. Se trouve au musée royal de La Haye. Gravé par Van den Bergh. Le buste a été gravé aussi en ovale par un anonyme. — Paracelse, vu de face, portant un manteau rouge garni de fourrure et tenant un livre à la main. Il est placé dans un paysage peint par Wildens. Se trouve dans la Malborough-Collection, à Blenheim, en Angleterre. Le buste a été gravé par Van Sompel. — Buste de Platon. — Philippe le Bon, duc de Bourgogne. — Philippe II, roi d'Espagne. Figure entière. Copié d'après Titien. — Philippe III, roi d'Espagne. Figure entière. Vêtu de soie noire et portant le collier de la Toison d'or. Se trouve au palais Durazzo, à Gênes. — Le même. Dans un cadre ovale orné des armes d'Espagne et d'autres emblêmes. Gravé par Meyssens. — Philippe IV, roi d'Espagne, un châpeau sur la tête. — Le même. Portrait équestre. Se trouve dans la galerie royale d'Angleterre. — Le même. Dans la galerie royale de Munich. Gravé sans les mains par P. Pontius et par Louys. Gravé aussi en petit par Viennot. — Le même. Portrait équestre. Dans la galerie de l'Escurial. Gravé par un anonyme. On connaît une planche gravée par M. de Jode et qui représente ce roi à cheval sous un arc de triomphe. Une autre gravure nous montre le même souverain à cheval, accompagné de quatre génies qui planent au dessus de sa tête, et dont deux portent un globe, tandis qu'un troisième tient une couronne et une croix; derrière le roi on voit un page more qui porte un casque. Selon Cumberland, Rubens peignit cinq portraits de Philippe IV. — Le même, vu à peu près de profil, ayant une ample fraise autour du cou et enveloppé d'un manteau. Esquisse terminée. — Le même. — Prélat inconnu. — Prêtre inconnu. — Jeune prêtre inconnu. Gravé par un anonyme. — Un prince évêque de Liége. Gravé par Van Schuppen.— Portraits divers. Tibère, accompagné de deux jeunes Romains, Pallas et Mécène, accompagné d'une femme qui porte un casque en forme de tête d'éléphant. Têtes dessinées d'après l'antique dans des cadres de forme ovale. Gravées par un anonyme sur la même planche. — Autres. Quatre têtes dessinées d'après l'antique et représentant Platon, Nicias, Pallas et Alexandre le Grand. — Autres. Vingt-quatre têtes, toutes dessinées d'après des médailles antiques, de forme ovale. Seize de ces pièces représentent des médailles relatives à Jules César. Gravées par un anonyme. — Autres. Douze bustes dessinés par Rubens d'après des marbres antiques, et représentant Sophocle, Socrate, Hippocrate, Scipion et Néron, gravés par Pontius; Démocrite, Platon, Brutus et Sénèque, gravés par Vorsterman; Démosthènes et Cicéron, gravés par Witdouck, et Jules César, gravé par Bolswert.— Le président Richardot et son fils. Dans le musée du Louvre. — Louis Stuart, duc de Richmond. — Françoise, duchesse de Richmond. — Jacques, duc de Richmond. — Le bourgmestre Nicolas Rockox. — Marquis de Castel Rodrigo. Gravé par P. Pontius, copié à l'envers par Daes, gravé une seconde fois par Pontius. — Marquise de Castel Rodrigo. Gravé par Pontius dans un cadre ovale orné. —. Philippe Rubens. Ce portrait ornait la tombe du frère du peintre, dans l'église abbatiale de Saint-Michel. Gravé par Galle. — Le même. — Pierre-Paul Rubens peint par lui-même, à l'âge de soixante ans, le chapeau sur la tête. Dans la galerie de Vienne. Gravé à l'eau-forte par Prenner. Gravé dans la Wiener-Gallerie. — Le même, à l'âge de quarante-cinq ans, le chapeau sur la tête. Dans la galerie de Florence. Gravé par Meulemester et par Grégori. — Le même, à l'âge de cinquante ans, la tête découverte. Dans la même galerie. Gravé par Townley. La tête seule est peinte par Rubens. — Le même, à l'âge de cinquante ans, le chapeau sur la tête. Peint en ovale. Dans le palais Brignoli, à Gênes. — Le même, à l'âge de quarante-deux ans, le chapeau sur la tête. Se trouve dans la collection royale d'Angleterre. — Le même. — Le même. — Le même, le chapeau sur la tête. Dans la Malborough-Collection, à Blenheim, en Angleterre. — Le même. Portrait en pied. Dans le lointain on voit le château de Steen. — Le même. Dessin à la plume que possédait autrefois la bibliothèque des Jésuites, à Anvers. Gravé dans les mêmes proportions par P. Pontius. — Le même, avec sa première femme, assis sous une treille et se donnant la main. Dans la galerie royale de Munich. Gravé par Hess. — Le même, avec sa première femme, assis sur une terrasse. Dans la collection du comte Grosvenor, en Angleterre. — Le même, avec sa femme et son fils, se promenant dans son jardin à Anvers. Dans la galerie royale de Munich. — Le même, avec sa femme qui tient son fils sur les genoux. Dans la même galerie. — Le même se promenant avec sa seconde femme et un de ses enfants dans un jardin. — Les deux premiers fils de Rubens. Dans la galerie royale de Dresde. Gravé par Tanjé et par Daullé. — Les mêmes. Répétition du précédent ouvrage, mais d'une qualité très supérieure. Dans la collection Lichtenstein, à Vienne. — Fils aîné de Rubens. — Le même, à l'âge de huit ou neuf ans. — Le même, à l'âge de treize ans. Gravé par Schiavonetti. — Second fils de Rubens. — Un enfant de Rubens avec sa gouvernante entrant dans un garde-manger. Gravé par Earlom. — Fils de Rubens. — La fille de Rubens, à l'âge d'environ sept ans. — La même, vêtue d'une robe gris de fer. Dans le fond le jardin de Steen. — Quatre enfants de Rubens, avec deux servantes. Gravé par Tassaert d'après un tableau en miniature fait pour le roi d'Angleterre, par Fruytiers d'après un grand tableau attribué à Rubens. — Trois enfants de Rubens. Gravé à la manière noire gravé par Marc-Ardell. — Rubens, son frère Philippe, Grotius, Juste-Lipse. Ce tableau, connu sous le nom des Quatre Philosophes, est un des plus beaux ornements du palais Pitti, à Florence. Gravé par Morel et par Grégori. Le portrait de Juste-Lipse a été gravé en ovale avec des ornements par Galle. — Le Père Ruzzola, confesseur d'Albert et d'Isabelle. Gravé par un anonyme pour illuster une histoire de l'ordre des Carmes auquel ce moine appartenait. — Sénéque. Buste peint d'après un marbre antique. Gravé par Vorsterman.— Prêtre siamois. Dessin fait pendant le séjour de Rubens en Angleterre. Gravé par W. Baillie. — Ambassadeur siamois. Dessin fait aussi en Angleterre. Gravé par le même. — Sigismond, roi de Portugal. Figure entière. Dans la galerie royale de Munich. Gravé par Pontius. — François Snyders et sa femme. — Le marquis Spinola.— Van der Sterren. Portrait de l'abbé de Saint-Michel, à Anvers. — Tobie Stimmer, peintre allemand. Dessin au bistre rehaussé de blanc. — Emmanuel Sueiro, chevalier de l'ordre du Christ. Gravé par P. de Jode, en 1624. - Deux têtes de vieillards. Dans la galerie impériale de Vienne. — Autres. Dans la galerie de l'Escurial. — Tête de vieillard. — Autre, vue de profil, crâne chauve et barbe grise. On assure que cette figure est une étude pour saint Joseph d'Arimathie. Se trouve dans la galerie impériale de Vienne. — Autre. Gravé par un anonnyme d'après un dessin de Rubens. — Tête, vue de profil, chauve et posée sur un ample fraise. Se trouve dans la galerie impériale de Vienne. Gravé par Prenner. — Autre, avec cheveux courts et barbe. Gravé par un anonyme. — Autre. On regarde cette figure comme une étude de paralytique, qui devait servir à représenter le Christ guérissant les paralytiques. Gravé par Blooteling. — Autre. Dessin au crayon rouge. — Tête, peinte, dit-on, pour servir de modèle à une tapisserie des Gobelins. — Le docteur Van Thulden, vêtu de noir, assis dans un fauteuil et tenant un livre à la main. Dans la galerie royale de Munich. Gravé par Coelmans. — Le roi de Tunis. Deux copies d'après Antonio Moro. — Le pape Urbain. Gravé par un anonyme. — Marie Van Utrecht. Ce portrait provient de l'un des descendants de la famille de Jean Van Olden-Barneveld, époux de Marie Van Utrecht. — Le baron de Vicq, ambassadeur. — La baronne de Vicq, femme du précédent. — Léonard de Vinci.

SUJETS D'IMAGINATION.

Troupe de bandits pillant des paysans. Se trouve dans la galerie royale de Munich. - Bandits pillant un village. — Berger embrassant une bergère. On a cru reconnaître dans la figure du premier le portrait de Rubens, et dans la figure de la seconde celui de sa femme. Se trouve dans la galerie royale de Munich. — Même sujet. La première figure offre le portrait de Rubens, la seconde celui d'Hélène Fourment. Gravé par Avril, sous le titre de *Croc-en-Jambe*. Le paysage est attribué à Momper. — Même sujet. Dans le palais royal de Turin. Cet ouvrage, gravé par Persyns, Mariette *exc.*, ressemble beaucoup au précédent. — Bohémienne disant la bonne aventure à une jeune fille. Gravé par un anonyme. — Une grande quantité de copies. — Une grande quantité de dessins. — Quatre enfants nus, jouant avec un agneau. Dans la galerie impériale de Vienne. Gravé par Spruyt. — Même sujet. Dans la galerie royale de Potsdam. — Sept enfants nus traînant un feston de fruits. Dans la galerie royale de Munich. Lithographié par Piloti. — Même sujet. Etude pour les frises du plafond de la salle de White-Hall. — Deux enfants nus, jouant avec un agneau. Esquisse. Se trouve dans la galerie royale de Potsdam. — Enfants qui s'amusent à faire des bulles de savon. Esquisse terminée. — Etudes de deux bustes d'enfants. Ils ont des ornements de corail au cou. — Enfants nus assis sur un coussin. Dans le lointain un arc-en-ciel. — Tête d'enfant couverte d'un chapeau garni de plumes. Gravée par Blooteling. On connaît de ce graveur une autre planche où la même tête est représentée vue de profil. — Etudes de six grandes pièces inachevées, représentant les sièges de villes, les batailles et les triomphes de Henri IV, destinées à former la seconde galerie de la reine-mère. — Etudes d'une grande quantité de têtes peintes sur toile et sur bois.—Etudes. — Deux jeunes femmes recueillant des fruits dans un paysage. Les fruits, par Snyders. Cet ouvrage se trouve dans la Malborough-Collection, en Angleterre. Gravé par Michel. — Vieille femme tenant un chandelier. Gravé à l'eau-forte par Rubens. Gravé de même par Jacques Stahl, en 1645. Gravé par Wisscher au burin, et à la manière noire par Joshua London. Il en existe une autre composition dans la galerie de Dresde; elle fut gravée par Wyngaerde, par Basan et par Boece. On possède aussi une planche à manière noire par Smith, avec addition de deux figures de jeunes gens. — Femme debout broyant des couleurs. Gravé par Galle. — Femmes dans un salon, à Madrid. — Jeune fille avec deux petits garçons qui jouent au soldat. Ouvrage gravé par Exshaw. — Jeune garçon mangeant des raisins. Gravé par Spilsbury. — Deux bustes de guerriers. Gravé par Gillis. — Guerrier armé ayant une écharpe rouge. — Guerrier romain. Un casque en tête, une lance à la main et une peau de lion sur son armure. — Un homme, une femme et deux enfants. — Jeune homme assis auprès d'une femme dans un paysage. Dans la galerie royale de Potsdam. — Homme athlétique se baissant pour lever un vase d'or massif. — Jardin d'amour. Dans la galerie royale de Dresde. — Même sujet. — Même sujet. On connaît de ce sujet plusieurs gravures. Il y en a une due à Jegher. Une seconde, à Clouet. Une troisième, à Lempereur. Il en existe aussi une planche médiocre gravée par Melbouré. — Jeune laitière. Ouvrage cité par Descamps. — Deux lutteurs. Esquisse. — Tête de nègre souriant. Esquisse. — Tête de nègre. — Paysans italiens qui dansent. Gravé par Bolswert, gravé aussi à l'eau-forte par Van Hiel. — Combat de paysans. Gravé par Vorsterman. — Paysan donnant à manger à un chien. — Paysan allant au marché. Les figures principales de ce tableau ont été gravées par Sommerfield. — Le perroquet de Rubens. — Rubens à table. Tableau connu sous le nom du Petit Chaudron et cité par Descamps. On dit que Rubens le peignit pour répondre à un défi qui lui aurait été fait pour réussir dans le genre de Teniers. On y reconnaît le portrait du peintre et celui de Brauwer, de Craesbeke et de sa femme. — Soldats attaquant et pillant des paysans. Dans la galerie royale de Munich. — Débauche de soldats devant une auberge de village. Dans la même galerie. Gravé par Van der Wyngaerde. — Le Grand Sultan. Gravé par Soutman. Outre ces sujets, il existe un assez grand nombre de tableaux d'autres peintres que Rubens a enrichis de figures.

CHASSES ET ANIMAUX SAUVAGES.

Chasse aux crocodiles et à l'hippopotame. Dans la galerie royale de Munich. Gravé par Van der Leeuw, par Soutman et en petit par Lebas. Chasse au cerf. Quatre hommes avec des chiens l'attaquent. Les animaux sont peints par Snyders. — La mort de l'élan. Dans la galerie de l'Ermitage, en Russie. Gravé par Ward dans la Houghton-Gallery. — Chasse au lion. Se trouve dans la galerie royale de Munich. Gravé par Bolswert et par Letellier. — Même sujet. Dans la galerie royale de Dresde Gravé par Suyderhoef et par Letellier. — Même sujet. Dans la galerie de l'Escurial. — Même sujet. Gravé par Moyreau. — Même sujet. Quatre hommes à cheval. Gravé par Soutman et par Lebas. — Trois jeunes lions près de leur tanière. Se trouve dans la galerie de l'Ermitage, en Russie. Gravé par Ward dans la Hougthon-Gallery. — Etude de deux lions jouant ensemble. Gravé par Blooteling. — Etude de lions. Dessins. Quatre planches. Gravées par Blooteling. — Etude de lions. Gravé par Hollar. — Lion au repos. Dessin au crayon lavé à l'encre de Chine. Se trouve dans le British Museum.—Lionne avec ses trois petits. — Lionne étendue par terre. — Chasse au sanglier. Dans la galerie royale de Munich. Les animaux peints par Snyders. Gravé par Soutman. — Même sujet. Se trouve dans la même galerie. Lithographié par Piloti. — Même sujet. Dans un paysage boisé. Même sujet. Esquisse magnifique du tableau précédent. Dans la galerie royale de Dresde. Il est à remarquer que, dans ce dernier ouvrage, plusieurs chiens sont cuirassés, tandis qu'ils ne le sont pas dans le tableau même. — Même sujet. Les figures par Rubens, les animaux par Snyders, le paysage par Wildens. — Même sujet. Gravé par Van der Leeuw. — Même sujet. Tableau attribué à Rubens. Gravé par Legrand dans la Galerie Lebrun. Chasse aux loups et aux renards. Gravé par Soutman et par Van der Leeuw. — Même sujet. — — Tigres dans un paysage. On connaît une gravure à la manière noire par Rhein, d'après un tableau de Rubens, représentant une tigresse allaitant ses trois petits dans un paysage. — Deux tigres mangeant des raisins. Gravé par Hollar. — Tigresse allaitant ses petits. Un lion est auprès d'elle. Dans la galerie royale de Dresde. Gravé par Riddinger.— Cinq chasses qui n'ont pas été gravées.

GIBIER MORT ET FRUITS.

Cuisinière occupée devant une grande table où se trouve une abondance de gibier mort, de fruits et de légumes. La femme seule est peinte par Rubens. Les accessoires sont dus à Snyders. Se trouve dans le musée de l'Académie d'Anvers. — Trois domestiques présentant à un seigneur des fruits, un faon et d'autre gibier. Les accessoires sont peints par Snyders. — Les quatre éléments. Les figures par Rubens, les accessoires, fruits, gibier, poissons et plantes, par Snyders. Il se trouve aujourd'hui au palais de l'Ermitage, en Russie. Gravé par Earlom dans la Houghton-Collection. — Une femme et un chasseur dans un garde-manger. La chambre est abondamment pourvue de gibier mort, de volaille et de fruits. — Une femme et un fauconnier avec une grande quantité de gibier de toute espèce. Gravé par Earlom sous le titre : « The Fig » (la Figue), parce que le fauconnier prend deux de ces fruits dans le tablier de la femme qui en est rempli. — Un homme et une femme avec une grande quantité de gibier et de volaille. Le gibier, la volaille et les animaux sont peints par Snyders. — Même sujet. Le gibier, les fruits et les légumes. Peint par Snyders. — Marchande de volaille. Elle repousse les caresses d'un berger. Les accessoires sont dus au pinceau de Snyders. — Marché aux légumes, à Anvers.

PAYSAGES ET BESTIAUX.

Clair de lune. -- Vue de l'Escurial. — Intérieur d'étable à vaches. Gravé par Clouet. — Etude de buissons et d'arbres. — L'enfant prodigue dans une étable. — Intérieur de forêt illuminée par les rayons du soleil. Esquisse. Dans la galerie royale de Munich. — Fête de village. Avec un grand nombre de figures. Au musée du Louvre. Gravé par Fessard, et, dans le musée français, par Cugreel. — Naufrage. D'après le IIIe livre de l'Enéide. Gravé par Bolswert avec quelques changements. — Naufrage d'Ulysse sur la côte de Phénicie. Se trouve au palais Pitti, à Florence. — Paysage. Un ciel orageux que traverse un rayon de soleil. — Paysage montueux. Gravé par Bolswert. — Paysage. Gravé par Dankaerts. — Paysage montueux. Représente l'inondation de la Phrygie après que les habitants eurent refusé l'hospitalité à Jupiter et à Mercure. Philémon et Baucis contemplent ce terrible spectable. Cette belle production se trouve dans la galerie impériale de Vienne. Gravé par Bolswert. — Même sujet. — Deux petits paysages, dont l'un représente Diane à la chasse. Se trouve dans la galerie de l'Escurial. — Paysage avec neuf figures. — Paysage. Gravé par Bolswert. -- Paysage. Gravé par Coelmans. (J. Smith révoque en doute l'authenticité de ce tableau).—Paysage. Gravé par Van Uden. — Paysage. Un arc-en-ciel se montre dans l'air. Cet ouvrage se trouve dans la galerie royale de Munich. -- Paysage. Gravé par Bolswert. — Paysage boisé. Effet de lune. Gravé par Bolswert.—Paysage boisé. On en connait une superbe gravure par Bolswert. — Paysage historié. Agar et Ismaël. — Paysage. Village de Flandre, au milieu duquel on voit une chaumière de bois. Dessin à la plume, lavé à l'indigo. — Paysage. Se trouve dans la galerie impériale de Vienne. Gravé par Bolswert. — Paysage. Cet ouvrage se trouve au musée du Louvre. Gravé par Bolswert, avec omission de quelques moutons et de plusieurs autres détails. Gravé aussi dans le musée français. — Paysage. Œuvre réellement incomparable et qui fait de Rubens un des premiers paysagistes connus. Elle fut donnée, en 1826, par sir George Beaumont, baronnet, au musée national d'Angleterre. On en connaît une belle gravure par George Cooke. — Paysage. Se trouve dans la collection royale d'Angleterre. Gravé à l'eau-forte par Van Kessel. Gravé aussi par Brown sous le titre de : « Going to Market (Départ pour le marché). » — Paysage. Gravé par Bolswert. — Paysage. Gravé par Bolswert. Il existe de cette planche une copie à l'envers, Van Thienen *exc.* — Paysage. Gravé par Bolswert. Il existe de cette planche une copie, gravée à l'envers et où l'on a placé une Fuite de la Sainte Famille. — Paysage. Gravé par Bolswert. Gravé aussi par Le Moite d'après le tableau qui se trouvait alors dans la possession du comte Bruhl. — Paysage boisé. Gravé par Charpentier. (J. Smith révoque en doute l'authenticité de ce tableau). — Paysage. Gravé par Van Uden. Quelques écrivains attribuent cet ouvrage à Van Uden lui-même. — Paysage. Gravé par Bolswert. — Paysage montueux. Gravé par un anonyme. (L'authenticité de ce tableau est révoquée en doute par J. Smith, qui l'attribue à Teniers le Vieux). — Paysage. Vue de la prairie de Laeken. Cet ouvrage est cité comme un des plus beaux que Rubens ait fournis dans ce genre Cet ouvrage provient de la famille Van Havre, à Anvers, qui possédait aussi le fameux chapeau de paille. Il fut introduit en Angleterre, par M. De la Hante, en 1821, et vendu au roi. Il se trouve aujourd'hui dans la collection royale. Gravé par Van Uden et par Neefs. — Paysage. Se trouve dans le musée du Louvre. Gravé par Bolswert. — Paysage. Se trouve dans la Dulwich-Gallery. Gravé sous le titre : « Deux arcs-en-ciel. » — Paysage montueux. Gravé par Major. — Paysage. Gravé par Bolswert. — Paysage. Ouvrage gravé par Bolswert. — Paysage. Cet ouvrage se trouve au palais Pitti, à Florence. Gravé par Bolswert, par Guyot et par Vivarès. — Paysage. Gravé par L. Van Uden. — Paysage. Gravé par Bolswert. — Paysage en Angleterre. Gravé par Bolswert. — Paysage. Gravé par Bolswert.— Paysage. Gravé par Bolswert. — Paysage. Ornant aujourd'hui le palais de l'Ermitage, en Russie. Gravé par Bolswert. Gravé aussi par J. Brown dans la Houghton-Gallery. On en connaît aussi une gravure médiocre, copiée d'après Bolswert, mais où l'on introduit une scène représentant des ours dévorant des enfants qui se sont moqués d'eux. — Paysage montueux. Il a été gravé dans la Young's Grosvenor - Gallery. Une tradition dit que cette production fut peinte par Rubens à l'âge de dix-huit ou de vingt ans. — Paysage. — Paysage. Gravé par Van Uden et par Brooshaw. Gravé aussi par Brown. — Paysage. Esquisse d'une beauté extraordinaire. Se trouve dans la galerie du Louvre. Gravé par Bolswert. Gravé aussi par Duparc dans le musée français. — Chaumière. -- Paysage. — Paysage. Gravé par Avril, par Boel et à la manière noire par Smith. — Et trente paysages non gravés, plus cent trente-six dessins ayant servi pour vignettes, médailles, frises, plafonds, fresques, frontispices, la plupart allégoriques. On trouvera dans l'ouvrage de Smith une description minutieuse de ces dessins.

Rijkaart-Aertzone. E. Fl. 1482-1577. WIJK-OP-ZEE. Histoire. = Perdit une jambe dans un incendie. Elève de Mostaert à Haarlem. S'établit en 1520 à Anvers où il mourut.

S

Saftleven. Vente : V. Meffre (1863), *Un paysage*, 450 fr.

Salmson (Hugo) E. Fr. * 1878. Genre. = Arrestation dans un village de Picardie.

Sanzio.

CATALOGUE DES OEUVRES DE RAPHAEL SANZIO

Ce catalogue est emprunté au travail de Passavant. On a conservé, après l'indication du sujet, le numéro et les désignations de pages qui renvoient au grand catalogue analytique de cet auteur, compris dans le second volume de son ouvrage, édition française, 1860 (1)

PEINTURES A FRESQUE ET A L'HUILE.

La chambre della Segnatura, au Vatican. — La Théologie ou la Dispute du saint Sacrement, n° 57 du catalogue chronologique. — Le Parnasse, n° 58. — L'Ecole d'Athènes, n° 59. — Les Trois Figures allégoriques, n° 60. — L'empereur Justinien donnant les Pandectes, n° 61. — Grégoire IX donnant les Décrétales, n° 62. — Figure allégorique de la Théologie, n° 63. — Figure allégorique de la Poésie, n° 64. — Figure allégorique de la Philosophie, n° 65. — Figure allégorique de la Jurisprudence. n° 66. — Le Péché originel, n° 67. — Le Jugement d'Apollon contre Marsyas, n° 68. — La Contemplation des astres ou l'Astronomie, n° 69. — Le Jugement de Salomon, n° 70. — Alexandre le Grand faisant déposer les œuvres d'Homère dans le tombeau d'Achille, n° 71. — L'empereur Auguste défendant de brûler l'Énéide de Virgile, n° 72. — Les Petits tableaux dans les embrasures des fenêtres, n° 73. — Les tableaux de soubassement, n° 74. — (Voir pour les détails, t. II, p. 72, 93 et t. Ier, p. 110-137).

La chambre de l'Héliodore, au Vatican. — Dieu apparaît à Noé, n° 94. — Le Sacrifice d'Abraham, n° 95. — Le Songe de Jacob, n° 96. — Dieu apparaît à Moïse, n° 97. — Héliodore chassé du temple, n° 98. — La Messe de Bolsène, n° 99. — La rencontre des hordes d'Attila, n° 100. — La délivrance de saint Pierre, n° 101. — Peintures des socles et figures allégoriques, n° 102. — Les embrasures des fenêtres, n° 103. — (Voir pour les détails, t. II, p. 127, 137 et t. I, p. 158, 165).

La chambre de l'Incendie du Bourg, ou di Torre Borgia, au Vatican, — Le Serment de Léon III, n° 114. — Le Couronnement de Charlemagne, n° 115. — L'Incendie du Bourg, n° 116. — La Victoire remportée sur les Sarrasins, n° 117. — Tableaux des socles, n° 118. — Petits tableaux dans les embrasures des fenêtres, n° 119. (Voir pour les détails, t. II, p. 156-164 et t. I, p. 213-218).

La Salle de Constantin, au Vatican. — Harangue de Constantin à ses soldats, n° 242. — La Bataille de Constantin, n° 243. — Le Baptême de Constantin, n° 244. — La Donation de la ville de Rome au Pape, n° 245. — Les huit Papes, avec les figures allégoriques, n° 246. — Les Peintures des socles, sujets de l'histoire de Constantin, n° 247. (Voir pour les détails, t. II, p. 298-309 et t. I, p. 285-289).

Les Loges du Vatican. — Cinquante-deux fresques dans les coupoles : Quarante-huit sujets de l'Ancien Testament et quatre du Nouveau Testament, exécutés par les élèves de Raphaël d'après ses petites esquisses à la sépia sous la direction de G. Romano, n°s 121-172. Et sur le socle des loges, douze sujets en camaïeu, imitant le cuivre en relief, exécutés par Perino del Vaga, n°s 174-185. (Voir pour les détails, t. II, p. 166-189 et t. I, p. 219-222).

Sujets de la Bible. — Les fresques des loges, depuis la création du monde jusqu'à la résurrection du Christ, n° 121-172. — Bannière d'église. La Sainte Trinité et, au revers, la création d'Ève, à Città di Castello, n° 4. — Le Péché originel, au plafond de la chambre della Segnatura, au Vatican, n° 67. — Moïse avec les tables de la loi, au soubassement de la chambre della Segnatura, au Vatican, n° 74. — Le Jugement de Salomon, au plafond de la chambre della Segnatura, au Vatican, n° 70. — Dieu apparaît à Noë, fresque au plafond de la chambre de l'Héliodore, au Vatican, n° 94.

(1) Ce catalogue, s'il faut en croire les écrivains venus après Passavant, n'est pas exempt d'erreurs. Toutefois nous l'avons adopté comme étant le meilleur. Nous n'avons point voulu tenir compte des discussions auxquelles il a donné lieu et où le dernier mot n'a pas encore été prononcé. Waagen, Gruyer et Eug. Mantz ont suivi Passavant qui lui-même avait été précédé par Vasari, Lanzi et Quatremère de Quincy. Un des derniers historiens de Raphaël, M. Eug. Muntz, dans l'examen des œuvres du célèbre artiste, refuse de reconnaître comme étant de lui, certaines compositions qui lui sont attribuées depuis plus de trois siècles. Nous n'avons pas cru devoir suivre cet auteur dans cette voie, la critique de discussion n'ayant pas encore élucidé les points controversés.

— Le Sacrifice d'Abraham, fresque au plafond de la chambre de l'Héliodore, au Vatican, nº 95. — Le Songe de Jacob, fresque au plafond de la chambre de l'Héliodore, au Vatican, nº 96. — Dieu apparaît à Moïse dans le buisson ardent, fresque au plafond de la chambre de l'Héliodore, au Vatican, nº 97. — Joseph devant Pharaon, la mer Rouge, Moïse recevant les tables de la Loi, petits tableaux dans les embrasures des fenêtres de la chambre de l'Héliodore, nº 103. — Les Prophètes, fresque à Sainte-Marie della pace, à Rome : Daniel et David, Jonas et Osée, nº 105. — Le prophète Isaïe, fresque dans l'église S. Agostino à Rome, nº 85. — Vision d'Ezéchiel, palais Pitti, nº 110.

Sujets relatifs au Christ. — Naissance du Christ (disparu), nº 111. — Adoration des Bergers, autrefois à Bologne, nº 36. — L'Enfant Jésus caressé par le petit Jean, à Pérouse, nº 1. — Tapisseries de Raphaël, au Vatican, deuxième série, tirée de la vie du Christ, douze sujets et un treizième représentant des figures allégoriques (la plupart d'après G. Romano et autres élèves de Raphaël), nºs 197-207. Tapisseries de Raphaël, au Vatican, première série, tirée de l'*Histoire des apôtres :* dix sujets, nºs 186-195. — Les sept Cartons de Raphaël pour les tapisseries (trois sont perdus), à Hampton-Court, en Angleterre. (Voir pour les tapisseries et les cartons, t. II, p. 189-221 et t. I, p. 222-230). — Répétition de ces tapisseries. (Voir t. II, p. 212-215). — Le Christ et les Apôtres, fresques dans la Sala Vecchia de Palafrenieri à Rome (repeinte par Taddeo Zucchero), nº 120. — Le Christ et ses Apôtres, dans l'embrasure d'une fenêtre, chambre della Segnatura au Vatican, nº 73. — Le Christ sur le mont des Oliviers, collec. Fuller Maitland, en Angleterre, nº 17. — Le Portement de la Croix (lo Spasimo di Sicilia), musée de Madrid, nº 224. — Le Christ en croix et quatre Saints (de la galerie Fesch), collect. lord Ward, en Angleterre, nº 6. — Le Christ mis au tombeau, palais Borghèse, à Rome, nº 48. — Trois petits tableaux ronds : le Christ assis sur un sarcophage, saint Ludovic et saint Herculin, musée de Berlin, nº 20. — La Résurrection du Christ, au Vatican, nº 2. — Pax vobis, coll. Tosi, à Brescia, nº 27. — La Transfiguration, au Vatican, nº 241. (Voir pour les détails, t. II, p. 290-298, et t. I, p. 260, 276-278). — Sujets relatifs au Christ, dans les embrasures des fenêtres de la chambre de l'Incendie du bourg, nº 119.

Saintes Familles et Madones. — La Sainte Famille de Naples, musée de Naples, nº 91. — Sainte Famille nommée La Perle, musée de Madrid, nº 227. — La Sainte Famille sous le chêne, musée de Madrid, nº 226. — Sainte Famille avec l'Enfant Jésus assis sur un agneau, musée de Madrid, nº 46. — La grande Sainte Famille de 1518, au Louvre, nº 229. — La petite Sainte Famille, au Louvre, nº 232. — Sainte Famille de la maison Canigiani, musée de Munich, nº 45. — Sainte famille avec saint Joseph sans barbe, à l'Ermitage, nº 38. — Sainte Famille au Palmier, Bridgewater-Gallery, à Londres, nº 33. — Madone de Foligno, au Vatican, nº 84. — La Vierge à la Chaise, galerie de Florence, nº 221. — Vierge au Chardonneret, galerie de Florence, nº 30. — Madone du grand-duc de Toscane, palais Pitti, nº 21. — — Vierge au Baldaquin, palais Pitti, nº 54. — Tableau d'autel pour le monastère de Saint-Antoine de Padoue, à Pérouse : Tableau principal : Madone avec des saints; le tympan, avec le Père éternel, tous deux au musée de Naples; les peintures du gradin : Christ aux Oliviers, Portement de croix, Christ mort, Saint François et saint Antoine de Padoue dispersés dans les collections anglaises, nº 25. — Madone de la comtesse Alfani, collection Alfani, à Pérouse, nº 9. — Madone à l'Œillet, collection Spada, à Lucques, nº 49. — Madone du comte Staffa, collection della Staffa, nº 12. — Vierge au Poisson, musée de Madrid, nº 92. — Vierge à la Rose, musée de Madrid, nº 273. La Belle Jardinière, au Louvre, nº 53. — Vierge au Diadème, au Louvre, nº 83. — Petite Madone de la galerie d'Orléans, collection Delessert, à Paris, nº 39. — Vierge avec saint Jérôme et saint François, musée de Berlin, nº 10. — Madone du duc Terranuova, musée de Berlin, nº 22. — Madone de la collection Sally, musée de Berlin, nº 7. — Madone de la maison Colonna, musée de Berlin, nº 52. — La Madone de saint Sixte, musée de Dresde, nº 238. — La Vierge della Tenda, musée de Munich, nº 222. — Madone de la maison Tempi, musée de Munich, nº 32. — Vierge dans la Prairie, musée de Vienne, nº 31. — La Vierge avec les deux Enfants, galerie Esterhazy, à Vienne, nº 55. — Madone de la maison d'Albe, à l'Ermitage, nº 81. — Madone de la galerie Bridgewater (autrefois à la galerie d'Orléans), Bridgewater-Gallery, à Londres, nº 89. — Madone de la famille Ansidei, collection du duc de Marlborough, en Angleterre, nº 26. — Madone de lord Cowper, 1508, collection de lord Cowper, en Angleterre, nº 51. — Petite Madone de lord Cowper, vers 1505, collection de lord Cowper, en Angleterre, nº 23. — Madone de la maison Aldobrandini, collection de lord Grawagh, en Angleterre, nº 82. — La Vierge aux Candélables, collection Mundo, à Londres, nº 223. — Madone avec l'Enfant debout, autrefois à la galerie d'Orléans, aujourd'hui en Angleterre, nº 90. — Vierge avec l'enfant Jésus endormi (disparu), nº 50. — Madonna di Loreto (disparu) ; répétitions, nº 80.

Sujets relatifs à la Vierge. — Mariage de la Vierge (le Sposalizio), à la Brera à Milan, nº 15. — L'Annonciation, embrasure de fenêtre dans la chambre de l'Héliodore, nº 103. — La Visitation, musée de Madrid, nº 225. — Couronnement de la Vierge, au Vatican (peint en 1503(?)), nº 11. — Le Couronnement de la Vierge, au Vatican (terminé par G. Romano et F. Penni), nº 248. — Le Couronnement de la Vierge, tapisserie (disparu) pour la Chapelle-Sixtine, nº 196.

Saints et saintes. — Saint Augustin au bord de la mer, au soubassement de la chambre della Segnatura, au Vatican, nº 74. — Saint George avec l'épée, au Louvre, nº 18. — Saint George armé de la lance, à l'Ermitage, nº 37. — Saint Jean-Baptiste, galerie de Florence, nº 240. — L'Archange saint Michel, au Louvre, nº 228. — Petit saint Michel, au Louvre, nº 19. — Les Archanges Michel et Raphaël, National Gallery, nº 3. — Couronnement de saint Nicolas de Tolentino, autrefois à Città di Castello, nº 5. — La Délivrance de saint Pierre, fresque dans la chambre de l'Héliodore, au Vatican, nº 101. — Saint Sébastien, collection Lochis, Bergame, nº 16. — Fresque à San Severo : Réunion de saints Camaldules autour de la sainte Trinité, nº 29. — Sainte Catherine d'Alexandrie, National Gallery, nº 47. — Sainte Cécile, musée de Bologne, nº 109. — Martyre de sainte Cécile, fresque dans la chapelle de la maison du pape (aujourd'hui couvent des religieuses de Sainte-Cécile à Transtevère), nº 208. — Marie Madeleine et sainte Catherine, collection Camuccini (en 1845), à Rome, nº 8. — Sainte Marguerite, au Louvre, nº 230. — La Sainte Marguerite de la galerie de Vienne, répétition de celle du Louvre, galerie de Vienne, nº 231.

Sujets mythologiques et allégoriques. — Le Parnasse, fresque dans la chambre des della Segnatura, au Vatican, nº 58. — Le Jugement d'Apollon contre Marsyas au plafond de la chambre della Segnatura, au Vatican, nº 68. — Figure allégorique de la Poésie au plafond de la chambre della Segnatura, au Vatican, nº 64. — Figure allégorique de la Théologie au plafond de la chambre della Segnatura, au Vatican, nº 63. — Figure allégorique de la Philosophie, au plafond de la chambre della Segnatura, au Vatican, nº 65. — Figure allégorique de la Jurisprudence, au plafond de la chambre della Segnatura, au Vatican, nº 66 — Les trois figures allégoriques, la Prudence, la Force, la Modération, fresque dans la chambre della Segnatura, au Vatican, nº 60. — La Contemplation des astres, ou l'Astronomie, au plafond de la chambre della Segnatura, au Vatican, nº 69. — La Philosophie spéculative, au soubassement de la chambre della Segnatura, au vatican, 74. — La Science des choses divines, au soubassement de la chambre della Segnatura, au Vatican, nº 74. Douze figures allégoriques et douze petites compositions symboliques, dans les socles de la chambre de l'Héliodore, au Vatican, nº 102. — La Chambre de bain pour le cardinal da Bibiena, au Vatican, sept sujets mythologiques, à fresques, nºs 209-215, six Amours victorieux au dessous des fresques principales, nº 216, et Cupidon et Pan, au plafond, nº 217. (Voir pour les détails, t. II. p. 228-233 et t. Ier, p. 235-239.) — Galatée, fresque à la Farnesina, à Rome, nº 106. (Voir t. I, p. 192). — Loges de la Farnesina, sujets tirés de la fable de l'Amour et Psyché, fresques nº 239. (Voir pour les détails, t. II, p. 281-287, et t. Ier, p. 258). — Les Trois Grâces, collection lord Ward, en Angleterre, nº 42. — Tapisseries (disparues) avec des amours jouant, cinq sujets, sans numéro, t. II, p. 225-226. — Vision d'un chevalier, National Gallery, nº 13.

Sujets antiques. — Les Sibylles, fresques, à Santa-Maria della Pace, à Rome : la Sibylle de Cumes, la Persique, la Phrygienne et la Tiburtine, nº 105. (Voir t. I, p. 156). — La Sibylle de Tibur, au soubassement de la chambre della Segnatura, au Vatican, nº 74. Discours de Solon au peuple grec, au soubassement de la chambre della Segnatura, au Vatican, nº 74. — Le mariage d'Alexandre et Roxane, fresque à la villa Raphaël, à Rome, nº 218. — Alexandre le Grand faisant déposer les œuvres d'Homère dans le tombeau d'Achille, grisaille sous le Parnasse, dans la chambre della Segnatura, au Vatican, nº 71. Le Jugement de Séleucus, dans l'embrasure d'une fenêtre, chambre della Segnatura, au Vatican, nº 73. — Siége de Syracuse, au soubassement de la chambre della Segnatura, au Vatican, nº 74. — La Mort d'Archimède, au soubassement de la chambre della Segnatura, au Vatican, nº 74. — L'Ecole d'Athènes, fresque dans la chambre della Segnatura, au Vatican, nº 59. — L'Empereur Auguste défendant de brûler l'Enéide de Virgile, grisaille sous le Parnasse, dans la chambre della Segnatura, au Vatican, nº 72. — Un Sacrifice païen, au soubassement de la chambre della Segnatura, au Vatican, nº 74. — Savants orientaux et Magiciens, au soubassement de la chambre della Segnatura, au Vatican, nº 74.

Sujets relatifs à l'Eglise. — La Théologie ou la Dispute du saint Sacrement, fresque dans la chambre della Segnatura, au Vatican, nº 57. — Héliodore chassé du temple, fresque dans la chambre dite de l'Héliodore, au Vatican, nº 98. La Messe de Bolsène, fresque dans la chambre de l'Héliodore, au Vatican, nº 99. — Le Baptême de Constantin, dans la salle de Constantin, au Vatican, nº 244. — Harangue de Constantin à ses soldats, dans la salle de Constantin, au Vatican, nº 242. — La Donation de la ville de Rome au pape, salle de Constantin, au Vatican, nº 245. — Constantin donnant la ville de Rome au pape, embrasure de fenêtre, dans la salle de l'Héliodore, nº 103. — Sujets de l'histoire de Constantin, peinture des socles, dans la salle de Constantin, au Vatican, nº 247. — Couronnement de Charlemagne, fresque dans la chambre de l'Incendie du Bourg, au Vatican, nº 115. — Grégoire IX donnant les Décrétales, fresque dans la chambre della Segnatura, au Vatican, nº 62. — Le Serment de Léon III, fresque dans la chambre de l'Incendie du Bourg au Vatican, nº 114. — L'Incendie du Bourg, fresque dans la chambre qui porte ce nom, au Vatican, nº 116. Six Protecteurs de l'Eglise romaine, dans la chambre de l'Incendie du Bourg, au Vatican, nº 118. — Les huit Papes avec les figures allégoriques, salle de Constantin, au Vatican, nº 246. — Un Pape célébrant la messe, embrasure de fenêtre dans la chambre de l'Héliodore, nº 103.

Batailles. — La Bataille de Constantin, salle de Constantin, au Vatican, nº 243. — La Rencontre des hordes d'Attila, fresque dans la chambre de l'Héliodore, au Vatican, nº 100. — La Victoire remportée sur les Sarrasins, fresque dans la chambre de l'Incendie du Bourg, au Vatican, nº 117.

Portraits. — Portrait de Raphaël, par lui-même, galerie de Florence, nº 41. — Portrait de Raphaël (disparu), deux répétitions, nº 77 — Portrait du pape Jules II, palais Pitti, nº 75. — Portrait de Léon X, avec les cardinaux Jules de Médicis et Louis de Rossi, palais Pitti, nº 234. — Portrait de Laurent de Médicis, duc d'Urbin (disparu), nº 235. — Portrait de Giulino de Medicis, galerie de Florence, nº 107 (?). — Portrait de Bernardo Dovizio da Bibiena, musée de Madrid, nº 108. — Portrait de Guidubaldo, duc d'Urbin (disparu), nº 40.— Portrait du comte Baldassare Castiglione, au Louvre, nº 112. — Portrait du Marchese Federico de Mantoue, collection Lucy, en Angleterre, nº 76. — Portraits d'Andréa Navagero et d'Agostino Beazzano (disparu), copie à la galèrie Doria, à Rome, où ils passent pour Bartolus et Baldus, nº 220. — Portrait d'Antonio Tebaldeo (disparu), nº 219. — Portrait de Bindo Altoviti, musée de Munich, nº 88. — Portrait de Phædra Inghirami, palais Pitti, nº 104. — Portrait d'Angelo Doni et de Maddalena Strozzi, sa femme, palais Pitti, nº 34. — Portraits de deux moines, don Blasio et don Baltasar, au monastère de Vallombrosa, Académie de Florence, nº 43. — Portrait du Violoniste, palais Sciarra Colonna, à Rome, nº 236. — Portrait d'un jeune homme de la maison Riccio, musée de Munich, nº 24. — Portrait d'un jeune homme, au Louvre, nº 79. — Portrait d'un jeune homme, Kensington-Gallery, à Londres, nº 14. — La Maîtresse de Raphaël, palais, Pitti nº 237. — La Maîtresse de Raphaël, galerie Barberini, à Rome, 78. — Portrait de Jeanne d'Aragon, au Louvre, nº 233. — Portrait d'une jeune femme, palais Pitti, nº 44. — Portrait de femme, galerie de Florence, nº 87. — Portrait de femme, galerie de Florence, nº 35.

Sujets divers, ornements, etc. — L'Empereur Justinien donnant les Pandectes, fresque dans la chambre della Segnatura au Vatican, nº 61. — Deux enfants avec les armes de Jules II, peints dans la chambre d'Innocent VIII, au Vatican : un des enfants à l'Académie de Saint Luc, à Rome ; l'autre, en Angleterre, nº 86. — Six petits paysages, au soubassement de la chambre della Segnatura au Vatican, nº 74.

Ciselure et sculpture. — Dessins pour deux plats, nº 1. — Dessins pour une médaille, nº 2. — Les Statues des prophètes Jonas et Elie, en marbre, par Lorenzetto, nº 3. — L'enfant mort porté par un dauphin, groupe en marbre, nº 4. — Dessin pour un vase à parfums, nº 5 — Modèle pour une fontaine (la Fontana della Tartarughe), nº 6. — Dessin pour le coin d'une monnaie, nº 7. — Autres dessins pour des ouvrages de sculpture, pag. 377-379.

Architecture. — Plan pour l'église Saint-Pierre à Rome, nº 1. — Plan pour la chapelle Chigi, à Rome, nº 2. — Façade pour l'église San-Lorenzo, à Florence, nº 3. — Plan pour l'église San Giovanni Battista dei Fiorentini, à Rome, nº 4 — Plan pour la restauration de l'église S. Maria in Domenica, à Rome, nº 5. — Plan de la maison de Raphaël, nº 6. — Plan pour la cour de San-Damaso, au Vatican, nº 7. — Plan pour différentes maisons particulières, nº 8. (Voir pour les détails, t. II, p. 391-397).

TABLEAUX ATTRIBUÉS A RAPHAEL.

Sujets tirés de l'histoire sainte. — Adam et Ève (par Mariotto Albertinelli (?)), nº 249. — Le Sacrifice de Caïn et d'Abel, en Angleterre, nº 250. — Noé entrant dans l'Arche (par un peintre Néerlandais), nº 251. — Elisée ressuscite trois jeunes gens (par le Pinturicchio (?)), nº 252. — Judith (par le Moreto (?)), à l'Ermitage, nº 253. — L'Annonciation (disparu), nº 254. — La Naissance du Christ (par Lorenzo di Credi), nº 255. — La Naissance du Christ (par le Spagna), nº 256. — L'Adoration des Mages (par le Spagna (?)), acheté par le musée de Berlin, nº 257. — La Sainte Cène (par le Spagna (?)), ancien couvent des nonnes de S. Onofrio, à Florence, nº 258. — Le Christ aux Oliviers, en Angleterre, nº 259. — Le Baptême du Christ et la Résurrection, deux petits tableaux (école du Pérugin (?)), musée de Munich, nº 260. — Deux petits tableaux, autrefois dans l'église San-Pietro Maggiore, à Pérouse; une Madone et le Christ mort (disparus), nº 261. — Petit tableau dans la maison paternelle de Raphaël (disparu), nº 262. — Divers tableaux représentant le Christ en croix, nº 263. – Jésus-Christ en prière (école de Pérugin (?)), nº 264. — Les Funérailles de la Vierge (disparu), nº 265. — L'Assomption de la Vierge, en Angleterre, nº 266. — Le Jugement dernier (disparu), nº 267. — Les Martyrs, en Angleterre (?), nº 268.

Saintes Familles et Madones. — Madonna dell' Impannata, palais Pitti, nº 269. — Le Repos en Égypte, musée de Vienne, nº 270. — Madonna del Passeggio, répétitions ou copies à Bridgewater-Gallery, à Londres, au musée de Naples, etc., nº 271. — La Vierge dans les ruines, autrefois dans la sacristie de l'Escurial, nº 272. — Madone de la maison Diotilevi, musée de Berlin, nº 274. — Madone du comte Bisenzo, Städelsche Institut, à Francfort-sur-Mein, nº 275. — La Vierge donnant des fleurs à l'enfant Jésus, galerie de Florence, palais Borghèse, etc., nº 276. — La Vierge dans la prairie, à l'Ermitage, nº 277. — La Vierge avec des saints, collection du comte Warwick, en Angleterre, nº 278. — Diverses Madones, attribuées à Raphaël, t. II, p. 337-345.

Sujets religieux. — Les Cinq Saints (par Giulio Romano (?)) à l'Académie de Parme, nº 279. — Saint Luc faisant le portrait de la Vierge, à l'Académie de Rome, nº 280. — Saint Jérôme (disparu), nº 281. — Saint Jean l'Evangéliste, musée de Marseille, nº 282. — Les Apôtres saint Pierre et saint Paul (par Fra Bartolomeo (?)), au palais du Quirinal, à Rome, nº 283. — Marie-Madeleine (disparu), nº 284 — Divers tableaux de saints, attribués à Raphaël, t. II, p. 351-352.

Sujets mythologiques et allégoriques. — La Charité et l'Espérance, deux petits tableaux (par F. Penni (?)), autrefois galerie Borghèse, aujourd'hui en Angleterre, nº 285. — La Paix (par Timoteo Viti (?)), nº 286. — Les Heures du jour et de la nuit : douze figures de femmes sur fond noir, nº 287. — Apollon, la Lune, cinq Planètes et quatre Étoiles du Zodiaque, onze sujets au plafond de la salle Borgia, au Vatican (par G. da Udine et P. del Vaga), nº 288. — Quatre sujets mythologiques, tirés du vestibule de la villa Madama (deux par G. Romano, deux par G. da Udine (?)), nº 289. — Achille à Scyros, et Achille reconnu par Ulysse, deux peintures murales dans la villa Madama (école de Raphaël), nº 290. — Diane et Calisto, Saturne, Vénus, figures au plafond de la salle du rez-de-chaussée de la Farnesina (par Baldassare Peruzzi), nº 291. - Neptune et Amymone, en Angleterre, nº 292. — Apollon et Marsyas (par Timoteo Viti (?)), Collection Moris Moore, en Angleterre, nº 293.

Portraits. — Raphaël et son maître d'armes, au Louvre, nº 294. — Portrait de Frédéric Carondelet, collection des ducs de Grafton, à Londres, nº 295. — Portrait de monsignore Lorenzo Pucci, collection de lord Aberdeen, en Angleterre, nº 296. — Portrait du cardinal Borgia, palais Borghèse, à Rome, nº 297. — Portrait du cardinal Antonio del Monte (?), de la galerie du cardinal Fesch, nº 298. — Différents portraits de cardinaux, attribués à Raphaël, p. 359-360. — Portraits de la maîtresse de Raphaël, collection Malborough, en Angleterre, et à l'Ermitage, nº 299. — Portrait d'une jeune dame, musée Kestner, à Hanovre, nº 300. — Portrait de G. F. Penni, le Fattore, de la galerie du roi de Hollande Guillaume II, nº 301. — Portrait du Parmesan, en Angleterre, nº 302. — Portrait de Giovanni della Casa (par Salviati (?)), à Rome, nº 303. — Portrait de César Borgia, palais Borghèse et collection Castelbarco, à Milan, nº 304. — Portraits de F. Sanazzaro, collection Lancelotti, à Naples et à l'Ermitage, nº 305. — Portrait d'un Chartreux, collection Spicker, à Berlin, nº 306. — Portrait d'un jeune homme, au Louvre (catalogué comme Francia), nº 307. — Portrait d'un jeune homme au manteau rouge, nº 308. — Portrait d'un jeune homme (par R. Ghirlandaio (?)), musée de Montpellier, nº 309. — Portrait d'un jeune homme, au palais d'Albe à Madrid, nº 310. — Portrait de femme, galerie de Modène, nº 311. — Portrait de Marc-Antoine Raimondi, collection Parade de l'Estang, à Aix, et Vallardi, à Milan, nº 312. — Portrait de la mère de Raphaël, musée de Naples, nº 313. — Portrait d'un jeune seigneur, musée de Naples, nº 314. — Portrait de l'apothicaire de Raphaël, musée de Copenhague, nº 315. — Portrait d'un jeune homme, en Angleterre, nº 316. — Portrait d'un jeune homme, musée de Brunswick, nº 317. — Portrait d'un jeune homme, de la galerie d'Orléans, nº 318. — Portrait d'une femme âgée, de la galerie d'Orléans, nº 349. — Portrait d'Alphonse d'Este, duc de Ferrare (c'est un portrait du Giorgione, par le Titien), nº 320. —

Portrait de François Ier, roi de France, n$_o$ 321. — Portrait d'un chanoine, no 322. — Portrait d'une duchesse italienne, no 323. — Portrait de Taddeo Taddei, collection Manni, à Rome, no 324.

* **Sargent** (John S.) E. Fr. 1856. FLORENCE. Portraits. = Elève de C. Duran.

Sauvage (N.). Ses prénoms sont *Jean Pierre*.

Savary (Gilles). E. Fr.

Schaepkens (Théodore). E. Fl. 1810. MAESTRICHT. Histoire.

Schaepkens (Alexandre). E. Fl. 1815. MAESTRICHT. Histoire, paysage, etc. = Graveur.

Schaefels (Victor). E. Fl. 1824. ANVERS. = Nature morte.

* **Schaefels** (Henri Fr.). E. Fl. Histoire, genre, etc., 1827. ANVERS. = Bataille de Trafalgar, Anvers. — Le Vengeur.

* **Schiedges** (P. P.). E. H. 1812-1876. LA HAYE. Marine. — Conservateur du musée de La Haye.

Schrotzberg (Jacques). E. Al.

Schwemminger (Joseph).

Sibert (Eugène). E. Fl. ANVERS. 1852.

Sickinger (Grégoire). E. Al.

* **Sitterich** (Jacques). E. H. † 1757. Histoire. = Ce peintre demeurait à Ruremonde où il épousa Apollonia de Aranatz. Il peignit pour la ville des tableaux qu'on y voit encore. (*Archives d'Obreen*. Tome II, p. 102).

Snyers (Pierre Jean). E. Fl.

* **Soom** (Hip. Van). E. Fl. 1853. ANVERS. Paysage, animaux.

Steen (Jean).

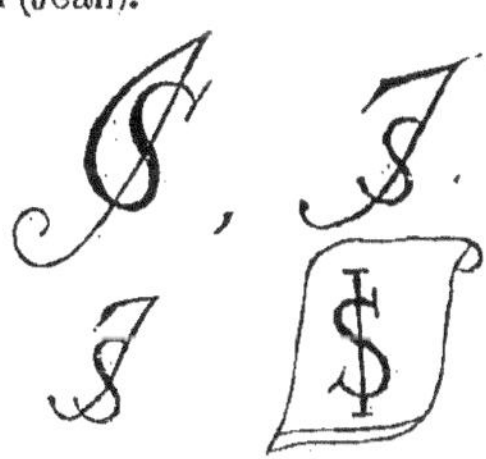

* **Steinhardt** (Frédéric C.). E. Al. 1844. FRANKFORT. Histoire, portrait. = Naissance d'Eve. — *Peccatum mors*. — Peintures dans la salle de marbre du Casino de Hambourg.

Steuben. = Le tableau de *Pierre le Grand sauvé par sa mère de la fureur des Strelitz*, se trouve au musée de Valenciennes.

* **Stobbaerts** (Jean). E. Fl. 1838. ANVERS. Genre, animaux. = La cuisine. — Une vacherie.

* **Struys** (Alex.). E. Fl. 1852. BERCHEM. (Anvers). Histoire, genre. = *Oubliée*.

* **Sunaert** (Adolphe P.). E. Fl. 1825-1876. GAND. Histoire. = Chute de Phaeton. — Prométhée.

T

Thomas (Jean). Il a résidé à Metz où il a fait de nombreux portraits. Il y a de lui deux tableaux au musée de Cassel. L'église de Notre-Dame de Thionville possède également des œuvres de lui.

* **Timmermans** (Henri). E. Fl. ANVERS. 1858. Genre.

Tissot. = Rencontre de Faust et de Marguerite.

Tremblay et non **Trembloy.** = Il fut trouvé mort près d'un coffret rempli de pièces d'or.

* **Troost** (Odulphe). E. Fl. 1820-1854. HOEGARDEN (Anvers). Histoire. = Elève de l'Académie d'Anvers. = Tableaux à Putte et à Lummen (province d'Anvers). — Roland de Lattre chantant des psaumes devant Charles IX.

V

* **Vaison** (Paul F.). E. Fr. 1841. CORDES (Vaucluse) animaux.

* **Valescart** (Jean), né en 1665.

* **Van Beers** (Jean). E. Fl. ANVERS * 1880. Histoire, genre. = Van Artevelde. — Convoi de Charles le Bon. — La Sirène.

Van Luppen (Joseph). E. Fl. 1834. ANVERS. Paysage. = Tableaux dans les musées de Bruxelles, Anvers, Liége et Gand.

* **Vely** (Anatole). E Fr. * 1874. RONSSOY (Somme). Genre. = Elève de Signol. = Le cœur s'éveille.

Verboeckhoven, né à WARNETON (Fl. Occidentale).

* **Verhaert** (P.). E. Fl. 1832. ANVERS. Genre, intérieurs. = La bibliothèque. — La convalescente.

Verhas (Jean) né en 1827.

Verlinden (Pierre Antoine). Mort en 1877.

Vermeer (Jean). = Mourut à Delft dans le mois de décembre de l'année 1675.

Vermeer. Ventes. V. Pereire (1872). *Le Géographe*, 17,000 fr. — *L'astrologue*, 4000 fr. = Ce peintre dédaigné pendant longtemps, a été remis en honneur il y a une vingtaine d'années par M. W. Burger (Thoré) qui en a exagéré les mérites.

* **Vermier** (Emile). E. Fr. 1831. LONS-LE-SAUNIER. = Vente du coquillage à Saint Vast.

* **Verstraeten** (Théodore). E. Fl. GAND. 1853. Paysage. = Elève de Jacob Jacobs. = Soir d'avril — L'arbre fleuri.

Vleugels. — Il y a lieu de remarquer que les renseignements donnés par Jal dans son *Dictionnaire* ne concordent pas avec les nôtres. Nous avons pu déterminer avec exactitude ceux auxquels il convient de s'arrêter.

* **Vollenhove** (Bernard). E. H. 1633. KAMPEN. Portrait, genre. — D'après les *Archief d'Obreen*. T. II, p. 286 et 296, il y eut un peintre de ce nom. Un portrait de lui est cité avec la signature. = Excellent peintre. On a vu de lui à une vente en 1874 à La Haye un tableau « *Le vieux libertin*, » dans la manière de Scalcken.

W

Werf. — Ventes. V. Delessert (1869) *Léda, au bain* 610 frs.

Wilhelm de Cologne. = Ventes. Vente Weyer (1862) *Ste Véronique*, 3750 frs.

Wilbrandt. † 1873.

Willart (Louis) *Lisez* **Willaert.**

Windekens. Ce nom plus ou moins bien ortographié, a été trouvé sur des tableaux de genres différents rencontrés dans des ventes.

Witte (Pierre) le vieux, né en 1586 ; mort en 1651.

Witte (Pierre) le jeune, né en 1624 ; mort en 1667.

* **Wille** (Pierre Alexandre) E. Fr. 1728. Paris. = Fils du graveur George. Peintre du Roi.

Z

Zwanart (P.) * XV s.

Quinkhard (Jean Maurice). Il faut lire *Quinckhard* de même pour le nom de son fils Jules. Jean Maurice étant mort à Amsterdam à l'âge de 80 ans en 1772 la date de sa naissance doit donc être portée à 1692.

TABLE CHRONOLOGIQUE

ET

ALPHABÉTIQUE.

Cette table a pour objet :

1° de donner la nomenclature de tous les peintres compris dans le Dictionnaire;

2° de permettre d'apprécier d'un coup d'œil l'importance des écoles en général et en particulier;

3° de déterminer numériquement par siècle le mouvement qui s'est opéré dans les arts;

4° de faciliter aux historiens de l'art les travaux monographiques et les études comparatives.

Peintres Anciens.

Accius.
Adrien.
Agatharque Ier.
Agatharque II.
Aglaophon.
Alcimaque.
Alcistène.
Alexandre.
Alsimus.
Amasis.
Amphion.
Amulius.
Anaxandra.
Androbius.
Androcydès.
Angelion.
Antidote.
Antiphile.
Antonides.
Antonin.
Apaturias.
Apelle.

Apollodore.
Arcesilas.
Ardicès.
Aregon.
Arellius.
Arimna.
Aristandre.
Aristarète.
Aristide.
Aristobule.
Aristoclès.
Aristoclide.
Aristodème.
Aristolaus.
Ariston.
Aristonide.
Aristophon.
Artemon.
Asclépiodore.
Aterius Labeo.
Athenion.
Athénis.
Autobule.

Briétès.
Bularque.

Calatès.
Caliphon.
Calliadès.
Calliclès.
Callimaque.
Calypso.
Carbilius.
Carmanides.
Carmidas.
Carterius.
Caristyus de Pergame.
Cassiodore.
Cephisodore.
Cephisodote.
Choerephanes.
Cimon.
Cléanthe.
Cleophanthe.
Clesides.
Cletas.

Cornebus.
Cormaxide.
Cormenide.
Colotès.
Craterus.
Craton.
Ctésidème.
Ctésiloque.
Cydias.

Damopbilus.
Dinas.
Diorés.
Dyonysius.

Echion.
Ephore.
Erigonus.
Euchir.
Eudore.
Eumarus.
Eumelus.
Euphranor.

Eupompe.
Euxenidas.
Evenor.

Fabius.

Glaucon.

Habron.
Helène.
Heraclide.
Hilarius.
Hygiémon.

Irène.

Labeo A.
Lala.
Léontisque.
Limonaque.
Luc (saint).

Ludius M.
Lysippe.

Mallius.
Mécophane.
Mélanthe.
Métrodore.
Micon.

Nealcès.
Neséas.
Nicanor.
Nicéarque.
Nicias.
Nicomaque.
Nicophane.

Oenias.
Olympias.
Omphalion.
Onatas.

Pamphile.
Panœnus.
Parrhasius.
Pasias.
Pausias.
Pauson.
Pedius.
Persée.
Phalérion.
Phidias.
Philiscus.
Philocarès.
Philoxène.
Pinus C.
Polygnote de Thasos.
Protogènes.
Pyericus.

Serapion.
Sianus.
Simonide.

Socrate.
Sopolis.
Sosus.

Talus.
Taursique.
Téléphanus.
Théodore.
Théomneste.
Théon.
Thériclès.
Thérimaque.
Timagoras.
Timanthe.
Timarète.
Timomachus.
Tlépolème.
Turpilius.

Zeuxis.

Peintres du Moyen Age.

Adelard II.
Aripert, VIIIe siècle.
Aripo, Xe siècle.

Bernward, XIe siècle.
Brunn, IXe siècle.

Ernestus, XIe siècle.
Eraclius, X^e ou XIe s.
Esteban, XIIIe siècle.

Eudes, XIIIe siècle.

Foulques, XIe siècle.

Goderanus, XIe siècle.
GuidoGuiduccio,XIIe s.

Herbert, XIe siècle.
Hugues, Xe siècle.

Jean, Xe siècle.

Lazare, IXe siècle.
Luca Santo, XIe siècle.

Methodius, IXe siècle.
Modalulphe, IXe s.
Modestus, IXe siècle.

Natker, Xe siècle.

Pantaleo, Xe siècle.

Relinde, VIIe siècle.

Sintramme, Xe siècle.

Théophile.
Tranfurnari E.
Tutilon, Xe siècle.

Wazelin, XIIe siècle.

ÉCOLE ALLEMANDE.

XIVe siècle.

Alde P.

Kunz.

Théodore.

Wilhelm von Cöln.
Wurmser N.
Wuruss B.

XVe siècle.

Acker.
Anders.
Angier G.

Bauerlein J.
Bolduc J. ou S.

Christophe de Cologne.
Cologne J. (de).

Freybechk J.
Futerer U.
Fyoll C.

Glaser G.

Herbster J.
Herlin F.
Herman de Cologne.
Holbein J.

Isenmann G.

Jarénus.

Knechtelman M.

Largkmair J.
Leuensprung D.
Lindenmeyer K.
Lothener S.

Maître de Lyversberg (le).
Maitre de Werden (le).
Meckenen J. (von).
Mœchselkirchel G.
Moser L.

Pfenning D.

Schoen M.
Schorpp M.
Sturmer J.

Walen J.
Widenmann J.

Wohlgemuth M.

Zeitblom B.

XVIe siècle.

Abesmaister H.
Abt.
Achen (van) J.
Adam.
Adam (J).
Aersinger.
Aesslinger U.
Ahamer.
Aichenfelder H.
Aigner C.
Aldegrever H.
Alexius D.
Alt E.
Altdorfer A.

Amberger Chr.
Amman J.
Andrea N.
Aspach A
Asper J.

Bechtold J.
Beham B.
Beham J. S.
Bertsch L.
Binck J.
Bock J.
Bocksberger.
Broshamer J.
Brun A.
Burgkmayr J.

Calcar J. S. (von).
Calimberg J.
Cologne (le maitre de).
Cramer.
Cranach L.
Cranach L.

Deutch N. E.
Deutch J. R. E.
Dieterling W.
Donnauer J.
Dunwege V. et H.
Durer A.
Durer J.

Eimbeck J. R. (von).
Eric XIV.

Feselen M.
Freheh M.

George.
Geron M.
Girger J.
Glockenthon A.
Glockenthon G.
Glockenthon N.
Graf U.
Grimmer J.
Grün J.
Grunewald J.
Grunewald M.

Hagerich.
Hammer G.
Hansson H.
Heerneysen A.
Heintz C.
Heinz J.
Henneberger J.
Herlin L.
Herlin J.
Hetzelsdorffer.
Hirschvogel A.

Hoffman J.
Hogenberg J.
Holbein A.
Holbein J.
Holbein S.

Jacques de Lubeck.
Junius F.
Juvenell N.

Kandel D.
Keser J.
Klauber H.
Kluber J.
Knechtelman L.
Krodel M.
Kruger L.

Lautensack J.
Lautensack D.
Lautensack H.
Lindmeyer D.
Lon G. (van).
Lorch M.

Mair A.
Maitre de Liesborn (le).
Manuel N.
Marès P. (de).
Maurer J.
Maurer C.
Maximin.
Mayr.
Mehlem J. (von).
Merkel C.
Mertig J.
Mulich J.
Muller M.

Oelgast T.
Olendorf J. (d').
Ossinger M.
Ostendorfer M.

Peham G.
Pencz G.

Rieder G.
Ring L.
Ring H.
Ring L.
Rottenhamer T.

Schaffner M.
Schauffelein J.
Scheffer P.
Schel S.
Schoen E.
Schoepfer J.

Schubart C.
Schwartz C.
Schwarz J.
Schwezer E.
Seefried F.
Seidel.
Sickinger G.
Singher J.
Solis V.
Stimmer A.
Stimmer T.
Stalzlin J.

Taig S.

Vogther H.

Waegeman H.
Wagner J.
Walch J.
Wechinger J.
Wechter G.
Wegmann J.
Wehme Z.
Worms A. (de).

Ziegler J.
Zuberlein J.

XVIIe siècle.

Ableitner B.
Adam Ph.
Adler T.
Ainhauser P.
Albrecht G.
Amman J.
Ammana.
Ammon J.
Ammon C.
Ammort G.
Andersen P.
Arnold G. A.
Arnold J.
Arzt F. C. (van).
Auer J. P.
Aureller J.
Aureller J.
Avemann W.

Bachman G.
Baldensperger J.
Baratta J.
Baren J. A. (van der).
Batiowsky.
Baur J. G.
Beich G.
Belau N. B.
Block D.
Block B.

Block Mme.
Boecklin J. C.
Bottschildt S.
Bouritsch.
Brandmuller G.
Brendel F.
Brentel G.
Brokoff.

Claus N.
Corduer P. A.
Creutzfelder J.

Dach J.
David L.
Decker E.
Dichtl M.
Ditmar H.

Ebermayr J. E.
Ehrenstahl D.
Eimmart G. C.
Eimmart G. C.
Eimmart Mlle.
Eisemann J. A.
Elbas J. H.
Ellerbrock.
Elliger O.
Elsheimer A.
Ermel J. F.

Fabritius K.
Feistenauer A.
Fels E.
Fischer Mlle.
Fischer J.
Fischer J.
Fischer L.
Fisches J.
Flegel G.
Flep P.
Franck J. U.
Franck F. F.
Freyberger J.
Fries J. C.
Fuessli M.
Furstenberg T.
Furstin Mlle.
Furtenbach J.

Galler B. (de).
Gassner N.
Gelton F.
Glaser J.
Gluke C.
Goedeler E.
Goez J. (de).
Golling L.
Gondelach M.

Goriz C.
Graff J.
Graff Mlle.
Griemer A.

Haeberlein L.
Hagelstein J. (de).
Halder C.
Hammer V.
Harms J.
Harper J.
Harrich J.
Hauer J.
Hauer R.
Havau S. (van).
Heer M.
Heimbach C.
Heinz D.
Heinzel J.
Heiss J.
Helwig.
Hering J.
Hertz J.
Hinz G.
Hochhaimer D.
Hoffman S.
Hollar W.
Holzman J.
Hopper G.
Hoyer D.
Hug H.
Hungar J.
Hurter G.

Jegli H.
Juvenell J.
Juvenell D.
Juvenell J.
Juvenell F.

Kager M.
Karg G.
Keller G.
Kempener J.
Kessler F.
Klaphauer J.
Kleyn F.
Klostermann J.
Koenig J.
Konig N.
Kopp G.

Laire S.
Lauch C.
Leismann J.
Lembke J.
List G.
Loeber J.
Loggan D.
Loth J.
Loth Ch.

Major F.
Mangoki A. (de).
Mannewetch.
Mayer D.
Mayer C.
Mayer R.
Mayer J.
Megan R.
Meglincer.
Memmingen H. (von).
Mérian M.
Mérian M.
Mérian Mlle.
Meyer D.
Meyer F.
Meyer G.
Möller A.
Monce P. (de la).
Morell J.
Muller C.
Muller J. S.
Muncken J.
Murr J. (van).
Murrer J.

Neidlinger M.

Pay J. (van).
Pfeiffer J.
Poch T.
Popp H.
Preisler D.
Provener.
Prucher N.

Quadal M.
Querfurt T.

Restlein G.
Reuter B.
Richter C.
Ringgle G.
Ringlin J.
Rohnlin J.
Roos J. H.
Roos D.
Roos T.
Rötenbeck G.
Rottenhamer J.
Rudolf S.
Ruel J. B.
Ruprecht J.

Saiter D.
Sandrart J.
Sandrart J.
Schaltz D.
Schaper J.
Scheitz M.
Scheitz A.
Schel C. (van).
Scheyts M.
Schickhardi G.
Schielling C.
Schmid J. R.
Schmutz J.
Schoenfeld J.
Schorer J.
Schroeder J.
Schweizer J.
Screta Ch.
Sichelbein J.
Simbrecht M.
Smits G.
Soriau D.
Sosten Ch. (van).
Sperling J.
Spilberg G.
Spilnberg J.
Stoop C.
Storer C.
Stoskopf S.
Strack P.
Strudel J.
Strudel P. (von).

Thill J.
Thurneiser J.
Tideman P.
Trippel J.

Uffenbach P.
Ulenbrok R. (van).
Umbach J.

Veith J.

Wagener J.
Wahl J.
Wals G.
Walter
Watman H.
Watzdorf H.
Weideman F.
Weiner J.
Werdmuller R.
Werenfels R.
Werner J.
Werner J.
Weyer G.
Weyer J.
Willmann M.
Wirtz J.
Wittig B.
Wolf J.
Wolf J. A.

Zegin P.

XVIIIe siècle.

Abel E. A.
Abel J.
Aberli J. L.
Abidgaard N.
Adam H.
Adolph Fr.
Adolph J. A.
Agricola C. L.
Ahlberg J.
Aigen Ch.
Aiglstorfer A.
Akerstrom J.
Albert W.
Albertrandi.
Albrecht B. A.
Albrecht.
Aleandre J. A.
Alefunder J.
Alfen J. E.
Allemand S.
Almer J. C.
Alphen E. J.
Als P.
Alt J.
Altmutter J.
Ambrozy W. B.
Andreides A.
Angermann D.
Angermeyer A.
Anker.
Anker A.
Anthing F.
Anwander J.
Apel J.
Appelstadt Chr. J.
Arnold S. B.
Azam C. D.
Azam F. E.
Auer N.
Auer B.
Auerbach J. G.
Avila A. S. (d').
Axtmann L.
Ayrer Mme.

Baader J.
Baader J. M.
Bach J. S.
Baciarelli J.
Baeck E.
Baerens M.
Baerenstecher N. G.
Bager J. D.
Bager J.
Baldauf E.
Bartel J. C. F.
Bauernfeind J. G.

Baumgartner J. W.
Beck C. H.
Beich F. J.
Bemmel J. G. (van).
Bemmel J. P. (van).
Bemmel P. (van).
Bemmel C. (van).
Bemmel J. C. (van).
Bemmel Ch. S. (van).
Bemmel J. G. (van).
Bemmel S. J. (van).
Bemmel J. N. (van).
Bemmel J. C. G. (van).
Bemmel J. C. G. (van).
Bemmel J. C. G. (van).
Bendixen S.
Bendler J. C.
Berg M.
Berges J. C.
Bergier J.
Bergmuller J. G.
Bergmuller J. B.
Berichau.
Beuttler C.
Biermann P.
Birmann S.
Blendinger G.
Blumenthal.
Boehmer Ch. G.
Boklund J. C.
Boy P.
Brand C.
Brand C.
Brand F. A.
Brandel P.
Brandenberg J.
Brasch W. J.
Brinckman P. J.
Brock-Lagos L.
Brozik W.
Buisson J. B. (du).
Bullinger J. B.
Burgau P. (von).
Buri F.
Burkman J.
Bussler E. F.
Bys J. R.

Caenen F.
Calau B.
Calmeyer.
Canton J. G.
Careel J.
Cartsens J. A.
Caulitz P.
Cederstrom G. (de).
Chodowiecki D. N.
Coentgen G. J.
Corregio J.
Corrodi H.
Cronhfort C.

Dahl M.
Dahling H.
Dalliker J. R.
Danhauer.
Daringer J. G.
Denner B.
Deshington.
Dieffenbrunner G.
Dietrich J. G.
Dietrich C. G.
Dietschen.
Dietschen Mlle.
Dietzsch J. A.
Dietzsch J. C.
Doggeler.
Donop E. (von).
Dorfmeister J. E.
Dora J.
Dorner J.
Drechler J.
Dunker B. A.
Dunker P. H.
Dunz J.

Eckard G. L.
Edenberger J. M.
Eberhard C.
Ebinger G.
Ebret G. D.
Eichler G.
Eichler G.
Elliger O.
Escher.

Faistenberger A.
Faistenberger J.
Falbe J. M.
Fehling H.
Ferg P.
Ferg F.
Fischer V.
Flintoe.
Frank J. H.
Freezen J. G.
Freudenberger S.
Freudweiler H.
Frey M.
Frisch J. C.
Fuchs F.
Fues F.
Fuessli M.
Fuessli M.
Fuessli J. R.
Fuessli J. G.
Fuessli J. R.
Fuger H.
Gabler A.
Gardelle R.
Gaspari J.
Gassner S.
Gauermann J.
Gebhard J.
Geiszler C.
Gericke S.
Gesell G.
Gessner S.
Gillberg J.
Glume.
Goetz G.
Gotting J.
Gottlob E.
Graf A.
Graff Mlle.
Graft D. (von).
Gran D.
Grimm J.
Grosch H.
Grund J. J.
Grund N.
Grundmann J.
Gselhofer Ch.
Guibal N.
Gunther M.
Guttenbrun L.

Haag J.
Habich J.
Hackert Ch.
Hackert G.
Hackert J.
Hackert P.
Haelszel J. B.
Hallblad E.
Hamilton J. (van).
Hampe F.
Handel M.
Handmann E.
Hardorff G.
Hartmann J.
Hartmann J. J.
Hartwagner M.
Haslinger.
Hauck A.
Hauzinger J.
Heilmann J.
Heim M.
Heinitz J.
Heinsius J.
Heintsch J.
Henning C.
Herterich H.
Herz J.
Hess Ch.
Hess L.
Hetsch H. (von).
Hickel A.
Hickel J.
Hirschely G.
Hochecker F.
Hoerberg P.
Holtzmann Ch.
Holzer J.
Horczinka.
Huber J. D.
Huber J. R.
Hunkeler J.
Hurter J.

Janneck F.
Jerrière.
Jundt G.

Kamelor J.
Kanz Ch.
Kauffman J.
Kauffmann Mlle.
Keller J.
Kenckel J.
Kern A.
Keukel.
Kien J.
Klaas.
Kleeman C.
Knobelsdorf J. (de).
Knoller M. (von).
Kobell F.
Koch J.
Koella J.
Koella H.
Konig F.
Krafft.
Krafft D. (von).
Krahe L.
Kraus G.
Krause F.
Krock H.
Kruger A.
Kuffner A.
Kugler Mlle.
Kupelwieser.
Kupetzki J.

Landerer F.
Landolt S.
Lauterer.
Leblon C.
Leclerc D.
Leclerc J.
Leichner J.
Leupold J.
Leygebe P.
Linaae.
Liotard J.
Lisiewsky G.

Lisiewska Mlle.
Lisiewsky G. F. R.
Lisiewska Mlle.
Lubinietzki T.
Lundberg G.
Lutherburg P.
Lutherburg P.

Marées G. (des).
Marken J. (van).
Maron A. (de).
Maron Mme (de).
Mathes C.
Mathieu Mme.
Maurer H.
Maurer J.
Mayr F.
Mayrhofer J.
Mechau J.
Mengs J.
Mengs A.
Menken J.
Mérian J. M.
Merter J.
Meyer C.
Meyer J. J.
Meyer J.
Meyer L.
Molitor M. (de).
Moller A.
Monce F. (de la).
Morgenstern J.
Morier D.
Moser G.
Muller J. S.
Muller J. A.
Murrer Melle.
Mytens M. (von).

Nathe C.
Nilson E.
Nothnagel J.

Ochilich J.
Odnoes P.
Oefele F.
Oeser A.
Oeser F.
Orient J.

Pachelblin Melle.
Palko F.
Palko.
Pasch J.
Pasch L.
Pasch U.
Penzel J.
Pfeifninger H.
Pforr J.
Pilo G.
Plagemam.
Platzer J.
Plazer J.
Patasch.
Preisler J. D.
Preisler J. J.
Preisler G.
Prenner A. (de).
Prestel J.

Querfurt A.
Quiter H.

Rauffer Ch. (de).
Rauft F.
Reclam F.
Rehberg F.
Reiner W.
Reinhold F.
Rhoden M. (de).
Ribolt G.
Richter D.
Richter Melle.
Riedel J.
Riedel A.
Riedel G.
Rieder G.
Riedinger J.
Rieter H.
Ringe C.
Ritter G.
Rive P. (de la).
Rode C.
Roesel A.
Roos J. M.
Roos C.
Roos J.
Roos J.
Rosch F.
Rosenberg F.
Rosenberg J.
Rottmayer J.
Rugendas G.

Saar A. (de).
Saint-Ours J.
Sallioth M.
Sambach J.
Sase Mme (de).
Schalch J.
Schallhas Ch.
Schauer J.
Scheffel.
Schellenberg J. U.
Schellenberg J. R.
Scheyerer F.
Schinnagel M.
Schlichten J. (von).
Schmitt M.
Schnatzler J.
Schnell J.
Schœdelberger J.
Schoenherr Ch.
Schonberger L.
Schuster J.
Schütz C.
Schütz Ch.
Schwackhoffer J.
Sedelmeyer J.
Seiboldt C.
Seidl A.
Simler J.
Smidt M.
Speer M.
Steiner G.
Steiner J.
Stephan J.
Stern I.
Stettler G.
Streicher.
Stuber G.
Stuber N.
Stuber J.
Sturmer H.
Sturmer J.

Tamm F.
Therbousch Mme.
Thiele A.
Thiele J.
Thornberg.
Tischbein J. A.
Tischbein J. H.
Tischbein J. F.
Tischbein J. H. C.
Trautman G.
Treu Melle.
Treu J. M.
Treu J. N.
Trippel A.
Troger P.
Tusch J.

Unterberger I.
Unterleitner J.

Vangus M.
Vergh F.
Vogel C.
Vogt.
Volcker G.

Wachslunger J.
Wagenschon F.
Wagner Mme.
Warenberger S.
Waser Mme.
Waxschlunger P.
Webber J.
Wegmayr S.
Weirotter F.
Weiss B.
Weitch J.
Weller D.
Wernle.
Wertmüller A.
Weyermann J.
Wieschebrink F.
Winck C.
Wintter J.
Witz E.
Woetchler E. (de).
Wolf G.
Wolfgang G.
Wuest J.
Wunder G.
Wursch J.

Ziesenis J.
Zimmermann F.
Zincke C.
Zoffani J.
Zoffany.

XIXe siècle.

Aagaard Ch. J.
Aerestrup M.
Abbema G. (de).
Aberg V.
Achenbach A.
Achenbach O.
Ackermann A. J.
Ackermann G. F.
Adam A.
Adam B.
Adam Fr.
Adler Ch.
Adlerflycht S.
Adlersparre Mlle.
Adloff Ch.
Adolf P.
Aerstinger A.
Agricola C. J.
Agricola E.
Ahlborn G.
Ahlgrensson Fr.
Aigner J. M.
Ainmuller M. E.
Albers A.
Albert H.
Albert F. G. F.
Alberti C.
Albrecht B.
Alconiere T.
Aldenrath H.
Alers R.
Alt R.
Alt F.
Alt Th.

Altmann J.
Altmann Ch.
Altmann Ant.
Altmutter Pl.
Amberg G.
Amerling F.
Ampich.
Amsler S.
Anckarsvard J. A.
Andersag M.
Anderson N.
Anderson J.
Anderson G.
Anderson S.
Anderson O.
Andreae Ch.
Andreae T.
Andreae T.
Andrié A.
Angeli H.
Ankarcrona H.
Annetsberger F.
Anreitter A.
Anschutz H.
Anspach J.
App P.
Arbo P. N.
Arborelius U.
Arnesen D.
Arnold H. G.
Arnold J.
Arnold F.
Arnz. A.
Aronz Ph.
Arrigoni Ant.
Artaria M.
Arsenius J.
Asher L.
Askevold.
Assmus R.
Aster Ch. F. Th.
Attimayr R.
Aubel Ch.
Auer A.

Baade K.
Baader Mlle.
Baader L. M.
Baagoe Ch. E.
Baalsgaard C.
Babo L. (de).
Bach Ch. D.
Bach A.
Bach M.
Bach G.
Bache O.
Bachta J.
Baehr J. Ch.
Baer E.
Baerentzen E.
Baermann.
Bager C.
Bagge M.
Bahr Ch. A.
Baisch H.
Bakof J.
Baldinger A.
Balke.
Ballenberger Ch.
Balling P.
Bamberger F.
Barabas N.
Baranof N. (de).
Barbarini J.
Bardua Mlle.
Barthel.
Barvisius.
Bary.
Bauer F.
Bauerle Ch.
Bauman J. F.
Bauman J.
Baumbach.
Baumeister J. Ch.
Baumgartner P.
Baup H.
Baur A.
Bausch.
Bayer J.
Bayer A. (de).
Beck.
Becker Ch.
Becker A.
Becker L. H.
Becker G.
Becker J.
Becker Ph. J.
Beckerath M. (de).
Beckmann Ch.
Beckmann J.
Begas Ch.
Begas O.
Begas A. F. E. S.
Belgader
Bellerman F.
Bendel J. S.
Bendeman Ed.
Bendix.
Bendz G.
Benneter J. J.
Bennewitz von Loefen.
Bensinger Mlle.
Bentele F.
Benz S.
Berdelle J. B.
Berendt M.
Berg (van den).
Bergenthal J.
Bergier J.
Bergmann G.
Bergslien K.
Bernardt J.
Bernatz M.
Bernhardt F.
Bernhaw A. W.
Bertling
Bewer Cl.
Beyer Ch. F.
Beyschlag R.
Bidermann J. J.
Bierman Ch. E
Bierstadt A.
Billwiller J. J. L.
Binder.
Bischof.
Bisenius F.
Bitterlich Ed.
Blaas Ch.
Blaas E.
Blanc L.
Blanck Ch. V. (de).
Blaschek F.
Blechen Ch.
Bloch Ch.
Blomberg H. (van).
Blommer N. J. O.
Blunk D.
Bockhorni.
Bocklin A.
Bode G.
Bodom E.
Boe F.
Boesen J. B.
Bogoljabow A.
Bohn G.
Boking A.
Bolanachi A.
Boll.
Bolte G. F.
Bomberg
Bonisch G.
Borgen F.
Bornement.
Bosch E.
Boshast G.
Bosshardt C.
Bottcher Chr.
Bottemley J. G.
Bourel.
Bracht G.
Braith A.
Brandes G. H.
Brandmüller M.
Brandt J.
Brauer Ch.
Brauer
Braun A. J.
Braun G.
Braun L.
Braun J. A.
Brausewetter
Braütigam J. J.
Breda J. (van).
Brehmer E.
Brendel A.
Brenner A.
Brentano F.
Breslauer C.
Breyer J. H.
Bromeis.
Brown.
Brücke H.
Bruckmann.
Brun C.
Brunner J.
Brunner J.
Brunner L.
Brzozowski.
Buchser F.
Bucher L.
Bucker.
Buhlmeyer C.
Bülow O.
Bundsen J.
Buntzen H.
Burckner L. H.
Burde P.
Burger L.
Burger A.
Burggraf C.
Burkel H.
Burnitz C. P.
Burri.
Busch F.
Bykowsky N.

Caffé D.
Camphausen G.
Canon J.
Canton.
Canzi.
Canzi A.
Cappelen A.
Cappeln H. A.
Carl A.
Carmiencke H.
Catel F.
Caucig F.
Cesar A.
Chamisso A.
Charlemagne A.
Chavannes A.
Christensen C. F.
Clanot A.
Clasen Ch.

Geselschap E.
Geyer J.
Geyger A.
Geyger F.
Geyling Ch.
Gielstrup A.
Gierl H.
Giessman.
Ginofsky J.
Girscher B.
Gleim.
Gliemann A.
Glinzer Ch.
Glinck X.
Gmelin.
Gobel Ch.
Goldmann O.
Goltschmidt H.
Goltzloff Ch.
Gonz G.
Gotthardt J.
Gotzenberger J.
Grabau Ch.
Grade Mlle.
Graf Ch.
Grafle A.
Gras N.
Grashof O.
Grass Ch.
Grass J.
Grauert.
Grefle A.
Grein.
Greven A.
Grimelund J.
Grimm L.
Grisberd E.
Groeger F.
Gropius Ch.
Grospietch.
Gross L.
Grosse T.
Grothaus A.
Grothe C.
Gruber Ch.
Gruber F.
Grund.
Gruner L.
Gruniger.
Grutzner E.
Gude J.
Gugel Ch.
Guigon.
Gunkel F.
Gurlitt L.

Haach.
Habenschaden S.
Haberbusch.
Haberlin Ch.
Hafner Ch.
Hageman Ch.
Hagens E. (de).
Hagn. L. (de).
Hahn A.
Hahn G.
Haier J.
Halauska F.
Hallatz E.
Hamburger J.
Hamerl.
Hammacher.
Hammer E.
Hammer G.
Hammer H.
Handwerk J.
Hanno (von).
Hansch A.
Hansen.
Hansen C.
Hansen H.
Hanson.
Hansteen Mme.
Hanstein.
Hardorff H.
Harrach F. (de).
Hartinger A.
Hartmann L.
Hartmann M.
Hartz Mlle.
Harveng Ch.
Haselich G.
Haselich J.
Hasenclever J.
Hasenpflug G.
Hasselgren G.
Haugh.
Hauschild M.
Hauser E.
Haushofer M.
Hausser.
Haustein.
Hay Mme.
Hayn E.
Heck R.
Heckel A. (de).
Heesche F.
Heesche H.
Heicke J.
Heideck Ch.
Heideloff Ch.
Heigel F.
Heilmaier E.
Heimerdinger F.
Heindl F.
Heine G.
Heinefetter J.
Heinel J.
Heinert F.
Heinlein H.
Heinzmann Ch.
Heldobler.
Helft.
Hellesen Mlle.
Hellrath E.
Hellweger F.
Helmsdorf.
Helweger.
Hemmerlé.
Hendschel A.
Hengsbach F.
Henneberg R.
Hennig G.
Henning A.
Henning J.
Henning C.
Hennings J.
Hensel G.
Herbig G.
Herdt F.
Herdtle H.
Herenz G.
Hering.
Hermann.
Hermann A.
Hermann Ch.
Hermann J.
Hermes G.
Herrenbrug J.
Herrlich P.
Herz G.
Herzinger A.
Hess E.
Hess H. (de).
Hess Ch. (de)
Hess D. (de).
Hess J.
Hetsch P. (von).
Heubel A.
Heuss.
Heyden A.
Heyden O.
Heyerdahl J.
Hiddemann F.
Hildebrand E.
Hildebrandt T.
Hilmacker.
Hiltensperger J.
Hintze J.
Hirnschrot.
Hirsch H.
Hitz.
Hlavacek A.
Hocheneicher.
Hochle J.-B.
Hochle J. N.
Hockhert J.
Hoeffler J.
Hoegg J.
Hoelperl A.
Hoerter A.
Hofel J.
Hoff J.
Hoff Ch.
Hoff C.
Hoffmann H.
Hoffmann J.
Hoffmann T.
Hofstetten.
Hoger J.
Hogg F.
Hogoll P.
Hohe N.
Hoheneck.
Hohlweg.
Hohn.
Holbein.
Holdausen L.
Holderman Ch.
Hollpein H.
Holm C.
Holstein Ch. (de).
Holzer J.
Holzhalb A.
Honninghausen A.
Hopfgarten A.
Hopfgarten B. (de).
Hornemann F.
Horner.
Hornung.
Horny F.
Horschelt E.
Hosemann T.
Hottenroth W.
Hoyer C.
Huber A.
Hubner Ch.
Hubner R.
Humacker.
Hummel Ch.
Hummel F.
Hummel E.
Hunaus A.
Hunten F.
Hunten J.
Huxol.

Ideler Ch.
Ihle.
Ingenmey F.
Isenburg R.
Ittenbach.

Jabin Ch.
Jacob J.
Jacobi O.

Jocobs P.
Jacobsen S.
Jaeger Ch.
Jager G.
Jasper T.
Jebens.
Jensen J.
Jensen C.
Jerichau Mme.
Jernberg A.
Jodl F.
John G.
Jonas Ch.
Jordan E.
Jordan R.
Judl F.
Jungheim Ch.
Junker H.

Kaiser E.
Kaiser E.
Kaiser F.
Kalkreuth S. (de).
Kaltemoser G.
Kamecke O. (von).
Kannengiesser G.
Karing G.
Karst A.
Kaselowski.
Katsenstein L.
Kaufmann.
Kaufmann E.
Kaulbach G. (von).
Kaulbach F.
Kaulbach F.
Keck J.
Keerdt.
Keerle.
Kehren J.
Keil F.
Keller F.
Keller J.
Kellerhoven M.
Kellerhoven J.
Kellner.
Kessler A.
Kiärschou.
Kiederick P.
Kierstein.
Kieserwetter W.
Kiessling F.
Kirchof J.
Kirchmair M.
Kirchmayer.
Kirchner C.
Kirner J.
Kjellberg.
Klaas F.
Klaasen.

Klein G.
Klein J. A.
Klein J.
Kleine I.
Kleinmann.
Klengel J.
Klenze L. (von).
Kletzinsky F.
Kleyn L.
Klieber E.
Klinkowström F.
Klöber A. (de).
Kloss.
Klotz M.
Klotz R.
Klotz A.
Klotz J.
Klotz S.
Kloze F.
Knapp J.
Knauss L.
Knauth H.
Knebel.
Kniep C.
Knigge O.
Knille O.
Knorr H.
Knorr J.
Kobel G.
Kobell G.
Kobes Mlle.
Kobke C.
Koch H.
Koch H.
Koch J.
Kock.
Koebel.
Koehler Ch.
Kogl.
Kohler A.
Kohler A.
Kohler C.
Kolbe Ch.
Kölle.
Koller G.
Konemann C.
Konig G.
Konig.
Konig.
Koopmann J.
Kopisch A.
Korneck.
Korner F.
Koska.
Kotsch T.
Kottgen G.
Krafft.
Krafft A.
Krafft F.

Krafft G.
Krafft J.
Krafft P.
Kramer Ch.
Kramer F.
Kramer H.
Kramsta H.
Kransperger.
Kratz B.
Kraus E.
Kraus G.
Kraus P.
Krause G.
Krazenstein-Stub.
Kretschmar H.
Kretschmer H.
Kreul J.
Kreuzer G.
Krevel L.
Kriebel A.
Kriehuber J.
Krienen H.
Krigar H.
Kroner J.
Krones L.
Krug.
Kruger F.
Kruger J.
Kruger T.
Krumppigl Ch.
Kuchler A.
Kugelgen Ch. (de).
Kugelgen G. (de).
Kummer Ch.
Kunkler A.
Kuntz Ch.
Kuntz R.
Kupelwieser L.
Kurtz Ch.
Kurzbauer E.
Kuwasseg Ch.
Kynh G.
Kyss F.

Lachenwitz F.
Lampl J.-B.
Lanchert.
Lang.
Langbein.
Lange.
Lange G.
Lange J.
Langer P.
Langer R.
Langko T.
Lasch J.
Lasinsky A.
Lasinsky G.
Lauchert R.

Lauska Mlle.
Lavos J.
Lawes G.
Lebsché Ch.
Lecke.
Lefebure.
Lehnen J.
Leigh J.
Leistmann G.
Lemke.
Lenbach F.
Lengrich H.
Lenthe G.
Lerche V.
Lessing Ch.
Leu A.
Leutze E.
Leybold F.
Leypold Ch. (von)
Lichtenberger H.
Lichtenfels E. (de).
Lichtenheld G.
Liebert.
Lieder F.
Liepmann J.
Lier A.
Liezenmayer A.
Lindau D.
Lindenschmidt G.
Lindenschmidt G.
Lindlar G.
Lochner A.
Loder M.
Loffler A.
Loffler-Radimo L.
Loffow Ch.
Loffow F.
Loffow H.
Lohde M.
Loos F.
Loovaas J.
Lorck Ch.
Lory.
Lotz.
Lotze M.
Lowenstein H.
Lucas A.
Ludwig Mlle.
Ludwig Ch.
Lueger M.
Lugardon J.
Lugo E.
Lulvès J.
Lund J.
Lundbye J.
Lunde.
Lundgren E.
Luntenschütz J.
Lutgendorff F.

Lutke E.
Luttringshauzen H.
Lynker Mlle.

Maassen T.
Mador G.
Madsen P.
Magg A.
Magnus E.
Magnussen C.
Mahn G.
Makart J.
Mali C.
Mannsfeld A.
Mantel Ch.
Marée (de).
Marko Ch.
Marr J.
Marstrand G.
Marteisteg.
Martens.
Martens Mlle.
Martersteig F.
Martin M.
Martin P.
Massot.
Matejko J.
Mathilde de Bavière.
Mattenheimer T.
Matthai F.
Max G.
Mayer A.
Mayer Ch.
Mayer Ch.
Mayer Mlle
Mayer F.
Mayer H. (de).
Mayr T.
Mecklenburg L.
Meichelt H.
Meier E.
Melby A.
Melchior G.
Mende.
Mengelberg O.
Menschel A.
Menz M.
Menzel A.
Merck.
Merkel Ch.
Merz J.
Mestschersky A.
Metsener A.
Metsinger K.
Mettenleiter J.
Mettlerkamp D.
Metzger.
Meuron M. (de).
Meyer F.
Meyer J. G.
Meyer O.
Meyer-Attenhofer.
Meyerheim E.
Meyerheim F.
Meyerheim G.
Meyerheim F.
Michelis A.
Michelson-Meyer.
Michold E.
Milde Ch.
Milia P.
Millner Ch.
Mind G.
Minjon J.
Mintrop T.
Moening A.
Mohr J.
Möller N.
Monten T.
Moosbrugger F.
Morald.
Morcrette A.
Mordt G.
Moreau N.
Morell.
Morgenstern C.
Morgenstern Ch.
Morgenstern Ch.
Moritz F.
Morten-Muller.
Moser J.
Mossdorf Ch.
Mössmer J.
Mössmer E.
Most A.
Motset J.
Mucke H.
Muhldorfer.
Muhlig M.
Muhr J.
Muller J. B.
Muller.
Muller.
Muller A.
Muller A.
Muller Ch.
Muller Ch. G.
Muller F.
Muller F.
Muller G.
Muller H.
Muller H. E.
Muller J. B.
Muller J. F.
Muller J.
Muller M.
Muller M.
Muller M.
Muller R.
Munch J.
Mundt.
Munier-Romilly Mme.
Munkaczy M.
Munsterhjelm M.
Munthe L.
Murlersteig F.
Murschel G.
Muszowski.
Muttenthaler A.
Muxel J.

Nachtmann X.
Nadorp.
Nahl J.
Näke G.
Naue J.
Navratil.
Neefe H.
Neergaard Mlle.
Neher B.
Neher M.
Neide E.
Nejebse J.
Nerenz G.
Nerly F.
Neugebauer J.
Neuhaus Ch.
Neumann C.
Neureuther E.
Neustätter L.
Nickol Ch.
Nicolaysen.
Niedmann A.
Nielsen A.
Nielmeyer.
Niemann.
Nieper L.
Niessen J.
Nigg J.
Nikutowski J.
Nilson.
Noack A.
Nordenberg B.
Nordgron A.
Nordheim A.
Normann H. (de).
Normann E.
Norr J.

Oberlander A.
Obermullner A.
Obrien F.
Ockel E.
Oeder G.
Oehme E.
Oer T. (von).
Oesterley A.
Ofterdingen H. (d').
Ohme E. F.
Ohme E.
Ohmichem H.
Oldach J.
Olivier F. (d').
Olivier F. (d').
Onicke Mlle.
Oosterhoudt (van).
Opdenhoff G.
Oppenheim M.
Orschwiller (d').
Ortlieb F.
Osterraht G.
Osterwald G.
Ott J.
Otto H.
Otto J.
Overbeck F.

Palm G.
Palme.
Pape E.
Papperitz G.
Parmentier Mlle (de).
Passavant J.
Passini L.
Paulsen F.
Pausinger F.
Pecht A.
Pellissier T.
Pelz H.
Perbandt Mlle (von).
Perdisch.
Perger S. (de).
Perger A.
Perleberg J.
Pernhardt M.
Pero F.
Peschel Ch.
Peter W.
Peter E.
Peters Mlle.
Peters G.
Petersen J.
Petersson E.
Petterkoffen A. (von).
Petter A.
Petter F. X.
Petter G.
Petzl J.
Petzholdt F.
Pfannschmidt Ch.
Pfenninger E.
Pforr F.
Piau J. B. (de).
Piepenhagen.
Pietrowski.
Piloty F.

Piloty Ch.
Pistorius E.
Pixis T.
Plaschke.
Plathner H.
Plattner F.
Plockhorst B.
Pluddemann H.
Pochman T.
Pohle H.
Pohle F.
Pohlke Ch.
Polak L.
Pollack L.
Poppel H.
Porth H.
Porthmann G.
Poschinger R. (von).
Pose G.
Posselt.
Pourtalès.
Pramel J.
Preller F.
Preller F.
Prestel.
Prestele J.
Preyer G.
Preyer J. G.
Preyer J. G.
Pribill P.
Priem J.
Printz.
Probst Ch.
Procinski.
Publian J.
Pudor G.
Puttner J.
Puyroche Mme.

Quaglio A.
Quaglio D.
Quaglio L.
Quaglio S.
Quaglio E.
Quaglio F.

Raab G.
Rabe E.
Rabiger.
Rabuske T.
Rahl Ch.
Ramberg J.
Ramberg (de).
Ramboux J.
Randel. <
Ranftl J.
Ranspach.
Ranzoni G.
Ratti E.
Rauch F.
Rauch J. N.
Rauch J.
Rebell J.
Rechlin.
Redel J.
Reichenbach H. (von).
Reichman G.
Reiffenstein Ch.
Rein E.
Reinhardt W.
Reinhardt L.
Reinhardt C.
Reinhold F.
Reinhold H.
Reinick R.
Remy A.
Remy Mlle.
Rentzell A. (de).
Restalino.
Rethel A.
Rethel O.
Rethel E.
Rettich Ch.
Retzch F.
Rhode F. (von).
Rhode N.
Rhomberg H.
Rhomberg J.
Richter A.
Richter A. L.
Richter G.
Riedel A.
Riedmuller F. (von).
Riedmuller.
Riefstahl L.
Riehl Mlle.
Riepenhausen J.
Riepenhausen F.
Ries G.
Rieser M.
Risse R.
Rist.
Ritter Ch.
Ritter E.
Ritter Mlle.
Ritter H.
Rittig P.
Rober E.
Robert Mme.
Roch.
Rockel G.
Rod G.
Rodde Ch.
Rodeck Ch.
Rodler.
Roeting J.
Rogge E.
Rohde Ch.
Rohle.
Roquemont.
Rosen G. (de).
Rosen M.
Rosenberg G.
Rosenfelder C.
Rosenweig.
Rosler J.
Ross Ch.
Rotermund J. G.
Rotermundt J. L.
Röting J.
Rottmann Ch.
Rottmann L.
Roux Ch.
Ruben C.
Ruben F.
Ruchler A.
Rugendas J.
Rugendas M.
Rummelhoff Ch.
Rummelspacher J.
Rumpf P.
Rundt Ch.
Runge P.
Runk F.
Rupprecht F.
Russ Ch.
Russ L.
Rust R.
Rustfn O.
Ruths J.
Rydberg G.

Saal.
Saar Ch. (de).
Sack W.
Sager E.
Sagstaetter H.
Sander J.
Sauerweid A.
Sauterleute.
Scanche H.
Schabet.
Schadow F. (de).
Schaefer H.
Schaeffer J.
Schall R.
Schaller.
Schaller F.
Schallenberg G.
Scharlach E.
Scharnagel F.
Schartmann A.
Schartmann E.
Scheffer J.
Scheins L.
Schelver A.
Schertel J.
Scheres.
Scheuchzer.
Scheuren G.
Schick G.
Schick T.
Schiffer A.
Schiffer J.
Schilbach.
Schilcher A.
Schilcher F.
Schilgen P.
Schilling H.
Schiller F.
Schimon.
Schindler J.
Schindler J. N.
Schirmer G.
Schirmer J. G.
Schive J.
Schjeldrup Mlle.
Schleh Mlle.
Schleich A.
Schleich E.
Schlesinger A.
Schlesinger J.
Schlesinger F.
Schlichting.
Schlosser L.
Schlotthauer J.
Schotthauer Ch.
Schmaltz.
Schmerling Mlle.
Schmetterling J.
Schmid Ch.
Schmidt A.
Schmidt Mlle.
Schmidt Ch.
Schmidt E.
Schmidt J. H.
Schmidt M.
Schmidt M.
Schmitt F.
Schmitz H.
Schmitzer.
Schmutzer J.
Schneider.
Schneider G.
Schneider R.
Schnibbe F.
Schnitzler M.
Schnorr de Karolsfeld V.
Schnorr de Karolsfeld J.
Schnorr de Karolsfeld L.
Schöbel.
Schoen G.
Schoenberg A. (de).

Schoener F.
Schoenfeld H.
Schönfeld.
Schönmann J.
Schoppe J.
Schorn Ch.
Schott A.
Schovelin.
Schoyen C.
Schrader J.
Schraudolph C.
Schraudolph J.
Schraudolph M.
Schreiber.
Schreiber Mme.
Schrödter A.
Schroeder Ch.
Schrors J.
Schröter G.
Schrotzberg F.
Schrotzberg J.
Schuback E.
Schubert.
Schuckmann F.
Schuhmacher Ch.
Schuld E.
Schuler T.
Schulten A.
Schultz L.
Schultz J.
Schultz H.
Schultz E.
Schultze J.
Schulz Ch.
Schulz J.
Schulz L.
Schurig Ch.
Schuschardt C.
Schustor A.
Schütze G.
Schwanthaler.
Schwarz.
Schwemminger J.
Schwemminger H.
Schwengen P.
Schwind M. (von).
Schwinger.
Sedlmayr J.
Seefisch H.
Seeger Ch.
Seeger G.
Seinsheim A. (de).
Seitz.
Selb Ch.
Selb J.
Sendberg.
Senelly.
Senff.
Setberg.

Setegast.
Shoen.
Siebert A.
Siegert A.
Siemiradsky H.
Simler.
Sinding O.
Sittmann.
Skari E.
Skramstadt L.
Skredsvig Ch.
Skovgaard P.
Smirsch Ch.
Smith-Hald F.
Sohn Ch.
Sohn Ch.
Soltau.
Sommer.
Sonderland A.
Spangenberg.
Spangenberg F.
Spartmann.
Speckter E.
Speckter O.
Spengel J.
Spiesz H.
Spindler L.
Spohr.
Stack J.
Stadler A.
Stadler J.
Stael de Holstein Ch.
Stange B.
Staub A.
Steffeck.
Steffens Ch.
Steinbruck E.
Steinfeld F.
Steinfeld G.
Steinfurth H.
Steingrübel.
Steinkopf F.
Steinle E.
Stenbock.
Steurwald G.
Stieler J.
Stilke H.
Stille Melle.
Stober F.
Stobwasser G.
Stockmann A.
Stoltz J.
Stoobe J.
Stoppel.
Straehuber.
Strauch L.
Streidel.
Sturm P.
Sturmer Ch.

Swoboda Ch.
Svowoda E.

Tacke L.
Tanck.
Teichs F.
Ternite G.
Than M.
Thaulow F.
Theer A.
Theer R.
Thelott Ch.
Themann.
Theodori Ch.
Thiele J.
Thiersch L.
Thoming.
Thoren O. (von).
Thörmer.
Thouron.
Thumann F.
Tischbein Ch.
Tischbein J. H. G.
Tkadlick F.
Töche.
Toma R.
Töpffer.
Törmer B.
Torsslow H.
Toussaint L.
Trautschold G.
Treidler A.
Trenkwald J.
Triebel Ch.
Trost Ch.
Trübner H.
Tschrirner Ch.
Tunner J.

Uhlenhaut H.
Ulfsten N.
Uncker (d')
Unterberger F.

Varonne J.
Vautier B.
Veit J.
Veit P.
Veith F.
Verflassen.
Vermehren.
Viegelman S.
Voelker.
Vogel von Vogelstein Ch.
Vogel P.
Vogel L.
Voigt Melle.
Volcker G.

Volcker O.
Volk F.
Volk L.
Volkers E.
Volkhart G.
Volkhart M.
Volkmar A.
Vollmer A.
Volmar.
Volmelder A.
Voltz P.
Vortel.
Vosberg H.
Voss J.

Waagen A.
Waagen G.
Waech G.
Wachter G. (de)
Wagenbauer M.
Wagner A.
Wagner Melle.
Wagner S.
Wagner F.
Wagner F.
Wagner J. M.
Wagner E.
Wagner-Deines J.
Wahlberg H.
Waldeck M.
Waldenburg F.
Waldmuller F.
Waldmuller.
Wallander J.
Waltmann J.
Wasmann.
Webb Ch.
Weber A.
Weber P.
Weber T.
Webster J.
Weddige Ch.
Wegelin A.
Wegener J.
Wegert A.
Wehrsdorfer.
Weichberger E.
Weidner J.
Weigand C.
Weis F.
Weiser J.
Weishaupt V.
Weiss J. B.
Welker E.
Weller T.
Welter M.
Wendelstadt C.
Wendlin.
Wenglein J.

Wenng Ch.
Wentzel M.
Werberger.
Wergeland O.
Werner A.
Werner F.
Werner Ch.
Wertheimer G.
Westin.
Westphal J.
Wetterling C.
Wexelsen.
Weysser Ch.
Wichmann A.
Wiegmann Mme.
Wiegmann A.
Wiekenberg P.
Wiessner C.

Wigdahl A.
Wilberg C.
Wille A.
Willers.
Willmes E.
Wilms J.
Winck J.
Winge M.
Wingender Ch.
Winkelirer J.
Winterhalter F.
Winterhalter W.
Winterhalter X.
Wipplinger F.
Wisgall C.
Wislicenus H.
Wittich L.
Wittmer J.

Wolf J.
Wolff B.
Wolff J.
Wolff Melle.
Wolke B.
Wornle von Adelsfried.
Wrage J.
Wraske J.
Wulff W.
Wurginger Ch.
Wutki M.
Wyttenbach.

Xeller C.
Xylander W.

Young E.

Zeller.
Zichn M. (von).
Zick G.
Ziegler.
Zimmermann A.
Zimmermann A.
Zimmermann C.
Zimmermann H.
Zimmermann M.
Zimmermann R.
Zingmeister.
Zoll.
Zwecker J.
Zwengauer A.

ÉCOLE ANGLAISE.

XVIe siècle.

Browne J.

Camden S.

Hilliard R.
Hilliard N.

Lockey R.
Lysarde N.

Olivier J.

Toto A.

Wright A.

XVIIe siècle.

Aggas R.
Anderton H.
Bacon N.
Banck J. (van der).
Barlow F.
Barra J.
Beale Ch.
Beale Mlle.
Beckett J.
Bower E.
Brownson S.
Bruckshorn J.

Carlisle A.
Cooper A.
Cooper S.

Davenport.
Davis E.
Dobson G.

Faithorn G.
Ferguson G.
Flatman T.
Forcester (Les).
Freeman J.
Fuller I.

Gibson E.
Gibson R.
Gibson G.
Giles H.
Greenbury.
Greenhill J.

Hamilton J. (van).
Hassel G.
Hayls J.
Hemskirk E.
Hoskins J.
Housman J.

Jamesone G.
Janette.
Jarvis (Les).
Jones S.

Killigrew Mlle.

Laniere N.
Lens B.

Manby T.
Morland H.

Nason R.

Oliver P.
Oliver J.

Peacke R.
Pierce E.
Piper F.

Remée.
Riley J.
Russell T.

Stone H.
Streater R.

Tillet.

Walker R.
Wright M.

XVIIIe siècle.

Abbot E.
Abbott E.
Abbott L. Fr.
Aikman G.
Alexandre J.
Allan D.
Allen T.
Allingham C.
Allison.
Alves J.
Ansell.
Ashfield Edm.
Ashton M.
Astley J.
Atkins S.
Atkinson J. A.
Atwood T.

Baker J.
Baker J.
Bamfylde Ch. W.
Banck J. (van der)
Bancks Ch.
Barber C.
Barbor L.
Bardwell Th.
Barenger J.
Barker B.
Barker R.
Barker S.
Barnay J.
Barret G.
Barron H.
Barron G.
Barry J.
Baston Th.
Beach Th.
Becwith Th.
Bell G.
Bellers G.
Benazech Ch.
Benwell J.
Benwell Mlle.
Berridge J.
Black Th.
Black M.
Blackwell E.
Blakey.
Bockman G.
Bogdani J.
Bogie G.

Bond J. D.
Bonneau J.
Bowring B.
Boydell J.
Brompton R.
Brooke H.
Brooking C.
Brown J.
Brown D.
Brown P.
Brown R.
Budd G.
Burgess T.
Burgess G.
Butto J.
Byng R.

Carlini A.
Carpentiers A.
Carr J.
Carter G.
Cartwright J.
Carver R.
Carver R.
Catton Ch.
Catton Ch.
Chamberlin M.
Chandler J. W.
Chapman Ch.
Clarke Th.
Cleveley J.
Cleveley R.
Cochran G.
Collet J.
Cook H.
Cooper E.
Cooper G.
Cooper R.
Copley J. S.
Cosway Mlle.
Cozens J.
Cozens A.
Cradock L.
Craft G.
Cranke J.
Crone R.
Crosse L.
Crosse R.
Cuming G.
Cuningham E. J.
Cuitt G.

Dall N.
Dalton R.
Dance N.
Dandridge B.
Daniell A.
Davidson J.
Davison J.
Davy R.
Day A.
Dean H.
Delany Mme
Dighton R.
Dodd R.
Donaldson J.
Dupont G.
Durno J.

Eckhardt J. G.
Edwards E.
Edwards G.
Eginton F.
Elliot G.
Ellys J.
Ennis W.
Exshaw.

Farington J.
Farrer N.
Ferrers B.
Fielding T.
Finney S.
Foldsone J.
Freebairn J.
Frye T.

Gainsborough T.
Gardner D.
Gibson T.
Gilpin S.
Girtin T.
Gooch T.
Graham G.
Greenwood T.
Grignion Ch.
Grogan N.
Gyles H.

Hakewell J.
Hamilton G.
Hamilton H.
Hamilton G.
Hand T.
Harding S.
Hawker E.
Hayman F.
Haytley E.
Head G.
Heighway R.
Heins D.
Heins J.
Hickey T.
Highmore J.
Hoare G.
Hodges G.
Hoharth G.
Holman F.
Hone N.
Hood I.
Hoppner J.
Howard H.
Hudson T.
Humphrey O.
Hunter R.
Hurlston R.
Hussey G.

Ibbeson J.

James G.
Jeffereys J.
Jenkins T.
Jervas Ch.
Jones T.

Kent G.
Kirk T.
Knapton G.

Lambert G.
Laroon M.
Lee Mlle.
Lens B.
Lowe M.
Lucy Ch.

Maingaud.
Mann J.
Marchi J.
Marlowe G.
Martin E.
Martin D.
Mason G.
Maubert J.
Maucourt Ch.
Medina J.
Medley S.
Mercier P.
Mercier Mlle.
Metz Mlle.
Miller G.
Milton J.
Monami P.
Moore J.
Morland G. H.
Morland H. R.
Morland G.
Mortimer J.
Mullins G.
Müntz, J.
Murray R.
Murray T.

O'Neal J.
Opie.
Opie J.
Oram G.

Pack C.
Parker J.
Parkinson T.
Parmentier J.
Parry G.
Pars G.
Parsons F.
Paton R.
Paxton J.
Pearce G.
Pembroke T.
Penny E.
Pether A,
Pether G.
Philips Ch.
Pine R.
Place F.
Pond A.
Proctor T.

Ramsay A.
Rathbone J.
Read Mlle.
Reynolds J.
Richardson J.
Richardson.
Riley Ch.
Romney G.
Russell J.
Sandby P.
Scott S.
Serres D.
Sherwin J.
Smith G.
Smith G.
Smith J.
Stubbs G.

Taylor B.
Thompson G.
Thornill I.
Thornill J.
Trumbull J.

Wallis.
West B.
Wheatley F.
Wilson R.
Wordlige T.
Wright J.

XIXe siècle.

Abbot H.
Acland H.
Agote Fr.
Allan G.

Allen.
Allston W.
Ames J. A.
Anderson G.
Angus G.
Ansdell R.
Armitage E.
Arnald G.
Artaud G.
Ashby H.
Ashford G.
Atkins J.

Babcock G.
Bacon H.
Baker T.
Bakér W.
Ballantyne.
Balmer J.
Balmer G.
Barber Ch.
Barber J. V.
Barber Th.
Barclay E.
Barclay H.
Barker T. H.
Barker T. J.
Barker H. A.
Barrand W.
Barry J.
Bartholomew V.
Bartholomew A.
Bartlett G. H.
Bateman J.
Battam Th.
Baxter Th.
Baxter Ch.
Baxter G.
Bean R.
Beaumont G. H.
Beaumont J. T. B.
Beechey Guill.
Beechey G.
Bentley Ch.
Beverly W. R.
Bewick G.
Biffin Mlle.
Bigg G. R.
Billington H. W.
Birch J.
Bird Ed.
Blacklock.
Blake B.
Blake G.
Boaden J.
Bodington H. J.
Bone H.
Bone R.
Bonington R.

Bonnart G.
Booth G.
Bough S.
Bowler T. G.
Bowness G.
Bowger R.
Boxall G.
Boyd Haighton.
Boydell
Bradford G.
Bradley B.
Bradley G.
Breman G.
Brett J. G.
Briggs H. P.
Bristow E.
Bridell F.
Brocas H.
Brocas S.
Brocas G.
Brockedon G.
Brocky C.
Brookband M.
Brooke G. H.
Brown M.
Bucq A.
Burford R.
Burgess J. C.
Burling G.
Burnet J.
Burnet J.
Burnet J.
Burney E. F.
Burr J.
Burr A. H.
Byrne A.
Byrne C.

Callcott A. W.
Callow G.
Calthrop.
Calvert C.
Capon G.
Carmichael J. W.
Carpenter Mme.
Carse W.
Cartwright J.
Cassie J.
Cattermole G.
Cawse J.
Chalmers G.
Chalmers J. P.
Chalon A. E.
Chalon J. J.
Chambers G.
Chase J.
Chatfield E.
Chinnery G.
Chisholm A.

Christie A.
Christison Mme.
Clay A.
Clater T.
Clint G.
Cole Th.
Collins G.
Collins Ch.
Collinson R.
Colis R.
Colman S.
Constable J.
Cook R.
Cooke E. G.
Cooper A.
Cooper F. S.
Cooper R.
Cooper Ch. S.
Cope C. G.
Corbaux Mlle.
Corbould E. H.
Cotman J. S.
Cox D.
Craig G.
Crane Th.
Crawfort G.
Crégan M.
Creswick Th.
Cristall J.
Crome J.
Cross J.
Crowe E.
Crowley N. J.
Cruikshank G.
Cury Th.

Dadd R.
Dagley R.
Damby F.
Damby J.
Daniell Th.
Daniell S.
Daniell G.
Davis R.
Davis G.
Davis Ed.
Davis J.
Davis J.
Dawe G.
Dearman J.
Decker.
Denning S. D.
Desánges L. G.
Dewilde S.
Dighton R.
Dighton E.
Dobson G. Ch. T.
Donaldson A.
Douglas G.

Downmann J.
Doyle J.
Drummond S.
Duffield G.
Duncan C.
Dyce G.

Earle A.
Eastake Ch. L.
Eaton J. O.
Edmonstone.
Egerton D. T.
Egg A. L.
Elder Ch.
Ellerby T.
Ellis J.
Elmore A.
Essex G.
Etty G.
Evans G.
Ewbank J.
Eyre J.

Faed T. K.
Fairless T.
Faulkner J.
Faulkner B. R.
Fellowes J.
Ferneley J.
Fielding C.
Finck F.
Fischer J.
Fisk G.
Flaxman J.
Fleming G.
Foggo J.
Foggo G.
Ford S.
Ford-Madox-Brown.
Foster T.
Fradelle H.
Fraser A.
Frith G.
Frost W.
Fryer E.

Garrard G.
Garvey E.
Gastineau H.
Geddes A.
Geikie G.
Gendall J.
Gibb R.
Gibson
Gibson D.
Gibson P.
Gilbert J. G.
Gilbert J. F.
Gill G.

Glennie A.
Glover J.
Godwin J.
Good T.
Goodall F.
Gordon J.
Grant F.
Grant G.
Green.
Green J.
Green Mlle.
Grieve G.
Guest D.

Haag C.
Haghe L.
Haines G.
Halliday M.
Halls J.
Hardgreaves T.
Harding J.
Harlowe G.
Hart S.
Harvey G.
Hassell E.
Haugton M.
Havell G.
Haydon B.
Hayes J.
Hays W.
Hayter Ch.
Hayter G.
Hazlit G.
Healy G.
Herbert J.
Herbert A.
Herring J.
Hilder R.
Hill D.
Hills R.
Hilton G.
Hoare P.
Hobday G.
Hofland T.
Holding H.
Holland J.
Hollins J.
Holmes J.
Home R.
Hone C.
Hook J.
Hopley E.
Horsley J.
Howard H.
Howitt S.
Huggins G.
Hughes.
Hunt G. H.
Hunt G.

Hunt G. H.
Hunter J.
Hunterington D.
Hurlstone F.
Hurlstone F. Y.
Huskisson.

Illidge T.
Ingalton G.
Inman H.
Inskipp J.

Jackson J.
Jackson S.
Johnson E.
Johnson H.
Johnston A.
Jones G.
Joseph G.
Joy T.
Joy W. et J.
Jutsum H.

Kay J.
Kean M.
Kennedy G.
Kensett J.
Kidd G.
King J.
Knight G.
Knight J.

Ladbroke J. B.
Ladbroke R.
Ladbroke H.
Lance G.
Landseer Ch.
Landseer E.
Lane R.
Lane T.
Lane S.
Lauder J.
Lauder R.
Lawles M.
Lawrence T.
Leahy J.
Lee
Lee F.
Lees Ch.
Leets J.
Leigh J.
Leighton J.
Leslie Ch.
Leslie G.
Lewis J.
Lewis Ch.
Lewis G.
Linnell J.
Linton G.

Liverseege H.
Livesay R.
Lizars G.
Lover S.
Luard J.
Lucas J.
Lucy Ch.
Luny T.

Mac-Jan R.
Mackensie S.
Maclise D.
Maclister G.
Maddox W.
Marshall.
Martin J.
Martineau R.
Mason G.
Masquerier J.
Mathias G.
Maule J.
Mee Mme.
Middleton J.
Millais J.
Minazzi J.
Mogford T.
Mogford H.
Monro H.
Moore J.
Moore A.
Moore H.
Moore H.
Morse S.
Morten T.
Morton A.
Muller G. J.
Mulready G.
Mulvany T.
Mulvany G.

Nash F.
Nash J.
Nasmyth A.
Nasmyth
Nashmyth P.
Nesfield G.
Newton G.
Newton W.
Nicholson G.
Nicol E.
Nicoll J.
Northcote J.

Oakes J.
Oakes M.
O'Connor J.
Oldfield J.
Oldfield J.
Oliver A.

O'Neil H.
O'Neil G.
Oram E.
Orchardson G.
Osborne Mlle.
Ottley G.
Ouless W.
Owen G.

Paele R.
Page G.
Parker J.
Parton A.
Parton E.
Partridge J.
Paton N.
Paton W.
Patten A.
Patten G.
Paye R.
Peale R.
Pearson Mme.
Perry.
Peters M.
Pether S.
Petrie G.
Pettie J.
Philip.
Phillips T.
Phillips H.
Phillips G.
Pickersgill F.
Pickersgill H.
Pickersgill H.
Pidding H.
Plummer.
Pocock N.
Pocock I.
Poole P.
Porter R.
Powell G.
Powell J.
Poynter E.
Prentis E.
Prinsep V.
Prout S.
Pugin A.
Pyne G.
Pyne J.

Raeburn H.
Rankley A.
Rebecca B.
Redgrave R.
Reinagle P.
Reinagle R.
Reinagle G.
Reinhart B.
Richards A.

Richmond G.
Richter H.
Ridder G.
Rippingille E.
Rivière B.
Robbins H.
Roberts D.
Robertson A.
Robertson Mme.
Rochard.
Roods T.
Rosenthal J.
Rosetti D.
Rothwell R.
Rothermel P.
Runciman A.
Runciman J.

Scott G.
Seddon T.
Severn J.
Seyffarth Mme.
Sharpe Mme.
Shee M.
Shergold.
Simpson J.
Simson G.
Sleap J.
Smirke R.
Spindler.
Stanfield G.
Stephanoff J.
Stone F.
Stone M.
Storey G.
Stothard.
Stothard T.
Stuart G.
Sully.

Tait A.
Tait J.
Tayler J.
Taylor S.
Tennant J.
Tenniel J.
Thomson H.
Thompson M.
Thompson J.
Thornburn R.
Tresham H.
Trumbull G.
Turner G.

Uwins T.

Varley J.
Vinton F.

Walker G.
Wallis.
Walton E.
Ward E.
Ward Melle.
Ward J.
Watt H.
Watts Mme.
Watts G.
Webster T.
Wells H.
Wells Mme.
Westall R.
Westmacott R.
Wharton P.
Whickelo J.
Whistler J.
Whitehouse J.
Whittredge W.
Wilkie D.
Williams Melle.
Williams E.
Williams P.
Williamson J.
Willison G.
Wilson J.
Wilson J.
Windus G.
Wint P. (de).
Witherington G.
Wood J.
Woodward T.
Wright J.
Wright R.
Wyatt H.
Wyburd F.
Wyld W.
Wynfield D.

Yames F.

ÉCOLE ESPAGNOLE.

XIVe siècle.

Cesilles J.

Gonzales F.

XVe siècle.

Alfon J.
Alvaro.
Anne J.
Aponte P. (de).

Barco G. et J.
Berruguete P.

Carillo.
Comontes I. (de).
Cruz S.

Dalmau L.
Diaz G.

Gomez G.
Gomez D.
Gonçalo E.
Gonzales-Becerril J.
Gumiel P.

Ingles G.
Jacques.
Joane.

Louis.

Martel N.

Nuno G.

Perez de Villoldo A.

Rincon A. (de).
Rodriguez P.
Ruiz P.

Salvator de Valence.
Sanchez P.
Segovia J. (de).

Tolède J. (de).

Zamora S. (de).

XVIe siècle.

Aguila F. (del).
Aguila B.
Aguilera J.
Alcala (Duc d').
Alexandro.
Alphonse.
Alvarus.
Andrea G.
Aneda J. (de).
Aragon J. (de).
Arena J. (de).
Arce.
Arfian A. (de).
Arguello J.-B.
Arroyo Diego. (de).
Artos-Tison.
Avila Ferd. (d').

Barrera J. (de la).
Barroso M.
Becerra G.
Berruguete A.
Borcona J. (de).
Borras P. (le).

Cabrera J.
Campo J.
Cardenas B. (de).
Castello N.
Cea J. (de).
Cerecedo J. (de).
Chacon J.
Cespedes P. (de).
Charles Frère.
Cid. F.
Cisneros Frères.
Coello A. S.
Coello Mlle.
Comontes A. (de).
Comontes F. (de).
Cordoba P. (de).
Corrales F. (de los).
Correa D.
Cortereal J.
Cruz J. (de la).
Cuevas.

Delgado P.
Diaz G.
Domenech A.

Egas P. (de).
Emmanuel.
Espinosa F.
Esquarte P.
Esquivel J.

Fabricio.
Factor N.
Falco F.
Falco N.
Fernandez D.
Fernandez J.
Fernandez L.
Fernandez P.
Fernandez de Guadalupe P.
Fernando G.

Figueredo.
Flores F.
François de Hollande

Gallardo M.
Gallego A.
Gallegos F.
Garcia-Fernandez.
George A.
Gomez J.
Gomez M.
Gonzales C.
Grillo-Blas.
Guevara P.
Guillen F.
Guitart P.

Helle I. (de).
Henriquez F.
Henriquez L.
Hermes I.
Hernandez A.
Herrera B. (de).
Herrera C. (de).
Hoyos G. (de)

Iciar J. (de).

Jauregui-d'Aguilar.
Joanès V.
Jordan E.

Landa J. (de).
Ledesma B. (de).
Léon A. (de).
Llorens C.
Lopez F.
Lopez G.
Lopez J.

Machuca P.
Martinez G.
Martinez J.
Medina L. (de).
Mesa B. (de).
Mexia A. (de).
Mingot T.
Montoya P. (de).
Moraes C. (de).
Moralès L. (de).

Navarette J.
Neapoli F.
Nunnez J.

Olives F.
Ona P.
Onate M.

Pablo P.
Pacheco C.
Palencia (G. (de)
Pedriel T.
Perez A.
Perez-Florian J.
Perola J. et F.
Philippe II.
Polo J.
Prado B. (del).
Prini A.

Ramirez J.
Raxis P. (de).
Requena V.
Rincon F. (de).
Rodriguez C.
Rodriguez S.
Rubiales P. (de).
Ruiz A.
Ruviale F.

Salamanca J. (de).
Salcedo J. (de).
Salcedo J. (de).
Sanchez de Castro J.
Santa-Croce P. (de).
Santo-Domingo V.(de)
Segarra J.
Sequo S.
Sérafin P.
Suarez L.

Tapia P. (de).
Tavara F.

Uceda J. (de).
Urbina J. (de).

Valdivieso L. (de).
Vargas L. (de).
Vasco.
Vasco F.
Vasquez J.-B.
Vaz D.
Vazquez A. et A.
Vazquez J.
Velasco L. (de).
Vera J. (de).
Vergara N.
Vergara J.
Vergara N.
Villegas - Marmolejo P. (de).
Villoldo J. (de).

Yanez H.

Zamora J. (de).

XVIIe siècle.

Abarca M. (de).
Abril J. A.
Aguero B. M.
Aguilar Th.
Aguirre Fr. (de).
Agullo Fr.
Alfaro de Gomez J.
Alvareda R.
Alvarez L.
Alvarez Louis.
Amaya.
Angel J.
Angelica.
Antolinez J.
Antolinez de Sarabia
Antonio P.
Arbulo Margavete P.
Arco A.
Arellano J. (de).
Arias Fernandez A.
Arjona.
Arnau J.
Arredondo I.
Arredondo M.
Arroyo J.
Arteaga de Alfaro M.
Artiga Fr. (de).
Asensio.
Athanasio P.
Atienza Calatrava M. (de).
Aula (marquis d').
Aveiro (duchesse d').
Avelar J. (d').
Avendano J.
Avila F. (d').
Ayala B.
Ayanza J. (d').
Aybar Ximenes P.

Baena P. (de).
Balluerca
Barco A. (del).
Barranco F.
Barrera F.
Bausa Gr.
Bayero J. B.
Bejar (duc de).
Benavidès V. (de).
Benet J.
Berenguer R.
Bisquert A.
Blasco M.
Bobadilla J.
Bocanegra P. A.
Bru M. V.
Burgos de Mantilla I.

Cabezalero J. M.
Caceres F. (de).
Caceres F. G. (de).
Camacho P.
Camillo F.
Campo Largo P.
Camprobin P. (de).
Cano A.
Cano de Arevalo.
Carbajal L. (de).
Cardenas J. (de).
Carducho V.
Careno A.
Careno de Miranda J.
Caro F. L.
Caro F.
Caro de Tavira J.
Casares J. A.
Castaneda G.
Castello F.
Castello F.
Castillo A.
Castillo J.
Castillo y Saavedra A.
Castrejon A.
Castro L. A.
Castro P.
Caudi J.
Caxès P.
Caxès E.
Cazares L.
Cerezo M.
Cervera Bl. (de).
Chamorro J.
Chirinos J. (de).
Cieza J. (de).
Cieza M. J.
Cieza V.
Claros (frère L.).
Coelho Bento.
Coello Cl.
Collantes Fr.
Conchillos Falco J.
Contreras A. (de).
Correa M.
Corte J. (de la).
Corte F. (de la).
Corte G. (de la).
Cosida J.
Costa L. (da).
Cruz (Marcos da).
Cruz (Maria da).
Cruz M. (de la).
Cubrian F.
Cueva Benavidei.
Cuevas P. (de las).
Cuevas E. (de las).
Cunha J. (da).
Cuquet P.

Diaz J. V.
Diaz J.
Diaz P.
Diaz P.
Donado H. A.
Donoso J.
Dontons P.

Escalante J. A.
Escobar A. (de).
Espanada E.
Espinosa J. (de).
Espinosa R. (de).
Espinosa H. J. (de).
Espinosa M. J. (de).
Esteban J.
Esteban J.
Ethenard de Abarca
Ezquerra D.

Fernandez F.
Fernandez G.
Fernandez L.
Fernandez de Laredo
Ferrado C.
Figueroa F.
Fonseca de Figueroa
Francisquito.
Franquet J.
Fuente J. L.
Furez de Muniz J.

Galceran.
Galindez M.
Galvan J.
Gandia J. (de).
Garcia F.
Garcia G.
Garcia M. et J.
Garcia S.
Garcia Ferrer P.
Garcia Hidalgo J.
Gassen F.
Gasull A.
Gaudin L.
German y Llorente.
Giachineti Gonzales J.
Gilarte M.
Giner.
Gisbrant J.
Godoy de Carbajal M.
Gomez L.
Gomez V.
Gomez S.
Gomez S.
Gomez de la Valencia P.
Gonzales B.
Gonzales de Cedillo A.
Gonzales de la Vega J.
Gracian T.
Granelio.
Guevara J. (de).
Guillen M.
Guillo V.
Guirri V.
Guirro F.
Gutierrez F.
Gutierrez J.
Guzman J.
Guzman P. (de).

Hamen de Leon J. (van der).
Haro J. (de).
Herbas J. (de).
Herrera A. (de).
Herrera F. (de).
Herrera F.
Herrera le Rouge.
Herrera J. (de).
Herrera S.
Hispano M.
Horfelin A. (de).
Horrera P. (de).
Huerta G. (de la).
Hurtado de Mendoza

Ignacio F.
Iriarte I.

Jepes T. (de).
Joanès J.
Jordan S.
Juarez M.
Juncosa J.
Juncosa J.

Labana T.
Labrador J.
Lancharès A.
Ledesma J.
Legote P.
Léon Léal S. (de).
Leonardo A.
Leonardo J.
Leyto A.
Leyva J. (de).
Liano P. (de).
Licalde J. (de).
Llanos de Valdes S.
Llera Zambrano A. (de).
Loarte A.
Loaysa J. (de).
Lopez F.
Lopez J.
Lopez J.
Lopez P.
Lopez Caballero A.
Lopez Madera G.
Lucena J.

March E.
March M.
Marinas H.
Marquez-Joya F.
Martin T.
Martinez A.
Martinez C.
Martinez J.
Martinez A.
Martinez S.
Martinez F.
Martinez J.
Martinez M.
Marzo A.
Marzo U.
Matarana B.
Mateos J.
Mayno J. B.
Mazo Martinez.
Medina A. (de).
Medina P. (de).
Melgarejo J.
Mena P. (de).
Menesès Osorio F.
Mesa A. (de).
Mesa J. (de).
Micier P.
Mohedano A.
Molina M. (de).
Monreal A. (de).
Montero L.
Montero de Roxas J.
Montezuma P. (de).
Montiel J.
Mora J.
Moralès J. (de).
Moran B.
Moran J.
Moreno J.
Moya P. (de).
Munoz J.
Munoz N.
Munoz S.
Murillo B.
Murillo G.

Navarro L.
Navarro J.
Negron L. (de).
Noriega P.
Nunnez P.
Nunnez de Sepulveda
Nunnez de Villavicensio P.

Obregon G. (de).
Orient J.
Orozco E.
Orrente P.
Ortega P. (de).

Pacheco F.
Palacios F.
Palencia P.
Palomino de Velasco Mlle
Paredes J. (de).
Pareja J. (de).
Parrilla M.
Passante J.
Pelegret T.
Pena J. et F.
Penalosa J. (de).
Pereda A. (de).
Pereyra D.
Pereyra V.
Perez A. et N.
Perez B.
Perez de Herrera A
Perez de Pineda F.
Perez Polanco A.
Pertus R.
Peté S.
Philippe III.
Philippe IV.
Piti.
Pizarro.
Plano F.
Polancos (les).
Polo B.
Polo J.
Ponce R.
Pontons P.
Puga A.

Quadra N.
Quintana.

Ramirez C.
Ramirez J.
Ramirez J.
Ramirez P.
Rebello J.
Redondillo I. (de).
Reinoso A.
Reyna F. (de).
Ribalta F. (de).
Ribalta J. (de).
Ribera L.
Rizi F.
Rizi J.
Roëlas J. (de las).
Roëlas P. (de las).
Rolan-Fauguerbe.

Roman B.
Romero S.
Romulo F.
Romulo J.
Roxas de Velasco S.
Roubio A.
Rueda G. (de).
Ruiz J.
Ruiz César B.
Ruiz de la Iglesia F.
Ruiz Gixon J.
Ruiz Gonzalès P.

Salmeron F.
Sanchez A.
Sanchez C.
Sanchez L.
Sanchez P.
Sanchez-Cotan J.
Sang de la Lloza J. et B.
Sanguineto R.
Santos J.
Sarabia.
Sarabia A. (de).
Sarabia J. (de).
Sarimiento Mlle.
Secano J.
Segura A. (de).
Sevilla Romero J. (de).
Solis F. (de).
Soto J. (de).
Soto L.
Sotomayor L. (de).
Suarez de Orozco M.

Teran J.
Terol J.
Theotocopuli D.
Thomas M.
Tolède J. (de).
Tolède J. (de).
Torre N.
Torres M. (de).
Tristan L.

Uceda J. (de).
Uceda Castroverdo J.
Urzanqui.

Valcazar G. (de).
Valdemira de Leon J.
Valdès J. (de).
Valdès Leal J. (de).
Valle de Barcena J. (de).
Valois A.
Valon J.
Valpuesta P. (de).

Varela F.
Vargas A. (de).
Vela C.
Vela A.
Velasco C. (de).
Velasco M. (de).
Velasquez R.
Velasquez Minaya F.
Vera C. (de).
Vera cabeza de Vaca F. (de).
Vicente B.
Victoria V.
Vidal D.
Vidal J.
Vidal de Liendo J.
Vidal J.
Vila S.
Villacis N. (de).
Villafranco Malagon P. (de).
Villafuerte de Zapata
Villamor J. et A.
Villaumbrosa (Mme de)
Vincent M.
Viso C.

Ximenès A.
Ximenès F.
Ximenès M.
Ximenès de Illescas B
Ximenès de Zarzoza A
Ximenès-Donoso J.
Ximeno M.

Yavarri J.

Zabala J. (de).
Zambrano J.
Zamora.
Zamora J. (de).
Zapata A.
Zarinena F.
Zarinena J.
Zarinena C.
Zarza Ch. et J.
Zitoz M.
Zorrilla J. (de).
Zurbaran F.

XVIIIe siècle

Acevedo M.
Aguila M.
Aguire H.
Agustin Fr.
Aiuza I.
Ala J.
Alexandrino P.
Almor J.
Andrade G.
Anglois G.
Aparicio M.
Ardemano Th.

Barambio G.
Bayeu de Subias F.
Bayeu de Subias R.
Benavides J. R.
Beraton J.
Bertucat L. (de).
Bonavia J.
Bourbon G. (de).
Bustamente F.

Caetano S.
Calabria P. (de).
Calderon de Labarca V.
Calleja A. (de la).
Camaron y Bononat J.
Cancino L.
Cano J. J.
Carmona.
Carnicero A.
Casanova Ch.
Casanova F. J.
Castillo F.
Castillo J.
Chavarito D.
Cobo de Guzman J.
Collado J.
Costa Meesen F. (da).
Costa J. N. (da).
Cruz M. (de).
Cyrillo.

Danus M.
Delgado J.
Diaz F.
Domingo L.
Duque Cornejo.

Espinal G. (de).
Espinal J. (de).
Espinos J.
Estrada J.
Estrada I.
Eximeno J.
Ezquerra J. A.

Femenia G.
Fernandez L.
Fernandez M.
Fernandez de Castro A.
Ferrer J.
Ferrer P.

Figueroa F.
Fortea J.

Garcia B.
Garcia de Miranda J.
Garcia de Miranda N.
Garzon J.
German y Llorente B.
Gomez H.
Gomez de la Valencia
Gonzales R.
Grifol F.
Guillen P.
Guillo A.
Guillo F.
Guzman P. (de).

Hueva Mme (de).

Ingles.
Irala Yuso M.
Iriarte V.

Larraga A.
Larraga Mlle.
Léon C. (de).
Léon P. (de).
Llamas F.
Lopez G.
Lopez C.
Lopez V.
Lopez Palomino F.
Lorente F.
Loza J.

Maella M.
Marquez E.
Martinez D.
Martinez J.
Martinez T.
Medina M.
Menendez F.
Menendez L. (de).
Menendez M.
Mera J. (de).
Millan S.
Minana J.
Montalvo B.
Moralès F.
Morey.
Munoz E.
Mures A.

Narciso J.
Nava L. (de).
Navarro A.
Navarro P.

Obregon M. (de).

ÉCOLE FLAMANDE.

Loy le Hinxt.

Maere W. (van).
Moere N. (van den).
Mol G. (le).
Most J. (van der).

Nicaise J.

Portier H.

Scrivere L. (de).
Scrivere J. (de).
Scrivere M. (de).
Soyer H.
Spaden J.
Stevens J.

Woestine S. (van der).
Woluwe J. (van).

Ynghene R. (de).

Zaïde J. (de la).

XVe siècle.

Adriaens L.
Aloyer J.
Annaert C.
Antoine de Liège.
Anversa L. (da).
Ariaens L.
Averecht J.
Axpoele J. (van).

Bacre J.
Baert G.
Bailleul B.
Balen R. (van).
Barbet P.
Barbezan Ph.
Bassevelde C. (van).
Bassevelde J. (van).
Bassevelde L. (van).
Bastyn H.
Bastyn J.
Battele J. (van).
Bauduin.
Beeck J.
Beecque J.
Beerevelt P.
Beernaerts M.
Beerevelde P. (van).
Belle J.
Bellechose H.
Bellegambe J.
Belles G.
Belline J.
Bénard.
Benthem J. (van).
Beraert W.
Berghe M. (van den).
Bergues F. (de).
Bernaerts J.
Bernart P.
Berselaere J. (van).
Besaen Chr.
Blanquepaie.
Boelaert C.
Boene E.
Boene E.
Boene L.
Boene J.
Boene H.
Bogaerde S. (van den)
Bogaert J.
Bonten L.
Boons B.
Bordeaux H. (de).
Bosschaert J.
Bossche A. (van den).
Bossche T. (van den).
Bossche L. (van den).
Bossche A. (van den).
Bossche S. (van den).
Bossche S. (van den).
Bossche L. (van den).
Boulogne H. (de).
Boulogne J. (de).
Bouts T.
Bouts T.
Braem A.
Bramaere Chr.
Broc P.
Broederlam R.
Brouwer N.
Brune A. (de).
Bucq C. (de).
Bueren H. (van).
Bulteel P.
Buren J. (van).
Buzekin H.

Caes J.
Campin R.
Carve J.
Cat A. (de).
Chabo H.
Chasteau J. (du).
Christus H.
Clauwart J.
Clavekin.
Clerebault J.
Clincke J.
Clinket P.
Clite L. (van den).
Clouet J.
Coddeman L.
Coeman G.
Coene J.
Coetsoen E.
Colins J.
Colleman G. et G.
Collyns P.
Coninxlo J. (van).
Copin C.
Coppin.
Coter C. (de).
Coudenberghe J. (van)
Caustain P.
Crane G.
Crans J.
Cristus P.
Crussenac J. (van).
Cure G. (van).
Cusen L.

Daret D.
Daret J.
Descamps N.
De Wilde G.
Dieripe N.
Dist J. (van).
Donck G. et J. (van der).
Doncker A.
Doornik J. (van).
Dreux J.
Driessche J. et C. (van der).
Dringhebree B.
Dubos H.
Dyzerin P.

Eannes G.
Elle P. (van).
Elselaire V. (de).
Enghebert J.
Eyck H. (van).
Eyck J. (van).
Eyck L. (van).
Eyck Melle (van).

Frédéric G.
Freret A.

Gardin B. (du).
Gascœnberg C. (van).
Gavere T. (van).
Gend J. (van).
Genois H.
Gerhart.
Gerofs A.
Gheerolf J.
Ghistele M. (van).
Godart d'Anvers.
Goes C. (van der).
Goes L. (van).
Goes H. (van der).
Goesteline G.
Gorinchem A. (van).
Goudesmet N. (de).
Gracht R. (van der).
Greeve R.
Guchte J. (van der).
Guennelet P.
Gutte J. (van).
Gygaert J.

Hakinet le Bacre.
Hane G. (de).
Hannuyer J. (le).
Haulte-Rue H. (de)
Hecke T. (van).
Heghemont N. (van).
Heindric.
Hende J. (van den).
Henne P.
Hennecart J.
Hennequin B.
Hennequin de Bruges
Herde J. (de).
Herman de Diest.
Herpe J. (van).
Herrebouts C.
Herverbaert S.
Hervy J.
Heulle J. (van).
Hollandere J. (de).
Hoophuuse (van).
Hoppe L.
Houbracque J. (van).
Houdain.
Hubrecht.
Huet.
Hughezuene J.

Jaespaert.
Jean.
Jean de Stavelot.
Jehan d'Avesnes.
Jonquoit J. (du).
Juan Flamenco.

Keldermans R.

Lambert J.
Landonck H. (van).
Lantsheere Mme.
Latte L. (van).
Laurens H.
Lequien H.
Leye R. (van der).
Liédet L.
Limburg P. (van).

XVIe siècle.

Calvaert D.
Campana P.
Carest G.
Castello F. (de).
Claeis P.
Claeis P. A.
Cleef G. (van).
Cleef H. (van).
Cleef G. (van).
Cleef M. (van).
Cleef G. (van).
Cleef G. (van).
Cleef M. (van).
Cleef N. (van).
Cleef G. (van).
Cleef A. (van).
Cleef J. (van).
Clerck H (de).
Cock J.
Cock M.
Coignet J.
Coignet G.
Collaert J.
Collaert M.
Collyn H.
Coninxlo G. (van).
Coornhuuse J. (van den)
Cordonnier.
Cornelis A.
Corte F. (de).
Corvus H.
Coucke P.
Coutheren J. (van der)
Coxcie M.
Coxcie R.
Crabbe F.
Crabbe F.
Cupere. (de).
Custodio J.
Cuypere Ch. (de).

Daele J. (van).
Daelmans Y.
Damesz Y.
Dale C. (van).
Dale S. (van).
Dalen C. (van).
Dalen C. (van).
Dappere P. (de).
David G.
Debeer C.
Denisot N.
Desneux H.
Devos P.
Diependael H. (van).
Diependael J. (van).
Doghens H.
Dreyselere F.
Driessche G. (van den)
Dubois E
Dyck C. (van).
Dyrick de S. Omer T.

Elburg J. (van).
Enghelrams.
Enghelrams A.
Everard.
Everen G. (van).

Fabiaen A.
Fabiaen D.
Fabiaen J.
Fabiaen R.
Felaert T. J.
Floris A.
Four P. (du)
Framery L. (de).
Franck J.
Franck J.
Franck N.
Franck A.
Franck F.
Franck J.
Franck P.

Gassel L.
Gast M. (de).
Gautier.
Geerarts M.
Geldersman V.
Geldorp G.
Gend G. (van).
George.
Gheerolf J.
Ghinderick J. (van).
Ghuens J.
Gockindt P.
Goes M.
Gossaert J.
Goude D. (van der).
Grimer J.
Guesche P.

Haeck J.
Hamelle Ch. (de).
Hardy F.
Hardy G.
Hardy L.
Hasembourg E.
Hemstede T. (van).
Heere L. (de).
Heine L.
Helmont A. (van).
Hermans J.
Heuvick G.
Heyden H. (van der).
Hoefnagel G.
Hogenberg J.
Hollander J. (de).
Hollander G. (de).
Horebout G.
Horebout L.
Horebout Mlle.
Horne L.
Huys P.

Inghelsoone I.

Janssens M.
Jean de Bois-le-duc.
Jonghe F. (de).
Jordaens H.
Joucoy M.

Kaynoot J.
Kelderman H.
Kerreman B.
Kessel B. (van).
Keulen T. (van).
Key. V.
Key A.
Key G.
Key A. T.
Keyser Mlle. (de).
Kroes L.

Laethem J. (van).
Lampson D.
Leboucq J.
Le Gillon P.
Leumont T. (de).
Libermé J. (de).
Lierre J. (van).
Lisaert P.
Lisart P.
Lombard L.
Louis D.

Mahue G.
Maillie R. (de).
Male J. et L. (van).
Mander Ch. (van).
Marguerite (archiduchesse.)
Memlinc J.
Meren J. (van der).
Metsys Q.
Metsys J.
Metsys C.
Minderick J. (van).
Moenaert.
Moeuse J. (de).
Molenaer C.
Momper J. (de).
Momper B. (de).
Mostaert F. et G.
Mytens A.

Nevele L. (van).
Nevele N. (van).
Nevele S. (van den).
Nivar J.
Noble G. (de).
Noort A. (van).
Noort L. (van).
Noort L. (van).
Nuyts G.

Oortelmans D.
Oosten J. (van).
Orley B. (van).
Orley N. (van).
Ornis L.
Ort A.

Palerme A. (de).
Pascal de Bierset.
Patenier H. (de).
Patenier J.
Pauwels T.
Pée E. (van).
Perre C. (van der).
Pesser D.
Pestinien J. (de).
Peters M.
Petri P. (de).
Phalizen A. (van der).
Pieters P.
Pieters P.
Pieters S.
Pironet N.
Poindre J. (de).
Portugaloys E.
Portugaloys S.
Pot J. et N. (le).
Pourbus P.
Pourbus F.
Prévost J.
Profondavalle V.
Pupiler A.
Puteanus T.

Queecborne C. (van).
Queecborne D. (van).
Queecborne J. (van).

Ramay G.
Rem G.
Rillaer J. (van).
Rillaer J. (van).
Riviere G. (van der).
Robionoi (de).
Roelandts H.
Rogier.
Rogier N.

Rombauts J.
Rudolphe d'Anvers.
Ryckaert D.
Ryckaert F.
Rycke B. (de).
Rycker A. (de).
Rynants D.

Sadeler G.
Sammeling B.
Sammelius J.
Sanders F.
Sanders J.
Sanders Mlle.
Savery J.
Savery J.
Schaubroek P.
Schelde L. (van der).
Schelden H. (van der)
Scherborch J. (van).
Schermier C.
Schille H. (van).
Schoof G.
Schoof J.
Scoenere J. (de).
Scoenere L. (de).
Scrots G.
Segher Mlle.
Simonz H.
Sluys G. (van der).
Smelz E.
Smet (les de).
Smets C.
Smidt H.
Smits G.
Smyters Mlle.
Snellaert J.
Snellaert G.
Snellaert N.
Speekaert J.
Staelpaert J.
Staets-van Campen T.
Stella F.
Stevens A.
Stevens P.
Straaten G. (van der).
Stradanus J.
Suavius L.

Tant V.
Tayaert L.
Thess P.
Thierry d'Eemste.
Toeput L.
Tomaes Tomaesen.
Tons (les).
Truffin P.
Tubach P.

Utrecht J. (van).

Vadder L. (de).
Valckenborgh L. (van)
Valckenborgh M (van)
Valkenborck H. (van)
Vassele J. (van).
Veen P. (van).
Vekene A. (van).
Velde F. (van de).
Vellemans G.
Verbeeck F.
Verbeeck J.
Vereycke J.
Vereyen J.
Verheyen J.
Vermey J.
Verpoorten M.
Vervoort J.
Vianen C.
Vinck J.
Vincq P.
Vissenaken J. (van).
Vlerick P.
Vlieten M. (van).
Vos P.
Vos P. (de).
Vos M. (de).
Vos M. (de).
Vos P. (de).
Vriendt F. (de).
Vriendt F. (de).
Vriendt J. B. (de).
Vriendt J. (de).
Vriendt C. (de).
Vrolyck J.

Wagenens J.
Walens G.
Weerdt A. (de).
Weyden R. (van der).
Willaerts A.
Willems J.
Willems P.
Willems J.
Willems M.
Winne J. et A.
Witte C. (de).
Witte J. (de).
Witte L. (de).
Wolfvoet V.
Wyere H. (van den).
Wynendaele A. (van).
Wyngaerde (A. (van den).
Wynghen J. (van).
Wypart A.

Ypres Ch. (d').

Ysebrand A.
Ysendyck Mlle.
Yserman F.

Zegher.
Zierickzee M.
Zinger H.

XVIIe siècle.

Abbé H.
Abry L.
Abshoven F. (van).
Abshoven F. (van).
Abshoven F. (van).
Abshoven Th. (van).
Abts V.
Achtschelling L.
Adriaenssen A.
Adriaenssens A.
Adriaenssens G.
Adriaenssens J.
Adriaenssens J.
Aertssens H.
Alemans.
Alsloot D. (van).
Amstel J.
Angelus P.
Arteveldt A. (van)
Artois J. (van).
Asé J. (d').
Aspruck F.
Avercamp H. (van).
Avont T. (van).
Avont M. (van).
Avont P. (van).

Backer N. (de).
Backer P. (de).
Backereel J.
Badoux R. (de).
Baer J. (de la).
Bailleur C. (de).
Balen P.
Balen M.
Balen T. (van).
Balen H. (van).
Balen G. (van).
Balen J. (van).
Balen H. (van).
Balen F. (van).
Balieu N.
Baren J. (van der).
Beerings P.
Beerings G.
Beerings C.
Beerings G.
Beerings J.-B.
Beernaert Ph.

Berchem J. (van).
Bergh M. (van den).
Bernaerd N.
Bernaerdt P.
Beselaer D. (van).
Bestard.
Bie A. (de).
Bie E. (de).
Biermans J.
Biset G.
Biset Ch. E.
Biset J.-B.
Blendeff M.
Bloemen A. (van).
Blom J.
Blomme (van).
Bloot P. (de).
Bock (van).
Bockhorst J. (van).
Bocquet Lemoine E.
Bock (van).
Boel P.
Boel J.-B.
Boyermans Th.
Bogaerde D. (van den)
Bologne J. (de).
Bols J. et P.
Bonnecroy S.
Boon D.
Borcht H. (van der).
Borcht H. (van der).
Borcht S. (van der.
Bordeau M. (de).
Borght J. (van der).
Borrekens J.-B.
Bosman A.
Bossaert Th. W.
Boucquet V.
Boudewyns A. F.
Bouillon J.
Bout P.
Bouverie J.-B.
Brauwer A.
Bredael G. (van).
Bredael G. (van).
Breeker J.
Breughel J.
Breughel A.
Breughel J.
Breughel A.
Breughel J. P.
Breughel P.
Bril P.
Broeck E. (van den).
Brun C.
Bruyn J. (de).
Bruyns A. F. (de).

Carlier J. G.

XVIIIe siècle

Voort J. (van der).
Voort M. (van der).
Vos J. (de).

Waefelaer.
Watterschoot H. (van)
Wery O.
Wouter J. (de).
Wughters Ch.

Xhenemont J.

Zelhorst.
Ziesel G.

XIXe siècle.

Abeele J. (van den).
Acar Ch. L.
Acker J. B. (van).
Aerssen Th.
Agneessens E.
Ambroos J. A.
Amy Mme.
Andry F.
Angus J.
Angus G.
Artan L. V. A.
Assche H. (van).
Assche Amelie (van).
Assche Isabelle (van).
Asselbergs A.
Auquier E.
Autrique J. B. J.

Backer F. J. T. (de)
Backoff Ch.
Backvis F.
Baerdemaker F. (de).
Baerlem Mlle (van).
Baert H.
Baets A.
Bakker P. J. T. (de).
Barter J.
Bast D. (de).
Battaille J.
Baudin N.
Beaufaux P.
Becker L.
Becker Mlle.
Becquet H. J.
Bedaff A. A. E. (van).
Beerleere J. (van).
Beernaert Mlle.
Bekkers J. J.
Belle Ed.
Belle F. J. (van).
Bellemans J.-B.
Bellemans J.
Bellingen J. (van).
Bendorp Ch. Fr.
Berges J. Fr.
Berghe A. Ch. G. (van den).
Berghe Mlle (van den).
Bernaerts H.
Bernaerts J.
Bernard A.
Berré Fl.
Berré J. B.
Bert E.
Beul L. (de).
Beveren Ch. (van).
Bevernaege D.
Biefve E. (de).
Biesbroeck J. (van).
Biesbroeck J. (van).
Billoin Ch.
Biscom J. G. (van).
Blaton T.
Blees J.
Block E. (de).
Blommaerts H.
Bodumont A.
Boens A. J.
Boens L.
Bohm F. J. E.
Bohm F. I. A.
Boigelot E.
Boks E. J.
Bombergen G. (van).
Bonet L.
Boon C.
Borght Ch. J. (van der)
Borrekens J. P. F.
Borremans.
Bosch E. (van den).
Bossche D. (van den).
Bossuet J. A. J.
Bouillot E.
Boulanger F. J.
Boulanger H.
Boulanger J.
Bource H. J.
Bourard A.
Boussard A.
Bouvier A.
Bouwens J. E.
Bovie F.
Bovy F.
Braekeleer F. (de).
Braekeleer H. (de).
Braekeleer A. (de).
Braun I.
Brée J. (van).
Brée M. I. (van).
Brée P. J. (van).
Brice J.
Broeck M. (van den).
Bron P.
Brou C. (de).
Bruck A. (de).
Bruls L.
Bruycker F. A. (de).
Buschmann F. G.
Bussche J. E. (van den)

Caisne H. (de).
Callebert F. J.
Canneel Th. J.
Cantineau Cl.
Cardon A. A. J.
Cardon A. A.
Carlier M.
Carolus L. A.
Carpentero J. Ch.
Carpentero H.
Cautaerts Fr.
Cautaerts J.
Cauwer E. (de).
Cauwer Beversluys P
Cauwer Ronsse J. (de)
Cels C.
Cels J. M.
Ceriez Th.
Cermak J.
Charette Duval Fr.
Chatillon Mlle.
Chauvin A.
Cierkens J.
Claes C.
Claes Fl.
Claessens L. A.
Clays P. J.
Cloet B.
Closson Fr.
Cluysenaar A.
Cock C. (de).
Cock X. (de).
Coene J. H. (de).
Coene C. F.
Coene J.
Coene J.-B.
Cogels J. Ch.
Col J. D.
Collart Mme.
Coninckx J. D.
Coomans A.
Coomans Mlle.
Coomans P. O. J.
Coosemans J. Th.
Coppée Th.
Corbusier F.
Corkole A.
Cornet A.
Correns J.
Coucke J.
Coulon L.
Coumont Ch.
Crehay G.
Cruysmans.
Currier P. F.
Custine S. V.
Cuyck M. (van

Dael J. F. (van).
Daele C. (van den).
Daems F.
Damis A.
Dargent M.
Dargent (le jeune).
Dargent Mlle.
Daveloose J. B.
Debruxelle E.
Deckers L.
Decraene F.
Demer.
Degroux Ch.
Dehoy J. J.
Delacroix V.
Delacroix J.
Delatour Mme.
Delatour A.
Delatour E.
Delatour Ch.
Dele J. B.
Delehaye F.
Delfosse A.
Delfosse A.
Delft E. (van).
Deligne Mlle.
Delille F.
Delin N.
Dell'Acqua C.
Deloose E.
Delpérée E.
Delvaux E.
Delvaux F.
Delvaux L.
Delvaux Mlle.
Demanet A.
Denduyts G.
Denies F.
Donie L.
Dens J.
Desan C.
Desmedt Th.
Desmit A.
Desprets J. B.
Desprez H. M.
Deterre E.
Devriendt J.
Devriendt Mlle.
Devriendt A.
Devriendt J.
Deweirdt F. C.

Dewinne L.
Diddaert H.
Dielman P. E.
Dielman C.
Diepen H.
Dierckx M.
Diercxsens J. N.
Diëz G.
Dillens A.
Dillens H.
Dobbelaere H.
Dodd G. J.
Donckt A. (van der).
Donckt F. (van der).
Donckt J. (van der).
Donny D.
Donselaer H.
Donselaer R.
Dorne A. (van).
Dorne F. (van).
Dubar E.
Dubois D. F.
Dubois L.
Du Bois d'Aissche.
Duburck J.
Ducaju D.
Ducaju J.
Ducorron J.
Ducorron.
Ducq J. F.
Dujardin E.
Dumortier F.
Dumortier P.
Duvivier J. B.
Duwée H. J.
Dyck Mlle (van).
Dyck Mlle (van).
Dyckmans J. L.

Eechault C.
Eeckhout J. J.
Eeckhout V.
Engel A. C. M.
Equennez H.
Ertreyck E. (van).
Espen C. F. (van).
Everaerts D.
Evrard Mlle.
Eycken J. B. (van).
Eycken Mme (van).
Eycken A. (van der).
Eycken Ch. (van der).
Eyken J. (van).

Faber F. T.
Fanton-Lekeu H.
Fauconnier E.
Fauquez J. B.
Favrot L. S.
Fiennes J. (de).
Fissette L.
Fourcaud A.
Fourmois T.
Francia A.
François A.
François P.
François A.
Franquinet G.
Fris J.
Frys F.

Gallait L.
Gamond Mlle (de).
Gastel J. F. (van).
Geedts P. J.
Geedts P. P.
Geefs née Corr.
Geefs A.
Geens (van).
Geets G.
Geirnaert J.
Geit F. (van).
Gelissen M.
Gennisson V.
Gennisson G.
Gérard Th.
Gheers J.
Ghesquière N.
Gilbert A.
Gillis.
Gillo P.
Gingelen J. (van).
Gislain A.
Gisler E.
Gisler L.
Gobbelschroy (B. van)
Goddyn P.
Godinau L.
Goemans J.
Goesin P. (de).
Goetgebuer A.
Goeyers A.
Gosselin Mlle.
Govaerts A.
Grandmaison H.
Grave L. (de).
Grégoir H.
Grégoire J.
Grégorius A.
Groenendael C.
Gronckel V. (de).
Grover Mlle.
Guffens G.
Gurnet F.
Gyselinckx J.

Haas L. (de).
Haeghen J. (van der).
Haerde J. (van).
Haert J. (van der).
Haesaert P.
Hagelstein P.
Haine E.
Hallaux H.
Hallez G.
Hallez J.
Hamman E.
Hamme P. (van).
Hamon T.
Hanselaere P. (van).
Haseleer J.
Haseleer F.
Hauzeur H.
Haverbeke Mlle.
Havet Ch.
Heindrickx F.
Helbig J.
Hellemans P.
Hellemans Mme.
Hende A. (van den).
Hendrickx H.
Hendrix L.
Hennebicq A.
Hennequin P.
Henrard G.
Henrard H.
Henry J.
Hermans Ch.
Hermans M.
Herreyns G.
Heyermans J.
Heymans.
Heyndrickx F.
Hiel N.
Hillen E.
Haeg J. (van).
Hollebeke B. (van).
Hon H. (le).
Horgnies N.
Horsigh E. (van).
Houzé F.
Hoy (de).
Huberti E.
Huffel P. (van).
Hull E.
Hulst J. B. (van der).
Hunin P.
Huyghens F.
Huysmans J. B.

Imbert des Motelettes
Imschoot Mme (van).

Jacobs J.
Jacobs M.
Jacops J.
Jambers T.
Jamme E.
Jans E. (de).
Janssens J.
Janssens J.
Johns.
Jolly A.
Jolly H.
Jones D.
Jonghe J. B. (de).
Jonghe G. (de).
Joos J.
Joostens A.
Jouenne Mme.
Jungblut J.

Keelhoff F.
Keghel J. (de).
Kerckhove E. (van den).
Kerkhove J. (van de).
Kerkhove Me (van de).
Kerkhove F. (van de).
Kerkhove Mlle (van de).
Kethulle E. (de la).
Key H.
Keyser N. (de).
Keyser Mme (de).
Kindermans J.-B.
Kindt Mlle.
Kindt Mlle.
Kinsoen F.
Knudden E.
Knyf A. (de).
Koninck J. (de).
Kops J.-B.
Korner A.
Kreins H.
Kremer P.
Krolikowski J.
Kuhne G.
Kuhnen P.
Kuhnen V.
Kuhnen Mme.
Kuyck L. (van).
Kuyck P. (van).

Lacomblé A.
Laerbeke J. (van).
Laet P. (de).
Laethem J. (van).
Lafontaine P.
Lagache Mme.
Lagye V.
Lallemand H.
Lamberti A.
Lammens J.-B.
Lamorinière F.
Lampe J.-B.

Serret Mlle.
Serrure A.
Serruys L.
Severdonck F. (van).
Severdonck J. (van).
Sevrin J.-B.
Siberdt E.
Simonau F.
Simonau G.
Sire-Jacob P.
Sisel.
Slingeneyer E.
Smaelen F.
Smekens G.
Smits E.
Smits F.
Smits Mlle.
Snep D.
Sneyers Mlle.
Soenens.
Soete A.
Solvyns F.
Somers G.
Somers L.
Sommé Mlle.
Soubre Ch.
Speeckaert J.
Spriet J.
Spruyt Ch.
Stache A.
Stallaert J.
Stapleaux M.
Stapleaux Mme.
Starck J.
Steene F. (van de).
Steene A. (van de).
Steenhault A. (de).
Steri A.
Stevens A.
Stevens J.
Steyaert A.
Stobbaerts B.
Stobbeleere L.
Stocquart I.
Stoop C. (de).

Storms F.
Storms J.
Stroobant F.
Sturm J.
Sudot E.
Surgeloose C. (de).
Surmont P.
Swartenbroek G.
Swerts J.

Taeye L. (de).
Taham.
Tasson F.
Tavernier.
Taymans L.
Themer G.
Thirion G.
Thomas A.
Thomassin Mlle.
Thys P.
Thys J.
Thiberghien L.
Tielemans L.
Tielemans M.
Tilmont.
Toussaint P.
Trensaert J.
Troost A.
Trulin E.
Trulin J.
Tscharner T.
Tshaggeny E.
Tshaggeny Ch.
Tuerlinckx L.
Tyn L. (den).
Tyssens N.

Ubaghs E.

Vanhove V.
Van Lerius J.
Van Moer J. B.
Veerssen T. (van).
Velde J. (van de).
Velghe A.

Velten M.
Ven J. (van der).
Venables Mlle.
Venneman Ch.
Verbeeck H.
Verbeek F.
Verboeckhoven Ch.
Verboeckhoven L.
Verboeckhoven E.
Verbrugge J.
Verbruggen G. P.
Verellen J.
Verhaeghen J.
Verhas E.
Verhas F.
Verhas J.
Verheyden F.
Verheyden J.
Verhoeven-Ball A.
Verhulst Ch.
Verlat Ch.
Verlinde P.
Vermeersch Y.
Vermeulen L.
Vermeyen M.
Vermote S.
Verreydt J.
Verreydt P.
Verschaeren J.
Verstappen M.
Vertommen G.
Vervloet F.
Vervloet Mme.
Vervloet J.
Vervloet V.
Vervoort.
Vervou P.
Verwée L.
Verwée A.
Verwée C.
Vieillevoye J.
Viette P.
Vigne I. (de).
Vigne E. (de).
Vigne F. (de).

Vin H. (van der).
Vin P. (van der).
Vinck F.
Vinckboons.
Visconti.
Vlaeminck J. (de).
Vlieger S.
Voordecker H.
Voordecker F.
Voordecker Mlle.
Vos V. (de).
Vreckom A.

Wadin E.
Wallays E.
Walsche P. (de).
Wappers G.
Warlincourt J.
Wauquière E.
Wauters Ch.
Wauters E.
Wauters J.
Wauters C.
Weghe P. (van de).
Weiser B.
Wiertz A.
Wilbrandt.
Wilde A. (de).
Wilde F. (de).
Willaert L.
Willems F.
Winter L. (de).
Wit P. (de).
Witdoeck J.
Wittkamp J. B.
Woolbert.
Woutermaertens E.
Wulfaert A.
Wulfaert H.
Wulmuller.
Wust A.
Wynckelman F.

Ysenyck A. (van).

ÉCOLE FRANÇAISE.

XIIe siècle.

Oliverus.

Reginald.

Savalo.

XIIIe siècle.

Alpais C.

Ballard J.
Bartholomé.
Beaudouin.
Bernardus.

Chatard.
Chatelas J.
Clément.
Clément.

Grégoire.

Guiot de Houvre.

Nicolas L.

Parket J. (du).

Richard.

Sabaterii P.

XIVe siècle.

Adam de France.

Adelha.
Anciau de Cens
Arbois J. (d').
Arnaud G.

Baloches P.
Beart P. et R.
Beaumes J. (de).
Beaumeteau G.
Belin
Bernard de Toulouse.

Jehan des Pins.
Jehan de Senlis.

La Barbe.
Laurent J.
Leduc L.
Lefèvre J.
Le Gay M.
Lekien.
Lemaire J.
Léonard N.
Leroux J.
Lesaige.
Lèvre T. (la).
Littemont J. (de).
Lopin.
Loyseau J.
Lubin C.

Maillet B.
Marcassin V.
Martelenas R.
Mathieu H.
Maubert J.
Mellein H.
Merchier J. (le).
Michelet.
Moalle L.
Monceaux R. (de).
Moreau J.
Morel M.
Mosselman G.
Mourier L.
Murri J.

Nicaise.

Obry J.

Paris A. (de).
Penicaud J.
Perrin T.
Pierre.
Pierre de Limbourg.
Pierre A.
Pierre.
Piettre A.
Pilavaine J.
Pinchon J.
Pion N. ou J.
Piqueau G.
Poissonnier G.
Posay J.
Posay N.
Posé B. et J. (de).
Poyet J.
Prereal J.
Prestinien J. (de).

Raoul J.
René d'Anjou.
Rigot J.
Rougenon J.

Sanderat E.
Saumon M.
Sauvage S.
Savary G.
Sellier J. (le).
Simon de Troyes.
Soyer J.
Surquet J.

Tourtier J.
Touvenir.
Trouvé M.
Turgis G.

Valcop H. et C.
Vengier P.
Vengier J.
Vérard A.
Vulcop H.

XVIe siècle.

Adrien J.
Allaire G.
Ambroise.
Amicus B.
André L.
Anguerand le Prince
Anquetil P.
Anthoine.
Archembault P.
Arnault P.
Arnoult de la Pointe.
Artillot E.
Aurion G.
Aulbry G.
Aulion O.

Bachet L.
Badouin Ch.
Bahuche A.
Baignequeval J. B.
Baldouin Cl.
Balin J.
Ballause M.
Barbe J.
Bariscord J. (de).
Barthélémy P.
Barthelemy L.
Bauchart G.
Baudesson Cl.
Baullery J.
Beaurains Fr.
Bayonne M.
Bazelaire J.
Beaubrun M.
Beaubrun M.
Beaubrun L.
Beaudouin.
Beaufils A.
Beaulart G.
Bedeau J.
Bedu A.
Bel F.
Belli M.
Belon G.
Belon N.
Berault H.
Bergier.
Bernard.
Bernard J.
Bernard S.
Bertin du Val.
Besnes N.
Besoche M.
Beuzelin Ph.
Biard P.
Boba G.
Bogault M.
Boillot J.
Boisse J.
Bollori J.
Bollori J.
Bonaventure A.
Bonin Fr.
Bonté P.
Bonysart G.
Bouche V.
Bouchier J.
Boullain J.
Boullay R.
Boulvène J.
Bouny F.
Bouteloup G.
Bouvier N.
Bouzé J.
Bouzey P. (de).
Boysse J.
Boyvin R.
Bracquot Ph.
Braun B.
Brèce J. M. (de).
Brillet G.
Briquensot G.
Brochon J.
Brontin P.
Broyon N.
Brunel R.
Brunet T.
Buchot J.
Bumot.
Buron V.
Buron J.
Cachetemier F.
Cailleau H.
Cargusel G.
Carmois Ch.
Carnallet J.
Caron A.
Carpentier F.
Carré M.
Celers Z.
Chameulx J.
Chamus.
Changenot J.
Chanuel H.
Chapperon M.
Charay G.
Charles de Varye.
Charmais Ch.
Chartier J.
Chaseleu R.
Chenibault P.
Chenois Cl.
Chevalier J.
Chevrier M.
Chiffelin O.
Chipot J.
Choillier A.
Christophle de Trefoulx.
Christophe Coitis.
Chuppin N.
Chuppin M.
Chuppin Ch.
Claude de la Fontaine
Claude.
Claude C.
Claude.
Clérengue J.
Clouet J.
Clouet F.
Cochin J.
Colin P.
Collart S.
Collas R.
Collault E.
Collet J.
Colomb F.
Combra G.
Commonasse G.
Comtesse J.
Coppin G.
Cordreau A.
Corneil.
Corneille Cl.
Cornouailles J.
Cornuat.
Coueffard L.
Coulombet P.
Courault E.
Court J.

Soubdain J.

Tardif O.
Tassel P.
Testard R.
Testefort J.
Testelin P.
Tissier C.
Tory G.
Tournemine T.

Vachelin.
Valence P.
Vallerien L.
Varin L.
Vautrin F.
Vernansal.
Voltigeant J.

Wayembourg J. (de).

XVIIe siècle.

Agard J. (d').
Aillier.
Alix J.
Allegrain C.
Allemand G.
Amandi.
Anguier G.
Arène A.
Armand Ch.
Assié.
Aubert.
Aubry L.
Audiger T.
Audran Ch.
Audran Cl.
Aveline P.

Bacheley.
Bahuche Mme.
Bailleul.
Bailly J.
Banken Q. (de).
Bar N. (de).
Barras S.
Barrière D.
Barthelemy J.
Baudesson N.
Baudesson F.
Baudrin Y.
Baugin L.
Bayart J.
Beau N.
Beaubrun H.
Beaubrun Ch.
Beaufrère.
Beaurepère L.
Belin.
Belin (de Fontenay).
Belle.
Belli J.
Benoist A.
Bentus.
Berchet.
Berci.
Bermand.
Bernard S.
Bernard N.
Berthelemy A.
Bidault.
Bignon Fr.
Bimbis.
Blanchard J.
Blanchard L. G.
Blanchard J.-B.
Blancheri
Blanchet Th.
Blein.
Boinard J.
Boissiere S.
Bolgon N.
Bologne J.
Bonnart R. F.
Bonnemer Fr.
Bonnet S.
Bordier J.
Bosse A.
Boucher J.
Boudin Th.
Boulanger J.
Boullogne L.
Boullogne B.
Boullogne Mlle.
Boullogne Mlle.
Bourbon D.
Bourbonnois.
Bourdon P. (le).
Bourdon S.
Bourguignon P.
Bouri.
Bourlier Fr.
Bourrelier G.
Bourzone.
Boyer J.-B.
Bramereau.
Brebiette. P.
Brie J. (de).
Bruno.
Buffequin G.
Buguin.
Buisson (du).
Bunel J.
Butay R.

Callot J.
Cani (de).
Canovelle.
Capechon J.
Carré J.
Chalette.
Champagne Ph. (van).
Champagne J.-B. (van)
Chaperon N.
Chapron N.
Charles G.
Charles Mme.
Charmeton G.
Charpentier N.
Chartier.
Chateau G.
Chauveau F.
Chauveau E.
Cheron Mlle.
Cheron Mlle A.
Cheron L.
Cheveneau Cl.
Cheville A.
Claude G.
Clermont J.
Codazzo N. V.
Cœuré S.
Coffre B.
Colandon D.
Colier E.
Collaudon.
Colombel.
Constant R.
Coquelimont J.
Cordier N.
Corneille M.
Corneille J.-B.
Corneille M.
Cornical N. M.
Cotelle J.
Cotelle J.
Coulom J. (de).
Coulon.
Courde F.
Courtois.
Courtois J.
Courtois J.
Courtois G.
Courtois (le frère).
Coustel J.
Coypel N.
Cretet.
Cureau G.

Damoiselet.
Danglus J.
Daret P.
Daret de Cazeneuve P
Darley N.
Dassonville J.
Daufin.
Dauvel.
Dehay, Ph.
Delaborde.
Delafleur N.
Delamonce J.
Delorme F.
Deruet C.
Desfontaines.
Desforets Ch.
Desmarest M.
Desnouettes.
Desormeaix.
Detroy N.
Detroy J.
Devuez A.
Didier M. P.
Dieu J.
Dofin O.
Dofin C.
Dorigny M.
Doulx J.
Dubié.
Dubois J.
Dubois L.
Dubois J.
Dubois L.
Dubois A. B.
Duchemin C.
Duchesne.
Duclaire.
Dudot R.
Dufresne de Postel.
Dufresne de Postel Ch. L.
Dufresnoy.
Dughet G.
Dughet J.
Duguernier L.
Duguernier L.
Duguernier P.
Duguernier F.
Dume.
Dumée G.
Dumée T.
Dumonstier D.
Dumonstier N.
Dumonstier P.
Dumoustier G.
Duparc Ch.
Dupuis P.
Dupuis F.
Dupuy N. P.
Durand J. B.
Durand Mlle.
Duret.
Duvernay G.

Eckman J.
El F.

El L.
El F.
Errard Ch.
Errard Ch.
Estain J. N. (de l').

Faucas G.
Fauchier L.
Faudran J. B.
Faulx H.
Feart J.
Foacier J.
Focus G.
Fouché N.
Fouet J.
Fouquières J.
Fournier.
Francart F.
François S.
Frédeau A.
Frédeau M.
Fréminet M.
Friquet J.

Garnier J. N.
Garnier J.
Gascard H.
Gelée C.
Gérard J.
Gérin J.
Gervaise J.
Gessé.
Gillot.
Girard J.
Gissey H. (de).
Godran de Dijon.
Goulade T.
Goussé T.
Goyrand C.
Grandon J.
Gredovin S.
Grevenbroek H.
Gribelin S.
Gruere G.
Guenaud.
Guerre A.
Guerrier.
Guertiere F. (de la).
Guido D.
Guillain S.
Guillaume.
Guillebault S.
Guillerié.
Guillerot.
Guscar H.
Guyot C.
Guyot L.

Hallé D.
Hallier N.
Hannequin P.
Hans L.
Harel P.
Hay P. (de).
Heince Z.
Helart J.
Hérault Ch.
Heude N.
Homme J. (l').
Hooy C. (de).
Houasse R.
Hubert H.
Huilliot C.
Humbelot D.
Hyre E. (de la).
Hyre L. (de la).

Jacquard C.
Jean François.
Jérome.
Joseph.
Joubert J.
Jouvenet L.
Jouvenet N.
Jouvenet J.
Jouvenet L.
Jouvenet J.
Jouvenet N.
Juste.

Kouwenberg G. (van)

La Baume.
La Fleur.
Lallemand G.
Lallemant J.
Lallemant P.
Lambert M.
Laminois S.
Lance M.
Lange C.
Lans M.
Larichardière.
Laroche.
Laudin J.
Laudin N.
Laudin Mlle.
Laurent.
Lauri P.
Lebicheur J.
Leblanc J.
Leblond J.
Leblond de Latour A.
Lebrun Ch.
Lebrun G.
Lebrun J.-B.
Lebrun L.
Leclerc J.
Lecomte.
Lecomte F.
Ledard.
Le Febure C.
Lefèvre R.
Legrand F.
Lemaire F.
Lemaire-Poussin J.
Lemoine J.
Lemoine P.
Le Nain A.
Le Nain L.
Le Nain M.
Lenfant J.
Léonard V.
Lepautre J.
Lerambert H.
Lerambert L.
Leroux L.
Le Sueur E.
Le Sueur P. P. et A.
Letellier J.
Lethieulier.
Leveillé.
Le Vieil G.
Levieux R.
Licherie L.
Lignières P.
Loir N.
Lombard P.
Loo J. (van).
Loo J. (van).
Loo A. (van).
Louis de Chatillon.
Lourdel P.
Luc.
Lutel J. (de).

Macé.
Malassis Ch.
Mare-Richard (de la).
Marot F.
Martin I.
Masson A.
Mathieu A.
Mathieu P.
Mathieu P.
Mauperché H.
Mellan C.
Menil C. (du).
Meslin Ch.
Michelin J.
Mignard N.
Mignard P.
Mignard P.
Mignard P.
Mignon G.
Mimault.
Moillon N.
Moillon I.
Monier J.
Monier P.
Monnoyer J. B.
Monnoyer J. B.
Montbelliard.
Montgobert J.
Morin J.
Mosnier J.
Mosnier J.
Mosnier P.
Mouellon.
Murgalet P.
Muset.

Nameur L. (de).
Nanteuil R.
Nardois J.
Nattier M.
Neveu N.
Niccolo.
Niceron J.
Nocret J.
Nocret.
Nostre A. (le).
Offin Ch. (d').
Ouarte.

Pader H.
Padoux O.
Paillet A.
Palasse.
Pantot.
Parant.
Paris M.
Parmentier D.
Patel P.
Patel P. A.
Patel J.
Paul J.
Paupelier P.
Pauvert N.
Pauvert P.
Perelle N.
Périer F.
Perou A.
Perrier F.
Perrier G.
Perrin.
Perrot Mlle.
Pesne J.
Pesne T.
Pesne H.
Petitot J.
Pezet.
Picard J. M.
Picou R.
Piles R. (de).
Pinaigrier N.

Pinaigrier T.
Pinet P.
Pinson N.
Plattenberg N. (van).
Pocrion Ch.
Poerson Ch.
Poerson Ch. F.
Poisson L.
Poisson P.
Poisson J.
Poncet.
Poplier.
Poussin N.
Provençal J.
Puget P.
Puget F.

Quentin N.
Quesnel.
Quillerier N.

Rabel D.
Rabon P.
Rabon N.
Rogeneau J.
Ranc.
Rebon P.
Rebon N.
Recouvrance A. (de).
Restout M.
Restout J.
Revel G.
Richard.
Rigaud G.
Rivals J.
Robert N.
Rollin J.
Ronse P. (de la).
Rose J.-B. (de la).
Rousseau A.
Rousseau J.
Roy J.
Roynard V.
Ruet.

Saint-André S. (de).
Saint-Igny J.
Saint-Paul J.
Saint-Yves P. (de).
Santerre J. B.
Sarrazin J.
Sarrazin B.
Sate H.
Savoye D. (de).
Scalberge P.
Sempy.
Sève G. (de).
Sève P. (de).
Sevin P.
Sevin C.
Silvestre G.
Silvestre I.
Silvestre Ch.
Sorlay.
Sourby J.
Spierre C.
Spierre F.
Stella A.
Stella Mlle.
Stella Mlle.
Strésor H.
Strésor Mlle.
Sylvestre F.

Tabar.
Talon.
Tarte P. (de la).
Tassel R.
Tassel J.
Testelin G.
Testelin L.
Testelin H.
Tibergeau.
Tiger J.
Tirman.
Tisserand.
Tortebat F.
Tortebat J.
Tournier.
Toutain P.
Toutin.

Ubelesqui A.
Urbain F. (de Saint-).

Vairinx.
Valentin (le).
Vari P.
Varin Q.
Vauquer R.
Verdier H.
Vernansal G.
Verrio A.
Verselin J.
Vespré A.
Vezzo Mlle.
Vignolles T.
Vignon C.
Vignon Mlle.
Vignon L.
Vignon P.
Villequin E.
Vouet A.
Vouet C.
Vouet S.
Vouet Mme.
Vuibert R.
Watteau J.
Willaume.

Yvart B.

XVIIIe siècle.

Achard J. A.
Aclocque de St André
Adam J. L.
Adenet.
Admiral I. (l').
Albin E.
Alizard.
Allais.
Allegrain G.
Allemand J.
Allou G.
Amand J. Fr.
Andien de Clermont.
André J.
Angelis P.
Araynes J. (d').
Arlaud B.
Arlaud J. A.
Arlaud L. A.
Armand.
Armand Ch.
Asselin F.
Attiret J. D.
Aubert L.
Aubriet Cl.
Aubry E.
Audebert J.-B.
Audran Cl.
Aujollet-Pagès F.
Autreau J.
Autreau L.
Aved J. A. J.

Babere.
Bachelier J. J.
Bailly N.
Bailly J.
Bailly A.
Bainville Ch.
Balthazar F.
Baltz J. G.
Bar B. (de).
Barbot P.
Bardin J.
Bardon Th.
Barraband PP.
Barrias.
Barthe G. (de la).
Basemont.
Basse-Porte M. F.
Bassinet Daugard P.
Baudouin P. A.
Baugean.
Bauzin.
Bayeul.
Bazin.
Beaufort J. A.
Beaunier.
Beauvallet P. N.
Beauvoisin J.
Beguier de Chancourtois R. L. M.
Beil A.
Belin de Fontenay.
Belle A. S.
Belle C. L. M. A.
Bellejambe P. G. A.
Bellenjé M. B.
Belleville.
Belmont J. A.
Benard J.-B.
Berail Fr.
Berlot J. B.
Bernard.
Bernier.
Bertaux J.
Berthelemy J. S.
Bertin N.
Bertrand Mlle.
Bertrand F.
Bertrand G.
Besnard.
Bethon.
Beville Ch.
Bidauld J. P. X.
Blanchet L. G.
Blarenberg L. (van).
Blarenberg H.J.(van).
Bley.
Boidelsin.
Boileau Fr.
Boin.
Boissier Mme.
Boissieu J. J. (de).
Boit Ch.
Boitard L. P.
Boizot A.
Boizot L. S.
Bolkeman.
Bolomey B.
Bonnart.
Bonnet A. R.
Bonnet Danval.
Bordes J.
Boucher F.
Boucher F.
Boudard J. B.
Boug d'Orschevillier H
Bouillard J.
Bouillat.
Boullogne L.
Bounieu M. H. (de).
Bouquet.

Portail J.
Porte H. (de la).
Potain V.
Pougin.

Quillart P.
Racle L.
Raguenet.
Ranc J.
Raoux J.
Rascalon J.
Raufflt.
Redouté A. F.
Redouté H. J.
Regnault E.
Reinnard J.-B.
Renou A.
Restout J.
Restout J.-B.
Rigaud H.
Rivals A.
Rivals J.
Rivals B.
Rivière F.
Robert H.
Robert J.
Robert P. A.
Robin J.-B.
Romagnesi.
Roque.
Roser E.
Roslin A.
Roslin Mme.
Rosset.
Rouquet.
Rue F. (de la.

Saint-Aubain G. (de).
Sané J.
Sarabat D.
Sauteny.
Sauvan P.
Sebert.
Serre M.
Silvain G.
Silvestre Ch.
Silvestre J.
Silvestre L.
Silvestre L.
Simon L.
Simpol C.
Soiron F.
Soldiny.
Souville M.
Sparvier P. (de).
Stiemart F.
Suau J.
Suhleyras P.
Susanne.

Taillaisson J.
Taraval T.
Taraval H.
Tavernier F.
Théolon E.
Thiboust J.
Thomassin S.
Tierce J. B.
Tiersonnier.
Tocqué L.
Topino-Lebrun F.
Tourcaty J.
Tournières R.
Touton.
Touzé J.
Traverse Ch.
Tremollière P.
Trinquese J.
Tuphaine M.
Turpin P.

Ulin P. (d').

Vafflard P.
Valade J.
Valdahon (de).
Valenciennes P.
Vallayer Mlle.
Varenne Ch. (de).
Vauthier J.
Vautrin.
Vauquier J.
Vauzelle J.
Vénard.
Venevault N.
Verdier F.
Verdot C.
Vernet C.
Vertmuller A.
Vestier A.
Vialy L. (de).
Vien J.
Vien Mme.
Vien M. J.
Vigée L.
Viger.
Vignali.
Vilette N. (de la).
Villers Mme.
Vincent F.
Vincent Mme.
Vispré.
Vivien J.
Voirin C.
Voiriot G.
Volaire J.

Wallaert P.
Wamps.
Watteau J.
Watteau L.
Weyler J. B.
Wilbaut N.
Wilbaut P.
Wilk.
Wiele P.

Yvart B.

XIXe siècle.

Abel.
Abraham T.
Accard E.
Acquel J. P.
Adav H. B.
Adam V. J.
Adan L.
Adelus.
Adoeur.
Advinent E. L.
Agasse.
Aiffre R. R.
Aillaud A. A.
Alaux J. P.
Alaux J. P.
Alaux J.
Alaux A.
Alberti J. E. C.
Alboy Rebouet.
Albrespy A.
Albrier J.
Albufera Mme.
Ales A. F.
Alexandre L. D.
Alexis V.
Aligny C. F. T. C.
Alizard A. J.
Allard J. P.
Allaux.
Allemand H. L.
Allier E.
Allin.
Allongé A.
Alluys J. F.
Alophe M. A.
Almoui.
Amaury Duval E.
Amic Cl.
Amiel L. F.
Anastasi P. J.
Anastasi A.
Ancelot M.
Anchin J. B.
Andert N. (d').
Andiran (d').
André J.
André A.
André J.
Andrieu Cl.
Andrieu J. P.
Angelin A.
Année Ch.
Antheaume M. X.
Anthoine L. (d').
Antigna J.
Antigna M. H.
Antiq Ch.
Apoil Ch.
Apoil Mme.
Appert E.
Appert Mme.
Appian A.
Arachequesne J. L. P.
Arago A.
Arbousse J. A.
Archenault A. F.
Arbeit F. J. E.
Armand Dumaresq C.
Arnaud Fr.
Arnaud Durbec J. B.
Arnout J. B.
Arnout L. J.
Arquinvilliers Mme.
Arrowsmith Ch.
Arsenne L. Ch.
Arson Mme.
Artaud A. F. M.
Asselineau L. A.
Asselineau Mlle.
Assy (d').
Atoch L. J. M.
Atthalin L. M. J.
Aubais A.
Aubanel J.
Aubert A. R.
Aubert E. J.
Aubertier A. F.
Aubin E. G.
Aubois A.
Aubry F. L. A.
Aubry L. F.
Aubry Lecomte.
Aubuisson (d').
Audouin P. E.
Audry F.
Aufray J. A.
Aufray A. E.
Augé E.
Auger Ch.
Auger A. V.
Auguin L. A.
Auguste.
Augustin J. B.
Aulnette de Vautenet
Aumont P. H.

Billoray Mme.
Billet E.
Billotte L. J.
Billou P.
Bin J. P. B. E.
Binet V. D F.
Binet Mme.
Birat Mme.
Birotheau J.
Bishop.
Bisson J. Fr.
Bitter.
Bizard F.
Bizet.
Blaize C.
Blanc P. J.
Blanc A.
Blanc C. J.
Blanc J.-B.
Blanchard.
Blanchard.
Blanchard Ch. H. E.
Blanchard Ch. O.
Blanchard L.
Blanchard Th.
Blanchard E.
Blanchard H. P. L. P.
Blanchard Th.
Blandin A.
Blin Fr.
Bloc Mlle.
Blondel Mlle.
Blondel Ed.
Blondel M. J.
Blum M.
Boc du Breuil J.L.J.C.
Bodem A. J.
Bodin F. A. J.
Bodinier G.
Bodmer Ch.
Boguet N. D.
Boher Fr.
Boichard H. J.
Boichard J. A. H.
Boichot.
Boillot H.
Boilly L. L.
Boilly J. L.
Boilly E.
Boilvin E.
Boissard de Boisdenier.
Bois Chevalier.
Boisfremont.
Boisseau A.
Boisselat J. Fr.
Boisselier F.
Boisselier A. F.
Boissier A. C.
Boisseau A.
Boisselat J. Fr.
Boizot A. A.
Bonheur R.
Bonheur A.
Bonheur Mlle.
Bonheur Rosa Mlle.
Bonheur Is.
Bonhommé Fr.
Bonirotte.
Bonnard.
Bonnat L. J. F.
Bonnefond J. C.
Bonnefoy A. H.
Bonnegrace Ch. A.
Bonnel A.
Bonnemaison F.
Bonnemaison J. (de).
Bonnetty A. L.
Bonnier I.
Bonnuit Mme.
Bontemps.
Bonvin Fr.
Bonvoisin J.
Bonvoisin Mme.
Bonvoisin B.
Boquet F. H. J.
Boquet P. J.
Boquet Mlle.
Bordier du Bignon J. Ch.
Borely.
Borget A.
Borione G.
Bornot J. P. A.
Bornschlegel V. (de).
Bosio J.
Bossange Mlle.
Bossé Mme.
Bosselman.
Bost Mme.
Bost Mlle.
Bouchardy.
Bouchardy E.
Bouchaud P.
Bouché L. A.
Bouché L. A. E.
Boucher Ch. A. L.
Bouchez Ch.
Bouchot Fr.
Boucoiran N.
Boudin E. L.
Bouet P. H.
Bouffret (de).
Boug d'orscheviller H
Bougenier H. M. A.
Bougereau A. G.
Bouhot E.
Bouillard J.
Bouillet Mme.
Bouillon P.
Bouillon Landais P.L.
Boulangé J.-B.
Boulanger Cl.
Boulanger Mlle.
Boulanger G. Cl.
Boulanger G. R.
Boulanger L.
Bouliar Mlle.
Bounieu Mlle (de).
Bouny P. P. Ch.
Bouquet E.
Bouquet M.
Bouquet P. A.
Bourbon Leblanc L.G.
Bourcart E.
Bourdet J. J.
Bourdier D.
Bourdillat F.
Bourdon L. J.-B.
Bourdon P. M.
Bourdon Ch.
Bourdet G. P. M.
Bourgeois Ch. G. Al.
Bourgeois A.
Bourgeois A. P.
Bourgeois L. P. U.
Bourgeois J.
Bourgeois P. J.
Bourgeois U.
Bourgeois de Chatelet J. I.
Bourgeois de Mercey
Bourgeron E.
Bourges Mme (de).
Bourges Mlle (de).
Bourgoin A. J. A.
Bourgoin Mlle.
Bourrières J.-B.
Bourlet de Lavallée Me
Bouteiller Mlle L.
Bouterwek F.
Boutibonne Ch. E.
Boutillier Demontières L.
Bouton Ch. M.
Bouvier Ch.
Boyenval A. F.
Boyenval V. A. C.
Boyer A.
Boyer E.
Bracony A. E.
Bracquemond J.
Bralle J. M. N.
Brandon J.
Brascassat J. R.
Bremond J. F.
Bremond A.
Brenet L.
Brest G. F.
Breton J.
Breton E. A.
Brigot E. P.
Briguiboul J. P. M. N.
Brillouin L. G.
Brion G.
Brisset P. N.
Brissot de Warville
Broc J.
Brocas C.
Brocas E.
Brochart C. J.
Brocq P. J.
Brongniart E. C. F.
Brossard A. G. E.
Brosset Mlle.
Brown J. L.
Browne S. (de).
Brun N. A.
Brune A.
Brune Pagès Mme.
Brunet.
Brunet Debaisne L.A.
Bruyère Mme E.
Bruyères H.
Bucquet.
Budelot P.
Buffet F.
Burg J. H. (van der).
Burette.
Burgkly Glimmer Mme
Busson C.
Buttura E.
Buttura A.

Cabaillot L. S.
Cabaillot C. L.
Cabane F. N.
Cabanel A.
Cabanne Mme.
Cabart Mme.
Cabasson G.
Cabat L. N.
Cacheux J. P.
Cadeau R.
Cadolle A. J. B. A.
Cagnard E.
Caigny Mme.
Caille L. L.
Caillet Mme.
Cailleux A. A. A.
Cailloux-Legendre L.
Calame A.
Calderon P. H.
Callande de Champmartin C. E.
Callet A. F.

Cottrau F.
Caubertin Ch. L.
Couder J. A.
Couder L. Ch. A.
Counis S. G.
Coupan.
Coupin de la Couperie.
Courbet G.
Courdouan V.
Court J. D.
Courtin L.
Cousin P. L.
Coutan A. P.
Coutes A. G. M.
Couture Th.
Couturier Ch.
Couturier E. Fr.
Couturier Ph.
Couveley A.
Couverchel A.
Crapelet L.
Crauk Ch. A.
Crepin L. Ph.
Crespelle E.
Creuse A. (de).
Crignier L.
Crignier G.
Croneau A.
Croy R. (de).
Cuny L.
Curty C.
Curzon P. A. (de).
Cutbert.
Cuvelier H.
Cypierre C.

Dabos L.
Dabos Mme.
Dadure Mis. M. A.
Dagescy B.
Dagnan.
Dagnan-Bouveret P. A.
Daguerre L. J. M.
Daliphard Ed.
Dalleizette A.
Dallemagne A.
Dallemagne Mme.
Dalton Mme.
Damame Demartrais.
Dambrin.
Damery E.
Damour Ch.
Dandiran F.
Dangreaux A.
Dansaert L.
Dantan J. E.
Danvin M. V. F.
Danvin Mme.
Darche Ch.
Dardel L.
Dardoise L.
Dargelas A.
Dargent Y.
Darjou V.
Darjou A.
Darondeau S.
Dassy J.
Dauban J.
Daubigny E.
Daubigny P.
Daubigny Mme.
Daubigny Ch.
Daubigny K.
Daumier H.
Dauphin F.
Dauvergne A.
Dauzats A.
Daverdoing.
David J. L.
David L. A.
David Ch.
David J. L.
David J.
David M.
David J.
Davin Mme.
Debacq Mlle.
Debacq Ch.
Debay Me.
Debay A.
Debelle A.
Debia.
Debois N.
Debon Mme.
Debon F.
Debray Ach.
Debray fils.
Debret J. B.
Debucourt Ph. J.
Decaen A.
Decamps A. J.
Decaux (Vicomtesse).
Decourcelles.
Dedreux Dorcy P. J.
Dedreux A.
Defaux A.
Defer Jules.
Deflubé L. J.
Degault.
Degeorge C.
Dehaussy J.
Dehaussy Mme.
Deherain Mme.
Dehodencq A.
Dehodencq.
Dejuinne Fr L.
Dejussieu H.
Delaborde H.
Delacazette Mlle.
Delacluze J.
Delacour Mme.
Delacroix F. V. E.
Delacroix A.
Delalleau Ch.
Delamain P.
Delamarre Th.
Delangle J. F.
Delanoë F.
Delanoue.
Delaperche C.
Delaperche J.
Delaplanche Mlle.
Delaporte Mme.
Delaroche P.
Delaroche.
Delaroche H.
Delaroche J.
Delattre.
Delaunay J. E.
Delaval Mlle.
Delaval P.
Delaye Ch.
Delecluze E. J.
Delessard A.
Delestre J. B.
Delhumeau G.
Deligne A.
Deligny T.
Delisle D.
Delorme Mlle.
Delorme J.
Delorme P. C. F.
Delort C.
Delsal T.
Demahis E. A.
Demailly H.
Demange P.
Demanne Mme.
Demay.
Demory L.
Demory C.
Demoussy A.
Deneuville A.
Denizard C.
Denné R.
Dentigny Mme.
Denuelle A.
Deperthes J. B.
Deroy I.
Desains C.
Denon V. D.
Desbarolles A.
Desbordes C.
Descamps G. D. J.
Descamps J. B.
Deschamps P.
Desenne A. J.
Desgoffe A.
Desgoffe B.
Desgranges J. B. Ch.
Deshayes J. E.
Deshayes E.
Deshays C.
Desjobert L. R. E.
Desmoulins A.
Desmoulins E.
Desnos Mme.
Desnoyers A. G. L.
Désoria J. B. F.
Desperrières Mme.
Despinasse.
Desplechin.
Despois A. J. A.
Despois Mme.
Desportes Mme.
Dessain E. L.
Destailleur H. P. A.
Destouches P. E.
Detaille J. B. E.
Detouche L. D.
Deustch J.
Devedeux L.
Deveria J. J. M.
Deveria E. F. M.
Deveria Mme.
Devers J.
Devillers G.
Devilliers H. B
Devilly T. L.
Devis A. G.
Devouge L. B. M.
Deyrolle L.
Diay N. V.
Diday F.
Didier A.
Didier Mme.
Didier.
Didier J.
Diébolt.
Diébolt J. M.
Dien L. C. J.
Dien L. F. A.
Dierickx D.
Dieterle J. P.
Dieterle P. G.
Dieterle Ch.
Dieudonné E.
Dignat E.
Digout L.
Dollet J. F. V.
Dolly Mme.
Doré G.
Douillard A.
Doussault Ch.

Drée A. (de).
Dreux A. (de).
Drolling M. M.
Drouet.
Drouin J. P.
Drulin A.
Dubasty A. H.
Dubois E.
Dubois F.
Dubois T.
Dubois Drahonnet A. J
Du Bois J. Ch. T.
Dubost A.
Dubouloz J. A.
Dubourjal S. E.
Dubufe C. M.
Dubufe E.
Dubuisson L. A.
Dubuisson A.
Duchesne A.
Duchesne C.
Duchesne des Argilleres J.
Ducis L.
Duclain.
Duclaux A. J.
Ducluzeau Mme.
Ducornet C.
Du Devant J. F. M.
Duez E. A.
Dufau F.
Dufour A.
Dufour J.
Dufour Mlles.
Dufourmantelle F.
Dufresne A. J. H.
Dulac S.
Dulong J. L.
Dumas M.
Dumée E.
Duménil P. C.
Dumeray Mme.
Dumet J. Ph.
Dumont A. L.
Dumont Mme.
Dumont F.
Dunant J. F.
Dunouy A. H.
Dupain E. L.
Dupasquier Mme.
Dupaty L. M. C. H.
Dupeux P.
Duplat P.
Dupont A.
Dupont-Pingenet J. M.
Dupont-Watteau F. L.
Duport Mme.
Duprat Mlle.
Dupray H. L.

Dupré F. X.
Dupré G.
Dupré J.
Dupré J.
Dupré L. V.
Dupré L.
Dupressoir F. J.
Dupuis A.
Duquis P.
Durand Ch. A. E.
Durand-Brager H.
Durieu Mlle.
Durupt Ch.
Dusaulchoy Ch.
Dusautoy J.
Dusommerard E.
Dussauce A.
Dutac A.
Dutertre A.
Dutilleux C.
Duval Ch.
Duval E. F.
Duval le Camus P.
Duval le Camus J. A.
Duvaux A. J.
Duveau L. J.
Duverger T. E.
Duvidal de Montferrier Mme.
Duvivier.
Duvivier Mlle.
Duvivier I.

Eliarts J. F.
Elie Mme.
Elmerich.
Elouis.
Emeric.
Empis Mme.
Enfantin A.
Engalière.
Entresque H. (d').
Epinat F.
Esbrat R. N.
Escuyer J.
Esmenard Mlle (d').
Esmenard Mlle (d').
Estienne A.
Etex A.
Etex L. J.
Eustacle-Lorsay L. A.
Evrard J. M.

Fabre.
Fabre F. X.
Fabre d'Olivet Mlle.
Faivre T. A. J. E.
Faivre-Dufair L.
Fajon Mlle.

Falcoz A.
Fanelli-Semah L.
Fantin-Latour.
Fauchery Mlle.
Faure V. A.
Faure E.
Faure L.
Fauvelet J.
Favard A.
Favas D.
Faxon R.
Feillet P.
Félon J.
Feraud V.
Ferdinand E.
Féréol L.
Féron E.
Féron Mlle.
Ferrand-Marcel Mme.
Ferret P.
Feuchot P.
Feugère des Forts.
Feulard J.
Fevret de Saint-Mémin Ch.
Feyen J.
Feyen Perrin F.
Fichel B.
Fichet.
Filhol Mlle.
Finart N.
Flacheron I.
Flahaut L.
Flameng F.
Flandin E.
Flandrin A.
Flandrin J. P.
Flandrin J. B.
Flaxland.
Flers C.
Fleuriau de Bellemare Mlle.
Fleury C. A.
Fleury J.
Fleury T.
Fleury L.
Fleury R.
Folleville L. (de).
Fontaine E.
Fontaine V.
Fontainieu A. (de).
Fontallard J.
Fontanes Mme (de).
Fontenay A.
Fonville.
Forbin L. (de).
Forestier.
Forestier A.
Forestier H.

Forestier Mlle.
Fort J.
Fortin A.
Fortin Ch.
Fossey F.
Fossin J. B.
Faucaucourt L. (de).
Foucaud A.
Fougère A.
Foullon-Vachot Mlle.
Foulogne A.
Foulquier J.
Fouque J. M.
Fouquet L. S.
Fouquet L. V.
Fouqueur J.
Fourau H.
Fourmond Mlle (de).
Fournel Mlle.
Fournier J. A.
Fournier J. B. (de).
Fournier des Ormes
Foyatier.
Fragonard A.
Fragonard T.
Français F.
Francia F.
François.
Franquelin J. A.
Fremiet Mlle.
Frémy J.
Frenais J. N.
Frenais J. B.
Frère T.
Frère P.
Frère Ch.
Froment L. P.
Froment Delormel J.
Fromentin E.
Froste S.

Gabet Ch.
Gadbois.
Gagey.
Gaillard C.
Gaillard Mme.
Gaillot B.
Galimard N.
Galle.
Gamain L.
Gambard H.
Gariot P.
Garneray J.
Garneray A.
Garneray A. L.
Garneray H.
Garnier C.
Garnier E.
Garnier H.

Garnier L.
Garnier J.
Garnier A.
Garreau.
Garripuy J.
Garson.
Gassies J.-B.
Gaston P. M. B.
Gaudefroy P.
Gault de St-Germain P. M.
Gautherot C.
Gauthier Ch.
Gavarni P.
Gaye J.
Gazard F.
Geffroy E.
Gélibert P.
Gélibert J.
Gendron E.
Génillion J. B.
Geniole A.
Génod M.
Genret.
Genty E.
Geoffroi.
Geoffroi.
Georget J.
Gérard F.
Gérard L.
Gérault de Langalerie
Gérente A.
Géricault J.
Germain J.-B.
Gernon J. (de).
Gérome J.
Gerono Mlle.
Geslin J.
Ghéquier A. (de).
Giacomotti F.
Gibert J.-B.
Gide F.
Gigoux J.
Gilbert P.
Gilbert V. G.
Ginain E.
Ginovès V.
Girard E
Girard P.
Girardet E.
Girardet Ch.
Giraud Ch.
Giraud J.
Giraud P.
Giraud V.
Girodet Trioson.
Girodon.
Giroust A.
Giroux A.
Giroux A.
Glaize A.
Glaize P.
Gleyre Ch.
Gobert M.
Goblain A.
Goddes A. (de).
Godefroy M. E.
Gomien Ch.
Gomien P.
Gorbitz J.
Gosse N.
Gotzel Mme.
Goubaud.
Goubert.
Gouin A.
Goupil L.
Goupil J.
Gourdet.
Goureau Ch.
Gourlier P.
Goyet J-B.
Goyet E.
Goyet Mme.
Graincourt A.
Grandin J.
Grandpierre-Deverzy Mlle.
Granet F.
Granger J.
Granville.
Gras A.
Gras J.
Gratia Ch.
Grégoire P.
Grellet A.
Grellet F.
Grenier-St-Martin F.
Grésy.
Greux G.
Grévedon P.
Groiseillez M. (de).
Gros A. L.
Grosclaude L.
Grün Mme.
Cudin L.
Gudin J.
Gué O.
Gué J.
Guérard Ch.
Guérard E.
Guérard L.
Guérin G.
Guérin J.
Guérin J.-B.
Guérin J.-B. P.
Guérin J. M.
Guérin P.
Guérin P. N.
Guérin S.
Guérin T.
Guermam-Bohm A.
Guesnet L.
Guet C.
Guiard.
Guiaud J.
Guibal Mme.
Guichard J.
Guignet A.
Guignet J.-B.
Guillard A.
Guillaumet G.
Guillemin A.
Guillemot A.
Guillemot.
Guillemot N.
Guillon A.
Guillon A.
Guindrand A.
Guizard Mme.
Guyon.

Hadin Mlle.
Haes O. (de).
Haffner F.
Hagborg.
Haillecourt C.
Hallez L.
Hamelin G.
Hamon J.
Hamon P.
Hanoteau H.
Hardiviller Ch. (d').
Haro E.
Harpignies H.
Haudebourt Mme.
Haussoullier G.
Haussy J. (de).
Hautier H.
Hébert A.
Hédouin E.
Heilbuth F.
Heim F.
Hemer J.
Hennet A.
Henry Mlle.
Henry B. T.
Herain Mme (de).
Herbé Ch.
Herbelin Mme.
Herbstroffer P.
Héreau J.
Hermann-Léon.
Hermann-Léon Ch.
Heroult A.
Herpin L.
Hersens Mme.
Hersent E.
Hertrich M.
Hervieu J.
Hervilly Mlle (d').
Hesse H.
Hesse J.-B.
Hesse N.
Heyder P. (de).
Hillemaeker E.
Himely H.
Himely S.
Hirsch A.
Hirsch A.
Hirsch E.
Hoguer Mlle.
Hoguet Ch.
Holfeld H.
Hollier J.
Horsin-Déon S.
Hostein E.
Huard.
Huard F.
Huard L.
Hubert J.-B.
Hubert V.
Hue J.
Hue A.
Huet J.-B.
Huet P.
Humbert.
Humbert Mlle.
Humbert F.
Hurtrel A.
Hussenot A.

Iaser Mlle.
Imer E.
Inemer F.
Ingres J.
Isabey J.-B.
Isabey C.
Isberg Mme.
Iung.

Jacob A. J.
Jacob N.
Jacobber J.
Jacottet L.
Jacquand C.
Jacque Ch.
Jacquemart Mlle.
Jacquemart J. Fr.
Jacques N.
Jacquet Mme
Jacquet J.
Jacquet Mlle
Jadelot Mme.
Jadin L.
Jalabert Ch.
Janet-Lange A.

Jannot A.
Jaquotot M.
Jardin.
Jeanron.
Jeanron Mme.
Joannis Mlle.
Jobbé-Duval A.
Jobert Mme.
Johannot Ch.
Johannot T.
Joinville E.
Jolimont (de).
Jolivard A.
Jollivet P.
Joly N.
Joly A. V.
Joncherie G.
Jorand J.-B.
Joubert Mme.
Jourdain R.
Jourdan A.
Jourdy P.
Journault A.
Journet Mlle.
Jousselin M.
Jouy J.
Joyant J.
Jubert.
Jugelet J.
Juillerat Mme.
Julien A.
Julien B.
Julien E.

Karpff J.
Keller.
Kellin.
Kepfer M.
Kiorboë Ch.
Kirstein.
Knip Mlle.
Kock Mlle (de).
Krumholz F.

Labarchède Mlle.
Laberge C. A.
Labouchère P.
Labouère T.
Laboulaye P. (de).
Laby A.
Lacaze T.
Lacaze Th.
Lachassaigne L.
Lacour P.
Lacroix G.
Lacroix P.
Ladurner.
Laemlein A.
Laemleyn A.
Lafaye P.
Lafitte L.
Lafitte N.
Lafon J.
Lafond Ch.
Lafond F.
Lafond de Fénion Mlle.
Lafon Làbatut J.
Lafont Mlle.
Lafontaine M.
Lafontaine Mlle.
Lagrénée A.
Lagrénée J. J.
La Guerre L.
Lainé.
Lair J.
Lallement Mlle.
Lambert E.
Lambinet E.
Lami L.
Lamothe L.
Lamotte.
Lancrenon Ch.
Landelle Ch.
Landon Ch.
Laneuville J.
Langlacé.
Langlois J.
Langlois Ch.
Langlois de Chèvreville.
Langrand Mme.
Lanoue F.
Lansac F.
Lansyer M.
Lanté L.
Lapierre L.
Lapito L.
Larivière Ch. (de).
Larozerie V. (de).
Larpenteur.
Lassus A. (de).
Latil M.
Latil Mme.
La Touche J.
Latour J.
Lattre A. (de).
Lattre H. (de).
Laudier Mme.
Laugée D.
Laujol de la Faye G. (de).
Laurasse.
Laure J.
Laurencel (de).
Laurens J.
Laurens J. P.
Laurent Mlle E.
Laurent F.
Laurent I.
Laurent P.
Laurent Mlle P.
Lauvergne.
Lavaudan A.
Lavergne C.
La Vieille E.
Laviron.
Lavreince N.
Layraud F.
Lazerges J.
Lebe-Gigun A.
Lebel Ch.
Leblanc J.
Leblanc T.
Lebois de Glatigny Mlle.
Leborne L.
Leboucher A.
Lebouy A.
Lebreton.
Lebrun H.
Lebrun Mme.
Lecarpentier L.
Lecarpentier Ch.
Lecerf L.
Lechevallier - Chevignard E.
Lecler A.
Lecœur J.-B.
Lecointe Ch.
Lecomte H.
Lecomte-Vernet Ch.
Lecomte Mlle.
Lecomte P.
Lecomte-Dunouy J.
Lecoq de Boisbaudran Mlle.
Lecoq de Boisbaudran H.
Lecourt.
Lecurieux J.
Lecuyer P.
Ledien M. A.
Ledieu A.
Ledoux Mlle.
Ledru H.
Leduc Mlle.
Lefebvre Ch.
Lefebvre J.
Lefèvre L.
Le Févre R.
Leforestier H.
Lefort L.
Legendre H.
Legendre L. F.
Legentile L.
Legrand Mlle A.
Legrand Mlle J.
Legrand de St-Aubin Mlle.
Legrand de Serant.
Legras A.
Legrip F.
Legris Mlle.
Legros A.
Legros J.
Lehmann Ch.
Lehmann R.
Lehoux P. J.
Lehoux P. A. P.
Lejeune L.
Leleux A.
Leleux A.
Lelièvre.
Leloir J. B.
Leloir L.
Leloire J. B. A.
Lemaire de Quersonnier H.
Leman J.
Lemasle L.
Lematte J.
Lemercier Ch.
Lemire Mme.
Lemoine Mme.
Lemor Mlle.
Lemud A. (de).
Lenepveu J.
Lenourrichel C.
Léoménil.
Léonard J. F.
Lepage F.
Lepaulle F.
Lepec T.
Lepoittevin E.
Le Prince A.
Le Prince G.
Le Prince R.
Le Prince Ch.
Lequeutre J.
Leray P.
Lerolle H.
Leroux H.
Leroux Ch.
Leroux M. G.
Leroux de Lincy Mme.
Leroux L. E.
Leroux L. H.
Leroy A.
Leroy Mlle.
Leroy F.
Leroy L.
Leroy S.
Lery de Liancourt.
Lesage.
Lesaint Ch.
Lesecq H.

Lesourd-Beauregard L.
Lessore E.
Lestang-Parade A. (de).
Lethière G.
Leullier L.
Levy E.
Levy H.
Leygue.
Leynaud.
Lhermitte L.
Libour E.
Lienard E.
Ligny T. (de).
Liogier C.
Lix F.
Lobbedez Ch.
Lobin J.
Lobrichon T.
Locoge A.
Loisel A.
Lombard Mlle.
Longchamps Mlle.
Longuet.
Loo C. (van).
Lordon P.
Lordon J.
Lorimier Mlle.
Lothon Mlle.
Lottier L.
Loubon Ch.
Loudet A.
Louis.
Lousteau J.
Lucas.
Lucotte de Champmont Mlle.
Lucy.
Luminais E.

Machard J.
Madorasz V. (von).
Magaud D.
Magimel A.
Magy J.
Mahy J.
Maignan A. P. R.
Maignen de Ste Marie D.
Maignon A.
Maillard U.
Maille L.
Maillet.
Maillot N.
Maillot T. P. N.
Maisiot J.
Maison P. E. J.
Malapeau Ch.
Malardot.
Malbranche.
Malenfant J.
Malherbe Mlle.
Manara M.
Manet E.
Mannier.
Marchal Ch.
Marcillo M.
Marcillo D.
Marechal L.
Marechal Ch.
Maricot J.
Marigny M.
Marilhat P.
Marin-Lavigne L.
Marlet J.
Marne J. (de).
Marquet.
Marquis P.
Mars L.
Marsochi de Bellucci.
Martin Ch.
Martin L.
Martin P.
Martin P. E.
Martin-Buchere Mme.
Martinet.
Masure.
Marzocchi de Belluci.
Massé A.
Matet Ch.
Mathieu A.
Mathilde Bonaparte.
Matout L.
Maurin A.
Maurin N.
Mayer A.
Mayer E.
Mazerolle J.
Mazette.
Méchin Mlle.
Meissonier J.
Melin J.
Mélingue E.
Melingue T.
Melling A.
Menard R.
Menard L.
Menessier A.
Menjaud A.
Mercier.
Mérinée J.
Merle H.
Merme Ch.
Merson L. O.
Merson O.
Mery A. E.
Meunier J. B.
Meunier P.
Meuret F.
Meurice A.
Meynier Ch.
Meynier-saint-Fal L.
Michallon A.
Michel E.
Michel G.
Migette.
Mignot R.
Milbert J.
Millet F.
Millet A.
Millet J. F.
Millin du Perreux.
Mirault C.
Mirbel Mme (de).
Moench Ch.
Moine A.
Momal J.
Monanteuil J.
Moncurteuil.
Mongez Mme.
Monjiu P.
Monnier H.
Monrose
Monsiau N.
Montabert J.
Montagny E.
Monteil J.
Montessuy J.
Monthelier A.
Montizon F. (de).
Montpezat H. (de).
Montvignier.
Monval L.
Monvoisin R.
Moreau A.
Moreau C.
Moreau G.
Moreau L.
Moreau L. G.
Morel-Fatio A.
Morel-Retz L.
Morin E.
Morin F.
Moriot N.
Morlat Mlle.
Morot A. N.
Mottez V.
Mouchy E.
Moudan E.
Mourlan P.
Mourot J.
Mozin Ch.
Mulard F.
Muller Ch. F.
Muller Ch. L.
Muller V.
Munié A.
Murat J
Mutel Mlle.
Muyden J. (van).

Naigeon J.
Naigeon G.
Nanteuil-Lebœuf C.
Naudet T.
Nazon F.
Nehlig.
Neuville A. (de).
Niquevert A.
Nittis J. (de).
Noel.
Noel A.
Noel A. N.
Noel A. J.
Noisot C.
Nonclercq E.
Norblin de la Gourdaine J.
Norblin S.
Notré P.
Nousveaux.
Nouviaire F.
Novion (de).

Och G.
Odier E.
Olagnon P.
Olivier.
Olry.
Omer-Charlet.
Orsel V.
Othon.
Ottin.
Oubri P. (d').
Oudart P.
Oudinot E.
Ouri A.
Ouvrié J.

Paelinck Mme.
Pagès Mme.
Pagnest A.
Paigné Mlle.
Paigné Mlle.
Pajou J.
Pajou A.
Pallenc C.
Pallière A.
Pallière E.
Pallière L.
Palmérini.
Panchet.
Papety D.
Papin J.
Paradis L.

Parant L.
Paris.
Parizeau E.
Parmentier H.
Pascal A.
Pascal Mme.
Pasini A.
Passot G.
Pastier J.-B.
Paté-Desormes Mme.
Paté-Desormes P.
Patrois J.
Pau de St-Martin A.
Pau de St-Martin P.
Paul J.
Paulus.
Pêcheur B.
Pelez F.
Pellegrin L.
Pelletier L.
Pelletier.
Pellicot L. (de).
Pellier P.
Pelouse L.
Pénavere Mlle.
Penguilly-Lharidon O
Peragallo Mme.
Perdoux.
Perez Muquet.
Perignon A.
Perignon F.
Perin A.
Perlet P.
Perlet Mlle.
Pernot F.
Péronard.
Perrin E.
Perrin O.
Perrin J. Ch.
Perrot A.
Perrot F.
Perrot V.
Perseval.
Petit J. L.
Petit P. J.
Petit F.
Petit-Jean Mme.
Peynaud J.
Peyranne P.
Peytavin J.-B.
Peytavin V.
Pezey A.
Phelippes.
Philastre H.
Philipault Mlle.
Philippe.
Philippe A.
Philippoteaux F.
Picard A.
Pichon P.
Picot F.
Picou H.
Pierre E.
Pierre D.
Pierron A.
Pigal E.
Pignerolle Ch. (de).
Pille Ch.
Pilliard J.
Pils J.
Pinchon J.
Pingret E.
Pisan H.
Place H.
Planat.
Plassan A.
Platel.
Pointelin A.
Pointelin A. E.
Poirot.
Pollet.
Pommayrac P. (de).
Ponce-Camus M.
Ponthus-Cinier.
Popelin C.
Potel Mme.
Portelette.
Poterlet.
Potier J.
Pougens M. (de).
Poupart A.
Poyet L.
Préault.
Prêtre J.
Prévost C.
Prévost P.
Prieur R.
Princeteau R.
Prot L.
Protais P.
Provost-Dumarchais A.
Prud'hon P.
Pujol A.
Pujol Mme.
Puvis de Chavannes P

Quantin.
Quartley A.
Quecq J.
Quesnel.
Quesnet J.
Quinart Ch.

Radet J.-B.
Raffet D.
Raffort E.
Ramelet.
Rang Mme.
Ranvier I.
Rauch Ch.
Raveau Mme.
Raverat.
Reattu J.
Regamey G.
Regnault J.-B.
Regnault H.
Regnier J.
Reigner J.
Rémilleux P.
Rémond J.
Remy L.
Renaud M.
Renaudin Mlle.
Rénaux.
Renié.
Renouf E.
Renoux.
Revel.
Révoil P.
Rey E.
Reys Mme.
Ribault Mlle.
Ribault Mlle.
Ribet J.
Ribon F.
Ribot A. T.
Ricard L.
Richard F.
Richard.
Richard Mme.
Richard T.
Richaud J.
Riche Mlle.
Richet L.
Richomme J.
Ricois F.
Riesener H.
Riesener L.
Rigo J.
Rimbaut-Borel Mme.
Rioult L.
Riss F.
Rivière Mlle.
Rixens J. A.
Robelot P.
Robert A.
Robert L.
Robert F.
Robert Mlle.
Robert V.
Roberts A.
Robineau Mlle.
Robinet P.
Robiquet.
Roehn A.
Roehn J.
Roger A.
Roger A.
Roger E.
Roll A.
Rolland A.
Roller J.
Romany Mme.
Romegas.
Ronjon L.
Ronny G.
Roqueplan C.
Rossignon L.
Roubaud B.
Rougemont Mme.
Rougeron J.
Rouget G.
Rougeron J.
Rouillard J.
Rouillard Mme.
Rouillard P.
Rousseau E.
Rousseau P.
Rousseau T.
Rousseau Mme.
Roussin V.
Roust J.
Roux L.
Roybet F.
Rozier D.
Rudder L. (de).
Rumeau J.
Rumilly Mme.

Saglio.
Saint.
Saint-Aulaire F.
Saint-Beaussant A. (de).
Saint-Evre. G.
Saint-Jean S.
Saint-Jean.
Saint-Jean L. H.
Sainties.
Saintin J.
Salmon A.
Salmon I.
Salomé E.
Salmson H.
Salzard.
Sarazin de Belmont Mlle.
Sargent J.
Saunier.
Sautai P.
Sauvageot D.
Sauvageot Mme.
Savignac.
Schaal J.
Schaeffer.

Scheffer A.
Scheffer H.
Scheffer A.
Scheffer J.
Schilt.
Schlesinger G.
Schneit.
Schnetz J.
Schopin H.
Scitivaux de Greische R. (de).
Sebron H.
Séchan P.
Seguin G.
Segur G. (de).
Sellier.
Senties P.
Sennevas Mme (de).
Serda.
Serrur H.
Servières Mme
Servin E.
Sewrin.
Seyziat Mme. (de).
Sicard A.
Sieurac F.
Sieurac.
Sigalon X.
Signol E.
Signol L.
Sirouy A.
Smit A. (de).
Smith C.
Soiron P.
Souchon F.
Soulary (de).
Soules E.
Soyer Mme.
Steinheil L.
Steuben Ch (de).
Steuben Mme.
Steuben.
Sturler.
Suau P.
Sutat.
Swebach J.
Swebach E.
Sylvestre J.

Tabariés de Grandsaigne A.
Tanneur P.
Tardieu J.
Tassaert F.
Tassaert O.
Tassy J.
Taunay N.
Taunay F.
Taurel J.
Taupin M.
Taurin Mlle.
Taylor J.
Tellier.
Testard.
Teytaud A.
Thénot J.
Thévenin Ch.
Thévenin C.
Thévenot.
Thibaut.
Thiénon.
Thierrée E.
Thierriat A.
Thirion E.
Thirion V.
Thomas A.
Thuillier Mlle.
Thuillier P.
Thurin S.
Thurot Mme.
Tierceville E. (de).
Tiersonnier A.
Timbal L.
Tinthouin J.
Tissier J.-B.
Tissot J.
Tonnelier.
Toudouze E.
Toulmouche A.
Toulza Mlle.
Tournant A.
Tournemine Ch. (de).
Tourneux J.
Tourny J.
Traviés Ch.
Trayer J.
Trembloy.
Treverret Mlle.
Trezel P.
Trimolet A.
Tripier-Lefranc Mme.
Triqueti H. (de).
Troivaux.
Troyon C.
Truchot.
Tudot L.
Turpin de Crissé L.

Ulmann B.

Vaillant A.
Vaine (de).
Vaison P.
Valdahon (de).
Valerio T.
Valernes E. (de).
Vallet E.
Vallin.
Vallou de Villeneuve J.
Vanderburch J.
Varcolier Mme.
Varenne Mlle (de).
Varnier J.
Vastine.
Vauchelet T.
Vaudechamp J.
Vaulot C.
Vauthier A.
Veillat.
Vely A.
Vely A.
Verdé-Delisle Mme.
Verdier M.
Vergnaux N.
Vernet A.
Vernet E.
Vernet J.
Vernet J.
Vernier E.
Véron A.
Véron.
Vetter.
Veyrassat J.
Viardot.
Vibert J.
Vidal J.
Vidal V.
Viger J.
Vignaud J.
Vignaud Mme.
Vigne J.
Vigneron P.
Vignon.
Viguier C.
Villaine.
Villemsens.
Villeneuve J.
Villeneuve P.
Villeret F.
Villers (de).
Villiers-Huet.
Vincent Mme.
Vincent Mme.
Vinchon A.
Vinit Ch.
Viollet-Leduc A.
Voillemot A.
Vollon A.
Volpelière Mlle.
Voullemier Mlle.
Vuillefroy P. (de).

Wachsmuth F.
Wailly L. (de).
Wartel Mme.
Washington G.
Watelet L.
Watteau F.
Wattier E.
Wattier E.
Weber A.
Werner Ch.
Wicar J.-B.
Wild G.
Wild W.
Williot.
Winterhalter H.
Wollmar.
Worms J.

Yon E.
Yvon A.

Zamacoïs E.
Ziem F.
Ziegler C.
Zo A.
Zuber J.

ÉCOLE HOLLANDAISE.

XIVe siècle.

Arendsoen N.

Bertone.
Blonc.

Claes A.

Jean de St-Omer.

Laurentius.

XVe siècle.

Apsel G. (van).
Assen J. W. (van).

Bosch L. J. (van den).

Chaix de Hollande.
Clemens J.
Clutinck G.
Coddesteyn J.

Diderik.
Dircskin.
Dordrecht P. et F. (van).

Florisz G.
Franz.

Goltz H.

Vries P. (de).
Vries P. (de).
Vroom G.
Vrye A. (de).

Waerden D.
Weyman N. J. et M.
Willems C.

Yserhout.

Zierickzee M.
Zustris L.
Zyll J. (van).
Zyll R. (van).
Zyll T. (van).

XVIIe siècle.

Aalst Ev. (van).
Alst G.
Abraham N.
Aken J. (van).
Akerboom.
Akersloot C.
Aldewereld.
Alen J. (van).
Alexander W.
Allard A.
Alkmaar Z.
Almeloyen J.
Alphen G. (van).
Andriessens H.
Angel Ph.
Anraadt P. (van).
Antem H. (van).
Anthonissen H. V.
Appelman B.
Arendsen P. R.
Aryen.
Asch P. J. (van).
Asselyn A.
Assen J. (van).
Ast B. (van der).
Avendoel.

Baak-Hattigh J.
Backer J.
Backer A.
Baen J. (de).
Baen Jacq. (de).
Baern J. (van).
Bailly D.
Bakhuysen L.
Baldeus.
Balen J. W. (van).
Banheiningh C.
Barata L.
Baratta R.

Bartius G.
Bassen J.-B. (van).
Battem G. (van).
Baudrighem D.
Beck D.
Beckx J.
Beecq J. Ch. D. (van).
Beek P. (van).
Beeke A. (van).
Beeldemaker J.
Beeldemaker A. C.
Beeldemaker F.
Beelt C.
Beerendrecht P.
Beerstraaten A.
Beerstraaten J.
Beest S. (van).
Bega C.
Begyn A.
Belkamp J. (van).
Bellevois.
Bemmel G. (van).
Bemmel J. (van).
Bent J. (van der).
Berchem P. N.
Berchem N.
Berckheyde G.
Berckheyde J.
Berckman H.
Berg J. (van den).
Bergen N. (van den).
Bergen T. (van den).
Bets J.
Beurs G.
Beyeren A. (van).
Bie G. (de).
Bilt J. (van der).
Bisbink Ed.
Bisschop C.
Bisschop A.
Bisschop J.
Bisschop J. (de).
Blankenhof J.
Bleeker J.-B.
Bleeker G. N.
Bleker T.
Blieck D. (de).
Blinkvliet.
Bloem M.
Bloemaert C.
Bloemaert A.
Bloemaert A.
Bloemaert C.
Bloemaert F.
Bloemaert H.
Bloemaert H.
Block J. R.
Blommendael R. J. (van).

Blyhooft Z.
Bochoven R. (van).
Bock F.
Boekhorst J. (de).
Bogaert H.
Bois M. (du).
Bokshoorn J.
Bol Ph.
Bol C.
Bol F.
Bolongier H.
Bondt J. (de)
Booth H.
Bor P.
Borlaer A. (van).
Born E.
Borssom A. (van).
Borssom A. (van).
Bos G. (van den).
Bos R. (ten).
Bosch A.
Bosch J. (van den).
Both T. J.
Both T.
Both A. et J.
Bouckhaers M.
Bouland J.
Boursse A. ou L.
Bovetius J.
Brakenburg R.
Brakenburg R.
Bramer L.
Branden J. (van den).
Brassemary G.
Bray S. (de).
Bray J. (de).
Bray J. (de).
Bray T. (de).
Bray A. (de).
Breekvelt G.
Breen A. (van).
Breenbergh B.
Brekelenkamp Q.
Brey H.
Brisschau (le vieux et le jeune).
Brizé C.
Bronckhorst J. G. (van).
Bronckhorst J. (van).
Bronkorst P. A. (van).
Bronkorst J.
Brouwer J.
Brugghen G. A. (van den).
Brun J.
Bruyn A.
Buitenweg G.
Bundel W. (van den).

Burg J. (van der).
Burger J.
Busch H.
Busolen.
Bye M. (de).
Byler H. (van).
Byler J. (van).

Cabel A.
Call J. (van).
Campen J. (van).
Campen J. (van).
Camphuysen T. R.
Camphuysen G.
Camphuysen J.
Camphuysen R.
Camphuysen G. C.
Capel G. (van).
Capelle P.
Capelle J. (van der).
Carré F.
Casteleyn A.
Casteleyn P.
Castleyn C.
Causabon F.
Claessen C.
Clock C.
Clotz V.
Cluyt A.
Cock N. G.
Codde Ch.
Codde P.
Coelenbier J.
Collom J. J. (van).
Colonia A.
Colonia H.
Colyns D.
Coninck P.
Cool J. D.
Coopse P.
Coosemans A.
Couper J.
Cousyns P.
Coxi A. (de).
Crabeth V.
Craey Th.
Cramer N.
Creeten Ch.
Croos A. (van der).
Croos J. (van der).
Cuyp J. G.
Cuyp A.
Cuyp B.

Dalens Th.
Dalens Th.
Dalens Th.
Dam A. (van).
Danckerts H.

Schuur T. (van der).
Schuylenburgh H. (van).
Schyndel Mlle (van).
Sibille G.
Silo A.
Simon J.
Simons M.
Sinjeur G.
Sipkes J.
Six N.
Sjollema T.
Slabbaert Ch.
Slangenburgh Ch.
Slingeland P. (van).
Slingerlant C.
Slop J.
Smets A.
Smit A.
Smit T.
Smith J.
Smits J.
Smits L.
Smits S.
Snaphaan A.
Snellinks J.
Soest J. (van).
Somer P. (van).
Sonjé J.
Sonnius H.
Soolmaker J.
Soukens J.
Soutens Mlle.
Spalthof N.
Spelt A. (van der).
Spiers A. (van).
Spies.
Spilberg.
Spilberg Mlle.
Spirk J.
Spriet J. (van der).
Sprong G.
Spyck H. (van).
Spyk J. (van).
Spykerman P.
Staphorst A.
Starrenberg J.
Staveren J.
Steen J.
Steen Mlle (van).
Steenree G.
Steenwinkel H.
Steenwyck H. (van).
Steenwyck Mlle (van).
Steenwyk N.
Stellingmerk G.(van).
Stevens A.
Stevens P.
Stock J. (van den).
Stockman J.
Stockman L.
Stoffels L.
Stoom M.
Stoop J.
Stoop T.
Stoop G. (van der).
Stork A.
Straaten L. (van).
Straaten H. (van).
Straaten L. H. (van).
Striep C.
Stuven E.
Stuyvesant J. (van).
Sunman.
Susenier.
Suycker A.
Suycker R.
Suythoff C.
Swalm M. (van der).
Swanenburg N. (van).
Swanenburg J. (van).
Swanenburg C. (van).
Swaneveld H.
Swart.
Sweerts M.
Swerius Ch.
Swevents J.
Swinderswyk G.
Syll R. (van).
Szoon M.

Taets N.
Tartarius C.
Teerling A.
Tempel A (van den).
Terbruggen H.
Terburg G.
Terburg Mlle.
Terlee J.
Terwesten A.
Terwesten E.
Teyler J.
Teylingen J. (van).
Thoman J.
Thopas J.
Thuyl W. (van).
Tieling L.
Tiellius M.
Tienen (van).
Tol D. (van).
Tol D. (van).
Tol N. (van).
Tol P. (van).
Tolet P.
Tomberg D.
Torenvliet J.
Torrentius J.
Troost Mlle.
Troyen R. (van).
Tuer H.
Tydeman G.
Tynagel A.
Tynagel G.

Uchtervelt J.
Ulenburgh R.
Ulenburgh G.
Ulft J. (van der).
Ursela.
Utenweerde J.
Uytenbroek J. (van).

Vaeck C.
Valck A. S. (de).
Valck A. (de).
Valck S. (van der).
Valkert W. (van den).
Veen C. (van).
Veen G. (van).
Veen R. (van).
Veer J. (de).
Veer R. (de).
Velde I. (van de).
Velde G. (van de).
Velde A. (van de).
Velde G. (van de).
Velde J. (van de).
Velde J. (van de).
Velsen J. (van).
Venne A. (van der).
Venne H. (van der).
Venne P. (van der).
Venne J. (van de).
Verbeeck C.
Verbeeck P.
Verbius A.
Verburg A.
Verburg J.
Verburgh H.
Verbyl J.
Verdoel A.
Verdonck C.
Verelst P.
Verelst H.
Verelst C.
Verelst Mlle.
Verelst S.
Vereyck A.
Verhaerf T.
Verharst A.
Verheyden F.
Verhoek G.
Verhoek P.
Verhoeve A.
Verhout C.
Verhuik C.
Verkolje C.
Verkolje J.
Vermeer J.
Verschoten G.
Verschuring H.
Verschuring G.
Verschuur A.
Verschuur L.
Verspronk C.
Verspronk G.
Verspronk J.
Versprong J.
Verstraaten L.
Vertangen D.
Verveer A.
Verveer E.
Verveer S.
Verwer A. (de).
Verwilt F.
Verzyl J.
Vet J. (de).
Vianen B. (van).
Vianen P. (van).
Victor J.
Victor J.
Victor L.
Vierly.
Vierly.
Vierpyl J.
Ville J. (de).
Vinck A.
Vinne V. (van der).
Visscher T.
Vleeshouwer I.
Vlieger.
Vlieger E. (de).
Vlieger S. (de).
Vliet G. (van der).
Vliet H. (van der).
Vliet H. (Van der).
Vogelaer Ch. (van).
Vois A.
Volder J. (de).
Vollenhove H. (van).
Vollevens J.
Volmarin.
Vonck C. ou J.
Vonck E.
Voorhout J.
Voorhout J.
Voort C. (van der).
Vorstermans J.
Vosmaer J.
Vosmaer D.
Vosnagel J.
Vouw J. (de).
Vredeman G.
Vree N. (de).
Vreem A.
Vries A. (de).

Filipart N.
Folkema Mlle.
Franck.
Franck J. G.
Franken C.
Frese A.

Gaelen A. (van).
Geelen Ch. (van).
Gelder A. (de).
Gelderblom L.
Gimmig.
Gisselaar A. (van den)
Glashorst C. (van).
Goblé E.
Goerée J.
Gool J. (van).
Graham J.
Grand-Jean J.
Grasdorp G.
Greenwood F.
Greenwood C.
Greenwood J.
Griffier J.
Griffier R.
Groen A. (van der).
Groenwegen G.
Groot J. (de).
Grypmoed G.
Guicherit D.
Gyzelaar J.

Haag T.
Haan (de).
Haen A. (de).
Haer Mme (van der).
Haften N. (van).
Hage A. (van der).
Halen A. (van).
Ham J.-B.
Hangest E. (d').
Hartzoecker T.
Havermann Mlle.
Heem (de).
Heems J.
Heemskerk B.
Heemskerk J.
Heemskerk D.
Heenck J.
Hefele.
Heinsius A.
Helmich E.
Hengel H. (von).
Hengst G.
Hengstenburg H.
Hettinga Y.
Heuvel G. (van den).
Heymans J.
Hilst J.

Hoet G.
Hoet G.
Hoet H.
Hogen L. (van).
Hogenhuyzen Mlle
Hogervorst H.
Holaart J.
Hooft N.
Hoogerheyden A.
Hoogers H.
Hoogstraaten A. (van)
Hosson F. (de).
Hugaart G.
Hugtenbug J. (van).
Hulsdonck J. (van).
Hulst H. (van).
Humbert J.
Huysum J. (van).
Huysum J. (van).
Huysum J. (van).

Jacobs G.
Janson J.
Janson J. C.
Janson P.
Janssen P.
Jelgerhuis R.
Jelgersma T. J.

Kamper G.
Kamphuysen G.
Kamphuysen J.
Keetelhoet G.
Kelderman J.
Keun H.
Keyert R.
Keyser D. (de).
Kilian J.
Kinderman
Kint T.
Kneller G.
Knip N.
Knoop J.
Kobell H.
Koets D.
Kok J.
Koller J.
Kooten Mlle (van).
Kruyf Mlle
Kruysbergen
Kruyf C.
Kuyper J.

Laen J. (van der).
Lamair
Lamme A.
Lange J. (de).
Langendyk T.
Lapis H.

Laquy G.
Ledeboer J.
Leen G. (van).
Lelie A. (de).
Leur N. (van der)
Liender J. (van).
Liender D. (van)
Liender D. (van)
Limborch H. (van)
Linthorst J.
Lofvers D.
Lofvers H.
Loo D. (van).
Loon (van).
Louis L.
Louw D.
Lubinietzki C.

Malleyn G.
Marinkelle J.
Marum E. (van).
Meele M. (de).
Melder G.
Menheere C.
Mensing J.
Mertens J.
Meulemans A.
Mey J.
Meyer H.
Mieris G. (van).
Mieris F. (van).
Miers
Minderhout G. (van).
Moelaert J.
Moni L. (de).
Moor Ch. (de).
Moor Ch. J. (de).
Morel J.
Moucheron J.
Muller J.
Munniks H.
Muys G.
Muys N.
My J. (van der).
Myn H. (van der).
Myn A. (van der).
Myn Mlle (van der).
Myn F. (van der).
Myn G. (van der).
Myn G. (van der).
Myn R. (van der).
Myn Mlle (van der).

Nachenius J. (van).
Netscher C.
Netscher T.
Neveu M.
Nikkelen Mlle (van).
Noott W.

Nymegen E. (van).
Nymegen D. (van).
Nymegen G. (van).
Nymegen Mlle (van).

Onghers J.
Oostrum G. (van).
Os J. (van).
Os D. (van).
Ouwater S.
Ouwater J.
Ouwerkerk J. (van).
Overbeek L.
Overbeek B. (van).

Paling J.
Palthe G.
Palthe A.
Palthe A.
Palthe J.
Perdanus A.
Persyn J.
Pfeiffer F.
Piera D.
Plas D. (van der).
Ploegsma T.
Pol C. (van).
Pola H.
Ponse G.
Pool J.
Poort A. (van der).
Poort J. (van der).
Post S.
Pothoven H.
Prins J.
Pronk C.
Punt J.
Puyl G. (van der).

Quinkhard J.
Quinkhard J.
Quitor M.

Rademaker A.
Rademaker G.
Raven G.
Ravestein N. (van).
Ravestyn R.
Recco D.
Regnier F.
Regters T.
Renodi A.
Rentinck A.
Reuver T. (de).
Reyers N.
Reygers J.
Reheen T.
Rietschoof H.
Ritter A. (de).

Robart M.
Rode G.
Rode N.
Roedig J.
Roelofswaart A.
Roepel C.
Roode T. (de).
Roy S. (le).
Royen G. (van).
Royer J.
Ruisch F.
Ruysch Mlle.
Rymsdyck J. (van).

Safft J.
Sailmacker J.
Sam A.
Sanders G.
Santvoort G. (van).
Schaasberg A. et S.
Schalken J.
Scheffers N.
Schindelaar H.
Schneider N.
Schouman A.
Schregardus A.
Schreuel J.
Schultz J.
Schwartzenbach J.
Schweickardt H.
Serné A.
Sitterich I.
Sluis J. (van der).
Smees J.
Smit A.
Smits N.
Sonnenberg J.
Soukens G.
Soukens H.
Spoor J.
Staak Y.
Steen d'Alkmaar J.
Steen J. (van der).
Stevens J.
Stolker J.
Stolker D.
Stork A.
Straaten J. (van).
Straeten N. (van der).
Streek J. (van).
Streek H. (van).
Strumph J.
Swaanenburg G. (van)
Swertner G.
Swyndregt F. (van).

Taats R.
Tavenier H.
Teissier J.
Temminck L.
Terwesten M.
Terwesten A.
Terwesten D.
Thier B.
Thuilliers J.
Torenburg G.
Torenvliet A.
Troost C.
Troost Mlle.
Troost G.
Troost van Groenendaelen J.

Udemans G.
Uiterlimmige V.
Uppink H.

Vaart A. (van der).
Vaart J. (van der).
Valck H. (de).
Valck S. (de).
Valkenburg T.
Veen G. (van der).
Veen P. (van der).
Velde C. (van de).
Velde H. (van der).
Veldhoven H. (van).
Veldhoven P. (van).
Veldman W.
Verbrugge - Andriesz G.
Verbruggen Mlle.
Verbruggen J.
Verbuis J.
Verelst G.
Verheyden F.
Verheyden M.
Verkolje N.
Verkolje A.
Vermazen J.
Vermeulen C.
Vermeulen J.
Vermeulen P.
Verschuring H.
Versteeg J.
Verstegen J.
Vilain P.
Vilsteren J. (van).
Vincentius J.
Vinne L. (van der).
Vinne J. (van der).
Vinne L. (van der).
Vinne J. (van der).
Vinne V. (van der).
Vinne J. (van der).
Visser A. (de).
Visser P. (de).
Vitringa W.
Vlaming.
Voet Th.
Vogelesanck J.
Vollenhove B.
Vollevens J.
Vos H.
Vrymoet J.
Vulders.

Waard A. (de).
Waart J. (van der).
Wal J. (van der).
Waldorp J.
Wall G. (van der).
Walraven J.
Wandelaer J.
Wart T. (van de).
Wassenberg J.
Wassenberg Mlle.
Weeling A.
Wellekens J. B.
Werf A. (van der).
Werf P. (van der).
Weyenberg J.
Weyerman J.
Wielant J.
Wieringa J.
Wigmana G.
Wigmana J.
Wilkens T.
Wilt T. (van der).
Wilt G. (van der).
Winter (de).
Winter G. (de).
Winter H. (de).
Wit J. (de).
Wolters H.
Wolters Mme.
Wubbels J.
Wulfraat M.
Wulfraat Mlle.
Wynen O.

Xavery G.
Xavery F.
Xavery J.

Yssel Ch. (van der).

Zanten P. (van).
Zeeman C.
Zeeman P.
Zeeman J.
Zegelaar G.
Zeppel C.
Zoest G. (van).
Zomer J.

XIXe siècle.

Abels J. Ch.
Akkersdyk.
Alberti J. E.
Alewyn G.
Alewyn T.
Allebé A.
Alkok.
Alphen M.
Amelsfoort Q.
Amerom H.
Amerom C.
Andriessen Chr.
Andriaga T.
Apeldoorn J.
Apostool C.

Baar van Slangenburgh Ch. J.
Backhuyzen Van de Sande H.
Backhuysen van de Sande J. J.
Backhuysen v. d. Sande Mme.
Backhuysen A.
Bake G.
Bakker A.
Bakker J. A.
Bakkerkorf A. H.
Barbiers P.
Barbiers B.
Barneveldt H. (van).
Barnouw N.
Baur N.
Beek J. E. B. (Ter).
Behr Ch. J.
Bekking A.
Beretta P. A.
Berg G. J. (van den).
Berg J. E. J. (van den).
Berg S. (van den).
Bernard J.
Bernhard P. G.
Bertichen P. G.
Beylard C.
Bianchi T. S.
Bichelberger Mlle S.
Bilderdyk G.
Bilders J. G.
Bing V.
Bisschop C.
Bles D.
Blieck P.
Bloeme H. A. (de).
Bloemers A.
Blokhuyzen T.
Bleyk J. J. (van den).

Bodeman G.
Boelaert van Wyngaerden A.
Boellaard Mme.
Boer E. (de).
Boer O. (de).
Boland Ch. H. D.
Bommel E. P. (van).
Borsteegh C.
Bosboom J.
Bosch A. (van den).
Boshamer J.
Boshamer J. G.
Bourjé J. P.
Braakman A.
Brade J. C.
Brandt A. J.
Breuhaus De Groot.
Breukelaar H.
Breyer J. H.
Breyer J. H.
Brondgeest A.
Bruggink J.
Bruine A. H. (de).
Bruyn A. J. (de).
Budde J. A.
Burgh H. (van der).
Burgh H. A. (van der).
Burgh P. (van der).
Burnier R.
Buuren H. L. (van).
Buys C. B.
Bylard C.

Calisch M.
Canta J. A.
Casteelen J. G.
Castro G. H. (de).
Cate H. G. (ten).
Christ J. F.
Christ P. G.
Cocq C. (de).
Coets H.
Cohen Pariara.
Cooke G.
Cornet J. L.
Couwenberg A. J.
Crayvanger G.
Crayvanger R.
Cramer H. G.
Cranenburgh H. (van)
Cuylenburg J. (van).

Daiwaille J. A.
Daiwaille A.
Danekes A.
Dasvelt J.
Davidson E.
Deventer J. F. (van).
Dielen A. (van).
Dielen G. (van).
Dinter G. (van).
Dionisy J. M.
Dorsman.
Dreibholtz C. L.
Drieling F.
Drielst J. (van).
Drift J. A. (van der).
Dubois C.
Dubourcq P. L.
Duncan A. G.
Dykhoff J.
Dyxhoorn P. A.

Eeghen J. (van).
Eelkema E. G.
Eernstman T.
Ehnle A. J.
Eick J. F.
Elzer H. J.
Engelberts E. M.
Engelberts A.
Engelberts J. M.
Engelberts J. M.
Esman J.
Esman H. J.
Eymer A. J.
Eynden J. (van).
Eysden R. (van).

Fels J. J.
Floh A.
Florimont C. (de).
Fock H.
Fontenay L. (de).
Fonteyn P.
Franck C. F.
Fredriks J.
Fresen J.-B.

Gaal P.
Gaal J.
Geelen Ch. (van).
Gend G. (van).
Gennep J. (van).
Geuzendam G.
Gobell G.
Gobius H.
Goeje P.
Graaff B. (van der).
Grient C. (van der).
Groenia P.
Gruyter G.
Guise P.

Haan (de).
Haan W. (de).
Haanebrink G.
Haanen G.
Haanen A.
Haanen E.
Haanen G.
Haanen R.
Haart J. (de).
Haas J. (de).
Haasteert J. (van).
Haaxman P.
Haccou J.
Haen J. (de).
Hall J. (van).
Hansen Ch.
Hansen L.
Hansma D.
Hardenberg L.
Harderwyk J. (van).
Hari J.
Hari J.
Hartinck M.
Hartogensis J.
Haus H.
Heeckeren F. (van).
Heemstede I. (van).
Hein C.
Hein H.
Hekking G.
Heland A.
Hendriks F.
Hendriks W.
Heymans G.
Heymans J.
Hilverdink J.
Hodges Ch.
Hoedt J.
Hoen C.
Hoevenaar C.
Hoevenaar G.
Hofman P.
Hollanders J.
Hoop D. (de).
Hopman N.
Hoppenbrouwers J.
Hortstok J.
Houtman C.
Houtman M.
Hove B. (van).
Hove H. (van).
Hovenaer W.
Hoyer-Van Bradel L.
Hulk A.
Hulseboom G.
Hulstyn C. (van).
Hulswitt J.
Humbert de Superville D.
Huygens F.
Huys J.
Huysmans J.
Huysmans C.

Immerzeel C.
Immerzeel Mlle.
Israels J.

Jamin D.
Jansen J.
Jelgerhuis J.
Jelinck H.
Jolly P.
Jong J. (de).
Jong S. (de).
Jonge G (de).
Jongkind J.-B.
Jonxis J.
Jonxis P.

Kaa J. (van der).
Kaldenbagh A.
Kannemans C.
Karssen G.
Kasteele A. (van de).
Kate H. (ten).
Kate M. (ten).
Keppel-Kesselink H.
Ketel J.
Keultjes G.
Kieft J.
Kiers P.
Kiers G.
Kimmel C.
Kinschot G. (van).
Klerk G. (de).
Kleyn J.
Kleyn L.
Kleyn P.
Klinkhamer H.
Knarren.
Knip Mlle.
Knip J.
Knip A.
Knip M.
Knip H.
Knip N.
Knoll F.
Kobell J.
Kobell J.
Koekkoek J.
Koekkoek B.
Koekkoek H.
Koekkoek J.
Koekkoek M.
Koelman J.
Koning Mlle.
Koningh L. (de).
Koningh A. (de).
Koningh L. (de).
Koningh Mlle. (de).

Koningsveld J. (van).
Koogh A. (van der).
Kooi G. (van der).
Koster E.
Koster S. (de).
Kouwenhoven J. (van)
Kramm C.
Kranz S.
Kray J.
Kruger E.
Kruger J.
Krumpelman H.
Kruseman C.
Kruseman F.
Kruseman J.
Kruseman J. A.
Kruseman J. T.
Kryger A.
Kuyk G.
Kuytenbrouwer M.
Kuytenbrouwer M.

Laar B. (van de).
Laar J. (van de).
Laar P. (van de).
Lamberts G.
Lamers J.
Lamme A.
Lamme A. J.
Lamme Mlle.
Langeveld H.
Lebret T.
Leent T. (van).
Leeuwen G. (van).
Leickert Ch.
Lelie J. (de).
Léon.
Leuven G. (van).
Levelt H.
Lexmond J. (van).
Leyerdorp A.
Liefland J. (van).
Liernur A.
Lieste C.
Linssen F.
List G.
Loeff H.
Lofvers J.
Loosbroek J.
Lubbers G.

Maaten J. (van der).
Malefyt J.
Martens van Sevenhoven J.
Mathyssen C.
May J.
Meer Ch. (van).
Meermohr J.-B. (van den).
Meerten Mme (van).
Meertens A.
Meurs J. (van).
Meyer J.
Meyer A. (de).
Meyer G. (de).
Meyn Mme.
Michaelis G.
Mock D.
Moens.
Mol W.
Mollinger L.
Mollinger G.
Molyn P. M.
Mongers C.
Moorrees C.
Morel J.
Moritz L.
Moritz Mme.
Morrien J.
Muller H. L.

Nahuys Mme.
Nayler Mme.
Nepveu L.
Netscher J.
Neurdenburg C.
Nicolay J.
Nieuwenhuysen A.
Nooteboom J.
Nooy G. (de).
Numan H.
Nuyen W.

Obermanne A.
Offermans A.
Oltmans A.
Oort H. (van).
Oort P. (van).
Oostenga T.
Oosterhoudt T. (van).
Oosterhoudt D. (van).
Oosterhuis H. D.
Opzoomer S.
Os G. (van).
Os G. (van).
Os D. F. (van).
Os Mlle (van)
Osti Mlle.

Porre M.
Peduzzi D.
Pelgrom J.
Pelt A. (van).
Penning N.
Penning D.
Peters P. F.
Peters D. F.
Peurse A. (van).
Pfeiffer F.
Pieneman J.
Pieneman N.
Pieterszen A.
Pitloo A.
Plaatzer-Van den Hulle R.
Plas D.
Pleysier A.
Plugger J.
Pluym G.
Pluyms F.
Poecken (van).
Poelman P.
Poll G. (van de).
Poorter A.
Portielje D.
Portmann C.
Post-Brans J.
Posthumus G.
Postma
Pouwelsen G.
Pouwelsen M.
Praetorius D.
Prey J.
Prins B.
Prud'homme A.

Quertemont A. (de).
Quispel M.

Radin Saleh ben Jagya (le prince).
Ravelli P.
Ravenzwaay J. (van).
Ravenzwaay J. (van).
Reeder M.
Reekers J.
Reekers H.
Reinhardt Mlle.
Rentinck J.
Reultjes G.
Revest Mlle.
Reyntjens H.
Rieke J.
Rietstap A.
Rikkors G.
Ringeling H.
Rink P.
Rochussen Ch.
Rochussen H.
Roelfsema Mme.
Roelofs G.
Rog'aar-Snellebrand.
Romondt Mme (van).
Roode N. (de).
Roos C.
Roos J.
Roosenboom N.
Rooyen G. (van).
Rossum J. (van).
Roth G.
Rudder J. (de).
Ruiter (de).
Rutten J.
Ruwersma W.
Ruytenschildt A.
Ruyter J. (de).
Ryckevorsel J. (van).
Rye J. (de).

Salm A.
Salm I.
Schaap G.
Schaeken G.
Scharff Mme.
Scheeres H.
Scheffer J.-B.
Scheffer Mme.
Schelfhout A.
Scheltema T.
Scheltema T.
Schendel P. (van).
Schmetterling Mlle.
Schmetterling Mlle.
Schiedges P.
Schmidt G.
Schmidt G. H.
Schmidt I.
Schmidt I.
Schneiders - van - Greyffenswert B.
Schoemacker-Doyer.
Schoenmakers J.
Scholten P.
Schomper J.
Schoonbeek J.
Schotel J.
Schotel Mlle.
Schotel P.
Schouman M.
Schouman I.
Schouten G.
Serrurier L.
Sieburg.
Singendonck D.
Slothouwer H.
Smak-Gregoor G.
Smies J.
Smit J.
Soeterik T.
Sollewyn H.
Spaendonck C. (van).
Spaendonck G. (van).
Speets C.
Spoel J.
Spohler J.
Springer C.

Stark J.
Staveren G. (van).
Steenbergen A.
Steffelaer C.
Steffens Mlle.
Steyn J.
Stock J. (van der).
Stock Mlle (van der).
Stokvisch H.
Stoof G.
Straten B. (van).
Straten J. (van).
Stry A. (van).
Stry J. (van).
Swagers F.
Swagers Mme.
Swagers Mlle.
Swart A.
Swart C. (de).
Swyndregt N. (van).
Sypkens F.

Tadema A.
Tavenraat J.
Teerling A.
Temmick Mlle.
Tetar Van Elven J.-B.
Tetar Van Elven P.
Thans G.
Topfer J.
Toulon Mme (van).
Troost G.
Troostwyk W.
Turken H.

Uberfeldt J. (van).
Ulsen W. (van).
Uytenbogaart I.
Uytenbogaart A.

Valkenburg D.
Valois J. F.
Valois J. C.
Veen P. (van).
Veeren Mlle (van).
Velzen J. (van).
Ven G. (van der).
Verbeet G.
Verburgh C.
Verheyen J.
Verhoesen A.
Verhoesen J.
Verhoogh J.
Vermeulen A.
Verpoeken.
Verschuur V.
Verspuy G.
Versteeg M.
Verstin D.
Vetten J.
Vettewinkel H.
Vinkeles Mlle.
Vinkeles Mlle.
Vinkeles H.
Vintcent L.
Visser G. (de).
Vletter S. (de).
Vogel G. (de).
Voogt H.
Vooren J. (van der).
Voorman D.
Vos H.
Vos D. (de).
Vos M.
Voskuil P.
Voskuil N.
Vredenburg J.
Vreumingen C. (van).
Vries Mme (de).
Vries J. (de).
Vries J. (de).
Vries Mlle (de).
Vrolyk J.

Waardenburg E.
Wagner G.
Waldorp A.
Waterloo J.
Watrin J.
Weerts C.
Weidner G.
Weiss A.
Weiss G.
Weissenbruch J.
Well A. (van).
Welle D.
West J. (van).
Westenberg P.
Wester C.
Wicheren J. (van).
Wieringa G.
Wiertz H.
Wildrik Mme.
Winter A.
Winter A. (van).
Winteroy N. (van).
Wittevronghel A.
Woensel Mlle.
Wonder D.
Worp G. (van der).
Wust C.
Wyngaerdt A. (van).
Wyngaerdt P. (van).

Zant A. (van 't).
Zeeman A.
Zeeman J.
Zimmermann J.
Zurmuhlen B.
Zwart A.
Zwigtman C.
Zwigtman M.

ÉCOLE ITALIENNE.

XIIe siècle.

Aligieri J.

Barnaba.
Bizzamano (l'oncle).
Bizzamano (le neveu).

Pietrolino.

XIIIe siècle.

Acquistabene.
Antonio A. (d').
Apollonius.
Armaninus.

Bartolomeo (Maestro).
Bergamo G. (da).
Berlinghieri B.

Cimabue J.
Conciolo.
Coppo.
Cosmati (Les).
Diodato de Lucques.
Diotisalvi.

Gaddi G.
Gelasio di Niccolo.
Gera J.
Guido.
Guido da Siena.
Guilielmo de Bergame.

Lorenzetti.

Margaritone.
Martinello de Bassano.
Martini dit Memmi.
Masnada N.
Mino da Turrita.
Minuccio.

Neri N.

Oderic de Sienne.
Oderigi de Gubbio.
Pisano G.

Scopula J.
Serrati.
Solsernus.
Stefani T. (de).

Tafi A.
Théophane de Constantinople.
Theotonius.
Tullio de Perugia.

Ursone.

Ventura.
Vicino.

XIVe siècle.

Abbate J. (del).
Abbate N. (del).
Abbate P. P. (del).
Abbate J. C. (Del).
Abbate H. (del).
Aboudis A.
Aghinelli M.
Agnola di Nalduccio.
Alberegno.
Aldigieri.
Alesso A.
Ambrogio J.
André de Florence.
André de Velletri.
Anovelus.
Antonio.
Antonio de Padoue.
Aquila G. (de).
Ascanio J. (d').
Avanzi J.

Baboccio.
Baldassare.
Bassini T.
Berna (le).
Bicci L (di).
Bocco da Fabriano.
Bolognini B.
Bonaccorso di Cino.
Bondone dit Giotto.
Bonini J.
Bonomo J.

Bruno de Giovanni.
Buonamico di Cristofano.
Buonaventura.

Calandrino.
Capanna P.
Casella P.
Caterino de Venise.
Cavallini P.
Cecco.
Cenni P.
Carsino B.
Costa J.
Cristoforo.
Cusci L.
Cybo.

Daddi B.
Duccio di Boninsegna

Edesia A.
Esegrenio.

Francesco di Giotto.
Francesco di Simone.
Franco de Bologne.
Fulignate N.

Gaddi T.
Gaddi A.
Galante.
Gemaro di Cola.
Germinian de la Turre
Giacomo de Camerino
Gioggi B.
Giorgio de Florence.
Giovanni de Milan.
Giovanni de Padoue.
Giovanni de Pistoie.
Guariento R.
Guido B.
Guilielmo de Forli.

Imperatio J.

Jacopo.
Jacopo de Valesa.

Landini J.
Laodicée de Pavie.
Lapo R.
Lapo E.
Lapo T.
Laudadio de Ferrare.
Lello de Pérouse.
Lippo.
Lippo A. (di).
Lorenzetti P.

Lorenzo de Venise.

Marco T. (di).
Marco et Paolo.
Martini F.
Memmi P.
Menabuoni J.
Michel de Milan.
Michelino.
Mutina T.

Nello di Dino.
Nicolas de Venise.
Nicolas du Frioul.
Nova P.
Nova P.
Nucci A.

Oberto F. (de).
Octave de Faenza.
Orcagna A.
Orcagna B.

Pace de Faenza.
Palmeruccio G.
Panicale M. (da).
Paolo.
Paxino de Villa.
Peselli F.
Pietro de Bellune.
Pietro de Novarre.
Pievano E.
Plebanus E.
Ponte J. (dal).
Ponte J. A.
Pucci G.
Puccio da Gubbio.

Rambaldo.
Roncho M. (de).

Scanabecchi D.
Scanabecchi P.
Segna d'Antignan
Segna de Buonaventura.
Semiteccolo N.
Serafini B.
Serafini S. (de).
Silvestro S. (de).
Silvestro.
Simon de Bellune.
Simon de Cusighe.
Simone de Crocifissi.
Sozzo N. (di).
Spinelli S.
Spinelli G.
Starnina G.
Stefanone.

Tesauro P.
Testorino B.
Tio F.
Tome L. (di).
Tossicani J.
Traini F.

Ugolino de Sienne.
Ugolino d'Orvieto.

Vanni A. (di).
Vanni B.
Vanni C.
Vanni N.
Vanni T.
Vanni T.
Veneziano A.
Vital.

XVe siècle

Adamo.
Agnolo di Lorenzo.
Alamanni P.
Albarini R.
Alberti L. B.
Alberti J.
Albertino.
Alberto A.
Alemagna G.
Alemana J. (de).
Alemana J.
Alemania C.
Aleotti A.
Alessandro F.
Alesiis F.
Alféi F.
Alunno N.
Ambrosius.
André de Murano.
André de Pise.
André di Guido.
André d'Orvieto.
Andreino.
Andria T. (di).
Angelo de Padoue.
Angelo de Venise.
Anguilla J. (d').
Ansano de Sienne.
Anthelmis M.
Antonello de Saliba.
Antonello de Messine.
Antonio.
Antonio de Crevalcore.
Antonio de Fabriano.
Antonio de Trevise.
Antonio J. (d').
Antonio S. (d').

Antonius de Paullo.
Ardesio A.
Aspertini G.
Avogaro M. (d').

Badile J.
Baldassare E.
Baldinelli B.
Baldini J.
Baldovinetti A.
Balestrieri D.
Barocci A.
Bartolo T.
Bartolo D.
Bartolo di Fredi.
Bartolomeo de Forli.
Bartolomeo d'Orvieto.
Bartolomeo di Gentile.
Bartolomeo di Martino.
Bastianino di Francesco.
Bellavita A.
Bellini J.
Bellini G.
Bellini J.
Bellunello A.
Benaglia F.
Benaglio J.
Benedetto de Majano.
Berardi S.
Bernardino de Murano.
Bernardo de Francesco.
Betti B.
Bevilacqua A. et Ph.
Bianchi F. F.
Bicci di Lorenzo.
Bicci N.
Bittino.
Boccatis.
Boccardino.
Bombologno (Le).
Bonacossa H.
Bonino G.
Bono.
Bono G.
Brandino O.
Bréa L.
Brunelleschi P.
Bulgherini M.
Buonconsiglio J.
Buonfiglio B.
Buoni S.

Calori R.

Tura C.

Vaecarini B.
Valencia J. (de).
Valle Ch. (della).
Vannino.
Vante.
Vaprio A.
Vaprio C.
Vasari L.
Vecelli F.
Veneziano D.
Verrochio A.
Vigri (Sainte Catherine).
Vincenzo di Stefano.
Vinci L. (de).
Vite A.
Viterbo L. (da).
Vivarini A.
Vivarini B.
Vivarini L.
Voltri N. (de).

Zoccoli N.
Zoppo M.
Zuccati S.
Zuppelli J.-B.

XVIe siècle.

Adda Fr. (d').
Aesinus A.
Agabiti P. P.
Agapie.
Agostino.
Agresti L.
Agua B. (dell).
Alabardi J.
Albani J. B.
Albareti.
Alberti.
Alberti D.
Alberti P. F.
Alberti F.
Alborti M.
Alberti C. F. M.
Alberti A.
Alberti C.
Alberti J.
Alberti R.
Albertinelli M.
Alberto A.
Aldoni B.
Alegi J.
Aleni T.
Alesio M. P.
Allessio P. A.
Alexandre de Carpi.
Alfani D.
Alfani H.
Alibrandi J.
Aliprandi M. A.
Allegri A.
Allegri L.
Allegri P.
Allori A.
Allori A.
Almi B.
Amalteo P.
Amalteo G.
Amato J. A.
Amato J. A.
Amatrice N.
Ambrogio
Ambrogio
Amerighi M. A.
Amidano P.
Andreassi H.
André d'Arezzo
André de Milan.
Angeli J. C.
Angelo B. (d').
Angelo J. (d').
Angelo M (d').
Anguisciola Lucie,
Anguisciola S.
Aniemolo
Anna B. (d').
Anselmi M. A.
Anselmi G.
Ansonvini de Forli
Antonello de Palerme
Antonio de Faenza.
Appollodore F.
Apollonio A.
Appiani N.
Aquila P. (del).
Aquilano P.
Arrgonese S.
Araldi A.
Arcimbaldo Jos.
Ardente A.
Arduina S. (de).
Aregio P.
Aregio P. (de).
Argenta J.
Armenini J. B.
Arzere E. (del)
Asola H.
Aspertini A.
Assise T. (d').
Augusta C.
Avanzi A.
Avanzi S.
Avanzino da Gubbio.
Averara J. B.
Azilo J. (d').
Azzolini J. B.

Badile F.
Badile B.
Badile A.
Bagazotti C.
Baglione C.
Bagnara P.
Bagnatore P. M.
Bagni F.
Bagolino S.
Baldari J. B.
Baldelli F.
Balducci M.
Balestri N.
Ballinert J.
Bambini J.
Bandinelli B.
Bandinelli F.
Bandinelli M. A.
Barbarelli G.
Barbary J. (de).
Barbatelli B.
Barbiere D.
Bargone J.
Barile J.
Barili A.
Barocci J.
Bartalini F.
Barthelemy de Saint-Marc.
Bartholomeo de Castiglione.
Bartolomeo de Pola.
Basaiti M.
Bassani C.
Bastiani J.
Bataglia D.
Bazzi dit Sodona.
Beccafumi D.
Beccaruzzi Fr.
Beceri D.
Beduschi A.
Belliboni J.-B.
Bellini B.
Bellini Ph.
Belliniano V.
Bello M.
Bellunese G.
Bembo B.
Bembo J. F.
Benci D.
Benedetto
Benfatto L.
Benvenuti J. B.
Bernabei P. A.
Bernabei T.
Bernazzano.
Bernieri A.
Bernini P.
Bertani D.
Berto di Giovanni.
Bertoli.
Bertucci J.
Bertuzzi P.
Betti D.
Betti N.
Bezzi J. F.
Biagio de Cutigliano.
Bianchini D. et V.
Biancucci P.
Bigio M.
Bigio M. A.
Bigordi M.
Bilia J.-B. (della).
Billo T.
Bissolo P. F.
Blaceo B.
Boccaccino B.
Boccacino C.
Boltraffio J. A.
Bona T.
Bonasia B.
Bonasoni J.
Bonconti J. P.
Bongi D.
Bonifazio
Bonifazio dit Venitien.
Bononi B.
Bononi C.
Bonvicini A.
Bordone P.
Bordoni B.
Borghesi J. (de).
Borghesi J.
Borgo J. P. (del).
Borgognone A.
Borro B.
Boselli A.
Bottaglia D.
Botticelli P. F.
Bozzato B.
Bracelli J. B.
Brandimarte B.
Brescia L.
Brescianino A.
Brunelleschi J.
Bruni L.
Bruno A.
Bruno S.
Brunori F.
Bruscoli.
Bugiardini J.
Buonaccorci D.
Buonarotti M. A.
Buonconti J. D.
Buono S.

Valentina J. (de).
Valeriani J.
Valesio J.
Vanni F.
Vannucchi A.
Vanucci P.
Varotari D.
Vasari G.
Vecchi J. (de).
Vecelli T.
Vecelli H.
Vecelli M.
Vecelli C.
Vecelli F.
Veglia M.
Veglia P.
Veltroni E.
Veneziano B.
Venturini G.
Venusti M.
Verchio V.
Verdezzoti J.
Véronèse B.
Viadana A. (de).
Viani A.
Vighi J.
Vignerio J.
Vincent de San-Gimignano.
Vincentino F.
Vinci G.
Vincidor T.
Vini S.
Virgilio.
Visino H.
Vite P. (della).
Vite T. (della).
Vito F. (de saint).
Vitrulio.
Viviani A.

Zaccagna T.
Zacchetti B.
Zacchi L.
Zacchia P.
Zago S.
Zamboni M.
Zanchi P. et F.
Zanna J.
Zelotti B.
Zenale B.
Zeno D.
Zoppo P.
Zoppo R.
Zuccaro F.
Zuccaro T.
Zuccati F.
Zuccati V.
Zuccati A.
Zucchi J.
Zustris F.

XVIIe siècle.

Afesa P.
Agellio J.
Aglio D.
Airola A.
Albani F.
Albarelli J.
Alberino G.
Alberti C.
Albertoni D.
Albina J.
Albini A.
Alboresi J.
Aldovrandini M.
Aldovrandini T.
Allegretti C.
Allegrini F.
Allori C.
Aloisi B.
Altobello F. A.
Amadei E.
Ambrogi D.
Amici A. F.
Amigazzi J. B.
Amigoni Oct.
Anastasi J.
Ancini P.
Anderlini P.
Andreani A.
Andreoni F.
Andrioli G.
Angarano Oct.
Angeli Ph.
Angelo Ch. F.
Angeluccio.
Angiolo.
Ansaldo J. A.
Ansaloni V.
Anselmo.
Anticci J. B.
Anticone J. B.
Antonini J.
Antonozzi F.
Apollonio J.
Aquila P.
Arbasia C.
Archita
Arena G.
Arigoni F.
Arman V.
Armani P.
Arrighi L
Ascani P.
Ascenzi Ch.
Ascione A.
Asinaro
Asserto J.
Assonica J. J.
Autelli G.
Avanzi J.
Avanzi N.
Avanzino
Avellino J.
Aversin M. (d').
Aviani F.
Azzi N.
Azzola J. B.

Baccarini J.
Bacci A.
Bacciocchi F.
Bacciochi C.
Badalocchio
Badarocco J.
Baderna B.
Badiale A.
Baglione J.
Bajardo J. B.
Balassi M.
Baldassari V.
Baldassini J. M.
Baldi B.
Baldi L.
Baldi P. M.
Baldini P. P.
Baldini T.
Baldino T.
Baldinucci Ph.
Balducci J.
Balestriero J.
Balli P.
Balli S.
Ballini C.
Bandiera B.
Bandinelli M.
Banier L.
Barabbino S.
Barbello J.
Barbiani J. B.
Barbieri L.
Barbieri L.
Barbieri F.
Barbieri J. F.
Barbieri P. A.
Barbieri P. A.
Barca J. B.
Bardelli A.
Baroni D.
Barri J.
Bartoli P. S.
Barucco J.
Baschenis E.
Basili P. A.
Bassetti M. A.
Bassi B.
Bassi F.
Bassiani B.
Bassotti J. F.
Bastard.
Batistelli P. F.
Begni J. C.
Bellaria M. A.
Bellis A. (de).
Belloti P.
Beltrano A.
Benaschi J. B.
Benaschi M[lle].
Benso J.
Benzi J.
Benzi M.
Berlinghieri C.
Bernardi Fr.
Bernardoni.
Bernasconi M[lle].
Bernini J. L.
Berrettini P.
Berrettoni N.
Bersotti Ch. J.
Bertoja J.
Bertucci J. B
Bertucci J. B.
Bertucci L.
Besenzi P. E.
Besozzi A.
Bettina.
Bettini D.
Beverense A.
Bezzi J. P.
Bezzicaluva H.
Bianchi B.
Bianchi F.
Bianchi Isid.
Bianchi L.
Bianchi Ph.
Bianchi Buonavita.
Bianchini B.
Bianco B. (de).
Bianco J. B.
Biffi C.
Bigi F.
Bilevelt J.
Biscaino A.
Biscaino B.
Bisi B.
Bissoni J. B.
Bittonte J.
Bizzarri S.
Bizzelli J.
Boccali S.
Bocciardo C.
Boetto J.
Bolognini J. B.
Bombelli S.

Bonagrazia J.
Bonatti J.
Bonelli A.
Bonifazio Fr.
Boniferti G.
Bonini G.
Bonisoli A.
Bono A.
Bonzi P. P.
Borbone J.
Borgani F.
Borghese H.
Borghesi J. V.
Borgiani H.
Borsati Ch.
Borzone L.
Borzone Ch.
Borzone J. B.
Borzone M. F.
Boschi F.
Boschi A.
Boschi B.
Boschi F.
Boschini M.
Boscoli A.
Botalla J. M.
Botti F.
Bottini J.
Bova A.
Brandi.
Brandi H.
Brandi D.
Bravo J.
Brazzi J. B.
Brentana S.
Brescianino A. (del).
Brini F.
Brizio F.
Brizio P.
Brugno J.
Brunetti S.
Bruni D.
Bruni J.
Bruni J.
Buffagnotti C. A.
Buffini M.
Buonamici A.
Buoncori J. B.
Buonfanti A.
Buratti J.
Burbarini D.
Busca A.
Busi J. B.
Busi J. P.
Buti D.
Butteri J. M.

Caccia G.
Caccia P.
Cacciolo J. B.
Cadagora.
Cairo F.
Calandra J. B.
Calandrucci H.
Caletti J.
Caliari G.
Calomato B.
Caloriti J. B.
Calzo A.
Cammassci A.
Camillo.
Campana T.
Campidoglio M. A.
Campino J.
Cane C.
Canini J. A.
Canlassi G.
Canta Gallina R.
Cantarini S.
Canuti D. M.
Capitelli B.
Capellino J. D.
Capuro F.
Caraccioli J. B.
Caravoglia B.
Carboncino J.
Carbone J.
Carbone J. B.
Cardi L.
Carega.
Carloni Th.
Carloni J.
Carloni J. B.
Carloni A.
Carnio A.
Carnio J.
Carocci P.
Caroli F. P.
Caroselli A.
Carpioni J.
Carracci F.
Casella J. A.
Casini V. et D.
Casolano H.
Casoli H.
Casone J. B.
Cassana J. Fr.
Cassana J. B.
Cassana N.
Cassiani E.
Castellacci A.
Castellani A.
Castelli A.
Castelli B.
Castelli V.
Castelli C.
Castelli N.
Castellini J.
Castellucci S.
Castiglione J. B.
Catalani A.
Catalano A.
Catalano A.
Cati P.
Cattanio C.
Caula S.
Cavagna J. P.
Cavagna F.
Cavallino B.
Cavarozzi B.
Cavazza J. B.
Cavedone J.
Cecchini A.
Celesti A.
Celio G.
Cereso Ch.
Cerquozi M. A.
Cerrini J. D.
Cerrini L.
Ceru B.
Ceruti J.
Cerva P. A.
Cervelli F.
Cervetto J. P.
Cervi B.
Cesar de Naples.
Cesari B.
Cesari J.
Cesi B.
Cesio Ch.
Cheschini J.
Chiari F.
Chiavistelli J.
Chiesa S.
Chimenti J.
Ciaferri P.
Cialdieri J.
Ciamberlano L.
Ciarpi B.
Ciceri B.
Cignani Ch.
Cignani F.
Cinganelli M.
Circignano A.
Cirello J.
Citadella B.
Cittadini P. F.
Cittadini J. B.
Civalli F.
Coccapani S.
Coli J.
Colonna A. M.
Coloretti M.
Comandi J. S.
Commodi A.
Compagno Sc.
Conti C.
Conti V.
Conti J. M.
Coppola Ch.
Coradi O.
Coralli J.
Corbellini (le).
Coreggio.
Corenzio B.
Coriolan J. B.
Cornara Ch.
Cornia F. (della).
Corti D.
Cosatini J.
Cossale G.
Costa A.
Costa Th.
Cozza Fr.
Crastona J.
Creara S.
Crescenzi J. B.
Crespi B.
Crespi D.
Crespi J. B.
Cresti D.
Creti D.
Cristoforo B.
Cromer J.
Currado Fr.
Curti Fr.
Curti J.

Daddi C.
Damiano G.
Damiano P.
Dandini C.
Dandini V.
Dandini P.
Danedi J. E.
Danedi J.
Desani P.
Desideri F.
Desiderio.
Diamantini J. J.
Dinarelli J.
Discepoli J.-B.
Do J.
Dolci Ch.
Dolci Mlle.
Dolobella T.
Domenici R. (de).
Donato di Formello.
Dondoli J.
Donducci J. A.
Dotti J.-B.
Draghi J.-B.
Ducci V.

Eisemann Ch.
Emmanuel de Come.

Rivarola A.
Robertus C.
Robusti D.
Rocca M.
Rocchetti M.
Roderigo A.
Roderigo L.
Roderigo J.
Roli A.
Romanelli J.
Romanelli U.
Roncalli C.
Rondinosi Z.
Ronzelli P.
Ronzelli F.
Rosa Mlle.
Rosa S.
Rosetti D.
Rosetti C.
Rosi J.
Rosi Z.
Rosi A.
Rosselli M.
Rossetti P.
Rossi Ch. A.
Rossi E.
Rossi J. B.
Rossi J. B.
Rossi J.
Rossi M.
Rossi N.
Rossi N. M.
Rossi P.
Roverio B.
Roverre J. B. (della).
Roverre J.
Rovigliano (le).
Rubini.
Ruggieri A.
Ruggieri H.
Ruggieri J. B.
Ruoppoli J. B.
Ruschi F.
Russo J.
Rustici J.
Rustici V.

Sacchi (le).
Sacchi A.
Sacchi J.
Sacchi A.
Sacchi Ch.
Saliba Messinensis A. (de).
Salini T.
Salmeggia E.
Saltarello L.
Salvestrini B.
Salvi J. B.
Salvucci M.
Samengo A.
Sammartino M.
Sandrino T.
Santa-Fede F. (de).
Santagostini J.
Santagostini A.
Santarelli G.
Santelli F.
Santi D.
Santini.
Santo.
Saracino Ch.
Sarti A.
Sarti H.
Savolini C.
Savonanzzi E.
Savorelli S.
Scacciati A.
Scaglia J.
Scajario A.
Scaligero B.
Scalvati A.
Scandellari P.
Scannavini M.
Scaramuccia J.
Scaramuccia L.
Scarsella H.
Scarsello J.
Schedone B.
Sciaminossi R.
Scilla A.
Scorza S.
Secchiari J.
Secchi J. B.
Segala J.
Sellito Ch.
Serodine J.
Serra C.
Servi C. (de).
Settala M.
Sgazzino (le).
Sighizzi A.
Simone A. (de).
Simonelli J.
Simonini F.
Simplice.
Sirani J.
Sirani Mlle.
Sole A. (del).
Sole J. (del).
Soprani R.
Soriani Ch.
Sorri P.
Spada L.
Spera C.
Speranza J. B.
Spineda A.
Spirito.
Spisano V.
Stanzioni M.
Stefanischi J. B.
Stresi P.
Stroifi D.
Strozzi B.
Strurini M.
Suppa A.

Tacconi F.
Talami H.
Tamburini J.
Tanteri V.
Tanzi A.
Taraboti C.
Taricco S.
Taruffi E.
Tassone Ch.
Tatta J.
Tavarone L.
Tempesta A.
Tempesti D.
Tempestino (le).
Testa P.
Tiarini A.
Tinelli T.
Tintores S. (del).
Tognone A.
Tonelli J.
Toni A.
Torelli C.
Torelli F.
Tornioli N.
Torre B.
Torre F.
Torre J.-B. (della).
Torre J. P.
Torre T.
Torregiani B.
Torri P.
Tortelli J.
Tortiroli J.-B.
Trasi L.
Travi A.
Tricomi B.
Triga J.
Triva A.
Trivellini.
Trogli J.
Trombatore J.
Trometta N.
Trotti E.
Turchi A.
Turessio F.

Ulivelli C.
Urbinelli (l').

Vaccaro A.
Vaccaro N.
Vaccaro F.
Vajani H.
Vandi S.
Vanni M. A.
Vanni R.
Vanni J.-B.
Vanni J. (del).
Vanni J. A. (del).
Vannini O.
Varotari A.
Vasallo A.
Vasconio J.
Vaselli A.
Vasquez A.
Vassilacchi A.
Vecchia P. (della).
Vecelli T.
Vecelli T.
Veli B.
Venanzi J.
Veralli P.
Vercellesi S.
Vermiglio J.
Vernici J.-B.
Vernigo J.
Verzelli J.
Viani J.
Viani D.
Viani Mlle.
Vicolungo.
Vignali J.
Vincentio.
Viola D.
Viola J.-B.
Vitali A.
Vitelli G. (van).
Viviani L.
Viviani O.
Volpato J.-B.
Volpi E.
Voltolino A.

Zaccolini M.
Zagnani A.
Zamboni M.
Zampezzo J.-B.
Zampieri D.
Zani J.-B.
Zanimberti P.
Zappony J.
Zeffi.
Zucchi F.
Zucco F.
Zugni F.

XVIIIe siècle.

Agabito G.

Comendich L.
Comi F.
Conca S.
Consetti A.
Constanzi P.
Conti Fr.
Contri A.
Coppa (Le).
Cornaccini A.
Corrado H.
Corvi D.
Costa F.
Costa J. F.
Cozza J. B.
Crescenzio d'Onofrio.
Crespi J. M.
Crespi A.
Crespi L.
Crivelli A. M.
Crivelli J.
Crosato J. B.
Cucchi A.
Cuniberti J. A.

Dallamano J.
Dalmasio Fr.
Dardani A.
David L.
Discani.
Divini C.
Diziani G.
Dominici B.
Dondoli.
Donini J.
Donzelli P.
Duramano F.
Durante G.

Evangelisti P.

Fabri P.
Facchinetti J.
Falce A. (la).
Faldon J. A.
Fanti H. G.
Fantoni Mlle.
Fasano T.
Fasetti J. B.
Fava P.
Feliciati L.
Fera B.
Ferdinandi F.
Ferraiuolo N.
Ferrari G.
Ferrari L.
Ferrari P.
Ferretti J.
Ferri J.
Fidanza F.
Figino J.
Filocami A. P. et G.
Fiorentini F.
Fontebasso F.
Fori L.
Formentini (le).
Fortini B.
Foschi F.
Fossato D.
Franceschini J.
Franceschini M.
Franchini N.
Francia D.
Frassi P.
Fratacci A.
Fratellini Mme.
Frattini G.

Gabbiani A.
Gabrielli C.
Galcotti S.
Galli F.
Galli A.
Galli A.
Galli J. M.
Galli J.
Galli Ch.
Galli F.
Galliadi J. B.
Galliari B.
Gambacciani F.
Gambarelli C.
Gambarini J.
Gandolfi G.
Gandolfi U.
Garofalini H.
Gatti J.
Gauli J. B.
Gerardini J. B.
Ghedini J.
Gherardini A.
Gherardini E.
Gherardini C.
Ghezzi J.
Ghezzi P.
Ghislandi V.
Giacciuoli (le).
Gialdisi.
Gianetti P.
Gibertoni P.
Gigli J. B.
Gionima A.
Giovannini J.
Giraldi P.
Giudici Ch.
Giusti G.
Giusti J.
Giusti F.
Goti M.
Gracolini A.
Graneri.
Grappelli (le).
Grassi J.
Grassi T.
Grassi N.
Grati J. B.
Graziani H.
Gregori J.
Gréys P. (de).
Grisoni J.
Gualla P.
Guarana J.
Guardi F.
Guarienti P.
Guarnana J.
Guerra J.
Guerrini J.
Guidobono D.
Guiglielmelli A.
Guilielmi G.

Haffner A.
Hohenberg M.
Hugford I.

Jarmorini J.
Joli A.
Julien J.

Lama Mlle.
Lamo P.
Landi J.
Lapi N.
Lapiccola N.
Lapis G.
Lapis J.
Laudati J.
Lazzarini G.
Lazzarini J.
Lelli H.
Leoni Ch.
Levo D.
Ligario P.
Linozzi B.
Lipari O.
Lodi Ch.
Lombardi J.
Londonio F.
Longhi P.
Longhi A.
Lorenzi F.
Lorenzini A.
Loth O.
Lucatelli A.
Lunghi A.
Luti B.

Maderno.
Maffioto D.
Magatti P.
Maggi P.
Magiotto D.
Magnasco A.
Maja J.
Malducci M.
Manaigo S.
Mancini F.
Manini J
Manzini B.
Manzoni R.
Marchelli L.
Marchesi J.
Marchesini A.
Marchioni (la).
Marchis A. (de).
Marcola M.
Marieschi J.
Marinetti P.
Marini A.
Marini D.
Mario de Crespini.
Mariotti Ch.
Mariotti J. B.
Maro J.
Martorana G.
Martoriello G.
Masreliez L.
Massa J. et Pizzuoli G.
Mastroleo J.
Masucci A.
Masucci L.
Mattei S.
Matteis P. (de).
Mattioli L.
Mazzanti L.
Mazzoni C.
Mazzuoli A.
Melani F.
Melani J.
Menarola C.
Mengozzi Colonna J.
Messini F.
Metrana Mlle.
Meucci V.
Michela.
Michelangeli F.
Micone N.
Migliori F.
Milani A.
Milocco A.
Miniera B.
Minozzi B.
Molinari J.
Monaldi (le)
Monari C.
Monosilio S.
Montanari F.

Monti F.
Monticelli A.
Moretto F.
Morini J.
Moro L. (de).
Moscatiello Ch.
Mura F. (de).
Muratori D.

Nani J.
Nanetti N.
Nasini J.
Natali F. L. et P.
Natali J. B.
Natali J.
Nazzari B.
Nelli P.
Nogari J.
Nolli Ch.

Odam J.
Odazzi J.
Oddi J.
Olivieri D.
Orlandi E.
Orlandi O.
Orsoni J.
Ortolani-Damon J. B.

Paccia P.
Pace R. (del).
Pacelli M.
Pagano M.
Paglia A.
Paglia A.
Paladino L.
Pallota P.
Palmieri J.
Paltronieri P.
Panni.
Pannini J.
Panzachia Mlle.
Paoletti P.
Paoli M.
Parcello J.
Parodi B.
Parodi D.
Parodi P.
Parolini J.
Pasquali P.
Pasqualotto C.
Paticchi A.
Pavesi F.
Pavia J.
Pavona F.
Pecchio D.
Pedretti J.
Pedroni P.
Peigna H. (de la)
Pellegrini A.
Pellini M. A.
Peroni J.
Perracini J.
Perugini.
Pesci G.
Petrini J.
Piane J. (della).
Piastrini J.
Piattoli G.
Piattoli Mme.
Piazzetta J. B.
Piccioni M.
Pieri A.
Pietro de Pietri
Pignatelli V.
Piola P.
Piola D.
Pistocchi L.
Pittocchi M. (de).
Pizzoli G.
Po J. (del).
Po Mlle.
Polazzo F.
Porporati Ch.
Porta F.
Pozzi E.
Pozzi J.
Prima P.
Procaccini A.
Provenzale E.
Pucci J.
Puccini B.
Raggi P. P.
Rainieri F.
Rambaldi Ch.
Randazzo P.
Ratti J.
Ratti Ch.
Realfonso T.
Redi T.
Regoliron B.
Revello J. B.
Ricci N.
Ricci S.
Ricci M.
Ricci U.
Ricciarelli G.
Riverdetti M.
Rivola J.
Robatto J.
Roberti D.
Roll J.
Romani (le).
Romeo J.
Roncelli J.
Rosa F.
Rosa S.
Rossi A.
Rossi A. (de).
Rossi A.
Rossi L.
Rotari P.
Rubbiani F.
Rubio L.
Ruggieri A.
Ruggieri J.
Rusconi C.
Ruta C.

Sabatelli L.
Sagrestani J.
Salis Ch.
Salvetti F.
San Felice F.
Santi A.
Santi B.
Sardi G.
Sazetti A.
Sassi J. B.
Scacciani C.
Schianteschi D.
Sciacca T.
Scorzini P.
Semini M.
Serenari G.
Servandoni J.
Sigismondi P.
Signorini G.
Simone A.
Simonetti D.
Siries V.
Soderini M.
Soldani M.
Solimena F.
Sordo J. (del).
Sottino G.
Sozzi O.
Spagiasi J.
Spoleti P.
Spolverini H.
Storelli F.
Subissati S.

Tagliasacchi J. B.
Tancredi P.
Tassinari J. B.
Tassoni J.
Tavella Ch.
Terzi C.
Tesi M.
Tesio (le).
Tiepolo J. B.
Tiepolo J. D.
Tommaso Tommasi.
Toresani A.
Trevisani A.
Trevisani F.
Troppa J.
Tuccari J.

Uberti P.
Umile.

Valeriani D.
Vanetti M.
Vasi J.
Vaymar J.
Vellani I.
Venier P.
Venturini A.
Veracini A.
Vicinelli O.
Vimercati Ch.
Visentini A.
Vitali C.
Vitelli L. (van).

Zaïs J.
Zaïst J. B.
Zanata J.
Zanchi A.
Zanella F.
Zanetti D.
Zanichelli P.
Zanotti J.
Zeï.
Zifrondi A.
Zinani F.
Zoboli J.
Zocchi J.
Zolo J.
Zompini G.
Zoppo de Gangi.
Zuccarelli F.
Zuccoli L.

XIXe siècle.

Ademollo L.
Ademollo Ch.
Agapito A.
Aglio A.
Agneni E.
Agricola.
Agricola P.
Ajex.
Alberi F.
Albertini L.
Albertoli.
Allason E.
Algeri N.
Altamora X.
Amon Mlle.
Andreotti F.
Angelelli J.
Angelini C.

Angelis N. (de).
Angjelovic.
Antoldi L.
Antoni A.
Appiani A.
Arienti Ch.
Arrigoni A.
Arrivabene J. C.
Aspari D.
Aureli L.
Avanzini J.
Ayres P.
Azeglio M. T.

Baccelli M.
Bagetti J. P.
Banfi A.
Barbaglia J.
Barberi J.
Barbiani J.
Barboni M.
Barezzi E.
Baroni D.
Basiletti L.
Basoli A.
Bassi.
Beati.
Bellosio.
Bellucci J.
Benassai J.
Benvenuti E.
Benvenuti N.
Berger J.
Bergier.
Berti G.
Bezzuoli J.
Bianchi M.
Bianchi Mlle
Bianchini.
Biscara.
Bisi J.
Bisi L.
Boldrini.
Borghesi.
Borrani E.
Borroni P. M. B.
Borzino Mlle.
Bossi J.
Brioschi V.
Bronnikow T.
Bruni J.
Brusca J.
Buongiovanni S.
Busi L.

Cabianca V.
Caffi H.
Calamai B.
Calamatta Mme.

Calani M.
Camerano J.
Camino J.
Camuccini V.
Canella J.
Cannici C.
Canova A.
Canzio M.
Caracretti.
Carcano Ph.
Carelli G.
Carlini J.
Carnevali J. C.
Carnevali P. F. A.
Cassioli A.
Catenacci H.
Celentano B.
Celesti.
Cerano.
Cesari A.
Chelone.
Cianfanelli N.
Cochetti.
Coghetti.
Colzi J.
Comino J.
Conconi M.
Consoni.
Conti.
Cortese F.
Costa J. F.
Costa J. M.
Costoli A.
Cusa M.

Dei V.
Delpane J.
Demin J.
Dionigi Mlle.
Diotti J.
Durantini L.
Dusi.

Errante J.

Faconti D.
Fancelli D.
Fanoli M.
Fanzelli.
Faruffini F.
Fattori J.
Ferrari J.
Finelli Ch.
Fini J.
Fiorini.
Focosi A.
Folchi F.
Fontana.
Fraccassini Th.

Francesco B. (de).
Franchi B.
Fraschetti J.
Gamba H.
Gamba F.
Gandolfi M.
Gandolfi L.
Garribo L.
Gastaldi A.
Gazotto
Gazzarini T.
Gelati L.
Ghedina J.
Ghislandi A.
Gianetti J.-E.
Giani J.
Giordano Mlle.
Girgenti.
Gozzi G.
Grigoletti M.-A.
Gualdi A.
Guerra A.

Hayez F.

Induno D.
Induno J.
Ingarmi A.

Lami V.
Landi G.
Latanzio-Quareno.
Laurentiis N. (de).
Liparini L.

Mainardi T.
Malatesti
Malenchini Mlle.
Mancini F.
Manzano V.
Marghinotti G.
Marianini A.
Marinelli V.
Martellini G.
Martini A.
Marubini J.
Mattoini T.
Mattia.
Mattiolo.
Mazzola J.
Meloni P.-A.
Mensi F.
Mercadé B.
Migliara J.
Migliara T.
Migliarini M.
Minghetti P.
Miroir L.
Molteni J.

Monti N.
Morelli D.
Mussini C.
Mussini L.
Muzzi A.

Narducci Mme.
Narducci.
Nenci F.
Neofreschi L.
Nocesi.

Pacetti C.
Pagliano E.
Palagi P.
Palizzi J.
Paoletti.
Pasini A.
Penuti J.
Penuti J.
Pesei A.
Pian A. (de).
Pierini A.
Pinelli.
Podesti.
Podesti F.
Polastrini H.
Porta Ch. (de la).
Pozzi J.-B.
Prépiani.
Puliti O.

Quaglia F.

Ricci E.
Ridolfi M.
Rizzoni A.
Roberti.
Roudoni F.
Ronzoni
Roti C.
Rota A.

Sabatelli A.
Sabatelli F.
Sabatelli J.
Saja
Sala V.
Salpini D.
Sanguinetti.
Santi
Scaramusse
Schiavoni F.
Schiavoni J.
Schiavoni N.
Seuri H.
Senti.
Serangeli.
Servolini R.

Sessa N.
Silvagni.
Sogni.
Soli J.
Spedula J.
Strageli.

Tagliani L.
Tancredi R.
Troncassi J.
Udine D.
Ulivi D.
Ussi E.

Vanutelli S.
Vertunni A.
Virgilii.

Zona A.

ÉCOLE RUSSE.

XIIe siècle.

Alimpius.

XVe siècle.

Mogerditsch.

XVIIe siècle.

Awerkiero.

XVIIIe siècle.

Adolski G.
Alhorn A.
Akemof.
Alexeieff F. Y.
André F. E.
Antropow A. P.
Argunow I.

Balcewski E.
Bromston.

Levitzki.
Lossendo A.

Matweff.
Merkourieff.

Nikitin.
Ougrumof.

Ritt A.

Sokolof.
Swanoff A.

Volkoff T.

Wassiliffski.

Yegoroff A.

XIXe siècle.

Afanassjero C. J.
Aiwasowski J.
Alexandrow F. P.
Alexéieff.
Alexiévic S.
Antonelle D.
Argunow N.
Avramovic D.

Babajero P.
Baczynski J.
Bassine P.
Borovikofsky.
Botkin M.
Bruellow Ch.
Bruni F.

Chebouieff W. C.
Chractsky.
Chtchedrine S.

Dobrowolsky S.
Dobgaschofsky F.

Egginck.
Egoroff A.

Fedor Swanowitch C.
Flavitsky C.

Gagarin G.
Gajvasoffsky.
Gierymsky M.
Glovatchevski.
Glowacki.

Horawski A.

Ignatius.
Iwanoff A.

Jacobi V.

Kiprennsky.
Klingstet C.
Koukewitsch.

Lebedeff.
Lieberich N.
Litowtschenko A.
Martinoff.
Matveieff F.
Mikechine.
Moller (de).
Moraczynski.

Neef T.

Orlowsky A.

Perow B.
Plaboff.

Rodakowski H.

Soudokolski.
Sternberg.

Tiranoff.
Tschernetzoff (les).
Tschirnetzoff.

Venetsianoff A.
Vereschagin B.
Vorobieff M.

Warnyk.
Willebald.
Worobieff M.

Zawialoff.
Zelerhoff.

PEINTRES SANS CLASSIFICATION D'ÉCOLE.

Anthoine, XVe siècle.
Antonin, XVIIe s.
Antonio da Avignone, XVIe s.
Antonio, XVe s.

Barbaran, XVIIe s.
Baudisson, XVIIe s.
Baussonet, XVIIe s.
Berlain J. (de), XVe s.
Berthelemy, XVe s.
Beuckels P. XVIIIe s.
Bignotte J. (de la), XVIIe s.
Blanchard Mlle XIXe s.
Bleibtreu G. XIX s.
Bochdani, 1700.
Bonaventuur, XVIIe s.
Bonneret C. XIVe s.
Brach N. (van der), XVIIe s.
Brée E. (van), XVIIIe s.
Brodowski, XIXe s.
Burgh N. (van), XVIIIe s.

Cai, XVIIe s.
Caisin J. XVe s.
Casse I. XVe s.
Catlin, XIXe s.
Chapelle G. (de la), XVIIe s.
Charles XV, roi de Suède, XIXe s.
Chauvel, XVIIe s.
Cillars, (frère J.) XVIIe s.
Cittermans J. XVIIe s.
Colaert J. XVIIe s.
Constance J. XVe s.
Costa J. F. (da), XIXe s.
Costa J. M. (da), XIXe s.

Dehis, XVIIe s.
Denise J. XVIIe s.
Desmartins, XVIIe s.
Doulx A. (le), XVe s.
Duchale, XVIIe s.
Duloir, XVIIe s.
Dunstan, Xe s.
Dunstan, XVIIe s.
Dupirre B. XVe s.
Dupré, XVIIe s.
Duquesnoy F. XVe s.

Engheran J. XVe s.
Estochois A. XVe s.
Eustache, XVe s.
Eybl F.* 1837.

Faulte, XVIIe s.
Fauvel M. XVIIe s.
Feideau A. XVIIe s.
Ferazzo XVIIe s.
Fillet, XVIIe s.
Fleur N. (de la), XVIIe s.

Floquet J. D. xviie s.
Fontaine M. xve s.
Franque J. xviie s.
Frelens G. (de), xve s.
Fruit D. xve s.

Gabriel J. xviie s.
Garigue, xviiie s.
Gascoigne (V.) de, xve s.
Gaunet P. xve s.
Gay C. (le), xve s.
Godart J. xviie s.
Goething A. xviie s.
Guignard, xviie s.

Hack G. xviiie s.
Hachette J. xve s.
Haeskel, xviie s.
Hahn H. (van) xviie s.
Harriet F. xixe s.
Herbin, xviie s.
Herman J. xve s.
Herselle A. xve s.
Hillerstrom G. xviiie s.
Hoffman J. xviiie s.
Hondt P. (de) xviiie s.

Isnal, xviie s.

Jacquart, xviie s.
Jascard, xviie s.
Jonckheer J. xviie s.
Juel J. xviiie s.

Kjaerschou F. xixe s.
Kokarski, xviiie s.

Labbé, xve s.
Larsen E. xixe s.
Larson M. xviiie s.
Latour, xviie s.
Laurens, xixe s.
Laurier (du), xviie s.
Le Bourgeois, M. xviie s.
Le Meusnier L. xviie s.
Lons (de), xviie s.
Lessaufle W. xve s.
Lhomme J. xviie s.
Lincler, xviie s.
Logier J. xve s.
Lorenzen C. xixe s.
Lund F. xixe s.
Lund T. xixe s.
Lyeder L. xve s.
Lyn J. (van der). xviiie s.

Madain J. xviie s.
Maistre G. (le), xve s.
Manuel P. ou J. xve s.
Marcile, xviie s.
Mazot B. xviie s.
Melin R. xviie s.
Merlin L. xviie s.
Meyer H. (de), xviie s.
Michalowsky, xixe s.
Minerdorff F. xviie s.
Moerkercke, xviiie s.
Morhagen C. xixe s.
Moller J. xixe s.
Montcornet M. xviie s.
Moreira C. xixe s.
Morner, xixe s.
Muguet, xviie s.
Muzzinoni, xixe s.

Ninet, xviie s.
Nordquist, xviiie s.

Olrik H. xixe s.
Ottesen, O. xixe s.

Paine, xviie s.
Paliot, xviie s.
Pardanus A. xviie s.
Parisyen, R. xve s.
Paul, xvie s.
Pelais, xviie s.
Pélerin xviie s.
Penne J. (van) xviie s.
Perets xviie s.
Picard L. xviie s.
Piquot T. xviie s.
Pierre xve s.
Dinac, xviie s.
Piroteau, xviie s.
Plaustein, xviie s.
Posch J. xviiie s.
Posch L. xviiie s.
Pourbus P. xve s.
Prévost J. xve s.

Quaedvlieg, xixe s.
Quesnel F. xvie s.

Ramare H. (de), xve s.
Raton, xviie s.
Ravenart H. (de), xviie s.
Rhodolphe J. xviie s.
Riche, xviie s.
Rico A. xiie s.
Ricquelot, xve s.
Robuste, xviie s.
Roed J. xixe s.
Roelant xviie s.
Rorby M. xixe s.
Rost J. et M. xvie s.
Rump G. xixe s.

Säfvenborn J. xviiie s.
Sandberg, xixe s.
Savary G. xve s.
Scalberge L. xviie s.
Schleissner C. xixe s.
Schröder G. xviiie s.
Sébastien. xviiie s.
Simonsen N. xixe s.
Simplicio, xixe s.
Sixte, xviie s.
Smissen D. (van der) xviiie s.
Sodring xixe s.
Soedermark P. J. xixe s.
Sonne J. xixe s.
Sorensen C. xixe s.
Spencer F. xixe s.
Staal P. xviie s.
Stattler, xixe s.
Stoure L. (de) xve s.
Strense R. (de) xve s.
Subbu, xviie s.
Suchodolski xixe s.

Tavernier G. (de). xve s.
Tavernier J. xve s.
Teerlinck Mlle xvie s.
Tengnagel F. (de). xixe s.
Terdona P. (de) xive s.
Theude G. xixe s.
Thiémon, xie s.
Tholoz B. xve s.
Thomson Mlle. xixe s.
Tiedemand A. xixe s.
Tortoret xviie s.
Troilus G. xixe s.
Tuscher M. xviiie s.

Vaillant V. xviie s.
Valencienne C. (de). xve s.
Velde (les van de). xviie s.
Venais, xve s.
Verbeeck J. xviie s.
Versproncls, xviie s.
Vibert, xviie s.
Victor S. xviie s.
Vlieger T. (de) xviie s.
Voleur G. (le). xve s.
Volpe V. xvie s.
Vrenay J. (de). xive s.
Vuwe H. et G. xve s.

Wahlbom J. xixe s.
Wallich A. xixe s.
Weeter M. (de). xve s.
Wortelmans, xvie s.
Woultrequin xve s.
Wuisle' P. (van der). xve s.
Wuny J. (de) xve s.

Ysembrandt R. xve s.

PEINTRES SANS CHRONOLOGIE ET SANS ÉCOLE.

Aken T. (Van).

Burkeloo J.

Haarlem P. (van).
Hassel J. (van).

Obeet.

Schaft D.

PEINTRES SANS CHRONOLOGIE.

Ambrogio. — E. I.
Ambrosius. — E. H.
Angel D. — E. H.
Animado. — E. I.
Ascaldas. — E. I.

Baat Melle. — E. A.
Bacchioco. — E. I.
Barberi P. — E. I.
Bataglioli F. — E. I.
Beauregaer. — E. H.
Beekers. — E. Fl.
Bellini A. — E. I.
Benavente Cte (de) — E. Es.
Bering J.-H. — E. H.

www.ingramcontent.com/pod-product-compliance
Lightning Source LLC
LaVergne TN
LVHW010514100826
845148LV00001B/8